DOUGLAS TUFANO

Licenciado em Letras e Pedagogia
pela Universidade de São Paulo.

Moderno Dicionário Escolar

10.000 verbetes

2ª edição

São Paulo, 2005

Moderna

Moderna

Coordenação editorial: Maria Tereza Rangel Arruda Campos e Rogério de Araújo Ramos
Edição de texto: Rogério de Araújo Ramos
Preparação de texto: Alice Kobayashi, Daniela Cristina Calvino Pinheiro, Maria Sylvia Corrêa, Maria Tereza Rangel Arruda Campos, Mônica Franco Jacintho e Thelma Guimarães
Coordenação de *design* e projetos visuais: Sandra Botelho de Carvalho Homma
Projeto gráfico: Marta Cerqueira Leite
Capa: Lato Senso
Coordenação de produção gráfica: André Monteiro e Maria de Lourdes Rodrigues
Coordenação de revisão: Estevam Vieira Lédo Jr.
Revisão: Equipe Moderna
Edição de arte: Rodolpho de Souza
Editoração eletrônica: Setup Bureau Editoração Eletrônica
Coordenação de pesquisa iconográfica: Ana Lucia Soares
Pesquisa iconográfica: Luciano Baneza Gabarron
As imagens identificadas com a sigla CID foram fornecidas pelo Centro de Informação e Documentação da Editora Moderna.
Fotos: p. 29 CID; p. 80 CID; p. 101 CID; p. 159 CID; p. 194 CID; p. 240 CID; p. 265 CID; p. 281 CID; p. 289 CID; p. 322 Fábio Colombini; p. 328 William de Moura/ag. O Globo; p. 329 CID; p. 347 CID; p. 383 CID; p. 392 Cláudia Versiani/Imaginatta; p. 404 CID; p. 446 CID; p. 450 CID; p. 483 Ricardo Cavalcanti/Kino; p. 513 CID; p. 536 Haroldo Palo Jr./Kino; p. 540 CID; p. 556 CID; p. 557 CID; p. 558 Divulgação/AE; p. 559 CID
Coordenação de tratamento de imagens: Américo Jesus
Tratamento de imagens: Fabio N. Precendo
Saída de filmes: Helio P. de Souza Filho, Marcio Hideyuki Kamoto
Coordenação de produção industrial: Wilson Aparecido Troque
Impressão e acabamento: Gráfica Ideal

Dados Internacionais de Catalogação na Publicação (CIP)
(Câmara Brasileira do Livro, SP, Brasil)

Tufano, Douglas, 1948- .
Moderno dicionário escolar / Douglas Tufano. — 2. ed. — São Paulo : Moderna, 2005.

1. Português (Ensino fundamental) - Dicionários - Estudo e ensino I. Título.

05-0819 CDD-372.6

Índices para catálogo sistemático:
1. Dicionários : Uso : Ensino fundamental 372.6
2. Português : Ensino fundamental 372.6
3. Português : Uso de dicionários : Ensino fundamental 372.6

ISBN 85-16-04560-9

EDITORA MODERNA LTDA.
Rua Padre Adelino, 758 - Belenzinho
São Paulo - SP - Brasil - CEP 03303-904
Vendas e Atendimento: Tel. (0_ _11) 2790-1500
Fax (0_ _11) 2790-1501
www.moderna.com.br
2008
Impresso no Brasil

1 3 5 7 9 10 8 6 4 2 R.O.

Apresentação

Ensinar o aluno a usar bem o dicionário é um dos objetivos principais do curso de Português no Ensino Fundamental.

O aluno que aprende a explorar de maneira inteligente o dicionário enriquece seu vocabulário e melhora sua capacidade de expressão. Daí a importância que os professores vêm dando, desde os ciclos iniciais, ao trabalho com dicionário em sala de aula.

Os alunos que se iniciam nessa tarefa ainda não estão, evidentemente, em condições de ler verbetes muito concisos, como os encontrados na maioria dos dicionários, escritos para leitores experientes, e não para iniciantes.

Pensando nisso, e apoiados em uma experiência docente de muitos anos, procuramos elaborar um dicionário pedagógico que o aluno possa ler sozinho e que realmente o oriente. Por isso, na redação dos verbetes, evitamos a rigidez característica dos dicionários e empregamos, muitas vezes, construções familiares ao aluno para levá-lo a compreender mais facilmente uma explicação. Além disso, as frases-exemplos reforçam a explicação apresentada e esclarecem o contexto em que nasce o significado das palavras.

Pareceu-nos importante também fornecer determinadas informações que ajudam o aluno a ampliar seus conhecimentos da língua portuguesa. Por isso, em muitos casos, introduzimos observações sobre a pronúncia ou o plural da palavra verbetada, a formação do superlativo de alguns adjetivos, o significado específico de certas locuções e expressões muito usuais, etc. Para tornar o dicionário ainda mais útil, usamos um processo de remissão que cruza palavras que tenham relação de sentido entre si, dando ao aluno informações sobre sinônimos, antônimos, famílias de palavras, etc. As breves notas etimológicas que complementam alguns verbetes criam oportunidades para conversas sobre a origem interessante de certas palavras, estimulando a curiosidade do aluno em conhecer melhor o aspecto histórico da formação do nosso léxico.

Quanto ao vocabulário explorado, trabalhamos com 10.000 verbetes, pesquisados nos textos escolares e na literatura infantil, que satisfazem perfeitamente as necessidades básicas do público a que esta obra se destina, alunos das séries iniciais do Ensino Fundamental.

Pensamos em um projeto agradável para os alunos dessa idade, bem arejado, com verbetes que destacam as palavras-entradas e as classes gramaticais, 26 fotos que abrem cada letra do dicionário e o uso da fonte Helvética, com 10 pontos de tamanho e 12 de entrelinhamento.

O autor

Sumário

Um dicionário feito para você!

Escrevemos este dicionário especialmente para você, que está começando a estudar a nossa língua e precisa saber o significado de muitas palavras.

Para ajudá-lo, procuramos explicar as palavras de modo fácil, usando uma linguagem simples e muitos exemplos.

É claro que não incluímos aqui todas as palavras da língua portuguesa. Afinal você está apenas iniciando seus estudos e ainda não tem necessidade de um dicionário desse tipo. Mas as palavras que selecionamos vão despertar seu interesse, pois você vai encontrá-las nos livros que usa na escola e nas histórias e revistas que lê.

Esperamos que você goste deste dicionário e que ele o ajude a preparar-se para usar, mais tarde, outros tipos de dicionário.

Como localizar as palavras neste dicionário

Ordem alfabética

Para localizar as palavras neste dicionário, você deve conhecer bem o nosso alfabeto, porque os verbetes são apresentados com as palavras (ou palavras-entradas) em ordem alfabética. Estas são as letras que compõem o nosso alfabeto.

A B C D E F G H I J K L M N O P Q R S T U V W X Y Z

Considerando as letras do alfabeto, você vai observar que o verbete *menino*, por exemplo, vem antes do verbete *professor*, porque a letra ***m*** vem antes da letra ***p***.

Quando os verbetes começam pela mesma letra, é a segunda letra que vai determinar a ordem deles no dicionário. O verbete *famoso*, por exemplo, vem antes do verbete *forte*, porque a letra ***a*** vem antes da letra ***o***.

Quando as duas primeiras letras dos verbetes são iguais, é a terceira que determina a ordem deles no dicionário; quando as três primeiras letras são iguais, é a quarta que determina a ordem, e assim por diante.

Veja estes exemplos:

a) o verbete *fera* vem antes do verbete *feroz*, porque a letra **a** vem antes da letra **o**;

b) o verbete *problema* vem antes do verbete *professor*, porque a letra **b** vem antes da letra **f**.

Palavras de referência

No alto de cada página do dicionário aparecem escritas duas palavras. Uma corresponde ao primeiro verbete da página; a outra, ao último verbete explicado na página. Observe a reprodução, em tamanho reduzido, de uma das páginas do dicionário:

açoite **acostumar**

açoite a·***çoi***·te (ô)
s.masc. Chicote: *ele foi castigado com um açoite.*

acolher a·co·***lher***
v. 1. Receber, abrigar: *o padre acolhia os pedintes na igreja.* 2. Aceitar: *o professor acolheu minha sugestão.*

acolhida a·co·***lhi***·da
s.fem. Recepção: *tive uma acolhida carinhosa, fui bem recebido por todos.*

acometer a·co·me·***ter***
v. 1. Arremeter, atacar, investir contra: *a fera acometeu contra o homem.* 2. Atingir, atacar: *a doença acometeu esses animais.*

acomodação a·co·mo·da·***ção***
s.fem. Dependências (de casa, hotel) onde pessoas podem ser alojadas: *vou providenciar a acomodação dos hóspedes.*
✣ *pl.* acomodações.

acomodado a·co·mo·***da***·do
adj. 1. Alojado, instalado: *os hóspedes estão acomodados nos quartos.* 2. Conformado com uma situação: *ele é um sujeito acomodado, não luta para melhorar de vida.*

acomodar a·co·mo·***dar***
v. 1. Pôr em boa ordem, arrumar, ajeitar: *vou acomodar minhas coisas no armário.* 2. Alojar: *preciso acomodar os hóspedes.*
v.pron. **acomodar-se** 3. Conformar-se com uma situação: *ele se acomodou no emprego.*

acompanhar a·com·pa·***nhar***
v. 1. Ir com alguém: *vou acompanhar você até a escola.* 2. Fazer acompanhamento musical: *o pianista acompanhou o cantor.* 3. Observar atentamente: *estou acompanhando o progresso desse aluno.*

aconchegar a·con·che·***gar***
v. Ajeitar com carinho, acomodar confortavelmente: *a mulher aconchegou o filho no colo.*

aconselhar a·con·se·***lhar***
v. Dar conselhos, dizer a uma pessoa o que achamos que ela deve fazer: *eu te aconselho a continuar os estudos.*
→ Veja também **desaconselhar**.

aconselhável a·con·se·***lhá***·vel
adj.masc.fem. Recomendável: *é aconselhável que você faça os exercícios.*
✣ *pl.* aconselháveis.
→ Veja também **desaconselhável**.

acontecer a·con·te·***cer***
v. Ocorrer: *aconteceu um fato curioso ontem.*

acontecimento a·con·te·ci·***men***·to
s.masc. Fato, ocorrência: *essa vitória foi o acontecimento mais importante na vida do nosso clube.*

acordar a·cor·***dar***
v. Despertar: *hoje ele acordou cedo.*

acordeão a·cor·de·***ão***
s.masc. *Mús.* Instrumento com teclado e botões, que se apóia ao peito e sobre as pernas quando tocado: *o acordeão é ouvido de norte a sul do Brasil.*
✣ *pl.* acordeões.

acordeonista a·cor·de·o·***nis***·ta
s.masc.fem. Pessoa que toca acordeão: *ele é um acordeonista famoso.*

acordo a·***cor***·do (ô)
s.masc. Bom entendimento: *vocês deviam chegar a um acordo e parar de discutir.*
✣ *pl.* acordos (ô).

acorrentado a·cor·ren·***ta***·do
adj. Preso com corrente: *o cachorro estava acorrentado.*

acorrentar a·cor·ren·***tar***
v. Prender com corrente: *ele acorrentou o animal.*

acorrer a·cor·***rer***
v. Vir apressadamente (para socorrer, observar, refugiar-se, etc.): *centenas de pessoas acorreram ao local do acidente.*

acostumar a·cos·tu·***mar***
v. 1. Habituar alguém a fazer alguma coisa: *ele acostumou a filha a levantar cedo todos os dias.*
v.pron. **acostumar-se** 2. Habituar-se, pegar o costume de fazer alguma coisa: *ele se acostumou a dar uma caminhada todas as tardes.*

A

35

Você observou que *açoite* é a primeira palavra da página e *acostumar* é a última. Essa informação é muito útil, porque ajuda a encontrar mais rapidamente a página onde está a palavra que você procura.

Se você estiver procurando a palavra *acordar*, por exemplo, logo perceberá que ela se encontra nessa página, pois *acordar* se encaixa entre *açoite* e *acostumar*. Mas, se estiver procurando a palavra *adorno*, você não a achará nessa página, porque *adorno* não se encaixa entre *açoite* e *acostumar*.

Como aproveitar bem este dicionário

Além de explicar o significado das palavras, este dicionário dá muitas outras informações que vão ampliar seu conhecimento da língua portuguesa. Veja, por exemplo, quantas informações úteis há nestes verbetes:

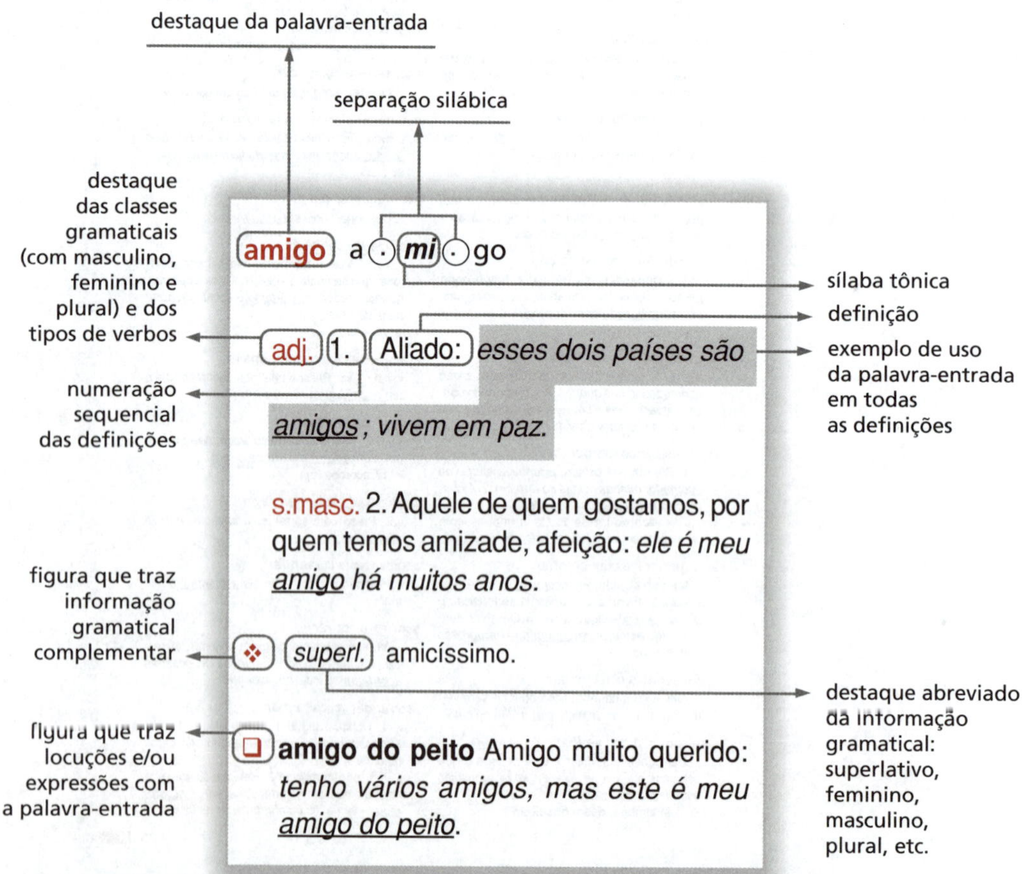

sílabas tônicas das palavras compostas

amigo-da-onça a · *mi* · go - da - *on* · ça

s.masc. Amigo falso: *ele parecia um amigo sincero, mas me prejudicou e mostrou que, no fundo, é um amigo-da-onça.*

amistoso a · mis · ***to*** · so (ô) → pronúncia do **o**, do **e** e do ***x*** no interior das palavras

adj. 1. Amigável, que expressa amizade: *ele agiu de modo amistoso.*

s.masc. 2. *Esp.* Jogo que não vale pontos, que não faz parte de um torneio ou campeonato: *vamos jogar um amistoso contra o seu time; vai valer apenas como treinamento.*

→ áreas de conhecimento mais conhecidas

amizade a·mi·***za***·de

s.fem. Estima, afeição: *tenho amizade por ele, eu o considero meu amigo.*

→ Veja também **inimizade**.

→ figura que destaca palavras relacionadas à palavra-entrada

anfíbio an · ***fí*** · bi : o → junção ou separação silábica, isto é, nesse caso a pronúncia pode variar, ocorrendo ditongo ou hiato.

adj. *Zool.* Animal que nasce na água e, depois de adulto, vive também em terra: *o sapo é um animal anfíbio.*

◎ Anfíbio é palavra formada de *anfi* (por ambos os lados) + *bio* (vida); portanto, anfíbio significa *aquele que pode viver por ambos os lados*, isto é, na terra e na água.

figura que indica texto sobre a origem da palavra-entrada

quadro que vem sempre com essa origem

palavras-entradas iguais, mas com sentido diferente

aterrar[1] a·ter·***rar***

v. Aterrorizar, apavorar: *o início da guerra aterrou a população da cidade.*

aterrar[2] a·ter·***rar***

v. Encher de terra: *os homens vão aterrar essa lagoa; vão transformá-la num aterro.*

Informações gramaticais

Sílaba

Quando pronunciamos uma palavra, percebemos que ela pode ser dita em várias emissões de voz. Por exemplo:

medicina – me·di·ci·na

escola – es·co·la

mesa – me·sa

Cada uma dessas partes das palavras recebe o nome de *sílaba*.

Há palavras que só têm uma sílaba, como *fé, pó, mão, cor,* etc.

Classificação das palavras conforme o número de sílabas

Conforme o número de sílabas que apresentam, as palavras podem ser classificadas em:

- **monossílabas** – quando têm apenas uma sílaba: *dor, mal, bem, fim,* etc.
- **dissílabas** – quando têm duas sílabas: *casa, papel, livro, bola,* etc.
- **trissílabas** – quando têm três sílabas: *janela, caneta, paletó, cavalo,* etc.
- **polissílabas** – quando têm quatro ou mais sílabas: *perigoso, papelada, modificação, jornalista,* etc.

Sílaba tônica e sílaba átona

A sílaba tônica de uma palavra é aquela que é pronunciada mais fortemente que as outras, que são chamadas de átonas. Veja os exemplos:

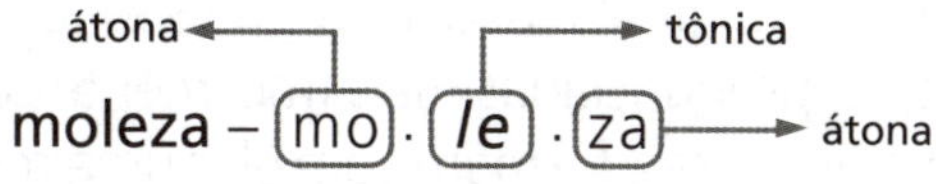

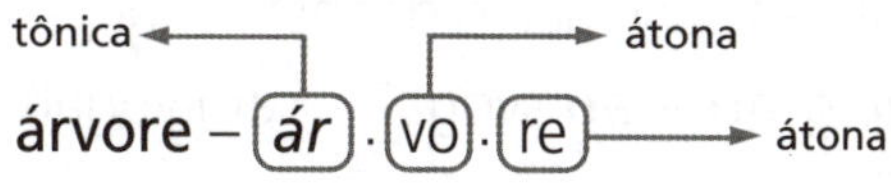

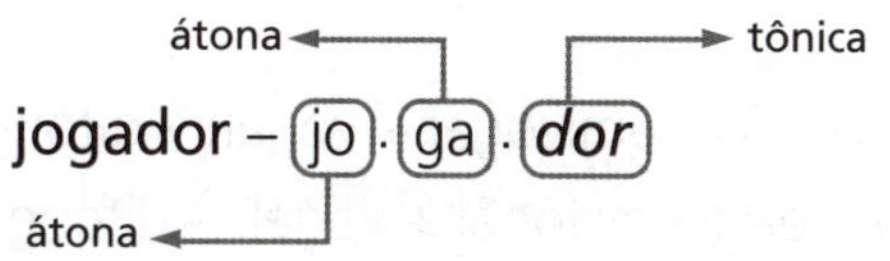

Como você viu nos exemplos, nem sempre a sílaba tônica é acentuada graficamente. O emprego dos acentos gráficos segue regras específicas (que veremos daqui a pouco).

Classificação das palavras conforme a posição da sílaba tônica

Conforme a posição da sílaba tônica, as palavras podem ser classificadas em:

- **oxítonas** – quando a sílaba tônica é a última:
  *ca**fé***, *co**lar***, *fe**roz***, *condu**ção***, *fi**nal***, ***pó***, ***é***, ***vós***, etc.

- **paroxítonas** – quando a sílaba tônica é a penúltima:
  *a**mi**go*, *pe**da**ço*, *ca**der**no*, ***ma**la*, *ja**ne**la*, etc.

- **proparoxítonas e proparoxítonas aparentes** – quando a sílaba tônica é a antepenúltima:
  ***fá**brica*, ***tí**mido*, ***má**ximo*, *es**pí**rito*, ***mú**sica*, *e**té**reo*, *Is**lân**dia*, *a**mên**doa*, ***lín**gua*, etc.

Encontros vocálicos

Para separar corretamente as sílabas de uma palavra, você deve conhecer os *encontros vocálicos*:

- **ditongo** – é o encontro de uma vogal e de uma semivogal (ou vice-versa) numa mesma sílaba. Semivogais são as vogais ***i***, ***e*** (com som de *i*) e ***u*** que, pronunciadas mais fracamente com as vogais ***a***, ***e*** e ***o***, que são mais fortes, formam com elas uma mesma sílaba. Se a vogal vem antes da semivogal, o ditongo é *decrescente*. Se a semivogal vem antes da vogal, o ditongo é *crescente*. Exemplos:

  degrau – de·gr***au*** – ***au*** (vogal + semivogal) – ditongo decrescente

  colmeia – col·m***ei***·a – ***ei*** (vogal + semivogal) – ditongo decrescente

  pátio – pá·t***io*** – ***io*** (semivogal + vogal) – ditongo crescente

  área – á·r***ea*** – ***ea*** (semivogal + vogal) – ditongo crescente

- **tritongo** – é o encontro de uma semivogal com uma vogal e outra semivogal numa mesma sílaba. Há pouquíssimos tritongos em nossa língua. Exemplo:

  Uruguai – U·ru·g***uai*** – ***uai*** (semivogal + vogal + semivogal) – tritongo

- **hiato** – é uma sequência de duas vogais numa mesma palavra, mas em sílabas diferentes. Exemplos:

  juízes – j***u***·***í***·zes   saída – s***a***·***í***·da

  vazio – va·z***i***·***o***   ciúme – c***i***·***ú***·me

  Os *ditongos crescentes* também podem ser considerados *hiatos*. Assim, as palavras com tais ditongos admitem duas maneiras de separar as sílabas. Exemplo:

  pátio – pá·t***io***   pátio – pá·t***i***·***o***

Regras da divisão silábica

- **Não se separam** os *ditongos* e *tritongos*. Exemplos:

carteira – car·t***ei***·ra	Paraguai – Pa·ra·g***uai***
irmão – ir·m***ão***	dourado – d***ou***·ra·do
fogaréu – fo·ga·r***éu***	couro – c***ou***·ro

- **Separam-se** as vogais de um *hiato*. Exemplos:

rainha – r***a***·***i***·nha | sair – s***a***·***i***r
macio – ma·c***i***·***o*** | duelo – d***u***·***e***·lo
raízes – r***a***·***í***·zes | saúde – s***a***·***ú***·de

- Quando uma palavra paroxítona termina por ditongo crescente, este pode ser lido como hiato. Exemplos:

rádio – rá·d***io*** ou rá·d***i***·***o***

- **Não se separam** as letras dos grupos *ch, lh, nh*. Exemplos:

chorar – ***ch***o·rar | ficha – fi·***ch***a
telha – te·***lh***a | galho – ga·***lh***o
manhoso – ma·***nh***o·so | sonho – so·***nh***o

- **Não se separa** a consoante inicial de uma palavra se ela for seguida de outra consoante. Exemplos:

psicologia – ***ps***i·co·lo·gi·a | pneumático – ***pn***eu·má·ti·co

- **Separam-se** as letras dos grupos *rr, ss, cc, cç, sc, sç, xc*. Exemplos:

barro – ba***r***·***r***o | ficção – fi***c***·***ç***ão
terra – te***r***·***r***a | descer – de***s***·***c***er
passar – pa***s***·***s***ar | desço – de***s***·***ç***o
assado – a***s***·***s***a·do | excelente – e***x***·***c***e·len·te
confeccionar – con·fe***c***·***c***i·o·nar | exceção – e***x***·***c***e·ção

- **Separam-se** as consoantes seguidas que pertencem a sílabas diferentes. Exemplos:

admirar – a***d***·***m***i·rar | advogado – a***d***·***v***o·ga·do
digno – di***g***·***n***o | adjunto – a***d***·***j***un·to
carta – ca***r***·***t***a | observar – o***b***·***s***er·var
instrução – in***s***·***t***ru·ção | raptar – ra***p***·***t***ar

Regras da acentuação gráfica

O acento agudo (´) sobre a vogal indica que ela tem som aberto. Exemplos: *pé, avó, lápis*.

O acento circunflexo (^) sobre a vogal indica que ela tem som fechado. Exemplos: *mês, avô, lâmpada*.

- **Acentuam-se** todas as palavras *proparoxítonas*. Exemplos:

célebre	*cantávamos*
centímetro	*sonhávamos*
dúvida	*queríamos*
fantástico	*falássemos*

Essa regra inclui as chamadas proparoxítonas aparentes ou eventuais, que são as paroxítonas terminadas em ditongos crescentes (os quais podem ser lidos como hiatos). Exemplos:

glória
ingênuo
série
gêmeo

- **Acentuam-se** as palavras *oxítonas* terminadas em:

a(*s*) – *Pará, sofá, sofás, pás*
e(*s*) – *você, café, cafés, fé*
o(*s*) – *avó, avô, paletós, pôs*
em(**ens**) – *armazém, ninguém, parabéns*
ditongos abertos *éi*(*s*), *éu*(*s*), *ói*(*s*) – *papéis, troféu, troféus, herói, heróis*

Essa regra vale também para as *formas verbais* seguidas dos pronomes *lo, la, los, las*. Exemplos:

pegá-lo	*vendê-los*
dizê-la	*escrevê-las*
compô-la	*negá-los*

- **Acentuam-se** as palavras *oxítonas* terminadas em *i(s)* ou *u(s)*, apenas quando essas letras forem precedidas de vogal. Exemplos:

i(s) – *Havaí, país, saí* **u(s)** – *baú, baús, Jaú*

Essa regra vale também para as *formas verbais* seguidas dos pronomes *lo, la, los, las*. Exemplos:

atraí-lo	*atraí-los*
substituí-la	*substituí-las*

- **Acentuam-se** as palavras *paroxítonas* terminadas em:

ão(s), ***ã(s)*** – *órfão, órfãos, órfã, órfãs*

ei(s) – *jóquei, jóqueis*

i(s) – *júri, lápis*

us – *vírus, bônus*

um(uns) – *álbum, álbuns*

ps – *bíceps, fórceps*

r – *cadáver, mártir*

x – *tórax*

n – *hífen*

on(s) – *elétron, elétrons, nêutron, nêutrons*

l – *difícil, hábil*

Não se acentuam as palavras *paroxítonas* terminadas em *i* ou *r*, como *super, anti, hiper, semi, inter, multi,* etc., que formam palavras compostas. Exemplos:

semi-extensivo	*super-homem*
anti-higiênico	*inter-hemisférico*

- **Acentuam-se** os *monossílabos tônicos*:

que terminam em *a*(*s*), *e*(*s*), *o*(*s*). Exemplos:

lá, gás, pé, mês, pó, nós

que tenham os ditongos abertos *éis*, *éu*(*s*), *ói*(*s*). Exemplos:

réis, céu, céus, mói

- Nas paroxítonas, acentuam-se o *i* e *u tônicos*, quando formam hiato com a vogal anterior e desde que estejam sozinhos na sílaba ou acompanhados apenas de *s*. Exemplos:

saúde	*saída*	*caímos*
gaúcho	*faísca*	*caíram*

1. Não se acentuam o *i* e *u* se eles forem seguidos de *nh*. Exemplos:

rainha *moinho*

2. Se o *i* ou *u* vier depois de um ditongo, não será acentuado. Exemplo:

feiura

Acento diferencial

Atenção para os acentos que diferenciam os pares de palavras a seguir:

- **pôde** – é uma forma do verbo *poder* no passado, na 3ª pessoa do singular. Exemplo: ele *pôde* entrar.

  Leva acento para se diferenciar de **pode (ó)**, forma do verbo *poder* no presente, na 3ª pessoa do singular. Exemplo: ele *pode* entrar.

- **pôr** – é um verbo. Exemplo: vou *pôr* o cheque na carteira.

  Leva acento para diferenciar-se da preposição **por**. Exemplo: vou à escola *por* essa rua.

- **têm** – é uma forma do verbo *ter* no presente, na 3ª pessoa do plural. Exemplo: eles *têm* sede.

  Leva acento para diferenciar-se de **tem**, forma da 3ª pessoa do singular. Exemplo: ele *tem* sede.

- **vêm** – é uma forma do verbo *vir* no presente, na 3ª pessoa do plural. Exemplo: eles *vêm* à escola.

  Leva acento para diferenciar-se de **vem**, forma da 3ª pessoa do singular. Exemplo: ele *vem* à escola.

Quê

Quando a palavra *que* é tônica, isto é, fortemente pronunciada, deve ser acentuada. Isso ocorre nos seguintes casos:

- **Quando** é o nome da letra *q*. Exemplo:
  Faça um *quê* minúsculo.

- **Quando** é usada como *substantivo*, significando alguma coisa. Exemplo:
  Havia um *quê* de mistério naquele caso.
- **Quando** é usada como *interjeição*. Exemplo:
  Quê?! Ele não terminou o trabalho?
- **Quando** vem no *final de uma frase*. Exemplos:
  Ele está querendo o *quê*?
  Quero pagar a dívida, mas não tenho com *quê*.
- **Quando** faz parte da expressão *como quê*. Exemplos:
  Ela é vaidosa *como quê*.
  Malandro *como quê*, logo tentou enganar o pessoal.

Por que, por quê, porque, porquê

- **Por que** (separado e sem acento)

1. Usa-se no início de *frases interrogativas*. Exemplo:

   Por que o jogo foi adiado?

2. Usa-se sempre que acompanhar as palavras *motivo* ou *razão*. Exemplos:

   Ele não explicou *por que* motivo desistiu do curso.
   Ninguém sabe *por que* razão ele saiu do emprego.

   Às vezes, as palavras *razão* ou *motivo* estão subentendidas. Exemplos:

   Ele não explicou *por que* desistiu do curso.
   Ninguém sabe *por que* ele saiu do emprego.

3. Usa-se quando puder ser substituído por *para que* ou *pelo qual, pela qual, pelos quais, pelas quais*. Exemplos:

   Estou ansioso *por que* me contem toda a verdade.
   (*por que* = *para que*)
   Não sei as razões *por que* ele largou o emprego.
   (*por que* = *pelas quais*)
   Não sei o motivo *por que* ele me tratou tão mal.
   (*por que* = *pelo qual*)

- **Por quê** (separado e com acento)

  Usa-se no final de uma frase, equivalendo a *por que motivo*. Exemplos:

  Ela saiu da sala *por quê*?

  Ele mudou de cidade sem dizer *por quê*.

- **Porque** (junto e sem acento)

  Usa-se quando expressa ideia de causa ou explicação, equivalendo a *pois, uma vez que, porquanto*. Exemplos:

  Vou embora *porque* já é tarde.

  Não fui à festa *porque* fiquei doente.

- **Porquê** (junto e com acento)

  Usa-se quando é um *substantivo*, significando *causa* ou *motivo*. Nesse caso, admite o plural *porquês*. Exemplos:

  Não sei o *porquê* de sua atitude.

  Esse *porquê* ficou sem resposta.

  Tantos *porquês* ficaram sem resposta.

Acentuação dos nomes próprios

Os nomes próprios seguem as mesmas regras de acentuação que se aplicam às outras palavras. Mas, em documentos oficiais, as pessoas devem manter a escrita do nome tal como ele se encontra no registro civil, mesmo que isso contrarie as regras de acentuação. Entretanto, em documentos que não são oficiais, é preciso escrever segundo as regras vigentes.

Alguns exemplos de nomes de pessoas que devem ser acentuados: Amélia, Aloísio, Álvaro, Cecília, Célia, César, Cláudio, Débora, Dênis, Flávia, Inês, Letícia, Márcia, Mílton, Sérgio, Sílvia, Vítor.

Orientações ortográficas

Uma das utilidades do dicionário é resolver dúvidas de ortografia. Por isso, se você não souber como se escreve uma palavra, consulte o dicionário. Em nossa língua, não há regras que explicam como se escrevem todas as palavras, mas as orientações apresentadas a seguir podem ajudá-lo a resolver as dúvidas de ortografia mais comuns.

Usa-se Z (e não S)

Nos substantivos femininos formados a partir de certos adjetivos:

*belo – bel**eza***
*certo – cert**eza***
*delicado – delicad**eza***
*pobre – pobr**eza***
*macio – maci**ez***
*estúpido – estupid**ez***
*flácido – flacid**ez***
*surdo – surd**ez***

Usa-se S (e não Z)

1. Em certas palavras que indicam nacionalidade, títulos de nobreza e atividade humana:

*francês – franc**esa***
*inglês – ingl**esa***
*japonês – japon**esa***
*português – portugu**esa***
*marquês – marqu**esa***
*camponês – campon**esa***

2. Nos adjetivos formados de certos substantivos:

*gosto – gost**oso***
*sabor – sabor**oso***
*horror – horror**oso***
*medo – medr**oso***
*coragem – coraj**oso***
*perigo – perig**oso***

3. Depois de um ditongo:

*c**ois**a*
*p**ous**ar*
*p**ous**ada*
*rep**ous**o*

4. Nas formas conjugadas dos verbos **querer** e **pôr** (e também em *repor, transpor, compor, depor, dispor, opor,* etc.):

*qui**s***
*qui**s**esse*
*qui**s**er*
*qui**s**ermos*
*pô**s***
*pu**s**emos*
*pu**s**eram*
*repu**s**emos*
*transpu**s**eram*
*compu**s**emos*
*depô**s***
*opu**s**eram*

Usa-se S ou Z nos diminutivos

Há palavras que, no diminutivo, terminam em *sinho(a)* ou *zinho(a)*. Para ajudá-lo a resolver a maioria das dúvidas, aqui vão duas dicas:

1. Se a palavra terminar em *s* (ou *s + vogal*), no diminutivo temos *sinho(a)*:

mesa + ***inha*** – *mesinha*	*lápis* + ***inho*** – *lapisinho*
adeus + ***inho*** – *adeusinho*	*país* + ***inho*** – *paisinho*
coisa + ***inha*** – *coisinha*	*riso* + ***inho*** – *risinho*

2. Se a palavra for *oxítona* ou *monossílaba* e *não terminar em s*, no diminutivo temos *zinho(a)*:

botão + ***inho*** – *botãozinho*	*café* + ***inho*** – *cafezinho*
papel + ***inho*** – *papelzinho*	*mãe* + ***inha*** – *mãezinha*
pé + ***inho*** – *pezinho*	*pai* + ***inho*** – *paizinho*

Mas, com alguns substantivos no plural, no diminutivo temos *zinhos*:

papéis + ***inhos*** – *papeizinhos*
botões + ***inhos*** – *botõezinhos*
pães + ***inhos*** – *pãezinhos*

Usa-se ISAR ou IZAR

Para não errar a escrita de alguns verbos, pense na palavra de onde eles vêm.

1. Se a palavra termina em *s + vogal*, o verbo vai terminar em *isar*:

*l**iso*** – *al**isar***	*pesqu**isa*** – *pesqu**isar***
*anál**ise*** – *anal**isar***	*av**iso*** – *av**isar***

2. Se a palavra *não* termina em *s + vogal,* no verbo usa-se *izar:*

final – *final**izar***	*canal* – *canal**izar***
moderno – *modern**izar***	*atual* – *atual**izar***

Usa-se S (e não C)

Em certos adjetivos que indicam origem ou proveniência:

*para**ense***	*maranh**ense***
*cear**ense***	*parana**ense***
*amazon**ense***	*catarin**ense***

Usa-se C (e não S)

Nos substantivos terminados em *ância* e *ência*:

*toler**ância***	*eleg**ância***	*exist**ência***
*arrog**ância***	*intelig**ência***	*paci**ência***

Usa-se Ç (e não SS)

1. Nos substantivos formados a partir de alguns verbos:

salvar – salvação	*orientar – orientação*
preparar – preparação	*numerar – numeração*
classificar – classificação	*imaginar – imaginação*

2. Nos aumentativos:

ricaço	*dentuço*	*barcaça*

Usa-se SS (e não S)

Em algumas formas verbais:

falasse	*perdesse*	*amassem*
quisesse	*caísse*	*partisse*

Usa-se X (e não CH)

1. Depois de ditongo:

baixo	*faixa*	*ameixa*
caixa	*rebaixar*	*deixar*
caixote	*feixe*	*trouxa*
encaixar	*peixaria*	*frouxo*

2. Depois da sílaba inicial *en*:

enxada	*enxuto*	*enxugar*
enxoval	*enxaguar*	*enxotar*
enxame	*enxergar*	*enxurrada*

Mas com algumas palavras usa-se *ch*:

encharcar	*encher*
enchente	*enchimento*

Usa-se G (e não J)

Nos substantivos terminados em *ágio, égio, ígio, ógio, úgio*:

pedágio	*colégio*	*relógio*
contágio	*vestígio*	*refúgio*

Siglas e adjetivos correspondentes aos estados brasileiros

Estado	Sigla	Adjetivo correspondente
Acre	AC	acriano
Alagoas	AL	alagoano
Amapá	AP	amapaense
Amazonas	AM	amazonense
Bahia	BA	baiano
Ceará	CE	cearense
Espírito Santo	ES	espírito-santense (ou capixaba)
Goiás	GO	goiano
Maranhão	MA	maranhense
Mato Grosso	MT	mato-grossense
Mato Grosso do Sul	MS	mato-grossense-do-sul
Minas Gerais	MG	mineiro
Pará	PA	paraense
Paraíba	PB	paraibano
Paraná	PR	paranaense
Pernambuco	PE	pernambucano
Piauí	PI	piauiense
Rio de Janeiro	RJ	fluminense
Rio Grande do Norte	RN	rio-grandense-do-norte (ou potiguar)
Rio Grande do Sul	RS	rio-grandense-do-sul (ou gaúcho)
Rondônia	RO	rondoniense (ou rondoniano)
Roraima	RR	roraimense
Santa Catarina	SC	catarinense (ou barriga-verde)
São Paulo	SP	paulista
Sergipe	SE	sergipano
Tocantins	TO	tocantinense

Alguns numerais

Cardinais

um	1	vinte e um	21
dois	2	trinta	30
três	3	quarenta	40
quatro	4	cinquenta	50
cinco	5	sessenta	60
seis	6	setenta	70
sete	7	oitenta	80
oito	8	noventa	90
nove	9	cem	100
dez	10	cento e um	101
onze	11	duzentos	200
doze	12	trezentos	300
treze	13	quatrocentos	400
quatorze	14	quinhentos	500
quinze	15	seiscentos	600
dezesseis	16	setecentos	700
dezessete	17	oitocentos	800
dezoito	18	novecentos	900
dezenove	19	mil	1.000
vinte	20	milhão	1.000.000

Ordinais

primeiro	1º	vigésimo primeiro	21º
segundo	2º	trigésimo	30º
terceiro	3º	quadragésimo	40º
quarto	4º	quinquagésimo	50º
quinto	5º	sexagésimo	60º
sexto	6º	septuagésimo	70º
sétimo	7º	octagésimo	80º
oitavo	8º	nonagésimo	90º
nono	9º	centésimo	100º
décimo	10º	centésimo primeiro	101º
décimo primeiro (ou undécimo)	11º	ducentésimo	200º
décimo segundo (ou duodécimo)	12º	trecentésimo	300º
décimo terceiro	13º	quatrocentésimo	400º
décimo quarto	14º	quingentésimo	500º
décimo quinto	15º	seiscentésimo (ou sexcentésimo)	600º
décimo sexto	16º	septingentésimo	700º
décimo sétimo	17º	octingentésimo	800º
décimo oitavo	18º	nongentésimo	900º
décimo nono	19º	milésimo	1.000º
vigésimo	20º	milhonésimo	1.000.000º

Abreviaturas usadas neste dicionário

Nos dicionários, costumamos abreviar algumas palavras que se repetem muito para economizar espaço.

As abreviaturas deste dicionário foram reunidas em:

- **classes das palavras**, pois as palavras da língua se agrupam segundo características que as distinguem umas das outras;
- **áreas de conhecimento**, que são alguns dos assuntos humanos também agrupados por características próprias;
- **flexões e variedades da língua**, que dão conta das mudanças especiais das palavras no masculino, no feminino, no plural e também nas situações diferentes em que elas, as palavras, são empregadas (sentido figurado, gíria, popular).

Classes das palavras

Veja o que significam as classes de palavras no dicionário, pois elas aparecem como palavras-entradas.

adj. **adjetivo**

adj.masc.fem. **adjetivo masculino e feminino**, isto é, adjetivo que possui a mesma forma no masculino e no feminino, como *gentil*, *veloz*, etc.

adv. **advérbio**

art.def.fem. **artigo definido feminino**

art.def.masc. **artigo definido masculino**

art.indef.fem. **artigo indefinido feminino**

art.indef.masc. **artigo indefinido masculino**

interj. **interjeição**

num. **numeral**

prep. **preposição**

pron. **pronome**

s.fem. **substantivo feminino**

s.masc. **substantivo masculino**

s.masc.fem. **substantivo masculino e feminino**, isto é, substantivo que possui a mesma forma no masculino e no feminino, como *dentista*, *astronauta*, etc.

v. **verbo**

v.lig. **verbo de ligação**, isto é, verbo que indica estado em relação ao sujeito, como *ser*, *estar*, *permanecer*, etc.; um verbo pode ser de ação e de estado (de ligação) ao mesmo tempo, como *andar*, *ficar*, etc.

v.pron. **verbo pronominal**, isto é, existem verbos que podem ser pronominais, como *lavar* e *lavar-se*; o verbo é pronominal quando a pessoa faz e recebe a ação verbal (*eu me lavo*, *tu te lavas*, *ele* ou *você se lava*, etc.)

Áreas de conhecimento

Anat. Anatomia
Astr. Astronomia
Biol. Biologia
Bot. Botânica
Esp. Esporte
Geog. Geografia
Gram. Gramática
Hist. História
Inform. Informática
Med. Medicina
Mús. Música
Rel. Religião
Zool. Zoologia

Flexões e variedades da língua

aum. aumentativo
col. coletivo
dim. diminutivo
fem. feminino
fig. sentido figurado
gír. gíria
masc. masculino
pl. plural
pop. popular
superl. superlativo

Figuras

❑ Introduz locuções e expressões com a palavra-entrada.

❖ Introduz plurais, masculinos e femininos irregulares ou de difícil execução, além de observações gramaticais de natureza diversa.

→ Destaca palavras que se relacionam com a palavra-entrada.

◎ Indica texto sobre a origem da palavra-entrada.

A a

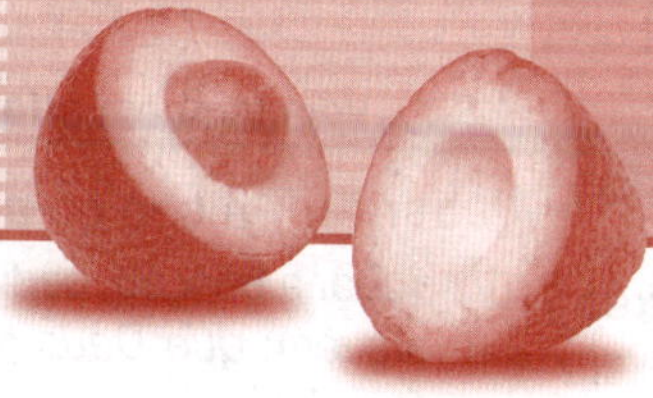

abacate

a[1]

s.masc. A primeira letra do alfabeto: A palavra abacaxi começa com a.

a[2]

prep. Liga duas outras palavras, estabelecendo uma relação de movimento entre elas: *vou a Santos*; de tempo: *cheguei a tempo de ouvir o discurso*; etc.

a[3]

art.def.fem. Palavra variável que vem antes do substantivo para indicar algo já conhecido de quem ouve: *a casa de Irene é muito grande.*

abacate a·ba·***ca***·te

s.masc. Fruto comestível de cor esverdeada, com polpa macia e grande caroço: *esse abacate está bem maduro.*

abacateiro a·ba·ca·***tei***·ro

s.masc. *Bot.* Árvore que produz abacate: *o abacateiro tem as folhas grandes e lisas.*

abacaxi a·ba·ca·***xi***

s.masc. 1. Fruto comestível de casca grossa com espinhos e polpa doce: *quero suco de abacaxi*. 2. *pop.* Coisa maçante, desagradável: *esse trabalho é um abacaxi*. 3. *pop.* Embrulhada, situação complicada: *não vai ser fácil resolver esse abacaxi*.

❖ *pl.* abacaxis.

abafar a·ba·***far***

v. 1. Sufocar, impedir a respiração normal: *o forte calor que fazia no quarto me abafava, não me deixando respirar direito*. 2. Amortecer, diminuir a intensidade: *feche a janela para abafar o barulho que vem da rua*. 3. *fig.* Impedir a divulgação: *eles tentaram abafar o escândalo*. 4. *gír.* Furtar, roubar: *abafaram minha carteira*. 5. *gír.* Destacar-se: *ela abafou na festa*.

abaixar a·bai·***xar***

v. 1. Tornar mais baixo: *o pedreiro vai abaixar meio metro daquele muro*. 2. Mover para baixo: *abaixe a mão*.

v.pron. **abaixar-se** 3. Curvar-se, inclinar-se: *ele se abaixou para amarrar os sapatos*.

abaixo a·***bai***·xo

adv. 1. Num ponto inferior: *no alto da escada havia um menino; logo abaixo, duas meninas pequenas*. 2. Em direção a um ponto inferior: *a canoa seguiu rio abaixo*.

interj. 3. Exclamação que exprime confronto, indignação, protesto: *abaixo a tirania!*

❑ **abaixo de** 1. Em posição inferior: *nessa tarefa, colocaram-me abaixo de Pedro*. 2. Menos que: *a temperatura estava abaixo de dois graus*. 3. Com menos: *crianças abaixo de cinco anos serão vacinadas*.

abaixo-assinado a·***bai***·xo-as·si·***na***·do

s.masc. Protesto ou pedido feito por escrito por muitas pessoas que, no final, assinam seus nomes: *os moradores do bairro fizeram um abaixo-assinado pedindo ao prefeito a construção de um posto médico*.

❖ *pl.* abaixo-assinados.

abajur a·ba·***jur***

s. masc. Peça que recobre lâmpadas para diminuir a luz muito forte: *ela acendeu a pequena lâmpada do abajur*.

❖ *pl.* abajures.

abalar a·ba·***lar***

v. 1. Fazer estremecer alguma coisa: *a explosão abalou as paredes da casa*. 2. *fig.* Chocar, comover profundamente: *a tragédia abalou a cidade*.

v.pron. **abalar-se** 3. Ficar chocado: *ele se abalou com a notícia*.

abalizado a·ba·li·***za***·do

adj. Competente: *ele conhece muito bem esse assunto; portanto, é um homem abalizado para falar sobre ele*.

abalroar a·bal·ro·***ar***

v. Chocar-se violentamente contra: *a lancha vinha em alta velocidade e abalroou o pequeno barco*.

A

abanar a·ba·***nar***

v. 1. Mover de um lado para o outro: *o cão abanava a cauda.*
v.pron. **abanar-se** 2. Fazer vento para refrescar-se: *como fazia calor, todos se abanavam com leques.*

abandonar a·ban·do·***nar***

v. 1. Deixar para sempre: *ele abandonou a casa onde morava.* 2. Deixar alguém sem cuidados, desamparar: *abandonaram esse cãozinho.* 3. Desistir de: *ela abandonou o curso de inglês.*

abarrotado a·bar·ro·***ta***·do

adj. Cheio, repleto: *o armário está abarrotado de comida.*

abastado a·bas·***ta***·do

adj. Rico, endinheirado: *aquele velho banqueiro é um homem abastado.*

abastecer a·bas·te·***cer***

v. Prover (daquilo que vamos usar): *antes de viajar, papai abastece o carro de combustível.*

abater a·ba·***ter***

v. 1. Matar: *o caçador abateu a fera.* 2. Cortar, derrubar: *funcionários da prefeitura abateram a velha árvore doente.* 3. Enfraquecer: *a febre abaterá a criança.* 4. Diminuir, descontar: *desse total, vamos abater uma pequena quantia.*
v.pron. **abater-se** 5. Ficar desanimado: *ele se abateu com a derrota.*

abdicar ab·di·***car***

v. 1. Abandonar o cargo, o poder: *o rei abdicou.* 2. Desistir (de direitos): *abdiquei do cargo de presidente.*

abdome ab·***do***·me

s.masc. Barriga, ventre: *o médico examinou seu abdome.*
❖ *pl.* abdomes. Também existe a forma **abdômen** (*pl.* abdômenes), que é pouco usada.

abdominal ab·do·mi·***nal***

adj.masc.fem. Do abdome: *região abdominal.*
❖ *pl.* abdominais.

abecedário a·be·ce·***dá***·ri:o

s.masc. Conjunto das letras que usamos para escrever: *aquela menina sabe dizer o abecedário de memória.*
→ Veja também **alfabeto**.

abençoar a·ben·ço·***ar***

v. Dar a bênção, pedir a proteção de Deus para alguém: *que Deus abençoe essa criança e a faça feliz.*
→ Veja também **benção**.

abertamente a·ber·ta·***men***·te

adv. Às claras, à vista de todos: *ele agiu abertamente, não escondeu nada de ninguém.*

abismado a·bis·***ma***·do

adj. Muito admirado: *fiquei abismado com o que vi.*

abismo a·***bis***·mo

s.masc. Precipício, lugar muito profundo: *as pedras rolaram do alto da montanha e caíram no abismo.*

abobalhado a·bo·ba·***lha***·do

adj. Com jeito de bobo: *fiquei abobalhado ao ouvir aquela notícia.*

abocanhar a·bo·ca·***nhar***

v. Pegar com a boca: *o gato abocanhou o pedaço de carne.*

abolição a·bo·li·***ção***

s.fem. Fim, extinção: *no dia 13 de maio de 1888, ocorreu a abolição da escravidão no Brasil.*

abolir a·bo·***lir***

v. Pôr fim, extinguir: *muita gente luta para abolir os pesados impostos brasileiros.*

abominar a·bo·mi·***nar***

v. Detestar, odiar: *a professora de português abomina o preconceito racial.*

abominável a·bo·mi·***ná***·vel

adj.masc.fem. Que se deve detestar, odiar: *a violência urbana é abominável.*
❖ *pl.* abomináveis.

abordar a·bor·***dar***

v. 1. Atacar pelos bordos, pelos lados: *os piratas abordaram o navio.* 2. Aproximar-se de alguém para falar-lhe: *os repórteres abordaram o artista assim que ele saiu do hotel.* 3. Tratar de: *o professor abordou esse assunto ontem.*

aborígine a·bo·***rí***·gi·ne

adj.masc.fem. Nativo, originário da terra onde vive: *a população aborígine dessa ilha utiliza a luz do Sol para aquecer suas casas.*

❖ Também existe a forma **aborígene**.

aborrecer a·bor·re·***cer***

v. 1. Amolar, importunar: *ele me aborreceu com aquela conversa.*

v.pron. **aborrecer-se** 2. Entediar-se: *como o filme não era interessante, o público logo se aborreceu.* 3. Chatear-se, ficar desgostoso: *aborreceu-se com as críticas que ouviu.*

aborrecido a·bor·re·***ci***·do

adj. 1. Chateado: *ele ficou aborrecido com o que eu disse.* 2. Maçante: *contou uma história longa e aborrecida.*

aborrecimento a·bor·re·ci·***men***·to

s.masc. Contrariedade, amolação: *a compra dessa bicicleta velha só me trouxe aborrecimento.*

aborto a·***bor***·to (ô)

s.masc. Dizemos que acontece um aborto quando a gestação é interrompida, de modo natural ou provocado, antes de o ser estar pronto para nascer: *o aborto é ilegal em muitos países.*

❖ *pl.* abortos (ô).

abotoar a·bo·to·***ar***

v. Fechar com botões: *abotoe sua camisa.*

→ Veja também **botão**.

abracadabra a·bra·ca·***da***·bra

s.fem. Palavra mágica que, ao ser pronunciada, realiza milagres ou coisas fantásticas: *quando o mago falou abracadabra, abriu-se um enorme buraco na montanha.*

abraçar a·bra·***çar***

v. Envolver com os braços: *ela abraçou o pai com todo o carinho.*

→ Veja também **braçal** e **braço**.

abrandar a·bran·***dar***

v. 1. Suavizar: *ele estava muito irritado, mas abrandou a voz para falar com a criança.* 2. Aliviar: *esse remédio vai abrandar suas dores.*

→ Veja também **brando**.

abrasador a·bra·sa·***dor***

adj. Ardente, muito quente, que queima: *dizem que este ano o verão será abrasador.*

→ Veja também **abrasar** e **brasa**.

abrasar a·bra·***sar***

v. Esquentar muito, queimar: *o sol forte abrasa a terra.*

→ Veja também **abrasador** e **brasa**.

abreviação a·bre·vi·a·***ção***

s.fem. Redução da forma de uma palavra: *moto é abreviação de motocicleta.*

❖ *pl.* abreviações.

→ Veja também **abreviatura**.

abreviar a·bre·vi·***ar***

v. 1. Encurtar: *ele abreviou a conversa.* 2. *Gram.* Diminuir: *ele abreviou a palavra Doutor, escrevendo Dr.*

→ Veja também **breve**.

abreviatura a·bre·vi·a·***tu***·ra

s.fem. Representação de uma palavra por meio de algumas de suas letras: *adj. é a abreviatura de adjetivo.*

→ Veja também **abreviação**.

abrigar a·bri·***gar***

v. 1. Acolher, dar abrigo: *vamos abrigar os viajantes.* 2. Proteger, amparar: *devemos abrigar os necessitados.*

v.pron. **abrigar-se** 3. Proteger-se: *ele se abrigou da chuva.*

abrigo a·***bri***·go

s.masc. 1. Local onde se fica protegido (da chuva, do frio, do perigo, etc.): *procuramos um abrigo durante a tempestade.* 2. Agasalho: *comprei um abrigo esportivo.*

abril a·***bril***

s.masc. O quarto mês do ano: *as provas do primeiro trimestre são em abril.*

→ Não confunda com **abriu**, do verbo abrir: *ele abriu a porta.*

abrilhantar a·bri·lhan·***tar***

v. Dar destaque a: *a apresentação do pianista abrilhantou a festa.*

→ Veja também **brilhante**.

abrir a·***brir***

v. 1. Separar o que está junto ou unido: *abrir uma porta, uma janela, etc.* 2. Iniciar, começar: *nossa escola abriu o desfile.* 3. Montar, instalar: *ele abriu uma loja de brinquedos.*
v.pron. **abrir-se** 4. Desabafar: *ele está triste e quer se abrir comigo, quer contar o que está sentindo.*

absoluto ab·so·***lu***·to

adj. Completo, sem limite: *tenho confiança absoluta em você.*

absolver ab·sol·***ver***

v. 1. Inocentar, declarar inocente: *o juiz absolveu o acusado.* 2. *Rel.* Perdoar pecados: *o padre absolveu o rapaz que se confessou.*
→ Não confunda com **absorver**, que tem outro significado.

absorto ab·***sor***·to (ô)

adj. Mergulhado em seus pensamentos, concentrado: *escrevia uma carta tão absorto que não percebeu a minha chegada.*

absorvente ab·sor·***ven***·te

adj.masc.fem. 1. Que absorve (um líquido): *material absorvente.* 2. Que ocupa inteiramente a atenção: *tarefa absorvente.*

absorver ab·sor·***ver***

v. 1. Puxar para dentro, chupar: *a esponja absorve a água.* 2. Consumir, gastar: *essa pesquisa absorveu muito tempo, demorou muito para ficar pronta.* 3. Compreender: *ele não absorveu nada da aula, não entendeu nada do que foi explicado.*
→ Não confunda com **absolver**, que tem outro significado.

abstêmio abs·***tê***·mi:o

adj. Que não toma bebidas alcoólicas: *homem abstêmio.*

absurdo ab·***sur***·do

adj. 1. Que não tem sentido, que não tem lógica: *resposta absurda.*
s.masc. 2. Tolice, disparate: *é um absurdo pensar que um gato pode falar.*

abundância a·bun·***dân***·ci:a

s.fem. Grande quantidade, fartura: *veja que abundância de frutas!*

abundante a·bun·***dan***·te

adj.masc.fem. Farto: *essa região é abundante em laranjas.*

abusar a·bu·***sar***

v. Fazer uso exagerado de alguma coisa: *faz mal abusar de doces.*

acabar a·ca·***bar***

v. Terminar: *acabei o serviço.*

academia a·ca·de·***mi***·a

s.fem. 1. Lugar onde se ensinam ou praticam esportes ou atividades físicas: *academia de ginástica, de judô, etc.* 2. Associação de pessoas que se dedicam à literatura, às ciências, etc.: *os escritores da cidade vão fundar uma academia de letras.*

acalanto a·ca·***lan***·to

s.masc. Canção de ninar: *ao som de acalantos, fez o bebê dormir.*

acalentar a·ca·len·***tar***

v. 1. Ninar, fazer dormir cantando: *ela acalentou o netinho em seus braços.* 2. *fig.* Alimentar um sonho, um desejo, etc.: *ele acalenta o sonho de ser médico há muito tempo.*

acalmar a·cal·***mar***

v. 1. Sossegar, deixar calmo: *o professor acalmou o aluno.* 2. Diminuir: *o remédio acalmou minhas dores.*

acamado a·ca·***ma***·do

adj. Que está na cama por motivo de doença: *ele pegou uma gripe muito forte e ficou acamado alguns dias.*

acampamento a·cam·pa·***men***·to

s.masc. Lugar onde há barracas ou acomodações para pessoas passarem algum tempo: *passamos as férias num acampamento perto da praia.*

acampar a·cam·***par***

v. Montar barraca no campo ou na praia e aí passar algum tempo: *vamos acampar nas férias.*

acanhado a·ca·***nha***·do

adj. 1. Envergonhado, tímido: *ele é um menino acanhado; sempre fica envergonhado na frente de estranhos.* 2. Pequeno: *o auditório da escola é acanhado, não tem lugar para todos esses alunos.*

ação a·***ção***

s.fem. 1. Fazer uma ação é agir: *ele fez uma boa ação, agiu bem.* 2. Efeito: *esse remédio tem ação rápida, logo produz efeito.*

❖ *pl.* ações.

acariciar a·ca·ri·ci·***ar***

v. Fazer carícia ou carinho: *ela passou a mão no rosto do filho, acariciando-o.*

acarretar a·car·re·***tar***

v. Provocar, causar: *a violência só acarreta mais violência.*

acaso a·***ca***·so

s.masc. Casualidade, aquilo que acontece sem a gente esperar: *o nosso encontro foi um acaso.*

❑ **por acaso** Sem querer, casualmente: *encontrei meu primo por acaso.*

acatar a·ca·***tar***

v. Respeitar, cumprir: *ele acatou as ordens.*

→ Veja também **desacatar**.

acautelar-se a·cau·te·***lar***-se

v.pron. Prevenir-se, tomar cuidado, agir com cautela: *você deve acautelar-se nesse caso.*

aceder a·ce·***der***

v. Aceitar: *ele acedeu ao nosso convite e veio à festa.*

aceitar a·cei·***tar***

v. 1. Concordar em receber o que é oferecido: *aceitei seu presente.* 2. Acatar: *aceito sua sugestão.*

aceitável a·cei·***tá***·vel

adj.masc.fem. Que se pode aceitar: *sugestão aceitável.*

❖ *pl.* aceitáveis.

→ Veja também **inaceitável**.

acelerar a·ce·le·***rar***

v. Aumentar a velocidade: *acelere o carro.*

→ Veja também **célere**.

acenar a.ce.***nar***

v. Fazer gestos, sinais ou acenos: *do outro lado da rua, ela acenava, pedindo que eu me aproximasse.*

→ Veja também **aceno**.

acendedor a·cen·de·***dor***

s.masc. Aquilo que serve para acender: *pegue o acendedor do fogão.*

❖ *pl.* acendedores.

acender a·cen·***der***

v. 1. Fazer pegar fogo: *vou acender um fósforo.* 2. Ligar: *acenda a luz.*

→ Veja também **aceso**. Não confunda com **ascender**, que tem outro significado.

aceno a·***ce***·no (ê)

s.masc. Gesto feito para comunicação: *ele me cumprimentou com um aceno de mão.*

→ Veja também **acenar**.

acento a·***cen***·to

s.masc. Sinal que se põe sobre a vogal de certas palavras; o acento pode ser agudo (como em *café*), circunflexo (como em *avô*) ou grave (como em *àquela*): *você sabe se essa palavra leva acento?*

→ Não confunda com **assento**, que tem outro significado.

acentuação a·cen·tu·a·***ção***

s.fem. Modo de acentuar: *estou estudando a acentuação das palavras.*

acentuar a·cen·tu·***ar***

v. 1. Pôr acento em uma palavra: *devemos acentuar a palavra sofá.* 2. Destacar: *ele acentuou a urgência desse trabalho.*

acepção a·cep·***ção***

s.fem. Sentido, significado: *qual é a acepção dessa palavra? O que ela quer dizer?*

❖ *pl.* acepções.

acercar-se a·cer·***car***-se

v.pron. Aproximar-se: *algumas pessoas acercaram-se de nós, perguntando o que estava acontecendo.*

acertar a·cer·***tar***

v. 1. Fazer certo: *ele acertou o cálculo.* 2. Atingir um certo ponto: *ele acertou o alvo.* 3. Regular: *vou acertar o relógio; ele está atrasado.* 4. Encontrar: *não consegui acertar o caminho.* 5. Combinar: *vou acertar um encontro com eles.*

A

acerto a·*cer*·to (ê)
s.masc. 1. Liquidação: acerto de contas. 2. Resposta correta: *tive mais acertos do que erros no teste.*

acervo a·*cer*·vo (ê)
s.masc. Conjunto das obras de uma biblioteca, de um museu, etc.: *o museu da minha cidade tem um rico acervo de fotografias antigas.*

aceso a·*ce*·so (ê)
adj. Que se acendeu: *fogo aceso.*
→ Veja também **acender**.

acessar a·ces·*sar*
v. *Inform.* Utilizar dados, arquivos ou programas armazenados em computador: *vou acessar meu arquivo de endereços.*

acessível a·ces·*sí*·vel
adj.masc.fem. 1. Que se pode alcançar ou atingir: *aquele lugar é acessível, podemos chegar até lá.* 2. Que se pode pagar: *preço acessível.*
❖ *pl.* acessíveis.

acesso a·*ces*·so (é)
s.masc. 1. Entrada: *sua casa tem acesso pelos fundos.* 2. Ataque (de tosse, de riso, etc.): *estávamos conversando quando, de repente, ela teve um acesso de tosse.*

achar a·*char*
v. 1. Encontrar: *achei uma moeda na rua.* 2. Considerar: *acho essa menina bonita.*
v.pron. **achar-se** 3. Estar: *ele se acha na sala.* 4. Considerar-se, julgar-se: *ele se acha muito bonito.* 5. *gír.* Sentir-se (o máximo): *aquela menina se acha.*

achatar a·cha·*tar*
v. Tornar chato, plano: *alguém sentou sobre o meu chapéu e o achatou.*

achegado a·che·*ga*·do
adj. Ligado, unido (falando-se de pessoas): *esse menino é muito achegado ao pai.*

acidental a·ci·den·*tal*
adj.masc.fem. Imprevisto, inesperado, casual: *nosso encontro foi acidental.*
❖ *pl.* acidentais.

acidentar-se a·ci·den·*tar*-se
v.pron. Sofrer um acidente e ferir-se: *o homem acidentou-se ao subir no telhado; ele escorregou, caiu e quebrou uma perna.*

acidente a·ci·*den*·te
s.masc. 1. Coisa ruim ou desagradável que acontece por acaso: *ele sofreu um acidente de carro.* 2. Irregularidade apresentada por um terreno: *essa chácara não é plana; tem muitos acidentes, muitos lugares altos e baixos.*

acinzentado a·cin·zen·*ta*·do
adj. Meio cinzento: *o céu está acinzentado.*

acionar a·ci:o·*nar*
v. 1. Pôr em funcionamento: *ele acionou o motor do carro.* 2. Incentivar, aumentar: *a abertura da nova loja acionou o movimento de automóveis no bairro.*

acirrar a·cir·*rar*
v. Irritar, exaltar: *a notícia acirrou o ânimo dos grevistas, fez com que eles ficassem mais nervosos.*

aclamar a·cla·*mar*
v. Aplaudir com entusiasmo, saudar com gritos: *o povo aclamou a escola de samba; foi uma aclamação impressionante durante todo o desfile.*

aclive a·*cli*·ve
s.masc. Ladeira, considerada de baixo para cima: *o carro não conseguiu subir esse aclive.*
→ Veja também **declive** e **ladeira**.

aço *a*·ço
s.masc. Liga de ferro bem dura e resistente: *a porta do cofre é feita de aço.*
→ Não confunda com **asso**, do verbo assar: *eu asso a carne.*

acocorar-se a·co·co·*rar*-se
v.pron. Ficar de cócoras, isto é, ficar agachado sobre os calcanhares: *o homem se acocorou na porta da casa.*

açoitar a·çoi·*tar*
v. Bater com açoite: *a fazendeira açoitou o animal.*

açoite a·***çoi***·te (ô)
s.masc. Chicote: *ele foi castigado com um açoite.*

acolher a·co·***lher***
v. 1. Receber, abrigar: *o padre acolhia os pedintes na igreja.* 2. Aceitar: *o professor acolheu minha sugestão.*

acolhida a·co·***lhi***·da
s.fem. Recepção: *tive uma acolhida carinhosa, fui bem recebido por todos.*

acometer a·co·me·***ter***
v. 1. Arremeter, atacar, investir contra: *a fera acometeu contra o homem.* 2. Atingir, atacar: *a doença acometeu esses animais.*

acomodação a·co·mo·da·***ção***
s.fem. Dependências (de casa, hotel) onde pessoas podem ser alojadas: *vou providenciar a acomodação dos hóspedes.*
❖ *pl.* acomodações.

acomodado a·co·mo·***da***·do
adj. 1. Alojado, instalado: *os hóspedes estão acomodados nos quartos.* 2. Conformado com uma situação: *ele é um sujeito acomodado, não luta para melhorar de vida.*

acomodar a·co·mo·***dar***
v. 1. Pôr em boa ordem, arrumar, ajeitar: *vou acomodar minhas coisas no armário.* 2. Alojar: *preciso acomodar os hóspedes.*
v.pron. **acomodar-se** 3. Conformar-se com uma situação: *ele se acomodou no emprego.*

acompanhar a·com·pa·***nhar***
v. 1. Ir com alguém: *vou acompanhar você até a escola.* 2. Fazer acompanhamento musical: *o pianista acompanhou o cantor.* 3. Observar atentamente: *estou acompanhando o progresso desse aluno.*

aconchegar a·con·che·***gar***
v. Ajeitar com carinho, acomodar confortavelmente: *a mulher aconchegou o filho no colo.*

aconselhar a·con·se·***lhar***
v. Dar conselhos, dizer a uma pessoa o que achamos que ela deve fazer: *eu te aconselho a continuar os estudos.*
→ Veja também **desaconselhar**.

aconselhável a·con·se·***lhá***·vel
adj.masc.fem. Recomendável: *é aconselhável que você faça os exercícios.*
❖ *pl.* aconselháveis.
→ Veja também **desaconselhável**.

acontecer a·con·te·***cer***
v. Ocorrer: *aconteceu um fato curioso ontem.*

acontecimento a·con·te·ci·***men***·to
s.masc. Fato, ocorrência: *essa vitória foi o acontecimento mais importante na vida do nosso clube.*

acordar a·cor·***dar***
v. Despertar: *hoje ele acordou cedo.*

acordeão a·cor·de·***ão***
s.masc. *Mús.* Instrumento com teclado e botões, que se apoia ao peito e sobre as pernas quando tocado: *o acordeão é ouvido de norte a sul do Brasil.*
❖ *pl.* acordeões.

acordeonista a·cor·de:o·***nis***·ta
s.masc.fem. Pessoa que toca acordeão: *ele é um acordeonista famoso.*

acordo a·***cor***·do (ô)
s.masc. Bom entendimento: *vocês deviam chegar a um acordo e parar de discutir.*
❖ *pl.* acordos (ô).

acorrentado a·cor·ren·***ta***·do
adj. Preso com corrente: *o cachorro estava acorrentado.*

acorrentar a·cor·ren·***tar***
v. Prender com corrente: *ele acorrentou o animal.*

acorrer a·cor·***rer***
v. Vir apressadamente (para socorrer, observar, refugiar-se, etc.): *centenas de pessoas acorreram ao local do acidente.*

acostumar a·cos·tu·***mar***
v. 1. Habituar alguém a fazer alguma coisa: *ele acostumou a filha a levantar cedo todos os dias.*
v.pron. **acostumar-se** 2. Habituar-se, pegar o costume de fazer alguma coisa: *ele se acostumou a dar uma caminhada todas as tardes.*

A

açougue a·*çou*·gue
s.masc. Lugar onde se vende carne para consumo: *comprei esses bifes no açougue*.

açougueiro a·çou·*guei*·ro
s.masc. Aquele que trabalha num açougue: *meu pai trabalha como açougueiro*.

acreditar a·cre·di·*tar*
v. Aceitar como verdadeiro: *você acredita naquilo que ele contou?*

acrescentar a·cres·cen·*tar*
v. 1. Adicionar, juntar: *depois da farinha, acrescente açúcar à massa do bolo*. 2. Dizer ou escrever em acréscimo, além do que já estava feito: *depois de assinar o bilhete, ele ainda acrescentou uma frase*.

acréscimo a·*crés*·ci·mo
s.masc. Aumento: *sobre essa quantia, há um acréscimo de dez reais*.

acriano a·cri·*a*·no
adj. 1. Que se refere ao estado do Acre: *várias tribos indígenas vivem em território acriano*.
s.masc. 2. Aquele que nasceu no Acre: *a floresta é muito importante para os acrianos*.

acrobacia a·cro·ba·*ci*·a
s.fem. Movimento difícil e perigoso: *o garçom fazia acrobacias com os copos*.

acrobata a·cro·*ba*·ta
s.masc.fem. Pessoa que faz acrobacia, que dá saltos perigosos e faz demonstrações de força e agilidade: *o público aplaudiu os acrobatas do circo*.

acuar a·cu·*ar*
v. Cercar (uma caça): *os cães acuaram o bicho e ele não conseguiu escapar*.

açúcar a·*çú*·car
s.masc. Substância doce extraída principalmente da cana-de-açúcar e da beterraba: *ele toma café com açúcar*.

açucarar a·çu·ca·*rar*
v. Adoçar com açúcar: *ele açucarou o café*.

açucareiro a·çu·ca·*rei*·ro
s.masc. 1. Recipiente para açúcar: *ponha o açucareiro na mesa*.
adj. 2. Que produz açúcar: *região açucareira*. 3. Que se refere ao açúcar: *comércio açucareiro*.

açude a·*çu*·de
s.masc. Grande reservatório de água, construído em lugares onde há períodos de muita seca: *no sertão é comum encontrar açudes*.

acudir a·cu·*dir*
v. Socorrer, ajudar: *vamos acudir os feridos*.

acumular a·cu·mu·*lar*
v. Juntar, amontoar: *ele acumulou papéis sobre a mesa*.

acurado a·cu·*ra*·do
adj. Cuidadoso: *o médico fez um exame acurado no paciente*.

acusar a·cu·*sar*
v. 1. Culpar: *ele acusou a menina de ter quebrado o vaso, mas ela se defendeu, dizendo ser inocente*. 2. Indicar, revelar: *o exame de sangue acusou a doença*.

acústica a·*cús*·ti·ca
s.fem. Qualidade da propagação do som em um ambiente: *o teatro da escola tem boa acústica; as pessoas que estão na platéia ouvem muito bem o que se diz no palco*.

adaga a·*da*·ga
s.fem. Espada de lâmina larga e curta, terminada em ponta: *tinha adagas e espadas em sua coleção de armas antigas*.

adágio a·*dá*·gi:o
s.masc. Provérbio, ditado: *"Quem tudo quer tudo perde", diz o adágio*.
→ Veja também **ditado** e **provérbio**.

adaptar a·dap·*tar*
v. 1. Ajustar, adequar: *vou adaptar uma pequena lâmpada a essa máquina*. 2. Passar um certo tipo de obra de arte para outro tipo de expressão artística: *ele quer adaptar esse livro para o cinema*.
v.pron. **adaptar-se** 3. Acomodar-se, ajustar-se: *ele vai se adaptar bem à nova escola*.

adaptável a·dap·*tá*·vel
adj.masc.fem. Que se pode adaptar: *peça adaptável*.
❖ *pl.* adaptáveis.

adega a·***de***·ga (é)
s.fem. Local, geralmente subterrâneo, onde se guardam vinhos e outras bebidas por algum tempo: *tenho vinhos raros em minha adega.*

adepto a·***dep***·to
adj. Seguidor: *ele é adepto daquela religião.*

adequado a·de·***qua***·do
adj. Apropriado: *essa roupa é adequada para o verão porque é bastante leve.*

adereço a·de·***re***·ço (ê)
s.masc. Enfeite (colar, brincos, pulseiras, etc.): *a dançarina comprou adereços para a sua apresentação.*

aderir a·de·***rir***
v. Aceitar participar (de um movimento, de uma comemoração, etc.): *muita gente aderiu à greve.*

adesivo a·de·***si***·vo
adj. Colante: *fita adesiva.*

adestrador a·des·tra·***dor***
s.masc. Treinador: *ele é um adestrador de cães.*
❖ *pl.* adestradores.

adestramento a·des·tra·***men***·to
s.masc. Treinamento: *ele é especialista em adestramento de cães.*

adestrar a·des·***trar***
v. Treinar: *aquele indiano sabe adestrar elefantes.*

adeus a·***deus***
s.masc. 1. Expressão de despedida (gesto ou palavra): *antes de partir, dei adeus aos amigos e familiares.*
interj. 2. Exclamação de despedida: adeus! Vou partir.
❖ *pl.* adeuses.

adiamento a·di·a·***men***·to
s.masc. Transferência para outro dia ou outra hora: *adiamento do jogo.*

adiantado a·di·an·***ta***·do
adj. 1. Colocado adiante, à frente de outros: *o jogador estava adiantado.* 2. Antes de outros: *ele chegou adiantado à festa.* 3. Bem avançado, perto do fim: *meu trabalho está adiantado.* 4. Evoluído, desenvolvido: *esta é uma cidade adiantada.* 5. Antecipado: *quero pagamento adiantado, antes de começar o serviço.* 6. Que marca uma hora posterior à hora presente: *meu relógio está adiantado; são duas horas e ele está marcando duas e meia.*

adiantar a·di·an·***tar***
v. 1. Fazer avançar ou progredir: *vou adiantar o trabalho.* 2. Mover para a frente os ponteiros do relógio: *ele adiantou o relógio uma hora.* 3. Antecipar, realizar antes do tempo previsto: *vamos adiantar a partida, vamos começá-la mais cedo.* 4. Trazer vantagem ou proveito: *não adianta ficar discutindo esse problema.* 5. Dizer antes, antecipar: *ele não quis adiantar o assunto.* 6. Andar mais rápido que o normal: *meu relógio adianta.*
v.pron. **adiantar-se** 7. Progredir bastante: *ele se adiantou nos estudos.*

adiante a·di·***an***·te
adv. 1. Na frente, à frente: *o hospital fica logo mais adiante.* 2. Para a frente: *vamos adiante.*

adiar a·di·***ar***
v. Deixar para outro dia: *como estava ameaçando chover, adiamos o passeio.*

adição a·di·***ção***
s.fem. Soma: *efetue essa adição.*
❖ *pl.* adições.
→ Veja também **adicionar**.

adicionar a·di·ci:o·***nar***
v. Juntar, acrescentar: *adicione duas colheres de açúcar à massa.*
→ Veja também **adição**.

adivinhar a·di·vi·***nhar***
v. 1. Predizer o futuro, dizer o que vai acontecer no futuro: *a cigana adivinhou com quem eu me casaria.* 2. Descobrir: *você é capaz de adivinhar quem mandou esse presente?*

adivinho a·di·***vi***·nho
s.masc. Aquele que é capaz de dizer o que vai acontecer no futuro: *meu tio é adivinho; já previu três fatos inesperados.*

adjacência ad·ja·***cên***·ci:a
s.fem. Vizinhança, proximidade: *ele foi visto nas adjacências do colégio.*

adjacente ad·ja·***cen***·te
adj.masc.fem. Próximo, vizinho: *ruas adjacentes.*

adjetivo ad·je·***ti***·vo
s.masc. *Gram.* Palavra que diz como o substantivo é, que dá a sua qualidade: *em "dia quente", "dia" é substantivo e "quente" é adjetivo.*

administrador ad·mi·nis·tra·***dor***
s.masc. Aquele que administra, que dirige: *administrador de empresas.*
❖ *pl.* administradores.

administrar ad·mi·nis·***trar***
v. Dirigir, governar: *o prefeito administra a cidade.*

admirar ad·mi·***rar***
v. 1. Apreciar, elogiar: *todos admiraram sua atitude.*
v.pron. **admirar-se** 2. Surpreender-se: *ele se admirou da minha resposta; não esperava que eu dissesse aquilo.*

admirável ad·mi·***rá***·vel
adj.masc.fem. Elogiável: *sua atitude foi admirável; parabéns!*
❖ *pl.* admiráveis. *superl.* admirabilíssimo.

admissível ad·mis·***sí***·vel
adj.masc.fem. Que se pode admitir ou tolerar: *essa é uma falha admissível, você está desculpado.*
❖ *pl.* admissíveis.
→ Veja também **inadmissível**.

admitir ad·mi·***tir***
v. 1. Reconhecer: *admito que estou errado.* 2. Permitir, tolerar: *não admito que você fale assim comigo.* 3. Contratar: *essa fábrica está admitindo novos empregados.*

admoestar ad·mo·es·***tar***
v. Repreender: *o pai admoestou o filho.*

adoçar a·do·***çar***
v. Tornar doce: *aí está o açúcar para você adoçar o café.*

adocicado a·do·ci·***ca***·do
adj. Levemente doce: *chá adocicado.*

adoecer a·do·e·***cer***
v. Ficar doente: *ele adoeceu durante a viagem.*

adoentado a·do·en·***ta***·do
adj. Um pouco doente: *hoje ele não parece bem, está desanimado, com o rosto abatido; deve estar adoentado.*

adolescência a·do·les·***cên***·ci:a
s.fem. Período de nossa vida que vai do fim da infância até o início da idade adulta: *ela tem quinze anos; está no auge da adolescência.*

adolescente a·do·les·***cen***·te
adj.masc.fem. 1. Que se refere à adolescência: *ele leva uma vida adolescente, como se tivesse dezoito anos.*
s.masc.fem. 2. Pessoa que está na adolescência: *de que tipo de música gostam os adolescentes de hoje?*

adorar a·do·***rar***
v. 1. Amar bastante: *ele adora os filhos.* 2. Cultuar: *esse povo adorava vários deuses.* 3. Gostar muito: *ele adora cinema.*

adorável a·do·***rá***·vel
adj.masc.fem. Encantador: *ele é um menino adorável, todos gostam dele.*
❖ *pl.* adoráveis.

adormecer a·dor·me·***cer***
v. Pegar no sono: *ele adormeceu vendo televisão.*

adorno a·***dor***·no (ô)
s.masc. Enfeite, ornamento: *comprei um adorno para a árvore de Natal.*
❖ *pl.* adornos (ô).

adotar a·do·***tar***
v. Cuidar de alguém como se fosse filho: *o casal adotou uma criança; a adoção foi autorizada pelo juiz.*

adotivo a·do·***ti***·vo
adj. 1. Que foi adotado: *criança adotiva.* 2. Aquele que adota: *eles são os pais adotivos dessa criança.*

adquirir ad·qui·***rir***
v. 1. Comprar: *adquiri um bom livro.* 2. Obter, ganhar: *adquiri muitos conhecimentos fazendo esse curso.*
→ Veja também **aquisição**.

adubar a·du·***bar***
v. Fertilizar com adubo: *ele vai adubar a terra do jardim.*

adubo a·***du***·bo
s.masc. Aquilo que se mistura à terra para que ela fique mais produtiva: *a jardineira usa folhas mortas como adubo.*

adular a·du·***lar***
v. Bajular, fazer de tudo para agradar alguém e assim conseguir algum benefício: *ele vive adulando o chefe para ter aumento de salário.*

adulto a·***dul***·to
adj. 1. Que já saiu da adolescência: *ele é uma pessoa adulta.* 2. Que já atingiu o crescimento pleno e pode reproduzir-se (falando de animais): *esse é um leão adulto.*
s.masc. 3. Aquele que está na idade adulta: *os adultos são responsáveis pela educação das crianças.*

adunco a·***dun***·co
adj. Curvo, em forma de gancho: *nariz adunco.*

advérbio ad·***vér***·bi:o
s.masc. *Gram.* Palavra invariável que modifica o sentido de um verbo, de um adjetivo ou de outro advérbio, expressando diferentes ideias (modo, lugar, tempo, etc.): *na frase "ele canta bem", "bem" é advérbio de modo.*

adversário ad·ver·***sá***·ri:o
adj. 1. Que está contra: *esse é o time adversário, o time que vai jogar contra nós.*
s.masc. 2. Rival, inimigo: *ele enfrentou o adversário.*

adversidade ad·ver·si·***da***·de
s.fem. Coisas contrárias, obstáculos, dificuldades: *para vencer na vida, ele superou muitas adversidades.*

advertência ad·ver·***tên***·ci:a
s.fem. 1. Repreensão: *o menino fez o que não devia e recebeu uma advertência do pai.* 2. Aviso: *o motorista ouviu com atenção a advertência do guarda sobre os perigos da estrada.*

advertir ad·ver·***tir***
v. 1. Repreender, criticar alguém por ter feito o que não devia: *o professor advertiu o aluno que estava brincando na aula.* 2. Avisar, informar: *a organização da peça advertiu a plateia sobre a duração do espetáculo.*

aéreo a·***é***·re:o
adj. 1. Que se desloca ou se movimenta no ar: *o avião é um veículo aéreo.* 2. *fig.* Distraído, desatento: *ele está sempre aéreo, não presta atenção em nada.*
→ Veja também **ar** e **arejar**.

aeromodelismo a·e·ro·mo·de·***lis***·mo
s.masc. Técnica de construção de aeromodelos, isto é, de miniaturas de aviões, helicópteros, etc.: *os jovens que gostam de aeromodelismo se reúnem no parque.*

aeronáutica a·e·ro·***náu***·ti·ca
s.fem. A aviação militar de um país: *ele vai seguir carreira na aeronáutica.*

aeronave a·e·ro·***na***·ve
s.fem. Nome que se dá a qualquer aparelho de navegação aérea: *o avião, o helicóptero e o ônibus espacial são aeronaves.*

aeroporto a·e·ro·***por***·to (ô)
s.masc. Lugar especialmente preparado para o pouso e a decolagem dos aviões: *levei meu primo ao aeroporto; hoje mesmo ele viaja para o Pará.*
❖ *pl.* aeroportos (ó).

afagar a·fa·***gar***
v. Acariciar, fazer carinhos em alguém: *vovó afaga o nenê.*

afago a·***fa***·go
s.masc. Carinho, carícia: *o nenê gosta dos afagos da vovó.*

afanar a·fa·***nar***
v. *gír.* Roubar: *afanaram minha carteira.*

afastar a·fas·***tar***
v. 1. Tirar de perto: *afaste a criança da janela.*
v.pron. **afastar-se** 2. Ficar longe, distanciar-se: *afaste-se da janela.*

afável a·***fá***·vel
adj.masc.fem. Amável, gentil, que trata bem os outros: *ela é uma garota afável.*
❖ *pl.* afáveis. *superl.* afabilíssimo.

afazeres a·fa·***ze***·res
s.masc.pl. Ocupações: *em vez de ficar conversando à toa, vá cuidar de seus afazeres.*
❖ A palavra **afazer** é mais usada no plural.

afeição a·fei·***ção***
s.fem. Estima, afeto: *todos têm afeição por ela.*

aferir a·fe·***rir***
v. 1. Conferir medidas (para ver se estão certas): *mamãe aferiu o comprimento do vestido.* 2. Comparar: *mamãe aferiu o comprimento de dois vestidos.*
→ Não confunda com **auferir**, que tem outro significado.

afetar a·fe·***tar***
v. 1. Fingir: *ele afeta indiferença pela menina, mas todos sabem que ele gosta dela.* 2. Prejudicar: *a doença afetou seus pulmões.* 3. Ter efeito sobre algo ou alguém: *suas críticas não me afetam.*

afetivo a·fe·***ti***·vo
adj. Carinhoso, amoroso: *ela agiu de modo afetivo, abraçando e beijando o filho.*

afeto a·***fe***·to (é)
s.masc. Ligação especial ou sentimento amoroso em relação a alguém, a um animal ou objeto; estima, afeição: *tenho grande afeto por ela.*

afetuoso a·fe·tu·***o***·so (ô)
adj. Carinhoso, amoroso: *ele foi afetuoso com a criança.*
❖ *fem.* afetuosa (ó). *pl.* afetuosos(ó), afetuosas(ó).

afiado a·fi·***a***·do
adj. 1. Que corta bem: *faca afiada.* 2. *fig.* Bem preparado: *ele está afiado para os exames.*

afinco a·***fin***·co
s.masc. Grande dedicação: *ele estudou com afinco.*

afirmar a·fir·***mar***
v. Declarar: *ele afirmou que amanhã não haverá prova.*

afirmativo a·fir·ma·***ti***·vo
adj. Positivo: *ele disse sim, sua resposta foi afirmativa.*

afixar a·fi·***xar*** (cs)
v. Fixar, pregar ou colar (cartaz, aviso, etc.): *o diretor vai afixar esse aviso no pátio.*

aflição a·fli·***ção***
s.fem. Sofrimento por estar muito preocupado: *a doença do filho causou aflição nos pais.*
❖ *pl.* aflições.

afligir a·fli·***gir***
v. Preocupar bastante, causar aflição ou inquietação a alguém: *a doença do filho afligiu os pais.*

aflito a·***fli***·to
adj. Muito preocupado, angustiado: *ele ficou aflito com o aumento das despesas mensais.*

afluente a·flu·***en***·te
s.masc. Rio que lança suas águas em outro: *o rio Negro é um afluente do rio Amazonas.*

afobar a·fo·***bar***
v. 1. Apressar uma pessoa, deixando-a nervosa: *não afobe os alunos.*
v.pron. **afobar-se** 2. Fazer alguma coisa apressadamente, precipitar-se: *o jogador não teve calma na hora de chutar; afobou-se e não fez o gol.*

afofar a·fo·***far***
v. Tornar fofo, macio: *o jardineiro afofou a terra.*

afogar a·fo·***gar***
v. 1. Matar por asfixia dentro da água: *o bandido tentou afogar o mocinho.*
v.pron. **afogar-se** 2. Morrer na água por asfixia: *não nade no rio; você pode afogar-se.*

afonia a·fo·***ni***·a
s.fem. Perda da voz: *o que provocou a afonia do professor? Por que ele ficou sem voz?*

afônico a·***fô***·ni·co
adj. Sem voz: *fiquei afônico por causa de uma forte gripe.*

afora a·***fo***·ra (ó)
adv. 1. Por toda a extensão de um certo espaço: *ele saiu andando pela estrada afora.* 2. Por toda a extensão do tempo: ele ficou procurando um amor pela vida *afora.*
prep. 3. Exceto, salvo, fora: *saíram todos, afora o menino.*

afortunado a·for·tu·***na***·do

adj. Feliz, que tem sorte na vida: *homem afortunado*.

→ Veja também **desafortunado**.

africano a·fri·***ca***·no

adj. Da África: *povo africano*.

s.masc. Aquele que nasceu na África: *quero conhecer a cultura dos africanos*.

afro-brasileiro ***a***·fro-bra·si·***lei***·ro

adj. Que se refere à África e ao Brasil: *música afro-brasileira*.

❖ *pl.* afro-brasileiros.

afrouxar a·frou·***xar***

v. Desapertar, deixar mais frouxo ou folgado: *vou afrouxar o nó da gravata; ele está muito apertado*.

afugentar a·fu·gen·***tar***

v. Espantar: *os gritos das crianças afugentaram os pássaros que estavam no jardim*.

afundar a·fun·***dar***

v. Ir ao fundo: *a canoa ficou cheia de água e afundou*.

agachar-se a·ga·***char***-se

v.pron. Abaixar-se: *ele se agachou para pegar o lápis do chão*.

agarrar a·gar·***rar***

v. 1. Segurar com força: *o policial agarrou o ladrão, não o deixando fugir*.

v.pron. **agarrar-se** 2. Segurar-se: *ele se agarrou em mim para não cair*.

agasalhar a·ga·sa·***lhar***

v. Cobrir ou proteger com agasalho: *está frio, vou agasalhar o nenê*.

agasalho a·ga·***sa***·lho

s.masc. Roupa que protege do frio ou da chuva: *está frio, vista um agasalho*.

agência a·***gên***·ci:a

s.fem. Lugar onde se executa algum serviço: *agência de correio, de banco, de publicidade*.

agenda a·***gen***·da

s.fem. Caderneta onde anotamos números de telefone, endereços, compromissos, tarefas, etc.: *vou anotar na agenda os telefones de meus colegas*.

ágil ***á***·gil

adj.masc.fem. Ligeiro, que se movimenta com facilidade e rapidez: *esse garoto é ágil; num instante subiu na árvore*.

❖ *pl.* ágeis. *superl.* agílimo ou agilíssimo.

agilidade a·gi·li·***da***·de

s.fem. Facilidade de movimentação, ligeireza: *a garota também tinha muita agilidade e subiu na árvore tão rápido quanto o garoto*.

agir a·***gir***

v. 1. Fazer alguma coisa: *precisamos agir antes que seja tarde*. 2. Comportar-se: *você agiu bem, fez o que era certo*. 3. Produzir efeito: *esse remédio age rapidamente*.

agitar a·gi·***tar***

v. 1. Mover de um lado para outro: *os torcedores agitavam as bandeiras dos seus times*. 2. Perturbar, causar alvoroço: *a notícia agitou a população da cidade*. 3. Sacudir: *agite o remédio antes de tomar*.

aglomerar-se a·glo·me·***rar***-se

v.pron. Juntar-se: *muitas pessoas aglomeravam-se na porta do cinema*.

agonia a·go·***ni***·a

s.fem. 1. Últimos momentos de alguém que está morrendo: *a agonia do doente foi muito dolorosa*. 2. Aflição: *era grande a agonia da mãe diante do filho doente*.

agonizante a·go·ni·***zan***·te

adj.masc.fem. Moribundo, que está morrendo: *o doente está agonizante*.

agonizar a·go·ni·***zar***

v. Estar na agonia, estar morrendo: *o doente agonizava*.

agosto a·***gos***·to (ô)

s.masc. O oitavo mês do ano: *vou tirar férias em agosto*.

> ◎ O nome desse mês foi dado pelos antigos romanos em homenagem ao imperador Augusto.

agradar a·gra·***dar***

v. Contentar, deixar satisfeito: *ganhei um presente que me agradou*.

→ Veja também **desagradar**.

A

agradável a·gra·***dá***·vel
adj.masc.fem. Que agrada, que dá prazer: *este lugar é muito agradável.*
❖ *pl.* agradáveis. *superl.* agradabilíssimo.
→ Veja também **desagradável**.

agradecer a·gra·de·***cer***
v. Dizer obrigado, mostrar gratidão: *eu o ajudei, e ele me agradeceu.*

agrado a·***gra***·do
s.masc. 1. Carinho: *o cãozinho gosta dos agrados da menina.* 2. Prazer, satisfação: *percebi, com agrado, que ele estava melhor de saúde.*
→ Veja também **desagrado**.

agrário a·***grá***·ri:o
adj. Que se refere ao campo, que acontece no campo, na zona rural: *o governo está estudando os problemas agrários do país.*

agravar a·gra·***var***
v. Tornar mais grave, piorar: *a chuva que peguei hoje agravou meu resfriado.*

agredir a·gre·***dir***
v. Atacar: *ele tentou agredir o menino, mas o guarda o impediu.*

agregar a·gre·***gar***
v. Associar, juntar: *eles agregaram o novo aluno ao grupo.*

agressão a·gres·***são***
s.fem. Ataque: *ele sofreu uma agressão, pois foi empurrado por dois rapazes e jogado ao chão.*
❖ *pl.* agressões.

agressivo a·gres·***si***·vo
adj. Que agride, que ofende: *ele ficou nervoso e teve uma atitude agressiva, xingando os colegas.*

agressor a·gres·***sor***
s.masc. Aquele que agride, que ataca: *o agressor foi preso pelo guarda.*
❖ *pl.* agressores.

agrícola a·***grí***·co·la
adj.masc.fem. Que se refere à agricultura: *cultivar a terra é uma atividade agrícola.*

agricultor a·gri·cul·***tor***
s.masc. Aquele que se dedica à agricultura, ao cultivo da terra: *meu avô foi agricultor, trabalhou no campo por muitos anos, plantando e colhendo.*
❖ *pl.* agricultores.

agricultura a·gri·cul·***tu***·ra
s.fem. Cultivo da terra: *a agricultura dá ao homem legumes, frutas e cereais.*

> ◎ Agricultura é palavra formada de *agri* (campo) + *cultura* (cultivo); portanto, agricultura significa *cultivo do campo.*

agrimensor a·gri·men·***sor***
s.masc. Aquele que mede grandes extensões de terra: *contratei um agrimensor para medir minha fazenda.*
❖ *pl.* agrimensores.

agronomia a·gro·no·***mi***·a
s.fem. Ciência que estuda a agricultura: *minha prima estuda agronomia.*

agrônomo a·***grô***·no·mo
s.masc. Especialista em agronomia: *o agrônomo ajuda o agricultor a cuidar das plantações.*

agrupar a·gru·***par***
v. Juntar num grupo: *o professor agrupou as crianças no pátio.*

água ***á***·gua
s.fem. Líquido natural, sem cor nem cheiro: *é importante beber pelo menos dois litros de água por dia.*
❑ **água potável** Água boa, que pode ser tomada pelas pessoas: *dessa torneira sai água potável; podemos beber sem medo.* **ficar com água na boca** Ficar com vontade, principalmente de comer alguma coisa: *quando viu os sanduíches, ela ficou com água na boca.* **ir por água abaixo** Falhar, não se realizar, não dar certo: *nossos planos foram por água abaixo.*
→ Veja também **aquático** e **aquoso**.

aguaceiro a·gua·***cei***·ro
s.masc. Chuvarada, pé-d'água: *peguei um aguaceiro e fiquei ensopado.*

aguar a·***guar***
v. Regar, molhar: *vou aguar as plantas.*

aguardar a·guar·***dar***
v. Esperar: *o público aguarda o início do filme.*

aguardente a·guar·***den***·te
s.fem. Bebida alcoólica forte que se pode fazer de cereais, frutas, etc.: *a aguardente brasileira é apreciada em vários países.*

> ◎ Aguardente é formada da união de duas palavras: *água* + *ardente* (que queima, que arde); portanto, aguardente significa *água que arde.*

aguçar a·gu·***çar***
v. Estimular: *a propaganda sobre o filme aguçou a curiosidade das pessoas para vê-lo.*

agudo a·***gu***·do
adj. 1. Pontiagudo: *lâmina aguda*. 2. Forte, intenso: *dor aguda*. 3. Fino: *voz aguda*.
❖ *superl.* agudíssimo ou acutíssimo.

aguentar a·guen·***tar***
v. Suportar: *você consegue aguentar esse peso?*

ah
interj. Palavra que, conforme a frase, pode expressar diferentes ideias (surpresa, alegria, tristeza, etc.): *ah! Que pena que a festa foi cancelada.*

ai
interj. Palavra que, conforme a frase, pode expressar diferentes ideias (dor, espanto, etc.): *ai! Machuquei meu dedo!*

aí a·***í***
adv. 1. Nesse lugar: *eu me sento aqui e você se senta aí.*
interj. 2. Palavra que indica aplauso, entusiasmo, apoio: *aí, pessoal, vamos ganhar esse jogo!*

aia ***ai***·a
s.fem. Criada e dama de companhia das antigas mulheres da nobreza: *nessa história, a princesa foi ajudada pela aia.*

aids (áidis)
s.fem. *Med.* Palavra inglesa que denomina infecção provocada por vírus e que pode deixar a pessoa sujeita a doenças: *a aids se tornou uma epidemia nas últimas décadas.*

ajeitar a·jei·***tar***
v. Arrumar, dar um jeito: *Que sala desarrumada! Vou ajeitar as coisas antes que as visitas cheguem.*

ajoelhar-se a·jo·e·***lhar***-se
v.pron. Ficar de joelhos dobrados: *ela se ajoelhou no chão para procurar o anel que tinha caído.*

ajuda a·***ju***·da
s.fem. Auxílio: *ele precisa de ajuda; não pode fazer o trabalho sozinho.*

ajudar a·ju·***dar***
v. Auxiliar: *vamos ajudar o colega a fazer o trabalho.*

ajuizado a·ju:i·***za***·do
adj. Que sabe o que faz, que tem juízo: *ele é um menino ajuizado, por isso não se mete em encrencas.*
→ Veja também **desajuizado**.

ajuntar a·jun·***tar***
v. Reunir, pôr junto: *ajunte os papéis que caíram da mesa.*

alado a·***la***·do
adj. Que tem asas: *os pássaros são animais alados.*

alagadiço a·la·ga·***di***·ço
adj. Que fica alagado ou coberto de água com frequência: *região alagadiça.*

alagar a·la·***gar***
v. Inundar, encher de água: *as fortes chuvas alagaram as ruas.*

alagoano a·la·go·***a***·no
adj. 1. Do estado de Alagoas: *população alagoana.*
s.masc. 2. Aquele que nasceu no estado de Alagoas: *esse alagoano adora sua terra.*

alambique a·lam·***bi***·que
s.masc. Aparelho que se usa na produção de aguardente: *meu pai fabrica boa cachaça em seu alambique.*

alambrado a·lam·***bra***·do
s.masc. Cerca de arame: *alguns torcedores pularam o alambrado do campo de futebol.*

A

alaranjado a·la·ran·***ja***·do
adj. Que tem a cor parecida com a cor da laranja: *camisa alaranjada.*

alargar a·lar·***gar***
v. Deixar mais largo: *vou alargar o vestido porque ele está muito apertado.*

alarido a·la·***ri***·do
s.masc. Gritaria: *ouviu-se um alarido na rua.*

alarmar a·lar·***mar***
v. Assustar, inquietar: *a notícia de que as águas do rio poderiam subir e inundar a cidade alarmou as pessoas.*

alarme a·***lar***·me
s.masc. Aviso, sinal de perigo: *quando soou o alarme, todos correram.*
→ Também existe a forma **alarma**.

◎ Alarme vem da expressão italiana *all'arme*, que significa *às armas*; era um grito avisando que era preciso pegar as armas, pois havia perigo.

alastrar a·las·***trar***
v. Espalhar: *o vento alastrou as chamas pela floresta, fazendo aumentar o incêndio.*

alazão a·la·***zão***
adj. Que tem cor de canela: *cavalo alazão.*
❖ *fem.* alazã. *pl.* alazões ou alazães, alazãs.

albergue al·***ber***·gue (é)
s.masc. 1. Hospedaria, casa onde se paga para comer e dormir: *quando fui à Europa, fiquei hospedado em albergues.* 2. Asilo onde se recolhem pessoas pobres que não têm onde morar: *no inverno, muitos mendigos passam a noite nos albergues da prefeitura.*

álbum ***ál***·bum
s.masc. Espécie de caderno ou livro em que se colam ou prendem fotografias, figurinhas, etc.: *eu completei meu álbum de figurinhas de modelos de carros.*
❖ *pl.* álbuns.

alcançar al·can·***çar***
v. Atingir: *ele pulou mas não conseguiu alcançar o galho da árvore.*

alçar al·***çar***
v. Erguer, levantar, suspender: *ela alçou o menino para que ele pudesse olhar pela janela.*

alcateia al·ca·***tei***·a
s.fem. Bando de lobos: *a alcateia faminta atacou as ovelhas.*

álcool ***ál***·co·ol
s.masc. 1. Líquido sem cor, inflamável (que pega fogo) e volátil (que evapora): *o álcool é usado para limpar vidros.* 2. Bebida alcoólica: *ele é viciado em álcool.*
❖ *pl.* álcoois.

alcoólico al·co·***ó***·li·co
adj. Que contém álcool: *bebida alcoólica.*

alcoolismo al·co·o·***lis***·mo
s.masc. Doença que leva uma pessoa a ficar viciada em bebida alcoólica: *meu avô sofria de alcoolismo.*

alcunha al·***cu***·nha
s.fem. Apelido: *Tiradentes era a alcunha de Joaquim José da Silva Xavier.*

aldeia al·***dei***·a
s.fem. Povoação (normalmente, de índios): *a expedição chegou até uma aldeia de índios no interior da floresta.*

alegar a·le·***gar***
v. Dar como desculpa: *ele alegou dor de cabeça e pediu para sair.*

alegoria a·le·go·***ri***·a
s.fem. Representação de uma ideia através de figuras, imagens, etc.; a ideia de justiça, por exemplo, é representada por uma figura de mulher com os olhos vendados, tendo nas mãos uma espada e uma balança; cada um desses elementos tem um significado: os olhos vendados representam a igualdade de todos perante a lei, pois a justiça é cega, não faz distinção entre as pessoas; a espada representa a força que a justiça deve ter para impor suas decisões; a balança representa o julgamento, a análise dos prós e contras: *dizemos, por isso, que essa figura de mulher é uma alegoria da justiça.*

alegórico a·le·***gó***·ri·co
adj. Que contém alegoria: *figura alegórica.*

alegrar a·le·***grar***
v. 1. Fazer alguém ficar alegre, contente: *o palhaço alegrou as crianças.*
v. pron. **alegrar-se** 2. Sentir-se alegre: *ela vai se alegrar com essa notícia.*

alegria a·le·***gri***·a
s.fem. Contentamento: *o palhaço trouxe alegria às crianças; elas se divertiram muito.*

aleijado a·lei·***ja***·do
adj. Que tem um defeito físico: *esse homem voltou aleijado da guerra, não consegue mais andar direito.*

aleijar a·lei·***jar***
v. Provocar defeito físico: *a explosão da bomba aleijou esse homem.*

aleluia a·le·***lui***·a
interj. Palavra que se usa para expressar grande alegria ou satisfação: *aleluia! Acabou a guerra!*

◎ Aleluia é uma palavra que se formou com base numa frase da língua hebraica, que significa *louvai a Deus*.

além a·***lém*** (ê)
adv. 1. Mais adiante, mais ao longe: *eu moro nesta rua, ele mora três ruas além.*
s.masc. 2. O outro mundo, o mundo dos mortos: *no filme, um fantasma vindo do além perseguia as pessoas.*
❑ **além de** 1. Mais adiante de: *não andou além de duzentos metros.* 2. Do outro lado de: *essa cidade fica além da montanha.* 3. Mais do que: *come além do que pode.*

alemão a·le·***mão***
adj. 1. Que se refere à Alemanha, um país da Europa: *homem alemão.*
s.masc. 2. Aquele que nasceu na Alemanha: *meu vizinho é um alemão.* 3. Língua falada na Alemanha: *ele está estudando alemão.*
❖ *fem.* alemã. *pl.* alemães, alemãs.

alerta a·***ler***·ta (é)
adj.masc.fem. 1. Atento, vigilante: *o guarda estava alerta.*
s.masc. 2. Aviso para tomar cuidado: *a sentinela deu o alerta.*

alertar a·ler·***tar***
v. Prevenir, avisar: *vou alertar o menino do perigo que está correndo.*

alfabetizar al·fa·be·ti·***zar***
v. Ensinar a ler e a escrever: *ela vai alfabetizar esses alunos.*

alfabeto al·fa·***be***·to (é)
s.masc. Conjunto das letras que usamos para escrever: *o nosso alfabeto tem 26 letras, que seguem esta ordem: a, b, c, d, e, f, g, h, i, j, k, l, m, n, o, p, q, r, s, t, u, v, w, x, y, z.*
→ Veja também **abecedário**.

alfaiataria al·fai·a·ta·***ri***·a
s.fem. Local de trabalho do alfaiate: *vá buscar suas camisas na alfaiataria.*

alfaiate al·fai·***a***·te
s.masc. Profissional que faz roupas para homens: *o alfaiate fez um terno para o meu pai.*

alfândega al·***fân***·de·ga
s.fem. Departamento do governo que fiscaliza as mercadorias que entram ou saem do país: *se comprar produtos fora do país, você deve passar pela alfândega.*

alforria al·for·***ri***·a
s.fem. Liberdade conseguida por um escravo: *muitos escravos compravam sua alforria.*

alforriar al·for·ri·***ar***
v. Dar liberdade a um escravo: *essa família vai alforriar seus escravos, eles vão ser homens livres.*

algarismo al·ga·***ris***·mo
s.masc. Símbolo que usamos para representar um número: *os algarismos arábicos são: 0, 1, 2, 3, 4, 5, 6, 7, 8, 9; os algarismos romanos são: I, V, X, L, C, D, M (um, cinco, dez, cinquenta, cem, quinhentos, mil).*

algazarra al·ga·***zar***·ra
s.fem. Gritaria: *estou ouvindo a algazarra das crianças no parque.*

algema al·***ge***·ma (ê)
s.fem. Argola de ferro com fechadura, usada para prender alguém pelo pulso: o *guarda prendeu o bandido com algemas.*
→ Veja também **algemar**.

A

algemar al·ge·***mar***
v. Prender com algemas: *ele vai algemar o ladrão.*
→ Veja também **algema**.

alheio a·***lhei***·o
adj. 1. Que pertence a outra pessoa: *não mexa nas coisas alheias*. 2. Distraído, indiferente: *ele pensava na namorada, alheio ao que acontecia à sua volta.*

aliança a·li·***an***·ça
s.fem. 1. Acordo, pacto: *esses países fizeram uma aliança e vão se ajudar*. 2. Anel de noivado ou casamento: *ele comprou uma aliança de ouro para a noiva.*

aliar a·li·***ar***
v. 1. Juntar, reunir: *ele aliou a força à esperteza e venceu o jogo.*
v.pron. **aliar-se** 2. Juntar-se, unir-se: *ele se aliou a nós, agora está do nosso lado.*

alicerce a·li·***cer***·ce (é)
s.masc. Base firme sobre a qual erguemos uma construção: *os pedreiros já fizeram o alicerce da casa.*

alienado a·li·e·***na***·do
adj. Que não sabe o que se passa à sua volta, que não conhece bem a realidade em que vive: *procure saber o que está acontecendo, não seja uma pessoa alienada!*

alienígena a·li·e·***ní***·ge·na
adj.masc.fem. 1. Que vem do exterior, de outro país. 2. Que vem de um lugar que está fora do nosso planeta: *no filme, criaturas alienígenas invadem o nosso planeta.*

alimentar a·li·men·***tar***
v. 1. Dar alimento, comida: *já alimentei o gato hoje.*
adj.masc.fem. 2. Que se refere à alimentação: *ele fez um regime alimentar.*

alimentício a·li·men·***tí***·ci:o
adj. Que serve para alimentar: *comprei vários produtos alimentícios no supermercado.*

alimento a·li·***men***·to
s. masc. Comida, aquilo que serve para conservar a vida: *ela foi comprar alimentos para a família.*

alinhado a·li·***nha***·do
adj. 1. Que está em linha, em fila: *os alunos estão alinhados no pátio*. 2. Elegante, bem vestido: *ele é um rapaz alinhado.*

alinhar a·li·***nhar***
v. Enfileirar, colocar em linha: *o diretor mandou alinhar os alunos no pátio.*

alisar a·li·***sar***
v. Tornar liso: *seus cabelos crespos são bonitos; por que você quer alisá-los?*

alistar a·lis·***tar***
v. 1. Pôr numa lista: *o treinador alistou os nomes dos jogadores que vão disputar o campeonato.*
v.pron. **alistar-se** 2. Apresentar-se para fazer o serviço militar: *ele vai se alistar no exército.*

aliviar a·li·vi·***ar***
v. Diminuir: *o remédio aliviou minhas dores.*

alívio a·***lí***·vi:o
s.masc. Diminuição daquilo que incomodava (dor, preocupação, etc.): *a mãe estava preocupada com a demora do filho e sentiu um alívio quando ele chegou.*

alma ***al***·ma
s.fem. Espírito; a parte não corpórea e invisível do ser humano: *dizem que somos formados de alma e corpo.*

almaço al·***ma***·ço
adj. Certo tipo de papel resistente, de folhas duplas, com linhas ou não: *vou escrever minha redação nessa folha de papel almaço.*

almejar al·me·***jar***
v. Desejar intensamente: *ele almeja o posto de capitão.*

almoçar al·mo·***çar***
v. 1. Fazer a refeição do meio do dia: *eles costumam almoçar às onze e meia*. 2. Comer no almoço: *hoje almocei peixe.*

almoço al·***mo***·ço (ô)
s.masc. Refeição que costumamos fazer no meio do dia: *hoje teremos carne no almoço.*
❖ *pl.* almoços (ô).

alojamento a·lo·ja·***men***·to
s.masc. Lugar onde se acomodam pessoas por algum tempo: *o alojamento dos atletas fica perto do ginásio de esportes.*

alojar a·lo·***jar***
v. Hospedar, acomodar: *vamos alojar esse menino em nossa casa durante as férias.*

alongar a·lon·***gar***
v. 1. Deixar mais longo, mais comprido: *o prefeito vai mandar alongar essa estrada.* 2. Fazer durar mais: *ele precisou alongar a reunião, que acabou muito tarde.*

aloprado a·lo·***pra***·do
adj. *pop.* Maluco, doido: *sujeito aloprado.*

alpinismo al·pi·***nis***·mo
s.masc. *Esp.* Esporte que consiste em escalar montanhas: *ele gosta de praticar alpinismo.*

◎ Alpinismo vem de Alpes, uma cadeia de montanhas da Europa; quem escalava os Alpes era um alpinista. Depois, a palavra passou a ser usada também para quem escala outras montanhas.

alpinista al·pi·***nis***·ta
s.masc.fem. Pessoa que pratica alpinismo: *minha avó foi uma alpinista famosa, uma das primeiras mulheres a escalar o Everest.*

alquebrado al·que·***bra***·do
adj. Fraco, abatido: *o velho, alquebrado pela idade, morava no sítio.*

alta ***al***·ta
s.fem. 1. *Med.* Licença para sair do hospital: *o médico deu alta para o menino, que já foi para casa.* 2. Aumento de preços: *alguns produtos tiveram uma alta esta semana.*

altar al·***tar***
s.masc. *Rel.* Mesa especial onde se celebram atos religiosos: *o altar da igreja foi arrumado para a missa.*
❖ *pl.* altares.

alteração al·te·ra·***ção***
s.fem. Mudança, modificação: *fizeram uma alteração no horário dos jogos.*
❖ *pl.* alterações.

alterar al·te·***rar***
v. 1. Modificar, mudar: *ele alterou os preços das mercadorias.*
v.pron. **alterar-se** 2. Ficar nervoso, irritado: *ele se alterou quando soube que tinha sido reprovado.*

alterável al·te·***rá***·vel
adj.masc.fem. Que se pode alterar: *a sua nota é alterável, você ainda pode melhorá-la.*
❖ *pl.* alteráveis.
→ Veja também **inalterável**.

alternar al·ter·***nar***
v. Revezar: *ele alterna o estudo com o descanso, isto é, um pouco estuda, um pouco descansa.*

alternativa al·ter·na·***ti***·va
s.fem. Escolha de uma entre duas coisas ou possibilidades: *você pode comer um sanduíche ou um pedaço de pizza; que alternativa você escolhe?*
→ Veja também **opção**.

alteza al·***te***·za (ê)
s.fem. Forma de tratamento usada com príncipes; nesse caso, usa-se letra inicial maiúscula e a forma Vossa, também com inicial maiúscula: *Vossa Alteza deverá entrar por essa porta.*
❖ A abreviatura de Vossa Alteza é V. A.

altitude al·ti·***tu***·de
s.fem. Altura de um ponto em relação ao nível do mar: *essa cidade fica a uma altitude de quinhentos metros.*

altivo al·***ti***·vo
adj. Orgulhoso: *mesmo derrotado, ele continuou altivo, com a cabeça levantada, olhando todo mundo de frente.*

alto ***al***·to
adj. 1. Elevado: *muro alto.* 2. Que tem grande estatura: *homem alto.* 3. Que soa forte: *som alto.*
s.masc. 4. Topo, o ponto mais elevado de alguma coisa: *ele chegou ao alto da montanha.*
❑ **por alto** Superficialmente, sem muita atenção: *ele olhou os documentos por alto; não examinou nada direito.*

alto-mar ***al***·to-***mar***
s.masc. Ponto do mar bem longe da costa e de onde não se avista mais a terra: *o barco foi encontrado em alto-mar.*

A

altruísmo al·tru·***ís***·mo
s.masc. Amor ao próximo: *auxiliando os necessitados você mostra altruísmo.*

altruísta al·tru·***ís***·ta
adj.masc.fem. Que revela altruísmo, dedicação ao próximo: *socorrer os necessitados é uma atitude altruísta.*

altura al·***tu***·ra
s.fem. 1. Tamanho de alguém ou alguma coisa, olhando-se de baixo para cima: *vamos medir a altura dessa porta.* 2. Determinado momento: *naquela altura da festa, a luz se apagou.*

alucinação a·lu·ci·na·***ção***
s.fem. Sofrer uma alucinação é imaginar ver coisas que não existem: *o intenso calor do deserto fez o homem ter uma alucinação.*
❖ *pl.* alucinações.

alucinante a·lu·ci·***nan***·te
adj.masc.fem. 1. Que alucina, que perturba a mente: *agitação alucinante.* 2. Que causa uma impressão forte e positiva: a festa estava *alucinante.*

alucinar a·lu·ci·***nar***
v. Deixar louco ou como louco: *a inveja muitas vezes alucina as pessoas.*

alugar a·lu·***gar***
v. 1. Pagar para poder usar, durante certo tempo, uma coisa que pertence a outra pessoa: *ele está procurando uma casa para alugar.* 2. Permitir que alguém use alguma coisa que nos pertence mediante o pagamento de certa quantia: *vou alugar minha casa para esse rapaz.*

aluguel a·lu·***guel***
s.masc. Quantia que se paga por uma coisa alugada: *o aluguel desse carro é muito alto.*
❖ *pl.* aluguéis.

alunissagem a·lu·nis·***sa***·gem
s.fem. Pouso na Lua: *o foguete fez uma alunissagem perfeita.*

alunissar a·lu·nis·***sar***
v. Pousar na Lua: *o foguete alunissou.*

aluno a·***lu***·no
s.masc. Discípulo, aquele que recebe lições de um mestre: *o professor e os alunos estão na sala de aula.*

alvará al·va·***rá***
s.masc. Documento de autorização ou licença: *para poder realizar o baile, o clube precisará do alvará da prefeitura.*

alvejar al·ve·***jar***
v. 1. Fazer uma coisa ficar branca: *ela precisa alvejar essa roupa.* 2. Atingir, acertar (um alvo): *o caçador tentou alvejar o animal mas falhou.*
→ Veja também **alvo**.

alvo ***al***·vo
adj. 1. Branco, claro: *ele tem a pele alva.*
s.masc. 2. Ponto que se procura atingir: *ele atirou a flecha bem no alvo.*
→ Veja também **alvejar**.

alvorada al·vo·***ra***·da
s.fem. Aurora, claridade que vemos no céu um pouco antes do nascer do Sol: *adoro acordar bem cedo para ver a alvorada.*

alvorecer al·vo·re·***cer***
v. Amanhecer: *ele saiu bem cedo, ainda estava alvorecendo.*

alvoroçar al·vo·ro·***çar***
v. Agitar, perturbar, inquietar: *a notícia alvoroçou a cidade.*

ama ***a***·ma
s.fem. Mulher que toma conta dos filhos de outras pessoas: *antigamente, as amas criavam os filhos das famílias ricas.*
→ Veja também **ama-de-leite** e **ama-seca**.

amabilidade a·ma·bi·li·***da***·de
s.fem. Gentileza, delicadeza: *ele me recebeu com amabilidade em sua casa.*
→ Veja também **amável**.

amaciar a·ma·ci·***ar***
v. Fazer uma coisa ficar macia: *ela vai amaciar esse pedaço de carne.*

ama-de-leite ***a***·ma-de-***lei***·te
s.fem. Mulher que amamenta filho de outra: *muitas escravas foram amas-de-leite para os filhos dos brancos.*
❖ *pl.* amas-de-leite.
→ Veja também **ama** e **ama-seca**.

amado a·***ma***·do
adj. 1. Que se ama: *esse é meu filho amado.*

s.masc. 2. Aquele a quem se ama, por quem se tem amor: *ela não esquece seu amado.*

amador a·ma·***dor***

adj. Que pratica algum tipo de esporte ou que se dedica a uma arte apenas por gostar, sem fazer disso uma profissão: *tenista amador, atriz amadora.*

❖ *pl.* amadores.

amadurecer a·ma·du·re·***cer***

v. 1. Ficar maduro, no ponto de colher: *as uvas já amadureceram.* 2. *fig.* Ficar experiente: *com a passagem dos anos, as pessoas amadurecem.*

âmago ***â***·ma·go

s.masc. Parte principal, ponto central: *esse é o âmago do problema.*

amainar a·mai·***nar***

v. Diminuir, abrandar, acalmar: *a chuva estava bem forte mas logo amainou.*

amaldiçoar a·mal·di·ço·***ar***

v. Expressar o desejo de que alguma coisa má aconteça a alguém: *a feiticeira amaldiçoou a princesa.*

amamentar a·ma·men·***tar***

v. Dar de mamar: *a mãe amamenta o filho.*

amanhecer a·ma·nhe·***cer***

v. 1. Surgir o dia: *daqui a pouco vai amanhecer.*
s.masc. 2. O nascimento do dia: *vou sair antes do amanhecer.*

amansar a·man·***sar***

v. Tornar manso, acalmar: *ele quer amansar esse cavalo selvagem.*

amar a·***mar***

v. 1. Querer muito bem: *eu amo meus pais.* 2. Estar apaixonado por alguém: *Romeu ama Julieta.*

amarelado a·ma·re·***la***·do

adj. Um pouco amarelo: *ele parece doente, está com o rosto amarelado.*

amarelar a·ma·re·***lar***

v. 1. Tornar amarelo ou meio amarelo: *essa doença amarelou seus olhos.* 2. *gír.* Ter medo a ponto de não conseguir realizar o que se pretende: *o atacante amarelou diante da área totalmente desimpedida.*

amarfanhar a·mar·fa·***nhar***

v. Amassar: *ele estava nervoso e amarfanhou o papel que tinha na mão.*

amargo a·***mar***·go

adj. 1. Que não é doce: *o café está amargo; ponha mais açúcar.* 2. *fig.* Triste, doloroso: *tenho amargas lembranças daquela época.*

amargura a·mar·***gu***·ra

s.fem. Tristeza, desgosto: *ela teve muitas amarguras na vida.*

amargurado a·mar·gu·***ra***·do

adj. Triste, cheio de amargura: *ele vive amargurado.*

amargurar a·mar·gu·***rar***

v. Provocar amargura, entristecer, desgostar muito: *o que ele fez amargurou a família.*

amarrar a·mar·***rar***

v. 1. Prender com corda, barbante, etc.: *vou amarrar esse embrulho.*
v.pron. **amarrar-se** 2. *gír.* Apaixonar-se: *ele se amarrou nessa menina.* 3. *gír.* Gostar muito: *ele se amarra num joguinho de baralho.*

amarrotar a·mar·ro·***tar***

v. Amassar: *ele ficou muitas horas sentado e amarrotou a camisa.*

ama-seca ***a***·ma-***se***·ca

s.fem. Babá, mulher que cuida dos filhos dos outros mas sem amamentá-los: *hoje estou bancando a ama-seca – vou passar o dia todo cuidando de meu sobrinho.*

❖ *pl.* amas-secas.

→ Veja também **ama** e **ama-de-leite**.

amável a·***má***·vel

adj.masc.fem. Gentil, delicado: *ele foi amável comigo.*

❖ *pl.* amáveis. *superl.* amabilíssimo.

→ Veja também **amabilidade**.

amazona a·ma·***zo***·na (ô)

s.fem. Mulher que sabe andar a cavalo: *a paixão da minha prima é a equitação; ela sempre quis ser amazona.*

❖ *masc.* cavaleiro.

A

amazonense a·ma·zo·***nen***·se

adj.masc.fem. 1. Do estado do Amazonas: cidade *amazonense*.
s.masc.fem. 2. Pessoa que nasceu no Amazonas: *os amazonenses comem bastante peixe*.

ambição am·bi·***ção***

s.fem. 1. Cobiça, forte desejo de riquezas, poder ou glória: *a ambição tornou aquele homem infeliz*. 2. Aspiração, sonho: *sua ambição é ser médico*.
❖ *pl.* ambições.

ambicionar am·bi·ci:o·***nar***

v. Cobiçar, desejar muito: *ele ambiciona o cargo de presidente*.

ambicioso am·bi·ci·***o***·so (ô)

adj. Que tem ambição: *homem ambicioso*.
❖ *fem.* ambiciosa (ó). *pl.* ambiciosos (ó), ambiciosas (ó).

ambiental am·bi·en·***tal***

adj.masc.fem. Que se refere ao ambiente: *poluição ambiental*.
❖ *pl.* ambientais.

ambientar-se am·bi·en·***tar***-se

v.pron. Adaptar-se, acostumar-se: *ele deve se ambientar logo ao novo emprego*.

ambiente am·bi·***en***·te

adj.masc.fem. 1. Que está em volta das pessoas ou das coisas: *ar ambiente*.
s.masc. 2. O meio em que se vive: *ele foi criado num bom ambiente*.

ambíguo am·***bí***·gu:o

adj. Que pode ter mais de um significado: *resposta ambígua*.

ambulância am·bu·***lân***·ci:a

s.fem. Veículo especial que transporta pessoas doentes ou feridas: *para abrir passagem, o motorista da ambulância ligou a sirene*.

ambulante am·bu·***lan***·te

adj.masc.fem. Que anda de um lugar para outro, que não tem local certo para trabalhar ou exercer alguma atividade: *vendedor ambulante*.

ameaça a·me·***a***·ça

s.fem. Palavra ou gesto que indica intenção de fazer mal a alguém: *não tenho medo de suas ameaças*.

ameaçador a·me·a·ça·***dor***

adj. Que faz ameaças: *recebi um bilhete ameaçador*.
❖ *pl.* ameaçadores.

ameaçar a·me·a·***çar***

v. 1. Fazer ameaças: *ele ameaçou bater em quem o denunciasse*. 2. Fingir: *o jogador ameaçou correr e enganou o adversário*. 3. Estar a ponto de: *essa velha casa ameaça cair*.

amedrontar a·me·dron·***tar***

v. Assustar, causar medo em alguém: *o latido dos cães amedrontou o ladrão*.

ameixa a·***mei***·xa

s.fem. Fruto comestível de forma arredondada, com polpa doce e pequeno caroço: *ameixa em calda*.

ameixeira a·mei·***xei***·ra

s.fem. *Bot.* Árvore que produz ameixa: *a família se reunia sob a ameixeira para contar histórias*.

amém a·***mém*** (ê)

interj. Palavra que costumamos usar para encerrar uma oração: *quando o pai terminou a reza, os meninos disseram: "Amém!"*.

> ◎ Amém é palavra formada com base numa frase da língua hebraica que significa *assim seja*.

amenizar a·me·ni·***zar***

v. Aliviar: *esse remédio vai amenizar suas dores*.

ameno a·***me***·no (ê)

adj. Agradável: *está uma tarde amena, podemos dar um passeio*.

americano a·me·ri·***ca***·no

adj. 1. Que se refere à América: *continente americano*. 2. Que se refere aos Estados Unidos: *povo americano*.
s.masc. 3. Aquele que nasceu na América: *os americanos têm uma rica cultura*. 4. Aquele que

nasceu nos Estados Unidos: *conheci um americano pela internet.*
→ Veja também **norte-americano**.

amerissar a·me·ris·***sar***
v. Pousar na água: *o hidroavião amerissou.*

amestrado a·mes·***tra***·do
adj. Diz-se de animal ensinado, treinado: *os cachorrinhos amestrados do circo faziam o que o palhaço mandava.*

amestrar a·mes·***trar***
v. Ensinar, treinar animais: *a treinadora amestrou esse cachorrinho, ensinou-o a fazer vários movimentos.*

◎ Amestrar é formada com base na palavra *mestre*, que significa professor, instrutor.

amigável a·mi·***gá***·vel
adj.masc.fem. Próprio de amigo: *ele teve uma atitude amigável e recebeu bem o visitante.*
❖ *pl.* amigáveis.

amigo a·***mi***·go
adj. 1. Aliado: *esses dois países são amigos, vivem em paz.*
s.masc. 2. Aquele de quem gostamos, por quem temos amizade, afeição: *ele é meu amigo há muitos anos.*
❑ **amigo do peito** Amigo muito querido: *tenho vários amigos, mas este é meu amigo do peito.*
❖ *superl.* amicíssimo.

amigo-da-onça a·***mi***·go-da-***on***·ça
s.masc. *pop.* Amigo falso: *ele parecia um amigo sincero, mas me prejudicou e mostrou que, no fundo, é um amigo-da-onça.*
❖ *fem.* amiga-da-onça. *pl.* amigos-da-onça, amigas-da-onça.

amistoso a·mis·***to***·so (ô)
adj. 1. Amigável, que expressa amizade: *ele agiu de modo amistoso.* 2. *Esp.* Jogo que não vale pontos, que não faz parte de um campeonato: *vamos jogar um amistoso contra o seu time; vai valer apenas como treinamento.*
❖ *fem.* amistosa (ó). *pl.* amistosos (ó), amistosas (ó).

amizade a·mi·***za***·de
s.fem. Estima, afeição: *tenho amizade por ele, eu o considero meu amigo.*
→ Veja também **inimizade**.

amnésia am·***né***·si:a
s.fem. Perda da memória: *esse homem está sofrendo de amnésia, não consegue se lembrar nem do próprio nome.*

amo ***a***·mo
s.masc. Patrão, senhor: *o gênio da lâmpada realiza os desejos de seu amo.*

amolação a·mo·la·***ção***
s.fem. Chateação, aborrecimento: *não aguento mais essa amolação!*
❖ *pl.* amolações.

amolador a·mo·la·***dor***
s.masc. 1. Aquilo que serve para amolar facas, tesouras, etc.: *use o amolador para afiar essa faca.* 2. Homem que vive de amolar facas, tesouras, etc.: *lá vai o amolador, descendo a rua e tocando a buzina para chamar a atenção.*
❖ *pl.* amoladores.

amolar a·mo·***lar***
v. 1. Afiar: *vou amolar a faca.* 2. Importunar, chatear: *ele vive me amolando com essa conversa.*

amolecer a·mo·le·***cer***
v. Fazer uma coisa ficar mole: *para amolecer a argila, coloque-a na água.*

amontoar a·mon·to·***ar***
v. Ajuntar, reunir num monte: *o jardineiro vai amontoar as folhas que caíram das árvores.*

amor a·***mor***
s.masc. 1. Grande afeição: *os pais têm amor aos filhos.* 2. Sentimento apaixonado por alguém: *Romeu tem amor por Julieta.* 3. Grande dedicação, empenho: *ele estuda música com amor.* 4. A pessoa amada: *ela é meu amor.*
❖ *pl.* amores.

amordaçar a·mor·da·***çar***
v. Pôr mordaça em: *quem amordaçou o prisioneiro?*
→ Veja também **mordaça**.

amoroso a·mo·***ro***·so (ô)
adj. Carinhoso, que expressa amor: *ele fez um gesto amoroso.*

A

❖ *fem.* amorosa (ó). *pl.* amorosos (ó), amorosas (ó).

amor-próprio a·***mor-pró***·pri:o
s.masc. Orgulho, sentimento de respeito por si próprio: *não deixe que eles zombem de você; afinal, onde está seu amor-próprio?*

amortecer a·mor·te·***cer***
v. 1. Diminuir ou enfraquecer um som: *as paredes da sala amortecem o barulho que vem da rua.* 2. Diminuir a força de um golpe ou de um impacto: *a criança caiu no chão mas o tapete amorteceu a queda e ela não se machucou.*

amostra a·***mos***·tra (ó)
s.fem. Pedaço ou porção de uma coisa apresentada como exemplo: *a vendedora ofereceu um pedaço de bolo como amostra da qualidade de seus doces.*

amotinar a·mo·ti·***nar***
v. 1. Colocar em revolta: *suas palavras amotinaram os marinheiros contra o capitão.*
v.pron. **amotinar-se** 2. Revoltar-se: *os meninos da 5ª série amotinaram-se.*

amparar am·pa·***rar***
v. Ajudar, apoiar, auxiliar: *precisamos amparar as vítimas das enchentes.*
→ Veja também **desamparar**.

amparo am·***pa***·ro
s.masc. Ajuda, apoio: *eles estão desprotegidos, precisam de nosso amparo.*

ampliação am·pli:a·***ção***
s.fem. Aumento de tamanho: *a ampliação do pátio ficou boa; agora os alunos têm mais espaço para brincar.*
❖ *pl.* ampliações.

ampliar am·pli·***ar***
v. Aumentar o tamanho: *eles vão ampliar a casa construindo mais um quarto.*

amplidão am·pli·***dão***
s.fem. Vastidão, imensidão: *do navio, olhávamos a amplidão do mar.*
❖ *pl.* amplidões.

amplificador am·pli·fi·ca·***dor***
s.masc. Aquilo que amplifica, que aumenta o volume ou a intensidade: *a guitarra foi ligada ao amplificador.*

amplificar am·pli·fi·***car***
v. Aumentar o volume, a intensidade: *essa caixa vai amplificar o som das guitarras.*

amplo ***am***·plo
adj. 1. Largo, espaçoso, vasto: *sala ampla.* 2. Grande: *ele tem ampla liberdade para agir.*

amputação am·pu·ta·***ção***
s.fem. Ação de amputar, de cortar um membro do corpo: *esse médico fez a amputação do dedo do paciente.*
❖ *pl.* amputações.

amputar am·pu·***tar***
v. Cortar um membro do corpo: *ele machucou gravemente a mão, e o médico foi obrigado a amputar um de seus dedos; a amputação foi feita no hospital.*

amuado a·mu·***a***·do
adj. Aborrecido, emburrado: *o menino não conseguiu o que queria e ficou amuado.*

amuleto a·mu·***le***·to (ê)
s.masc. Objeto que algumas pessoas acreditam ter o poder de afastar o azar ou o mal: *a figa é considerada um amuleto por muita gente.*

anacrônico a·na·***crô***·ni·co
adj. Fora de época; que não está de acordo com os usos e costumes de uma certa época: *o comportamento desse homem é anacrônico, não serve mais para os nossos dias.*

anagrama a·na·***gra***·ma
s.masc. Palavra que pode ser formada com as mesmas letras de outra: *com a palavra "gola" formamos o anagrama "lago".*

analfabeto a·nal·fa·***be***·to (é)
adj. Aquele que não sabe ler nem escrever: *pessoas analfabetas.*

analgésico a·nal·***gé***·si·co
adj. Que diminui ou elimina a dor: *remédio analgésico.*

analisar a·na·li·***sar***
v. Examinar com atenção: *os técnicos vão analisar a água deste rio para saber se ela está poluída.*

análise a·**ná**·li·se

s.fem. Exame: *a análise da água provou que ela estava contaminada.*

anão a·**não**

s.masc. Homem muito baixo, de estatura abaixo da normal: "*Branca de Neve e os sete anões*" *é uma fábula que agrada a várias gerações.*

❖ *fem.* anã. *pl.* anões, anãs.

anarquia a·nar·**qui**·a

s.fem. Desordem, confusão: *a reunião acabou virando uma anarquia; todos falavam e gritavam ao mesmo tempo.*

◎ Anarquia é palavra formada de *an* (não) + *arquia* (governo); portanto, anarquia significa *ausência de governo.*

anatomia a·na·to·**mi**·a

s.fem. Ciência que estuda a estrutura e as partes dos corpos dos seres vivos: *o uso de cobaias nas aulas de anatomia provocou protestos.*

anatômico a·na·**tô**·mi·co

adj. 1. Que se refere à anatomia: *estudo anatômico.* 2. Adequado à anatomia humana: *essa cadeira tem desenho anatômico.*

anca **an**·ca

s.fem. 1. Quadril; parte de nosso corpo em que as pernas se ligam ao tronco: *antigamente, as mulheres usavam vestidos que aumentavam a anca.* 2. Nos animais quadrúpedes, é a parte em que as patas de trás se ligam ao corpo: *a picanha é um corte de carne tirado da anca do boi.*

❖ Essa palavra é geralmente usada no plural: *ancas.*

ancestral an·ces·**tral**

s.masc.fem. Antepassado; aquele de quem somos descendentes, especialmente o que nasceu antes de nossos avós: *nossos ancestrais viviam em cavernas.*

❖ *pl.* ancestrais.

→ Veja também **antepassado**.

ancião an·ci·**ão**

s.masc. Homem velho e respeitável: *o ancião tinha longas barbas brancas.*

❖ *fem.* anciã. *pl.* anciãos ou anciões, anciãs.

âncora **ân**·co·ra

s.fem. Pesada peça de ferro que fica presa à embarcação por um cabo; para manter a embarcação parada num certo lugar, a âncora é lançada à água: *o navio está preso pela âncora.*

ancoradouro an·co·ra·**dou**·ro

s.masc. Lugar apropriado para ancorar uma embarcação: *aquela praia é um ancoradouro natural.*

ancorar an·co·**rar**

v. Lançar a âncora ao fundo da água para manter a embarcação parada: *o navio ancorou.*

andaime an·**dai**·me

s.masc. Armação provisória, geralmente de madeira, sobre a qual trabalham pedreiros, pintores e outros operários de uma construção; no final da obra, o andaime é desmontado: *o pedreiro equilibrava-se no andaime.*

andar an·**dar**

v. 1. Caminhar: *ele vai andando até a praça.* 2. Agir, proceder: *você deve andar direito na vida.*

v.lig. 3. Sentir-se, estar: *ele anda meio doente.*

s.masc. 4. Maneira de andar: *ele tem um andar engraçado.* 5. Pavimento de um edifício: *moro no terceiro andar.*

andarilho an·da·**ri**·lho

s.masc. Aquele que anda muito, geralmente sem destino certo: *abandonou tudo e virou andarilho.*

andorinha an·do·**ri**·nha

s.fem. *Zool.* Pequeno pássaro de cor escura, que se alimenta só de insetos e migra em certas épocas do ano: *algumas andorinhas fizeram ninhos no telhado da minha casa.*

❖ Para indicar o sexo do animal, dizemos *a andorinha macho, a andorinha fêmea.*

andrajo an·**dra**·jo

s.masc. Roupa esfarrapada, trapo: *um mendigo coberto de andrajos aproximou-se.*

andrajoso an·dra·**jo**·so (ô)

adj. Coberto de andrajos: *homem andrajoso.*

❖ *fem.* andrajosa (ó). *pl.* andrajosos (ó), andrajosas (ó).

A

anedota a·ne·***do***·ta (ó)
s.fem. Piada, historinha curta e engraçada: *contei uma anedota, e todos riram.*
→ Veja também **piada**.

anel a·***nel***
s.masc. Pequeno círculo de ouro, prata, etc., usado nos dedos como enfeite: *ela ganhou um anel de ouro do namorado.*
❖ *pl.* anéis.

anelado a·ne·***la***·do
adj. Enrolado, encaracolado em forma de anel: *cabelos anelados.*

anemia a·ne·***mi***·a
s.fem. Fraqueza profunda: *a médica está cuidando da anemia desse garoto; ele precisa recuperar as forças.*

anêmico a·***nê***·mi·co
adj. Muito fraco, que sofre de anemia: *esse menino está anêmico, não tem disposição para nada.*

anestesia a·nes·te·***si***·a
s.fem. Medicamento que faz a pessoa ficar insensível à dor: *ele tomou anestesia antes da operação.*

anestesiar a·nes·te·si·***ar***
v. Fazer com que uma pessoa fique insensível à dor, que não sinta nenhuma dor: *o médico me anestesiou e, por isso, não senti dor durante a operação.*

anexar a·ne·***xar*** (cs)
v. Juntar: *vou anexar essa fotografia aos documentos.*

anfíbio an·***fí***·bi:o
adj. *Zool.* Animal que nasce na água e, depois de adulto, vive também em terra: o *sapo é um animal anfíbio.*

◎ Anfíbio é palavra formada de *anfi* (por ambos os lados) + *bio* (vida).

anfiteatro an·fi·te·***a***·tro
s.masc. 1. Grande construção de forma oval ou circular, com arquibancadas e, no centro, uma arena; os anfiteatros eram usados antigamente para espetáculos públicos, como lutas de gladiadores: *anfiteatro romano.* 2. Grande sala com palco e arquibancada, destinada a apresentações musicais, aulas, conferências, espetáculos de teatro, etc.: *o discurso será feito no anfiteatro da escola.*

anfitrião an·fi·tri·***ão***
s.masc. Aquele que recebe convidados em sua casa para uma festa, reunião, etc.: *você foi um excelente anfitrião, tratou muito bem os convidados.*
❖ *fem.* anfitriã. *pl.* anfitriões, anfitriãs.

angariar an·ga·ri·***ar***
v. Obter através de pedidos: *ele conseguiu angariar muitos donativos para a nossa campanha de ajuda às vítimas da enchente.*

angelical an·ge·li·***cal***
adj.masc.fem. Próprio de anjo ou que parece anjo: *ela tem um rosto angelical.*
❖ *pl.* angelicais.
→ Veja também **anjo**.

angústia an·***gús***·ti:a
s.fem. Grande aflição ou ansiedade que parece apertar nosso coração: *era grande a angústia da mãe ao ver o filho doente.*

angustiante an·gus·ti·***an***·te
adj.masc.fem. Que causa angústia: *a espera dos resultados foi angustiante.*

angustiar an·gus·ti·***ar***
v. Causar angústia, afligir: *a doença do filho angustiou a mãe.*

animação a·ni·ma·***ção***
s.fem. Entusiasmo, vibração: *durante o jogo, era grande a animação da torcida.*

animado a·ni·***ma***·do
adj. 1. Entusiasmado: a *torcida estava animada.* 2. Que tem vida: *ser animado.* 3. Que se move: *desenho animado.*
→ Veja também **desanimado** e **inanimado**.

animador a·ni·ma·***dor***
adj. Encorajador, que dá ânimo: *eu estava desanimado, querendo desistir do curso, mas ele me disse palavras animadoras, me incentivou a continuar.*
❖ *pl.* animadores.

animal a·ni·***mal***
s.masc. *Biol.* 1. Ser vivo capaz de se movimentar e de ter sensações: *o ser humano é um animal.* 2. Qualquer ser vivo irracional: *o cão é um animal.*
❖ *pl.* animais.

animalesco a·ni·ma·***les***·co (ê)
adj. Estúpido, brutal: *ele foi muito bruto, teve uma atitude animalesca.*

animar a·ni·***mar***
v. Entusiasmar, dar ânimo: *os torcedores animaram o time.*

ânimo ***â***·ni·mo
s.masc. Disposição, entusiasmo: *você precisa ter ânimo para o trabalho.*

animosidade a·ni·mo·si·***da***·de
s.fem. Hostilidade, rancor, desejo de prejudicar: *ele sempre mostrou animosidade contra mim.*

aninhar a·ni·***nhar***
v. 1. Abrigar, acomodar: *o pássaro aninhou os filhotes num canto do telhado.*
v.pron. **aninhar-se** 2. Ajeitar-se, acomodar-se: *a criança aninhou-se no colo da mãe.*

aniquilar a·ni·qui·***lar***
v. Exterminar, destruir, reduzir a nada: *eles aniquilaram o inimigo.*

anis a·***nis***
s.masc. *Bot.* Certa planta muito aromática; sua semente é usada em licores, balas, etc.: *ele tomou um cálice de licor de anis.*

anistia a·nis·***ti***·a
s.fem. Anulação da pena que havia sido imposta a alguém: *a anistia é geralmente dada a presos ou condenados políticos.*

anistiar a·nis·ti·***ar***
v. Perdoar, anular a punição que tinha sido dada a alguém: *o rei anistiou os condenados; a anistia foi muito festejada.*

aniversariante a·ni·ver·sa·ri·***an***·te
s.masc.fem. Pessoa que faz anos, que está aniversariando: *a aniversariante ganhou muitos presentes.*

aniversariar a·ni·ver·sa·ri·***ar***
v. Fazer anos, completar aniversário: *ela aniversariou ontem.*

aniversário a·ni·ver·***sá***·ri:o
s.masc. 1. Data em que uma pessoa completa mais um ano de vida: *hoje é meu aniversário.* 2. Data em que se completam um ou mais anos de um acontecimento: *hoje, vamos comemorar o décimo aniversário da fundação desta escola.*

anjo ***an***·jo
s.masc. 1. *Rel.* Segundo algumas religiões, ser espiritual criado por Deus para ser seu mensageiro entre os homens: *a igreja tinha lindas figuras de anjos.* 2. *fig.* Pessoa muito bondosa: *ela é um anjo para as crianças.*
→ Veja também **angelical**.

ano ***a***·no
s.masc. Período de 365 dias que corresponde ao tempo que a Terra leva para dar uma volta completa ao redor do Sol: *este foi o melhor ano da minha vida.*
❑ **ano bissexto** Ano que tem 366 dias e ocorre de quatro em quatro anos; nele, o mês de fevereiro tem 29 dias: *ela nasceu num ano bissexto.*
→ Veja também **anual**.

anoitecer a·noi·te·***cer***
v. 1. Ficar noite: *ele voltou para casa quando estava anoitecendo.*
s.masc. 2. O pôr-do-sol, o fim do dia: *é bonito o anoitecer na praia.*

ano-luz ***a***·no-***luz***
s.masc. *Astr.* Distância percorrida pela luz em um ano: *hoje aprendi que o ano-luz serve para medir distâncias, não intervalos de tempo.*
❖ *pl.* anos-luz.

anomalia a·no·ma·***li***·a
s.fem. Defeito, coisa anormal: *esse cãozinho nasceu com uma anomalia no coração e precisa ser operado.*

anônimo a·***nô***·ni·mo
adj. Que não tem o nome do autor: *quem será que escreveu esta carta anônima?*

anormal a·nor·***mal***
adj.masc.fem. Diferente do que se espera: *meu carro está fazendo um barulho anormal.*
❖ *pl.* anormais.

A

anotar a·no·***tar***
v. Tomar nota, registrar por escrito: *anote o recado nessa folha.*

anseio an·***sei***·o
s.masc. Forte desejo: *esse povo tinha anseio de liberdade.*

ânsia ***ân***·si:a
s.fem. 1. Grande desejo: *temos ânsia de liberdade.* 2. Náuseas, enjoo: *ele sentiu ânsia de vômito na viagem de navio.*

ansiar an·si·***ar***
v. Desejar muito: *nós ansiamos por liberdade.*

ansiedade an·si·e·***da***·de
s.fem. Aflição, inquietação: *era grande a ansiedade dos alunos no dia do exame; eles estavam esperando nervosamente a entrada do professor.*

ansioso an·si·***o***·so (ô)
adj. Aflito: *ele está ansioso por saber a nota do exame, não aguenta esperar mais.*
❖ fem. ansiosa (ó). *pl.* ansiosos (ó), ansiosas (ó).

antagonista an·ta·go·***nis***·ta
s.masc.fem. Adversário, pessoa que está contra outra: *vou lutar contra esse menino, ele é meu antagonista.*

antártico an·***tár***·ti·co
adj. Que se refere ao polo sul: *vi um documentário sobre as terras geladas do continente antártico.*

anteceder an·te·ce·***der***
v. Vir ou acontecer antes: *uma forte ventania antecedeu o temporal.*

antecessor an·te·ces·***sor***
s.masc. Que veio antes: *Mário foi meu antecessor no cargo de presidente, ele foi presidente antes de mim.*
❖ *pl.* antecessores.

antecipar an·te·ci·***par***
v. Fazer antes do tempo esperado ou marcado: *a viagem estava combinada para o dia 10, mas nós a antecipamos para o dia 8.*

antenado an·te·***na***·do
adj. *gír.* Que está atento, que sabe o que está acontecendo: *ele é um sujeito antenado, está por dentro de tudo.*

antepassado an·te·pas·***sa***·do
s.masc. Aquele de quem somos descendentes, especialmente o que nasceu antes de nossos avós: *vi um álbum com fotografias de meus antepassados, entre os quais meu bisavô e minha bisavó.*
→ Veja também **ancestral**.

anterior an·te·ri·***or***
adj.masc.fem. Que vem antes: *a festa será no dia 10; no dia anterior, isto é, no dia 9, vamos arrumar o salão.*
❖ *pl.* anteriores.

antídoto an·***tí***·do·to
s.masc. Remédio que corta a ação de um veneno: *ele foi mordido por uma cobra venenosa, por isso precisou tomar um antídoto.*

antigo an·***ti***·go
adj. 1. Muito velho: *as pirâmides do Egito são antigas.* 2. Que existiu há muito tempo: *esse povo antigo adorava vários deuses.*
s.masc. 3. Aqueles que viveram em tempos passados: *os antigos tinham hábitos diferentes dos nossos.*
❖ *superl.* antiguíssimo ou antiquíssimo. Na última acepção (3), é usado sempre no plural: *antigos.*

antiguidade an·ti·gui·***da***·de
s.fem. 1. Tempos muito antigos: *vamos estudar os povos da antiguidade.* 2. Coisas antigas: *ele faz coleção de antiguidades.*

anti-higiênico ***an***·ti-hi·gi·***ê***·ni·co
adj. Que é contrário à higiene: *não tomar banho é uma atitude anti-higiênica.*
❖ *pl.* anti-higiênicos.

antipatia an·ti·pa·***ti***·a
s.fem. O que sentimos por alguém que não nos agrada: *tenho antipatia por ela.*
→ Veja também **simpatia**.

antipático an·ti·***pá***·ti·co
adj. Aquele que inspira antipatia, que não nos atrai: *acho esse menino muito antipático.*
❖ *superl.* antipaticíssimo.
→ Veja também **simpático**.

antipatizar an·ti·pa·ti·***zar***
v. Ter antipatia por alguém: *eu antipatizo com ele.*
→ Veja também **simpatizar**.

antipoluente an·ti·po·lu·***en***·te
adj.masc.fem. Que combate a poluição do ambiente: *essa empresa instalou um equipamento antipoluente*.
→ Veja também **poluente**.

> ◎ Antipoluente é palavra formada de *anti* (contra) + *poluente*.

antiquado an·ti·***qua***·do
adj. Fora de moda, que não se usa mais: *ele tem hábitos antiquados*.

antiquário an·ti·***quá***·ri:o
s.masc. Negociante que compra e vende objetos antigos: *um antiquário vendeu a meu tio esse relógio de 1930*.

antirracista ***an***·tir·ra·***cis***·ta
adj. Que é contra o racismo ou o preconceito racial: *essa é uma lei antirracista*.

antologia an·to·lo·***gi***·a
s.fem. Reunião de vários textos de um escritor ou de diversos escritores: *comprei uma antologia de poetas brasileiros*.

antro ***an***·tro
s.masc. 1. Caverna ou gruta que geralmente serve de esconderijo a animais: *antro dos lobos*. 2. *fig.* Lugar onde se reúnem bandidos, malfeitores, etc.: *aquele bar é um antro, frequentado por gente da pior espécie*.

antropofagia an·tro·po·fa·***gi***·a
s.fem. Canibalismo, ato de comer carne humana: *algumas tribos brasileiras praticavam a antropofagia*.

> ◎ Antropofagia é palavra formada de *antropo* (ser humano) + *fagia* (comer).

antropófago an·tro·***pó***·fa·go
s.masc. Canibal, aquele que come carne humana: *tribo antropófaga*.

antropologia an·tro·po·lo·***gi***·a
s.fem. Ciência que estuda a origem, a evolução e os costumes do ser humano: *na aula de antropologia, aprendi sobre civilizações antigas e modernas*.

antropólogo an·tro·***pó***·lo·go
s.masc. Aquele que se dedica à antropologia: *a antropóloga está pesquisando uma tribo indígena*.

anual a·nu·***al***
adj.masc.fem. 1. Que dura um ano: *curso anual*. 2. Que acontece uma vez por ano: *o carnaval é uma festa anual*.
❖ *pl.* anuais.
→ Veja também **ano**.

anuidade a·nu·i·***da***·de
s.fem. Quantia que se paga por ano: *anuidade escolar*.

anular[1] a·nu·***lar***
v. Tornar nulo, invalidar, decidir que uma coisa não vale mais: *o professor vai anular essa questão do exame*.

anular[2] a·nu·***lar***
adj.masc.fem. 1. Relativo a anel, com forma de anel: *essa piscina tem forma anular*.
s.masc. 2. Nome do quarto dedo da mão, que fica ao lado do mindinho: *papai usa aliança no anular*.
❖ *pl.* anulares.

anunciar a·nun·ci·***ar***
v. 1. Comunicar, dar uma notícia: *ela anunciou seu casamento*. 2. Apresentar, fazer publicidade: *essa loja anuncia seus produtos na televisão*.

ânus ***â***·nus
s.masc. *Anat.* Abertura do corpo por onde saem as fezes: *o ânus é uma região sensível*.
❖ Essa palavra tem a mesma forma no singular e no plural: *o ânus, os ânus*.

anzol an·***zol***
s.masc. Pequeno gancho de aço que se coloca na ponta da linha de pescar e onde se prende uma isca para atrair o peixe e pescá-lo: *pus uma minhoca no anzol e fisguei um belo peixe*.
❖ *pl.* anzóis.

apagar a·pa·***gar***
v. 1. Desligar: *ele apagou a luz*. 2. Extinguir: *ele apagou a fogueira*. 3. Fazer desaparecer o que estava escrito ou desenhado: *ele apagou uma palavra do texto*.

A

apaixonar-se a·pai·xo·***nar***-se
v.pron. Amar intensamente, sentir paixão por alguém: *Romeu apaixonou-se por Julieta.*

apalpar a·pal·***par***
v. Tocar com os dedos para examinar ou conhecer: *o médico apalpou a perna do jogador para verificar se ele estava machucado.*

apanhar a·pa·***nhar***
v. 1. Colher, pegar com a mão: *o menino apanhou frutas no pomar.* 2. Prender, agarrar: *o guarda apanhou o ladrão.* 3. Levar pancadas: *ele apanhou muito durante a briga.* 4. Surpreender: *apanhei você roubando frutas.* 5. *pop.* Perder: *meu time apanhou.*

aparar a·pa·***rar***
v. 1. Pegar aquilo que é lançado: *ele aparou a bola que eu joguei.* 2. Cortar: *minha mãe aparou minha franja com a tesoura.*

aparato a·pa·***ra***·to
s.masc. Tudo aquilo que se mostra para dar mais pompa a um acontecimento, para torná-lo marcante e impressionar as pessoas: *o rei foi recebido com grande aparato na cidade.*

aparecer a·pa·re·***cer***
v. 1. Surgir: o Sol está aparecendo no horizonte. 2. *pop.* Mostrar-se, exibir-se: *ele gosta de aparecer.*
→ Veja também **desaparecer**.

aparecimento a·pa·re·ci·***men***·to
s.masc. Surgimento: *fomos à varanda e vimos o aparecimento do Sol.*
→ Veja também **desaparecimento**.

aparelho a·pa·***re***·lho (ê)
s.masc. Conjunto de peças organizado para realizar certa função: *um liquidificador, um gravador, um rádio, um telefone são aparelhos.*

aparência a·pa·***rên***·ci:a
s.fem. Aspecto, jeito: *ele está com boa aparência, parece bem de saúde.*

aparentar a·pa·ren·***tar***
v. Parecer, ter a aparência de: *esse menino aparenta ter uns 10 anos.*

aparente a·pa·***ren***·te
adj.masc.fem. 1. Que aparece, que é visível: *as cortinas da sala de minha vizinha são aparentes.* 2. *fig.* Falso, fingido: *sua coragem é aparente; no fundo, ele está com medo.*

apartar a·par·***tar***
v. 1. Separar um do outro (em caso de briga): *vamos apartar os meninos que estão brigando.*
v.pron. **apartar-se** 2. Afastar-se, pôr-se de parte: *ele se apartou do grupo e foi caminhar sozinho.*

apatia a·pa·***ti***·a
s.fem. Indiferença, falta de interesse ou de motivação: *não sei a causa da apatia desse aluno em sala de aula.*

apático a·***pá***·ti·co
adj. Indiferente, desinteressado: *esse aluno está apático, não mostra interesse por nada.*

apavorar a·pa·vo·***rar***
v. Assustar muito, causar pavor: *o barulho dos trovões apavorou as crianças.*

apaziguar a·pa·zi·***guar***
v. Pacificar, acalmar: *o juiz apaziguou os ânimos dos jogadores antes que eles começassem a brigar.*

apear a·pe·***ar***
v. Descer de um cavalo, de um veículo, etc.: *ele montou no cavalo mas ficou com medo e quis apear.*

apedrejar a·pe·dre·***jar***
v. Jogar pedra em alguém ou em alguma coisa: *alguém apedrejou a porta da casa.*

apegado a·pe·***ga***·do
adj. Ligado, unido, que está sempre junto (falando-se de pessoas): *o menino é muito apegado ao irmão, está sempre junto dele.*

apegar-se a·pe·***gar***-se
v.pron. Sentir afeição por alguém: *a professora apegou-se aos alunos, passou a querer bem a eles.*

apelar a·pe·***lar***
v. Pedir socorro ou auxílio: *ele estava em dificuldades e apelou aos amigos.*

apelido a·pe·***li***·do
s.masc. Forma especial que usamos para chamar alguém. O apelido pode ser expressão de

carinho ou de zombaria: *como o garoto era muito alto e magro, ganhou o apelido de Magrão.*

apelo a·***pe***·lo (ê)
s.masc. Pedido de socorro ou auxílio: *ele estava em apuros e me fez um apelo.*

aperceber-se a·per·ce·***ber***-se
v.pron. Dar-se conta de alguma coisa, notar, perceber: *ele se apercebeu do perigo e fugiu.*

aperfeiçoar a·per·fei·ço·***ar***
v. Tornar ainda melhor: *o trabalho está bom, mas podemos aperfeiçoar alguns pontos.*

aperitivo a·pe·ri·***ti***·vo
s.masc. Bebida ou comida servida antes de uma refeição para abrir o apetite: *vamos tomar um aperitivo?*

aperrear a·per·re·***ar***
v. Perturbar, atormentar, amolar: *ele vive aperreando os colegas.*

apertar a·per·***tar***
v. 1. Segurar com força: *ele apertou meu braço.* 2. Deixar bem firme: *aperte esse parafuso.* 3. Deixar a roupa mais justa no corpo: *a costureira vai apertar o vestido; ele está muito folgado.*

apetecer a·pe·te·***cer***
v. Despertar o apetite, dar vontade de comer: *esse tipo de comida não me apetece.*

apetite a·pe·***ti***·te
s.masc. Vontade de comer: *hoje estou com muito apetite.*

apetitoso a·pe·ti·***to***·so (ô)
adj. Que dá vontade de comer, que desperta o apetite: *esse doce está apetitoso.*
❖ *fem.* apetitosa (ó). *pl.* apetitosos (ó), apetitosas (ó).

ápice ***á***·pi·ce
s.masc. O máximo, o ponto mais alto: *esse artista estava no ápice da fama quando visitou o Brasil.*

apicultor a·pi·cul·***tor***
s.masc. Aquele que cria abelhas, que se dedica à apicultura: *o apicultor usa roupas especiais para se proteger das picadas.*
❖ *pl.* apicultores.

apicultura a·pi·cul·***tu***·ra
s.fem. Criação de abelhas: *o mel é o principal produto da apicultura.*

apinhado a·pi·***nha***·do
adj. Cheio, repleto: *o salão estava apinhado de gente, não cabia mais ninguém lá dentro.*

aplacar a·pla·***car***
v. Diminuir a violência ou a intensidade: *tudo farei para aplacar a sua dor.*

aplaudir a·plau·***dir***
v. Bater palmas em sinal de admiração, aprovação ou elogio: *todos aplaudiram o cantor.*

aplauso a·***plau***·so
s.masc. Palmas em sinal de elogio, admiração: *o público recebeu a cantora com aplausos.*

aplicado a·pli·***ca***·do
adj. Dedicado: *ele é um aluno aplicado, dedica-se muito aos estudos.*

aplicar a·pli·***car***
v. 1. Dar (um castigo, uma surra, uma injeção, um golpe, etc.): *ele aplicou um golpe no adversário e venceu a luta.* 2. Pôr em prática: *aplique o que você aprendeu.*
v.pron. **aplicar-se** 3. Dedicar-se: *ele se aplica muito aos estudos.*

apoderar-se a·po·de·***rar***-se
v. pron. Apossar-se de alguma coisa pela força: *ele quer apoderar-se do brinquedo do colega.*

apodrecer a·po·dre·***cer***
v. 1. Fazer ficar podre: *o calor apodreceu essas frutas.* 2. Ficar podre, estragar-se: *as frutas apodreceram depois de alguns dias.*

apogeu a·po·***geu***
s.masc. Máximo, ponto mais alto, ápice: *naquele ano, o cantor chegou ao apogeu de sua fama.*

apoiar a·poi·***ar***
v. 1. Firmar: *você deve apoiar o pé aqui para subir.* 2. Ajudar, incentivar: *os pais precisam apoiar os filhos nos estudos; esse apoio é importante.*

apoio a·***poi***·o (ô)
s.m. Ajuda, amparo: *o apoio dos pais é importante para os filhos.*
→ Não confunda com **apoio**(ó), do verbo apoiar: *eu apoio você.*

A

apólogo a·***pó***·lo·go

s.masc. Pequena história que expressa uma mensagem moral, como a fábula, mas que tem como personagens seres inanimados ou objetos. Veja a seguir o apólogo "A árvore orgulhosa".

> No meio de um grande jardim, junto a muitas outras árvores, vivia um lindo cedro. Crescia a cada ano que passava e era muito mais alto que as outras árvores.
>
> — Tirem daí essa castanheira! — disse o cedro, inchado de orgulho. — Ela é muito feia para ficar perto de mim.
>
> E a castanheira foi levada embora.
>
> — Tirem aquela figueira! — disse o cedro. — Ela me incomoda.
>
> E a figueira foi arrancada.
>
> — Tirem as macieiras! — ordenou o cedro. — Não quero ninguém por perto.
>
> E as macieiras se foram. O cedro acabou ficando sozinho no meio do grande jardim. Um dia, porém, houve uma forte ventania. O cedro lutou com todas as suas forças para resistir, agarrando-se à terra com suas longas raízes. Mas o vento, sem as outras árvores para detê-lo, concentrou sua violência no cedro e acabou por derrubá-lo no chão.

→ Veja também **conto**, **fábula**, **lenda** e **piada**.

apontador a·pon·ta·***dor***

s.masc. Objeto usado para fazer ponta em lápis: *tenho um apontador em forma de carrinho.*
❖ *pl.* apontadores.

apontar a·pon·***tar***

v. 1. Fazer a ponta em alguma coisa: *ela apontou o lápis.* 2. Mostrar, indicar: *ele nos apontou a saída.* 3. Pôr na direção de certo ponto: *ele apontou o dedo para nós.*

apoquentar a·po·quen·***tar***

v. Importunar, irritar: *pare de me apoquentar, deixe-me em paz!*

aportar a·por·***tar***

v. Chegar (o navio) ao porto: *o navio aportou ontem.*

aportuguesar a·por·tu·gue·***sar***

v. Dar forma portuguesa a palavras estrangeiras: *a palavra inglesa* "football" *foi aportuguesada para "futebol", isto é, foi dada a ela uma forma da língua portuguesa.*

após a·***pós***

prep. Depois de: *ele voltou para casa após as aulas.*

aposentar-se a.po.sen.***tar***-se

v.pron. Parar de trabalhar (por idade, por tempo de serviço ou por doença), continuando a receber um salário: *depois de 35 anos de trabalho, ele vai se aposentar.*

aposento a·po·***sen***·to

s.masc. Compartimento de uma casa, especialmente o quarto de dormir: *vou preparar os aposentos dos hóspedes.*

apossar-se a·pos·***sar***-se

v.pron. Apoderar-se de alguma coisa: *ele se apossou do brinquedo do irmão.*

apóstolo a·***pós***·to·lo

s.masc. *Rel.* Cada um dos seguidores de Jesus Cristo que foram encarregados de pregar o Evangelho: *na Santa Ceia, estavam Jesus e os doze apóstolos.*

apoteose a·po·te·***o***·se (ó)

s.fem. Momento mais bonito e empolgante de um espetáculo, de uma festa, etc.: *o último número do circo foi a apoteose, entusiasmando toda a platéia.*

aprazível a·pra·***zí***·vel

adj.masc.fem. Agradável, que causa prazer: *esse jardim é um lugar muito aprazível.*
❖ *pl.* aprazíveis.

apreciar a·pre·ci·***ar***

v. 1. Admirar, gostar: *eu apreciei seu gesto de bondade.* 2. Avaliar, julgar: *o diretor vai apreciar meu pedido.*

apreciável a·pre·ci·***á***·vel

adj.masc.fem. Que merece estima, consideração: *o respeito ao próximo é uma qualidade apreciável nas pessoas.*
❖ *pl.* apreciáveis.

apreço a·***pre***·ço (ê)

s.masc. Consideração, estima: *ele demonstra apreço por mim.*

apreender a·pre·en·***der***
v. 1. Tomar, pegar: *o policial apreendeu a arma daquele homem.* 2. Captar, perceber bem: *ele apreendeu o sentido do texto, o que o texto queria dizer.*
→ Não confunda com **aprender**, que tem outro significado.

apreensão a·pre·en·***são***
s.fem. 1. Ação de apreender, de pegar: *o policial efetuou a apreensão da arma do ladrão.* 2. Entendimento, compreensão: *a apreensão das ideias do texto é fácil.* 3. Preocupação, inquietação: *a doença do filho causou apreensão nos pais, deixou-os preocupados.*
❖ *pl.* apreensões.

apreensivo a·pre·en·***si***·vo
adj. Preocupado: *ele estava apreensivo com a doença do filho.*

aprender a·pren·***der***
v. Passar a saber: *ele aprendeu uma música muito bonita.*
→ Não confunda com **apreender**, que tem outro significado.

aprendiz a·pren·***diz***
s.masc.fem. Pessoa que está aprendendo a fazer alguma coisa: *ele é aprendiz de mecânico.*
❖ *pl.* aprendizes.

aprendizado a·pren·di·***za***·do
s.masc. 1. Tempo em que se aprende: *os alunos estão na fase do aprendizado.* 2. Ação de aprender: *o aprendizado exige atenção por parte dos alunos.*

aprendizagem a·pren·di·***za***·gem
s.fem. Aprendizado: *a aprendizagem desse menino foi rápida; é um garoto muito aplicado.*
❖ *pl.* aprendizagens.

apresentação a·pre·sen·ta·***ção***
s.fem. 1. Mostra, exibição: *a apresentação dos trabalhos foi bonita.* 2. Ação de apresentar-se: *a apresentação do cantor foi muito aplaudida.*
❖ *pl.* apresentações.

apresentar a·pre·sen·***tar***
v. 1. Mostrar, exibir: *o nosso grupo apresentou o trabalho na aula de ontem.* 2. Fazer duas ou mais pessoas se conhecerem: *a garota apresentou-nos seu namorado.*
v.pron. **apresentar-se** 3. Exibir-se: *o cantor apresentou-se ontem na televisão.* 4. Dizer o nome a alguém que se encontra pela primeira vez: *no primeiro dia de aula eu me apresentei aos colegas da classe.*

apressado a·pres·***sa***·do
adj. Afobado, que tem pressa: *ele estava tão apressado que esqueceu alguns livros na escola.*

apressar a·pres·***sar***
v. Forçar alguém a ser mais rápido: *não apresse os alunos; deixe que eles façam o teste com calma.*

aprimorar a·pri·mo·***rar***
v. Melhorar, aperfeiçoar: *acho que você pode aprimorar seu trabalho.*
→ Veja também **primor** e **primoroso**.

aprisionar a·pri·si:o·***nar***
v. Prender, pôr na prisão: *o policial aprisionou o ladrão.*

aprofundar a·pro·fun·***dar***
v. Deixar mais fundo: *eles escavaram bastante e aprofundaram o buraco.*

aprontar a·pron·***tar***
v. 1. Deixar pronto, preparado: *ela aprontou o almoço.* 2. *pop.* Fazer travessuras: *esse garoto vive aprontando na escola.*
v.pron. **aprontar-se** 3. Ficar pronto, preparado: *já me aprontei para a festa.*

apropriado a·pro·pri·***a***·do
adj. Adequado, que serve bem: *acho que essa roupa bem colorida está apropriada para o baile de carnaval.*

aprovar a·pro·***var***
v. 1. Achar certo ou bom: *eu aprovo o que ele fez.* 2. Considerar alguém apto para alguma coisa: *o professor aprovou o aluno.*

aproveitar a·pro·vei·***tar***
v. 1. Usar com proveito, utilizar: *vou aproveitar essas fotos no trabalho que estou fazendo.*
v.pron. **aproveitar-se** 2. Tirar vantagem: *ele se aproveitou da ingenuidade do colega e o enganou.*

A

aproveitável a·pro·vei·***tá***·vel
adj.masc.fem. Que se pode aproveitar: *esse material é aproveitável; não vamos jogar fora.*
❖ *pl.* aproveitáveis.

aproximar a·pro·xi·***mar*** (ss)
v. 1. Colocar perto: *aproxime o livro da luz para que eu o veja melhor.*
v.pron. **aproximar-se** 2. Chegar perto: *ele se aproximou de nós.*

aptidão ap·ti·***dão***
s.fem. Habilidade, jeito: *ele tem aptidão para o desenho.*
❖ *pl.* aptidões.

apto ***ap***·to
adj. Bom para fazer alguma coisa: *depois de alguns treinos, ele já estava apto para jogar.*

apunhalar a·pu·nha·***lar***
v. Dar golpe com o punhal: *tentaram apunhalar aquele homem.*

apupar a·pu·***par***
v. Vaiar: *a plateia não gostou do espetáculo e apupou os artistas.*

apupo a·***pu***·po
s.masc. Vaia: *o espetáculo foi ruim, e os artistas ouviram apupos da plateia.*

apurar a·pu·***rar***
v. 1. Averiguar, procurar esclarecer: *a polícia vai apurar esse caso.* 2. Melhorar, aperfeiçoar: *estudar piano pode apurar seu ouvido.* 3. Obter, conseguir: *quanto dinheiro poderemos apurar com a venda desses móveis?*

apuro a·***pu***·ro
s.masc. Dificuldade: *ele está em apuros.*

aquário a·***quá***·ri:o
s.m. 1. Caixa especial de vidro para peixes: *tenho um aquário em casa, onde crio quatro peixinhos.* 2. Grande tanque de vidro onde são exibidos diversos tipos de peixes: *o aquário da cidade é bem grande e tem muitos peixes.*

aquático a·***quá***·ti·co
adj. Que vive na água ou que tem relação com a água: *planta aquática, animal aquático, esporte aquático.*
→ Veja também **água** e **aquoso**.

aquecer a·que·***cer***
v. Esquentar: *o cobertor aquecia a criança.*

aquiescência a·qui·es·***cên***·ci:a
s.fem. Consentimento: *faremos isso com sua aquiescência, isto é, se você permitir.*

aquiescer a·qui·es·***cer***
v. Consentir, concordar: *o prefeito aquiesceu em nos receber hoje.*

aquietar a·qui·e·***tar***
v. 1. Fazer ficar quieto: *a criança estava agitada, mas a mãe conseguiu aquietá-la.*
v.pron. **aquietar-se** 2. Ficar quieto: *o garoto logo se aquietou e pegou no sono.*
→ Não confunda com **inquietar**, que tem outro significado.

aquilatar a·qui·la·***tar***
v. Avaliar, perceber: *por esses quadros, podemos aquilatar a criatividade dessa artista.*

aquisição a·qui·si·***ção***
s.fem. 1. Compra, ação de adquirir: *ele fez a aquisição de uma casa.* 2. Obtenção: *a aquisição de conhecimentos é importante para a nossa vida.*
❖ *pl.* aquisições.
→ Veja também **adquirir**.

aquoso a·***quo***·so (ô)
adj. Que contém água: *a melancia é uma fruta aquosa.*
❖ *fem.* aquosa (ó). *pl.* aquosos (ó), aquosas (ó).
→ Veja também **água** e **aquático**.

ar
s.masc. 1. Mistura gasosa que envolve a Terra: *precisamos respirar ar puro.* 2. *fig.* Aparência: *ele está com ar abatido hoje, parece desanimado.*
→ Veja também **aéreo** e **arejar**.

árabe ***á***·ra·be
adj. 1. Que se refere à Arábia, uma região da Ásia: *povo árabe.*
s.masc. 2. Aquele que nasceu na Arábia: *um grupo de árabes visitou minha cidade.* 3. Língua falada na Arábia e em algumas outras regiões: *o árabe é ensinado em algumas escolas do Brasil.*

arábico a·**rá**·bi·co
adj. Que se refere aos árabes ou à Arábia: *algarismos arábicos.*

arado a·**ra**·do
s.masc. Instrumento usado para lavrar ou arar a terra: *o homem passava o arado na terra.*

aragem a·**ra**·gem
s.fem. Brisa, vento leve: *na varanda, senti uma aragem gostosa.*

arame a·**ra**·me
s.masc. Fio de metal: *tela de arame.*

aranha a·**ra**·nha
s.fem. *Zool.* Animal invertebrado que faz teias para pegar insetos que lhe servem de alimento: *naquela casa abandonada, havia muitas teias de aranha.*
❖ Para indicar o sexo do animal, dizemos *a aranha macho, a aranha fêmea.*

arar a·**rar**
v. Preparar a terra para a plantação: *o agricultor ara os campos.*

arara a·**ra**·ra
s.fem. *Zool.* Nome de várias aves de cauda longa, bico curvo e penas de cores vivas.
❑ **ficar uma arara** Ficar muito irritado: *ele ficou uma arara com o resultado do jogo.*
❖ Para indicar o som que a arara transmite, usamos o verbo **grasnar**: *a arara grasna.*

arauto a·**rau**·to
s.masc. Mensageiro de um rei, de um príncipe: *o arauto do rei chegou à cidade para anunciar a novidade.*

arbitragem ar·bi·**tra**·gem
s.fem. Ação de conduzir um jogo para fazer com que as regras sejam respeitadas: *o juiz teve uma boa arbitragem no jogo de ontem.*
❖ *pl.* arbitragens.

árbitro **ár**·bi·tro
s.masc. Juiz: *ele será o árbitro da competição; espero que faça uma boa arbitragem.*

arborizado ar·bo·ri·**za**·do
adj. Que tem muitas árvores: *praça arborizada.*

arborizar ar·bo·ri·**zar**
v. Plantar árvores em algum lugar: *a prefeitura vai arborizar essa praça.*
→ Veja também **árvore**.

arbusto ar·**bus**·to
s.masc. *Bot.* Árvore não muito alta, com ramos desde a base do caule: *as pessoas costumam chamar toda árvore pequena de arbusto.*

arca **ar**·ca
s.fem. Caixa grande, com tampa e fechadura: *ela guardou muitas roupas nessa arca.*

arcaico ar·**cai**·co
adj. Muito antigo, que não se usa mais: *palavra arcaica.*

arcanjo ar·**can**·jo
s.masc. *Rel.* Na classe dos anjos, nome que se dá a um anjo de ordem superior: *minha tia é devota do arcanjo Gabriel.*

arcar ar·**car**
v. Assumir: *ele vai arcar com as despesas, vai pagar tudo.*

archote ar·**cho**·te (ó)
s.masc. Tocha usada para iluminação: *os archotes iluminavam a sala do castelo.*

arco **ar**·co
s.masc. 1. Arma de atirar flechas ou setas: *os índios usavam um arco para atirar flechas.* 2. Varinha especial usada para tocar certos instrumentos de corda, como violinos, violas, etc.: *quando a jovem passava o arco nas cordas do violino, ouvia-se um lindo som.* 3. *Esp.* Gol, meta: *o goleiro protegeu bem o arco.*

arco-da-velha **ar**·co-da-**ve**·lha
s.masc. Arco-íris: *depois da chuva podemos ver o arco-da-velha.*
❑ **coisas do arco-da-velha** Coisas incríveis, fantásticas: *nesse filme acontecem coisas do arco-da-velha.*
❖ *pl.* arcos-da-velha.

arco-íris **ar**·co-**í**·ris
s.masc. Conjunto de sete arcos coloridos que se formam quando a luz do Sol atravessa goti-

A

nhas de água suspensas no ar; as cores dos arcos são: vermelho, alaranjado, amarelo, verde, azul, anil e roxo: *dizem que há um pote de ouro no fim do arco-íris.*
❖ Essa palavra tem a mesma forma no singular e no plural: *o arco-íris, os arco-íris.*

ardente ar·***den***·te
adj.masc.fem. 1. Que arde, que queima: *carvão ardente.* 2. Muito quente: *o sol ardente queimava nosso corpo.* 3. *fig.* Muito forte, intenso: *amor ardente.*

ardil ar.***dil***
s.masc. Armadilha, cilada: *ele foi vítima de um ardil.*
❖ *pl.* ardis.

ardiloso ar·di·***lo***·so (ô)
adj. Que usa ardis para enganar os outros: *sujeito ardiloso.*
❖ *fem.* ardilosa (ó). *pl.* ardilosos (ó), ardilosas (ó).

árduo ***ár***·du:o
adj. Difícil, que exige muito esforço: *trabalho árduo.*

área ***á***·re:a
s.fem. Extensão de terreno, espaço: *nesta escola, há uma grande área livre para os alunos.*

areia a·***rei***·a
s.fem. Conjunto de pedrinhas muito pequenas que foram produzidas pelo desgaste de grandes pedras ao longo do tempo: *existe muita areia na beira dos rios e dos mares.*

arejado a·re·***ja***·do
adj. Ventilado: *quarto arejado.*

arejar a·re·***jar***
v. Ventilar: *abra as janelas e deixe o vento entrar; precisamos arejar o ambiente.*
→ Veja também **aéreo** e **ar**.

arena a·***re***·na (ê)
s.fem. 1. *Hist.* Espaço onde combatiam os gladiadores nos antigos anfiteatros romanos: *foi jogado na arena para lutar com leões.* 2. Local preparado para a disputa de uma luta ou para a apresentação de um espetáculo: *quando a dupla de vôlei de praia entrou na arena, a plateia aplaudiu com entusiasmo.*

◎ Arena é uma palavra de origem latina que significa *areia*; nos antigos anfiteatros romanos, o local de combate dos gladiadores era coberto de areia (*arena*) e acabou recebendo esse nome, que passou para o português.

arenoso a·re·***no***·so (ô)
adj. Que tem muita areia: *lugar arenoso.*
❖ *fem.* arenosa (ó). *pl.* arenosos (ó), arenosas (ó).

argamassa ar·ga·***mas***·sa
s.fem. Tipo de massa usada para fixar ladrilhos, tijolos, etc.: *o pedreiro usava argamassa para fixar os azulejos na parede do banheiro.*

argentino ar·gen·***ti***·no
adj. 1. Que se refere à Argentina, um país da América do Sul: *menino argentino.*
s.masc. 2. Aquele que nasceu na Argentina: *os argentinos gostam de futebol.*

argola ar·***go***·la (ó)
s.fem. Aro onde se enfia ou se prende alguma coisa: *a corrente estava presa a uma argola fixa na parede.*

argúcia ar·***gú***·ci:a
s.fem. Boa capacidade de observar e perceber as coisas: *todos admiravam a argúcia do rapaz.*
→ Veja também **arguto**.

arguir ar·***guir***
v. Examinar perguntando: *o professor vai arguir essa aluna; ela espera tirar boa nota na arguição.*

argumentar ar·gu·men·***tar***
v. Discutir apresentando idéias e questionando: *ele não se convenceu de que estava errado, por isso continuou argumentando com o professor.*

arguto ar·***gu***·to
adj. Que percebe as coisas rapidamente: *ele é um menino arguto, observa muito bem as coisas.*
→ Veja também **argúcia**.

aridez a·ri·***dez***
s.fem. Secura, ausência de umidade: *a aridez desse solo impede o nascimento da vegetação.*

árido á·ri·do
adj. Muito seco e, por isso, improdutivo: *o solo daquela região é árido; quase nada nasce por lá.*

arisco a·ris·co
adj. Que não se deixa pegar facilmente: *animal arisco.*

aristocracia a·ris·to·cra·ci·a
s.fem. Classe dos nobres, dos privilegiados: *a aristocracia mandava naquele país.*

> Aristocracia é palavra formada de *aristo* (o melhor) + *cracia* (governo).

aristocrata a·ris·to·cra·ta
s.masc.fem. Pessoa que pertence à aristocracia: *o governo estava nas mãos dos aristocratas.*

aristocrático a·ris·to·crá·ti·co
adj. Nobre, que se refere à aristocracia: *classe aristocrática.*

aritmética a·rit·mé·ti·ca
s.fem. Ciência que estuda os números e os cálculos com números: *nas aulas de matemática, a parte de que mais gosto é a aritmética.*

arma ar·ma
s.fem. Instrumento de ataque ou defesa: *para se defender dos bandidos, as camponesas usaram paus e pedras como arma.*
❑ **arma de fogo** Arma que dispara com ajuda de explosivo: *o revólver e a espingarda são armas de fogo.* **depor as armas** Render-se: *os soldados foram obrigados a depor as armas.*

armação ar·ma·ção
s.fem. 1. Ação de armar ou montar: *a armação das barracas não demorou muito.* 2. Estrutura, conjunto de peças que se sustentam: *as telhas da casa foram colocadas sobre uma armação de madeira.* 3. *fig.* Plano para enganar alguém: *ele foi vítima de uma armação.*
❖ *pl.* armações.

armada ar·ma·da
s.fem. Conjunto de navios de guerra: *aquele belo porta-aviões é o orgulho da armada brasileira.*

armadilha ar·ma·di·lha
s.fem. 1. Qualquer engenho usado para capturar animais: *a raposa caiu na armadilha feita pelo caçador.* 2. *fig.* Cilada, emboscada, plano para enganar alguém: *ele caiu na armadilha da polícia e foi preso.*

armadura ar·ma·du·ra
s.fem. Conjunto de peças, como capacete, couraça, etc., que protegia o corpo de um guerreiro: *no museu, vimos várias armaduras antigas.*

armamento ar·ma·men·to
s.masc. Conjunto de armas: *o comandante mostrou na televisão o armamento usado pela polícia.*

armário ar·má·ri:o
s.masc. Móvel, geralmente com gavetas e prateleiras, próprio para guardar coisas: *ela guarda a louça nesse armário.*

> Em sua origem, a palavra armário significava *local para guardar armas*; com o tempo, passou a servir para guardar outras coisas e mudou de significado.

armazém ar·ma·zém (ê)
s.masc. 1. Depósito de mercadorias: *os produtores de café guardavam os grãos naquele antigo armazém.* 2. Casa onde se vendem bebidas ou alimentos: *vou ao armazém comprar um quilo de arroz.*
❖ *pl.* armazéns.
→ Veja também **armazenar**.

armazenar ar·ma·ze·nar
v. Guardar, acumular, juntar: *ele armazenou muita comida em casa.*
→ Veja também **armazém**.

armistício ar·mis·tí·ci:o
s.masc. Cessar-fogo temporário, trégua: *os países em guerra fizeram um armistício; suspenderam os combates por algum tempo.*

aroma a·ro·ma (ô)
s.masc. Cheiro agradável: *gosto muito do aroma desse chá.*

aromático a·ro·má·ti·co
adj. Que tem cheiro agradável: *ervas aromáticas.*

arpão ar·pão
s.masc. Instrumento de ferro que parece uma lança, usado para fisgar peixes grandes e baleias: *o pescador usa varas e arpões.*
❖ *pl.* arpões.

A

arpoar ar·po·***ar***
v. Fisgar, pegar com arpão: *ele tentou arpoar um peixe.*

arqueado ar·que·***a***·do
adj. Curvo, que tem a forma de arco: *a menina tinha as pernas arqueadas.*

arquear ar·que·***ar***
v. Curvar em forma de arco: *o boxeador era tão forte que arqueou o pedaço de ferro.*

arquejante ar·que·***jan***·te
adj.masc.fem. Que respira com dificuldade: *depois de fazer um grande esforço, o homem ficou arquejante por alguns momentos.*

arquejar ar·que·***jar***
v. Respirar com dificuldade: *o doente arquejava.*

arqueologia ar·que:o·lo·***gi***·a
s.fem. Ciência que estuda as civilizações antigas a partir de objetos e construções deixados por elas: *ele quer fazer o curso de arqueologia.*

arqueólogo ar·que·***ó***·lo·go
s.masc. Aquele que se dedica à arqueologia: *os arqueólogos descobriram mais uma múmia egípcia.*

arquibancada ar·qui·ban·***ca***·da
s.fem. Série de assentos que há em estádios de futebol, ginásios de esporte, etc. para acomodação do público. Esses assentos são dispostos em fileiras de diferentes níveis de altura, como os degraus de uma escada: *consegui ver o jogo da primeira fila da arquibancada.*

arquipélago ar·qui·***pé***·la·go
s.masc. Grupo de ilhas próximas umas das outras: *o arquipélago de Fernando de Noronha é um dos mais famosos do Brasil.*

arquitetar ar·qui·te·***tar***
v. Imaginar, bolar, criar: *ele arquitetou um plano para resolver esse problema.*

arquiteto ar·qui·***te***·to (é)
s.masc. Aquele que se dedica à arquitetura, que faz o plano de construção de um prédio, de uma casa, etc.: *ele contratou um arquiteto para fazer o projeto da nova escola.*

arquitetura ar·qui·te·***tu***·ra
s.fem. Arte de construir, de fazer projetos de construção: *ela quer fazer um curso de arquitetura, quer trabalhar como arquiteta.*

arquivar ar·qui·***var***
v. Guardar num arquivo: *vou arquivar esses papéis.*

arquivo ar·***qui***·vo
s.masc. 1. Lugar onde se guardam papéis importantes, documentos, etc.: *o diretor guardou meus documentos no arquivo da secretaria.* 2. *Inform.* Conjunto de dados guardado no computador e que pode ser acessado pelo usuário: *vou abrir o arquivo onde guardei os endereços de meus colegas.*

arrancar ar·ran·***car***
v. 1. Tirar da terra: *arranquei o mato do jardim.* 2. Tirar com violência: *o policial arrancou a arma da mão do bandido.* 3. Partir: *o carro arrancou velozmente.*
v.pron. **arrancar-se** 4. *gír.* Sair rapidamente: *quando percebeu o perigo, ele se arrancou dali.*

arranca-rabo ar·***ran***·ca-***ra***·bo
s.masc. *pop.* Discussão, briga: *no fim do jogo, houve um arranca-rabo entre os torcedores.*
❖ *pl.* arranca-rabos.

arranha-céu ar·***ra***·nha-***céu***
s.masc. Edifício muito alto: *ele trabalha nesse arranha-céu.*
❖ *pl.* arranha-céus.

arranhão ar·ra·***nhão***
s.masc. Ferida superficial na pele, feita com a unha ou com alguma coisa pontuda: *a unha do gato fez um arranhão no braço da menina.*
❖ *pl.* arranhões.

arranhar ar·ra·***nhar***
v. Ferir com as unhas: *o gato arranhou o braço de Juliana; ela precisou passar remédio no arranhão.*

arranjar ar·ran·***jar***
v. 1. Conseguir, obter, encontrar: *preciso arranjar um emprego.* 2. Arrumar, ordenar: *arranjei os talheres na gaveta.*

arrasar ar·ra·***sar***
v. 1. Destruir, devastar: *o furacão arrasou a cidade.* 2. *gír.* Fazer grande sucesso: *essa cantora está arrasando!*

arrastão ar·ras·***tão***
s.masc. 1. Rede de pescar. 2. *pop.* Ação violenta feita por um grupo de bandidos ou desordeiros, que atacam e assaltam em conjunto um grande número de pessoas, lojas, etc.: *houve um arrastão na praia e muitos turistas foram agredidos e roubados.*
❖ *pl.* arrastões.

arrastar ar·ras·***tar***
v. 1. Puxar com esforço: *peguei o ferido pelos braços e o arrastei até a sala.*
v.pron. **arrastar-se** 2. Rastejar, andar de rastos: *ela não conseguiu ficar em pé e teve de arrastar-se pelo corredor.*

arre ***ar***·re
interj. Palavra que expressa desagrado, ira: *arre! Não aguento mais essa conversa!*

arrear ar·re·***ar***
v. Pôr arreio: *vou arrear* o cavalo.
→ Não confunda com **arriar**, que tem outro significado.

arrebatar ar·re·ba·***tar***
v. 1. Arrancar, tirar com violência: *ele arrebatou a bolsa das mãos da mulher e saiu correndo.* 2. *fig.* Empolgar, entusiasmar: *o seu discurso arrebatou a multidão.*

arrebentar ar·re·ben·***tar***
v. Quebrar com violência: *a força da água arrebentou o cano.*

arrebitado ar·re·bi·***ta***·do
adj. Que tem a ponta voltada para cima: *nariz arrebitado.*

arrecadar ar·re·ca·***dar***
v. Conseguir, obter: *arrecadamos bastante dinheiro com essa campanha.*

arredar ar·re·***dar***
v. Afastar: *não consegui arredar o menino da sala.*
❑ **arredar pé** Afastar-se: *daqui eu não arredo pé de jeito nenhum.*

arredio ar·re·***di***·o
adj. Que se afasta dos outros, que vive isolado: *esse menino é muito arredio, não faz amizade com ninguém.*

arredondar ar·re·don·***dar***
v. 1. Dar uma forma redonda: *o carpinteiro arredondou o pé da mesa.* 2. Fazer um cálculo desprezando as frações ou os quebrados: *a conta ficou em R$ 25,10; vamos arredondar para R$ 25,00.*

arrefecer ar·re·fe·***cer***
v. Enfraquecer, fazer diminuir a intensidade: *a derrota arrefeceu o ânimo do pessoal.*

arregaçar ar·re·ga·***çar***
v. Dobrar para cima: *ele arregaçou as mangas da camisa.*

arregalar ar·re·ga·***lar***
v. Abrir muito os olhos, de espanto ou satisfação: *quando viu o bolo, ela arregalou os olhos de alegria.*

arreganhar ar·re·ga·***nhar***
v. Mostrar os dentes, abrindo os lábios com expressão de raiva ou riso: *o cão arreganhou os dentes ameaçando atacar os invasores.*

arreio ar·***rei***·o
s.masc. Conjunto de peças que se colocam sobre animais de montaria: *antes de montar, o cavaleiro põe o arreio no cavalo.*

arreliar ar·re·li·***ar***
v. *pop.* Perturbar, incomodar: *ele está sempre arreliando os colegas.*

arreliento ar·re·li·***en***·to
adj. Encrenqueiro, que gosta de arreliar: *menino arreliento.*

arremedar ar·re·me·***dar***
v. Imitar o jeito ou a fala de uma pessoa por zombaria: *pare de arremedar sua colega.*

arremessar ar·re·mes·***sar***
v. Jogar, lançar: *arremesse a bola para mim!*

arrepender-se ar·re·pen·***der***-se
v.pron. Lamentar ter feito alguma coisa: *ela se arrependeu de ter xingado o colega.*

A

arrepiante ar·re·pi·***an***·te
adj.masc.fem. Pavoroso, que provoca arrepios de medo, que deixa os cabelos em pé: *ela viu uma cena arrepiante.*

arriar ar·ri·***ar***
v. Abaixar o que está erguido: *arriar um braço, uma bandeira.*
→ Não confunda com **arrear**, que tem outro significado.

arriscar ar·ris·***car***
v. 1. Pôr em risco ou perigo: *nadar nesse rio é arriscar a vida.* 2. Tentar: *não tenho certeza se a resposta é esta, mas vou arriscar.*

arroba ar·***ro***·ba (ô)
s.fem. Peso equivalente a 15 quilos: *o peso do boi é medido em arrobas.*

◎ O símbolo da arroba (@) é usado hoje para representar os endereços eletrônicos na internet.

arrogância ar·ro·***gân***·ci:a
s.fem. Orgulho, insolência, falta de humildade: *ele fala com arrogância.*

arrogante ar·ro·***gan***·te
adj.masc.fem. Orgulhoso: *ela é uma menina arrogante; acha-se melhor que as outras.*

arroio ar·***roi***·o (ô)
s.masc. Córrego, riacho: *havia um arroio no fundo da chácara.*

arrojado ar·ro·***ja***·do
adj. Ousado, audacioso, corajoso: *ele é um homem arrojado, gosta de enfrentar grandes desafios.*

arrojo ar·***ro***·jo (ô)
s.masc. Ousadia, coragem, audácia: *ele agiu com arrojo e venceu os obstáculos.*
❖ *pl.* arrojos (ô).

arroxear ar·ro·xe·***ar***
v. Ficar roxo ou deixar algo roxo: *a pancada arroxeou meu braço.*

arroz ar·***roz***
s.masc. *Bot.* Planta da família das gramíneas cujos grãos são consumidos pelos seres humanos: *o arroz é um dos principais alimentos do brasileiro.*

arrozal ar·ro·***zal***
s.masc. Campo semeado de arroz: *o arrozal precisa ser bem irrigado.*
❖ *pl.* arrozais.

arruaça ar·ru·***a***·ça
s.fem. Desordem, tumulto: *um bêbado estava fazendo arruaça no bar.*

arruaceiro ar·ru·a·***cei***·ro
adj. Desordeiro, que faz arruaças: *o policial advertiu o arruaceiro.*

arruinar ar·ru:i·***nar***
v. 1. Deixar em ruínas, destruir: *o terremoto arruinou a cidade.* 2. Prejudicar, estragar: *as drogas arruinaram a saúde daquele homem.* v.pron. **arruinar-se** 3. Perder todos os bens, ficar sem nada: *o comerciante arruinou-se, foi à falência.*

arrumar ar·ru·***mar***
v. 1. Pôr em ordem: *vamos arrumar a sala.* 2. Conseguir, arranjar: *ele já arrumou emprego.*

arte ***ar***·te
s.fem. 1. Técnica, habilidade, maneira de fazer corretamente alguma coisa: *ela sabe dançar com arte.* 2. Travessura: *esse menino andou fazendo arte pela casa.*
❑ **arte culinária** Arte de cozinhar bem, de fazer bons pratos: *ela está fazendo um curso de arte culinária.* **artes plásticas** Nome que se dá às obras que exploram elementos visuais e táteis, como a pintura, a escultura, o desenho, etc.: *as técnicas desse pintor revolucionaram as artes plásticas.* **obra de arte** Aquilo que é feito com arte, com boa técnica: *nesse museu, há quadros e esculturas que são belas obras de arte.*
→ Veja também **artista**.

arteiro ar·***tei***·ro
adj. Levado, travesso: *esse menino é muito arteiro, vive fazendo travessuras.*

artéria ar·***té***·ri:a
s.fem. *Anat.* Cada um dos vasos que levam o sangue do coração para todo o nosso corpo: *o acúmulo de gordura nas artérias causa um tipo de doença.*

artesanal ar·te·sa·***nal***
adj.masc.fem. Que se refere a artesão ou a artesanato: *comprei uma bonita peça artesanal.*
❖ *pl.* artesanais.

artesanato ar·te·sa·***na***·to
s.masc. 1. Técnica de fazer trabalhos a mão: *o artesanato nordestino é muito bonito e variado*. 2. Produção de um ou mais artesãos: *nessa feira de artesanato, há muitos objetos bonitos*.

artesão ar·te·***são***
s.masc. Aquele que executa um trabalho manual com arte: *esse vaso de cerâmica foi feito por um artesão*.
❖ *fem.*: artesã. *pl.* artesãos, artesãs.

ártico ***ár***·ti·co
adj. Que se refere ao polo norte: *o urso-polar habita as regiões árticas*.

articulação ar·ti·cu·la·***ção***
s.fem. *Anat.* Junta; ponto do corpo onde dois ossos se ligam: *o joelho é uma articulação*.
❖ *pl.* articulações.

artificial ar·ti·fi·ci·***al***
adj.masc.fem. Que é produzido pelo homem e não pela natureza: *essa é uma flor artificial, pois é feita de plástico*.
❖ *pl.* artificiais.

artigo ar·***ti***·go
s.masc. 1. Mercadoria ou objeto posto à venda: *os preços dos artigos dessa loja estão baixos*. 2. Texto publicado em jornal ou revista sobre determinado assunto: *li um artigo sobre o carnaval*. 3. *Gram.* Palavra que vem antes de um substantivo indicando seu gênero (masculino e feminino) e seu número (singular ou plural); o artigo pode ser definido (o, a, os, as), quando se refere a um ser determinado, diferenciando-o de outros da mesma espécie: *li a redação do aluno*; ou indefinido (um, uma, uns, umas), quando se refere de modo vago a um substantivo, indicando tratar-se de um ser qualquer entre outros da mesma espécie: *li uma redação*.

artilheiro ar.ti.***lhei***.ro
s.masc. 1. Soldado de artilharia que usa armas que lançam projéteis a grandes distâncias: os *artilheiros voltaram traumatizados da guerra*. 2. *Esp.* Jogador que marca o maior número de gols num jogo ou numa competição: *este ano o capitão do meu time foi artilheiro do campeonato – ele marcou 25 gols*.

artimanha ar·ti·***ma***·nha
s.fem. Esperteza, modo malicioso de agir: *ele sempre engana as pessoas com suas artimanhas*.

artista ar·***tis***·ta
s.masc.fem. Pessoa que se dedica à arte (pintor, músico, ator, etc.): *quando crescer quero ser artista*.
→ Veja também **arte**.

artístico ar·***tís***·ti·co
adj. Que foi feito com arte: *trabalho artístico*.

árvore ***ár***·vo·re
s.fem. *Bot.* Vegetal lenhoso cujo tronco é fixado no solo com raízes e que possui galhos e folhas na parte de cima: *adoro deitar à sombra de uma árvore*.
❑ **árvore genealógica** Quadro sob forma de árvore que mostra as relações de parentesco entre os membros de uma família: *a professora pediu que cada aluno fizesse sua árvore genealógica*.
→ Veja também **arborizar**.

arvoredo ar·vo·***re***·do (ê)
s.masc. Conjunto de árvores: *há um belo arvoredo nesse parque*.

ás
s.masc. 1. Carta de baralho de um só ponto: *eu tinha um ás, um rei e uma rainha na mão*. 2. Pessoa que se destaca em alguma atividade, principalmente nos esportes: *ele é um ás do volante*.
❖ *pl.* ases.

asa ***a***·sa
s.fem. 1. *Zool.* Parte do corpo de muitos animais (principalmente aves e insetos) que permite a eles voar: *os sabiás têm asas*. 2. Parte do avião que permite a ele se sustentar no ar: *a asa direita do avião pegou fogo*. 3. Parte saliente de um objeto (vasilha, xícara, bule, etc.) por onde se pode pegar: *segure a xícara pela asa para não queimar a mão*.
❑ **dar asas à imaginação** Soltar a imaginação, não bloquear nenhuma ideia: *dê asas à imaginação e invente uma história engraçada*.

A

asa-delta a·sa·**del**·ta
s.fem. *Esp.* Grande asa de metal e tecido, armada em forma de triângulo, com lugar para que uma pessoa se apoie e consiga voar, levada pelo vento: *voar de asa-delta me dá sensação de liberdade.*
❖ *pl.* asas-deltas.

ascender as·cen·**der**
v. Subir, elevar-se: *ele era um simples ajudante, mas em pouco tempo ascendeu ao posto de chefe; sua ascensão foi rápida.*
→ Não confunda com **acender**, que tem outro significado.

ascensão as·cen·**são**
s.fem. Subida: *ele teve uma ascensão rápida na empresa; logo ganhou o posto de chefe.*

ascensorista as·cen·so·**ris**·ta
s.masc.fem. Pessoa que manobra um elevador, fazendo-o subir ou descer: *ele trabalha como ascensorista nesse prédio.*

asco **as**·co
s.masc. Nojo: *isso me dá asco.*
→ Veja também **asqueroso**.

asfixiar as·fi·xi·**ar** (cs)
v. Fazer perder a respiração, sufocar: *a fumaça quase asfixiou a criança.*

asiático a·si·**á**·ti·co
adj. Da Ásia: *o Japão é um país asiático.*
s.masc. Aquele que nasceu na Ásia: *muitos asiáticos vieram morar no Brasil.*

asilo a·**si**·lo
s.masc. 1. Casa de caridade que dá abrigo a crianças ou a velhos desamparados: *hoje vamos visitar os velhinhos do asilo.* 2. Refúgio, abrigo, lugar onde se está em segurança: *na hora do perigo, ele buscou asilo na casa dos tios.*

asneira as·**nei**·ra
s.fem. *pop.* Tolice, besteira: *você fez uma asneira!*

asno **as**·no
s.masc. *Zool.* Jumento, jegue, jerico: *o asno é usado como animal de carga.*
→ Veja também **jegue**, **jerico** e **jumento**.

aspecto as·**pec**·to (é)
s.masc. Aparência: *ele está com bom aspecto, parece bem de saúde.*

áspero **ás**·pe·ro
adj. Que raspa a pele, que não é liso: *passe o dedo na lixa e sinta como é áspera, como raspa a pele.*

aspirar as·pi·**rar**
v. 1. Puxar o ar para dentro dos pulmões: *abri a janela e aspirei o ar da manhã.* 2. Absorver, sugar: *essa máquina aspira o pó.* 3. Desejar: *ele aspira a conhecer tudo sobre dinossauros; essa é sua grande aspiração.*

asqueroso as·que·**ro**·so (ô)
adj. Nojento: *que bicho asqueroso!*
❖ *fem.* asquerosa (ó). *pl.* asquerosos (ó), asquerosas (ó).
→ Veja também **asco**.

assalariado as·sa·la·ri·**a**·do
s.masc. Aquele que vive de salário, que se mantém com o salário que recebe: *ela quer abrir seu próprio negócio, não quer mais ser assalariada.*

assaltante as·sal·**tan**·te
s.masc.fem. Pessoa que assalta, que faz assalto: *ela é uma assaltante perigosa, está sendo procurada pela polícia.*

assaltar as·sal·**tar**
v. Atacar alguém para roubar: *o bandido assaltou a mulher e levou sua bolsa.*

assalto as·**sal**·to
s.masc. 1. Ataque, geralmente com intenção de roubar: *os bandidos planejaram um assalto ao banco.* 2. *Esp.* Cada um dos períodos em que é dividida uma luta de boxe ou algum outro tipo de luta corporal: *eles vão lutar dez assaltos.*

assanhado as·sa·**nha**·do
adj. 1. Alvoroçado, animado: *o pessoal ficou assanhado com a idéia da festa.* 2. *pop.* Metido a namorador: *ele é um garoto assanhado, está sempre atrás das meninas.*

assanhar as·sa·**nhar**
v. 1. Alvoroçar: *ele assanhou as crianças com a notícia de que o circo tinha chegado.*

v.pron. **assanhar-se** 2. Inquietar-se, alvoroçar-se: *as crianças assanharam-se com a notícia da chegada do circo.*

assar as·***sar***
v. Preparar alimento colocando-o no forno ou na brasa: *ele vai assar a carne do churrasco.*

assassinato as·sas·si·***na***·to
s.masc. Ato de assassinar, de matar alguém de propósito: *a polícia está investigando o assassinato desse homem.*

assassino as·sas·***si***·no
s.masc. Aquele que comete um assassinato, que mata alguém de propósito: *o assassino se escondeu na torre da igreja.*

asseado as·se·***a***·do
adj. Limpo: *menino asseado*.

assegurar as·se·gu·***rar***
v. Tornar certo ou seguro: *os pais devem assegurar o sustento dos filhos.*

asseio as·***sei***·o
s.masc. Limpeza: *o asseio corporal é importante para a saúde.*

assemelhar-se as·se·me·***lhar***-se
v.pron. Parecer-se: *ela se assemelha à mãe, é muito parecida com ela.*
→ Veja também **semelhante**.

assento as·***sen***·to
s.masc. Parte do móvel onde sentamos: *o assento dessa cadeira é macio.*
→ Não confunda com **acento**, que tem outro significado.

assessor as·ses·***sor***
s.masc. Assistente, auxiliar: *ele é o assessor da governadora.*
❖ *pl.* assessores.

asseverar as.se.ve.***rar***
v. Afirmar com segurança: *ele asseverou que o prefeito ajudará essas crianças.*

assíduo as·***sí***·du:o
adj. Que comparece sempre a determinado lugar: *é um aluno assíduo, não falta às aulas; o professor elogia sua assiduidade.*

assinalar as·si·na·***lar***
v. Marcar com sinal: *no teste, você deve assinalar a resposta correta.*

assinar as·si·***nar***
v. 1. Escrever o próprio nome: *assine seu nome por extenso nesta linha.* 2. Pagar adiantado para receber um jornal ou uma revista por certo tempo: *assinei esse jornal por um ano.*

assistência as·sis·***tên***·ci:a
s.fem. 1. Público presente a um espetáculo: *a assistência aplaudiu os atores.* 2. Socorro médico: *o enfermeiro prestou assistência aos feridos.* 3. Ambulância: *a assistência levou os feridos ao hospital.*

assistir as·sis·***tir***
v. 1. Ver, presenciar: *vou assistir a um espetáculo de dança.* 2. Socorrer, dar assistência: *o médico assistiu o doente.*

assoalho as·so·***a***·lho
s.masc. Revestimento de madeira colocado sobre o piso de um cômodo: *ele vai encerar o assoalho dos quartos.*
❖ Também existe a forma **soalho**.

assobiar as·so·bi·***ar***
v. Produzir um som agudo, com a boca ou com um apito: *assobiou para chamar a irmã.*
❖ Também existe a forma **assoviar**.

assolar as·so·***lar***
v. Arrasar, devastar: *o furacão assolou a cidade.*

assombrar as·som·***brar***
v. 1. Aterrorizar: *dizem que um fantasma assombra aquela casa.* 2. Maravilhar, provocar admiração: *o espetáculo assombrou a plateia.*

assombroso as·som·***bro***·so (ô)
adj. Espantoso, incrível: *ele me contou um fato assombroso*.
❖ *fem.* assombrosa (ó). *pl.* assombrosos (ó), assombrosas (ó).

assumir as·su·***mir***
v. Tomar para si, arcar com: *você deve assumir a responsabilidade de suas ações, deve responder pelo que faz.*

assunto as·***sun***·to
s.masc. Aquilo sobre o qual se fala, se discute: *eles estavam conversando sobre um assunto interessante: o que teria causado a extinção dos dinossauros?*

A

assustar as·sus·***tar***
v. Amedrontar, dar um susto em alguém: *o barulho da explosão assustou as pessoas.*

astro ***as***·tro
s.masc. 1. Nome que se dá a todos os corpos que há no céu, tenham ou não luz própria: *as estrelas, os cometas e os planetas são astros*. 2. *fig.* Pessoa famosa, que se destaca nas artes ou nos esportes: *Pelé foi um astro do futebol.*

astrologia as·tro·lo·***gi***·a
s.fem. Estudo da influência que os astros podem exercer na vida das pessoas: *você acredita em astrologia?*

Astrologia é palavra formada de *astro* + *logia* (estudo); portanto, astrologia significa *estudo dos astros*, que era feito para se prever o futuro. É muito antiga a crença de que os astros governam a vida das pessoas.

astrólogo as·***tró***·lo·go
s.masc. Aquele que se dedica à astrologia: *consultei um astrólogo para saber do meu destino.*

astronauta as.tro.***nau***.ta
s.masc.fem. Cosmonauta, pessoa que viaja em uma nave espacial: *meu primo quer ser astronauta.*

Astronauta é palavra formada de *astro* + *nauta* (navegante); portanto, astronauta significa *o que navega pelos astros.*

astronave as·tro·***na***·ve
s.fem. Nave espacial: *os astronautas passaram dois meses a bordo da astronave.*

Astronave é palavra formada de *astro* + *nave*; portanto, astronave significa *nave que viaja pelos astros.*

astronomia as·tro·no·***mi***·a
s.fem. Ciência que estuda os astros: *li um artigo de astronomia e aprendi muito sobre nossa galáxia.*

Astronomia é palavra formada de *astro* + *nomia* (lei); portanto, astronomia significa *lei dos astros.* Estudar astronomia é conhecer as leis que governam os astros.

astronômico as·tro·***nô***·mi·co
adj. 1. Que se refere à astronomia: *descoberta astronômica*. 2. *fig.* Exageradamente alto: *ele pediu um preço astronômico pela casa.*

astrônomo as·***trô***·no·mo
s.masc. Aquele que se dedica à astronomia: *os astrônomos estão sempre descobrindo novas estrelas.*

astúcia as·***tú***·ci:a
s.fem. Manha, malícia, esperteza em enganar alguém: *ele agiu com astúcia e levou a melhor.*

astucioso as·tu·ci·***o***·so (ô)
adj. Que tem astúcia, que é muito esperto: *sujeito astucioso.*
❖ *fem.* astuciosa (ó). *pl.* astuciosos (ó), astuciosas (ó).

astuto as·***tu***·to
adj. Astucioso, muito esperto: *o vendedor astuto quase conseguiu nos enganar.*

ata ***a***·ta
s.fem. Registro escrito de tudo o que aconteceu numa reunião: *na primeira reunião do nosso clubinho, fizemos uma ata bem caprichada.*

atabalhoado a·ta·ba·lho·***a***·do
adj. Desajeitado, atrapalhado: *ele entrou no carro de modo atabalhoado e bateu a cabeça na porta.*

atacante a·ta·***can***·te
s.masc.fem. *Esp.* Atleta que ataca: *ela é a principal atacante do nosso time.*

atacar a·ta·***car***
v. 1. Ir contra alguém, agredir: *ele atacou uma pessoa.* 2. Criticar, falar mal de alguém: *ela atacou os colegas, dizendo que eles eram ingratos.* 3. *pop.* Arremessar, lançar: *alguém atacou uma pedra na porta.* 4. Atingir: *a doença atacou várias pessoas.* 5. *Esp.* Investir contra o adversário: *nosso time atacou bastante o outro time, mas não marcou nenhum gol.*

atalho a·***ta***·lho
s.masc. Caminho mais curto para chegar a algum lugar: *eles saíram da estrada, pegaram um atalho e chegaram antes de nós à vila.*

ataque a·*ta*·que
s.masc. 1. Ação de atacar: *o ataque dos soldados foi inesperado*. 2. Acesso: *ela teve um ataque de riso*.

atar a·*tar*
v. Ligar, prender, amarrar: *eles ataram minhas mãos com corda*.
→ Veja também **desatar**.

atarantado a·ta·ran·*ta*·do
adj. Atrapalhado, confuso: *a notícia foi tão surpreendente que deixou muita gente atarantada, sem saber o que fazer*.

atarefado a·ta·re·*fa*·do
adj. Muito ocupado, cheio de tarefas: *hoje tive um dia atarefado*.

atarracado a·tar·ra·*ca*·do
adj. Baixo e musculoso: *homem atarracado*.

ataúde a·ta·*ú*·de
s.masc. Caixão de defunto: *todos choravam em volta do ataúde*.

atazanar a·ta·za·*nar*
v. Aborrecer, importunar, amolar: *pare de me atazanar! Deixe-me em paz!*
❖ Também existe a forma **atenazar**.

atear a·te·*ar*
v. Pôr (fogo): *ele ateou fogo no mato*.

ateliê a·te·li·*ê*
s.masc. Estúdio, local de trabalho de um pintor, fotógrafo, escultor, etc.: *o artista guardava as telas e os pincéis em seu ateliê*.

atemorizar a·te·mo·ri·*zar*
v. Assustar, amedrontar: *o incêndio no prédio atemorizou os moradores das casas vizinhas, pois o fogo poderia alastrar-se e atingi-los*.

atenção a·ten·*ção*
s.fem. Fazer alguma coisa com atenção significa agir seriamente, sem se distrair: *o motorista dirige com atenção*.
❑ **dar atenção a alguém** Ser gentil, mostrar interesse ou dar carinho: *vovó dá atenção aos netos*. **prestar atenção** Ficar atento: *ele presta atenção às aulas*.
❖ *pl.* atenções.

atencioso a·ten·ci·*o*·so (ô)
adj. Gentil, amável: *eles foram atenciosos comigo, trataram-me bem*.
❖ *fem.* atenciosa (ó). *pl.* atenciosos (ó), atenciosas (ó).
→ Veja também **desatencioso**.

atender a·ten·*der*
v. 1. Servir: *o dono do bar atendeu o freguês*. 2. Acolher: *ele atendeu ao meu pedido, aceitou fazer o que eu pedi*. 3. Receber: *o diretor vai atender os pais dos alunos*. 4. Responder: *ninguém atendeu à campainha*.

atentado a·ten·*ta*·do
adj. *pop.* 1. Muito arteiro, endiabrado: *ainda verei esse menino atentado crescer e tomar juízo*.
s.masc. 2. Ato violento contra alguém: *esse homem sofreu um atentado e quase morreu*.

atentar a·ten·*tar*
v. 1. Observar, prestar atenção: *atente na explicação do professor*. 2. Cometer um atentado, um ato de violência: *alguém atentou contra a vida desse homem*.

atento a·*ten*·to
adj. Que presta atenção: *esse aluno está sempre atento à aula*.
→ Veja também **desatento**.

atenuar a·te·nu·*ar*
v. Diminuir, abrandar: *esse remédio vai atenuar as suas dores*.

aterrar[1] a·ter·*rar*
v. Aterrorizar, apavorar: *o início da guerra aterrou a população da cidade*.

aterrar[2] a·ter·*rar*
v. Encher de terra: *os homens vão aterrar essa lagoa; vão transformá-la num aterro*.

aterrissagem a·ter·ris·*sa*·gem
s.fem. Ação de aterrissar: *a aterrissagem será às 10 horas*.
❖ *pl.* aterrissagens.

aterrissar a·ter·ris·*sar*
v. Pousar (um avião, um helicóptero, etc.) em terra: *o avião vai aterrissar às 10 horas*.

A

aterro a·*ter*·ro (ê)
s.masc. 1. Ação de aterrar, de encher de terra: *o aterro da lagoa demorou muitos meses.* 2. Lugar que se encheu de terra: *a lagoa foi transformada num aterro.*

aterrorizar a·ter·ro·ri·*zar*
v. Apavorar, causar terror em alguém: *a notícia de que o furacão se aproximava aterrorizou as pessoas.*

atestado a·tes·*ta*·do
s.masc. Declaração por escrito: *o médico examinou a menina e deu um atestado declarando que ela estava doente.*

ateu a·*teu*
s.masc. Aquele que nega a existência de Deus: *meu tio é ateu, não acredita em Deus.*
❖ *fem.* ateia.

atinar a·ti·*nar*
v. Descobrir, encontrar: *não consegui atinar com a solução daquele problema.*

atingir a·tin·*gir*
v. Alcançar, tocar: *os corredores atingiram a linha de chegada.*

atirado a·ti·*ra*·do
adj. Ousado, corajoso: *homem atirado.*

atirar a·ti·*rar*
v. 1. Lançar, arremessar: *a menina atirou uma pedra na lagoa.* 2. Disparar com arma de fogo: *ele pegou o revólver e atirou.*

atitude a·ti·*tu*·de
s.fem. Comportamento: *gostei de sua atitude; acho que você agiu bem.*

ativar a·ti·*var*
v. Pôr em atividade, fazer funcionar: *vamos ativar as máquinas.*

atividade a·ti·vi·*da*·de
s.fem. 1. Movimento, ação: *as máquinas entraram em atividade.* 2. Ocupação, profissão: *qual é sua atividade? Em que você trabalha?*

ativo a·*ti*·vo
adj. Que está em atividade, que age: *ele é uma pessoa ativa, está sempre participando de algum trabalho.*
→ Veja também **inativo**.

atleta a·*tle*·ta (é)
s.masc.fem. Pessoa que se dedica a exercícios físicos ou a esportes: *os nadadores, os corredores e os jogadores são atletas.*

atmosfera at·mos·*fe*·ra (é)
s.fem. Camada de ar que envolve a Terra: *a atmosfera proporciona as condições ideais para a vida na Terra.*

atmosférico at·mos·*fé*·ri·co
adj. Que se refere à atmosfera: *camada atmosférica.*

ato *a*·to
s.masc. 1. Ação, feito: *o livro conta os atos heroicos desse guerreiro.* 2. Cada uma das partes em que se divide uma peça de teatro: *essa comédia tem três atos.*

à-toa *à*-*to*·a
adj.masc.fem. 1. Sem importância, insignificante: *eles brigaram por um motivo à-toa.* 2. Muito fácil de ser feito: *esse é um trabalhinho à-toa.* 3. Desprezível: *mas que sujeitinho à-toa!*
→ Não confunda com **à toa** (sem hífen), que tem outro significado.

atolar a·to·*lar*
v. Afundar no lodo ou na lama: *o carro atolou.*

atônito a·*tô*·ni·to
adj. Espantado, pasmado: *ele ficou tão atônito com o que viu que não soube o que dizer.*

ator a·*tor*
s.masc. Artista que representa em teatro, cinema, televisão: *sempre sonhou em ser um ator famoso.*
❖ *fem.* atriz. *pl.* atores, atrizes.

atordoar a·tor·do·*ar*
v. Deixar tonto: *esse barulho forte vai atordoar as crianças.*

atormentar a·tor·men·*tar*
v. Fazer sofrer, causar tormento em alguém: *as dores atormentavam as pessoas feridas.*

atração a·tra·*ção*
s.fem. 1. Ato de puxar para si: *a gravidade da Terra exerce atração sobre os corpos, isto é,*

puxa os corpos para baixo. 2. *fig.* Aquilo que atrai a atenção, que desperta a curiosidade das pessoas: *a apresentação dos trapezistas é a grande atração desse circo.*
❖ *pl.* atrações.

atracar a·tra·***car***
v. 1. Amarrar uma embarcação e prendê-la à terra: *os piratas atracaram o navio na ilha e desembarcaram.*
v.pron. **atracar-se** 2. Entrar em luta corporal: *eles se atracaram na rua.*

atraente a·tra·***en***·te
adj.masc.fem. Interessante, que desperta a atenção: *esse espetáculo é atraente.*

atrair a·tra·***ir***
v. 1. Puxar para si: *o ímã atrai o ferro.* 2. *fig.* Despertar atenção ou interesse: *a música me atrai, exerce atração sobre mim.*

atrapalhar a·tra·pa·***lhar***
v. 1. Impedir a ação ou o pensamento; tirar a concentração perturbar: *esse barulho atrapalha os alunos.*
v.pron. **atrapalhar-se** 2. Ficar confuso, embaraçar-se: *na hora de sair ele se atrapalhou com o material e deixou cair os livros.*

atrás a·***trás***
adv. 1. No lado oposto ao da frente: *na classe, eu me sento na frente, ela se senta atrás.* 2. Antes, num tempo anterior ao momento em que se fala: *isso aconteceu dois dias atrás.*
❑ **atrás de** 1. Na parte de trás de: *a vassoura está atrás da porta.* 2. Em busca de: *ela está atrás de dinheiro.*

atrasar a·tra·***sar***
v. 1. Pôr para trás: *alguém atrasou os ponteiros do relógio.* 2. Provocar demora, retardar: *a chuva atrasou o início do jogo.* 3. *Esp.* Recuar, jogar para trás: *o jogador atrasou a bola para o goleiro.*
v.pron. **atrasar-se** 4. Deixar de fazer alguma coisa na hora certa: *ele disse que chegaria às 9 horas, mas atrasou-se e só chegou às 10.*

atrativo a·tra·***ti***·vo
adj. 1. Atraente, interessante: *espetáculo atrativo.*
s.masc. 2. Aquilo que atrai: *a festa terá muitos atrativos, como uma sessão de mágica e um sorteio de brindes.*

atravancar a·tra·van·***car***
v. Impedir a passagem colocando coisas no meio do caminho: *eles atravancaram o corredor com mesas e cadeiras.*

atravessar a·tra·ves·***sar***
v. Ir de um lado a outro (atravessar uma estrada, um rio, etc.): *cuidado ao atravessar a rua; olhe bem para os dois lados.*

atrelar a·tre·***lar***
v. Prender: *ele atrelou o boi à carroça.*

atrever-se a·tre·***ver***-se
v.pron. Ter a coragem ou ousadia de fazer alguma coisa: *ele se atreveu a desobedecer às ordens.*

atrevido a·tre·***vi***·do
adj. *pop.* Que mostra falta de respeito, de educação: *menino atrevido.*

atribuir a·tri·bu·***ir***
v. Conceder, dar: *atribuíram um prêmio a esses alunos.*

atribulado a·tri·bu·***la***·do
adj. Atormentado, sofrido: *ele teve uma vida atribulada.*

atrito a·***tri***·to
s.masc. 1. Ação de duas coisas que se esfregam: *nos tempos primitivos, o ser humano fazia fogo com o atrito de pedras.* 2. Desentendimento: *esses dois homens tiveram um atrito e quase brigaram.*

atrocidade a·tro·ci·***da***·de
s.fem. Crueldade: *a matança desses animais foi uma atrocidade.*
→ Veja também **atroz**.

atropelar a·tro·pe·***lar***
v. Dar um encontrão e derrubar, passando ou não por cima: *o motoqueiro atropelou o menino.*

atroz a·***troz*** (ó)
adj.masc.fem. 1. Cruel, impiedoso: *vingança atroz.* 2. Difícil de suportar: *dor atroz.*

A

❖ *pl.* atrozes. *superl.* atrocíssimo.
→ Veja também **atrocidade**.

atual a·tu·***al***
adj.masc.fem. Que é do nosso tempo: *a música atual é muito diferente daquela que se fazia antigamente.*
❖ *pl.* atuais.

atualizado a·tu:a·li·***za***·do
adj. Que está a par de tudo o que acontece: *ele é um homem atualizado.*
→ Veja também **desatualizado**.

atualizar a·tu:a·li·***zar***
v. Pôr em dia, não deixar atrasado: *ela vai atualizar seus cadernos, vai pôr a matéria em dia.*

atualmente a·tu:al·***men***·te
adv. Hoje em dia: *atualmente, está aumentando o problema da poluição.*

atuar a·tu·***ar***
v. 1. Exercer atividade: *esse jogador atuou bem na partida, sua atuação foi elogiada.* 2. Agir: *esse remédio atua sobre o sistema nervoso e acalma as pessoas.* 3. Exercer determinada profissão: *atuava como médico.* 4. Representar (como ator): *ela atuou brilhantemente na peça e foi aplaudida de pé.*

aturar a·tu·***rar***
v. Suportar com paciência: *é difícil aturar tantas lamentações.*

aturdido a·tur·***di***·do
adj. Perturbado, estonteado, sem condições de raciocinar direito: *ele ficou aturdido com o que aconteceu.*

audácia au·***dá***·ci:a
s.fem. 1. Coragem ou ousadia para enfrentar obstáculos e fazer coisas que a maioria das pessoas não faz: *todos admiraram sua audácia de enfrentar os perigos do oceano num pequeno barco.* 2. Atrevimento: *que audácia! Como você ousa falar desse modo com o professor?*

audacioso au·da·ci·***o***·so (ô)
adj. Corajoso, destemido: *o surfista era audacioso – enfrentava grandes ondas sem medo algum.*
❖ *fem.* audaciosa (ó). *pl.* audaciosos (ó), audaciosas (ó).

audaz au·***daz***
adj.masc.fem. Audacioso, ousado, corajoso: *mulher audaz.*
❖ *pl.* audazes. *superl.* audacíssimo.

audição au·di·***ção***
s.fem. 1. Percepção dos sons por meio do ouvido: *ele tem problemas na audição, precisa ir ao médico.* 2. Apresentação musical: *ela tocou na audição dos alunos de piano; haverá mais audições no mês que vem.*
❖ *pl.* audições.
→ Veja também **auditivo**.

audiência au·di·***ên***·ci:a
s.fem. 1. Reunião de uma autoridade com pessoas que lhe desejam falar: *um grupo de estudantes marcou audiência com o prefeito.* 2. Grupo de ouvintes ou espectadores: *esse programa de rádio tem muita audiência, é ouvido por muita gente.*

auditivo au·di·***ti***·vo
adj. Que se refere à audição: *ele usa um aparelho auditivo para ouvir melhor.*
→ Veja também **audição**.

auditório au·di·***tó***·ri:o
s.masc. 1. Salão usado para apresentações musicais, palestras, espetáculos, etc.: *neste auditório cabem 300 pessoas.* 2. Conjunto de ouvintes ou espectadores: *o cantor cumprimentou o auditório.*

audível au·***dí***·vel
adj.masc.fem. Que pode ser ouvido: *esse som é fraco mas é audível.*
❖ *pl.* audíveis.
→ Veja também **inaudível**.

auferir au·fe·***rir***
v. Obter, conseguir: *eles auferiram grandes lucros.*
→ Não confunda com **aferir**, que tem outro significado.

auge ***au***·ge
s.masc. O melhor momento ou ponto máximo: *o auge da festa foi a entrada do artista.*

aumentar au·men·***tar***
v. Fazer maior, ampliar: *vamos aumentar o cartaz que fizemos; ele está pequeno.*

auriverde au·ri·***ver***·de (ê)
adj. Dourado e verde: *bandeira auriverde*.

aurora au·***ro***·ra (ó)
s.fem. Alvorada, claridade que vemos no céu um pouco antes do nascer do Sol: *os pescadores acordavam antes da aurora*.

auscultar aus·cul·***tar***
v. Fazer um exame médico escutando e analisando os ruídos do coração ou dos pulmões: *o médico auscultou o coração do paciente e disse que o batimento estava normal*.

ausência au·***sên***·ci:a
s.fem. Não comparecimento, falta: *ela não foi à festa; todos ficaram tristes com sua ausência*.

ausentar-se au·sen·***tar***-se
v. pron. Afastar-se de um lugar: *ele se ausentou do escritório por algumas horas*.

ausente au·***sen***·te
adj.masc.fem. Que não está presente, que não compareceu: *anote os nomes dos alunos ausentes*.

auspicioso aus·pi·ci·***o***·so (ô)
adj. Esperançoso, promissor: *a estreia desse cantor foi auspiciosa; parece que ele vai ter uma carreira brilhante*.
❖ *fem.* auspiciosa (ó). *pl.* auspiciosos (ó), auspiciosas (ó).

austero aus·***te***·ro (é)
adj. Bastante sério: *ele é um homem austero, não gosta de brincadeiras*.

autêntico au·***tên***·ti·co
adj. Verdadeiro: *essa assinatura não é falsa, é autêntica*.

autobiografia au·to·bi·o·gra·***fi***·a
s.fem. História da vida de uma pessoa escrita por ela mesma: *esse artista publicou uma autobiografia*.

autodidata au·to·di·***da***·ta
adj.masc.fem. Que se instrui sem professor: ele é um rapaz *autodidata; tudo o que sabe aprendeu sozinho*.

autógrafo au·***tó***·gra·fo
s.masc. Aquilo que foi escrito pela própria mão do autor: *as fãs pediram autógrafos ao cantor, e ele autografou várias fotos para elas*.

automático au·to·***má***·ti·co
adj. Que funciona por si mesmo: *aparelho automático*.

automatizar au·to·ma·ti·***zar***
v. Tornar automático: *ele vai automatizar a fabricação desses produtos*.

autômato au·***tô***·ma·to
s.masc. Figura mecânica que imita movimentos humanos, robô: *os cientistas construíram um autômato capaz de andar e falar*.

automobilismo au·to·mo·bi·***lis***·mo
s.masc. *Esp.* Corrida de automóveis: *o Brasil tem vários campeões de automobilismo*.

automóvel au·to·***mó***·vel
s.masc. Carro, veículo com motor e quatro rodas: *você vai de ônibus ou de automóvel?*
❖ *pl.* automóveis.

> ◎ Automóvel é palavra formada de *auto* (por si mesmo) + *móvel* (que se move); portanto, automóvel significa *aquilo que se move por si mesmo, sem precisar de nenhuma força externa*.

autonomia au·to·no·***mi***·a
s.fem. Independência: *esse povo conquistou sua autonomia; agora, é ele mesmo que se governa, sem obedecer a ninguém de fora*.

autônomo au·***tô***·no·mo
adj. Independente, que conseguiu autonomia: *organismo autônomo*.

autópsia au·***tóp***·si:a
s.fem. Exame que se faz num cadáver para saber a causa da morte: *pela autópsia, descobriram que o presidente morreu envenenado*.

autor au·***tor***
s.masc. Aquele que faz, cria ou realiza alguma coisa: *ele é o autor dessa história; ele a inventou*.
❖ *pl.* autores.

A

autoridade au·to·ri·***da***·de
s.fem. Poder legal de fazer alguma coisa: *ele não tem autoridade para fechar essa escola.*

autoritário au·to·ri·***tá***·ri:o
adj. Que impõe sua vontade aos outros: *meu tio é um homem autoritário, que gosta de mandar em todo mundo.*

autorização au·to·ri·za·***ção***
s.fem. Permissão, licença: *a professora não tem autorização para entrar na sala da diretora.*
❖ *pl.* autorizações.

autorizar au·to·ri·***zar***
v. Permitir, dar autorização: *o professor autorizou a entrada desse aluno.*

auxiliar au·xi·li·***ar*** (ss)
v. 1. Socorrer, ajudar: *vou auxiliar meu colega.* s.masc.fem. 2. Ajudante: *ele é o auxiliar do professor.*
❖ *pl.* auxiliares.

avacalhar a·va·ca·***lhar***
v. *pop.* Desmoralizar, ridicularizar: *ele avacalhou a apresentação do colega.*

avalancha a·va·***lan***·cha
s.fem. Grande massa (de neve, terra, pedras ou lama) que rola de uma montanha: *os alpinistas foram atingidos por uma avalancha.*
❖ Também existe a forma **avalanche**.

avaliação a·va·li·a·***ção***
s.fem. 1. Cálculo do valor de uma coisa: *ele vai fazer a avaliação dessas joias.* 2. Análise do desempenho: *a avaliação dos estudantes começa amanhã.*
❖ *pl.* avaliações.

avaliar a·va·li·***ar***
v. 1. Calcular o valor de: *ele avaliou essas joias e disse que elas valem muito dinheiro.* 2. Analisar o desempenho: *a escola vai avaliar esses estudantes.*

avançar a·van·***çar***
v. 1. Caminhar para a frente: *os soldados avançaram, e o inimigo não percebeu esse avanço.* 2. Progredir: *a medicina avançou muito nos últimos anos.*

avanço a·***van***·ço
s.masc. 1. Ação de caminhar para a frente: *o avanço dos soldados foi rápido.* 2. Progresso: *o avanço da medicina foi grande nos últimos anos.*

avarento a·va·***ren***·to
adj. Pão-duro, avaro, que é apegado demais ao dinheiro: *ele é um sujeito avarento, só pensa em guardar dinheiro e sofre muito quando tem de gastar um pouco.*
→ Veja também **avaro**.

avaria a·va·***ri***·a
s.fem. Dano, estrago: *o motor sofreu uma avaria.*

avariar a·va·ri·***ar***
v. Danificar, provocar estrago: *a descarga elétrica avariou a televisão.*

avaro a·***va***·ro
adj. Avarento, sovina, pão-duro: *sujeito avaro.*
→ Veja também **avarento**.

ave ***a***·ve
s.fem. Nome que se dá a todo animal que tem bico, duas asas, duas patas e o corpo coberto de penas; as aves são ovíparas, isto é, põem ovos: *galinhas, patos e passarinhos são aves.*

aventura a·ven·***tu***·ra
s.fem. Acontecimento imprevisto ou surpreendente: *as personagens desse filme vivem muitas aventuras.*

aventurar-se a·ven·tu·***rar***-se
v.pron. Arriscar-se, fazer alguma coisa que pode acabar bem ou mal: *eles querem aventurar-se pela floresta em busca de ouro.*

aventureiro a·ven·tu·***rei***·ro
s.masc. Aquele que se aventura, que se arrisca: *os aventureiros partiram em busca do tesouro.*

averiguar a·ve·ri·***guar***
v. Investigar, indagar com o objetivo de descobrir a verdade de um fato: *a polícia vai averiguar o caso do sumiço das joias.*

avermelhado a·ver·me·***lha***·do
adj. Meio vermelho: *ele tomou muito sol e ficou com o rosto avermelhado.*

avermelhar a·ver·me·***lhar***
v. Tornar vermelho: *o sol avermelhou seu rosto.*

aviador a·vi·a·***dor***
s.masc. Piloto de avião: *meu avô foi aviador durante a Segunda Guerra Mundial.*
❖ *pl.* aviadores.

aviar a·vi·***ar***
v. Preparar o medicamento indicado numa receita: *o farmacêutico avia a receita.*

avidez a·vi·***dez***
s.fem. Desejo exagerado: *ele tem avidez por dinheiro.*

ávido ***á***·vi·do
adj. Que deseja muito, até de forma exagerada: *ele é ávido por dinheiro; sua avidez parece não ter fim.*

avisar a·vi·***sar***
v. 1. Informar: *ninguém me avisou de sua chegada.* 2. Aconselhar, prevenir: *quem avisa amigo é.*

aviso a·***vi***·so
s.masc. 1. Informação, comunicação: *leia sempre o quadro de avisos da escola.* 2. Conselho, advertência: *leu o aviso de perigo e se afastou do local.*

avistar a·vis·***tar***
v. Ver ao longe: *depois de vários dias de viagem, os marinheiros avistaram sinais de terra.*

avizinhar-se a·vi·zi·***nhar***-se
v.pron. Aproximar-se: *depois de duas horas de caminhada, eles se avizinharam da fazenda.*

avó a·***vó***
s.fem. Mãe do pai ou da mãe de alguém: *gosto muito das minhas duas avós.*
❑ **avó materna** Mãe da mãe: *a mãe da mamãe é minha avó materna.* **avó paterna** Mãe do pai: *a mãe do papai é minha avó paterna.*

avô a·***vô***
s.masc. Pai do pai ou da mãe de alguém: *gosto muito dos meus dois avôs.*
❑ **avô materno** Pai da mãe: *o pai da mamãe é meu avô materno.* **avô paterno** Pai do pai: *o pai do papai é meu avô paterno.*

avoado a·vo·***a***·do
adj. Distraído, desatento: *ele é um menino avoado, está sempre com a cabeça nas nuvens.*

avulso a·***vul***·so
adj. Separado do conjunto ou da coleção de que faz parte: *você vai comprar todos os livros dessa coleção ou apenas alguns volumes avulsos?*

azaleia a·za·***lei***·a
s.fem. Planta ornamental: *meu jardim tem azaleias amarelas e brancas.*
❖ Também existe a forma **azálea**.

azar a·***zar***
s.masc. Má sorte: *tive azar no jogo.*

azarado a·za·***ra***·do
adj. Que tem azar: *ele é uma pessoa azarada.*

azarento a·za·***ren***·to
adj. Que traz azar: *parece que ele é azarento; sempre que entra no time, nós perdemos.*

azedar a·ze·***dar***
v. Ficar com gosto azedo, estragado: *essa comida azedou, vamos jogar fora.*

azedo a·***ze***·do (ê)
adj. 1. Que tem gosto ácido: *o limão é azedo.* 2. Estragado: *comida azeda.*

azeitona a·zei·***to***·na (ô)
s.fem. Fruto da oliveira, pequeno e comestível, do qual se pode extrair o azeite, que é um tipo de óleo: *gosto de azeitona na salada.*

azucrinar a·zu·cri·***nar***
v. *pop.* Amolar, atormentar a paciência de alguém: *o bêbado estava azucrinando os convidados da festa.*

azulado a·zu·***la***·do
adj. Que tem uma cor que puxa para o azul: *camisa azulada.*

azular a·zu·***lar***
v. 1. Tornar azul ou azulado: *o tintureiro vai azular essa peça de roupa.* 2. *gír.* Fugir, dar no pé: *ele azulou quando soube que a polícia estava atrás dele.*

azulejar a·zu·le·***jar***
v. Cobrir de azulejos: *vou azulejar a cozinha.*

azulejo a·zu·***le***·jo (ê)
s.masc. Certo tipo de ladrilho próprio para revestir paredes: *eles puseram azulejos na cozinha.*

Bb

bicicleta

b (bê)

s.masc. A segunda letra do alfabeto: *o b vem depois do a.*

baba ba·***ba***·ba

s.fem. Saliva que escorre da boca: *limpe a baba do nenê.*

babá ba·***bá***

s.fem. Aquela que toma conta dos filhos dos outros: *a babá foi passear com o garotinho no jardim.*

babar ba·***bar***

v. Deixar escorrer baba: *o cachorro babava.*

baboseira ba·bo·***sei***·ra

s.fem. *pop.* Conversa inútil: *nunca ouvi tanta baboseira!*

bacalhau ba·ca·***lhau***

s.masc. *Zool.* Peixe grande que vive em águas salgadas e frias: *vou comprar um bacalhau para fazer uma bela bacalhoada no ano-novo.*
❖ Para indicar o sexo do animal, dizemos o *bacalhau macho*, o *bacalhau fêmea*.

bacamarte ba·ca·***mar***·te

s.masc. Arma de fogo antiga, que tem o cano alargado na boca: *o bacamarte foi muito usado na Guerra de Canudos.*

bacana ba·***ca***·na

adj.masc.fem. *pop.* Palavra que tem sentido positivo e pode ser usada nas mais diversas situações: *filme bacana, espetáculo bacana.*

bacia ba·***ci***·a

s.fem. Vaso de louça, metal, plástico próprio para lavagem: *ela pôs a roupa na bacia e foi para o tanque.*

badalada ba·da·***la***·da

adj. 1. *pop.* Muito frequentado e comentado: *a festa de aniversário daquela moça foi o evento mais badalado da cidade.*

s.fem. 2. Som produzido pela batida do badalo no sino: *ouvimos as badaladas do sino da igreja.*

badalar ba·da·***lar***

v. Soar, bater, dar badaladas: *o sino da torre da igreja badalava.*

badalo ba·***da***·lo

s.masc. Peça que fica pendurada dentro do sino: *ao ser agitado, o badalo bate no sino produzindo som.*

baderna ba·***der***·na

s.fem. Confusão, desordem: *esse pessoal fez uma baderna na lanchonete.*

> ◎ Baderna vem do nome da bailarina italiana Marietta Baderna; seus fãs faziam tanta agitação e bagunça que a palavra baderna passou a significar confusão.

badernar ba·der·***nar***

v. Fazer baderna: *eles vieram aqui para badernar.*

baderneiro ba·der·***nei***·ro

adj. Que faz baderna, desordeiro: *grupo baderneiro.*

bafafá ba·fa·***fá***

s.masc. *pop.* Confusão, tumulto: *ontem, houve um grande bafafá no baile.*

bagageiro ba·ga·***gei***·ro

s.masc. Espaço próprio de qualquer tipo de veículo (carro, ônibus, avião) para guardar bagagens: *ponha as malas no bagageiro do automóvel.*

bagagem ba·***ga***·gem

s.fem. Aquilo que levamos conosco quando viajamos (malas, sacolas, bolsas, etc.): *estava desesperado porque havia perdido a bagagem na estação de trem.*
❖ *pl.* bagagens.

bagatela ba·ga·***te***·la (é)
s.fem. Quantia muito pequena, ninharia: *esse brinquedo custou uma bagatela.*

bagulho ba·***gu***·lho
s.masc. Coisa sem valor, que não serve para nada: *jogue esses bagulhos fora.*

bagunça ba·***gun***·ça
s.fem. Desordem, confusão, baderna: *crianças, não façam bagunça!*

baiano bai·***a***·no
adj. 1. Do estado da Bahia: *povo baiano.* s.masc. 2. Aquele que nasceu na Bahia: *o baiano gosta de comida bem temperada.*

bailado bai·***la***·do
s.masc. Apresentação de dança: *vimos um bailado muito bonito.*

bailar bai·***lar***
v. Dançar: *eles bailaram com muita elegância.*

bailarino bai·la·***ri***·no
s.masc. Dançarino, aquele que dança profissionalmente: *os bailarinos ensaiam várias horas por dia.*

baile ***bai***·le
s.masc. Reunião dançante: *os alunos organizaram um baile na escola.*
❑ **dar um baile** Vencer com muita facilidade: *eles deram um baile no adversário.* **levar um baile** Ser vencido ou superado com muita facilidade: *nosso time levou um baile do adversário.*

baixar bai·***xar***
v. 1. Abaixar, tornar mais baixo: *ele vai baixar esse muro.* 2. Mover para baixo: *ele baixou os olhos.* 3. Diminuir: *os preços baixaram.*

baixo ***bai***·xo
adj. 1. Que tem pouca altura: *homem baixo.* 2. Inclinado, curvado: *cabeça baixa.* 3. Que quase não se ouve: *voz baixa.*

bajular ba·ju·***lar***
v. Adular, agradar alguém para obter uma recompensa: *ele bajula o técnico para conseguir um lugar no time.*

balaio ba·***lai***·o
s.masc. Cesto de palha, cipó ou taquara: *a camponesa amarrava o balaio na cintura e, enquanto colhia café, jogava as sementes dentro dele.*

balaio-de-gato ba·***lai***·o-de-***ga***·to
s.masc. *pop.*1. Confusão que envolve gente: *na saída do jogo havia um balaio-de-gato entre torcedores.* 2. Lugar bagunçado: *essa sala está um balaio-de-gato.*
❖ *pl.* balaios-de-gatos.

balança ba·***lan***·ça
s.fem. Instrumento que indica o peso de coisas ou pessoas: *suba na balança; vamos ver qual é seu peso.*

balançar ba·lan·***çar***
v. Mover de um lado para outro: *o vento balança as folhas das árvores.*

balanço ba·***lan***·ço
s.masc. 1. Movimento de um lado para outro: *o balanço do navio deixou muita gente enjoada.* 2. Brinquedo em que as pessoas se balançam: *os meninos se divertiram nos balanços do parque.* 3. Descrição das contas de uma empresa, para saber quais foram as despesas e os lucros: *o contador está fazendo o balanço da loja.*

balão ba·***lão***
s.masc. 1. Artefato que sobe ao ser impulsionado pelo ar que tem dentro: *vimos no céu um balão colorido.* 2. Contorno arredondado dentro do qual estão as falas ou os pensamentos das personagens nas histórias em quadrinhos: *papai, me ajude a ler os balões.*
❖ *pl.* balões.

balbuciar bal·bu·ci·***ar***
v. Pronunciar mal as palavras, com hesitação ou insegurança: *ele estava tão emocionado que não pôde responder direito: só conseguiu balbuciar algumas palavras.*

balbúrdia bal·***búr***·di:a
s.fem. Grande desordem, confusão: *os homens gritavam todos ao mesmo tempo, numa imensa balbúrdia.*

balcão bal·***cão***
s.masc. Espécie de mesa comprida que existe em bares, lojas, etc., para atender as pessoas: *vários alunos estavam tomando sorvete no balcão da lanchonete.*
❖ *pl.* balcões.

B

balconista bal·co·***nis***·ta
s.masc.fem. Pessoa que fica atrás do balcão de uma loja, de uma lanchonete, etc. e atende os fregueses: *a balconista da loja de roupas me mostrou várias camisas.*

baldio bal·***di***·o
adj. Abandonado, que não é aproveitado para nada: *terreno baldio.*

balé ba·***lé***
s.masc. Tipo de dança: *ela estuda balé, está se preparando para ser uma bailarina.*

balear ba·le·***ar***
v. Atingir alguém com bala de arma de fogo, atirar: *alguém tentou balear o homem.*

baleia ba·***lei***·a
s.fem. *Zool.* Grande animal mamífero que vive no mar: *existem dezenas de espécies de baleia.*
❖ Para indicar o sexo do animal, dizemos *a baleia macho, a baleia fêmea.*

balido ba·***li***·do
s.masc. O som que a ovelha e o carneiro emitem: *o carneirinho dava tristes balidos.*

balir ba·***lir***
v. Dar balidos: *a ovelha bale.*

baliza ba·***li***·za
s.fem. 1. Aquilo que marca o limite de uma área: *o policial colocou balizas no chão para marcar até onde os carros podiam estacionar.* 2. *Esp.* Meta ou gol no futebol: *o goleiro defende a baliza.*
s.masc.fem. 3. Pessoa que vai à frente de um desfile com um bastão e fazendo acrobacias: *este ano serei baliza no desfile da escola.*

balofo ba·***lo***·fo (ô)
adj. *pop.* Gorducho: *sujeito balofo.*

balsa ***bal***·sa
s.fem. Embarcação plana usada para a travessia de rios ou braços de mar: *os carros atravessam o rio na balsa.*

baluarte ba·lu·***ar***·te
s.masc. 1. Fortaleza, local seguro: *minha casa é meu baluarte.* 2. *fig.* Pessoa ou coisa na qual todos se apoiam: *a sábia mulher era o baluarte da comunidade.*

bambear bam·be·***ar***
v. Ficar bambo, sem firmeza: *minhas pernas bambearam de medo.*

bambo ***bam***·bo
adj. Sem firmeza: *ele ficou com as pernas bambas e quase caiu no chão.*

bambolear bam·bo·le·***ar***
v. Balançar o corpo, requebrar: *a sambista bamboleia no desfile.*

banal ba·***nal***
adj.masc.fem. Muito comum, corriqueiro, que acontece sempre: *fato banal.*
❖ *pl.* banais.

banalidade ba·na·li·***da***·de
s.fem. Fato muito comum, que acontece sempre: *em muitos lugares, a violência virou uma banalidade.*

banana ba·***na***·na
s.fem. 1. O fruto da bananeira: *adoro banana com mel.*
s.masc.fem. 2. Pessoa palerma, sem firmeza: *ele é um banana! Todo mundo manda nele.*

bananal ba·na·***nal***
s.masc. Plantação de bananeiras: *cuidado no bananal, pois costuma haver cobras por lá.*
❖ *pl.* bananais.

bananada ba·na·***na***·da
s.fem. Doce de banana: *pegue essas bananas maduras para fazer uma bananada.*

bananeira ba·na·***nei***·ra
s.fem. *Bot.* Nome genérico das árvores que produzem muitas variedades de bananas (banana-maçã, banana-nanica, banana-da-terra, banana-prata, etc.): *no quintal da minha casa há uma bananeira.*
❑ **plantar bananeira** Apoiar-se nas mãos e ficar com os pés para cima: *os meninos estavam plantando bananeira no jardim.*

banca ***ban***·ca
s.fem. 1. Local apropriado para vender jornais e revistas: *comprei essa revista numa banca perto de casa.* 2. Grupo de pessoas que vão avaliar ou examinar estudantes ou candidatos:

a banca examinadora vai fazer perguntas aos estudantes.

❑ **botar banca** Exibir-se: *ele gosta de botar banca diante dos amigos, dizendo-se muito melhor que os outros.*

bancar ban·***car***

v.lig. *pop.* Fazer-se de: *você sempre banca o valentão, mas, no fundo, é um covarde.*

bancário ban·***cá***·ri:o

s.masc. Funcionário de um banco: *esse rapaz é bancário, trabalha na agência desse banco.*

→ Veja também **banco** e **banqueiro**.

banco ***ban***·co

s.masc. 1. Assento de madeira, ferro, plástico, etc., para uma ou mais pessoas: *eu e ele nos sentamos num banco do jardim.* 2. Empresa que trabalha com dinheiro, recebendo depósitos, fazendo empréstimos, etc.: *minha mãe abriu uma conta no banco.*

→ Veja também **bancário** e **banqueiro**.

banda ***ban***·da

s.fem. 1. Lado: *os visitantes vieram da banda do rio.* 2. Grupo de músicos: *ouvimos a banda da escola.*

bandeira ban·***dei***·ra

s.fem. Pedaço de pano, geralmente colorido e com desenhos, que serve de símbolo de um país, de uma cidade, de um clube, etc.: *vamos hastear a bandeira brasileira.*

→ Veja também **embandeirar**.

bandeirola ban·dei·***ro***·la (ó)

s.fem. Bandeirinha: *vamos fazer bandeirolas coloridas para a festa de São João.*

bandeja ban·***de***·ja (ê)

s.fem. Espécie de tabuleiro para servir doces, sanduíches, bebidas, etc.: *a moça serviu os doces numa bandeja.*

bandido ban·***di***·do

s.masc. Malfeitor; pessoa que mata, rouba ou assalta: *o bandido foi preso pela polícia.*

bando ***ban***·do

s.masc. 1. Grupo de pessoas ou animais: *um bando de macacos passou por nós, fazendo a maior algazarra.* 2. Grupo de bandidos ou malfeitores: *a igreja foi assaltada pelo mesmo bando que já havia roubado a casa do juiz.*

bandoleiro ban·do·***lei***·ro

s.masc. Bandido: *os bandoleiros percorriam o sertão, assaltando todos que encontravam.*

bandolim ban·do·***lim***

s.masc. *Mús.* Instrumento de quatro cordas duplas tocado com palheta: *o bandolim é indispensável para um bom samba.*

❖ *pl.* bandolins.

bangue-bangue ***ban***·gue-***ban***·gue

s.masc. Filme de faroeste, com muitos tiros e cenas de perseguição: *meu pai é fã de bangue-bangue.*

❖ *pl.* bangue-bangues.

> ◎ Bangue-bangue é uma palavra que imita o som de tiros de revólver; portanto, bangue-bangue é uma onomatopeia.

banguela ban·***gue***·la (é)

adj.masc.fem. Que não tem um ou mais dentes da frente: *menina banguela.*

banhar ba·***nhar***

v. 1. Dar banho em alguém: *ele vai banhar o nenê.* 2. Passar (um rio, mar, oceano) por determinada região: *esse rio banha minha cidade.* v.pron. **banhar-se** 3. Tomar banho: *eles se banharam rapidamente.*

banheiro ba·***nhei***·ro

s.masc. Local apropriado para tomar banho e fazer as necessidades físicas: *quero ir ao banheiro.*

banhista ba·***nhis***·ta

s.masc.fem. Pessoa que brinca na água (na praia, na piscina, etc.): *os banhistas aproveitaram o dia de sol e se divertiram na praia.*

banir ba·***nir***

v. Desterrar, expulsar alguém de sua pátria: *o rei baniu os condenados.*

banqueiro ban·***quei***·ro

s.masc. Dono de banco ou casa bancária: *os banqueiros estão discutindo o aumento de salário dos bancários.*

→ Veja também **bancário** e **banco**.

B

banquete ban·***que***·te (ê)
s.masc. Refeição em que há comida abundante e variada, organizada com luxo e geralmente oferecida a muitas pessoas: *na festa de casamento do filho do presidente, serviu-se um verdadeiro banquete.*

banzé ban·***zé***
s.masc. *pop.* Confusão, bagunça, desordem: *a molecada fez um banzé na festa.*

baquear ba·que·***ar***
v. Cair de repente, levar um baque: *com o golpe que levou na cabeça, ele baqueou.*

bar
s.masc. Local com balcão onde se servem bebidas, petiscos, etc.: *quando meus pais vão ao bar, sempre pedem vinho e uma porção de queijo.*
❖ *pl.* bares.

barafunda ba·ra·***fun***·da
s.fem. *pop.* Confusão, desordem: *a sala virou uma barafunda quando a professora saiu.*

baralho ba·***ra***·lho
s.masc. Conjunto de cartas de jogar: *quais jogos de baralho você conhece?*
→ Veja também **embaralhar**.

barata ba·***ra***·ta
s.fem. *Zool.* Inseto de corpo achatado e cor marrom: *muita gente tem nojo de barata.*
❑ **barata tonta** *pop.* Pessoa confusa, que não sabe como fazer as coisas: *naquela hora ele ficou como barata tonta, sem saber o que devia ser feito.*
❖ Para indicar o sexo do animal, dizemos *a barata macho, a barata fêmea.*

baratinado ba·ra·ti·***na***·do
adj. *gír.* Confuso, sem saber o que fazer: *diante de tantos problemas, ele ficou baratinado e não tomou nenhuma providência.*

barato ba·***ra***·to
adj. 1. Que custa pouco, que tem preço baixo: *brinquedo barato.* 2. *gír.* Coisa ótima, muito interessante: *a festa foi um barato!*

barba ***bar***·ba
s.fem. Pelos que nascem no rosto dos homens: *ele vai cortar a barba.*

bárbaro ***bár***·ba·ro
adj. 1. Selvagem, que não é civilizado: *povo bárbaro.* 2. *gír.* Ótimo, maravilhoso: *o espetáculo foi bárbaro!*

barbeador bar·be·a·***dor***
s.masc. Aparelho elétrico para cortar a barba: *meu pai usa a tomada perto da pia para ligar o barbeador.*
❖ *pl.* barbeadores.

barbear bar·be·***ar***
v. 1. Fazer a barba de alguém: *ele barbeou o rapaz.*
v.pron. **barbear-se** 2. Fazer a própria barba: *ele gosta de barbear-se pela manhã.*

barbearia bar·be·a·***ri***·a
s.fem. Local de trabalho do barbeiro: *aquela barbearia é a mais antiga da cidade.*

barbeiro bar·***bei***·ro
s.masc. 1. Profissional que corta a barba e o cabelo: *meu tio é um excelente barbeiro.* 2. *pop.* Indivíduo que dirige mal um veículo: *ele é um barbeiro, foi estacionar o carro e bateu no poste.*

barbudo bar·***bu***·do
adj. Que tem barba grande: *homem barbudo.*

barca ***bar***·ca
s.fem. Embarcação de fundo chato usada para transporte de coisas e pessoas: *pegamos uma barca para levar essas caixas até o povoado.*
→ Veja também **barco**, **desembarcar**, **embarcação** e **embarcar**.

barco ***bar***·co
s.masc. Nome que se dá às embarcações em geral: *vamos passear de barco no rio.*
❑ **deixar o barco correr** Deixar as coisas como estão para ver o que acontece: *como foram os dois que se meteram em encrenca, vamos deixar o barco correr e ver como eles se viram para resolver o problema.* **tocar o barco** Não desanimar e seguir em frente: *não passei no exame, mas agora é tocar o barco e tentar de novo no ano que vem.*
→ Veja também **barca**, **desembarcar**, **embarcação**, e **embarcar**.

barganhar bar·ga·***nhar***
v. *pop.* Negociar: *ele sabe barganhar muito bem; sempre acaba lucrando com suas barganhas.*

barqueiro bar·***quei***·ro
s.masc. Aquele que conduz um barco: *o barqueiro recebe os passageiros e prepara a viagem.*

barraca bar·***ra***·ca
s.fem. 1. Abrigo, geralmente de lona, armado para a acomodação temporária de pessoas: *montamos nossa barraca na praia e aí passamos três dias.* 2. Armação desmontável, geralmente de madeira e lona, para o comércio de mercadorias: *os feirantes já estão montando suas barracas.*

barracão bar·ra·***cão***
s.masc. Abrigo geralmente usado para guardar utensílios, materiais de construção, etc.: *a areia e o cimento estão no barracão da obra.*
❖ *pl.* barracões.

barraco bar·***ra***·co
s.masc. Casinha pobre, geralmente feita de madeira e coberta de zinco: *o barraco onde moro fica na favela.*

barragem bar·***ra***·gem
s.fem. Grande construção para represar águas: *o governo construiu essa barragem para fazer uma hidrelétrica.*
❖ *pl.* barragens.

barrar bar·***rar***
v. Impedir: *ele quis barrar minha entrada na festa.*

barreira bar·***rei***·ra
s.fem. Obstáculo: *a polícia pôs barreiras na estrada para impedir a passagem de veículos.*

barrica bar·***ri***·ca
s.fem. Vasilha de madeira em forma de pipa para transportar ou guardar mercadorias, principalmente líquidos: *barrica de vinho.*

barricada bar·ri·***ca***·da
s.fem. Barreira improvisada feita de pedras, pedaços de pau, sacos de areia, etc., para impedir a passagem por algum lugar: *houve combates nas ruas e vários soldados ficaram atrás de barricadas.*

barriga bar·***ri***·ga
s.fem. *Anat.* Parte do corpo onde estão os intestinos e o estômago: *ri tanto que me doeu a barriga.*
❑ **barriga da perna** Parte traseira mais gorda da perna, entre o joelho e o tornozelo; batata da perna, panturrilha: *levei um chute na barriga da perna.* **chorar de barriga cheia** Reclamar sem razão: *você já ganhou muitos presentes; portanto, pare de chorar de barriga cheia, agora é a vez dos outros.* **tirar a barriga da miséria** Matar a vontade de alguma coisa: *fazia tempo que ele não comia doces; por isso, na festa, tirou a barriga da miséria.*
❖ *aum.* barrigão.
→ Veja também **barrigudo**.

> ◎ Barriga é uma palavra que deriva de barril, porque uma pessoa barriguda lembra a forma bojuda de um barril.

barrigudo bar·ri·***gu***·do
adj. Que tem barriga grande: *homem barrigudo.*
→ Veja também **barriga**.

barril bar·***ril***
s.masc. Pequeno tonel: *barril de vinho.*
❖ *pl.* barris.

barulhento ba·ru·***lhen***·to
adj. Que faz muito barulho: *máquina barulhenta.*

barulho ba·***ru***·lho
s.masc. Ruído, rumor: *não faça barulho porque sua mãe está dormindo.*

base ***ba***·se
s.fem. Aquilo que suporta o peso de um objeto: *a estátua vai ser colocada sobre essa base.*

basear ba·se·***ar***
v. 1. Tomar como base, apoio: *o sábio baseia sua opinião nas coisas que vê, não em boatos.* v.pron. **basear-se** 2. Usar como base: *a cientista se baseia em muitos cálculos para dizer isso.*

básico ***bá***·si·co
adj. Muito importante, fundamental, essencial: *a alimentação é uma necessidade básica do ser humano.*

basílica ba·***sí***·li·ca
s.fem. *Rel.* Templo católico: *o papa vai rezar essa missa na basílica.*

B

basquete bas·***que***·te (é)

s.masc. *Esp.* Jogo disputado por duas equipes de cinco elementos cada, em que a vencedora é aquela que colocar mais vezes a bola numa cesta suspensa: *toda tarde jogo basquete na escola.*

❖ Forma reduzida e mais usada de basquetebol.

basquetebol bas·que·te·***bol***

s.masc. *Esp.* Basquete, bola-ao-cesto: *o basquetebol é um esporte cada vez mais popular.*

◎ Basquetebol é palavra formada a partir de duas palavras inglesas: *basket* (cesta) + *ball* (bola).

bastão bas·***tão***

s.masc. Pedaço de pau comprido e não muito grosso, usado em alguns esportes como o beisebol e mesmo como arma: *bateu na bola com o bastão.*

❖ *pl.* bastões.

bastar bas·***tar***

v. Ser suficiente: *basta uma pessoa para fazer esse trabalho.*

bastonada bas·to·***na***·da

s.fem. Pancada com bastão; bordoada: *ele levou uma bastonada na cabeça e quase desmaiou.*

batalha ba·***ta***·lha

s.fem. Combate: *esses soldados participaram de muitas batalhas.*

batalhão ba·ta·***lhão***

s.masc. 1. Tropa: *os soldados que chegaram juntaram-se ao batalhão.* 2. *pop.* Grande número de pessoas: *perto dos artistas havia um batalhão de fãs.*

❖ *pl.* batalhões.

batalhar ba·ta·***lhar***

v. Lutar, esforçar-se: *ele batalhou bastante para conseguir terminar os estudos.*

bate-boca ***ba***·te-***bo***·ca

s.masc. *pop.* Discussão: *os dois tiveram um bate-boca ontem.*

❖ *pl.* bate-bocas.

batente ba·***ten***·te

s.masc. 1. Parte de madeira na qual bate a porta quando ela se fecha: *deixei a vassoura encostada no batente.* 2. *pop.* Trabalho, serviço: *às seis horas, ele larga o batente e volta para casa.*

bate-papo ***ba***·te-***pa***·po

s.masc. *pop.* Conversa: *os dois colegas estavam num bate-papo animado.*

❖ *pl.* bate-papos.

bater ba·***ter***

v. 1. Dar pancadas: *alguém bateu nesse menino.* 2. Vencer, derrotar: *meu time bateu o adversário.* 3. Roubar, furtar: *bateram minha carteira.* 4. Soar: *bateram três horas no relógio da sala.* 5. Ir de encontro, chocar-se contra alguma coisa: *o carro bateu no muro.* 6. Tirar (uma foto): *ele bateu uma foto da namorada.* 7. Agitar: *o pássaro bateu as asas e voou.*

bateria ba·te·***ri***·a

s.fem. 1. *Mús.* Os instrumentos de percussão de um conjunto musical ou de uma orquestra: *ele gosta de tocar bateria.* 2. Conjunto de utensílios de cozinha: *as panelas fazem parte da bateria de cozinha.* 3. Conjunto de condensadores elétricos, em comunicação uns com os outros: *o mecânico está examinando a bateria do automóvel.* 4. Conjunto de peças de artilharia preparadas para abrir fogo: *a bateria está esperando as ordens do comandante.*

baterista ba·te·***ris***·ta

s.masc.fem. Pessoa que toca bateria: *meu primo é o baterista desse conjunto.*

batina ba·***ti***·na

s.fem. *Rel.* Antiga vestimenta dos sacerdotes católicos que vai até o calcanhar: *o padre estava com a batina.*

batizar ba·ti·***zar***

v. 1. *Rel.* Realizar o ato religioso que torna uma pessoa cristã: *o padre batizou a criança; a cerimônia do batismo foi ontem.* 2. Dar um nome a alguém: *eles batizaram o bebê com o nome de Pedro.*

batom ba·***tom***

s.masc. Produto de maquiagem para colorir os lábios: *prefiro o batom vermelho ao rosa.*

❖ *pl.* batons.

bazar ba·***zar***

s.masc. Loja onde se vendem muitas coisas (enfeites, brinquedos, etc.): *comprei tecido e cartolina no bazar.*

❖ *pl.* bazares.

bêbado ***bê***·ba·do

adj. Aquele que bebe muito álcool e fica tonto, com a mente alterada; embriagado: *ele ficou bêbado pela primeira vez na vida.*

❖ Também existe a forma **bêbedo**.

→ Veja também **beberrão** e **embebedar**.

bebê be·***bê***

s.masc. Nenê: *o bebê está mamando.*

beber be·***ber***

v. Ingerir, engolir um líquido (café, água, leite, etc.): *tenho sede, quero beber água.*

beberrão be·ber·***rão***

s.masc. Aquele que tem o vício de beber muita bebida alcoólica: *seu tio é um beberrão, vive embriagado.*

❖ *fem.* beberrona. *pl.* beberrões, beberronas.

→ Veja também **bêbado** e **embebedar**.

beça ***be***·ça (é)

s.fem. Grande quantidade.

❑ **à beça** Em alto grau, muito, bastante: *andei à beça hoje.*

❖ A palavra beça só é usada na locução **à beça**.

beco ***be***·co (ê)

s.masc. Rua estreita e curta, às vezes sem saída: *encontrei o menino num beco escuro.*

bedelho be·***de***·lho (ê)

s.masc. Pequena peça de metal que serve para abrir ou fechar portas: *o bedelho daquela porta enferrujou.*

❑ **meter o bedelho** Intrometer-se: *pare de meter o bedelho nas minhas conversas!*

beicinho bei·***ci***·nho

s.masc. Diminutivo de beiço: *que beicinho delicado ela tem!*

❑ **fazer beicinho** Fazer cara de quem está triste e vai chorar: *quando soube que não ia mais ao circo, o menino fez beicinho e correu para o quarto.*

beiço ***bei***·ço

s.masc. *pop.* Lábio: *limpe logo esse beiço com o guardanapo!*

❖ A palavra beiço é quase sempre usada de forma ofensiva, para dizer que a pessoa tem os lábios grossos.

→ Veja também **beiçudo**.

beiçola bei·***ço***·la (ó)

s.fem. *pop.* Beiço grande: *com tinta vermelha, o palhaço desenhou uma beiçola engraçada na própria boca.*

beiçudo bei·***çu***·do

adj. Que tem beiços grandes: *menino beiçudo.*

→ Veja também **beiço**.

beija-flor ***bei***·ja-***flor***

s.masc. *Zool.* Pequeno pássaro que voa velozmente, tem bico fino e comprido e se alimenta de insetos e do néctar das flores: *o beija-flor bate as asas muito rápido.*

❖ *pl.* beija-flores. Para indicar o sexo do animal, dizemos *o beija-flor macho, o beija-flor fêmea.*

beijar bei·***jar***

v. Tocar com os lábios em sinal de carinho: *a mãe beijou o rosto do filho.*

beijo ***bei***·jo

s.masc. Toque com os lábios em sinal de carinho: *na hora de dormir, a criança gostava de receber um beijo dos pais.*

beira ***bei***·ra

s.fem. Margem, borda: *ele está na beira do rio.*

beira-mar ***bei***·ra-***mar***

s.fem. Praia, borda do mar: *minha tia mora à beira-mar.*

beirar bei·***rar***

v. Caminhar à beira de: *beirando o riacho, você chegará ao sítio.*

beleléu be·le·***léu***

s.masc. Falha.

❑ **ir para o beleléu** Falhar, deixar de acontecer: *nossa viagem foi para o beleléu, não vamos mais viajar.*

❖ A palavra beleléu só é usada na locução **ir para o beleléu**.

beleza be·***le***·za (ê)
s.fem. 1. Qualidade do que é bonito, do que agrada à vista; formosura: *a beleza de seu rosto chamava a atenção de todos*. 2. *pop.* Sem problemas, muito bem: *essa máquina funciona que é uma beleza*.
→ Veja também **feiura**.

beliche be·***li***·che
s.masc. Conjunto de duas ou até três camas, presas numa mesma armação e sobrepostas: *os atletas entraram nos dormitórios e se acomodaram nos beliches*.

bélico ***bé***·li·co
adj. De guerra: *as bombas fazem parte do material bélico de muitos países*.

beligerante be·li·ge·***ran***·te
adj.masc.fem. Que está em guerra: *os países beligerantes vão tentar fazer um acordo de paz*.

beliscar be·lis·***car***
v. 1. Torcer a pele com a ponta dos dedos: *ele beliscou o braço da colega, que reclamou do beliscão*. 2. *pop.* Comer só um pouquinho: *ele estava sem fome e só beliscou a salada*.

belo ***be***·lo (é)
adj. 1. Bonito, lindo: *a bela menina chamava a atenção de todos*. 2. Elogiável, louvável: *ele fez uma bela ação, merece elogios*.
→ Veja também **embelezar** e **enfear**.

belonave be·lo·***na***·ve
s.fem. Navio de guerra: *os militares entraram na belonave*.

> ◎ Belonave é palavra formada de *belo* (guerra) + *nave*; portanto, belonave significa *nave de guerra*.

beltrano bel·***tra***·no
s.masc. Palavra que usamos para nos referir a uma pessoa qualquer ou a alguém cujo nome não sabemos; é geralmente usada depois da palavra fulano: *nem fulano nem beltrano vão me impedir de fazer isso*.
→ Veja também **fulano** e **sicrano**.

belzebu bel·ze·***bu***
s.masc. Satanás, diabo: *belzebu é um dos muitos nomes do diabo*.

> ◎ Belzebu formou-se com base numa palavra hebraica, que significa *senhor das moscas*; era o nome de uma divindade dos filisteus, antigo povo que habitava a região onde hoje é a Síria.

bem
s.masc. 1. Aquilo que é bom, justo: *devemos fazer o bem*. 2. Pessoa que se ama: *ela é meu bem*. 3. Aquilo que uma pessoa possui e que tem certa utilidade ou valor: *ele tem muitos bens, como casas, carros, etc.*
adv. 4. De maneira boa: *ele agiu bem*. 5. Muito: *o exercício era bem fácil*. 6. Com boa saúde: *a menina andou doente, mas agora está bem*.
❖ *pl.* bens.

bem-aventurado ***bem***-a·ven·tu·***ra***·do
adj. Muito feliz: *bem-aventurada é a pessoa que dá valor às pequenas alegrias*.
❖ *pl.* bem-aventurados.

bem-educado ***bem***-e·du·***ca***·do
adj. Que revela boa educação, que sabe se comportar bem: *ele é um menino bem-educado*.
❖ *pl.* bem-educados.
→ Veja também **mal-educado**.

bem-humorado ***bem***-hu·mo·***ra***·do
adj. Contente, alegre, animado: *a cozinheira da escola está sempre bem-humorada*.
❖ *pl.* bem-humorados.
→ Veja também **mal-humorado**.

bem-intencionado ***bem***-in·ten·ci·o·***na***·do
adj. Que tem boas intenções, que quer ajudar: *homem bem-intencionado*.
❖ *pl.* bem-intencionados.
→ Veja também **mal-intencionado**.

bem-te-vi ***bem***-te-***vi***
s.masc. *Zool.* Certo tipo de pássaro do Brasil que tem um canto que parece repetir o som de seu nome: *estou ouvindo um bem-te-vi cantar naquela árvore*.
❖ *pl.* bem-te-vis. Para indicar o sexo do animal, dizemos *o bem-te-vi macho*, *o bem-te-vi-fêmea*.

bem-vindo ***bem***-***vin***·do
adj. Que é recebido com alegria: *seja bem-vindo à nossa cidade*.
❖ *pl.* bem-vindos.

bem-visto ***bem-vis***·to
adj. Bem aceito, estimado: *ele é uma pessoa bem-vista na cidade.*
❖ *pl.* bem-vistos.
→ Veja também **malvisto**.

bênção ***bên***·ção
s.fem. Dar a bênção é desejar o bem, abençoar: *o pai dá a bênção ao filho que vai partir.*
❖ *pl. bênçãos.*
→ Veja também **abençoar**.

bendito ben·***di***·to
adj. Abençoado: *bendito seja aquele que só tem bons pensamentos.*
→ Veja também **maldito**.

beneficente be·ne·fi·***cen***·te
adj.masc.fem. Que faz o bem, que traz benefícios: *a festa será beneficente; o dinheiro arrecadado vai ser entregue às vítimas da enchente.*

beneficiar be·ne·fi·ci·***ar***
v. Ajudar, favorecer: *a construção dessa escola beneficiará o bairro todo.*
→ Veja também **prejudicar**.

benefício be·ne·***fí***·ci:o
s.masc. Aquilo que se faz para beneficiar: *a construção dessa escola foi um benefício para o nosso bairro.*
→ Veja também **malefício**.

benéfico be·***né***·fi·co
adj. Que faz bem: *esta cidade tem um ar benéfico.*
→ Veja também **maléfico**.

benevolência be·ne·vo·***lên***·ci:a
s.fem. Boa vontade para com outras pessoas: *ele mostrou benevolência para comigo; procurou ajudar-me de todas as maneiras.*
→ Veja também **malevolência**.

benevolente be·ne·vo·***len***·te
adj.masc.fem. Bondoso, que quer o bem: *ele é um homem benevolente.*
→ Veja também **malevolente**.

benévolo be·***né***·vo·lo
adj. Benevolente, bondoso: *era uma senhora muito benévola; desejava o bem de todos.*
→ Veja também **malévolo**.

benfeitor ben·fei·***tor***
s.masc. Aquele que pratica o bem, que ajuda outras pessoas: *vamos erguer um monumento a essa mulher, que foi a maior benfeitora de nosso bairro.*
❖ *pl.* benfeitores.
→ Veja também **malfeitor**.

bengala ben·***ga***·la
s.fem. Bastão que serve de apoio: *vovô usa uma bengala para caminhar.*

benquisto ben·***quis***·to
adj. Querido, estimado: *ele é benquisto na cidade.*
→ Veja também **malquisto**.

bento ***ben***·to
adj. Bendito, abençoado: *água benta.*

benzer ben·***zer***
v. 1. Pronunciar certas palavras e fazer certos gestos para pedir proteção sobre pessoas ou coisas: *o padre benzeu a capela.*
v.pron. **benzer-se** 2. Fazer o sinal-da-cruz: *ele se benzeu ao entrar na igreja.*

berço ***ber***·ço
s.masc. 1. Pequena cama para criança: *o bebê dorme no berço.* 2. *fig.* Lugar de origem: *a Inglaterra foi o berço do futebol moderno.*

beringela be·rin·***ge***·la (é)
s.fem. Fruto roxo comestível cultivado em horta: *mamãe fez um prato delicioso com beringela.*
❖ Também existe a forma **berinjela**.

berrar ber·***rar***
v. 1. Gritar, falar aos berros: *algumas pessoas berraram no meio da multidão.* 2. Som que o bode, a cabra e certos animais emitem: *o bode berra alto.*

berreiro ber·***rei***·ro
s.masc. 1. Gritaria: *qual é a causa desse berreiro?* 2. Choro alto: *a criança manhosa fez um berreiro na loja.*

berro ***ber***·ro
s.masc. Grito: *alguém deu um berro no pátio.*

besouro be·***sou***·ro
s.masc. *Zool.* Certo tipo de inseto de tamanho variado, com casca grossa e que produz um

B

forte zumbido quando voa: *vimos um besouro grande no jardim.*
❖ Para indicar o sexo do animal, dizemos *o besouro macho, o besouro fêmea.*

besta ***bes***·ta
s.fem. 1. Animal quadrúpede (mulo, burro, etc.): *besta de carga.* 2. *pop.* Estúpido, ignorante: *sujeito besta.*
→ Veja também **burro** e **mulo**.

besteira bes·***tei***·ra
s.fem. Asneira, burrice: *acho que você fez uma besteira.*

bezerro be·***zer***·ro
s.masc. *Zool.* Novilho, filhote da vaca: *o bezerro mama na vaca.*

Bíblia ***Bí***·bli:a
s.fem. *Rel.* Livro sagrado do cristianismo que reúne textos do Velho e do Novo Testamento: *a Bíblia foi o primeiro livro impresso no mundo.*

bíblico ***bí***·bli·co
adj. Que se refere à Bíblia: *ele leu uma história bíblica.*

bibliografia bi·bli·o·gra·***fi***·a
s.fem. Relação de obras que tratam de determinado assunto: *indique a bibliografia que você usou para fazer a pesquisa, isto é, os livros que você leu ou consultou.*

biblioteca bi·bli·o·***te***·ca (é)
s.fem. Lugar especialmente preparado para guardar livros, que podem ser lidos, consultados ou emprestados: *vou à biblioteca fazer uma pesquisa.*

> ◎ Biblioteca é palavra formada de *biblio* (livro) + *teca* (caixa em que se guarda).

bibliotecário bi·bli·o·te·***cá***·ri:o
s.masc. Pessoa encarregada de cuidar dos livros de uma biblioteca: *quando crescer quero ser bibliotecária.*

bicampeão bi·cam·pe·***ão***
adj. Que é duas vezes campeão: *time bicampeão.*
❖ *fem.* bicampeã. *pl.* bicampeões.

> ◎ Bicampeão é palavra formada de *bi* (dois) + *campeão.*

bicicleta bi·ci·***cle***·ta (é)
s.fem. 1. Veículo de duas rodas, movimentado por pedais, com guidão para manobra: *ganhei uma bicicleta no Natal.* 2. *Esp.* Jogada de futebol em que o atleta se lança ao ar de costas, joga as pernas para cima e com uma delas chuta a bola: *o atacante fez um lindo gol de bicicleta.*
→ Veja também **ciclismo**, **ciclista** e **ciclístico**.

> ◎ Bicicleta é palavra formada de *bi* (dois) + *ciclo* (círculo, objeto circular); portanto, bicicleta significa *aquilo que tem dois objetos circulares.*

bicicletaria bi·ci·cle·ta·***ri***·a
s.fem. Loja onde se vendem ou consertam bicicletas: *há uma bicicletaria na minha rua.*

bico ***bi***·co
s.masc. 1. *Zool.* Extremidade dura da boca das aves e de alguns outros animais: *o bico do pato é amarelo.* 2. *Esp.* Chute dado com a ponta do calçado: *o atacante deu um bico na bola e fez o gol.*
❑ **bico calado** Quieto, sem falar nada: *quero todo mundo de bico calado.* **levar no bico** Enganar: *ele levou o garoto no bico e fugiu com seu brinquedo.* **ser bom de bico** Ser espertalhão, saber enganar facilmente os outros: *cuidado com a conversa desse sujeito; ele é bom de bico.*

bicudo bi·***cu***·do
adj. Que tem bico grande: *animal bicudo.*

bígamo ***bí***·ga·mo
adj. Que é casado com duas pessoas ao mesmo tempo: *homem bígamo.*

bilhete bi·***lhe***·te (ê)
s.masc. 1. Pequena mensagem escrita: *ele me enviou um bilhete avisando que não poderá vir à reunião.* 2. Ingresso, entrada, passagem: *bilhete de ônibus, de trem, de metrô.* 3. Papel que se compra para concorrer a prêmio: *bilhete de loteria.*

bilíngue bi·***lín***·gue
adj.masc.fem. Que fala duas línguas: *ela é secretária bilíngue; fala português e inglês.*

bimensal bi·men·***sal***
adj.masc.fem. Que ocorre duas vezes por mês: *reunião bimensal*.
❖ *pl.* bimensais.
→ Veja também **bimestral**.

bimestral bi·mes·***tral***
adj.masc.fem. 1. Que dura dois meses: *esse é um curso bimestral*. 2. Que ocorre de dois em dois meses: *avaliação bimestral*.
❖ *pl.* bimestrais.
→ Veja também **bimensal**.

bimestre bi·***mes***·tre
s.masc. Período de dois meses seguidos: *falta um bimestre para acabar o ano*.

binóculo bi·***nó***·cu·lo
s.masc. Conjunto de duas lentes de longo alcance que nos permitem enxergar coisas distantes: *o salva-vidas usa um binóculo para observar as pessoas que estão no mar*.

> ◎ Binóculo é palavra formada de *bi* (dois) + *óculo* (olho); portanto, binóculo significa *o que tem dois olhos*.

biografia bi·o·gra·***fi***·a
s.fem. História da vida de uma pessoa: *li a biografia do poeta Castro Alves*.

> ◎ Biografia é palavra formada de *bio* (vida) + *grafia* (escrita, descrição); portanto, biografia significa *escrita ou descrição de uma vida*.

biográfico bi·o·***grá***·fi·co
adj. Que tem a ver com biografia: *cite alguns fatos biográficos desse poeta, isto é, alguns fatos da vida dele*.

biologia bi:o·lo·***gi***·a
s.fem. Ciência que estuda a vida: *a biologia estuda tanto plantas como animais*.

> ◎ Biologia é palavra formada de *bio* (vida) + *logia* (estudo).

biológico bi·o·***ló***·gi·co
adj. Que tem a ver com a biologia: *pesquisa biológica*.

biólogo bi·***ó***·lo·go
s.masc. Aquele que se dedica à biologia: *meu primo é biólogo; ele trabalha nesse laboratório*.

bípede ***bí***·pe·de
adj.masc.fem. Que anda sobre dois pés: *o ser humano é bípede*.
→ Veja também **quadrúpede**.

> ◎ Bípede é palavra formada de *bi* (dois) + *pede* (pé).

birra ***bir***·ra
s.fem. Teimosia, insistência em querer que seu desejo seja atendido: *o garoto ficou fazendo birra querendo que o pai comprasse o brinquedo naquela hora*.

birrento bir·***ren***·to
adj. Que faz birra: *garoto birrento*.

biruta bi·***ru***·ta
adj.masc.fem. 1. *pop.* Maluco, doido: *esse sujeito parece biruta*.
s.fem. 2. Aparelho instalado no alto de um mastro que indica a direção dos ventos e orienta os aviadores: *a biruta indica que o vento vem do leste*.

bis
s.masc. Repetição: *quando ele acabou de cantar, o público pediu bis, isto é, pediu que ele cantasse novamente*.

bisavô bi·sa·***vô***
s.masc. O pai do avô ou da avó: *gosto de conversar com meu bisavô*.
❖ *fem.* bisavó.
→ Veja também **trisavô** e **tetravô**.

bisbilhotar bis·bi·lho·***tar***
v. Xeretar, intrometer-se: *ele anda bisbilhotando a vida dos outros*.

bisbilhoteiro bis·bi·lho·***tei***·ro
adj. Xereta, intrometido, que gosta de bisbilhotar: *menino bisbilhoteiro*.

bisneto bis·***ne***·to (é)
s.masc. Filho do neto ou da neta: *tenho um bisneto bem novinho*.
→ Veja também **trineto** e **tetraneto**.

bissexto bis·***sex***·to (ê, s)
adj. Nome que se dá ao ano que tem 366 dias; esse dia a mais é acrescentado ao mês de fevereiro, que passa a ter 29 dias, e ocorre de

quatro em quatro anos: *dizem que o ano bissexto traz boa sorte.*

B

blasfemar blas·fe·***mar***
v. Dizer blasfêmias, isto é, palavras que ofendem uma divindade, uma religião, ou coisas sagradas: *ele blasfemou contra Deus.*

blindado blin·***da***·do
adj. Revestido de placas de aço: *fortaleza blindada.*

blindar blin·***dar***
v. Revestir com placas de aço: *com medo de levar um tiro, ele mandou blindar o carro.*

bloquear blo·que·***ar***
v. Fechar a passagem: *as grandes pedras que rolaram da montanha bloquearam a estrada.*

bloqueio blo·***quei***·o
s.masc. Aquilo que bloqueia, que impede a passagem: *a polícia fez um bloqueio na estrada para desviar o trânsito de veículos.*

blusa ***blu***·sa
s.fem. Peça de vestuário que cobre o tronco: *ela ficou bonita com essa blusa branca.*

boas-vindas ***bo***·as-***vin***·das
s.fem.pl. Demonstração de alegria pela chegada de alguém: *muita gente foi dar as boas-vindas ao famoso visitante.*

boato bo·***a***·to
s.masc. Notícia que corre de boca em boca, sem que se saiba se ela é verdadeira ou não: *corre pela cidade o boato de que esse cinema vai fechar.*

bobagem bo·***ba***·gem
s.fem. Tolice, asneira: *ele fez uma grande bobagem.*
❖ *pl.* bobagens.

bobalhão bo·ba·***lhão***
s.masc. *pop.* Indivíduo muito bobo: *esse rapaz é um bobalhão, parece que não cresceu.*
❖ *fem.* bobalhona. *pl.* bobalhões, bobalhonas.

bobear bo·be·***ar***
v. Descuidar-se ou distrair-se num momento decisivo e, por isso, prejudicar-se: *o goleiro bobeou e acabou levando um gol.*

bobeira bo·***bei***·ra
s.fem. 1. Descuido ou distração na hora mais importante: *ele levou um gol por bobeira.* 2. Condição de quem é bobo: *deixe de bobeira e comporte-se direito!*

bobo ***bo***·bo (ô)
adj. Aquele que demonstra falta de inteligência ou esperteza; que se comporta como criança; tolo, palerma: *meu primo é um bobo, vive fazendo brincadeiras sem a menor graça.*

boca ***bo***·ca (ô)
s.fem. 1. *Anat.* Cavidade do rosto que nos permite falar, comer, respirar: *a boca é a entrada do tubo digestório.* 2. Cavidade existente na cabeça dos animais por onde entram os alimentos: *o peixe faz movimentos engraçados com a boca.* 3. Entrada ou local próximo à entrada: *boca do metrô, boca do vulcão.*
❑ **bater boca** Discutir: *os dois homens bateram boca por causa de futebol.* **com água na boca** Com muita vontade: *ao saber que os colegas iam viajar para a fazenda, ele ficou com água na boca, pois também queria muito fazer essa viagem.* **da boca pra fora** De modo fingido, sem sinceridade: *ele falou mal do filme só da boca pra fora; no fundo, gostou e se divertiu muito.* **de boca aberta** Espantado, admirado, de queixo caído: *quando abriu o presente, ele ficou de boca aberta, sem saber o que dizer.* **pegar com a boca na botija** Pegar alguém fazendo o que não deve, pegar em flagrante: *ele quis comer um pedaço do doce que estava guardado para a sobremesa, mas a mãe o pegou com a boca na botija: entrou na cozinha bem na hora em que ele ia começar a comer.* **pôr a boca no trombone** Reclamar fazendo escândalo: *quando viu que tinha sido enganado, o homem pôs a boca no trombone.*
❖ *aum.* bocarra. *dim.* boquinha.

bocado bo·***ca***·do
s.masc. 1. Porção de comida que se leva à boca: *quero um bocado desse bolo.* 2. *pop.* Muito: *faz um bocado de tempo que ele não vem aqui.*

bocal bo·***cal***
s.masc. Parte de alguns instrumentos de sopro em que o músico põe os lábios na hora de tocar: *bocal do clarinete.*
❖ *pl.* bocais.
→ Não confunda com **bucal**, que tem outro significado.

boçal bo·***çal***
adj.masc.fem. Estúpido, ignorante: *sujeito boçal.*
❖ *pl.* boçais.

bocejar bo·ce·***jar***
v. Abrir a boca por estar com sono ou entediado: *o filme era tão chato que muitas pessoas começaram a bocejar.*

bocejo bo·***ce***·jo (ê)
s.masc. Ato de abrir a boca por sono ou aborrecimento: assim que acordou, o bebê deu um longo *bocejo*.

bochecha bo·***che***·cha (ê)
s.fem. Parte saliente e mais carnuda do nosso rosto: *o bebê tinha bochechas vermelhas.*

bochechar bo·che·***char***
v. Pôr um líquido na boca e agitá-lo movimentando as bochechas: *ele pôs o remédio na boca, bochechou bastante e depois cuspiu.*

bocó bo·***có***
adj.masc.fem. *pop.* Bobo, palerma: *esse moleque parece bocó.*

bocudo bo·***cu***·do
adj. 1. Que tem boca grande: *o jacaré é um animal bocudo.* 2. *pop.* Linguarudo, fofoqueiro, que fala o que não deve: *sujeito bocudo.*

bodoque bo·***do***·que (ó)
s.masc. Estilingue: *esse menino está sempre com o bodoque na mão.*

bofetada bo·fe·***ta***·da
s.fem. Pancada que se dá no rosto de alguém com a palma da mão: *o rapaz atrevido levou uma bofetada da moça.*

bofetão bo·fe·***tão***
s.masc. Bofetada bem forte: *ameaçou dar-lhe um bofetão.*
❖ *pl.* bofetões.
→ Veja também **esbofetear**.

boi
s.masc. *Zool.* Grande mamífero ruminante, com chifres e quatro patas: *o boi é um animal muito útil para o ser humano.*
❖ *fem.* vaca. *col.* boiada, rebanho. Para indicar o som que o boi emite, usamos o verbo **mugir**: *o boi muge.*

boia ***boi***·a (ó)
s.fem. 1. Aquilo que flutua: *ele entrou na piscina com uma boia de plástico.* 2. *pop.* Comida: *almocei bem, a boia hoje estava deliciosa.*

boiada boi·***a***·da
s.fem. Manada de bois: *os vaqueiros conduzem a boiada.*

boiadeiro boi·a·***dei***·ro
s.masc. Aquele que cuida de bois, que conduz boiadas, etc.: *o boiadeiro vai levar esses bois para serem vendidos na cidade.*

boiar boi·***ar***
v. Flutuar, permanecer à tona da água: *ele aprendeu a boiar.*

bojo ***bo***·jo (ô)
s.masc. Forma redonda e saliente de alguma coisa: *vaso com bojo.*

bojudo bo·***ju***·do
adj. Que tem grande bojo, que tem a forma arredondada semelhante a uma barriga: *vaso bojudo.*

bola ***bo***·la (ó)
s.fem. 1. Artefato esférico feito de couro, borracha, plástico, etc. usado em vários esportes: *futebol, basquete e vôlei são esportes que usam bola.* 2. *pop.* Juízo, cabeça: *ele não parece bom da bola, tem jeito de maluco.*
❑ **dar bola** Dar atenção: *o menino piscou para ela, mas ela não deu bola.* **jogar bola** Jogar futebol: *vou jogar bola hoje à tarde.* **pisar na bola** Falhar: *ele pisou na bola comigo, agora não confio mais nele.*

bola-ao-cesto ***bo***·la-ao-***ces***·to
s.masc. *Esp.* Basquetebol: *você já jogou bola-ao-cesto?*

bolacha bo·***la***·cha
s.fem. 1. Certo tipo de biscoito, geralmente achatado: *leve um pacote de bolachas para*

comer na escola. 2. *pop*. Bofetada: *ele mexeu com a menina e levou uma bolacha*.

B

bolada bo·***la***·da
s.fem. 1. Pancada com bola: *ele estava jogando futebol e levou uma bolada na cabeça*. 2. *pop*. Muito dinheiro: *ele ganhou uma bolada e pôde construir uma bela casa*.

bolar bo·***lar***
v. Criar, inventar: *os alunos bolaram um cartaz para a exposição*.

boliche bo·***li***·che
s.masc. *Esp*. Jogo que consiste em lançar bolas para derrubar pinos colocados a certa distância: *o objetivo do boliche é derrubar todos os pinos*.

bólido ***bó***·li·do
s.masc. Aquilo que se desloca a uma grande velocidade: *o atleta passou voando pelos rivais; parecia um bólido*.

boliviano bo·li·vi·***a***·no
adj. Que se refere à Bolívia, país da América do Sul: *povo boliviano*.
s.masc. Aquele que nasceu na Bolívia: *dois bolivianos estudam na minha escola*.

bolo ***bo***·lo (ô)
s.masc. 1. Alimento feito geralmente à base de farinha, açúcar e ovos, e assado no forno: *mamãe fez um bolo para o meu aniversário*. 2. *pop*. Confusão, encrenca: *o que ele disse provocou o maior bolo na escola*.
❑ **dar bolo** Não comparecer a um encontro marcado: *a menina deu bolo, e ele ficou esperando à toa por mais de uma hora*.

bolor bo·***lor***
s.masc. Mofo; plantinha bem pequena que forma uma camada escura na superfície de coisas que estão apodrecendo: *deixei minhas roupas nesse armário úmido e agora estão cheias de bolor*.
→ Veja também **embolorar**.

bolorento bo·lo·***ren***·to
adj. Cheio de bolor: *pão bolorento*.

bolsa ***bol***·sa
s.fem. Pequeno saco usado para guardar dinheiro, documentos, etc.; a bolsa pode ter diversos tamanhos e pode ser feita de tecido, couro, plástico, etc.: *ganhei uma linda bolsa de couro*.
❑ **bolsa de estudos** Ajuda que se dá a uma pessoa para que ela possa estudar: *esse garoto ganhou uma bolsa de estudos; vai poder fazer o curso gratuitamente*.
→ Veja também **desembolsar** e **embolsar**.

bolsista bol·***sis***·ta
s.masc.fem. Aquele que recebe uma bolsa de estudos: *só consegui fazer o curso porque eu era bolsista*.

bom
adj. 1. Bondoso, que faz o bem: *ele é um homem bom*. 2. Competente, que faz bem seu trabalho: *ele é um bom mecânico*. 3. Saudável, que faz bem à saúde: *o clima desta cidade é muito bom*. 4. Que é interessante, de boa qualidade: *o filme que vi é bom*. 5. Lucrativo: *fiz um bom negócio*. 6. Agradável: *hoje o tempo está bom*.
❖ *fem*. boa. *pl*. bons. *superl*. boníssimo.
→ Veja também **ótimo** e **péssimo**.

bomba ***bom***·ba
s.fem. 1. Objeto que contém material explosivo: *a bomba explodiu e destruiu a casa*. 2. *pop*. Coisa muito ruim: *este vinho é uma bomba*. 3. *gír*. Reprovação escolar: *esse aluno levou bomba, foi reprovado*. 4. Certo tipo de doce recheado: *ele adora comer bombas de chocolate*. 5. Máquina usada para movimentar líquidos (água, combustível, etc.): *ele acionou a bomba e tirou água do poço*.

bombardear bom·bar·de·***ar***
v. Lançar bombas: *os soldados bombardearam a cidade*.

bombardeio bom·bar·***dei***·o
s.masc. Ataque com bombas: *o bombardeio ocorreu à noite*.

bombear bom·be·***ar***
v. Movimentar líquido (água, combustível, etc.): *o coração bombeia o sangue para todas as partes do nosso corpo*.

bombeiro bom·***bei***·ro
s.masc. 1. Homem encarregado de apagar incêndios e salvar pessoas que estão em peri-

go: *meu irmão caiu num buraco e foi resgatado por um bombeiro*. 2. Homem que instala ou conserta encanamentos de água: *vou chamar um bombeiro para consertar esse cano*.

bombom bom·***bom***

s.masc. Certo tipo de doce recheado: *adoro bombom de cereja*.

❖ *pl.* bombons.

bonança bo·***nan***·ça

s.fem. Bom tempo no mar: *quando a tempestade acabou, veio a bonança, e o navio pôde continuar tranquilamente a viagem*.

bondade bon·***da***·de

s.fem. Qualidade de quem é bom, de quem faz o bem: *todos admiram sua bondade*.

bondoso bon·***do***·so (ô)

adj. Bom, que pratica a bondade: *homem bondoso*.

❖ *fem.* bondosa (ó). *pl.* bondosos (ó), bondosas (ó).

→ Veja também **maldoso**.

boneca bo·***ne***·ca (é)

s.fem. Brinquedo de criança que imita a figura de uma menina ou de uma mulher: *vamos brincar de boneca?*

→ Veja também **boneco** e **embonecar**.

boneco bo·***ne***·co (é)

s.masc. Brinquedo de criança que imita a figura de um menino ou de um homem: *quero um boneco do meu super-herói preferido*.

→ Veja também **boneca** e **embonecar**.

bonito bo·***ni***·to

adj. Lindo, belo: *menino bonito*.

❑ **fazer bonito** Causar boa impressão, sair-se bem: *nossa escola fez bonito no desfile*.

→ Veja também **embelezar**, **enfear** e **feio**.

boquiaberto bo·qui·a·***ber***·to

adj. De boca aberta, de espanto ou admiração: *quando viu o espetáculo, ele ficou boquiaberto*.

borbulhante bor·bu·***lhan***·te

adj.masc.fem. Que borbulha: *bebida borbulhante*.

borbulhar bor·bu·***lhar***

v. Levantar borbulhas, pequenas bolhas: *a água da chaleira está fervendo, já começou a borbulhar*.

borda ***bor***·da (ó)

s.fem. 1. Beira: *borda da cama*. 2. Margem: *borda do rio*.

bordo ***bor***·do (ó)

s.masc. Cada lado de uma embarcação: *limpe o chão do barco de um bordo a outro*.

❑ **a bordo** O interior de um navio, avião ou algum outro tipo de embarcação: *os passageiros do avião ficaram sabendo que havia um famoso artista a bordo*.

bordoada bor·do·***a***·da

s.fem. Cacetada, paulada: *ele levou uma bordoada na cabeça e caiu no chão*.

bornal bor·***nal***

s.masc. Pequeno saco de couro ou tecido onde podemos levar comida, objetos, etc.: *o filho do camponês levava pão e queijo no bornal*.

❖ *pl.* bornais. Também existe a forma **embornal**.

borocoxô bo·ro·co·***xô***

adj.masc.fem. *pop.* 1. Sem graça, desinteressante (falando de alguma coisa): *esse jogo de futebol está borocoxô*. 2. Sem ânimo, desmotivado (falando de alguém): *hoje levantei borocoxô*.

borracha bor·***ra***·cha

s.fem. 1. Certa substância elástica obtida de algumas plantas e muito utilizada na indústria: *com a borracha fabricam-se diversos produtos, como pneus, calçados, etc.* 2. Produto feito com essa substância que se usa para apagar escritos ou desenhos em papel: *use a borracha para apagar o que você escreveu*.

borrão bor·***rão***

s.masc. Mancha de tinta: *há um borrão no seu desenho*.

❖ *pl.* borrões.

borrar bor·***rar***

v. 1. Sujar com borrão: *cuidado para não borrar o desenho*.

v.pron. **borrar-se** 2. *pop.* Fazer cocô nas calças (de tanto medo): *ele borrou-se todo na hora do perigo.*

borrasca bor·***ras***·ca
s.fem. Temporal com ventania violenta: *a borrasca quase afundou o navio.*

bosque ***bos***·que (ó)
s.masc. Conjunto de árvores e arbustos que formam uma pequena mata: *o esquilo vive no bosque*.

bota ***bo***·ta (ó)
s.fem. Calçado de cano alto, que cobre parte da perna: *adoro usar botas no inverno.*
❑ **bater as botas** Morrer: *o palhaço fingiu que tinha batido as botas e assustou todo o mundo.*

botânica bo·***tâ***·ni·ca
s.fem. Ciência que estuda os vegetais: *desde as grandes árvores até o musgo que recobre as pedras – tudo isso é assunto da botânica*.

botânico bo·***tâ***·ni·co
adj. 1. Que tem a ver com a botânica: *pesquisa botânica*.
s.masc. 2. Aquele que se dedica à botânica: *os botânicos estão estudando essas plantas.*
→ Veja também **jardim**.

botão bo·***tão***
s.masc. 1. Nome que se dá a uma flor antes que desabroche: *ela ganhou um botão de rosa do namorado.* 2. Pequena peça que serve para fechar o vestuário: *caiu um botão da minha camisa.* 3. Peça para ligar aparelhos ou máquinas: *a campainha não está funcionando porque o botão está quebrado.*
❖ *pl.* botões.
→ Veja também **abotoar**.

botar bo·***tar***
v. 1. Pôr, colocar: *ele botou o livro na estante.* 2. Pôr ovos: *nesta semana, a galinha já botou cinco ovos.*

bote[1] ***bo***·te (ó)
s.masc. Canoa, embarcação pequena: *peguei o bote e, remando com força, consegui fugir da ilha.*

bote[2] ***bo***·te (ó)
s.masc. Salto de um animal sobre sua presa: *a onça deu um bote e pegou o bezerro.*

boteco bo·***te***·co (é)
s.masc. *pop.* Botequim: *vamos tomar um café no boteco?*

botequim bo·te·***quim***
s.masc. Pequeno bar onde se vendem bebidas, café, etc.: *muitos sucessos da música brasileira foram compostos em mesas de botequim.*
❖ *pl.* botequins.

botina bo·***ti***·na
s.fem. Bota de cano curto: *quando vou à fazenda, sempre calço botinas*.

bovino bo·***vi***·no
adj. Que se refere ao boi: *carne bovina*.

boxe ***bo***·xe (ó, cs)
s.masc. *Esp.* Pugilismo, esporte em que dois lutadores se atacam a socos, usando luvas especiais: *meu tio era lutador de boxe*.

boxeador bo·xe·a·***dor*** (cs)
s.masc. Lutador de boxe: *meu tio era boxeador*.
❖ *pl.* boxeadores.

boxear bo·xe·***ar*** (cs)
v. Praticar boxe: *eles boxearam durante alguns minutos.*

braçal bra·***çal***
adj.masc.fem. Que é feito manualmente: *arrumar todos esses livros na estante é um trabalho braçal*.
❖ *pl.* braçais.
→ Veja também **abraçar** e **braço**.

bracelete bra·ce·***le***·te (ê)
s.masc. Pulseira; adorno que se usa no braço: *ela ganhou um lindo bracelete do namorado.*

braço ***bra***·ço
s.masc. 1. *Anat.* Cada membro superior do corpo humano: *temos dois braços*. 2. *fig.* Parte de uma cadeira, poltrona, etc. que serve de apoio para os braços: *derrubei café no braço da cadeira.*
❑ **braço direito** Principal auxiliar: *ele é o braço direito do diretor.* **não dar o braço a tor-**

cer Não mudar de opinião ou não reconhecer um erro, mesmo diante de evidências contrárias: *ele viu que sua ideia não daria certo, mesmo assim não deu o braço a torcer e insistiu que deveríamos fazer o que ele estava dizendo.*
→ Veja também **abraçar** e **braçal**.

bradar bra·***dar***
v. Falar gritando: *a multidão bradou vivas ao rei.*

brado ***bra***·do
s.masc. Grito, exclamação, clamor: *o rei ouviu os brados da multidão.*

brandir bran·***dir***
v. Agitar uma arma (lança, espada, etc.) antes de dar o golpe: *os guerreiros correram em direção ao inimigo brandindo as armas.*

brando ***bran***·do
adj. 1. Meigo, suave: *com voz branda, a vovó consolou o netinho que chorava.* 2. Leve, agradável: *um vento brando refrescava o jardim.*
→ Veja também **abrandar**.

brandura bran·***du***·ra
s.fem. Meiguice, ternura: *a menina falava com brandura e suavidade.*

branquear bran·que·***ar***
v. Tornar branco: *a neve caía e branqueava a estrada.*
→ Veja também **embranquecer**.

brasa ***bra***·sa
s.fem. Pedaço de carvão ainda em fogo, queimando: *a carne assava na churrasqueira, ao calor das brasas.*
→ Veja também **abrasador** e **abrasar**.

brasão bra·***são***
s.masc. Desenho que representa ou simboliza um país, uma cidade, uma família: *o brasão de nossa família é uma águia com um ramo de oliveira no bico.*
❖ *pl.* brasões.

brasileiro bra·si·***lei***·ro
adj. 1. Do Brasil: *povo brasileiro.*
s.masc. 2. Aquele que nasceu no Brasil: *os brasileiros costumam ser bem recebidos no exterior.*

brasiliense bra·si·li·***en***·se
adj.masc.fem. 1. De Brasília, capital do Brasil: *população brasiliense.*
s.masc.fem. 2. Pessoa que nasceu em Brasília: *conheci um brasiliense no baile.*

braveza bra·***ve***·za (ê)
s.fem. Qualidade de quem é bravo, feroz: *as crianças se assustaram com a braveza desse bicho, pois pensavam que ele fosse manso.*

bravio bra·***vi***:o
adj. Selvagem, que não é domesticado: *cavalo bravio.*

bravo ***bra***·vo
adj. 1. Valente, corajoso: *ele era um bravo guerreiro.* 2. Muito nervoso, furioso: *ele ficou bravo quando soube o que tinha acontecido.* 3. Feroz: *esse cão é bravo.*
interj. 4. Exclamação que indica aplauso, elogio: *– Bravo! – gritou o público quando ela acabou de cantar.*

bravura bra·***vu***·ra
s.fem. Coragem, valentia: *o guerreiro mostrou muita bravura.*

brecar bre·***car***
v. Frear, parar um veículo acionando o breque: *o motorista brecou o carro.*
→ Veja também **breque**.

brecha ***bre***·cha (é)
s.fem. Pequena abertura: *a água entrou por uma brecha que havia no muro.*

brejo ***bre***·jo (é)
s.masc. Pântano, terreno muito úmido: *os sapos gostam de ficar no brejo.*

breque ***bre***·que (é)
s.masc. Freio; peça de um veículo que, quando acionada, interrompe seu movimento: *sua bicicleta não tem breque?*
→ Veja também **brecar**.

breve ***bre***·ve (é)
adj.masc.fem. Curto, que dura pouco tempo: *tive uma breve conversa com ela.*
❑ **em breve** dentro de pouco tempo: *esse cinema será inaugurado em breve.*
→ Veja também **abreviar**.

B

brigar bri·***gar***

v. 1. Trocar tapas e socos com alguém: *ele brigou na rua.* 2. Discutir: *esses dois não conseguem viver em paz, brigam por qualquer motivo.*

briguento bri·***guen***·to

adj. Que vive brigando ou discutindo: *meu irmão é muito briguento.*

brilhante bri·***lhan***·te

adj.masc.fem. 1. Cintilante, que brilha bastante: *sua fantasia tinha enfeites brilhantes.* 2. Destacado, notável: *ele é um cientista brilhante.*

s.masc. 3. Certo tipo de pedra preciosa: *ela ganhou um anel de brilhante.*

→ Veja também **abrilhantar**.

brilhar bri·***lhar***

v. 1. Refletir brilho, luz, clarão, cintilar, resplandecer: *as estrelas brilham no céu.* 2. *fig.* Destacar-se: *ele brilhou no jogo de ontem.*

brilho ***bri***·lho

s.masc. Luz, clarão, cintilação refletida: *veja o brilho das estrelas!*

brincar brin·***car***

v. Divertir-se, distrair-se: *as crianças brincam no parque, inventando muitas brincadeiras para passar o tempo.*

brindar brin·***dar***

v. Fazer um brinde, beber em homenagem a algo ou alguém: *vamos brindar à saúde dos nossos convidados.*

brinde ***brin***·de

s.masc. 1. Saudação, beber em homenagem a alguém: *ele encheu o copo de vinho e fez um brinde aos noivos, desejando-lhes felicidades.* 2. Presente: *no dia da inauguração da loja, o dono ofereceu um brinde a cada criança.*

brio ***bri***:o

s.masc. Orgulho, sentimento de respeito que uma pessoa deve ter por si mesma: *ele tem brio e não se deixará humilhar.*

brioso bri·***o***·so (ô)

adj. Que tem brio, que mostra dignidade: *homem brioso.*

❖ *fem.* briosa (ó). *pl.* briosos (ó), briosas (ó).

brisa ***bri***·sa

s.fem. Vento leve e fresquinho: *é deliciosa essa brisa que vem do mar.*

bronca ***bron***·ca

s.fem. *pop.* Aquilo que a pessoa ouve quando faz algo de errado, repreensão: *ele levou uma bronca do pai.*

→ Veja também **bronquear**.

bronco ***bron***·co

adj. Ignorante, estúpido: *sujeito bronco.*

bronquear bron·que·***ar***

v. *pop.* Dar bronca em alguém, repreender: *o pai bronqueou com o filho.*

→ Veja também **bronca**.

brotar bro·***tar***

v. Nascer, sair da semente: *a flor brotou.*

bruços ***bru***·ços

s.masc.pl. Posição deitada na qual o peito e o rosto ficam para baixo.

❑ **de bruços** De peito e rosto para baixo: *dormir de bruços é bom para os bebês.*

❖ A palavra bruços só é usada na locução **de bruços**.

bruma ***bru***·ma

s.fem. Neblina, nevoeiro, cerração: *a bruma que havia no mar não deixava ver o barco.*

brusco ***brus***·co

adj. Bruto, rude, indelicado: *ele foi brusco comigo.*

brutal bru·***tal***

adj.masc.fem. Que é bruto, violento: *ele agiu de forma brutal.*

❖ *pl.* brutais.

brutalidade bru·ta·li·***da***·de

s.fem. Violência, grosseria: *ele agiu com brutalidade.*

brutamontes bru·ta·***mon***·tes

s.masc.fem. Pessoa grande e grosseira: *aquele brutamontes vivia arranjando encrenca no bairro.*

❖ Essa palavra tem a mesma forma no singular e no plural: *o brutamontes, os brutamontes.*

bruto ***bru*·to**
adj. 1. Que não foi modificado pelo homem, que está como foi encontrado na natureza: *diamante bruto*. 2. Que não tem delicadeza nem boa-educação; grosseiro, rude: *indivíduo bruto*.

bruxa ***bru*·xa**
s.fem. Feiticeira, mulher que, segundo a crença popular, tem poderes sobrenaturais e faz mágicas para conseguir o que quer; em geral é retratada como velha e feia: *a bruxa perseguia a princesa*.

bruxaria **bru·xa·*ri*·a**
s.fem. Feitiço, mágica feita por uma bruxa: ela fazia *bruxarias contra a princesa*.

bucal **bu·*cal***
adj.masc.fem. Que se refere à boca: *escovar os dentes faz parte da higiene bucal*.
❖ *pl.* bucais.
→ Não confunda com **bocal**, que tem outro significado.

bucho ***bu*·cho**
s.masc. 1. Estômago dos animais: *com o bucho do bode se faz um prato popular no Nordeste*. 2. *pop.* Estômago das pessoas: *ele encheu o bucho e agora vai tirar uma soneca*.

bueiro **bu·*ei*·ro**
s.masc. Abertura feita nas ruas por onde escoam as águas: *quando chove, a água escorre e cai no bueiro*.

bufar **bu·*far***
v. Encher as bochechas de ar e soprar com força: o menino ficou nervoso e começou a *bufar de raiva*.

bugiganga **bu·gi·*gan*·ga**
s.fem. Coisa de pouco valor ou sem utilidade: *encontrei umas bugigangas naquela mala velha*.

bula ***bu*·la**
s.fem. Pequeno texto que acompanha um medicamento e dá informações sobre ele: *sempre leio a bula antes de tomar qualquer remédio*.

bulhufas **bu·*lhu*·fas**
pron. *pop.* Nada: *não entendi bulhufas do que ele falou*.

bunda ***bun*·da**
s.fem. *pop.* Nádegas: *caí na escada e machuquei a bunda*.

bunda-mole ***bun*·da-*mo*·le**
adj.masc.fem. *pop.* Que é moleirão, que não toma iniciativa: *ele é um sujeito bunda-mole*.
❖ *pl.* bundas-moles.

buquê **bu·*quê***
s.masc. Pequeno ramalhete de flores: *ganhei um buquê de rosas do meu namorado*.

buraco **bu·*ra*·co**
s.masc. 1. Cavidade que pode haver no chão, no tronco de uma árvore, etc.: *a roda do carro entrou num buraco que havia na rua*. 2. Abertura, orifício: *ele olhou pelo buraco da fechadura*. 3. Certo tipo de jogo de cartas: *meus amigos gostam de jogar buraco*.
→ Veja também **esburacar**.

burburinho **bur·bu·*ri*·nho**
s.masc. Ruído confuso de vozes: *da cozinha posso ouvir o burburinho das pessoas que estão na sala*.

burlar **bur·*lar***
v. Enganar: *ele quis burlar as pessoas, mas saiu-se mal*.

burrada **bur·*ra*·da**
s.fem. *pop.* Erro bobo, besteira: *estava distraído e fiz uma burrada na prova*.

burrice **bur·*ri*·ce**
s.fem. *pop.* Asneira, besteira: *foi uma burrice não querer participar da festa*.

burrico **bur·*ri*·co**
s.masc. Burro pequeno: *o menino montou no burrico*.

burro ***bur*·ro**
s.masc. 1. *Zool.* Animal quadrúpede produto do cruzamento do asno ou jumento com a égua (ou do cavalo com a jumenta); mulo: *o burro é um animal muito usado no campo*.
adj. 2. Que não é inteligente: *homem burro*.
❑ **dar com os burros n'água** *pop.* Não ter sucesso num negócio, num plano: *ele pensou que seria fácil fazer aquele trabalho sozinho, mas deu com os burros n'água*. **pra**

B

burro *pop.* Muito, bastante: *ele é famoso pra burro.*

❖ Para indicar o som que o burro emite, usamos o verbo **zurrar**: *o burro zurra.*

→ Veja também **besta** e **mulo**.

buscar bus·***car***

v. Ir a um lugar e trazer de lá alguém ou alguma coisa: *vou buscar o livro que esqueci em casa e já volto.*

bússola ***bús***·so·la

s.fem. Instrumento de orientação que contém uma agulha magnética apontada sempre para a direção norte: *o pessoal da expedição usava a bússola para se orientar na floresta.*

busto ***bus***·to

s.masc. Parte superior do nosso corpo, que pode ser o conjunto da cintura, do peito, do pescoço e da cabeça ou apenas elementos desse conjunto: *muitas estátuas retratam apenas o busto do homenageado.*

buzina bu·***zi***·na

s.fem. Instrumento que produz um som forte e que é usado nos veículos para chamar a atenção das pessoas: *toquei a buzina para o pedestre sair da frente.*

buzinar bu·zi·***nar***

v. Tocar a buzina: *é proibido buzinar perto de hospitais.*

Cc

cabra

c (cê)

s.masc. A terceira letra do alfabeto: *caderno e céu se escrevem com c.*

cabana ca·***ba***·na

s.fem. Pequena casa muito simples, geralmente de madeira: *perto da praia, vi uma cabana de pescadores.*

cabeça ca·***be***·ça (ê)

s.fem. 1. Parte do corpo onde estão o cérebro, os olhos, os ouvidos, a boca, etc.: *esse vão é baixo; cuidado para não bater a cabeça.*
s.masc. 2. Chefe: *ele é o cabeça da turma.*

cabeçada ca·be·***ça***·da

s.fem. Pancada com a cabeça: *o jogador deu uma cabeçada na bola e fez o gol.*

cabeçudo ca·be·***çu***·do

adj. 1. Que tem cabeça grande: *homem cabeçudo.* 2. *fig.* Teimoso: *mas que menino cabeçudo, não dá o braço a torcer!*

cabeleireiro ca·be·lei·***rei***·ro

s.masc. Profissional que cuida dos cabelos de homens e mulheres: *o cabeleireiro está penteando a menina.*

cabeludo ca·be·***lu***·do

adj. Que tem muito cabelo: *o cantor era um jovem cabeludo que tocava guitarra.*

caber ca·***ber***

v. Poder estar dentro: *os livros cabem nesta mala, há espaço para eles aqui dentro.*

cabisbaixo ca·bis·***bai***·xo

adj. Que está com a cabeça baixa, por tristeza ou vergonha: *ele levou uma bronca e saiu cabisbaixo da sala.*

cabo[1] ***ca***·bo

s.masc. 1. Parte por onde se pega um objeto: *cabo da faca, cabo da panela.* 2. Corda, feita de tecido, metal ou outros materiais, usada para transmitir força, tensão elétrica, sinais de telefone, etc.: *lá em casa temos TV a cabo, isto é, os sinais são transmitidos por cabo.*

❑ **ao cabo de** No final, no fim: *ao cabo de alguns dias o doente melhorou.* **dar cabo de** Eliminar, matar: *o jardineiro deu cabo das formigas que atacaram as plantas.* **de cabo a rabo** Do início ao fim: *ele liderou a corrida de cabo a rabo.*

cabo[2] ***ca***·bo

s.masc. Ponta de terra que entra pelo mar: *os navegadores contornaram o cabo.*

cabra ***ca***·bra

s.fem. A fêmea do bode: *a cabra teve dois cabritos.*

caçador ca·ça·***dor***

s.masc. Aquele que caça: *os caçadores não conseguiram pegar o veado.*
❖ *pl.* caçadores.

caçar ca·***çar***

v. Perseguir animais para pegá-los vivos ou mortos: *é proibido caçar nesta região.*
→ Não confunda com **cassar**, que tem outro significado.

cacareco ca·ca·***re***·co (é)

s.masc. *pop.* Coisa velha e inútil: *no porão só havia cacarecos.*

caçarola ca·ça·***ro***·la (ó)

s.fem. Panela de cozinha, com cabo e tampa: *meu pai usa a caçarola para fazer carne com batata.*

cachaça ca·***cha***·ça

s.fem. Pinga; bebida alcoólica feita da cana-de-açúcar: *a cachaça é uma bebida típica do Brasil.*

cacheado ca·che·***a***·do

adj. Que tem cachos: *cabelo cacheado.*

cacho ca·***cho***

s.masc. 1. *Bot.* Conjunto de flores ou frutos presos numa mesma haste ou num mesmo galho: *cacho de bananas, cacho de uvas.* 2. Cabelo arrumado em forma de anel, caracol ou canudo: *ela tem o cabelo cheio de cachos.*

cachoeira ca·cho·***ei***·ra

s.fem. Queda-d'água, catarata: *as águas do rio caíam do alto da montanha, formando uma bonita cachoeira.*

cachorro ca·***chor***·ro (ô)

s.masc. *Zool.* Cão: *ganhei um cachorro de Natal.*
❑ **pra cachorro** Muito: *ele é forte pra cachorro.*
→ Veja também **cão**.

cachorro-quente ca·***chor***·ro-***quen***·te

s.masc. Sanduíche de pão com salsicha: *meu pai sempre põe molho de tomate no cachorro-quente.*
❖ *pl.* cachorros-quentes.

cacique ca·***ci***·que

s.masc. Chefe indígena: *aquele índio com o cocar na cabeça é o cacique da tribo.*

caco ***ca***·co

s.masc. Pedaço quebrado de um objeto de vidro, louça ou barro: *o prato caiu e se quebrou em cacos.*

caçoar ca·ço·***ar***

v. Fazer piadas e brincadeiras a respeito de alguém; zombar: *algumas pessoas caçoaram dele.*

caçula ca·***çu***·la

s.masc.fem. O mais moço dos filhos ou dos irmãos: *Maria tem dez anos, e seu irmão Pedro tem oito; Pedro é o caçula.*

cadafalso ca·da·***fal***·so

s.masc. Estrado ou tablado alto construído para a execução de um condenado: *Tiradentes foi levado ao cadafalso.*

cadáver ca·***dá***·ver

s.masc. Corpo morto de uma pessoa ou animal: *a polícia levou o cadáver ao necrotério.*
❖ *pl.* cadáveres.

cadavérico ca·da·***vé***·ri·co

adj. Que tem a ver com cadáver: *no filme, havia um sujeito com ar cadavérico que assustava todo mundo.*

cadeia ca·***dei***·a

s.fem. 1. Prisão, xadrez: *o ladrão foi levado para a cadeia.* 2. Conjunto de coisas ligadas entre si: *cadeia de montanhas, cadeia de lojas, cadeia de acontecimentos.*

cadeira ca·***dei***·ra

s.fem. Assento com encosto: *sente-se nessa cadeira.*

caderneta ca·der·***ne***·ta (ê)

s.fem. Caderno pequeno: *anoto os telefones de meus colegas nessa caderneta.*

caderno ca·***der***·no (é)

s.masc. 1. Conjunto de folhas de papel unidas de um lado, próprias para escrever: *este é meu caderno de matemática.* 2. Conjunto de páginas de um jornal que tratam do mesmo assunto: *nesse jornal, há vários cadernos: de esportes, de economia, de política, de cultura, etc.*
→ Veja também **encadernar**.

caducar ca·du·***car***

v. 1. Tornar-se caduco: *essa pessoa está caducando, já não sabe direito o que está fazendo.* 2. Perder a validade por ter passado de certo prazo: *minha carteirinha do clube caducou, preciso fazer outra.*

caduco ca·***du***·co

adj. Que não é mais capaz de raciocinar direito por ser muito velho: *pessoa caduca.*

cafajeste ca·fa·***jes***·te (é)

s.masc. Canalha, indivíduo que tem péssimo comportamento, que não respeita os outros: *meu tio é um cafajeste – enganou o próprio irmão.*

cafeeiro ca·fe·***ei***·ro

s.masc. *Bot.* Planta que produz o fruto do qual se faz o café: *o cafeeiro muitas vezes é chamado de pé de café.*

cafeicultor ca·fei·cul·***tor***

s.masc. Aquele que planta café: *a safra será boa para o cafeicultor.*
❖ *pl.* cafeicultores.

cafuné ca·fu·***né***

s.masc. Fazer cafuné significa coçar bem de leve a cabeça de alguém, para fazer essa pessoa dormir: *a moça fazia cafuné na cabeça do namorado.*

caiaque cai·***a***·que

s.masc. *Esp.* Pequena embarcação esportiva movimentada por um ou mais remadores: *oito caiaques de dois remadores disputam a prova.*

cãibra ***cãi***·bra

s.fem. Contração muscular dolorida: *o jogador esforçou-se muito durante a partida e teve cãibra.*

caipira ca:i·***pi***·ra

s.masc.fem. 1. *pop.* Pessoa muito acanhada, que não sabe se comportar em público: *minha prima é uma caipira, não sabe cumprimentar as pessoas.*

adj. 2. Que se refere ao campo, que lembra o campo: *festa caipira.*

cair ca·***ir***

v. 1. Levar um tombo: *ele tropeçou e caiu.* 2. Ir ao chão: *o livro caiu.* 3. Baixar: *à noite, a temperatura caiu bastante, fez muito frio.* 4. Acontecer em certa época: *o início das aulas cai numa segunda-feira.*

v.lig. 5. Ficar: *ele caiu doente por uma semana.*

❑ **cair em si** Perceber o erro que se fez ou que se ia fazer: *felizmente, ele caiu em si e desistiu de fazer aquela viagem perigosa.*

→ Veja também **queda**.

cais

s.masc. Local do porto onde se faz o embarque e o desembarque de pessoas ou mercadorias: *no cais do porto, eu me despedi do amigo que partia.*

❖ Essa palavra tem a mesma forma no singular e no plural: *o cais, os cais.*

caixa ***cai***·xa

s.fem. 1. Objeto com ou sem tampa usado para guardar ou transportar coisas: *ele guarda os brinquedos nessa caixa.* 2. Seção de um estabelecimento comercial onde se recebem pagamentos: *para pagar esse produto, dirija-se à caixa.*

s.masc.fem. 3. A pessoa que trabalha nessa seção: *entregue a conta ao caixa.*

caixa-d'água ***cai***·xa-***d'á***·gua

s.fem. Reservatório de água: *precisamos limpar a caixa-d'água de nossa casa.*

❖ *pl.* caixas-d'água.

calabouço ca·la·***bou***·ço (ô)

s.masc. Prisão subterrânea, escura e fria: *o prisioneiro foi levado ao calabouço do castelo.*

calafetar ca·la·fe·***tar***

v. Tapar buracos com pano, papel ou algum outro material para impedir a entrada da água ou do ar: *é preciso calafetar as tábuas do assoalho para que não entre umidade.*

calafrio ca·la·***fri***:o

s.masc. Arrepio causado pelo frio ou pelo medo: *ela sentiu um calafrio ao ouvir falar de fantasmas.*

calamidade ca·la·mi·***da***·de

s.fem. Desgraça, catástrofe, acontecimento terrível: *o terremoto foi uma calamidade; destruiu casas, matou pessoas e provocou grandes incêndios.*

calamitoso ca·la·mi·***to***·so (ô)

adj. Catastrófico: *depois do terremoto, a situação da cidade era calamitosa.*

❖ *fem.* calamitosa (ó). *pl.* calamitosos (ó), calamitosas (ó).

calar ca·***lar***

v. 1. Fazer ficar calado, impor silêncio: *com essa resposta, ele calou o adversário, que não soube o que dizer.*

v.pron. **calar-se** 2. Ficar em silêncio, não falar: *quando o professor começou a aula, os alunos se calaram.*

calça ***cal***·ça

s.fem. Peça do vestuário que vai da cintura aos pés, cobrindo cada uma das pernas individualmente: *ele está usando uma calça preta.*

❖ Essa palavra também pode ser usada no plural: *as calças.*

calçada cal·***ça***·da

s.fem. Parte da rua reservada aos pedestres: *ande sempre na calçada.*

calçado cal·***ça***·do

s.masc. Peça que usamos para cobrir ou proteger os pés: *botas, sandálias e sapatos são exemplos de calçado.*

calção cal·***ção***

s.masc. Calça curta: *ele vestiu o calção para jogar futebol.*

❖ *pl.* calções.

C

calçar cal·***çar***

v. 1. Pôr luva, meia ou calçado: *ele calçou os sapatos*. 2. Firmar alguma coisa com calço: *vamos calçar a mesa, ela está balançando*.
→ Veja também **descalçar**.

calcinar cal·ci·***nar***

v. Queimar: *o fogo calcinou as árvores.*

calcinha cal·***ci***·nha

s.fem. Peça curta e interna do vestuário das mulheres: *prefiro calcinha de algodão.*
❖ Essa palavra também pode ser usada no plural: *as calcinhas*.

calço ***cal***·ço

s.masc. Aquilo que se coloca debaixo de um objeto para firmá-lo ou dar-lhe equilíbrio: *ele pôs um calço sob um pé da mesa.*

calculadora cal·cu·la·***do***·ra (ô)

s.fem. Máquina de fazer contas ou cálculos: *uso a calculadora para as contas mais difíceis.*

calcular cal·cu·***lar***

v. 1. Fazer contas para achar certo resultado: *calcule o resultado dessa soma*. 2. Pensar, prever: *calculo que ela gostará do presente*.
→ Veja também **incalculável**.

calculável cal·cu·***lá***·vel

adj.masc.fem. Que se pode calcular: *distância calculável*.
❖ *pl.* calculáveis.

cálculo ***cál***·cu·lo

s.masc. 1. Conta: *ele sabe fazer cálculos muito bem*. 2. Previsão: *tudo aconteceu conforme meus cálculos*.

◎ Cálculo se origina de uma palavra que significa *pedrinha*, pois os antigos usavam pedrinhas para ajudar na hora de fazer uma soma ou subtração. Por exemplo, um pastor pegava uma pedrinha para cada animal do rebanho que saía para pastar; na volta, para cada animal que passava, ele retirava uma pedrinha do monte. Se todos entravam e ainda sobrasse uma pedrinha, era sinal que um animal estava faltando. Foi assim que surgiu também o verbo calcular, que na origem significava *fazer contas usando pedrinhas*.

calda ***cal***·da

s.fem. Mistura de água e açúcar que se ferve para fazer doces: *ameixa em calda*.
→ Não confunda com **cauda**, que tem outro significado.

calejado ca·le·***ja***·do

adj. Experiente: *ela dá aula há muito tempo, é uma professora calejada.*

calendário ca·len·***dá***·ri:o

s.masc. Tabela com a indicação dos dias, semanas e meses do ano: *você tem um calendário deste ano?*

calhambeque ca·lham·***be***·que (é)

s.masc. Carro velho: *o carro do meu tio tem mais de 30 anos, já virou um calhambeque.*

calhar ca·***lhar***

v. 1. Acontecer: *naquela hora, calhou de passar um amigo, que me deu carona até a escola*. 2. Vir na hora certa: *sua ajuda veio a calhar, eu estava mesmo precisando de colaboração.*

calhorda ca·***lhor***·da (ó)

s.masc. Patife, canalha: *esse sujeito é um calhorda.*

cálice ***cá***·li·ce

s.masc. Pequeno copo para bebidas: *tomei um cálice de vinho.*

cálido ***cá***·li·do

adj. Muito quente: *da praia vinha um ar cálido.*

caligrafia ca·li·gra·***fi***·a

s.fem. 1. Arte de escrever bem à mão: *ele está treinando caligrafia*. 2. O modo de escrever de uma pessoa: *ela tem boa caligrafia; sua letra é bonita.*
→ Veja também **grafia** e **ortografia**.

◎ Caligrafia é palavra formada de *cali* (bonita, bela) + *grafia* (escrita).

calma ***cal***·ma

s.fem. Tranquilidade, serenidade: *ela agiu com calma*.
→ Veja também **acalmar**.

calmante cal·***man***·te

s.masc. Medicamento que acalma: *ele estava muito nervoso e precisou tomar um calmante.*

calmo cal·mo
adj. Tranquilo, sossegado: *ele é um menino calmo.*
→ Veja também **acalmar**.

calor ca·lor
s.masc. Quentura, sensação causada por temperatura alta: *o calor do sol me deixou com dor de cabeça.*
❖ *pl.* calores.

calorento ca·lo·ren·to
adj. Que sente muito calor: *ele é um menino calorento.*

caloroso ca·lo·ro·so (ô)
adj. Que demonstra entusiasmo, animação: *aplauso caloroso.*
❖ *fem.* calorosa (ó). *pl.* calorosos (ó), calorosas (ó).

calote ca·lo·te (ó)
s.masc. Dívida que não foi paga: *o comerciante não aguentou tantos calotes e acabou fechando as portas.*
❑ **passar um calote** Deixar de pagar uma dívida: *emprestei dinheiro a um colega e ele me passou um calote, nunca mais me pagou.*

caloteiro ca·lo·tei·ro
adj. Que não paga o que deve, que passa calote: *sujeito caloteiro.*

calouro ca·lou·ro
s.masc. Novato, aluno do primeiro ano de um curso: *os calouros não sabiam onde era a biblioteca da escola.*

calúnia ca·lú·ni:a
s.fem. Acusação falsa: *disseram que ele é um traidor; isso é uma calúnia!*

calvo cal·vo
adj. Careca, sem cabelos: *homem calvo.*

cama ca·ma
s.fem. Móvel que usamos para deitar: *minha cama é de madeira.*
→ Veja também **acamado**.

camaleão ca·ma·le·ão
s.masc. *Zool.* Espécie de lagarto que muda de cor para escapar de perseguidores, entre outros motivos: *quando está entre folhas verdes, o camaleão também pode ficar verde.*
❖ *pl.* camaleões. Para indicar o sexo do animal, dizemos *o camaleão macho, o camaleão fêmea.*

câmara câ·ma·ra
s.fem. 1. Máquina fotográfica: *vou fotografar você com minha câmara.* 2. Aparelho que recebe e transmite imagens: *no estúdio de televisão, há várias câmaras.* 3. Local onde se reúnem habitualmente vereadores ou deputados: *visitamos a Câmara dos vereadores da nossa cidade.*
❖ Para as duas primeiras acepções, também podemos falar **câmera**.

camarada ca·ma·ra·da
s.masc.fem. Colega, companheiro: *ele é um bom camarada.*

> ◎ Camarada vem de *câmara*, que significava *quarto*; camarada era quem dividia um quarto com alguém. Como é preciso ser amigo para dividir um quarto, a palavra camarada ganhou o sentido de *amigo*, de *pessoa de confiança.*

camareiro ca·ma·rei·ro
s.masc. Aquele que arruma os quartos num hotel: *a camareira já fez as camas.*

camarim ca·ma·rim
s.masc. Pequeno quarto em que os artistas se preparam para um espetáculo: *a cantora está no camarim se maquiando.*
❖ *pl.* camarins.

camarote ca·ma·ro·te (ó)
s.masc. Lugar especial nas casas de espetáculo, teatro, circo, etc. para alguns espectadores: *o presidente vai assistir à peça num camarote.* 2. Quarto pequeno para acomodação dos passageiros em um navio: *eu e meus primos viajamos no mesmo camarote.*

cambada cam·ba·da
s.fem. *pop.* Bando de pessoas de mau comportamento: *dizem que eles são uma cambada de ladrões.*

cambalacho cam·ba·la·cho
s.masc. Tramoia, combinação desonesta: *acho que eles fizeram um cambalacho para conseguir aquele prêmio.*

C

cambalear cam·ba·le·***ar***
v. Caminhar sem firmeza: *ele ficou ferido e saiu cambaleando.*

camelo ca·***me***·lo (ê)
s.masc. Grande mamífero ruminante com duas corcovas: *em diversos países do Oriente, o camelo é usado como meio de transporte.*
❖ *fem.* camela.

camelô ca·me·***lô***
s.masc.fem. *pop.* Vendedor que monta uma banquinha na rua para vender suas mercadorias: *comprei um par de tênis no camelô.*

caminhar ca·mi·***nhar***
v. Andar a pé: *vamos caminhar até a escola.*

caminho ca·***mi***·nho
s.masc. 1. Faixa de terreno que vai de um lugar a outro: *o caminho até a chácara era longo.* 2. Direção, rumo: *que caminho devo pegar para chegar à vila?*
❑ **cortar caminho** Fazer um caminho mais curto: *para chegar à escola, entre nessa rua que você corta caminho e anda menos.*

camisinha ca·mi·***si***·nha
s.fem. Peça feita com um tipo especial de borracha que envolve o pênis durante o ato sexual: *a camisinha é usada no combate à aids.*

campa ***cam***·pa
s.fem. Túmulo, sepultura: *foi para a campa muito jovem, morreu com apenas 20 anos.*

campal cam·***pal***
adj.masc.fem. Que se realiza em campo aberto, ao ar livre: *ontem houve uma missa campal.*
❖ *pl.* campais.

campeão cam·pe·***ão***
s.masc. Time ou atleta que vence um campeonato: *ele é o campeão de tênis deste ano.*
❖ *fem.* campeã. *pl.* campeões.

campeonato cam·pe:o·***na***·to
s.masc. Série de jogos envolvendo um número definido de times ou atletas; o vencedor é aquele que acumula mais pontos: *o campeonato mundial de futebol vai começar hoje.*

campestre cam·***pes***·tre (é)
adj.masc.fem. Que se refere a campo: *visitei um clube campestre.*

campina cam·***pi***·na
s.fem. Campo extenso, plano, sem arvoredos: *os cavalos corriam pela campina.*

campo ***cam***·po
s.masc. 1. Terreno plantado: *campo de trigo, campo de milho.* 2. Região fora da cidade: *vou construir uma casa no campo.* 3. Terreno preparado para a prática de um esporte: *campo de futebol.* 4. O domínio de determinada atividade ou assunto: *a medicina não é meu campo, conheço apenas um pouco de biologia.*

camponês cam·po·***nês***
s.masc. Homem que trabalha no campo: *o camponês acorda muito cedo.*
❖ *fem.* camponesa. *pl.* camponeses, camponesas.

camuflar ca·mu·***flar***
v. Esconder uma coisa, usando algum disfarce: *os soldados que estavam na selva camuflaram o jipe, pintando-o de verde e cobrindo-o com galhos de árvores.*

camundongo ca·mun·***don***·go
s.masc. *Zool.* Pequeno mamífero roedor: *os camundongos são usados em testes de laboratório.*
❖ Para indicar o sexo do animal, dizemos *o camundongo macho, o camundongo fêmea.*

cana-de-açúcar ***ca***·na-de-a·***çú***·car
s.fem. *Bot.* Planta tropical com suco abundante e muito doce: *da cana-de-açúcar se faz açúcar, aguardente e até combustível.*
❖ *pl.* canas-de-açúcar.

canadense ca·na·***den***·se
adj.masc.fem. 1. Que se refere ao Canadá, país da América do Norte: *cidade canadense.*
s.masc.fem. 2. Pessoa que nasceu no Canadá: *os canadenses construíram belas cidades.*

canal ca·***nal***
s.masc. 1. Escavação que permite a passagem ou circulação de água para irrigação, navegação, etc.: *fizemos um longo canal para levar água até o jardim.* 2. Faixa de transmissão de

frequência de uma emissora: *esse canal de televisão vai transmitir o jogo de hoje.*
❖ *pl.* canais.

canalha ca·***na***·lha
s.masc.fem. Pessoa sem moral, infame, patife: *não seja canalha!*

canalizar ca·na·li·***zar***
v. 1. Abrir canal para recolher águas: *eles vão canalizar as águas das chuvas.* 2. Concentrar, direcionar: *vamos canalizar todos os nossos esforços para a solução desses problemas.*

canavial ca·na·vi·***al***
s.masc. Plantação de cana-de-açúcar: *o vento soprava pelo canavial.*
❖ *pl.* canaviais.

canção can·***ção***
s.fem. Pequena peça musical para ser cantada: *cante uma canção de amor.*
❖ *pl.* canções.

cancelar can·ce·***lar***
v. Anular, tornar sem efeito: *o diretor cancelou a matrícula desse aluno.*

câncer ***cân***·cer
s.masc. Tumor que pode provocar a morte: *minha tia teve câncer de mama.*
❖ *pl.* cânceres.

cancerígeno can·ce·***rí***·ge·no
adj. Que pode causar câncer: *substância cancerígena.*

candidatar-se can·di·da·***tar***-se
v. pron. Apresentar-se como candidato: *ele se candidatou a prefeito.*

candidato can·di·***da***·to
s.masc. 1. Aquele que está disputando um lugar num emprego, numa escola, etc.: *essa loja está precisando de um gerente, e vários candidatos já se apresentaram.* 2. Aquele que está disputando uma eleição, que depende de votos para conseguir um cargo: *os candidatos à presidência vão fazer um debate na televisão.*

cândido ***cân***·di·do
adj. 1. Branco: *vimos uma lua cândida aparecer entre as nuvens.* 2. *fig.* Ingênuo, sem malícia: *a criança tinha um olhar cândido.*

caneca ca·***ne***·ca (é)
s.fem. Espécie de copo com asa, feito de diferentes materiais (louça, barro, vidro, plástico, etc.): *vou tomar café nessa caneca.*

caneco ca·***ne***·co (é)
s.masc. 1. Caneca estreita e alta: *me traga um caneco de leite.* 2. *pop.* Qualquer taça disputada em competições esportivas: *neste ano, foi o nosso time que levou o caneco.*

canela ca·***ne***·la (é)
s.fem. *Bot.* 1. Árvore cuja casca tem um cheiro forte e gostoso: *sempre ponho canela no mingau.* 2. *pop.* Parte da perna entre o joelho e o pé: *levei um pontapé na canela durante o jogo.*

caneta ca·***ne***·ta (ê)
s.fem. Instrumento com tinta que usamos para escrever ou desenhar: *tenho uma caneta esferográfica vermelha.*

> ◎ Caneta, na origem, é o diminutivo da palavra *cana*, porque antigamente, para escrever, pegava-se um pedaço de cana e adaptava-se uma ponta numa de suas extremidades.

canhão ca·***nhão***
s.masc. Peça de artilharia que atira balas a grande distância: *naquele forte desativado há uma fileira de dez canhões.*
❖ *pl.* canhões.

canhoto ca·***nho***·to (ô)
adj. Que tem mais habilidade com a mão esquerda ou com o pé esquerdo do que com a mão direita ou o pé direito: *Fábio é canhoto; ele escreve e desenha sempre com a mão esquerda.*
❖ *fem.* canhota (ó). *pl.* canhotos (ô), canhotas (ó).
→ Veja também **destro**.

canibal ca·ni·***bal***
s.masc.fem. Antropófago, pessoa que come carne humana: *conheço uma piada de canibal.*
❖ *pl.* canibais.

canil ca·***nil***
s.masc. Local preparado para abrigar cães: *comprei meu cachorrinho num canil.*
❖ *pl.* canis.

C

canino[1] ca·*ni*·no
adj. Que se refere a cão: *raça canina.*

canino[2] ca·*ni*·no
s.masc. Nome do dente pontiagudo que serve para rasgar os alimentos: *o vampiro desse filme tem caninos enormes.*

canja *can*·ja
s.fem. 1. Caldo de galinha com arroz: *gosto de tomar canja.* 2. *pop.* Coisa muito fácil de fazer: *esse serviço é canja, fica pronto num instantinho.*

canjica can·*ji*·ca
s.fem. Prato feito de milho branco cozido, a que se adiciona canela, leite e açúcar: *gosto muito de canjica.*

cano *ca*·no
s.masc. 1. Tubo que serve para a passagem de água, gás, etc.: *a água da pia desce pelo ralo e entra no cano.* 2. Parte de uma arma que tem a forma de cano: *a bala sai pelo cano da espingarda.*
❑ **dar o cano** Não cumprir o que foi combinado: *ele disse que ia ao cinema comigo, mas deu o cano; não apareceu, e eu fiquei esperando à toa.* **entrar pelo cano** Sair-se mal: *ele quis bancar o espertinho e entrou pelo cano.*

canoa ca·*no*·a (ô)
s.fem. Pequena embarcação movida a remo: *ele usou a canoa para atravessar o rio.*

canoeiro ca·no·*ei*·ro
s.masc. 1. Aquele que faz canoas: *meu avô era um excelente canoeiro.* 2. Aquele que dirige uma canoa: *o canoeiro conduziu a passageira até o outro lado do rio.*

canonizar ca·no·ni·*zar*
v. *Rel.* Declarar que alguém foi considerado santo: *a Igreja Católica canonizou várias pessoas; a canonização é decretada pelo papa.*

cansado can·*sa*·do
adj. Que se sente fraco por ter feito muito esforço ou por estar doente: *ele andou muito e ficou cansado.*

cansar can·*sar*
v. 1. Deixar cansado: *a longa caminhada cansou as crianças.*
v.pron. **cansar-se** 2. Ficar cansado: *ele trabalhou muito e se cansou.*
→ Veja também **incansável** e **descansar**.

cansativo can·sa·*ti*·vo
adj. Que cansa: *tarefa cansativa.*

cântaro *cân*·ta·ro
s.masc. Vaso grande, geralmente de barro, usado para guardar líquidos: *cântaro de vinho.*
❑ **chover a cântaros** Chover muito: *está chovendo a cântaros, não podemos sair agora.*

cantarolar can·ta·ro·*lar*
v. Cantar baixinho: *enquanto trabalha, ela gosta de cantarolar velhas canções.*

canteiro can·*tei*·ro
s.masc. Pedaço de terra onde são plantadas flores, hortaliças, etc.: *os alunos fizeram um bonito canteiro na escola.*

cântico *cân*·ti·co
s.masc. *Rel.* Canto religioso: *os fiéis entoaram cânticos na igreja.*

cantiga can·*ti*·ga
s.fem. Canção: *cantiga de ninar.*

cão
s.masc. *Zool.* Animal mamífero, quadrúpede e doméstico, de que há muitas raças (pequinês, são-bernardo, fila, buldogue, etc.); cachorro: *o cão é o melhor amigo do homem.*
❑ **como cão e gato** Sempre brigando: *esses dois não se dão bem, vivem como cão e gato.*
❖ *fem.* cadela. *pl.* cães. *aum.* canzarrão (*pl.* canzarrões). *dim.* cãozinho (*pl.* cãezinhos). *col.* matilha. Para indicar o som que o cão emite, usamos o verbo **latir** ou **ladrar**: *o cão late.*
→ Veja também **cachorro** e **canino**.

caos *ca*:os
s.masc. Grande confusão, desordem: *a reunião virou um caos; todos falavam e gritavam ao mesmo tempo.*
→ Veja também **caótico**.

caótico ca·*ó*·ti·co
adj. Muito confuso: *a reunião foi caótica.*

capa *ca*·pa
s.fem. 1. Peça que cobre a roupa que estamos usando e protege da chuva: *está chovendo, vou*

vestir a capa. 2. Cobertura protetora de um livro, álbum, etc.: *a capa desse livro é bonita, tem uma foto belíssima*. 3. Aquilo que serve de cobertura: *capa da poltrona, capa da máquina*.

capacete ca·pa·***ce***·te (ê)

s.masc. Objeto feito de material resistente para proteger a cabeça: *capacete de soldado, capacete de motoqueiro, etc.*

capacho ca·***pa***·cho

s.masc. Tapete duro usado para limpar a sola dos sapatos: *na porta de entrada há um capacho*.

capacidade ca·pa·ci·***da***·de

s.fem. 1. Competência: *ela tem capacidade para ser diretora da escola; tem condições para isso*. 2. Quantidade de pessoas ou coisas que cabem em determinado lugar: *essa sala tem capacidade para 40 alunos*.

capanga ca·***pan***·ga

s.masc.fem. Guarda-costas, alguém que protege outra pessoa em troca de dinheiro: *com medo da polícia, o bandido vivia rodeado por seus capangas*.

capataz ca·pa·***taz***

s.masc.fem. Chefe de uma turma de trabalhadores braçais: *o capataz da fazenda mandou os camponeses voltarem ao batente*.

❖ *pl.* capatazes.

capaz ca·***paz***

adj.masc.fem. Que tem condições para fazer determinada coisa: *ele é capaz de consertar essa máquina*.

❖ *pl.* capazes. *superl.* capacíssimo.

→ Veja também **incapaz**.

capela ca·***pe***·la (é)

s.fem. 1. Pequena igreja: *há uma capela no alto daquele morro*. 2. *Rel.* Cada uma das divisões dentro de uma igreja que tem um altar próprio: *há várias capelas nesta igreja*.

◎ Capela vem de uma palavra que significava *capinha, pequena capa*. Ganhou o sentido que tem hoje por causa de um gesto de São Martim, que deu a metade de sua capa para aliviar o frio de um mendigo; a outra parte, depois da morte do santo, foi colocada num oratório especialmente preparado para abrigar essa relíquia. Com o tempo, o nome da coisa guardada (capela) passou a designar o nome do local onde ela estava. E assim ficou até hoje.

capengar ca·pen·***gar***

v. Mancar: *ele machucou a perna e saiu capengando*.

capeta ca·***pe***·ta (ê)

s.masc. *pop.* 1. Diabo, demônio: *estava tão assustado que parecia ter visto o capeta*. 2. *fig.* Travesso, traquinas.

◎ Capeta vem de uma palavra que significava *capa*; o diabo recebeu esse apelido porque nas pinturas antigas, e também nas peças de teatro, era quase sempre representado vestindo uma capa, com a qual procurava esconder seu rabo comprido. Assim, não era reconhecido pelos outros e podia aplicar mais facilmente seus truques.

capinar ca·pi·***nar***

v. Cortar o capim ou as ervas daninhas de um terreno: *antes de plantar qualquer coisa, é preciso capinar essa área*.

capital ca·pi·***tal***

adj.masc.fem. 1. Principal: *esse é o ponto capital do problema*.

s.masc. 2. Dinheiro ou bens que uma pessoa possui: *esse homem é muito rico; tem um capital de vários milhões*.

s.fem. 3. A cidade onde está instalada a sede do governo de um estado ou país: *Brasília é a capital do Brasil*.

❖ *pl.* capitais.

capitular ca·pi·tu·***lar***

v. Render-se, entregar-se: *os soldados capitularam ante o inimigo*.

capítulo ca·***pí***·tu·lo

s.masc. Cada uma das partes em que pode ser dividido um livro, uma lei, uma telenovela, etc.: *estou lendo o primeiro capítulo deste livro*.

capixaba ca·pi·***xa***·ba

adj.masc.fem. 1. Do estado do Espírito Santo: *cidade capixaba*.

s.masc.fem. 2. Pessoa que nasceu no Espírito Santo: *a capixaba disse que adorava sua terra.*
→ Veja também **espírito-santense**.

C

capota ca·***po***·ta (ó)
s.fem. Cobertura de automóveis e outros veículos: *feche a capota, pois começou a chover.*

capotar ca·po·***tar***
v. Virar com a capota para o chão: *o carro capotou, ficou com as rodas para cima.*

capote ca·***po***·te (ó)
s.masc. Casaco comprido e pesado que se usa quando está muito frio: *o vento estava tão gelado que saí de capote.*

caprichar ca·pri·***char***
v. Fazer alguma coisa com capricho, isto é, com muito cuidado e atenção: *ele caprichou no trabalho e, por isso, mereceu uma boa nota.*

caprichoso ca·pri·***cho***·so (ô)
adj. Cuidadoso: *ele foi caprichoso na execução do trabalho.*
❖ *fem.* caprichosa (ó). *pl.* caprichosos (ó), caprichosas (ó).

captar cap·***tar***
v. 1. Colher, pegar: *eles construíram um canal para captar a água dessa fonte e levá-la até a cidade.* 2. Pegar uma emissão de rádio ou televisão: *o piloto captou uma mensagem pelo rádio.*

capturar cap·tu·***rar***
v. Prender: *a polícia capturou o bandido.*

capuz ca·***puz***
s.masc. Peça de vestuário que protege a cabeça: *o bandido usava capuz para não ser reconhecido.*
❖ *pl.* capuzes.
→ Veja também **encapuzado**.

caqui ca·***qui***
s.masc. Fruto comestível de polpa macia: *gosto de caqui bem vermelho.*
→ Não confunda com *cáqui*, que tem outro significado.

cáqui ***cá***·qui
adj.masc.fem. Que tem cor de barro: *uniforme cáqui.*
❖ Essa palavra não varia no plural: *camisa cáqui, camisas cáqui.*
→ Não confunda com *caqui*, que tem outro significado.

caquizeiro ca·qui·***zei***·ro
s.masc. *Bot.* Árvore que produz caqui: *há caquizeiros no pomar.*

cara ***ca***·ra
s.fem. 1. Rosto: *o palhaço pintou a cara.* 2. Aparência do rosto: *ela está com cara de sono.* 3. Lado da moeda em que geralmente aparece a representação de um rosto (o outro lado da moeda é chamado de coroa): *vamos tirar cara ou coroa com essa moeda.*
s.masc.fem. *pop.* 4. Uma pessoa desconhecida: *ele estava conversando com um cara na rua.* 5. Pessoa cujo nome não queremos dizer ou não sabemos: *pedi uma informação ao cara do bar.*
❑ **cara a cara** Frente a frente: *eles se encontraram cara a cara.* **cara amarrada** Emburrado, irritado: *ele ficou de cara amarrada a aula toda.* **cara de poucos amigos** Cara fechada, de quem não quer conversa: *quando viu que o chefe estava com cara de poucos amigos, tratou de sair da sala.* **cara fechada** O mesmo que cara amarrada: *ele me olhou de cara fechada, todo mal-humorado.* **com cara de tacho** *pop.* Desapontado por não ter conseguido o que desejava: *quando viu que não poderia entrar na festa, ficou com cara de tacho.* **dar as caras** *pop.* Aparecer: *ele deu as caras na escola.* **dar de cara** Encontrar-se frente a frente: *ao sair da sala, deu de cara com o professor.* **de cara** De saída, logo no início: *meu time fez um gol logo de cara.* **estar na cara** Ser claro, evidente: *está na cara que ele gosta dessa menina, todo mundo já percebeu.* **quebrar a cara** *pop.* Sair-se mal: *ele quis se meter a engraçadinho com a menina e quebrou a cara.*

característica ca·rac·te·***rís***·ti·ca
s.fem. Aquilo que identifica uma coisa ou uma pessoa, que a marca profundamente: *explique as características desse novo modelo de carro.*

cara-de-pau ***ca***·ra-de-***pau***
s.masc.fem. *pop.* 1. Cínico, que não sente vergonha de fazer claramente o que não se deve:

mas que sujeito cara-de-pau, não paga o que deve e ainda fica pedindo mais dinheiro para os colegas. 2. Que não é nada tímido: *precisa ser muito cara-de-pau para subir no palco e dançar desse jeito na frente de tanta gente.*
❖ *pl.* caras-de-pau.

caramba ca·***ram***·ba
interj. Palavra que exprime espanto, surpresa: *caramba! Que frio!*

carapaça ca·ra·***pa***·ça
s.fem. Espécie de cobertura bem dura que protege o corpo ou parte do corpo de alguns animais, como o tatu, a tartaruga, etc.: *a tartaruga escondeu a cabeça dentro da carapaça.*

carapuça ca·ra·***pu***·ça
s.fem. Espécie de touca ou cobertura para a cabeça: *minha avó usava uma carapuça para dormir.*
❑ **servir ou vestir a carapuça** Sentir-se atingido por alguma observação não direta: *se serve a carapuça para você, simplesmente lhe digo que pensava em outra pessoa quando comentei esse caso.*

caratê ca·ra·***tê***
s.masc. *Esp.* Método de ataque e defesa pessoal em que se luta de mãos vazias, isto é, sem nenhuma arma; foi criado pelos chineses, mas divulgado pelos japoneses: *quero aprender a lutar caratê.*

◎ Caratê é uma palavra de origem japonesa, formada de *kara* (vazia) + *te* (mão).

caravana ca·ra·***va***·na
s.fem. Grupo de pessoas que se juntam para fazer uma viagem, uma excursão ou um passeio: *a caravana foi visitar o parque.*

caravela ca·ra·***ve***·la (é)
s.fem. Navio a vela, com três mastros, muito usado nos séculos XV e XVI: *Pedro Álvares Cabral viajou em caravelas.*

carbonizar car·bo·ni·***zar***
v. Transformar em carvão, queimar: *o fogo carbonizou a árvore.*

carcaça car·***ca***·ça
s.fem. Esqueleto de animal, ossada: *vimos as carcaças dos animais que morreram de sede naquela terra seca.*

cárcere ***cár***·ce·re
s.masc. Cadeia, prisão: *o ladrão foi levado para o cárcere.*
→ Veja também **encarcerado** e **encarcerar**.

carcereiro car·ce·***rei***·ro
s.masc. Aquele que toma conta do cárcere: *o carcereiro tinha medo de que os presos se amotinassem.*

cardápio car·***dá***·pi:o
s.masc. Lista de pratos oferecidos por um restaurante: *leia o cardápio e escolha o que quer comer.*

cardíaco car·***dí***·a·co
adj. Do coração: *doença cardíaca.*

cardume car·***du***·me
s.masc. Grande quantidade de peixes da mesma espécie: *um cardume de piranhas aproximou-se do barco.*

careca ca·***re***·ca (é)
adj.masc.fem. Calvo, sem cabelos: *homem careca.*

carecer ca·re·***cer***
v. Necessitar, precisar de: *ela carece de afeto.*

carência ca·***rên***·ci:a
s.fem. Necessidade, falta: *ela tem carência de afeto.*

carente ca·***ren***·te
adj.masc.fem. Que tem carência, que precisa de alguma coisa: *essa criança é carente de vitamina C.*

carga-d'água ***car***·ga-***d'á***·gua
s.fem. 1. Chuva forte: *uma carga-d'água me impediu de sair de casa naquela hora.* 2. Motivo, explicação (com esse sentido, só é usada no plural): *não sei por que cargas-d´água ele se ofendeu comigo.*
❖ *pl.* cargas-d'água.

cargo ***car***·go
s.masc. Função: *ele exerce o cargo de treinador do time.*
❑ **a cargo de** Sob a responsabilidade de: *esse trabalho ficará a cargo dos alunos; eles terão a responsabilidade de executá-lo.*

C

caricatura ca·ri·ca·***tu***·ra
s.fem. Desenho de uma pessoa feito com traços exagerados e engraçados: *o professor não gostou da caricatura que fizeram dele.*

caricaturista ca·ri·ca·tu·***ris***·ta
s.masc.fem. Pessoa que faz caricaturas: *sonho em ser uma caricaturista famosa.*
→ Veja também **caricatura**.

carícia ca·***rí***·ci:a
s.fem. Carinho: *ela passou a mão em seu rosto, fazendo uma carícia delicada.*
→ Veja também **acariciar**.

caridade ca·ri·***da***·de
s.fem. Bondade, amor ao próximo: *ajudando os necessitados, mostramos nossa caridade.*

caridoso ca·ri·***do***·so (ô)
adj. Bondoso, que faz caridade: *homem caridoso.*
❖ *fem.* caridosa (ó). *pl.* caridosos (ó), caridosas (ó).

carinho ca·***ri***·nho
s.masc. 1. Gesto com a mão que demonstra afeto; carícia, agrado: *ela faz carinho no bebê.* 2. Ternura, afeição: *tenho muito carinho por ela.*

carinhoso ca·ri·***nho***·so (ô)
adj. Que costuma demonstrar carinho; afetuoso: *vovô é muito carinhoso comigo.*
❖ *fem.* carinhosa (ó). *pl.* carinhosos (ó), carinhosas (ó).

carioca ca·ri·***o***·ca (ó)
adj.masc.fem. 1. Da cidade do Rio de Janeiro: *povo carioca.*
s.masc.fem. 2. Pessoa que nasceu na cidade do Rio de Janeiro: *a beleza da carioca é famosa no mundo inteiro.*
→ Veja também **fluminense**.

> ◎ Carioca vem da língua tupi e é palavra formada de *cari* (homem branco) + *oca* (casa); carioca significa, portanto, *casa do homem branco.*

caritativo ca·ri·ta·***ti***·vo
adj. Caridoso, que faz caridade: *ela é uma mulher caritativa.*

carnaval car·na·***val***
s.masc. Maior festa popular do Brasil; dura três dias e conta com desfiles de escolas de samba e muitas brincadeiras: *você gosta de pular carnaval?*
❖ *pl.* carnavais.

carnavalesco car·na·va·***les***·co (ê)
adj. Que se refere a carnaval: *baile carnavalesco.*

carne ***car***·ne
s.fem. Tecido muscular do ser humano e dos animais: *a faca entrou na minha carne.*
❑ **em carne e osso** Pessoalmente: *aquele artista famoso esteve em nossa escola em carne e osso; foi emocionante conhecê-lo de perto.*

carnê car·***nê***
s.masc. Talão para pagamento de prestações: *vou levar o carnê ao banco para pagar a prestação da geladeira.*

carneiro car·***nei***·ro
s.masc. *Zool.* Quadrúpede ruminante que tem o corpo coberto de lã: *tosaram o carneiro para fazer um casaco de lã.*
❖ *fem.* ovelha.

carniça car·***ni***·ça
s.fem. Cadáver de animal em decomposição: *os urubus se alimentam de carniça.*

carnificina car·ni·fi·***ci***·na
s.fem. Assassinato de muitas pessoas; matança, chacina: *houve uma carnificina durante a guerra e muitas pessoas foram mortas.*

carnívoro car·***ní***·vo·ro
adj. Que se alimenta de carne: *o leão é um animal carnívoro.*

> ◎ Carnívoro é palavra formada de *carni* (carne) + *voro* (que come ou devora); carnívoro significa, portanto, *aquele que come carne, que se alimenta de carne.*

carnudo car·***nu***·do
adj. 1. Grosso, cheio de carne: *lábio carnudo.* 2. Que tem muita polpa: *fruto carnudo.*

caro ***ca***·ro
adj. 1. Que custa muito, que tem preço alto: *brinquedo caro.* 2. Querido, estimado: *caro amigo.*

carpintaria car·pin·ta·***ri***·a

s.fem. Ofício exercido pelo carpinteiro: *consertar assoalhos de madeira é um trabalho de carpintaria.*

carpinteiro car·pin·***tei***·ro

s.masc. Pessoa que sabe trabalhar bem com madeira, construindo ou consertando móveis, portas, janelas, etc.: *meu avô era carpinteiro.*

carrancudo car·ran·***cu***·do

adj. Que tem cara fechada: *esse homem não sorri, vive sempre carrancudo.*

carrasco car·***ras***·co

s.masc. 1. Pessoa encarregada de executar pena de morte: *Tiradentes foi enforcado por um carrasco.* 2. *fig.* Pessoa ruim, cruel: *dizem que ele era um carrasco para o irmão.*

> ◎ Carrasco era o nome de um homem que vivia em Portugal e exercia o ofício de executar pessoas condenadas à morte. Com o tempo, esse nome passou a designar todos aqueles que exerciam o mesmo ofício.

carregar car·re·***gar***

v. 1. Conduzir, levar: *ela carregou o filho no colo.* 2. Colocar uma carga em algum lugar: *vamos carregar logo o caminhão de areia; esse carregamento tem que chegar a Brasília ainda hoje.* 3. Exagerar: *ela carregou no sal e estragou a comida.*

v.pron. **carregar-se** 4. Encher-se: *o céu carregou-se de nuvens.*

→ Veja também **descarregar**.

carreira car·***rei***·ra

s.fem. 1. Corrida, correria: *ele saiu numa carreira para levar a boa notícia ao pai.* 2. Profissão, ocupação: *ela quer seguir a carreira de atriz.*

carro ***car***·ro

s.masc. Veículo de quatro rodas; automóvel: *vamos à escola de carro.*

carrossel car·ros·***sel***

s.masc. Brinquedo de parque de diversões com cavalos de madeira presos a um estrado de madeira, o qual gira em torno de um eixo: *quero brincar no carrossel.*

❖ *pl.* carrosséis.

carruagem car·ru·***a***·gem

s.fem. Certo tipo de veículo antigo puxado por cavalos e usado para transportar pessoas: *a carruagem levava a velha senhora.*

❖ *pl.* carruagens.

carta ***car***·ta

s.fem. 1. Comunicação escrita enviada a alguém: *ele escreveu uma carta a seus tios, colocou-a num envelope e enviou-a pelo correio.* 2. Cada uma das peças que formam um baralho: *essa carta é um ás.*

❑ **carta geográfica** Mapa: *esta é a carta geográfica do Brasil.* **dar as cartas** Mandar, dar as ordens: *aqui é ele quem dá as cartas.* **ter carta branca** Ter licença para fazer qualquer coisa: *ele tem carta branca do chefe, pode fazer o que quiser.*

→ Veja também **carteiro**.

cartão car·***tão***

s.masc. Folha feita de papel grosso, de diferentes formatos, com ou sem textos, desenhos ou ilustrações: *cartão de aniversário, cartão de boas-festas.*

❑ **cartão de crédito** Cartão, geralmente de plástico, que permite a seu dono fazer compras a crédito, isto é, compras que podem ser pagas dias depois ou parceladas: *usei meu cartão de crédito para comprar essa camisa.* **cartão de visita** Pequeno cartão com algumas informações sobre uma pessoa (nome, endereço, telefone, profissão, local de trabalho, etc.): *esse rapaz me deu seu cartão de visita; ele é médico e tem consultório no centro da cidade.* **cartão telefônico** Cartão especial que permite fazer ligações telefônicas em aparelhos públicos: *ela usou um cartão telefônico para ligar desse orelhão.*

❖ *pl.* cartões. *dim.* cartãozinho (*pl.* cartõezinhos).

cartão-postal car·***tão***-pos·***tal***

s.masc. Cartão que tem, de um lado, a foto de um lugar e, do outro lado, espaço para uma pequena mensagem escrita: *meu irmão foi passear na Bahia e me mandou um cartão-postal da cidade de Salvador.*

❖ *pl.* cartões-postais.

cartaz car·***taz***

s.masc. Papel de formato grande com uma mensagem, muitas vezes acompanhada de

desenhos ou fotos, afixado num local onde passam muitas pessoas: *a diretora colocou um cartaz no pátio da escola.*
❑ **em cartaz** Em exibição: *esse filme está em cartaz há dois meses.* **ter cartaz** Ter fama: *esse jogador tem muito cartaz no Brasil.*
❖ *pl.* cartazes.

carteiro car·***tei***·ro
s.masc. Funcionário do correio encarregado de sair à rua para entregar cartas, telegramas, encomendas, etc.: *o carteiro vai de casa em casa distribuindo a correspondência.*

cartografia car·to·gra·***fi***·a
s.fem. Ciência de fazer mapas: *meu avô tinha uma empresa de cartografia.*

cartógrafo car·***tó***·gra·fo
s.masc. Aquele que sabe fazer mapas, que se dedica à cartografia: *nas caravelas portuguesas e espanholas, viajavam cartógrafos para fazer um mapa das novas terras descobertas.*

cartola car·***to***·la (ó)
s.fem. Chapéu masculino alto, geralmente preto e brilhante: *o mágico tirou um coelho da cartola.*

cartomante car·to·***man***·te
s.masc.fem. Pessoa que diz adivinhar o futuro observando as cartas do baralho: *fui à cartomante saber do meu destino.*

cartum car·***tum***
s.masc. Desenho humorístico: *o cartum publicado hoje nesse jornal está engraçadíssimo.*
❖ *pl.* cartuns.

cartunista car·tu·***nis***·ta
s.masc.fem. Pessoa que faz cartuns: *a cartunista argentina vendeu muitos livros.*

carvalho car·***va***·lho
s.masc. *Bot.* Árvore grande que fornece madeira dura, muito usada em construções e marcenaria: *o carvalho é uma árvore robusta, de raízes bem grossas.*

carvão car·***vão***
s.masc. Pedaço de madeira que pegou fogo e ficou preto: *o carvão serve como combustível.*
❖ *pl.* carvões.

cãs
s.fem.pl. Cabelos brancos: *respeite minhas cãs, disse o velho.*

casa ***ca***·sa
s.fem. 1. Nome que damos a qualquer construção destinada a moradia: *moro nessa casa.* 2. Abertura por onde passa o botão de uma roupa: *enfiei o botão na casa errada.*

casaco ca·***sa***·co
s.masc. Peça de vestuário que tem mangas longas e, em geral, é usada sobre outras peças: *como estava frio, vesti um casaco antes de sair.*

casamento ca·sa·***men***·to
s.masc. União legal ou religiosa entre um homem e uma mulher: *fui ao casamento do meu tio.*

casal ca·***sal***
s.masc. 1. Par composto de pessoas que vivem juntas: *esse casal tem dois filhos.* 2. Par composto de macho e fêmea: *ganhamos um casal de gatos.*
❖ *pl.* casais.

casar ca·***sar***
v. 1. Unir-se a outra pessoa pelo casamento: *João casou com Maria.* 2. Celebrar a cerimônia em que duas pessoas se unem pelo casamento: *o padre casou João e Maria.*
v.pron. **casar-se** 3. Unir-se pelo casamento; tornar-se marido e mulher: *Romeu e Julieta casaram-se.*

casario ca·sa·***ri***:o
s.masc. Conjunto de casas: *nessa cidade antiga há um bonito casario.*

casca ***cas***·ca
s.fem. 1. Nome dado àquilo que reveste os frutos: *casca da banana, casca da laranja.* 2. Nome dado àquilo que envolve um ovo: *casca do ovo.* 3. Nome dado a tudo que envolve outra coisa, que está na camada mais externa: *a tinta ficou tão grossa que formou uma casca sobre a madeira.*

cascata cas·***ca***·ta
s.fem. Pequena queda-d'água: *na minha cidade há uma bela cascata.*

cascudo[1] cas·***cu***·do
adj. Que tem casca grossa: *laranja cascuda.*

cascudo[2] cas·***cu***·do
s.masc. *pop.* Pancada dada na cabeça com o nó dos dedos: *ele reclamou e acabou levando um cascudo do moleque.*

casebre ca·***se***·bre (é)
s.masc. Casa pequena e pobre: *eles vivem nesse casebre.*

caseiro ca·***sei***·ro
adj. 1. Que foi feito em casa: *doce caseiro.* 2. Que gosta de ficar em casa, que sai pouco: *ele é um menino caseiro.*
s.masc. 3. Aquele que toma conta de uma casa de campo ou de uma chácara: *esse homem é o caseiro de nossa chácara.*

caserna ca·***ser***·na (é)
s.fem. Quartel, alojamento de soldados: *quando servi o exército, passei um ano na caserna.*

casmurro cas·***mur***·ro
adj. Calado, fechado, que não gosta de conversar: *homem casmurro.*

caso ***ca***·so
s.masc. 1. Fato, acontecimento: *ele me contou um caso interessante.* 2. *pop.* Relacionamento amoroso: *tiveram um caso que durou muitos anos.*
❑ **criar caso** Criar complicação ou confusão: *ele é encrenqueiro, está sempre criando caso.* **fazer pouco caso** Dar pouca importância: *ele fez pouco caso de meu pedido.*

cassação cas·sa·***ção***
s.fem. Anulação (de direitos políticos, autorizações, licenças, etc.): *o jornal noticiou a cassação dos direitos políticos desse vereador.*
❖ *pl.* cassações.

cassar cas·***sar***
v. Anular (direitos políticos, autorizações, licenças, etc.): *a justiça vai cassar os direitos políticos desse vereador.*
→ Não confunda com **caçar**, que tem outro significado.

cassetete cas·se·***te***·te (é)
s.masc. Bastão curto, geralmente de borracha dura, usado por policiais: *o guarda carrega um cassetete preso à cintura.*

◎ Cassetete é palavra formada de duas palavras francesas: *casse* (quebra) + *tete* (cabeça): *objeto que quebra a cabeça.*

castelo cas·***te***·lo
s.masc. Grande fortaleza de pedra: *o rei subiu na torre mais alta do castelo.*

castiçal cas·ti·***çal***
s.masc. Objeto próprio para colocar uma ou mais velas: *ele acendeu as velas do castiçal.*
❖ *pl.* castiçais.

castigar cas·ti·***gar***
v. Punir, aplicar um castigo: *o pai o castigou porque ele enganou o irmão.*

castigo cas·***ti***·go
s.masc. Algo desagradável que uma pessoa é obrigada a realizar por ter feito uma coisa de errado, punição: *o menino pintou a cerca da casa como castigo por tê-la pichado.*

castrar cas·***trar***
v. Cortar ou inutilizar os órgãos reprodutores: *o fazendeiro castrou aquele animal para que ele não se reproduzisse, não tivesse filhotes.*

casual ca·su·***al***
adj.masc.fem. Acidental, que acontece por acaso, sem querer: *eu não esperava encontrar meu primo na rua, foi um encontro casual.*
❖ *pl.* casuais.

cataclismo ca·ta·***clis***·mo
s.masc. Catástrofe ou grande desastre provocado por causas naturais e não pelo homem: *aquele terremoto foi um cataclismo que matou muitas pessoas.*

catacumba ca·ta·***cum***·ba
s.fem. 1. Cova, sepultura, em geral subterrânea: *o corpo de minha bisavó está numa catacumba.* 2. *Hist.* Galeria subterrânea onde os primeiros cristãos de Roma se reuniam e também enterravam seus mortos: *as catacumbas romanas eram um refúgio para os cristãos.*

catálogo ca·***tá***·lo·go
s.masc. Lista ou relação ordenada de alguma coisa: *catálogo de livros, catálogo de telefones, catálogo de preços.*

C

C

catapulta ca·ta·***pul***·ta
s.fem. Antiga máquina de guerra que arremessava grandes pedras: *as pedras lançadas pela catapulta destruíram toda a frente da fortaleza.*

catar ca·***tar***
v. Recolher ou pegar um a um: *eles foram catar limões no pomar.*

catarata ca·ta·***ra***·ta
s.fem. Grande queda-d'água, cachoeira: *as cataratas mais famosas do Brasil ficam em Foz do Iguaçu.*

catarinense ca·ta·ri·***nen***·se
adj.masc.fem. 1. Do estado de Santa Catarina: *cidade catarinense.*
s.masc.fem. 2. Pessoa que nasceu em Santa Catarina: *muitos catarinenses têm origem europeia.*

catástrofe ca·***tás***·tro·fe
s.fem. Tragédia ou grande desastre com muitas vítimas: *o acidente foi uma catástrofe.*

catecismo ca·te·***cis***·mo
s.masc. *Rel.* Livro elementar de ensino religioso: *as crianças estão estudando o catecismo.*

catedral ca·te·***dral***
s.fem. A igreja principal de uma região: *visitamos uma antiga catedral muito bonita; ela era grande e tinha muitas pinturas nas paredes e no teto.*
❖ *pl.* catedrais.

◎ Catedral vem de *cátedra*, palavra que significa *cadeira*; porque nela está a cadeira do bispo.

categoria ca·te·go·***ri***·a
s.fem. 1. Classe ou grupo a que podem pertencer os seres ou as coisas: *a flauta pertence à categoria dos instrumentos de sopro.* 2. Qualidade: *esse é um produto muito bom, de primeira categoria.*

categórico ca·te·***gó***·ri·co
adj. Positivo, que não deixa dúvida: *ele disse que realmente não queria aceitar esse cargo, sua recusa foi categórica.*

catequese ca·te·***que***·se (é)
s.fem. Instrução religiosa: *o padre se dedica ao trabalho de catequese.*
→ Veja também **catequizar**.

catequizar ca·te·qui·***zar***
v. Ensinar as idéias e os princípios de uma religião: *os jesuítas tentaram catequizar os índios que viviam no Brasil.*

cativante ca·ti·***van***·te
adj.masc.fem. Atraente, que conquista as pessoas: *ela é cativante.*

cativar ca·ti·***var***
v. 1. Prender, tirar a liberdade de pessoa ou animal: *os caçadores de escravos cativaram muitos africanos.* 2. Conquistar, ganhar a simpatia de alguém: *ela era simpática e cativou todos os alunos.*

cativeiro ca·ti·***vei***·ro
s.masc. 1. Sem liberdade, em estado de prisioneiro: *esse homem foi mantido em cativeiro.* 2. Local onde se prende alguém: *o rapaz conseguiu fugir do cativeiro e chamou a polícia.*

catolicismo ca·to·li·***cis***·mo
s.masc. *Rel.* Religião cristã que aceita o papa como autoridade principal: *o catolicismo é a religião mais comum no Brasil.*

católico ca·***tó***·li·co
adj. 1. Que se refere ao catolicismo: *esta é uma igreja católica.*
s.masc. 2. Aquele que segue o catolicismo: *os católicos receberam o papa com alegria.*

catraca ca·***tra***·ca
s.fem. Mecanismo que controla a entrada e a saída de passageiros de um ônibus, de uma estação de trem, de um estádio, etc.: *na entrada do estádio há várias catracas.*
❖ Na linguagem popular, catraca é chamada de borboleta.

catre ***ca***·tre
s.masc. Cama bem simples: *o pobre homem estava deitado num catre imundo.*

cauda ***cau***·da
s.fem. 1. Rabo: *o cãozinho abanava a cauda de alegria.* 2. Parte traseira de um manto, vestido, etc., que se arrasta pelo chão: *o vestido*

da noiva tinha uma longa <u>*cauda*</u>. 3. Rastro luminoso deixado pelos cometas: *a* <u>*cauda*</u> *do cometa brilhava no céu.*

→ Não confunda com **calda**, que tem outro significado.

caudaloso cau·da·***lo***·so (ô)

adj. Que tem um grande volume de água: *rio* <u>*caudaloso*</u>.

❖ *fem.* caudalosa (ó). *pl.* caudalosos (ó), caudalosas (ó).

cauim cau·***im***

s.masc. Certo tipo de bebida preparada pelos índios: *naquela festa, os índios beberam* <u>*cauim*</u>.

causa ***cau***·sa

s.fem. 1. Aquilo que provoca alguma coisa: *a sua chegada foi a* <u>*causa*</u> *da nossa alegria*. 2. Interesse: *ele defende a* <u>*causa*</u> *dos trabalhadores, luta por eles.*

causar cau·***sar***

v. Provocar: *o que* <u>*causou*</u> *toda essa confusão?*

cautela cau·***te***·la (é)

s.fem. Cuidado, prudência: *ele agiu com* <u>*cautela*</u> *e se deu bem.*

→ Veja também **acautelar-se**.

cauteloso cau·te·***lo***·so (ô)

adj. Aquele que pensa com cuidado no que deve fazer, que não age de maneira precipitada; prudente, cuidadoso: *ele foi* <u>*cauteloso*</u>, *não comprou a primeira bicicleta que viu.*

❖ *fem.* cautelosa (ó). *pl.* cautelosos (ó), cautelosas (ó).

cavalaria ca·va·la·***ri***·a

s.fem. Tropa montada a cavalo: *o comandante pediu socorro à* <u>*cavalaria*</u>.

cavaleiro ca·va·***lei***·ro

s.masc. Aquele que sabe andar bem a cavalo: *esse* <u>*cavaleiro*</u> *ganhou a competição.*

❖ *fem.* amazona ou cavaleira.

→ Não confunda com **cavalheiro**, que tem outro significado.

cavalgar ca·val·***gar***

v. Andar a cavalo: *ela gosta de* <u>*cavalgar*</u> *pela fazenda.*

cavalheiro ca·va·***lhei***·ro

s.masc. 1. Homem educado e gentil: *ele é um* <u>*cavalheiro*</u>, *todas as moças gostam dele*. 2. O par da mulher na dança: *os* <u>*cavalheiros*</u> *tiraram as damas para dançar.*

cavalo ca·***va***·lo

s.masc. *Zool.* Animal mamífero e quadrúpede de grande porte, usado pelo ser humano para montaria e carga: *este último sábado montei num* <u>*cavalo*</u> *pela primeira vez.*

❑ **cair do cavalo** Sair-se mal: *ele quis enganar o colega e* <u>*caiu do cavalo*</u>; *no fim, ele é que foi enganado.* **fazer um cavalo de batalha** Exagerar a gravidade ou a importância (de um problema): *nós podemos superar essa dificuldade facilmente, não vamos* <u>*fazer*</u> *disso* <u>*um cavalo de batalha*</u>. **tirar o cavalo da chuva** Desistir de esperar alguma coisa: *você pode* <u>*tirar o cavalo da chuva*</u> *porque não vai ganhar esse presente.*

❖ *fem.* égua. *col.* manada.

cavalo-marinho ca·***va***·lo-ma·***ri***·nho

s.masc. *Zool.* Pequeno peixe que tem a cabeça parecida com a de um cavalo; hipocampo: *vi um* <u>*cavalo-marinho*</u> *no aquário da escola.*

❖ *pl.* cavalos-marinhos. Para indicar o sexo do animal, dizemos *o cavalo-marinho macho, o cavalo-marinho fêmea.*

cavanhaque ca·va·***nha***·que

s.masc. Barba aparada em ponta que alguns homens deixam crescer no queixo: *adoro rapaz de* <u>*cavanhaque*</u>.

cavaquinho ca·va·***qui***·nho

s.masc. *Mús.* Pequena viola de quatro cordas: *ele toca* <u>*cavaquinho*</u> *muito bem.*

cavar ca·***var***

v. 1. Abrir buraco na terra: *ele* <u>*cavou*</u> *um buraco no jardim*. 2. *pop.* Arranjar, conseguir: *ele está tentando* <u>*cavar*</u> *um emprego nessa firma.*

caveira ca·***vei***·ra

s.fem. 1. O esqueleto da cabeça: *vimos uma* <u>*caveira*</u> *de boi*. 2. Esqueleto do corpo inteiro: *no filme que vimos, uma* <u>*caveira*</u> *saía correndo atrás dos bandidos.*

❑ **fazer a caveira de alguém** Falar mal de uma pessoa para prejudicá-la: *ele está sem-*

C

pre falando mal da colega para o chefe, vive fazendo a caveira dela.

caverna ca·***ver***·na (é)
s.fem. Buraco grande e profundo, formado numa montanha ou no interior da terra: *visitamos uma caverna com esse guia.*
→ Veja também **espeleologia**.

cavernoso ca·ver·***no***·so (ô)
adj. Rouco, que parece vir do fundo de uma caverna (tratando-se de som): *ele tem uma voz cavernosa.*
❖ *fem.* cavernosa (ó). *pl.* cavernosos (ó), cavernosas (ó).

cavidade ca·vi·***da***·de
s.fem. Buraco: *a caveira tem duas cavidades no lugar dos olhos.*

CD (cedê)
s.masc. Pequeno disco de gravação a *laser*: *este CD tem 20 músicas.*
❖ *pl.* CDs (cedês).

◎ A palavra CD vem do inglês; é a sigla de *Compact Disc*, que significa *disco compacto.*

cear ce·***ar***
v. Comer a ceia: *eles costumavam cear às dez da noite.*
→ Veja também **ceia**.

cearense ce·a·***ren***·se
adj.masc.fem. 1. Do estado do Ceará: *povo cearense.*
s.masc.fem. 2. Pessoa que nasceu no Ceará: *o cearense que estuda na minha sala faltou hoje.*

ceder ce·***der***
v. 1. Dar ou passar a outra pessoa aquilo que nos pertence: *ele cedeu o apartamento ao irmão.* 2. Não resistir: *o assoalho da casa era velho e cedeu ao peso do grande armário, afundando.*
→ Veja também **cessão**.

cedilha ce·***di***·lha
s.fem. *Gram.* Sinal que se coloca sob a letra *c* quando ela tem som de *ss* e está diante de *a*, *o* ou *u*, como ocorre, por exemplo, nas palavras *calçada*, *aço* e *açúcar*.

cedo ***ce***·do (ê)
adv. Adiantado, antes da hora: *o jogo começa às dez horas, mas muitos torcedores chegam cedo, lá pelas sete horas, para escolher um bom lugar.* 2. De manhãzinha: *são seis horas da manhã, ainda é cedo.*

cedro ***ce***·dro (ê)
s.masc. *Bot.* Nome que se dá a diversas árvores de grande porte, cuja madeira é utilizada na escultura e na marcenaria: *há um cedro na bandeira do Líbano.*

cédula ***cé***·du·la
s.fem. Papel em dinheiro; nota: *aqui estão duas cédulas de dez reais.*
❑ **cédula de identidade** Documento que serve para identificar as pessoas no Brasil: *aqui está minha cédula de identidade, com meu nome completo, data de nascimento, os nomes de meus pais e minha assinatura.*

cegar ce·***gar***
v. Deixar cego: *a doença cegou esse homem.*

cego ***ce***·go (é)
adj. 1. Que não tem ou que perdeu o sentido da visão: *ele nasceu cego.* 2. Que perdeu o corte: *essa faca está cega, não corta mais; preciso afiá-la.*

ceia ***cei***·a
s.fem. Refeição que geralmente se faz tarde da noite: *em datas especiais fazemos uma ceia.*
❑ **ceia de Natal** Refeição familiar que se faz à noite do dia 24 de dezembro: *toda a família estava reunida para a ceia de Natal.*
→ Veja também **cear**.

ceifar cei·***far***
v. Cortar: *é tempo de ceifar o trigo.*

cela ***ce***·la (é)
s.fem. 1. Nas cadeias ou penitenciárias, quarto bem pequeno onde ficam os presos: *o guarda levou o ladrão para a cela.* 2. Nos conventos, pequeno quarto onde dormem os religiosos: *a freira se recolheu à sua cela.*
→ Não confunda com **sela**, que tem outro significado.

celebrar ce·le·***brar***
v. 1. Comemorar, festejar: *vamos celebrar a nossa vitória.* 2. Rezar (missa): *o padre celebrou a missa às 10 horas.*

célebre ***cé***·le·bre

adj.masc.fem. Famoso, notável: *Castro Alves é um célebre poeta brasileiro.*

❖ *superl.* celebérrimo.

celeiro ce·***lei***·ro

s.masc. Depósito onde se guardam cereais (trigo, milho, arroz, etc.): *como a safra foi boa, o celeiro está cheio.*

→ Não confunda com **seleiro**, que tem outro significado.

célere ***cé***·le·re

adj.masc.fem. Rápido, veloz: *a notícia espalhou-se de modo célere pela cidade.*

→ Veja também **acelerar**.

celeste ce·***les***·te (é)

adj.masc.fem. Que se refere ao céu: *os cometas são corpos celestes.*

célula ***cé***·lu·la

s.fem. *Biol.* Menor unidade funcional dos organismos vivos; as células são muito pequenas, só podem ser observadas pelo microscópio: *as plantas e os animais são formados de células.*

celular[1] ce·lu·***lar***

adj. Que se refere às células, cada um dos elementos microscópicos que compõem o organismo dos seres vivos: *divisão celular.*

celular[2] ce·lu·***lar***

s.masc. Telefone portátil: *use meu celular para telefonar para casa.*

❖ *pl.* celulares.

cem

num. Dez vezes dez; uma centena: *nesse pacote há cem folhas brancas.*

→ Não confunda com **sem**, que tem outro significado.

cemitério ce·mi·***té***·ri:o

s.masc. Lugar onde são enterrados os mortos: *fui ao cemitério visitar o túmulo de minha avó.*

> ◎ Cemitério vem de uma palavra grega que significa *lugar onde se dorme.*

cena ***ce***·na (ê)

s.fem. Cada uma das situações apresentadas num filme, numa peça de teatro, etc.: *a cena da morte do herói fez o público do cinema chorar de emoção.*

cenário ce·***ná***·ri:o

s.masc. Decoração do local onde os atores representam: *montamos um bonito cenário para a peça.*

cenografia ce·no·gra·***fi***·a

s.fem. Arte de projetar cenários para teatro, cinema ou TV: *meu irmão está fazendo um curso de cenografia.*

cenoura ce·***nou***·ra

s.fem. *Bot.* Planta que tem raiz comestível: *os coelhos gostam de cenoura.*

censo ***cen***·so

s.masc. Recenseamento, contagem geral da população: *segundo o último censo, essa cidade possui mais de dois milhões de habitantes.*

→ Não confunda com **senso**, que tem outro significado.

censor cen·***sor***

s.masc. Aquele que censura: *o censor impediu a publicação desse livro.*

❖ *pl.* censores.

→ Não confunda com **sensor**, que tem outro significado.

censurar cen·su·***rar***

v. 1. Criticar, repreender: *ele fez o que não devia, por isso seus colegas o censuraram.* 2. Proibir: *o filme não poderá ser exibido porque o juiz o censurou.*

censurável cen·su·***rá***·vel

adj.masc.fem. Reprovável, que merece ser censurado ou criticado: *sua atitude é censurável, você não devia ter feito isso.*

❖ *pl.* censuráveis.

centelha cen·***te***·lha (ê)

s.fem. Faísca, fagulha: *a lenha da fogueira queimava e lançava centelhas.*

centena cen·***te***·na (ê)

s.fem. Grupo de cem: *há uma centena de pessoas nesse auditório.*

centenário cen·te·***ná***·ri:o

adj. 1. Que atingiu os cem anos ou mais: *essa é uma árvore centenária.*
s.masc. 2. Espaço de cem anos: *em 1989, ocorreu o primeiro centenário da Proclamação da República.*

cento ***cen***·to

num. Conjunto de cem elementos: *um cento de lápis.*
→ Não confunda com **sento**, do verbo sentar: *eu sento aqui.*

centro ***cen***·tro

s.masc. 1. Ponto que fica exatamente no meio de certo espaço: *a mesa ficava no centro da sala.* 2. O ponto principal: *ele foi o centro das atenções.* 3. Local onde se exerce uma atividade de maneira intensa: *aquela cidade é um grande centro industrial.*

centuplicar cen·tu·pli·***car***

v. Multiplicar por cem, tornar cem vezes maior: *o presidente quer centuplicar as vagas nas escolas.*

cerâmica ce·***râ***·mi·ca

s.fem. Técnica de fabricar peças, como telhas e vasos, a partir do barro cozido. Às vezes, essas peças são feitas e pintadas com muita criatividade, sendo consideradas obras de arte: *vi no museu uma exposição de cerâmica indígena.*

cerca ***cer***·ca (ê)

s.fem. Aquilo que fecha ou protege um espaço qualquer (terreno, jardim, etc.): *cerca de arame.*
❑ **cerca de** Perto de, mais ou menos: *falei com ele cerca de meia hora.*

cercania cer·ca·***ni***·a

s.fem. Vizinhanças, arredores: *ele foi visto nas cercanias da cidade.*
❖ Essa palavra normalmente é usada no plural.

cercar cer·***car***

v. 1. Fechar com cerca: *ele cercou o campo.* 2. Fechar a passagem, não deixar passar: *o cachorro correu para a rua; meu pai tentou cercá-lo mas não conseguiu.* 3. Estar em volta, rodear: *muitas montanhas cercam essa cidade.*

cercear cer·ce·***ar***

v. Limitar, impor limites e regras: *ele quer cercear a liberdade dos alunos, não quer que eles tenham liberdade total.*

cereal ce·re·***al***

s.masc. *Bot.* Planta cujas sementes servem para a alimentação dos homens e dos animais: *o trigo, a aveia, o arroz e o milho são exemplos de cereal.*

> ◎ A palavra cereal vem de Ceres, nome de uma deusa da mitologia romana, protetora da agricultura e responsável pela fertilidade do solo.

cérebro ***cé***·re·bro

s.masc. 1. *Anat.* Órgão situado no interior do crânio: *é por meio do cérebro que podemos pensar e sentir.* 2. *fig.* Pessoa inteligente que comanda as outras: *ele é o cérebro do time.*

cerimônia ce·ri·***mô***·ni:a

s.fem. Reunião especial em que geralmente há discursos, cantos, etc.: *a cerimônia de formatura foi muito bonita.*

cerne ***cer***·ne (é)

s.masc. Ponto principal: *vamos analisar o cerne da questão.*

cerração cer·ra·***ção***

s.fem. Nevoeiro: *a forte cerração nos impedia de enxergar a estrada.*
❖ *pl.* cerrações.

cerrar cer·***rar***

v. Fechar: *ele cerrou os olhos.*
→ Não confunda com **serrar**, que tem outro significado.

certame cer·***ta***·me

s.masc. Disputa, competição: *esses times chegaram empatados ao fim do certame.*

certeiro cer·***tei***·ro

adj. Que acerta bem no alvo: *ele deu um chute certeiro, fazendo a bola entrar no gol.*

certeza cer·***te***·za (ê)

s.fem. Ter certeza significa estar convencido de alguma coisa, não estar em dúvida: *tenho certeza de que posso fazer esse trabalho.*

certificado cer·ti·fi·***ca***·do

s.masc. Documento que dá como certo algum fato: *o diretor assinou meu certificado de conclusão do curso.*

certo ***cer***·to (é)

adj. 1. Correto, sem erro: *a sua resposta está certa.* 2. Marcado, determinado: *ele não tem dia certo para vir aqui.* 3. Que tem certeza, seguro: *estou certo de que vai chover.*

→ Veja também **acertar**.

cervo ***cer***·vo (é)

s.masc. *Zool.* Mamífero ruminante; veado: *há muitos cervos na Ásia.*

→ Não confunda com **servo**, que tem outro significado.

❖ *pl.* cervos (é).

cessão ces·***são***

s.fem. Ato de ceder alguma coisa a alguém: *ele fez a cessão do terreno para o irmão.*

❖ *pl.* cessões.

→ Veja também **ceder**. Não confunda com **sessão** ou **seção**, que têm outro significado.

cessar ces·***sar***

v. Parar, não continuar: *a chuva cessou.*

→ Veja também **incessante**.

cessar-fogo ces·***sar***-***fo***·go

s.masc. Interrupção dos combates: *os países em guerra concordaram em fazer um cessar-fogo, em parar os combates por algum tempo.*

cesta ***ces***·ta (ê)

s.fem. 1. Objeto geralmente feito de palha trançada que se usa para carregar diferentes coisas (frutas, flores, etc.): *cesta de morangos.* 2. Aro de metal guarnecido de uma rede sem fundo por onde deve passar a bola no jogo de basquetebol: *enfiei a bola na cesta e marquei outro ponto para minha equipe.*

❑ **cesta básica** Lista de alimentos e produtos que devem suprir, durante um mês, as necessidades básicas de uma família de quatro pessoas: *o valor da cesta básica desse mês deve pesar no bolso do trabalhador.*

→ Não confunda com **sexta**, feminino de sexto, nem com **sesta** (é), que têm outro significado.

cestinha ces·***ti***·nha

s.fem. 1. Cesta pequena: *trouxe uma cestinha com salgadinhos para a festa.*

s.masc.fem. 2. *Esp.* Atleta que marca mais pontos num jogo de basquetebol: *no jogo dos meninos, Daniel foi o cestinha; no jogo das meninas, a cestinha foi Fabiana.*

cesto ***ces***·to (ê)

s.masc. Tipo de cesta, feito de plástico, metal ou outros materiais, que geralmente se usa para guardar ou depositar coisas: *cesto de roupas, cesto de lixo.*

→ Não confunda com **sexto**, que tem outro significado.

cetáceo ce·***tá***·ce:o

s.masc. *Zool.* Nome que se dá aos animais mamíferos aquáticos como a baleia, o golfinho, etc.: *muitos cetáceos estão ameaçados de extinção.*

céu

s.masc. 1. Firmamento, espaço onde se movem os astros: *à noite, quando não há nuvens, podemos ver estrelas no céu.* 2. *fig.* O paraíso, lugar de plena felicidade: *eu me sentia tão bem naquela casa, lá eu estava no céu.*

→ Veja também **celeste** e **celestial**.

chá

s.masc. Bebida preparada com folhas secas de diferentes plantas, mergulhadas em água fervendo: *ele gosta de chá de hortelã; eu prefiro chá de erva-doce.*

❑ **tomar chá de sumiço** Desaparecer, sumir de vista: *faz tempo que ele não vem aqui, parece que tomou chá de sumiço.*

chácara ***chá***·ca·ra

s.fem. Pequena extensão de terra geralmente situada no campo, não muito longe da cidade; além de uma casa de habitação, nas chácaras costuma haver pomar, horta e jardim: *meus avós se mudaram para uma chácara.*

chacina cha·***ci***·na

s.fem. Carnificina, grande matança: *os moradores daquele bairro estão cansados de ver chacinas.*

chacota cha·***co***·ta (ó)

s.fem. Zombaria: *ele aguentou muita chacota dos colegas.*

chafurdar cha·fur·***dar***
v. Revolver-se, revirar-se em lamaçal: *os porcos chafurdam na lama.*

chaga ***cha***·ga
s.fem. Ferida, ferimento: *as queimaduras abriram chagas em sua pele.*

chaleira cha·***lei***·ra
s.fem. Espécie de vasilha de metal, com alça e bico, geralmente usada para esquentar água: *vou esquentar água na chaleira para fazer chá.*

chama ***cha***·ma
s.fem. Língua de fogo: *acendemos a fogueira e logo apareceram as primeiras chamas.*
→ Veja também **labareda**.

chamar cha·***mar***
v. 1. Dizer o nome de uma pessoa em voz alta para que ela venha ou para verificar se ela está presente: *o professor chamou o aluno para ler a redação.* 2. Tocar: *o telefone está chamando.* v.pron. **chamar-se** 3. Ter por nome: *ele se chama Mário; esse é o nome dele.*

chamariz cha·ma·***riz***
s.masc. Aquilo que serve para atrair, para chamar a atenção: *os caçadores usaram um chamariz para atrair os patos.*
❖ *pl.* chamarizes.

chamuscar cha·mus·***car***
v. Queimar de leve: *ele chamuscou a mão na fogueira.*

chance ***chan***·ce
s.fem. Oportunidade: *ela não teve chance de se defender das acusações.*

chantagem chan·***ta***·gem
s.fem. Fazer chantagem significa querer aproveitar-se ou tirar dinheiro de uma pessoa, ameaçando revelar coisas que podem prejudicá-la: *ele viu que eu havia colado na prova e fez chantagem comigo – ameaçou contar tudo ao professor se eu não lhe desse meus gibis.*
❖ *pl.* chantagens.

chapa ***cha***·pa
s.fem. 1. Peça plana e fina: *chapa de aço, metal, madeira.* 2. *pop.* Radiografia: *ele tirou uma chapa dos pulmões.* 3. Placa com o número de licenciamento de um veículo: *o guarda anotou o número da chapa do caminhão.* s.masc.fem. 4. *gír.* Amigo do peito, camarada: *ele é meu chapa.*

chapéu cha·***péu***
s.masc. Objeto de diferentes formatos que se usa para cobrir a cabeça. Pode ser feito de couro, feltro, palha ou outros materiais: *tirou o chapéu para cumprimentar a moça.*
❖ *pl.* chapéus.

chapinhar cha·pi·***nhar***
v. Bater as mãos ou os pés na água ou na lama: *a criança chapinhava na beira do mar.*

charada cha·***ra***·da
s.fem. Brincadeira de adivinhar palavras ou conceitos a partir de determinadas dicas: *resolva esta charada – qual é o estado que quer ser um carro? Sergipe.*

charanga cha·***ran***·ga
s.fem. Pequena banda de música: *a charanga tocava na pracinha.*

charco ***char***·co
s.masc. Brejo, pântano, terreno úmido e lamacento: *nosso carro atolou num charco.*

charge ***char***·ge
s.fem. Desenho humorístico em que geralmente se faz a crítica de uma situação, de uma pessoa ou de um fato: *essa charge ridiculariza a incapacidade do prefeito de solucionar os problemas da cidade.*

chargista char·***gis***·ta
s.masc.fem. Pessoa que faz charges: *ontem um chargista famoso visitou nosso curso de desenho.*
→ Veja também **charge**.

charlatão char·la·***tão***
s.masc. 1. Indivíduo que promete curas milagrosas ou que finge ser médico sem ter se formado: *esse vendedor de pomadas é um charlatão: suas pomadas não curam nada.* 2. Aquele que se aproveita da ingenuidade das pessoas para enganá-las: *esse professor é um charlatão: duvido que tenha se formado na matéria em que dá aulas.*
❖ *fem.* charlatã ou charlatona. *pl.* charlatões ou charlatães, charlatãs ou charlatonas.

charme ***char***·me

s.masc. Qualidade especial que atrai a admiração das outras pessoas; encanto, graça: *essa garota é cheia de charme.*

charmoso char·***mo***·so (ô)

adj. Que tem charme, que é encantador: *menino charmoso.*

❖ *fem.* charmosa (ó). *pl.* charmosos (ó), charmosas (ó).

charrete char·***re***·te (é)

s.fem. Veículo leve, de duas rodas, puxado por um cavalo: *dois séculos atrás, só se andava de charrete nesta cidade.*

chatear cha·te·***ar***

v. Provocar tédio ou aborrecimento em alguém, insistindo muito em determinado ponto ou falando coisas desagradáveis: *ele me chateou com aquela conversa.*

chatice cha·***ti***·ce

s.fem. *pop.* Coisa chata, aborrecida: *esse filme é uma chatice.*

chato ***cha***·to

adj. 1. Plano, sem saliência: *essa é uma embarcação de fundo chato.* 2. Que não desperta ou não prende a atenção: *o filme era tão chato que eu acabei dormindo.* 3. *pop.* Irritante, insistente: *mas que sujeito chato! Não me dá sossego um instante!*

chave ***cha***·ve

s.fem. 1. Peça que abre e fecha uma fechadura: *esta é a chave da porta da sala.* 2. *fig.* Solução: *encontrei a chave do problema.*

chaveiro cha·***vei***·ro

s.masc. 1. Aquele que fabrica ou conserta chaves: *vou pedir ao chaveiro que faça uma cópia desta chave.* 2. Objeto em que se prendem chaves: *meu pai me deu um bonito chaveiro.*

checar che·***car***

v. Verificar se tudo está em ordem: *ele checou todas as peças da máquina antes de usá-la.*

chefe ***che***·fe (é)

s.masc. Líder, pessoa que chefia ou comanda: *ele é o chefe da turma; todos obedecem às suas ordens.*

→ Veja também **chefiar**.

chefiar che·fi·***ar***

v. Comandar, liderar, ser o chefe: *aquela moça vai chefiar nossa equipe.*

chegar che·***gar***

v. 1. Alcançar certo ponto ou lugar: *o trem já chegou à estação.* 2. Bastar: *isso chega para mim, não quero mais.* 3. Começar: *chegou o verão.*

cheio ***chei***·o

adj. Aquilo que foi preenchido até o limite de sua capacidade; repleto: *essa caixa está cheia de balas.*

❑ **cheio de si** Orgulhoso, convencido: *ele é muito cheio de si.*

→ Veja também **vazio**.

cheirar chei·***rar***

v. 1. Sentir o cheiro de alguma coisa: *cheire essa rosa.* 2. Soltar cheiro: *Hum! esse bolo está cheirando bem.*

cheiro ***chei***·ro

s.masc. Aquilo que sentimos pelo olfato; quando o cheiro é agradável, dizemos que é um odor, perfume, aroma; quando é desagradável, dizemos que é um fedor: *quando estamos resfriados, quase não sentimos cheiro.*

cheiroso chei·***ro***·so (ô)

adj. Que tem cheiro agradável: *essa flor é cheirosa.*

❖ *fem.* cheirosa (ó). *pl.* cheirosos (ó), cheirosas (ó).

cheque ***che***·que (é)

s.masc. Ordem de pagamento bancária: *vou pagar as compras com um cheque.*

→ Não confunda com **xeque**, que tem outro significado.

chibata chi·***ba***·ta

s.fem. Chicote, vara fina usada para bater: *o golpe de chibata feriu as costas do rapaz.*

chicote chi·***co***·te (ó)

s.masc. Correia de couro usada para bater em pessoas ou animais: *o domador usou o chicote para dominar o tigre.*

chicotear chi·co·te·***ar***

v. Bater com chicote: *ele ameaçou chicotear o animal.*

C

chileno chi·***le***·no (ê)
adj. 1. Que se refere ao Chile, um país da América do Sul: *povo chileno*.
s.masc. 2. Aquele que nasceu no Chile: *há um chileno na minha escola*.

chimpanzé chim·pan·***zé***
s.masc. *Zool.* Certo tipo de macaco africano, grande e muito inteligente: *os chimpanzés têm diversas características em comum com os seres humanos*.
❖ Para indicar o sexo do animal, dizemos *o chimpanzé macho*, *o chimpanzé fêmea*.
→ Também existe a forma **chipanzé**.

chinelada chi·ne·***la***·da
s.fem. Pancada com chinelo: *dei uma chinelada na barata*.

chinelo chi·***ne***·lo (é)
s.masc. Tipo de calçado macio, sem salto, que cobre só a parte da frente dos pé: *gosto de usar chinelos quando estou em casa*.
❑ **pôr no chinelo** Ser muito superior, muito melhor: *meu time põe todos esses outros no chinelo*.

chinês chi·***nês***
adj. 1. Que se refere à China, um país da Ásia: *navio chinês*.
s.masc. 2. Aquele que nasceu na China: *há muitos chineses no Brasil*.
❖ *fem.* chinesa. *pl.* chineses, chinesas.

chinfrim chin·***frim***
adj.masc.fem. *pop.* De pouco valor, insignificante: *ele ganhou um presente chinfrim*.

chique ***chi***·que
adj.masc.fem. Muito elegante: *ela estava muito chique com aquele casaco*.

chiqueiro chi·***quei***·ro
s.masc. Lugar onde ficam os porcos: *é preciso limpar o chiqueiro todos os dias*.

chispar chis·***par***
v. 1. Faiscar, brilhar: *seus olhos chisparam de ódio*. 2. Sair em disparada: *o cachorro chispou atrás do gato*.

choça ***cho***·ça (ó)
s.fem. Cabana, casebre: *o pobre pescador vivia numa choça à beira do rio*.

chocante cho·***can***·te
adj.masc.fem. 1. Que causa choque ou forte emoção: *recebemos uma notícia chocante*. 2. *gír.* Ótimo, fascinante: *esse filme foi chocante*.

chocar[1] cho·***car***
v. 1. Causar choque ou escândalo: *a atitude da bailarina chocou o público da época*.
v.pron. **chocar-se** 2. Ir de encontro a: *os carros chocaram-se violentamente*.

chocar[2] cho·***car***
v. Aquecer os ovos para que possam nascer filhotes: *a andorinha choca seus ovos*.

chofre ***cho***·fre (ô)
s.masc. Choque ou golpe.
❑ **de chofre** De repente: *ao receber a notícia assim, de chofre, fiquei sem saber o que dizer*.
❖ Essa palavra quase sempre só é usada na locução **de chofre**.

choque ***cho***·que (ó)
s.masc. 1. Encontrão, trombada: *houve um choque de veículos na esquina*. 2. Forte emoção: *a notícia do acidente causou um choque na família*. 3. Sensação provocada por uma descarga elétrica: *ele tomou um choque ao mexer nos fios*. 4. Conflito: *houve choque de ideias entre eles*.

choramingar cho·ra·min·***gar***
v. Ficar chorando baixinho: *como não pôde ir à festa, choramingou a tarde toda*.

chorão cho·***rão***
adj. Que chora por qualquer motivo: *menino chorão*.
❖ *fem.* chorona. *pl.* chorões, choronas.

chorar cho·***rar***
v. Derramar lágrimas, por tristeza ou por alegria: *não resistiu e chorou de emoção*.

choro ***cho***·ro (ô)
s.masc. Pranto, ato de chorar: *quando soube da triste notícia, ela não pôde segurar o choro*.

choroso cho·***ro***·so (ô)
adj. Bem triste, magoado: *com voz chorosa, ela pediu nossa ajuda*.

❖ *fem.* chorosa (ó). *pl.* chorosos (ó), chorosas (ó).

choupana chou·***pa***·na
s.fem. Cabana, casebre: *pedimos abrigo numa choupana miserável.*

chouriço chou·***ri***·ço
s.masc. Tripa recheada com carne de porco: *gosto de pão com chouriço.*

chover cho·***ver***
v. Cair água das nuvens: *choveu muito ontem.*

chuchu chu·***chu***
s.masc. *Bot.* Legume esverdeado e aquoso que se come cozido: *comemos chuchu da nossa horta.*
❑ *pop.* **pra chuchu** Muito: *ele tem dinheiro pra chuchu, é muito rico.*

chulé chu·***lé***
s.masc. *pop.* Mau cheiro provocado pelo suor dos pés: *quando o menino tirou o tênis, todos sentiram aquele chulé danado.*

churrascaria chur·ras·ca·***ri***·a
s.fem. Restaurante especializado em churrascos: *este domingo vamos almoçar numa churrascaria.*

churrasco chur·***ras***·co
s.masc. Carne assada sobre brasas: *ele me convidou para comer um churrasco.*

churrasqueira chur·ras·***quei***·ra
s.fem. Peça, geralmente de ferro, em que se prepara churrasco: *a churrasqueira ainda está quente.*

chutar chu·***tar***
v. 1. Dar chute: *vou chutar a bola.* 2. *pop.* Arriscar uma resposta: *não sei responder a essa pergunta, mas vou chutar, quem sabe eu acerto sem querer.*

chute ***chu***·te
s.masc. 1. Pancada dada com o pé: *ele deu um chute na bola.* 2. *pop.* Resposta dada sem certeza: *a resposta que ele deu foi um chute, pois não tinha certeza se ela estava certa ou não.*

chuva ***chu***·va
s.fem. Água que cai das nuvens: *a chuva é necessária à vida.*

chuvarada chu·va·***ra***·da
s.fem. Chuva forte: *pegamos uma chuvarada na volta da escola.*

chuveiro chu·***vei***·ro
s.masc. Objeto com um disco cheio de furinhos por onde sai a água que usamos para tomar banho: *chuveiro elétrico.*

chuviscar chu·vis·***car***
v. Cair chuvisco: *hoje chuviscou durante a manhã.*

chuvisco chu·***vis***·co
s.masc. Chuva miúda: *o chuvisco é ótimo para a plantação.*

chuvoso chu·***vo***·so (ô)
adj. Em que chove muito: *este é um mês chuvoso.*
❖ *fem.* chuvosa (ó). *pl.* chuvosos (ó), chuvosas (ó).

cicatriz ci·ca·***triz***
s.fem. Marca deixada no corpo por um machucado ou uma operação: *ele cortou o pé quando era pequeno e ainda tem a cicatriz desse corte.*
❖ *pl.* cicatrizes.
→ Veja também **cicatrizar**.

cicatrizar ci·ca·tri·***zar***
v. Fechar e sarar uma ferida: *o corte cicatrizou em alguns dias.*

cicerone ci·ce·***ro***·ne (ô)
s.masc.fem. Guia, aquele que mostra um lugar a visitantes ou turistas: *ela foi nossa cicerone, mostrando-nos os pontos mais interessantes da cidade.*

ciciar ci·ci·***ar***
v. Sussurrar, falar bem baixinho: *os dois estavam ciciando no fundo da sala.*

cíclico ***cí***·cli·co
adj. Que acontece de tempos em tempos: *a mudança das estações é um fato cíclico.*

ciclismo ci·***clis***·mo
s.masc. *Esp.* Praticar ciclismo é andar de bicicleta: *amanhã, vai haver uma competição de ciclismo.*

C

ciclista ci·***clis***·ta
s.masc.fem. Pessoa que anda de bicicleta: *os ciclistas percorreram toda a cidade.*

ciclístico ci·***clís***·ti·co
adj. Que se refere ao ciclismo: *vamos fazer um passeio ciclístico, vamos de bicicleta até a ponta da praia.*

ciclo ***ci***·clo
s.masc. 1. Período, fase: *estamos estudando o ciclo do café no Brasil, a época em que houve muita plantação de café.* 2. Sequência que se repete, que não tem fim: *observe o ciclo da água – ela evapora dos lagos, rios e mares, vira nuvem, depois chove e volta novamente a esses lagos, rios e mares.*

ciclone ci·***clo***·ne (ô)
s.masc. Tempestade muito violenta, com ventos em forma de redemoinho: *um ciclone arruinou a cidade.*

cidadania ci·da·da·***ni***·a
s.fem. Condição de cidadão: *precisamos colocar em prática nossa cidadania.*

cidadão ci·da·***dão***
s.masc. Pessoa que pode exercer todos os direitos previstos nas leis de seu país, e que tem a obrigação de cumprir os deveres previstos nessas mesmas leis: *andar livremente por qualquer parte do Brasil é um dos direitos do cidadão brasileiro.*
❖ *fem.* cidadã. *pl.* cidadãos, cidadãs.

cidade ci·***da***·de
s.fem. Grande povoação em que há muitas casas e edifícios espalhados por ruas e avenidas: *moro na cidade grande.*
→ Veja também **citadino**.

cidadela ci·da·***de***·la (é)
s.fem. Fortaleza: *os soldados defendiam a cidadela contra o ataque dos inimigos.*

ciência ci·***ên***·ci:a
s.fem. Conjunto dos conhecimentos adquiridos pelo homem: *a televisão é resultado do progresso da ciência.*
❑ **tomar ciência de** Tomar conhecimento, ficar sabendo de alguma coisa: *ele já tomou ciência da minha decisão de ir embora da cidade.*

ciente ci·***en***·te
adj.masc.fem. Aquele que está sabendo de algo, que está informado: *você está ciente do que aconteceu ou não sabe de nada?*

científico ci·en·***tí***·fi·co
adj. Que tem a ver com a ciência: *estou lendo uma revista científica.*

cientista ci·en·***tis***·ta
s.masc.fem. Pessoa que se dedica à ciência: *essa mulher é uma cientista, ela está pesquisando a cura para várias doenças.*

cifrão ci·***frão***
s.masc. Sinal ($) usado para representar a unidade monetária: *quando for representar uma quantia por escrito, use sempre o cifrão.*
❖ *pl.* cifrões.

cigarra ci·***gar***·ra
s.fem. *Zool.* Inseto de asas transparentes que aparece no verão e produz um som estridente: *uma das mais famosas fábulas do mundo é aquela sobre a formiga e a cigarra.*
❖ Para indicar o som feito pela cigarra, usamos o verbo **cantar** ou **chiar**: *a cigarra canta.*

cigarro ci·***gar***·ro
s.masc. Tabaco enrolado em papel: *o cigarro faz mal à saúde.*

cilada ci·***la***·da
s.fem. Armadilha, emboscada, plano para enganar alguém: *o bandido caiu na cilada da polícia.*

cilindro ci·***lin***·dro
s.masc. Aquilo que é roliço e igual em todo o seu comprimento: *pegue os cilindros de água guardados no depósito.*

cílio ***cí***·li:o
s.masc. *Anat.* Pestana; cada pelo da pálpebra: *ela tem cílios longos.*

cimentar ci·men·***tar***
v. Passar cimento: *ele vai cimentar o chão da garagem.*

cimento ci·***men***·to
s.masc. Massa especial usada na construção de casas, prédios, etc., e que fica bem dura

depois de secar: *o pedreiro está preparando o cimento que vai usar no chão da garagem.*

cimo ci·mo
s.masc. Ponto mais alto, cume: *os alpinistas chegaram ao cimo da montanha.*

cineasta ci·ne·as·ta
s.masc.fem. Diretor ou produtor de filmes de cinema: *a famosa cineasta deu uma entrevista na TV.*

cinema ci·ne·ma
s.masc. Sala especialmente preparada para a projeção de filmes: *eu poderia ver filmes na TV, mas prefiro ir ao cinema.*

◎ A palavra cinema vem de uma palavra grega que significa *movimento*, pois a novidade desse invento era a apresentação de imagens que se moviam na tela.

cinematográfico ci·ne·ma·to·grá·fi·co
adj. Que tem a ver com cinema: *produção cinematográfica.*

cínico cí·ni·co
adj. Descarado, que não tem vergonha na cara: *esse sujeito é cínico; prejudicou sua colega de propósito e continua agindo como se nada tivesse acontecido.*

cinismo ci·nis·mo
s.masc. Falta de vergonha na cara, descaramento: *estamos revoltados com o cinismo desse sujeito.*

cinquenta cin·quen·ta
num. Cinco vezes dez: *a metade de cem é cinquenta.*

cinta cin·ta
s.fem. Faixa com que se aperta a cintura: *ela está usando uma cinta.*
→ Não confunda com **sinta**, do verbo sentir: *espero que ele não sinta fome.*

cintilante cin·ti·lan·te
adj.masc.fem. Brilhante, fulgurante: *as estrelas cintilantes iluminam o céu à noite.*

cintilar cin·ti·lar
v. Brilhar bastante: *o diamante cintila no pescoço da jovem.*

cinto cin·to
s.masc. Tira, geralmente de couro, que usamos em torno da cintura para segurar ou enfeitar a calça: *comprei um cinto nessa loja.*
→ Não confunda com **sinto**, do verbo sentir: *sinto fome.*

cinza cin·za
s.fem. 1. Aquilo que resta de uma coisa que foi totalmente queimada: *ele pôs fogo no papel e jogou as cinzas no lixo.*
adj.masc.fem. 2. Cinzento, que tem cor de cinza: *ele comprou um paletó cinza.*
❖ Como adjetivo, cinza não vai para o plural: *paletós cinza.*
→ Veja também **incinerar**.

cinzento cin·zen·to
adj. Que tem cor de cinza: *paletó cinzento.*

cio ci:o
s.masc. Forte desejo sexual que os animais sentem em certos períodos do ano: *essa cadela está no cio.*

cioso ci·o·so (ô)
adj. Cuidadoso, zeloso: *ele é muito cioso de suas coisas, não quer que ninguém mexa nelas.*
❖ *fem.* ciosa (ó). *pl.* ciosos (ó), ciosas (ó).

circense cir·cen·se
adj.masc.fem. Que tem a ver com o circo: *as crianças adoram espetáculos circenses.*

circo cir·co
s.masc. Grande espaço coberto, em geral desmontável, onde se apresentam diferentes atrações, como palhaços, acrobatas, domadores de feras, equilibristas e malabaristas: *o circo chegou à cidade!*

circular[1] cir·cu·lar
v. 1. Mover-se sem parar, voltando sempre ao ponto de partida: *o sangue circula em nosso corpo.* 2. Ir e vir, andar: *ele circulou pelo bairro de bicicleta.*

circular[2] cir·cu·lar
adj.masc.fem. Que tem forma de círculo: *a roda do carro tem forma circular.*
❖ *pl.* circulares.

círculo cír·cu·lo
s.masc. Figura geométrica que tem a forma de um disco ou anel: *quando a pedra caiu no lago, formou círculos na água.*

C

circunavegação cir·cu·na·ve·ga·***ção***

s.fem. Viagem marítima que se faz em volta de um continente ou do globo terrestre: *Fernão de Magalhães fez a primeira viagem de circunavegação do planeta.*

circundar cir·cun·***dar***

v. Rodear, cercar de todos os lados: *um muro alto circunda a casa.*

circunstância cir·cuns·***tân***·ci:a

s.fem. Situação em que ocorre um fato, como local, hora, pessoas envolvidas, etc.: *ao contar o acidente, ela explicou também as circunstâncias em que ele ocorreu.*

círio ***cí***·ri:o

s.masc. Grande vela de cera usada nas igrejas: *os fiéis saíram da igreja em procissão, levando círios.*

→ Não confunda com **sírio**, que tem outro significado.

cirurgia ci·rur·***gi***·a

s.fem. Operação médica que envolve, muitas vezes, abrir um corte na pele do paciente e mexer dentro dele com instrumentos específicos: *o médico fez uma cirurgia na perna do paciente.*

cirurgião ci·rur·gi·***ão***

s.masc. Médico que opera, que faz cirurgias: *ele é o cirurgião dessa clínica.*

❖ *fem.* cirurgiã. *pl.* cirurgiões ou cirurgiães, cirurgiãs.

cisão ci·***são***

s.fem. Separação entre os membros de um grupo: *aquele fato provocou uma cisão entre os sócios do clube; eram tão unidos e agora estão divididos em dois grupos rivais.*

❖ *pl.* cisões.

ciscar cis·***car***

v. Verbo que se usa para descrever os movimentos da galinha, quando ela espalha e remexe a terra à procura de alimento: *a galinha vive ciscando no terreiro.*

cisma ***cis***·ma

s.fem. Desconfiança: *tenho cisma desse sujeito, acho que ele quer nos enganar.*

citadino ci·ta·***di***·no

adj. Que tem a ver com a cidade: *esses são costumes citadinos, de pessoas que vivem em cidades.*

→ Veja também **cidade**.

citar ci·***tar***

v. 1. Dizer o nome de: *ele citou dois rios brasileiros: o Amazonas e o São Francisco.* 2. Repetir exatamente o que alguém disse ou escreveu: *ela citou um verso desse poeta.* 3. Mencionar: *o prefeito citou os principais problemas da cidade.*

ciúme ci·***ú***·me

s.masc. 1. Cuidado exagerado com a pessoa que amamos, causado pelo medo de que ela passe a gostar de outra e nos abandone: *ela tem muito ciúme de seu namorado; não gosta que nenhuma menina se aproxime dele.* 2. Cuidado exagerado com alguma coisa: *ele tem tanto ciúme de seus brinquedos que não deixa ninguém mexer neles.*

→ Veja também **ciumento** e **enciumado**.

ciumento ci:u·***men***·to

adj. Que tem ciúme: *menina ciumenta.*

→ Veja também **ciúme** e **enciumado**.

cívico ***cí***·vi·co

adj. Que se refere aos cidadãos de um país: *votar é um dever cívico, um dever dos cidadãos brasileiros.*

civil ci·***vil***

adj.masc.fem. 1. Que se refere aos cidadãos de um país: *ele defendeu seus direitos civis.* 2. Que não é militar nem religioso: *ele abandonou a carreira militar e voltou à vida civil, voltou a viver como um cidadão comum.*

s.masc. 3. Aquele que não é militar: *o presidente da República é um civil.*

❑ **guerra civil** Guerra entre pessoas de um mesmo país: *aquele país passa por uma guerra civil.* **estado civil** Situação em que vive uma pessoa, no que diz respeito à sua união com outra: *qual é seu estado civil? Você é casada, solteira, viúva ou divorciada?*

❖ *pl.* civis.

civilização ci·vi·li·za·***ção***

s.fem. Maneira de viver de uma sociedade humana: *estamos estudando a antiga civilização*

grega, isto é, os costumes, as artes e a religião dessa sociedade.
❖ *pl.* civilizações.

civilizar ci·vi·li·***zar***
v. 1. Passar a viver em sociedade humana: *viver em cidades ajudou a civilizar os homens antigos.*
v.pron. **civilizar-se** 2. Aprender a viver em sociedade: *aquele povo civilizou-se em época muito recente.*

clamar cla·***mar***
v. 1. Gritar, bradar: *eles clamaram por socorro.* 2. Protestar em voz alta: *a multidão clamava contra a injustiça.*

clamor cla·***mor***
s.masc. Grito, brado: *é preciso ouvir o clamor do povo.*
❖ *pl.* clamores.

clandestino clan·des·***ti***·no
adj. Ilegal, sem autorização da lei: *a polícia fechou um clube clandestino.*

clarão cla·***rão***
s.masc. Brilho forte: *o clarão da lua iluminava a estrada.*
❖ *pl.* clarões.

clarear cla·re·***ar***
v. Iluminar: *o sol clareou a casa.*
→ Veja também **escurecer**.

clareira cla·***rei***·ra
s.fem. Trecho de um bosque ou de uma floresta em que não há árvores: *eles armaram a barraca numa clareira.*

claridade cla·ri·***da***·de
s.fem. Luz, luminosidade: *feche a janela, por favor; a claridade está me incomodando.*

claro ***cla***·ro
adj. 1. Iluminado, cheio de luz: *casa clara.* 2. Branco: *ele tem pele clara.* 3. Fácil de entender: *sua explicação foi clara.*

classe ***clas***·se
s.fem. 1. Grupo de pessoas que têm a mesma ocupação: *a classe dos professores, dos metalúrgicos, dos médicos.* 2. Grupo de alunos que seguem um curso: *a quinta série é uma classe muito aplicada.* 3. Cada uma das divisões de um conjunto: *os cães pertencem à classe dos mamíferos.* 4. Educação, boas maneiras: *essa mulher tem classe.*
❑ **classe social** Grupo de pessoas que têm a mesma condição numa sociedade: *classe alta, classe baixa, classe média.*

classificar clas·si·fi·***car***
v. 1. Colocar em certa ordem: *vamos classificar os alunos de acordo com as notas.*
v.pron. **classificar-se** 2. Ser aprovado num concurso ou numa competição: *ele se classificou para a segunda fase dos exames.*

claustrofobia claus·tro·fo·***bi***·a
s.fem. Medo de ficar em lugares pequenos e fechados, como elevadores, porões, etc.: *minha tia sofre de claustrofobia.*

clava ***cla***·va
s.fem. Pau pesado, mais grosso em uma das extremidades, usado antigamente como arma: *o homem das cavernas defendia-se com clavas.*

clemência cle·***mên***·ci:a
s.fem. Ter clemência significa perdoar o erro de outra pessoa: *o rei teve clemência com os condenados e os libertou.*

clemente cle·***men***·te
adj.masc.fem. Misericordioso, que tem clemência: *mulher clemente.*
→ Veja também **inclemente**.

clicar cli·***car***
v. *Inform.* Pressionar e soltar rapidamente o botão do *mouse*: *você deve clicar nessa palavra para marcá-la.*

cliente cli·***en***·te
s.masc.fem. Aquele que usa os serviços de um banco, de uma loja, etc.: *meu pai é cliente daquela loja; ele sempre faz compras lá.*

clientela cli·en·***te***·la (é)
s.fem. Conjunto de clientes: *essa loja tem uma grande clientela.*

clima ***cli***·ma
s.masc. Condições do tempo numa certa região: *o clima das montanhas é frio.*

climático cli·***má***·ti·co
adj. Que se refere ao clima: *quais são as condições climáticas dessa região?*

clímax ***clí***·max (cs)
s.masc. O ponto culminante, o máximo, o auge: *ele atingiu o clímax da carreira.*

clínica ***clí***·ni·ca
s.fem. Lugar onde o médico atende os pacientes: *ela fez uma consulta médica nessa clínica*.

clipe[1] ***cli***·pe
s.masc. Pequena peça de plástico ou metal usada para prender papéis: *junte essas duas folhas com um clipe*.
❖ *pl.* clipes.

clipe[2] ***cli***·pe
s.masc. Videoclipe, filme ou vídeo de curta duração que ilustra uma apresentação musical: *você já viu o novo clipe dessa banda?*
❖ *pl.* clipes.

clonar clo·***nar***
v. 1. *Biol.* Produzir um ser vivo em laboratório: *os cientistas conseguiram clonar uma ovelha.* 2. Reproduzir igualzinho: *clonaram meu cartão do banco.*

clone ***clo***·ne (ô)
s.masc. Aquilo que foi clonado: *o clone da vaca pastava no campo.*
→ Veja também **clonar**.

coagir co:a·***gir***
v. Obrigar, forçar: *quem o coagiu a fazer tal coisa?*

coautor co·au·***tor***
s.masc. Aquele que faz ou cria alguma coisa com outro: *João e Maria escreveram essa peça juntos; eles são coautores da peça.*

coaxar co·a·***xar***
v. Soltar a voz (o sapo, a rã): *à noite, no brejo, os sapos coaxam*.

cobaia co·***bai***·a
s.fem. 1. Pequeno mamífero roedor semelhante ao rato, chamado popularmente de porquinho-da-índia, usado em experiências de laboratório: *esses estudantes de medicina fizeram experiências com cobaias*. 2. Qualquer animal ou pessoa que também é usado em experiências de laboratório: *eles usaram algumas pessoas como cobaias para saber se esse medicamento funciona bem ou não.*

cobertor co·ber·***tor***
s.masc. Peça, de lã ou algodão, que se usa na cama por cima dos lençóis e que serve para esquentar: *no inverno usamos cobertor*.
❖ *pl.* cobertores.

cobertura co·ber·***tu***·ra
s.fem. Tudo aquilo que serve para cobrir, para pôr por cima: *o telhado é a cobertura da casa.*

cobiça co·***bi***·ça
s.fem. Ambição, forte desejo de conseguir alguma coisa: *a cobiça de riquezas levou aquele homem a roubar.*

cobiçar co·bi·***çar***
v. Desejar muito: *ele cobiça o presente do colega.*

cobiçoso co·bi·***ço***·so (ô)
adj. Ambicioso, que tem cobiça: *homem cobiçoso*.
❖ *fem.* cobiçosa (ó). *pl.* cobiçosos (ó), cobiçosas (ó).

cobra ***co***·bra (ó)
s.fem. 1. *Zool.* Nome dado aos répteis de corpo arredondado e comprido, sem membros, venenosos ou não, dos quais há muitas espécies: *há cobras nesta floresta*. 2. *fig.* Pessoa que gosta de falar mal dos outros, que é maldosa: *esse sujeito é uma cobra, não confio nele.*
s.masc.fem. 3. *fig.* Pessoa muito competente em alguma coisa: *ele é o cobra do time, joga melhor que os outros.*
adj.masc.fem. 4. *fig.* Muito bom, excelente em alguma coisa: *essa menina é cobra em Matemática.*
❑ **dizer cobras e lagartos** Falar muito mal, dizer coisas muito desagradáveis de alguém: *quando foi mandado embora da fábrica, ele saiu dizendo cobras e lagartos dos patrões.*
❖ Para indicar o sexo do animal, dizemos *a cobra macho, a cobra fêmea; para indicar* o som de sua voz, usamos o verbo **sibilar** ou **silvar**: *a cobra silva.*

cobrar co·***brar***
v. 1. Exigir o pagamento de alguma coisa: *o dono da loja veio cobrar o relógio que me vendeu*. 2. Exigir, especialmente algo que foi prometido antes: *viemos cobrar a ajuda que você prometeu*. 3. *Esp.* Chutar ou lançar, em obediência a uma regra de jogo: *o atacante vai cobrar o pênalti*.

cobrir co·***brir***
v. Proteger, pôr cobertura em alguém ou alguma coisa: *ele cobriu a mesa com uma toalha*.
→ Veja também **descobrir** e **recobrir**.

cocada co·***ca***·da
s.fem. Doce feito com coco: *gosto muito de cocada*.

cocar co·***car***
s.masc. Enfeite de penas usado na cabeça por certos índios: *o cacique da tribo levava um belo cocar na cabeça*.
❖ *pl.* cocares.

coçar co·***çar***
v. 1. Esfregar as unhas em alguma parte do corpo: *coce minhas costas*. 2. Despertar o desejo de coçar: *o machucado que tenho na perna está coçando*.

cocheira co·***chei***·ra
s.fem. Lugar que serve de abrigo para animais de montaria, especialmente cavalos: *minha égua preferida dorme nessa cocheira*.

cochichar co·chi·***char***
v. Falar baixinho, murmurar: *ela cochichou alguma coisa para a colega*.

cochilar co·chi·***lar***
v. Dormir de leve: *eu estava tão cansado que cochilei um pouco vendo televisão*.

cocho ***co***·cho (ô)
s.masc. Recipiente em que se coloca comida para animais: *o cavalo está comendo no cocho*.
→ Não confunda com **coxo**, que tem outro significado.

coco ***co***·co (ô)
s.masc. *Bot.* Fruto comestível do coqueiro: *coco verde, coco maduro*.

◎ O coco recebeu seu nome dos portugueses; eles achavam que as tres marcas de sua casca lembravam os dois olhos e a boca de uma máscara usada para assustar as crianças e que era chamada de cuca ou bicho-papão. Com o tempo, cuca virou coco e assim ficou até hoje.

cocô co·***cô***
s.masc. *pop.* Fezes, excrementos: *ele limpou o cocô do cachorro*.

cócoras ***có***·co·ras
s.fem.pl. Posição agachada.
❑ **de cócoras** Agachado sobre os calcanhares: *ficou de cócoras para falar com o menininho*.
→ Veja também **acocorar-se**.

cocoricar co·co·ri·***car***
v. Cantar (o galo): *o galo cocoricou*.

código ***có***·di·go
s.masc. 1. Coleção de leis: *ele conhece bem o código de trânsito, isto é, as leis que se referem ao trânsito de veículos*. 2. Conjunto de sinais que servem para a comunicação: *o nosso grupo inventou um código para poder trocar mensagens secretas*.

coelho co·***e***·lho (ê)
s.masc. *Zool.* Pequeno mamífero roedor, de orelhas grandes: *ele cria coelhos na chácara*.
❖ *fem.* coelha (ê).

coerência co:e·***rên***·ci:a
s.fem. Qualidade daquilo que não se contradiz; lógica: *seu comportamento deve ter coerência; se você diz que ninguém deve mentir, é lógico que você deve ser o primeiro a não dizer mentiras*.
→ Veja também **incoerência**.

coerente co:e·***ren***·te
adj.masc.fem. Que mostra coerência, lógica: *ela tem um comportamento coerente*.
→ Veja também **incoerente**.

cogitar co·gi·***tar***
v. Pensar, ter em mente: *ele cogita fazer uma viagem*.

coibir co:i·***bir***
v. Impedir que continue, proibir, reprimir: *os juízes devem coibir a violência no futebol*.

C

coice co*i*·ce
s.masc. Pancada ou golpe que alguns animais dão com as patas traseiras: *ele quase levou um coice do cavalo.*
→ Veja também **escoicear**.

coincidir co·in·ci·***dir***
v. Acontecer ao mesmo tempo: *a minha chegada coincidiu com a sua saída, isto é, quando cheguei, você estava saindo.*

coitado coi·***ta***·do
s.masc. 1. Desgraçado: *esse homem é um coitado!*
interj. 2. Exclamação que expressa dó: *coitado! Como ele está sofrendo!*

cola ***co***·la (ó)
s.fem. 1. Substância que tem a capacidade de unir duas coisas e mantê-las juntas: *cola para papel.* 2. Estratégia ilegal para copiar a resposta de testes escritos: *o professor descobriu minha cola.*

colaborador co·la·bo·ra·***dor***
s.masc. Aquele que colabora: *ele foi nosso colaborador nesse projeto.*
❖ *pl.* colaboradores.

colaborar co·la·bo·***rar***
v. Ajudar, auxiliar, cooperar: *todos vão colaborar comigo nessa campanha.*

> ◎ Colaborar é palavra formada de *co* (com) + *laborar* (trabalhar); colaborar significa, portanto, *trabalhar junto.*

colante co·***lan***·te
adj.masc.fem. Que cola, que gruda: *papel colante.*

colar¹ co·***lar***
v. 1. Grudar alguma coisa com cola ou outro material: *vou colar o desenho no caderno.* 2. Copiar ilegalmente as respostas de um teste ou exame escrito: *ele tentou colar do colega, mas não conseguiu.* 3. *Inform.* Recurso que permite transferir o conteúdo marcado de uma área para outra: *vou colar esse texto no meu arquivo.*
→ Veja também **descolar**.

colar² co·***lar***
s.masc. Enfeite usado no pescoço: *colar de pérolas.*
❖ *pl.* colares.

coleção co·le·***ção***
s.fem. Conjunto de coisas que têm relação entre si: *coleção de selos, de quadros, de figurinhas.*
❖ *pl.* coleções.

colecionador co·le·ci:o·na·***dor***
s.masc. Aquele que faz coleção: *minha mãe é colecionadora de bonecas.*
❖ *pl.* colecionadores.

colecionar co·le·ci:o·***nar***
v. Juntar, fazer coleção de alguma coisa: *ele coleciona selos do mundo todo.*

colega co·***le***·ga (é)
s.masc.fem. Companheiro, camarada: *essa é minha colega de escola.*

> ◎ Colega é palavra formada de *co* (com) + *lego* (leio), isto é, *aquele que lê com outro*; inicialmente, portanto, colega significava apenas *o companheiro de escola, aquele que estudava com outro.*

coleguismo co·le·***guis***·mo
s.masc. Companheirismo, camaradagem, amizade entre colegas: *fiz isso por coleguismo.*

cólera ***có***·le·ra
s.fem. 1. Raiva muito forte, ira: *ele não conseguiu controlar sua cólera e xingou o motorista que bateu em seu carro.* 2. *Med.* Nome de certo tipo de doença infecciosa: *alguns moradores daquela cidade contraíram a cólera.*
❖ Na definição 2, como doença, também pode ser usada a forma masculina: *o cólera.*
→ Veja também **encolerizar**.

colérico co·***lé***·ri·co
adj. Muito irritado, furioso: *ele estava colérico.*

coleta co·***le***·ta (é)
s.fem. Ação de coletar, reunir: *coleta de dados.*

coletânea co·le·***tâ***·ne:a
s.fem. Reunião de textos: *essa é uma coletânea de poesias brasileiras.*

coletar co·le·***tar***
v. Reunir, recolher: *ele está coletando dados para sua pesquisa.*

coletividade co·le·ti·vi·***da***·de
s.fem. Comunidade, grupo de pessoas que têm interesses comuns: *precisamos pensar no bem da coletividade.*

coletivo co·le·***ti***·vo
adj. 1. Que se refere a um grupo: *esse é um trabalho coletivo, foi feito por todos os membros da equipe.* 2. *Gram.* Substantivo que se refere a um grupo de seres ou coisas da mesma espécie: *cardume é o coletivo de peixe.*
s.masc. 3. Ônibus: *esta parte da avenida é reservada aos coletivos.*

colheita co·***lhei***·ta
s.fem. 1. Ação de colher produtos da terra: *ele vai trabalhar na colheita da uva.* 2. Total de produtos da terra que se colhe num período: *tivemos uma boa colheita de uva neste ano.*

colher co·***lher*** (é)
s.fem. Objeto de cabo e pequeno recipiente numa das pontas, que usamos para servir alimentos: *gosto de comer com colher.*

colher co·***lher*** (ê)
v. Pegar, tirar do pé: *vou colher limões.*

colibri co·li·***bri***
s.masc. *Zool.* Beija-flor: *vi um colibri no quintal.*
❖ Para indicar o sexo do animal, dizemos *o colibri macho, o colibri fêmea.*

colidir co·li·***dir***
v. Ir de encontro, chocar-se: *o caminhão colidiu com o ônibus.*

colisão co·li·***são***
s.fem. Trombada, batida: *muita gente viu a colisão dos veículos.*
❖ *pl.* colisões.

colmeia col·***mei***·a (é)
s.fem. Lugar onde as abelhas vivem e produzem o mel: *não chegue perto da colmeia; você pode ser picado.*

colocar co·lo·***car***
v. Pôr em certo lugar: *coloque os livros na estante.*

colombiano co·lom·bi·***a***·no
adj. 1. Que se refere à Colômbia, um país da América do Sul: *homem colombiano.*
s.masc. Aquele que nasceu na Colômbia: *um grupo de colombianos visitou nossa cidade.*

colônia co·***lô***·ni:a
s.fem. 1. Grupo de pessoas que vivem fora do país em que nasceram: *a colônia italiana de São Paulo reuniu-se para uma festa.* 2. Região que pertence a um país mas que fica fora de seu território: *o Brasil foi colônia de Portugal por muitos anos.* 3. Grupo de pessoas ou animais que vivem em comum: *colônia de pescadores, colônia de bactérias.*

colono co·***lo***·no (ô)
s.masc. Aquele que cultiva a terra que pertence a outra pessoa: *nesta fazenda trabalham muitos colonos; eles vivem com suas famílias numa colônia construída pelo dono das terras.*

colorir co·lo·***rir***
v. Cobrir de cores, pintar: *ela vai colorir o desenho.*

colossal co·los·***sal***
adj.masc.fem. Enorme, gigantesco: *estátua colossal.*
❖ *pl.* colossais.

coluna co·***lu***·na
s.fem. 1. Suporte vertical que sustenta a parte de cima de um edifício: *as colunas que sustentam o teto dessa igreja são altas.* 2. Grupo de soldados e veículos militares que se deslocam em fila de um lugar para outro: *uma coluna do exército invadiu a cidade.* 3. Cada uma das partes de uma página que foi dividida verticalmente. Uma página de jornal, por exemplo, tem várias colunas: *esse jornalista escreve uma coluna todos os sábados no jornal.*
❑ **coluna vertebral** Série de pequenos ossos, chamados vértebras, que, uns sobre os outros, formam uma espécie de coluna que sustenta nosso corpo: *é a coluna vertebral que permite nossos movimentos.*
→ Veja também **vertebrado** e **invertebrado.**

comadre co·***ma***·dre
s.fem. A madrinha do filho de um casal: *ela é minha comadre, é a madrinha de meu filho.*
→ Veja também **compadre**.

◎ Comadre é palavra formada de *com* (junto) + *madre* (mãe); comadre significa, portanto, *aquela que está junto à mãe, que ajuda como se fosse a própria mãe* (do afilhado). Por isso, é chamada também de *madrinha*, que significa *mãezinha*.

comandante co·man·***dan***·te
s.masc.fem. Chefe, líder, aquele que comanda: *ele é o comandante deste navio.*

comandar co·man·***dar***
v. Exercer a liderança em um grupo, dando ordens e tomando decisões: *ele comandou a turma.*

comando co·***man***·do
s.masc. Posição daquele que lidera um grupo, que dá ordens e toma decisões: *ele exerce o comando da turma.* 2. *Inform.* Ordem ou instrução que damos ao computador, usando o teclado ou o *mouse*: *dei um comando para desligar o computador.*

combalido com·ba·***li***·do
adj. Abatido, enfraquecido: *o esforço da longa caminhada deixou os soldados combalidos.*

combate com·***ba***·te
s.masc. Batalha, luta: *o combate durou horas.*

combater com·ba·***ter***
v. 1. Lutar contra: *eles combateram o inimigo.* 2. Agir contra: *esse remédio combate a dor de cabeça.*

combinar com·bi·***nar***
v. 1. Entrar em acordo para marcar um encontro, uma reunião, uma tarefa, etc.: *os alunos combinaram um passeio para amanhã.* 2. Dar-se bem com outra pessoa: *eu combino bem com ele, nós nos damos bem.* 3. Ficar bem: *essa camisa combina com aquela calça.*

combustível com·bus·***tí***·vel
adj.masc.fem. 1. Que pode ser queimado: *material combustível.*
s.masc. 2. Aquilo que, ao ser queimado, produz energia que movimenta certas máquinas: *o carvão, o gás, a gasolina são combustíveis muito usados.*
❖ *pl.* combustíveis.

começar co·me·***çar***
v. Dar o primeiro passo num processo qualquer; iniciar: *vamos começar a festa!*
→ Veja também **terminar** e **recomeçar**.

começo co·***me***·ço (ê)
s.masc. A primeira etapa de um processo; início: *o começo do trabalho é sempre mais difícil.*

comédia co·***mé***·di:a
s.fem. Peça de teatro ou filme que conta uma história engraçada, que faz rir: *vamos ver uma comédia no cinema?*

comediante co·me·di·***an***·te
s.masc.fem. Ator ou atriz de comédia: *ela é uma boa comediante.*

comemorar co·me·mo·***rar***
v. Manifestar, com festas, aplausos, gritos, etc., a alegria causada por um acontecimento bom; festejar: *a escola fez uma festa para comemorar o Dia do Professor; a comemoração foi muito bonita.*

comemorativo co·me·mo·ra·***ti***·vo
adj. Que comemora, que lembra: *o diretor organizou a festa comemorativa dos cinquenta anos de fundação da escola.*

comensal co·men·***sal***
s.masc.fem. Pessoa que come à mesma mesa com outras, que participa de uma refeição, de um banquete: *passe o arroz para o comensal que está à sua direita.*
❖ *pl.* comensais.

comentar co·men·***tar***
v. Dar opinião sobre algum assunto: *o professor pediu que os alunos comentassem o filme; cada um deveria escrever seu comentário no caderno.*

comer co·***mer***
v. Mastigar e engolir: *ele comeu um sanduíche.*

comerciante co·mer·ci·***an***·te
s.masc.fem. Pessoa que se dedica ao comércio: *meu tio é comerciante.*

comércio co·***mér***·ci:o
s.masc. Compra e venda de mercadorias: *meu tio faz comércio de brinquedos, ele compra*

brinquedos da fábrica e vende na sua loja; ele é um comerciante.

comestível co·mes·***tí***·vel
adj.masc.fem. Que serve para ser comido: *fruto comestível.*
❖ *pl.* comestíveis.

cometa co·***me***·ta (ê)
s.masc. *Astr.* Corpo celeste luminoso, com uma cauda extensa: *muitos anos atrás, apareceu no céu um cometa superluminoso.*

> ◎ Cometa vem de uma palavra grega que significa *que tem cabelo comprido*; os antigos gregos observaram o cometa e acharam que ele parecia uma cabeça, com uma grande cabeleira levantada pelo vento. Por isso, deram-lhe esse nome.

cometer co·me·***ter***
v. Fazer, praticar: *você cometeu um erro.*

comício co·***mí***·ci:o
s.masc. Reunião de muitas pessoas, geralmente em praça pública, em que há discursos sobre assuntos políticos: *fui a um comício organizado por um sindicato.*

cômico ***cô***·mi·co
adj. Gozado, engraçado: *ele contou uma história cômica.*

comilão co·mi·***lão***
adj. Que come muito: *menino comilão.*
❖ *fem.* comilona. *pl.* comilões, comilonas.

comiseração co·mi·se·ra·***ção***
s.fem. Compaixão, pena, piedade: *sua infelicidade despertou a comiseração das pessoas.*

comissão co·mis·***são***
s.fem. Grupo de pessoas escolhidas para tratar de certo assunto: *faço parte da comissão que vai organizar a festa da formatura.*
❖ *pl.* comissões.

comitiva co·mi·***ti***·va
s.fem. Grupo de pessoas que acompanha alguém: *o presidente e sua comitiva chegaram ao aeroporto.*

comodidade co·mo·di·***da***·de
s.fem. Conforto: *ele só pensa em sua comodidade, não se preocupa com os outros.*

cômodo ***cô***·mo·do
adj. 1. Confortável: *esse sofá é muito cômodo.*
s.masc. 2. Quarto, aposento: *nessa casa há vários cômodos.*

comovente co·mo·***ven***·te
adj.masc.fem. Emocionante, tocante: *filme comovente.*

comover co·mo·***ver***
v. Emocionar bastante: *a história daquele homem era muito triste e me comoveu.*

compacto com·***pac***·to
adj. Que tem as partes muito unidas, bem juntas ou apertadas; podemos falar, por exemplo, de um disco compacto, que contém muitas informações, ou de uma multidão compacta, em que as pessoas estão tão juntas umas das outras que quase não há espaço entre elas: *uma multidão compacta tomou conta da praça.*

compadecer-se com·pa·de·***cer***-se
v.pron. Ter pena ou compaixão de alguém: *espero que ele se compadeça do pobre homem.*

compadre com·***pa***·dre
s.masc. O padrinho do filho de um casal: *ele é meu compadre, é o padrinho do meu filho.*
→ Veja também **comadre**.

> ◎ Compadre é palavra formada de *com* (junto) + *padre* (pai); compadre significa, portanto, *aquele que está junto ao pai, que ajuda como se fosse o próprio pai* (do afilhado). Por isso, é chamado também de *padrinho*, que significa *paizinho*.

compaixão com·pai·***xão***
s.fem. Pena, dó, piedade: *sentimos compaixão por ele.*

companheiro com·pa·***nhei***·ro
s.masc. 1. Colega: *ele é meu companheiro de escola.* 2. Aquele que acompanha: *ele foi meu companheiro de viagem, viajamos juntos o tempo todo.*

companhia com·pa·***nhi***·a
s.fem. Fazer companhia a uma pessoa é estar com ela, não deixá-la sozinha: *passei a tarde fazendo companhia à vovó.*

C

◎ Companhia é palavra formada com base no latim *cum* (com) + *panis* (pão); trata-se, portanto, de uma referência ao momento da refeição, quando uma pessoa divide o pão com outra. Fazer companhia é repartir e comer o pão com alguém; essa ideia está presente também na origem das palavras *acompanhar* e *companheiro*.

comparar com·pa·***rar***
v. Destacar as semelhanças e diferenças existentes entre coisas ou pessoas: *compare esses dois desenhos e diga qual deles é o mais bonito.*

comparativo com·pa·ra·***ti***·vo
adj. 1. Que compara: *quadro comparativo*. 2. *Gram.* Nome do grau de comparação de um adjetivo: *o grau comparativo pode ser de superioridade ("Maria é mais alta do que Vera"), de inferioridade ("Maria é menos alta do que Vera") e de igualdade ("Maria é tão alta quanto Vera").*

comparecer com·pa·re·***cer***
v. Estar presente: *você compareceu à aula ontem?*

comparecimento com·pa·re·ci·***men***·to
s.masc. Presença: *a chuva impediu o comparecimento de alguns alunos.*

comparsa com·***par***·sa
s.masc.fem. Parceiro ou cúmplice numa ação ilegal: *para roubar a loja, o bandido contou com a ajuda de uma comparsa.*

compasso com·***pas***·so
s.masc. 1. Instrumento formado de duas hastes unidas numa ponta, próprio para traçar circunferências ou tirar medidas: *o professor usou um compasso para fazer esse desenho.* 2. *Mús.* Ritmo: *o maestro marca o compasso da música.*

compelir com·pe·***lir***
v. Obrigar, forçar: *por que compeliram o rapaz a estudar nessa escola?*

compensar com·pen·***sar***
v. Valer a pena: *será que compensa gastar tempo com essa pesquisa?*

competência com·pe·***tên***·ci:a
s.fem. Capacidade de fazer bem uma tarefa: *ele é um bom professor, sabe dar aula muito bem; todos elogiam sua competência.*
→ Veja também **incompetência**.

competente com·pe·***ten***·te
adj.masc.fem. Que tem competência, que sabe fazer bem alguma coisa: *esse professor é competente, sabe ensinar muito bem.*
→ Veja também **incompetente**.

competição com·pe·ti·***ção***
s.fem. Situação em que mais de uma pessoa luta por algo que todas querem (um prêmio, uma vaga, etc.); disputa: *dez atletas vão participar dessa competição de natação.*
❖ *pl.* competições.

competir com·pe·***tir***
v. 1 Disputar, concorrer: *minha prima vai competir na prova de natação.* 2. Ser dever de alguém: *compete a você esse trabalho, você é que deve fazê-lo.*

compilar com·pi·***lar***
v. Juntar: *ela compilou num livro todos os artigos que esse autor publicou nos jornais.*

complacente com·pla·***cen***·te
adj.masc.fem. Tolerante: *o guarda foi complacente e não multou o motorista que entrou na contramão, apenas o advertiu.*

complemento com·ple·***men***·to
s.masc. Aquilo que completa, que se junta a alguma coisa para torná-la completa: *o sobrenome é o complemento do nome; com os dois juntos, temos o nome completo da pessoa.*

completar com·ple·***tar***
v. Fazer uma coisa ficar completa, sem faltar nada: *essa figurinha completou minha coleção.*

completo com·***ple***·to (é)
adj. 1. Inteiro, a que não falta nada: *minha coleção de figurinhas está completa.* 2. Total: *a rua estava numa escuridão completa.*
→ Veja também **incompleto**.

complexo com·***ple***·xo (é, cs)
adj. 1. Complicado: *problema complexo.* 2. Formado por muitas partes: *esse é um trabalho complexo, pois ele passa por muitas etapas.*

s.masc. 3. Conjunto formado por partes coerentes que funcionam juntas: *complexo hospitalar.*

complicado com·pli·***ca***·do
adj. Difícil de fazer ou entender: *trabalho complicado.*

complicar com·pli·***car***
v. Tornar uma coisa difícil ou problemática: *se você fizer isso, vai complicar a situação.*
→ Veja também **simplificar**.

compor com·***por***
v. 1. Criar músicas, poemas, textos, etc.: *ele compôs uma bela canção.*
v.pron. **compor-se** 2. Constituir-se, formar-se de: *a comissão de formatura compõe-se de oito alunos, é formada por oito alunos.*

comportamento com·por·ta·***men***·to
s.masc. Procedimento, modo de comportar-se: *o professor elogiou o comportamento desse aluno.*

comportar com·por·***tar***
v. 1. Ser capaz de conter: *esta sala comporta 50 alunos no máximo.*
v.pron. **comportar-se** 2. Agir, proceder: *ele se comportou bem na aula, teve bom comportamento.*
→ Veja também **malcomportado**.

composição com·po·si·***ção***
s.fem. Aquilo que foi composto, criado (música, poemas, textos, etc.): *sua composição musical foi elogiada.*
❖ *pl.* composições.

compositor com·po·si·***tor***
s.masc. Aquele que compõe música: *ela é compositora de samba.*
❖ *pl.* compositores.

comprador com·pra·***dor***
s.masc. Aquele que compra: *o comerciante precisa respeitar o comprador.*
❖ *pl.* compradores.

comprar com·***prar***
v. Adquirir alguma coisa, pagando: *ela comprou um vestido nessa loja; ela fez uma boa compra.*

compreender com·pre·en·***der***
v. Entender: *você compreendeu bem a explicação?*

compreensão com·pre·en·***são***
s.fem. Entendimento: *a compreensão do texto não é difícil.*

compreensível com·pre·en·***sí***·vel
adj.masc.fem. Que se pode compreender: *essa frase é compreensível.*
❖ *pl.* compreensíveis.
→ Veja também **incompreensível**.

compreensivo com·pre·en·***si***·vo
adj. Tolerante, que compreende e desculpa as falhas dos outros: *o inspetor foi compreensivo e deixou o aluno entrar atrasado.*
→ Veja também **incompreensivo**.

comprido com·***pri***·do
adj. Grande no sentido do comprimento; longo: *os bombeiros usam uma escada bem comprida para alcançar as janelas mais altas dos prédios.*
→ Veja também **curto** e **encompridar**.

comprimento com·pri·***men***·to
s.masc. Tamanho, extensão, medida de uma extremidade a outra: *vamos medir o comprimento dessa escada, vamos medi-la de ponta a ponta.*
→ Não confunda com **cumprimento**, que tem outro significado.

comprometer com·pro·me·***ter***
v. 1. Colocar em perigo: *esse trabalho compromete a saúde dos operários.*
v.pron. **comprometer-se** 2. Obrigar-se a fazer alguma coisa: *ele se comprometeu a pagar todas as despesas.*

compromisso com·pro·***mis***·so
s.masc. Responsabilidade, obrigação: *ele assumiu o compromisso de pagar as despesas.*

computador com·pu·ta·***dor***
s.masc. Máquina capaz de receber, guardar e enviar um grande número de textos, imagens, músicas e informações; pode também realizar cálculos muito difíceis em pouco tempo: *o computador foi a grande invenção do século XX.*
❖ *pl.* computadores.
→ Veja também **informática**.

C

> A palavra computador vem do latim *computare*, que significa *calcular, contar*; a função original dos computadores era fazer rapidamente cálculos muito complicados

computar com·pu·***tar***
v. Calcular, contar: *vamos computar os votos obtidos por esse candidato.*

cômputo ***côm***·pu·to
s.masc. Cálculo, contagem: *faça o cômputo dos votos, veja quantos votos teve cada candidato.*

comum co·***mum***
adj.masc.fem. 1. Que pertence a todos: *esse parque é de uso comum, qualquer pessoa pode entrar.* 2. Corriqueiro, que acontece sempre: *esse é um caso comum.*
❖ *pl.* comuns. *superl.* comuníssimo.
→ Veja também **incomum**.

comunicação co·mu·ni·ca·***ção***
s.fem. 1. Ação de comunicar, de passar uma informação: *vou fazer uma comunicação aos colegas.* 2. Troca de ideias, de mensagens: *é preciso que haja mais comunicação entre pais e filhos, eles precisam conversar mais.* 3. Ligação: *essa sala tem comunicação com o quarto.*
❑ **meio de comunicação** Recurso usado para transmitir informações e pôr as pessoas em contato umas com as outras: *o rádio, a televisão, o jornal, o telefone e a internet são meios de comunicação.*
❖ *pl.* comunicações.

comunicado co·mu·ni·***ca***·do
s.masc. Aviso, informação: *o prefeito distribuiu um comunicado aos jornais explicando os motivos de sua viagem.*

comunicar co·mu·ni·***car***
v. 1. Informar, avisar: *ele comunicou a data de sua chegada.*
v.pron. **comunicar-se** 2. Entrar em contato: *você deve comunicar-se com a escola e perguntar se amanhã haverá aula.*

comunicativo co·mu·ni·ca·***ti***·vo
adj. Que se comunica facilmente com outras pessoas: *ele é um menino comunicativo, conversa com todos e faz amizades facilmente.*

comunidade co·mu·ni·***da***·de
s.fem. Grupo de pessoas que têm interesses ou preocupações comuns e que, às vezes, vivem na mesma região: *a construção dessa escola vai trazer benefícios à nossa comunidade.*

comunitário co·mu·ni·***tá***·ri:o
adj. Que se refere à comunidade: *obra comunitária.*

concatenar con·ca·te·***nar***
v. Relacionar ou encadear ideias, frases, etc.: *ele concatenou bem as ideias e fez uma boa redação.*

conceber con·ce·***ber***
v. 1. Criar, bolar: *eles conceberam um plano interessante.* 2. Imaginar: *é difícil conceber que haja vida em Marte.* 3. Gerar uma criança: *ela concebeu uma menina.*

conceder con·ce·***der***
v. Dar: *o clube concedeu a ele o prêmio de melhor atleta do ano.*

conceito con·***cei***·to
s.masc. 1. Ideia, pensamento: *qual é seu conceito de felicidade? Na sua opinião, o que é a felicidade?* 2. Juízo que se faz de alguém: *ele goza de bom conceito na cidade, todos o consideram uma boa pessoa.*

conceituado con·cei·tu·***a***·do
adj. Bem considerado, estimado: *ele é um médico conceituado em nossa cidade, todos o julgam um bom médico.*

concentrar con·cen·***trar***
v. 1. Juntar: *vamos concentrar todos os nossos esforços para resolver esse problema.* 2. Reunir num mesmo ponto: *o comandante concentrou os soldados naquela região.*
v.pron. **concentrar-se** 3. Não se distrair com nada: *ele se concentrou para fazer o trabalho; fechou-se no escritório e não quis que ninguém o perturbasse.*

concertar con·cer·***tar***
v. Combinar, entrar em acordo para fazer alguma coisa em comum: *eles conversaram bastante e concertaram o que vão fazer.*
→ Não confunda com **consertar**, que tem outro significado.

concerto con·***cer***·to (ê)

s.masc. Execução de peças musicais em público: *esse pianista dará um concerto hoje à noite; ele é um famoso concertista.*

→ Não confunda com **conserto**, que tem outro significado.

conciliar con·ci·li·***ar***

v. Combinar diferentes coisas, de modo que uma não atrapalhe a outra: *você deve conciliar o estudo com o lazer.*

concisão con·ci·***são***

s.fem. Exposição das ideias em poucas palavras: *admiro a concisão de seu texto, você disse muito coisa em poucas palavras.*

conciso con·***ci***·so

adj. Que expõe bem as ideias usando poucas palavras: *ele escreveu um texto conciso.*

conclamar con·cla·***mar***

v. Chamar, convocar: *o chefe conclamou seu povo para enfrentar o inimigo.*

concluir con·clu·***ir***

v. 1. Terminar, encerrar: *ele concluiu sua explicação.* 2. Deduzir, chegar a uma conclusão: *ouvi sua opinião e concluí que ela está certa.*

conclusão con·clu·***são***

s.fem. 1. Término, fim: *a conclusão das obras será no fim do mês.* 2. Consequência de um raciocínio: *refletimos e chegamos à conclusão de que ele é inocente.*

❖ *pl.* conclusões.

concomitante con·co·mi·***tan***·te

adj.masc.fem. Simultâneo: *esses dois fatos foram concomitantes, aconteceram ao mesmo tempo.*

concordante con·cor·***dan***·te

adj.masc.fem. Que está de acordo: *as opiniões desses dois homens são concordantes, ambos pensam a mesma coisa.*

→ Veja também **discordante**.

concordar con·cor·***dar***

v. Estar de acordo, ter a mesma opinião ou ideia: *eu concordo com você.*

→ Veja também **discordar**.

concórdia con·***cór***·di:a

s.fem. Paz, harmonia: *deve haver concórdia entre os povos.*

→ Veja também **discórdia**.

◎ Concórdia é palavra formada com base no latim *cum* (com) + *cordis* (coração); portanto, concórdia, na origem, quer dizer *união de corações*, ou seja, *união de desejos*. O seu contrário é a discórdia, pois *dis* significa *separação, afastamento*; a palavra *cordis* está na base de muitas outras palavras em português, como *acordo, cordial, concordar, discordar, recordar*, etc.

concorrer con·cor·***rer***

v. 1. Participar de um sorteio, de um concurso, de uma eleição, de uma disputa, etc.: *meu primo concorreu ao sorteio de vários prêmios mas não ganhou nada; ele não teve a sorte que outros concorrentes tiveram.* 2. Contribuir para que alguma coisa aconteça: *vários fatores concorreram para a vitória do nosso time, como a preparação física, a habilidade dos jogadores, a orientação do técnico, etc.*

concretizar con·cre·ti·***zar***

v. Realizar: *ele conseguiu concretizar o sonho de conhecer aquela cidade.*

condecorar con·de·co·***rar***

v. Homenagear uma pessoa entregando-lhe uma medalha de honra: *o presidente condecorou o cientista por seus trabalhos; a cerimônia de condecoração foi muito bonita.*

condenar con·de·***nar***

v. 1. Impor um castigo a uma pessoa por considerá-la culpada de alguma coisa: *o juiz condenou os ladrões a vários anos de prisão.* 2. Desaprovar: *eu condeno sua atitude.*

condenável con·de·***ná***·vel

adj.masc.fem. Que deve ser condenado, desaprovado: *ele agiu de modo condenável.*

❖ *pl.* condenáveis.

condescendente con·des·cen·***den***·te

adj.masc.fem. Tolerante, complacente: *ela não entregou o trabalho no dia marcado, mas o professor foi condescendente e permitiu que ela entregasse na semana seguinte.*

condição con·di·***ção***

s.fem. 1. Estado ou situação em que se encontra uma pessoa ou coisa: *esse jogador não está em boas condições físicas.* 2. Exigência: *ele me emprestou o caderno com a condição de que eu o devolvesse no dia seguinte.*

condimento con·di·***men***·to

s.masc. Tempero: *use esses condimentos para preparar a comida.*

condizente con·di·***zen***·te

adj.masc.fem. Que condiz, que é adequado: *seu modo de se vestir deve ser condizente com o ambiente onde você está.*

condizer con·di·***zer***

v. Combinar com, ser apropriado a: *não fale palavrões! Essa linguagem não condiz com o ambiente da escola.*

condoer-se con·do·***er***-se

v.pron. Compadecer-se, sentir dó ou pena: *todos se condoeram da pobre mulher.*

condoído con·do·***í***·do

adj. Penalizado, com dó: *condoído pela situação das crianças, resolvi ajudá-las.*

condolências con·do·***lên***·ci:as

s.fem.pl. Pêsames, expressão de nossa tristeza pela dor de outras pessoas: *muita gente expressou suas condolências aos familiares do morto.*

condução con·du·***ção***

s.fem. Meio de transporte: *que condução você usa para ir à escola?*

❖ *pl.* conduções.

conduta con·***du***·ta

s.fem. Comportamento, maneira de agir, de se conduzir: *sua conduta foi elogiada por todos.*

condutor con·du·***tor***

s.masc. Aquele que conduz: *ele é condutor de ônibus.*

❖ *pl.* condutores.

conduzir con·du·***zir***

v. 1. Levar de um lugar para outro, transportar: *esse caminhão conduz laranjas de uma cidade para outra.* 2. Guiar, dirigir: *o motorista conduz o ônibus pelas ruas.* 3. Acompanhar: *conduza o visitante à sala do diretor.*
v.pron. **conduzir-se** 4. Comportar-se, agir: *ele se conduziu bem na reunião.*

confabular con·fa·bu·***lar***

v. Trocar ideias, conversar: *antes de decidir o que fazer, ele confabulou com os amigos.*

confeccionar con·fec·ci:o·***nar***

v. Fazer: *as costureiras confeccionaram todos esses vestidos; elas trabalharam muitas horas na confecção dessas peças.*

confeitaria con·fei·ta·***ri***·a

s.fem. Casa onde se fazem ou vendem doces, bolos, etc.: *comprei uma bomba de creme na confeitaria.*

conferência con·fe·***rên***·ci:a

s.fem. 1. Reunião em que dirigentes políticos discutem assuntos de interesse comum: *os presidentes de vários países vão participar de uma conferência sobre a paz mundial.* 2. Palestra sobre determinado assunto: *o cientista fará uma conferência sobre o problema da poluição do ar.* 3. Ato de conferir: *temos funcionários para fazer a conferência diária de tudo o que sai da loja.*

conferencista con·fe·ren·***cis***·ta

s.masc.fem. Pessoa que faz conferência: *a conferencista explicou ao público suas ideias sobre a situação do país.*

conferir con·fe·***rir***

v. Ver se está certo: *vamos conferir essa conta.*

confessar con·fes·***sar***

v. 1. Declarar, revelar: *ele confessou o motivo do roubo; todos nós ouvimos sua confissão.*
v.pron. **confessar-se** 2. *Rel.* Na religião católica, confessar-se é contar os pecados ao padre, em segredo: *a moça se confessou antes de assistir à missa.*

confiança con·fi·***an***·ça

s.fem. Sentimento de segurança, sensação de que se pode contar com algo ou alguém: *eles têm confiança no chefe.*

confiante con·fi·***an***·te

adj.masc.fem. Que tem confiança: *estou confiante na justiça de Deus.*

confiar con·fi·***ar***

v. 1. Acreditar, não duvidar de: *confio nos meus amigos*. 2. Deixar aos cuidados de alguém: *ela confiou o bebê à vizinha enquanto foi ao supermercado*.
→ Veja também **desconfiar**.

confidência con·fi·***dên***·ci:a

s.fem. Revelação de segredo: *ele fez confidências ao amigo, contou-lhe alguns segredos*.

confidencial con·fi·den·ci·***al***

adj.masc.fem. Secreto, que é sabido por poucas pessoas: *informação confidencial*.
❖ *pl.* confidenciais.

confidenciar con·fi·den·ci·***ar***

v. Dizer em segredo, em confiança: *ele me confidenciou seus problemas*.

confidente con·fi·***den***·te

s.masc.fem. Pessoa a quem dizemos nossos segredos, nossos pensamentos mais íntimos: *minha irmã é minha confidente*.

confins con·***fins***

s.masc.pl. Pontos mais distantes de um país, de uma região: *morava num bairro muito longe, nos confins da cidade*.
❖ Essa palavra raramente é usada no singular.

confirmar con·fir·***mar***

v. Dar certeza de alguma coisa: *você já confirmou sua participação no jogo? Preciso de sua confirmação até amanhã*.

conflitante con·fli·***tan***·te

adj.masc.fem. Discordante, que está em conflito: *esses dois homens têm opiniões conflitantes*.

conflito con·***fli***·to

s.masc. 1. Luta, confronto: *houve um conflito entre dois grupos inimigos, e muitas pessoas ficaram feridas*. 2. Oposição ou choque de ideias, interesses, sentimentos, etc.: *há um conflito de opiniões entre esses dois homens; suas opiniões são conflitantes, não combinam uma com a outra*.

confluência con·flu·***ên***·ci:a

s.fem. Ponto onde se juntam duas ruas, dois rios, etc.: *na confluência entre esses dois rios forma-se uma onda*.

conformado con·for·***ma***·do

adj. Que aceita uma situação sem protestar ou reclamar: *ele está conformado com a derrota*.

conformar-se con·for·***mar***-se

v.pron. Conseguir aceitar uma coisa ruim ou desagradável: *quando viu que a chuva não ia passar, ele desistiu do passeio e conformou-se em ficar em casa*.

confortar con·for·***tar***

v. Consolar: *os colegas foram confortar o menino doente, foram dizer a ele palavras de consolo*.

confortável con·for·***tá***·vel

adj.masc.fem. Cômodo, que proporciona sensação agradável e tranquila, especialmente para o corpo: *essa poltrona é confortável*.
❖ *pl.* confortáveis. *superl.* confortabilíssimo.
→ Veja também **desconfortável**.

conforto con·***for***·to (ô)

s.masc. 1. Consolo: *ela estava muito triste, precisando de palavras de conforto*. 2. Comodidade, tudo que torna a vida mais fácil e agradável: *essa casa oferece conforto, tem aquecimento, quartos espaçosos, armários, etc.*

confraternização con·fra·ter·ni·za·***ção***

s.fem. Encontro festivo e amigável: *no final do ano, houve uma confraternização entre professores e alunos*.
❖ *pl.* confraternizações.

> ◎ Confraternização é palavra formada com base em *com* + *fraterno* (irmão), que significa *como irmão*; portanto, confraternização, na origem, significa *reunião em que todos se tratam como irmãos*.

confrontar con·fron·***tar***

v. 1. Comparar: *confronte o meu trabalho com o seu e diga qual deles é o melhor*.
v.pron. **confrontar-se** 2. Enfrentar-se: *esses dois times confrontaram-se várias vezes; amanhã haverá um novo confronto entre eles*.

confundir con·fun·***dir***

v. 1. Tomar uma coisa ou uma pessoa por outra: *confundi você com seu irmão, não distingui um do outro*. 2. Embaraçar, atrapalhar: *suas perguntas confundiram o menino*.

confusão con·fu·***são***
s.fem. Desordem, bagunça: *quem provocou essa confusão na aula?*
✤ *pl.* confusões.

confuso con·***fu***·so
adj. 1. Atrapalhado: *ela ficou confusa com tantas perguntas.* 2. Pouco claro, que não se consegue compreender bem: *ele contou uma história confusa.*

congelar con·ge·***lar***
v. Transformar em gelo: *o frio foi tão forte que congelou a água do lago.*

congênito con·***gê***·ni·to
adj. De nascença: *minha doença é congênita, já nasci com ela.*

congestionamento con·ges·ti:o·na·***men***·to
s.masc. Engarrafamento do trânsito: *o acidente que houve na avenida provocou um congestionamento de veículos.*

conhecer co·nhe·***cer***
v. 1. Saber, ter conhecimento de: *ele conhece o caminho para a cidade.* 2. Saber quem é: *conheço esses alunos.* 3. Entender de alguma coisa: *ela conhece esse assunto; tem muitas informações sobre ele.*
→ Veja também **desconhecer**.

conjugal con·ju·***gal***
adj.masc.fem. Que se refere aos cônjuges, isto é, ao marido e à mulher: *eles têm uma vida conjugal feliz, se dão bem como casal.*
✤ *pl.* conjugais.

conjunto con·***jun***·to
s.masc. Reunião de pessoas ou coisas que formam um todo: *um time de futebol é formado por um conjunto de 11 jogadores.*

conjuração con·ju·ra·***ção***
s.fem. Conspiração, trama que se faz contra um governo ou contra alguém: *Tiradentes e seus companheiros participaram de uma conjuração contra o governo português.*
✤ *pl.* conjurações.

conquistar con·quis·***tar***
v. 1. Obter com esforço: *nosso time conquistou a taça de campeão; foi uma bela conquista.* 2. Dominar pela força: *esse exército conquistou várias cidades.* 3. Ganhar a simpatia ou o amor de alguém: *Romeu conquistou Julieta.*

consagrado con·sa·***gra***·do
adj. 1. Elogiado por todos: *ele é um artista consagrado, todos o admiram.* 2. Dedicado: *sua vida é consagrada às crianças.*

consagrar con·sa·***grar***
v. 1. Aclamar, considerar: *ele escreveu um livro magnífico; por isso todos o consagraram como um grande escritor.* 2. Dedicar: *ela consagrou sua vida à medicina.*
v.pron. **consagrar-se** 3. Dedicar-se: *ele se consagrou inteiramente à tarefa de ajudar as crianças pobres.*

consciência cons·ci·***ên***·ci:a
s.fem. Ter consciência de alguma coisa significa percebê-la ou compreendê-la: *você tem consciência do que está fazendo? Sabe o que está fazendo?*

consciente cons·ci·***en***·te
adj.masc.fem. Que sabe, que tem conhecimento do que faz: *ele está consciente de suas obrigações.*
→ Veja também **inconsciente**.

conscientizar cons·ci·en·ti·***zar***
v. Tornar alguém consciente: *precisamos conscientizar as pessoas de seus direitos, precisamos fazer com que elas saibam quais são seus direitos.*

conseguir con·se·***guir***
v. 1. Obter, arranjar: *ela conseguiu o dinheiro necessário para viajar.* 2. Ser capaz: *você consegue fazer esse trabalho sozinho?*

consentimento con·sen·ti·***men***·to
s.masc. Permissão, autorização: *você tem meu consentimento para ir à festa.*

consentir con·sen·***tir***
v. Permitir: *os pais da menina consentiram que ela fosse viajar.*

consequência con·se·***quên***·ci:a
s.fem. Efeito, resultado: *essa bonita festa é consequência do trabalho de muitos alunos.*

consertar con·ser·***tar***

v. Arrumar o que está quebrado ou com defeito: *o mecânico vai consertar esse carro; o conserto não vai levar muito tempo.*

→ Não confunda com **concertar**, que tem outro significado.

conserto con·***ser***·to (ê)

s.masc. Ação de consertar, de arrumar o que está quebrado ou com defeito: *eles fizeram o conserto do carro.*

→ Não confunda com **concerto**, que tem outro significado.

conservar con·ser·***var***

v. 1. Manter em bom estado, preservar: *ele conserva bem seus brinquedos; parecem todos novos.* 2. Não perder: *procure conservar a calma.*

consideração con·si·de·ra·***ção***

s.fem. Respeito, estima: *todos nós temos grande consideração por ele.*

considerar con·si·de·***rar***

v. 1. Examinar, observar com atenção: *vamos considerar o problema desse aluno.* 2. Julgar: *todos o consideram um bom professor.*

v.pron. **considerar-se** 3. Julgar-se: *ele se considera um gênio.*

considerável con·si·de·***rá***·vel

adj.masc.fem. Grande: *ele gastou uma soma considerável de dinheiro na construção dessa casa.*

❖ *pl.* consideráveis.

consistir con·sis·***tir***

v. Ser: *o trabalho desse guarda consiste em vigiar a entrada do banco, é isso que ele deve fazer.*

consolar con·so·***lar***

v. Dar consolo, aliviar o sofrimento de alguém por meio de palavras ou gestos: *a menina está triste porque seu pai está doente; vamos conversar com ela para consolá-la.*

consolidar con·so·li·***dar***

v. Fortalecer: *ele me ajudou muito quando fiquei doente, e isso consolidou ainda mais nossa amizade.*

consolo con·***so***·lo (ô)

s.masc. Palavras ou gestos que aliviam o sofrimento de outra pessoa; conforto: *ela está muito triste, precisa ouvir palavras de consolo.*

conspiração cons·pi·ra·***ção***

s.fem. Trama, ação secreta que algumas pessoas preparam contra alguém: *o rei conseguiu descobrir a conspiração que estava sendo armada contra ele.*

❖ *pl.* conspirações.

conspirador cons·pi·ra·***dor***

s.masc. Aquele que conspira, que participa de uma conspiração: *as conspiradoras não tiveram sucesso.*

❖ *pl.* conspiradores.

conspirar cons·pi·***rar***

v. Tramar alguma coisa contra alguém: *as pessoas que conspiravam contra o rei foram presas.*

constante cons·***tan***·te

adj.masc.fem. Que não varia: *nesta cidade o calor é constante, faz calor sempre.*

constar cons·***tar***

v. 1. Estar escrito ou registrado: *meu nome consta da lista de chamada.* 2. Fazer parte de: *essa viagem consta dos nossos planos, está incluída neles.*

constatar cons·ta·***tar***

v. Verificar, comprovar: *diziam que o menino estava doente; fui à casa dele e constatei que não era verdade.*

constelação cons·te·la·***ção***

s.fem. Grupo de estrelas que parecem formar uma espécie de desenho no céu: *a constelação de Órion lembra a figura de um caçador.*

❖ *pl.* constelações.

consternado cons·ter·***na***·do

adj. Desgostoso, desolado, muito triste: *fiquei consternado com sua atitude.*

constituição cons·ti·tu·i·***ção***

s.fem. A lei mais importante de uma nação, que estabelece os direitos e deveres dos cidadãos e do governo: *todos devemos seguir a constituição brasileira.*

❖ *pl.* constituições.

constituir cons·ti·tu·***ir***

v. Compor, formar: *esses são os jogadores que constituem a seleção de futebol de nossa escola.*

C

constranger cons·tran·***ger***

v. Embaraçar, deixar sem graça: *a menina o beijou na frente de todos, e isso o constrangeu bastante, deixou-o muito constrangido.*

construir cons·tru·***ir***

v. 1. Fazer, erguer (casa, carro, máquina, etc.): *esses homens se reuniram e construíram uma casa; a construção levou poucas semanas.* 2. Compor, formar: *vamos construir uma frase com as palavras que o professor escreveu no quadro.*

construtor cons·tru·***tor***

s.masc. Aquele que constrói (casas, prédios, etc.): *meu irmão é engenheiro e trabalha como construtor.*

❖ *pl.* construtores.

consultar con·sul·***tar***

v. 1. Pedir o conselho ou a opinião de alguém: *antes de tomar uma decisão, vou consultar meu pai, vou saber sua opinião.* 2. Procurar explicações em livros, dicionários, etc.: *você deve consultar uma enciclopédia para saber mais sobre esse assunto.*

consultório con·sul·***tó***·ri:o

s.masc. Local onde profissionais da área médica (dentistas, psicólogos, médicos, etc.) atendem seus clientes: *esse médico atende no consultório e no hospital.*

consumidor con·su·mi·***dor***

s.masc. Pessoa que compra alguma coisa para si mesma e não para vender: *os consumidores estão reclamando do alto preço do leite.*

consumir con·su·***mir***

v. 1. Destruir: *o fogo consumiu a casa inteira.* 2. Gastar: *esse carro consome muita gasolina.* 3. Comer: *essas pessoas estão acostumadas a consumir muita carne.*

consumo con·***su***·mo

s.masc. Ato de consumir: *consumo de combustível, consumo de carne.*

conta ***con***·ta

s.fem. 1. Cálculo, operação aritmética: *fiz duas contas para resolver esse problema.* 2. Quantia que se deve pagar: *eu vou pagar a conta do almoço.* 3. Bolinha perfurada de vidro, plástico, etc. com que se fazem colares e outros objetos: *juntei contas de vidro para fazer um colar.* 4. Registro que permite a uma pessoa guardar seu dinheiro em um banco: *assine estes documentos para abrir uma conta nesse banco.*

❑ **dar conta de** Ser capaz de: *você dá conta de limpar a casa sozinha?* **dar conta do recado** Conseguir cumprir bem uma tarefa: *ele fez tudo o que o professor pediu, deu conta do recado muito bem.* **fazer de conta** Fingir: *vou fazer de conta que não ouvi o que ele disse.* **levar em conta** Dar importância, levar a sério: *você não deve levar em conta a opinião dele.* **tomar conta (de alguém ou alguma coisa)** Cuidar, vigiar: *minha prima vai tomar conta das crianças enquanto eu vou até a farmácia.*

contagiar con·ta·gi·***ar***

v. Transmitir uma doença; contaminar: *ele estava com sarampo e acabou contagiando sua irmã; agora os dois estão doentes.*

contágio con·***tá***·gi:o

s.masc. Contaminação, transmissão de uma doença de uma pessoa para outra: *o contágio da gripe acontece pelo ar, ou seja, uma pessoa gripada solta vírus no ar e esses vírus contaminam outra pessoa.*

contagioso con·ta·gi·***o***·so (ô)

adj. Que contagia: *essa doença é contagiosa, pode passar para outras pessoas.*

❖ *fem.* contagiosa (ó). *pl.* contagiosos (ó), contagiosas (ó).

contaminar con·ta·mi·***nar***

v. 1. Contagiar: *eu estava com meningite e contaminei dois colegas de classe, não foi possível evitar a contaminação.* 2. Poluir: *a fumaça das fábricas contamina o ar.*

contar con·***tar***

v. 1. Verificar o número ou a quantidade de coisas ou pessoas: *conte os livros que há na estante*. 2. Dizer os números: *conte de um a dez*. 3. Esperar: *não contava encontrar você aqui*. 4. Narrar: *ele me contou uma história engraçada*.

❑ **contar com** Ter como certa (a ajuda de): *o rapaz contava com a ajuda do amigo para realizar a tarefa em tempo*.

contato con·***ta***·to

s.masc. 1. Toque entre corpos: *o contato desses dois fios elétricos provocou faíscas*. 2. Comunicação: *o piloto do avião entrou em contato com a torre de comando pelo rádio*.

contemplar con·tem·***plar***

v. Olhar demoradamente, apreciar: *da janela do apartamento, ficamos contemplando a praia*.

contemporâneo con·tem·po·***râ***·ne:o

adj. 1. Que é do mesmo tempo: *esses dois escritores foram contemporâneos, viveram na mesma época*. 2. Que é da época atual, do nosso tempo: *os foguetes espaciais são invenções contemporâneas*.

contentamento con·ten·ta·***men***·to

s.masc. Alegria, felicidade: *percebi seu contentamento quando o convidamos para a nossa festa*.

contentar con·ten·***tar***

v. 1. Deixar contente, satisfazer: *para contentar os filhos, ele levou vários presentes para casa*.

v.pron. **contentar-se** 2. Ficar satisfeito: *você acha que ela vai se contentar com tão pouco?*

→ Veja também **descontentar**.

contente con·***ten***·te

adj.masc.fem. Satisfeito, alegre: *ele ficou contente com o presente que ganhou*.

→ Veja também **descontente**.

contento con·***ten***·to

s.masc. Estado de contente, satisfação.

❑ **a contento** Satisfatoriamente: *ele resolveu tudo a contento*.

❖ Essa palavra só é usada na locução **a contento**.

conter con·***ter***

v. Ter dentro de si: *essa garrafa contém limonada*. 2. Não deixar passar de certos limites: *a polícia teve dificuldades para conter a multidão que queria ver de perto os campeões*.

v.pron. **conter-se** 3. Controlar-se, dominar os próprios sentimentos: *ele precisou se conter para não chorar*.

conterrâneo con·ter·***râ***·ne:o

adj. Que é da mesma terra natal: *esses dois rapazes são conterrâneos; os dois nasceram na Bahia*.

contestar con·tes·***tar***

v. Não concordar com o que alguém diz: *você acha esse país mais bonito que o Brasil? Pois eu contesto sua opinião*.

contestável con·tes·***tá***·vel

adj.masc.fem. Que se pode contestar, que é discutível: *a sua opinião é contestável*.

❖ *pl.* contestáveis.

→ Veja também **incontestável**.

conteúdo con·te·***ú***·do

s.masc. 1. Aquilo que há dentro de alguma coisa: *qual é o conteúdo dessa caixa?* 2. Assunto: *o conteúdo desse livro é muito interessante*.

continente con·ti·***nen***·te

s.masc. Cada uma das grandes extensões de terra, cercadas por oceanos, que formam nosso planeta: *os continentes são cinco: América, Ásia, Europa, África e Oceania*.

continuar con·ti·nu·***ar***

v. Levar adiante o que foi começado, não interromper: *vamos continuar o trabalho, não vamos parar*.

contínuo con·***tí***·nu:o

adj. Seguido, que não para: *o barulho dessa máquina é contínuo, não para nunca*.

conto ***con***·to

s.masc. História curta que focaliza um acontecimento ou situação da vida. Veja a seguir uma adaptação de um conto que tem por personagem um caipira esperto, famoso em contos populares de toda a América Latina.

C

O caipira esperto

Um estudante, um padre e um caipira viajavam pelo sertão. À noite, pararam para dormir e perceberam que só tinham um pedaço de queijo para comer. Como ele era muito pequeno para ser dividido entre os três, o padre sugeriu que eles dormissem e, de manhã, quem tivesse tido o sonho mais bonito ficaria com o queijo. E assim fizeram.

Mas de madrugada, enquanto os outros dormiam, o caipira, que não aguentava de fome, pegou o queijo e comeu-o.

Assim que amanheceu, o padre contou que tivera um sonho maravilhoso. Sonhou que estava indo para o céu levado pelos anjos, que cantavam músicas lindíssimas. O estudante disse que sonhou que já estava no céu rodeado pelos anjos e lá de cima via o padre subindo, subindo. O caipira, por sua vez, disse que sonhou que via o padre e o estudante lá nas nuvens, rodeado pelos anjinhos, e que começou a gritar:

— Seu padre, seu estudante! O queijo, vocês se esqueceram do queijo!

E os dois responderam:

— Pode comer, caipira, nós já estamos no céu e não queremos mais saber de queijo!

E o caipira disse que o sonho era tão real, mas tão real, que ele se levantou e comeu o queijo sozinho...

→ Veja também **apólogo**, **fábula**, **lenda** e **piada**.

contra-atacar ***con***·tra-a·ta·***car***

v. Passar da defesa para o ataque: *nosso time contra-atacou rapidamente e marcou o gol; o adversário não esperava o contra-ataque.*

contrabandista con·tra·ban·***dis***·ta

s.masc.fem. Pessoa que faz contrabando: *a polícia prendeu a contrabandista.*

contrabando con·tra·***ban***·do

s.masc. Entrada ilegal no país de uma mercadoria estrangeira: *contrabando de cigarros, bebidas, brinquedos.*

contradição con·tra·di·***ção***

s.fem. Cair em contradição é afirmar uma coisa num momento e depois afirmar o contrário: *ele caiu em contradição – primeiro disse que não havia tocado no bolo, mas depois confessou que comeu um pedacinho.*

❖ *pl.* contradições.

contragosto con·tra·***gos***·to (ô)

s.masc. Que contraria a vontade.

❑ **a contragosto** Contra a vontade: *ele acabou o trabalho a contragosto, pois seu desejo era largar tudo e ir embora.*

❖ Essa palavra só é usada na locução **a contragosto**.

contrair con·tra·***ir***

v. 1. Pegar, adquirir: *ele contraiu a doença.* 2. Assumir (responsabilidade): *ele contraiu muitas dívidas; agora deve pagá-las.*

❑ **contrair matrimônio** Casar-se: *Romeu e Julieta contraíram matrimônio.*

contramão con·tra·***mão***

s.fem. Sentido contrário ao que é permitido aos veículos: *o carro entrou na contramão e foi multado pelo guarda.*

contrário con·***trá***·ri:o

adj. 1. Oposto: *suas idéias são contrárias às minhas.* 2. Adversário: *nós jogamos bem, mas o time contrário acabou ganhando o jogo.*

contrassenso con·tras·***sen***·so

s.masc. Absurdo, coisa sem sentido: *isso é um contrassenso, não pode ser levado a sério.*

contraste con·***tras***·te

s.masc. Diferença marcante que há entre coisas ou pessoas: *há um grande contraste entre esta rua, tão silenciosa, e a rua vizinha, tão barulhenta.*

contratar con·tra·***tar***

v. Fazer um contrato, isto é, um acordo com alguém estabelecendo direitos e obrigações: *a dona da loja contratou um rapaz para entregar mercadorias; no contrato foi estabelecido um salário mensal para esse entregador.*

contratempo con·tra·***tem***·po

s.masc. Imprevisto que atrapalha: *quando saímos de casa, um dos pneus do carro furou e tivemos de trocá-lo; esse contratempo nos fez chegar atrasados.*

contribuir con·tri·bu·***ir***

v. Colaborar: *todos os sócios do clube contribuíram para a compra desse aparelho; cada um deu sua contribuição, isto é, a parte do dinheiro necessário.*

controlar con·tro·***lar***

v. 1. Inspecionar alguma coisa, verificar se está tudo certo: *o motorista controlava o embarque dos passageiros; só quem tinha bilhete podia subir no ônibus.* 2. Dominar: *ele controlou o nervosismo e foi bem no exame.*

controlável con·tro·***lá***·vel

adj.masc.fem. Que pode ser controlado: *existe um risco, mas é um risco controlável.*

❖ *pl.* controláveis.

→ Veja também **incontrolável**.

contundir con·tun·***dir***

v. 1. Machucar: *o choque com o atacante contundiu o goleiro; o massagista entrou em campo para tratar da contusão.*

v.pron. **contundir-se** 2. Machucar-se: *ele caiu de mau jeito e contundiu-se.*

conturbar con·tur·***bar***

v. Perturbar, causar nervosismo ou inquietação: *a notícia conturbou o ambiente.*

convalescença con·va·les·***cen***·ça

s.fem. Fase em que um doente começa a recuperar a saúde, começa a voltar ao estado normal: *ele já melhorou muito, mas ainda precisa de cuidados; está em convalescença.*

convencer con·ven·***cer***

v. Fazer outra pessoa aceitar o que estamos dizendo ou pedindo: *depois de muita conversa, ela convenceu o pai a comprar-lhe a bicicleta.*

convencido con·ven·***ci***·do

adj. 1. Que se convenceu, que está certo de alguma coisa: *ele está convencido de que essa é a melhor solução para o problema.* 2. Muito cheio de si: *só porque foi elogiado pelo diretor, ele agora anda convencido, achando-se o melhor aluno da escola.*

conveniente con·ve·ni·***en***·te

adj.masc.fem. 1. Que convém, que é apropriado para a situação, que é adequado: *esse vestido não é conveniente para ir à escola, não fica bem.* 2. Que traz vantagem: *essa escola é conveniente para mim, pois fica bem perto de casa.*

convento con·***ven***·to

s.masc. Casa onde vivem pessoas que se dedicam à vida religiosa: *nesse convento vivem 30 freiras.*

convergir con·ver·***gir***

v. Dirigir-se para um mesmo ponto: *veja nesse desenho como as várias linhas convergem para o centro da circunferência.*

conversa con·***ver***·sa (é)

s.fem. Bate-papo, troca de ideias: *eles tiveram uma conversa ontem; conversaram por mais de uma hora.*

❑ **conversa fiada** Promessa falsa: *não acredite no que ele disse que vai fazer, é conversa fiada.* **conversa pra boi dormir** Conversa fiada, promessa falsa: *não confio em suas palavras, pra mim isso é conversa pra boi dormir.* **conversa mole** Conversa fiada, conversa pra boi dormir: *o que ele disse não passa de conversa mole.* **ir na conversa de alguém** Deixar-se enganar por alguém: *ele foi na conversa dos amigos e se deu mal.* **levar na conversa** Enganar: *ele levou o pessoal na conversa e ficou com todo o dinheiro.* **puxar conversa** Procurar iniciar uma conversa, um bate-papo: *no ônibus, ela puxou conversa com o menino que estava sentado a seu lado.*

conversar con·ver·***sar***

v. Falar com alguém sobre alguma coisa, trocar ideias: *conversei com ele sobre a viagem.*

converter con·ver·***ter***

v. 1. Mudar, transformar: *na Bíblia, está escrito que Jesus converteu água em vinho.* 2. Levar alguém a aceitar uma crença ou uma opinião: *os jesuítas queriam converter os índios ao catolicismo, queriam que eles passassem a ser católicos.*

convidar con·vi·***dar***

v. 1. Pedir o comparecimento de alguém em algum lugar: *ele me convidou para uma festa em sua casa e eu aceitei o convite com prazer.* 2. *fig.* Atrair, despertar o desejo de fazer alguma coisa: *o mar calmo nos convida a um gostoso passeio de barco.*

convidativo con·vi·da·***ti***·vo

adj. Atraente, que desperta o desejo de fazer alguma coisa: *o dia estava convidativo para um passeio.*

C

convir con·***vir***

v. 1. Ser conveniente, trazer vantagem: *como o tempo está bom, convém fazer agora a pintura externa da casa.* 2. Ficar bem, ser adequado: *não convém ir com essa roupa à escola, não fica bem.*

conviva con·***vi***·va

s.masc.fem. Pessoa que participa, como convidada, de um banquete, de um almoço: *os convivas fizeram um brinde aos anfitriões.*

convivência con·vi·***vên***·ci:a

s.fem. Convívio, relacionamento frequente com alguém: *quando éramos colegas de escola, tínhamos muita convivência, estávamos sempre juntos.*

conviver con·vi·***ver***

v. Ter convivência com alguém: *quando estudávamos, eu convivi muito com ele; éramos amigos e nos encontrávamos frequentemente.*

convívio con·***ví***·vi:o

s.masc. Convivência: *tenho tido muito convívio com essas pessoas.*

convocar con·vo·***car***

v. Chamar, exigindo o comparecimento: *o diretor convocou os professores para uma reunião.*

cooperar co·o·pe·***rar***

v. Trabalhar com alguém, colaborar: *se todos cooperarem, faremos o trabalho rapidamente.*

> ◎ Cooperar é palavra formada de *co* (com) + *operar* (trabalhar, agir).

coordenar co·or·de·***nar***

v. Organizar ou dirigir (um grupo de trabalho, um projeto, etc.): *ele vai coordenar seu grupo durante as pesquisas.*

copa ***co***·pa (ó)

s.fem. 1. *Biol.* Parte superior das árvores, formada pela extremidade dos ramos: *escondidos na ramagem da copa, muitos passarinhos cantavam.* 2. Parte da casa, geralmente ao lado da cozinha, onde se guardam as coisas usadas nas refeições (pratos, talheres, etc.) e onde também se fazem refeições rápidas: *o menino estava comendo um sanduíche na copa.* 3. Troféu que tem a forma de um grande copo com pé, dado ao vencedor de uma competição esportiva: *ganhamos a copa.*

cópia ***có***·pi:a

s.fem. Reprodução exata de outra coisa: *vou mandar fazer uma cópia desta fotografia.*

copiar co·pi·***ar***

v. Reproduzir, fazer uma cópia: *copie essa poesia no seu caderno.*

copioso co·pi·***o***·so (ô)

adj. Farto, abundante: *serviram-me uma refeição copiosa.*

❖ *fem.* copiosa (ó). *pl.* copiosos (ó), copiosas (ó).

copo ***co***·po (ó)

s.masc. Recipiente próprio para beber água ou qualquer outro líquido: *bebi água num copo de plástico.*

❑ **afogar-se num copo d'água** Atrapalhar-se ou preocupar-se demais com pouca coisa: *ele se afoga num copo d'água; qualquer probleminha o deixa atrapalhado e confuso.* **fazer tempestade em copo d'água** Exagerar: *o resultado do jogo não foi ruim para ele; mesmo assim, fez tempestade em copo d'água, brigando com todos os seus companheiros.*

coqueiro co·***quei***·ro

s.masc. *Bot.* Árvore que produz coco: *há muitos coqueiros no litoral do Brasil.*

cor (ô)

s.fem. Impressão visual que os raios de luz produzem: *o azul, o vermelho, o amarelo, o marrom, o roxo, etc. são cores; o branco é a síntese desses raios, e o preto é a ausência de todas as cores.*

cor (ó)
s.masc. Palavra usada apenas na expressão *de cor*, que significa *de memória*: *ele sabe de cor a letra dessa música.*
❑ **saber de cor e salteado** De cor: *ele sabe essa história de cor e salteado*.

> ◎ A locução *de cor* (ó) é formada com base na palavra *cor*, que significa *coração*; portanto, *de cor*, inicialmente, queria dizer *de coração*. Por isso, *saber de cor*, na origem, significa *ter dentro do coração*, ou seja, *nunca esquecer*; *cor* está na origem também da palavra *coragem*.

coração co·ra·***ção***
s.masc. 1. *Anat.* Órgão que faz o sangue circular pelo corpo: *o médico examinou meu coração*. 2. *fig.* Amor: *Romeu conquistou o coração de Julieta.*
❑ **abrir o coração** Desabafar, contar tudo o que está sentindo: *ela abriu o coração com a mãe e contou por que estava triste.* **cortar o coração** Provocar muito dó, muita pena: *a cena que vi me cortou o coração*. **de coração** Com toda a sinceridade: *desejo de coração que você seja feliz.* **sem coração** Cruel, que age de modo frio, sem se comover com nada: *ele é um homem duro, sem coração*. **ter coração de ouro** Ser bondoso, generoso: *o rapaz tinha um coração de ouro e cuidava de toda a família.* **ter coração de pedra** Não se comover com nada, ser muito duro ou cruel: *ele tinha um coração de pedra e não quis ajudar ninguém.* **ter coração mole** Emocionar-se facilmente, deixar-se levar pelos sentimentos: *ele tem coração mole, não pode ver ninguém com problema que já corre querendo ajudar.*
❖ *pl.* corações.
→ Veja também **cardíaco**.

corado co·***ra***·do
adj. De cor avermelhada: *rosto corado*.
→ Veja também **descorado**.

coragem co·***ra***·gem
s.fem. Ter coragem é não sentir medo: *ele agiu com coragem*.

> ◎ Coragem é formada com base na palavra *cor* (ó), que significa *coração*; os antigos acreditavam que o coração era a sede de todos os nossos sentimentos e emoções.

→ Veja também **medo** e **encorajar**.

corajoso co·ra·**jo**·so (ô)
adj. Valente, destemido, que não tem medo: *homem corajoso*.
❖ *fem.* corajosa (ó). *pl.* corajosos (ó), corajosas (ó).
→ Veja também **covarde**, **medroso** e **valente**.

corda ***cor***·da (ó)
s.fem. 1. Vários fios torcidos juntos que formam uma espécie de um só fio grosso e resistente: *para tirar o menino do buraco em que tinha caído, joguei uma corda em que ele se agarrou e depois o puxei para cima.* 2. Fio comprido, que pode ser feito de diferentes materiais, usado em vários instrumentos musicais, como violino, violão, etc.: *o violino é um instrumento de quatro cordas*. 3. Certo tipo de fio enrolado num pequeno eixo e usado no sistema de funcionamento de alguns aparelhos: *ganhei um brinquedo de corda*.
❑ **com a corda toda** Acelerado e muito animado: *ele ficou entusiasmado com a ideia de fazer uma festa e, por isso, está trabalhando com a corda toda para que as coisas fiquem logo prontas.* **com a corda no pescoço** Em grandes dificuldades financeiras: *ele gastou mais do que devia e agora está com a corda no pescoço, sem saber como pagar as dívidas que fez.* **roer a corda** Não cumprir uma promessa, um acordo: *ele disse que ia me ajudar a fazer esse trabalho, mas roeu a corda e me deixou sozinho.*

cordato cor·***da***·to
adj. Pacífico, que não gosta de brigar: *ele é um menino cordato; sempre evita discutir com os outros.*

cordel[1] cor·***del***
s.masc. Corda bem fina, barbante: *use um cordel para amarrar o pacote.*
❖ *pl.* cordéis.

cordel[2] cor·***del***
s.masc. Nome que se dá a histórias escritas em verso e impressas de modo bem simples,

que são vendidas em feiras e praças na forma de folhetos; essas histórias são chamadas de "literatura de cordel" porque, muitas vezes, os folhetos são pendurados em cordéis para serem expostos ao público: *o cordel é bastante popular em certas cidades nordestinas.*
❖ *pl.* cordéis.

cordial cor·di·***al***
adj.masc.fem. Gentil, amável: *ele foi cordial comigo.*
❖ *pl.* cordiais.

◎ Cordial é palavra formada com base na palavra latina *cordis*, que significa *coração*; cordial, portanto, significa *aquele que trata os outros com o coração*, ou seja, *com boa vontade, com atenção*.

cordialidade cor·di:a·li·***da***·de
s.fem. Amabilidade, gentileza: *fui recebido com cordialidade.*

cordilheira cor·di·***lhei***·ra
s.fem. Cadeia de montanhas: *cordilheira dos Andes.*

corja ***cor***·ja (ó)
s.fem. *pop.* Cambada, grupo de pessoas que têm mau comportamento: *a polícia prendeu uma corja de ladrões.*

corneta cor·***ne***·ta (ê)
s.fem. Instrumento de sopro: *tocou a corneta para chamar os soldados.*

corneteiro cor·ne·***tei***·ro
s.masc. Aquele que toca corneta: *meu tio foi corneteiro no exército.*

coro ***co***·ro (ô)
s.masc. Grupo de pessoas que cantam ou declamam juntas; coral: *ela faz parte do coro da igreja.*
❑ **em coro** Em conjunto, em uma só voz: *a torcida gritou em coro o nome do jogador.*

coroa co·***ro***·a (ô)
s.fem. 1. Ornato de forma circular usado na cabeça como símbolo de poder, de realeza: *a coroa do rei tem várias pedras preciosas.* 2. *pop.* Pessoa que não é mais jovem: *ontem houve um baile para os coroas, com músicas antigas.*
❑ **coroa de flores** Arranjo de flores, de formato circular, com que se costuma homenagear os mortos: *perto do caixão foram colocadas várias coroas de flores, enviadas por amigos e parentes.*

coroar co·ro·***ar***
v. Pôr coroa em alguém para torná-lo rei, soberano, etc.: *o povo queria coroar o rapaz, queria que ele fosse o novo rei.*

corpo ***cor***·po (ô)
s.masc. 1. Parte física dos homens e dos animais: *estou estudando o corpo humano.* 2. Conjunto ou grupo de pessoas que exercem a mesma atividade ou profissão: *essa escola tem um bom corpo de professores.* 3. Cada objeto que há no céu: *as estrelas, os cometas, os planetas são corpos celestes.*
❑ **de corpo e alma** Completamente: *ela se dedicou de corpo e alma aos filhos.* **fazer corpo mole** Não se esforçar, não mostrar disposição: *na hora de trabalhar, ele fez corpo mole.* **tirar o corpo fora** Não assumir uma responsabilidade ou encargo: *quando o professor distribuiu as tarefas entre os membros do grupo, esse menino tentou tirar o corpo fora, isto é, não queria aceitar nenhuma tarefa.*
❖ *pl.* corpos (ó). *aum.* corpanzil.
→ Veja também **corporal** e **corpulento**.

corporal cor·po·***ral***
adj.masc.fem. Que se refere ao corpo: *exercício corporal.*
❖ *pl.* corporais.

corpóreo cor·***pó***·re:o
adj. Corporal, que se refere ao corpo: *massa corpórea.*

corpulento cor·pu·***len***·to
adj. Que tem corpo grande ou musculoso: *homem corpulento.*

córrego ***cór***·re·go
s.masc. Riozinho, riacho: *no fundo da chácara passava um córrego de águas bem limpas.*

correio cor·***rei***·o
s.masc. Repartição pública que recebe e envia correspondência e encomendas: *mandei uma carta pelo correio.*

❑ **correio eletrônico** Na internet, é o nome que se dá ao serviço que possibilita a troca de mensagens ou arquivos entre computadores; para enviar uma mensagem, devemos saber o endereço eletrônico da outra pessoa: *já checou seu correio eletrônico hoje? Eu lhe enviei uma mensagem.*

corrente cor·***ren***·te

adj.masc.fem. 1. Que não para de correr: *água corrente.*

s.fem. 2. Peça formada por uma série de argolas: *o animal está preso na corrente.* 3. Correnteza, movimento da água numa certa direção: *para chegar até ele, remamos contra a corrente.*

→ Veja também **acorrentar**.

correnteza cor·ren·***te***·za (ê)

s.fem. Corrente de água, movimento da água numa certa direção: *a forte correnteza levou o barco em direção à cachoeira.*

correr cor·***rer***

v. 1. Andar bem depressa, movimentar-se bem depressa: *o atleta corre, o carro corre.* 2. Movimentar-se (um líquido): *a água corria morro abaixo.* 3. Circular (uma notícia, um boato, etc.): *ontem, na escola, correu o boato de que o exame vai ser anulado.* 4. Passar, acontecer: *tudo correu bem na reunião.*

❑ **correr perigo** Passar por uma situação perigosa: *os marinheiros correram perigo no mar durante a tempestade.*

correria cor·re·***ri***·a

s.fem. Corrida desordenada: *na hora da chuva, houve uma correria pelas ruas.*

correspondência cor·res·pon·***dên***·ci:a

s.fem. 1. Equivalência: *existe uma correspondência entre esses dois triângulos, eles são equivalentes.* 2. Cartas, encomendas, propagandas e tudo que é enviado pelo correio: *você já pegou sua correspondência hoje?*

corresponder cor·res·pon·***der***

v. 1. Equivaler: *o que ele disse não corresponde à verdade, não está de acordo com a verdade.*

v.pron. **corresponder-se** 2. Trocar cartas, manter correspondência com alguém: *eu me correspondo com pessoas de várias cidades do Brasil.*

correto cor·***re***·to (é)

adj. Certo: *sua resposta está correta.*

corrigir cor·ri·***gir***

v. 1. Eliminar os erros: *corrija os exercícios que você errou na prova.* 2. Verificar se está certo ou errado: *o professor está corrigindo as provas.*

v.pron. **corrigir-se** 3. Mudar de vida, emendar-se: *você deveria corrigir-se, deveria levar as coisas mais a sério.*

→ Veja também **incorrigível**.

corrimão cor·ri·***mão***

s.masc. Peça colocada ao longo dos dois lados de uma escada, para apoio das mãos: *segure no corrimão para não cair.*

❖ *pl.* corrimões ou corrimãos.

corriqueiro cor·ri·***quei***·ro

adj. Muito comum, que acontece sempre: *fato corriqueiro.*

corromper cor·rom·***per***

v. Levar alguém a comportar-se mal: *ele tentou corromper aqueles jovens, tentou desviá-los do bom caminho.*

corruptível cor·rup·***tí***·vel

adj.masc.fem. Que se pode corromper: *pessoa corruptível.*

❖ *pl.* corruptíveis.

→ Veja também **incorruptível**.

corrupto cor·***rup***·to

adj. Aquele que se deixou corromper; aquele que permite fazer o que é ilegal em troca de alguma coisa: *funcionário corrupto.*

corsário cor·***sá***·ri:o

s.masc. 1. Navio que, antigamente, atacava e roubava os navios de países inimigos: *um poderoso corsário abordou nosso navio.* 2. O capitão desse tipo de navio: *"O corsário negro" é o nome de um famoso livro de aventuras.*

cortar cor·***tar***

v. 1. Separar usando uma faca, lâmina, etc.: *corte um pedaço do bolo para mim.* 2. Ferir, abrindo a pele: *ele cortou a mão com a gilete.* 3. Eliminar, suprimir: *ele cortou um trecho da redação.* 4. Interromper: *não corte a conversa dos outros.*

cortejo cor·***te***·jo (ê)
s.masc. Acompanhamento: *um grande cortejo de carros seguiu o presidente durante sua passagem pela cidade.*

C

cortês cor·***tês***
adj.masc.fem. Gentil, bem-educado: *ele foi cortês com as visitas.*
❖ *pl.* corteses (ê).
→ Veja também **descortês**.

cortesia cor·te·***si***·a
s.fem. Gentileza, maneiras educadas: *ele recebeu as visitas com cortesia.*
→ Veja também **descortesia**.

coruja co·***ru***·ja
s.fem. 1. *Zool.* Ave de rapina noturna: *a coruja nos olhava por entre as folhas.*
adj.masc.fem. 2. *pop.* Que exagera nos elogios aos filhos (ou parentes, de maneira geral): *mãe coruja, tio coruja.*

coser co·***ser***
v. Costurar: *ela costuma coser roupas apenas para os familiares.*
→ Não confunda com **cozer**, que tem outro significado.

cosmético cos·***mé***·ti·co
s.masc. Produto de beleza: *ela tem muitos cosméticos em casa.*

cosmo ***cos***·mo (ó)
s.masc. O universo: *os cientistas estudam o cosmo.*
❖ Existe também a forma **cosmos**.

cosmonauta cos·mo·***nau***·ta
s.masc.fem. Astronauta: *os cosmonautas viajam pelo espaço.*

> ◎ Cosmonauta é palavra formada de *cosmo* (mundo, universo) + *nauta* (navegante, navegador); portanto, cosmonauta significa *navegante do universo.*

costa ***cos***·ta (ó)
s.fem. O litoral, a borda do mar: *a lancha aproximou-se da costa.*

costas ***cos***·tas (ó)
s.fem.pl. 1. A parte de trás do tronco do ser humano: *ele machucou as costas.* 2. A parte de trás de algum objeto: *ele colou um papel nas costas da cadeira.*

costumar cos·tu·***mar***
v. Ter por hábito ou costume: *ela costuma levantar bem cedo.*

costume cos·***tu***·me
s.masc. Hábito: *essas pessoas têm o costume de passear pela praça à noite.*

cota ***co***·ta (ó)
s.fem. 1. Quantia que cada participante de um grupo deve dar para pagar uma despesa comum: *cada aluno deve pagar sua cota para a realização da festa.* 2. Porção determinada: *todos os funcionários já receberam sua cota de alimentos deste mês.*
❖ Também existe a forma **quota**.

cotejar co·te·***jar***
v. Comparar: *vamos cotejar esses dois textos para saber se eles estão iguais.*

cotidiano co·ti·di·***a***·no
adj. Diário: *minha tarefa cotidiana é limpar o jardim.*
❖ Também existe a forma **quotidiano**.

cotovelo co·to·***ve***·lo (ê)
s.masc. *Anat.* Articulação que une o braço e o antebraço: *bati o cotovelo na porta.*
❑ **falar pelos cotovelos** Falar demais, excessivamente: *ele fala pelos cotovelos!*

couraça cou·***ra***·ça
s.fem. Armadura que protege o peito e as costas: *a couraça impediu que o guerreiro fosse ferido.*

couro ***cou***·ro
s.masc. A pele grossa de certos animais: *o couro do boi é aproveitado na fabricação de muitas coisas.*
❑ **couro cabeludo** A pele da cabeça, onde nascem os cabelos: *lave bem o couro cabeludo.*

cova ***co***·va (ó)
s.fem. 1. Abertura que se faz num terreno para plantar árvores, lançar sementes, etc.: *o jardinei-*

ro colocou as sementes dentro dessas covas. 2. Abertura que se faz num cemitério para enterrar os mortos: *o caixão foi posto na cova e depois foi coberto de terra pelos coveiros*. 3. Toca de animais: *o caçador encontrou a cova da fera*.
→ Veja também **coveiro**.

covarde co·***var***·de
adj.masc.fem. Medroso, sem coragem: *não seja covarde! Enfrente seus problemas*.
→ Veja também **corajoso**, **medroso** e **valente**.

covardia co·var·***di***·a
s.fem. Falta de coragem: *queria declarar meus sentimentos a ela, mas sinto covardia*.

coveiro co·***vei***·ro
s.masc. Aquele que, num cemitério, abre covas para enterrar os mortos: *o coveiro desse cemitério é muito cuidadoso*.

covil co·***vil***
s.masc. 1. Toca ou cova de animais: *aqui está o covil dos lobos*. 2. Esconderijo de bandidos: *a polícia invadiu o covil dos ladrões*.
❖ *pl.* covis.

coxa ***co***·xa (ô)
s.fem. *Anat.* Parte da perna que vai da virilha ao joelho: *o jogador de futebol machucou a coxa*.

coxo ***co***·xo (ô)
adj. Manco: *ele sofreu um acidente e ficou coxo, não consegue mais andar direito*.
→ Não confunda com **cocho**, que tem outro significado.

cozer co·***zer***
v. Cozinhar: *estou cozendo feijão*.
→ Não confunda com **coser**, que tem outro significado.

cozinhar co·zi·***nhar***
v. Preparar alimentos pela ação do fogo: *mamãe cozinha carne para o almoço*.

crânio ***crâ***·ni:o
s.masc. 1. Espécie de caixa óssea que protege o nosso cérebro: *os arqueólogos descobriram o crânio de um homem primitivo*. 2. *pop.* Pessoa muito inteligente: *essa menina é um crânio*.

craque ***cra***·que
s.masc.fem. *pop.* Pessoa que se destaca em alguma atividade, principalmente nos esportes: *Sérgio é um craque em futebol; é o melhor jogador da escola*.

cratera cra·***te***·ra (é)
s.fem. Grande abertura que há na parte de cima de um vulcão, por onde sai a lava: *sobrevoamos a cratera do vulcão*.

cravar cra·***var***
v. 1. Pregar profundamente, fincar: *ele cravou um prego na porta*. 2. *fig.* Fixar: *ele cravou os olhos em mim*.

creche ***cre***·che (é)
s.fem. Lugar onde há pessoas que, durante o dia, tomam conta de crianças que não são suas: *meu irmãozinho passa o dia na creche*.

crédulo ***cré***·du·lo
adj. Que acredita facilmente naquilo que lhe dizem: *ele é um homem crédulo, sem malícia; por isso muitas vezes é enganado*.
→ Veja também **incrédulo**.

cremar cre·***mar***
v. Queimar cadáveres: *em vez de enterrar os mortos, certos povos costumam cremá-los*.

crença ***cren***·ça
s.fem. Ter crença é acreditar: *a menina tem crença de que ganhará um novo aparelho de som no Natal*.
→ Veja também **descrença**.

crendice cren·***di***·ce
s.fem. Crença absurda: *tenho minhas crendices; por exemplo, não passo embaixo de escadas porque dá azar*.

crepitar cre·pi·***tar***
v. Estalar, dar pequenos estalidos: *o fogo da lareira crepitava, quebrando o silêncio da sala*.

crepúsculo cre·***pús***·cu·lo
s.masc. Claridade multicolorida que se vê no céu, depois que o Sol se põe e antes da chegada da noite: *adoro ver o crepúsculo na praia*.

crer
v. Acreditar: *ele crê que existe vida em outros planetas*.

C

C

crescer cres·***cer***
v. 1. Aumentar: *o número de alunos desta escola cresceu bastante.* 2. Aumentar de tamanho: *como essas crianças cresceram!*

crespo ***cres***·po (ê)
adj. Enrolado, encaracolado: *cabelos crespos.*

cretino cre·***ti***·no
adj. Idiota, imbecil: *mas que sujeito cretino!*

cria ***cri***·a
s.fem. Animal que ainda está mamando: *a leoa protege suas crias.*

criado cri·***a***·do
s.masc. Empregado doméstico: *ele trabalha como criado nesta casa.*

criador cri:a·***dor***
s.masc. 1. Inventor: *Santos Dumont é o criador do avião.* 2. Aquele que faz criação de animais: *ela é criadora de cavalos.*
❖ *pl.* criadores.

criança cri·***an***·ça
s.masc.fem. Ser humano durante o período da infância: *primeiro a gente é criança, depois vira adolescente e, mais tarde, adulto.*

criançada cri·an·***ça***·da
s.fem. Grupo de crianças: *a criançada corria pelo parque.*

criancice cri·an·***ci***·ce
s.fem. Atitude ou ação típica de criança: *meu tio tem 40 anos mas vive fazendo criancice.*

criar cri·***ar***
v. 1. Produzir coisas novas: *esse pintor criou muitas obras.* 2. Educar, instruir: *ela criou bem os filhos.* 3. Causar: *você vive criando problemas.* 4. Inventar: *ele criou um novo tipo de automóvel.*

criatividade cri:a·ti·vi·***da***·de
s.fem. Capacidade de criar: *os alunos demonstraram muita criatividade na apresentação de seus trabalhos.*

criatura cri:a·***tu***·ra
s.fem. Todo ser criado, homem ou animal: *sonhei com criaturas fantásticas.*

crime ***cri***·me
s.masc. Qualquer ato que é contra a lei, como matar ou roubar: *esse ladrão cometeu muitos crimes.*

criminoso cri·mi·***no***·so (ô)
s.masc. Aquele que cometeu um crime: *o criminoso foi preso pela polícia.*
❖ *fem.* criminosa (ó). *pl.* criminosos (ó), criminosas (ó).

crina ***cri***·na
s.fem. Pelos compridos que há no pescoço e na cauda de alguns animais: *o cavalo sacudia sua bela crina branca.*

crise ***cri***·se
s.fem. Situação muito difícil: *o país está passando por uma crise na economia.*

cristalino cris·ta·***li***·no
adj. Transparente, límpido: *as águas deste riacho são cristalinas.*

cristão cris·***tão***
s.masc. Aquele que segue o cristianismo: *encontro de cristãos.*
❖ *fem.* cristã. *pl.* cristãos, cristãs.

cristianismo cris·ti:a·***nis***·mo
s.masc. *Rel.* Conjunto de ensinamentos deixados por Jesus Cristo: *cerca de dois bilhões de pessoas no mundo todo seguem o cristianismo.*

critério cri·***té***·ri:o
s.masc. Aquilo que serve de medida ou norma para fazer um julgamento: *ele vai explicar o critério usado pelo professor na correção das provas.*

criticar cri·ti·***car***
v. 1. Examinar alguma coisa para apontar os seus defeitos e suas qualidades: *a classe vai criticar o trabalho do nosso grupo.* 2. Destacar apenas os defeitos: *em vez de ajudar, você só critica o que os outros fazem.*

crivar cri·***var***
v. Furar em muitos pontos: *ele crivou de balas o corpo da vítima.*

crocitar cro·ci·***tar***
v. Emitir som (o corvo): *o corvo crocita.*

crônica *crô*·ni·ca
s.fem. 1. Relato de fatos ocorridos em certo período de tempo: *antigamente, as crônicas registravam tudo que um rei fazia durante seu reinado.* 2. Pequeno texto, geralmente publicado em jornais, em que o autor comenta fatos da vida cotidiana: *li uma crônica muito divertida no jornal de sábado.*

cronista cro·*nis*·ta
s.masc.fem. Pessoa que escreve crônicas: *essa escritora é uma famosa cronista.*

cronologia cro·no·lo·*gi*·a
s.fem. Ordem e data de acontecimentos históricos: *esse livro apresenta a cronologia da colonização do Brasil, apresenta os fatos em ordem cronológica.*
→ Veja também **cronológico**.

cronológico cro·no·*ló*·gi·co
adj. Que segue a cronologia; um quadro cronológico, por exemplo, apresenta fatos na ordem em que eles aconteceram, do mais antigo ao mais recente: *conte os fatos na ordem cronológica.*

cronometrar cro·no·me·*trar*
v. Marcar o tempo com cronômetro: *vou cronometrar o tempo que você leva para dar uma volta de bicicleta nesta praça.*

cronômetro cro·*nô*·me·tro
s.masc. Relógio de grande precisão: *nas corridas de automóveis, o tempo gasto pelos pilotos é marcado por cronômetros.*

> ◎ Cronômetro é palavra formada de *crono* (tempo) + *metro* (medida).

crosta *cros*·ta (ô)
s.fem. Casca, camada endurecida que envolve alguma coisa: *a crosta do pão.*

cru
adj. 1. Que não está cozido: *carne crua.* 2. Chocante, grosseiro: *palavras cruas.* 3. *fig.* Que não está preparado: *o nosso trabalho ainda está cru, não podemos apresentá-lo ainda.*
❖ *superl.* cruíssimo.

crucificar cru·ci·fi·*car*
v. Pregar alguém numa cruz e aí deixá-lo morrer: *os inimigos de Jesus Cristo o crucificaram.*

crucifixo cru·ci·*fi*·xo (cs)
s.masc. Objeto de madeira, metal, etc. que representa Cristo pregado na cruz: *na sala do diretor há um crucifixo pregado na parede.*

cruel cru·*el*
adj.masc.fem. Que sente prazer em fazer ou em provocar o mal a outra pessoa ou animal; maldoso, perverso: *pessoa cruel.*
❖ *pl.* cruéis. *superl.*: crudelíssimo.

crueldade cru·el·*da*·de
s.fem. O ato de fazer ou provocar maldade, perversidade: *como ele foi capaz de tanta crueldade?*

cruzamento cru·za·*men*·to
s.masc. 1. Lugar onde duas ruas ou avenidas se cortam: *cuidado ao atravessar esse cruzamento, pois o trânsito aí é muito perigoso.* 2. Acasalamento de animais: *esses gatinhos são o resultado do cruzamento desse gato com aquela gata.*

cruzar cru·*zar*
v. 1. Atravessar: *eles cruzaram a praça.* 2. Deixar em forma de cruz: *ela cruzou os dedos.* 3. Encontrar alguém que vem de outra direção: *cruzei com um colega na rua.* 4. Acasalar animais, fazer cruzamento de animais: *ele cruzou essa cadela com aquele cão.*

cubículo cu·*bí*·cu·lo
s.masc. Quarto muito pequeno: *meu pai guarda suas ferramentas nesse cubículo.*

cuidado cui·*da*·do
s.masc. Ter cuidado significa prestar bastante atenção no que se está fazendo: *tenha cuidado ao mexer com fogo.*

cuidadoso cui·da·*do*·so (ô)
adj. Que toma muito cuidado com suas coisas ou com aquilo que faz: *ele é cuidadoso com seu material.*
❖ *fem.* cuidadosa (ó). *pl.* cuidadosos (ó), cuidadosas (ó).
→ Veja também **descuidado** e **desleixado**.

C

cuidar cui·***dar***
v. Tratar, tomar conta: *a menina cuida bem de seu cão.*

culinária cu·li·***ná***·ri:a
s.fem. Arte de cozinhar: *ela apresenta um programa sobre culinária.*

culminante cul·mi·***nan***·te
adj.masc.fem. 1. O mais elevado: *esse é o pico culminante da cordilheira.* 2. O mais marcante, o mais emocionante: *esse foi o momento culminante da festa.*

culpa ***cul***·pa
s.fem. Responsabilidade por um ato que prejudica outra pessoa: *você obrigou o menino a subir na árvore; se ele cair, a culpa é sua.*

culpar cul·***par***
v. Pôr a culpa em alguém: *na hora do acidente, todos culparam o motorista do ônibus; depois, viu-se que ele era inocente.*

culposo cul·***po***·so (ô)
adj. Em que há culpa: *ato culposo.*
❖ *fem.* culposa (ó). *pl.* culposos (ó), culposas (ó).

cultivar cul·ti·***var***
v. Cuidar de uma plantação para fazê-la crescer: *nossa família cultiva café.*

culto ***cul***·to
s.masc. 1. Adoração religiosa: *todos ali participavam de cultos islâmicos.*
adj. 2. Muito instruído: *ela é uma mulher culta.*

cultuar cul·tu·***ar***
v. Adorar, prestar culto a alguém ou a alguma divindade: *os povos antigos cultuavam muitos deuses.*

cultura cul·***tu***·ra
s.fem. 1. Ação de cultivar, de plantar: *ela se dedica à cultura de flores.* 2. Conhecimento, saber: *ele adquiriu muita cultura fazendo esses cursos.* 3. Conjunto de costumes, crenças, valores, artes, etc. de uma sociedade: *vamos estudar a cultura indígena.*

cultural cul·tu·***ral***
adj.masc.fem. Que se refere à cultura: *atividade cultural.*
❖ *pl.* culturais.

cume ***cu***·me
s.masc. Pico, topo, o ponto mais alto: *o alpinista atingiu o cume da montanha.*

cúmplice ***cúm***·pli·ce
s.masc.fem. Comparsa, pessoa que ajuda alguém a cometer uma ação ilegal ou desonesta (crime, assalto, etc.): *a polícia prendeu o ladrão e seu cúmplice.*

cumprimentar cum·pri·men·***tar***
v. Fazer um cumprimento, saudar: *ele entrou e cumprimentou o professor.*

cumprimento cum·pri·***men***·to
s.masc. 1. Aquilo que se faz quando se encontra alguém, como apertar a mão ou dizer bom-dia; saudação: *deu um rápido cumprimento e seguiu adiante.* 2. Execução, ato de cumprir: *ele exige o cumprimento do dever.*
→ Não confunda com **comprimento**, que tem outro significado.

cumprir cum·***prir***
v. Executar o que foi pedido ou ordenado: *ele cumpriu a tarefa que lhe deram.*

cunhado cu·***nha***·do
s.masc. O marido da minha irmã: *meu cunhado é carioca.*

curandeiro cu·ran·***dei***·ro
s.masc. Aquele que tenta curar sem ser médico, muitas vezes usando mágicas e feitiços: *o curandeiro daquele local benzeu um chá de ervas e fez o doente tomá-lo.*

curar cu·***rar***
v. Promover a cura, sarar, livrar de uma doença: *esse remédio curou a criança.*

curável cu·***rá***·vel
adj.masc.fem. Que pode ser curado: *doença curável.*
❖ *pl.* curáveis.
→ Veja também **incurável**.

curiosidade cu·ri·o·si·***da***·de
s.fem. Desejo de conhecer, de saber: *todos têm curiosidade de saber como vivem esses artistas.*

curioso cu·ri·***o***·so (ô)

adj. 1. Interessante, que desperta a curiosidade: *esse filme mostra fatos curiosos sobre os macacos*. 2. Que mostra curiosidade, desejo de conhecer, de saber: *a aluna curiosa está sempre querendo saber mais*.

❖ *fem.* curiosa (ó). *pl.* curiosos (ó), curiosas (ó).

curral cur·***ral***

s.masc. Lugar onde se recolhe o gado: *à tarde, os bois e as vacas são conduzidos para o curral, onde passam a noite*.

❖ *pl.* currais.

curso ***cur***·so

s.masc. 1. Movimento, trajetória: *os astrônomos estudam o curso dos astros no céu*. 2. Série de lições sobre determinado assunto: *estou fazendo um curso de inglês*.

cursor cur·***sor***

s.masc. *Inform.* Sinal que aparece na tela do computador, indicando o local onde entrará aquilo que for digitado: *posicione o cursor sobre a letra* a.

❖ *pl.* cursores.

curtir cur·***tir***

v. 1. Preparar couros ou peles para que não apodreçam: *eles estão curtindo o couro do bode*. 2. Sofrer: *ela curtiu sede durante a viagem*. 3. *pop.* Aproveitar bastante, apreciar: *o dia estava tão quente que ficamos curtindo a praia até a noite chegar*.

curto ***cur***·to

adj. 1. Que é pouco extenso, que tem pouco comprimento: *caminho curto*. 2. Breve, rápido, de pouca duração: *filme curto*.

→ Veja também **encurtar** e **longo**.

curumim cu·ru·***mim***

s.masc. Criança, principalmente quando se trata de indígenas: *os curumins estão nadando no rio*.

❖ *pl.* curumins.

> ◎ Curumim é uma palavra da língua tupi que significa *menino, garoto*.

curva ***cur***·va

s.fem. 1. Linha que descreve uma volta, um arco: *o menino desenhou curvas de tamanho variado no papel*. 2. Trecho de uma estrada em que ela descreve uma volta, um arco: *o acidente aconteceu porque o motorista entrou velozmente na curva*.

curvar cur·***var***

v. Tornar curvo, entortar, dobrar: *se você curvar essa régua, ela vai quebrar*.

curvilíneo cur·vi·***lí***·ne:o

adj. Que segue a direção de uma linha curva: *o avião fez um vôo curvilíneo*.

→ Veja também **retilíneo**.

curvo ***cur***·vo

adj. Curvado, que tem forma de arco, que não é reto: *o tronco desta árvore está curvo*.

cuspe ***cus***·pe

s.masc. Saliva: *os meninos faziam campeonato de cuspe*.

❖ Também existe a forma **cuspo**.

cuspida cus·***pi***·da

s.fem. Ação de cuspir: *deu uma cuspida no chão*.

cuspir cus·***pir***

v. Lançar pela boca cuspe ou alguma outra coisa: *ele cuspiu o caroço da azeitona*.

custar cus·***tar***

v. 1. Ter o valor de: *quanto custa esse brinquedo? Qual é o preço dele?* 2. Ser difícil, dar muito trabalho: *será que custa muito ajudar nosso colega?* 3. Demorar: *ele custou a chegar*.

❑ **custar a vida** Causar a morte: *a vitória custou a vida de muitos soldados*.

custear cus·te·***ar***

v. Pagar as despesas ou o custo de alguma coisa: *ele vai custear os estudos desse garoto*.

custo ***cus***·to

s.masc. 1. Valor, preço: *esse é um carro de alto custo*. 2. Dificuldade, esforço: *ela fez o trabalho com muito custo, pois estava doente*.

custódia cus·***tó***·di:a

s.fem. Guarda, proteção: *as joias estão sob minha custódia, eu sou responsável por elas*.

C

custoso cus·***to***·so (ô)

adj. Difícil, trabalhoso, que exige muito esforço: *tarefa* custosa.

❖ *fem.* custosa (ó). *pl.* custosos (ó), custosas (ó).

cutâneo cu·***tâ***·ne:o

adj. Que se refere à cútis, à pele: *ele está com irritação* cutânea.

cutia cu·***ti***·a

s.fem. *Zool.* Pequeno mamífero roedor: *à noite a* cutia *sai da toca.*

cutícula cu·***tí***·cu·la

s.fem. Pele bem fininha em torno da unha: *minha mãe tira a* cutícula *quando faz a mão.*

cútis ***cú***·tis

s.fem. Pele das pessoas: *a* cútis *do bebê é muito delicada.*

❖ Essa palavra tem a mesma forma no singular e no plural: *a cútis, as cútis.*

→ Veja também **cutâneo**.

cutucar cu·tu·***car***

v. Tocar com o dedo, pé, cotovelo ou algum objeto pontudo: *ele* cutucou *o cachorro com o guarda-chuva.*

czar

s.masc. Título dos antigos imperadores da Rússia: *o último* czar *russo abdicou em 1917.*

❖ *fem.* czarina. *pl.* czares, czarinas.

Dd

dado

d (dê)

s.masc. A quarta letra do alfabeto: *a palavra dia começa com d.*

dádiva ***dá***·di·va

s.fem. Presente: *a chuva que caiu naquela região seca foi uma dádiva de Deus.*

dado[1] ***da***·do

s.masc. 1. Objeto de seis faces numeradas, usado em diversos jogos: *joguei o dado e tirei seis.* 2. Informação: *ele tem um dado novo sobre esse assunto.*

dado[2] ***da***·do

adj. *pop.* Comunicativo, que se dá bem com outras pessoas: *ele é muito dado, tem amizade com todos.*

dama ***da***·ma

s.fem. 1. Mulher, senhora: *por favor, primeiro as damas!* 2. Mulher que participa de uma dança com um homem: *cada cavalheiro conduz sua dama até o meio do salão.*

damas ***da***·mas

s.fem.pl. Certo jogo de tabuleiro disputado entre duas pessoas: *ele gosta de jogar damas com o pai.*

danado da·***na***·do

adj. 1. Nervoso, furioso: *ele ficou danado ao saber o que tinha acontecido.* 2. *pop.* Levado, travesso: *mas que menino danado!* 3. *pop.* Incrível: *ele teve uma sorte danada no jogo!* 4. Raivoso: *cão danado.*

danificar da·ni·fi·***car***

v. Estragar: *ele deixou cair o rádio e danificou o aparelho.*

daninho da·***ni***·nho

adj. Nocivo, que provoca estrago: *precisamos arrancar as ervas daninhas do jardim ou elas matarão as flores.*

dano ***da***·no

s.masc. Prejuízo, estrago: *esqueceu seus brinquedos no quintal e a chuva causou danos a sua coleção de carrinhos de ferro.*

→ Veja também **danificar**.

danoso da·***no***·so (ô)

adj. Prejudicial, nocivo: *a fumaça das fábricas provoca efeito danoso à saúde.*

❖ *fem.* danosa (ó). *pl.* danosos (ó), danosas (ó).

dar

v. 1. Entregar: *dê o livro à professora.* 2. Produzir: *essa árvore deu muitos frutos.* 3. Ser suficiente: *esse dinheiro dá para comprar o lanche.* 4. Aplicar: *o médico deu uma injeção no doente.* 5. Publicar: *esse jornal deu a notícia primeiro.* 6. Resultar: *meu esforço não deu em nada.* 7. Desembocar: *essa rua vai dar na praça.* 8. Ter vocação ou jeito: *acho que ele não dá para professor.* 9. Soar, bater (horas): *já deram dez horas.*

❑ **dar-se com alguém** Ter amizade: *eu me dou com ela há muito tempo.* **dar-se** Ocorrer, acontecer: *esse fato deu-se em 1990.*

dardo ***dar***·do

s.masc. Pequena lança: *vamos brincar de atirar dardos no alvo?*

data ***da***·ta

s.fem. Indicação da época (dia, mês, ano): *7 de setembro de 1822 é a data da Independência do Brasil.*

datar da·***tar***

v. Pôr a data: *não se esqueça de datar a carta que você escreveu.*

datilografar da·ti·lo·gra·***far***

v. Escrever à máquina: *alguns escritores não gostam de usar computadores; preferem datilografar os originais de seus livros.*

debalde de·***bal***·de

adv. Inutilmente, em vão: *esperamos debalde a sua vinda.*

D

debandar de·ban·***dar***

v. Sair ou fugir desordenadamente: *quando viram a polícia, os ladrões debandaram apavorados, correram em debandada.*

debate de·***ba***·te

s.masc. Discussão, troca de ideias: *os alunos vão fazer um debate sobre esse assunto.*

debater de·ba·***ter***

v. 1. Discutir, trocar ideias sobre: *o professor debateu o problema da poluição com a classe.* v.pron. **debater-se** 2. Agitar-se ou lutar para livrar-se: *agarrado pelos guardas, ele se debatia, tentando escapar.*

debelar de·be·***lar***

v. 1. Extinguir, eliminar: *os bombeiros debelaram as chamas.* 2. Sufocar, reprimir: *o rei não foi capaz de debelar a rebelião do povo.*

débil ***dé***·bil

adj.masc.fem. Fraco, sem força: *ele estava muito doente e, quando falava, sua voz era tão débil que quase não ouvíamos.*

❖ *pl.* débeis.

debilitar de·bi·li·***tar***

v. Enfraquecer: *a doença debilitou bastante a menina.*

débito ***dé***·bi·to

s.masc. Dívida, aquilo que se deve: *você tem um débito na lanchonete.*

debochar de·bo·***char***

v. Caçoar, zombar de alguém: *esse menino vive debochando dos colegas.*

deboche de·***bo***·che (ó)

s.masc. Chacota, zombaria: *o menino ficou bravo com o deboche dos colegas.*

debruçar de·bru·***çar***

v. 1. Inclinar, curvar: *ele debruçou a cabeça sobre a mesa e dormiu.*
v.pron. **debruçar-se** 2. Inclinar o corpo para a frente: *não se debruce na janela, você pode cair.*

década ***dé***·ca·da

s.fem. Período de dez anos; decênio: *o governo levou uma década para terminar essa obra.*

decadência de·ca·***dên***·ci:a

s.fem. Declínio, começo da ruína: *a guerra provocou a decadência desse país.*

decadente de·ca·***den***·te

adj.masc.fem. Que está em decadência, que está se arruinando, ficando cada vez pior: *país decadente.*

decair de·ca·***ir***

v. Entrar em decadência ou declínio, ficar cada vez pior: *ele fora um bom jogador, mas a qualidade de suas jogadas estava decaindo.*

decapitar de·ca·pi·***tar***

v. Cortar fora a cabeça: *os soldados decapitaram Lampião.*

decência de·***cên***·ci:a

s.fem. Ter decência é estar de acordo com os valores morais e éticos de uma sociedade: *aquele político não tem decência, roubou o dinheiro público.*

decênio de·***cê***·ni:o

s.masc. Período de dez anos, década: *este decênio foi excelente para nossa cidade.*

decente de·***cen***·te

adj.masc.fem. Que não contraria os bons costumes, que não é imoral: *filme decente.*

→ Veja também **indecente**.

decepar de·ce·***par***

v. Cortar violentamente alguma coisa, separando-a do corpo de que faz parte: *deceparam a mão do guerreiro.*

decepção de·cep·***ção***

s.fem. Aquilo que sentimos quando algo não sai como esperávamos: *eu estava empolgado com o curso de vôlei, mas tive uma decepção – as aulas são péssimas.*

❖ *pl.* decepções.

decepcionar de·cep·ci:o·***nar***

v. Causar decepção: *os jogadores não fizeram uma boa partida e decepcionaram a torcida.*

decerto de·***cer***·to (é)

adv. Com certeza, certamente: *ele decerto estará aqui na hora da festa.*

decidido de·ci·***di***·do
adj. 1. Que foi resolvido: *assunto decidido*. 2. Firme, seguro de si: *ele é um homem decidido, sabe o que quer e age com segurança.*

decidir de·ci·***dir***
v. 1. Escolher uma atitude a tomar, definir um caminho a percorrer, tomar a decisão de: *ele decidiu viajar amanhã cedo*. 2. Levar a um resultado definitivo: *esse jogo decide o campeonato, determina quem é o campeão.*

decifrar de·ci·***frar***
v. Compreender ou descobrir o sentido de um enigma, de um código, etc.: *ele decifrou a mensagem em código que nós enviamos.*

decifrável de·ci·***frá***·vel
adj.masc.fem. Que se pode decifrar: *código decifrável*.
❖ *pl.* decifráveis.
→ Veja também **indecifrável**.

decisão de·ci·***são***
s.fem. 1. Escolha de uma atitude, definição de um caminho: *ele tomou a decisão de viajar*. 2. Segurança: *ela agiu com decisão, resolvendo logo o problema.*
❖ *pl.* decisões.
→ Veja também **indecisão**.

decisivo de·ci·***si***·vo
adj. Que decide, que leva a um resultado definitivo: *aquele gol foi decisivo; levou nosso time à vitória.*

declamar de·cla·***mar***
v. Recitar, falar em voz alta com entonação apropriada: *ela declamou uma poesia.*

declaração de·cla·ra·***ção***
s.fem. Manifestação oral ou escrita: *ela ouviu uma declaração de amor.*
❖ *pl.* declarações.

declarar de·cla·***rar***
v. Tornar público: *declaro a todos que amo essa garota.*

declínio de·***clí***·ni:o
s.masc. Decadência: *depois da guerra, esse país entrou em declínio.*

declive de·***cli***·ve
s.masc. Descida, inclinação de um terreno visto de cima para baixo: *o carro rodou declive abaixo.*
→ Veja também **aclive** e **ladeira**.

decolar de·co·***lar***
v. Levantar voo (o avião ou qualquer outro veículo aéreo): *o avião já decolou.*

decompor de·com·***por***
v. 1. Separar as partes de um todo: *vamos decompor o texto em três partes: introdução, desenvolvimento e conclusão*. 2. Estragar: *o forte calor decompôs esses alimentos.*

decorar de·co·***rar***
v. 1. Aprender de cor: *a menina decorou a letra daquela música*. 2. Enfeitar ou embelezar um lugar: *os alunos decoraram a sala com flores; a professora gostou muito da decoração.*

decorativo de·co·ra·***ti***·vo
adj. Que enfeita ou embeleza: *ela comprou vários objetos decorativos para a sala.*

decoro de·***co***·ro (ô)
s.masc. Decência, conformidade com os bons costumes: *aja com decoro durante a festa.*

decoroso de·co·***ro***·so (ô)
adj. Decente, que segue os bons costumes: *ela teve um comportamento decoroso.*
❖ *fem.* decorosa (ó). *pl.* decorosos (ó), decorosas (ó).
→ Veja também **indecoroso**.

decorrer de·cor·***rer***
v. 1. Passar (o tempo): *nosso time marcou o gol quando já havia decorrido meia hora de jogo*. 2. Ocorrer, transcorrer: *a reunião decorreu em paz*. 3. Resultar, ser consequência: *a doença dessas pessoas decorre da poluição.*

decrescente de·cres·***cen***·te
adj.masc.fem. Que vai ficando cada vez menor, que vai diminuindo: *em 2003 havia 200 alunos nesta escola; em 2004, 190; em 2005, 180. Nesses três anos, o número de alunos foi decrescente.*

decrescer de·cres·***cer***
v. Diminuir, tomar-se menor: *o número de alunos dessa escola está decrescendo, está ficando cada vez menor.*

D

decréscimo de·***crés***·ci·mo
s.masc. Diminuição: *por que houve um decréscimo no número de alunos dessa escola?*

decretar de·cre·***tar***
v. Ordenar oficialmente por decreto ou lei: *o governo decretou o fechamento desse banco.*

decreto de·***cre***·to
s.masc. Ordem expedida pelo governo: *a população está protestando contra o decreto que aumentou os impostos.*

decúbito de·***cú***·bi·to
s.masc. Posição do nosso corpo quando estamos deitados: *o rapaz estava em decúbito; estava deitado.*
❑ **decúbito dorsal** Posição de quem está deitado de costas, com a barriga para cima: *ele foi encontrado em decúbito dorsal.*

decuplicar de·cu·pli·***car***
v. Multiplicar por dez: *este ano, ele decuplicou seus lucros, ganhou dez vezes mais.*

dedicar de·di·***car***
v. 1. Oferecer com carinho: *ele dedicou essa música à namorada.* 2. Destinar: *ele dedica muito tempo aos estudos.*
v.pron. **dedicar-se** 3. Entregar-se, aplicar-se: *ela se dedica ao estudo da música.*

dedicatória de·di·ca·***tó***·ri:a
s.fem. Palavras que escrevemos numa foto, num livro, quando vamos dá-los de presente para alguém: *ela escreveu uma dedicatória na foto que deu ao namorado.*

dedilhar de·di·***lhar***
v. *Mús.* Tocar com os dedos as cordas de um instrumento musical: *dedilhar um violão.*

dedilhável de·di·***lhá***·vel
adj.masc.fem. *Mús.* Que se pode dedilhar: *o violão é um instrumento dedilhável.*
❖ *pl.* dedilháveis.

dedo ***de***·do (ê)
s.masc. *Anat.* Cada uma das extremidades articuladas das mãos e dos pés dos seres humanos e dos membros de alguns animais: *Cada dedo de nossa mão tem um nome científico e um popular. Começando pelo menor, temos: mínimo ou mindinho, anular ou seu-vizinho, médio ou pai-de-todos, indicador ou fura-bolo e polegar ou mata-piolho.*
❑ **escolher a dedo** Escolher muito bem: *o diretor escolheu a dedo seu assistente.*

dedo-duro ***de***·do-***du***·ro
s.masc.fem. pop. Pessoa que delata, que denuncia: *havia um dedo-duro entre os bandidos e ele revelou o nome dos outros.*
❖ *pl.* dedos-duros.

deduzir de·du·***zir***
v. 1. Diminuir, descontar: *desse total, ele deduziu metade.* 2. Concluir, a partir da observação: *vendo a garagem vazia, deduzi que meus pais haviam saído de carro.*

defeito de·***fei***·to
s.masc. 1. Mau funcionamento: *meu rádio está com defeito, preciso consertá-lo.* 2. Comportamento que deve ser evitado: *ele tem um defeito: é muito preguiçoso.*

defeituoso de·fei·tu·***o***·so (ô)
adj. Que tem defeito, imperfeição ou falha: *produto defeituoso.*
❖ *fem.:* defeituosa (ó). *pl.* defeituosos (ó), defeituosas (ó).

defender de·fen·***der***
v. 1. Proteger: *os soldados defendem a cidade, lutam por ela.* 2. *Esp.* Conter o ataque adversário: *o goleiro defendeu o chute do atacante, impedindo que ele marcasse o gol.*
→ Veja também **defensável**.

defensável de·fen·***sá***·vel
adj.masc.fem. Que pode ser defendido: *o chute era defensável, mas o goleiro deixou a bola passar.*
❖ *pl.* defensáveis.
→ Veja também **indefensável**.

defensor de·fen·***sor***
s.masc. Protetor, aquele que defende, que protege: *ele é o defensor das pessoas humildes.*
❖ *pl.* defensores.

deferência de·fe·***rên***·ci:a
s.fem. Consideração, respeito, atenção: *atendi a esse pedido por deferência a você, que é meu grande amigo.*

definido de·fi·***ni***·do
adj. Delimitado, marcado: *ficarei fora da cidade por um tempo definido: apenas três dias.*
→ Veja também **indefinido**.

definir de·fi·***nir***
v. 1. Dizer o que significa uma palavra: *o professor pediu que eu definisse adjetivo, que eu desse a definição de adjetivo.* 2. Marcar com precisão, determinar: *o diretor já definiu a data do exame.*

definitivo de·fi·ni·***ti***·vo
adj. Final: *essa é minha resposta definitiva, não vou mais modificá-la.*

deflagrar de·fla·***grar***
v. Provocar, desencadear: *eles ameaçam deflagrar uma greve se não conseguirem aumento de salário.*

deformado de·for·***ma***·do
adj. Que não tem mais a forma original: *a alergia deixou sua orelha deformada.*

deformar de·for·***mar***
v. Alterar a forma original: *o calor deformou esse plástico; ele ficou todo torto.*

defunto de·***fun***·to
s.masc. Pessoa que faleceu: *o defunto foi colocado num caixão para ser enterrado.*

defrontar de·fron·***tar***
v. 1. Enfrentar, encarar: *ele defrontou o adversário.*
v.pron. **defrontar-se** 2. Ver-se defronte ou frente a frente: *defrontei-me com ele na rua.*

degelar de·ge·***lar***
v. Tirar ou sair do estado de gelo; descongelar: *a água do lago estava congelada; com a chegada do calor, ela começou a degelar.*

degolar de·go·***lar***
v. Matar cortando o pescoço: *ele degolou o animal.*

degradante de·gra·***dan***·te
adj.masc.fem. Que degrada, que faz perder o respeito dos outros: *ele tem um vício degradante.*

degradar de·gra·***dar***
v. Rebaixar moralmente: *o vício degradou esse homem, fez com que todos deixassem de respeitá-lo.*
→ Não confunda com **degredar**, que tem outro significado.

degredar de·gre·***dar***
v. Exilar, desterrar, castigar alguém obrigando-o a ficar fora de sua terra natal: *os condenados foram degredados.*
→ Não confunda com **degradar**, que tem outro significado.

degredo de·***gre***·do (ê)
s.masc. Afastamento forçado ou voluntário da terra natal, desterro: *seu castigo será o degredo.*

degustar de·gus·***tar***
v. Saborear: *degustamos uma bebida especial em sua casa.*

deitar dei·***tar***
v. 1. Estender ao comprido: *deite a criança no berço.*
v.pron. **deitar-se** 2. Estender-se ao comprido, em geral para dormir: *ela se deitou cedo.*

deixar dei·***xar***
v. 1. Permitir, autorizar, consentir: *o professor deixou que eu saísse da sala.* 2. Largar: *deixe o pacote na cadeira.* 3. Abandonar: *ele deixou a família e foi morar sozinho.*
❑ **deixar a desejar** Não satisfazer, não ser bom o suficiente: *o seu trabalho deixa a desejar, precisa ser melhorado.*

dejeto de·***je***·to (é)
s.masc. Excremento: *os dejetos correm pelo esgoto das casas.*

delatar de·la·***tar***
v. Denunciar alguém como culpado: *o bandido delatou seus companheiros, que ficaram furiosos com a delação.*

deleitar de·lei·***tar***
v. Causar grande prazer a alguém, agradar bastante: *o espetáculo musical deleitou o público.*

deleite de·***lei***·te
s.masc. Grande prazer: *o espetáculo foi um deleite para o público.*

D

deletar de·le·***tar***
v. *Inform.* Apagar, eliminar: *vou deletar o texto que ele digitou.*

delgado del·***ga***·do
adj. Fino, de pouca espessura: *lâmina delgada.*

deliberar de·li·be·***rar***
v. Decidir depois de análise e discussões: *o governo deliberou diminuir o preço de certos alimentos; essa deliberação foi tomada ontem.*

delicadeza de·li·ca·***de***·za (ê)
s.fem. 1. Gentileza: *fui tratado com delicadeza, todos me receberam muito bem.* 2. Aparência fina e frágil: *todos admiram a delicadeza da rosa.*

delicado de·li·***ca***·do
adj. 1. Atencioso, gentil: *ele foi delicado com as visitas.* 2. Fraco, frágil: *ela tem a saúde delicada, fica doente à toa.* 3. De traços finos, suaves: *segurou a mão delicada da menina.* 4. Perigoso, arriscado: *ele vai sofrer uma operação delicada.* 5. Complicado, difícil: *ela está numa situação delicada e não sabe o que fazer.*

delícia de·***lí***·ci:a
s.fem. Coisa gostosa, que dá prazer: *esse suco de frutas é uma delícia!*

deliciar de·li·ci·***ar***
v. 1. Dar muito prazer a alguém: *o belo espetáculo deliciou as visitas.*
v.pron. **deliciar-se** 2. Sentir muito prazer, ficar muito satisfeito: *eles vão se deliciar com esses doces.*

delicioso de·li·ci·***o***·so (ô)
adj. 1. Gostoso, saboroso: *o sorvete estava delicioso!* 2. Muito agradável: *tivemos umas férias deliciosas!*
❖ *fem.* deliciosa (ó). *pl.* deliciosos (ó), deliciosas (ó).

delimitar de·li·mi·***tar***
v. Marcar os limites, definir até onde vai determinada coisa (espaço, tempo, etc.): *ele vai delimitar os terrenos que serão entregues às famílias; cada uma vai saber até onde vai o seu terreno.*

delinquente de·lin·***quen***·te
s.masc.fem. Bandido, marginal: *a polícia prendeu o delinquente que agrediu e roubou aquelas pessoas.*

delirar de·li·***rar***
v. 1. Entusiasmar-se bastante, vibrar muito: *a torcida delirou ao ver seu time campeão.* 2. Ficar fora de si e falar frases sem sentido: *a febre muito alta fez o doente delirar; seu delírio demorou a passar.*

delito de·***li***·to
s.masc. Ato ilegal: *esse homem cometeu um delito, fez uma coisa que é contra a lei.*

demanda de·***man***·da
s.fem. Procura: *nas lojas, houve uma grande demanda desse brinquedo, havia muita gente querendo comprá-lo.*

demasia de·ma·***si***·a
s.fem. Excesso.
❑ **em demasia** Em excesso, demais: *ele comeu em demasia e agora está passando mal.*
❖ Essa palavra quase sempre é usada na locução **em demasia**.

demência de·***mên***·ci:a
s.fem. Loucura: *aquele homem sofre de demência.*

demitir de·mi·***tir***
v. 1. Despedir, mandar embora de um emprego ou afastar alguém de um cargo: *o presidente do clube demitiu o técnico de futebol; a demissão foi noticiada ontem.*
v.pron. **demitir-se** 2. Largar, por vontade própria, um cargo ou emprego: *ele se demitiu da empresa onde trabalhava.*

demo[1] ***de***·mo (ê)
s.masc. Demônio, diabo: *fizeram mandingas para afastar o demo.*

demo[2] ***de***·mo (ê)
s.masc. Aquilo que é feito para demonstração: *os músicos apresentaram um demo da gravação da música.*

democracia de·mo·cra·***ci***·a
s.fem. Sistema de governo em que os dirigentes são eleitos pelo povo: *vamos acabar com esta ditadura; queremos democracia!*

democrático de·mo·***crá***·ti·co
adj. 1. Que se refere à democracia: *vivemos num regime democrático*. 2. *fig.* Que dá liberdade, que permite que os outros expressem suas opiniões livremente: *esse professor é democrático, não toma nenhuma decisão sem trocar ideias com os alunos.*

democratizar de·mo·cra·ti·***zar***
v. Tornar acessível a todas as classes sociais: *esse país democratizou o ensino; agora qualquer pessoa tem possibilidade de fazer seus estudos.*

demolir de·mo·***lir***
v. Derrubar, destruir: *os homens demoliram aquela casa velha em poucos dias; foi uma demolição muito rápida.*

demoníaco de·mo·***ní***·a·co
adj. Que tem a ver com o demônio: *figura demoníaca*.

demônio de·***mô***·ni:o
s.masc. Diabo: *no filme de ontem aparecia um demônio verde.*

demonstrar de·mons·***trar***
v. 1. Provar por meio de um raciocínio: *o professor demonstrou que esses dois triângulos são iguais; ele fez essa demonstração na aula de ontem*. 2. Mostrar, revelar, dar a conhecer: *essa menina demonstra interesse por música.*

demorar de·mo·***rar***
v. Levar muito tempo: *por que você demorou para sair? Qual a causa de sua demora?*

demover de·mo·***ver***
v. Fazer alguém voltar atrás numa decisão: *ele conseguiu demover o amigo da ideia de ir embora, conseguiu convencê-lo a ficar.*

dengo ***den***·go
s.masc. Manha: *essa menina é cheia de dengo*.

dengoso den·***go***·so (ô)
adj. Cheio de dengo, manhoso: *criança dengosa*.
❖ *fem.* dengosa (ó). *pl.* dengosos (ó), dengosas (ó).

dengue ***den***·gue
s.fem. 1. *Med.* Doença transmitida pela picada do mosquito *Aedes aegypti*: *para combater a dengue é preciso eliminar a água parada*. 2. Dengo, manha: *cheia de dengue*.

denominar de·no·mi·***nar***
v. Pôr nome, chamar de: *os brasileiros denominaram Santos Dumont de "o pai da aviação".*

denotar de·no·***tar***
v. Indicar(2): *seu jeito de responder denota confiança, revela que ele está confiante.*

denso ***den***·so
adj. 1. Grosso, espesso: *líquido denso*. 2. Cerrado, fechado: *eles perderam-se na mata densa*. 3. Sombrio, escuro: *densas nuvens pairavam no horizonte.*

dental den·***tal***
adj.masc.fem. Que se refere aos dentes: *limpe os dentes com um fio dental.*
❖ *pl.* dentais.

dentário den·***tá***·ri:o
adj. Que se refere aos dentes: *vou fazer um tratamento dentário*.

dente ***den***·te
s.masc. Cada uma das estruturas duras que temos na boca e que servem para mastigar e morder: *devemos sempre escovar os dentes depois de comer.*

dentição den·ti·***ção***
s.fem. O conjunto dos dentes: *a nossa primeira dentição é chamada de leite.*
❖ *pl.* dentições.

dentifrício den·ti·***frí***·ci:o
s.masc. Pasta para limpar os dentes: *engolir dentifrício faz mal.*

dentista den·***tis***·ta
s.masc.fem. Aquele que tem como profissão tratar dos dentes das pessoas: *minha dentista é muito atenciosa.*

dentuço den·***tu***·ço
adj. Que tem dentes grandes ou salientes: *garoto dentuço*.

denúncia de·***nún***·ci:a
s.fem. Acusação: *o policial recebeu uma denúncia contra esse homem.*

D

denunciar de·nun·ci·***ar***

v. Acusar alguém de ter feito alguma coisa errada ou ilegal: *ela denunciou o rapaz à polícia, dizendo que ele a roubou.*

deparar de·pa·***rar***

v. Encontrar de repente ou por acaso: *ao entrar na loja, deparei com meu primo.*

❖ Também existe a forma pronominal **deparar-se**.

departamento de·par·ta·***men***·to

s.masc. Seção, setor: *aqui é o departamento de vendas da loja, o local onde são feitas as vendas.*

depauperar de·pau·pe·***rar***

v. 1. Empobrecer: *os gastos exagerados depauperaram a cidade em pouco tempo.* 2. Enfraquecer: *o vício da bebida depauperou o organismo daquele homem.*

depenar de·pe·***nar***

v. 1. Arrancar as penas: *o cozinheiro depenou a galinha.* 2. *pop.* Agir de forma maliciosa para ficar com dinheiro de outra pessoa: *ao perceber que o rapaz era ingênuo, o malandro o depenou no jogo, levando todo o seu dinheiro.*

dependência de·pen·***dên***·ci:a

s.fem. 1. Condição de quem está sob as ordens de outra pessoa ou coisa: *os soldados estavam na dependência das ordens do capitão.* 2. Condição de quem precisa muito de outra pessoa ou coisa: *a criança criou uma relação de dependência com a tia, não conseguia viver sem ela.*

dependente de·pen·***den***·te

adj.masc.fem. 1. Que não pode decidir sozinho, que depende de outro: *o Brasil era um país dependente de Portugal, só podia fazer o que Portugal autorizasse.* 2. Que precisa muito de, que não consegue viver sem: *aquele homem é dependente de álcool.*

s.masc. 3. Pessoa que não tem como viver sozinha e recebe de outra dinheiro, comida, etc.: *tenho dois filhos pequenos; eles são meus dependentes.*

depender de·pen·***der***

v. 1. Estar sob as ordens de alguém: *para sair mais cedo ele depende da autorização do chefe; só sai se o chefe permitir.* 2. Estar relacionado: *a aprovação desse aluno depende do esforço que ele fizer; se ele se esforçar bastante, certamente será aprovado.* 3. Precisar muito de: *aquele menino depende muito da mãe, não consegue fazer nada sozinho.*

depilar de·pi·***lar***

v. Arrancar ou cortar os pelos de: *ela depilou as pernas.*

deplorar de·plo·***rar***

v. Lamentar bastante: *deploramos a morte de nosso amigo.*

depor de·***por***

v. 1. Destituir, tirar alguém do cargo que estava ocupando: *o povo tentou depor o rei, mas os soldados impediram a deposição.* 2. Fazer declaração: *o suspeito de roubo vai depor na polícia; seu depoimento será amanhã.*

deportar de·por·***tar***

v. Exilar, desterrar, condenar alguém a ficar fora de sua pátria: *o governo deportou os chefes da revolução.*

depositar de·po·si·***tar***

v. 1. Guardar em algum lugar: *ela depositou as joias no cofre.*

v.pron. **depositar-se** 2. Ficar no fundo: *o açúcar depositou-se no fundo do copo.*

depósito de·***pó***·si·to

s.masc. 1. Lugar onde se pode depositar ou guardar alguma coisa: *depósito de mantimentos.* 2. Ação de depositar ou guardar: *ele fez um depósito de dinheiro no banco.*

depreciar de·pre·ci·***ar***

v. Menosprezar, não dar o devido valor: *ele depreciou meu trabalho.*

depreciativo de·pre·ci:a·***ti***·vo

adj. Que desvaloriza, que exprime desprezo: *gentalha é uma palavra que tem sentido depreciativo.*

depredar de·pre·***dar***

v. Destruir ou quebrar de propósito: *os grevistas se reuniram e, em sinal de protesto, depredaram a porta da fábrica.*

deprimido de·pri·***mi***·do
adj. Abatido, muito desanimado: *ele ficou deprimido por ter sido reprovado no teste.*

deriva de·***ri***·va
s.fem. Mudança na direção, desvio.
❑ **à deriva** Sem rumo certo, ao sabor da correnteza (navio, barco, etc.): *durante a tempestade, o pescador perdeu os remos da canoa e ficou à deriva.*
❖ Essa palavra só é usada na locução **à deriva**.

derivar de·ri·***var***
v. 1. *Gram.* Formar-se (palavra) a partir de outra: *da palavra "pedra" derivam "pedreira", "pedrada", etc.* 2. Originar-se de: *diga o nome de alguns produtos que derivam do leite.*

derradeiro der·ra·***dei***·ro
adj. Último: *esta é sua derradeira oportunidade para ganhar o jogo.*

derramar der·ra·***mar***
v. Deixar cair um líquido: *ele derramou café na mesa.*

derrapar der·ra·***par***
v. Escorregar, deslizar (um veículo de rodas): *o carro derrapou porque a pista estava escorregadia.*

derreter der·re·***ter***
v. Fazer passar ao estado líquido: *o calor do sol derreteu a neve.*

derrocada der·ro·***ca***·da
s.fem. Decadência, ruína: *a guerra prolongada provocou a derrocada econômica desse país.*

derrotar der·ro·***tar***
v. Vencer: *nosso time derrotou o adversário.*

derrubar der·ru·***bar***
v. Fazer cair: *o cavalo derrubou o cavaleiro.*

desabafar de·sa·ba·***far***
v. Dizer francamente o que se pensa: *ele resolveu desabafar e revelou tudo que estava sentindo.*

desabar de·sa·***bar***
v. 1. Desmoronar, vir abaixo: *o teto da casa desabou.* 2. Cair com estrondo: *uma forte chuva desabou sobre a cidade.*

desabitado de·sa·bi·***ta***·do
adj. Lugar que não é habitado, onde não mora ninguém: *essa casa está desabitada há muito tempo.*

desabrido de·sa·***bri***·do
adj. Rude, grosseiro: *resposta desabrida.*

desabrigado de·sa·bri·***ga***·do
adj. Que está sem abrigo, sem proteção: *as pessoas desabrigadas vão receber ajuda da prefeitura.*

desabrigar de·sa·bri·***gar***
v. Deixar sem abrigo ou proteção: *as enchentes desabrigaram muitas famílias.*

desabrochar de·sa·bro·***char***
v. Abrir (as flores): *as rosas desabrocharam.*

desacatar de·sa·ca·***tar***
v. Desrespeitar: *ele desacatou o guarda?*
→ Veja também **acatar**.

desacomodar de·sa·co·mo·***dar***
v. Desalojar, tirar do lugar certo: *ele teve que desacomodar a família para poder hospedar os viajantes.*

desaconselhar de·sa·con·se·***lhar***
v. Dizer a uma pessoa o que achamos que ela não deve fazer: *eu desaconselho você a viajar nesta época do ano.*
→ Veja também **aconselhar**.

desaconselhável de·sa·con·se·***lhá***·vel
adj.masc.fem. Que não é aconselhável, que não se recomenda: *é desaconselhável consumir muito açúcar.*
❖ *pl.* desaconselháveis.
→ Veja também **aconselhável**.

desacordado de·sa·cor·***da***·do
adj. Desmaiado, que perdeu os sentidos: *a enfermeira socorreu o homem desacordado.*

desacostumar de·sa·cos·tu·***mar***
v. 1. Fazer alguém perder certo costume: *vou desacostumar você de fumar.*
v.pron. **desacostumar-se** 2. Perder certo costume ou hábito, desabituar-se: *ele se desacostumou de acordar cedo.*

D

D

desafiar de·sa·fi·***ar***
v. Provocar alguém propondo um combate, uma disputa, etc.: *ele desafiou os colegas para uma corrida e acabou perdendo o desafio.*

desaforado de·sa·fo·***ra***·do
adj. Grosseiro, atrevido, insolente, mal-educado: *menino desaforado.*

desaforo de·sa·***fo***·ro (ô)
s.masc. Ofensa, insulto: *não vou tolerar esse desaforo!*

desafortunado de·sa·for·tu·***na***·do
adj. Infeliz, sem sorte na vida: *homem desafortunado.*
→ Veja também **afortunado**.

desagradar de·sa·gra·***dar***
v. Não agradar, descontentar: *essa notícia desagradou o diretor.*
→ Veja também **agradar**.

desagradável de·sa·gra·***dá***·vel
adj.masc.fem. Que desagrada, que descontenta: *ele recebeu uma notícia desagradável.*
❖ *pl.* desagradáveis. *superl.* desagradabilíssimo.
→ Veja também **agradável**.

desagrado de·sa·***gra***·do
s.masc. Sem agrado, sem prazer: *ele executou com desagrado a tarefa que lhe deram.*
→ Veja também **agrado**.

desagregar de·sa·gre·***gar***
v. Desunir: *aconteceu uma discussão que desagregou o grupo, que fez os seus participantes se isolarem.*

desaguar de·sa·***guar***
v. Lançar as águas (um rio): *o Amazonas deságua no mar.*

desajeitado de·sa·jei·***ta***·do
adj. Sem jeito, desastrado: *ela é desajeitada, não consegue arrumar a mesa sem derrubar alguma coisa.*

desajuizado de·sa·ju·i·***za***·do
adj. Sem juízo, que não pensa bem antes de fazer alguma coisa: *ele é desajuizado! Faz as coisas sem pensar e acaba se metendo em encrenca.*
→ Veja também **ajuizado** e **juízo**.

desalentado de·sa·len·***ta***·do
adj. Desanimado: *os jogadores ficaram desalentados com a derrota.*

desalentar de·sa·len·***tar***
v. Desanimar: *as duas derrotas seguidas desalentaram os jogadores.*

desalinhado de·sa·li·***nha***·do
adj. Que se veste mal: *rapaz desalinhado.*
→ Veja também **alinhado**.

desalmado de·sal·***ma***·do
adj. Sem piedade, cruel: *não pensei que ele pudesse ser tão desalmado.*

desalojar de·sa·lo·***jar***
v. Tirar alguém do lugar que está ocupando: *desalojar a população do vilarejo para construir um hotel não é aceitável.*
→ Veja também **alojar**.

desamor de·sa·***mor***
s.masc. Falta de amor, de afeição: *por que há tanto desamor entre as pessoas?*

desamparar de·sam·pa·***rar***
v. Abandonar, deixar sem ajuda: *o governo não deveria desamparar essas pessoas.*
→ Veja também **amparar**.

desamparo de·sam·***pa***·ro
s.masc. Abandono, falta de proteção: *a criança tinha um olhar de desamparo.*

desanimado de·sa·ni·***ma***·do
adj. Abatido, sem entusiasmo: *por que você está desanimado? Qual é o motivo do seu desânimo?*

desanimar de·sa·ni·***mar***
v. Fazer alguém perder o ânimo, o entusiasmo: *a dificuldade do teste desanimou os candidatos.*

desaparecer de·sa·pa·re·***cer***
v. Não estar mais em determinado lugar, sumir: *as joias desapareceram do cofre.*
→ Veja também **aparecer**.

desaparecimento de·sa·pa·re·ci·***men***·to
s.masc. Sumiço: *não se sabe como ocorreu o desaparecimento das joias.*
→ Veja também **aparecimento**.

desapontado de·sa·pon·***ta***·do
adj. Decepcionado: *o treinador do time ficou desapontado com seus jogadores, não esperava que eles perdessem o jogo.*

desapontar de·sa·pon·***tar***
v. Causar uma decepção, uma surpresa desagradável: *eles jogaram mal e desapontaram o treinador do time.*

desaprovar de·sa·pro·***var***
v. Censurar, não gostar daquilo que alguém faz ou diz: *o pai desaprovou o comportamento do filho.*
→ Veja também **aprovar**.

desarmar de·sar·***mar***
v. 1. Tirar as armas de alguém: *o policial desarmou o bandido.* 2. Desmontar: *vamos desarmar a barraca.*

desarrumar de·sar·ru·***mar***
v. Desarranjar, tirar da ordem ou do lugar: *ele estava procurando um livro e acabou desarrumando a estante, deixando tudo fora do lugar.*
→ Veja também **arrumar**.

desastrado de·sas·***tra***·do
adj. Desajeitado: *ele é desastrado, não é capaz de trabalhar sem quebrar alguma coisa.*

desastre de·***sas***·tre
s.masc. 1. Acidente grave: *ontem, por causa da chuva, dois ônibus se chocaram e várias pessoas ficaram feridas no desastre.* 2. *fig.* Fracasso, fiasco: *a apresentação do cantor foi um desastre!*

desatar de·sa·***tar***
v. 1. Desfazer (nó, laço, etc.): *quem conseguirá desatar esse nó?* 2. Começar de repente: *ao ler a notícia do jornal, ela desatou a chorar, surpreendendo a todos.*
→ Veja também **atar**.

desatenção de·sa·ten·***ção***
s.fem. Falta de atenção: *errei esse exercício por desatenção.*

desatencioso de·sa·ten·ci·***o***·so (ô)
adj. Indelicado, grosseiro: *ele foi desatencioso com as visitas, não foi gentil com elas.*
❖ *fem.* desatenciosa (ó). *pl.* desatenciosos (ó), desatenciosas (ó).
→ Veja também **atencioso**.

desatento de·sa·***ten***·to
adj. Que não presta atenção; distraído: *aluno desatento.*
→ Veja também **atento**.

desatinar de·sa·ti·***nar***
v. Enlouquecer, fazer perder a razão: *a tragédia quase desatinou o rapaz.*

desativado de·sa·ti·***va***·do
adj. Que não é mais utilizado, que está fora de uso: *equipamento desativado.*

desativar de·sa·ti·***var***
v. Não usar mais, não pôr mais em atividade: *ele vai desativar essa máquina, não vai mais utilizá-la.*

desatrelar de·sa·tre·***lar***
v. Soltar o que estava atrelado, preso, amarrado: *ele desatrelou o cavalo da charrete.*
→ Veja também **atrelar**.

desatualizado de·sa·tu·a·li·***za***·do
adj. 1. Que não sabe o que está acontecendo no momento presente: *ele é um homem desatualizado, não acompanha as notícias.* 2. Que não foi atualizado, que ficou antigo: *esse programa de computador está desatualizado.*
→ Veja também **atualizado**.

desavença de·sa·***ven***·ça
s.fem. Desentendimento: *o que provocou essa desavença entre eles?*

desavergonhado de·sa·ver·go·***nha***·do
adj. Sem-vergonha, descarado: *pessoa desavergonhada.*

desbaratar des·ba·ra·***tar***
v. Vencer, derrotar, pôr em debandada: *os soldados desbarataram as tropas inimigas.*

desbloquear des·blo·que·***ar***
v. Liberar a passagem, desfazer o bloqueio: *os policiais desbloquearam a estrada.*
→ Veja também **bloquear**.

desbocado des·bo·***ca***·do
adj. Que usa linguagem grosseira, que diz palavras ofensivas ou mesmo palavrões: *indivíduo desbocado.*

D

desbotar des·bo·***tar***

v. Perder a cor ou o brilho: *com o tempo, essa camisa desbotou e ficou feia.*

desbravar des·bra·***var***

v. Explorar uma região desconhecida: *os bandeirantes desbravaram o sertão do Brasil.*

descabelado des·ca·be·***la***·do

adj. Despenteado: *ele pegou um vento muito forte e chegou em casa todo descabelado.*

descalçar des·cal·***çar***

v. Tirar os sapatos, as meias ou as luvas: *ao chegar da escola, ele descalçou as meias e os sapatos e foi para o jardim.*

→ Veja também **calçar**.

descalço des·***cal***·ço

adj. Com os pés nus: *ele gosta de correr descalço pela grama.*

descampado des·cam·***pa***·do

s.masc. Grande espaço de terra plana, sem árvores, sem plantação e despovoada: *atravessamos de carro um imenso descampado.*

descansado des·can·***sa***·do

adj. 1. Repousado, sem cansaço: *agora que estou descansado vou retomar o trabalho.* 2. Tranquilo, despreocupado: *pode ficar descansado que eu resolverei esse problema.*

descansar des·can·***sar***

v. 1. Livrar-se do cansaço e recuperar as forças: *pare o trabalho e descanse um pouco.* 2. Encostar, apoiar: *deite no sofá e descanse a cabeça nessa almofada.*

descarado des·ca·***ra***·do

adj. Muito atrevido: *ele é um sujeito descarado, não tem vergonha na cara.*

descarga des·***car***·ga

s.fem. 1. Ação de descarregar um veículo: *a descarga dos caminhões será feita nesse local.* 2. Equipamento usado no banheiro para despejar água na privada: *a descarga está quebrada.* 3. Quantidade de água que cai de uma vez quando esse equipamento é acionado: *ele deu descarga no banheiro.* 4. Carga de energia elétrica liberada: *o raio provocou uma forte descarga elétrica.*

descarregar des·car·re·***gar***

v. 1. Retirar a carga de: *vamos descarregar o caminhão.* 2. Disparar arma de fogo: *ele descarregou o revólver na fera para se defender.*

descarrilar des·car·ri·***lar***

v. Sair dos trilhos: *o trem descarrilou na curva.*

❖ Também existe a forma **descarrilhar**.

descartar des·car·***tar***

v. Pôr de lado, rejeitar: *muitas ideias foram apresentadas para resolver o problema, mas ele descartou todas elas.*

descartável des·car·***tá***·vel

adj.masc.fem. Que se joga fora depois de usado, que não é reaproveitado: *copo descartável.*

❖ *pl.* descartáveis.

descaso des·***ca***·so

s.masc. Falta de atenção, pouco-caso, desprezo: *ele foi tratado com descaso pelos outros.*

descendente des·cen·***den***·te

s.masc.fem. Pessoa que pertence ao mesmo tronco familiar de outra; os descendentes de uma pessoa são seus filhos, netos, bisnetos e assim por diante: *meu avô quer reunir todos os seus descendentes para uma grande festa.*

descer des·***cer***

v. Mover-se de cima para baixo: *vamos descer do prédio por essa escada.*

→ Veja também **subir**.

descida des·***ci***·da

s.fem. Ação de descer: *a descida da ladeira foi rápida, chegamos num instante.* 2. Declive; ladeira, considerada de cima para baixo: *para ir à escola, devo pegar essa descida e depois virar à direita.*

→ Não confunda com **decida**, do verbo decidir: *espero que ele decida me ajudar.*

desclassificação des·clas·si·fi·ca·***ção***

s.fem. Eliminação de uma disputa, de um concurso, de uma prova, etc.: *o juiz determinou a desclassificação desses atletas.*

descoberto des·co·***ber***·to (é)

adj. 1. Sem cobertura: *ele dormiu descoberto, sem nada por cima.* 2. Encontrado, achado: *foi descoberto um tesouro nessa caverna.*

descobrir des·co·***brir***
v. 1. Tirar o que estava cobrindo: *estava calor, por isso ela <u>descobriu</u> o nenê.* 2. Achar, encontrar: *<u>descobri</u> um erro no seu trabalho.*

descolar des·co·***lar***
v. Desprender o que estava colado: *vou <u>descolar</u> essa figurinha do álbum.*
→ Veja também **colar**.

descomunal des·co·mu·***nal***
adj.masc.fem. Enorme, muito grande, fora do comum pelo tamanho: *estátua <u>descomunal</u>.*
❖ *pl.* descomunais.

desconcertar des·con·cer·***tar***
v. Embaraçar(2), deixar sem graça: *a resposta do aluno <u>desconcertou</u> o professor, que não soube o que dizer.*

desconfiança des·con·fi·***an***·ça
s.fem. Falta de confiança, receio de ser enganado: *a atitude do menino provocou <u>desconfiança</u> nos colegas.*

desconfiar des·con·fi·***ar***
v. 1. Não ter confiança em alguém, duvidar de sua lealdade: *<u>desconfiamos</u> dele, achamos que ele está traindo o grupo.* 2. Suspeitar, supor: *<u>desconfio</u> que há um traidor entre nós.*

desconfortável des·con·for·***tá***·vel
adj.masc.fem. Que não oferece conforto: *casa <u>desconfortável</u>.*
❖ *pl.* desconfortáveis. *superl.* desconfortabilíssimo.
→ Veja também **confortável**.

descongelar des·con·ge·***lar***
v. Tirar ou sair do estado de gelo: *a comida que estava na geladeira <u>descongelou</u>.*

desconhecer des·co·nhe·***cer***
v. Ignorar, não conhecer: *eu <u>desconhecia</u> esse fato.*

desconsolado des·con·so·***la***·do
adj. Sem consolo, muito triste: *ao saber que não tinha passado no exame, ele ficou <u>desconsolado</u>.*

descontar des·con·***tar***
v. 1. Tirar: *se você <u>descontar</u> os sábados e os domingos, quantos dias sobram num mês?* 2. Sacar: *vou <u>descontar</u> esse cheque no banco.* 3. Revidar, desforrar-se: *para <u>descontar</u> o tapa que tinha levado, ele tentou dar um soco no adversário.*

descontentamento des·con·ten·ta·***men***·to
s.masc. Falta de prazer ou satisfação: *não pude disfarçar meu <u>descontentamento</u> com a atitude dele.*

descontentar des·con·ten·***tar***
v. Deixar descontente: *o mau atendimento da loja <u>descontentou</u> o comprador.*
→ Veja também **contentar**.

descontente des·con·***ten***·te
adj.masc.fem. Aborrecido, chateado: *ele ficou <u>descontente</u> com o mau atendimento.*
→ Veja também **contente**.

descontraído des·con·tra·***í***·do
adj. À vontade, sem nervosismo nem preocupação: *ele estava <u>descontraído</u> no meio dos colegas.*

descontrair des·con·tra·***ir***
v. Deixar à vontade, sem nervosismo nem preocupação: *o professor procurou <u>descontrair</u> a classe, conversando, contando casos engraçados.*

descontrolar des·con·tro·***lar***
v. 1. Fazer alguém perder o controle: *a falta de educação do vendedor <u>descontrolou</u> o cliente, que começou a discutir.*
v.pron. **descontrolar-se** 2. Perder o controle de si mesmo, não conseguir dominar-se: *ela ficou tão nervosa que <u>se descontrolou</u> e começou a chorar.*

desconversar des·con·ver·***sar***
v. Mudar de assunto numa conversa para não ter de falar sobre certas coisas: *sempre que sua mãe fala sobre suas notas na escola, ele <u>desconversa</u>.*

descorado des·co·***ra***·do
adj. Pálido, sem cor: *rosto <u>descorado</u>.*
→ Veja também **corado**.

descortês des·cor·***tês***
adj.masc.fem. Grosseiro, rude, sem educação: *ele foi <u>descortês</u> com a moça.*
❖ *pl.* descorteses.
→ Veja também **cortês**.

D

descortesia des·cor·te·***si***·a
s.fem. Grosseria, falta de educação: *ele tratou a moça com descortesia.*
→ Veja também **cortesia**.

descosturar des·cos·tu·***rar***
v. Desmanchar o que estava costurado: *a barra da calça descosturou.*

D

descrença des·***cren***·ça
s.fem. Falta de crença: *a notícia de que o país vai melhorar foi recebida com descrença pela população, ninguém acreditou nisso.*

descrente des·***cren***·te
adj.masc.fem. Que tem descrença, que não acredita: *é difícil convencer essas pessoas de que o país vai melhorar, elas estão descrentes.*

descrever des·cre·***ver***
v. Dizer em detalhes como é uma pessoa, um objeto, uma paisagem, etc.: *ele fez um texto descrevendo o jardim da escola.*

descrição des·cri·***ção***
s.fem. Ação de descrever: *vou fazer a descrição da minha casa.*
❖ *pl.* descrições.
→ Não confunda com **discrição**, que tem outro significado.

descriminar des·cri·mi·***nar***
v. Tirar o caráter de crime: *algumas pessoas querem descriminar o uso de certas drogas.*
→ Não confunda com **discriminar**, que tem outro significado.

descriminação des·cri·mi·na·***ção***
s.fem. Eliminação do caráter de crime: *muitas pessoas querem a descriminação do aborto.*
→ Veja também **descriminar**. Não confunda com **discriminação**, que tem outro significado.

descuidado des·cui·***da***·do
adj. Sem cuidado, relaxado: *não seja descuidado com seu material escolar!*
→ Veja também **cuidadoso**.

descuidar des·cui·***dar***
v. Não tomar conta direito de: *ele descuidou das crianças e uma delas se machucou.*

descuido des·***cui***·do
s.masc. Falta de cuidado, de atenção: *ele perdeu o livro por descuido.*

desculpa des·***cul***·pa
s.fem. 1. Motivo falso que damos para deixar de fazer algo; pretexto: *não queria ir à casa da avó, por isso deu uma desculpa: precisava estudar.* 2. Tentativa de livrar-se da culpa por ter feito algo errado; perdão: *ele pediu desculpas pelo atraso.*

desculpar des·cul·***par***
v. 1. Tirar a culpa de alguém, perdoar: *eu o desculpo pela falha.*
v.pron. **desculpar-se** 2. Pedir desculpas: *ele foi desatencioso com a menina, mas logo se desculpou.* 3. Justificar-se: *ao saber que tinha sido reprovado no teste, ele se desculpou dizendo que não tivera tempo de estudar.*

desculpável des·cul·***pá***·vel
adj.masc.fem. Que se pode desculpar: *erro desculpável.*
❖ *pl.* desculpáveis.
→ Veja também **indesculpável**.

desdém des·***dém*** (ê)
s.masc. Desprezo, pouco-caso: *ele tratou o viajante com desdém.*

desdenhar des·de·***nhar***
v. Mostrar desdém, desprezar: *ele desdenhou nosso presente, fez pouco-caso dele.*

desejar de·se·***jar***
v. Querer muito: *eu desejo fazer aquela viagem.*

desejável de·se·***já***·vel
adj.masc.fem. Que se deseja, que se quer: *ajuda desejável.*
❖ *pl.* desejáveis.

desejo de·***se***·jo (ê)
s.masc. Vontade: *o seu desejo é viajar nas férias.*

deselegante de·se·le·***gan***·te
adj.masc.fem. Sem elegância: *você está deselegante com essa roupa, ela não fica bem em você.*
→ Veja também **elegante**.

desembaraçado de·sem·ba·ra·***ça***·do
adj. 1. Sem nós: *cabelo desembaraçado*. 2. Sem embaraço, esperto, expedito: *essa menina é desembaraçada, não se atrapalha com nada e sempre arruma um jeito de resolver as coisas*. 3. Livre de timidez: *ela se ofereceu para representar a equipe, pois era a mais desembaraçada*.

desembarcar de·sem·bar·***car***
v. Sair de uma embarcação (navio, barco, etc.) ou de um trem, ônibus, etc.: *os passageiros do ônibus desembarcaram no ponto final; o desembarque ocorreu às 9 horas*.
→ Veja também **barca**, **barco**, **embarcação** e **embarcar**.

desembocadura de·sem·bo·ca·***du***·ra
s.fem. Lugar onde um rio despeja suas águas; foz: *chegamos à desembocadura do rio*.

desembolsar de·sem·bol·***sar***
v. Gastar, tirar dinheiro do próprio bolso: *ele teve que desembolsar uma grande quantia para fechar o negócio*.
→ Veja também **bolsa** e **embolsar**.

desempacotar de·sem·pa·co·***tar***
v. Tirar do pacote: *vou desempacotar o livro*.
→ Veja também **empacotar**.

desempenhar de·sem·pe·***nhar***
v. Executar (função, tarefa, etc.): *aquele ator desempenhou bem seu papel na peça*.

desempregado de·sem·pre·***ga***·do
s.masc. 1. Aquele que perdeu o emprego e está sem trabalho: *centenas de desempregados vão prestar o concurso da prefeitura*.
adj. 2. Aquele que perdeu o emprego: *meu tio está desempregado*.

desencadear de·sen·ca·de·***ar***
v. Provocar: *a prisão daquele homem desencadeou uma série de protestos na cidade*.

desencaixotar de·sen·cai·xo·***tar***
v. Tirar de dentro de caixa ou caixote: *vou desencaixotar os livros e colocá-los na estante*.
→ Veja também **encaixotar**.

desencalhar de·sen·ca·***lhar***
v. Fazer sair do lugar onde está encalhado: *vamos desencalhar esse barco*.
→ Veja também **encalhar**.

desencaminhar de·sen·ca·mi·***nhar***
v. Corromper, desviar alguém do bom caminho: *ele foi acusado de desencaminhar alguns jovens, de levá-los a praticar atos condenáveis*.

desencanto de·sen·***can***·to
s.masc. Decepção, desilusão: *foi grande nosso desencanto ao conhecer pessoalmente aquele artista; ele foi pouco atencioso conosco*.

desencontrado de·sen·con·***tra***·do
adj. Oposto, contrário: *manifestaram opiniões desencontradas a respeito desse problema*.

desencorajar de·sen·co·ra·***jar***
v. Desanimar: *suas palavras desencorajaram o menino*.
→ Veja também **encorajar**.

desenfaixar de·sen·fai·***xar***
v. Tirar a faixa: *ela desenfaixou a mão do menino*.
→ Veja também **enfaixar** e **faixa**.

desengano de·sen·***ga***·no
s.masc. Desilusão: *ele sofreu vários desenganos amorosos, nunca achou um amor verdadeiro*.

desengatar de·sen·ga·***tar***
v. Soltar algo que está engatado: *ela desengatou o gancho do sutiã*.
→ Veja também **engatar**.

desengonçado de·sen·gon·***ça***·do
adj. Que se move de forma desajeitada: *o palhaço do circo, alto e desengonçado, fez a criançada dar muitas risadas*.

desenlace de·sen·***la***·ce
s.masc. Desfecho, final: *você gostou do desenlace da história?*

desentendimento de·sen·ten·di·***men***·to
s.masc. Falta de entendimento, desacordo: *houve um desentendimento entre o guarda e o motorista, e eles quase brigaram*.

desenterrar de·sen·ter·***rar***
v. Tirar o que está debaixo da terra: *o cachorro desenterrou o osso*.
→ Veja também **enterrar**.

D

desentocar de·sen·to·***car***

v. Fazer sair da toca: *ele conseguiu desentocar o bicho.*

desentortar de·sen·tor·***tar***

v. Endireitar o que estava torto: *ele vai desentortar esse pedaço de arame.*

→ Veja também **endireitar** e **entortar**.

D

desenvolver de·sen·vol·***ver***

v. 1. Melhorar, fazer progredir: *é preciso desenvolver ainda mais a agricultura para não faltar alimentos no país.*

v.pron. **desenvolver-se** 2. Crescer, ficar mais forte: *esse garoto se desenvolveu bastante.* 3. Progredir: *o nosso país precisa se desenvolver.*

desequilibrar de·se·qui·li·***brar***

v. Tirar o equilíbrio: *o movimento do ônibus desequilibrou alguns passageiros que estavam em pé.*

→ Veja também **equilibrar**.

desertar de·ser·***tar***

v. Fugir do serviço militar, abandonar a tropa sem autorização: *durante a guerra aquele soldado desertou; agora ele será punido pela deserção.*

deserto de·***ser***·to (é)

adj. 1. Onde não se vê ninguém: *àquela hora, a rua estava deserta.* 2. Desabitado, onde não vive ninguém: *essa é uma ilha deserta.*

s.masc. 3. Grande extensão de terra onde quase não há vegetação nem habitantes: *o avião caiu no deserto.*

desesperado de·ses·pe·***ra***·do

adj. Muito aflito, angustiado: *ele ficou desesperado ao saber que o filho sofrera um acidente.*

desesperança de·ses·pe·***ran***·ça

s.fem. Falta de esperança: *o que provocou essa desesperança em você? Por que está tão desesperançado?*

→ Veja também **esperança**.

desesperar de·ses·pe·***rar***

v. Causar grande desespero: *a doença do filho desesperou a mulher.*

desespero de·ses·***pe***·ro (ê)

s.masc. Grande aflição, sensação de que tudo está perdido: *o desespero da mãe, ao ver o filho ferido, comoveu a todos.*

desestimulante de·ses·ti·mu·***lan***·te

adj.masc.fem. Que desestimula, que desanima: *foi desestimulante saber que o artista não vem mais para nossa festa.*

→ Veja também **estimulante**.

desestimular de·ses·ti·mu·***lar***

v. Desanimar, tirar o estímulo: *essa derrota desestimulou nosso time.*

→ Veja também **estimular**.

desestímulo de·ses·***tí***·mu·lo

s.masc. Falta de estímulo, de incentivo: *para mim, sua saída da equipe foi um desestímulo.*

→ Veja também **estímulo**.

desfalecer des·fa·le·***cer***

v. Desmaiar, perder os sentidos: *ela levou um susto tão grande que desfaleceu.*

desfavorável des·fa·vo·***rá***·vel

adj.masc.fem. Contrário: *o dia de hoje é desfavorável para um passeio; está muito frio e parece que vai chover.*

❖ *pl.* desfavoráveis.

→ Ver também **favorável**.

desfazer des·fa·***zer***

v. 1. Desmanchar o que estava feito: *a costureira desfez o vestido.* 2. Esclarecer, resolver: *o professor desfez as dúvidas dos alunos.* 3. Fazer pouco-caso, zombar: *ele desfez dos amigos na festa.*

v.pron. **desfazer-se** 4. Livrar-se de: *vou me desfazer desses móveis velhos.*

> ◎ Desfazer é formada de *des* (ação contrária) + fazer. Portanto, significa fazer o contrário. O prefixo *des* está na origem da muitas outras palavras, como desentortar, despoluir, desmentir, desocupar, desrespeitar.

desfechar des·fe·***char***

v. Desferir, dar (um golpe, um tiro, etc.): *ele desfechou um soco no rapaz.*

desfecho des·***fe***·cho (ê)

s.masc. Conclusão, final: *não gostei do desfecho do filme; esperava um final mais interessante.*

desfeita des·***fei***·ta

s.fem. Ofensa, grosseria: *ele não aceitou meu convite para a festa; isso foi uma desfeita, pois sempre o considerei um amigo.*

desfeito des·***fei***·to

adj. Desmanchado, destruído: *ela voltou para casa com o penteado desfeito pelo vento.*

desferir des·fe·***rir***

v. Soltar, lançar: *o lutador desferiu um golpe e atingiu o adversário.*

desfigurar des·fi·gu·***rar***

v. Deformar: *a doença desfigurou o rosto daquele homem, alterou totalmente suas feições.*

desfiladeiro des·fi·la·***dei***·ro

s.masc. Passagem estreita entre montanhas: *os soldados passaram pelo desfiladeiro.*

desfilar des·fi·***lar***

v. 1. Marchar em fila, passar um após outro: *os soldados desfilaram na avenida.* 2. Exibir-se ou mostrar-se num lugar onde todos possam ver: *minha escola de samba preferida desfilou durante a noite.*

desfolhar des·fo·***lhar***

v. Tirar as folhas de: *o vento forte desfolhou muitas árvores.*

desforrar des·for·***rar***

v. 1. Vingar: *hoje nosso time vai tentar desforrar a derrota que sofreu no último jogo; será que conseguiremos a desforra?*

v.pron. **desforrar-se** 2. Vingar-se, tirar uma desforra: *ele se desforrou da derrota que tinha sofrido.*

desfrutar des·fru·***tar***

v. Aproveitar, gozar: *ele desfrutou bem as férias! Divertiu-se como nunca!*

desgarrado des·gar·***ra***·do

adj. Extraviado, perdido, separado do grupo a que pertence: *o lobo pode atacar a ovelha desgarrada.*

desgastar des·gas·***tar***

v. Gastar ou destruir pouco a pouco: *o uso desgasta a roupa.*

desgosto des·***gos***·to (ô)

s.masc. Mágoa, descontentamento: *ele se esforçou para não causar desgosto aos pais.*

desgostoso des·gos·***to***·so (ô)

adj. Descontente, magoado: *ele ficou desgostoso com a falta de apoio dos colegas.*

❖ *fem.* desgostosa (ó). *pl.* desgostosos (ó), desgostosas (ó).

desgovernado des·go·ver·***na***·do

adj. Descontrolado, sem direção: *como a correnteza do rio estava muito forte, o barco ficou desgovernado e não pudemos mais controlá-lo.*

desgraça des·***gra***·ça

s.fem. Fato lamentável: *aquele acidente foi uma desgraça, uma infelicidade que atingiu muitas pessoas.*

desgraçado des·gra·***ça***·do

adj. 1. Infeliz, que sofreu uma desgraça: *a desgraçada mulher chorou muito com a doença do filho.* 2. *pop.* Desprezível: *volte aqui, moleque desgraçado!*

desguarnecer des·guar·ne·***cer***

v. Tirar coisas que são necessárias: *ao tirar de campo o melhor jogador, o técnico desguarneceu o time.*

designar de·sig·***nar***

v. 1. Nomear, escolher alguém para realizar uma tarefa: *o professor vai designar um aluno para coordenar a pesquisa.* 2. Indicar: *o substantivo coletivo é uma palavra que designa um conjunto de coisas ou seres da mesma espécie.*

desigual de·si·***gual***

adj.masc.fem. Que não é igual, que é diferente: *empregados que fazem o mesmo trabalho não devem ter salários desiguais; essa desigualdade é injusta.*

❖ *pl.* desiguais.

→ Veja também **igual** e **igualar**.

desiludido de·si·lu·***di***·do

adj. Que sofreu desilusão, decepção: *ele está desiludido com a nova escola, não é tão boa como ele tinha imaginado.*

desilusão de·si·lu·***são***

s.fem. Decepção, desapontamento: *ela sofreu uma grande desilusão ao ser abandonada pelo namorado.*

❖ *pl.* desilusões.

desimpedido de·sim·pe·***di***·do

adj. Livre: *nesta rua o trânsito está desimpedido, os carros podem passar.*

desimpedir de·sim·pe·***dir***
v. Deixar livre: *o guarda desimpediu o trânsito, abrindo passagem para os carros.*
→ Veja também **impedir**.

desincumbir-se de·sin·cum·***bir***-se
v.pron. Realizar (uma tarefa, uma missão, etc.): *ele se desincumbiu bem da tarefa que lhe deram.*

D

desinfetar de·sin·fe·***tar***
v. Eliminar o que pode provocar infecção ou causar danos à saúde: *vamos desinfetar bem esse local.*

desinibido de·si·ni·***bi***·do
adj. Que não é tímido: *ele é um menino desinibido; fica à vontade em qualquer lugar.*
→ Veja também **inibido**.

desintegrar de·sin·te·***grar***
v. Desfazer inteirinho, dividir em partes muito pequenas: *a explosão desintegrou o carro.*

desinteressante de·sin·te·res·***san***·te
adj.masc.fem. Que não desperta interesse: *esse filme é desinteressante, não prende a atenção das pessoas.*
→ Veja também **interessante**.

desistente de·sis·***ten***·te
adj.masc.fem. Que desiste, que não continua (um curso, uma competição, etc.): *nessa turma, houve dois alunos desistentes.*

desistir de·sis·***tir***
v. Não continuar: *ele desistiu do curso mas não explicou a causa da desistência.*

desjejum des·je·***jum***
s.masc. A primeira refeição do dia, o café-da-manhã: *gosto de suco de laranja no meu desjejum.*
❖ *pl.* desjejuns.
→ Também existe a forma **dejejum**.

desleal des·le·***al***
adj.masc.fem. Falso, traidor: *você foi desleal, enganou aqueles que confiaram em suas palavras.*
❖ *pl.* desleais.
→ Veja também **leal**.

desleixado des·lei·***xa***·do
adj. Relaxado(1), que não cuida bem de si mesmo ou de suas coisas: *não seja um aluno desleixado!*
→ Veja também **cuidadoso**.

desleixo des·***lei***·xo
s.masc. Relaxo, falta de cuidado: *ela trata seu material com desleixo.*

deslindar des·lin·***dar***
v. Esclarecer (uma situação difícil): *o delegado deslindou o caso do desaparecimento das joias; ele explicou como tudo aconteceu.*

deslizar des·li·***zar***
v. Escorregar suavemente: *as crianças puseram os patins e começaram a deslizar sobre a pista de gelo.*

deslocado des·lo·***ca***·do
adj. 1. Destroncado, fora do lugar: *seu dedo está deslocado.* 2. Desambientado, desajustado: *ele está deslocado nesse grupo; não conhece ninguém, não consegue ficar à vontade.*

deslocar des·lo·***car***
v. 1. Destroncar: *ele deslocou o braço no jogo de futebol.* 2. Tirar do lugar: *vamos deslocar esse armário.*
v.pron. **deslocar-se** 3. Mudar de um lugar para o outro: *o jogador deslocou-se da direita para a esquerda.*

deslumbrante des·lum·***bran***·te
adj.masc.fem. Que deslumbra; maravilhoso: *espetáculo deslumbrante.*

deslumbrar des·lum·***brar***
v. Causar assombro ou grande admiração: *os fogos de artifício deslumbraram as pessoas.*

desmaiar des·mai·***ar***
v. Perder os sentidos, desfalecer: *a menina caiu, bateu a cabeça e desmaiou; mas o desmaio foi curto, logo ela voltou a si.*

desmancha-prazeres des·***man***·cha-pra·***ze***·res
s.masc.fem. *pop.* Pessoa que atrapalha a diversão das outras: *a brincadeira estava animada, mas ele chegou e estragou tudo; ele é mesmo um desmancha-prazeres!*
❖ Essa forma é usada tanto para o singular como para o plural: *o desmancha-prazeres; os desmancha-prazeres.*

desmanchar des·man·***char***
v. Desfazer: *a menina tinha feito um pontoado bem bonito, mas o vento o desmanchou.*

desmando des·***man***·do
s.masc. Abuso de poder: *o povo revoltou-se contra os desmandos do rei, que mais uma vez aumentava os impostos.*

desmantelar des·man·te·***lar***
v. Destruir peça por peça, demolir: *o ataque foi fulminante e os soldados conseguiram desmantelar a fortaleza.*

desmascarar des·mas·ca·***rar***
v. Revelar quem estava oculto ou escondido: *para desmascarar o verdadeiro culpado do roubo, a polícia fez muitas investigações.*

desmatamento des·ma·ta·***men***·to
s.masc. Destruição da mata: *é preciso punir os responsáveis pelo desmatamento dessa área.*

desmatar des·ma·***tar***
v. Limpar terreno cortando o mato: *alguns homens desmataram esse terreno em poucas horas.*

desmazelado des·ma·ze·***la***·do
adj. Descuidado, relaxado(1), desleixado: *ele é um aluno muito desmazelado! Não cuida bem de seu material e está sempre perdendo alguma coisa.*

desmedido des·me·***di***·do
adj. Enorme, fora do normal: *a coragem desmedida do chefe entusiasmou os guerreiros.*

desmentir des·men·***tir***
v. Negar, dizer que não é verdade: *um repórter afirmou que a governadora ia viajar hoje, mas ela desmentiu essa afirmação.*

desmiolado des·mi·o·***la***·do
adj. Desajuizado: *não seja tão desmiolado, pense bem antes de fazer as coisas!*

desmoralizar des·mo·ra·li·***zar***
v. Fazer perder o prestígio ou a consideração: *o escândalo desmoralizou aquele político, agora ninguém mais o respeita.*

desmoronar des·mo·ro·***nar***
v. Cair (coisas grandes, como prédios, muralhas, casas, etc.): *alguns prédios desmoronaram durante o terremoto; muitas pessoas ficaram feridas nesses desmoronamentos.*

desmotivado des·mo·ti·***va***·do
adj. Desinteressado, desestimulado: *esse aluno está desmotivado, não se interessa pelas atividades.*

desnaturado des·na·tu·***ra***·do
adj. Cruel, desumano: *dizem que ele era um pai desnaturado, que maltratava os filhos.*

desnecessário des·ne·ces·***sá***·ri:o
adj. Que não é necessário, que se pode dispensar: *esse documento é desnecessário para a matrícula, você não precisa trazê-lo.*
→ Ver também **necessário**.

desnortear des·nor·te·***ar***
v. Desorientar, fazer perder o rumo certo: *a raposa desnorteou os caçadores que a perseguiam, correndo para o meio da mata.*
→ Veja também **nortear**.

desnudo des·***nu***·do
adj. Nu, sem roupa, despido: *a criança estava desnuda.*

desobedecer de·so·be·de·***cer***
v. Não fazer o que alguém manda: *ele desobedeceu ao pai, não fez o que ele pediu.*
→ Veja também **obedecer**.

desobediência de·so·be·di·***ên***·ci:a
s.fem. Falta de obediência, desrespeito: *qual é o motivo de sua desobediência? Por que você desobedeceu às ordens de seu pai?*
→ Veja também **obediência**.

desobediente de·so·be·di·***en***·te
adj.masc.fem. Que não obedece: *criança desobediente.*
→ Veja também **obediente**.

desobstruir de·sobs·***tru***·ir
v. Desimpedir, desbloquear, deixar livre a passagem: *vamos desobstruir esse corredor; vamos tirar as coisas que impedem a passagem.*
→ Veja também **obstruir**.

desocupado de·so·cu·***pa***·do
adj. 1. Que está sem ocupação, que está sem fazer nada: *meu pai está desocupado agora,*

vamos falar com ele. 2. Vago: *esse é o único lugar desocupado no ônibus.*
→ Veja também **ocupado**.

desocupar de·so·cu·***par***
v. Deixar um lugar livre: *eles já vão desocupar a sala.*
→ Veja também **ocupar**.

D

desolado de·so·***la***·do
adj. 1. Muito triste: *ao saber o que tinha acontecido, ele ficou desolado*. 2. Despovoado: *aquele lugar é desolado, não mora ninguém lá.*

desonestidade de·so·nes·ti·***da***·de
s.fem. Falta de honestidade: *ele agiu com desonestidade.*
→ Veja também **honestidade**.

desonesto de·so·***nes***·to (é)
adj. Que não tem honestidade: *na hora de fazer o troco, o vendedor enganou a freguesa, dando-lhe dinheiro a menos; ele foi desonesto.*
→ Veja também **honesto**.

desonra de·***son***·ra
s.fem. Falta de honra, de dignidade: *fugir da luta desse jeito é uma desonra.*

desonrado de·son·***ra***·do
adj. Que sofreu desonra: *homem desonrado.*
→ Veja também **honrado**.

desonrar de·son·***rar***
v. Ofender a honra, envergonhar profundamente: *com essa atitude, ele desonrou sua família.*

desordeiro de·sor·***dei***·ro
s.masc. Aquele que provoca desordem, encrenca: *o guarda prendeu o desordeiro.*
→ Veja também **ordeiro**.

desordem de·***sor***·dem (ó)
s.fem. 1. Bagunça, confusão: *não deixe a sala em desordem*. 2. Tumulto, encrenca: *os guardas prenderam dois homens que estavam fazendo desordem no baile.*
❖ *pl.* desordens.

> ◎ Desordem é palavra formada de *des* (ideia de negação) + ordem. Portanto, significa *ausência de ordem.*

desorganizar de·sor·ga·ni·***zar***
v. Desarranjar, desarrumar: *alguém desorganizou os livros da estante, deixou-os fora de ordem.*
→ Veja também **organizar**.

desorientar de·so·ri·en·***tar***
v. Confundir, desnortear: *as notícias eram confusas e desorientaram o pessoal.*
→ Veja também **orientar**.

despachar des·pa·***char***
v. Enviar: *o fazendeiro despachou várias caixas de laranjas para a cidade.*

despedaçar des·pe·da·***çar***
v. Espatifar, fazer em pedaços: *ele jogou o vaso no chão, despedaçando-o.*
→ Veja também **pedaço**.

despedida des·pe·***di***·da
s.fem. Momento de ir embora; adeus: *ela foi viajar e, na hora da despedida, abraçou e beijou os pais.*

despedir des·pe·***dir***
v. 1. Mandar embora, dispensar, demitir: *o dono da loja despediu esse funcionário.*
v.pron. **despedir-se** 2. Dizer adeus: *ela se despediu e partiu.*

despeitado des·pei·***ta***·do
adj. Ressentido, ferido no amor-próprio: *ele ficou despeitado porque não foi tão elogiado quanto o colega.*

despejar des·pe·***jar***
v. 1. Jogar ou fazer cair o conteúdo de alguma coisa: *ele despejou a água da garrafa na pia.* 2. Obrigar alguém a deixar a residência onde mora: *o dono da casa quer despejar os inquilinos.*

despencar des·pen·***car***
v. Cair de grande altura: *ele subiu no topo da árvore e acabou despencando lá de cima.*

despender des·pen·***der***
v. Gastar: *ele despendeu muito dinheiro com a doença do pai.*

despenhadeiro des·pe·nha·***dei***·ro
s.masc. Precipício: *as pedras rolaram do alto da montanha e caíram no despenhadeiro.*

despensa des·***pen***·sa
s.fem. Lugar da casa onde se guardam os mantimentos: *ponha na despensa o arroz que compramos.*
→ Não confunda com **dispensa**, que tem outro significado.

despercebido des·per·ce·***bi***·do
adj. Que não foi visto por ninguém ou que não chamou a atenção: *a falha do ator passou despercebida pelo público.*

desperdiçar des·per·di·***çar***
v. Gastar sem necessidade, esbanjar: *evite desperdiçar água, use apenas o necessário.*

desperdício des·per·***dí***·ci:o
s.masc. Gasto inútil: *devemos evitar o desperdício de água.*

despertar des·per·***tar***
v. 1. Acordar: *ela desperta cedo para ir à escola.* 2. Estimular: *o cheiro bom da comida despertou meu apetite.* 3. Fazer nascer, provocar: *a atitude daquele homem despertou suspeitas no policial.*

desperto des·***per***·to (é)
adj. Acordado: *eram cinco horas da manhã e ele já estava desperto.*

despesa des·***pe***·sa (ê)
s.fem. Gasto: *comprei muita coisa no supermercado; minha despesa foi grande.*

despir des·***pir***
v. Tirar a roupa: *a mãe despiu o bebê.*

despistar des·pis·***tar***
v. Fazer perder a pista, enganar: *alguém despistou a polícia dando informações falsas que impediram a localização do culpado.*

despoluir des·po·lu·***ir***
v. Eliminar a poluição, deixar limpo: *precisamos despoluir os rios.*
→ Veja também **poluir**.

despontar des·pon·***tar***
v. Surgir, começar a aparecer: *o sol desponta no céu.*

desposar des·po·***sar***
v. Casar com: *Romeu queria desposar Julieta.*

déspota ***dés***·po·ta
s.masc.fem. Pessoa muito autoritária, que abusa do direito de mandar: *o povo revoltou-se contra o déspota que governava aquele país.*

despregar des·pre·***gar***
v. Soltar o que estava pregado: *ele despregou o cartaz da parede.*
→ Veja também **pregar**.

despreocupado des·pre:o·cu·***pa***·do
adj. Tranquilo, sem preocupações: *homem despreocupado.*
→ Veja também **preocupado**.

despreparado des·pre·pa·***ra***·do
adj. Que não está preparado, pronto: *estou despreparado para o exame, preciso estudar mais.*

desprevenido des·pre·ve·***ni***·do
adj. Que não está atento ao que pode acontecer: *homem desprevenido.*
→ Veja também **prevenido**.

desprezar des·pre·***zar***
v. Menosprezar, sentir desprezo, fazer pouco-caso: *ela estava magoada porque percebeu que algumas colegas a desprezavam.*

desprezível des·pre·***zí***·vel
adj.masc.fem. Que não merece nenhuma consideração: *seu comportamento foi desprezível, vergonhoso.*
❖ *pl.* desprezíveis.

desprezo des·***pre***·zo (ê)
s.masc. Menosprezo, falta de consideração, pouco-caso: *o traidor foi tratado com desprezo.*

despropósito des·pro·***pó***·si·to
s.masc. Algo absurdo, que não tem cabimento, não pode ser colocado em prática: *o que você sugeriu é um despropósito!*

desproteger des·pro·te·***ger***
v. Desamparar, deixar sem proteção: *não podemos desproteger as crianças.*
→ Veja também **proteger**.

desquitar-se des·qui·***tar***-se
v.pron. Separar-se legalmente da pessoa com quem se está casado: *meus pais desquitaram-se, não vão mais viver juntos; o desquite foi confirmado ontem.*

desrespeitar des·res·pei·***tar***
v. Não respeitar, desacatar: *por que você desrespeitou seu tio?*
→ Veja também **respeitar**.

destacar des·ta·***car***
D
v. 1. Tirar, separar: *ela destacou uma folha do caderno e deu ao colega.* 2. Pôr em destaque, dar atenção especial: *o jornal destacou a atuação do goleiro, que jogou muito bem.*
v.pron. **destacar-se** 3. Ser diferente do resto (em geral melhor): *esse aluno é ótimo, destaca-se do resto da classe.*

destampar des·tam·***par***
v. Tirar o tampo ou a tampa de: *ele destampou a panela.*
→ Veja também **tampar**.

destapar des·ta·***par***
v. Destampar: *ele destapou a garrafa.*
→ Veja também **tapar**.

destaque des·***ta***·que
s.masc. Pessoa ou coisa que se destaca de outras, que chama a atenção: *a centroavante marcou três gols e foi o destaque do jogo.*

destelhar des·te·***lhar***
v. Tirar as telhas: *o vento forte destelhou muitas casas; a minha ficou totalmente destelhada.*
→ Veja também **telha** e **telhado**.

destemido des·te·***mi***·do
adj. Corajoso, sem medo: *homem destemido.*

destemor des·te·***mor***
s.masc. Coragem, bravura: *ele agiu com destemor.*

desterrar des·ter·***rar***
v. Banir, expulsar de sua terra: *o rei desterrou os revoltosos; condenou-os ao desterro, ao exílio.*

destinar des·ti·***nar***
v. 1. Reservar (para algum fim): *o prefeito vai destinar bastante dinheiro para a construção de escolas.*
v.pron. **destinar-se** 2. Estar reservado para: *o dinheiro que arrecadamos se destina à compra de livros para a biblioteca.*

destinatário des·ti·na·***tá***·ri:o
s.masc. Aquele a quem se envia alguma coisa: *escreva no envelope o nome do destinatário da carta, ou seja, o nome da pessoa a quem ela está sendo enviada.*

destino des·***ti***·no
s.masc. 1. Futuro, aquilo que vai acontecer: *como posso saber qual será o meu destino?* 2. Direção, rumo: *ele ficou andando sem destino pela cidade.* 3. Lugar a que se dirige alguém ou alguma coisa: *não sei qual é o destino desse avião, não sei para onde ele vai.* 4. Fim, aplicação: *que destino você vai dar a esse dinheiro? O que vai fazer com ele?*

destrancar des·tran·***car***
v. Abrir o que estava trancado: *destrancar portas, janelas, gavetas.*
→ Veja também **trancar**.

destratar des·tra·***tar***
v. Insultar, maltratar alguém dizendo-lhe palavras ofensivas: *ele destratou o moço na frente de todos.*

destreza des·***tre***·za (ê)
s.fem. Habilidade; capacidade de manejar algo bem: *ele revelou destreza com a espada.*

destro ***des***·tro (é)
adj. Que tem mais habilidade com a mão direita ou com o pé direito do que com a mão esquerda ou o pé esquerdo: *essa menina é destra; ela escreve e desenha sempre com a mão direita.*
→ Veja também **canhoto**.

destroçar des·tro·***çar***
v. Destruir por completo, reduzir a destroços: *a tempestade destroçou o navio.*

destroço des·***tro***·ço (ô)
s.masc. Restos daquilo que foi destruído: *os destroços do navio chegaram à praia.*
❖ *pl.* destroços (ó). Essa palavra quase sempre é usada no plural.

destronar des·tro·***nar***
v. Expulsar do trono, depor: *o povo revoltou-se e destronou o rei.*

destroncar des·tron·***car***
v. Deslocar violentamente uma parte do corpo: *ele destroncou o joelho durante a corrida.*

destruir des·tru·***ir***
v. 1. Derrubar, demolir, pôr abaixo: *o furacão destruiu a casa; a destruição foi total.* 2. Arruinar, estragar: *os gafanhotos destruíram a plantação.*

destrutível des·tru·***tí***·vel
adj.masc.fem. Que pode ser destruído: *fortaleza destrutível.*
❖ *pl.* destrutíveis.
→ Veja também **indestrutível**.

desumano de·su·***ma***·no
adj. Cruel: *ela foi tratada de modo desumano.*
→ Veja também **humano**.

desunião de·su·ni·***ão***
s.fem. Falta de união, de solidariedade: *o que provocou a desunião desse grupo de alunos? Por que eles deixaram de ser unidos e passaram a brigar uns com os outros?*

desunir de·su·***nir***
v. Separar pessoas que eram unidas, amigas: *essa briga desuniu o nosso grupo.*
→ Veja também **unir**.

desusado de·su·***sa***·do
adj. Que não se usa mais: *ele empregou palavras desusadas hoje em dia.*

desvairado des·vai·***ra***·do
adj. Alucinado, louco: *ele ficou desvairado quando soube o que tinha acontecido.*

desvalorizar des·va·lo·ri·***zar***
v. 1. Tirar ou diminuir o valor de: *ele fez muitas críticas ao meu trabalho, desvalorizando-o.* v.pron. **desvalorizar-se** 2. Perder valor, passar a valer menos: *a moeda se desvalorizou.*
→ Veja também **valorizar**.

desvantagem des·van·***ta***·gem
s.fem. 1. Inferioridade: *esse time está perdendo por 1 a 0; está em desvantagem no placar.* 2. Inconveniência, aquilo que atrapalha ou prejudica: *esse carro é bom, mas a desvantagem é que gasta muito combustível.*
→ Veja também **vantagem**.

desvelo des·***ve***·lo (ê)
s.masc. Muita dedicação: *ela tratou da criança com desvelo.*

desvencilhar des·ven·ci·***lhar***
v. 1. Soltar, desprender: *o cão conseguiu desvencilhar-se das cordas que o prendiam.* v.pron. **desvencilhar-se** 2. Soltar-se: *ele conseguiu se desvencilhar das cordas.*

desvendar des·ven·***dar***
v. Esclarecer: *quem será capaz de desvendar esse mistério?*

desventura des·ven·***tu***·ra
s.fem. Desgraça, infelicidade: *ele teve a desventura de participar daquela trágica excursão.*
→ Veja também **ventura**.

desviar des·vi·***ar***
v. Mudar a direção de: *o goleiro esticou o braço e desviou a bola; esse desvio impediu o gol do adversário.*

detalhe de·***ta***·lhe
s.masc. Pequeno elemento de algo maior: *observe os detalhes deste quadro; repare que o pintor desenhou cada folhinha daquela árvore ao fundo.*

deter de·***ter***
v. 1. Fazer parar: *o guarda deteve o ônibus.* 2. Prender alguém por certo tempo para investigação: *o delegado deteve o suspeito, não o deixou ir embora.*

deteriorar de·te·ri:o·***rar***
v. Estragar: *o forte calor deteriorou a comida que estava fora da geladeira.*

determinado de·ter·mi·***na***·do
adj. 1. Marcado, definido: *esse é o dia determinado para o início das aulas.* 2. Decidido: *ele é um homem determinado, quando resolve fazer uma coisa vai até o fim.*

determinar de·ter·mi·***nar***
v. 1. Fixar, marcar: *o diretor determinou o período em que serão feitos os exames.* 2. Ordenar: *o prefeito determinou a construção desse parque infantil.* 3. Causar, provocar: *esses fatos determinaram a queda do governo.* 4. Indicar com precisão: *faça os cálculos e determine o valor das prestações que devem ser pagas.*

D

detestar de·tes·***tar***

v. 1. Odiar: *detesto pessoas mentirosas*. 2. Ter horror a alguma coisa: *ela detesta esse tipo de comida!*

detestável de·tes·***tá***·vel

adj.masc.fem. Odiável, que merece ser odiado ou detestado: *cantora detestável*.

❖ *pl.* detestáveis.

detetive de·te·***ti***·ve

s.masc. Pessoa que faz investigações policiais: *o detetive conseguiu descobrir a casa onde estavam escondidas as joias roubadas*.

detonar de·to·***nar***

v. Fazer explodir: *o engenheiro detonou a carga de dinamite que destruiu a velha ponte*.

detrito de·***tri***·to

s.masc. Lixo, sobras que não podem ser aproveitadas: *essa fábrica lançou detritos no rio, poluindo suas águas*.

deturpar de·tur·***par***

v. Mudar o sentido: *ele deturpou minhas palavras*.

deus

s.masc. 1. *Rel.* Ser eterno e todo-poderoso, único criador de tudo o que existe no universo. Nesse sentido, escreve-se com *D* maiúsculo: *Pediu a Deus que atendesse às suas preces*. 2. Divindade: *muitos povos antigos acreditavam em vários deuses; os romanos, por exemplo, tinham o deus da guerra (chamado Marte), a deusa da beleza e do amor (chamada Vênus), etc.*

→ Veja também **divino**.

deus-dará ***deus***-da·***rá***

s.masc. Acaso.

❑ **ao deus-dará** Ao acaso, à toa: *ele vive ao deus-dará, dependendo da ajuda dos outros para comer*.

❖ Essa palavra só é usada na locução **ao deus-dará**.

deus-nos-acuda ***deus***-nos-a·***cu***·da

s.masc. Confusão, tumulto: *quando começou a chover, foi um deus-nos-acuda; todos saíram correndo em busca de abrigo*.

devagar de·va·***gar***

adv. Sem pressa, lentamente: *eles caminharam devagar pela praça*.

→ Não confunda com **divagar**, que tem outro significado.

devastação de·vas·ta·***ção***

s.fem. Destruição: *precisamos impedir a devastação da natureza*.

❖ *pl.* devastações.

devastar de·vas·***tar***

v. Destruir, arruinar: *a guerra devastou a cidade, deixou-a em ruínas*.

dever de·***ver***

v. 1. Ter obrigação de: *você deve ajudar seu amigo*. 2. Ter dívida: *ele deve dinheiro aos colegas*. 3. Ser provável: *o jornal disse que deve chover hoje*.

s.masc. 4. Obrigação: *o dever dos pais é cuidar dos filhos*. 5. Tarefa: *ela já acabou o dever da escola*.

❖ *pl.* deveres (ê).

devido de·***vi***·do

adj. 1. Necessário: *tome os devidos cuidados quando andar por essas ruas movimentadas*. 2. Que é preciso pagar, que se deve: *o imposto devido deve ser pago até amanhã*.

❑ **devido a** Por causa de: *o trânsito está congestionado devido ao acidente que ocorreu na esquina*.

devoção de·vo·***ção***

s.fem. 1. Religiosidade, fé: *as pessoas acompanharam a missa com devoção*. 2. Dedicação: *sua devoção aos estudos é admirável*.

→ Veja também **devoto**.

devolução de·vo·lu·***ção***

s.fem. Ação de devolver, restituição: *não se esqueça de que a devolução do livro à biblioteca deve ser feita amanhã*.

❖ *pl.* devoluções.

devolver de·vol·***ver***

v. Levar ou mandar de volta, restituir: *vou devolver ao professor o livro que ele me emprestou*.

devorar de·vo·***rar***

v. 1. Comer apressadamente, com voracidade: *ele estava com tanta fome que devorou a comida que lhe demos*. 2. Consumir, destruir: *o fogo devorou todo o bosque*.

devoto de·***vo***·to (ó)
s.masc. 1. Aquele que é muito dedicado a práticas religiosas: *os devotos seguiram a procissão cantando hinos e rezando*. 2. Que tem devoção por uma divindade, santo ou anjo em particular: *minha mãe é devota de Nossa Senhora de Aparecida*.
→ Veja também **devoção**.

dezembro de·***zem***·bro
s.masc. O último mês do ano: *dezembro é o mês das festas*.

dezena de·***ze***·na (ê)
s.fem. Conjunto de dez: *comprei uma dezena de lápis*.

dia ***di***·a
s.masc. 1. Período de 24 horas em que a Terra dá uma volta completa em torno de si mesma: *o ano tem 365 dias*. 2. Período de tempo que vai do nascer ao pôr-do-sol: *passeamos o dia inteiro*.
❑ **dia de São Nunca** Dia que nunca chegará: *sabe quando você vai receber esse dinheiro? No dia de São Nunca!* **dia útil** Dia de trabalho: *desconte os sábados, domingos e feriados, e veja quantos dias úteis há neste mês*.
→ Veja também **diurno**.

diabo di·***a***·bo
s.masc. Criatura que representa o mal; em algumas religiões, opõe-se a Deus: *o diabo muitas vezes é retratado com rabo e chifres*.

> ◎ Diabo deriva da palavra grega *diabolos*, que significa *aquele que separa as pessoas, que diz mentiras*.

diabólico di:a·***bó***·li·co
adj. 1. Que tem a ver com o diabo: *tentação diabólica*. 2. *fig*. Terrível, cruel: *plano diabólico*.

dialogar di:a·lo·***gar***
v. Conversar, trocar ideias: *os pais devem dialogar com os filhos*.

diálogo di·***á***·lo·go
s.masc. Conversa, troca de ideias: *tivemos de interromper o diálogo porque o ônibus dele chegou*.

dianteiro di:an·***tei***·ro
adj. Que fica na frente: *troquei os pneus dianteiros do carro*.

diariamente di·a·ri·a·***men***·te
adv. Todos os dias: *ele leva o cachorrinho ao parque diariamente*.

diário[1] di·***á***·ri:o
adj. Que se faz ou que acontece todos os dias: *quais são suas tarefas diárias?*

diário[2] di·***á***·ri:o
s.masc. 1. Caderno onde escrevemos, dia a dia, o que fazemos ou pensamos: *ela guardou seu diário na gaveta*. 2. Jornal: *já leu os diários de hoje?*

dica ***di***·ca
s.fem. *pop*. Sugestão ou informação que orienta, que ajuda a resolver algum problema: *como conhecia bem a cidade, ele nos deu algumas dicas sobre as melhores lojas de brinquedos*.

dicção dic·***ção***
s.fem. Modo de pronunciar as palavras: *para ser locutor de rádio é preciso ter boa dicção*.

dicionário di·ci:o·***ná***·ri:o
s.masc. Livro que explica o significado das palavras de uma língua, relacionadas em ordem alfabética: *não sabe o que quer dizer "elucidar"? Procure no dicionário!*

didático di·***dá***·ti·co
adj. Que tem o objetivo de ensinar: *livro didático*.

dieta di·***e***·ta (é)
s.fem. Alimentação programada, regime: *essa é a dieta que o médico me recomendou*.

diferença di·fe·***ren***·ça
s.fem. 1. Aquilo que distingue uma coisa de outra, um ser de outro ser: *esses dois desenhos parecem exatamente iguais mas não são; há algumas diferenças entre eles*. 2. Resultado de uma subtração: *a diferença entre 9 e 6 é 3*.

diferente di·fe·***ren***·te
adj.masc.fem. Que não é igual, que apresenta diferença: *a sua caneta é diferente da minha*.

difícil di·***fí***·cil
adj.masc.fem. Complicado, que não é fácil de entender, resolver ou fazer: *trabalho difícil*.

D

❖ *pl.* difíceis. *superl.* dificílimo.
→ Veja também **fácil**.

dificuldade di·fi·cul·***da***·de
s.fem. Aquilo que atrapalha nossa ação: *ele estava com uma perna engessada, por isso teve dificuldade para subir a escada.*
→ Veja também **facilidade**.

dificultar di·fi·cul·***tar***
v. Tornar difícil, complicar: *a estrada esburacada dificultou a nossa viagem.*
→ Veja também **facilitar**.

dificultoso di·fi·cul·***to***·so (ô)
adj. Difícil, que apresenta dificuldade: *tarefa dificultosa.*
❖ *fem.* dificultosa (ó). *pl.* dificultosos (ó), dificultosas (ó).

difundir di·fun·***dir***
v. Espalhar, divulgar: *eles querem difundir essas ideias, querem que muita gente as conheça.*

difusão di·fu·***são***
s.fem. Divulgação, propagação: *o rádio é um importante meio de difusão de notícias.*

digerir di·ge·***rir***
v. Fazer a digestão de alimentos; transformar aquilo que comemos em matéria que pode ser aproveitada pelo organismo: *o organismo leva mais tempo para digerir as comidas gordurosas.*
→ Veja também **digestão**.

digestão di·ges·***tão***
s.fem. Processo de transformação dos alimentos que ocorre em nosso organismo para que o corpo possa aproveitar o que eles têm de nutritivo: *a digestão começa na boca e termina no intestino.*
→ Veja também **indigestão**.

digestivo di·ges·***ti***·vo
adj. Que promove ou facilita a digestão: *remédio digestivo.*
→ Veja também **indigesto**.

digitador di·gi·ta·***dor***
s.masc. Aquele que digita: *ele vai ser o digitador do texto.*
❖ *pl.* digitadores.

digitar di·gi·***tar***
v. *Inform.* Pressionar as teclas com os dedos, como fazemos, por exemplo, no teclado de um computador: *vou digitar esse texto.*

digladiar-se di·gla·di·***ar***-se
v.pron. Lutar, brigar: *esses dois vivem se digladiando, não conseguem ficar em paz.*

digno ***dig***·no
adj. 1. Honrado, respeitável: *ele é um homem digno, merece consideração e respeito.* 2. Merecedor: *sua atitude é digna de elogios.*
→ Veja também **indigno**.

dilacerar di·la·ce·***rar***
v. Rasgar com violência, fazer em pedaços: *o lobo atacou e dilacerou a presa.*

dilapidar di·la·pi·***dar***
v. Esbanjar, gastar muito sem necessidade: *os filhos dilapidaram a fortuna deixada pelo pai.*

dilatar di·la·***tar***
v. Estender, aumentar, ampliar: *ele quer dilatar o prazo de pagamento dessa dívida.*

dilema di·***le***·ma (ê)
s.masc. Decisão difícil entre duas opções: *ele está num dilema: se aceitar o emprego, terá de mudar de cidade e viver longe da família; se não quiser ficar longe da família, perderá uma boa oportunidade de trabalho.*

dileto di·***le***·to (é)
adj. Querido: *dileto amigo.*

diligente di·li·***gen***·te
adj.masc.fem. Zeloso, cuidadoso, dedicado: *funcionário diligente.*

diluir di·lu·***ir***
v. Dissolver, misturando com água ou outro líquido: *ele diluiu o remédio num copo de água e bebeu.*

dilúvio di·***lú***·vi:o
s.masc. Chuva muito forte: *a chuva de ontem foi um dilúvio, inundou muitos bairros.*

dimensão di·men·***são***
s.fem. Tamanho: *qual é a dimensão desse terreno? Quanto ele mede?*
❖ *pl.* dimensões.

diminuir di·mi·nu·***ir***
v. 1. Tornar menor: *vamos diminuir o cartaz, ele está muito grande*. 2. Subtrair, tirar: *do valor total, diminua metade*.

diminuto di·mi·***nu***·to
adj. Pequeno, reduzido: *você deve pagar apenas uma parcela diminuta do total*.

dinâmico di·***nâ***·mi·co
adj. Ativo, que está sempre em movimento, que não fica parado: *ele é um homem dinâmico*.

dinamitar di·na·mi·***tar***
v. Destruir alguma coisa usando dinamite, que é um explosivo muito potente: *os engenheiros foram obrigados a dinamitar os restos da velha ponte para construir uma nova*.

dinastia di·nas·***ti***·a
s.fem. Série de reis ou soberanos que pertencem à mesma família: *D. Pedro II pertencia à dinastia dos Braganças, ou seja, à família de reis com esse sobrenome*.

dinossauro di·nos·***sau***·ro
s.masc. *Zool.* Nome comum que se dá a diversos répteis grandes e pequenos que viveram em épocas pré-históricas, milhões de anos atrás: *no museu da cidade, vimos esqueletos de enormes dinossauros*.

◎ Dinossauro é uma palavra formada de *dino* (terrível) + *sauro* (lagarto).

diploma di·***plo***·ma (ô)
s.masc. Documento que atesta a conclusão de um curso: *ele tirou o diploma do Ensino Fundamental*.

diplomar-se di·plo·***mar***-se
v.pron. Formar-se, receber o diploma: *ele se diplomou em Medicina, agora já é médico*.

dique ***di***·que
s.masc. Construção bastante sólida que serve para represar águas correntes: *a prefeitura vai construir um dique para represar esse rio*.

direção di·re·***ção***
s.fem. 1. Comando: *esse professor assumiu a direção do colégio*. 2. Sentido em que se vai; rumo: *o viajante tomou a direção do norte*.
❖ *pl.* direções.
→ Veja também **direcionar**.

direcionar di·re·ci:o·***nar***
v. Encaminhar em determinada direção: *ele vai direcionar os esforços para essa tarefa*.

direito di·***rei***·to
adj. 1. Justo, honesto: *ele é um homem direito*.
s.masc. 2. Aquilo que a lei ou o regulamento nos permite fazer, ou garante que nos será dado: *como aluno da escola, tenho o direito de retirar livros da biblioteca*. 3. Estudo das leis e da aplicação da justiça: *ela está fazendo o curso de Direito, pois quer ser advogada como a mãe*.
adv. 4. De modo correto: *ele agiu direito*.

diretor di·re·***tor***
s.masc. 1. Aquele que dirige uma escola, um clube, uma empresa, etc.: *ela é a diretora da escola*. 2. Aquele que dirige os atores de uma peça de teatro, de um filme, de um espetáculo, etc.: *o diretor desse filme foi premiado*.
❖ *pl.* diretores.

diretoria di·re·to·***ri***·a
s.fem. Grupo de pessoas que dirigem uma escola, um clube, uma organização, etc.: *a diretoria do clube vai resolver esse problema*.

dirigente di·ri·***gen***·te
s.masc.fem. Pessoa que tem cargo de direção, que é diretor (de uma empresa, instituição, clube, etc.): *os novos dirigentes do time prometem mudanças*.

dirigir di·ri·***gir***
v. 1. Guiar (um veículo): *ele dirige o caminhão*. 2. Tomar decisões e dar ordens; administrar: *ele dirige a escola*. 3. Fazer a direção de (filme, peça, etc.): *Spielberg dirigiu* E.T. – O extraterrestre.
v.pron. **dirigir-se** 4. Encaminhar-se, ir em alguma direção: *ela se dirigiu à lanchonete*.

dirimir di·ri·***mir***
v. Esclarecer totalmente: *o professor dirimiu as dúvidas dos alunos respondendo a todas as perguntas*.

discente dis·***cen***·te
adj.masc.fem. Que se refere a alunos: *vamos conferir a produção discente, isto é, aquilo que os alunos fizeram*.
❑ **corpo discente** Conjunto de alunos de uma escola: *na nossa escola valorizamos o corpo discente acima de tudo*.

discernir dis·cer·***nir***
v. Distinguir, diferenciar: *acho que ele não consegue discernir o certo do errado.*

disciplina dis·ci·***pli***·na
s.fem. 1. Ordem, organização, obediência a métodos de trabalho: *sem disciplina, vocês não conseguirão fazer essa tarefa.* 2. Cada uma das matérias que se ensinam na escola: *ele é professor de duas disciplinas: História e Geografia.*
→ Veja também **indisciplina**.

disciplinado dis·ci·pli·***na***·do
adj. Que segue a disciplina, que é ordeiro: *aluno disciplinado.*
→ Veja também **indisciplinado**.

disciplinar dis·ci·pli·***nar***
v. Impor disciplina a alguém: *os alunos não respeitavam horários ou métodos de trabalho; era preciso discipliná-los.*

discípulo dis·***cí***·pu·lo
s.masc. 1. Aquele que recebe ensino de alguém: *o discípulo ouve o mestre com atenção.* 2. Aquele que segue as ideias ou imita o comportamento de alguém: *Cristo teve vários discípulos.*

discordante dis·cor·***dan***·te
adj.masc.fem. Que não está de acordo: *nós temos opiniões discordantes sobre esse problema.*
→ Veja também **concordante**.

discordar dis·cor·***dar***
v. Não concordar com: *quando ela deu sua opinião, as colegas discordaram dela.*
→ Veja também **concordar**.

discórdia dis·***cór***·di:a
s.fem. Desacordo, falta de harmonia: *o que provocou a discórdia entre eles?*
→ Veja também **concórdia**.

discreto dis·***cre***·to (é)
adj. 1. Que não revela segredos dos outros: *confiamos estas informações a você porque sabemos que é uma pessoa discreta.* 2. Que não é intrometido: *percebi que ela estava chorando, mas fui discreta e esperei que ela quisesse conversar.* 3. Que não chama a atenção: *ele usa roupas discretas.*
→ Veja também **indiscreto**.

discrição dis·cri·***ção***
s.fem. Atitude ou comportamento de quem é discreto: *ele agiu com discrição.*
→ Não confunda com **descrição**, que tem outro significado.

discriminação dis·cri·mi·na·***ção***
s.fem. 1. Relação detalhada: *a conta telefônica deve trazer a discriminação de cada interurbano que você fez.* 2. Separação: *a professora não deve fazer discriminação entre alunos mais adiantados e menos adiantados.* 3. Tratamento pior dado a um grupo de pessoas por causa de sua raça, sexo, cultura, idade, etc.: *negros, mulheres e idosos são frequentemente vítimas de discriminação.*
→ Não confunda com **descriminação**, que tem outro significado.

discriminar dis·cri·mi·***nar***
v. 1. Distinguir, estabelecer diferença: *não devemos discriminar as pessoas por causa da cor da pele.* 2. Fazer a relação detalhada de itens, tópicos, etc.: *vamos discriminar na nota fiscal todos os produtos comprados por ele, um por um.*
→ Não confunda com **descriminar**, que tem outro significado.

discurso dis·***cur***·so
s.masc. Exposição de ideias feita em público: *o prefeito foi à praça e fez um discurso para o povo.*

discussão dis·cus·***são***
s.fem. 1. Debate, troca de ideias: *vamos fazer uma discussão sobre este livro.* 2. Desentendimento, bate-boca: *os jogadores não concordaram com a marcação da falta e tiveram uma discussão com o juiz.*
❖ *pl.* discussões.

discutir dis·cu·***tir***
v. 1. Debater, trocar ideias sobre: *vamos discutir a peça de teatro que vimos ontem.* 2. Desentender-se: *esses homens discutiram e quase começaram uma briga.*

discutível dis·cu·***tí***·vel
adj.masc.fem. Que se pode discutir, que se pode colocar em dúvida: *resposta discutível.*
❖ *pl.* discutíveis.
→ Veja também **indiscutível**.

disfarçar dis·far·***çar***
v. 1. Modificar para não ser reconhecido: *quando me telefonou, ela disfarçou a voz para que eu não a reconhecesse.* 2. Fingir: *não adianta disfarçar, todos estão percebendo que você está com vontade de comer esse bolo.*
v.pron. **disfarçar-se** 3. Vestir-se para parecer outra pessoa: *ele se disfarçou de mendigo; seu disfarce era tão bom que ninguém o reconheceu.*

disparada dis·pa·***ra***·da
s.fem. Corrida desabalada: *quando o ladrão percebeu que o policial estava perto, saiu numa disparada.*

disparar dis·pa·***rar***
v. 1. Lançar, atirar: *o índio disparou a flecha.* 2. Dar (tiro): *o soldado disparou contra o inimigo.* 3. Correr ou sair apressadamente: *ele disparou pelas ruas, fugindo dos perseguidores.*

disparate dis·pa·***ra***·te
s.masc. Absurdo, despropósito: *não diga disparates, pense antes de falar.*

dispensa dis·***pen***·sa
s.fem. Licença para não cumprir alguma obrigação: *ela conseguiu dispensa da aula de música.*
→ Não confunda com **despensa**, que tem outro significado.

dispensar dis·pen·***sar***
v. 1. Livrar alguém da obrigação de fazer alguma coisa: *a menina está doente, por isso a professora dispensou-a da prova.* 2. Não precisar de: *dispenso sua ajuda.*

dispensável dis·pen·***sá***·vel
adj.masc.fem. Que se pode dispensar, que não é necessário: *sua ajuda é dispensável, posso fazer o trabalho sozinho.*
❖ *pl.* dispensáveis.
→ Veja também **indispensável**.

displicente dis·pli·***cen***·te
adj.masc.fem. Desinteressado: *esse aluno é displicente, não leva o estudo a sério.*

disponível dis·po·***ní***·vel
adj.masc.fem. Que está à disposição: *esse carro está disponível, você pode usá-lo para ir à cidade.*
❖ *pl.* disponíveis.

dispor dis·***por***
v. 1. Arrumar: *ele dispôs os livros na estante.* 2. Possuir, poder contar com: *disponho de pouco dinheiro.*
v.pron. **dispor-se** 3. Oferecer-se para fazer alguma coisa: *eu me disponho a ajudar esse aluno.*

disposição dis·po·si·***ção***
s.fem. Vontade, entusiasmo: *essa turma sempre trabalha com disposição; os alunos estão sempre dispostos, animados.*
❑ **estar à disposição (uma pessoa)** Estar às ordens de alguém: *estou à sua disposição, farei o que você pedir.* **estar à disposição (uma coisa)** Poder ser usado: *os computadores estão à disposição dos alunos.*

disputar dis·pu·***tar***
v. 1. Lutar por alguma coisa: *havia dez candidatos disputando as duas vagas do curso.* 2. Participar de um jogo, de uma competição esportiva: *nosso time disputou hoje uma boa partida.*

disquete dis·***que***·te (é)
s.masc. *Inform.* Pequeno disco usado para armazenar dados e programas de computador: *vou inserir este disquete no computador.*

dissabor dis·sa·***bor***
s.masc. Descontentamento, desgosto: *a viagem que fiz só me trouxe dissabores.*

dissertação dis·ser·ta·***ção***
s.fem. Texto em que expomos nossas ideias sobre determinado assunto: *os alunos fizeram uma dissertação sobre o problema da poluição do ar.*
❖ *pl.* dissertações.

dissílabo dis·***sí***·la·bo
adj. *Gram.* Que tem duas sílabas: *"mesa" é uma palavra dissílaba.*
→ Veja também **monossílabo**, **polissílabo** e **trissílabo**.

dissimular dis·si·mu·***lar***
v. Disfarçar(2), não deixar ninguém perceber: *ele dissimulou a tristeza que sentia.*

dissipar dis·si·***par***
v. Fazer desaparecer: *o vento forte dissipou as nuvens.*

distância dis·***tân***·ci:a
s.fem. Espaço entre pessoas ou coisas: *vou medir a distância que há entre essas duas paredes.*

distanciar-se dis·tan·ci·***ar***-se
v.pron. Tomar distância, afastar-se: *o barco distanciou-se da praia.*
→ Veja também **aproximar-se**.

distante dis·***tan***·te
adj.masc.fem. Longe, afastado: *lugar distante.*

distinguir dis·tin·***guir***
v. 1. Diferenciar: *você precisa aprender a distinguir o certo do errado.* 2. Identificar: *como estava escuro, não pude distinguir quem estava no jardim.*
v.pron. **distinguir-se** 3. Destacar-se: *esse aluno distinguiu-se durante o curso, foi o melhor de todos.*

distração dis·tra·***ção***
s.fem. 1. Falta de atenção: *a distração do motorista quase provocou um acidente.* 2. Divertimento, passatempo: *sua distração é jogar cartas.*
❖ *pl.* distrações.

distraído dis·tra·***í***·do
adj. Que não consegue se concentrar: *sou muito distraído, não consigo fixar o pensamento na aula.*

distrair dis·tra·***ir***
v. 1. Desviar a atenção de: *o barulho no pátio distraiu a atenção das crianças que estavam na sala.* 2. Entreter: *o palhaço distraiu as crianças por duas horas.*
v.pron. **distrair-se** 3. Ficar desatento: *eu me distraí e não ouvi o que ele disse.*

distribuir dis·tri·bu·***ir***
v. Entregar, dar a várias pessoas: *essa loja vai distribuir brindes aos seus clientes; a distribuição começará amanhã.*

distúrbio dis·***túr***·bi:o
s.masc. 1. Tumulto, desordem: *alguns homens bêbados provocaram distúrbios no baile.* 2. Problema, imperfeição: *esse menino apresenta distúrbios de crescimento, não está crescendo como deveria.*

ditado di·***ta***·do
s.masc. 1. Aquilo que se dita para alguém escrever: *a professora fez um ditado dessas palavras.* 2. Provérbio, adágio: *"Quem tudo quer tudo perde" é um ditado bem conhecido.*
→ Veja também **adágio** e **provérbio**.

ditador di·ta·***dor***
s.masc. Chefe de governo que age de forma muito autoritária, impondo regras e mandando em todo mundo: *após décadas de luta, o povo conseguiu derrubar o ditador.*
❖ *pl.* ditadores.

ditadura di·ta·***du***·ra
s.fem. Forma de governo em que só uma pessoa manda, só ela decide o que deve ser feito, sem consultar a população: *a ditadura impede a livre expressão de ideias.*

ditar di·***tar***
v. 1. Dizer alguma coisa para outra pessoa escrever: *a professora ditou três perguntas para a classe escrever no caderno.* 2. Impor: *ele é muito autoritário, gosta de ditar regras para os outros.*

diurno di·***ur***·no
adj. Que acontece durante o dia: *a exposição ficará aberta apenas no período diurno.*
→ Veja também **dia**.

divagar di·va·***gar***
v. Sair do assunto principal e passar a falar de outra coisa: *no meio do discurso, ele começou a divagar.*
→ Não confunda com **devagar**, que tem outro significado.

divergência di·ver·***gên***·ci:a
s.fem. Desacordo, discordância: *quando o assunto é futebol, há muita divergência entre as pessoas.*

divergente di·ver·***gen***·te
adj.masc.fem. Contrário, oposto: *nós temos opiniões divergentes sobre isso.*

divergir di·ver·***gir***
v. Discordar: *nessa questão, ele diverge de mim, não concorda comigo.*

diversão di·ver·***são***

s.fem. Aquilo que proporciona momentos agradáveis; divertimento, passatempo: *na praia, há muita diversão para as crianças.*

❖ *pl.* diversões.

diversidade di·ver·si·***da***·de

s.fem. Variedade: *nessa turma há muita diversidade de opinião, cada um pensa de um jeito.*

diversificar di·ver·si·fi·***car***

v. Variar, mudar: *o professor gosta de diversificar os tipos de exercícios, ele não dá sempre os mesmos.*

divertido di·ver·***ti***·do

adj. Que diverte, que é engraçado: *o filme foi muito divertido.*

divertir di·ver·***tir***

v. Alegrar: *o palhaço divertiu a plateia.*

dívida ***dí***·vi·da

s.fem. Quantia que se deve: *quando você vai pagar sua dívida?*

→ Veja também **endividar**.

dividir di·vi·***dir***

v. 1. Separar em partes: *ela dividiu o doce ao meio.* 2. Repartir: *eles dividiram o dinheiro, cada um ficou com uma parte.* 3. Fazer a operação aritmética chamada divisão, que permite determinar quantas vezes uma quantia está contida em outra: *se você dividir 36 por 4, o resultado será 9.*

divindade di·vin·***da***·de

s.fem. Os deuses ou as deusas adorados pelos povos pagãos: *o deus Marte era uma das divindades dos antigos romanos; ele era adorado como o deus da guerra.*

divino di·***vi***·no

adj. 1. Que é de Deus: *os animais fazem parte da criação divina.* 2. *pop.* Excelente, maravilhoso: *a festa esteve divina!*

→ Veja também **deus**.

divisar di·vi·***sar***

v. Avistar, enxergar: *divisei um vulto ao longe, no fim da rua.*

divisória di·vi·***só***·ri:a

s.fem. Espécie de parede de altura variada, feita de diversos materiais, que divide ou separa um ambiente: *vamos colocar uma divisória no escritório: você trabalhará de um lado e seu colega do outro.*

divórcio di·***vór***·ci:o

s.masc. Anulação do casamento feita de acordo com a lei: *o juiz concedeu o divórcio para o casal; agora o homem e a mulher vão viver separados.*

divulgar di·vul·***gar***

v. Fazer conhecido, revelar: *ele vai divulgar o nome do vencedor do concurso.*

dizer di·***zer***

v. Contar, falar: *ele disse a verdade.*

dizimar di·zi·***mar***

v. Exterminar ou matar a maior parte de: *uma doença dizimou a boiada, que ficou reduzida a um pequeno número de animais.*

dó[1]

s.masc. Aquilo que sentimos quando vemos outro ser vivo sofrendo; pena: *fiquei com muito dó daquele menino doente.*

dó[2]

s.masc. Primeira nota da escala musical: *toque um dó no piano.*

doar do·***ar***

v. Dar: *cada aluno doou uma peça de roupa às vítimas da enchente; as doações foram feitas na escola.*

dobrar do·***brar***

v. 1. Aumentar duas vezes, duplicar: *essa escola tinha 200 alunos, agora tem 400; o número de alunos dobrou.* 2. Virar: *dobre a ponta do lenço.* 3. Curvar, vergar: *ele dobrou o joelho.*

dobro ***do***·bro (ô)

s.masc. Quantidade duas vezes maior: *ela tem 10 anos e o irmão tem o dobro de sua idade, isto é, 20 anos.*

doce ***do***·ce (ô)

adj.masc.fem. 1. Que não é amargo, que tem sabor açucarado: *o café está doce.* 2. Que não é salgada (água): *esse é um peixe de água doce, vive no rio e não no mar.*

s.masc. 3. Guloseima feita com açúcar ou mel: *na festa, havia muitos doces: cocadas, bombons, brigadeiros, etc.*

D

doceiro do·*cei*·ro

s.masc. Aquele que faz doces para vender: *minha avó era doceira.*

docente do·*cen*·te

adj.masc.fem. Que se refere ao ensino ou aos professores: *a atividade docente é uma das mais importantes em uma sociedade.*

❑ **corpo docente** Conjunto de professores de uma escola: *o corpo docente fará uma reunião para discutir esse assunto.*

dócil *dó*·cil

adj.masc.fem. 1. Obediente, que se deixa educar sem problemas: *menino dócil.* 2. Que se deixa guiar ou conduzir facilmente: *cavalo dócil.*

❖ *pl.* dóceis. *superl.* docílimo ou docilíssimo.

documento do·cu·*men*·to

s.masc. Aquilo que serve de prova ou confirmação: *eu tenho o documento de propriedade desse carro, isto é, um papel que prova que eu sou o proprietário do carro.*

doçura do·*çu*·ra

s.fem. 1. Sabor doce: *todos apreciam a doçura dessa fruta.* 2. *fig.* Suavidade, meiguice: *a doçura da voz.*

doença do·*en*·ça

s.fem. Enfermidade, moléstia: *o sarampo é uma doença.*

doente do·*en*·te

adj.masc.fem. Que está com alguma doença, que está enfermo: *ele está doente, por isso foi ao médico.*

→ Veja também **adoecer**.

doentio do·en·*ti*:o

adj. 1. Que adoece com facilidade: *ele é um menino doentio, não tem boa saúde.* 2. Que é semelhante a uma doença: *ciúme doentio.*

doer do·*er*

v. 1. Provocar dor: *a bolada que levei na cabeça doeu muito.* 2. Estar dolorido: *escrevi tanto que minha mão está doendo.*

doido *doi*·do

adj. Louco, biruta, maluco: *homem doido.*

→ Veja também **endoidar** e **endoidecer**. Não confunda com **doído**, que tem outro significado.

doído do·*í*·do

adj. Dolorido: *levei um tapa doído nas costas.*

→ Não confunda com **doido**, que tem outro significado.

dólar *dó*·lar

s.masc. Nome do dinheiro usado nos Estados Unidos e em vários outros países: *aquele norte-americano quer trocar dólares por reais.*

❖ *pl.* dólares.

dolorido do·lo·*ri*·do

adj. Que dói: *fiquei com os pés doloridos de tanto andar.*

→ Veja também **doloroso, dor** e **indolor**.

doloroso do·lo·*ro*·so (ô)

adj. Que provoca dor ou pena: *a guerra causa fatos dolorosos, como a morte de muitas pessoas inocentes.*

❖ *fem.* dolorosa (ó). *pl.* dolorosos (ó), dolorosas (ó).

→ Veja também **dolorido, dor** e **indolor**.

dom

s.masc. 1. Dádiva, presente: *o nascimento daquela criança foi um dom de Deus.* 2. Talento, aptidão natural: *ele tem o dom da música, consegue aprender e compor música com muita facilidade.* 3. Forma de tratamento de reis, imperadores, príncipes ou figuras importantes da Igreja Católica: *Dom Pedro I proclamou a independência do Brasil.*

❖ *pl.* dons. Em (3) deve-se sempre usar letra inicial maiúscula.

domador do·ma·*dor*

s.masc. Aquele que sabe domar um animal: *a domadora de tigres se apresenta no circo.*

domar do·*mar*

v. Amansar: *quem vai conseguir domar esse cavalo selvagem?*

domesticar do·mes·ti·*car*

v. Tornar doméstico um animal que era selvagem: *esse cão era feroz, não estava acostumado com as pessoas; mas nós conseguimos domesticá-lo.*

domesticável do·mes·ti·*cá*·vel

adj.masc.fem. Que se pode domesticar: *animal domesticável.*

❖ *pl.* domesticáveis.

doméstico do·**més**·ti·co
adj. 1. Relativo a casa: *nós ajudamos mamãe nos trabalhos domésticos*. 2. Diz-se do animal que é criado em casa: *o gato é um animal doméstico*.

domicílio do·mi·**cí**·li:o
s.masc. Residência: *vamos entregar a encomenda em seu domicílio*.

dominar do·mi·**nar**
v. 1. Ter poder sobre: *o exército domina essa região, tem todo o poder sobre ela*. 2. Controlar: *a bola veio de repente e o jogador não conseguiu dominá-la*.

domingo do·**min**·go
s.masc. O primeiro dia da semana: *no domingo sempre almoçamos com minha avó*.
→ Veja também **dominical**.

dominical do·mi·ni·**cal**
adj.masc.fem. Que se refere ao domingo: *hoje é o nosso almoço dominical, o almoço que fazemos aos domingos*.
❖ *pl.* dominicais.
→ Veja também **domingo**.

donativo do·na·**ti**·vo
s.masc. Doação, aquilo que se dá para ajudar alguém: *chegaram muitos donativos para as vítimas das enchentes*.

dono **do**·no (ô)
s.masc. Proprietário, possuidor: *meu tio é o dono desse carro*.

donzela don·**ze**·la (é)
s.fem. Mulher virgem: *em algumas culturas era costume sacrificar donzelas*.

dor
s.fem. Sensação desagradável, de desconforto, dolorosa, que pode ser física ou psicológica, sofrimento: *estou com dor de dente*.
❖ *pl.* dores.
→ Veja também **dolorido**, **doloroso** e **indolor**.

dor-de-cotovelo **dor**-de-co·to·**ve**·lo (ê)
s.fem. Despeito por outro ter conseguido o que se queria muito: *ele queria ser o capitão do time e ficou com dor-de-cotovelo quando soube que o técnico tinha escolhido outro jogador*.

dorminhoco dor·mi·**nho**·co (ô)
adj. Aquele que dorme muito: *menino dorminhoco*.
❖ *fem.* dorminhoca (ó). *pl.* dorminhocos (ó), dorminhocas (ó).

dormir dor·**mir**
v. Pegar no sono: *ele dormiu vendo televisão*.

dormitar dor·mi·**tar**
v. Cochilar, dormir um sono leve: *ele ficou dormitando a viagem inteira*.

dormitório dor·mi·**tó**·ri:o
s.masc. Quarto de dormir: *minha casa tem dois dormitórios*.

dorso **dor**·so (ô)
s.masc. Costas (de pessoas ou animais): *o público admirou-se quando o domador do circo subiu no dorso do tigre*.

dose **do**·se (ó)
s.fem. Quantidade ou porção determinada: *ele toma uma dose desse xarope todas as manhãs*.
→ Não confunda com **doze** (ô), que tem outro significado.

dourado dou·**ra**·do
adj. 1. Que é coberto por uma camada de ouro: *anel dourado*. 2. Que tem a cor ou o brilho do ouro: *papel dourado*.
→ Veja também **ouro**.

doutrina dou·**tri**·na
s.fem. Conjunto das ideias principais de uma religião, de um sistema político, etc.: *esse grupo de jovens segue a doutrina do espiritismo*.

doze **do**·ze (ô)
num. Dez mais dois; uma dúzia: *na estante, há doze livros*.
→ Não confunda com **dose** (ó), que tem outro significado.

draga **dra**·ga
s.fem. Máquina para escavar o fundo dos rios, lagos, etc.: *a draga trabalha noite e dia para aumentar o leito desse rio*.

dragão dra·**gão**
s.masc. Enorme monstro imaginário, geralmente representado como um animal com cauda de serpente, garras e asas, capaz de lançar

fogo pela boca e pelo nariz: *o dragão tem papel marcante na cultura chinesa.*
❖ *pl.* dragões.

drama ***dra***·ma
s.masc. 1. Filme ou peça de teatro séria ou triste: *você prefere assistir a um drama ou a uma comédia?* 2. Desgraça, infelicidade: *vimos na televisão o drama das vítimas da seca.*
❑ **fazer drama** Exagerar a gravidade de um fato: *não faça drama! O que aconteceu com você não é tão grave assim.*

dramalhão dra·ma·***lhão***
s.masc. Filme, peça de teatro ou telenovela exageradamente sentimental, de pouco valor artístico: *não suporto essa novela, é um dramalhão sem fim!*
❖ *pl.* dramalhões.

dramático dra·***má***·ti·co
adj. 1. Que se refere ao teatro: *ele estuda arte dramática, quer ser ator de teatro.* 2. Comovente: *a cena da despedida foi dramática; todos ficaram muito emocionados e choraram.* 3. Muito difícil, crítico, perigoso: *era dramática a situação dos feridos.*

dramatizar dra·ma·ti·***zar***
v. Dar forma de peça de teatro: *os alunos vão dramatizar esse texto, vão ler os diálogos como se estivessem num palco de teatro; a dramatização será feita no auditório da escola.*

dramaturgo dra·ma·***tur***·go
s.masc. Autor de peças teatrais: *Nelson Rodrigues é um dos mais famosos dramaturgos brasileiros.*

drástico ***drás***·ti·co
adj. Enérgico, severo: *cansado de esperar sua refeição, o cliente tomou uma medida drástica – cancelou o pedido e saiu do restaurante.*

drenar dre·***nar***
v. Secar um terreno fazendo escoar a água que há nele: *o agricultor vai drenar essa área para poder plantar café.*

driblar dri·***blar***
v. *Esp.* Mover o corpo e enganar o adversário, impedindo-o de pegar a bola: *ele sabe driblar muito bem; seus dribles deixam os adversários sem ação.*

drive (dráive)
s.masc. *Inform.* Palavra inglesa que designa a parte do computador que permite gravar ou ler dados num disquete ou CD: *meu computador tem um drive para disquete e outro para CD.*

droga ***dro***·ga (ó)
s.fem. 1. Substância que entra na composição de um medicamento: *droga natural.* 2. Substância que pode causar delírios e gerar dependência no usuário: *ele era dependente de uma droga que o fazia ter alucinações.*
interj. 3. Manifestação de insatisfação: *que droga! O computador travou outra vez!*

drogaria dro·ga·***ri***·a
s.fem. Farmácia: *vou à drogaria comprar esse remédio.*

dromedário dro·me·***dá***·ri:o
s.masc. *Zool.* Espécie de camelo que tem uma só corcova: *o dromedário aguenta ficar mais de 20 dias sem beber água.*
❖ Para indicar o sexo do animal, dizemos o *dromedário macho, o dromedário fêmea.*

dúbio ***dú***·bi:o
adj. Aquilo que pode ter mais de uma interpretação: *sua resposta foi dúbia; não conseguimos entender se ela gostara do filme ou não.*

dublagem du·***bla***·gem
s.fem. Gravação de falas feita depois da filmagem para dar voz a personagens de animação, para aperfeiçoar o trabalho dos atores ou para substituir o idioma original de um filme: *a atriz fazia dublagem do desenho animado.*
❖ *pl.* dublagens.
→ Veja também **dublar**.

dublar du·***blar***
v. Fazer dublagem: *Carla Pompilho dublou em português as falas da personagem Nala de* O Rei Leão.
→ Veja também **dublagem**.

ducha ***du***·cha
s.fem. Jorro de água para banho: *vou tomar uma ducha.*

duelar du·e·***lar***
v. Participar de um duelo: *eles vão duelar na frente de todos.*

duelo du·*e*·lo (é)
s.masc. Luta ou combate entre duas pessoas que se desafiam: *esses dois guerreiros vão enfrentar--se num duelo para decidir quem será o chefe.*

duende du·*en*·de
s.masc. Ser imaginário, com orelhas pontudas, pequeno e travesso: *nesse filme, há um duende que provoca muita confusão.*

dueto du·*e*·to (ê)
s.masc. Canto a duas vozes: *os dois cantores fizeram um lindo dueto e foram muito aplaudidos.*

duna *du*·na
s.fem. Monte de areia formado pelos ventos à beira-mar ou nos desertos: *o Rio Grande do Norte é conhecido por suas belas dunas.*

dupla *du*·pla
s.fem. Grupo de dois: *essa dupla de cantores é muito famosa.*

duplicar du·pli·*car*
v. Tornar duas vezes maior, dobrar: *duplique o número de exercícios; em vez de 5, faça 10.*

duplo *du*·plo
num. Que é duas vezes maior que outro: *o surfista enfrentava um duplo desafio: vencer as ondas e suportar o frio.*

duque *du*·que
s.masc. Certo título de nobreza: *foi nomeado duque pelo rei.*
❖ *fem.* duquesa.

duradouro du·ra·*dou*·ro
adj. Que dura muito tempo: *esse remédio tem efeito duradouro.*

durar du·*rar*
v. 1. Continuar a existir ou a acontecer: *essa guerra durou dez anos, teve uma longa duração.* 2. Conservar-se: *esses sapatos duraram bastante; pude usá-los por muito tempo.*

durável du·*rá*·vel
adj.masc.fem. Que dura muito tempo, que não se gasta facilmente: *esse móvel é durável, tem muita durabilidade.*
❖ *pl.* duráveis.

duro *du*·ro
adj. 1. Resistente, sólido, difícil de quebrar ou de furar: *pedra dura.* 2. Penoso, árduo, que exige muito esforço: *serviço duro.* 3. Enérgico, severo: *o chefe foi duro com a turma.*
❏ **dar um duro** Trabalhar ou esforçar-se muito: *ele deu um duro para que os filhos pudessem estudar.* **estar duro** Estar sem dinheiro: *hoje estou duro, não posso comprar nada.*
→ Veja também **endurecer**.

dúvida *dú*·vi·da
s.fem. 1. Hesitação, dificuldade para decidir: *ela não sabe se vai à festa ou ao cinema; está em dúvida.* 2. Aquilo que não está claro, que não foi bem entendido: *qual é sua dúvida? O que você não entendeu?*
❏ **sem dúvida** Com certeza: *ele sem dúvida virá à reunião.*
→ Veja também **indubitável**.

duvidar du·vi·*dar*
v. Não ter certeza de: *duvido de sua lealdade.*

duvidoso du·vi·*do*·so (ô)
adj. Que provoca dúvida ou incerteza: *esse lance foi duvidoso, não dá para dizer se a bola ultrapassou ou não a linha do gol.*
❖ *fem.* duvidosa (ó). *pl.* duvidosos (ó), duvidosas (ó).

dúzia *dú*·zia
s.fem. Conjunto de doze elementos: *comprei uma dúzia de laranjas.*

DVD (devedê)
s.masc. Pequeno disco de gravação a *laser* com maior capacidade de memória do que o CD, e que também incorpora imagem: *esta semana comprarei o DVD do último show desse artista.*
❖ *pl.* DVDs.

> ◎ A palavra DVD vem do inglês; é a sigla de *Digital Versatile Disk*, que significa *disco digital versátil.*

D

E e

elefante

e (é ou ê)

s.masc. A quinta letra do alfabeto: *Elvira é um nome que começa com e.*

ébano ***é***·ba·no

s.masc. *Bot.* Árvore de madeira escura e resistente: *as teclas negras do piano são feitas de ébano.*

ébrio ***é***·bri:o

adj. Bêbado: *homem ébrio.*

ebulição e·bu·li·***ção***

s.fem. Transformação de um líquido em vapor: *leve a água à ebulição, isto é, até ferver e virar vapor.*

eclipse e·***clip***·se

s.masc. Fenômeno que deixa um astro invisível a nossos olhos por algum tempo: *ontem, aconteceu um eclipse do Sol.*

> ◎ Eclipse vem de uma palavra grega que significa *desaparecimento*. E é isso mesmo que acontece quando há um eclipse: o desaparecimento total ou parcial de um astro.

eco ***e***·co (é)

s.masc. Repetição de um som quando ele bate em uma barreira e volta: *no meio das montanhas, o eco repetiu meu grito.*

→ Veja também **ecoar**.

> ◎ A palavra eco está ligada a uma história da mitologia grega. Eco era o nome de uma moça apaixonada por Narciso, um jovem belíssimo que não ligava para ela. Abatida pela tristeza, Eco foi ficando cada dia mais fraca, mais magra, até que desapareceu e dela só restou uma voz a gemer pelos campos.

ecoar e·co·***ar***

v. Fazer eco, espalhar-se (um som): *sua voz ecoava pela casa vazia, era ouvida em toda a parte.*

→ Veja também **eco**.

ecologia e·co·lo·***gi***·a

s.fem. Estudo das relações dos seres vivos entre si e com o ambiente em que vivem: *estamos tendo aulas de ecologia na escola.*

ecologista e·co·lo·***gis***·ta

s.masc.fem. Pessoa que se dedica à ecologia: *esse grupo de ecologistas veio estudar a fauna da nossa região.*

economia e·co·no·***mi***·a

s.fem. 1. Poupança: *você precisa fazer economia, precisa gastar menos.* 2. Ciência que estuda a maneira de obter recursos para atender às necessidades das pessoas: *quero ler o caderno de economia do jornal.*

s.fem.pl. 3. Dinheiro que foi economizado, guardado: *ele comprou uma bicicleta com suas próprias economias, com o dinheiro que conseguiu poupar.*

econômico e·co·***nô***·mi·co

adj. 1. Que evita despesas desnecessárias: *ele é um homem econômico.* 2. Que se refere à economia: *a situação econômica do país não está muito boa.*

economizar e·co·no·mi·***zar***

v. Poupar, gastar apenas o necessário, sem desperdícios: *precisamos economizar água.*

éden ***é***·den

s.masc.. *Rel.* Segundo a Bíblia, o paraíso terrestre onde viviam Adão e Eva antes de serem expulsos por Deus: *como no éden havia abundância de alimentos, Adão e Eva não precisavam trabalhar.*

edição e·di·***ção***

s.fem. Conjunto dos exemplares de uma obra: *os 5.000 exemplares da primeira edição desse livro já foram vendidos; a editora vai lançar agora uma nova edição.*

❖ *pl.* edições.

edificante e·di·fi·***can***·te
adj.masc.fem. Instrutivo, que pode servir como exemplo de boa conduta: *com essa atitude, o professor deu aos alunos um exemplo edificante, digno de ser imitado.*

edificar e·di·fi·***car***
v. 1. Construir: *eles edificaram uma casa naquele terreno.* 2. *fig.* Orientar, levar alguém a ter boa conduta: *seus conselhos edificam as crianças.*

edifício e·di·***fí***·ci:o
s.masc. Prédio: *muitos edifícios estão sendo construídos nesse bairro.*

editar e·di·***tar***
v. Publicar (livros, revistas, etc.): *ele vai editar o livro que eu escrevi.*

editora e·di·***to***·ra (ô)
s.fem. Empresa que publica livros, revistas, etc.: *adoro os livros dessa editora!*

educação e·du·ca·***ção***
s.fem. 1. Instrução: *ela recebeu boa educação nessa escola.* 2. Boas maneiras: *esse rapaz não tem educação, não sabe comportar-se bem.*
❑ **educação física** Disciplina que usa exercícios físicos para desenvolver o potencial das pessoas, do ponto de vista físico, mental e cívico: *nas aulas de educação física aprendemos a trabalhar em equipe.* **educação especial** Educação voltada a pessoas com necessidades especiais, como deficientes mentais ou físicos: *os deficientes auditivos recebem educação especial nessa escola.*

educador e·du·ca·***dor***
s.masc. Aquele que educa: *o educador se preocupa com as crianças.*
❖ *pl.* educadores.

educandário e·du·can·***dá***·ri:o
s.fem. Escola, colégio, estabelecimento de ensino: *esse educandário é o mais antigo da cidade.*

educando e·du·***can***·do
s.masc. Aluno, aquele que está aprendendo: *os professores preocupam-se com seus educandos.*

educar e·du·***car***
v. Instruir, ensinar: *os pais educam os filhos.*

> ◎ Educar vem de uma palavra latina que significa *extrair, puxar para fora*. Educar significa, portanto, desenvolver o que a pessoa tem dentro de si, desenvolver suas capacidades.

educativo e·du·ca·***ti***·vo
adj. Que educa, que é instrutivo: *filme educativo.*

efeito e·***fei***·to
s.masc. Consequência, resultado provocado por uma ação: *o raio que caiu na casa teve efeitos danosos na minha televisão, que apagou de repente e não ligou mais.*

efêmero e·***fê***·me·ro
adj. Passageiro, de pouca duração: *a sua tristeza foi efêmera, logo acabou.*

efervescente e·fer·ves·***cen***·te
adj.masc.fem. Capaz de efervescer: *comprimido efervescente.*

efervescer e·fer·ves·***cer***
v. Produzir bolhas na superfície: *jogue esse comprimido num copo de água e ela vai efervescer.*

efetuar e·fe·tu·***ar***
v. Realizar, fazer: *efetue este cálculo: 27 + 23.*

eficaz e·fi·***caz***
adj.masc.fem. Que produz o efeito esperado, que dá resultado: *este remédio é eficaz no combate a essa doença; sua eficácia foi comprovada por muitas pessoas.*
❖ *pl.* eficazes. *superl.* eficacíssimo.
→ Veja também **ineficaz**.

eficiência e·fi·ci·***ên***·cia
s.fem. Competência na execução de um trabalho: *todos elogiam a eficiência desse funcionário.*

eficiente e·fi·ci·***en***·te
adj.masc.fem. Aquele que faz bem um trabalho; competente: *professora eficiente.*
❖ *superl.* eficientíssimo.
→ Veja também **ineficiente**.

efígie e·***fí***·gi:e
s.fem. Figura humana, real ou simbólica, reproduzida numa medalha, moeda, cédula,

etc.: *todas as notas de real trazem a efígie simbólica da República.*

egípcio e·***gíp***·ci:o
adj. 1. Que se refere ao Egito: *múmia egípcia.* s.masc. 2. Aquele que nasceu no Egito: *os antigos egípcios construíram muitos templos.*

egoísmo e·go·***ís***·mo
s.masc. Preocupação apenas com os próprios interesses: *não se deixe levar pelo egoísmo, pense também nos outros.*
→ Veja também **altruísmo**.

egoísta e·go·***ís***·ta
adj.masc.fem. Que só pensa em si mesmo: *que sujeito egoísta! Não ajuda ninguém, só pensa nos seus interesses.*
→ Veja também **altruísta**.

égua ***é***·gu:a
s.fem. Fêmea do cavalo: *que linda égua!*

eis
adv. Aqui está: *eis o vencedor!*

eixo ***ei***·xo
s.masc. Linha traçada no meio de um objeto, em torno da qual ele gira ou pela qual pode ser dividido: *a Terra leva 24 horas para girar em torno de seu próprio eixo.*

elaboração e·la·bo·ra·***ção***
s.fem. Preparação, confecção: *ele gastou muito tempo na elaboração desse livro.*

elaborar e·la·bo·***rar***
v. Preparar aos poucos, com cuidado: *o professor elaborou um livro de exercícios.*

elefante e·le·***fan***·te
s.masc. *Zool.* Grande mamífero com tromba e duas enormes presas: *vi um elefante no zoológico.*
❖ *fem.* elefanta. *col.* manada.

elegante e·le·***gan***·te
adj.masc.fem. Que se veste bem, que tem bom gosto na escolha das roupas: *ela é uma moça elegante; todos admiram sua elegância.*
→ Veja também **deselegante**.

eleger e·le·***ger***
v. Escolher por votação: *os alunos fizeram uma votação para eleger o representante da classe.*

eleição e·lei·***ção***
s.fem. Escolha feita por votação: *esse aluno ganhou a eleição para representante da classe, foi o aluno mais votado.*
❖ *pl.* eleições.

eleito e·***lei***·to
adj. Que foi escolhido por votação: *ele foi o aluno eleito pelos colegas.*

eleitor e·lei·***tor***
s.masc. Aquele que vota numa eleição: *esse político quer conquistar o eleitor.*
❖ *pl.* eleitores.

eleitorado e·lei·to·***ra***·do
s.masc. Conjunto de eleitores: *a maioria do eleitorado votou nesse candidato.*

eleitoral e·lei·to·***ral***
adj.masc.fem. Que se refere às eleições: *propaganda eleitoral.*
❖ *pl.* eleitorais.

elementar e·le·men·***tar***
adj.masc.fem. Muito simples, fácil de entender: *esse problema é elementar, podemos resolvê-lo facilmente.*
❖ *pl.* elementares.

elemento e·le·***men***·to
s.masc. 1. Cada uma das partes que compõem um todo: *vamos contar os elementos desse conjunto.* 2. *pop.* Pessoa, indivíduo: *há maus elementos nesse bairro, alguns são até procurados pela polícia.*

elenco e·***len***·co
s.masc. 1. Grupo de artistas que participam de um espetáculo: *no final da peça, todo o elenco voltou ao palco para agradecer os aplausos.* 2. Lista, relação: *este é o elenco de matérias que vamos estudar na quinta série.*

eletricidade e·le·tri·ci·***da***·de
s.fem. Forma de energia usada para produzir luz, calor ou para movimentar máquinas: *a eletricidade revolucionou o mundo.*

eletricista e·le·tri·***cis***·ta
s.masc.fem. Pessoa que faz ou conserta instalações elétricas: *chamei o eletricista para examinar essa fiação elétrica.*

elétrico e·***lé***·tri·co
adj. Que funciona por eletricidade: *esse brinquedo é elétrico; para funcionar, deve ser ligado na tomada.*

eletrizante e·le·tri·***zan***·te
adj.masc.fem. Emocionante, que prende a atenção: *o jogo foi eletrizante, entusiasmou toda a plateia.*

eletrodoméstico e·le·tro·do·***més***·ti·co
s.masc. Aparelho elétrico de uso doméstico: *aspirador de pó, liquidificador, geladeira e micro-ondas são exemplos de eletrodomésticos.*

eletrônica e·le·***trô***·ni·ca
s.fem. Ciência que trata da utilização da eletricidade em aparelhos como televisão, rádio, computador, etc.: *meu tio é especialista em eletrônica, conserta todos os tipos de aparelhos.*

eletrônico e·le·***trô***·ni·co
adj. Que se refere à eletrônica: *o computador é um aparelho eletrônico.*

elevar e·le·***var***
v. Levantar, deixar mais alto: *o pedreiro elevou o muro.*

eliminar e·li·mi·***nar***
v. 1. Expulsar: *o juiz eliminou aquele jogador da partida.* 2. Matar: *os bandidos tentaram eliminar o policial.* 3. Excluir, cortar: *releia o texto e elimine as palavras que achar desnecessárias.*

eliminatório e·li·mi·na·***tó***·ri:o
adj. Que elimina, que exclui: *esse teste é eliminatório; quem for reprovado não poderá fazer os outros testes, estará eliminado.*

elite e·***li***·te
s.fem. 1. Grupo dos melhores: *por suas descobertas, esse pesquisador passou a pertencer à elite dos cientistas, ou seja, ao grupo dos melhores cientistas.* 2. Grupo dos mais ricos e poderosos numa sociedade: *a elite não se interessa pelos problemas do povo.*

elmo ***el***·mo (é)
s.masc. Capacete que os guerreiros antigos usavam como peça de armadura: *o cavaleiro tirou o elmo para que todos vissem seu rosto.*

elo ***e***·lo (é)
s.masc. Cada parte de uma corrente: *junte os elos para formar uma corrente.*

elogiar e·lo·gi·***ar***
v. Falar bem de: *o professor elogiou nossa classe.*

elogiável e·lo·gi·***á***·vel
adj.masc.fem. Que merece ser elogiado: *você teve um comportamento elogiável, parabéns!*
❖ *pl.* elogiáveis.

elogio e·lo·***gi***:o
s.masc. Palavras boas que se falam a respeito de alguém; louvor, aplauso: *seu trabalho foi recebido com elogios, todos falaram muito bem dele.*

elogioso e·lo·gi·***o***·so (ô)
adj. Em que há elogio: *ele me disse palavras elogiosas.*
❖ *fem.* elogiosa (ó). *pl.* elogiosos (ó), elogiosas (ó).

eloquência e·lo·***quên***·ci:a
s.fem. Capacidade de falar muito bem, comovendo ou impressionando quem ouve: *com sua eloquência, ele convenceu o pessoal a protestar contra as injustiças.*

eloquente e·lo·***quen***·te
adj.masc.fem. Que tem eloquência: *homem eloquente.*

elucidar e·lu·ci·***dar***
v. Esclarecer: *a polícia está tentando elucidar esse caso misterioso.*

emagrecer e·ma·gre·***cer***
v. Ficar magro: *ela quer emagrecer, por isso deixou de comer doces.*
→ Veja também **engordar** e **magro**.

embaçar em·ba·***çar***
v. 1. Tirar o brilho ou a transparência: *o vapor da água quente do chuveiro embaça o espelho.* v.pron. **embaçar-se** 2. Perder o brilho ou a transparência: *com a chuva, o vidro do carro se embaçou.*

embaixador em·bai·xa·***dor***
s.masc. Aquele que representa seu governo num país estrangeiro: *pedimos ajuda ao embaixador do Brasil na Itália.*

❖ *fem.* embaixadora. *pl.* embaixadores, embaixadoras. Embaixatriz é a esposa do embaixador (*pl.* embaixatrizes).

embalar em·ba·***lar***

v. 1. Balançar suavemente uma criança para que ela fique calma ou pegue no sono: *a vovó cantava uma canção de ninar e embalava a netinha.* 2. Embrulhar, empacotar: *a função dele na loja é embalar as mercadorias; ele tem muito cuidado na preparação das embalagens.*

embalsamar em·bal·sa·***mar***

v. Introduzir num corpo morto certas substâncias que o conservam, que impedem sua decomposição: *os egípcios embalsamavam seus mortos, que assim ficavam conservados por séculos.*

embandeirar em·ban·dei·***rar***

v. Enfeitar com bandeiras: *os alunos embandeiraram o pátio da escola no dia da festa.*

→ Veja também **bandeira**.

embaraçar em·ba·ra·***çar***

v. 1. Trançar, dar nós (em fios): *esse vento embaraçou meu cabelo.* 2. Atrapalhar, confundir: *essa pergunta embaraçou o aluno, que ficou sem saber o que responder.*

embaralhar em·ba·ra·***lhar***

v. 1. Misturar as cartas de um baralho: *embaralhe bem as cartas.* 2. *fig.* Confundir: *ele estava tão agitado que embaralhou as ideias e se atrapalhou.*

→ Veja também **baralho**.

embarcação em·bar·ca·***ção***

s.fem. Qualquer construção feita para navegar na água: *barcos, navios, canoas e jangadas são exemplos de embarcação.*

❖ *pl.* embarcações.

→ Veja também **barca**, **barco**, **desembarcar** e **embarcar**.

embarcar em·bar·***car***

v. Entrar numa embarcação ou num meio de transporte (ônibus, trem, avião, etc.) para viajar: *vamos embarcar no trem das 11 horas.*

→ Veja também **barca**, **barco**, **desembarcar** e **embarcação**.

embasbacado em·bas·ba·***ca***·do

adj. Pasmado, admirado: *ao ouvir aquela notícia surpreendente ele ficou embasbacado, sem saber o que dizer.*

embebedar em·be·be·***dar***

v. 1. Embriagar: *alguém embebedou o rapaz dando-lhe muito vinho.*

v.pron. **embebedar-se** 2. Ficar bêbado: *ele tomou tanta cerveja que se embebedou.*

→ Veja também **bêbado** e **beberrão**.

embelezar em·be·le·***zar***

v. Tornar belo, enfeitar: *essas flores embelezam a sala.*

→ Veja também **belo**, **bonito**, **enfear** e **feio**.

embirrar em·bir·***rar***

v. Implicar: *ela embirra com o menino; por qualquer coisa fica brava com ele!*

embolar em·bo·***lar***

v. Juntar a esmo, sem nenhuma ordem: *ele embolou as meias e as camisetas e jogou no cesto.*

embolorado em·bo·lo·***ra***·do

adj. Cheio de bolor: *pão embolorado.*

embolorar em·bo·lo·***rar***

v. Criar bolor: *esse pão embolorou, jogue-o fora.*

→ Veja também **bolor**.

embolsar em·bol·***sar***

v. Ganhar: *ela vendeu a casa e embolsou um bom dinheiro.*

→ Veja também **bolsa** e **desembolsar**.

embonecar em·bo·ne·***car***

v. 1. Enfeitar, deixar bonito: *ele gosta de embonecar a filha.*

v.pron. **embonecar-se** 2. Enfeitar-se: *ela gosta de embonecar-se quando vai sair.*

→ Veja também **boneca** e **boneco**.

emboscada em·bos·***ca***·da

s.fem. Armadilha, cilada, ataque traiçoeiro: *os inimigos armaram uma emboscada e o pegaram.*

◎ Emboscada é formada a partir da palavra *bosque* e, inicialmente, significava *cilada* ou *armadilha* feita num bosque. Com o tempo, passou a ser usada também para ciladas armadas em outros lugares.

embranquecer em·bran·que·***cer***
v. Branquear, tornar branco: *os cabelos de meu pai estão embranquecendo.*
→ Veja também **branquear**.

embrenhar-se em·bre·***nhar***-se
v.pron. Entrar (no mato, no bosque, etc.): *os caçadores embrenharam-se no mato atrás da onça.*

embriagado em·bri:a·***ga***·do
adj. Bêbado: *ele bebeu muita pinga e ficou embriagado.*

embriagar em·bri:a·***gar***
v. 1. Fazer alguém consumir bebida alcoólica demais, a ponto de ficar bêbado: *alguém deu muita cerveja a esse homem, embriagando-o.* v.pron. **embriagar-se** 2. Consumir bebida alcoólica demais, até ficar bêbado: *ela tomou muito vinho e embriagou-se.*

embromar em·bro·***mar***
v. *pop.* 1. Enganar, levar na conversa: *ele tentou me embromar mas não conseguiu.* 2. Deixar passar o tempo e não fazer o que devia ser feito: *ele embromou, embromou e não terminou o trabalho.*

embrulhada em·bru·***lha***·da
s.fem. *pop.* Confusão, trapalhada, complicação: *ele meteu-se numa embrulhada e agora não sabe como sair dela.*

embrulhão em·bru·***lhão***
s.masc. *pop.* Sujeito enganador: *esse cara é um embrulhão, está sempre querendo enganar os outros.*
❖ *fem.* embrulhona. *pl.* embrulhões, embrulhonas.

embrulhar em·bru·***lhar***
v. 1. Fazer embrulho, empacotar: *o vendedor embrulhou o brinquedo.* 2. *pop.* Enganar: *logo percebi que ele queria me embrulhar com aquela história.*

embrulho em·***bru***·lho
s.masc. 1. Pacote: *recebi um embrulho muito bonito. O que haverá dentro dele?* 2. *pop.* Confusão, trapalhada: *como ele vai conseguir sair do embrulho em que se meteu?*

embrutecer em·bru·te·***cer***
v. Tornar bruto, grosseiro: *o vício da bebida embruteceu aquele homem, que passou a tratar mal as pessoas.*

emburrado em·bur·***ra***·do
adj. De cara fechada: *ele não gostou do que lhe disseram e ficou emburrado num canto, sem falar com ninguém.*

emendar e·men·***dar***
v. 1. Ligar ou unir uma coisa a outra: *emende esses dois pedaços de fio.*
v.pron. **emendar-se** 2. Corrigir-se, mudar de vida: *você devia emendar-se, devia parar com essas brincadeiras e levar o trabalho a sério.*

emergência e·mer·***gên***·ci:a
s.fem. Situação crítica, perigosa: *em caso de emergência, como incêndio ou acidente, os passageiros devem acionar o alarme.*

emergir e·mer·***gir***
v. Subir à tona, surgir acima da água: *o submarino ficou algumas horas no fundo do mar e depois emergiu.*
→ Veja também **submergir**.

emérito e·***mé***·ri·to
adj. Muito competente: *ele é um emérito tradutor, faz ótimas traduções.*

emersão e·mer·***são***
s.fem. Ato de emergir, de subir à tona: *todos nós vimos a emersão da nadadora, o momento em que ela saiu da água.*

emigrante e·mi·***gran***·te
s.masc.fem. Pessoa que sai do país em que nasceu para ir viver em outro: *o navio partiu levando muitos emigrantes.*

emigrar e·mi·***grar***
v. Sair do país natal para ir viver em outro: *meu tio emigrou para a Itália; saiu de sua terra natal, o Brasil, e foi viver na Itália.*
→ Não confunda com **imigrar**, que tem outro significado.

eminente e·mi·***nen***·te
adj.masc.fem. Ilustre, notável: *o eminente cientista foi homenageado pelo presidente.*
→ Não confunda com **iminente**, que tem outro significado.

emissário e·mis·***sá***·ri:o

s.masc. 1. Enviado, mensageiro: *o emissário do rei foi recebido no país vizinho.* 2. Parte da rede de esgoto que leva os detritos até seu local de lançamento: *construíram um emissário para jogar o esgoto tratado no mar, a muitos quilômetros da costa.*

E

emissor e·mis·***sor***

s.masc. Aquele que envia: *ele é o emissor da mensagem, ou seja, foi ele que enviou a mensagem.*

❖ *pl.* emissores.

emissora e·mis·***so***·ra (ô)

s.fem. Estação que transmite programas de rádio ou televisão: *essa emissora vai televisionar o jogo de hoje.*

emitir e·mi·***tir***

v. 1. Enviar: *ele emitiu uma mensagem.* 2. Expressar: *você deve emitir sua opinião.*

emoção e·mo·***ção***

s.fem. Aquilo que sentimos quando passamos por um momento de grande alegria, tristeza, surpresa ou perigo: *o pai sentiu uma forte emoção ao reencontrar o filho depois de tantos anos.*

❖ *pl.* emoções.

emocionado e·mo·ci:o·***na***·do

adj. Que está sentindo emoção: *o professor ficou tão emocionado com a homenagem que chegou a chorar.*

emocionante e·mo·ci:o·***nan***·te

adj.masc.fem. Que provoca emoção: *o momento da despedida foi emocionante.*

emocionar e·mo·ci:o·***nar***

v. Causar emoção, comover: *o filme era tão bonito que emocionou a plateia.*

emoldurar e·mol·du·***rar***

v. Colocar em moldura: *vou emoldurar esse quadro e pendurá-lo na sala.*

→ Ver também **moldura**.

emotivo e·mo·***ti***·vo

adj. Que se comove facilmente: *ela é uma menina emotiva, fica emocionada com facilidade.*

empacar em·pa·***car***

v. Parar e não querer mais andar: *o cavalo empacou.*

empacotar em·pa·co·***tar***

v. Pôr em pacote: *o vendedor empacotou os cadernos que comprei.*

→ Veja também **desempacotar**.

empáfia em·***pá***·fi:a

s.fem. Orgulho exagerado: *não sei por que essa empáfia toda! Você não é melhor que ninguém!*

empalhar em·pa·***lhar***

v. Cobrir ou forrar com palha: *ele quer empalhar o assento dessa cadeira.*

empalidecer em·pa·li·de·***cer***

v. Ficar pálido: *quando ouviu aquela voz, ele empalideceu de susto!*

empanturrar em·pan·tur·***rar***

v. 1. Encher de comida: *ela empanturrou os convidados de doces e bolos.*

v.pron. **empanturrar-se** 2. Comer demais: *ele se empanturrou de sorvete e ficou com dor de barriga.*

emparelhar em·pa·re·***lhar***

v. Pôr ou ficar lado a lado: *no final da corrida eu emparelhei com ele e chegamos juntos.*

empatar em·pa·***tar***

v. 1. *Esp.* Ter pontuação igual à do adversário: *o jogo terminou 2 a 2, os times empataram.* 2. Atrapalhar, estorvar: *ele me empatou a tarde inteira; por isso, não consegui terminar o trabalho.* 3. Empregar, aplicar: *ele empatou muito dinheiro nesse negócio e espera ter lucro.*

empate em·***pa***·te

s.masc. Resultado de uma disputa em que não há vencedor: *o jogo acabou 2 a 2, deu empate.*

empecilho em·pe·***ci***·lho

s.masc. Obstáculo, dificuldade: *para terminar a pesquisa, ele precisou superar muitos empecilhos.*

empedernido em·pe·der·***ni***·do

adj. Insensível: *ele não se comove com nada; é um homem duro, empedernido, parece ter um coração de pedra.*

empedrar em·pe·***drar***
v. Deixar duro como pedra: *a umidade empedrou o açúcar.*
→ Veja também **pedra**.

empenhar-se em·pe·***nhar***-se
v.pron. Esforçar-se, mostrar empenho: *ele se empenhou em resolver o problema.*

empenho em·***pe***·nho (ê)
s.masc. Esforço, dedicação: *eles trabalharam com empenho.*

emperrar em·per·***rar***
v. Ficar difícil de mover: *essa gaveta emperrou, não consigo movimentá-la nem para a frente nem para trás.*

empertigado em·per·ti·***ga***·do
adj. Orgulhoso, arrogante: *lá vem ele, todo empertigado, olhando os colegas de cima.*

empilhar em·pi·***lhar***
v. Colocar uma coisa sobre outra, formando pilha: *os pedreiros empilharam os tijolos no quintal.*

empinar em·pi·***nar***
v. 1. Levantar: *empinou o nariz.* 2. Fazer subir aos ares: *ele gosta de empinar pipa.*
v.pron. **empinar-se** 3. Levantar-se (um cavalo) sobre as patas traseiras: *o cavalo se empinou e quase derrubou o cavaleiro.*

empobrecer em·po·bre·***cer***
v. 1. Deixar pobre: *os gastos exagerados empobreceram esse homem.* 2. Ficar pobre: *essa família era rica, mas com o tempo empobreceu.*
→ Veja também **enriquecer**.

empoleirar-se em·po·lei·***rar***-se
v.pron. 1. Subir em poleiro: *as galinhas se empoleiraram para dormir.* 2. Subir, colocar-se em um lugar alto: *o moleque empoleirou-se no alto da árvore e não queria descer.*
→ Veja também **poleiro**.

empolgante em·pol·***gan***·te
adj.masc.fem. Emocionante: *aquela partida de futebol foi empolgante!*

empolgar em·pol·***gar***
v. Emocionar, entusiasmar: *o jogo empolgou a plateia.*

emporcalhar em·por·ca·***lhar***
v. *pop.* Sujar muito: *alguém mexeu no livro com as mãos sujas e emporcalhou as páginas.*

empreender em·pre·en·***der***
v. Realizar uma tarefa difícil, que exige esforço: *eles vão empreender uma viagem para estudar a vida dos índios na Amazônia.*

empregado em·pre·***ga***·do
s.masc. Aquele que trabalha para outra pessoa em troca de dinheiro; funcionário: *ele é empregado dessa loja.*
❑ **empregado doméstico** Aquele que trabalha na casa de outra pessoa: *ela contratou uma empregada doméstica para cuidar da limpeza da casa.*

empregador em·pre·ga·***dor***
s.masc. Aquele que emprega, que dá emprego a alguém: *essa empresa é a maior empregadora da nossa cidade.*
❖ *pl.* empregadores.

empregar em·pre·***gar***
v. 1. Usar: *você empregou muitos adjetivos nessa frase.* 2. Contratar como empregado: *pretendemos empregar 40 pessoas este ano.*

emprego em·***pre***·go (ê)
s.masc. 1. Uso: *você já estudou o emprego das letras maiúsculas? Sabe quando deve usá-las?* 2. Trabalho que fazemos em troca de um salário: *ele conseguiu emprego nesse escritório.*

empresa em·***pre***·sa (ê)
s.fem. 1. Tarefa: *explorar aquela caverna imensa não é uma empresa fácil.* 2. Sociedade organizada para desenvolver uma atividade industrial ou comercial: *esses homens trabalham numa empresa de transportes.*

empresário em·pre·***sá***·ri:o
s.masc. Aquele que dirige uma empresa: *minha mãe é empresária.*

emprestar em·pres·***tar***
v. Ceder por algum tempo: *ela me emprestou o livro até amanhã; graças a esse empréstimo, poderei estudar para a prova.*

empurrar em·pur·***rar***
v. Mover ou deslocar com força uma pessoa ou uma coisa: *alguém empurrou essa menina, fazendo-a cair.*

E

emudecer e·mu·de·***cer***
v. Ficar mudo, calar-se: *ela estava participando da discussão, mas, de repente, emudeceu, não disse mais nada.*

enaltecer e·nal·te·***cer***
v. Elogiar, louvar: *o diretor enalteceu a dedicação dos funcionários.*

enamorar-se e·na·mo·***rar***-se
v.pron. Apaixonar-se: *ele se enamorou dessa menina assim que a viu.*

encabeçar en·ca·be·***çar***
v. 1. Chefiar, ser o cabeça: *ele encabeçou a revolta.* 2. Vir à frente, aparecer em primeiro numa relação: *meu nome encabeçava a lista de chamada.*

> Encabeçar é formada a partir da palavra cabeça, no sentido de chefe ou líder de um grupo. Portanto, encabeçar significa *comandar como o cabeça do grupo.*

encabulado en·ca·bu·***la***·do
adj. Envergonhado, sem graça: *ele recebeu tantos elogios que ficou encabulado.*

encadear en·ca·de·***ar***
v. Unir ou ligar uma coisa a outra: *você encadeou bem as ideias na sua redação.*

encafifado en·ca·fi·***fa***·do
adj. Intrigado: *fiquei encafifado com aquele mistério, não sossegarei enquanto não descobrir tudo.*

encaixar en·cai·***xar***
v. Fazer entrar uma coisa em outra: *encaixe essas duas peças da máquina.*

encaixotar en·cai·xo·***tar***
v. Pôr num caixote ou numa caixa: *no dia da mudança, encaixotamos todos os livros da estante.*
→ Veja também **desencaixotar**.

encalço en·***cal***·ço
s.masc. Ato de seguir de perto para alcançar, pegar: *a polícia está no encalço do ladrão.*

encalhar en·ca·***lhar***
v. 1. Parar por algum problema e ficar preso: *o barco bateu num banco de areia e encalhou.* 2. Não ter aceitação: *essa revista encalhou nas bancas, ninguém quis comprá-la.*
→ Veja também **desencalhar**.

encaminhar en·ca·mi·***nhar***
v. 1. Guiar, conduzir: *ele encaminhou as visitas à sala do diretor.* 2. Levar, fazer chegar: *vou encaminhar seu pedido aos professores.*
v.pron. **encaminhar-se** 3. Dirigir-se: *ele se encaminhou para a porta de saída.*

encantado en·can·***ta***·do
adj. 1. Muito contente: *estou encantado em conhecê-la.* 2. Fantástico, que sofreu algum encantamento mágico: *aquele era um palácio encantado, lá tudo podia acontecer.*

encantador en·can·ta·***dor***
adj. Que atrai, que encanta: *ela é uma menina encantadora, conquista a todos com sua simpatia.*
❖ *pl.* encantadores.

encantamento en·can·ta·***men***·to
s.masc. Feitiço, magia: *o encantamento feito pela bruxa fez a princesa adormecer por muitos anos.*

encantar en·can·***tar***
v. 1. Provocar grande admiração, agradar muito: *a bailarina encantou o público.* 2. Enfeitiçar: *a bruxa encantou a princesa, fazendo-a dormir por muitos anos.*

encanto en·***can***·to
s.masc. 1. Coisa muito bonita: *o vestido da menina é um encanto!* 2. Feitiço, magia: *quem conseguirá desfazer o encanto e salvar a princesa adormecida?*
❑ **como por encanto** De modo maravilhoso, inesperado: *a sua alegria voltou como por encanto quando ele viu a namorada.*

encapelado en·ca·pe·***la***·do
adj. Agitado (falando-se de mar, rio, etc.): *mar encapelado.*

encapelar en·ca·pe·***lar***
v. Agitar: *quando o vento encapelou o mar, o navio quase afundou.*

encapotar en·ca·po·***tar***
v. Cobrir com capa ou capote: *como fazia muito frio, ela encapotou a criança.*

encapuzado en·ca·pu·***za***·do
adj. Com a cabeça coberta por um capuz: *por causa do frio, a menina estava encapuzada.*

encaracolado en·ca·ra·co·***la***·do
adj. Enrolado, cheio de anéis: *cabelos encaracolados.*

encarapitar-se en·ca·ra·pi·***tar***-se
v.pron. Colocar-se no alto: *ele se encarapitou na árvore e lá ficou o dia todo.*

encarar en·ca·***rar***
v. 1. Olhar alguém nos olhos: *ela encarou o namorado.* 2. *fig.* Enfrentar: *ele foi corajoso e encarou o perigo.*

encarcerado en·car·ce·***ra***·do
adj. Preso num cárcere: *o criminoso permaneceu encarcerado durante 20 anos.*
→ Veja também **cárcere** e **encarcerar**.

encarcerar en·car·ce·***rar***
v. Prender, aprisionar, pôr no cárcere: *a polícia encarcerou o ladrão.*
→ Veja também **cárcere** e **encarcerado**.

encardido en·car·***di***·do
adj. Aquilo que aparenta sujeira, por ter sido mal lavado ou por estar muito velho: *este pano está encardido.*

encarecer en·ca·re·***cer***
v. 1. Ficar caro, subir de preço: *o feijão encareceu.* 2. Exaltar, elogiar: *o diretor encareceu as qualidades dessa professora.*

encargo en·***car***·go
s.masc. Responsabilidade, obrigação: *ela assumiu o encargo de criar essa criança.*

encarnar en·car·***nar***
v. 1. Representar, simbolizar: *nas fábulas, a raposa sempre encarna a esperteza.*

encarniçado en·car·ni·***ça***·do
adj. Feroz, sangrento: *ocorreu ali um combate encarniçado.*

encarquilhado en·car·qui·***lha***·do
adj. Muito enrugado: *rosto encarquilhado.*

encarregado en·car·re·***ga***·do
s.masc. Aquele que é responsável por alguma coisa: *esse homem é o encarregado da limpeza.*

encarregar en·car·re·***gar***
v. 1. Dar a alguém a responsabilidade de fazer alguma coisa: *o professor encarregou essa aluna de fazer a pesquisa.*
v.pron. **encarregar-se** 2. Assumir a responsabilidade de fazer alguma coisa: *eles se encarregaram de arrumar o salão para a festa.*

encasquetar en·cas·que·***tar***
v. Meter na cabeça (uma ideia): *ele encasquetou com a ideia de que a professora o persegue.*

encenar en·ce·***nar***
v. 1. Representar uma peça de teatro: *esses alunos vão encenar uma comédia; eles estão preparando a encenação há várias semanas.* 2. Fingir: *ele encenou que estava passando mal e todo mundo acreditou.*

enceradeira en·ce·ra·***dei***·ra
s.fem. Aparelho que encera assoalho: *ligue a enceradeira na tomada.*

encerar en·ce·***rar***
v. Passar cera: *ele vai encerar o assoalho da sala.*

encerramento en·cer·ra·***men***·to
s.masc. Fim: *o encerramento do espetáculo foi bonito.*

encerrar en·cer·***rar***
v. 1. Pôr em lugar fechado: *quem encerrou o gato no porão?* 2. Conter: *esse livro encerra muitos conselhos e ensinamentos.* 3. Concluir, finalizar: *ele encerrou o espetáculo cantando uma velha canção.*

encestar en·ces·***tar***
v. Arremessar dentro do cesto ou da cesta: *o jogador encestou a bola.*

encetar en·ce·***tar***
v. Começar, iniciar: *ele não sabia como encetar uma conversa com a garota.*

encharcar en·char·***car***
v. Ensopar, molhar bastante: *a pancada de chuva me encharcou.*

encheção en·che·***ção***
s.fem. *pop.* Chateação: *pare com essa encheção, não me perturbe mais!*
❖ *pl.* encheções.

enchente en·***chen***·te
s.fem. Excesso de água causado por chuvas fortes: *choveu tanto que o rio transbordou e provocou uma enchente no bairro.*

encher en·***cher***
v. 1. Tornar cheio, completar: *ele encheu o copo de água.* 2. *pop.* Perturbar, incomodar: *ele está me enchendo com essa conversa.*
→ Veja também **esvaziar**.

enciclopédia en·ci·clo·***pé***·di:a
s.fem. Obra que dá informação sobre todas as áreas do conhecimento humano. Numa enciclopédia, encontramos informações sobre artes, história, religião, ciência, literatura, etc.: *ganhei uma enciclopédia em CD.*

enciumado en·ci:u·***ma***·do
adj. Com ciúme: *ele ficou enciumado ao ver a namorada conversar com aquele rapaz.*

enclausurar en·clau·su·***rar***
v. Isolar uma pessoa, afastando-a do convívio das outras: *a família enclausurou a moça no sítio, longe da cidade.*

encoberto en·co·***ber***·to (é)
adj. 1. Bloqueado: *eu estava com a visão encoberta pelo prédio e não vi o que aconteceu.* 2. Nublado, cheio de nuvens: *o céu está encoberto hoje.* 3. Oculto: *encoberto pela escuridão da noite, o homem conseguiu fugir.*

encobrir en·co·***brir***
v. Esconder, ocultar: *ele tentou encobrir as falhas do colega mas não conseguiu.*

encolerizar en·co·le·ri·***zar***
v. Encher de cólera, enfurecer, enraivecer: *a desobediência do soldado encolerizou o capitão.*

encolher en·co·***lher***
v. Diminuir de tamanho: *depois que foi lavada, essa camiseta encolheu.*

encomendar en·co·men·***dar***
v. Mandar fazer: *ele encomendou um bolo para a festa.*

encompridar en·com·pri·***dar***
v. Tornar mais comprido: *o vestido está curto, ela vai encompridá-lo.*
→ Veja também **encurtar**.

encontrão en·con·***trão***
s.masc. Encontro violento: *ele estava correndo e deu um encontrão numa senhora.*
❖ *pl.* encontrões.

encontrar en·con·***trar***
v. 1. Achar: *encontrei o livro que estava procurando.*
v.pron. **encontrar-se** 2. Reunir-se: *eles se encontraram ontem para terminar o trabalho.* 3. Estar: *ela se encontra doente.*

encontro en·***con***·tro
s.masc. Ato de encontrar-se, reunir-se: *o nosso grupo marcou um encontro na biblioteca.*
❑ **ao encontro de** Na direção de: *quando vi meu amigo, fui ao encontro dele.* **de encontro a** Contra: *ele perdeu o controle do carro, que foi de encontro ao muro.*

encorajar en·co·ra·***jar***
v. Animar, dar coragem a alguém: *ela me encorajou a continuar esse trabalho.*
→ Veja também **desencorajar**.

encorpado en·cor·***pa***·do
adj. 1. Corpulento: *homem encorpado.* 2. Denso: *café encorpado, papel encorpado.*

encosta en·***cos***·ta (ó)
s.fem. Lado inclinado de um morro, de uma montanha, etc.: *eles subiram a encosta e chegaram ao alto do morro.*

encostar en·cos·***tar***
v. 1. Apoiar: *ela encostou a cabeça no ombro do pai.* 2. Fechar: *encoste a porta, não quero que ninguém me ouça.* 3. Aproximar: *encoste a cadeira na mesa.*

encosto en·***cos***·to (ô)
s.masc. Costas das cadeiras ou dos bancos: *o encosto dessa cadeira é alto.*

encouraçado en·cou·ra·***ça***·do
s.masc. Navio de combate protegido por placas de aço: *o encouraçado era difícil de atacar.*

encrenca en·***cren***·ca
s.fem. 1. Complicação, situação difícil: *ele está numa encrenca e não sabe como sair dela.* 2. Desordem: *dois bêbados armaram encrenca no bar, mexendo com as pessoas que lá estavam.*

encrencar en·cren·***car***
v. 1. Armar encrenca: *por qualquer coisinha, ele encrenca com os outros.* 2. Enguiçar: *o meu relógio encrencou, não está funcionando direito.*

encrenqueiro en·cren·***quei***·ro
adj. Que provoca encrencas, que cria casos com outros: *sujeito encrenqueiro.*

encrespar en·cres·***par***
v. 1. Encaracolar: *ela encrespou os cabelos.* 2. Agitar, formar ondas: *os fortes ventos encresparam o mar.*
v.pron. **encrespar-se** 3. Sentir irritação: *o jogador encrespou-se diante da provocação.*

encruzilhada en·cru·zi·***lha***·da
s.fem. Ponto onde dois ou mais caminhos se cruzam: *quando chegou à encruzilhada, ficou na dúvida de qual caminho tomar.*

encurralar en·cur·ra·***lar***
v. Cercar, deixar sem saída: *eles encurralaram o bicho no galpão.*

encurtar en·cur·***tar***
v. Diminuir, tornar curto: *essa calça está muito comprida, vou encurtá-la.*
→ Veja também **encompridar** e **prolongar**.

encurvar en·cur·***var***
v. Curvar, dobrar: *ele encurvou as costas, andando como se fosse um velhinho.*

endemoninhado en·de·mo·ni·***nha***·do
adj. Com o demônio no corpo: *esse homem parece que está endemoninhado.*

endereçar en·de·re·***çar***
v. Enviar: *vou escrever uma carta de protesto e endereçá-la ao prefeito.*

endereço en·de·***re***·ço (ê)
s.masc. Indicação do lugar onde mora alguém ou onde fica uma loja, uma escola, etc.: *neste caderno, anoto o endereço de meus colegas: o nome da rua, o número da casa, o bairro, etc.*

endeusar en·deu·***sar***
v. Elogiar de modo exagerado: *os jornais endeusaram esse artista dizendo que ele é incomparável, que nunca houve alguém tão bom quanto ele.*

endiabrado en·di:a·***bra***·do
adj. *pop.* Travesso, levado: *esse menino é endiabrado, vive fazendo arte.*

endireitar en·di·rei·***tar***
v. 1. Pôr direito, desentortar: *endireite esse pedaço de arame, deixe-o bem reto.* 2. Corrigir, dirigir para o bem: *a mãe disse que vai endireitar o filho, vai ensiná-lo a ser um bom rapaz.*
→ Veja também **desentortar**, **enrolar** e **entortar**.

endividar en·di·vi·***dar***
v. 1. Encher de dívida: *os gastos da viagem endividaram o rapaz.*
v.pron. **endividar-se** 2. Encher-se de dívidas: *ele pediu dinheiro emprestado, endividou-se e agora não sabe como vai pagar o que deve.*
→ Veja também **dívida**.

endoidar en·doi·***dar***
v. 1. Deixar doido: *a notícia endoidou o rapaz.* 2. Endoidecer, ficar doido: *ele quase endoidou quando foi abandonado pela namorada.*
→ Veja também **doido** e **endoidecer**.

endoidecer en·doi·de·***cer***
v. 1. Deixar doido: *a raiva endoideceu o homem.* 2. Ficar doido, endoidar: *estou endoidecendo com esse barulho.*
→ Veja também **doido** e **endoidar**.

endurecer en·du·re·***cer***
v. Ficar duro: *o barro secou e endureceu.*
→ Veja também **duro**.

enegrecer e·ne·gre·***cer***
v. Tornar negro, escurecer: *ela enegreceu os cabelos.*

energia e·ner·***gi***·a
s.fem. 1. Força de vontade, ânimo: *você deve ter energia para o trabalho.* 2. Rigor, severidade: *ele agiu com energia e puniu todos os culpados.* 3. Aquilo que produz calor ou movimento: *energia elétrica, energia solar, etc.*

enérgico e·***nér***·gi·co
adj. Firme, severo, duro: *é preciso ser um chefe enérgico para controlar essa turma indisciplinada.*

enervante e·ner·***van***·te
adj.masc.fem. Irritante: *esse barulho é enervante!*

E

enervar e·ner·***var***
v. Irritar, deixar nervoso: *essa gritaria me enerva.*

enfadonho en·fa·***do***·nho (ô)
adj. Chato, monótono, desinteressante: *esse filme é enfadonho.*

E

enfaixar en·fai·***xar***
v. Envolver com faixa: *o médico enfaixou a mão machucada da menina.*
→ Veja também **desenfaixar** e **faixa**.

enfartar en·far·***tar***
v. Sofrer um enfarte: *ele enfartou mas foi rapidamente socorrido pelos médicos.*
→ Veja também **enfarte**.

enfarte en·***far***·te
s.masc. *Med.* Lesão de algum órgão do corpo causada pela parada repentina da circulação do sangue: *o homem sofreu um enfarte mas foi socorrido pelos médicos.*
❖ Também existe a forma **infarto**.
→ Veja também **enfartar**.

ênfase ***ên***·fa·se
s.fem. Realce, destaque: *em seu discurso, o presidente deu ênfase ao problema da educação no país.*

enfear en·fe·***ar***
v. Deixar feio: *essa mancha enfeou o quadro.*
→ Veja também **belo**, **bonito**, **feio** e **embelezar**.

enfeitar en·fei·***tar***
v. Embelezar com enfeites ou ornamentos: *vamos enfeitar a casa para a festa.*

enfeite en·***fei***·te
s.masc. Aquilo que deixa mais bonito, que melhora a aparência: *ele comprou vários enfeites para a árvore de Natal.*

enfeitiçar en·fei·ti·***çar***
v. 1. Fazer mal a alguém pondo-lhe um feitiço: *a bruxa enfeitiçou a princesa.* 2. *fig.* Atrair bastante, seduzir: *a beleza da moça enfeitiçou o rapaz, que ficou perdidamente apaixonado.*

enfermaria en·fer·ma·***ri***·a
s.fem. Lugar onde são tratadas pessoas enfermas, doentes: *ele foi levado para a enfermaria da escola.*

enfermeiro en·fer·***mei***·ro
s.masc. Aquele que cuida de pessoas doentes: *o enfermeiro aplicou uma injeção no doente.*

enfermidade en·fer·mi·***da***·de
s.fem. Doença, moléstia: *o médico está tratando da enfermidade desse homem.*

enfermo en·***fer***·mo (ê)
adj. Doente: *esse homem está enfermo.*

enfezado en·fe·***za***·do
adj. Bravo, irritado: *por que você ficou tão enfezado?*

enfezar en·fe·***zar***
v. Irritar: *a brincadeira das crianças enfezou o homem.*

enfiar en·fi·***ar***
v. 1. Passar um fio por um buraco: *ela enfiou a linha na agulha.* 2. Fazer entrar: *ele enfiou o livro na mochila.* 3. Vestir: *ele enfiou as calças e saiu correndo.* 4. Calçar: *vovô enfiou os sapatos e foi ao jardim.*
v.pron. **enfiar-se** 5. Meter-se, pôr-se para dentro: *o garoto enfiou-se embaixo da mesa.*

enfileirar en·fi·lei·***rar***
v. Colocar em fileira, em linha: *o faxineiro enfileirou as cadeiras no corredor para fazer a limpeza da sala.*

enfocar en·fo·***car***
v. Focalizar, tratar de: *em sua palestra, o médico enfocou um assunto interessante.*

enforcar en·for·***car***
v. Pendurar pelo pescoço, provocando a morte: *Tiradentes foi enforcado pelo carrasco.*
→ Veja também **forca**.

enfraquecer en·fra·que·***cer***
v. Deixar fraco: *o excesso de trabalho enfraqueceu esse homem.*
→ Veja também **fortalecer**.

enfrentar en·fren·***tar***
v. 1. Encarar: *ele não teve medo e enfrentou o menino que o tinha provocado.* 2. Competir com um adversário: *ontem, no futebol, enfrentamos um time bem forte.*

enfumaçar en·fu·ma·***çar***
v. Encher de fumaça: *a pilha de jornais pegou fogo e enfumaçou a casa.*

enfurecer en·fu·re·***cer***
v. Enraivecer, provocar fúria, raiva: *aquela notícia enfureceu o pessoal.*

enfurecido en·fu·re·***ci***·do
adj. Com fúria, raiva: *ele ficou enfurecido quando soube que tinham roubado seu dinheiro.*

enfurnar-se en·fur·***nar***-se
v.pron. *pop.* Isolar-se, fugindo de todos: *ele se enfurnou no quarto e não quer falar com ninguém.*

engabelar en·ga·be·***lar***
v. *pop.* Enganar ou iludir alguém com falsas promessas: *cuidado com esse sujeito! Ele gosta de engabelar as pessoas!*
→ Também existe a forma **engambelar**.

engalfinhar-se en·gal·fi·***nhar***-se
v.pron. Lutar corpo a corpo: *os dois homens estavam discutindo e, de repente, engalfinharam-se e rolaram pelo chão, brigando.*

enganar en·ga·***nar***
v. 1. Mentir para uma pessoa, fazendo-a acreditar naquilo que não é verdade: *ele tentou enganar o rapaz, queria vender-lhe um carro usado como se fosse um novo.*
v.pron. **enganar-se** 2. Cometer um erro: *ela se enganou nas contas e não conseguiu resolver o problema.*

enganchar en·gan·***char***
v. 1. Prender: *ele enganchou o chapéu num prego que havia na porta.*
v.pron. **enganchar-se** 2. Prender-se: *o paletó enganchou-se no ferro do cabide.*
→ Veja também **gancho**.

engano en·***ga***·no
s.masc. Erro: *ao fazer as contas, ele cometeu um engano.*

enganoso en·ga·***no***·so (ô)
adj. Falso, que engana: *elogio enganoso.*
❖ *fem.* enganosa (ó). *pl.* enganosos (ó), enganosas (ó).

engarrafamento en·gar·ra·fa·***men***·to
s.masc. 1. Ação de engarrafar: *essas máquinas fazem o engarrafamento das bebidas.* 2. *fig.* Situação no trânsito em que os veículos ficam impedidos de se mover livremente, andando devagar ou parando por completo: *nesta cidade, sempre há engarrafamentos.*

engarrafar en·gar·ra·***far***
v. 1. Pôr em garrafa: *essas máquinas engarrafam uma grande quantidade de refrigerante em pouco tempo.* 2. *fig.* Congestionar o trânsito, impedir a circulação normal de veículos: *um caminhão quebrado na esquina engarrafou o trânsito.*

engatar en·ga·***tar***
v. Ligar ou prender uma coisa a outra: *eles vão engatar os vagões do trem.*
→ Veja também **desengatar**.

engatilhar en·ga·ti·***lhar***
v. Colocar uma arma em ponto de disparar: *ele engatilhou o revólver.*
→ Veja também **gatilho**.

engatinhar en·ga·ti·***nhar***
v. Andar de quatro, apoiando-se nas mãos e nos joelhos: *o nenê já está engatinhando, logo começará a andar.*

> ◎ Engatinhar é formada a partir da palavra gato, pois quem engatinha anda de quatro como se fosse um gato.

engavetar en·ga·ve·***tar***
v. 1. Guardar em uma gaveta: *ele engavetou a carta.*
v.pron. **engavetar-se** 2. Chocar-se violentamente, em sequência: *vários carros se engavetaram ontem à noite; a causa do engavetamento foi o forte nevoeiro que atrapalhou a visão dos motoristas.*
→ Veja também **gaveta**.

engendrar en·gen·***drar***
v. Gerar, criar: *a miséria pode engendrar violência.*

engenharia en·ge·nha·***ri***·a
s.fem. Ciência que estuda a construção de estradas, prédios, navios, máquinas, aviões, etc.: *a engenharia está presente na vida humana há milhares de anos.*

engenheiro en·ge·***nhei***·ro
s.masc. Aquele que estudou engenharia e que pode dirigir os trabalhos de construção de

estradas, prédios, navios, aviões, máquinas, etc.: *minha mãe é engenheira naval, ajuda a construir navios, e meu pai é engenheiro mecânico, ajuda a projetar máquinas.*

engenho en·***ge***·nho (ê)
s.masc. 1. Capacidade de criar, de inventar: *é necessário muito engenho para criar uma máquina como esta.* 2. Máquina para várias atividades, como moer cana, puxar água, etc.: *antigamente, o engenho de cana era encontrado em quase toda fazenda brasileira.*

engenhoso en·ge·***nho***·so (ô)
adj. 1. Que tem habilidade para criar ou inventar: *rapaz engenhoso.* 2. Que revela criatividade: *achou uma solução engenhosa para reter a água da chuva.*
❖ *fem.* engenhosa (ó). *pl.* engenhosos (ó), engenhosas (ó).

engessar en·ges·***sar***
v. Envolver em gesso: *o médico engessou o braço quebrado do rapaz.*

engolir en·go·***lir***
v. 1. Fazer passar pela garganta: *ela engoliu a bala.* 2. *fig.* Aceitar, acreditar em: *não sou bobo, não vou engolir essa desculpa.*

engordar en·gor·***dar***
v. 1. Ficar gordo, aumentar de peso: *nas férias ele engordou bastante.* 2. Deixar gordo: *esse tipo de comida engorda.*
→ Veja também **emagrecer**.

engraçado en·gra·***ça***·do
adj. Divertido, que faz rir: *o palhaço era muito engraçado e fez a criançada dar gargalhadas.*

engrandecer en·gran·de·***cer***
v. Tornar grande, elevar, enaltecer: *ele ficou muito famoso e engrandeceu o nome de sua família.*

engravidar en·gra·vi·***dar***
v. 1. Ficar esperando nenê: *ela engravidou.* 2. Fazer um filho: *ele engravidou a moça.*

engripado en·gri·***pa***·do
adj. *pop.* Enguiçado: *minha moto está engripada.*

engrossar en·gros·***sar***
v. 1. Ficar grosso ou espesso: *o mingau engrossou.* 2. *pop.* Tratar com grosseria, ser mal-educado: *ele engrossou com a vendedora da loja, chamando-a de incompetente.*

enguiçar en·gui·***çar***
v. Parar de funcionar por defeito: *o carro enguiçou; vou chamar um mecânico para consertá-lo.*

enigma e·***nig***·ma
s.masc. 1. Adivinhação: *qual é a solução deste enigma: o que é que está no começo da rua e no fim do mar?* 2. Mistério: *o roubo dessas joias é um enigma que a polícia está tentando resolver.*

enigmático e·nig·***má***·ti·co
adj. Misterioso, difícil de entender: *recebi uma mensagem enigmática.*

enjeitado en·jei·***ta***·do
adj. Desprezado, abandonado: *ele ficou triste porque se sentiu enjeitado pelos colegas.*

enjeitar en·jei·***tar***
v. Não aceitar, desprezar: *não sei por que alguns alunos enjeitaram o novo colega.*

enjoar en·jo·***ar***
v. 1. Sentir vontade de vomitar: *o navio balançava tanto que os passageiros enjoaram.* 2. Aborrecer, chatear: *enjoa ouvir tantas vezes a mesma história!*

enjoo en·***jo***·o
s.masc. Náusea, ânsia de vômito: *ela sentiu enjoos durante a viagem de navio.*

enlaçar en·la·***çar***
v. Envolver com os braços, abraçar: *ele enlaçou a namorada e pôs-se a dançar com ela.*

enlace en·***la***·ce
s.masc. União, casamento: *o dia do enlace será marcado pelos noivos.*

enlamear en·la·me·***ar***
v. Sujar de lama: *o garoto enlameou os sapatos.*
→ Veja também **lama**.

enlevar en·le·***var***
v. Encantar, causar enlevo ou prazer: *essa música é linda! Enleva as pessoas!*

enlevo en·***le***·vo (ê)
s.masc. Prazer, encanto: *olhava a namorada com enlevo.*

enlouquecer en·lou·que·***cer***
v. 1. Deixar louco: *a perda da esposa quase enlouqueceu aquele homem.* 2. Ficar louco: *acho que ele enlouquecerá se isso acontecer.*

enluarado en·lu:a·***ra***·do
adj. Iluminado pelo luar: *da varanda víamos o campo enluarado.*

enlutar en·lu·***tar***
v. Entristecer profundamente: *a morte do menino enlutou a família.*
→ Veja também **luto**.

enojar e·no·***jar***
v. Causar nojo, desagradar profundamente: *isso me enoja.*

enorme e·***nor***·me (ó)
adj.masc.fem. Bem grande, fora do tamanho comum: *essa estátua é enorme.*

enquadrar en·qua·***drar***
v. Pôr em moldura de quadro: *vou enquadrar o desenho que ele me deu.*

enraivecer en·rai·ve·***cer***
v. 1. Deixar com raiva: *a desonestidade do colega enraiveceu o menino.*
v.pron. **enraivecer-se** 2. Ficar com raiva: *ele se enraiveceu ao saber que tinha sido enganado.*

enraivecido en·rai·ve·***ci***·do
adj. Furioso, com raiva: *quando percebeu que tinha sido enganado, ficou enraivecido.*

enrascada en·ras·***ca***·da
s.fem. Situação difícil: *ele está numa enrascada.*

enredo en·***re***·do (ê)
s.masc. História contada num filme, numa peça de teatro, num conto, etc.: *esse filme tem um enredo interessante.*

enregelar en·re·ge·***lar***
v. Congelar, deixar duro de frio: *o vento frio estava me enregelando.*

enrijecer en·ri·je·***cer***
v. 1. Endurecer: *a doença enrijeceu os dedos da mulher, que não pode nem movimentá-los.* 2. Fortalecer: *ele faz ginástica para enrijecer o corpo, para torná-lo rijo, vigoroso.*

enriquecer en·ri·que·***cer***
v. 1. Deixar rico: *a venda de petróleo enriqueceu alguns países.* 2. Ficar rico: *ele enriqueceu em pouco tempo.*
→ Veja também **empobrecer**.

enrolador en·ro·la·***dor***
adj. *pop.* Enganador: *ele é um sujeito enrolador, quer levar todo mundo na conversa.*

enrolar en·ro·***lar***
v. 1. Fazer rolo (com fios, cordas, linhas, barbantes, etc.): *enrole esse pedaço de corda.* 2. Embrulhar, envolver: *ela enrolou o dinheiro num papel.* 3. *pop.* Enganar, tapear: *ele tentou me enrolar com aquela conversa mas não conseguiu.* 4. *pop.* Adiar, deixar de fazer algo no tempo certo: *essa aluna só enrola, enrola e não termina a tarefa que lhe passei.*
v.pron. **enrolar-se** 5. *pop.* Confundir-se, atrapalhar-se: *ele se enrolou todo na hora de explicar o que tinha acontecido.*

enroscar en·ros·***car***
v. 1. Prender uma coisa em outra por meio de roscas: *enrosque bem a lâmpada senão ela não vai acender.*
v.pron. **enroscar-se** 2. Enrolar-se: *a cobra enroscou-se e dormiu.* 3. Prender-se: *a cauda do vestido da noiva se enroscou num dos bancos da igreja.*

enrouquecer en·rou·que·***cer***
v. Ficar rouco: *gritou tanto que enrouqueceu.*
→ Veja também **rouco**.

enrubescer en·ru·bes·***cer***
v. Ficar vermelho: *ele enrubesceu de vergonha.*

enrugar en·ru·***gar***
v. Ficar com rugas: *com a idade nosso rosto começa a enrugar.*

ensaboar en·sa·bo·***ar***
v. Esfregar com água e sabão: *ela vai ensaboar a roupa.*
→ Veja também **sabão**.

ensaiar en·sai·***ar***
v. Treinar: *a bailarina ensaia bastante antes de se apresentar em público; ela faz vários ensaios.*

ensandecer en·san·de·***cer***
v. Enlouquecer, endoidecer: *ela quase ensandeceu de dor.*
→ Veja também **louco**.

ensanguentado en·san·guen·***ta***·do
adj. Coberto de sangue: *rosto ensanguentado.*

ensanguentar en·san·guen·***tar***
v. Manchar ou cobrir de sangue: *o corte que ele fez na testa ensanguentou seu rosto.*

ensejo en·***se***·jo (ê)
s.masc. Oportunidade: *na reunião, ele aproveitou o ensejo para agradecer a todos que o ajudaram.*

ensinamento en·si·na·***men***·to
s.masc. Lição: *o aluno segue os ensinamentos do professor, faz o que o professor ensina.*

ensinar en·si·***nar***
v. 1. Fazer aprender: *ele me ensinou inglês durante dois anos.* 2. Indicar, mostrar: *ela nos ensinou o caminho da fazenda.*

ensino en·***si***·no
s.masc. Ato de ensinar: *ela se dedica ao ensino da música, é professora de música.*

ensolarado en·so·la·***ra***·do
adj. Cheio de sol: *dia ensolarado.*

ensopar en·so·***par***
v. Molhar muito, encharcar: *a chuva forte ensopou as pessoas que estavam na rua.*

ensurdecedor en·sur·de·ce·***dor***
adj. Que ensurdece, que deixa surdo: *os motoqueiros passaram fazendo um barulho ensurdecedor.*
❖ *pl.* ensurdecedores.

ensurdecer en·sur·de·***cer***
v. 1. Fazer ficar surdo: *esse barulho vai acabar me ensurdecendo!* 2. Ficar surdo: *o compositor Beethoven ensurdeceu com cerca de trinta anos.*

entabular en·ta·bu·***lar***
v. Iniciar, principiar: *foi difícil entabular uma conversa com ele.*

entalar en·ta·***lar***
v. Meter-se em um lugar apertado e ficar preso: *ele quis passar pela janela mas entalou, não conseguindo mais entrar nem sair.*

entalhar en·ta·***lhar***
v. Esculpir (na madeira, no mármore, etc.): *esse artista sabe entalhar figuras humanas na madeira.*

entardecer en·tar·de·***cer***
v. 1. Ir caindo a tarde: *o sol começa a se pôr, está entardecendo.*
s.masc. 2. Ocaso, cair da tarde: *ficamos na varanda apreciando o entardecer.*
❖ *pl.* entardeceres.

ente ***en***·te
s.masc. Ser, criatura: *ele imagina ter visto um ente sobrenatural.*

entediado en·te·di·***a***·do
adj. Aborrecido, com tédio: *sozinho, sem nada de interessante para fazer, ele se sentia entediado.*

entediar en·te·di·***ar***
v. Aborrecer, causar tédio: *o serviço que eu fazia era desinteressante e me entediava.*

entender en·ten·***der***
v. 1. Captar pela inteligência; compreender: *você entendeu a explicação?* 2. Conhecer (algum assunto): *ele entende de eletricidade?*
v.pron. **entender-se** 3. Entrar em acordo: *agora, eles que se entendam, que cheguem a um entendimento.*

entendimento en·ten·di·***men***·to
s.masc. 1. Compreensão: *é fácil o entendimento desse assunto.* 2. Acordo: *precisamos buscar um entendimento entre nós, temos de chegar a um acordo.*

enternecer en·ter·ne·***cer***
v. Comover, sensibilizar: *o sorriso da criança enterneceu a mãe.*

enterrar en·ter·***rar***
v. 1. Pôr debaixo da terra: *alguém enterrou um tesouro nesta ilha.* 2. Sepultar: *o morto vai ser enterrado hoje.* 3. Cravar ou espetar profundamente: *ele enterrou o alfinete no dedo.*
→ Veja também **desenterrar**.

enterro en·***ter***·ro (ê)
s.masc. Ação de enterrar um cadáver, muitas vezes acompanhada de uma cerimônia: *o enterro desse homem será hoje à tarde.*

entoar en·to·***ar***
v. Cantar: *ele entoou um cântico de louvor a Deus.*

entocar-se en·to·***car***-se
v.pron. Meter-se em uma toca: *o coelho correu e entocou-se.*

entornar en·tor·***nar***
v. Derramar: *ele caiu e entornou a água do balde que estava carregando.*

entorpecer en·tor·pe·***cer***
v. 1. Deixar tonto, com o raciocínio lento: *o vinho que tomei me entorpeceu a mente.* 2. Deixar duro, sem movimento: *o frio intenso entorpeceu as mãos do alpinista; ele mal conseguia movimentar os dedos.*

entortar en·tor·***tar***
v. Curvar, deixar torto: *vou entortar esse pedaço de arame para fazer um gancho.*
→ Veja também **desentortar** e **endireitar**.

entrada en·***tra***·da
s.fem. 1. Lugar por onde se entra: *onde é a entrada da escola?* 2. Começo, princípio: *vou viajar na entrada do ano.* 3. Primeiro pagamento de uma compra a prazo: *compre essa geladeira, você dá uma pequena entrada no ato da compra e paga o restante em cinco prestações.* 4. Ingresso, bilhete: *vou comprar uma entrada para o espetáculo.*

entranhar-se en·tra·***nhar***-se
v.pron. Penetrar profundamente: *as raízes da planta entranharam-se na terra.*

entrar en·***trar***
v. 1. Passar para dentro: *ele entrou na sala.* 2. Ingressar: *ela entrou na quinta série.* 3. Encaixar, caber: *essa chave não entra na fechadura.* 4. Tomar parte, participar: *você vai entrar no jogo ou vai ficar só olhando?*

entravar en·tra·***var***
v. Obstruir, impedir ou dificultar a passagem: *os inimigos puseram obstáculos na estrada para entravar a passagem dos nossos caminhões.*

entreaberto en·tre:a·***ber***·to (é)
adj. Um pouco aberto: *a porta está entreaberta.*

entreabrir en·tre:a·***brir***
v. Abrir um pouco: *papai ouviu passos no jardim e entreabriu a janela para ver quem era.*

entrecortado en·tre·cor·***ta***·do
adj. Cortado ou interrompido a intervalos: *falando e chorando ao mesmo tempo, suas palavras eram entrecortadas por soluços e quase não se entendia o que ela dizia.*

entregar en·tre·***gar***
v. 1. Dar, passar às mãos de alguém: *Carlos vai entregar o presente à professora.* 2. *pop.* Denunciar, trair: *o bandido entregou os companheiros, revelando o nome de cada um.*
v.pron. **entregar-se** 3. Não resistir, render-se: *ele se entregou à polícia.*

entrelaçar en·tre·la·***çar***
v. Misturar, cruzar: *entrelaçar os cabelos.*

entremear en·tre·me·***ar***
v. Intercalar, colocar alguma coisa no meio de outra: *ele entremeou seu discurso com frases em inglês.*

entreolhar-se en·tre:o·***lhar***-se
v.pron. Olhar um para o outro: *ao ouvirem a notícia, eles se entreolharam espantados.*

entretenimento en·tre·te·ni·***men***·to
s.masc. Aquilo que proporciona momentos alegres, que distrai e diverte: *qual é o seu entretenimento favorito? O que você gosta de fazer para se distrair?*

entreter en·tre·***ter***
v. Proporcionar momentos alegres, relaxados; divertir, distrair: *o palhaço vai entreter as crianças com suas brincadeiras.*

entrevado en·tre·***va***·do
adj. Paralítico, que não pode se mover: *a doença deixou aquele homem entrevado.*

entrevistar en·tre·vis·***tar***
v. Fazer perguntas a alguém para saber sua opinião sobre certos assuntos: *o repórter entrevistou o prefeito; a entrevista foi publicada no jornal.*

E

entristecedor en·tris·te·ce·***dor***
adj. Que causa tristeza: *acontecimento entristecedor*.
❖ *pl.* entristecedores.

entristecer en·tris·te·***cer***
v. Magoar, deixar alguém triste: *a notícia de sua doença entristeceu os amigos.*

entupir en·tu·***pir***
v. Tapar, bloquear: *alguma coisa entupiu o cano da pia e não deixa a água passar.*

entusiasmado en·tu·si·as·***ma***·do
adj. Cheio de vontade para fazer algo: *as crianças estão entusiasmadas com essa brincadeira.*

entusiasmar en·tu·si·as·***mar***
v. Despertar vontade para fazer algo; empolgar: *a ideia da festa entusiasmou os jovens.*

entusiasmo en·tu·si·***as***·mo
s.masc. Grande vontade de fazer algo: *os jovens prepararam a festa com entusiasmo.*

enumerar e·nu·me·***rar***
v. Indicar um a um: *o professor mandou o aluno enumerar as partes que compõem uma árvore.*

enunciado e·nun·ci·***a***·do
s.masc. Texto de um problema, de uma questão, etc.: *leia bem o enunciado do problema antes de começar os cálculos.*

envaidecer en·vai·de·***cer***
v. 1. Tornar vaidoso: *os elogios dos amigos envaideceram o menino; fizeram com que ele ficasse vaidoso, orgulhoso.*
v.pron. **envaidecer-se** 2. Ficar vaidoso: *ele se envaideceu com tantos elogios.*

envelhecer en·ve·lhe·***cer***
v. Ficar velho: *com o passar do tempo, as pessoas envelhecem.*

envelopar en·ve·lo·***par***
v. Fechar num envelope: *ele envelopou a carta.*
→ Veja também **envelope**.

envelope en·ve·***lo***·pe (ó)
s.masc. Papel dobrado e fechado em todos os lados, menos em um, usado para guardar cartas, documentos, etc.: *ele pôs a carta num envelope, fechou-o e levou ao correio para enviar a seu amigo.*
→ Veja também **envelopar**.

envenenar en·ve·ne·***nar***
v. Intoxicar com veneno, provocando morte ou graves doenças: *a água poluída envenenou os peixes.*

enveredar en·ve·re·***dar***
v. Seguir um certo caminho; tomar uma direção: *ele enveredou por esse caminho de terra e chegou logo à fazenda.*

envergar en·ver·***gar***
v. 1. Curvar: *ele envergou o galho da árvore.* 2. Vestir: *tenho orgulho de envergar o uniforme do nosso time.*

envergonhado en·ver·go·***nha***·do
adj. 1. Cheio de vergonha: *ela ficou envergonhada por ter sido tão egoísta.* 2. Acanhado, muito tímido: *ele é tão envergonhado que quase não conversa na escola.*

envergonhar en·ver·go·***nhar***
v. 1. Causar vergonha a alguém: *ele envergonhou os colegas agindo daquele modo.*
v.pron. **envergonhar-se** 2. Sentir vergonha: *ele sabe que agiu mal, por isso se envergonhou do que fez.*

enviar en·vi·***ar***
v. Fazer seguir para certo lugar: *vou enviar uma carta a meu primo.*

envio en·***vi***:o
s.masc. Ação de enviar; remessa: *esse funcionário é responsável pelo envio das cartas, cabe a ele enviar as cartas.*

enviuvar en·vi:u·***var***
v. Ficar viúvo: *esse homem enviuvou; sua esposa faleceu e ele agora está viúvo.*

envolvente en·vol·***ven***·te
adj.masc.fem. Que envolve, que prende a atenção, que atrai: *a história desse livro é envolvente.*

envolver en·vol·***ver***
v. 1. Enrolar em alguma coisa: *a mulher envolveu o filho no cobertor.* 2. Comprometer outras

pessoas: *o menino se meteu numa encrenca e acabou envolvendo até os amigos, que ficaram furiosos com ele*. 3. Prender a atenção: *a história desse livro envolve o leitor*.
v.pron. **envolver-se** 4. Meter-se, participar: *ele se envolveu na briga*.

enxada en·***xa***·da
s.fem. Instrumento de ferro geralmente usado para cavar ou revolver a terra, roçar, etc.: *o jardineiro usou uma enxada para limpar o terreno*.

enxaguar en·xa·***guar***
v. Passar água para tirar o sabão, o xampu, etc.: *ela vai enxaguar a roupa que está no tanque*.

enxame en·***xa***·me
s.masc. Grupo de abelhas: *o menino mexeu na colmeia e foi atacado por um enxame de abelhas furiosas*.

enxergar en·xer·***gar***
v. Ver, avistar: *você consegue enxergar o passarinho no alto daquela árvore?*

enxerido en·xe·***ri***·do
adj. *pop.* Intrometido, xereta: *mas que menino enxerido! Vive se intrometendo na conversa alheia!*

enxotar en·xo·***tar***
v. Fazer sair de um lugar, gritando, empurrando, batendo: *ela enxotou o cachorro que estava no jardim*.
→ Veja também **xô**.

enxoval en·xo·***val***
s.masc. Conjunto de roupas e objetos de uma noiva, um noivo ou um bebê: *ela ganhou muitos presentes para o enxoval do nenê que vai nascer*.
❖ *pl.* enxovais.

enxugar en·xu·***gar***
v. Secar: *enxugue os pés antes de entrar*.

enxurrada en·xur·***ra***·da
s.fem. Água de chuva que corre pelas ruas: *a chuva forte provocou grandes enxurradas em vários pontos da cidade*.

enxuto en·***xu***·to
adj. Que se enxugou, que está seco: *roupa enxuta*.

epidemia e·pi·de·***mi***·a
s.fem. Dizemos que ocorre uma epidemia quando uma doença ataca muitas pessoas de certo lugar ao mesmo tempo: *na minha cidade está havendo uma epidemia de cólera*.

epiderme e·pi·***der***·me (é)
s.fem. Pele: *ela passou um creme que protege a epiderme contra o sol forte*.

epílogo e·***pí***·lo·go
s.masc. Final de uma história, desfecho: *o epílogo do filme foi surpreendente*.

episódio e·pi·***só***·di:o
s.masc. 1. Cena ou fato que faz parte de uma história: *nesse filme, há vários episódios emocionantes*. 2. Acontecimento, fato: *ele me contou um episódio engraçado de sua vida*.

epístola e·***pís***·to·la
s.fem. *Rel.* Carta dos apóstolos seguidores de Cristo: *na Bíblia, podemos ler várias epístolas*.

epitáfio e·pi·***tá***·fi:o
s.masc. Inscrição gravada num túmulo ou numa sepultura: *vi um túmulo onde havia o seguinte epitáfio: "Aqui jaz um poeta"*.

época ***é***·po·ca
s.fem. Fase, certo período de tempo: *nós estamos vivendo a época das viagens espaciais*.

equatorial e·qua·to·ri·***al***
adj.masc.fem. Que se refere à linha do Equador, uma linha imaginária que divide a Terra em duas partes (norte e sul): *região equatorial*.
❖ *pl.* equatoriais.

equatoriano e·qua·to·ri·***a***·no
adj. Que se refere ao Equador, um país da América do Sul: *povo equatoriano*.
s.masc. Aquele que nasceu no Equador: *os equatorianos torceram muito pela sua seleção de futebol*.

equestre e·***ques***·tre
adj.masc.fem. Que se refere à cavalaria ou aos cavaleiros: *passeio equestre*.
❑ **estátua equestre** Estátua que representa uma pessoa a cavalo: *vi uma estátua equestre do Duque de Caxias*.

equidistante e·qui·dis·***tan***·te
adj.masc.fem. Que está à mesma distância de certo ponto: *minha casa e a sua são equidistantes da escola, ou seja, estão a igual distância da escola.*

equilátero e·qui·***lá***·te·ro
adj. Que tem todos os lados iguais: *triângulo equilátero*.

E

equilibrar e·qui·li·***brar***
v. Manter alguma coisa num ponto tal que não tombe nem para um lado nem para outro: *o equilibrista do circo foi muito aplaudido; ele conseguiu equilibrar vários objetos na cabeça.*
→ Veja também **desequilibrar**.

equilíbrio e·qui·***lí***·bri:o
s.masc. 1. Ponto em que uma pessoa ou coisa está estável, não tomba nem para um lado nem para outro: *quando escorreguei na casca de banana, perdi o equilíbrio e caí.* 2. Estabilidade emocional: *mesmo diante dos problemas em casa, tento manter o equilíbrio.* 3. Igualdade, harmonia: *você deve manter um equilíbrio entre aquilo que ganha e aquilo que gasta.*

equiparar e·qui·pa·***rar***
v. Igualar: *será justo equiparar esses dois alunos, considerá-los iguais?*

equipe e·***qui***·pe
s.fem. Grupo de pessoas que estão unidas para fazer um trabalho ou participar de uma competição: *a equipe de futebol do nosso colégio é muito boa.*

equitação e·qui·ta·***ção***
s.fem. *Esp.* Esporte que consiste em andar ou correr a cavalo: *minha prima está tendo aulas de equitação.*

equivalente e·qui·va·***len***·te
adj.masc.fem. Que tem igual valor: *uma nota de dez reais é equivalente a duas notas de cinco reais.*

equivaler e·qui·va·***ler***
v. Ter o mesmo valor: *um quilômetro equivale a mil metros.*

equivocar-se e·qui·vo·***car***-se
v.pron. Enganar-se, confundir-se: *ele se equivocou na hora de ler os nomes e chamou a pessoa errada.*

equívoco e·***quí***·vo·co
s.masc. Engano: *por equívoco, escrevi a data errada no documento.*

era ***e***·ra (é)
s.fem. Época, tempo: *vivemos na era dos computadores.*

eremita e·re·***mi***·ta
s.masc.fem. Aquele que vive sozinho em lugar isolado, longe das outras pessoas: *no meio daquela floresta vive um eremita.*

ereto e·***re***·to (é)
adj. Levantado, erguido: *mantenha a cabeça ereta.*

erguer er·***guer***
v. Levantar: *ele ergueu a bandeira bem alto.*

eriçar e·ri·***çar***
v. Arrepiar: *aquele estranho barulho no meio da noite me eriçou os cabelos, me deixou com os cabelos em pé.*

ermo ***er***·mo (ê)
adj. Deserto, despovoado: *ele andou por lugares ermos.*

erosão e·ro·***são***
s.fem. Desgaste das rochas e do solo provocado pela ação da água, do vento, etc.: *para evitar a erosão, precisamos conter o desmatamento.*

erótico e·***ró***·ti·co
adj. Que se refere ao amor, à atração sexual: *esse é um filme erótico.*

erradicar er·ra·di·***car***
v. Eliminar completamente: *precisamos erradicar a miséria que atinge muitos brasileiros.*

errado er·***ra***·do
adj. Incorreto: *esse cálculo está errado.*

errante er·***ran***·te
adj.masc.fem. Que anda sem destino certo: *esse filme conta a história de um cavaleiro errante.*

errar er·***rar***
v. 1. Falhar, não acertar: *ele quis bater com a mão na bola mas errou.* 2. Cometer um engano: *ele errou na conta.* 3. Andar de um lado

para outro sem destino certo: *esse andarilho errou durante muito tempo pelo sertão.*

erro er·ro (ê)
s.masc. Engano, falha: *há muitos erros na sua redação.*

errôneo er·rô·ne:o
adj. Que contém erro: *sua explicação é errônea.*

erudito e·ru·di·to
adj. Muito instruído, que tem muitos conhecimentos: *ele é um homem erudito.*

erupção e·rup·ção
s.fem. Saída violenta e súbita: *no filme, vimos como ocorre uma erupção vulcânica, quando o vulcão de repente lança para fora cinzas, pedras, lava, etc.*
❖ *pl.* erupções.

esbaforido es·ba·fo·ri·do
adj. Ofegante: *ela correu tanto que chegou esbaforida, quase sem poder respirar.*

esbanjar es·ban·jar
v. Gastar sem necessidade, desperdiçar: *ele esbanjou dinheiro na viagem.*

esbarrar es·bar·rar
v. Tocar de leve em alguém ou em alguma coisa: *o menino saiu tão apressado da sala que, sem querer, esbarrou no vaso, derrubando-o.*

esbelto es·bel·to (é)
adj. Que tem o corpo magro e elegante: *homem esbelto.*

esboçar es·bo·çar
v. 1. Fazer apenas os traços gerais de um desenho, sem completá-lo em detalhes: *o engenheiro esboçou no papel a planta da casa; por esse esboço podemos ter uma ideia de como será a construção.* 2. Começar: *ele esboçou um sorriso ao ver a garota, mas logo ficou sério porque percebeu que todos estavam olhando.*

esbofetear es·bo·fe·te·ar
v. Dar bofetada em alguém: *descontrolou-se e esbofeteou o primo.*
→ Veja também **bofetão**.

esborrachar es·bor·ra·char
v. 1. Esmagar: *cuidado! Se essa pedra cair, ela esborracha seu pé.*
v.pron. **esborrachar-se** 2. Cair, levar um tombo: *ela escorregou no chão molhado e se esborrachou.*

esbranquiçado es·bran·qui·ça·do
adj. Quase branco: *rosto esbranquiçado.*

esbravejar es·bra·ve·jar
v. Reclamar aos berros: *ela estava furiosa e esbravejava contra nós.*

esbugalhado es·bu·ga·lha·do
adj. Arregalado: *ele estava com os olhos esbugalhados.*

esbugalhar es·bu·ga·lhar
v. Arregalar os olhos (de espanto, surpresa, medo, etc.): *ao ver entrar aquela pessoa esquisita, ele esbugalhou os olhos de espanto.*

esburacado es·bu·ra·ca·do
adj. Cheio de buracos: *estrada esburacada.*

esburacar es·bu·ra·car
v. Fazer buracos em: *quem esburacou essa parede?*
→ Veja também **buraco**.

escabroso es·ca·bro·so (ô)
adj. Imoral, indecente: *caso escabroso.*
❖ *fem.* escabrosa (ó). *pl.* escabrosos (ó), escabrosas (ó).

escafeder-se es·ca·fe·der-se
v.pron. *pop.* Escapulir, fugir: *como ele conseguiu escafeder-se?*

escalar es·ca·lar
v. 1. Subir (uma montanha, um muro, etc.): *alguns alpinistas já escalaram essa montanha.* 2. Indicar os membros que vão formar uma equipe: *o técnico já escalou o time que vai jogar amanhã.*

escancarar es·can·ca·rar
v. Abrir completamente: *ele escancarou as portas e janelas da casa.*

escandalizar es·can·da·li·zar
v. Causar escândalo, chocar: *a fantasia de carnaval da menina era indecente e escandalizou os pais, que não a deixaram sair.*

escândalo es·***cân***·da·lo

s.masc. 1. Coisa indecente, contrária aos bons costumes: *descobriram um escândalo na Câmara: os vereadores roubavam dinheiro público.* 2. Atitude de chamar a atenção falando alto, com palavras fortes e gestos vigorosos; tumulto: *quando percebeu que tinham roubado sua carteira, ela fez um escândalo no ônibus, gritando e esbravejando.*

escangalhar es·can·ga·***lhar***

v. Quebrar, destruir: *o menino escangalhou o brinquedo.*

escanteio es·can·***tei***·o

s.masc. *Esp.* Lance em que um jogador manda a bola para fora da linha de fundo de seu próprio campo: *o zagueiro tocou na bola e mandou-a para escanteio.*

escapar es·ca·***par***

v. 1. Livrar-se, salvar-se de um perigo: *ele escapou do incêndio.* 2. Fugir: *o preso escapou da cadeia.* 3. Cair: *o copo escapou da minha mão.* 4. Passar sem ser visto: *o professor não deixa escapar nenhum erro dos alunos.*

escapatória es·ca·pa·***tó***·ri:a

s.fem. Saída, meio de escapar de uma situação: *hoje você não tem escapatória, vai ajudar na limpeza da sala.*

escapulir es·ca·pu·***lir***

v. Escapar, fugir: *o cachorro escapuliu.*

escaramuça es·ca·ra·***mu***·ça

s.fem. Luta ou conflito de pequenas consequências, de pouca importância: *houve apenas escaramuças entre esses dois grupos rivais.*

escarcéu es·car·***céu***

s.masc. *pop.* Escândalo, tumulto: *ao perceber que tinha sido enganado, ele fez um escarcéu.*

escarnecer es·car·ne·***cer***

v. Zombar: *por que estão escarnecendo desse rapaz?*

escárnio es·***cár***·ni:o

s.masc. Zombaria, caçoada: *ele me dirigiu palavras de escárnio.*

escarpado es·car·***pa***·do

adj. Íngreme, difícil de subir ou escalar: *rochedo escarpado.*

escassear es·cas·se·***ar***

v. Rarear: *depois de alguns dias de viagem, começaram a escassear os alimentos, ou seja, começaram a faltar alimentos.*

escassez es·cas·***sez***

s.fem. Falta: *precisamos resolver o problema da escassez de alimentos.*
→ Veja também **abundância** e **fartura**.

escasso es·***cas***·so

adj. 1. Pouco, raro: *a água é escassa nesta região.* 2. Curto: *ele nos deu um tempo escasso para acabar o trabalho.*

escavar es·ca·***var***

v. Cavar, abrir buracos na terra: *ele não sabe onde escavar para achar a caixa do tesouro.*

esclarecer es·cla·re·***cer***

v. Explicar claramente: *o professor esclareceu o sentido da frase.*

esclarecido es·cla·re·***ci***·do

adj. 1. Bem explicado: *o assunto ficou esclarecido.* 2. Instruído, bem informado: *ela é uma mulher esclarecida.*

esclarecimento es·cla·re·ci·***men***·to

s.masc. Explicação, informação mais clara: *você ainda precisa de algum esclarecimento?*

escoar es·co·***ar***

v. 1. Escorrer (um líquido): *a água da chuva escoa pelo ralo do quintal.*
v.pron. **escoar-se** 2. Passar (o tempo): *os minutos escoaram-se e o jogo terminou empatado.*

escoicear es·coi·ce·***ar***

v. Dar coices: *o cavalo escoiceia.*

escola es·***co***·la (ó)

s.fem. Local preparado para o estudo e o ensino: *esta é minha escola, é aqui que eu estudo.*

◎ Escola vem de uma palavra grega que significa *repouso*, *descanso*. Nos tempos antigos, só podiam se dedicar aos estudos e à leitura aqueles que tinham tempo livre, que não eram obrigados a fazer trabalho braçal. Com o tempo, passou a indicar também *o local onde as pessoas se reuniam com um professor para estudar*.

escolado es·co·***la***·do
adj. Experiente, sabido: *ele é um sujeito escolado*.

escolar es·co·***lar***
adj.masc.fem. 1. Da escola: *aqui está o meu material escolar*.
s.masc.fem. 2. Estudante, aquele que frequenta a escola: *você conhece esses escolares?*
❖ *pl.* escolares.

escolarizado es·co·la·ri·***za***·do
adj. Que frequentou escola: *menino escolarizado*.

escolher es·co·***lher***
v. Indicar, entre várias coisas ou pessoas, aquela que preferimos: *qual dessas camisas você escolhe?*

escolta es·***col***·ta (ó)
s.fem. Grupo que acompanha uma pessoa para protegê-la: *essa é a escolta do presidente*.

escoltar es·col·***tar***
v. Acompanhar uma pessoa para protegê-la ou vigiá-la: *um grupo de soldados escoltou o rei durante a viagem*.

escombros es·***com***·bros
s.masc.pl. Destroços, ruínas, restos de coisas destruídas: *encontrei algumas moedas nos escombros dessa velha casa*.
❖ Essa palavra só se usa no plural.

esconder es·con·***der***
v. 1. Pôr em lugar secreto, ocultar: *alguém escondeu meu livro?* 2. Disfarçar: *ele não consegue esconder seu nervosismo*.
v.pron. **esconder-se** 3. Ocultar-se, ficar em lugar secreto: *onde ele se escondeu? Já procurei pela casa toda e não o encontrei*.

esconderijo es·con·de·***ri***·jo
s.masc. Lugar onde se pode esconder uma pessoa ou uma coisa: *a polícia está procurando o esconderijo dos ladrões*.

escora es·***co***·ra (ó)
s.fem. Peça que serve de suporte ou apoio para impedir que uma coisa caia: *ele vai pôr uma escora nesse velho muro*.

escorar es·co·***rar***
v. Pôr escora ou suporte para que uma coisa não caia: *vamos escorar esse velho muro*.

escorraçar es·cor·ra·***çar***
v. Expulsar, mandar embora com brutalidade: *o grupo escorraçou o traidor*.

escorregadio es·cor·re·ga·***di***·o
adj. Em que se pode escorregar facilmente: *a calçada enlameada ficou escorregadia; está difícil caminhar por ela*.

escova es·***co***·va (ô)
s.fem. Objeto composto de uma placa com fios flexíveis presa a um cabo, usado para pentear, limpar, etc.: *escova de dentes, escova de cabelos, escova de roupa*.

escovar es·co·***var***
v. Limpar com escova: *devemos escovar os dentes depois das refeições*.

escravidão es·cra·vi·***dão***
s.fem. 1. Situação de escravo: *ele foi mantido em escravidão, ou seja, viveu como escravo*. 2. *Hist.* Regime social em que há escravos: *a escravidão no Brasil acabou em 1888*.

escravizar es·cra·vi·***zar***
v. Fazer alguém de escravo: *no Brasil, durante muito tempo, os homens brancos escravizaram os negros*.
→ Veja também **escravo**.

escravo es·***cra***·vo
s.masc. Aquele que perdeu totalmente a liberdade e vive sob as ordens do seu dono: *o fazendeiro desonesto transformou aquele trabalhador num escravo*.
→ Veja também **escravizar**.

escrever es·cre·***ver***
v. 1. Representar ideias ou palavras usando letras, sinais, etc.: *ele já aprendeu a escrever*. 2. Compor um texto, redigir: *escrevi uma carta*.

escrita es·***cri***·ta
s.fem. O modo de escrever: *os cientistas estão estudando a escrita dos antigos egípcios*.

escritor es·cri·***tor***
s.masc. Aquele que escreve livros: *Monteiro Lobato foi um grande escritor*.
❖ *pl.* escritores.

escritório es·cri·***tó***·ri:o
s.masc. 1. Cômodo de uma casa destinado à leitura e ao estudo: *meu pai é professor, ele prepara suas aulas no escritório*. 2. Local de trabalho numa empresa onde se fazem reuniões de negócios, onde se escrevem e guardam documentos, etc.: *há muitas pessoas trabalhando nos escritórios dessa firma*.

escritura es·cri·***tu***·ra
s.fem. Documento que diz quem é o dono legítimo de um imóvel (terreno, casa, apartamento, etc.): *minha mãe está feliz porque conseguiu a escritura da nossa casa*.
❑ **Sagradas Escrituras** *Rel.* A Bíblia: *ele está estudando as Sagradas Escrituras, ou seja, os textos bíblicos*.

escrivaninha es·cri·va·***ni***·nha
s.fem. Mesa com gavetas, apropriada para atividades de escrita e estudo: *tenho uma escrivaninha no meu quarto, é nela que faço minhas lições*.

escrúpulo es·***crú***·pu·lo
s.masc. Princípio moral: *esse vigarista não tem escrúpulos, enganou muitas pessoas sem nenhum remorso*.

escrupuloso es·cru·pu·***lo***·so (ô)
adj. Que tem princípios morais, que não faz o que é ilegal ou imoral: *ele é um homem escrupuloso, nunca se envolveria num negócio ilegal*.
❖ *fem.* escrupulosa (ó). *pl.* escrupulosos (ó), escrupulosas (ó).
→ Veja também **inescrupuloso**.

escudo es·***cu***·do
s.masc. 1. Placa dura, geralmente feita de metal ou madeira, usada por alguém para se defender de pedradas, golpes de espada, etc.: *o guerreiro levava uma espada para atacar e um escudo para se defender*. 2. Desenho que representa um clube ou time: *na camisa dos jogadores, há o escudo de seus times*.

esculhambar es·cu·lham·***bar***
v. 1. *pop.* Destruir, danificar, estragar: *o menino esculhambou o brinquedo*. 2. *pop.* Falar muito mal de alguém ou de alguma coisa: *ele esculhambou com o filme, disse que era uma droga*.

esculpir es·cul·***pir***
v. Modelar uma estátua, um objeto, etc. (em mármore, pedra, madeira ou algum outro material): *esse artista esculpiu a estátua de um santo*.
→ Veja também **escultor**, **escultura** e **estátua**.

escultor es·cul·***tor***
s.masc. Artista que esculpe: *Aleijadinho foi um famoso escultor*.
❖ *pl.* escultores.
→ Veja também **esculpir**, **escultura** e **estátua**.

escultura es·cul·***tu***·ra
s.fem. 1. Arte de esculpir: *esse artista dedica-se à escultura*. 2. Obra feita por um escultor: *veja que bela escultura!*
→ Veja também **esculpir**, **escultor** e **estátua**.

escurecer es·cu·re·***cer***
v. 1. Deixar escuro: *nuvens de chuva escureceram o céu*. 2. Ficar escuro: *o céu escureceu*.
→ Veja também **clarear**.

escuridão es·cu·ri·***dão***
s.fem. Trevas: *a coruja gosta de escuridão; por isso só sai à noite para caçar*.

escuro es·***cu***·ro
adj. 1. Em que não há luz ou claridade: *quarto escuro*. 2. Quase negro: *roupa escura*.
s.masc. 3. Escuridão: *ele tem medo do escuro*.

escusa es·***cu***·sa
s.fem. Desculpa: *ele pediu escusas pelo erro*.

escusar es·cu·***sar***
v. 1. Desculpar: *ela escusou o garoto do erro, disse que ele não era culpado de nada*.
v.pron. **escusar-se** 2. Desculpar-se: *ele se escusou do erro*. 3. Não se sentir obrigado: *escuso-me de apresentar provas do que digo*.

escutar es·cu·***tar***
v. Ouvir com atenção: *escute bem o que vou dizer*.

esfaimado es·fai·***ma***·do
adj. Faminto, esfomeado: *o lobo esfaimado quis devorar o cordeiro.*

esfalfado es·fal·***fa***·do
adj. Muito cansado: *ele trabalhou bastante e voltou esfalfado para casa.*

esfalfar es·fal·***far***
v. Cansar bastante, esgotar: *ele esfalfou o cavalo, obrigando-o a correr muito tempo.*

esfaquear es·fa·que·***ar***
v. Dar golpes de faca: *o assaltante esfaqueou o homem, ferindo-o gravemente.*
→ Veja também **faca**.

esfarelar es·fa·re·***lar***
v. Transformar em farelos: *ele esfarelou o pedaço de pão.*
→ Veja também **farelo**.

esfarrapado es·far·ra·***pa***·do
adj. Em farrapos, maltrapilho, que está com roupa velha e rasgada: *homem esfarrapado.*
❑ **desculpa esfarrapada** Desculpa em que ninguém acredita: *ele não fez o trabalho e deu uma desculpa esfarrapada ao professor.*

esfera es·***fe***·ra (é)
s.fem. Qualquer corpo perfeitamente redondo: *a bola de futebol é uma esfera.*

esférico es·***fé***·ri·co
adj. Redondo: *uma bola de futebol tem forma esférica.*

esfolar es·fo·***lar***
v. 1. Arranhar, ferir ligeiramente a pele: *ela caiu e esfolou os joelhos.* 2. Tirar a pele: *o caçador esfolou o animal.*

esfomeado es·fo·me·***a***·do
adj. Que está com muita fome: *as crianças chegaram esfomeadas do passeio.*

esforçar-se es·for·***çar***-se
v.pron. Empenhar-se, usar todas as forças para conseguir alguma coisa: *ele se esforçou para fazer esse trabalho.*

esforço es·***for***·ço (ô)
s.masc. 1. Uso de força: *é preciso muito esforço para levantar uma coisa pesada.* 2. Dedicação, empenho: *sem esforço, você não conseguirá passar no teste.*
❖ *pl.* esforços (ó).

esfregar es·fre·***gar***
v. 1. Passar a mão ou um objeto várias vezes em algum lugar para limpar, esquentar, etc.: *esfregue bem o pano sobre a mesa para limpar essa mancha.*
v.pron. **esfregar-se** 2. Roçar, passar o corpo em algo: *o gatinho se esfrega na minha perna.*

esfriar es·fri·***ar***
v. Perder ou diminuir o calor: *o café esfriou.*
→ Veja também **aquecer, esquentar** e **frio**.

esfumaçado es·fu·ma·***ça***·do
adj. 1. Cheio de fumaça: *lugar esfumaçado.* 2. Tinta ou traço que foi borrado com delicadeza, para melhorar o efeito visual: *a moça fez um belo retrato do pai, com o fundo esfumaçado.*

esfuziante es·fu·zi·***an***·te
adj.masc.fem. Muito alegre: *ele entrou esfuziante na sala, explodindo de alegria para dar a boa notícia.*

esganado es·ga·***na***·do
adj. *pop.* Pessoa que se atira à comida, que não come de maneira educada e calma: *que menino esganado! Devorou toda a comida em alguns minutos.*

esganar es·ga·***nar***
v. Estrangular, sufocar apertando o pescoço: *o palhaço fingia esganar o companheiro, que fazia muitas caretas, divertindo a criançada.*

esgoelar es·go:e·***lar***
v. 1. Esganar, estrangular: *deu um abraço tão forte que quase esgoelou o amigo.*
v.pron. **esgoelar-se** 2. *pop.* Gritar abrindo muito a boca: *ele se esgoelou, mas ninguém veio ajudá-lo.*

esgotado es·go·***ta***·do
adj. 1. Muito cansado, exausto: *o operário voltou esgotado da oficina.* 2. Acabado, terminado: *prazo esgotado.*

esgotar es·go·***tar***
v. 1. Cansar muito, deixar exausto: *essa ginástica me esgotou.* 2. Gastar até o fim: *os con-*

vidados esgotaram o estoque de bebidas, beberam tudo o que havia.

esgoto es·***go***·to (ô)
s.masc. Cano ou tubulação por onde correm líquidos e dejetos: *o esgoto está entupido.*

esgrima es·***gri***·ma
s.fem. *Esp.* Arte de lutar com espada, com florete, etc.: *minha tia é professora de esgrima.*

esgrimir es·gri·***mir***
v. Praticar esgrima: *para esgrimir é preciso usar uma máscara de proteção.*

esgrimista es·gri·***mis***·ta
s.masc.fem. Pessoa que pratica esgrima: *os esgrimistas se vestem de branco.*

esgueirar-se es·guei·***rar***-se
v.pron. Sair de fininho, sair sem que ninguém perceba: *ele se esgueirou pelo portão e foi embora.*

esguelha es·***gue***·lha (ê)
s.fem. Inclinação.
❑ **olhar de esguelha** Olhar com o canto do olho, disfarçadamente: *percebi que ele me olhou de esguelha quando entrei.*
❖ Essa palavra quase sempre é usada na locução **de esguelha**.

esguichar es·gui·***char***
v. 1. Jorrar: *a água esguichou com força daquele cano.* 2. Jogar algum líquido através de tubo ou mangueira: *ele esguichou água nas paredes para limpá-las.*

esguio es·***gui***:o
adj. Alto e magro: *corpo esguio.*

esmagar es·ma·***gar***
v. Amassar: *ele pisou no inseto, esmagando-o.*

esmero es·***me***·ro (ê)
s.masc. Capricho, cuidado: *o desenho foi feito com esmero.*

esmigalhar es·mi·ga·***lhar***
v. Reduzir a migalhas, a pequenos pedaços: *ele esmigalhou a pedra com um martelo.*

esmiuçar es·mi:u·***çar***
v. Examinar em detalhes, em minúcias: *o detetive esmiuçou o caso para descobrir o culpado.*

esmo ***es***·mo (ê)
s.masc. Cálculo aproximado.
❑ **a esmo** Ao acaso, sem direção: *ele passou a tarde andando a esmo pela cidade.*
❖ Essa palavra quase sempre é usada na locução **a esmo**.

esmola es·***mo***·la (ó)
s.fem. Aquilo que se dá por caridade: *ele deu uma esmola ao mendigo.*

esmorecer es·mo·re·***cer***
v. Desanimar: *ao sofrer o primeiro gol, o nosso time esmoreceu, perdeu o entusiasmo.*

esmurrar es·mur·***rar***
v. Dar murros, socos: *ele ficou nervoso e queria esmurrar o rapaz.*

esnobar es·no·***bar***
v. *pop.* Tratar com desprezo, com pouco-caso: *só porque ganhou esse prêmio agora ela vive esnobando os colegas.*
→ Veja também **esnobe**.

esnobe es·***no***·be (ó)
adj.masc.fem. Que gosta de esnobar os outros: *sujeito esnobe.*
→ Veja também **esnobar**.

esôfago e·***sô***·fa·go
s.masc. *Anat.* Tubo muscular que conduz os alimentos que ingerimos até o estômago: *o esôfago faz parte de nosso sistema digestivo.*

espacial es·pa·ci·***al***
adj.masc.fem. Que se refere a espaço: *esse filme mostra uma viagem espacial, uma viagem pelo universo.*
❖ *pl.* espaciais.

espaço es·***pa***·ço
s.masc. 1. Lugar: *preciso de espaço para guardar os livros.* 2. O universo, onde estão as estrelas, os planetas, etc.: *o foguete viaja pelo espaço.* 3. Período de tempo: *eles visitaram várias cidades num espaço de dez dias.*

espaçoso es·pa·***ço***·so (ô)
adj. Amplo, que tem muito espaço: *o quintal da casa é espaçoso.*
❖ *fem.* espaçosa (ó). *pl.* espaçosos (ó), espaçosas (ó).

espada es·***pa***·da

s.fem. Arma com lâmina comprida e cortante: *o guerreiro lutava de espada na mão.*

espadachim es·pa·da·***chim***

s.masc.fem. Pessoa que sabe manejar bem uma espada: *as duas espadachins se enfrentavam na arena.*

❖ *pl.* espadachins.

espaguete es·pa·***gue***·te

s.masc. Macarrão de fio fino: *espaguete com molho de tomate é um prato muito comum no Brasil.*

> ◎ Espaguete é uma palavra de origem italiana e significa *barbantinho*. É um nome bem adequado, pois os fios de espaguete parecem mesmo uns barbantinhos.

espairecer es·pai·re·***cer***

v. Distrair-se para descansar um pouco do trabalho ou das preocupações: *pare de estudar vá dar um passeio para espairecer.*

espalhafatoso es·pa·lha·fa·***to***·so (ô)

adj. Que chama a atenção pelo exagero: *as pessoas se espantaram ao vê-la com roupas tão espalhafatosas.*

❖ *fem.* espalhafatosa (ó). *pl.* espalhafatosos (ó), espalhafatosas (ó).

espalhar es·pa·***lhar***

v. 1. Jogar para diferentes lados: *ele espalhou os brinquedos pela sala toda.* 2. Divulgar, anunciar, dizer para outras pessoas: *quem espalhou essa notícia pela escola?*

espanador es·pa·na·***dor***

s.masc. Instrumento composto de um cabo com penas na ponta, geralmente usado para tirar pó dos móveis: *passe o espanador nessa estante, por favor.*

❖ *pl.* espanadores.

espanar es·pa·***nar***

v. Tirar o pó dos móveis com espanador: *ele espana os móveis todos os dias.*

espancar es·pan·***car***

v. Bater muito: *a polícia impediu que espancassem aquele homem; evitou que acontecesse o espancamento.*

espanhol es·pa·***nhol***

adj. 1. Que se refere à Espanha, um país da Europa: *escritor espanhol.*

s.masc. 2. Aquele que nasceu na Espanha: *ela casou-se com um espanhol.* 3. Língua falada na Espanha e em vários outros países: *o espanhol não é uma língua difícil de aprender.*

❖ *pl.* espanhóis.

espantado es·pan·***ta***·do

adj. 1. Assustado: *espantado com o barulho, o gato pulou o muro e fugiu.* 2. Chocado: *fiquei espantado com a sua falta de educação.*

espantalho es·pan·***ta***·lho

s.masc. Boneco de pano que se põe no campo para espantar pássaros: *o espantalho protege a plantação do ataque de pássaros.*

espantar es·pan·***tar***

v. 1. Afugentar: *o barulho espantou os pássaros, que voaram para longe.* 2. Surpreender: *sua decisão de sair da escola espantou a todos.*

v.pron. **espantar-se** 3. Admirar-se, surpreender-se: *eu me espantei com o preço desse brinquedo, não pensei que fosse tão caro.*

espantoso es·pan·***to***·so (ô)

adj. Surpreendente, incrível: *fato espantoso.*

❖ *fem.* espantosa (ó). *pl.* espantosos (ó), espantosas (ó).

esparramar es·par·ra·***mar***

v. Espalhar: *ele esparramou os livros sobre a mesa.*

esparrela es·par·***re***·la (é)

s.fem. *pop.* Armadilha, cilada: *acho que ele caiu numa esparrela.*

espatifar es·pa·ti·***far***

v. Quebrar em pedaços: *ele espatifou a garrafa.*

espavorido es·pa·vo·***ri***·do

adj. Apavorado: *ao ver um vulto no jardim, ele correu espavorido.*

especial es·pe·ci·***al***

adj.masc.fem. Fora do comum, diferente dos outros: *hoje é um dia especial para nós.*

❖ *pl.* especiais.

especialidade es·pe·ci:a·li·***da***·de
s.fem. Aquilo que uma pessoa mais conhece, aquilo que ela faz melhor: *esse artista desenha animais muito bem, essa é a sua especialidade.*

especialista es·pe·ci:a·***lis***·ta
s.masc.fem. Pessoa que conhece muito bem certo assunto ou que sabe fazer muito bem certo trabalho: *esse médico é especialista em doenças do coração.*

E

especiaria es·pe·ci:a·***ri***·a
s.fem. Aquilo que usamos para dar sabor ou aroma à comida, como cravo, canela, pimenta, etc.: *gosto de cozinhar com muitas especiarias.*

espécie es·***pé***·ci:e
s.fem. 1. Conjunto de seres vivos que têm características comuns e podem se reproduzir entre si: *o homem e a mulher pertencem à mesma espécie; o cão e o gato pertencem a espécies diferentes.* 2. Qualidade: *há diversas espécies de frutos.*

especificar es·pe·ci·fi·***car***
v. Descrever em detalhes: *especifique o que você comprou no supermercado, ou seja, diga o nome de todos os produtos comprados.*

específico es·pe·***cí***·fi·co
adj. Especial, próprio, exclusivo: *aqui está um remédio específico para combater essa doença, um remédio feito especialmente para isso.*

espécime es·***pé***·ci·me
s.masc. Exemplar, representante de uma espécie ou raça: *esse gato angorá é um belo espécime de sua raça.*

espectador es·pec·ta·***dor***
s.masc. Pessoa que assiste a um espetáculo, a um acontecimento: *um filme ou peça de teatro precisa tocar o espectador.*
❖ *pl.* espectadores.

espeleologia es·pe·le:o·lo·***gi***·a
s.fem. Estudo e exploração de grutas e cavernas: *a Caverna do Diabo, em São Paulo, é um destino certo para quem gosta de espeleologia.*

> ◎ Espeleologia é formada de *espeleo* (caverna) + *logia* (estudo). Portanto, significa *estudo das cavernas.*

espelho es·***pe***·lho (ê)
s.masc. Vidro que reflete a imagem do que está colocado à sua frente: *para pentear-se, ele se olha no espelho.*

espelunca es·pe·***lun***·ca
s.fem. Estabelecimento comercial (bar, loja, etc.) de péssima qualidade: *este hotel é uma espelunca, nunca mais venho aqui!*

> ◎ Espelunca deriva da palavra *espeleo*, que significa *caverna*. Os lugares que chamamos de espelunca receberam esse nome porque, como são escuros e sujos, lembram pequenas cavernas.

esperança es·pe·***ran***·ça
s.fem. Confiança de que o nosso desejo se realize: *ela tem esperança de ganhar esse prêmio.*
→ Veja também **desesperança**.

esperar es·pe·***rar***
v. 1. Aguardar: *estou esperando o ônibus.* 2. Contar com: *espero sua ajuda.* 3. Ter esperança: *espero que tudo saia bem.*

espernear es·per·ne·***ar***
v. 1. Agitar bastante as pernas: *o nenê está esperneando.* 2. *fig.* Reclamar: *eles espernearam um pouco mas acabaram fazendo o trabalho.*
→ Veja também **perna**.

espertalhão es·per·ta·***lhão***
adj. Que usa a esperteza para enganar os outros: *cuidado com ele! É um sujeito espertalhão!*
❖ *fem.* espertalhona. *pl.* espertalhões, espertalhonas.

esperteza es·per·***te***·za (ê)
s.fem. Qualidade de quem é esperto; malícia, astúcia: *usando a esperteza, ele conseguiu escapar da armadilha.*

esperto es·***per***·to (é)
adj. Aquele que sai facilmente de dificuldades e que não se deixa enganar: *ele é um menino esperto.*

espesso es·***pes***·so (ê)
adj. 1. Grosso: *tecido espesso.* 2. Denso, carregado: *nuvens espessas cobriam o céu.* 3. Fechado, cerrado: *bosque espesso.*

espetacular es·pe·ta·cu·***lar***
adj.masc.fem. Sensacional: *o trapezista do circo era espetacular e foi muito aplaudido.*
❖ *pl.* espetaculares.

espetáculo es·pe·***tá***·cu·lo
s.masc. Aquilo que atrai o olhar das pessoas. Pode ser um espetáculo natural (o nascer do sol, o arco-íris, etc.), artístico (a representação de uma peça de teatro, uma sessão de circo, etc.) ou esportivo (um jogo de futebol, uma partida de tênis, etc.): *atenção, criançada, vai começar o espetáculo!*

espetar es·pe·***tar***
v. Furar com espeto ou outro objeto pontiagudo: *ela espetou a agulha na almofada.*

espevitado es·pe·vi·***ta***·do
adj. *pop.* Irrequieto, que não sossega: *menino espevitado.*

espezinhar es·pe·zi·***nhar***
v. Tratar mal, desprezar: *eles espezinharam a menina.*

espião es·pi·***ão***
s.masc. Aquele que, disfarçadamente, tenta descobrir os segredos de alguém para contar a outras pessoas: *descobrimos que nosso cozinheiro era, na verdade, um espião do exército inimigo.*
❖ *fem.* espiã. *pl.* espiões, espiãs.

espiar es·pi·***ar***
v. Observar às escondidas: *ele estava espiando os amigos pelo buraco da fechadura.*
→ Não confunda com **expiar**, que tem outro significado.

espicaçar es·pi·ca·***çar***
v. Aguçar: *essa notícia espicaçou a curiosidade das pessoas, fez com que elas ficassem mais curiosas ainda.*

espichar es·pi·***char***
v. Esticar, estender: *ele espichou o braço mas não conseguiu pegar o prato de doce no alto do armário.*

espinafrar es·pi·na·***frar***
v. *pop.* Repreender duramente: *ele espinafrou o sujeito na frente de todos, deixando-o muito envergonhado.*

espingarda es·pin·***gar***·da
s.fem. Arma de fogo de cano comprido: *meu avô matava passarinhos com tiros de espingarda.*

espionar es·pi:o·***nar***
v. Observar secretamente, como faz um espião: *precisamos descobrir quem anda nos espionando.*

espírita es·***pí***·ri·ta
adj.masc.fem. Que se refere ao espiritismo: *livro espírita.*

espiritismo es·pi·ri·***tis***·mo
s.masc. *Rel.* Doutrina religiosa que aceita a reencarnação e a comunicação dos espíritos com os seres humanos: *segundo o espiritismo, nossa alma vai evoluindo de uma vida para outra.*

espírito es·***pí***·ri·to
s.masc. 1. Alma, parte não corpórea do ser humano: *meu espírito estava inquieto.* 2. *fig.* A essência, a idéia principal: *explicamos o nosso projeto direitinho, mas ele não entendeu bem o espírito da coisa, não compreendeu bem o que desejamos.*

espírito-santense es·***pí***·ri·to-san·***ten***·se
adj.masc.fem. 1. Do estado do Espírito Santo: *população espírito-santense.*
s.masc.fem. 2. Pessoa que nasceu no Espírito Santo: *aquele espírito-santense vive em Vitória.*
❖ *pl.* espírito-santenses. O espírito-santense é comumente chamado de **capixaba**.

espiritual es·pi·ri·tu·***al***
adj.masc.fem. Que se refere ao espírito: *conversa espiritual.*
❖ *pl.* espirituais.

espirituoso es·pi·ri·tu·***o***·so (ô)
adj. Engraçado, divertido; que demonstra inteligência e bom humor: *ele fez um comentário espirituoso durante a aula.*
❖ *fem.* espirituosa (ó). *pl.* espirituosos (ó), espirituosas (ó).

esplêndido es·***plên***·di·do
adj. 1. Admirável, magnífico, excelente: *o artista fez uma apresentação esplêndida.* 2. Brilhante, luminoso: *veja que manhã esplêndida!*

espocar es·po·***car***
v. Estourar: *durante a quermesse, muitos rojões espocaram no ar.*

espontâneo es·pon·***tâ***·ne:o
adj. Que se faz de livre vontade, sem ser forçado por ninguém: *a ajuda que ela nos deu foi espontânea.*

E

esporádico es·po·***rá***·di·co
adj. Que acontece só de vez em quando: *essa região é muito seca, pois as chuvas ali são esporádicas, raras.*

esporte es·***por***·te (ó)
s.masc. 1. Atividade física que praticamos sozinhos ou em equipe: *há várias modalidades de esporte, tais como natação, tênis, futebol, voleibol, corrida, basquetebol, etc.*
adj.masc.fem. 2. Roupa que se usa em situações informais, quando estamos à vontade: *camisa esporte.* 3. Que tem duas portas e atinge grande velocidade (falando-se de automóveis): *carro esporte.*

esportista es·por·***tis***·ta
s.masc.fem. Pessoa que pratica esporte: *a esportista vinha patinando pela rua.*

esportiva es·por·***ti***·va
s.fem. *pop.* Calma, serenidade: *ele teve azar no jogo mas não perdeu a esportiva, não ficou nervoso nem irritado.*

esportivo es·por·***ti***·vo
adj. Que se refere ao esporte: *nos jornais há sempre uma página esportiva, na qual são dadas informações sobre esportes.*

esposar es·po·***sar***
v. Tomar em casamento, casar-se: *Romeu esposou Julieta.*

esposo es·***po***·so (ô)
s.masc. Homem casado com certa mulher: *Romeu e Julieta se casaram. Romeu é o esposo de Julieta e ela é sua esposa.*
❖ *fem.* esposa (ô). *pl.* esposos (ô).

espreitar es·prei·***tar***
v. Espiar para surpreender: *na hora de caçar, o tigre fica espreitando sua presa, esperando o momento certo para atacá-la.*

espremer es·pre·***mer***
v. 1. Apertar para fazer sair líquido, suco, caldo, etc.: *vamos espremer umas laranjas para fazer um refresco.* 2. *fig.* Apertar, comprimir: *as pessoas que entravam no ônibus lotado iam espremendo as que já estavam lá dentro.*

espremido es·pre·***mi***·do
adj. Apertado: *ele ficou espremido entre a mesa e a parede.*

espumante es·pu·***man***·te
adj.masc.fem. Que faz espuma: *vinho espumante.*

esquadra es·***qua***·dra
s.fem. Conjunto de navios de guerra: *os canhões do forte apontavam para a esquadra inimiga.*

esquadrinhar es·qua·dri·***nhar***
v. Observar tudo com muita atenção: *os policiais esquadrinharam o bairro em busca do bandido.*

esquadro es·***qua***·dro
s.masc. Instrumento que usamos para medir ângulos e traçar linhas: *os alunos usam esquadros nas aulas de desenho.*

esquálido es·***quá***·li·do
adj. 1. Desarrumado, imundo, descuidado: *quarto esquálido.* 2. Muito magro e pálido: *depois de tanto tempo sem comer, o pobre homem estava esquálido.*

esquartejar es·quar·te·***jar***
v. Cortar em pedaços: *o açougueiro esquartejou o animal.*

esquecer es·que·***cer***
v. 1. Tirar da lembrança: *esqueça esse problema.* 2. Deixar alguma coisa por distração ou pressa: *o professor esqueceu os óculos na escola.*
v.pron. **esquecer-se** 3. Não se lembrar de: *eu me esqueci da reunião.*
→ Veja também **lembrar** e **inesquecível**.

esqueite es·***quei***·te
s.masc. 1. Prancha estreita, com rodas de patins, sobre a qual uma pessoa se equilibra e faz manobras: *ganhei um esqueite superlegal.*

2. *Esp.* Esporte que consiste em fazer manobras com o esqueite: *ele gosta de praticar esqueite*.
→ Veja também ***skate***.

esqueitista es·quei·***tis***·ta
s.masc.fem. Pessoa que pratica esqueite: *aquela esqueitista já ganhou vários campeonatos.*

esqueleto es·que·***le***·to (ê)
s.masc. *Anat.* Conjunto dos ossos que formam a estrutura do corpo dos vertebrados: *vimos um esqueleto humano na aula de anatomia.*

esquema es·***que***·ma (ê)
s.masc. Desenho que representa alguma coisa de maneira bem simplificada: *ele fez um esquema do funcionamento dessa máquina.*

esquematizar es·que·ma·ti·***zar***
v. Traçar um esquema: *ele esquematizou o funcionamento da máquina, fez um esquema para explicar como ela funciona.*

esquentar es·quen·***tar***
v. 1. Aquecer, tornar quente: *vou esquentar o café.* 2. *pop.* Preocupar-se: *não esquente com isso, fique tranquilo.*
→ Veja também **aquecer**, **esfriar** e **frio**.

esquife es·***qui***·fe
s.masc. Caixão de defunto: *fecharam o esquife e em seguida o enterraram.*

esquilo es·***qui***·lo
s.masc. *Zool.* Pequeno mamífero roedor de cauda espessa: *os esquilos se alimentam de castanhas e sementes.*

esquisito es·qui·***si***·to
adj. Fora do normal, estranho: *hoje o gosto da comida está esquisito, não é o gosto de sempre.*

esquivar-se es·qui·***var***-se
v.pron. Desviar-se, evitar um choque ou batida: *ele correu pelo pátio, esquivando-se dos colegas.*

esquivo es·***qui***·vo
adj. Retraído, que evita a companhia de outras pessoas: *ele é um menino esquivo.*

essencial es·sen·ci·***al***
adj.masc.fem. 1. Indispensável, fundamental: *essa peça é essencial para o funcionamento do carro, sem ela o carro não funciona.*
s.masc. 2. O mais importante, o principal: *não ponha muitas coisas na mala, pegue apenas o essencial.*
❖ *pl.* essenciais.

estabanado es·ta·ba·***na***·do
adj. Pessoa que faz as coisas sem cuidado: *ela é muito estabanada! Foi ajudar a mãe a arrumar a mesa e deixou cair todos os talheres.*

estabelecer es·ta·be·le·***cer***
v. Fixar, determinar: *vamos estabelecer o número de crianças que podem participar dessa brincadeira.*

estabilizar es·ta·bi·li·***zar***
v. Tornar estável, firme, sem oscilação: *o governo quer estabilizar o preço da gasolina, não quer que ele fique subindo e descendo.*
→ Veja também **estável**.

estábulo es·***tá***·bu·lo
s.masc. Local preparado para servir de abrigo para certos animais, como o boi, a vaca, etc.: *fui ver as vaquinhas no estábulo.*

estaca es·***ta***·ca
s.fem. Pau que se crava na terra para diferentes fins, como amparar uma planta, demarcar um terreno, etc.: *o objetivo da brincadeira é atirar as argolas numa estaca fincada no chão.*
❑ **voltar à estaca zero** Voltar ao ponto inicial, perdendo todo o trabalho feito: *nosso computador pifou e perdemos todo o texto; agora voltamos à estaca zero, temos de fazer tudo de novo.*

estação es·ta·***ção***
s.fem. 1. Local de parada (de trem, ônibus, etc.): *vamos pegar o ônibus na estação central.* 2. Cada um dos períodos climáticos em que se divide o ano: *primavera, verão, outono e inverno são as quatro estações.* 3. Local onde funciona uma emissora de rádio ou televisão: *ele trabalha numa estação de rádio.*
❖ *pl.* estações.

estacar es·ta·***car***
v. 1. Parar de repente, ficar imóvel: *ele não esperava me encontrar ali, por isso, ao me ver, estacou sem saber o que fazer.* 2. Estaquear, firmar ou sustentar com estacas: *ele estacou o tomateiro.*

estacionamento es·ta·ci:o·na·***men***·to
s.masc. Lugar onde as pessoas estacionam seus veículos (carros, motocicletas, etc.): *não há mais vagas no estacionamento.*

estacionar es·ta·ci:o·***nar***
v. Parar um veículo e deixá-lo em certo local: *ele estacionou o carro perto da escola.*

estadia es·ta·***di***·a
s.fem. Tempo de permanência em algum lugar: *o casal passou uma semana de estadia no hotel.*
❖ Também existe a forma **estada**.

estádio es·***tá***·di:o
s.masc. Campo onde são realizados jogos esportivos com arquibancadas para o público: *no dia em que a seleção brasileira jogou nessa cidade, o estádio ficou lotado.*

estafa es·***ta***·fa
s.fem. Grande cansaço: *ele trabalhou tanto durante o ano que, em dezembro, ficou com estafa e precisou fazer tratamento médico para se recuperar.*

estafante es·ta·***fan***·te
adj.masc.fem. Muito cansativo: *vida estafante.*

estafeta es·ta·***fe***·ta (ê)
s.masc. Mensageiro, entregador de correspondência: *até 1850, a correspondência só chegava a nossa cidade uma vez por semana, trazida por um estafeta.*

estágio es·***tá***·gi:o
s.masc. Tempo que alguém passa em certo lugar para aprender um ofício ou adquirir mais experiência: *muitos médicos recém-formados vêm fazer estágio neste hospital.*

estagnado es·tag·***na***·do
adj. Parado: *águas estagnadas.*

estalagem es·ta·***la***·gem
s.fem. Hospedaria: *os viajantes passaram a noite nessa estalagem.*

estaleiro es·ta·***lei***·ro
s.masc. Lugar onde se constroem ou se consertam navios: *o navio ficou muitos dias no estaleiro para ser consertado.*

estampido es·tam·***pi***·do
s.masc. Estouro, som forte de explosão: *o estampido de uma arma de fogo quebrou o silêncio da floresta.*

estancar es·tan·***car***
v. Impedir que um líquido continue a correr: *precisamos estancar o sangue de seu ferimento.*
❑ **estancar a sede** Matar a sede: *no final da caminhada, bebemos muita água para estancar a sede.*

estandarte es·tan·***dar***·te
s.masc. Bandeira: *o capitão levava o estandarte do time.*

estande es·***tan***·de
s.masc. Local preparado para a exibição ou venda de produtos numa exposição: *nas feiras de livros, as editoras montam seus estandes.*
→ Não confunda com **estante**, que tem outro significado.

estante es·***tan***·te
s.fem. Móvel com prateleiras onde geralmente são colocados livros: *na biblioteca, há muitas estantes cheias de livros.*
→ Não confunda com **estande**, que tem outro significado.

estaquear es·ta·que·***ar***
v. Estacar, sustentar com estacas: *ele vai estaquear a roseira.*

estar es·***tar***
v.lig. 1. Achar-se de certo modo: *ele está feliz.* v. 2. Encontrar-se em certo lugar: *ela está em casa.*

estardalhaço es·tar·da·***lha***·ço
s.masc. Grande barulho, agitação: *na festa, ele fez um estardalhaço, chamando a atenção de todo mundo.*

estarrecer es·tar·re·***cer***
v. Apavorar: *a notícia de que a guerra ia começar estarreceu a população da cidade.*

estarrecido es·tar·re·***ci***·do
adj. Chocado: *ficamos estarrecidos com essa notícia.*

estatelado es·ta·te·***la***·do
adj. Que se estatelou, que caiu com tudo: *encontrei-o estatelado no chão.*

estatelar-se es·ta·te·***lar***-se
v.pron. Cair com tudo (no chão): *ele levou um escorregão e estatelou-se.*

estático es·***tá***·ti·co
adj. Imóvel, parado: *ela ficou estática na cadeira durante alguns minutos.*

estátua es·***tá***·tu:a
s.fem. Escultura que representa um ser humano ou um animal; as estátuas podem ser esculpidas na pedra, na madeira, etc.: *na praça perto da minha casa há a estátua de um índio.*
→ Veja também **esculpir**, **escultor** e **escultura**.

estatueta es·ta·tu·***e***·ta (ê)
s.fem. Estátua pequena: *achei a estatueta de um cão.*

estatura es·ta·***tu***·ra
s.fem. Altura de uma pessoa: *ele é um homem de baixa estatura.*

estável es·***tá***·vel
adj.masc.fem. 1. Que permanece firme, em equilíbrio: *nessa posição, a mesinha fica estável.* 2. Que não varia: *hoje o tempo será estável, não mudará.*
❖ *pl.* estáveis.
→ Veja também **estabilizar**.

estelar es·te·***lar***
adj.masc.fem. De estrela: *brilho estelar.*
❖ *pl.* estelares.

estender es·ten·***der***
v. 1. Estirar, esticar: *ele estendeu os braços mas não conseguiu alcançar o que queria.* 2. Oferecer, apresentando: *ela estendeu a mão para cumprimentar-me.*

estéreo es·***té***·re:o
adj. Que se refere ao som ou ao aparelho que produz a impressão de um ambiente sonoro: *som estéreo.*
→ Essa palavra é uma forma reduzida de **estereofônico**. Não confunda com **estéril**, que tem outro significado.

estéril es·***té***·ril
adj.masc.fem. 1. Que não produz nada: *terra estéril.* 2. Que não gera filhos: *essa mulher é estéril, não pode ter filhos.*
❖ *pl.* estéreis.
→ Não confunda com **estéreo**, que tem outro significado. Veja também **fecundo** e **fértil**.

esterilizar es·te·ri·li·***zar***
v. 1. Tornar estéril: *essa operação esteriliza as mulheres, impede-as de gerar filhos.* 2. Desinfetar, eliminar os micróbios: *ela ferve a mamadeira do nenê para esterilizá-la, para deixá-la livre de micróbios.*

estertor es·ter·***tor***
s.masc. Agonia: *ele se agitava no estertor da morte.*

estiagem es·ti·***a***·gem
s.fem. Falta prolongada de chuva, longo período de seca: *qual será a causa da estiagem deste ano?*

estiar es·ti·***ar***
v. Parar de chover, fazer bom tempo depois da chuva: *hoje de manhã a chuva foi forte mas passageira; meia hora depois começou a estiar e o sol surgiu novamente.*

esticar es·ti·***car***
v. Estender: *o jogador esticou a perna mas não conseguiu alcançar a bola.*

estilhaçar es·ti·lha·***çar***
v. Partir em estilhaços, em lascas, em pedaços pequenos: *alguém atirou uma pedra que estilhaçou o vidro da janela.*

estilhaço es·ti·***lha***·ço
s.masc. Lasca, pedaço pequeno de alguma coisa que se quebrou: *estilhaço de vidro.*

estilingada es·ti·lin·***ga***·da
s.fem. Arremesso de pedra com estilingue: *a estilingada do menino pegou em cheio na janela.*

estilingue es·ti·***lin***·gue
s.masc. Instrumento em forma de Y, munido de elástico e usado para atirar pedras; bodo-

E

que: *toda criança aqui do meu bairro sabe fazer um estilingue*.

estilo es·***ti***·lo

s.masc. 1. Maneira particular de se expressar: *gosto do estilo desse escritor, gosto do jeito como ele escreve*. 2. Jeito de ser, de se comportar: *não é do seu estilo falar mal das pessoas*. 3. Costume, hábito: *os atores estão vestidos conforme o estilo do século passado*.

estima es·***ti***·ma

s.fem. Afeição: *tenho estima por essa menina*.

estimado es·ti·***ma***·do

adj. Querido, prezado: *estimado amigo, fico feliz em poder ajudá-lo*.

estimar es·ti·***mar***

v. 1. Ter estima por alguém: *todos estimam essa menina, gostam muito dela*. 2. Calcular aproximadamente: *estima-se em cem mil habitantes a população dessa cidade*.

estimativa es·ti·ma·***ti***·va

s.fem. Cálculo aproximado: *faça uma estimativa de quanto você vai gastar este mês*.

estimulante es·ti·mu·***lan***·te

adj.masc.fem. Que estimula, que anima: *elogio estimulante*.

→ Veja também **desestimulante**.

estimular es·ti·mu·***lar***

v. Fazer alguém seguir em frente; incentivar, animar: *o desejo de ganhar a taça estimulou os atletas*.

→ Veja também **desestimular**.

estímulo es·***tí***·mu·lo

s.masc. Aquilo que nos faz seguir em frente; incentivo: *o professor disse algumas palavras de estímulo aos alunos*.

→ Veja também **desestímulo**.

estio es·***ti***·o

s.masc. O verão, o período mais quente do ano: *depois da primavera vem o estio*.

estipular es·ti·pu·***lar***

v. Determinar: *o governo vai estipular o prazo para pagamento desse imposto*.

estirada es·ti·***ra***·da

s.fem. Caminhada longa: *vou dar uma estirada até o parque*.

❑ **de uma estirada** De um só fôlego, sem parar para descansar: *quem consegue ir de uma estirada daqui até a escola?*

estirar es·ti·***rar***

v. 1. Esticar: *é preciso muito espaço para estirar essa corda, pois ela é bastante comprida*.
v.pron. **estirar-se** 2. Deitar-se, estender-se: *assim que chegou da escola, ela se estirou na cama*.

estivador es·ti·va·***dor***

s.masc. Homem que trabalha nos portos, carregando ou descarregando navios: *lá vai o estivador pelo cais, levando um pesado fardo sobre o ombro*.

❖ *pl.* estivadores.

estocada es·to·***ca***·da

s.fem. Golpe dado com a ponta de uma arma: *o guerreiro pegou a espada e deu uma estocada no inimigo*.

estocar es·to·***car***

v. Armazenar, fazer estoque de mercadorias ou comida: *ele estocou arroz no depósito*.

→ Veja também **estoque**.

estojo es·***to***·jo (ô)

s.masc. Pequena caixa que se usa para guardar as mais diferentes coisas, como lápis, joias, óculos, etc.: *levo lápis, canetas e borracha no meu estojo*.

❖ *pl.* estojos (ô).

estomacal es·to·ma·***cal***

adj.masc.fem. Que se refere ao estômago: *dor estomacal*.

❖ *pl.* estomacais.

→ Veja também **estômago**.

estômago es·***tô***·ma·go

s.masc. *Anat.* Órgão do corpo onde ocorre parte do processo da digestão: *o estômago possui líquidos que auxiliam na digestão*.

→ Veja também **estomacal**.

estontear es·ton·te·***ar***

v. Deixar tonto: *a pancada na cabeça estonteou aquele homem*.

estopim es·to·***pim***
s.masc. 1. Aquilo que se acende para pôr fogo em uma carga de pólvora: *ele acendeu o estopim da bomba e correu para proteger-se*. 2. *fig.* Aquilo que provoca uma reação violenta: *qual foi o estopim dessa briga? O que causou essa briga?*
❖ *pl.* estopins.

estoque es·***to***·que (ó)
s.masc. Fazer estoque é guardar ou armazenar uma grande quantidade de mercadorias ou comida: *essa loja tem um grande estoque de camisetas.*
→ Veja também **estocar**.

estorricar es·tor·ri·***car***
v. Secar demais, quase queimando ou torrando: *o sol forte estorricou essas plantas.*
→ Também existe a forma **esturricar**.

estorvar es·tor·***var***
v. Atrapalhar: *tire essa cadeira daí; ela está estorvando a passagem.*

estorvo es·***tor***·vo (ô)
s.masc. Aquilo que atrapalha: *essa cadeira no corredor é um estorvo para os que passam.*

estourar es·tou·***rar***
v. Rebentar com estrondo: *a bola estourou e deu um susto em todos.*

estouvado es·tou·***va***·do
adj. 1. Precipitado, que age sem pensar bem: *eu não devia ter vendido minha bicicleta só porque precisava de algum dinheiro; fui estouvado.* 2. Estabanado: *a menina entrou na sala correndo, toda estouvada, e escorregou no tapete.*

estraçalhar es·tra·ça·***lhar***
v. Despedaçar, fazer em pedaços: *os lobos atacaram o animal e o estraçalharam.*

estrada es·***tra***·da
s.fem. Caminho para o trânsito de pessoas, veículos, etc.: *estrada de mão dupla.*
❑ **estrada de rodagem** Estrada por onde passam carros, ônibus, caminhões, etc.: *pegamos a estrada de rodagem para ir à praia.*
estrada de ferro Estrada por onde passam trens: *essa estrada de ferro tem mais de cem anos.*

estrado es·***tra***·do
s.masc. Armação de madeira que fica a pouca altura do chão: *no quarto, havia um colchão em cima de um estrado.*

estragar es·tra·***gar***
v. Deixar em mau estado, causar dano ou estrago: *o vento forte estragou bastante o jardim.*

estrago es·***tra***·go
s.masc. Dano: *o temporal causou um grande estrago no jardim.*

estrambótico es·tram·***bó***·ti·co
adj. *pop.* Extravagante, que não é normal ou comum: *onde você achou essas roupas estrambóticas?*

estrangeiro es·tran·***gei***·ro
adj. 1. Que não é do nosso país: *ele estuda duas línguas estrangeiras: francês e inglês.*
s.masc. 2. Aquele que vem de outro país: *muitos estrangeiros gostam de passar férias no Brasil.*

estrangular es·tran·gu·***lar***
v. Apertar o pescoço impedindo a respiração: *o criminoso estrangulou a pobre mulher.*

estranhar es·tra·***nhar***
v. Achar estranho: *estranhei que ele não quisesse ir à festa.*

estranho es·***tra***·nho
adj. 1. Esquisito, que não é comum: *ouvimos um barulho estranho no jardim.*
s.masc. 2. Pessoa que não conhecemos: *um estranho esteve aqui à sua procura.*

estratagema es·tra·ta·***ge***·ma (ê)
s.masc. Estratégia, tática ou plano usado para enganar um inimigo ou adversário: *os soldados usaram de um estratagema que pôs em fuga os inimigos.*

estratégia es·tra·***té***·gi:a
s.fem. Plano de ação que busca aproveitar, da melhor maneira possível, os recursos que se têm à mão, a fim de atingir certo resultado: *que estratégia o técnico do time imaginou para vencer a partida?*

estreante es·tre·***an***·te

adj.masc.fem. Que está se apresentando pela primeira vez: *artista estreante*.

estrear es·tre·***ar***

v. 1. Usar pela primeira vez: *ela vai estrear seu novo vestido amanhã*. 2. Apresentar-se pela primeira vez em público: *essa cantora vai estrear hoje à noite; esperamos que ela faça uma boa estreia*.

estrebaria es·tre·ba·***ri***·a

s.fem. Local preparado para servir de abrigo para cavalos ou burros: *minha égua preferida está nessa estrebaria*.

estrebuchar es·tre·bu·***char***

v. Debater-se, agitar muito o corpo todo: *o doente teve uma crise e começou a estrebuchar*.

estreitar es·trei·***tar***

v. 1. Tornar estreito, diminuir a largura, o espaço: *ao aumentar a calçada, estreitaram a rua*. 2. Abraçar: *o pai estreitou o filho ao peito*.

estreito es·***trei***·to

adj. Que tem pouca largura: *essa mesa não cabe no corredor porque ele é muito estreito*.
→ Veja também **alargar** e **largo**.

estrela es·***tre***·la (ê)

s.fem. 1. Astro que tem luz própria: *o Sol é uma estrela*. 2. *fig.* Pessoa que se destaca: *ela foi a estrela da festa*.

estrela-do-mar es·***tre***·la-do-***mar*** (ê)

s.fem. *Zool.* Animal marinho que tem a forma de uma estrela: *não tire a estrela-do-mar da água*.
❖ *pl.* estrelas-do-mar. Para indicar o sexo do animal, dizemos *a estrela-do-mar macho*, *a estrela-do-mar fêmea*.

estremecer es·tre·me·***cer***

v. Causar tremor, abalar: *a explosão da bomba estremeceu as paredes da casa*.
→ Veja também **tremor** e **tremer**.

estrepar es·tre·***par***

v. *pop.* 1. Prejudicar: *ele quis estrepar os colegas*.
v.pron. *pop.* **estrepar-se** 2. Sair-se mal: *ele quis bancar o esperto mas, no fim, estrepou-se*.

estridente es·tri·***den***·te

adj.masc.fem. Agudo (som, grito): *a sirene da ambulância tem um som estridente*.

estrilar es·tri·***lar***

v. *pop.* Reclamar, protestar: *se você ligar o rádio muito alto, o vizinho vai estrilar*.

estripulia es·tri·pu·***li***·a

s.fem. *pop.* Bagunça, desordem: *a criançada fez muita estripulia durante o recreio*.

estrofe es·***tro***·fe (ó)

s.fem. Cada grupo de versos que faz parte de uma poesia; uma poesia pode ser composta de uma ou mais estrofes e cada uma delas pode ter um número variado de versos. Veja as seis estrofes da poesia "Tempestade", de Henriqueta Lisboa.

— Menino, vem para dentro, olha a chuva lá na serra, olha como vem o vento!	estrofe de três versos
— Ah! como a chuva é bonita e como o vento é valente!	estrofe de dois versos
— Não sejas doido, menino, esse vento te carrega, essa chuva te derrete!	estrofe de três versos
— Eu não sou feito de açúcar para derreter na chuva. Eu tenho forças nas pernas para lutar contra o vento!	estrofe de quatro versos
E enquanto o vento soprava e enquanto a chuva caía, que nem um pinto molhado, teimoso como ele só:	estrofe de quatro versos
— Gosto de chuva com vento, gosto de vento com chuva!	estrofe de dois versos

O menino poeta. Porto Alegre: Mercado Aberto, 1984.

→ Veja também **poema, poesia** e **verso**.

estrondo es·***tron***·do

s.masc. Forte barulho: *o estrondo do trovão assustou as crianças*.

estrondoso es·tron·***do***·so (ô)

adj. 1. Que faz muito barulho: *ele recebeu uma vaia estrondosa da plateia*. 2. Que causa

sensação, que é muito comentado: *a apresentação desse artista foi um sucesso estrondoso.*
❖ *fem.* estrondosa (ó). *pl.* estrondosos (ó), estrondosas (ó).

estropiado es·tro·pi·***a***·do
adj. Aleijado, mutilado, que perdeu algum membro do corpo: *muitos soldados voltaram estropiados da guerra.*

estrutura es·tru·***tu***·ra
s.fem. Maneira como as partes de um todo são organizadas: *o professor explicou a estrutura da história e como suas diversas partes se relacionam entre si.*

estruturar es·tru·tu·***rar***
v. Organizar as partes de um todo: *estruture bem a redação para que eu possa entender seu raciocínio.*

estudar es·tu·***dar***
v. Usar a inteligência para aprender alguma coisa: *ele estuda inglês.*

estudioso es·tu·di·***o***·so (ô)
adj. Que estuda bastante: *ele é um aluno estudioso.*
❖ *fem.* estudiosa (ó). *pl.* estudiosos (ó), estudiosas (ó).

estulto es·***tul***·to
adj. Tolo, bobo: *sujeito estulto.*

estupefato es·tu·pe·***fa***·to
adj. Pasmado, muito surpreso: *ele ficou estupefato ao saber que sua noiva tinha desistido do casamento.*

estupendo es·tu·***pen***·do
adj. Maravilhoso, extraordinário: *ele é um artista estupendo.*

estupidez es·tu·pi·***dez***
s.fem. 1. Besteira, bobagem: *pense bem, não vá fazer uma estupidez!* 2. Grosseria, falta de educação: *ele me respondeu com estupidez.*

estúpido es·***tú***·pi·do
adj. 1. Que não consegue entender, que não é inteligente: *indivíduo estúpido.* 2. Grosseiro, mal-educado: *não seja estúpido com os colegas!*

estuprar es·tu·***prar***
v. Cometer violência sexual contra uma pessoa: *o fugitivo estuprou cinco mulheres.*

estupro es·***tu***·pro
s.masc. Violência sexual contra uma pessoa: *o estupro é um crime gravíssimo.*

esvair es·va·***ir***
v. Esgotar: *o trabalho era muito duro e esvaiu as forças dos operários, que ficaram exaustos.*
❑ **esvair-se em sangue** Perder muito sangue: *o motorista do carro feriu-se muito no acidente e se esvaía em sangue quando foi socorrido.*

esvaziar es·va·zi·***ar***
v. Deixar vazio: *as crianças esvaziaram o saquinho de balas num instante.*
→ Veja também **encher**.

esverdeado es·ver·de·***a***·do
adj. Meio verde: *mancha esverdeada.*

esverdear es·ver·de·***ar***
v. Tornar verde ou quase verde: *a umidade está esverdeando o canto da parede.*

etapa e·***ta***·pa
s.fem. Cada uma das partes que compõem um processo: *hoje fizemos a primeira etapa do trabalho; amanhã faremos a etapa final.*

etário e·***tá***·ri:o
adj. Que se refere à idade: *qual é a faixa etária desses alunos, ou seja, em que faixa de idade eles se encontram?*

etc. (eticétera)
Abreviatura que significa "e outras coisas mais": *na loja, havia livros, brinquedos, filmes, etc.*

eternidade e·ter·ni·***da***·de
s.fem. 1. Duração que não tem começo nem fim: *esse filme diz que os vampiros não morrem, vivem por toda a eternidade.* 2. *fig.* Tempo muito longo: *esperei uma eternidade e você não chegou!*

eternizar e·ter·ni·***zar***
v. Perpetuar, imortalizar, fazer durar para sempre: *as obras desse artista eternizaram seu nome.*

eterno e·**ter**·no (é)
adj. 1. Que sempre existiu e sempre existirá; que não teve começo nem terá fim: *Deus é eterno*. 2. Que teve um início e durará para sempre: *a fama dos grandes homens é eterna*.

etimologia e·ti·mo·lo·**gi**·a
s.fem. Estudo da origem das palavras: *acho divertido descobrir a etimologia das palavras*.

> Etimologia é formada de *étimo* (verdadeiro, certo) + *logia* (estudo); portanto, etimologia é *o estudo do verdadeiro sentido original das palavras e de suas transformações ao longo do tempo.*

etnologia et·no·lo·**gi**·a
s.fem. Ciência que estuda as origens e características dos diferentes povos que há no mundo: *no museu de etnologia, conhecemos um pouco da cultura indígena*.

eucaliptal eu·ca·lip·**tal**
s.masc. Local onde há plantação de eucaliptos: *adoro passear pelo eucaliptal*.
❖ *pl.* eucaliptais.

eucalipto eu·ca·**lip**·to
s.masc. *Bot.* Árvore de tronco alto e reto, cujas folhas têm cheiro forte e são usadas na fabricação de remédios: *muitas fábricas produzem papel a partir da madeira do eucalipto*.

eufemismo eu·fe·**mis**·mo
s.masc. Maneira de falar que disfarça o significado desagradável ou chocante de uma ideia: *quando dizemos, por exemplo, que uma pessoa "descansou", em vez de dizermos que ela "morreu", estamos usando um eufemismo*.

euforia eu·fo·**ri**·a
s.fem. Grande alegria: *a torcida comemorou com euforia a vitória de seu time*.

eufórico eu·**fó**·ri·co
adj. Muito alegre: *os torcedores estavam eufóricos com a vitória de seu time*.

europeu eu·ro·**peu**
adj. 1. Que se refere à Europa: *a professora mostrou no mapa onde ficam os países europeus*.
s.masc. 2. Aquele que nasceu na Europa: *muitos europeus visitam o Brasil*.
❖ *fem.* europeia.

evadir-se e·va·**dir**-se
v.pron. Fugir, escapar: *o ladrão evadiu-se da cadeia*.

evangelho e·van·**ge**·lho (é)
s.masc. *Rel.* 1. Ensinamentos de Cristo: *o padre divulga o evangelho*. 2. Nome de cada um dos livros que contam a vida e os ensinamentos de Cristo e que fazem parte do chamado Novo Testamento: *Evangelho de São Lucas*.
❖ No último caso, deve-se sempre usar letra inicial maiúscula.

> Evangelho deriva de uma palavra grega que significa *boa notícia*. Pregar o evangelho significa anunciar as boas novas sobre o reino de Deus.

evaporação e·va·po·ra·**ção**
s.fem. Processo de transformação em vapor: *evaporação da água*.

evaporar e·va·po·**rar**
v. Transformar-se em vapor: *o forte calor fez a água evaporar*.
→ Veja também **vapor**.

evento e·**ven**·to
s.masc. Acontecimento: *a inauguração dessa escola foi um evento importante para a nossa comunidade*.

eventual e·ven·tu·**al**
adj.masc.fem. Casual, imprevisto: *falha eventual*.
❖ *pl.* eventuais.

evidente e·vi·**den**·te
adj.masc.fem. Que é claro, que não deixa nenhuma dúvida: *sua culpa, nesse caso, é evidente, você não tem como negá-la*.

evitar e·vi·**tar**
v. Impedir, não deixar acontecer: *o guarda evitou um acidente de trânsito*.

evocar e·vo·**car**
v. 1. Trazer à lembrança: *durante o discurso, ele evocou o passado, falando de sua infância no sítio*. 2. Chamar, invocar (espíritos, demônios, etc.): *o feiticeiro dizia ser capaz de evocar espíritos*.

evolução e·vo·lu·***ção***
s.fem. 1. Desenvolvimento: *a evolução da ciência permitiu ao homem grandes progressos na medicina.* 2. Movimento corporal: *todos admiraram as evoluções dos sambistas durante o desfile, isto é, o modo como eles sambaram.*
❖ *pl.* evoluções.

evoluir e·vo·lu·***ir***
v. Modificar-se, transformar-se: *as línguas evoluem com o tempo; a língua portuguesa, por exemplo, não é falada hoje como era há duzentos anos.*

exagerar e·xa·ge·***rar*** (z)
v. 1. Aumentar ou diminuir demais a importância ou o valor real (de alguma coisa): *você exagerou a dificuldade dos problemas, eles não são tão difíceis assim.* 2. Abusar, passar da medida: *você pode pegar uns bombons da caixa mas não exagere, deixe alguns para seus irmãos.*

exalar e·xa·***lar*** (z)
v. Soltar (cheiro, gás, etc.): *essas flores exalam um suave perfume.*
❑ **exalar o último suspiro** Morrer: *o guerreiro exalou o último suspiro nos braços de sua amada.*

exaltar e·xal·***tar*** (z)
v. 1. Elogiar, louvar, engrandecer: *todos exaltam as qualidades desse artista.*
v.pron. **exaltar-se** 2. Irritar-se, enfurecer-se: *os homens exaltaram-se, ficaram nervosos.*

ex-aluno ex-a·***lu***·no
s.masc. Que já foi aluno, mas não é mais: *este menino é ex-aluno da escola em que estudo.*

> ◎ Ex-aluno é palavra formada de *ex* (que não é mais) + *aluno*. Ex, nesse sentido, vem sempre separado por hífen e pode ser empregado com outros substantivos, como, por exemplo, *ex-colega, ex-jogador, ex-mulher, ex-professor, ex-vizinho*, etc.

exame e·***xa***·me (z)
s.masc. 1. Prova que se faz para medir os conhecimentos de alguém: *os alunos fizeram exame de matemática.* 2. Observação cuidadosa feita para saber se alguém está doente: *exame de vista, exame de fezes.* 3. Análise: *a água daquela fonte passou por um exame rigoroso.*

examinar e·xa·mi·***nar*** (z)
v. 1. Analisar: *os técnicos examinaram a água do rio para saber se ela está poluída.* 2. Observar cuidadosamente: *o médico examinou o garoto para saber se ele estava doente.*

exânime e·***xâ***·ni·me (z)
adj.masc.fem. Totalmente sem forças: *os caminhantes estavam exânimes; não conseguiam mais andar.*

exasperar e·xas·pe·***rar*** (z)
v. Irritar muito: *a demora no atendimento exasperou as pessoas que estavam na fila do banco.*

exato e·***xa***·to (z)
adj. Absolutamente certo e preciso: *8 horas, 12 minutos e 27 segundos foi a hora exata em que começou a competição.*
→ Veja também **inexato**.

exaurir e·xau·***rir*** (z)
v. Esgotar completamente: *o trabalho era muito cansativo e exauriu minhas forças, deixou-me exausto.*

exaustivo e·xaus·***ti***·vo (z)
adj. Muito cansativo: *trabalho exaustivo.*

exausto e·***xaus***·to (z)
adj. Muito cansado, esgotado: *fiquei exausto de tanto trabalhar.*

exceção ex·ce·***ção***
s.fem. Que não é como os outros, que não segue a regra geral: *todos os funcionários entram às 7 horas, menos esse homem, que entra às 8; ele é uma exceção.*

exceder ex·ce·***der***
v. 1. Passar dos limites, ir além de: *o lucro que tive excedeu as minhas expectativas, foi maior do que eu esperava.*
v.pron. **exceder-se** 2. Ir além do que deve: *ele se excedeu na bebida, bebeu mais do que devia.*

excelência ex·ce·***lên***·ci·a
s.fem. 1. Qualidade daquilo que é excelente, muito bom: *todos admiram a excelência desse*

produto. 2. Forma de tratamento usada com pessoas que exercem altos cargos políticos; nesse caso, usa-se letra inicial maiúscula e a forma Vossa, também com inicial maiúscula: *dirijo este pedido a Vossa Excelência*.

❖ Vossa Excelência pode ser abreviado como **V.Ex.ª** ou **V.Exa.**

E

excelente ex·ce·***len***·te

adj.masc.fem. Ótimo, muito bom: *ele é um cantor excelente*.

❖ *superl.* excelentíssimo.

excelentíssimo ex·ce·len·***tís***·si·mo

adj. Tratamento dado a autoridades e pessoas que exercem altos cargos políticos; nesse caso, usa-se letra inicial maiúscula: *Excelentíssima Senhora Juíza*.

❖ Excelentíssimo pode ser abreviado como **Ex.ᵐᵒ** ou **Exmo.**

excêntrico ex·***cên***·tri·co

adj. Esquisito, incomum: *ele tem hábitos excêntricos, costuma fazer o que ninguém faz*.

excepcional ex·cep·cio·***nal***

adj.masc.fem. Que não é comum ou normal, que é uma exceção: *fato excepcional*.

❖ *pl.* excepcionais.

excessivo ex·ces·***si***·vo

adj. Além dos limites, desmedido: *seus gastos foram excessivos, você gastou demais*.

excesso ex·***ces***·so (é)

s.masc. O que ultrapassa o normal ou necessário: *você está com excesso de peso, está pesando mais do que deve*.

exceto ex·***ce***·to (é)

prep. Com exceção de; menos: *todos foram à festa, exceto esse menino*.

excitar ex·ci·***tar***

v. 1. Inflamar, entusiasmar: *as palavras do chefe excitaram os guerreiros*. 2. Despertar: *essa notícia excitou minha curiosidade*.

exclamar ex·cla·***mar***

v. Falar expressando surpresa, espanto ou admiração: *que maravilha! – exclamou ele quando viu o espetáculo*.

excluir ex·clu·***ir***

v. Eliminar, tirar: *a professora excluiu esse aluno do grupo*.

exclusão ex·clu·***são***

s.fem. Eliminação: *nosso grupo não queria a exclusão desse aluno, não queria que ele fosse tirado do grupo*.

❖ *pl.* exclusões.

exclusivo ex·clu·***si***·vo

adj. Especial, que pertence a um apenas ou a poucos: *esse estacionamento é exclusivo para os diretores da fábrica, só eles podem estacionar seus carros ali*.

excomungado ex·co·mun·***ga***·do

adj. 1. *Rel.* Que sofreu excomunhão: *aquele padre foi excomungado por desobedecer às leis da Igreja*. 2. *pop.* Maldito, amaldiçoado: *carro excomungado dos infernos!*

excomunhão ex·co·mu·***nhão***

s.fem. *Rel.* Punição eclesiástica que exclui um fiel da comunidade católica: *durante a Idade Média, vários reis sofreram a excomunhão por se desentender com o papa*.

❖ *pl.* excomunhões.

excremento ex·cre·***men***·to

s.masc. Tudo que o corpo das pessoas ou dos animais põe para fora depois de digerir os alimentos; fezes, dejetos: *o excremento da minhoca é um excelente fertilizante*.

excursionar ex·cur·si·o·***nar***

v. Viajar a passeio ou estudo, geralmente em grupo: *o professor excursionou com os alunos por várias cidades do interior*.

execrável e·xe·***crá***·vel (z)

adj.masc.fem. Abominável, detestável: *comportamento execrável*.

❖ *pl.* execráveis.

executar e·xe·cu·***tar*** (z)

v. 1. Cumprir: *ele executou minhas ordens*. 2. Fazer: *cada operário deve executar sua tarefa conforme as instruções recebidas*. 3. Tocar: *o pianista vai executar duas peças famosas*. 4. Aplicar a pena de morte: *o carrasco executou o condenado*. 5. *pop.* Matar: *os capangas do fazendeiro executaram duas trabalhadoras rurais*.

executável e·xe·cu·***tá***·vel (z)
adj.masc.fem. Que se pode executar: *plano executável*.
❖ *pl.* executáveis.

exemplar e·xem·***plar*** (z)
adj.masc.fem. 1. Tão bom que pode servir de exemplo ou modelo: *aluna exemplar*.
s.masc. 2. Cada uma das coisas de uma série de outras iguais: *na biblioteca, há só um exemplar desse livro; os outros foram retirados*.
❖ *pl.* exemplares.

exemplificar e·xem·pli·fi·***car*** (z)
v. Explicar com exemplos: *o professor exemplificou a lição*.

exemplo e·***xem***·plo (z)
s.masc. 1. O que pode ou deve ser imitado; o que pode servir de modelo: *ele deu um exemplo de coragem aos colegas*. 2. O que confirma o que estamos dizendo: *alguns importantes escritores brasileiros nasceram no Rio de Janeiro; como exemplo podemos citar Machado de Assis*.

exequível e·xe·***quí***·vel (z)
adj.masc.fem. Que se pode realizar ou executar: *tarefa exequível*.
❖ *pl.* exequíveis.

exercer e·xer·***cer*** (z)
v. 1. Desempenhar uma função ou atividade: *essa professora é a diretora da escola; ela exerce essa função há três anos*. 2. Fazer sentir: *ele exerce influência sobre os colegas, ele influencia todos eles*.

exercício e·xer·***cí***·ci:o(z)
s.masc. 1. Atividade física para treinar algum esporte ou para manter a saúde: *nadar é um bom exercício*. 2. Atividade que ajuda a aprender: *preciso fazer alguns exercícios de matemática para entender melhor essa matéria*. 3. Desempenho de um cargo ou profissão: *ele está preparado para o exercício da medicina, já pode atender pacientes*.

exercitar e·xer·ci·***tar*** (z)
v. 1. Pôr em atividade: *vou andar um pouco para exercitar os músculos*.
v.pron. **exercitar-se** 2. Praticar exercícios: *preciso exercitar-me mais durante a semana*.

exército e·***xér***·ci·to (z)
s.masc. Conjunto das forças militares de um país: *em 1940, o exército alemão invadiu a França*.

exibição e·xi·bi·***ção*** (z)
s.fem. Mostra, apresentação: *assistimos a uma exibição de dança árabe*.
❖ *pl.* exibições.

exibido e·xi·***bi***·do (z)
adj. *pop.* Que gosta de se mostrar, de aparecer: *garoto exibido*.

exibir e·xi·***bir*** (z)
v. 1. Mostrar, apresentar: *esse pintor vai exibir seus quadros amanhã*.
v.pron. **exibir-se** 2. *pop.* Mostrar-se para os outros, chamar a atenção: *ele gosta de se exibir quando há visitas na escola*.

exigência e·xi·***gên***·ci:a (z)
s.fem. Imposição de certas condições: *esse cantor fez muitas exigências para se apresentar na cidade; uma delas era ficar no quarto mais luxuoso do hotel*.

exigente e·xi·***gen***·te (z)
adj.masc.fem. Que exige muito, que quer sempre o melhor: *professor exigente*.

exigir e·xi·***gir*** (z)
v. 1. Fazer questão: *ele exigiu que todos vestissem uniforme*. 2. Tornar necessário: *a aprendizagem de uma língua estrangeira exige muitas horas de estudo*.

exilar e·xi·***lar*** (z)
v. Obrigar alguém a viver no exílio, isto é, fora de seu país: *o rei exilou os condenados*.

eximir e·xi·***mir*** (z)
v. Livrar: *ele eximiu a aluna de qualquer culpa, disse que ela não tinha culpa de nada*.

exímio e·***xí***·mi:o (z)
adj. Excelente em fazer alguma coisa: *esse rapaz é um exímio bailarino, ninguém dança como ele*.

existente e·xis·***ten***·te (z)
adj.masc.fem. Que existe: *os cientistas estão estudando os animais existentes nessa ilha*.

existir e·xis·***tir*** (z)
v. 1. Ter vida, viver: *as baleias existem há milhares de anos*. 2. Haver: *nesse bairro existem duas escolas*.

êxito ***ê***·xi·to (z)
s.masc. Sucesso, resultado positivo: *a experiência teve êxito, foi bem-sucedida.*

êxodo ***ê***·xo·do (z)
s.masc. Saída em massa de pessoas: *o bombardeio da cidade provocou o êxodo da população, que fugiu para o interior.*

exorbitante e·xor·bi·***tan***·te (z)
adj.masc.fem. Exagerado: *o preço desse brinquedo é exorbitante, alto demais.*

exortar e·xor·***tar*** (z)
v. 1. Animar, incentivar: *a capitã exortou o time: "Adiante, meninas!"* 2. Convencer, persuadir: *o professor exortou o aluno a continuar os estudos.*

expandir ex·pan·***dir***
v. Estender, ampliar: *ele quer expandir as vendas desse produto pelo país inteiro; a expansão das vendas vai lhe trazer muitos lucros.*

expansivo ex·pan·***si***·vo
adj. Comunicativo, que fala bastante e com facilidade: *homem expansivo.*

expatriar ex·pa·tri·***ar***
v. Exilar, mandar para fora da pátria: *esse ditador expatriou seus opositores.*

expectativa ex·pec·ta·***ti***·va
s.fem. Espera de alguma coisa que vai ou pode acontecer: *vou à festa com a expectativa de encontrar certa garota, ou seja, espero encontrá-la.*

expectorante ex·pec·to·***ran***·te
adj.masc.fem. Que faz expectorar: *xarope expectorante.*

expectorar ex·pec·to·***rar***
v. Expelir do peito: *esse xarope faz expectorar; faz limpar o peito.*

expedição ex·pe·di·***ção***
s.fem. Viagem de estudo ou exploração feita por um grupo de pessoas: *vários cientistas fizeram uma expedição à floresta amazônica para estudar os animais daquela região.*
❖ *pl.* expedições.

expediente ex·pe·di·***en***·te
s.masc. 1. Horário de serviço ou funcionamento de uma repartição, de um escritório, etc.: *às 16 horas o banco encerra o expediente.* 2. Meio de resolver uma situação complicada: *ele achou um expediente para sair da enrascada.* 3. Desembaraço, capacidade de sair de situações complicadas: *essa moça tem expediente, sempre sabe o que fazer.* 4. Lista, incluída no início ou no fim de um jornal, revista, etc., com o nome das pessoas que trabalharam na edição da publicação: *procure no expediente desse jornal o nome dos fotógrafos e dos jornalistas.*

expedir ex·pe·***dir***
v. Enviar: *o diretor da escola expediu um comunicado aos pais dos alunos.*

expedito ex·pe·***di***·to
adj. Desembaraçado, que sabe agir com eficiência e rapidez: *ele é um funcionário expedito.*

expelir ex·pe·***lir***
v. Pôr para fora: *a chaminé da fábrica está sempre expelindo fumaça e poluindo o ar.*

experiência ex·pe·ri·***ên***·ci:a
s.fem. 1. Conhecimentos que adquirimos depois de praticar bastante: *essa professora tem muita experiência, ela leciona há vários anos.* 2. Aquilo que fazemos para confirmar ou não o que achamos certo: *o professor explicou como nasce uma planta; agora, vamos fazer uma experiência para confirmar essa explicação, vamos plantar essas sementes e ver se tudo acontece como ele disse.*

experiente ex·pe·ri·***en***·te
adj.masc.fem. Pessoa que tem experiência, que não é novata: *ele advoga há muito tempo, é um advogado experiente.*
→ Veja também **inexperiente**.

experimentar ex·pe·ri·men·***tar***
v. 1. Provar, testar alguma coisa para saber se está como se quer: *experimente o café para ver se está doce.* 2. Fazer algo que nunca se fez antes: *experimente vir à escola a pé.*

expiar ex·pi·***ar***
v. Pagar por um erro, sofrer castigo por ter feito o que não devia: *ele deve expiar o crime, deve ser punido pelo crime que cometeu.*

→ Não confunda com **espiar**, que tem outro significado.

expiatório ex·pi:a·***tó***·ri:o

adj. Que serve para expiar a culpa, para pagar por erros cometidos: *para os religiosos o jejum tem função expiatória, isto é, jejuando eles pagam seus pecados.*

❑ **bode expiatório** Pessoa ou coisa que, sozinha, paga pelos pecados que todo um grupo cometeu: *ele foi o bode expiatório da classe: todos estavam fazendo bagunça, mas, quando o professor entrou, a desordem foi atribuída só a ele.*

expirar ex·pi·***rar***

v. 1. Lançar fora o ar dos pulmões: *respire pelo nariz e expire pela boca.* 2. Acabar (o prazo, o tempo, etc.): *o prazo de inscrição expirou ontem.* 3. Morrer: *o doente expirou à noite.*

explanação ex·pla·na·***ção***

s.fem. Esclarecimento: *ele vai fazer uma explanação sobre o projeto, vai explicar todos os detalhes.*

❖ *pl.* explanações.

explanar ex·pla·***nar***

v. Esclarecer: *vou explanar suas dúvidas sobre isso.*

explicar ex·pli·***car***

v. Fazer outra pessoa entender algo: *ele me explicou como fazer o trabalho.*

explicativo ex·pli·ca·***ti***·vo

adj. Que explica: *o remédio é acompanhado de um texto explicativo sobre seu uso.*

explicável ex·pli·***cá***·vel

adj.masc.fem. Que se pode explicar: *fato explicável.*

❖ *pl.* explicáveis.

→ Veja também **inexplicável**.

explícito ex·***plí***·ci·to

adj. Bem claro, que não deixa dúvidas: *suas ordens foram explícitas, ninguém deve entrar nessa sala.*

explodir ex·plo·***dir***

v. 1. Estourar: *a bomba explodiu e assustou muita gente; a explosão foi ouvida em toda a cidade.* 2. *fig.* Manifestar-se de forma violenta e barulhenta: *ele explodiu de raiva quando soube que tinha sido enganado, começou a gritar e a xingar todo mundo.*

explorar ex·plo·***rar***

v. 1. Procurar conhecer, pesquisar: *os cientistas fizeram uma expedição para explorar a região.* 2. Aproveitar-se de alguém: *o dono dessa fábrica explora os operários, obrigando-os a trabalhar muito por um salário baixíssimo.* 3. Extrair lucro: *ele ganhou muito dinheiro explorando aquela mina de ouro.*

explosão ex·plo·***são***

s.fem. Ação de explodir: *a explosão da bomba provocou um grande estrago na cidade.*

❖ *pl.* explosões.

explosivo ex·plo·***si***·vo

adj. Que provoca explosão: *material explosivo.*

expor ex·***por***

v. Mostrar, apresentar: *ela vai expor seu trabalho.*

exportar ex·por·***tar***

v. Vender uma mercadoria ou um produto para fora do país: *o Brasil exporta aviões.*

→ Veja também **importar**.

◎ Exportar é formada de *ex* (para fora) + *portar* (levar, enviar). Portanto, significa *levar para fora.* O prefixo *ex*, com o sentido de para fora, está na formação de muitas palavras, como expatriar, expor, etc.

exposição ex·po·si·***ção***

s.fem. Exibição, apresentação: *vi uma exposição dos trabalhos desses alunos.*

❖ *pl.* exposições.

expressão ex·pres·***são***

s.fem. 1. Ação de expressar ou revelar sentimentos: *quando ela recebeu o presente, uma expressão de alegria tomou conta de seu rosto, ela ficou com aparência alegre, feliz.* 2. Ação de expressar ou revelar ideias, pensamentos: *todas as pessoas devem ter liberdade de expressão, devem ser livres para expressar suas ideias.* 3. *Gram.* Frase típica da língua, usada por todos, e que geralmente não pode ser entendida ao "pé da letra": *"Falar pelos cotovelos" é uma expressão curiosa da nossa língua.*

❖ *pl.* expressões.
→ Veja também **locução**.

expressar ex·pres·***sar***
v. Revelar ou exprimir ideias e sentimentos por meio de gestos, palavras, etc.: *a mãe abraçou carinhosamente o filho, expressando assim seu amor por ele.*

E

exprimir ex·pri·***mir***
v. Revelar ou expressar ideias e sentimentos: *nessa poesia, o autor exprime* seu amor pela natureza.

expulsar ex·pul·***sar***
v. Obrigar a sair: *o juiz expulsou o jogador que agrediu o adversário; foi uma expulsão justa.*

expulso ex·***pul***·so
adj. Obrigado a sair (de jogo, competição, etc.): *o jogador expulso foi para o vestiário.*

êxtase ***êx***·ta·se
s.masc. Grande prazer, enlevo: *ficou em êxtase quando viu a amada se aproximando.*

extasiar ex·ta·si·***ar***
v. Provocar êxtase, encantar, maravilhar: *o espetáculo extasiou o público.*

extático ex·***tá***·ti·co
adj. Em êxtase, maravilhado: *as pessoas estavam extáticas com o belíssimo espetáculo.*
→ Não confunda com **estático**, que tem outro significado.

extensão ex·ten·***são***
s.fem. 1. Tamanho, dimensão: *o engenheiro vai calcular a extensão desse terreno.* 2. Duração: *qual é a extensão desse filme? Quanto tempo ele dura?* 3. Medida: *não sei em que extensão esse problema vai nos prejudicar.* 4. Ação de estender: *lutamos pela extensão do direito à folga semanal para todos os trabalhadores.* 5. Sistema que permite usar a mesma linha telefônica em dois aparelhos diferentes: *vou atender o telefone na extensão.*
❖ *pl.* extensões.

extenuado ex·te·nu·***a***·do
adj. Muito cansado, esgotado: *o jogador saiu extenuado do campo.*

extenuante ex·te·nu·***an***·te
adj.masc.fem. Exaustivo, que cansa muito: *trabalho extenuante.*

extenuar ex·te·nu·***ar***
v. Cansar demais: *esse trabalho extenuou os operários, deixou-os esgotados.*

exterior ex·te·ri·***or***
adj.masc.fem. 1. Que está do lado de fora: *ele desceu pela escada exterior do prédio.* 2. Que se refere a países estrangeiros: *o presidente vai falar sobre o comércio exterior, isto é, sobre o comércio que fazemos com outros países.*
s.masc. 3. O lado de fora: *observe o exterior desse prédio.* 4. País estrangeiro: *vou viajar para o exterior, para fora do nosso país.*
❖ *pl.* exteriores.

exteriorizar ex·te·ri:o·ri·***zar***
v. Manifestar, expressar: *ele quer exteriorizar sua opinião.*

exterminar ex·ter·mi·***nar***
v. Eliminar, matar: *estão exterminando muitos animais nessa região.*

extermínio ex·ter·***mí***·ni:o
s.masc. Matança: *os europeus promoveram o extermínio dos índios.*

externar ex·ter·***nar***
v. Manifestar, exteriorizar: *vou externar minha opinião sobre isso, vou dizer o que penso.*

externo ex·***ter***·no (é)
adj. Exterior, que está do lado de fora: *a parede externa da casa precisa de uma reforma.*
→ Veja também **interno**.

extinção ex·tin·***ção***
s.fem. Desaparecimento, fim da existência: *alguns animais estão ameaçados de extinção.*
❖ *pl.* extinções.

extinguir ex·tin·***guir***
v. 1. Acabar com: *os bombeiros extinguiram o fogo.* 2. Abolir, pôr fim a alguma coisa: *a Lei Áurea extinguiu a escravidão no Brasil.*

extinto ex·***tin***·to
adj. Que não existe mais, que sofreu extinção: *os dinossauros são animais extintos.*

extintor ex·tin·***tor***
s.masc. Aparelho próprio para combater incêndio: *há um extintor na minha sala de aula.*
❖ *pl.* extintores.

extirpar ex·tir·***par***
v. Arrancar pela raiz: *vou extirpar as ervas daninhas do jardim.*

extracurricular ex·tra·cur·ri·cu·***lar***
adj.masc.fem. Que está fora do currículo ou do programa: *as aulas de judô são uma atividade extracurricular.*
❖ *pl.* extracurriculares.

extrair ex·tra·***ir***
v. 1. Tirar para fora: *podemos extrair petróleo do solo.* 2. Arrancar: *o dentista extraiu um dente do menino.*

extraordinário ex·tra·or·di·***ná***·ri:o
adj. Fora do comum, excepcional: *ele mostrou uma coragem extraordinária!*

extrapolar ex·tra·po·***lar***
v. Passar dos limites, ir além do permitido: *com essa decisão, ele extrapolou os limites de seu cargo, foi além do que lhe é permitido fazer.*

extraterrestre ex·tra·ter·***res***·tre
adj.masc.fem. Que é de fora da Terra: *você acha que existem seres extraterrestres, seres que vivem em outros planetas?*

extravagante ex·tra·va·***gan***·te
adj.masc.fem. Fora do comum, que se afasta do que é normal ou costumeiro: *ir à escola fantasiado de padre foi uma idéia bem extravagante!*

extravasar ex·tra·va·***sar***
v. 1. Transbordar: *com as fortes chuvas, a água da represa extravasou.* 2. *fig.* Não conseguir conter (emoções): *a mãe extravasava a raiva gritando.*

extraviar ex·tra·vi·***ar***
v. 1. Desviar do caminho certo: *uma informação errada acabou extraviando a mercadoria.* 2. Afastar do bom caminho, corromper: *ele tentou extraviar alguns jovens, levando-os a praticar atos desonestos.*
v.pron. **extraviar-se** 3. Perder-se: *a carta extraviou-se, não conseguimos achá-la e não sabemos por que ocorreu esse extravio.*

extrema-unção ex·***tre***·ma-un·***ção*** (ê)
s.fem. *Rel.* Sacramento católico dado às pessoas que estão à beira da morte: *o padre deu a extrema-unção ao velho moribundo.*
❖ *pl.* extrema-unções ou extremas-unções.

extremidade ex·tre·mi·***da***·de
s.fem. 1. Ponta: *ele fez um corte na extremidade do dedo.* 2. Fim: *o avião parou na extremidade da pista.*

extremo ex·***tre***·mo (ê)
adj. 1. Que está no ponto mais distante: *ele foi até o extremo sul do país.* 2. Muito intenso: *uma alegria extrema tomou conta da menina, ela ficou contentíssima.*

extremoso ex·tre·***mo***·so (ô)
adj. Muito carinhoso: *ele é um pai extremoso.*
❖ *fem.* extremosa (ó). *pl.* extremosos (ó), extremosas (ó).

extrovertido ex·tro·ver·***ti***·do
adj. Comunicativo, que gosta de conversar: *ele é um menino extrovertido.*
→ Veja também **introvertido**.

exuberante e·xu·be·***ran***·te (z)
adj.masc.fem. Abundante e cheio de vida, vigoroso: *vegetação exuberante.*

exultante e·xul·***tan***·te (z)
adj.masc.fem. Muito contente: *os jogadores ficaram exultantes com a vitória!*

exumar e·xu·***mar*** (z)
v. Tirar da sepultura: *vão exumar esse cadáver, vão desenterrá-lo.*

F f

flor

f (éfe)

s.masc. A sexta letra do alfabeto: *f de faca.*

fã

s.masc.fem. Grande admirador de alguém: *as fãs do cantor o abraçaram no fim do espetáculo.*

fábrica ***fá***·bri·ca

s.fem. Lugar onde são feitos os produtos que compramos. Há fábricas de brinquedos, de automóveis, de roupas, etc.: *minha mãe trabalha numa fábrica de relógios.*

fabricar fa·bri·***car***

v. Produzir alguma coisa na fábrica: *a indústria brasileira fabrica muitos automóveis.*

fabril fa·***bril***

adj.masc.fem. Que se refere a fábricas: *este é um bairro fabril, há muitas fábricas por aqui.*

❖ *pl.* fabris.

fábula ***fá***·bu·la

s.fem. Pequena história que expressa um ensinamento, como o apólogo, mas que geralmente tem animais como personagens. Veja a seguir a fábula "A formiga e a pomba", extraída de nosso folclore.

> Uma formiga foi beber água no rio. De repente, escorregou e caiu na água, sendo levada pela correnteza. Desesperada, com medo de afogar-se, gritou por socorro. Uma pomba, pousada numa árvore próxima, viu o que se passava. Rapidamente, arrancou uma folha da árvore e deixou-a cair na água, bem perto da formiga, que pôde subir na folha e flutuar até a margem, salvando-se.
>
> Logo que alcançou a terra, a formiga viu um caçador escondido atrás de uma árvore, pronto para pegar a pomba com uma rede. A formiga andou até o caçador e deu uma picada no calcanhar dele. A dor fez o caçador gritar e soltar a rede. A pomba percebeu o perigo e voou para uma árvore bem alta, escapando do caçador.

→ Veja também **apólogo, conto, lenda** e **piada**.

fabuloso fa·bu·***lo***·so (ô)

adj. Incrível, maravilhoso: *o espetáculo foi fabuloso.*

❖ *fem.* fabulosa (ó). *pl.* fabulosos (ó), fabulosas (ó).

faca ***fa***·ca

s.fem. Instrumento cortante formado de lâmina e cabo: *cuidado com a faca!*

❑ **estar com a faca e o queijo na mão** Ser senhor da situação para poder fazer qualquer coisa: *ele agora está com a faca e o queijo na mão, pode fazer o que quiser.*

❖ *aum.* facão.

→ Veja também **esfaquear**.

facada fa·***ca***·da

s.fem. Golpe dado com faca: *a pobre moça levou três facadas do bandido.*

façanha fa·***ça***·nha

s.fem. Ação heroica, difícil de ser realizada: *as façanhas do herói empolgavam as crianças que viam o filme.*

facão fa·***cão***

s.masc. Faca bem grande: *o peixeiro carregava um facão na cintura.*

❖ *pl.* facões.

face ***fa***·ce

s.fem. 1. Rosto, cara: *a face da menina estava pálida.* 2. Lado: *as moedas têm duas faces.* 3. Superfície: *o Sol ilumina a face da Terra.*

❑ **face a face** Frente a frente: *eles se encontraram face a face.*

faceiro fa·***cei***·ro

adj. 1. Que gosta de se enfeitar, de andar elegante: *menina faceira.* 2. Satisfeito, contente: *depois de tirar nota dez, saiu todo faceiro pelo corredor.*

fachada fa·***cha***·da
s.fem. Frente de uma casa ou de um prédio: *na época do Natal, muitas pessoas enfeitam a fachada de suas casas.*

facho ***fa***·cho
s.masc. 1. Tocha: *ele ia à frente, iluminando o caminho com o facho*. 2. Raio de luz: *pelo vão da porta entrava um facho de luz vindo da sala.*

facial fa·ci·***al***
adj.masc.fem. Que se refere à face: *ela usa esse creme facial todos os dias.*
❖ *pl.* faciais.

fácil ***fá***·cil
adj.masc.fem. Que se faz sem dificuldade: *trabalho fácil.*
❖ *pl.* fáceis. *superl.* facílimo.
→ Veja também **difícil**.

facilidade fa·ci·li·***da***·de
s.fem. 1. Sem dificuldade, sem problemas: *ele fez o serviço com facilidade*. 2. Meio ou possibilidade de conseguir alguma coisa: *para mim a internet é uma facilidade: posso falar com meus amigos sem gastar com telefonemas.*
→ Veja também **dificuldade**.

facilitar fa·ci·li·***tar***
v. Tornar fácil: *para facilitar o trabalho, o professor emprestou alguns livros aos alunos.*
→ Veja também **dificultar**.

facínora fa·***cí***·no·ra
s.masc. Bandido, criminoso: *esse homem era um facínora.*

facultativo fa·cul·ta·***ti***·vo
adj. Que não é obrigatório, que se pode fazer ou não: *curso facultativo.*

fada ***fa***·da
s.fem. Figura imaginária de mulher com poderes fantásticos, sobrenaturais: *nessa história, a fada fez o espantalho falar.*

fadiga fa·***di***·ga
s.fem. Canseira, cansaço: *no fim do dia, os operários daquela fábrica sentem uma grande fadiga.*

fagueiro fa·***guei***·ro
adj. Agradável, suave: *vento fagueiro.*
→ Não confunda com **faqueiro**, que tem outro significado.

fagulha fa·***gu***·lha
s.fem. Centelha, faísca: *a madeira queimava e fagulhas subiam sem parar, iluminando a noite.*

faisão fai·***são***
s.masc. *Zool.* Ave de penas coloridas e grande cauda: *a carne de faisão é muito cara.*
❖ *fem.* faisoa ou faisã. *pl.* faisões, faisoas ou faisãs.

faísca fa·***ís***·ca
s.fem. 1. Centelha, chama bem pequena que se solta de material que está pegando fogo e logo se apaga: *saíam faíscas do carvão na churrasqueira*. 2. Centelha provocada por descarga elétrica: *durante a tempestade, saíram faíscas dos fios.*

faiscar fa·is·***car***
v. 1. Produzir faíscas: *a fogueira faiscava*. 2. *fig.* Brilhar como se fosse uma faísca: *os olhos do animal faiscavam na noite.*

faixa ***fai***·xa
s.fem. 1. Tira de pano: *a dançarina pôs uma faixa na cintura*. 2. Tira grande de pano com alguma mensagem escrita: *na época das eleições, os candidatos colocam muitas faixas de propaganda nas ruas*. 3. Fita que vai do ombro até a cintura, usada em certas ocasiões por autoridades e vencedores de concursos ou competições: *faixa de presidente, faixa de campeão*. 4. Parte, área: *os trabalhadores da fazenda ocupam essa faixa de terra*. 5. Cada parte do disco onde está gravada uma música: *vou ouvir a segunda faixa do disco*. 6. Intervalo entre dois limites ou pontos: *os alunos desta escola estão na faixa dos 8 aos 12 anos*. 7. Nas ruas, trecho pintado para sinalização: *vamos atravessar na faixa de pedestres.*
→ Veja também **desenfaixar** e **enfaixar**.

fajutar fa·ju·***tar***
v. *pop.* Falsificar: *ele quis fajutar a carteirinha de estudante mas não conseguiu.*

fajuto fa·***ju***·to
adj. *pop.* 1. Falsificado: *esse documento é fajuto, não vale*. 2. Ruim: *jogador fajuto.*

F

falante fa·***lan***·te

adj.masc.fem. 1. Que fala: *nesse filme, há vários animais falantes.* 2. Que fala muito, que é tagarela: *menino falante.*
s.masc. 3. Aquele que fala uma língua: *há milhões de falantes da língua portuguesa.*

falar fa·***lar***

v. 1. Expressar-se oralmente por meio de palavras: *essa criança já sabe falar.* 2. Dizer: *ele falou a verdade.*

F

falatório fa·la·***tó***·ri:o

s.masc. 1. Muita gente falando ao mesmo tempo: *quando o professor saiu, começou um grande falatório na sala.* 2. Comentários maldosos: *há muito falatório sobre o casamento desses artistas.*

falcão fal·***cão***

s.masc. *Zool.* Ave de rapina de bico curvo e muito veloz: *o falcão atacou a cobra.*
❖ *pl.* falcões. Para indicar o sexo do animal, dizemos *falcão macho, falcão fêmea.*

falcatrua fal·ca·***tru***·a

s.fem. Fraude, plano que se faz para enganar alguém: *a polícia descobriu a falcatrua e prendeu os culpados.*

falecer fa·le·***cer***

v. Morrer: *o escritor Monteiro Lobato faleceu em 1948.*

falecimento fa·le·ci·***men***·to

s.masc. Morte: *o falecimento de Monteiro Lobato ocorreu em 1948.*

falência fa·***lên***·ci:a

s.fem. Suspensão das atividades por falta de dinheiro: *quando o dono de uma loja, de uma fábrica ou de qualquer outro negócio comercial não tem mais dinheiro para continuar suas atividades, dizemos que ele foi à falência, que ele faliu.*

falha ***fa***·lha

s.fem. 1. Erro: *ele cometeu uma falha.* 2. Defeito: *esse aparelho está apresentando falha de funcionamento.* 3. Aquilo que falta: *essa moça tem uma falha nos dentes.*

falhar fa·***lhar***

v. 1. Errar: *o goleiro falhou e deixou a bola passar.* 2. Não acontecer o que se esperava: *nosso plano falhou, não deu certo.*

falir fa·***lir***

v. Ir à falência, não ter mais dinheiro para continuar um negócio comercial: *o dono da loja faliu.*

falível fa·***lí***·vel

adj.masc.fem. Que pode errar: *ele é um homem falível, pode cometer erros como qualquer um.*
❖ *pl.* falíveis.
→ Veja também **infalível**.

falsear fal·se·***ar***

v. 1. Mudar para falsificar: *ele falseou as informações, não disse a verdade.* 2. Torcer, pisar em falso: *ao subir a escada, ele falseou o pé e quase caiu.*

falsidade fal·si·***da***·de

s.fem. 1. Mentira: *quem é o autor dessa falsidade?* 2. Traição, deslealdade: *eles não perdoaram a falsidade do colega.* 3. Falsificação: *comprovei a falsidade desse documento, comprovei que ele é falso, que não é verdadeiro.*

falsificar fal·si·fi·***car***

v. Imitar algo para enganar alguém: *ela falsificou a assinatura do diretor nesse documento.*

falso ***fal***·so

adj. 1. Que não é verdadeiro: *assinatura falsa.* 2. Que não demonstra seus reais sentimentos ou pensamentos; mentiroso: *homem falso.*
❑ **pisar em falso** Pisar sem firmeza e perder o equilíbrio: *andando naquele chão irregular, ele acabou pisando em falso e caiu.*
→ Veja também **sincero** e **verdadeiro**.

falta ***fal***·ta

s.fem. 1. Necessidade: *ela está sentindo falta de ajuda.* 2. Ausência: *o povo está sofrendo com a falta de chuva.* 3. *Esp.* Fazer uma jogada irregular: *o atacante fez falta no goleiro.*
❑ **sem falta** Com certeza: *irei à sua casa hoje sem falta.*

faltar fal·***tar***

v. 1. Não comparecer: *esse aluno faltou hoje.* 2. Não haver: *falta água no bairro.* 3. Não cumprir: *ele faltou com suas obrigações.* 4. Ser necessário: *falta um menino para completar esse grupo.*

❑ **faltar com o respeito** Desrespeitar: *ele ficou nervoso e faltou com o respeito ao tio.*

fama *fa*·ma

s.fem. Ter fama é ser conhecido por muita gente: *esse artista tem muita fama.*

famélico fa·*mé*·li·co

adj. Que está com muita fome: *depois de três dias sem alimento, o tigre estava famélico.*

famigerado fa·mi·ge·*ra*·do

adj. Famoso (falando-se de bandidos ou malfeitores): *esse filme conta a vida de um famigerado bandido.*

família fa·*mí*·li:a

s.fem. 1. Conjunto de pessoas que são parentes umas das outras: *toda a minha família compareceu à festa; lá estavam meus pais, tios, primos, avós, etc.* 2. O pai, a mãe e os filhos: *nessa casa, vive uma família numerosa.* 3. Conjunto de animais ou plantas que têm características comuns: *o cão e o lobo pertencem à mesma família.*

familiar fa·mi·li·*ar*

adj.masc.fem. 1. Que se refere à família: *ontem fizemos uma reunião familiar.* 2. Conhecido: *esse assunto é familiar aos alunos, eles já o conhecem.*

s.masc. 3. Pessoa da família: *ela viajou com seus familiares.*

familiarizar fa·mi·li:a·ri·*zar*

v. 1. Acostumar, habituar: *o professor procura familiarizar os alunos com o computador.*

v.pron. **familiarizar-se** 2. Acostumar-se: *o novo aluno já se familiarizou com os colegas.*

faminto fa·*min*·to

adj. Com fome: *ela chegou faminta da escola.*

famoso fa·*mo*·so (ô)

adj. Que tem fama, que é muito conhecido: *artista famoso.*

❖ *fem.* famosa (ó). *pl.* famosos (ó), famosas (ó).

fanático fa·*ná*·ti·co

adj. 1. Que defende cegamente uma ideia política ou religiosa, sendo capaz de fazer qualquer coisa por ela: *membros fanáticos desse grupo religioso entraram em choque com a polícia.* 2. Que gosta demais de alguma coisa: *ele é fanático por futebol.*

fanfarra fan·*far*·ra

s.fem. Banda de música geralmente composta por instrumentos de metal: *a fanfarra da nossa escola tocou músicas bem alegres.*

fanfarrão fan·far·*rão*

s.masc. Aquele que se diz muito valente ou melhor que os outros, mas, no fundo, não é nada disso: *ele vivia dizendo que não tinha medo de nada mas, na hora do perigo, foi o primeiro a fugir; na verdade, ele não passa de um fanfarrão.*

❖ *fem.* fanfarrona. *pl.* fanfarrões, fanfarronas.

fantasia fan·ta·*si*·a

s.fem. 1. Roupa usada geralmente em bailes de carnaval e que imita a figura de um palhaço, pirata, etc.: *quero usar uma fantasia de índio.* 2. Imaginação: *as fadas só existem na fantasia das pessoas.*

fantasiar fan·ta·si·*ar*

v. 1. Vestir fantasia em alguém: *a mãe fantasiou o filho para o baile de carnaval.* 2. *fig.* Inventar na imaginação: *ele fantasiou que estava sendo perseguido.*

v.pron. **fantasiar-se** 3. Vestir fantasia: *ele se fantasiou de pirata.*

fantasma fan·*tas*·ma

s.masc. Figura criada pela imaginação das pessoas: *no filme, um fantasma sai do cemitério e persegue as pessoas.*

fantasmagórico fan·tas·ma·*gó*·ri·co

adj. Que se refere a fantasma: *visão fantasmagórica.*

fantástico fan·*tás*·ti·co

adj. 1. Incrível, extraordinário: *que espetáculo fantástico!* 2. Imaginário: *as fadas são seres fantásticos, ou seja, são produtos da imaginação das pessoas.*

fantoche fan·*to*·che (ó)

s.masc. Boneco de pano movimentado por alguém escondido atrás do palco ou da cortina: *na escola, vimos um bonito espetáculo de fantoches.*

→ Veja também **marionete**.

fanzine fan·*zi*·ne
s.masc. Publicação simples, que muitas vezes é feita de maneira improvisada e enviada a um grupo de pessoas com interesses em comum. Em geral elaborada por fãs de ficção científica, música e cinema, pode conter artigos, desenhos, quadrinhos, etc.: *eu e meu irmão fazemos um fanzine sobre cinema brasileiro.*

faqueiro fa·*quei*·ro
s.masc. Jogo de talheres (facas, colheres e garfos): *ela ganhou um faqueiro dos filhos.*
→ Não confunda com **fagueiro**, que tem outro significado.

faquir fa·*quir*
s.masc. Pessoa que se exibe em público para mostrar que tem uma grande resistência física, podendo ficar vários dias sem comer ou se submetendo a certas torturas, como ficar deitado sobre pontas de pregos: *o faquir está há quinze dias sem comer.*
❖ *pl.* faquires.

faraônico fa·ra·*ô*·ni·co
adj. 1. Que se refere aos faraós (reis do antigo Egito): *monumento faraônico*. 2. *fig.* Grandioso: *o governo começou uma obra faraônica nessa região.*

farda *far*·da
s.fem. Uniforme, roupa especial de uso obrigatório em certas instituições, escolas, etc.: *os soldados prepararam suas fardas para o desfile.*

fardo *far*·do
s.masc. 1. Volume pesado: *não consigo carregar esse fardo*. 2. *fig.* Aquilo que atrapalha, que causa dificuldades: *esse sujeito era um fardo na vida dela.*

farejar fa·re·*jar*
v. Seguir pelo cheiro, como fazem os cães e outros animais: *o cão farejou o rato e saiu correndo atrás dele.*

farelo fa·*re*·lo (é)
s.masc. 1. Resíduos de farinha peneirada ou de cereais moídos: *gosto de farelo de aveia com leite*. 2. Migalha: *limpe os farelos de pão que ficaram sobre a toalha.*
→ Veja também **esfarelar**.

farinha fa·*ri*·nha
s.fem. Pó comestível que se obtém triturando cereais, raízes ou sementes: *esse pão foi feito com farinha de trigo.*

farmacêutico far·ma·*cêu*·ti·co
s.masc. Aquele que trabalha em farmácia, preparando medicamentos e aplicando injeções: *o farmacêutico nos deu informações sobre o remédio.*

farmácia far·*má*·ci:a
s.fem. Lugar onde se preparam e vendem medicamentos: *vou até a farmácia comprar um xarope.*

faro *fa*·ro
s.masc. Nome dado ao sentido do olfato dos animais, principalmente dos cães, que são capazes de reconhecer ou localizar coisas pelo cheiro: *meu cachorro tem o faro apurado.*

faroeste fa·ro·*es*·te (é)
s.masc. Nome que se dá aos filmes que se passam no oeste dos Estados Unidos, região onde viviam muitos índios que entraram em choque com os homens brancos quando eles começaram a invadir suas terras: *meu pai adora filme de faroeste.*

> ◎ Faroeste é uma palavra de origem inglesa formada de *far* (distante) + *oeste*; portanto, faroeste significa *o distante oeste*.

farofa fa·*ro*·fa (ó)
s.fem. Comida feita de farinha de mandioca ou milho, misturada com diversos ingredientes (ovo, carne, etc.): *a farofa serve de acompanhamento para muitos pratos.*

farol fa·*rol*
s.masc. 1. Torre bem alta junto ao mar, com poderoso foco de luz para iluminar a noite e orientar os navegantes que se aproximam: *o farol da ilha parecia um olho luminoso no meio da escuridão*. 2. Lanterna dianteira de veículos: *o motorista do táxi acendeu os faróis assim que escureceu*. 3. Em algumas regiões, farol é sinônimo de semáforo: *os motoristas devem obedecer ao farol.*
❖ *pl.* faróis.

farpa far·pa
s.fem. Pequena lasca de madeira: *uma farpa feriu o homem que serrava a madeira.*

farpado far·pa·do
adj. Tipo de arame com saliências pontiagudas: *ele cercou esse pedaço da chácara com arame farpado.*

farra far·ra
s.fem. Folia, brincadeira: *eles fizeram uma grande farra na festa.*

farrapo far·ra·po
s.masc. Trapo, pedaço de pano rasgado: *a camisa do mendigo já estava em farrapos.*

farrear far·re·ar
v. Fazer farra: *o pessoal farreou a noite toda.*

farrista far·ris·ta
adj.masc.fem. Que gosta de fazer farra: *menino farrista.*

farsa far·sa
s.fem. Fingimento: *o choro dela foi uma farsa, ela apenas fingiu.*

farsante far·san·te
s.masc.fem. Pessoa que finge, que não age com sinceridade: *ele é um farsante, não acredito nele.*

fartar-se far·tar-se
v.pron. Comer ou beber até ficar bem satisfeito: *eles se fartaram de doces na festa.*

farto far·to
adj. 1. Abundante, que tem muita coisa: *o almoço foi farto; havia vários pratos diferentes, bebidas, doces, etc.* 2. Cansado (de ouvir ou fazer alguma coisa): *já estou farto de ouvir suas reclamações!*

fartura far·tu·ra
s.fem. Grande quantidade, abundância: *fartura de alimentos.*
→ Veja também **abundância** e **escassez**.

fascinante fas·ci·nan·te
adj.masc.fem. Que prende a atenção, que encanta as pessoas: *espetáculo fascinante.*

fascinar fas·ci·nar
v. Encantar, deslumbrar: *as belezas daquela ilha fascinaram os viajantes.*

fascínio fas·cí·ni:o
s.masc. Atração irresistível: *ela exerce grande fascínio sobre as pessoas.*

fase fa·se
s.fem. 1. Período: *antes de começar o campeonato, os jogadores têm uma fase de treinamento.* 2. Aparência da Lua em diferentes períodos: *a Lua tem quatro fases – cheia, nova, quarto minguante e quarto crescente.*

fastidioso fas·ti·di·o·so (ô)
adj. Aborrecido, monótono, desinteressante: *conversa fastidiosa.*
❖ *fem.* fastidiosa (ó). *pl.* fastidiosos (ó), fastidiosas (ó).

fatal fa·tal
adj.masc.fem. Que causa morte: *ele sofreu um acidente fatal.*
❖ *pl.* fatais.

fatalidade fa·ta·li·da·de
s.fem. Desgraça, tragédia: *aquele acidente foi uma grande fatalidade.*

fatalmente fa·tal·men·te
adv. Inevitavelmente: *ele fatalmente ficará resfriado se pegar essa chuva que está caindo.*

fatia fa·ti·a
s.fem. Pedaço cortado: *ele pegou a faca e cortou uma fatia de pão.*

fatídico fa·tí·di·co
adj. Sinistro, trágico: *dia fatídico.*

fatigado fa·ti·ga·do
adj. Com fadiga, cansado: *o exercício pesado deixou os alunos fatigados.*

fatigante fa·ti·gan·te
adj.masc.fem. Cansativo: *trabalho fatigante.*

fatigar fa·ti·gar
v. Cansar bastante: *esse trabalho me fatigou.*

fato fa·to
s.masc. Acontecimento: *a aluna saiu chorando da sala; esse fato deixou a professora preocupada.*

F

faturar fa·tu·***rar***

v. 1. Ganhar dinheiro: *o dono dessa loja fatura bem, tem bom lucro.* 2. *pop.* Conseguir, obter: *ele faturou um belo prêmio naquele concurso.*

fauna ***fau***·na

s.fem. Conjunto dos animais de certa região: *ele estuda a fauna amazônica.*

fausto ***faus***·to

s.masc. Grande luxo: *o fausto do palácio impressionou os visitantes.*

F

favela fa·***ve***·la (é)

s.fem. Conjunto de moradias bem pobres ou barracos de madeira, dispostos sem ordem em locais que muitas vezes não têm redes de esgoto nem instalações elétricas: *o governo precisa melhorar as condições de moradia nessa favela.*

favor fa·***vor***

s.masc. Aquilo que se faz para alguém sem receber nada em troca: *ele é meu amigo; já me prestou muitos favores.*

❑ **ser a favor** Concordar: *sou a favor da realização da festa.*

❖ *pl.* favores.

favorável fa·vo·***rá***·vel

adj.masc.fem. 1. Propício: *hoje o dia está favorável para um passeio; é um bom dia para isso.* 2. Que está a favor: *sou favorável à realização da festa, acho que ela deve ser realizada.*

❖ *pl.* favoráveis.

→ Veja também **desfavorável**.

favorecer fa·vo·re·***cer***

v. Ajudar, beneficiar: *acho que o juiz da partida não foi justo, ele favoreceu o time adversário.*

favorito fa·vo·***ri***·to

adj. 1. Preferido: *qual é seu artista favorito?* 2. Que apresenta maior possibilidade de vitória: *esse é o time favorito do campeonato.*

fax (cs)

s.masc. 1. Aparelho que reproduz e envia textos e imagens a distância, através do telefone: *vou mandar meu texto por fax.* 2. Aquilo que se envia por esse aparelho: *recebi um fax hoje de manhã.*

❖ Essa palavra tem a mesma forma no singular e no plural: *o fax, os fax.*

faxina fa·***xi***·na

s.fem. Serviço de limpeza: *elas fizeram uma faxina na casa, deixaram tudo limpinho.*

faxinar fa·xi·***nar***

v. Fazer faxina: *hoje eles vão faxinar o escritório.*

faxineiro fa·xi·***nei***·ro

s.masc. Aquele que faz faxina: *a escola contratou mais um faxineiro para trabalhar na limpeza das salas.*

fazenda fa·***zen***·da

s.fem. 1. Grande extensão de terra usada para criação de gado ou para plantação: *meu avô tem uma fazenda que produz café e milho.* 2. Tecido (de lã, algodão, etc.): *ela comprou alguns metros dessa fazenda para fazer vestidos.*

fazendeiro fa·zen·***dei***·ro

s.masc. Dono de fazenda, de grande extensão de terra: *a fazendeira dá ordens a seus trabalhadores.*

fazer fa·***zer***

v. 1. Criar: *ele fez um bonito cartaz.* 2. Cumprir: *ele faz suas obrigações escolares.* 3. Arrumar: *ela faz sua cama todas as manhãs.* 4. Fingir: *ele apenas fazia que trabalhava.* 5. Praticar: *Pedro faz natação duas vezes por semana.* 6. Agir: *você fez bem em me procurar.* 7. Completar: *ele faz onze anos hoje.*

fé

s.fem. 1. Confiança: *ela é uma testemunha digna de fé, alguém em quem se pode acreditar.* 2. Crença religiosa: *ele tem fé em Deus.*

fealdade fe·al·***da***·de

s.fem. Feiura: *a fealdade da bruxa assustou a menina.*

febre ***fe***·bre (é)

s.fem. Elevação da temperatura do corpo provocada por alguma doença: *a febre dessa criança foi causada pela gripe.*

febril fe·***bril***

adj.masc.fem. 1. Que está com febre: *criança febril.* 2. Que se refere à febre: *estado febril.*

❖ *pl.* febris.

fechar fe·***char***
v. 1. Não deixar aberto: *fechar uma porta, fechar um livro.* 2. Realizar: *ele fechou um bom negócio.* 3. Encerrar as atividades: *essa loja fechou.*

fecho ***fe***·cho (ê)
s.masc. Qualquer peça que serve para fechar: *o fecho do baú quebrou.*

fecundar fe·cun·***dar***
v. 1. Tornar fecundo, fazer produzir filhotes: *o cão fecundou a cadela.* 2. Fertilizar (a terra): *as chuvas fecundam a terra, fazem com que ela seja produtiva.*

fecundo fe·***cun***·do
adj. Fértil: *terra fecunda.*
→ Veja também **estéril** e **fértil**.

fedentina fe·den·***ti***·na
s.fem. *pop.* Cheiro mau, repugnante: *está uma fedentina no banheiro que ninguém aguenta.*

feder fe·***der***
v. Cheirar mal: *poluíram tanto aquela lagoa que ela está fedendo.*

fedor fe·***dor***
s.masc. Mau cheiro: *hum! Que fedor está saindo desse lixo!*

fedorento fe·do·***ren***·to
adj. Que cheira mal: *essa fábrica solta uma fumaça fedorenta.*

feérico fe·***é***·ri·co
adj. Brilhante, muito iluminado, deslumbrante: *a festa apresentava uma decoração feérica que surpreendeu a todos.*

feição fei·***ção***
s.fem. 1. Aparência: *com as flores, o jardim ganhou uma feição alegre.*
s.fem.pl. 2. Traços do rosto: *o desenhista reproduziu bem as feições da criança, seus traços fisionômicos.*

feijoada fei·jo·***a***·da
s.fem. Tipo de comida preparada com feijão e partes do porco (toicinho, lombo, paio, etc.), com acompanhamentos variados: *a feijoada é um prato típico brasileiro.*

feio ***fei***·o
adj. 1. Que não tem boa aparência: *homem feio.* 2. Indecente, obsceno: *ele fez um gesto feio.*
❑ **fazer feio** Causar má impressão, sair-se mal: *nosso time fez feio no campeonato.*
→ Veja também **belo**, **bonito**, **embelezar**, **enfear** e **lindo**.

feioso fei·***o***·so (ô)
adj. Meio feio: *sujeito feioso.*
❖ *fem.* feiosa (ó). *pl.* feiosos (ó), feiosas (ó).

F

feira ***fei***·ra
s.fem. Local onde se expõem mercadorias para venda: *visitamos uma feira de livros.*
❑ **feira livre** Feira em que se vendem coisas de comer, como legumes, verduras, frutas, peixes, etc.: *na minha rua, toda semana há uma feira livre.*
→ Veja também **feirante**.

feirante fei·***ran***·te
s.masc.fem. Pessoa que trabalha em feira livre: *ela e o marido vendem frutas na feira; eles são feirantes.*
→ Veja também **feira**.

feita ***fei***·ta
adj. 1. Feminino de feito: *lição feita.*
s.fem. 2. Vez: *dessa feita, ele se saiu bem.*

feiticeiro fei·ti·***cei***·ro
s.masc. Bruxo, pessoa que faz feitiços: *a feiticeira queria matar Branca de Neve.*

feitiço fei·***ti***·ço
s.masc. Bruxaria: *a rainha má sabia fazer feitiços.*

feito ***fei***·to
s.masc. Proeza, façanha: *todos conhecem os feitos desse guerreiro.*

feitor fei·***tor***
s.masc. Aquele que fiscaliza o serviço de trabalhadores braçais: *os feitores vigiavam os escravos que trabalhavam nas fazendas.*
❖ *pl.* feitores.

feiura fei·***u***·ra
s.fem. Qualidade do que é feio: *os prédios velhos, caindo aos pedaços, aumentavam a feiura da cidade.*
→ Veja também **beleza**.

feixe fei·xe
s.masc. Porção amarrada de lenha, capim, fios, etc.: *ele vai levar esse feixe de lenha para casa.*

felicidade fe·li·ci·da·de
s.fem. 1. Sensação de bem-estar, de conforto, de prazer; alegria, contentamento: *quando souberam que o circo tinha chegado, as crianças pularam de felicidade*. 2. Boa sorte: *tive a felicidade de ser premiado!*
→ Veja também **infelicidade**.

F

felicitar fe·li·ci·tar
v. Dar os parabéns: *vou felicitar os alunos pelo bom trabalho que apresentaram.*

felino fe·li·no
s.masc. 1. Nome popular que se dá à família de certos animais mamíferos que são carnívoros e têm garras afiadas e retráteis, como o tigre, o leão, o gato, etc.: *a jaguatirica é um felino que vive nas matas brasileiras.*
adj. 2. Relativo a esses animais: *salto felino*.

feliz fe·liz
adj.masc.fem. 1. Muito alegre, contente: *fiquei feliz com essa notícia*. 2. Favorecido pela boa sorte, pelo destino: *ele teve uma vida feliz*.
❖ *superl.* felicíssimo. *pl.* felizes.

felizardo fe·li·zar·do
adj. Que tem muita sorte: *quem é o menino felizardo que ganhou esse prêmio?*

felpudo fel·pu·do
adj. 1. Que tem fios macios, compridos e deitados: *toalha felpuda*. 2. Peludo, que tem pelos macios: *cão felpudo*.

fêmea fê·me:a
s.fem. Animal do sexo feminino: *as fêmeas cuidam dos filhotes.*

feminilidade fe·mi·ni·li·da·de
s.fem. Modo de ser e agir próprio das mulheres: *ela tem muita feminilidade*.

feminino fe·mi·ni·no
adj. Que se refere às mulheres: *sexo feminino*.
→ Veja também **masculino**.

fenda fen·da
s.fem. Abertura ou rachadura longa e estreita: *havia uma fenda no muro, por onde a lagartixa passou.*

fenecer fe·ne·cer
v. Murchar, morrer: *as flores do jardim feneceram*.

fenomenal fe·no·me·nal
adj.masc.fem. Espantoso, extraordinário: *que espetáculo fenomenal!*
❖ *pl.* fenomenais.

fenômeno fe·nô·me·no
s.masc. 1. Fato, acontecimento: *o envelhecimento é um fenômeno normal da vida humana*. 2. Um ser ou uma coisa fora do comum: *um homem de dois metros e meio de altura é, sem dúvida, um fenômeno*.

fera fe·ra (é)
s.fem. 1. Animal feroz: *o tigre é uma fera*. 2. *fig.* Muito bravo, violento: *a menina ficou uma fera quando soube que o irmão havia quebrado o aparelho de som dela.*
adj.masc.fem. *gír.* 3. Que é muito bom ou excelente em alguma coisa: *ele é fera em matemática, sempre acerta tudo.*

féretro fé·re·tro
s.masc. Caixão de defunto: *os irmãos do falecido carregaram o féretro até a cova.*

féria fé·ri:a
s.fem. 1. Total de dinheiro apurado ao fim de certo tempo de trabalho: *esta semana a féria foi boa para o meu pai, que é motorista de táxi.*
s.fem.pl. 2. Período de descanso: *as férias escolares vão durar um mês.*

feriado fe·ri·a·do
s.masc. Dia em que se suspende o trabalho em comemoração a algum fato histórico ou religioso: *muita gente aproveitou o feriado de 7 de setembro para viajar.*

ferida fe·ri·da
s.fem. Machucado; parte do corpo que sofreu um corte e ainda não ficou bom, não voltou ao normal: *o médico está cuidando da ferida que ele tem na perna.*

ferido fe·ri·do
adj. Que se machucou: *o homem ferido foi socorrido pelo médico.*

ferimento fe·ri·men·to
s.masc. Ferida: *ela está fazendo um curativo no ferimento do menino.*

ferir fe·***rir***
v. 1. Machucar, causar ferimento: *a pedra que jogaram feriu a menina.*
v.pron. **ferir-se** 2. Machucar-se: *a costureira feriu-se com a tesoura.*

feroz fe·***roz***
adj.masc.fem. Aquele que é forte e está sempre disposto a atacar: *o tigre é um animal feroz; sua coragem assusta os caçadores.*
❖ *pl.* ferozes. *superl.* ferocíssimo.

ferramenta fer·ra·***men***·ta
s.fem. 1. Objeto empregado para executar um trabalho manual: *o serrote e o martelo são ferramentas*. 2. *fig.* Qualquer meio usado para atingir determinado fim: *esse livro é uma ótima ferramenta para ensinar inglês*. 3. *Inform.* Recurso que um programa de computador, ou um site da internet, põe à disposição do usuário para executar certas tarefas: *este site tem uma ferramenta de busca que nos permite achar outros sites sobre o assunto que estamos pesquisando.*

férreo ***fér***·re:o
adj. Feito de ferro: *os trens circulam por estradas férreas*.

ferrovia fer·ro·***vi***·a
s.fem. Estrada de ferro: *muitas cidades do Brasil são ligadas por ferrovias*.

ferroviário fer·ro·vi·***á***·ri:o
adj. Que se refere à ferrovia: *transporte ferroviário*.

fértil ***fér***·til
adj.masc.fem. Que produz bastante, que é fecundo: *terra fértil*.
❖ *pl.* férteis.
→ Veja também **estéril** e **fecundo**.

fertilizar fer·ti·li·***zar***
v. Tornar fértil: *o adubo fertiliza a terra.*

ferver fer·***ver***
v. Entrar em ebulição. Quando esquentamos bastante um líquido, ele ferve, isto é, começam a surgir bolhas na superfície e ele vai se transformando em vapor: *a água já está fervendo*.

fervor fer·***vor***
s.masc. Ardor, paixão: *admiro seu fervor religioso, sua grande devoção às coisas religiosas.*

fervoroso fer·vo·***ro***·so (ô)
adj. Cheio de fervor, de devoção: *a mulher fez uma oração fervorosa*.
❖ *fem.* fervorosa (ó). *pl.* fervorosos (ó), fervorosas (ó).

festejar fes·te·***jar***
v. Comemorar com festa ou alegria: *vamos festejar seu aniversário.*

festividade fes·ti·vi·***da***·de
s.fem. Comemoração: *as festividades da Semana da Pátria começarão amanhã.*

festivo fes·***ti***·vo
adj. Alegre, de festa: *dia festivo*.

fétido ***fé***·ti·do
adj. Que tem mau cheiro, fedorento: *a chaminé daquela fábrica soltava uma fumaça fétida*.

fevereiro fe·ve·***rei***·ro
s.masc. O segundo mês do ano: *fevereiro é o mês mais curto do ano.*

fezes ***fe***·zes (é)
s.fem.pl. Excremento, cocô: *ele vai fazer um exame de fezes nesse laboratório.*

fiado fi·***a***·do
adv. A crédito: *ela comprou fiado o livro, vai pagá-lo só no fim do mês.*

fiapo fi·***a***·po
s.masc. Fiozinho: *quando a costureira terminou o vestido, o chão estava cheio de fiapos*.

fiasco fi·***as***·co
s.masc. Fracasso, vexame: *a apresentação do cantor foi um fiasco; ninguém gostou e ele foi muito vaiado.*

ficar fi·***car***
v. 1. Permanecer: *ele ficou em casa ontem*. 2. Prometer: *ele ficou de me visitar*. 3. Situar-se: *minha casa fica perto da escola*. 4. *gír.* Trocar beijos e abraços sem intenção de namoro: *ontem, na festa, ela ficou com esse garoto.*
v.lig. 5. Tornar-se: *ele ficou orgulhoso depois que enriqueceu.*

F

ficção fic·***ção***

s.fem. História inventada, imaginada: *o que vimos no filme é ficção, não aconteceu na vida real.*

❖ *pl.* ficções.

→ Veja também **fictício**.

ficcionista fic·ci:o·***nis***·ta

s.masc.fem. Autor de obras de ficção, como romances, contos, etc.: *Machado de Assis é um famoso ficcionista brasileiro.*

F

ficha ***fi***·cha

s.fem. 1. Espécie de folha ou cartão para anotações: *nessa ficha o professor marca as faltas dos alunos.* 2. Peça geralmente redonda que se usa para fazer marcações em jogos, para acionar uma máquina, etc.: *vou comprar uma ficha para pegar refrigerantes nessa máquina.*

fichário fi·***chá***·ri:o

s.masc. 1. Conjunto de fichas: *todas as fichas dos alunos são guardadas nesse fichário que fica na secretaria.* 2. Caderno de capa dura, com fecho metálico em que se prendem folhas avulsas: *já comprei o fichário que vou usar este ano.*

fictício fic·***tí***·ci:o

adj. Imaginário, que foi inventado: *história fictícia.*

→ Veja também **ficção**.

fidalgo fi·***dal***·go

s.masc. Aquele que pertence à classe dos aristocratas, dos nobres, dos que são mais ricos que a maioria da população: *com suas roupas caras e pesadas joias, lá ia o fidalgo pela ruazinha.*

fidedigno fi·de·***dig***·no

adj. Autêntico, que merece fé: *esse documento é fidedigno, podemos aceitá-lo.*

fidelidade fi·de·li·***da***·de

s.fem. 1. Qualidade de quem é fiel: *é nas horas difíceis que conhecemos a fidelidade dos amigos, é nessa hora que sabemos se nossos amigos são fiéis ou não.* 2. Exatidão: *ela relatou com fidelidade tudo o que se passou.*

fiel fi·***el***

adj.masc.fem. 1. Aquele que não engana nem trai: *amigo fiel.* 2. Exato, preciso: *ela fez um relato fiel do que viu.*

s.masc. 3. Aquele que segue uma religião: *os fiéis foram à igreja ouvir o sermão do padre.*

❖ *pl.* fiéis. *superl.* fidelíssimo.

→ Veja também **infiel**.

figa ***fi***·ga

s.fem. Pequeno objeto em forma de mão fechada e com o dedo polegar entre o indicador e o médio: *muita gente acredita que uma figa é capaz de afastar o mal ou o azar.*

→ Ver também **amuleto** e **talismã**.

figo ***fi***·go

s.masc. Fruto comestível de polpa macia e doce: *figo bem maduro é uma delícia.*

figueira fi·***guei***·ra

s.fem. *Bot.* Árvore que produz figo: *sentamos ao pé de uma figueira.*

figura fi·***gu***·ra

s.fem. 1. Imagem: *a figura da princesa apareceu no espelho.* 2. Pessoa: *ele é uma figura importante na cidade.* 3. Personagem de um livro, de um filme, de uma peça de teatro, etc.: *a bruxa e a fada são as figuras principais da história.*

❑ **fazer boa figura** Sair-se bem, brilhar: *ele fez boa figura na festa.* **fazer má figura** Sair-se mal: *ele quis se exibir tanto que fez má figura na festa.* **mudar de figura** Ficar diferente: *depois do que ele disse, o caso mudou de figura.*

figurado fi·gu·***ra***·do

adj. Simbólico: *a Bíblia usa linguagem figurada.*

❑ **sentido figurado** Dizemos que uma palavra ou frase tem sentido figurado quando ela apresenta um sentido especial, fora do uso comum. Se dissermos, por exemplo: "O homem ficou uma fera ao ver as notas do filho", estaremos usando a palavra *fera* no sentido figurado, pois, na verdade, queremos dizer que o homem ficou tão bravo que parecia uma fera.

figurar fi·gu·***rar***

v. Fazer parte de: *meu nome não figura na lista.*

fila ***fi***·la

s.fem. Pessoas em linha, uma atrás da outra, esperando para serem atendidas ou para entrar em algum lugar: *a fila do cinema está longa, vai demorar para nós entrarmos.*

❑ **furar a fila** Não respeitar a ordem da fila, passando na frente de outras pessoas: *não se deve furar a fila*.

filantropia fi·lan·tro·***pi***·a
s.fem. Caridade, amor ao próximo: *essa senhora pratica a filantropia: ela distribui comida aos mendigos de sua rua.*

filatelia fi·la·te·***li***·a
s.fem. Estudo e coleção de selos postais: *ele se dedica à filatelia*.

filatelista fi·la·te·***lis***·ta
s.masc.fem. Colecionador de selos: *minha prima é filatelista*.

fileira fi·***lei***·ra
s.fem. Fila: *fileira de alunos.*
→ Ver também **enfileirar**.

filial fi·li·***al***
adj.masc.fem. 1. Que é próprio de filho: *amor filial*.
s.fem. 2. Estabelecimento comercial que depende de outro, chamado matriz: *há uma filial deste banco na minha cidade.*
❖ *pl.* filiais.
→ Veja também **matriz**.

filiar-se fi·li·***ar***-se
v.pron. Passar a fazer parte de uma associação: *ele vai se filiar a esse clube.*

filosofar fi·lo·so·***far***
v. Meditar, refletir sobre alguma questão: *ontem eu e minha amiga filosofamos sobre o amor.*

filosofia fi·lo·so·***fi***·a
s.fem. Ciência que estuda problemas importantes de nossa vida, como a existência de Deus, a liberdade, o bem, o mal, a justiça, etc.: *a filosofia é uma ciência muito antiga.*

filósofo fi·***ló***·so·fo
s.masc. Aquele que se dedica à filosofia: *Platão foi um filósofo grego.*

fim
s.masc. 1. O último ponto de um processo; término, final: *no fim da aula, o professor recolheu os exercícios.* 2. Objetivo, finalidade: *o fim desta campanha é arrecadar dinheiro para o orfanato.*
❖ *pl.* fins.

finado fi·***na***·do
adj. Falecido: *meu finado avô era italiano.*

final fi·***nal***
adj.masc.fem. 1. Último, derradeiro: *nosso time marcou o gol no minuto final da partida.*
s.masc. 2. Fim, término: *faltam cinco minutos para o final da aula.*
❖ *pl.* finais.

finalidade fi·na·li·***da***·de
s.fem. Objetivo: *a finalidade desse filme é explicar o problema da poluição.*

finalizar fi·na·li·***zar***
v. Acabar, concluir, terminar: *ela finalizou o trabalho em dez minutos.*

finalmente fi·nal·***men***·te
adv. Até que enfim: *finalmente você chegou!*

financeiro fi·nan·***cei***·ro
adj. Que se refere a dinheiro: *o nosso clube está em boa situação financeira; não nos falta dinheiro.*

financiar fi·nan·ci·***ar***
v. Emprestar dinheiro para a realização de um projeto: *o banco vai financiar a construção dessa escola.*

finar-se fi·***nar***-se
v.pron. Morrer, falecer: *o doente finou-se.*

fincar fin·***car***
v. Cravar: *ele fincou um pedaço de pau no chão.*

findar fin·***dar***
v. Acabar, terminar: *já findou o prazo de matrícula na escola.*

findo ***fin***·do
adj. Terminado: *trabalho findo, descanso garantido.*

fineza fi·***ne***·za (ê)
s.fem. Gentileza, delicadeza: *ela nos tratou com muita fineza.*

fingido fin·***gi***·do
adj. Falso: *alegria fingida.*

fingimento fin·gi·***men***·to
s.masc. Falta de sinceridade: *ele está se queixando de dor de cabeça, mas acho que é fin-*

F

gimento, acho que não está sentindo dor nenhuma.

fingir fin·***gir***

v. Fazer de conta: *ele fingiu que estava doente para não fazer o trabalho.*

fininho fi·***ni***·nho

adj. Muito fino: *esse bicho tem a perna fininha.*

❑ **sair de fininho** Sair sem que ninguém perceba: *no meio da festa, ele saiu de fininho e ninguém viu.*

finito fi·***ni***·to

adj. Que tem fim, que tem um limite: *o alfabeto é um conjunto finito de letras.*

→ Veja também **infinito**.

fino ***fi***·no

adj. 1. Que não é grosso: *ele me deu uma fatia fina de queijo.* 2. Educado: *ela é uma mulher fina, trata a todos com gentileza e educação.* 3. De boa qualidade: *roupas finas.*

finório fi·***nó***·ri:o

adj. Espertalhão, astucioso: *cuidado com ele, é um sujeito finório!*

fintar fin·***tar***

v. *Esp.* Driblar, enganar o adversário num jogo de futebol, basquetebol, voleibol, etc.: *o atacante fintou o adversário e marcou um gol.*

fio ***fi***:o

s.masc. 1. Linha ou fibra torcida: *fio de lã, de seda, de algodão.* 2. Peça de metal flexível, alongada e fina, geralmente protegida por capa plástica: *o eletricista vai juntar esses dois fios.* 3. Pequena corrente de líquido: *a torneira deixava passar apenas um fio de água.* 4. Qualquer coisa que parece uma linha bem fina e comprida: *fio de cabelo, fio dental.* 5. Lado cortante de uma faca, navalha, tesoura, etc.: *o fio dessa faca está cego, não corta mais.*

❑ **a fio** Sem interrupção: *ele falou duas horas a fio, não parou um só momento para descansar.* **de fio a pavio** Do começo ao fim: *ele comandou a festa de fio a pavio.* **perder o fio da meada** Atrapalhar-se e esquecer o assunto principal de que estava tratando: *no meio da aula, o professor começou a falar de seus amigos e acabou perdendo o fio da meada, esquecendo o que estava explicando.* **por um fio** Por muito pouco, por um triz: *ele escapou por um fio de sofrer um acidente.*

❖ *dim.* filete (ê).

→ Veja também **afiar**.

firmamento fir·ma·***men***·to

s.masc. Céu: *as estrelas brilham no firmamento.*

firmar fir·***mar***

v. 1. Tornar firme, estável: *vamos firmar a barraca.* 2. Assinar: *ele firmou o documento.* 3. Combinar: *eu e ele firmamos um pacto, fizemos um acordo.*

firme ***fir***·me

adj.masc.fem. 1. Decidido, enérgico: *ele falou com voz firme.* 2. Sólido, resistente: *muro firme.* 3. Estável, onde se pode pisar: *terreno firme.*

fiscal fis·***cal***

s.masc.fem. Pessoa que fiscaliza, que verifica se as coisas estão em ordem: *o fiscal vai olhar a construção dessa casa para ver se ela está sendo feita de acordo com as leis.*

❖ *pl.* fiscais.

→ Veja também **fiscalizar**.

fiscalizar fis·ca·li·***zar***

v. Examinar, inspecionar, agir como fiscal: *a prefeitura vai fiscalizar a venda de ingressos para o jogo.*

→ Veja também **fiscal**.

fisgar fis·***gar***

v. Pegar com anzol ou arpão: *ele fisgou um peixe grande.*

física ***fí***·si·ca

s.fem. Ciência que estuda os fenômenos físicos e as leis da natureza: *na aula de física aprendemos sobre a lei da gravidade.*

físico ***fí***·si·co

adj. 1. Que se refere à natureza: *a chuva é um fenômeno físico.* 2. Que se refere ao corpo: *vamos fazer um exame físico.*

s.masc. 3. O corpo do ser humano: *o atleta tem um físico perfeito.* 4. Aquele que se dedica à física: *meu irmão quer ser físico.*

fisionomia fi·si:o·no·***mi***·a

s.fem. Expressão do rosto, semblante, aparência: *ela tem uma fisionomia risonha.*

fisionômico fi·si:o·***nô***·mi·co

adj. Que se refere à fisionomia: *o desenhista conseguiu representar bem os traços fisionômicos dessa mulher.*

fita ***fi***·ta

s.fem. 1. Tira de pano comprida e estreita: *ela está usando uma fita colorida no cabelo.* 2. Tira estreita de qualquer outro material: *fita adesiva.* 3. Filme: *vimos uma fita engraçada ontem, na televisão.* 4. *pop.* Fingimento: *deixe de fita! Você não está doente coisa nenhuma.*

❑ **fita cassete** Fita especial em que podemos gravar sons: *gravamos numa fita cassete a entrevista que fizemos com o diretor.* **fita métrica** Fita com indicação de centímetros, usada para medir: *vou usar a fita métrica para medir o comprimento desta mesa.*

fitar fi·***tar***

v. Olhar fixamente: *o jogo estava tão emocionante que todos fitavam a tela da televisão sem se mexer.*

fiteiro fi·***tei***·ro

adj. *pop.* Fingido, manhoso: *esse menino é muito fiteiro, gosta de fazer fita!*

fito ***fi***·to

s.masc. Objetivo, intenção: *fiz isso com o fito de te ajudar.*

fixar fi·***xar*** (cs)

v. 1. Pregar, tornar fixo: *papai fixou o quadro na parede.* 2. Marcar, determinar: *o professor fixou o dia da prova.* 3. Estabelecer: *ele fixou residência na cidade, ou seja, ficou morando lá.*

→ Veja também **afixar**.

fixo ***fi***·xo (cs)

adj. 1. Que não sai do lugar: *ponto fixo.* 2. Firme, bem pregado: *o quadro está fixo na parede.* 3. Que não muda ou varia: *preço fixo.*

flácido ***flá***·ci·do

adj. Mole, frouxo: *ele está com os músculos flácidos; vai ter de fazer muita ginástica para acabar com essa flacidez.*

flagelo fla·***ge***·lo (é)

s.masc. Castigo, tormento: *a seca é um flagelo para os que moram em certas regiões do Brasil.*

flagrante fla·***gran***·te

s.masc. Ato observado no momento em que está acontecendo: *veja que belo flagrante esse fotógrafo conseguiu – ele fotografou o exato momento em que as tartaruguinhas saíram da areia e se dirijiram para o mar.*

❑ **pegar em flagrante** Surpreender alguém fazendo alguma coisa: *esse aluno foi pego em flagrante tentando pular a janela.*

→ Não confunda com **fragrante**, que tem outro significado.

flagrar fla·***grar***

v. Pegar em flagrante: *o policial flagrou o sujeito que tentava roubar a loja.*

flâmula ***flâ***·mu·la

s.fem. Bandeirinha estreita e comprida, geralmente terminada em ponta: *tenho flâmulas de vários times de futebol.*

flanco ***flan***·co

s.masc. Lado: *nosso time atacou muito pelo flanco direito.*

→ Não confunda com **franco**, que tem outro significado.

flauta ***flau***·ta

s.fem. *Mús.* Instrumento musical de sopro: *é tão romântico o som da flauta!*

flautista flau·***tis***·ta

s.masc.fem. Pessoa que sabe tocar flauta: *existe um conto infantil sobre um flautista mágico, que atraía os ratos com sua flauta.*

flexão fle·***xão*** (cs)

s.fem. 1. Ação de curvar ou dobrar: *na aula de ginástica, os alunos fizeram exercícios de flexão das pernas.* 2. *Gram.* Variação das terminações de uma palavra para indicar gênero, número, grau, etc.: *o adjetivo "louco" admite flexão de gênero (louca), de número (loucos) e de grau (loucão, louquinho).*

❖ *pl.* flexões.

flexionar fle·xi:o·***nar*** (cs)

v. 1. Dobrar, curvar: *vamos flexionar as pernas.* 2. *Gram.* Aplicar nas palavras terminações que indicam gênero, número, grau, etc.: *veja, por exemplo, como flexionamos o substantivo "aluno" no feminino: "aluna".*

flexível fle·***xí***·vel (cs)
adj.masc.fem. Que se pode dobrar ou curvar facilmente: *varinha flexível.*
❖ *pl.* flexíveis.

flor
s.fem. *Bot.* Parte da planta que contém seus órgãos de reprodução, ou seja, os órgãos que podem produzir novas plantas: *flor do maracujá.*
❑ **na flor da idade** Na juventude: *eles se casaram na flor da idade.*
❖ *pl.* flores.

F

flora ***flo***·ra (ó)
s.fem. Conjunto das plantas que crescem numa certa região: *esses cientistas estão estudando a flora amazônica.*

florão flo·***rão***
s.masc. Enfeite em forma de flor: *"Fulguras, ó Brasil, florão da América" é um verso do Hino Nacional.*
❖ *pl.* florões.

florescente flo·res·***cen***·te
adj.masc.fem. 1. Que está em flor: *árvore florescente.* 2. *fig.* Próspero: *indústria florescente.*

florescer flo·res·***cer***
v. 1. Florir, produzir flores: *essa planta floresce na primavera.* 2. *fig.* Prosperar, desenvolver-se: *o comércio floresceu nos últimos meses.*

floresta flo·***res***·ta (é)
s.fem. Grande extensão de terra coberta de muitas árvores nativas: *floresta amazônica.*
❑ **floresta virgem** Floresta ainda não explorada pelo homem.

florestal flo·res·***tal***
adj.masc.fem. Que se refere às florestas: *região florestal.*
❖ *pl.* florestais.

florete flo·***re***·te (ê)
s.masc. Certo tipo de espada, comprida, leve e sem corte, usada em competição de esgrima: *o esgrimista agitou o florete no ar.*

florido flo·***ri***·do
adj. Coberto de flores: *jardim florido.*

florir flo·***rir***
v. Florescer, dar flores: *as árvores da praça estão florindo.*

fluido ***flui***·do (ú)
s.masc. Substância capaz de escoar; pode ser um gás, vapor ou líquido: *o sangue é um fluido.*

fluir flu·***ir***
v. 1. Correr (um líquido): *as águas do rio fluem.* 2. Passar (o tempo): *os dias fluem.* 3. Circular: *o trânsito está fluindo bem.*

fluminense flu·mi·***nen***·se
adj.masc.fem. 1. Do estado do Rio de Janeiro: *população fluminense.*
s.masc.fem. 2. Pessoa que nasceu no estado do Rio de Janeiro: *aquele fluminense vive na serra.*
→ Veja também **carioca**.

flutuar flu·tu·***ar***
v. 1. Boiar: *a canoa flutua.* 2. Ir ao sabor do vento: *ele soltou o balão que foi flutuando pelo espaço.*

fluvial flu·vi·***al***
adj.masc.fem. Que se refere aos rios: *navegação fluvial.*
❖ *pl.* fluviais.

focalizar fo·ca·li·***zar***
v. 1. Destacar: *a reportagem focalizou o problema da poluição.* 2. Pôr em foco: *as câmeras de televisão focalizaram o artista.*

foco ***fo***·co (ó)
s.masc. 1. Ponto luminoso: *foco de luz.* 2. Ponto central: *era ali o foco da rebelião; ali estava o comando.*
→ Veja também **enfocar**.

fofo ***fo***·fo (ô)
adj. Macio, que afunda facilmente quando apertamos ou pisamos: *terra fofa.*
→ Veja também **afofar**.

fofoca fo·***fo***·ca (ó)
s.fem. *pop.* Aquilo que se fala de alguém quando essa pessoa não está presente: *ele vive*

fazendo fofocas dos vizinhos.

fofocar fo·fo·***car***

v. *pop.* Fazer fofocas: *esses dois estão sempre fofocando.*

fofoqueiro fo·fo·***quei***·ro

s.masc. *pop.* Que vive fazendo fofocas: *sujeito fofoqueiro.*

fogaréu fo·ga·***réu***

s.masc. Fogo intenso, grande: *os bombeiros demoraram para apagar o fogaréu.*

fogo ***fo***·go (ô)

s.masc. 1. Chama, luz e calor que surgem quando queimamos papel, madeira, carvão, etc.: *o fogo queimou toda a casa.* 2. Disparo (de revólver, canhão, metralhadora, etc.): *os soldados correram para fugir do fogo inimigo.* 3. *gír.* Bebedeira, pileque: *ele pegou um fogo na festa.*

❑ **de fogo** Bêbado: *ele ficou de fogo.* **fogos de artifício** Artefatos explosivos que produzem efeitos luminosos: *na festa junina, o pessoal soltou muitos fogos de artifício, que iluminaram a noite com luzes coloridas.* **fogo de palha** Entusiasmo passageiro: *essa vontade de trabalhar é fogo de palha, logo acaba.*

❖ *pl.* fogos (ó). *aum.* fogaréu.

→ Veja também **labareda**.

fogoso fo·***go***·so (ô)

adj. Irrequieto, agitado: *cavalo fogoso.*

❖ *fem.* fogosa (ó). *pl.* fogosos (ó), fogosas (ó).

folclore fol·***clo***·re (ó)

s.masc. Conjunto das tradições, lendas, costumes e canções populares de um país: *o saci-pererê é uma figura do folclore brasileiro.*

folclórico fol·***cló***·ri·co

adj. Que se refere ao folclore: *história folclórica.*

fôlego ***fô***·le·go

s.masc. Respiração: *correu tanto que quase perdeu o fôlego, quase não conseguia mais respirar.*

folga ***fol***·ga (ó)

s.fem. Período de descanso: *o treinador deu alguns minutos de folga para os atletas.*

folgado fol·***ga***·do

adj. 1. Desocupado: *agora que as provas terminaram estou mais folgada.* 2. Largo: *camisa folgada.* 3. *pop.* Aquele que toma liberdade demais: *esse menino é muito folgado, chegou em minha casa e já foi abrindo a geladeira e deitando no sofá.*

folgazão fol·ga·***zão***

adj. Brincalhão, divertido: *homem folgazão.*

❖ *fem.* folgazã ou folgazona. *pl.* folgazãos ou folgazões; folgazãs ou folgazonas.

folguedo fol·***gue***·do (ê)

s.masc. Brincadeira, divertimento: *as crianças participam dos folguedos que ocorrem no carnaval.*

folhagem fo·***lha***·gem

s.fem. Conjunto de folhas de uma planta: *o vento agitava a folhagem.*

❖ *pl.* folhagens.

folhear fo·lhe·***ar***

v. Virar as folhas de um livro, de uma revista, etc.: *enquanto esperava o colega, ele folheava uma revista.*

folia fo·***li***·a

s.fem. Brincadeira barulhenta, farra: *as crianças fazem folia no pátio, na hora do recreio.*

folião fo·li·***ão***

s.masc. 1. Aquele que gosta de folia: *menino folião.* 2. Aquele que participa de brincadeiras de carnaval: *o bloco de carnaval atraiu centenas de foliões.*

❖ *fem.* foliona. *pl.* foliões, folionas.

fome ***fo***·me

s.fem. Vontade de comer: *ela voltou da escola com fome.*

fonador fo·na·***dor***

adj. Que produz os sons da fala: *o ser humano possui um aparelho fonador, isto é, um conjunto de órgãos que lhe permite falar.*

❖ *pl.* fonadores.

fonte ***fon***·te

s.fem. 1. Nascente de água: *nessa região foi descoberta uma fonte de água mineral.* 2. Bica: *ela vai pegar água na fonte.* 3. Origem, princípio, causa: *o egoísmo é fonte de muitas brigas.*

fora ***fo***·ra (ó)
adv. 1. Na parte exterior: *ele estava fora da sala.* prep. 2. Com exceção de, menos: *todos ajudaram no trabalho, fora ele.*
❑ **dar um fora** 1. Cometer um erro e dar vexame: *ele deu um fora na festa.* 2. Dispensar alguém (falando-se de namoro): *a garota deu um fora no rapaz.* **levar um fora** Ser dispensado, não interessar mais (falando-se de namoro): *ele levou um fora da garota, ela não quer mais saber de namoro.* **estar por fora** Não saber o que está acontecendo: *o problema é nosso, ele está por fora e não pode ajudar.*

foragido fo·ra·***gi***·do
adj. Que se esconde para não ser localizado pela polícia: *bandido foragido.*

forasteiro fo·ras·***tei***·ro
s.masc. Aquele que é de fora, que vem de outro lugar: *as pessoas da cidade receberam bem o forasteiro.*

forca ***for***·ca (ô)
s.fem. Instrumento usado para matar uma pessoa, que é pendurada a uma trave alta, com as mãos amarradas e uma corda apertando o pescoço: *Tiradentes morreu na forca.*
→ Veja também **enforcar**.

força ***for***·ça (ô)
s.fem. 1. Vigor físico: *esse homem tem muita força.* 2. Violência: *a torcida usou de força para entrar no estádio.* 3. Energia elétrica: *ontem faltou força nesse bairro.* 4. Intensidade: *a força da correnteza arrastou o barco para longe.* 5. Energia, saúde: *o doente está recuperando as forças.*
❑ **à força** Contra a vontade: *ele foi retirado à força da sala.* **Forças Armadas** Conjunto das formações militares de um país: *o Exército, a Marinha e a Aeronáutica compõem as Forças Armadas.*

forçado for·***ça***·do
adj. 1. Obrigado: *forçado a fazer isso, saiu resmungando da sala.* 2. Fingido: *ele deu um sorriso forçado.*

forçar for·***çar***
v. 1. Obrigar: *ele forçou o irmão a ficar em casa.* 2. Arrombar: *os ladrões forçaram a janela e entraram.* 3. Fazer um esforço excessivo: *o jogador forçou o músculo da perna.*

forçoso for·***ço***·so (ô)
adj. Inevitável, obrigatório: *é forçoso admitir que ele tem razão, não há outra saída.*
❖ *fem.* forçosa (ó). *pl.* forçosos (ó), forçosas (ó).

forçudo for·***çu***·do
adj. *pop.* Forte: *menino forçudo.*

forma ***for***·ma (ó)
s.fem. 1. Formato, aparência: *as conchinhas que pegamos na praia tinham as mais variadas formas.* 2. Jeito: *ele espirrou de forma engraçada.*

forma ***for***·ma (ô)
s.fem. Recipiente onde se joga a massa que vai ser assada: *ela pôs a massa do bolo na forma e levou-a ao forno para assar.*

formar for·***mar***
v. 1. Tomar a forma, a aparência: *as nuvens formaram a figura de um pássaro.* 2. Compor: *que nome de homem você consegue formar com as letras E, T, R, O, N, A?* 3. Organizar: *os alunos formaram um grupo para falar com o diretor.*
v.pron. **formar-se** 4. Terminar um curso, diplomar-se: *ele já é médico, formou-se em Medicina no ano passado.*

formatar for·ma·***tar***
v. *Inform.* 1. Tornar um meio físico (CD, disquete) pronto para receber dados: *já formatei esse disquete, agora podemos gravar nosso trabalho nele.* 2. Dar determinado aspecto a um texto, mudando o tipo e o tamanho da letra, o espaçamento entre as linhas, o tamanho das margens, as cores, etc.: *preciso formatar minha redação do jeito que o professor pediu, com letra bem grande e linhas bem espaçadas.*

formato for·***ma***·to
s.masc. Tamanho: *esse livro tem um formato tão pequeno que cabe no bolso da camisa.*

formatura for·ma·***tu***·ra
s.fem. Solenidade em que se faz a entrega de um certificado de conclusão aos alunos de um curso: *a formatura da oitava série será amanhã.*

formicida for·mi·***ci***·da
s.masc. Produto químico para matar formigas: *devemos ter cuidado com o uso de formicidas.*

formidável for·mi·***dá***·vel
adj.masc.fem. Extraordinário, admirável, excelente: *o espetáculo foi formidável.*
❖ *pl.* formidáveis.

formoso for·***mo***·so (ô)
adj. Que tem formas ou traços bonitos, que é belo: *essa menina tem um rosto formoso.*
❖ *fem.* formosa (ó). *pl.* formosos (ó), formosas (ó).

formosura for·mo·***su***·ra
s.fem. Beleza: *a formosura da estátua encantava a todos.*

fórmula ***fór***·mu·la
s.fem. 1. Receita, indicação do modo como se faz alguma coisa: *a bruxa sabia a fórmula do feitiço.* 2. Grupo de letras, números e símbolos utilizados em várias ciências: *a fórmula química da água é H_2O.*

formular for·mu·***lar***
v. Exprimir de certa maneira: *você não formulou bem sua pergunta, ela não está clara.*

fornalha for·***na***·lha
s.fem. Forno grande: *nessa fábrica há uma fornalha.*

fornecer for·ne·***cer***
v. 1. Vender: *ele fornece sanduíches à cantina da escola.* 2. Oferecer: *ele forneceu alimentos às vítimas da enchente.* 3. Produzir: *a vaca fornece leite.*

forno ***for***·no (ô)
s.masc. 1. Construção de forma arredondada, geralmente de tijolo, que se aquece para cozer diferentes coisas (pão, louça, objetos de barro, etc.): *usamos esse forno para fazer pão.* 2. Parte do fogão própria para fazer assados: *ela assou o frango no forno do fogão.* 3. *fig.* Lugar muito quente: *a sala está um forno, vou ligar o ventilador.*
❖ *pl.* fornos (ó).

forquilha for·***qui***·lha
s.fem. Pedaço de pau ou de galho de árvore que se divide em dois, lembrando a forma da letra Y: *o homem apoiou o espeto da carne em duas forquilhas.*

forrar for·***rar***
v. Cobrir uma superfície com pano, papel, palha, madeira, etc.: *para o gato não sentir frio, vamos forrar sua caixinha com pano.*
❑ **forrar o estômago** Ingerir alimento, comer: *ele forrou bem o estômago antes de pegar no pesado.*

forro ***for***·ro (ô)
s.masc. 1. Pano costurado por dentro de uma roupa: *paletó com forro.* 2. Aquilo que serve para cobrir uma cadeira, poltrona ou sofá: *ela vai limpar o forro do sofá.*

forró for·***ró***
s.masc. 1. Baile popular em que se dança aos pares, ao som de sanfona, zabumba e triângulo (um instrumento metálico de percussão que tem a forma de um triângulo): *vamos a um forró hoje à noite.* 2. A música tocada nesses bailes: *meus irmãos montaram um grupo de forró.*

forrobodó for·ro·bo·***dó***
s.masc. 1. Baile popular animado: *o forrobodó de ontem estava ótimo.* 2. Confusão, bagunça, desordem: *por causa do forrobodó, algumas pessoas ficaram machucadas.*

fortalecer for·ta·le·***cer***
v. Tornar forte: *uma boa alimentação fortalece as pessoas.*
→ Veja também **enfraquecer**.

fortaleza for·ta·***le***·za (ê)
s.fem. Construção sólida, capaz de defender bem quem está do lado de dentro: *os soldados não conseguiram destruir a fortaleza.*

forte ***for***·te (ó)
adj.masc.fem. 1. Robusto, vigoroso: *menino forte.* 2. Violento: *um vento forte bateu a janela.* 3. Intenso: *na estrada, fazia um calor forte.* s.masc. 4. Fortaleza: *os inimigos tentaram invadir o forte.* 5. Aquilo em que uma pessoa se destaca ou que sabe fazer melhor: *o seu forte era o desenho, sabia desenhar muito bem.*

fortificar for·ti·fi·***car***
v. Fortalecer, tornar forte: *a natação fortifica o corpo.*

fortuito for·***tui***·to (ú)
adj. Inesperado, imprevisto: *oportunidade fortuita.*

fortuna for·***tu***·na
s.fem. 1. Riqueza, bens valiosos: *ele possui uma grande fortuna.* 2. Muito dinheiro: *essa casa vale uma fortuna.* 3. Destino: *quis a fortuna que ela não fosse feliz.* 4. Sorte, felicidade: *tive a fortuna de encontrar um amigo naquela cidade.*
❑ **fazer fortuna** Enriquecer: *ele sonha em fazer fortuna nessa cidade.*
→ Veja também **afortunado**.

fosforescente fos·fo·res·***cen***·te
adj.masc.fem. Que brilha no escuro: *gosto de passear no jardim à noite para apreciar os vaga-lumes com suas luzes fosforescentes.*

fóssil ***fós***·sil
s.masc. Restos de seres que viveram em épocas muito antigas: *os cientistas fizeram escavações nesta região e encontraram fósseis de animais pré-históricos.*
❖ *pl.* fósseis.

foto ***fo***·to (ó)
s.fem. Forma reduzida da palavra fotografia: *guarde as fotos nessa gaveta.*

fotogênico fo·to·***gê***·ni·co
adj. Que sai bem em fotografias: *ela é uma menina fotogênica.*

fotografar fo·to·gra·***far***
v. Tirar fotografia: *o professor vai fotografar a nossa turma.*

fotografia fo·to·gra·***fi***·a
s.fem. 1. Processo de reproduzir uma imagem pela ação da luz: *a fotografia foi inventada há muito tempo.* 2. Foto; imagem conseguida por esse processo: *tenho muitas fotografias de meus colegas.*

fotográfico fo·to·***grá***·fi·co
adj. Que se refere à fotografia: *essa máquina fotográfica é muito boa.*

foz
s.fem. Boca do rio, ponto onde um rio termina, lançando suas águas no mar, num lago ou noutro rio: *vimos uma foto da foz do rio Amazonas.*

fracassar fra·cas·***sar***
v. Falhar, não conseguir o que se deseja: *muitas pessoas tentaram atingir o alto dessa montanha mas fracassaram.*

fracasso fra·***cas***·so
s.masc. Aquilo que não deu certo, não teve sucesso: *a apresentação do filme foi um fracasso; ninguém gostou dele.*

fraco ***fra***·co
adj. 1. Sem força, sem vigor: *menino fraco.* 2. Brando, leve: *vento fraco.* 3. Pouco preparado: *estou fraco nessa matéria, preciso estudar mais.* 4. Pouco intenso: *som fraco.*
❖ *superl.* fraquíssimo.

frágil ***frá***·gil
adj.masc.fem. 1. Fácil de quebrar ou destruir: *vidro frágil.* 2. Fraco, pouco vigoroso: *saúde frágil.*
❖ *pl.* frágeis. *superl.* fragílimo ou fragilíssimo.

fragmento frag·***men***·to
s.masc. Pedaço de um objeto quebrado: *o vaso caiu e se quebrou; seus fragmentos se espalharam pelo chão.*

fragrância fra·***grân***·ci:a
s.fem. Perfume, aroma, cheiro agradável: *é gostoso sentir a fragrância dessas flores.*

fragrante fra·***gran***·te
adj.masc.fem. Que solta perfume: *flores fragrantes.*
→ Não confunda com **flagrante**, que tem outro significado.

fralda ***fral***·da
s.fem. Pano branco ou peça descartável, em geral sintética, com que se costuma envolver os nenês: *o nenê fez xixi na fralda.*

francês fran·***cês***
adj. 1. Que se refere à França, país da Europa: *artista francês.*
s.masc. 2. Aquele que nasceu na França: *os franceses construíram muitos castelos.* 3. Língua falada na França: *o francês é estudado em muitas escolas.*
❖ *fem.* francesa. *pl.* franceses, francesas.

franco ***fran***·co
adj. 1. Gratuito, que não precisa ser pago: *hoje, no circo, a entrada é franca, ninguém paga para entrar.* 2. Sincero: *seja franco, fale o que você está realmente pensando.*
→ Não confunda com **flanco**, que tem outro significado.

frangalho fran·***ga***·lho
s.masc. Trapo, farrapo: *ele foi atacado pelo cachorro e ficou com a roupa em frangalhos.*

franqueza fran·***que***·za (ê)
s.fem. Sinceridade: *diga sua opinião com franqueza, não minta para nós.*

franzino fran·***zi***·no
adj. Fraco, que tem pouca resistência: *garoto franzino.*

fraqueza fra·***que***·za (ê)
s.fem. Falta de força ou de ânimo: *ela vai tomar alguns remédios para combater a fraqueza que vem sentindo.*

frasco ***fras***·co
s.masc. Garrafa pequena usada para guardar perfumes, medicamentos, etc.: *ganhei um frasco de perfume.*

frase ***fra***·se
s.fem. Palavra ou grupo de palavras que expressam uma ideia, um pensamento: *escrevi uma frase no caderno: "O cachorro corre atrás do gato".*

fraternal fra·ter·***nal***
adj.masc.fem. De irmão: *ele tem uma estima fraternal pelo colega, parece irmão dele.*
❖ *pl.* fraternais.

fraternidade fra·ter·ni·***da***·de
s.fem. Solidariedade, boa convivência: *seria bom se houvesse fraternidade entre os seres humanos, se todos se tratassem como irmãos.*

fraterno fra·***ter***·no (é)
adj. Fraternal, de irmão: *amizade fraterna.*

fraturar fra·tu·***rar***
v. Quebrar: *ele fraturou a perna no acidente.*

fraudar frau·***dar***
v. Cometer fraude, enganar: *ele falsificou os documentos para fraudar a fiscalização.*

fraude ***frau***·de
s.fem. Aquilo que se faz com a intenção de enganar ou tapear: *para ficar com o dinheiro, ele falsificou esse documento; a polícia, porém, percebeu a fraude e o prendeu.*

fraudulento frau·du·***len***·to
adj. Em que há fraude, que é desonesto, enganador: *ele usou meios fraudulentos para obter esse dinheiro.*

frear fre·***ar***
v. Brecar, acionar o freio: *o motorista freou o carro.*

freguês fre·***guês***
s.masc. Aquele que habitualmente faz compras de uma mesma pessoa ou em um mesmo estabelecimento: *sou freguês desse jornaleiro, todos os dias compro jornal em sua banca.*
❖ *pl.* fregueses.

frenético fre·***né***·ti·co
adj. Muito agitado, acelerado, intenso: *ritmo frenético.*

frequência fre·***quên***·ci:a
s.fem. 1. Número de vezes, em certo período de tempo, que se faz uma coisa: *com que frequência você vai ao clube?* 2. Muitas vezes: *ele vem aqui com frequência.* 3. Pessoas que costumam ir a determinado lugar: *não quero que você vá àquele bar; a frequência lá não é boa.*

frequentar fre·quen·***tar***
v. 1. Ir sempre a certo lugar: *meu pai frequenta esse clube.* 2. Seguir um curso: *ela frequenta um curso de inglês.*

frequente fre·***quen***·te
adj.masc.fem. Que acontece repetidas vezes: *essa é uma discussão frequente entre eles.*

fresco ***fres***·co (ê)
adj. 1. Ligeiramente frio: *abri a janela e senti no rosto o ar fresco da noite.* 2. Que foi feito ou colhido há pouco tempo: *pão fresco, verdura fresca.* 3. Úmido, que não está totalmente seco: *acabei de pintar a cadeira, a tinta ainda está fresca.*

fresta ***fres***·ta (é)
s.fem. Abertura longa e estreita: *ele espiou por uma fresta da porta.*

fretar fre·***tar***
v. Alugar um veículo para transportar alguma coisa: *ele fretou um caminhão para levar o piano até a outra cidade.*
→ Veja também **frete**.

frete ***fre***·te (é)
s.masc. Quantia que se paga pelo transporte de alguma coisa: *tivemos de pagar o frete para trazer o brinquedo da loja até aqui.*
→ Veja também **fretar**.

F

fria ***fri***·a
adj. 1. Feminino de frio: *água fria.*
s.fem. *gír.* 2. Situação complicada, difícil: *sai dessa que é fria!*

friagem fri·***a***·gem
s.fem. Ar frio: *ontem à noite ele pegou uma friagem e ficou doente.*
❖ *pl.* friagens.

fricção fric·***ção***
s.fem. Ato de friccionar, de esfregar certa parte do corpo com as mãos: *o massagista fez uma fricção na perna do jogador.*
❖ *pl.* fricções.

friccionar fric·ci:o·***nar***
v. Esfregar certa parte do corpo com as mãos: *o massagista friccionou a perna do jogador.*

fricote fri·***co***·te (ó)
s.masc. *pop.* Manha, fita: *vejam só o fricote dessa menina! Como ela é fricoteira!*

frígido ***frí***·gi·do
adj. Bastante frio, gelado: *vento frígido.*

frigorífico fri·go·***rí***·fi·co
s.masc. Local onde se abatem animais para consumo público: *ele trabalha nesse frigorífico.*
❑ **câmara frigorífica** Câmara que mantém a temperatura baixa e conserva produtos alimentícios congelados: *a carne está estocada na câmara frigorífica do supermercado.*

frio ***fri***:o
adj. 1. Sem calor: *água fria.* 2. *fig.* Que não mostra emoção ou sentimento: *homem frio.*
❖ *superl.* friíssimo.
s.masc. 3. Ausência de calor: *o frio afastou os turistas da cidade.*
→ Veja também **aquecer**, **esfriar** e **esquentar**.

friorento fri:o·***ren***·to
adj. Que sente frio facilmente: *mas que menino friorento! É só esfriar um pouquinho que ele já põe um agasalho!*

frisar fri·***sar***
v. Salientar, destacar a importância: *o professor frisou esse ponto durante a aula.*

fritar fri·***tar***
v. Cozinhar na frigideira com óleo ou gordura bem quente: *ela vai fritar alguns ovos.*

frito ***fri***·to
v. Cozido na frigideira com óleo ou gordura bem quente: *bolinho frito.*
❑ **estar frito** Estar numa situação muito ruim: *suas malandragens foram descobertas; agora ele está frito.*

frívolo ***frí***·vo·lo
adj. Fútil: *ele é um rapaz frívolo, só pensa em coisas que não são sérias, em coisas sem importância.*

fronde ***fron***·de
s.fem. A copa das árvores: *os passarinhos gostavam daquela árvore porque sua imensa fronde era um excelente abrigo para eles.*
→ Não confunda com **fronte**, que tem outro significado.

frondoso fron·***do***·so (ô)
adj. Que tem muitos ramos e folhas: *em meu jardim há uma árvore frondosa.*
❖ *fem.* frondosa (ó). *pl.* frondosos (ó), frondosas (ó).

fronha ***fro***·nha (ô)
s.fem. Espécie de capa que envolve o travesseiro: *está na hora de trocar essa fronha.*

frontal fron·***tal***
adj.masc.fem. De frente: *ataque frontal.*
❖ *pl.* frontais.

fronte ***fron***·te
s.fem. Testa: *dois pingos de suor rolavam por sua fronte.*
→ Não confunda com **fronde**, que tem outro significado.

fronteira fron·***tei***·ra

s.fem. Linha imaginária que separa dois países ou duas regiões: *aponte, no mapa, a fronteira do Brasil com o Uruguai.*

frota ***fro***·ta (ó)

s.fem. 1. Conjunto de navios de guerra: *esse submarino faz parte da frota brasileira.* 2. Conjunto de navios mercantes, aviões ou outros veículos (caminhões, automóveis, etc.) pertencentes à mesma empresa: *nossa loja conta com uma frota de quinze carros para fazer entregas.*

frouxo ***frou***·xo

adj. 1. Pouco apertado: *nó frouxo.* 2. *fig.* Pouco enérgico: *você está sendo frouxo com ela, não devia deixar que ela abuse de você.*

→ Veja também **afrouxar**.

frugal fru·***gal***

adj.masc.fem. Moderado, sem exageros: *ele fez uma refeição frugal, comeu pouca coisa.*

❖ *pl.* frugais.

frustração frus·tra·***ção***

s.fem. Decepção, desapontamento: *tivemos uma grande frustração quando soubemos que o passeio tinha sido cancelado.*

❖ *pl.* frustrações.

frustrado frus·***tra***·do

adj. Decepcionado, desapontado: *fiquei frustrado por não ter sido escolhido para jogar. Queria tanto participar desse jogo!*

fruta ***fru***·ta

s.fem. Nome que se dá aos frutos comestíveis como a maçã, a pêra, o abacate, etc.: *comprei várias frutas na feira.*

fruteira fru·***tei***·ra

s.fem. Recipiente (vaso, cesto, etc.) onde se põem frutas: *ela comprou uma fruteira bonita para a sala de jantar.*

fruticultor fru·ti·cul·***tor***

s.masc. Aquele que cultiva árvores frutíferas: *meu pai é fruticultor.*

❖ *pl.* fruticultores.

frutífero fru·***tí***·fe·ro

adj. 1. Que produz frutos: *árvore frutífera.* 2. Proveitoso, útil: *trabalho frutífero.*

frutificar fru·ti·fi·***car***

v. 1. Dar frutos: *essa árvore começou a frutificar.* 2. *fig.* Dar resultados: *o trabalho que fizemos frutificou.*

fruto ***fru***·to

s.masc. 1. *Bot.* Aquilo que é produzido por um vegetal e que contém a semente ou as sementes: *a maçã é fruto da macieira.* 2. *fig.* Resultado: *esse bonito trabalho é fruto do esforço dessas alunas.*

❑ **frutos do mar** Nome que se dá a pequenos animais comestíveis apanhados no mar: *arroz com frutos do mar.*

fuça ***fu***·ça

s.fem. *pop.* Cara, rosto: *ele levou um tapa na fuça.*

fuçar fu·***çar***

v. *pop.* Xeretar: *você não deve fuçar nas coisas dos outros.*

fuga ***fu***·ga

s.fem. Ação de fugir, escapada: *ninguém pôde impedir a fuga do ladrão.*

fugaz fu·***gaz***

adj.masc.fem. Que dura pouco: *alegria fugaz.*

❖ *pl.* fugazes. *superl.* fugacíssimo.

fugir fu·***gir***

v. Sair depressa para evitar algum perigo ou para não ser apanhado: *ele fugiu ao perceber a chegada de alguém.*

fujão fu·***jão***

s.masc. 1. Que costuma fugir: *na hora do perigo, o fujão, como sempre, desapareceu.* 2. Aquele que fugiu: *o fujão só apareceu muito tempo depois.*

❖ *fem.* fujona. *pl.* fujões, fujonas.

fulano fu·***la***·no

s.masc. Palavra que usamos para nos referir a uma pessoa qualquer ou a alguém cujo nome não sabemos: *quando estive naquela loja, fui recebido por um fulano que me mandou voltar hoje.*

→ Veja também **beltrano** e **sicrano**.

> ◎ Fulano vem de uma palavra árabe que significa *alguém, pessoa desconhecida.*

F

fulgente ful·***gen***·te
adj.masc.fem. Brilhante, cintilante: *estrela fulgente*.

fúlgido ***fúl***·gi·do
adj. Muito brilhante, cintilante: *os raios fúlgidos do Sol deixavam a sala bastante iluminada.*

fulgor ful·***gor***
s.masc. Brilho intenso, clarão: *o fulgor do ouro chamou a atenção dos exploradores.*
❖ *pl.* fulgores.

F

fulgurante ful·gu·***ran***·te
adj.masc.fem. Brilhante, cintilante: *estrelas fulgurantes iluminavam o céu naquela noite.*

fulgurar ful·gu·***rar***
v. Brilhar, cintilar: *as estrelas fulguram no céu.*

fulminante ful·mi·***nan***·te
adj.masc.fem. Que fulmina, que destrói ou mata na hora: *veneno fulminante*.

fulminar ful·mi·***nar***
v. Atacar ou destruir na hora: *ele sofreu um ataque de coração que o fulminou.*

fulo ***fu***·lo
adj. Muito irritado: *ele ficou fulo quando soube o que tinha acontecido.*

fulvo ***ful***·vo
adj. Dourado, amarelado: *cachorro de pelo fulvo.*

fumaça fu·***ma***·ça
s.fem. Espécie de nuvem de gases produzidos por alguma coisa que está pegando fogo: *o ditado diz que "onde há fumaça, há fogo".*

fumaceira fu·ma·***cei***·ra
s.fem. Muita fumaça: *a fogueira fez uma fumaceira que invadiu a casa.*

fumante fu·***man***·te
s.masc.fem. Pessoa que tem o hábito de fumar: *esta parte da sala é reservada aos fumantes.*

fumar fu·***mar***
v. Aspirar e expirar o fumo (de cigarro, charuto, etc.): *fumar é prejudicial à saúde.*

fumegante fu·me·***gan***·te
adj.masc.fem. Que está soltando fumaça ou vapor, de tão quente: *no fogão, havia um caldeirão de sopa fumegante.*

fumegar fu·me·***gar***
v. Lançar fumaça: *no meio dos restos da casa incendiada, as cinzas ainda fumegavam.*

fumo ***fu***·mo
s.masc. Tabaco para fumar: *o fumo faz mal à saúde.*

função fun·***ção***
s.fem. Trabalho, tarefa, atividade: *a função do porteiro é vigiar a entrada do prédio.*
❖ *pl.* funções.

funcional fun·ci:o·***nal***
adj.masc.fem. Que exerce uma função: *elemento funcional.*
❖ *pl.* funcionais.

funcionamento fun·ci:o·na·***men***·to
s.masc. Atividade, ação: *o técnico vai observar o funcionamento da máquina, vai ver se ela está trabalhando bem.*

funcionar fun·ci:o·***nar***
v. 1. Entrar em funcionamento, em atividade: *essa máquina já está funcionando.* 2. Produzir efeito, resultado: *esse método de ensino funciona bem.*

funcionário fun·ci:o·***ná***·ri:o
s.masc. Aquele que trabalha em troca de dinheiro: *essa mulher é funcionária da escola.*

fundador fun·da·***dor***
s.masc. Aquele que funda, que faz nascer uma cidade, uma empresa, uma escola, etc.: *esse homem foi o fundador da nossa cidade.*
❖ *pl.* fundadores.

fundamental fun·da·men·***tal***
adj.masc.fem. Principal: *esse é o ponto fundamental do problema.*
❖ *pl.* fundamentais.

fundar fun·***dar***
v. Construir, criar (uma cidade, um clube, uma escola, etc.): *eles fundaram uma escola de música.*

fundo ***fun***·do
adj. 1. Que vai até muito abaixo da superfície: *poço fundo.*

s.masc. 2. A parte mais baixa de um buraco ou de um recipiente: *o fundo do poço, o fundo do copo.* 3. A parte mais afastada da entrada: *o fundo da sala.*
❑ **a fundo** Profundamente: *ele estudou a fundo esse problema.*
→ Veja também **afundar**.

fundura fun·*du*·ra
s.fem. Profundidade: *não sei qual é a fundura desse rio.*

fúnebre *fú*·ne·bre
adj.masc.fem. 1. Que se refere à morte, aos mortos: *muita gente participou do cortejo fúnebre que acompanhou o caixão na hora do enterro.* 2. Muito triste: *ambiente fúnebre.*

funeral fu·ne·*ral*
s.masc. Enterro: *muita gente acompanhou o funeral daquele homem.*
❖ *pl.* funerais.

funerária fu·ne·*rá*·ri:a
s.fem. Empresa especializada em cuidar de enterros, de providenciar caixões de defunto, arranjos de flores, etc.: *ele foi à funerária para tratar do enterro.*

funerário fu·ne·*rá*·ri:o
adj. Que se refere a funeral, a enterro: *cerimônia funerária.*
❑ **urna funerária** Urna onde se guardam as cinzas de defuntos: *meu tio foi cremado e suas cinzas foram guardadas numa urna funerária.*

funesto fu·*nes*·to (é)
adj. 1. Fatal, que causa morte: *acidente funesto.* 2. Que traz desgraças: *antigamente, o aparecimento de cometas era visto como um fato funesto, por isso apavorava muita gente.*

fungar fun·*gar*
v. Aspirar o ar com força, fazendo ruído: *estou fungando porque estou resfriada.*

fura-bolo *fu*·ra-*bo*·lo (ô)
s.masc. Dedo que fica ao lado do polegar: *fura-bolo é o nome popular do dedo indicador.*
❖ *pl.* fura-bolos.

furacão fu·ra·*cão*
s.masc. Ventania muito forte: *um furacão atingiu a cidade; o vento chegou a 120 km por hora e destruiu muitas casas.*
❖ *pl.* furacões.

furar fu·*rar*
v. Fazer ou abrir furo: *ele furou a parede com um prego.*

fúria *fú*·ri:a
s.fem. Raiva, cólera: *o que provocou a fúria desse homem? Por que ele ficou furioso?*
→ Veja também **enfurecer**.

furioso fu·ri·*o*·so (ô)
adj. Com fúria, enraivecido, enfurecido: *ao perceber que tinha sido enganado, ele ficou furioso.*
❖ *fem.* furiosa (ó). *pl.* furiosos (ó), furiosas (ó).

furo *fu*·ro
s.masc. 1. Orifício, buraco: *há um furo na parede.* 2. Notícia dada em primeira mão por um órgão de divulgação (jornal ou emissora de rádio ou televisão): *a primeira notícia sobre a doença do presidente foi dada por esse jornal; foi um furo de reportagem!*

furor fu·*ror*
s.masc. Grande ira, fúria: *os guerreiros avançaram em furor.*
❑ **fazer furor** Agradar muito: *a apresentação daquele artista fez furor na cidade.*

furtar fur·*tar*
v. Roubar: *furtaram meu talão de cheques.*

furtivo fur·*ti*·vo
adj. Que se faz de modo disfarçado e rápido: *Romeu e Julieta trocaram olhares furtivos no baile, ninguém percebeu.*

furto *fur*·to
s.masc. Roubo: *o furto do meu talão de cheques ocorreu dentro do ônibus.*

fusível fu·*sí*·vel
s.masc. Peça que protege as instalações elétricas contra excessos de energia: *o eletricista está verificando se o fusível está bom.*
❖ *pl.* fusíveis.

fustigar fus·ti·*gar*
v. Bater com uma vara ou com alguma outra coisa flexível: *o homem fustigava o cavalo para fazê-lo correr.*

F

futebol fu·te·***bol***

s.masc. *Esp.* Jogo disputado num campo de terra ou grama por dois times de onze jogadores, que tentam fazer gol jogando a bola com os pés: *no futebol, só os goleiros, quando estão dentro de uma área marcada, podem usar também as mãos.*

❑ **futebol de botão** Jogo de futebol disputado sobre uma superfície lisa (mesa, tabuleiro, etc.): *no futebol de botão, os jogadores são botões movimentados por duas pessoas.* **futebol de praia** Jogo de futebol de salão com algumas regras específicas, adaptado para ser praticado numa quadra de areia: *o futebol de praia é também chamado de futebol de areia.* **futebol de salão** Jogo de futebol disputado numa quadra por dois times de cinco jogadores: *o futebol de salão é também chamado de futsal.*

◎ A palavra futebol é formada com base em duas palavras inglesas: *foot* (pé) + *ball* (bola).

futebolista fu·te·bo·***lis***·ta

s.masc.fem. Pessoa que pratica futebol: *esses futebolistas mostraram muita habilidade.*

fútil ***fú***·til

adj.masc.fem. 1. Que tem pouca importância: *conversa fútil.* 2. Que não se interessa por coisas sérias, somente por coisas banais, sem importância: *rapaz fútil.*

❖ *pl.* fúteis.

futuro fu·***tu***·ro

adj. 1. Que existirá depois do nosso tempo: *como serão as cidades futuras?*

s.masc. 2. O tempo que há de vir depois do nosso: *ninguém sabe o que pode acontecer no futuro.*

fuxicar fu·xi·***car***

v. *pop.* Fazer fuxico, isto é, mexerico, fofoca: *pare de fuxicar!*

fuxiqueiro fu·xi·***quei***·ro

adj. *pop.* Fofoqueiro, aquele que faz fuxicos: *sujeito fuxiqueiro.*

fuzilar fu·zi·***lar***

v. Disparar muitos tiros em alguém: *os soldados fuzilaram os inimigos.*

fuzuê fu·zu·***ê***

s.masc. *pop.* Conflito ou briga envolvendo muitas pessoas: *os torcedores dos dois times começaram a brigar e provocaram um fuzuê no estádio.*

F

Gg

gafanhoto

g (gê)

s.masc. A sétima letra do alfabeto: *a palavra gelo começa com g.*

gabar ga·***bar***

v. 1. Comentar elogiando: *ele gaba as qualidades do filho.*

v.pron. **gabar-se** 2. Vangloriar-se: *ele gosta de gabar-se de sua inteligência.*

gado ***ga***·do

s.masc. Nome que se dá ao boi, à vaca e a alguns outros animais criados pelo homem para fornecer leite, carne, etc.: *o gado pasta no campo.*

gafanhoto ga·fa·***nho***·to (ô)

s.masc. *Zool.* Certo tipo de inseto saltador que causa muitos danos às plantações: *uma nuvem de gafanhotos devorou o milharal.*

❖ *col.* nuvem, praga. Para indicar o sexo do animal dizemos *o gafanhoto macho*, *o gafanhoto fêmea.*

gafe ***ga***·fe

s.fem. *pop.* Palavra ou gesto inconveniente; mancada: *ele cometeu uma gafe cumprimentando a esposa do chefe como se ela fosse mãe dele.*

gafieira ga·fi·***ei***·ra

s.fem. Baile popular: *ele gosta de dançar na gafieira de vez em quando.*

gagá ga·***gá***

adj.masc.fem. *pop.* Caduco: *velho gagá.*

gago ***ga***·go

adj. Que gagueja: *homem gago.*

gaguejar ga·gue·***jar***

v. Falar com dificuldade, repetindo várias vezes as mesmas sílabas: *ele gagueja quando fica muito nervoso.*

gaiato gai·***a***·to

adj. Travesso, brincalhão: *rapaz gaiato.*

gaiola gai·***o***·la (ó)

s.fem. Pequena caixa com grade de arame ou madeira para prender ou transportar aves: *ele pendurou a gaiola do periquito no quintal.*

gaita ***gai***·ta

s.fem. 1. *Mús.* Pequeno instrumento de sopro: *ele gosta de tocar gaita.* 2. *pop.* Dinheiro: *estou sem gaita para ir ao cinema.*

gaivota gai·***vo***·ta (ó)

s.fem. *Zool.* Ave aquática que se alimenta de peixes: *a gaivota mergulhou para abocanhar o peixe.*

❖ Para indicar o sexo do animal, dizemos *a gaivota macho, a gaivota fêmea.*

gala ***ga***·la

s.fem. Luxo: *na cerimônia, todos vestiam roupa de gala, uma roupa luxuosa usada apenas em ocasiões especiais.*

galã ga·***lã***

s.masc. 1. Homem bonito, admirado pelas mulheres: *esse rapaz é o galã do bairro.* 2. Ator de teatro, cinema, televisão: *os galãs das telenovelas recebem muitas cartas de fãs.*

galantear ga·lan·te·***ar***

v. Dizer galanteios, palavras amáveis e gentis: *o rapaz procurava sempre galantear a menina com a esperança de que ela um dia quisesse namorar com ele.*

galanteio ga·lan·***tei***·o

s.masc. Elogio feito a uma pessoa com a intenção de ser amável e tentar uma aproximação: *ele vivia fazendo galanteios àquela garota.*

galáxia ga·***lá***·xi:a (cs)

s.fem. Nome que se dá a um conjunto de milhões e milhões de estrelas: *nossa galáxia se chama Via Láctea.*

galeão ga·le·***ão***
s.masc. *Hist.* Grande navio antigo, usado tanto para a guerra como para o transporte de mercadorias: *os galeões levaram muitas riquezas da América para a Europa.*
❖ *pl.* galeões.

galera ga·***le***·ra (é)
s.fem. 1. *Hist.* Antiga embarcação movida a vela e a remo: *os escravos remavam no porão da galera.* 2. *pop.* Torcida: *o gol mexeu com a galera, que voltou a gritar o nome do time.* 3. *pop.* Turma: *mãe, vou sair com a galera.*

G

galeria ga·le·***ri***·a
s.fem. 1. Local especialmente preparado para exibição de obras de arte (quadros, estátuas, fotos, etc.): *esse artista vai expor suas obras numa galeria.* 2. Local onde há um conjunto de lojas que vendem diferentes produtos: *vamos entrar nessa galeria; aí deve haver uma relojoaria.* 3. Corredor subterrâneo: *as águas da chuva são levadas para as centenas de galerias que foram feitas pela cidade.*

galgar gal·***gar***
v. 1. Transpor, passar por cima: *ele esticou as pernas, galgou o córrego e passou para o outro lado.* 2. Subir: *ele galgou o muro e escapou da prisão.*

galgo ***gal***·go
s.masc. *Zool.* Cão de pernas compridas, esguio e bom caçador de lebres: *meu avô tem um lindo galgo na chácara.*

galhardia ga·lhar·***di***·a
s.fem. 1. Garbo: *o cavaleiro mostrou toda a sua galhardia ao desfilar pelo campo de equitação; mostrou o quanto era galhardo.* 2. Coragem, bravura: *derrotou os inimigos com galhardia.*

galheta ga·***lhe***·ta (ê)
s.fem. Cada um dos pequenos recipientes de vidro que se põem à mesa contendo geralmente azeite, sal, pimenta ou vinagre: *o garçom colocou as galhetas no galheteiro e o levou para a mesa.*

galheteiro ga·lhe·***tei***·ro
s.masc. Utensílio de mesa onde se põem as galhetas: *passe-me o galheteiro; quero pegar um pouco de azeite e sal.*

galho ***ga***·lho
s.masc. *Bot.* Cada uma das partes que brotam do tronco das plantas ou árvores: *o bem-te-vi pousou num dos galhos da árvore.*
❑ **quebrar o galho** Ajudar a resolver um problema: *estava sem dinheiro para comprar o lanche, mas ela me quebrou o galho e me emprestou.*

galhofa ga·***lho***·fa (ó)
s.fem. Gozação, zombaria: *chega de galhofa; vamos falar sério!*

galhofeiro ga·lho·***fei***·ro
adj. Zombeteiro, gozador: *menino galhofeiro.*

galinheiro ga·li·***nhei***·ro
s.masc. Local onde se guardam galinhas e outras aves: *aqui na chácara, temos um grande galinheiro.*

galo ***ga***·lo
s.masc. 1. Ave galinácea de asas curtas e largas, com crista carnuda: *o galo canta toda manhã.* 2. *fig.* Pequeno inchaço na testa ou na cabeça provocado por pancada: *ele bateu a cabeça na porta com tanta força que logo apareceu um galo.*
❖ *fem.* galinha.

galopar ga·lo·***par***
v. Andar a galope, andar bem rápido (o cavalo): *o homem fez o cavalo galopar.*

gamado ga·***ma***·do
adj. *pop.* Apaixonado: *ele está gamado pela menina.*

gamar ga·***mar***
v. *pop.* Apaixonar-se: *ele gamou pela menina.*

ganância ga·***nân***·ci:a
s.fem. Ambição exagerada de dinheiro ou lucro: *todos criticam sua ganância.*

ganancioso ga·nan·ci·***o***·so (ô)
adj. Muito ambicioso, que tem ganância, que quer tudo para si: *homem ganancioso.*
❖ *fem.* gananciosa (ó). *pl.* gananciosos (ó), gananciosas (ó).

gancho ***gan*·cho**
s.masc. Peça curva usada para prender ou suspender coisas: *no açougue, pedaços de carne são pendurados em ganchos.*
→ Veja também **enganchar**.

gandaia gan·***dai***·a
s.fem. *pop.* Farra: *ele gosta de gandaia.*

gandula gan·***du***·la
s.masc.fem. *Esp.* Pessoa que, num jogo de futebol, é encarregada de pegar a bola quando ela sai do campo e devolvê-la aos jogadores: *muitos meninos gostam de trabalhar de gandula para ver os craques de perto.*

> Essa palavra veio do nome do argentino Bernardo Gandula (1916-1999), jogador de futebol do Vasco da Gama, que tinha o costume de ir buscar a bola sempre que ela saía do campo.

gângster ***gângs***·ter
s.masc. Bandido que faz parte de uma gangue, de um grupo de malfeitores: *esse filme conta a história de um conhecido gângster americano.*
❖ *pl.* gângsteres.

gangue ***gan***·gue
s.fem. 1. Grupo de bandidos: *a polícia está procurando uma gangue de ladrões de carro.* 2. *pop.* Turma: *ele se juntou à sua gangue e foi para a praia.*

ganha-pão ***ga***·nha-***pão***
s.masc. Serviço ou trabalho que garante a sobrevivência de alguém: *meu vizinho trabalha como vendedor; esse é seu ganha-pão.*
❖ *pl.* ganha-pães.

ganhador ga·nha·***dor***
s.masc. Aquele que ganha: *vamos saber hoje quem é o ganhador do sorteio.*
❖ *pl.* ganhadores.

ganhar ga·***nhar***
v. 1. Receber: *ela ganhou um presente da mãe.* 2. Vencer: *meu time ganhou o jogo.* 3. Conquistar: *ganhei a confiança do professor.*

ganho ***ga***·nho
adj. 1. Que se ganhou: *jogo ganho.*
s.masc. 2. Lucro, aquilo que se ganhou: *tive muitos ganhos com a oficina.*

ganido ga·***ni***·do
s.masc. Uivo ou gemido dos cães: *o cachorrinho parecia muito machucado e soltava ganidos de dor.*

ganir ga·***nir***
v. Soltar ganidos, gemer (os cães): *o cão gane.*

ganso ***gan***·so
s.masc. *Zool.* Ave da família do pato, mas maior que ele, com pescoço longo e bico pontudo: *ele cria gansos em sua fazenda.*
❖ *fem.* gansa.

garantir ga·ran·***tir***
v. Dar certeza de alguma coisa: *você garante que esse rádio funciona bem?*

garapa ga·***ra***·pa
s.fem. Caldo de cana: *gosto muito de tomar garapa.*

garbo ***gar***·bo
s.masc. Elegância, porte bonito: *todos admiraram o garbo dos alunos que desfilaram com os novos uniformes.*

garboso gar·***bo***·so (ô)
adj. Elegante: *no dia do desfile, ele se apresentou garboso em seu uniforme.*
❖ *fem.* garbosa (ó). *pl.* garbosos (ó), garbosas (ó).

garçom gar·***çom***
s.masc. Empregado de restaurante que serve os fregueses: *o garçom trouxe a sobremesa e o cafezinho.*
❖ *pl.* garçons. *fem.* garçonete.

gargalhar gar·ga·***lhar***
v. Dar gargalhadas, rir ruidosamente: *o auditório gargalhava com as piadas dos artistas.*

gargalo gar·***ga***·lo
s.masc. Parte superior e estreita de uma garrafa: *a rolha afundou no gargalo da garrafa.*

garganta gar·***gan***·ta
s.fem. 1. *Anat.* Parte do pescoço por onde passam o ar e os alimentos: *ele está com dor de garganta.* 2. *Geog.* Desfiladeiro, passagem estreita entre montanhas: *os soldados atravessaram a garganta olhando atentamente para o alto das montanhas.*

G

adj.masc.fem. 3. *pop.* Fanfarrão, que gosta de contar vantagens: *ele é um sujeito garganta.*

gargantilha gar·gan·***ti***·lha

s.fem. Enfeite que se usa em volta do pescoço: *ela comprou uma gargantilha muito bonita.*

gari ga·***ri***

s.masc.fem. Varredor de rua: *os garis já varreram essas ruas.*

Essa palavra vem do nome do empresário Aleixo Gary, do século XIX, que contratava varredores para limpar as ruas da cidade do Rio de Janeiro.

G

garimpar ga·rim·***par***

v. Andar à cata de ouro, diamante e outras pedras preciosas: *faz anos que ele garimpa em busca de ouro.*

garimpeiro ga·rim·***pei***·ro

s.masc. Aquele que vive de garimpar: *há muitos garimpeiros nessa região.*

garimpo ga·***rim***·po

s.masc. Lugar onde é permitido procurar ouro, diamante e outras pedras preciosas: *o governo fiscaliza os garimpos.*

garoa ga·***ro***·a (ô)

s.fem. Chuvisco, chuvinha miúda: *de madrugada caiu uma garoa.*

garoar ga·ro·***ar***

v. Cair garoa, chuva muito fina: *hoje de manhã estava garoando.*

garotada ga·ro·***ta***·da

s.fem. Grupo de garotos: *a garotada costuma se reunir nessa lanchonete.*

garoto ga·***ro***·to (ô)

s.masc. 1. Criança, menino: *os garotos não podem assistir a esse filme; ele é impróprio para menores.* 2. Rapaz, moço: *esse garoto joga bem; pode se tornar um craque de futebol em pouco tempo.*

garra ***gar***·ra

s.fem. 1. Unha em forma de gancho: *certos animais, como o tigre, o leão, a águia, têm garras.* 2. *fig.* Força de vontade, entusiasmo: *os jogadores mostraram muita garra durante a partida; não desanimaram em nenhum momento.*

garrafa gar·***ra***·fa

s.fem. Recipiente de vidro, de gargalo estreito: *pegue a garrafa de refrigerante.*

garrafal gar·ra·***fal***

adj.masc.fem. Muito grande: *a notícia veio na primeira página do jornal, escrita em letras garrafais.*
❖ *pl.* garrafais.

garrancho gar·***ran***·cho

s.masc. Letra muito feia, difícil de entender: *o professor não conseguiu ler esses garranchos.*

garrido gar·***ri***·do

adj. Vistoso. No Hino Nacional Brasileiro há um trecho em que aparece essa palavra: *"Do que a terra mais garrida / Teus risonhos, lindos campos têm mais flores".*

garrucha gar·***ru***·cha

s.fem. Pistola antiga, de dois canos: *no museu, vimos várias garruchas.*

garupa ga·***ru***·pa

s.fem. 1. Parte superior do corpo dos animais de montaria (burro, cavalo, etc.), perto da cauda: *o cavaleiro acomodou o menino na garupa do cavalo.* 2. Espaço atrás do assento da motocicleta ou da bicicleta: *ele foi na garupa da moto da namorada.*

gás

s.masc. 1. Substância aeriforme (ou seja, semelhante ao ar) usada para iluminação, aquecimento, etc. Há vários tipos de gases: *o oxigênio é um dos gases mais importantes para o ser humano.* 2. *fig.* Disposição, energia: *estou sem gás para fazer ginástica hoje.*

❑ **gás lacrimogêneo** Gás que provoca lágrimas, que irrita os olhos: *para dissolver a multidão, os policiais lançaram gás lacrimogêneo sobre as pessoas.*

gasoduto ga·so·***du***·to

s.masc. Tubulação destinada a conduzir gás: *o governo está construindo um grande gasoduto.*

gasolina ga·so·***li***·na

s.fem. Líquido volátil e inflamável, extraído do petróleo e usado como combustível: *o carro parou por falta de gasolina; vamos até o posto encher o tanque.*

gasoso ga·***so***·so (ô)
adj. 1. Que tem gás: *água gasosa*. 2. Que é da natureza do gás: *substância gasosa*.
❖ *fem.* gasosa (ó). *pl.* gasosos (ó), gasosas (ó).

gastar gas·***tar***
v. Usar dinheiro, energia ou qualquer recurso para fazer algo: *gastamos muito dinheiro nessa viagem.*

gastronomia gas·tro·no·***mi***·a
s.fem. 1. Arte de cozinhar bem, de preparar alimentos que deem prazer às pessoas: *meu tio estudou gastronomia e agora trabalha numa rede de restaurantes.* 2. Arte de apreciar a comida: *quando formos à Europa, faremos um roteiro de gastronomia, isto é, conheceremos os melhores restaurantes.*

> ◎ Gastronomia é palavra formada de *gastro* (estômago) + *nomia* (lei); portanto, gastronomia é *o preparo adequado dos alimentos que fazem bem ao estômago*.

gastrônomo gas·***trô***·no·mo
s.masc. Pessoa que gosta de comer coisas boas, que sabe apreciar comidas finas: *os gastrônomos foram convidados para o banquete.*

gastura gas·***tu***·ra
s.fem. 1. Enjoo, mal-estar: *a gordura do prato me deu gastura.* 2. *fig.* Impaciência, irritação, inquietação nervosa: *na hora da prova ele teve tanta gastura que foi mal.*

gatilho ga·***ti***·lho
s.masc. Peça da arma que se puxa para fazer um disparo: *ele puxou o gatilho do revólver e deu um tiro.*
→ Veja também **engatilhar**.

gato ***ga***·to
s.masc. 1. *Zool.* Animal doméstico carnívoro que ronrona, tem unhas retráteis e é muito ágil: *o gato está dormindo no sofá.* 2. *pop.* Homem bonito: *aquele artista é um gato.*
❖ Para indicar a voz do gato, usamos o verbo **miar**: *o gato mia.*

gato-pingado ***ga***·to-pin·***ga***·do
s.masc. Cada uma das poucas pessoas presentes a uma reunião, a um espetáculo, etc.: *no início do filme, havia apenas uns quatro ou cinco gatos-pingados na plateia.*
❖ *pl.* gatos-pingados.

gato-sapato ***ga***·to-sa·***pa***·to
s.masc. 1. Jogo parecido com o da cabra-cega. 2. Coisa sem valor.
❑ **fazer gato-sapato (de alguém)** Fazer alguém de bobo: *ela faz gato-sapato desse rapaz; faz o que quer com ele.*
❖ Essa palavra quase sempre é usada na locução **fazer gato-sapato**.

gatuno ga·***tu***·no
s.masc. *pop.* Ladrão, larápio: *um gatuno entrou na loja e roubou algumas mercadorias.*

gaúcho ga·***ú***·cho
adj. 1. Do estado do Rio Grande do Sul: *cidade gaúcha.*
s.masc. 2. Aquele que nasceu no Rio Grande do Sul: *os gaúchos gostam de churrasco.*

gáudio ***gáu***·di:o
s.masc. Alegria: *para gáudio da torcida, nosso time venceu de goleada.*

gaveta ga·***ve***·ta (ê)
s.fem. Espécie de caixa sem tampa que entra e sai de um móvel: *guarde o dinheiro na gaveta da mesa.*
→ Veja também **engavetar**.

gaze ***ga***·ze
s.fem. Tecido muito leve e transparente, geralmente usado em curativos: *ela pegou gaze para fazer o curativo no meu braço.*

geada ge·***a***·da
s.fem. Orvalho congelado que forma uma fina camada branca sobre o solo, as árvores, as casas, etc.: *no inverno, é comum cair geada em certas cidades do Sul do Brasil.*

geladeira ge·la·***dei***·ra
s.fem. Aparelho refrigerador usado para conservar alimentos e líquidos: *ponha o leite na geladeira.*

gelado ge·***la***·do
adj. Muito frio: *água gelada.*

gelar ge·***lar***
v. Congelar, transformar em gelo: *em alguns países, no inverno, a água chega a gelar.*

G

geleia ge·***lei***·a
s.fem. Alimento feito com frutas e açúcar: *gosto de comer pão com geleia de morango.*

geleira ge·***lei***·ra
s.fem. Grande massa de gelo: *no Polo Norte e no Polo Sul há muitas geleiras.*

gélido ***gé***·li·do
adj. Muito frio, gelado: *vento gélido.*

gelo ***ge***·lo (ê)
s.masc. 1. Água em estado sólido. Quando a temperatura está muito baixa, a água se transforma em gelo: *ponha umas pedras de gelo no meu suco, por favor.* 2. Muito frio: *está um gelo na rua; não dá para passear.*
❑ **quebrar o gelo** Puxar conversa para acabar com o silêncio: *os dois estavam em silêncio na sala de espera; ele se levantou para pegar água no bebedouro e, para quebrar o gelo, perguntou se ela também queria.*
→ Veja também **congelar** e **degelar**.

G

gema ***ge***·ma (ê)
s.fem. Parte interior e amarela do ovo das aves: *ela vai usar essas gemas para fazer um doce.*

gemada ge·***ma***·da
s.fem. Gema de ovo batida com açúcar, a que se pode juntar um pouco de leite: *gosto de tomar gemada.*

gêmeo ***gê***·me:o
adj. Que nasceu do mesmo parto: *eles são irmãos gêmeos.*

gemer ge·***mer***
v. Soltar gemidos: *o ferido gemeu muito até chegar ao hospital.*

gemido ge·***mi***·do
s.masc. Som choroso provocado por dor, tristeza, etc.: *na casa, só se ouviam os gemidos da viúva.*

genealogia ge·ne:a·lo·***gi***·a
s.fem. Estudo de uma família desde sua origem: *através da genealogia podemos saber se uma pessoa pertence ou não a uma família.*

genealógico ge·ne:a·***ló***·gi·co
adj. Que se refere à genealogia: *pesquisa genealógica.*

general ge·ne·***ral***
s.masc. Alto posto militar: *ele está há muito tempo no Exército e hoje é um general.*
❖ *pl.* generais.

generalizar ge·ne·ra·li·***zar***
v. 1. Dizer que tudo que acontece num caso particular ocorre também em muitos outros casos: *ela viu um aluno fazer bagunça e generalizou, dizendo que a classe inteira era bagunceira.*
v.pron. **generalizar-se** 2. Tornar-se comum: *o uso do tênis generalizou-se; ele agora é usado por um grande número de pessoas.*

gênero ***gê***·ne·ro
s.masc. 1. Conjunto de seres que têm características comuns: *as pessoas pertencem ao gênero humano.* 2. *Gram.* Divisão das palavras em masculinas ou femininas: *cantora é uma palavra do gênero feminino.*
❑ **gêneros alimentícios** Aquilo que serve para a alimentação das pessoas: *precisamos aumentar a produção de gêneros alimentícios.*

generosidade ge·ne·ro·si·***da***·de
s.fem. Atitude própria de quem é generoso, de quem gosta de doar mais que o comum: *apreciamos a generosidade daqueles que ajudaram as vítimas do incêndio.*

generoso ge·ne·***ro***·so (ô)
adj. Que gosta de doar, que doa mais do que é costumeiro: *ele é um homem generoso com os pobres.*
❖ *fem.* generosa (ó). *pl.* generosos (ó), generosas (ó).

gengiva gen·***gi***·va
s.fem. *Anat.* Parte da boca onde estão implantados os dentes: *o dentista está examinando as gengivas e os dentes do menino.*

genial ge·ni·***al***
adj.masc.fem. Extraordinário, excelente: *obra genial.*
❖ *pl.* geniais.

gênio ***gê***·ni:o
s.masc. 1. Pessoa que tem uma inteligência ou criatividade extraordinária, fora do comum: *Mozart foi um gênio da música.* 2. Temperamento: *esse menino tem gênio bom; é fácil*

conviver com ele. 3. Ser imaginário com poderes mágicos: *na história que li, o gênio da lâmpada obedece às ordens do herói.*

genioso ge·ni·*o*·so (ô)
adj. Que tem mau gênio, que se irrita facilmente: *homem genioso.*
❖ *fem.* geniosa (ó). *pl.* geniosos (ó), geniosas (ó).

genital ge·ni·*tal*
adj.masc.fem. Que se refere à reprodução: *órgãos genitais.*

genitor ge·ni·*tor*
s.masc. 1. Pai: *escreva o nome de seu genitor.* 2. Genitores também significa "o pai e a mãe": *escreva na ficha o nome de seus genitores.*
❖ *fem.* genitora. *pl.* genitores, genitoras.

genocídio ge·no·*cí*·di:o
s.masc. Massacre de um grande número de pessoas de uma mesma raça, religião ou nação: *na história do Brasil, houve genocídios, pois algumas nações indígenas foram quase totalmente eliminadas.*

genro *gen*·ro
s.masc. O marido da filha: *meu genro vem me visitar hoje.*

gentalha gen·*ta*·lha
s.fem. Palavra que se refere com desprezo às pessoas das camadas mais baixas da sociedade: *ela costuma dizer que não suporta essa gentalha.*

gente *gen*·te
s.fem. 1. Pessoa, ser humano: *nesta pequena cidade, não há gente passando necessidade; todo mundo vive bem.* 2. Pessoas em geral, multidão: *a praça estava cheia de gente esperando o cantor.*
❑ **a gente** Nós: *a gente tem feito muitos esforços para melhorar a cidade.*

gentil gen·*til*
adj.masc.fem. Aquele que trata os outros com atenção e boa educação; atencioso, amável: *rapaz gentil.*
❖ *pl.* gentis. *superl.* gentilíssimo ou gentílimo.

gentileza gen·ti·*le*·za (ê)
s.fem. 1. Atenção, amabilidade: *fui atendido com muita gentileza.* 2. Favor: *feche a janela, por gentileza.*

genuíno ge·nu·*í*·no
adj. Autêntico, legítimo: *esse é um genuíno vinho português.*

geografia ge:o·gra·*fi*·a
s.fem. Ciência que estuda a superfície da Terra (vegetação, clima, etc.) e os agrupamentos humanos (os povos e seus diferentes modos de vida): *o professor de geografia nos mostrou um mapa da América do Sul.*

> ◎ Geografia é palavra formada de *geo* (terra) + *grafia* (escrita, descrição); portanto, geografia significa *a descrição da Terra.*

geógrafo ge·*ó*·gra·fo
s.masc. Profissional especialista em geografia: *uma equipe de geógrafos vai estudar essa região.*

geologia ge:o·lo·*gi*·a
s.fem. Ciência que estuda a formação da Terra: *a geologia explica como se formam os vulcões.*

geólogo ge:*ó*·lo·go
s.masc. Profissional especialista em geologia: *os geólogos vão explicar por que ocorreu o terremoto.*

geometria ge:o·me·*tri*·a
s.fem. Parte da matemática que estuda os ângulos, as linhas, os triângulos, os retângulos, os círculos, etc.: *usamos esquadros e compassos nas aulas de geometria.*

geral ge·*ral*
adj.masc.fem. Que se refere a um grande número de coisas ou pessoas: *esse aviso do diretor é de interesse geral.*
❖ *pl.* gerais.

gerar ge·*rar*
v. 1. Dar vida a outro ser, conceber: *ela espera gerar um filho sadio.* 2. Provocar: *essa notícia gerou alegria entre nós.*

G

gerente ge·***ren***·te
s.masc.fem. Pessoa responsável pelo funcionamento de uma loja, de um hotel, de um banco, etc.: *o gerente orienta os funcionários e organiza as coisas para que o serviço seja benfeito.*

gerir ge·***rir***
v. Administrar, dirigir: *ele vai gerir um hotel na praia.*

germe ***ger***·me (é)
s.masc. 1. *Biol.* Aquilo que constitui o início de uma nova vida, de um novo ser: *dentro de uma semente está o germe de uma nova planta.* 2. Ser minúsculo que pode provocar doenças; micróbio: *o germe da tuberculose.* 3. *fig.* Motivo, causa: *a ganância por dinheiro foi o germe da discórdia entre os dois irmãos.*

G

germinar ger·mi·***nar***
v. Começar a brotar: *as sementes que plantamos estão germinando.*

gesso ***ges***·so (ê)
s.masc. Substância branca de que se faz uma massa para moldagem: *estatueta de gesso.*

gestação ges·ta·***ção***
s.fem. Período de tempo necessário para a formação completa de um novo ser; ao fim desse período, ele está pronto para nascer: *entre os humanos, a gestação leva nove meses; esse período é chamado de gravidez.*
→ Veja também **gravidez**.

gestante ges·***tan***·te
s.fem. Mulher grávida; mulher que está esperando filho: *esse assento está reservado para gestantes.*

gestão ges·***tão***
s.fem. Administração: *a construção da nossa escola ocorreu durante a gestão desse prefeito, na época em que ele administrava a cidade.*
❖ *pl.* gestões.

gesticular ges·ti·cu·***lar***
v. Fazer gestos: *para chamar a atenção dos jogadores durante a partida, o técnico gritava e gesticulava.*

gesto ***ges***·to (é)
s.masc. Movimento que fazemos com as mãos, os braços ou a cabeça para nos comunicar: *ele fez um gesto com a cabeça concordando com o que eu dizia.*

gibi gi·***bi***
s.masc. Revista em quadrinhos: *tenho muitos gibis em casa.*

gibiteca gi·bi·***te***·ca (é)
s.fem. Lugar onde há muitos gibis para as pessoas lerem: *na minha escola há uma gibiteca.*

gigante gi·***gan***·te
adj.masc.fem. 1. Enorme: *árvore gigante.*
s.masc. 2. Pessoa de estatura fora do comum: *nessa história, há um gigante bondoso.*
❖ *fem.* giganta.

gigantesco gi·gan·***tes***·co (ê)
adj. Enorme, muito grande: *alguns animais pré-históricos eram gigantescos.*

ginasta gi·***nas***·ta
s.masc.fem. Pessoa que faz exercícios de ginástica: *esses ginastas fizeram uma bonita apresentação na escola.*

ginástica gi·***nás***·ti·ca
s.fem. Exercícios físicos que desenvolvem e fortalecem o corpo: *faço ginástica três vezes por semana.*

ginecologia gi·ne·co·lo·***gi***·a
s.fem. Parte da medicina que estuda o corpo da mulher: *consultório de ginecologia.*

gingar gin·***gar***
v. Balançar o corpo para um lado e para o outro: *o jogador gingou o corpo e enganou o adversário.*

girar gi·***rar***
v. 1. Dar voltas: *quando ligamos o aparelho, o disco começa a girar.* 2. Fazer rodar: *gire a manivela dessa máquina.*

girassol gi·ras·***sol***
s.masc. *Bot.* Planta de flores amarelas que se voltam para o Sol: *Van Gogh gostava de pintar girassóis.*
❖ *pl.* girassóis.

giratório gi·ra·***tó***·ri:o
adj. Que gira: *porta giratória.*

gíria ***gí***·ri:a
s.fem. Palavras ou expressões usadas apenas por um certo grupo de pessoas, com significa-

dos que muitas vezes só elas conhecem: *os estudantes usam muitas gírias no dia-a-dia da escola.*

giz
s.masc. Pequeno bastão feito de um material especial e usado, principalmente, para escrever em quadros-negros: *esse professor só usa giz verde.*
❖ *pl.* gizes.

glacial gla·ci·***al***
adj.masc.fem. Gélido, muito frio: *vento glacial.*
❖ *pl.* glaciais.

gladiador gla·di:a·***dor***
s.masc. Homem que, na antiga cidade de Roma, era treinado para ser lutador: *no filme, vimos um combate de gladiadores.*
❖ *pl.* gladiadores.

> ◎ A palavra gladiador vem de *gládio*, uma espada curta e afiada dos dois lados, usada pelos primeiros lutadores; com o tempo, vários outros tipos de armas começaram a ser usados.

glândula ***glân***·du·la
s.fem. *Biol.* Órgão ou grupo de células que produz substâncias utilizadas pelo corpo: *as glândulas são muito úteis para o corpo.*

global glo·***bal***
adj.masc.fem. Total: *ela comprou vários produtos no supermercado; na saída, o caixa somou todos os preços e disse-lhe o valor global da compra.*
❖ *pl.* globais.

globo ***glo***·bo (ô)
s.masc. Objeto que tem a forma de uma bola: *instalei uma lâmpada dentro desse globo de vidro.*
❑ **globo terrestre** O planeta Terra: *os astronautas tiraram várias fotos do globo terrestre visto do espaço.*
❖ *pl.* globos (ô).

glória ***gló***·ri:a
s.fem. Celebridade ou fama conseguida por alguém por ter feito coisas que merecem o respeito e a admiração de todos: *ao descobrir a cura dessa doença, o cientista conquistou a glória.*

glorioso glo·ri·***o***·so (ô)
adj. Honroso, cheio de glória: *todos conhecem os feitos gloriosos desses homens que lutaram pela liberdade do povo.*
❖ *fem.* gloriosa (ó). *pl.* gloriosos (ó), gloriosas (ó).

glossário glos·***sá***·ri:o
s.masc. Lista de palavras com a explicação do significado de cada uma: *no fim do nosso livro, há um glossário das palavras mais difíceis.*

glutão glu·***tão***
s.masc. Comilão; aquele que come muito: *ele é um glutão, senta-se à mesa e num instante devora tudo o que vê pela frente!*
❖ *fem.* glutona. *pl.* glutões, glutonas.

gnomo ***gno***·mo (ô)
s.masc. Ser imaginário pequenino e com poderes mágicos. Os gnomos são personagens de muitas histórias e aparecem, geralmente, como habitantes das florestas: *no filme que vimos, os gnomos ajudam as crianças a vencer o mal.*

goela go·***e***·la (é)
s.fem. Garganta: *ele enfiou a comida goela abaixo.*

goiaba goi·***a***·ba
s.fem. Fruto comestível da goiabeira, de forma redonda e polpa adocicada: *vamos pegar goiaba no pé?*

goiabeira goi·a·***bei***·ra
s.fem. *Bot.* Árvore que produz goiaba: *temos uma goiabeira no quintal.*

goiano goi·***a***·no
adj. 1. Do estado de Goiás: *povo goiano.*
s.masc. 2. Aquele que nasceu em Goiás: *ela se casou com um goiano.*

gol
s.masc. *Esp.* Linha que a bola deve transpor para valer um ponto. O gol é formado por um travessão horizontal sustentado por duas traves verticais: *marquei o gol da vitória do nosso time.*
❑ **gol olímpico** Gol marcado em chute direto de cobrança de escanteio: *é muito difícil marcar um gol olímpico.*
❖ *pl.* gols.

G

◎ Gol vem de *goal*, palavra inglesa que significa *objetivo*, *alvo*; e é justamente essa a finalidade do jogo: atingir o gol. E de gol surgiram outras palavras, como *goleiro*, *goleador*, *goleada*, etc.

gole ***go***·le (ó)
s.masc. Porção de líquido tomada de uma só vez: *tomei apenas um gole de refresco.*

golear go·le·***ar***
v. Vencer fazendo muitos gols: *nosso time goleou o adversário.*

G

goleiro go·***lei***·ro
s.masc. *Esp.* Jogador que atua no gol: *nossa goleira não deixou passar nenhuma bola.*

golfo ***gol***·fo (ô)
s.masc. *Geog.* Lugar em que uma parte do mar avança pela terra, formando uma espécie de grande bacia: *golfo do México.*
❖ *pl.* golfos (ô).

golpe ***gol***·pe (ó)
s.masc. 1. Pancada: *o lutador levou um golpe no rosto e caiu.* 2. *fig.* Desgraça, infelicidade: *a morte desse rapaz foi um golpe para a família.* 3. *fig.* Trapaça, enganação: *esse delinquente vive de dar pequenos golpes.*
❑ **golpe de mestre** Ação muito bem executada: *ele deu um golpe de mestre e venceu o jogo.*

golpear gol·pe·***ar***
v. Dar golpes ou pancadas: *o lutador golpeou várias vezes o adversário e o derrubou.*

gorar go·***rar***
v. Não dar certo, falhar: *nosso plano gorou.*

gordo ***gor***·do (ô)
adj. Que tem o corpo mais pesado do que devia: *ele está gordo, precisa emagrecer um pouco.*
❖ *pl.* gordos (ô).
→ Veja também **magro** e **engordar**.

gorducho gor·***du***·cho
adj. *pop.* Gordinho: *menino gorducho.*

gorila go·***ri***·la
s.masc. *Zool.* Grande macaco africano: *vimos um gorila no jardim zoológico.*
❖ Para indicar o sexo do animal, dizemos *o gorila macho*, *a gorila fêmea.*

gorjear gor·je·***ar***
v. Soltar sons agradáveis (certos pássaros): *toda manhã, um pássaro gorjeava perto da minha janela.*

gorjeio gor·***jei***·o
s.masc. Canto dos pássaros: *o gorjeio dos pássaros quebrava o silêncio da tarde.*

gorjeta gor·***je***·ta (ê)
s.fem. Gratificação, geralmente em dinheiro, por pequenos serviços: *ele deu uma gorjeta ao garçom que nos serviu.*

◎ Gorjeta vem de *gorge*, palavra francesa que significa *garganta*. É um hábito muito antigo oferecer uma bebida como recompensa por um favor ou serviço. Dar gorjeta significava inicialmente dar uma bebida, dar algo para *molhar a garganta*. Depois, passou-se também a oferecer dinheiro para a própria pessoa comprar uma bebida. Repare que, ainda hoje, ao dar gorjeta, diz-se que é um dinheiro para um cafezinho ou para uma cerveja, isto é, para molhar a garganta.

gorro ***gor***·ro (ô)
s.masc. Cobertura que se ajusta à cabeça, geralmente feita de tecido quente e macio: *ele tem frio na cabeça, por isso não tira esse gorro.*

gostar gos·***tar***
v. 1. Ter amor ou amizade por: *gostamos de você.* 2. Apreciar, achar gostoso: *ela gosta de chocolate.*

gosto ***gos***·to (ô)
s.masc. 1. Sabor: *esse sorvete tem um gosto delicioso.* 2. Preferência: *gosto não se discute; você prefere jogar futebol, eu prefiro andar de bicicleta.*
❖ *pl.* gostos (ô).

gostoso gos·***to***·so (ô)
adj. Saboroso, delicioso: *bolo gostoso.*
❖ *fem.* gostosa (ó). *pl.* gostosos (ó), gostosas (ó).

gota ***go***·ta (ô)
s.fem. Pingo, quantidade muito pequena de um líquido: *ponha apenas uma gota de colírio no olho.*

goteira go·*tei*·ra
s.fem. Buraco no telhado por onde passa a água da chuva: *o quartinho dos fundos está cheio de goteiras.*

gotejar go·te·*jar*
v. Pingar, cair gota a gota: *está gotejando água deste balde; ele deve estar furado.*

governador go·ver·na·*dor*
s.masc. Aquele que governa um estado: *ele foi eleito governador do Paraná.*
❖ *pl.* governadores.

governamental go·ver·na·men·*tal*
adj.masc.fem. Que se refere a governo: *tarefa governamental.*
❖ *pl.* governamentais.

governanta go·ver·*nan*·ta
s.fem. Mulher contratada para dirigir os serviços de uma casa ou se encarregar da educação de uma ou mais crianças: *antigamente, muitas famílias ricas contratavam governantas.*

governante go·ver·*nan*·te
s.masc.fem. Pessoa que governa, que dirige: *os governantes da nação devem pensar na felicidade do povo.*

governar go·ver·*nar*
v. Dirigir: *o presidente governa o país.*

governável go·ver·*ná*·vel
adj.masc.fem. Que se pode governar: *cidade governável.*
❖ *pl.* governáveis.
→ Veja também **ingovernável**.

gozação go·za·*ção*
s.fem. *pop.* Brincadeira que tem como objetivo fazer rir de alguém: *quando apareceu com aquele penteado, ele foi vítima da gozação dos colegas.*
❖ *pl.* gozações.

gozado go·*za*·do
adj. Engraçado: *o palhaço do circo é muito gozado.*

gozar go·*zar*
v. 1. Aproveitar bem: *gozei bastante as férias; pude passear e me divertir muito.* 2. Ter: *ele goza de boa saúde, é um menino saudável.* 3. *pop.* Caçoar: *estão gozando desse menino.*

graça *gra*·ça
s.fem. 1. Encanto, elegância, charme: *olha que menina bonita, cheia de graça.* 2. Favor, ajuda: *com a graça de Deus, consegui sarar dessa doença.*
❑ **de graça** Gratuitamente, sem pagamento: *as meninas podem entrar de graça no baile.* **ficar sem graça** Ficar sem jeito: *ele ficou sem graça com a brincadeira; não soube o que responder.* **dar graças** Agradecer: *você deve dar graças a Deus pelo que aconteceu.*

gracejar gra·ce·*jar*
v. Dizer gracejos, coisas que fazem rir: *ele é um professor diferente, gosta de gracejar nas aulas.*

gracejo gra·*ce*·jo (ê)
s.masc. Piadinha, frase engraçada: *ele vive dizendo gracejos para as meninas.*

gracinha gra·*ci*·nha
s.fem. Gracejo: *as moças não gostaram das gracinhas do rapaz.*

gracioso gra·ci·*o*·so (ô)
adj. Que tem gestos elegantes: *a bailarina é graciosa.*
❖ *fem.* graciosa (ó). *pl.* graciosos (ó), graciosas (ó).

grade *gra*·de
s.fem. 1. Espécie de cerca de madeira ou ferro: *vou colocar grades de ferro na janela da frente; assim ninguém vai poder entrar quando ela estiver aberta.* 2. Conjunto de informações dispostas num gráfico quadriculado, de maneira que lembre uma grade: *grade de horários, grade de programação da TV.*

grado *gra*·do
s.masc. Vontade.
❑ **de bom grado** Com boa vontade: *ele nos ajudou de bom grado.* **de mau grado** Com má vontade: *ele nos recebeu de mau grado.*
❖ Essa palavra só é usada na locução **de bom grado**.

gradual gra·du·*al*
adj.masc.fem. Que acontece aos poucos e não de uma só vez: *nos últimos dias, houve um aumento gradual da temperatura, o calor foi aumentando aos poucos.*
❖ *pl.* graduais.

G

grafar gra·***far***
v. Escrever: *aprenda a grafar corretamente as palavras.*

grafia gra·***fi***·a
s.fem. Escrita, modo de escrever as palavras: *ele tem dúvidas sobre a grafia de certas palavras.*
→ Veja também **caligrafia** e **ortografia**.

gráfica ***grá***·fi·ca
s.fem. Oficina onde se imprimem livros, revistas, jornais, etc.: *o jornal sai da gráfica bem cedinho e é levado às bancas dos jornaleiros.*

gráfico ***grá***·fi·co
s.masc. 1. Representação de uma coisa por meio de desenhos: *o professor fez um gráfico para mostrar o rendimento da nossa classe ao longo do ano.* 2. Aquele que trabalha numa gráfica: *sindicato dos gráficos.*
adj. 3. Que se refere à escrita das palavras: *café é uma palavra que tem acento gráfico.* 4. Que se refere a gráficas: *a impressão de jornais é um trabalho gráfico.*

grafitar gra·fi·***tar***
v. Fazer grafites, pintar ou desenhar em muros e paredes: *ele gosta de grafitar com seus colegas.*
→ Veja também **pichar**.

grafite[1] gra·***fi***·te
s.masc. Desenhos ou pinturas que se fazem em muros e paredes: *o muro dessa casa está cheio de grafites.*

grafite[2] gra·***fi***·te
s.fem. Certo tipo de mineral usado em lápis e lapiseiras: *a grafite da minha lapiseira acabou.*

grafiteiro gra·fi·***tei***·ro
s.masc. Aquele que gosta de grafitar: *a prefeitura vai organizar um concurso entre os grafiteiros para ver quem faz o trabalho mais criativo nesse muro.*

grama[1] ***gra***·ma
s.fem. Planta rasteira que cobre o chão, cultivada em jardins, parques, etc.: *a grama do jardim da escola está bonita.*

grama[2] ***gra***·ma
s.masc. Unidade de medida de peso: *vou comprar duzentos gramas de queijo.*

gramar[1] gra·***mar***
v. Cobrir de grama: *vamos gramar essa área.*

gramar[2] gra·***mar***
v. *pop.* Passar por dificuldades: *ele gramou muito tempo antes de conseguir um bom emprego.*

gramática gra·***má***·ti·ca
s.fem. Estudo das regras de funcionamento de uma língua: *esse livro apresenta a gramática da língua portuguesa.*

gramatical gra·ma·ti·***cal***
adj.masc.fem. Que se refere à gramática: *explicação gramatical.*
❖ *pl.* gramaticais.

grampeador gram·pe·a·***dor***
s.masc. Aparelho manual usado para grampear: *pegue o grampeador; preciso grampear essas folhas.*

grampear gram·pe·***ar***
v. Prender alguma coisa com grampos especiais: *vou grampear as folhas do nosso trabalho.*

grampo ***gram***·po
s.masc. 1. Pequena peça (de metal, plástico, etc.) usada para prender os cabelos: *ela quer um grampo para prender os cabelos.* 2. Pequena peça de arame fino usada em grampeadores para prender papéis: *acabaram os grampos deste grampeador; vou pegar mais.* 3. *pop.* Mecanismo usado para ouvir uma conversa telefônica sem permissão: *descobriram um grampo no telefone do presidente.*

grana ***gra***·na
s.fem. *pop.* Dinheiro: *estou sem grana para ir ao cinema.*

granada gra·***na***·da
s.fem. Pequena bomba que se lança com a mão: *o soldado atirou uma granada e destruiu a frente da casa.*

grandalhão gran·da·***lhão***
adj. *pop.* Que é bem grande e forte: *homem grandalhão.*
❖ *fem.* grandalhona. *pl.* grandalhões, grandalhonas.

grande ***gran***·de
adj.masc.fem. 1. Extenso: *comprei um terreno grande*. 2. Notável, admirável: *ele foi um grande homem*. 3. Bem crescido, desenvolvido: *ele é um homem grande*.
❖ Quando o adjetivo *grande* é colocado antes do substantivo, destaca-se a ideia de valor (*grande homem*); quando é colocado depois do substantivo, destaca-se a ideia de tamanho (*homem grande*).
→ Veja também **pequeno** e **engrandecer**.

grandioso gran·di·***o***·so (ô)
adj. Esplêndido, maravilhoso: *os campeões foram recebidos com uma festa grandiosa*.
❖ *fem.* grandiosa (ó). *pl.* grandiosos (ó), grandiosas (ó).

granito gra·***ni***·to
s.masc. Tipo de pedra muito dura usada em construção: *o piso dessa casa vai ser de granito*.

granizo gra·***ni***·zo
s.masc. Gotas de água da chuva que se congelam e caem sob forma de pedrinhas de gelo: *o granizo estragou a horta do meu pai*.

granja ***gran***·ja
s.fem. Propriedade rural onde se criam galinhas para a venda de ovos e pequenos animais para abate (coelhos, aves, etc.): *muitas pessoas vão comprar ovos nessa granja*.

granjear gran·je·***ar***
v. Obter, conquistar: *com a publicação desse livro, ele granjeou fama por todo o país*.

granjeiro gran·***jei***·ro
s.masc. Proprietário de uma granja: *esse granjeiro tem vários empregados*.

granulado gra·nu·***la***·do
adj. Em grãos: *chocolate granulado*.

grão
s.masc. Semente de cereais e de outras plantas: *grão de arroz*.
❖ *pl.* grãos.

grasnar gras·***nar***
v. Emitir som (o pato, o ganso, o corvo, etc.): *o pato grasna*.

grassar gras·***sar***
v. Alastrar-se, espalhar-se: *essa doença grassa naquela região*.

gratidão gra·ti·***dão***
s.fem. Agradecimento, reconhecimento por algum favor recebido: *ele mostrou sua gratidão a todos que o ajudaram*.
→ Veja também **ingratidão**.

gratificação gra·ti·fi·ca·***ção***
s.fem. Recompensa, geralmente em dinheiro: *ela recebeu uma gratificação do chefe por ter conseguido acabar aquele serviço no prazo*.
❖ *pl.* gratificações.

gratificar gra·ti·fi·***car***
v. Recompensar alguém dando-lhe algum dinheiro: *ele gratificou o rapaz que o tinha ajudado*.

grátis ***grá***·tis
adv. De graça, gratuitamente: *nesta loja, quem comprar dois cadernos leva, grátis, uma caneta*.

grato ***gra***·to
adj. 1. Agradecido: *estou muito grato pela ajuda que você me deu*. 2. Agradável: *sua visita foi para nós uma grata surpresa*.

gratuito gra·***tui***·to (ú)
adj. Que não precisa ser pago: *hoje, crianças têm entrada gratuita no circo*.

graúdo gra·***ú***·do
adj. Grande: *comprei vários tomates graúdos*.
→ Veja também **miúdo**.

gravar gra·***var***
v. 1. Guardar na memória: *não consigo gravar o número de seu telefone*. 2. Registrar sons ou imagens em fitas, CDs, etc.: *muitos cantores já gravaram essa música*. 3. Fazer que fique marcado: *vou gravar meu nome nesta pulseira*.

grave ***gra***·ve
adj.masc.fem. 1. Penoso: *doença grave*. 2. Importante, sério: *temos um assunto grave para conversar*. 3. Grosso, baixo: *esse cantor tem a voz grave*.
→ Veja também **agravar**.

graveto gra·***ve***·to (ê)
s.masc. Pedaço pequeno de madeira: *ponha mais alguns gravetos na fogueira*.

G

gravidade gra·vi·***da***·de
s.fem. 1. Qualidade daquilo que é grave, que põe a vida em perigo: *os pais da menina estão preocupados com a gravidade de sua doença.* 2. Nome que se dá à força que prende as coisas ao solo do planeta: *a gravidade puxa as coisas para baixo; por isso, a folha de uma árvore, quando se solta, cai no chão.*

gravidez gra·vi·***dez***
s.fem. Estado da mulher, ou da fêmea, quando esperam um filho: *sua gravidez foi tranquila.*
→ Veja também **prenhe**.

G

grego ***gre***·go (ê)
adj. 1. Que se refere a um país chamado Grécia: *povo grego.*
s.masc. 2. Aquele que nasceu na Grécia: *os gregos são bons artistas.* 3. Língua falada na Grécia: *a língua portuguesa tem muitas palavras derivadas do grego.*

grelha ***gre***·lha (ê)
s.fem. Grade de ferro suspensa sobre o fogo e sobre a qual se assam principalmente carnes: *ele está limpando a grelha para o churrasco.*

grelhar gre·***lhar***
v. Assar na grelha: *ele vai grelhar essa carne.*

greve ***gre***·ve (é)
s.fem. Paralisação do trabalho para reclamar de alguma coisa: *os trabalhadores fizeram greve para exigir melhores salários.*

grevista gre·***vis***·ta
s.masc.fem. Pessoa que participa de uma greve: *os grevistas se reuniram na praça.*

grifar gri·***far***
v. Sublinhar, passar um traço embaixo de uma palavra ou frase para destacá-la: *neste dicionário, grifamos a palavra definida em cada verbete.*

grife ***gri***·fe
s.fem. Marca famosa de um produto: *esse pessoal só quer saber de roupa de grife para ficar se exibindo para os outros.*

grilhão gri·***lhão***
s.masc. Corrente: *ele mandou libertar o condenado dos grilhões que o prendiam.*
❖ *pl.* grilhões.

grilo ***gri***·lo
s.masc. 1. *Zool.* Inseto saltador que produz barulho estridente: *há um grilo no jardim.* 2. *fig.* Aquilo que perturba a cabeça, que atrapalha o sossego: *vou conversar com ele para ver se consigo tirar esses grilos da cabeça dele.*
❖ Para indicar o sexo do animal, dizemos, *o grilo macho, o grilo fêmea.*

gripado gri·***pa***·do
adj. Com gripe: *fiquei gripada e não pude ir à escola.*

gripar gri·***par***
v. 1. Fazer alguém pegar gripe: *nesta época, a friagem da manhã gripou muitas crianças.*
v.pron. **gripar-se** 2. Ficar com gripe: *ele se gripou na escola.*

gripe ***gri***·pe
s.fem. Doença causada por vírus e que deixa a gente com febre, mal-estar, dor de cabeça: *ele pegou gripe, por isso está acamado.*

grisalho gri·***sa***·lho
adj. Que tem fios brancos misturados aos pretos: *meu pai tem cabelos grisalhos.*

gritante gri·***tan***·te
adj.masc.fem. Que chama muito a atenção: *ele cometeu um erro gritante.*

gritar gri·***tar***
v. 1. Dar grito: *ouvi alguém gritar de dor.* 2. Dizer em voz alta: *do fundo da classe, ele gritou meu nome.*

gritaria gri·ta·***ri***·a
s.fem. Muitos gritos: *ouvi uma gritaria na rua; vou ver o que aconteceu.*

grito ***gri***·to
s.masc. Som alto emitido por uma pessoa e que pode ser ouvido de longe: *ele deu um grito de dor.*

grosa ***gro***·sa (ó)
s.fem. Doze dúzias: *ela comprou uma grosa de lápis, isto é, 144 lápis.*

grosseiro gros·***sei***·ro
adj. 1. Mal-educado, indelicado: *fui atendido por um funcionário grosseiro, que me tratou mal.* 2. Mal-acabado: *trabalho grosseiro.*

grosseria gros·se·***ri***·a
s.fem. Indelicadeza, falta de educação: *ele respondeu com grosseria ao pedido dos colegas.*

grosso ***gros***·so (ô)
adj. 1. Volumoso, massudo, que não é fino: *livro grosso.* 2. Áspero: *mãos grossas.* 3. Grave (som): *voz grossa.* 4. Pastoso, espesso: *caldo grosso.* 5. Grosseiro, mal-educado: *sujeito grosso.*
❖ *fem.* grossa (ó). *pl.* grossos (ó), grossas (ó).

grotesco gro·***tes***·co (ê)
adj. Extravagante, caricato, fora do comum: *sua figura grotesca chamava a atenção de todos, provocando risos.*

grudar gru·***dar***
v. Unir uma coisa a outra, usando cola ou outra substância; colar: *a menina grudou um selo no caderno.*

grunhir gru·***nhir***
v. Emitir som (o porco): *o porco grunhe.*

grupo ***gru***·po
s.masc. Conjunto de pessoas, animais ou coisas: *o professor dividiu a classe em grupos de oito alunos.*
→ Veja também **agrupar**.

gruta ***gru***·ta
s.fem. Caverna: *os piratas esconderam o tesouro numa gruta.*

guarda ***guar***·da
s.fem. 1. Ação de guardar: *a guarda do menino coube temporariamente a seus avós.* s.masc.fem. 2. Vigia; pessoa que toma conta (de uma casa, de uma rua, de uma escola, etc.): *o guarda do banco fica na entrada do prédio.*

guarda-chuva ***guar***·da-***chu***·va
s.masc. Armação de varetas móveis coberta de pano que serve para proteger da chuva ou do sol: *está chovendo, vou pegar meu guarda-chuva.*
❖ *pl.* guarda-chuvas.

guarda-costas ***guar***·da-***cos***·tas
s.masc.fem. Pessoa que acompanha outra para protegê-la de alguma agressão: *havia vários guarda-costas protegendo o presidente.*
❖ Essa palavra tem a mesma forma no singular e no plural: *o guarda-costas; os guarda-costas.*

guarda-noturno ***guar***·da-no·***tur***·no
s.masc. Guarda que, durante a noite, vigia uma rua, uma casa, um prédio, etc.: *de madrugada, ouvi o apito do guarda-noturno na minha rua.*
❖ *pl.* guardas-noturnos.

guardar guar·***dar***
v. 1. Pôr em certo lugar para não perder, para conservar: *guarde a chave na gaveta.* 2. Não revelar: *ele guardou o segredo.* 3. Defender, proteger: *Deus te guarde, meu filho!* 4. Tomar conta, vigiar: *o pastor guarda as ovelhas para impedir o ataque do lobo.*

guarda-roupa ***guar***·da-***rou***·pa
s.masc. Armário onde se guardam roupas: *no meu quarto, há um guarda-roupa.*
❖ *pl.* guarda-roupas.
→ Veja também **roupa**.

guarda-sol ***guar***·da-***sol***
s.masc. Espécie de guarda-chuva grande que se fixa na areia da praia para proteger do sol: *o sol está forte, vou abrir o guarda-sol.*
❖ *pl.* guarda-sóis.

guarida gua·***ri***·da
s.fem. Abrigo, proteção: *os fugitivos procuraram guarida na fazenda.*
→ Não confunda com **guarita**, que tem outro significado.

guarita gua·***ri***·ta
s.fem. Casinha para abrigo de sentinelas ou vigilantes: *o guarda-noturno fica na guarita observando o movimento.*
→ Não confunda com **guarida**, que tem outro significado.

guelra ***guel***·ra (é)
s.fem. *Zool.* Órgão respiratório dos animais que vivem na água: *os peixes respiram pelas guelras.*

G

guerra ***guer***·ra (é)
s.fem. Luta armada entre países: *muitas pessoas morrem durante as guerras.*
❑ **guerra civil** Guerra entre habitantes de um mesmo país: *uma guerra civil violenta matou muita gente nesse país.*

guerrear guer·re·***ar***
v. Combater: *as tropas guerrearam durante horas.*

guerreiro guer·***rei***·ro
s.masc. 1. Combatente, lutador, aquele que guerreia: *os guerreiros da tribo conseguiram expulsar os invasores.* 2. *fig.* Pessoa corajosa, que luta pelo que quer: *essa mulher é uma guerreira.*

guia ***gui***·a
s.masc.fem. 1. Pessoa que orienta outras: *durante o passeio, o guia deu várias informações aos turistas e levou-os aos pontos mais interessantes da cidade.*
s.fem. 2. Formulário usado em órgãos públicos ou outras instituições: *preencha a guia de transferência.*

guiar gui·***ar***
v. 1. Acompanhar alguém para mostrar o caminho ou a direção: *vou guiar os turistas pela cidade, para que eles conheçam os lugares mais bonitos e interessantes.* 2. Conduzir um veículo: *ele guia o ônibus da escola.*

guichê gui·***chê***
s.masc. Pequena abertura numa parede ou porta para venda de ingressos, para pagamentos, recebimentos, etc.: *os ingressos para o jogo de hoje serão vendidos nesse guichê.*

guidão gui·***dão***
s.masc. Barra de direção de bicicletas: *segure firme no guidão.*
❖ *pl.* guidões.

guinada gui·***na***·da
s.fem. Desvio repentino: *o motorista do táxi deu uma guinada para a esquerda e conseguiu evitar que seu carro batesse no ônibus.*

guitarra gui·***tar***·ra
s.fem. *Mús.* Instrumento de cordas dedilháveis, com braço longo: *estou aprendendo a tocar guitarra elétrica.*

guitarrista gui·tar·***ris***·ta
s.masc.fem. *Mús.* Pessoa que sabe tocar guitarra: *nesse conjunto, há três guitarristas e um baterista.*

guizo ***gui***·zo
s.masc. Chocalho; pequena esfera de metal que tem algumas bolinhas dentro; essas bolinhas fazem barulho quando batem umas nas outras: *as crianças estavam brincando com alguns guizos.*

gula ***gu***·la
s.fem. Vontade exagerada de comer: *você precisa controlar sua gula, faz mal comer tanto assim.*

guloso gu·***lo***·so (ô)
adj. Comilão, que come demais: *menino guloso.*
❖ *fem.* gulosa (ó). *pl.* gulosos (ó), gulosas (ó).

gume ***gu***·me
s.masc. O lado cortante de uma faca, navalha, espada, etc.: *o gume dessa navalha está bem afiado.*

guri gu·***ri***
s.masc. Menino: *guri simpático.*
❖ *fem.* guria.

> ◎ A palavra guri é de origem tupi e significa *bagre novo* (o bagre é um tipo de peixe muito comum no Brasil); esse era um jeito familiar usado pelos índios para chamar as crianças. A palavra acabou entrando na língua portuguesa, sendo mais usada no sul do Brasil. De guri formou-se também *gurizada.*

gurizada gu·ri·***za***·da
s.fem. Garotada, grupo de guris: *assim que acabou a aula, a gurizada correu para o pátio.*

hipopótamo

h (agá)

s.masc. A oitava letra do alfabeto: *no início da palavra, o h não é pronunciado.*

hábil ***há***·bil

adj.masc.fem. Que tem jeito para fazer bem alguma coisa, que é habilidoso: *ela sabe costurar bem, é uma costureira muito hábil.*

❖ *pl.* hábeis.

→ Veja também **inábil**.

habilidade ha·bi·li·***da***·de

s.fem. Jeito especial para fazer alguma tarefa: *ela desenha com habilidade, mostra muito jeito para o desenho.*

habilidoso ha·bi·li·***do***·so (ô)

adj. Jeitoso, hábil: *ele é um desenhista habilidoso.*

❖ *fem.* habilidosa (ó). *pl.* habilidosos (ó), habilidosas (ó).

habitação ha·bi·ta·***ção***

s.fem. Casa, moradia: *no Brasil há problemas de habitação ; muita gente não tem onde morar.*

❖ *pl.* habitações.

habitante ha·bi·***tan***·te

s.masc.fem. Morador, residente: *quantos habitantes há nessa cidade?*

habitar ha·bi·***tar***

v. Morar: *ele habita em São Paulo.*

habitat ***ha***·bi·tat (ábitate)

s.masc. *Biol.* Palavra latina que indica o lugar onde um animal ou uma planta vive em estado natural: *a selva é o habitat dos tigres.*

habitável ha·bi·***tá***·vel

adj.masc.fem. Que apresenta condições de ser habitado: *lugar habitável.*

❖ *pl.* habitáveis.

hábito ***há***·bi·to

s.masc. 1. Algo que se faz com frequência; costume: *ele tem o hábito de dormir um pouco após o almoço.* 2. Roupa especial usada por religiosos: *vimos dois religiosos com hábitos pretos.*

habituado ha·bi·tu·***a***·do

adj. Acostumado: *estou habituado a tomar banho todas as manhãs.*

habitual ha·bi·tu·***al***

adj.masc.fem. Costumeiro, que se faz frequentemente: *às 9 horas, meu avô vai fazer seu passeio habitual até a praça.*

❖ *pl.* habituais.

habituar ha·bi·tu·***ar***

v. 1. Acostumar: *a professora habituou a classe a frequentar a biblioteca.*

v.pron. **habituar-se** 2. Acostumar-se: *muitas pessoas habituaram-se a ver televisão todas as noites.*

hálito ***há***·li·to

s.masc. Cheiro que sai da boca: *escove bem os dentes para não ter mau hálito.*

halterofilismo hal·te·ro·fi·***lis***·mo

s.masc. Exercícios de levantamento de peso: *o halterofilismo desenvolve os músculos.*

halterofilista hal·te·ro·fi·***lis***·ta

s.masc.fem. Pessoa que pratica halterofilismo: *aquela halterofilista já ganhou várias medalhas.*

handebol han·de·***bol*** (réndebol)

s.masc. *Esp.* Jogo disputado numa quadra, entre dois times de sete jogadores, que tentam fazer gol jogando a bola com as mãos; só os goleiros podem usar também os pés na hora de defender, dentro de uma área marcada: *meus primos gostam de jogar handebol.*

◎ A palavra handebol é formada a partir de duas palavras inglesas: *hand* (mão) + *ball* (bola).

hangar han·***gar***

s.masc. Grande galpão que serve para abrigar aviões: *o avião ainda está no hangar, sendo preparado para o voo.*

❖ *pl.* hangares.

haras ***ha***·ras

s.masc. Local onde se criam cavalos de raça: *nesse haras estão os melhores cavalos de corrida do país.*

❖ Essa forma é usada tanto para o singular como para o plural: *o haras, os haras.*

harmonia har·mo·***ni***·a

s.fem. Paz, concórdia, acordo: *desejo que haja harmonia entre as pessoas.*

harmonioso har·mo·ni·***o***·so (ô)

adj. Pacífico: *entre eles há um relacionamento harmonioso ; eles se dão muito bem.*

❖ *fem.* harmoniosa (ó). *pl.* harmoniosos (ó), harmoniosas (ó).

haste ***has***·te

s.fem. Espécie de vara reta e comprida em que alguma coisa se fixa ou se apoia: *a haste da escova de dentes quebrou.*

hastear has·te·***ar***

v. Içar, fazer subir ao ponto mais alto de um mastro: *ele hasteou a bandeira brasileira no pátio.*

haver ha·***ver***

v. 1. Existir: *há muitas pessoas bondosas no mundo.* 2. Acontecer, ocorrer: *houve uma festa ontem na cidade.* 3. Fazer (tempo): *não vejo Marcelo há dois dias.*

hebraico he·***brai***·co

adj. 1. Que se refere aos hebreus: *história hebraica.*

s.masc. 2. Língua falada pelos hebreus: *esse livro foi escrito em hebraico.*

hebreu he·***breu***

s.masc. 1. Antigo povo do qual descendem os atuais judeus: *a história dos hebreus é contada na Bíblia.*

adj. 2. Que se refere a esse povo: *líder hebreu.*

❖ *fem.* hebreia.

→ Veja também **israelense**.

hecatombe he·ca·***tom***·be

s.fem. Morte de um grande número de pessoas: *a explosão de uma bomba atômica pode provocar uma hecatombe.*

> ◎ Hecatombe vem de uma palavra grega que significa "cem bois". Refere-se a uma cerimônia de sacrifício de cem bois feita pelos antigos gregos aos deuses. Com o tempo, o significado religioso dessa palavra foi sendo esquecido e ela passou a ser usada com relação às pessoas, ganhando o sentido geral de matança, carnificina.

hediondo he·di·***on***·do (ô)

adj. Horrível, muito feio: *o monstro que aparecia no filme era hediondo.*

❑ **crime hediondo** Crime muito brutal que é punido com mais severidade do que os outros: *o tráfico de drogas é um crime hediondo.*

hegemonia he·ge·mo·***ni***·a

s.fem. Supremacia: *em certa época, esse país teve a hegemonia dos mares, seus navios dominavam os mares.*

hein

interj. Palavra que pode indicar diferentes ideias (surpresa, dúvida, raiva, espanto, etc.): *então você pensa que é muito esperto, hein?*

❖ Também existe a forma **hem**.

hélice ***hé***·li·ce

s.fem. Peça formada por um eixo e pás que giram em torno desse eixo. A hélice pode mover barcos, aviões e outras máquinas: *os técnicos estão consertando uma das hélices do avião.*

helicóptero he·li·***cóp***·te·ro

s.masc. Aparelho de aviação capaz de levantar voo verticalmente e de se sustentar no ar por meio de hélices horizontais: *o artista veio de helicóptero até o local do espetáculo.*

hemisfério he·mis·***fé***·ri:o

s.masc. Cada uma das metades do globo terrestre: *a Terra é dividida pela linha do Equador em dois hemisférios: o norte e o sul.*

> ◎ A palavra hemisfério é formada a partir de *hemi* (metade) + *esfera*; portanto, significa *meia esfera* ou *metade da esfera*.

hemorragia he·mor·ra·***gi***·a
s.fem. Perda de sangue: *ele teve uma forte hemorragia, por isso precisou ser internado no hospital.*

herança he·***ran***·ça
s.fem. Aquilo que uma pessoa deixa para outra ao morrer: *o apartamento onde ele mora é herança de seu pai.*
→ Veja também **herdar**.

herbívoro her·***bí***·vo·ro
adj. Que se alimenta de ervas, como grama, capim, etc.: *o boi é um animal herbívoro.*

> A palavra herbívoro é formada a partir de *herbi* (erva) + *voro* (que come ou devora). *Herbi* também está presente na palavra herbicida (*cida* significa "que mata"), que quer dizer *aquilo que mata a erva*, no caso, as ervas daninhas.

hercúleo her·***cú***·le:o
adj. Enorme: *ele fez um esforço hercúleo para salvar o menino que tinha caído no rio.*

> A palavra hercúleo vem de Hércules, nome de um herói da mitologia grega e romana que tinha uma força descomunal e realizou incríveis façanhas; portanto, dizer que alguém fez um esforço hercúleo é dizer que *fez um enorme esforço, que agiu como Hércules.*

herdar her·***dar***
v. Receber por herança, ou seja, receber o que alguém deixou ao morrer: *ele herdou esse apartamento do pai.*
→ Veja também **herança**.

herdeiro her·***dei***·ro
s.masc. Aquele que recebe uma herança: *essa menina é a única herdeira dos bens de seu pai; quando ele morrer, ela será a dona de todos esses bens.*

hereditário he·re·di·***tá***·ri:o
adj. Que se transmite de uma geração a outra, que passa de pai para filho: *doença hereditária.*

heresia he·re·***si***·a
s.fem. *Rel.* Ideia que contraria aquilo que é aceito por certa comunidade religiosa: *antigamente, muitas pessoas foram presas por praticarem uma heresia.*

hermeticamente her·me·ti·ca·***men***·te
adv. De modo que não possa entrar ou sair nada: *o vidro está hermeticamente fechado.*

hermético her·***mé***·ti·co
adj. Completamente fechado, que não deixa entrar ou sair nada (ar, líquido, etc.): *ele fechou o vidro de remédio de modo hermético.*

herói he·***rói***
s.masc. 1. Homem muito corajoso, que se destaca pelas ações extraordinárias que pratica: *ele é um herói da nossa gente.* 2. Principal personagem masculino de um romance, de uma novela, de uma peça de teatro, de um filme, etc.: *no final da história, o herói se casa com a mocinha.*
❖ *fem.* heroína.

heroico he·***roi***·co
adj. Muito corajoso, próprio de herói: *ato heroico.*

heroísmo he·ro·***ís***·mo
s.masc. Bravura, coragem: *ele salvou a criança num gesto de heroísmo.*

hesitação he·si·ta·***ção***
s.fem. Indecisão: *ele respondeu com hesitação, mostrando que não estava seguro da resposta.*

hesitante he·si·***tan***·te
adj.masc.fem. Indeciso, inseguro: *ela estava hesitante na hora de responder.*

hesitar he·si·***tar***
v. Ficar em dúvida: *na encruzilhada o viajante hesitou – seria melhor pegar o caminho da direita ou o da esquerda?*

heterogêneo he·te·ro·***gê***·ne:o
adj. Que é composto por coisas ou pessoas diferentes umas das outras: *a população dessa cidade é heterogênea; nela vivem brasileiros, alemães, italianos, japoneses, etc.*
→ Veja também **homogêneo**.

hexagonal he·xa·go·***nal*** (cs ou z)
adj.masc.fem. Que tem seis ângulos: *figura hexagonal.*
❖ *pl.* hexagonais.

hibernal hi·ber·***nal***
adj.masc.fem. Que se refere ao inverno: *temperatura hibernal.*
❖ *pl.* hibernais.

hibernar hi·ber·***nar***
v. Passar o inverno em estado de sonolência, dormindo o tempo todo: *os ursos hibernam.*

hidrante hi·***dran***·te
s.masc. Espécie de torneira na qual os bombeiros podem conectar mangueiras para puxar água e apagar incêndios: *há um hidrante na calçada em frente da nossa casa.*

H

hidrelétrico hi·dre·***lé***·tri·co
adj. Que transforma em eletricidade a energia produzida por grandes quedas-d'água: *o governo construiu uma usina hidrelétrica nesta região.*
→ Também existe a forma **hidroelétrico**.

hidroavião hi·dro·a·vi·***ão***
s.masc. Avião capaz de pousar e de levantar voo na água: *os cientistas foram até aquele lugar distante num hidroavião.*
❖ *pl.* hidroaviões.
→ Também existe a forma **hidravião**.

◎ A palavra hidroavião é formada a partir de *hidro* (água) + avião. *Hidro* está presente em muitas outras palavras, como hidrelétrico, hidrante, etc.

hiena hi·***e***·na (ê)
s.fem. *Zool.* Mamífero carnívoro, do tamanho de um cão grande, que tem hábitos noturnos, vive em bandos barulhentos, alimenta-se principalmente de carniça e solta uivos que lembram risadas: *os antigos ficavam assustados com o uivo da hiena, que parece uma gargalhada.*
❖ Para indicar o sexo do animal, dizemos *a hiena macho, a hiena fêmea.*

higiene hi·gi·***e***·ne (ê)
s.fem. Limpeza, asseio, cuidados com o corpo: *tomar banho todos os dias é um importante hábito de higiene pessoal.*

◎ A palavra higiene vem de Hígia, que na mitologia grega era considerada uma das filhas do deus Asclépio, deus da medicina. Ela representava a saúde.

higiênico hi·gi·***ê***·ni·co
adj. Saudável, que se refere à higiene: *escovar os dentes depois das refeições é um hábito higiênico.*
→ Veja também **anti-higiênico**.

hilariante hi·la·ri·***an***·te
adj.masc.fem. Engraçado, que faz rir muito: *aquela cena do filme foi hilariante.*

hilaridade hi·la·ri·***da***·de
s.fem. Explosão de risos: *as trapalhadas do comediante provocam hilaridade no público.*

hilário hi·***lá***·ri:o
adj. Hilariante, muito engraçado: *cena hilária.*

hindu hin·***du***
adj.masc.fem. Indiano, que se refere à Índia: *povo hindu.*
❖ *pl.* hindus.

hino ***hi***·no
s.masc. Canto religioso, patriótico ou esportivo: *os alunos cantaram o Hino Nacional Brasileiro.*

hipnose hip·***no***·se (ó)
s.fem. Estado de sono profundo provocado em uma pessoa por meio de palavras, gestos, etc. Nesse estado, a pessoa obedece a todas as ordens dadas pela outra: *nesse filme a mocinha sofre hipnose e fica sob o poder do mágico.*

hipnotizar hip·no·ti·***zar***
v. Provocar hipnose: *ele diz que é capaz de hipnotizar qualquer um de nós.*

hipocrisia hi·po·cri·***si***·a
s.fem. Fingimento, falsidade, atitude de quem diz o contrário do que pensa ou sente: *ele quis nos enganar, mas logo percebemos sua hipocrisia.*

hipócrita hi·***pó***·cri·ta
adj.masc.fem. Fingido, falso: *o sujeito hipócrita diz uma coisa e no fundo pensa outra.*

hipódromo hi·***pó***·dro·mo
s.masc. Pista para corridas de cavalos. Nos hipódromos, há também arquibancadas para o público: *vamos ver uma corrida de cavalos no hipódromo da cidade.*

hipopótamo hi·po·***pó***·ta·mo
s.masc. *Zool.* Grande paquiderme anfíbio de origem africana; vive perto de rios e lagos e passa muito tempo dentro da água: *no zoológico, há um casal de hipopótamos.*
❖ Para indicar o sexo do animal, dizemos *o hipopótamo macho, o hipopótamo fêmea.*

◎ A palavra hipopótamo é formada a partir de *hipo* (cavalo) + *potamos* (rio).

hipótese hi·***pó***·te·se
s.fem. Suposição, aquilo que imaginamos para construir um raciocínio e tirar conclusões: *considere a hipótese de que a temperatura do planeta aumente bastante. O que aconteceria com a neve das regiões geladas?*

hispânico his·***pâ***·ni·co
adj. Espanhol: *escritores hispânicos.*

histeria his·te·***ri***·a
s.fem. Descontrole emocional: *quando o cantor entrou no palco, começou a histeria das fãs, que se puseram a gritar e a se agitar na plateia.*

histérico his·***té***·ri·co
adj. Em que há histeria: *comportamento histérico.*

história his·***tó***·ri:a
s.fem. 1. Ciência que estuda o que aconteceu e acontece no mundo: *gosto de estudar história.* 2. Narrativa imaginária ou real: *esse escritor tem habilidade para contar histórias.* 3. O passado e o presente de uma pessoa, um país, uma empresa, etc.: *vou lhe contar a história da nossa família.*

historiador his·to·ri:a·***dor***
s.masc. Aquele que se dedica à história, ao estudo do que acontece ou aconteceu no mundo: *esse livro trata da vida de D. Pedro I; foi escrito por um historiador brasileiro.*
❖ *pl.* historiadores.

histórico his·***tó***·ri·co
adj. 1. Que existiu ou aconteceu realmente: *Tiradentes é uma figura histórica, teve existência real.* 2. Que pertence à História, que deve ser lembrado por sua importância: *essa catedral é um monumento histórico.*

holofote ho·lo·***fo***·te (ó)
s.masc. Projetor de luz: *no teatro, há vários holofotes para a iluminação do palco.*

homem ***ho***·mem
s.masc. 1. Pessoa do sexo masculino: *esse é o banheiro dos homens.* 2. Ser humano em geral (homem ou mulher): *o homem deve se preocupar com o futuro do planeta.*
❖ *pl.* homens.

homenagear ho·me·na·ge·***ar***
v. Prestar homenagem a uma pessoa, mostrar que a respeitamos, que a admiramos: *os alunos homenagearam a professora.*

homenagem ho·me·***na***·gem
s.fem. Demonstração de respeito, afeto ou admiração por alguém: *os alunos prestaram uma homenagem à professora.*
❖ *pl.* homenagens.

homenzarrão ho·men·zar·***rão***
s.masc. Homem alto e corpulento: *o lutador era um homenzarrão.*
❖ *pl.* homenzarrões.

homicida ho·mi·***ci***·da
s.masc.fem. Pessoa que mata seu semelhante, de propósito ou não: *o homicida já havia matado cinco pessoas.*

homicídio ho·mi·***cí***·di:o
s.masc. Ação de matar um ser humano: *o motorista foi condenado por homicídio.*

homófono ho·***mó***·fo·no
adj. *Gram.* Que tem a mesma pronúncia mas escrita e significado diferentes: *as palavras "cela" e "sela" são homófonas; cela é um quarto bem pequeno, e sela é o assento que se coloca sobre uma montaria.*

◎ A palavra homófono é formada a partir de *homo* (igual) + *fono* (som); portanto, significa *som igual*, isto é, a mesma pronúncia.

homogêneo ho·mo·***gê***·ne:o
adj. Que é composto por coisas ou pessoas iguais ou bem parecidas: *essa classe é homogênea; os alunos têm todos a mesma faixa de idade e o mesmo nível de conhecimentos.*
→ Veja também **heterogêneo**.

H

homógrafo ho·***mó***·gra·fo

adj. *Gram.* Que tem a mesma escrita mas significado diferente: *as palavras "cedo" (verbo ceder) e "cedo" (advérbio de tempo) são homógrafas.*

honestidade ho·nes·ti·***da***·de

s.fem. Sinceridade, procedimento correto: *ele agiu com honestidade, como uma pessoa honesta, correta.*

→ Veja também **desonestidade**.

honesto ho·***nes***·to (é)

adj. Que age corretamente, que não rouba, não engana: *homem honesto.*

→ Veja também **desonesto**.

honra ***hon***·ra

s.fem. 1. Sentimento de dignidade, de amor-próprio: *não posso aceitar que ele diga coisas que ofendem minha honra.* 2. Distinção, grande consideração: *ele nos deu a honra de visitar nossa escola.*

❑ **lugar de honra** Lugar de destaque reservado a uma pessoa: *ele é nosso convidado especial, por isso vai ocupar o lugar de honra.*

→ Veja também **desonra**.

honrado hon·***ra***·do

adj. 1. Respeitado, estimado, que tem honra: *homem honrado.* 2. Que recebeu uma distinção, uma consideração especial: *estamos honrados em contar com sua presença no nosso humilde jantar.*

→ Veja também **desonrado**.

honrar hon·***rar***

v. 1. Respeitar, estimar: *você deve honrar seus pais.* 2. Engrandecer: *o trabalho desse professor honra sua cidade.* 3. Cumprir: *você deve honrar seus compromissos, deve cumprir o que prometeu.*

honroso hon·***ro***·so (ô)

adj. Que mostra honra, que merece elogio: *ele teve um comportamento honroso.*

❖ *fem.* honrosa (ó). *pl.* honrosos (ó), honrosas (ó).

→ Veja também **desonroso**.

hora ***ho***·ra (ó)

s.fem. 1. Unidade de tempo de 60 minutos: *o dia é dividido em 24 horas.* 2. Momento: *agora não é hora de ficar conversando.*

❑ **hora H** Momento decisivo: *o herói chegou na hora h e salvou a mocinha.*

→ Não confunda com **ora**, que tem outro significado.

horário ho·***rá***·ri:o

s.masc. Hora marcada para se realizar uma atividade, um serviço, um espetáculo, etc.: *veja no jornal o horário do início do filme.*

horda ***hor***·da (ó)

s.fem. Bando de pessoas indesejáveis, que promovem confusão, desordem e violência: *no filme, o xerife consegue expulsar a horda de malfeitores que tinha invadido a cidade.*

❖ horda é um substantivo coletivo.

horizontal ho·ri·zon·***tal***

adj.masc.fem. Que se estende em linha reta, como se fosse a linha do horizonte: *o gol tem um travessão horizontal em cima e duas traves verticais, uma de cada lado.*

❖ *pl.* horizontais.

→ Veja também **vertical**.

horizonte ho·ri·***zon***·te

s.masc. Nome que se dá à linha que parece existir ao longe, no ponto em que o céu encontra a terra ou o mar: *o Sol desaparece no horizonte.*

horóscopo ho·***rós***·co·po

s.masc. Previsão que certas pessoas dizem fazer do futuro com base na influência dos astros: *ele sempre lê o horóscopo publicado no jornal.*

horrendo hor·***ren***·do

adj. Horroroso, medonho, que causa horror: *pintura horrenda.*

horripilante hor·ri·pi·***lan***·te

adj.masc.fem. Assustador, apavorante, medonho: *o monstro que aparecia naquele filme era horripilante.*

horrível hor·***rí***·vel

adj.masc.fem. 1. Horroroso, medonho, pavoroso: *bruxa horrível.* 2. Muito ruim, péssimo: *estrada horrível.*

❖ *pl.* horríveis. *superl.* horribilíssimo.

horror hor·***ror***
s.masc. 1. Medo, pavor: *no início do filme, ouvia-se um grito de horror*. 2. Choque profundo por coisas que nos desagradam muito: *esse fato causou horror nas pessoas*. 3. Ódio, repulsa: *tenho horror a atitudes de racismo*. 4. Coisa horrível: *a fome é um horror*.
s.masc.pl. 5. Coisas terríveis, cruéis: *esse filme mostra os horrores da guerra*.

horrorizado hor·ro·ri·***za***·do
adj. Muito chocado: *fiquei horrorizado com aquela cena*.

horrorizar hor·ro·ri·***zar***
v. Causar horror: *o assassinato da criança horrorizou as pessoas*.

horroroso hor·ro·***ro***·so (ô)
adj. 1. Horrível, medonho, pavoroso: *o monstro tinha uma cara horrorosa*. 2. Muito cruel, que choca profundamente: *crime horroroso*.
❖ *fem.* horrorosa (ó). *pl.* horrorosos (ó), horrorosas (ó).

horta ***hor***·ta (ó)
s.fem. Terreno onde se cultivam hortaliças (couve, alface, cenoura, etc.): *hoje a aula de Ciências foi na horta da escola*.

hortelã hor·te·***lã***
s.fem. *Bot.* Planta de folhinhas verdes e cheirosas, muito usada em chás e doces: *gosto de balas de hortelã*.

hortelão hor·te·***lão***
s.masc. Aquele que cuida da horta: *o hortelão vendeu-me três pés de alface*.
❖ *fem.* horteloa. *pl.* hortelãos ou hortelões.

horticultor hor·ti·cul·***tor***
s.masc. Aquele que cuida de hortas: *o horticultor foi à cidade comprar adubo*.
❖ *pl.* horticultores.

horto ***hor***·to (ô)
s.masc. Terreno onde há viveiros de plantas para venda ou para estudo de especialistas: *dez biólogos trabalham nesse horto estudando espécies nativas da mata brasileira*.

hospedagem hos·pe·***da***·gem
s.fem. Acolhimento, ato de receber como hóspede: *meus pais deram hospedagem ao rapaz*.

hospedar hos·pe·***dar***
v. Receber alguém como hóspede: *hospedei meus primos em casa durante uma semana*.
→ Veja também **pousada**.

hospedaria hos·pe·da·***ri***·a
s.fem. Lugar onde se aceitam hóspedes, os quais devem pagar pelo alojamento: *quando estivemos naquela pequena cidade, alugamos um quarto numa hospedaria*.

hóspede ***hós***·pe·de
s.masc.fem. Pessoa que fica alojada por algum tempo na casa de alguém ou num hotel, pousada, hospedaria, etc.: *durante as férias, os hotéis ficam cheios de hóspedes*.
→ Veja também **pousada**.

hospício hos·***pí***·ci:o
s.masc. Manicômio; hospital para doentes mentais: *o médico internou o homem nesse hospício*.

hospital hos·pi·***tal***
s.masc. Lugar onde pessoas doentes ou feridas recebem tratamento médico: *a ambulância levou os feridos ao hospital*.
❖ *pl.* hospitais.

hospitalar hos·pi·ta·***lar***
adj.masc.fem. Que se refere a hospital: *aparelho hospitalar*.
❖ *pl.* hospitalares.

hospitaleiro hos·pi·ta·***lei***·ro
adj. Que recebe visitas ou hóspedes com prazer: *meu pai é um homem hospitaleiro, ele trata muito bem as pessoas que nos visitam*.

hospitalidade hos·pi·ta·li·***da***·de
s.fem. Bom acolhimento, maneira gentil de receber visitas: *passei alguns dias em sua casa e fui muito bem tratado; por isso, agradeci pela hospitalidade*.

hospitalizar hos·pi·ta·li·***zar***
v. Internar alguém num hospital: *a menina ficou muito doente, e os pais a hospitalizaram para que recebesse tratamento médico*.

hóstia ***hós***·ti:a
s.fem. *Rel.* Pequeno disco de pão especial que o padre consagra na missa como representação do corpo de Cristo: *os fiéis devem engolir a hóstia*.

H

hostil hos·***til***

adj.masc.fem. Agressivo: *a torcida do time adversário foi hostil com nossos jogadores, xingando-os e provocando-os.*
❖ *pl.* hostis.

hostilidade hos·ti·li·***da***·de

s.fem. Ação hostil, agressão: *qual é a causa dessa hostilidade contra nós? Por que estão nos ofendendo?*

hostilizar hos·ti·li·***zar***

v. Tratar como inimigo, agredir: *eles hostilizaram o rapaz.*

H

hotel ho·***tel***

s.masc. Local especialmente preparado para receber pessoas, que pagam pelo tempo que ficam hospedadas: *vamos ficar nesse hotel durante as férias.*
❖ *pl.* hotéis.

hum

interj. Palavra que, conforme a frase, pode expressar diferentes ideias (dúvida, contentamento, impaciência, etc.): *hum! que sanduíche delicioso!*

humanidade hu·ma·ni·***da***·de

s.fem. 1. Conjunto dos seres humanos: *a humanidade tem sofrido muito com as guerras.* 2. Bondade, benevolência: *devemos tratar as pessoas com humanidade.*

humanitário hu·ma·ni·***tá***·ri:o

adj. Aquele que se preocupa com o sofrimento das pessoas e procura ajudá-las; bondoso, caridoso: *ela é uma mulher humanitária.*

humanizar hu·ma·ni·***zar***

v. Tornar mais humano, mais respeitoso: *é preciso humanizar a vida das pessoas, com mais respeito e solidariedade.*

humano hu·***ma***·no

adj. 1. Que se refere ao homem: *corpo humano.* 2. Bondoso, humanitário: *ele agiu de modo humano.*
s.masc.pl. 3. Os seres humanos: *os humanos têm o cérebro maior que o dos macacos.*
→ Veja também **desumano**.

humildade hu·mil·***da***·de

s.fem. Modéstia: *ele tinha humildade; apesar de receber muitos elogios, continuou uma pessoa simples, sem orgulho.*

humilde hu·***mil***·de

adj.masc.fem. 1. Modesto, simples, que não tem orgulho: *apesar de ser muito famosa, aquela cantora é humilde e trata a todos com atenção.* 2. Muito simples, sem luxo: *ela mora numa casa humilde.* 3. Pobre, sem muitos recursos: *esse rapaz é de família humilde.*
❖ *superl.* humildíssimo ou humílimo.

humilhação hu·mi·lha·***ção***

s.fem. Rebaixamento moral provocado por ação própria ou dos outros; vergonha, vexame: *ele quis enganar o pessoal, mas se deu mal e acabou passando por uma grande humilhação na frente de todos.*
❖ *pl.* humilhações.

humilhante hu·mi·***lhan***·te

adj.masc.fem. Que humilha, envergonha: *perdemos de 8 a 0, foi uma derrota humilhante.*

humilhar hu·mi·***lhar***

v. 1. Tratar com desprezo, rebaixar: *essa moça vive humilhando o irmão.*
v.pron. **humilhar-se** 2. Rebaixar-se: *ele se achava melhor que os outros, mas quando percebeu o erro grave que tinha cometido, foi obrigado a humilhar-se e a pedir desculpas aos colegas.*

humor hu·***mor***

s.masc. Graça: *esse aluno escreveu uma história de humor, que faz rir.*
❑ **de bom humor** Alegre: *a cozinheira da escola vive de bom humor.* **de mau humor** Irritado, sem paciência: *meu tio parece que está sempre de mau humor.*

humorista hu·mo·***ris***·ta

s.masc.fem. Pessoa que tem grande sentido de humor, que faz rir: *ele é um ótimo humorista, sabe contar histórias engraçadas.*

humorístico hu·mo·***rís***·ti·co

adj. Engraçado, que tem humor: *programa humorístico.*

idoso

i

s.masc. A nona letra do alfabeto: *Ivete e Ivo são nomes começados com a letra i.*

içar i·***çar***

v. Fazer subir num mastro (uma bandeira, uma vela de barco, etc.): *"içar velas!" — gritou o capitão do navio.*

iceberg *ice·berg* (aicebérg)

s.masc. Palavra inglesa que denomina o imenso bloco de gelo formado pela água congelada das geleiras polares; esse bloco solta-se das geleiras e vaga pelos mares: *um iceberg pode ter muitos quilômetros de extensão.*

ida ***i***·da

s.fem. Ação de ir, de se deslocar até um lugar: *cancelei minha ida àquela cidade; não vou mais lá.*

idade i·***da***·de

s.fem. 1. Número de anos de vida de uma pessoa ou de um animal: *a menina tem onze anos de idade.* 2. *Hist.* Período da história humana (aqui, a letra inicial é maiúscula): *Idade Média, Idade Moderna, etc.*

ideal i·de·***al***

adj.masc.fem. 1. Perfeito: *hoje o dia está ideal para um piquenique.*

s.masc. 2. Aquilo que mais desejamos: *meu ideal é ser médico.*

❖ *pl.* ideais.

idealizado i·de·a·li·***za***·do

adj. Imaginado, criado: *esse é o plano idealizado por nós.*

idealizador i·de·a·li·za·***dor***

s.masc. Aquele que idealiza, que cria: *esse homem é o idealizador da festa aqui no bairro, foi ele que teve a ideia de realizá-la.*

❖ *pl.* idealizadores.

idealizar i·de·a·li·***zar***

v. Imaginar, bolar: *ele idealizou um plano para ajudar essas pessoas.*

ideia i·***dei***·a

s.fem. 1. O ato de pensar (sobre algum tema): *escreva suas ideias sobre esse assunto, diga o que pensa sobre isso.* 2. Plano (ideia já pensada): *para resolver esse problema, tenho uma ideia que vai funcionar.*

idêntico i·***dên***·ti·co

adj. Perfeitamente igual: *esses irmãos gêmeos são idênticos; um é exatamente igual ao outro.*

identidade i·den·ti·***da***·de

s.fem. 1. O que é igual: *há uma identidade de pensamento entre nós; pensamos da mesma forma.* 2. Dados próprios de uma pessoa que a diferenciam de qualquer outra: *na minha cédula de identidade estão meu nome, a data e o local do meu nascimento e os nomes dos meus pais.*

identificar i·den·ti·fi·***car***

v. Descobrir a identidade de alguém, ou seja, descobrir quem é essa pessoa: *a polícia conseguiu identificar os culpados.*

idioma i·di·***o***·ma (ô)

s.masc. Língua própria de um povo: *o nosso idioma é o português.*

idiota i·di·***o***·ta (ó)

adj.masc.fem. Imbecil, tolo, bobo: *teve uma atitude idiota ao não ouvir seus companheiros.*

idólatra i·***dó***·la·tra

adj.masc.fem. Adorador de ídolos: *muitos povos antigos eram idólatras.*

idolatrar i·do·la·***trar***

v. 1. Adorar ídolos, ou seja, figuras ou estátuas que representam divindades: *os antigos gre-*

gos idolatravam vários deuses. 2. Amar muito: *ela idolatra os filhos.*

ídolo í·do·lo
s.masc. 1. Estátua ou imagem adorada; os ídolos geralmente representam deuses ou deusas: *muitos povos antigos adoravam ídolos.* 2. Pessoa amada ou admirada por muita gente: *esse cantor é o ídolo da juventude.*

idoso i·***do***·so (ô)
adj. Que tem muitos anos de idade: *aquele homem idoso e muito simpático é meu avô.*
❖ *fem.* idosa (ó). *pl.* idosos(ó), idosas(ó).
→ Veja também **jovem**.

ignaro ig·***na***·ro
adj. Ignorante; inculto: *homem ignaro.*

ignóbil ig·***nó***·bil
adj.masc.fem. Desprezível: *ele teve uma atitude ignóbil.*
❖ *pl.* ignóbeis.

I

ignomínia ig·no·***mí***·ni:a
s.fem. Grande desonra, infâmia, vergonha: *trair os amigos é uma ignomínia.*

ignominioso ig·no·mi·ni·***o***·so (ô)
adj. Vergonhoso, infame, desonroso: *trair os amigos é um comportamento ignominioso.*
❖ *fem.* ignominiosa (ó). *pl.* ignominiosos (ó), ignominiosas (ó).

ignorância ig·no·***rân***·ci:a
s.fem. Falta de conhecimento, de saber: *o médico confessou sua ignorância a respeito desse assunto.*

ignorante ig·no·***ran***·te
adj.masc.fem. Que não tem conhecimento ou instrução: *existe na equipe uma pessoa ignorante em relação ao tema estudado.*

ignorar ig·no·***rar***
v. Desconhecer, não saber: *ignoro o nome dessa menina.*

igreja i·***gre***·ja (ê)
s.fem. Templo cristão: *os cristãos vão à igreja rezar.*

igual i·***gual***
adj.masc.fem. 1. Idêntico, que tem as mesmas características: *esses dois chapéus são iguais; não há diferenças entre eles.* 2. Que tem o mesmo valor: *todas as pessoas são iguais; devem ser tratadas da mesma forma.*
❖ *pl.* iguais.
→ Veja também **igualar** e **desigual**.

igualar i·gua·***lar***
v. Tornar igual: *essa folha é um pouco maior do que aquela; corte um pedaço para igualar as duas.*
→ Veja também **igual** e **desigual**.

iguaria i·gua·***ri***·a
s.fem. Comida fina, deliciosa: *os convidados saborearam várias iguarias no banquete.*

ih
interj. Palavra que pode expressar diferentes sentimentos (desânimo, tristeza, raiva, aborrecimento, desapontamento, etc.): *ih! Como você é chato!*

ilegal i·le·***gal***
adj.masc.fem. Que é contrário à lei: *é ilegal cortar as árvores deste parque.*
❖ *pl.* ilegais.
→ Veja também **legal**.

ilegítimo i·le·***gí***·ti·mo
adj. Que não é legítimo, que não está de acordo com a lei: *ele não é o dono legítimo desse terreno.*
→ Veja também **legítimo**.

ilegível i·le·***gí***·vel
adj.masc.fem. Que não se consegue ler: *esse menino tem uma escrita ilegível; suas letras parecem rabiscos.*
❖ *pl.* ilegíveis.
→ Veja também **legível** e **ler**.

ileso i·***le***·so (é ou ê)
adj. São e salvo, sem ferimentos, incólume: *ele saiu ileso do acidente.*

iletrado i·le·***tra***·do
adj. Analfabeto, que não sabe ler nem escrever: *pessoa iletrada.*
→ Veja também **letrado**.

ilha *i*·lha
s.fem. *Geog.* Grande extensão de terra cercada de água por todos os lados: *a Inglaterra faz parte de uma ilha.*
→ Veja também **arquipélago**.

ilhota i·***lho***·ta (ó)
s.fem. Ilha pequena: *os piratas esconderam o tesouro numa ilhota.*

ilícito i·***lí***·ci·to
adj. Ilegal, proibido pela lei: *ele agiu de forma ilícita.*
→ Veja também **lícito**.

ilimitado i·li·mi·***ta***·do
adj. Que não tem limites: *aquele rei pensava ter um poder ilimitado, sem fim.*
→ Veja também **limitado**.

ilógico i·***ló***·gi·co
adj. Que não tem lógica, que é absurdo: *raciocínios ilógicos levam a conclusões sem nenhum sentido.*
→ Veja também **lógica**.

iludir i·lu·***dir***
v. Enganar alguém com falsas promessas: *ele iludiu o rapaz; pegou seu dinheiro emprestado, prometeu que devolveria no dia seguinte e não apareceu mais.*

iluminar i·lu·mi·***nar***
v. Jogar luz, clarear: *os faróis do carro iluminam a estrada.*

ilusão i·lu·***são***
s.fem. Impressão falsa, engano: *pensei ter ouvido a voz de meu pai, mas foi só uma ilusão, pois estou sozinho.*
❖ *pl.* ilusões.

ilusório i·lu·***só***·ri:o
adj. Que ilude, que é falso ou enganador: *ele me fez uma promessa ilusória, a de que conseguiria terminar o trabalho em apenas um dia.*

ilustração i·lus·tra·***ção***
s.fem. Desenho ou foto que acompanha um texto: *fiz uma ilustração bonita para o meu trabalho de ciências.*
❖ *pl.* ilustrações.

ilustrado i·lus·***tra***·do
adj. Que tem ilustração: *esse livro é todo ilustrado.*

ilustrador i·lus·tra·***dor***
s.masc. Aquele que faz ilustrações, que desenha para ilustrar textos: *ele é um ilustrador de livros infantis.*
❖ *pl.* ilustradores.

ilustrar i·lus·***trar***
v. Completar com ilustração, juntar desenhos ou fotos a um texto: *os alunos ilustraram o trabalho.*

ilustre i·***lus***·tre
adj.masc.fem. Famoso, célebre: *Portinari é um dos mais ilustres pintores brasileiros.*

ímã *í*·mã
s.masc. Peça especial de aço capaz de atrair o ferro e alguns outros metais: *esse ímã de geladeira tem um desenho muito bonito.*
❖ *pl.* ímãs.

imaculado i·ma·cu·***la***·do
adj. 1. Sem mancha: *a blusa é de uma brancura imaculada.* 2. Puro, sem pecado: *essa senhora leva uma vida imaculada.*
→ Veja também **mácula** e **macular**.

imagem i·***ma***·gem
s.fem. 1. Ilustração: *a criança está olhando as imagens do livro, ou seja, as fotos, os desenhos.* 2. Representação de uma cena ou figura religiosa: *vovó tem uma imagem de Nossa Senhora com o Menino Jesus.* 3. Reflexo: *vejo minha imagem no espelho.* 4. Aquilo que aparece numa tela de televisão, cinema, etc.: *com esse aparelho, a imagem da minha televisão ficou ótima.*
❖ *pl.* imagens.

imaginação i·ma·gi·na·***ção***
s.fem. Capacidade de imaginar, de criar: *ele tem uma imaginação incrível, escreve histórias muito interessantes.*

I

imaginar i·ma·gi·***nar***
v. 1. Criar por meio da imaginação, da fantasia: *ele imaginou uma história muito interessante.* 2. Pensar: *quem poderia imaginar que ele fosse capaz de fazer isso?*
v. pron. **imaginar-se** 3. Julgar-se, considerar-se: *ele se imagina um herói.*

imaginário i·ma·gi·***ná***·ri:o
adj. Irreal, que só existe na imaginação: *as fadas são seres imaginários.*

imaturidade i·ma·tu·ri·***da***·de
s.fem. Atitude ou comportamento de quem é imaturo: *ele agiu com imaturidade.*
→ Veja também **imaturo**.

imaturo i·ma·***tu***·ro
adj. (Pessoa) que ainda não amadureceu, que não age como adulto: *o moço é imaturo, por isso comete muitos erros.*
→ Veja também **imaturidade** e **maduro**.

I

imbecil im·be·***cil***
adj.masc.fem. Idiota, tolo, bobo: *sujeito imbecil.*
❖ *pl.* imbecis.

imbecilidade im·be·ci·li·***da***·de
s.fem. Estupidez, idiotice, atitude de quem é imbecil: *agir assim foi uma imbecilidade.*

imberbe im·***ber***·be (é)
adj.masc.fem. Que não tem barba porque ainda é muito moço: *rapaz imberbe.*

imediações i·me·di:a·***ções***
s.fem.pl. Vizinhanças, proximidades: *ele foi visto nas imediações da escola.*

imediato i·me·di·***a***·to
adj. Instantâneo, no mesmo momento: *eu estava com dor de dente; tomei esse remédio e senti um alívio imediato, a dor sumiu na hora.*

imenso i·***men***·so
adj. Enorme, muito grande: *o mar é imenso.*

imensurável i·men·su·***rá***·vel
adj.masc.fem. Que não se pode medir de tão grande: *distância imensurável.*
❖ *pl.* imensuráveis.
→ Veja também **mensurável**.

imerecido i·me·re·***ci***·do
adj. Que não é merecido, que é injusto: *recebi um castigo imerecido.*
→ Veja também **merecido**.

imergir i·mer·***gir***
v. Afundar: *o mergulhador imergiu no lago e só voltou à tona depois de alguns minutos.*
→ Veja também **emergir**.

imersão i·mer·***são***
s.fem. Ação de imergir, de afundar ou mergulhar: *o filme mostrou a imersão do submarino.*
→ Veja também **emersão**.

imerso i·***mer***·so (é)
adj. Afundado, que está sob a água: *eles filmaram o barco imerso.*

imigração i·mi·gra·***ção***
s.fem. Ação de entrar num país estrangeiro para morar definitivamente: *a imigração italiana foi importante para a cultura brasileira.*
❖ *pl.* imigrações.

imigrante i·mi·***gran***·te
s.masc.fem. Pessoa que entra num país estrangeiro para aí morar definitivamente: *aqui no Brasil há muitos imigrantes italianos.*

imigrar i·mi·***grar***
v. Entrar num país estrangeiro para aí morar definitivamente: *muitos brasileiros imigraram para o Japão nos últimos anos.*
→ Não confunda com **emigrar**, que tem outro significado.

iminente i·mi·***nen***·te
adj.masc.fem. Que está para acontecer dentro de pouco tempo: *a casa está em ruínas e o desabamento do teto é iminente, pode acontecer a qualquer momento.*
→ Não confunda com **eminente**, que tem outro significado.

imitar i·mi·***tar***
v. Fazer exatamente igual: *você consegue imitar o jeito de andar de seu colega?*

imobilidade i·mo·bi·li·***da***·de
s.fem. Ausência completa de movimento: *observe a imobilidade daquele soldado; ele parece uma estátua!*
→ Veja também **mobilidade**.

imobilização i·mo·bi·li·za·***ção***
s.fem. Ação de imobilizar, de paralisar, de deixar sem movimentos: *ele engessou o braço quebrado para garantir sua imobilização.*

imobilizar i·mo·bi·li·***zar***
v. Deixar imóvel, sem movimento: *meu dedo está quebrado; para imobilizá-lo por algum tempo, o médico o engessou.*
→ Veja também **imóvel**.

imoral i·mo·***ral***
adj.masc.fem. Indecente, contrário à moral e aos costumes de determinada época: *filme imoral.*
❖ *pl.* imorais.

imorredouro i·mor·re·***dou***·ro
adj. Eterno, que não se esquece: *lembrança imorredoura.*

imortal i·mor·***tal***
adj.masc.fem. Eterno, que não morre: *o homem gostaria de ser imortal.*
❖ *pl.* imortais.
→ Veja também **mortal**.

imortalidade i·mor·ta·li·***da***·de
s.fem. Duração eterna: *vi um filme em que um cientista procurava a fórmula da imortalidade porque queria viver para sempre.*

imortalizar i·mor·ta·li·***zar***
v. Tornar imortal na lembrança das pessoas: *esse belo poema imortalizou o nome de seu autor, fez com que seu nome continuasse vivo na memória das pessoas.*

imóvel i·***mó***·vel
adj.masc.fem. 1. Totalmente parado: *fique imóvel no seu lugar!*
s.masc. 2. Casa, prédio, edifício: *aluga-se este imóvel.*
❖ *pl.* imóveis.
→ Veja também **imobilizar**.

impaciência im·pa·ci·***ên***·ci:a
s.fem. Falta de paciência, de calma: *depois de muito tempo de espera, as pessoas que estavam na fila deram sinais de impaciência.*
→ Veja também **paciência**.

impaciente im·pa·ci·***en***·te
adj.masc.fem. Que não tem paciência, que está inquieto ou nervoso: *não seja impaciente e espere a sua vez de jogar!*
→ Veja também **paciente**.

impacto im·***pac***·to
s.masc. 1. Choque: *ela recebeu o impacto da bola no rosto e caiu.* 2. Emoção: *o impacto da má notícia fez a jovem desmaiar.*

impagável im·pa·***gá***·vel
adj.masc.fem. 1. Que não se pode pagar: *dívida impagável.* 2. Muito engraçado, que provoca riso: *seu jeito de andar é impagável.*
❖ *pl.* impagáveis.

ímpar ***ím***·par
adj.masc.fem. 1. Um número pode ser par ou ímpar; é ímpar quando, ao ser dividido por 2, deixa resto: *o sete é um número ímpar.* 2. Único, que não tem igual: *o rapaz mostrou uma coragem ímpar, ninguém foi tão corajoso quanto ele.*
❖ *pl.* ímpares.

imparcial im·par·ci·***al***
adj.masc.fem. Que é justo, que leva em conta apenas a justiça, deixando de lado interesses pessoais, amizade, etc.: *um juiz deve ser imparcial, deve agir com justiça, sem favorecer ninguém.*
❖ *pl.* imparciais.
→ Veja também **parcial**.

impasse im·***pas***·se
s.masc. Situação complicada em que é difícil uma saída favorável: *ele está num impasse, pois se for passar o feriado na casa do tio, sua avó fica triste; mas, se for para a casa da avó, é o seu tio quem fica triste.*

impassível im·pas·***sí***·vel
adj.masc.fem. Frio, que não mostra emoção: *mesmo diante daquela cena triste, ele continuou impassível.*
❖ *pl.* impassíveis.

impávido im·***pá***·vi·do
adj. Sem medo, corajoso, destemido: *homem impávido.*

I

impecável im·pe·*cá*·vel
adj.masc.fem. Perfeito, sem nenhum defeito: *o aluno fez um trabalho impecável.*
❖ *pl.* impecáveis.

impedido im·pe·*di*·do
adj. Proibido: *o trânsito nessa rua está impedido; os carros não podem passar por ela.*

impedir im·pe·*dir*
v. Proibir, não permitir: *o professor impediu a entrada do aluno.*
→ Veja também **desimpedir**.

impelir im·pe·*lir*
v. Empurrar, impulsionar: *o forte vento impeliu o barco, levando-o para longe da praia.*

impensado im·pen·*sa*·do
adj. Que não foi pensado ou calculado: *ele arrependeu-se de ter agido de modo impensado; deveria ter refletido antes de fazer o que fez.*

impensável im·pen·*sá*·vel
adj.masc.fem. Inimaginável: *há alguns anos, a existência de computador era impensável.*
❖ *pl.* impensáveis.

imperador im·pe·ra·*dor*
s.masc. Aquele que dirige um império: *D. Pedro I e D. Pedro II foram imperadores do Brasil.*
❖ *fem.* imperatriz. *pl.* imperadores, imperatrizes.

imperar im·pe·*rar*
v. 1. Governar um império: em *1880, D. Pedro II imperava no Brasil.* 2. Dominar, reinar: *não podemos permitir que a injustiça impere em nosso país.*

imperativo im·pe·ra·*ti*·vo
s.masc. *Gram.* Modo verbal que expressa ordem ou pedido: *na frase "Saia daqui e não volte mais!", os verbos sair e voltar estão no imperativo.*
→ Veja também **indicativo** e **subjuntivo**.

imperatriz im·pe·ra·*triz*
s.fem. A esposa do imperador: *a imperatriz Leopoldina foi casada com D. Pedro I.*
❖ *pl.* imperatrizes.

imperceptível im·per·cep·*tí*·vel
adj.masc.fem. Que não se consegue perceber ou notar: *essa mancha é imperceptível de longe.*
❖ *pl.* imperceptíveis.
→ Veja também **perceptível**.

imperdoável im·per·do·*á*·vel
adj.masc.fem. Que não se pode perdoar, que não merece perdão: *falha imperdoável.*
❖ *pl.* imperdoáveis.
→ Veja também **perdoável**.

imperecível im·pe·re·*cí*·vel
adj.masc.fem. Eterno, que não há de morrer: *fama imperecível.*
❖ *pl.* imperecíveis.
→ Veja também **perecível**.

imperfeição im·per·fei·*ção*
s.fem. Falha, defeito: *ele me mostrou uma grave imperfeição no meu trabalho.*
❖ *pl.* imperfeições.
→ Veja também **perfeição**.

imperfeito im·per·*fei*·to
adj. Que não é perfeito, que tem falha ou defeito: *trabalho imperfeito.*
→ Veja também **perfeito**.

imperial im·pe·ri·*al*
adj.masc.fem. Que se refere a um imperador ou a um império: *palácio imperial.*
❖ *pl.* imperiais.

imperícia im·pe·*rí*·ci:a
s.fem. Falta de habilidade, de perícia: *a imperícia do motorista ao manobrar o carro quase provocou um acidente.*
→ Veja também **perícia**.

império im·*pé*·ri:o
s.masc. Nação (ou grupo de nações) governada por um soberano que tem o título de imperador: *o professor passou um filme sobre o império romano na época do imperador Júlio César.*

impermeável im·per·me·*á*·vel
adj.masc.fem. Que não deixa passar água ou outro líquido: *comprei uma capa impermeável para usar em dias de chuva.*
❖ *pl.* impermeáveis.
→ Veja também **permeável**.

ímpeto ***ím***.pe.to

s.masc. 1. Impulso: *num ímpeto de raiva, ele jogou no chão os livros que tinha na mão.* 2. Movimento violento e súbito: *durante a tempestade, o barco não conseguiu resistir ao ímpeto das ondas do mar e afundou.*

impetuoso im·pe·tu·***o***·so (ô)

adj. 1. Violento e rápido: *as águas impetuosas do rio arrastaram a canoa.* 2. Cheio de entusiasmo, energia e até mesmo de uma certa violência: *jogador impetuoso.*

❖ *fem.* impetuosa (ó). *pl.* impetuosos (ó), impetuosas (ó).

impiedoso im·pi:e·***do***·so (ô)

adj. Desumano, que não tem piedade: *aquele empresário não perdoa ninguém, ele é impiedoso!*

❖ *fem.* impiedosa (ó). *pl.* impiedosos (ó), impiedosas (ó).

→ Veja também **piedoso**.

impingir im·pin·***gir***

v. Forçar alguém a aceitar: *o vendedor tentou me impingir essa mercadoria mas eu recusei.*

implacável im·pla·***cá***·vel

adj.masc.fem. 1. Que não se pode aplacar ou abrandar: *sofrimento implacável.* 2. Que não perdoa, que é inflexível: *ele tem um inimigo implacável, um inimigo que não desiste de atacá-lo.*

❖ *pl.* implacáveis.

→ Veja também **aplacar**.

implantar im·plan·***tar***

v. Introduzir, aplicar: *esse professor quer implantar um novo método de ensino.*

implicante im·pli·***can***·te

adj.masc.fem. Provocador, irritante, que vive apontando defeitos: *não seja tão implicante com sua mãe!*

implicar im·pli·***car***

v. 1. Produzir como consequência: *a ausência do professor implica o adiamento da prova marcada para hoje.* 2. Amolar, perturbar, importunar: *por que você implica tanto com seu colega? Por que não o deixa em paz?*

implorar im·plo·***rar***

v. Suplicar, pedir com voz chorosa: *ele implorou a ajuda dos amigos.*

imponente im·po·***nen***·te

adj.masc.fem. Que impõe admiração, que chama a atenção: *no desfile tinha um imponente grupo de cavaleiros que todos admiraram.*

impopular im·po·pu·***lar***

adj.masc.fem. Que desagrada à maioria das pessoas: *o aumento de impostos é uma medida impopular.*

❖ *pl.* impopulares.

impor im·***por***

v. Forçar alguém a aceitar: *o rei quer impor sua vontade, quer que todos façam o que ele deseja.*

→ Veja também **imposição**.

importação im·por·ta·***ção***

s.fem. Ação de importar, de trazer para nosso país produtos comprados no estrangeiro: *o governo autorizou a importação desse produto.*

❖ *pl.* importações.

importado im·por·***ta***·do

adj. Que foi comprado de outro país: *esse relógio é importado, veio do Japão.*

importância im·por·***tân***·ci:a

s.fem. 1. Valor: *esse homem teve muita importância na nossa história, teve um papel destacado.* 2. Quantia: *vendemos a casa por uma grande importância, por um preço bem alto.*

importante im·por·***tan***·te

adj.masc.fem. 1. Valioso: *esse livro é importante para o nosso trabalho.* 2. Influente: *ele é um homem importante, um homem que tem um papel destacado na sociedade.* 3. Que pode ter sérias consequências: *a escolha da profissão é uma decisão importante em nossa vida.*

importar im·por·***tar***

v. 1. Fazer entrar no nosso país produtos estrangeiros: *o Brasil importou essa máquina da Alemanha.* 2. Ser importante: *é isso que importa fazer.*

v.pron. **importar-se** 3. Preocupar-se, dar importância, fazer caso: *você não deve se importar com esses boatos.*

→ Veja também **exportar**.

importunar im·por·tu·***nar***

v. Incomodar, aborrecer, perturbar: *não consegui terminar o trabalho se você ficar me importunando com essa conversa.*

importuno im·por·***tu***·no
adj. Que importuna, que incomoda: *sujeito importuno*.

imposição im·po·si·***ção***
s.fem. Ação de impor, de obrigar a aceitar: *não aceito essa imposição! Vou fazer o que eu achar melhor!*
❖ *pl.* imposições.
→ Veja também **impor**.

impossibilidade im·pos·si·bi·li·***da***·de
s.fem. Falta de possibilidade, de meios para fazer alguma coisa: *a impossibilidade de ir à festa deixou a menina triste.*
→ Veja também **possibilidade**.

impossibilitar im·pos·si·bi·li·***tar***
v. Impedir alguma coisa de ser realizada: *a forte chuva que caía impossibilitou o jogo de futebol.*
→ Veja também **possibilitar**.

impossível im·pos·***sí***·vel
adj.masc.fem. 1. Que não pode ser, que não se pode fazer: *missão impossível*. 2. Insuportável: *esse menino hoje está impossível!*
❖ *pl.* impossíveis.
→ Veja também **possível**.

imposto im·***pos***·to (ô)
s.masc. Quantia que se deve pagar ao governo: *esse imposto deve ser pago até amanhã.*
❖ *pl.* impostos (ó).

impostor im·pos·***tor***
s.masc. Aquele que finge ser outra pessoa: *a polícia prendeu o impostor que se fazia passar por fiscal.*
❖ *pl.* impostores.

impotência im·po·***tên***·ci:a
s.fem. Falta de poder ou de força para fazer alguma coisa: *o povo percebeu a impotência do rei para impedir a revolta, percebeu que ele não podia impedi-la.*

impotente im·po·***ten***·te
adj.masc.fem. Que não tem força ou poder para fazer alguma coisa: *o capitão era impotente para impedir a revolta dos marinheiros.*

impreciso im·pre·***ci***·so
adj. Vago, sem a clareza necessária: *sua resposta foi imprecisa.*
→ Veja também **preciso**.

impregnar im·preg·***nar***
v. Passar (um cheiro, um perfume, etc.) de uma coisa a outra: *eles estavam fumando perto de mim e o cheiro de cigarro impregnou minha roupa.*

imprensa im·***pren***·sa
s.fem. 1. Atividade de imprimir e publicar jornais e revistas: *a imprensa dá informações sobre o que está acontecendo no mundo.* 2. Jornalistas e repórteres: *o presidente recebeu a imprensa para explicar seus projetos.*

imprescindível im·pres·cin·***dí***·vel
adj.masc.fem. Indispensável: *sua presença na reunião é imprescindível, pois sem você nada será decidido.*
❖ *pl.* imprescindíveis.
→ Veja também **prescindível**.

impressão im·pres·***são***
s.fem. 1. Marca, sinal: *veja a impressão dos meus pés na areia.* 2. O trabalho de imprimir, de transformar textos e imagens em livro, revista, jornal, etc.: *a impressão do meu livro foi feita nessa gráfica.* 3. Sensação: *tenho a impressão de estar sonhando, sinto como se estivesse sonhando.*
❖ *pl.* impressões.
→ Veja também **imprimir**.

impressionante im·pres·si:o·***nan***·te
adj.masc.fem. 1. Que comove, que choca: *acidente impressionante*. 2. Que chama a atenção, que causa espanto: *é impressionante a velocidade desse atleta!*

impressionar im·pres·si:o·***nar***
v. 1. Chocar, comover: *a miséria daquelas pessoas me impressionou*. 2. Causar espanto, admiração: *a coragem daquele menino me impressionou*.

impressionável im·pres·si:o·***ná***·vel
adj.masc.fem. Que se impressiona ou se comove facilmente: *pessoa impressionável*.
❖ *pl.* impressionáveis.

impressora im·pres·***so***·ra (ô)
s.fem. Máquina que imprime, que faz impressão em papel: *vou usar essa impressora para imprimir o texto que digitei no computador.*

imprestável im·pres·***tá***·vel
adj.masc.fem. Inútil, que não presta para nada: *sem essa peça, a máquina é imprestável.*
❖ *pl.* imprestáveis.

imprevidente im·pre·vi·***den***·te
adj.masc.fem. Descuidado, sem precaução: *homem imprevidente.*
→ Veja também **previdente**.

imprevisível im·pre·vi·***sí***·vel
adj.masc.fem. Que não se pode prever: *fato imprevisível.*
❖ *pl.* imprevisíveis.
→ Veja também **previsível**.

imprevisto im·pre·***vis***·to
adj. Inesperado, que não se prevê: *no meio do caminho, o pneu do carro furou; esse acontecimento imprevisto me fez chegar tarde à reunião.*

imprimir im·pri·***mir***
v. 1. Fazer sinal ou marca em alguma coisa: *ao andar na praia, imprimo meus passos na areia úmida.* 2. Fazer a impressão: *essa gráfica vai imprimir a história que escrevi.*
→ Veja também **impressão**.

improdutivo im·pro·du·***ti***·vo
adj. Que não produz nada, que não gera lucro: *terras improdutivas.*
→ Veja também **produtivo**.

impróprio im·***pró***·pri:o
adj. Desaconselhável, que não é recomendado: *esse filme é impróprio para crianças.*

improvável im·pro·***vá***·vel
adj.masc.fem. Que dificilmente poderá acontecer: *a realização dessa festa é improvável.*
❖ *pl.* improváveis.
→ Veja também **provável**.

improvisar im·pro·vi·***sar***
v. Fazer alguma coisa sem nenhuma preparação: *o presidente improvisou um discurso na festa.*

imprudência im·pru·***dên***·ci:a
s.fem. Falta de prudência, de cuidado: *a imprudência do motorista provocou o acidente; ele estava correndo tanto que perdeu o controle do carro.*
→ Veja também **prudência**.

imprudente im·pru·***den***·te
adj.masc.fem. Que não é prudente, que age sem pensar nas consequências: *fui imprudente e acabei pegando uma gripe.*
→ Veja também **prudente**.

impulsionar im·pul·si:o·***nar***
v. Dar impulso, mover: *o vento forte impulsionou o barco a vela.*

impulsivo im·pul·***si***·vo
adj. Que toma decisões sem pensar muito, que age de forma precipitada: *rapaz impulsivo.*

impulso im·***pul***·so
s.masc. 1. Ação de empurrar: *com o impulso do vento, o barco logo chegou à praia.* 2. *fig.* Ação de ajudar: *o impulso que ele recebeu da família na sua vida de estudante fez com que ele se dedicasse ainda mais aos estudos.*

impune im·***pu***·ne
adj.masc.fem. Sem punição, sem castigo: *como não conseguiram provar sua culpa, o impostor ficou impune.*

impunidade im·pu·ni·***da***·de
s.fem. Falta de punição ou castigo: *a certeza da impunidade levou esse rapaz a cometer um roubo.*

impureza im·pu·***re***·za (ê)
s.fem. Aquilo que suja ou polui: *a água, quando sai da torneira, tem muitas impurezas; por isso temos de fervê-la ou filtrá-la antes de beber.*
→ Veja também **pureza**.

impuro im·***pu***·ro
adj. Sujo, poluído, contaminado: *água impura.*
→ Veja também **puro**.

imundície i·mun·***dí***·ci:e
s.fem. Sujeira: *quem vai limpar essa imundície?*

imundo i·***mun***·do
adj. Muito sujo: *roupa imunda.*

imune i·***mu***·ne
adj.masc.fem. Protegido contra alguma coisa: *tomei vacinas para ficar imune a certas doenças; nunca peguei nada.*

imunizar i·mu·ni·***zar***
v. Tornar imune, fortalecer o corpo para que ele não seja atacado por certas doenças: *essa vacina imuniza contra sarampo; faz seu organismo ficar resistente a essa doença.*

imutável i·mu·***tá***·vel
adj.masc.fem. Que não muda, que não se altera: *situação imutável.*
❖ *pl.* imutáveis.
→ Veja também **mutável**.

inabalável i·na·ba·***lá***·vel
adj.masc.fem. Firme, que não se abala ou abate: *esse homem tem uma coragem inabalável.*
❖ *pl.* inabaláveis.

inábil i·***ná***·bil
adj.masc.fem. Desajeitado, sem habilidade: *pessoa inábil.*
❖ *pl.* inábeis.
→ Veja também **hábil**.

inabitável i·na·bi·***tá***·vel
adj.masc.fem. Que não pode ser habitado, que não apresenta condições para ser habitado: *essa casa velha é inabitável.*
❖ *pl.* inabitáveis.
→ Veja também **habitável**.

inacabado i·na·ca·***ba***·do
adj. Que não foi acabado: *trabalho inacabado.*

inaceitável i·na·cei·***tá***·vel
adj.masc.fem. Que não se pode aceitar: *sugestão inaceitável.*
❖ *pl.* inaceitáveis.
→ Veja também **aceitável**.

inacessível i·na·ces·***sí***·vel
adj.masc.fem. 1. Inatingível, que não se pode alcançar: *o pico dessa montanha é inacessível.* 2. Muito alto (um preço): *para mim, essa casa é inacessível; não posso pagar seu preço.*
❖ *pl.* inacessíveis.
→ Veja também **acessível**.

inacreditável i·na·cre·di·***tá***·vel
adj.masc.fem. Em que não se pode acreditar: *história inacreditável.*
❖ *pl.* inacreditáveis.

inadequado i·na·de·***qua***·do
adj. Que não é adequado, que não é apropriado: *essa camisa é inadequada para o verão porque esquenta muito.*
→ Veja também **adequado**.

inadiável i·na·di·***á***·vel
adj.masc.fem. Que não se pode adiar, que não se pode transferir para outro dia: *reunião inadiável.*
❖ *pl.* inadiáveis.
→ Veja também **adiável**.

inadmissível i·nad·mis·***sí***·vel
adj.masc.fem. Que não se pode admitir ou tolerar: *falha inadmissível.*
❖ *pl.* inadmissíveis.
→ Veja também **admissível**.

inadvertido i·nad·ver·***ti***·do
adj. Feito sem pensar: *um gesto inadvertido provocou a discussão entre eles.*

inalterado i·nal·te·***ra***·do
adj. Que não se alterou, que não sofreu alteração ou modificação: *o estado do doente continua inalterado.*

inalterável i·nal·te·***rá***·vel
adj.masc.fem. Que não se pode alterar: *o regulamento do concurso é inalterável.*
❖ *pl.* inalteráveis.
→ Veja também **alterável**.

inanição i·na·ni·***ção***
s.fem. Fraqueza causada por falta de alimentação: *a criança quase morreu de inanição.*

inanimado i·na·ni·***ma***·do
adj. 1. Desfalecido, sem sentidos: *o homem caiu inanimado.* 2. Sem vida: *as pedras são inanimadas; os homens, ao contrário, são seres animados.*

inapetência i·na·pe·***tên***·ci:a
s.fem. Falta de apetite: *essa doença causa inapetência, a pessoa fica sem vontade de comer.*

inaptidão i·nap·ti·***dão***
s.fem. Incapacidade de fazer bem uma coisa; falta de aptidão: *todos perceberam sua inaptidão para esse trabalho; ele não tinha jeito para isso.*
❖ *pl.* inaptidões.
→ Veja também **aptidão**.

inapto i·***nap***·to
adj. Que não é apto para fazer uma coisa: *ele é inapto para terminar esse trabalho; não é capaz de fazê-lo.*
→ Veja também **apto**.

inativo i·na·***ti***·vo
adj. Que não está em atividade, que não está fazendo nada: *ele ficou inativo durante toda a aula.*

inato i·***na***·to
adj. Natural, que nasce com o indivíduo: *ela parece ter um talento inato para a música.*

inaudível i·nau·***dí***·vel
adj.masc.fem. Que não se consegue ouvir: *som inaudível.*
❖ *pl.* inaudíveis.
→ Veja também **audível**.

inauguração i·nau·gu·ra·***ção***
s.fem. Momento em que se apresenta ao público pela primeira vez uma escola, uma loja, um hospital, etc. que vai entrar em atividade: *o prefeito compareceu à inauguração da escola do nosso bairro.*
❖ *pl.* inaugurações.

inaugurar i·nau·gu·***rar***
v. Abrir ao público pela primeira vez: *o prefeito inaugurou a biblioteca da cidade.*

incalculável in·cal·cu·***lá***·vel
adj.masc.fem. Que não se pode calcular: *o número de estrelas que há no universo é incalculável.*
❖ *pl.* incalculáveis.
→ Veja também **calculável**.

incandescente in·can·des·***cen***·te
adj.masc.fem. Ardente, que está em brasa: *um pedaço de carvão incandescente queimou meu pé.*

incansável in·can·***sá***·vel
adj.masc.fem. Que não se cansa: *ele é um defensor incansável da justiça.*
❖ *pl.* incansáveis.

incapacidade in·ca·pa·ci·***da***·de
s.fem. Incompetência, falta de capacidade para fazer determinada tarefa: *todos perceberam sua incapacidade para organizar a festa de formatura.*
→ Veja também **capacidade**.

incapaz in·ca·***paz***
adj.masc.fem. Incompetente, que não tem capacidade ou condições para fazer alguma coisa: *o novo prefeito é um incapaz, não sabe cuidar da cidade.*
❖ *pl.* incapazes. *superl.* incapacíssimo.
→ Veja também **capaz**.

incauto in·***cau***·to
adj. Que não toma os devidos cuidados, que é ingênuo, sem malícia: *muitas pessoas incautas foram enganadas por esse homem.*

incendiar in·cen·di·***ar***
v. 1. Pôr fogo em: *alguém incendiou o mato.* 2. *fig.* Deixar mais animado, mais movimentado: *o gol de empate incendiou o jogo, que ficou bem mais disputado.*

incendiário in·cen·di·***á***·ri:o
adj. Aquilo que provoca incêndio, que faz pegar fogo: *as bombas incendiárias caíram sobre as casas, que pegaram fogo e foram destruídas.*

incêndio in·***cên***·di:o
s.masc. Fogo que se espalha e destrói muita coisa: *o incêndio atingiu várias casas.*

incentivar in·cen·ti·***var***
v. Estimular, animar: *os pais incentivam o filho a estudar.*

incentivo in·cen·***ti***·vo
s.masc. Estímulo: *às vezes, precisamos ouvir palavras de incentivo, palavras que nos animem, que nos encorajem.*

incerteza in·cer·***te***·za (ê)
s.fem. Dúvida, falta de certeza: *estou numa grande incerteza, não sei se continuo a estudar nesta escola ou não.*

incerto in·***cer***·to (é)
adj. 1. Indeciso, que está em dúvida: *estou incerto sobre o caminho que devo tomar; não sei se vou em frente ou se viro à esquerda.* 2. Variável: *o tempo hoje está incerto; ora chove, ora sai sol.* 3. Hesitante, pouco seguro, vacilante: *o doente caminhava com passos incertos.*

incessante in·ces·***san***·te
adj.masc.fem. Contínuo, que não cessa, que não para: *barulho incessante*.

inchar in·***char***
v. Aumentar de volume, ficar maior do que o normal: *o tombo que levei fez meu joelho inchar*.

incidente in·ci·***den***·te
s.masc. Acontecimento inesperado e geralmente desagradável: *durante a festa, dois homens se desentenderam e quase brigaram; esse foi o único incidente* da noite.

incinerar in·ci·ne·***rar***
v. Queimar até transformar em cinzas: *ele incinerou os papéis que não tinham mais utilidade*.

incitar in·ci·***tar***
v. Instigar, levar a fazer: *as palavras do chefe incitaram o povo à guerra, isto é, levaram o povo a fazer a guerra*.

inclemência in·cle·***mên***·ci:a
s.fem. Crueldade, falta de clemência, de piedade: *a inclemência do chefe é temida por todos*.
→ Veja também **clemência**.

inclinação in·cli·na·***ção***
s.fem. 1. Ação de inclinar, de curvar: *observe a inclinação do meu corpo*. 2. Vocação: *o menino mostra inclinação para o desenho, mostra ter muito jeito para desenhar*.
❖ *pl.* inclinações.

inclinar in·cli·***nar***
v. Abaixar, curvar: *ele inclinou o corpo para pegar o livro que estava no chão*.

incluir in·clu·***ir***
v. Pôr em um grupo ou conjunto: *a professora incluiu esse menino no nosso grupo, para fazer a atividade*.
→ Veja também **excluir**.

inclusão in·clu·***são***
s.fem. Introdução em um grupo ou conjunto: *o grupo aceitou a inclusão de mais uma pessoa*.
→ Veja também **exclusão**.

incoerência in·co:e·***rên***·ci:a
s.fem. Falta de coerência, de lógica: *você diz que não se deve mentir e, no entanto, mente; isso é uma incoerência*.
→ Veja também **coerência**.

incoerente in·co:e·***ren***·te
adj.masc.fem. Que mostra incoerência, falta de lógica: *seu comportamento é incoerente, pois você diz uma coisa e faz outra!*
→ Veja também **coerente**.

incógnita in·***cóg***·ni·ta
s.fem. Aquilo que é desconhecido: *a solução desse problema ainda é uma incógnita*.

incógnito in·***cóg***·ni·to
adj. 1. Desconhecido: *o autor dessa obra é incógnito*. 2. Que não quer ser reconhecido: *esse artista passou incógnito pela cidade*.

incolor in·co·***lor***
adj.masc.fem. Que não tem cor: *a água da chuva é incolor*.
❖ *pl.* incolores.

incólume in·***có***·lu·me
adj.masc.fem. São e salvo: *ele saiu incólume do acidente, não sofreu nada*.

incomensurável in·co·men·su·***rá***·vel
adj.masc.fem. Que não pode ser medido: *espaço incomensurável*.
❖ *pl.* incomensuráveis.
→ Veja também **mensurar** e **mensurável**.

incomodar in·co·mo·***dar***
v. Perturbar, atrapalhar: *você não deve incomodar seu colega*.

incomparável in·com·pa·***rá***·vel
adj.masc.fem. Excelente, muito bom, sem comparação com outro: *jogador incomparável*.
❖ *pl.* incomparáveis.

incompetência in·com·pe·***tên***·ci:a
s.fem. Falta de competência, de capacidade para fazer determinada tarefa: *ele não foi capaz de executar o serviço e reconheceu sua incompetência*.
→ Veja também **competência**.

incompetente in·com·pe·***ten***·te
adj.masc.fem. Que não é competente, que não é capaz de fazer bem determinado trabalho: *esse funcionário é incompetente, não consegue fazer bem o seu trabalho*.

→ Veja também **competente**.

incompleto in·com·***ple***·to (é)
adj. Que não está completo: *seu álbum de figurinhas está incompleto; ainda faltam algumas para completá-lo.*
→ Veja também **completo**.

incompreendido in·com·pre·en·***di***·do
adj. Que não é compreendido pelas outras pessoas: *ele é um menino incompreendido, por isso vive tão isolado.*

incompreensível in·com·pre·en·***sí***·vel
adj.masc.fem. Que não se consegue compreender: *resposta incompreensível.*
❖ *pl.* incompreensíveis.
→ Veja também **compreensível**.

incompreensivo in·com·pre·en·***si***·vo
adj. Que não tolera as falhas alheias, que não procura entendê-las: *esse funcionário da escola é incompreensivo, não quer entender os problemas dos alunos.*
→ Veja também **compreensivo**.

incomum in·co·***mum***
adj.masc.fem. Raro, que não é comum: *esse homem tem uma força incomum; é muito difícil encontrar alguém tão forte como ele.*
❖ *pl.* incomuns.
→ Veja também **comum**.

◎ Incomum é palavra formada de *in* (idéia de negação) + *comum*, significando, portanto, *o que não é comum*.

incomunicável in·co·mu·ni·***cá***·vel
adj.masc.fem. Que está sem comunicação, que não pode conversar com ninguém: *o preso está incomunicável.*
❖ *pl.* incomunicáveis.

inconfessável in·con·fes·***sá***·vel
adj.masc.fem. Que não se pode ou não se deve confessar: *sentimento inconfessável.*
❖ *pl.* inconfessáveis.

inconfidência in·con·fi·***dên***·ci:a
s.fem. Traição, deslealdade: *Tiradentes foi acusado de inconfidência, ou seja, de falta de fidelidade para com o rei de Portugal.*

inconfidente in·con·fi·***den***·te
s.masc.fem. Aquele que é acusado de inconfidência, de traição: *o inconfidente contou os segredos do governo.*

inconformado in·con·for·***ma***·do
adj. Que não aceita, que não se conforma: *há vários alunos inconformados com a decisão do professor.*
→ Veja também **conformado**.

inconfundível in·con·fun·***dí***·vel
adj.masc.fem. Que pode ser reconhecido facilmente: *a voz desse cantor é inconfundível.*
❖ *pl.* inconfundíveis.

inconsciente in·cons·ci·***en***·te
adj.masc.fem. 1. Desmaiado, sem sentidos: *ele ficou inconsciente por alguns minutos.* 2. Que não sabe o que está fazendo: *essas crianças brincam numa rua onde passam muitos carros; estão inconscientes do perigo que correm.*
→ Veja também **consciente**.

inconsolável in·con·so·***lá***·vel
adj.masc.fem. Que não se pode consolar, que não consegue ficar consolado: *ele está inconsolável com a derrota de seu time.*
❖ *pl.* inconsoláveis.
→ Veja também **consolar**.

incontável in·con·***tá***·vel
adj.masc.fem. Inumerável, que não se consegue contar ou calcular: *é incontável o número de estrelas que há no céu.*
❖ *pl.* incontáveis.

incontestável in·con·tes·***tá***·vel
adj.masc.fem. Indiscutível, inegável: *ele é o melhor jogador do time; isso é incontestável.*
❖ *pl.* incontestáveis.
→ Veja também **contestável**.

incontrolável in·con·tro·***lá***·vel
adj.masc.fem. Que não se consegue controlar: *ele sentia uma raiva incontrolável.*
❖ *pl.* incontroláveis.

inconveniência in·con·ve·ni·***ên***·ci:a
s.fem. Aquilo que não convém, que pode prejudicar: *o gasto excessivo de combustível é a única inconveniência desse novo carro.*

I

inconveniente in·con·ve·ni·***en***·te
adj.masc.fem. Que é impróprio em certa situação, que pode incomodar: *na escola, esse tipo de brincadeira é inconveniente*.
→ Veja também **conveniente**.

incorporar in·cor·po·***rar***
v. 1. Juntar: *a empresa incorporou novas fábricas*.
v.pron. **incorporar-se** 2. Juntar-se, reunir-se: *ele quer incorporar-se ao grupo*.

incorreção in·cor·re·***ção***
s.fem. Erro, falha: *aponte a incorreção que há neste texto*.
❖ *pl.* incorreções.

incorrer in·cor·***rer***
v. Cometer: *ele incorreu em grave erro*.

incorrigível in·cor·ri·***gí***·vel
adj.masc.fem. 1. Que não se consegue corrigir: *ele tem um defeito incorrigível*. 2. Que não se corrige, que não muda de comportamento: *ele é um mentiroso incorrigível*.
❖ *pl.* incorrigíveis.

incorruptível in·cor·rup·***tí***·vel
adj.masc.fem. Que não se deixa corromper: *homem incorruptível*.
❖ *pl.* incorruptíveis.
→ Veja também **corruptível**.

incrédulo in·***cré***·du·lo
adj. Que não acredita facilmente no que ouve, que não se deixa convencer: *contaram-lhe histórias de terror sobre esse lugar, mas ele continua incrédulo*.
→ Veja também **crédulo**.

incrementar in·cre·men·***tar***
v. Desenvolver, fazer progredir: *o governo precisa incrementar a agricultura*.

incrível in·***crí***·vel
adj.masc.fem. 1. Muito difícil de acreditar, de aceitar como verdadeiro: *história incrível*. 2. Fora do comum: *sua inteligência é incrível*.
❖ *pl.* incríveis.

inculto in·***cul***·to
adj. 1. Que não está cultivado: *terreno inculto*. 2. Ignorante, sem instrução: *homem inculto*.

incumbir in·cum·***bir***
v. 1. Encarregar alguém de fazer alguma coisa: *o professor me incumbiu de fazer essa pesquisa*.
v.pron. **incumbir-se** 2. Encarregar-se de: *ela se incumbiu de organizar a festa*.

incurável in·cu·***rá***·vel
adj.masc.fem. Que não tem cura: *doença incurável*.
❖ *pl.* incuráveis.
→ Veja também **curável**.

indagar in·da·***gar***
v. Procurar saber, perguntando: *vou indagar o motivo de suas faltas*.

indecente in·de·***cen***·te
adj.masc.fem. Imoral, que ofende os costumes de determinada época: *filme indecente*.
→ Veja também **decente**.

indecifrável in·de·ci·***frá***·vel
adj.masc.fem. Que não se consegue decifrar, esclarecer, explicar: *mensagem indecifrável*.
❖ *pl.* indecifráveis.
→ Veja também **decifrável**.

indecisão in·de·ci·***são***
s.fem. Dúvida, incerteza: *ele me respondeu com indecisão*.
❖ *pl.* indecisões.
→ Veja também **decisão**.

indeciso in·de·***ci***·so
adj. Hesitante: *ele não sabe se vai ao cinema ou ao circo; está indeciso*.

indecoroso in·de·co·***ro***·so (ô)
adj. Indecente, imoral: *ele teve um comportamento indecoroso*.
❖ *fem.* indecorosa (ó). *pl.* indecorosos (ó), indecorosas (ó).
→ Veja também **decoroso**.

indefensável in·de·fen·***sá***·vel
adj.masc.fem. Que não se pode defender: *aquele foi um chute indefensável; o goleiro não poderia defendê-lo*.
❖ *pl.* indefensáveis.

indefeso in·de·***fe***·so (ê)
adj. Que está sem defesa, que não pode se defender: *o grupo atacou um homem indefeso*.

indefinido in·de·fi·***ni***·do
adj. Vago, que não se pode definir ou determinar: *ele ficará fora da cidade por um tempo indefinido*.
→ Veja também **definido**.

indefinível in·de·fi·***ní***·vel
adj.masc.fem. Que não se pode definir ou explicar: *meu pai tinha no rosto um sorriso indefinível*.
❖ *pl.* indefiníveis.

indeformável in·de·for·***má***·vel
adj.masc.fem. Que não se deforma, que não perde a forma original: *roupa indeformável*.
❖ *pl.* indeformáveis.

indelével in·de·***lé***·vel
adj.masc.fem. 1. Que não se consegue apagar: *a mancha dessa camisa é indelével*. 2. *fig.* Que o tempo não destrói, não faz desaparecer: *lembrança indelével*.
❖ *pl.* indeléveis.

indelicado in·de·li·***ca***·do
adj. Grosseiro, mal-educado: *o garçom foi indelicado com os visitantes*.

indenização in·de·ni·za·***ção***
s.fem. Compensação, pagamento por prejuízos causados a uma pessoa: *ele quebrou o portão da minha casa, agora vai pagar-me uma indenização*.
❖ *pl.* indenizações.

indenizar in·de·ni·***zar***
v. Compensar, pagar os prejuízos causados: *você bateu com o carro no portão de minha casa e agora vai ter de me indenizar*.

independência in·de·pen·***dên***·ci:a
s.fem. Liberdade: *o Brasil conquistou sua independência de Portugal em 1822*.
→ Veja também **dependência**.

independente in·de·pen·***den***·te
adj.masc.fem. 1. Livre: *país independente*. 2. Que sabe se cuidar sozinho, que não depende de ninguém ou de nada: *ele é um rapaz independente*.
→ Veja também **dependente**.

indescritível in·des·cri·***tí***·vel
adj.masc.fem. Que não se pode descrever: *aquela paisagem maravilhosa é realmente indescritível*.
❖ *pl.* indescritíveis.

indesculpável in·des·cul·***pá***·vel
adj.masc.fem. Que não se pode desculpar: *erro indesculpável*.
❖ *pl.* indesculpáveis.
→ Veja também **desculpável**.

indesejável in·de·se·***já***·vel
adj.masc.fem. Que não é desejado, que todos evitam: *dar uma má notícia é uma tarefa indesejável*.
❖ *pl.* indesejáveis.
→ Veja também **desejável**.

indestrutível in·des·tru·***tí***·vel
adj.masc.fem. Que não se consegue destruir: *fortaleza indestrutível*.
❖ *pl.* indestrutíveis.
→ Veja também **destrutível**.

indeterminado in·de·ter·mi·***na***·do
adj. Indefinido, impreciso: *ele ficará fora da cidade por um tempo indeterminado*.
→ Veja também **determinado**.

indevido in·de·***vi***·do
adj. Que não é devido, que é irregular ou incorreto: *o clube me cobrou uma taxa indevida; vou reclamar*. 2. Inconveniente, inadequado, impróprio: *seu comportamento na escola foi indevido*.

indiano in·di·***a***·no
adj. 1. Que se refere à Índia, país da Ásia: *povo indiano*.
s.masc. 2. Aquele que nasceu na Índia: *os indianos são muito religiosos*.

indicador in·di·ca·***dor***
adj. 1. Que indica: *sinal indicador*.
s.masc. 2. Nome do segundo dedo da mão, que fica entre o polegar e o médio.
❖ *pl.* indicadores.

indicar in·di·***car***
v. 1. Mostrar, apontar: *o guarda indicou o caminho ao motorista*. 2. Mostrar, tornar evidente: *o estado da casa indicava o seu abandono*.

indicativo in·di·ca·***ti***·vo
adj. 1. Informativo, que serve para apontar ou mostrar: *para chegar à cidade, siga as placas indicativas que há na estrada*. 2. *Gram.* Nome do modo verbal que apresenta uma ação como

I

certa e real: *o verbo estudar em "estudo nessa escola" está no modo indicativo*.
→ Veja também **imperativo** e **subjuntivo**.

indiferença in·di·fe·***ren***·ça
s.fem. Falta de interesse: *ele ouviu a notícia com indiferença, sem reagir.*

indiferente in·di·fe·***ren***·te
adj.masc.fem. 1. Que não reage, que não mostra interesse: *por que você permanece indiferente aos problemas de seu irmão? Por que não faz alguma coisa?* 2. Em que não há preferência: *para mim, dormir nesta ou naquela cama é indiferente*.

indígena in·***dí***·ge·na
adj.masc.fem. 1. Que nasceu no lugar onde vive: *quando os portugueses chegaram ao Brasil, em 1500, encontraram aqui povos indígenas*.
s.masc.fem. 2. Pessoa nascida na região onde vive: *os indígenas do Brasil foram duramente perseguidos pelos povos europeus que aqui chegavam.*

I

indigente in·di·***gen***·te
s.masc.fem. Pessoa muito pobre, que vive na miséria: *os indigentes desta cidade vão receber uma ajuda no Natal.*

indigestão in·di·ges·***tão***
s.fem. Mau funcionamento do organismo na hora de digerir os alimentos: *ele sofreu uma indigestão e foi levado ao hospital.*
→ Veja também **digestão**.

indigesto in·di·***ges***·to (é)
adj. Difícil de digerir: *comida indigesta*.
→ Veja também **digestivo**.

indignação in·dig·na·***ção***
s.fem. Revolta: *senti uma grande indignação ao ver a injustiça que fizeram com você!*

indignado in·dig·***na***·do
adj. Revoltado: *fiquei indignado com a atitude do meu amigo.*

indignar in·dig·***nar***
v. 1. Revoltar: *a polícia prendeu pessoas inocentes e isso indignou muita gente.*
v.pron. **indignar-se** 2. Ficar indignado, revoltado: *ele indignou-se quando soube o que aconteceu.*

indigno in·***dig***·no
adj. 1. Que não é honrado, que não merece respeito: *homem indigno*. 2. Que não é merecedor: *ele é indigno de receber esse prêmio.*
→ Veja também **digno**.

índio ***ín***·di:o
s.masc. Nome dado pelos europeus aos habitantes que eles encontraram no continente americano quando aqui chegaram pela primeira vez: *muitos índios lutaram contra a invasão dos europeus.*

indisciplina in·dis·ci·***pli***·na
s.fem. Desobediência, mau comportamento: *a indisciplina dos alunos irritou o professor.*
→ Veja também **disciplina**.

indisciplinado in·dis·ci·pli·***na***·do
adj. Desobediente, que não respeita a disciplina, a ordem: *aluno indisciplinado*.
→ Veja também **disciplinado**.

indiscreto in·dis·***cre***·to (é)
adj. Bisbilhoteiro, inoportuno: *menino indiscreto*.
→ Veja também **discreto**.

indiscutível in·dis·cu·***tí***·vel
adj.masc.fem. Que é certo, que não se pode discutir ou colocar em dúvida: *é indiscutível que devemos cuidar bem das nossas crianças.*
❖ *pl.* indiscutíveis.
→ Veja também **discutível**.

indispensável in·dis·pen·***sá***·vel
adj.masc.fem. Que não se pode dispensar, que é absolutamente necessário: *sua presença é indispensável; sem você não podemos fazer o trabalho.*
❖ *pl.* indispensáveis.
→ Veja também **dispensável**.

indissolúvel in·dis·so·***lú***·vel
adj.masc.fem. Que não se pode dissolver ou separar: *entre essas duas famílias há laços indissolúveis*.
❖ *pl.* indissolúveis.

individual in·di·vi·du·***al***
adj.masc.fem. Que pertence a um só indivíduo: *nesta classe, há mesas individuais para os alunos.*
❖ *pl.* individuais.

indivíduo in·di·***ví***·du:o
s.masc. Pessoa: *há um indivíduo esperando você na sala ao lado.*

indócil in·***dó***·cil
adj.masc.fem. 1. Rebelde, que não se deixa guiar ou dirigir: *ele é um menino indócil*. 2. Indomável, que não obedece: *cavalo indócil*.
❖ *pl.* indóceis.
→ Veja também **dócil**.

indolente in·do·***len***·te
adj.masc.fem. Preguiçoso: *homem indolente*.

indolor in·do·***lor***
adj.masc.fem. Que não provoca dor ou sofrimento: *a aplicação dessa vacina é indolor*.
❖ *pl.* indolores.
→ Veja também **dolorido**, **doloroso** e **dor**.

indomável in·do·***má***·vel
adj.masc.fem. Que não se consegue domar ou amansar: *animal indomável*.
❖ *pl.* indomáveis.

indubitável in·du·bi·***tá***·vel
adj.masc.fem. Que não se pode pôr em dúvida, que é certo, incontestável: *a honestidade desse homem é indubitável*.
❖ *pl.* indubitáveis.
→ Veja também **dúvida**.

indulgente in·dul·***gen***·te
adj.masc.fem. Compreensivo, tolerante, que está sempre pronto a perdoar: *professor indulgente*.

indumentária in·du·men·***tá***·ri:a
s.fem. Conjunto de roupas, vestuário: *a indumentária desses cavaleiros é bonita*.

indústria in.***dús***.tri:a
s.fem. 1. Atividade de produção de mercadorias: *a indústria de calçados está crescendo*. 2. Fábrica que produz mercadorias: *há muitas indústrias nessa cidade*.

industrial in·dus·tri·***al***
adj.masc.fem. 1. Que se refere à indústria: *este é um bairro industrial; há muitas indústrias por aqui*.
s.masc.fem. 2. Pessoa que possui uma indústria: *ele é um conhecido industrial de nossa cidade*.
❖ *pl.* industriais.

induzir in·du·***zir***
v. Convencer alguém a fazer alguma coisa: *ele induziu o colega a mudar de escola*.

inédito i·***né***·di·to
adj. 1. Que não foi publicado: *livro inédito*. 2. Que não foi mostrado ao público em geral: *música inédita*. 3. Que nunca foi visto antes: *fato inédito*.

ineficaz i·ne·fi·***caz***
adj.masc.fem. Que não produz o efeito esperado: *aquele remédio é ineficaz nesses casos de febre*.
❖ *pl.* ineficazes.
→ Veja também **eficaz**.

ineficiente i·ne·fi·ci·***en***·te
adj.masc.fem. Incompetente: *ele é um funcionário ineficiente; não consegue executar bem suas tarefas*.
→ Veja também **eficiente**.

inegável i·ne·***gá***·vel
adj.masc.fem. Claro, evidente, indiscutível, que não se pode negar: *é inegável que ele é o melhor jogador de vôlei da escola*.
❖ *pl.* inegáveis.

inequívoco i·ne·***quí***·vo·co
adj. Evidente, inegável: *essa é a prova inequívoca de sua inocência*.

inerte i·***ner***·te (é)
adj.masc.fem. Que está imóvel e não dá sinal de vida: *o homem ferido estava na cama, inerte*.

inescrupuloso i·nes·cru·pu·***lo***·so (ô)
adj. Que não tem escrúpulos, que age de maneira desonesta ou desleal: *vendedor inescrupuloso*.
❖ *fem.* inescrupulosa (ó). *pl.* inescrupulosos (ó), inescrupulosas (ó).
→ Veja também **escrúpulo** e **escrupuloso**.

inesgotável i·nes·go·***tá***·vel
adj.masc.fem. Que não se esgota, que não chega ao fim: *sua paciência parece inesgotável*.
❖ *pl.* inesgotáveis.

inesperado i·nes·pe·***ra***·do
adj. Imprevisto, que não é esperado: *recebemos uma visita inesperada*.

I

inesquecível i·nes·que·***cí***·vel
adj.masc.fem. Que não se esquece, que é sempre lembrado: *fato inesquecível*.
❖ *pl.* inesquecíveis.

inestimável i·nes·ti·***má***·vel
adj.masc.fem. Que tem muito valor: *essa é uma obra de arte inestimável*.
❖ *pl.* inestimáveis.

inevitável i·ne·vi·***tá***·vel
adj.masc.fem. Que não se consegue evitar, que não pode ser evitado: *o envelhecimento das pessoas é inevitável*.
❖ *pl.* inevitáveis.

inexato i·ne·***xa***·to (z)
adj. Que não é exato, que contém erro: *cálculo inexato*.
→ Veja também **exato**.

inexecutável i·ne·xe·cu·***tá***·vel (z)
adj.masc.fem. Que não se pode executar ou pôr em prática: *plano inexecutável*.
❖ *pl.* inexecutáveis.
→ Veja também **executável**.

inexequível i·ne·xe·***quí***·vel (z)
adj.masc.fem. Inexecutável, que não se pode executar ou pôr em prática: *projeto inexequível*.
❖ *pl.* inexequíveis.

inexistente i·ne·xis·***ten***·te (z)
adj.masc.fem. Que não existe: *o saci é um ser inexistente na vida real*.

inexperiente i·nex·pe·ri·***en***·te (s)
adj.masc.fem. Pessoa sem experiência, que nunca passou por determinada situação: *ela vai tocar em público pela primeira vez; como é inexperiente, está um pouco nervosa*.
→ Veja também **experiente**.

inexplicável i·nex·pli·***cá***·vel (s)
adj.masc.fem. Que não pode ser explicado: *fato inexplicável*.
❖ *pl.* inexplicáveis.
→ Veja também **explicável**.

inexplorado i·nex·plo·***ra***·do (s)
adj. Que ainda não foi explorado, que ainda não é conhecido: *região inexplorada*.

infalível in·fa·***lí***·vel
adj.masc.fem. Que não erra, que não falha: *ele se julga um homem infalível*.
❖ *pl.* infalíveis.
→ Veja também **falível**.

infame in·***fa***·me
adj.masc.fem. Que tem má fama, que é tido como uma pessoa desonrada, indigna: *homem infame*.

infâmia in·***fâ***·mi:a
s.fem. Ação vergonhosa, desonrosa: *trair os amigos é uma infâmia*.

infância in·***fân***·ci:a
s.fem. Nosso tempo de criança: *meu avô passou sua infância numa fazenda*.

infantaria in·fan·ta·***ri***·a
s.fem. Conjunto dos soldados que combatem a pé: *a infantaria conseguiu chegar ao bosque onde estavam os inimigos*.

infantil in·fan·***til***
adj.masc.fem. 1. Que se refere a crianças: *esta é uma loja de roupas infantis*. 2. Próprio de criança: *ele teve uma atitude infantil, agiu como uma criança*.
❖ *pl.* infantis.

infarto in·***far***·to
s.masc. *Med.* Lesão de algum órgão do corpo causada pela parada repentina da circulação do sangue: *o homem sofreu um infarto mas foi socorrido pelos médicos*.
❖ Também existe a forma **enfarte**.

infatigável in·fa·ti·***gá***·vel
adj.masc.fem. Que não se cansa: *há anos que ele vem lutando pelos direitos da criança; é um lutador infatigável*.
❖ *pl.* infatigáveis.

infecção in·fec·***ção***
s.fem. *Biol.* Ação exercida no organismo por micróbios que fazem mal à nossa saúde: *ela está com infecção nos dentes*.
❖ *pl.* infecções.

infeccionar in·fec·ci:o·***nar***
v. Causar infecção: *limpe bem o machucado, pois a sujeira pode infeccioná-lo*.

infeccioso in·fec·ci·***o***·so (ô)

adj. Que produz infecção: *processo infeccioso.*
❖ *fem.* infecciosa (ó). *pl.* infecciosos (ó), infecciosas (ó).

infecundo in·fe·***cun***·do

adj. Estéril, improdutivo, que não é fecundo: *terreno infecundo.*
→ Veja também **fecundo**.

infelicidade in·fe·li·ci·***da***·de

s.fem. 1. Tristeza: *qual é a causa de sua infelicidade?* 2. Má sorte: *tive a infelicidade de escorregar e torcer o pé.*
→ Veja também **felicidade**.

infeliz in·fe·***liz***

adj.masc.fem. 1. Muito triste: *ele ficou infeliz por não ter sido convidado para a festa.* 2. Muito sofredor, que não tem alegria na vida: *homem infeliz.*
❖ *pl.* infelizes. *superl.* infelicíssimo.
→ Veja também **feliz**.

inferior in·fe·ri·***or***

adj.masc.fem. 1. Que está abaixo, que está em posição mais baixa: *estamos no sexto andar; o apartamento de André é no quinto andar, ou seja, no andar inferior.* 2. Que não é tão bom quanto outro: *esse tênis é inferior ao meu, não tem a mesma qualidade.*
❖ *pl.* inferiores.
→ Veja também **superior**.

infernal in·fer·***nal***

adj.masc.fem. 1. Que é próprio do inferno, que é medonho, horroroso: *cena infernal.* 2. Insuportável: *mas que barulho infernal!*
❖ *pl.* infernais.

infernizar in·fer·ni·***zar***

v. *pop.* Atormentar, amolar bastante: *pare de infernizar seu colega; deixe-o em paz!*

inferno in.***fer***.no (é)

s.masc. *Rel.* Em certas religiões, lugar de tormentos onde se castigam as almas dos condenados: *nessa pintura, vemos como o artista imaginou o inferno.*

infestar in·fes·***tar***

v. Fazer estragos devastando, destruindo: *os gafanhotos infestaram a plantação.*

infidelidade in·fi·de·li·***da***·de

s.fem. Deslealdade, traição: *esse homem foi condenado por infidelidade ao rei, a quem tinha jurado servir e proteger.*
→ Veja também **fidelidade**.

infiel in·fi·***el***

adj.masc.fem. Desleal, falso, que engana ou trai: *amigo infiel.*
❖ *pl.* infiéis. *superl.* infidelíssimo.
→ Veja também **fiel**.

infiltrar-se in·fil·***trar***-se

v.pron. 1. Penetrar aos poucos e lentamente: *a água da chuva infiltrou-se na parede da sala.* 2. Penetrar sem ser percebido: *alguns soldados infiltraram-se no campo inimigo.*

infindável in·fin·***dá***·vel

adj.masc.fem. Que não tem fim, que é interminável: *a sequência dos números é infindável.*
❖ *pl.* infindáveis.

infinidade in·fi·ni·***da***·de

s.fem. Um número muito grande, uma grande quantidade: *uma infinidade de crianças compareceu à festa.*

infinito in·fi·***ni***·to

adj. Sem fim: *as estrelas brilham no espaço infinito.*
→ Veja também **finito**.

inflamável in·fla·***má***·vel

adj.masc.fem. Que pode pegar fogo: *a gasolina é inflamável.*
❖ *pl.* inflamáveis.

infligir in·fli·***gir***

v. Aplicar (pena ou castigo): *infligiram um castigo a esse homem.*

influência in·flu·***ên***·ci:a

s.fem. Ação que uma pessoa ou uma coisa exerce sobre outra, modificando-a: *esse menino é o líder da turma, ele exerce grande influência sobre os colegas.*

influenciar in·flu·en·ci·***ar***

v. Exercer influência: *o líder do grupo influencia os colegas, fazendo com que eles aceitem suas ideias.*

influenciável in·flu·en·ci·***á***·vel
adj.masc.fem. Que se deixa influenciar facilmente: *ela é uma menina influenciável*.
❖ *pl.* influenciáveis.

influir in·flu·***ir***
v. Agir sobre: *o clima das montanhas influiu na saúde do seu avô, e ele melhorou.*

informação in·for·ma·***ção***
s.fem. 1. Notícia: *o repórter deu informações sobre o acidente*. 2. Explicação: *peça informação ao guarda sobre o caminho que devemos tomar*.
❖ *pl.* informações.

informal in·for·***mal***
adj.masc.fem. Descontraído: *durante a entrevista na televisão, o professor usou uma linguagem informal, falou como se estivesse em casa conversando com amigos*.
❖ *pl.* informais.

informar in·for·***mar***
v. 1. Dar informação, comunicar: *o professor informou que amanhã não haverá aula*.
v.pron. **informar-se** 2. Procurar saber, procurar obter informação: *ele vai informar-se sobre o horário da partida do trem*.

I

informática in·for·***má***·ti·ca
s.fem. Ciência que estuda os modos de utilizar e guardar informações nos computadores: *a informática tornou meu trabalho mais fácil*.
→ Veja também **computador** e **informatizar**.

informatizar in·for·ma·ti·***zar***
v. *Inform.* Passar a usar recursos da informática: *ele informatizou o escritório; os funcionários agora vão usar computadores, impressoras, etc.*
→ Veja também **computador** e **informática**.

informativo in·for·ma·***ti***·vo
adj. Que informa, que traz informações: *ouvi no rádio um boletim informativo sobre o tempo; parece que vai chover hoje à noite*.

infortúnio in·for·***tú***·ni:o
s.masc. Infelicidade, desventura: *seu infortúnio começou quando foi dispensado do emprego*.

infração in·fra·***ção***
s.fem. Ação ilegal, ação proibida por uma lei ou regulamento: *ele parou o carro em lugar proibido; por essa infração, recebeu uma multa*.
❖ *pl.* infrações.

infrator in·fra·***tor***
s.masc. Aquele que comete uma infração, uma ação ilegal: *o infrator foi multado pelo guarda*.
❖ *pl.* infratores.

infringir in·frin·***gir***
v. Não respeitar (uma lei ou um regulamento): *a funcionária saiu sem autorização do gerente e infringiu o regulamento da empresa*.

infrutífero in·fru·***tí***·fe·ro
adj. Que não produz resultado útil: *levei horas para fazer um trabalho infrutífero*.

ingenuidade in·ge·nu:i·***da***·de
s.fem. Falta de malícia: *os espertalhões se aproveitaram da ingenuidade daquelas pessoas*.

ingênuo in·***gê***·nu:o
adj. Sem malícia: *esse homem é ingênuo, acredita na conversa de qualquer pessoa e vive sendo enganado*.

ingerir in·ge·***rir***
v. Engolir: *você deve ingerir esse comprimido*.

inglês in·***glês***
adj. 1. Que se refere à Inglaterra: *jornal inglês*.
s.masc. 2. Aquele que nasceu na Inglaterra: *o inglês gosta muito de chá*. 3. Língua falada na Inglaterra, nos Estados Unidos e em vários outros países: *o inglês é estudado nas escolas brasileiras*.
❖ *fem.* inglesa. *pl.* ingleses, inglesas.

ingovernável in·go·ver·***ná***·vel
adj.masc.fem. Que não se consegue governar: *país ingovernável*.
❖ *pl.* ingovernáveis.

ingratidão in·gra·ti·***dão***
s.fem. Falta de gratidão, de reconhecimento: *se alguém ajudar você, não mostre ingratidão*.

ingrato in·***gra***·to
adj. Que não agradece pela ajuda recebida, mal-agradecido: *essa menina foi ingrata com os colegas; não reconheceu o que fizeram por ela*.

ingrediente in·gre·di·***en***·te
s.masc. Aquilo que é usado na preparação de um medicamento, de uma comida, etc.: *veja na receita os ingredientes desse bolo de chocolate*.

íngreme ***ín***.gre.me
adj.masc.fem. Difícil de subir por ser muito inclinado: *ladeira íngreme*.

ingressar in·gres·***sar***
v. Entrar: *ela passou no exame e ingressou nessa escola*.

ingresso in·***gres***·so (é)
s.masc. 1. Ato de ingressar, de entrar: *vamos comemorar seu ingresso nessa escola*. 2. Bilhete, entrada: *vou comprar ingresso para o espetáculo de circo*.

inibição i·ni·bi·***ção***
s.fem. Acanhamento, timidez: *a inibição prejudica muito aquela garota*.
❖ *pl.* inibições.

inibido i·ni·***bi***·do
adj. Envergonhado, acanhado: *esse aluno é muito inibido*.
→ Veja também **desinibido**.

inibir i·ni·***bir***
v. Embaraçar, envergonhar: *a presença das pessoas na sala me inibiu, me deixou sem jeito e eu acabei não conversando com ninguém*.

inicial i·ni·ci·***al***
adj.masc.fem. 1. Primeiro, original: *a ideia inicial era essa, mas depois nós mudamos nossos planos*.
s.fem. 2. Primeira letra de uma palavra: *qual é a inicial do seu nome?*
❖ *pl.* iniciais.

iniciar i·ni·ci·***ar***
v. Começar: *as crianças iniciaram o passeio às 9 horas*.

iniciativa i·ni·ci:a·***ti***·va
s.fem. Ação de uma pessoa que faz alguma coisa antes de outras: *de quem foi a iniciativa de organizar a festa? Quem teve essa ideia?*

início i·***ní***·ci:o
s.masc. Começo: *o início da aula será às 10 horas*.

inigualável i·ni·gua·***lá***·vel
adj.masc.fem. Incomparável, que não se pode igualar: *a fama desse artista é inigualável.*
❖ *pl.* inigualáveis.

inimigo i·ni·***mi***·go
adj. 1. Contrário, que não é amigo: *nossos soldados encontraram tropas inimigas*.
s.masc. 2. Aquele que não gosta de alguém e procura prejudicá-lo: *não sei por que você é inimigo desse rapaz*.
→ Veja também **amigo**.

inimitável i·ni·mi·***tá***·vel
adj.masc.fem. Que não pode ser imitado: *esse cantor é inimitável; não há ninguém capaz de cantar como ele*.
❖ *pl.* inimitáveis.

inimizade i·ni·mi·***za***·de
s.fem. Falta de amizade, de estima: *ele ficou triste porque só encontrou inimizade entre os novos colegas*.
→ Veja também **amizade**.

ininteligível i·nin·te·li·***gí***·vel
adj.masc.fem. Incompreensível, que não se consegue entender: *bilhete ininteligível*.
❖ *pl.* ininteligíveis.
→ Veja também **inteligível**.

ininterrupto i·nin·ter·***rup***·to
adj. Contínuo, que não para: *som ininterrupto*.

injuriar in·ju·ri·***ar***
v. Ofender, insultar: *eles injuriaram o rapaz, disseram que ele é um ladrão*.

injustiça in·jus·***ti***·ça
s.fem. Aquilo que é contra a justiça, que não é certo fazer: *é uma injustiça castigar esse homem; ele não é culpado de nada*.
→ Veja também **justiça**.

injustificável in·jus·ti·fi·***cá***·vel
adj.masc.fem. Que não se pode justificar ou desculpar: *sua atitude é injustificável; você não tem nenhum motivo para agir assim*.
❖ *pl.* injustificáveis.
→ Veja também **justificável**.

injusto in·***jus***·to
adj. Que não é justo, que não é certo fazer: *é injusto castigar esse homem, pois ele é inocente*.
→ Veja também **justo**.

inocência i·no·***cên***·ci:a

s.fem. Ausência de culpa: *o rapaz foi acusado de ladrão, mas provou sua inocência.*

→ Veja também **culpa**.

inocentar i·no·cen·***tar***

v. Declarar que alguém é inocente: *o juiz inocentou o acusado.*

inocente i·no·***cen***·te

adj.masc.fem. Que não tem culpa: *o médico provou que era inocente e que não teve culpa na morte do doente.*

inócuo i·***nó***·cu:o

adj. Que não é nocivo, que não faz mal: *medicamento inócuo.*

inodoro i·no·***do***·ro (ó)

adj. Que não tem cheiro: *a água boa de beber deve ser inodora.*

I

inofensivo i·no·fen·***si***·vo

adj. Que não faz mal a ninguém: *esse pequeno animal é inofensivo.*

inolvidável i·nol·vi·***dá***·vel

adj.masc.fem. Inesquecível: *artista inolvidável.*

❖ *pl.* inolvidáveis.

→ Veja também **olvidar**.

inoportuno i·no·por·***tu***·no

adj. Que não é oportuno, que ocorre na hora errada: *seu comentário naquela hora foi inoportuno, só atrapalhou a minha explicação.*

→ Veja também **oportuno**.

inóspito i·***nós***·pi·to

adj. Que não oferece condições de vida: *aquela é uma região inóspita; ninguém quer viver lá.*

inovação i·no·va·***ção***

s.fem. Novidade: *deve haver inovação no ensino; precisamos de métodos novos.*

❖ *pl.* inovações.

inovador i·no·va·***dor***

adj. Que inova, que apresenta novidade: *essa professora criou um método inovador para ensinar matemática.*

❖ *pl.* inovadores.

inovar i·no·***var***

v. Tornar novo, renovar: *o médico inovou ao apresentar novos modos de cuidar dos loucos.*

inquebrantável in·que·bran·***tá***·vel

adj.masc.fem. Que não se abate, que resiste: *ele tem um ânimo inquebrantável, nunca desanima.*

❖ *pl.* inquebrantáveis.

inquebrável in·que·***brá***·vel

adj.masc.fem. Que não quebra ou que não se pode quebrar: *material inquebrável.*

❖ *pl.* inquebráveis.

inquérito in·***qué***·ri·to

s.masc. Investigação: *o delegado abriu um inquérito para descobrir quem roubou os documentos; vai interrogar várias pessoas, examinar o local, procurar pistas, etc.*

inquestionável in·ques·ti:o·***ná***·vel

adj.masc.fem. Que não se pode pôr em dúvida: *o trabalho desse cientista tem uma importância inquestionável.*

❖ *pl.* inquestionáveis.

inquietação in·qui:e·ta·***ção***

s.fem. Intranquilidade, preocupação: *as notícias que recebi me causaram inquietação.*

❖ *pl.* inquietações.

inquietante in·qui:e·***tan***·te

adj.masc.fem. Que preocupa, que causa inquietação: *notícia inquietante.*

inquietar in·qui:e·***tar***

v. Preocupar, tornar inquieto: *a notícia do acidente inquietou muitas pessoas.*

→ Veja também **quieto**.

inquieto in·qui:***e***·to (é)

adj. Preocupado, desassossegado: *é tarde e a menina ainda não voltou para casa; sua mãe está inquieta, pois não sabe o que pode ter acontecido com ela.*

inquietude in·qui:e·***tu***·de

s.fem. Agitação interior, intranquilidade, inquietação: *a inquietude impediu que ela dormisse à noite.*

inquilino in·qui·***li***·no
s.masc. Aquele que mora em casa alugada: *o novo inquilino chegou ontem.*

insaciável in·sa·ci·***á***·vel
adj.masc.fem. Que nunca fica satisfeito, que sempre quer mais: *ele tem um apetite insaciável.*
❖ *pl.* insaciáveis.
→ Veja também **saciar**.

insalubre in·sa·lu·bre
adj.masc.fem. Que é prejudicial à saúde: *não podemos trabalhar ali; é um lugar insalubre, deixa as pessoas doentes.*
→ Veja também **salubre**.

insânia in·***sâ***·ni:a
s.fem. Loucura, falta de juízo: *pular de tão alto é uma insânia.*

insanidade in·sa·ni·***da***·de
s.fem. Insânia, loucura: *o que ele fez foi uma insanidade.*

insano in·***sa***·no
adj. 1. Louco, doido, demente: *homem insano.* 2. Difícil, árduo, custoso: *trabalho insano.*

insatisfação in·sa·tis·fa·***ção***
s.fem. Descontentamento, falta de satisfação: *a má qualidade do produto provocou sua insatisfação?*
❖ *pl.* insatisfações.
→ Veja também **satisfação**.

insatisfeito in·sa·tis·***fei***·to
adj. Descontente, que não está satisfeito: *o menino ficou insatisfeito com a nota que tirou no trabalho.*
→ Veja também **satisfeito**.

inscrever ins·cre·***ver***
v. Matricular, pôr o nome numa lista para reservar vaga: *ele inscreveu seus dois filhos no curso de natação.*

inseguro in·se·***gu***·ro
adj. 1. Que não tem muita confiança em si mesmo, que não está seguro: *aluno inseguro.* 2. Perigoso: *é inseguro andar por aqui à noite.*
→ Veja também **seguro**.

insensato in·sen·***sa***·to
adj. Que não parece coisa de gente ajuizada: *querer fazer todo esse trabalho sozinho é uma ideia insensata.*
→ Veja também **sensato**.

insensível in·sen·***sí***·vel
adj.masc.fem. 1. Que não sente (dor, frio, fome, etc.): *na operação, tomei anestesia e fiquei insensível à dor.* 2. Que não se comove, que não tem piedade: *ele parece ser um homem insensível, mas também ficou triste.*
❖ *pl.* insensíveis.
→ Veja também **sensível**.

inseparável in·se·pa·***rá***·vel
adj.masc.fem. Que não se separa: *esses dois irmãos são inseparáveis, andam sempre juntos.*
❖ *pl.* inseparáveis.

inserir in·se·***rir***
v. Introduzir, colocar: *vou inserir seu nome na lista.*

inseticida in·se·ti·***ci***·da
s.masc. Preparado especial para matar insetos (baratas, pernilongos, mosquitos, etc.): *acho que esse inseticida vai acabar de uma vez com os pernilongos.*

insigne in·***sig***·ne
adj.masc.fem. Ilustre, famoso, célebre: *mestre insigne.*

insignificante in·sig·ni·fi·***can***·te
adj.masc.fem. 1. Sem importância, sem valor: *a informação que ele me deu é insignificante, não vai ajudar em nada.* 2. Muito pequeno: *na carteira, havia uma quantia insignificante de dinheiro.*

insinuar in·si·nu·***ar***
v. Dar a entender indiretamente o que queremos dizer: *a moça insinuou que eu não era honesto; ofendi-me e comecei a discutir com ela.*

insípido in·***sí***·pi·do
adj. Sem gosto, sem sabor: *comida insípida.*
→ Veja também **saboroso**.

insistente in·sis·***ten***·te
adj.masc.fem. Teimoso, que insiste muito: *mas que menino insistente! Já falamos que o time está completo e ele insiste em querer jogar!*

insistir in·sis·***tir***

v. Teimar: *a mãe insiste para que o filho coma mais um pouco.*

insolência in·so·***lên***·ci:a

s.fem. Falta de respeito ou de educação: *ele respondeu com insolência à professora.*

insolente in·so·***len***·te

adj.masc.fem. Malcriado; que age ou fala sem demonstrar respeito ou educação: *o dono da loja foi insolente com os clientes, respondendo a eles de forma grosseira.*

insólito in·***só***·li·to

adj. Raro, que não acontece habitualmente: *fato insólito.*

insolúvel in·so·***lú***·vel

adj.masc.fem. 1. Que não se pode dissolver: *esse produto é insolúvel em água.* 2. Que não tem solução, que não se consegue resolver: *problema insolúvel.*

❖ *pl.* insolúveis.

→ Veja também **solúvel**.

insônia in·***sô***·ni:a

s.fem. Falta de sono: *ela estava muito preocupada com o exame e teve insônia, passando quase a noite toda em claro.*

insosso in·***sos***·so (ô)

adj. Que tem pouco sal: *o arroz está insosso; quem vai querer comê-lo?*

inspeção ins·pe·***ção***

s.fem. Exame, vistoria: *o engenheiro vai fazer uma inspeção na obra para verificar se o trabalho está indo bem.*

❖ *pl.* inspeções.

inspecionar ins·pe·ci:o·***nar***

v. Examinar, vistoriar: *nas fábricas, há sempre um empregado para inspecionar os produtos.*

inspetor ins·pe·***tor***

s.masc. Aquele que inspeciona, que examina: *um inspetor visitou nossa escola para verificar se estava tudo em ordem.*

❖ *pl.* inspetores.

inspirar ins·pi·***rar***

v. 1. Despertar um sentimento em alguém: *ele me inspira simpatia.* 2. Fazer surgir uma ideia: *a beleza do mar inspirou o poeta a fazer essa poesia.*

instalar ins·ta·***lar***

v. 1. Montar alguma coisa para que funcione: *ele instalou um chuveiro no banheiro.* 2. Alojar ou acomodar: *não há lugar para instalar tantos hóspedes.*

instantâneo ins·tan·***tâ***·ne:o

adj. Que acontece num instante, em pouquíssimo tempo: *quando a professora disse que haveria uma festa, a reação de alegria das crianças foi instantânea.*

instante ins·***tan***·te

s.masc. Momento: *no instante em que receberam a notícia daquela morte, as crianças começaram a chorar.*

instável ins·***tá***·vel

adj.masc.fem. Que não é ou não está firme, que pode mudar a qualquer momento: *o tempo hoje está muito instável; ora sai sol, ora chove.*

❖ *pl.* instáveis.

→ Veja também **estável**.

instigar ins·ti·***gar***

v. Incitar, provocar a reação: *o chefe da revolta instigou o povo contra os soldados.*

instintivo ins·tin·***ti***·vo

adj. Que se faz por instinto, sem precisar ser ensinado: *hibernar é um ato instintivo de alguns animais.*

instinto ins·***tin***·to

s.masc. Força que leva os seres de uma mesma espécie a realizar certas ações naturalmente, sem que precisem ser ensinados: *o instinto leva o cachorro a esconder o osso.*

instrução ins·tru·***ção***

s.fem. 1. Ensino, educação: *todas as crianças devem ter direito à instrução, à escola.* 2. Explicação que se dá a uma pessoa para que ela saiba o que deve fazer ou como agir: *para montar esse aparelho, leia as instruções.*

❖ *pl.* instruções.

I

instruído ins·tru·*í*·do

adj. Que tem instrução, que tem conhecimento: *pessoa instruída.*

instruir ins·tru·*ir*

v. 1. Educar, ensinar: *a escola deve instruir os jovens; deve transmitir-lhes conhecimentos.* 2. Orientar: *o treinador instruiu os jogadores antes do jogo.*

instrumento ins·tru·*men*·to

s.masc. 1. Objeto usado para executar determinada tarefa: *o dentista limpa com cuidado os instrumentos que usa para tratar dos dentes das pessoas.* 2. Objeto que produz sons musicais: *o violino e a flauta são instrumentos musicais.*

instrutivo ins·tru·*ti*·vo

adj. Que ensina, que instrui: *esse livro é muito instrutivo; lendo-o, aprendi coisas úteis e interessantes.*

instrutor ins·tru·*tor*

s.masc. Aquele que dá instrução, que ensina ou orienta: *esse rapaz é o instrutor de ginástica.*

❖ *pl.* instrutores.

insubordinação in·su·bor·di·na·*ção*

s.fem. Indisciplina, rebeldia, desobediência: *o que provocou a insubordinação desses soldados foi a rigidez do comandante.*

insubstituível in·subs·ti·tu·*í*·vel

adj.masc.fem. Que é tão bom que não pode ser substituído: *para fazer gols, ele é insubstituível.*

❖ *pl.* insubstituíveis.

→ Veja também **substituível**.

insucesso in·su·*ces*·so (é)

s.masc. Fracasso, falta de sucesso: *o que causou o insucesso dessa experiência?*

→ Veja também **sucesso**.

insuficiente in·su·fi·ci·*en*·te

adj.masc.fem. Que não é suficiente, que não basta: *a gasolina que tenho no carro é insuficiente para fazer a viagem; preciso de mais alguns litros.*

→ Veja também **suficiente**.

insultar in·sul·*tar*

v. Xingar, ofender: *você não deve insultar o colega.*

insulto in·*sul*·to

s.masc. Ofensa, xingamento: *ele me chamou de ladrão! Isso é um insulto!*

insuperável in·su·pe·*rá*·vel

adj.masc.fem. Que não pode ser superado: *esse atleta é insuperável; ninguém consegue vencê-lo!*

❖ *pl.* insuperáveis.

→ Veja também **superável**.

insuportável in·su·por·*tá*·vel

adj.masc.fem. Que não se pode suportar: *aqui faz um calor insuportável!*

❖ *pl.* insuportáveis.

→ Veja também **suportável**.

insurgir-se in·sur·*gir*-se

v.pron. Revoltar-se: *o povo insurgiu-se contra o rei e tentou tirá-lo do poder.*

insurreição in·sur·rei·*ção*

s.fem. Rebelião ou revolta contra o governo ou contra autoridades: *os chefes da insurreição foram presos.*

❖ *pl.* insurreições.

insuspeito in·sus·*pei*·to

adj. Que merece total confiança, que não provoca suspeita: *para julgar esse caso precisamos de uma pessoa insuspeita.*

intacto in·*tac*·to

adj. 1. Que não foi tocado: *o prato de comida permaneceu intacto sobre a mesa.* 2. Que não sofreu estrago, que continua em bom estado: *levei um tombo de bicicleta, e meus óculos caíram, mas, felizmente, ficaram intactos.*

❖ Também existe a forma **intato**.

integral in·te·*gral*

adj.masc.fem. Total, inteiro, completo: *vou fazer o pagamento integral da minha dívida.*

❖ *pl.* integrais.

→ Veja também **parcial**.

integrante in·te·*gran*·te

adj.masc.fem. Que faz parte de um todo, que integra um conjunto: *os alunos integrantes desse grupo devem reunir-se nesta sala.*

integrar in·te·***grar***

v. 1. Fazer parte de: *quantos alunos integram seu grupo?*

v.pron. **integrar-se** 2. Juntar-se: *essa aluna quer integrar-se ao nosso projeto novo.*

íntegro ***ín***.te.gro

adj. Honesto, incorruptível: *homem íntegro.*

❖ *superl.* integérrimo.

inteirar in·tei·***rar***

v. Tornar inteiro, completar: *falta só um aluno para inteirar nosso grupo.*

inteiro in·***tei***·ro

adj. 1. Que tem todas as suas partes, que está completo: *no museu, vimos o esqueleto inteiro de um dinossauro.* 2. Todo: *o colégio inteiro participou do desfile.* 3. Intacto: *o vaso que você enviou pelo correio chegou inteiro, não sofreu nenhum dano.*

intelectual in·te·lec·tu·***al***

adj.masc.fem. Que se refere ao intelecto, à inteligência: *esse trabalho exige um grande esforço intelectual.*

❖ *pl.* intelectuais.

inteligência in·te·li·***gên***·ci:a

s.fem. Capacidade de compreender, de raciocinar: *use sua inteligência para resolver esse problema.*

inteligente in·te·li·***gen***·te

adj.masc.fem. Pessoa que compreende bem as coisas, que aprende facilmente: *menina inteligente.*

inteligível in·te·li·***gí***·vel

adj.masc.fem. Que pode ser compreendido: *texto inteligível.*

❖ *pl.* inteligíveis.

→ Veja também **ininteligível**.

intempérie in·tem·***pé***·ri:e

s.fem. Mau tempo: *para chegar à fazenda, tive de enfrentar intempéries; por isso cheguei molhado de chuva e batendo o queixo de frio.*

intenção in·ten·***ção***

s.fem. Aquilo que queremos fazer ou que temos em mente fazer: *tenho a intenção de viajar amanhã.*

❖ *pl.* intenções.

intencional in·ten·ci:o·***nal***

adj.masc.fem. De propósito: *o empurrão que ele me deu foi intencional, não foi sem querer.*

❖ *pl.* intencionais.

intensificar in·ten·si·fi·***car***

v. Tornar mais forte, mais ativo: *o governo quer intensificar o turismo no país.*

intenso in·***ten***·so

adj. Forte: *nesta cidade o calor é intenso.*

intento in·***ten***·to

s.masc. Intenção, objetivo: *com que intento você fez isso?*

interceder in·ter·ce·***der***

v. Pedir por outra pessoa: *os amigos vieram interceder por esse rapaz, vieram pedir que ele não fosse punido.*

interceptar in·ter·cep·***tar***

v. 1. Cortar, interromper, fazer parar: *a polícia interceptou o trânsito na avenida.* 2. Apoderar--se daquilo que é enviado a outra pessoa: *alguém interceptou a carta que eu lhe mandei.*

interdição in·ter·di·***ção***

s.fem. Ação de interditar, de impedir: *há uma interdição na rua porque passam por ela muitas crianças.*

❖ *pl.* interdições.

interditar in·ter·di·***tar***

v. Impedir o funcionamento por um certo tempo: *a prefeitura interditou esse velho cinema até que ele seja reformado.*

interessante in·te·res·***san***·te

adj.masc.fem. Atraente, que desperta a atenção: *assunto interessante.*

→ Veja também **desinteressante**.

interessar in·te·res·***sar***

v. 1. Prender a atenção, atrair: *esse assunto me interessa.*

v.pron. **interessar-se** 2. Sentir-se atraído: *ele se interessa por livros que tratam de flores.*

interesseiro in·te·res·***sei***·ro

adj. Egoísta, que só pensa em seu próprio bem: *esse homem é interesseiro; só ajuda se puder ganhar alguma coisa em troca.*

interferir in·ter·fe·***rir***

v. Intervir, intrometer-se: *você não deve interferir nessa discussão; é melhor ficar de fora.*

ínterim ***ín***·te·rim

s.masc. Intervalo de tempo entre dois fatos.

❑ **nesse ínterim** Nesse espaço de tempo: *nós vamos sair por uma hora; nesse ínterim, aproveite para limpar a sala.*

❖ A palavra ínterim só é usada na locução **nesse ínterim.**

interior in·te·ri·***or***

s.masc. A parte de dentro: *o que há no interior dessa caixa?*

interlocutor in·ter·lo·cu·***tor***

s.masc. Pessoa que participa de uma conversa, de um diálogo: *no debate, os interlocutores discutiram o problema da poluição do ar.*

❖ *pl.* interlocutores.

intermediário in·ter·me·di·***á***·ri:o

adj. Que está situado no meio: *na lista de classificação, ocupo um lugar intermediário, estou na turma do meio.*

interminável in·ter·mi·***ná***·vel

adj.masc.fem. Que não termina: *os números formam uma sequência interminável.*

❖ *pl.* intermináveis.

intermitente in·ter·mi·***ten***·te

adj.masc.fem. Que acontece em intervalos, que para e continua: *hoje temos chuva intermitente; ora chove, ora para, e assim vai o dia inteiro.*

internacional in·ter·na·ci:o·***nal***

adj.masc.fem. Que se refere a dois ou mais países: *esse escritor tem fama internacional.*

❖ *pl.* internacionais.

internar in·ter·***nar***

v. Alojar alguém num hospital, numa clínica, etc.: *o médico internou minha mãe no hospital para examiná-la melhor.*

internato in·ter·***na***·to

s.masc. Escola onde os alunos têm alimentação e residência: *estudou nesse internato por cinco anos.*

internauta in·ter·***nau***·ta

s.masc.fem. *Inform.* Pessoa que usa a internet, a grande rede mundial de computadores que praticamente todos usam: *no Brasil há um grande número de internautas.*

◎ Internauta é palavra formada de *inter* (abreviação de internet) + *nauta* (navegante), significando, portanto, *navegante da internet. Nauta* está presente também em muitas outras palavras, como *astronauta*, *cosmonauta*, etc.

interno in·***ter***·no (é)

adj. 1. Que está dentro: *o lado interno do corpo.* s.masc. 2. Aluno de um internato: *os internos dessa escola organizaram uma exposição de trabalhos manuais.*

→ Veja também **externo**.

interplanetário in·ter·pla·ne·***tá***·ri:o

adj. Entre planetas: *o homem construiu foguetes que fazem viagens interplanetárias.*

interpretar in·ter·pre·***tar***

v. 1. Explicar o sentido: *os alunos sabem interpretar as ideias principais do texto.* 2. Representar um papel numa peça de teatro, num filme, etc.: *quem vai interpretar o papel de filho nessa peça?* 3. Executar uma peça musical: *o pianista interpretará algumas valsas.* 4. Dar um certo sentido (a uma palavra, a um gesto): *você interpretou mal minhas palavras; eu não quis dizer o que você pensou.*

interrogar in·ter·ro·***gar***

v. Fazer perguntas a alguém: *o delegado interrogou as testemunhas para saber a causa do acidente.*

interromper in·ter·rom·***per***

v. Fazer parar o que está sendo feito ou o que está acontecendo: *a chuva interrompeu nosso passeio.*

interrupção in·ter·rup·***ção***

s.fem. Ação de interromper, de parar: *ao chegar, provocou a interrupção da conversa dos amigos.*

❖ *pl.* interrupções.

I

intervalo in·ter·***va***·lo

s.masc. Período de tempo entre dois fatos: *entre esta aula e a próxima, há um intervalo de 15 minutos.*

intervenção in·ter·ven·***ção***

s.fem. Interferência, ação de intervir: *graças à minha intervenção, esses dois meninos pararam de discutir.*

❑ **intervenção cirúrgica** Operação: *essa mulher sofreu uma intervenção cirúrgica; o médico que a operou disse que ela está passando bem.*

❖ *pl.* intervenções.

intervir in·ter·***vir***

v. Interferir: *como os dois meninos estavam discutindo, resolvi intervir para evitar que eles acabassem brigando.*

intestinal in·tes·ti·***nal***

adj.masc.fem. Do intestino: *região intestinal.*

❖ *pl.* intestinais.

intestino in·tes·***ti***·no

s.masc. Espécie de tubo que há no corpo, no qual os alimentos continuam a ser digeridos e absorvidos depois que saem do estômago: *senti uma dor forte na região do intestino.*

intimar in·ti·***mar***

v. Ordenar: *o delegado intimou o rapaz a comparecer à delegacia.*

intimidade in·ti·mi·***da***·de

s.fem. Grande familiaridade: *as meninas dessa classe são muito amigas; há muita intimidade entre elas.*

intimidar in·ti·mi·***dar***

v. Amedrontar, assustar: *suas ameaças não me intimidam, não me deixam com medo.*

íntimo ***ín***·ti·mo

adj. 1. Particular: *ninguém deve intrometer-se na minha vida íntima.* 2. Ligado por grande afeição: *ele é meu amigo íntimo, alguém muito especial a quem conto meus segredos.*

intitulado in·ti·tu·***la***·do

adj. Chamado: *li um livro intitulado "Aventuras na selva".*

intitular in·ti·tu·***lar***

v. Pôr título: *ela ainda não sabe como vai intitular o texto que escreveu.*

intolerante in·to·le·***ran***·te

adj.masc.fem. Que não tolera: *esse homem é intolerante, não admite barulho de crianças nem por cinco minutos.*

→ Veja também **tolerante**.

intolerável in·to·le·***rá***·vel

adj.masc.fem. Insuportável, que não se pode tolerar: *sua falta de educação é intolerável.*

❖ *pl.* intoleráveis.

→ Veja também **tolerável**.

intoxicar in·to·xi·***car*** (cs)

v. Envenenar: *esse gás pode intoxicar as pessoas.*

intraduzível in·tra·du·***zí***·vel

adj.masc.fem. Que não se consegue traduzir: *palavra intraduzível.*

❖ *pl.* intraduzíveis.

→ Veja também **traduzível**.

intragável in·tra·***gá***·vel

adj.masc.fem. Que não se pode comer ou beber por ser muito ruim: *comida intragável.*

❖ *pl.* intragáveis.

intranquilizar in·tran·qui·li·***zar***

v. Deixar intranquilo, tirar a tranquilidade de alguém: *aquela notícia intranquilizou a família.*

→ Veja também **tranquilizar**.

intranquilo in·tran·***qui***·lo

adj. Inquieto, preocupado, que não está tranquilo: *a mulher está intranquila porque é tarde e o marido ainda não chegou.*

→ Veja também **tranquilo**.

intransigente in·tran·si·***gen***·te

adj.masc.fem. Que não cede, que não faz acordo: *ou lhe dão tudo o que está pedindo ou não aceita nada; ele é uma pessoa intransigente!*

intransitável in·tran·si·***tá***·vel

adj.masc.fem. Por onde não se pode passar: *há tanta lama na rua que ela ficou intransitável.*

❖ *pl.* intransitáveis.

intransponível in·trans·po·***ní***·vel
adj.masc.fem. Que não se pode transpor ou ultrapassar: *encontramos um obstáculo intransponível e não pudemos ir adiante.*
❖ *pl.* intransponíveis.

intratável in·tra·***tá***·vel
adj.masc.fem. Com quem não se consegue ter um bom relacionamento: *seu marido está sempre irritado, é uma pessoa realmente intratável.*
❖ *pl.* intratáveis.

intrépido in·***tré***·pi·do
adj. Corajoso, destemido: *guerreiro intrépido.*

intriga in·***tri***·ga
s.fem. Mexerico, fofoca: *não quero saber de intriga aqui na escola.*

intrigado in·tri·***ga***·do
adj. Curioso, encafifado: *fiquei intrigado com essa notícia e não sosseguei até esclarecer tudo.*

intrigante in·tri·***gan***·te
adj.masc.fem. Que desperta a curiosidade: *essa história de lobisomem é um mistério intrigante.*

intrigar in·tri·***gar***
v. Inquietar, deixar curioso: *sua atitude me intriga; acho que ele está tentando esconder alguma coisa e preciso descobrir o que é.*

intrincado in·trin·***ca***·do
adj. Complicado, difícil de resolver: *a polícia acha esse caso muito intrincado.*
❖ Também existe a forma **intricado**.

introdutor in·tro·du·***tor***
s.masc. Aquele que introduz, que apresenta pela primeira vez: *ele é o introdutor dessa moda no país; foi o primeiro a trazê-la para cá.*
❖ *pl.* introdutores.

introduzir in·tro·du·***zir***
v. 1. Fazer entrar: *introduza a chave na fechadura.* 2. Iniciar uma moda, um costume, etc.: *esse cantor introduziu a moda dos cabelos coloridos.*
v.pron. **introduzir-se** 3. Entrar, penetrar: *o homem tentou se introduzir na casa pela janela.*

intrometer-se in·tro·me·***ter***-se
v.pron. Meter-se em assuntos alheios: *ele quis se intrometer em nossa conversa mas nós não deixamos.*

intrometido in·tro·me·***ti***·do
adj. Xereta, pessoa que se mete na vida alheia: *ele é muito intrometido, está sempre querendo saber da vida de todo mundo.*

introvertido in·tro·ver·***ti***·do
adj. Que é fechado, que não conversa muito: *esse menino é introvertido, vive muito calado.*
→ Veja também **extrovertido**.

intruso in·***tru***·so
s.masc. Aquele que está num lugar em que não devia entrar, que entrou sem licença, sem ser chamado: *o que esse intruso está fazendo na festa?*

intuito in·***tui***·to (ú)
s.masc. Objetivo, intenção, finalidade: *ele fez isso com o intuito de ajudar os colegas.*

inumerável i·nu·me·***rá***·vel
adj.masc.fem. Tão numeroso que não pode ser contado: *há no universo uma quantidade inumerável de estrelas.*
❖ *pl.* inumeráveis.

inúmero i·***nú***·me·ro
adj. Incontável: *inúmeras estrelas brilham no céu.*

inundação i·nun·da·***ção***
s.fem. Enchente: *as chuvas fortes provocaram uma inundação na cidade.*
❖ *pl.* inundações.

inundar i·nun·***dar***
v. Cobrir de água, alagar: *o rio inundou as ruas da cidade.*

inusitado i·nu·si·***ta***·do
adj. Raro, insólito, que não costuma acontecer: *ontem nevou nessa cidade; esse fato inusitado foi muito comentado pelas pessoas.*

inútil i·***nú***·til
adj.masc.fem. 1. Que não é útil, que não serve para nada: *jogue fora essas coisas inúteis.* 2.

I

Infrutífero, que não produz o resultado esperado: *é inútil pedir ajuda a essas pessoas; elas nunca vão nos ajudar.*
❖ *pl.* inúteis.
→ Veja também **útil**.

inutilidade i·nu·ti·li·***da***·de
s.fem. Falta de serventia, de utilidade: *preciso reconhecer a inutilidade de meus esforços; o que eu fiz não serviu para nada.*
→ Veja também **utilidade**.

inutilizar i·nu·ti·li·***zar***
v. Tornar inútil, sem efeito: *vou inutilizar esse cheque e fazer outro.*
→ Veja também **utilizar**.

inutilizável i·nu·ti·li·***zá***·vel
adj. masc.fem. Que não se pode utilizar: *essa ferramenta está quebrada, é inutilizável.*
❖ *pl.* inutilizáveis.
→ Veja também **utilizável**.

I

invadir in·va·***dir***
v. Entrar sem licença: *os policiais invadiram a casa.*
→ Veja também **invasão**.

invalidar in·va·li·***dar***
v. Anular, declarar que não vale: *o juiz invalidou o gol.*
→ Veja também **validar**.

inválido in·***vá***·li·do
adj. 1. Que não vale: *gol inválido*. 2. Que não pode viver ou trabalhar normalmente por ser doente ou por ter algum defeito físico: *homem inválido*.

invariável in·va·ri·***á***·vel
adj.masc.fem. 1. Que não varia, que não muda: *temperatura invariável*. 2. *Gram.* Palavra que nunca muda a forma: *a palavra "aqui" é invariável.*
❖ *pl.* invariáveis.
→ Veja também **variável**.

invasão in·va·***são***
s.fem. Ação de invadir, de entrar sem licença: *o filme mostrou a invasão da cidade pelos soldados.*
❖ *pl.* invasões.
→ Veja também **invadir**.

invasor in·va·***sor***
s.masc. Aquele que invade, que entra sem licença: *o guarda do palácio prendeu o invasor.*
❖ *pl.* invasores.

inveja in·***ve***·ja (é)
s.fem. Sentimento que faz uma pessoa ter raiva daqueles que têm o que ela gostaria de ter: *a beleza dessa menina despertou a inveja de muita gente.*

invejável in·ve·***já***·vel
adj.masc.fem. Que é tão bom que provoca inveja: *esse homem tem uma coragem invejável; gostaria de ser assim também.*
❖ *pl.* invejáveis.

invejoso in·ve·***jo***·so (ô)
adj. Que tem inveja, que vive atormentado pela inveja: *a bruxa era invejosa; queria ser tão bonita como a princesa.*
❖ *fem.* invejosa (ó). *pl.* invejosos (ó), invejosas (ó).

invenção in·ven·***ção***
s.fem. 1. Invento, aquilo que foi inventado: *a lâmpada elétrica foi uma grande invenção*. 2. Mentira: *essa notícia é verdadeira ou é invenção sua?*
❖ *pl.* invenções.

invencível in·ven·***cí***·vel
adj.masc.fem. Que não pode ser vencido: *o nosso time é invencível.*
❖ *pl.* invencíveis.

inventar in·ven·***tar***
v. 1. Criar alguma coisa nova: *o americano Graham Bell inventou o telefone*. 2. Imaginar: *ela gosta de inventar histórias.*

inventivo in·ven·***ti***·vo
adj. Criativo: *esse vendedor é inventivo; tem muitas ideias e consegue vender bastante.*

inventor in·ven·***tor***
s.masc. Aquele que inventa: *Santos Dumont foi o grande inventor brasileiro de aviões.*
❖ *pl.* inventores.

inverídico in·ve·***rí***·di·co
adj. Que não é verídico, que não é verdadeiro: *afirmação inverídica.*
→ Veja também **verídico**.

inverno in·**ver**·no (é)
s.masc. Uma das quatro estações do ano, entre o outono e a primavera: *no Brasil, o inverno vai de 21 de junho a 22 de setembro.*

invertebrado in·ver·te·**bra**·do
adj. *Biol.* Que não tem coluna vertebral: *os insetos (pernilongo, mosquito, abelha, etc.) são animais invertebrados.*
→ Veja também **vertebrado**.

inverter in·ver·**ter**
v. Colocar em ordem contrária: *numa soma, podemos inverter a posição dos números, pois o resultado não se altera.*

investida in·ves·**ti**·da
s.fem. Ataque: *todos temiam a investida da fera.*

investigação in·ves·ti·ga·**ção**
s.fem. Ação de investigar, de procurar saber: *o delegado começou a investigação do caso do sumiço das joias.*
❖ *pl.* investigações.

investigador in·ves·ti·ga·**dor**
s.masc. Aquele que investiga: *o investigador de polícia descobriu o carro roubado.*
❖ *pl.* investigadores.

investigar in·ves·ti·**gar**
v. Pesquisar, procurar saber: *o médico está investigando as causas da doença.*

investir in·ves·**tir**
v. 1. Atacar, atirar-se contra: *o animal investiu contra a multidão, que fugiu apavorada.* 2. Aplicar dinheiro em algum negócio: *ele investiu uma grande quantia e espera ter bons lucros.*

inviável in·vi·**á**·vel
adj.masc.fem. Que não pode ser executado ou posto em prática: *plano inviável.*
❖ *pl.* inviáveis.
→ Veja também **viável** e **viabilidade**.

invicto in·**vic**·to
adj. Que não foi vencido: *nosso time está invicto no campeonato, não perdeu nenhum jogo.*

invisível in·vi·**sí**·vel
adj.masc.fem. Que não pode ser visto: *essa estrela é invisível a olho nu.*
❖ *pl.* invisíveis.
→ Veja também **visível**.

invocar in·vo·**car**
v. Chamar em auxílio: *invocou a Deus, pedindo ajuda.*

invólucro in·**vó**·lu·cro
s.masc. Aquilo que envolve uma coisa: *o vidro de remédio é vendido com um invólucro de plástico.*

involuntário in·vo·lun·**tá**·ri:o
adj. Que não se faz por querer: *erro involuntário.*

invulgar in·vul·**gar**
adj.masc.fem. Incomum, raro: *esse rapaz tem um talento invulgar para a música.*
❖ *pl.* invulgares.
→ Veja também **vulgar**.

invulnerável in·vul·ne·**rá**·vel
adj. masc.fem. Que não se pode atingir ou ferir: *o guerreiro tinha uma proteção que o tornava invulnerável às armas inimigas; nada podia atingi-lo.*
❖ *pl.* invulneráveis. *superl.* invulnerabilíssimo.
→ Veja também **vulnerável**.

ir
v. Deslocar-se de um lugar para outro: *irei à escola amanhã.*

ira **i**·ra
s.fem. Raiva, fúria: *não sei o motivo de sua ira.*

irado i·**ra**·do
adj. Enfurecido: *ele ficou irado ao ser ofendido.*

irascível i·ras·**cí**·vel
adj.masc.fem. Que se irrita ou se zanga com facilidade: *homem irascível.*
❖ *pl.* irascíveis.

ironia i·ro·**ni**·a
s.fem. Maneira de zombar de alguém ou de alguma situação dizendo o contrário do que se quer dizer: *esse homem é muito honesto — disse o guarda com ironia, referindo-se a um conhecido ladrão.*
→ Veja também **irônico**.

irônico i·**rô**·ni·co
adj. Zombeteiro, que revela ironia: *a frase do guarda foi irônica.*
→ Veja também **ironia**.

irracional ir·ra·ci:o·***nal***
adj.masc.fem. Que não é capaz de raciocinar: *ser irracional*.
❖ *pl.* irracionais.
→ Veja também **racional**.

irreal ir·re·***al***
adj.masc.fem. Imaginário, que não existe na realidade: *nesse filme, há um animal irreal*.
❖ *pl.* irreais.
→ Veja também **real**.

irrealizável ir·re:a·li·***zá***·vel
adj.masc.fem. Que não se pode realizar: *esse sonho é irrealizável*.
❖ *pl.* irrealizáveis.
→ Veja também **realizável**.

irreconciliável ir·re·con·ci·li·***á***·vel
adj.masc.fem. Que não se pode reconciliar, que não é capaz de fazer acordo: *esses dois homens nunca farão as pazes; são inimigos irreconciliáveis*.
❖ *pl.* irreconciliáveis.
→ Veja também **reconciliação** e **reconciliar**.

I

irreconhecível ir·re·co·nhe·***cí***·vel
adj.masc.fem. Que não se consegue reconhecer: *ela usou um disfarce que a deixou irreconhecível*.
❖ *pl.* irreconhecíveis.

irrecuperável ir·re·cu·pe·***rá***·vel
adj.masc.fem. Que não se pode mais recuperar, que está totalmente perdido: *dinheiro irrecuperável*.
❖ *pl.* irrecuperáveis.
→ Veja também **recuperável**.

irrecusável ir·re·cu·***sá***·vel
adj.masc.fem. Que não se pode recusar: *sua oferta é muito boa, é irrecusável*.
❖ *pl.* irrecusáveis.
→ Veja também **recusar** e **recusável**.

irrefletido ir·re·fle·***ti***·do
adj. Impensado, feito sem reflexão: *ele fez um comentário irrefletido e ofendeu os colegas*.

irrefutável ir·re·fu·***tá***·vel
adj.masc.fem. Incontestável, indiscutível: *a prova de sua inocência é irrefutável, não pode ser colocada em dúvida*.
❖ *pl.* irrefutáveis.
→ Veja também **refutar**.

irregular ir·re·gu·***lar***
adj.masc.fem. Que é contrário às regras, que não segue as regras: *no futebol, é irregular marcar um gol com a mão*.
❖ *pl.* irregulares.
→ Veja também **regular**.

irrelevante ir·re·le·***van***·te
adj.masc.fem. Que não é relevante, que não tem muita importância: *detalhe irrelevante*.
→ Veja também **relevante**.

irremediável ir·re·me·di·***á***·vel
adj.masc.fem. Que não se pode remediar, que não se pode consertar ou corrigir: *falha irremediável*.
❖ *pl.* irremediáveis.
→ Veja também **remediável**.

irreparável ir·re·pa·***rá***·vel
adj.masc.fem. Que não pode ser consertado, reparado ou corrigido: *ele causou um mal irreparável aos amigos*.
❖ *pl.* irreparáveis.

irrepreensível ir·re·pre·en·***sí***·vel
adj.masc.fem. Que não merece nenhuma censura ou repreensão: *você se comportou de modo irrepreensível; merece só elogios*.
❖ *pl.* irrepreensíveis.
→ Veja também **repreender** e **repreensível**.

irrequieto ir·re·qui·***e***·to (é)
adj. Que não fica quieto: *menino irrequieto*.
→ Veja também **quieto**.

irresistível ir·re·sis·***tí***·vel
adj.masc.fem. Incontrolável, a que não se consegue resistir: *com esse calor, sinto uma vontade irresistível de tomar sorvete*.
❖ *pl.* irresistíveis.
→ Veja também **resistir**.

irresoluto ir·re·so·***lu***·to
adj. Indeciso, hesitante: *homem irresoluto*.
→ Veja também **resoluto**.

irrespirável ir·res·pi·***rá***·vel
adj.masc.fem. Que não se pode respirar, que é impróprio para a respiração: *a poluição deixou essa cidade com um ar irrespirável*.
❖ *pl.* irrespiráveis.

irresponsabilidade ir·res·pon·sa·bi·li·***da***·de
s.fem. Comportamento de quem é irresponsável: *você agiu com irresponsabilidade e prejudicou muita gente.*
→ Veja também **responsabilidade**.

irresponsável ir·res·pon·***sá***·vel
adj.masc.fem. Que age sem se preocupar com as consequências: *não seja irresponsável, pense antes de agir para não prejudicar ninguém.*
❖ *pl.* irresponsáveis.
→ Veja também **responsável**.

irreverência ir·re·ve·***rên***·ci:a
s.fem. Falta de respeito: *o menino respondeu com irreverência.*

irreverente ir·re·ve·***ren***·te
adj.masc.fem. Desrespeitoso: *ele foi irreverente com o professor.*

irreversível ir·re·ver·***sí***·vel
adj.masc.fem. Que não se pode reverter: *resultado irreversível.*
❖ *pl.* irreversíveis.
→ Veja também **reverter** e **reversível**.

irrigar ir·ri·***gar***
v. Regar: *o fazendeiro vai irrigar essas terras secas para usá-las na plantação.*

irrisório ir·ri·***só***·ri:o
adj. Insignificante: *minha despesa foi irrisória, muito pequena mesmo.*

irritadiço ir·ri·ta·***di***·ço
adj. Que se irrita facilmente: *homem irritadiço.*
→ Veja também **irritar**.

irritante ir·ri·***tan***·te
adj.masc.fem. Que irrita, que perturba: *essa máquina faz um barulho irritante.*

irritar ir·ri·***tar***
v. Deixar irritado, nervoso: *o menino irrequieto irrita o professor.*
→ Veja também **irritadiço**.

irromper ir·rom·***per***
v. Entrar de repente: *ele irrompeu na sala, dando um susto em todos nós.*

islâmico is·***lâ***·mi·co
adj. Que se refere ao islamismo: *país islâmico.*

islamismo is·la·***mis***·mo
s.masc. *Rel.* Conjunto de ensinamentos deixados por Maomé: *muitas pessoas seguem o islamismo.*

> ◎ Islamismo é uma palavra vinda de *islã*, que significa *obediência a Deus*.

→ Veja também **mesquita** e **muçulmano**.

isolado i·so·***la***·do
adj. Separado de outros, solitário: *ele ficou isolado no fundo da sala.*

isolar i·so·***lar***
v. Separar, manter afastado: *o médico isolou o doente, colocando-o longe dos demais.*

israelense is·ra:e·***len***·se
adj.masc.fem. 1. Que se refere a Israel, país dos judeus: *cidade israelense.*
s.masc.fem. 2. Pessoa que nasceu em Israel: *os israelenses construíram uma bela cidade.*
→ Veja também **hebreu**.

italiano i·ta·li·***a***·no
adj. 1. Que se refere à Itália, um país europeu: *cantor italiano.*
s.masc. 2. Aquele que nasceu na Itália: *os italianos visitam muito o Brasil.* 3. Língua falada na Itália: *ele estuda italiano.*

itinerário i·ti·ne·***rá***·ri:o
s.masc. Caminho que se percorre para chegar a um certo ponto: *você conhece o itinerário desse ônibus?*

I

J j

jaguatirica

j (jóta)

s.masc. A décima letra do alfabeto: *jiló se escreve com j.*

já

adv. Neste instante: *vou sair já.*

jabuti ja·bu·***ti***

s.masc. *Zool.* Réptil de pescoço rugoso que lembra uma tartaruga terrestre, com cabeça e patas que podem entrar em uma carapaça, isto é, um revestimento duro de osso que protege o dorso do animal: *há muitos jabutis pelas matas brasileiras.*

❖ *fem.* jabota.

jabuticaba ja·bu·ti·***ca***·ba

s.fem. Fruto comestível preto, de forma arredondada e polpa mole e branca: *gosto muito de comer jabuticaba.*

jabuticabeira ja·bu·ti·ca·***bei***·ra

s.fem. *Bot.* Árvore que produz a jabuticaba: *plantei uma jabuticabeira no quintal.*

jacarandá ja·ca·ran·***dá***

s.masc. *Bot.* Árvore grande que fornece madeira escura, bem resistente, muito usada na fabricação de móveis: *na escola, há uma antiga mesa de jacarandá.*

jacaré ja·ca·***ré***

s.masc. *Zool.* Grande réptil parecido com o crocodilo que vive nas margens de rios e lagos: *em certas regiões do Brasil há muitos jacarés.*

❖ Para indicar o sexo do animal, dizemos *o jacaré macho, o jacaré fêmea.*

jaguatirica ja·gua·ti·***ri***·ca

s.fem. *Zool.* Espécie de grande gato selvagem: *vi uma jaguatirica no zoológico.*

❖ Para indicar o sexo do animal, dizemos *a jaguatirica macho, a jaguatirica fêmea.*

jagunço ja·***gun***·ço

s.masc. Homem contratado para proteger outro, capanga: *o homem tinha vários jagunços que andavam sempre com ele.*

jamais ja·***mais***

adv. Nunca: *jamais te abandonarei.*

janeiro ja·***nei***·ro

s.masc. Primeiro mês do ano: *meu pai faz aniversário em janeiro.*

> ◎ A palavra janeiro vem de Jano, deus romano que tinha duas faces, como se uma olhasse o passado e a outra, o futuro; era também o deus que protegia as portas e as passagens (a palavra janela também deriva de seu nome). Deram seu nome ao primeiro mês do ano porque janeiro é o *mês da passagem*, que olha tanto para o ano que terminou como para aquele que está começando.

janela ja·***ne***·la (é)

s.fem. 1. Abertura que se faz na parede para deixar passar luz e ar: *nossa sala de aula tem três janelas grandes.* 2. *Inform.* Espécie de pequena tela dentro da tela maior do computador, que se abre para exibir dados ou informações: *se você abrir uma janela no texto, trabalhará mais facilmente.*

jangada jan·***ga***·da

s.fem. Embarcação chata feita de paus roliços amarrados uns aos outros: *eles saíram para pescar numa jangada.*

jangadeiro jan·ga·***dei***·ro

s.masc. Aquele que vive de pescar com a jangada: *os jangadeiros vão para o mar pescar.*

jantar jan·***tar***

v. 1. Comer a refeição da noite: *vamos jantar às oito horas da noite.*

s.masc. 2. Refeição da noite: *o jantar estava ótimo.*

❖ *pl.* jantares.

japonês ja·po·***nês***

adj. 1. Que se refere ao Japão: *povo japonês*. s.masc. 2. Aquele que nasceu no Japão: *na minha cidade há muitos japoneses*. 3. Língua falada no Japão: *ela estuda japonês*.

❖ *fem.* japonesa. *pl.* japoneses, japonesas.

jaqueta ja·***que***·ta (ê)

s.fem. Tipo de casaco que geralmente vai até a cintura: *ele comprou uma jaqueta preta*.

jararaca ja·ra·***ra***·ca

s.fem. *Zool.* Nome que se dá a várias cobras venenosas que há no Brasil: *vimos uma jararaca no jardim zoológico*.

❖ Para indicar o sexo do animal, dizemos *a jararaca macho, a jararaca fêmea*.

jardim jar·***dim***

s.masc. Terreno onde se cultivam plantas e flores: *meus pais fizeram um pequeno jardim na frente da casa*.

❒ **jardim botânico** Local público onde são cultivadas e exibidas flores e plantas: *visitamos o jardim botânico da cidade*. **jardim zoológico** Local onde são criados e exibidos animais de diferentes espécies: *passamos o domingo no jardim zoológico e vimos muitos animais diferentes*.

❖ *pl.* jardins.

→ Veja também **botânico**.

jardineiro jar·di·***nei***·ro

s.masc. Aquele que cuida de jardins: *ele é o novo jardineiro da escola*.

jarra ***jar***·ra

s.fem. 1. Recipiente para líquidos: *uma jarra de suco de laranja*. 2. Vaso para flores: *ela colocou as flores numa jarra com água*.

jarro ***jar***·ro

s.masc. Vaso alto próprio para água, com asa e bico: *antigamente, todo mundo tinha um jarro em casa*.

jasmim jas·***mim***

s.masc. *Bot.* Planta de flores muito perfumadas: *o pé de jasmim perfuma o pequeno jardim da casa*.

❖ *pl.* jasmins.

jaula ***jau***·la

s.fem. Espécie de grande gaiola com grades de ferro que servia de prisão para os animais ferozes nos jardins zoológicos de antigamente: *hoje em dia não vemos mais jaulas nos zoológicos*.

jazer ja·***zer***

v. 1. Estar deitado, estendido: *o ferido jazia na cama*. 2. Estar morto ou como morto: *vários soldados jaziam no campo de batalha*. 3. Estar sepultado: *aqui jaz um grande poeta*.

jazida ja·***zi***·da

s.fem. Depósito natural de ouro, petróleo, etc. que se encontra em certos lugares do nosso planeta: *descobriram uma jazida de ouro no interior do Brasil*.

jazigo ja·***zi***·go

s.masc. Túmulo, sepultura: *os arqueólogos encontraram o jazigo de um antigo rei*.

jegue ***je***·gue (é)

s.masc. *Zool.* Jumento, asno, jerico: *ele foi até a cidade nesse jegue*.

❖ *fem.* jega (é). No Nordeste do Brasil, o jumento é conhecido por jegue.

→ Veja também **asno**, **jerico** e **jumento**.

jeito ***jei***·to

s.masc.1. Modo: *de que jeito você fez esse trabalho?* 2. Habilidade: *ele tem muito jeito para desenho*.

jeitoso jei·***to***·so (ô)

adj. 1. Habilidoso, que tem jeito para fazer alguma coisa: *meu pai é jeitoso para fazer esses pequenos consertos*. 2. Que tem boa aparência: *ela é uma mocinha jeitosa*.

❖ *fem.* jeitosa (ó). *pl.* jeitosos (ó), jeitosas (ó).

jejuar je·ju·***ar***

v. Ficar sem comer durante certo tempo por motivos religiosos ou médicos: *ela vai jejuar até amanhã*.

jejum je·***jum***

s.masc. Período em que uma pessoa fica sem comer por motivos religiosos ou médicos: *o meu jejum vai acabar amanhã*.

❖ *pl.* jejuns.

J

jerico je·**ri**·co
s.masc. *pop.* Jumento, asno, jegue: *o jerico ajuda o homem a carregar coisas.*
❖ Outro nome para o jumento no Nordeste brasileiro.
→ Veja também **asno**, **jegue** e **jumento**.

jerimum je·ri·**mum**
s.masc. Abóbora: *ela comprou um jerimum para fazer doce.*
❖ *pl.* jerimuns. No Norte e Nordeste do Brasil, essa palavra é mais usada do que *abóbora*.

jesuíta je·su·**í**·ta
s.masc. Religioso que faz parte da Companhia de Jesus: *o padre José de Anchieta era um jesuíta.*

jiboia ji·**boi**·a
s.fem. *Zool.* Cobra grande não venenosa: *a jiboia vive nas matas do Brasil e pode alcançar quatro metros de comprimento.*
❖ Para indicar o sexo do animal, dizemos *a jiboia macho, a jiboia fêmea.*

jiló ji·**ló**
s.masc. Fruto pequeno e muito amargo: *ela me ofereceu jiló no almoço.*

jirau ji·**rau**
s.masc. Armação de madeira feita sobre forquilhas usada para guardar objetos (panelas, pratos, etc.): *pegue a caneca no jirau.*

jiu-jítsu jiu-**jít**·su
s.m. Esp. Luta esportiva de combate e defesa desenvolvida no Japão: *meu vizinho é lutador de jiu-jítsu.*

> ◎ Jiu-jítsu é uma palavra de origem japonesa, formada de *ju* (calmo, delicado) + *jutsu* (arte, técnica).

joalheiro jo:a·**lhei**·ro
s.masc. Aquele que faz ou vende joias: *o joalheiro nos mostrou um lindo bracelete.*

joaninha jo:a·**ni**·nha
s.fem. *Zool.* Pequeno inseto de asas coloridas com pintas: *há muitas joaninhas no jardim.*

joão-de-barro jo·**ão**-de-**bar**·ro
s.masc. *Zool.* Passarinho que usa barro para fazer seu ninho: *vi um joão-de-barro preparando seu ninho.*
❖ *pl.* joões-de-barro. Para indicar o sexo do animal, dizemos *o joão-de-barro macho, o joão-de-barro fêmea.*

joão-ninguém jo·**ão**-nin·**guém**
s.masc. Homem sem importância nenhuma: *ele é um joão-ninguém.*
❖ *pl.* joões-ninguém.

jocoso jo·**co**·so (ô)
adj. Engraçado, que faz rir: *história jocosa.*
❖ *fem.* jocosa (ó). *pl.* jocosos (ó), jocosas (ó).

joelhada jo:e·**lha**·da
s.fem. Pancada com o joelho: *o goleiro levou uma joelhada do atacante.*

joelho jo·**e**·lho (ê)
s.masc. *Anat.* Parte da frente da articulação da perna com a coxa: *o menino caiu e esfolou o joelho.*
❒ **de joelhos** Ajoelhado: *ele estava rezando de joelhos.*
→ Veja também **ajoelhar-se**.

jogador jo·ga·**dor**
s.masc. Aquele que participa de um jogo: *jogador de tênis.*
❖ *pl.* jogadores.

jogar jo·**gar**
v. 1. Atirar, lançar: *alguém jogou uma pedra na janela.* 2. Tomar parte num jogo: *gosto de jogar futebol.*

jogatina jo·ga·**ti**·na
s.fem. Jogo de azar, em que a sorte decide o vencedor, como a loteria e o bingo, por exemplo: *aquele homem perdeu muito dinheiro com a jogatina.*

jogo **jo**·go (ô)
s.masc. 1. Atividade ou competição com regras em que há um vencedor no final (jogo de baralho, de futebol, etc.): *o jogo de futebol empatou.* 2. Brincadeira, divertimento: *nós inventamos vários jogos para nos divertir.* 3. O conjunto de objetos de uma coleção: *os noivos ganharam um jogo de pratos.*
❒ **abrir o jogo** *pop.* Falar francamente: *ele abriu o jogo com os pais e contou tudo o que estava acontecendo.* **esconder o jogo** *pop.* Não falar toda a verdade: *o professor*

não nos disse tudo o que vai fazer; acho que está escondendo o jogo. **jogo de azar** Jogo em que a sorte decide o vencedor, como a loteria e o bingo, por exemplo: *muita gente é viciada em jogos de azar.*
❖ *pl.* jogos (ó).

joguete jo·***gue***·te (ê)
s.masc. Pessoa que se deixa levar facilmente por outras, como se fosse um brinquedo que se joga de um lado para o outro: *ele virou um joguete nas mãos desses malandros.*

joia ***joi***·a
s.fem. Objeto feito de materiais preciosos (ouro, pedras, etc.) que se usa como enfeite: *esse brinco de ouro é uma bela joia.*

jóquei ***jó***·quei
s.masc. Homem que tem a profissão de cavaleiro nas corridas de cavalos: *os jóqueis são homens pequenos e magros.*
❖ *fem.* joqueta.

jornada jor·***na***·da
s.fem. Percurso feito em um dia: *já é quase noite; vamos descansar que hoje nossa jornada foi muito cansativa.*
❒ **jornada de trabalho** Período de tempo dedicado ao trabalho: *sua jornada de trabalho é de 40 horas por semana.*

jornal jor·***nal***
s.masc. Publicação geralmente diária que traz informações sobre os mais diversos assuntos (esportes, artes, política, economia, diversão, etc.): *meu pai lê um jornal todos os dias para manter-se atualizado.*
❖ *pl.* jornais.

jornaleiro jor·na·***lei***·ro
s.masc. Aquele que vende jornais numa banca: *sempre compro jornais e revistas desse jornaleiro.*

jornalismo jor·na·***lis***·mo
s.masc. Atividade do jornalista: *o jornalismo é uma carreira procurada por muitos jovens.*

jornalista jor·na·***lis***·ta
s.masc.fem. Pessoa que trabalha num jornal escrevendo artigos, reportagens, fazendo entrevistas, etc.: *essa jornalista entrevistou o presidente.*

jornalístico jor·na·***lís***·ti·co
adj. Que se refere ao jornalismo: *programa jornalístico.*

jorrar jor·***rar***
v. Sair com força do interior de: *a água jorrava do cano rompido.*

jovem ***jo***·vem (ó)
adj.masc.fem. 1. Que é moço, que tem pouca idade: *homem jovem.*
s.masc.fem. 2. Pessoa moça: *os jovens chegaram com suas guitarras e animaram a festa.*
❖ *pl.* jovens.
→ Veja também **idoso**.

jovial jo·vi·***al***
adj.masc.fem. Alegre, que está sempre de bom humor: *meu colega é um menino jovial.*
❖ *pl.* joviais.

◎ Jovial é uma palavra vinda de *Jove*, outro nome do deus Júpiter, na mitologia romana, que deu nome a um planeta. Os antigos astrólogos acreditavam que quem nascesse sob a influência desse planeta seria *alegre, comunicativo*; portanto, seria *jovial* (de Jove).

juba ***ju***·ba
s.fem. Pelos longos que crescem em torno da cabeça do leão: *o leão adulto tem uma grande juba.*

júbilo ***jú***·bi·lo
s.masc. Grande alegria: *foi um dia de júbilo quando a guerra finalmente acabou.*
→ Veja também **rejubilar**.

judeu ju·***deu***
adj. 1. Que descende dos antigos hebreus: *povo judeu.* 2. Que se refere a esse povo: *um menino é judeu quando é filho de mãe judia ou tem os dois pais judeus.*
s.masc. 3. Aquele que segue o judaísmo, a religião dos antigos hebreus: *os judeus vão às sinagogas estudar seus livros sagrados.*
❖ *fem.* judia.

judiciário ju·di·ci·***á***·ri:o
adj. Que se refere à justiça, aos juízes, aos tribunais de justiça: *o poder judiciário.*

judô ju·***dô***

s.masc. *Esp.* Luta esportiva de combate e defesa, criada no Japão como uma modalidade do antigo jiu-jítsu: *a exibição de judô vai começar daqui a pouco; os judocas estão se preparando.*

> ◎ Judô é uma palavra de origem japonesa, formada de *ju* (calmo, delicado) + *do* (caminho, método).

judoca ju·***do***·ca (ó)

s.masc.fem. Pessoa que pratica judô: *os judocas vão começar a lutar.*

juiz ju·***iz***

s.masc. 1. Aquele que tem o poder de julgar, de decidir se um acusado é culpado ou inocente: *para tomar suas decisões, o juiz ouve as pessoas envolvidas no caso e consulta as leis.* 2. Aquele que dirige um jogo (de futebol, tênis, vôlei, etc.), fazendo que os participantes obedeçam às regras: *o juiz é sempre culpado pelo resultado do jogo.*

❖ *fem.* juíza. *pl.* juízes, juízas.

J

juízo ju·***í***·zo

s.masc. 1. Bom senso: *esse rapaz tem juízo; pensa bem antes de agir; ele é ajuizado.* 2. Opinião que se tem sobre alguém: *faço um bom juízo sobre esse menino; tenho uma opinião favorável sobre ele.* 3. Mente, inteligência: *a guerra afetou o juízo daquele homem, deixando-o meio doido.*

→ Veja também **ajuizado** e **desajuizado**.

julgar jul·***gar***

v. 1. Analisar um caso e dar uma sentença: *o juiz vai julgar a acusada; então saberemos se ela é culpada ou inocente.* 2. Avaliar, apreciar: *a classe vai julgar os trabalhos e escolher o melhor.* 3. Considerar: *julgo esse rapaz um bom professor.*

v.pron. **julgar-se** 4. Considerar-se: *ele se julga o melhor jogador do time.*

julho ***ju***·lho

s.masc. O sétimo mês do ano: *vou entrar em férias no mês de julho.*

> ◎ Julho é uma palavra vinda de *Júlio*, nome do imperador Júlio César; os romanos gostavam tanto dele que resolveram homenageá-lo dando seu nome a um dos meses do ano.

jumento ju·***men***·to

s.masc. Animal mamífero e quadrúpede parecido com o cavalo, porém menor e de longas orelhas; asno, jegue, jerico: *vou dar comida ao jumento.*

→ Veja também **asno**, **jegue** e **jerico**.

junho ***ju***·nho

s.masc. O sexto mês do ano: *as aulas acabam no final de junho.*

junino ju·***ni***·no

adj. Que se refere ao mês de junho: *já começaram os preparativos para as festas juninas.*

júnior ***jú***·ni·or

adj. 1. Que é o mais jovem de dois: *Márcio e Pedro são irmãos e Márcio é o júnior.*

s.masc. 2. *Esp.* Jogador bem jovem (entre 17 e 20 anos): *o time dos juniores ainda tem muito que aprender.*

❖ *pl.* juniores (ô). Quando o filho tem o mesmo nome do pai, para diferenciá-los usamos a palavra Júnior (ou a abreviatura Jr.) no final do nome do filho: *João Pereira (pai), João Pereira Júnior (filho).*

juntar jun·***tar***

v. Pôr junto, reunir: *o menino juntou os lápis que estavam espalhados pelo chão.*

jurado ju·***ra***·do

s.masc. Aquele que faz parte de um júri: *o juiz quer conhecer os jurados que vão participar desse julgamento.*

→ Veja também **júri**.

jurar ju·***rar***

v. 1. Prometer seriamente: *juro dizer a verdade.* 2. Afirmar com toda a sinceridade: *juro que não fiz isso!*

júri ***jú***·ri

s.masc. Grupo de pessoas que deve fazer algum julgamento: *o júri vai se reunir para tomar uma decisão.*

→ Não confunda com **jure**, do verbo jurar: *quero que ele jure dizer a verdade.*

jurídico ju·***rí***·di·co

adj. Que se refere às leis, ao direito: *os assuntos jurídicos de nossa empresa são resolvidos por essa moça, que é advogada.*

jururu ju·ru·***ru***
adj. Melancólico, tristonho: *ele anda jururu ultimamente.*

jus
s.masc. Direito.
❒ **fazer jus** Merecer, ter direito: *esse grupo realizou o melhor trabalho da classe, por isso fez jus ao prêmio.*
❖ A palavra jus só é usada na expressão **fazer jus**.

justapor jus·ta·***por***
v. Pôr uma coisa bem ao lado de outra: *justapondo as palavras "passa" e "tempo", formamos a palavra "passatempo".*

justiça jus·***ti***·ça
s.fem. 1. Respeito aos direitos das pessoas: *a justiça precisa ser defendida.* 2. Conjunto de juízes e tribunais encarregados de aplicar as leis: *o acusado vai ser julgado pela justiça brasileira.*
❒ **fazer justiça** Agir e fazer agir de acordo com a lei: *devemos fazer justiça e denunciar este caso.*
→ Veja também **injustiça**.

justiceiro jus·ti·***cei***·ro
adj. Que faz justiça, que defende a justiça: *homem justiceiro.*

justificar jus·ti·fi·***car***
v. Explicar a razão: *justifique sua resposta, isto é, explique por que você acha que ela está certa.*

justificativa jus·ti·fi·ca·***ti***·va
s.fem. Explicação, motivo, razão: *você deve apresentar uma justificativa para a sua ausência.*

justificável jus·ti·fi·***cá***·vel
adj.masc.fem. Que se pode justificar ou desculpar: *a ausência desse aluno é justificável, pois ele está doente e não pode sair de casa.*
❖ *pl.* justificáveis.
→ Veja também **injustificável**.

justo ***jus***·to
adj. 1. Correto, direito, que está de acordo com a justiça: *a professora tomou uma decisão justa premiando todos os alunos que participaram do trabalho, e não apenas alguns.* 2. Apertado: *essa camiseta ficou muito justa.*
→ Veja também **injusto**.

juvenil ju·ve·***nil***
adj.masc.fem. Que se refere à juventude, aos jovens: *moda juvenil.*
❖ *pl.* juvenis.

juventude ju·ven·***tu***·de
s.fem. 1. Mocidade, período de vida em que se é jovem: *vovô estava contando histórias de sua juventude.* 2. As pessoas jovens: *esse é o tipo de roupa que a juventude de hoje gosta de usar.*

J

Kk

kart

A letra K (pronuncia-se *cá*) é a 11ª letra do nossa alfabeto. Ela é usada em símbolos científicos, abreviaturas, palavras e nomes de origem estrangeira, como, por exemplo, *km* (abreviatura de quilômetro), *kg* (abreviatura de quilo), *rock*, *Karina* etc.

L l

laranja

l (éle)
s.masc. A 12ª letra do alfabeto: *a palavra laranja começa com l.*

lá
s.masc. 1. Uma das notas musicais: *toque um lá no piano.*
adv. 2. Naquele lugar: *ele mora lá.*

lã
s.fem. 1. Pelo que cobre o corpo de certos animais: *a lã do carneiro.* 2. Pano tecido com esse pelo: *blusa de lã.*

labareda la·ba·***re***·da (ê)
s.fem. Grande chama, língua de fogo: *a loja pegou fogo e os bombeiros tiveram muito trabalho para apagar as labaredas que se formaram.*

lábia ***lá***·bi:a
s.fem. *pop.* Conversa envolvente que engana outra pessoa: *com a lábia que tem, não é difícil para ele conseguir esse emprego.*

labial la·bi·***al***
adj.masc.fem. Que se refere aos lábios: *movimento labial.*
❖ *pl.* labiais.

lábio ***lá***·bi:o
s.masc. Cada uma das duas partes carnudas que formam o contorno da boca: *a menina passou batom nos lábios.*

labirinto la·bi·***rin***·to
s.masc. Lugar cheio de caminhos e passagens interligadas cuja saída é difícil de ser encontrada: *aquele prédio tinha tantos corredores que parecia um labirinto; só quem o conhecia muito bem conseguia encontrar logo a saída.*

laboratório la·bo·ra·***tó***·ri:o
s.masc. Local especialmente preparado para fazer medicamentos, pesquisas científicas, revelações fotográficas, etc.: *visitamos o laboratório de ciências dessa escola.*

laborioso la·bo·ri·***o***·so (ô)
adj. Trabalhador: *homem laborioso.*
❖ *fem.* laboriosa (ó). *pl.* laboriosos (ó), laboriosas (ó).

labuta la·***bu***·ta
s.fem. Trabalho duro: *ele vive nessa labuta há muitos anos.*

labutar la·bu·***tar***
v. Trabalhar duramente: *os operários labutam nas fábricas.*

laçar la·***çar***
v. Prender com laço: *o vaqueiro laçou o bezerro.*

laçarote la·ça·***ro***·te (ó)
s.masc. Laço grande: *ela às vezes usava um laçarote nos cabelos.*
→ Veja também **laço**.

laço ***la***·ço
s.masc. 1. Faixa ou fita atada com nó que se pode desfazer com facilidade: *ela fez um bonito laço na caixa do presente.* 2. Corda comprida com nó largo na ponta que se joga para prender animais: *o vaqueiro jogou o laço e pegou o bezerro.*
→ Veja também **laçarote**.

lacrimejar la·cri·me·***jar***
v. Derramar lágrimas: *meus olhos ficaram irritados pela fumaça e começaram a lacrimejar.*

lacrimogêneo la·cri·mo·***gê***·ne:o
adj. Que provoca lágrimas, que faz lacrimejar: *gás lacrimogêneo.*

lácteo ***lác***·te:o
adj. Que contém leite: *farinha láctea.*

lacuna la·***cu***·na
s.fem. Espaço vazio, em branco: *nessa lacuna da ficha escreva seu nome completo.*

lacustre la·***cus***·tre
adj.masc.fem. Que se refere aos lagos: *a planta lacustre vive em lagos.*

ladainha la·da·***i***·nha
s.fem. 1. *Rel.* Oração católica formada de uma série de invocações e repetições: *rezar uma ladainha*. 2. *fig.* Conversa repetitiva e enfadonha: *lá vem ele novamente com aquela ladainha!*

ladear la·de·***ar***
v. 1. Seguir ao lado de alguém: *os pais entraram na sala ladeando o filho*. 2. Estar ou ficar ao lado: *as árvores que ladeiam a estrada estão ficando floridas*. 3. Passar ao lado, contornar: *Para entrar no salão, você deve ladear o jardim.*

ladeira la·***dei***·ra
s.fem. Inclinação de terreno: *a escola fica lá em cima, no alto daquela ladeira*.
→ Veja também **aclive** e **declive**.

L

ladino la·***di***·no
adj. Esperto, que sempre se sai bem: *homem ladino*.

ladrão la·***drão***
s.masc. Homem que rouba: *o ladrão entrou na casa e levou tudo.*
❖ *fem.* ladra ou ladrona. *pl.* ladrões, ladras ou ladronas.

ladrar la·***drar***
v. Latir: *os cães ladram*.

ladrilho la·***dri***·lho
s.masc. Peça de cerâmica de diferentes cores e formatos que se usa para recobrir pisos e paredes: *vamos pôr esse tipo de ladrilho no banheiro de casa.*

ladroeira la·dro·***ei***·ra
s.fem. *pop.* Roubalheira: *ele garantiu que vai acabar com essa ladroeira*.

lagarta la·***gar***·ta
s.fem. *Zool.* Larva das borboletas e mariposas: *a lagarta é a primeira fase da vida da borboleta, logo depois que ela sai do ovo.*

lagartixa la·gar·***ti***·xa
s.fem. *Zool.* Nome comum de certos répteis pequenos que andam pelas paredes e se alimentam de insetos: *vi uma lagartixa no alto da parede.*
❖ Para indicar o sexo do animal, dizemos *a lagartixa macho, a lagartixa fêmea*.

lagarto la·***gar***·to
s.masc. *Zool.* Nome comum de diversos répteis de pele com escamas, pernas curtas e rabo comprido: *vimos um lagarto tomando sol.*
❖ Para indicar o sexo do animal, dizemos *o lagarto macho, o lagarto fêmea*.

lago ***la***·go
s.masc. *Geog.* Porção de água que ocupa naturalmente uma depressão do terreno: *acho que não há peixes nesse lago*.

lagoa la·***go***·a (ô)
s.fem. *Geog.* Lago pouco extenso: *sentamos na beira da lagoa para conversar.*

lágrima ***lá***·gri·ma
s.fem. Gota do líquido que sai dos olhos quando sentimos dor, tristeza, alegria, felicidade, etc.: *as lágrimas mostravam toda a emoção que ela sentia.*

laia ***lai***·a
s.fem. Espécie: *não confie neles, pois são todos homens da mesma laia, malandros, espertalhões.*
❖ Essa palavra é sempre usada em sentido negativo, quando se quer desvalorizar ou menosprezar alguém.

laje ***la***·je
s.fem. Obra contínua de concreto que constitui teto ou piso de um cômodo ou pavimento de um edifício: *os pedreiros acabaram de fazer a laje da casa.*

lama ***la***·ma
s.fem. Mistura de terra com água: *choveu muito e essa estrada de terra ficou cheia de lama.*
→ Veja também **enlamear**.

lamaçal la·ma·***çal***
s.masc. Lugar cheio de lama: *depois da chuva, a estrada de terra virou um lamaçal.*
❖ *pl.* lamaçais.

lambari lam·ba·***ri***

s.masc. *Zool.* Nome comum a diversos peixes pequenos de água doce: *nesse rio há muitos lambaris.*

❖ Para indicar o sexo do animal, dizemos *o lambari macho, o lambari fêmea.*

lamber lam·***ber***

v. Passar a língua: *o cachorro lambeu a mão do menino.*

lambida lam·***bi***·da

s.fem. Ação de lamber: *ele deu uma lambida no sorvete.*

lambiscar lam·bis·***car***

v. Comer muito pouco: *ele não quis almoçar, apenas lambiscou um pouco de salada e saiu.*

lambujem lam·***bu***·jem

s.fem. Vantagem que se dá a um adversário no jogo: *ele se achava tão bom que deu cinco pontos de lambujem ao adversário.*

❖ Também existe a forma **lambuja**.

lambuzar lam·bu·***zar***

v. Sujar: *ele estava comendo doces e lambuzou a camisa de creme.*

lamentação la·men·ta·***ção***

s.fem. Lamento, manifestação de dor, de mágoa: *as lamentações da mulher nos comoveram.*

❖ *pl.* lamentações.

lamentar la·men·***tar***

v. 1. Expressar tristeza por alguma coisa que aconteceu: *lamento que você esteja doente.* v.pron. **lamentar-se** 2. Lastimar-se: *ele se lamenta de não ter conseguido passar no exame.*

lamentável la·men·***tá***·vel

adj.masc.fem. 1. Que causa pena ou dó, que deve ser lamentado por provocar mágoa ou dor: *um acidente lamentável ocorreu ontem com nosso colega.* 2. Muito ruim: *seu trabalho está lamentável; você precisa melhorá-lo.*

❖ *pl.* lamentáveis.

lamento la·***men***·to

s.masc. Lamentação, expressão de dor, mágoa, sofrimento: *os lamentos da mãe nos comoveram.*

lâmina ***lâ***·mi·na

s.fem. Parte cortante de um objeto: *cuidado para não se cortar com a lâmina do facão.*

lâmpada ***lâm***·pa·da

s.fem. Objeto que produz luz artificial: *vou acender a lâmpada da sala.*

lamparina lam·pa·***ri***·na

s.fem. Objeto que produz luz fraca e que consiste num pequeno disco de cortiça com um pavio mergulhado num líquido inflamável que fica queimando: *antes da luz elétrica, as pessoas usavam lamparinas nos quartos.*

lampeiro lam·***pei***·ro

adj. *pop.* Animado e alegre: *ele apareceu todo lampeiro, já pronto para ir à festa.*

lampejo lam·***pe***·jo (ê)

s.masc. Manifestação repentina de uma ideia: *a solução do problema apareceu num lampejo de criatividade do rapaz.*

lampião lam·pi·***ão***

s.masc. Espécie de lanterna grande dotada de um pavio que se acende, que podia ficar suspenso no teto, num poste, etc.: *no passado, as ruas eram iluminadas por lampiões.*

❖ *pl.* lampiões.

lamúria la·***mú***·ri:a

s.fem. Lamento, queixume, choradeira: *chega de lamúria! Agora não adianta ficar lamentando o que aconteceu.*

lamuriar-se la·mu·ri·***ar***-se

v.pron. Lamentar-se, lastimar-se, queixar-se: *esse homem vive a se lamuriar de tudo.*

lança ***lan***·ça

s.fem. Haste de madeira ou ferro que termina numa ponta bem afiada: *a lança foi uma arma muito usada pelos guerreiros antigos.*

lança-chamas ***lan***·ça-***cha***·mas

s.masc.pl. Aparelho que lança jatos de líquido inflamável que provocam incêndios: *os soldados usaram lança-chamas para tirar o inimigo do esconderijo.*

❖ Essa palavra tem a mesma forma no singular e no plural: *o lança-chamas, os lança-chamas.*

L

lançar lan·***çar***

v. 1. Atirar, arremessar, jogar: *alguém lançou uma pedra na janela.* 2. Apresentar pela primeira vez (um filme, um livro, um produto, etc.): *esse escritor vai lançar seu livro hoje.*

v.pron. **lançar-se** 3. Desaguar, desembocar: *esse rio se lança no mar.*

❒ **lançar mão** Usar, valer-se de: *ele lançou mão de todas as suas economias para pagar o apartamento.*

lance ***lan***·ce

s.masc. Cada movimento de um jogo: *o lance da defesa do goleiro foi espetacular.*

lancha ***lan***·cha

s.fem. Pequena embarcação com motor: *ficamos passeando de lancha por mais de uma hora.*

lanchar lan·***char***

v. Comer um lanche: *vamos lanchar daqui a pouco.*

lanche ***lan***·che

s.masc. Pequena refeição: *tomamos um suco e comemos dois sanduíches; esse foi nosso lanche no meio da tarde.*

lancheira lan·***chei***·ra

s.fem. Espécie de maleta em que se leva o lanche: *o garoto abriu a lancheira e pegou um sanduíche.*

lanchonete lan·cho·***ne***·te (é)

s.fem. Local onde são servidas refeições ligeiras, lanches, etc.: *fomos tomar sorvete na lanchonete da escola.*

lancinante lan·ci·***nan***·te

adj.masc.fem. Que causa muito sofrimento: *dor lancinante.*

lanhar la·***nhar***

v. Ferir com instrumento cortante ou com coisa afiada: *ele foi fazer a barba com a navalha e lanhou o rosto.*

lanoso la·***no***·so (ô)

adj. Que tem lã: *animal lanoso.*

❖ *fem.* lanosa (ó). *pl.* lanosos (ó), lanosas (ó).

lanterna lan·***ter***·na (é)

s.fem. 1. Lâmpada elétrica portátil, alimentada por pilhas: *acendemos a lanterna para entrar na casa escura.*

s.masc.fem. *pop.* 2. *Esp.* Time ou atleta que se encontra em último lugar numa competição: *meu time é o lanterna do campeonato.*

lapidar la·pi·***dar***

v. Trabalhar uma pedra preciosa para dar-lhe um bom acabamento: *esse homem sabe lapidar diamantes.*

lápide ***lá***·pi·de

s.fem. Pedra com uma inscrição colocada sobre uma sepultura: *a lápide de sua sepultura dizia que ele tinha sido um grande poeta.*

lápis ***lá***·pis

s.masc. Pedaço fino de madeira que contém grafite, próprio para escrever ou desenhar: *ele usou o lápis para fazer esse desenho.*

❖ Essa palavra tem a mesma forma no singular e no plural: *o lápis, os lápis.*

lapiseira la·pi·***sei***·ra

s.fem. Tubo onde se encaixa a grafite e que é usado como lápis: *ele gosta de usar lapiseira para escrever.*

lapso ***lap***·so

s.masc. 1. Erro cometido por descuido ou distração: *por um lapso do funcionário, o sinal de saída foi dado antes da hora.* 2. Espaço de tempo: *ele ficou sem frequentar a escola por um lapso de seis meses.*

lar

s.masc. Casa onde vive uma pessoa ou uma família: *de volta ao lar, me senti melhor.*

❖ *pl.* lares.

laranja la·***ran***·ja

s.fem. Fruto da laranjeira, de que há muitas variedades, como a laranja-lima, laranja-pera, etc.: *vamos fazer um suco com estas laranjas.*

laranjada la·ran·***ja***·da

s.fem. Bebida feita com suco de laranja, água e açúcar: *gosto muito de laranjada.*

laranjal la·ran·***jal***
s.masc. Lugar onde há plantação de laranjeiras: *há um grande laranjal nessa fazenda.*
❖ *pl.* laranjais.

laranjeira la·ran·***jei***·ra
s.fem. *Bot.* Árvore que produz laranja: *as laranjeiras já estão carregadas; vamos começar a colheita.*

larápio la·***rá***·pi:o
s.masc. Ladrão: *esse sujeito é um larápio.*

largada lar·***ga***·da
s.fem. Momento da partida dos participantes de uma corrida: *os corredores estavam atentos, preparados para a largada.*

largar lar·***gar***
v. 1. Soltar: *você não deve largar a mão de sua irmã ao atravessar a rua.* 2. Deixar, abandonar: *não sei por que ele largou esse emprego.* 3. Partir, sair: *assim que os corredores largaram, o brasileiro tomou a frente.* 4. Deixar de: *você deve largar de ser egoísta.*

largo ***lar***·go
adj. 1. Que é grande de um lado a outro: *a nossa sala de aula é larga.* 2. Que está muito folgado no corpo: *esse vestido está largo demais, ele precisa ficar mais justo no corpo.*
s.masc. 3. Espécie de pequena praça pública, com espaço para as pessoas circularem: *ficamos conversando no largo perto da igreja.*
→ Veja também **alargar** e **estreito**.

largura lar·***gu***·ra
s.fem. Distância de um lado a outro: *vamos medir a largura da nossa sala de aula; depois, mediremos o seu comprimento.*
→ Veja também **comprimento**.

larva ***lar***·va
s.fem. *Zool.* Estado inicial da vida de certos animais, logo depois que saem do ovo.

lasca ***las***·ca
s.fem. Pedacinho que se quebrou: *ele foi levar a mesa para a outra sala e tirou uma lasca da porta.*

lascar las·***car***
v. 1. Tirar lasca: *a pancada lascou a porta.*
v.pron. **lascar-se** 2. *pop.* Sair-se mal: *se não estudar, você vai se lascar no teste.*

laser ***la***·*ser* (lêiser)
s.masc. Palavra inglesa que significa fonte de luz muito intensa, utilizada em várias áreas (na indústria, na medicina, etc.): *o médico usou raio laser para operar meu tio.*
→ Não confunda com **lazer**, que tem outro significado.

lástima ***lás***·ti·ma
s.fem. Pena, dó, pesar: *o estado de saúde desse homem me causa lástima.*

lastimar las·ti·***mar***
v. 1. Lamentar: *lastimo que você tenha de partir; vou ficar muito triste com a sua partida.*
v.pron. **lastimar-se** 2. Queixar-se, lamentar-se: *ele se lastima do azar que teve no jogo.*

lastimável las·ti·***má***·vel
adj.masc.fem. 1. Que provoca lástima, pena, compaixão: *acidente lastimável.* 2. Lamentável, muito ruim: *que trabalho lastimável!*
❖ *pl.* lastimáveis.

L

lata ***la***·ta
s.fem. 1. Folha de ferro fina: *a máquina cortou várias folhas de lata.* 2. Recipiente que se faz com essa folha: *vou pôr a tinta nessa lata.*

lateral la·te·***ral***
adj.masc.fem. Que fica ao lado: *essa casa tem uma entrada lateral.*
❖ *pl.* laterais.

laticínio la·ti·***cí***·ni:o
s.masc. Produto alimentício feito de leite, como a manteiga, o queijo, etc.: *ao entrar no supermercado, fui à seção de laticínios.*

latido la·***ti***·do
s.masc. A voz do cão: *os latidos do cão não me deixaram dormir direito.*

latim la·***tim***
s.masc. Língua falada pelo antigo povo que habitava a região onde está hoje a cidade de Roma, na Itália: *o português é uma língua derivada do latim.*

latino la·***ti***·no
adj. Que se refere ao latim ou ao povo que falava essa língua: *palavra latina.*

latir la·***tir***
v. Ladrar, dar latidos: *o cão está latindo.*

latrina la·***tri***·na
s.fem. Local próprio para as pessoas fazerem suas necessidades físicas, privada: *no fundo do quintal, havia uma latrina.*

lauto ***lau***·to
adj. Abundante, farto, rico: *minha avó ofereceu aos visitantes um lauto jantar.*

lava ***la***·va
s.fem. Matéria que sai do vulcão quando ele explode. A lava é pastosa e muito quente, pois vem das profundezas da Terra, e desce do vulcão como uma enxurrada: *ao esfriar, a lava endurece, e se transforma em pedra.*

lavagem la·***va***·gem
s.fem. Ação de lavar: *vamos fazer a lavagem do carro.*
❖ *pl.* lavagens.

lavanderia la·van·de·***ri***·a
s.fem. 1. Estabelecimento onde se lava e passa qualquer espécie de roupa: *vou levar meu terno à lavanderia.* 2. Local (de casa, hotel, etc.) onde se pode lavar e passar a roupa: *ela cuida da roupa da família na pequena lavanderia da casa.*

lavar la·***var***
v. Limpar com água: *o garoto ajuda o pai a lavar o carro.*

lavatório la·va·***tó***·ri:o
s.masc. Local apropriado para a lavagem do rosto e das mãos: *antes do almoço, uso esse lavatório para lavar as mãos.*

lavoura la·***vou***·ra
s.fem. Preparação e cultivo da terra: *meu tio trabalha na lavoura.*

lavrador la·vra·***dor***
s.masc. Aquele que trabalha na lavoura, que cultiva a terra: *meu tio é lavrador.*
❖ *pl.* lavradores.

lavrar la·***vrar***
v. Preparar a terra para o plantio: *ele explicou como se deve lavrar a terra para fazer uma boa plantação.*

laxante la·***xan***·te
s.masc. Medicamento que faz o intestino funcionar: *o médico receitou laxante para o homem que estava com o intestino preso.*

lazer la·***zer***
s.masc. Tempo livre para descanso do trabalho: *as pessoas reservam o sábado e o domingo para seu lazer; nesses dias, elas passeiam, praticam esportes, veem televisão, vão ao cinema, etc.*
❖ *pl.* lazeres.
→ Não confunda com ***laser***, que tem outro significado.

leal le·***al***
adj.masc.fem. Fiel, sincero: *amigo leal.*
❖ *pl.* leais.
→ Veja também **desleal**.

leão le·***ão***
s.masc. *Zool.* Animal quadrúpede mamífero da família dos felinos, cujo macho tem uma grande juba: *o leão é considerado o rei dos animais.*
❖ *fem.* leoa. *pl.* leões, leoas.
→ Veja também **leonino**.

lebre ***le***·bre (é)
s.fem. *Zool.* Certo mamífero roedor muito veloz: *o macho da lebre se chama lebrão.*

lecionar le·ci:o·***nar***
v. Ensinar: *essa professora leciona matemática.*

legado le·***ga***·do
s.masc. Aquilo que se deixa como herança: *essa casa foi o legado que recebi de meus pais.*

legal le·***gal***
adj.masc.fem. Que está de acordo com a lei: *a pesca nesse rio é legal.*
❖ *pl.* legais.
→ Veja também **ilegal** e **legalizar**.

legalizar le·ga·li·***zar***
v. Tornar legal: *vamos legalizar a compra desse carro, para não termos problemas.*

legar le·***gar***
v. Deixar em herança: *o pai legou essa casa ao filho.*

legenda le·***gen***·da
s.fem. Texto curto que se coloca abaixo de uma fotografia, de um desenho, etc.: *o aluno fez uma legenda para a foto.* 2. Texto que traduz para nossa língua o que está sendo falado num filme estrangeiro e acompanha as imagens do filme: *já consigo ver filmes com legendas.*

legendário le·gen·***dá***·ri:o
adj. Imaginário, que só existe nas lendas: *o saci é uma figura legendária, fruto da imaginação do povo.*
→ Veja também **lendário**.

legião le·gi·***ão***
s.fem. Multidão, grande número de pessoas: *uma legião de trabalhadores participou da passeata.*
❖ *pl.* legiões.

legislar le·gis·***lar***
v. Fazer leis: *na Câmara Legislativa reúnem-se os representantes do povo para legislar.*

legítimo le·***gí***·ti·mo
adj. 1. Legal, que está de acordo com a lei: *Julieta casou-se com Romeu; ele é seu marido legítimo.* 2. Autêntico, verdadeiro: *esse é um legítimo vinho francês.*
→ Veja também **ilegítimo**.

legível le·***gí***·vel
adj.masc.fem. Que se consegue ler: *escrita legível.*
❖ *pl.* legíveis.
→ Veja também **ilegível** e **ler**.

légua ***lé***·gu:a
s.fem. Medida equivalente a seis mil metros: *eles caminharam duas léguas.*

legume le·***gu***·me
s.masc. Fruto seco de certas plantas, como o feijão, a ervilha, etc.: *as crianças não gostam de comer legumes.*

lei
s.fem. Regra que estabelece quais são os nossos direitos e as nossas obrigações, o que podemos e o que não podemos fazer: *há uma lei que proíbe a poluição dos rios.*

leigo ***lei***·go
adj. 1. Que não é religioso: *escola leiga.* 2. Que não entende nada de um certo assunto: *Ele é leigo em música.*

leilão lei·***lão***
s.masc. Oferecimento de mercadorias a várias pessoas para vender a quem pagar mais: *vai haver um leilão dessas obras de arte.*
❖ *pl.* leilões.

leiloar lei·lo·***ar***
v. Vender em leilão: *vou leiloar esse quadro.*

leiloeiro lei·lo·***ei***·ro
s.masc. Aquele que vende coisas num leilão: *o leiloeiro vai apresentar a primeira peça a ser leiloada.*

leitão lei·***tão***
s.masc. Porco novo: *nessa fazenda, há vários leitões.*
❖ *fem.* leitoa. *pl.* leitões, leitoas.

leite ***lei***·te
s.masc. 1. Líquido branco produzido pelo organismo das mulheres e das fêmeas dos mamíferos, com o qual alimentam os filhos: *o bebê mama o leite da mãe.* 2. Leite de alguns animais mamíferos que serve de alimentação para as pessoas: *ele gosta de café com leite.*

leiteira lei·***tei***·ra
adj. 1. Que produz leite: *vaca leiteira.*
s.fem. 2. Recipiente que contém leite: *ela encheu a leiteira e a levou à mesa.*

leito ***lei***·to
s.masc. 1. Cama: *ponham o nenê nesse leito.* 2. Lugar por onde corre um rio: *ficou tanto tempo sem chover que o leito do rio quase secou.*

leitor lei·***tor***
s.masc. Aquele que lê: *meu amigo é um leitor de livros de mistério.*
❖ *pl.* leitores.

leitoso lei·***to***·so (ô)
adj. Que parece com o leite: *líquido leitoso.*
❖ *fem.* leitosa (ó). *pl.* leitosos (ó), leitosas (ó).

leitura lei·***tu***·ra
s.fem. Ação de ler: *ele fez uma leitura rápida do texto.*

L

lema ***le*·ma** (ê)

s.masc. Frase ou sentença que se toma por norma de comportamento: *o lema dele era "nunca desanime".*

lembrança lem·***bran*·ça**

s.fem. 1. Recordação: *quais são suas lembranças daquele tempo?* 2. Presente, brinde: *cada convidado ganhou uma lembrança do dono da festa.*

lembrar lem·***brar***

v. 1. Recordar: *ele lembra o que aconteceu.* 2. Fazer recordar: *você lembra seu pai; é muito parecido com ele.*

v.pron. **lembrar-se** 3. Recordar-se, ter lembrança: *você se lembra daquela festa?*

→ Veja também **esquecer**.

lembrete lem·***bre*·te** (ê)

s.masc. Anotação feita para lembrar alguma coisa: *quando entrei na cozinha, encontrei um lembrete de minha mãe pedindo que eu fosse comprar pão.*

leme ***le*·me** (ê)

s.masc. Peça que serve para guiar um barco: *ele pegou o leme e levou o barco até a ilha.*

lenço ***len*·ço**

s.masc. 1. Pedaço de pano ou papel apropriado para assoar o nariz, limpar o rosto, etc.: *não se esqueça de levar um lenço quando for à escola.* 2. Pedaço de pano para proteger ou enfeitar a cabeça ou o pescoço: *ele ajeitou um lenço vermelho na cabeça e saiu.*

lençol len·***çol***

s.masc. Peça (de algodão, linho, etc.) que se coloca sobre o colchão da cama: *ela levantou-se da cama e arrumou o lençol e o travesseiro.*

❖ *pl.* lençóis.

lenda ***len*·da**

s.fem. História inventada pela imaginação do povo e transmitida, através do tempo, de pai para filho; a lenda, geralmente, é uma explicação poética da origem do homem e dos elementos da natureza (os animais, as árvores, as plantas que nos alimentam, o dia, a noite, etc.). Veja a seguir uma lenda indígena que explica como surgiu o pássaro chamado joão-de-barro.

Uma vez, um jovem índio chamado Jaebé apaixonou-se por uma linda moça. Foi pedi-la em casamento. O pai dela, o grande chefe da tribo, perguntou:

— Quem é você para pedir a mão da mais bela jovem da tribo, aquela que tem muitos pretendentes? O que você tem de especial?

— Minha coragem.

— A sua coragem? E que provas pode dar dessa coragem tão especial?

— Eu ficarei nove dias sem comer nem beber. E minhas forças não me abandonarão.

Todos os que estavam em volta murmuraram de espanto. Nove dias sem comer nem beber! Ninguém consegue aguentar tanto tempo! E ainda diz que não ficará fraco! De longe, a moça observava tudo. Apaixonada pelo guerreiro, queria que ele passasse na prova.

— Vamos ver se você aguenta! — disse o chefe. E, sem demora, ordenou o início da prova.

Dois índios enrolaram Jaebé num couro de anta e ficaram vigiando para que ele não tentasse algum truque. O tempo foi passando. No fim do nono dia, o chefe ordenou:

— Soltem o guerreiro. Vamos ver o que aconteceu...

Quando abriram o couro, o jovem deu um salto. Ouviram-se gritos de espanto e admiração. Jaebé parecia ainda mais forte e bonito do que antes. Seu corpo musculoso brilhava. Seus olhos tinham uma luz mágica. Ele dirigiu-se à sua amada e começou a cantar uma canção que nunca ninguém tinha ouvido. Falava de amor, de estrelas, de sonhos... De repente, as nuvens se abriram e uma imensa lua cheia apareceu. Jaebé continuava a cantar e seu corpo se transformava. Surgiram penas, asas, sua voz agora era pura música... E Jaebé se transformou num pássaro! Os raios do luar tocaram sua jovem amada e ela também transformou-se num pássaro.

Os dois começaram a voar, deram uma volta em cima da aldeia, como se dissessem adeus, e sumiram na escuridão da noite. Os índios dizem que foi assim que surgiu o joão-de-barro, o pássaro que nasceu da força do amor.

→ Veja também **apólogo**, **conto**, **fábula** e **piada**.

lendário len·***dá***·ri:o
adj. Que se refere ou pertence à lenda: *o saci é uma figura lendária.*
→ Veja também **legendário**.

lengalenga len·ga·***len***·ga
s.fem. *pop.* Conversa monótona, aborrecida: *não suporto mais essa lengalenga!*

lenha ***le***·nha
s.fem. Pedaços de madeira usados para alimentar o fogo de fornos, fogões, fogueiras, etc.: *vamos pegar lenha para a fogueira.*
❐ **pôr mais lenha na fogueira** *pop.* Estimular, atiçar, principalmente briga ou discussão: *ele se meteu na discussão e acabou pondo mais lenha na fogueira.*

lenhador le·nha·***dor***
s.masc. Aquele que corta e vende lenha para viver: *um lenhador derrubou essas árvores.*
❖ *pl.* lenhadores.

lenhoso le·***nho***·so (ô)
adj. Que é de madeira ou tem a aparência de madeira: *vegetal lenhoso.*
❖ *fem.* lenhosa (ó). *pl.* lenhosos (ó), lenhosas (ó).

lente ***len***·te
s.fem. Peça especial de vidro ou de outro material que se usa para melhorar a visão: *vou limpar as lentes dos meus óculos.*

lentidão len·ti·***dão***
s.fem. Vagar: *ele andava com lentidão, devagar, para não se cansar.*

lento ***len***·to
adj. Vagaroso, demorado: *ele caminhava a passos lentos.*
→ Veja também **ligeiro**, **rápido**, **vagaroso** e **veloz**.❖ Para distinguir

leonino le:o·***ni***·no
adj. De leão: *força leonina.*
→ Veja também **leão**.

leopardo le:o·***par***·do
s.masc. *Zool.* Grande animal mamífero carnívoro: *o leopardo tem o pêeo amarelado com manchas negras.*
❖ Para indicar o sexo do animal, dizemos *o leopardo macho, o leopardo fêmea.*

lépido ***lé***·pi·do
adj. Ligeiro, rápido: *jogador lépido.*

leque ***le***·que (é)
s.masc. Espécie de abano com que se agita o ar para refrescar: *como estava muito quente na sala, as pessoas abanavam-se com leques.*

ler
v. Entender o que está escrito: *a menina já aprendeu a ler.*
→ Veja também **ilegível**, **legível** e **reler**.

lerdeza ler·***de***·za
s.fem. Lentidão: *mas que lerdeza! Você não consegue fazer o trabalho mais rápido?*

lerdo ***ler***·do (é)
adj. Vagaroso, lento: *para jogar futebol, você não pode ser lerdo, tem de ser rápido.*

lero-lero ***le***·ro-***le***·ro (é, é)
s.masc. *pop.* Conversa fiada, lengalenga: *em vez de resolver logo a questão, ele fica nesse lero-lero irritante.*
❖ *pl.* lero-leros.

lesão le·***são***
s.fem. Contusão, ferimento: *a queda que levei causou uma lesão séria no meu joelho.*
❖ *pl.* lesões.

lesar le·***sar***
v. 1. Prejudicar: *o que ele fez lesou meus direitos, me prejudicou.* 2. Contundir, ferir, machucar: *o jogador caiu e lesou o joelho.*

lesma ***les***·ma (ê)
s.fem. 1. *Zool.* Pequeno molusco terrestre que se move lentamente: *as lesmas vivem em lugares úmidos.* 2. *fig.* Pessoa muito mole, que faz tudo bem devagar: *esse sujeito é uma lesma!*
❖ Para indicar o sexo do animal, dizemos *a lesma macho, a lesma fêmea.*

leste ***les***·te
s.masc. 1. Direção que fica à nossa frente, quando olhamos de frente para o ponto onde nasce o Sol: *se caminharmos nesta direção, chegaremos pelo leste.*
adj.masc.fem. 2. Que se refere a essa direção: *região leste.*

L

letal le·***tal***
adj.masc.fem. Mortífero, que causa a morte: *gás letal.*
❖ *pl.* letais.

letivo le·***ti***·vo
adj. Que se refere às aulas: *estamos num período letivo, num período em que há aulas.*

letra ***le***·tra
s.fem. 1. Cada um dos sinais escritos que representam os sons da fala: *o conjunto das letras compõe o alfabeto.* 2. Os versos de uma música; palavras que se cantam acompanhadas por música: *as crianças decoraram a letra dessa música.*

letrado le·***tra***·do
adj. Instruído, culto: *homem letrado.*
→ Veja também **iletrado**.

letreiro le·***trei***·ro
s.masc. Anúncio em letras grandes: *na frente da loja há um letreiro luminoso.*

letrista le·***tris***·ta
s.masc.fem. Pessoa que escreve letras de música: *ela é uma boa letrista da música brasileira.*

léu
s.masc. Ocasião.
❒ **ao léu** Sem destino certo, à toa: *ele caminhou ao léu pela cidade.*
❖ Palavra usada apenas na locução **ao léu**.

leva ***le***·va (é)
s.fem. Grupo de pessoas: *o prefeito foi procurado por uma leva de moradores desse bairro.*

levadiço le·va·***di***·ço
adj. Que se pode levantar e abaixar facilmente: *ponte levadiça.*

levado le·***va***·do
adj. Travesso, que não para quieto: *menino levado.*

leva-e-traz ***le***·va-e-***traz***
s.masc.fem. Pessoa que faz mexericos, que gosta de levar e trazer fofocas: *não seja um leva-e-traz!*
❖ Essa palavra tem a mesma forma no singular e no plural: *o leva-e-traz, os leva-e-traz.*

levantar le·van·***tar***
v. 1. Erguer: *levantem a mão ao serem chamados.*
v.pron. **levantar-se** 2. Erguer-se, pôr-se de pé: *você deve levantar-se para receber as visitas.*

levante le·***van***·te
s.masc. Revolta, motim: *os marinheiros fizeram um levante durante a viagem e aprisionaram o capitão.*

levar le·***var***
v. 1. Conduzir: *vou levar meu irmão à escola.* 2. Receber, tomar: *o homem levou um tapa.* 3. Gastar tempo: *ele leva muito tempo para fazer o exercício.* 4. Carregar, transportar: *leve essa cadeira para a sala.*
❒ **levar a cabo** Acabar, concluir, terminar: *ele levou a cabo a reforma que estava fazendo.* **levar a mal** Julgar ou interpretar mal: *o menino levou a mal o que eu disse, pensou que eu estava ofendendo sua irmã e brigou comigo.* **levar a melhor** Vencer, sair vitorioso: *na última partida, levamos a melhor e ganhamos a taça.* **levar em conta** Considerar: *devemos levar em conta o direito das pessoas.*

leve ***le***·ve (é)
adj.masc.fem. Que tem pouco peso: *livro leve.*
❒ **de leve** Com pouquíssima força: *ele tocou de leve no nenê que estava dormindo.*
→ Veja também **pesado**.

leviandade le·vi·an·***da***·de
s.fem. Atitude de quem é leviano: *o que você fez foi uma leviandade.*
→ Veja também **leviano**.

leviano le·vi·***a***·no
adj. Que não se comporta com responsabilidade, que não pensa muito antes de fazer alguma coisa: *você foi leviano ao dizer que seu colega é o culpado dessa confusão; você não estava presente, não sabia de nada, não poderia afirmar isso.*
→ Veja também **leviandade**.

levitar le·vi·***tar***
v. Erguer-se uma pessoa acima do solo sem nada visível para sustentá-la ou puxá-la: *o mágico fez a mulher levitar.*

léxico ***lé***·xi·co (cs)

s.masc. Vocabulário, conjunto das palavras de uma língua: *no léxico do português, você não vai encontrar essa palavra.*

lhama ***lha***·ma

s.fem. *Zool.* Animal ruminante lanoso, de pequeno porte, parecido com o camelo, mas sem corcovas: *as lhamas são comuns no Peru.*

❖ Para distinguir o sexo do animal, dizemos *a lhama macho, a lhama fêmea.*

libélula li·***bé***·lu·la

s.fem. *Zool.* Inseto de asas transparentes: *vi uma libélula voando perto do riacho.*

❖ Para distinguir o sexo do animal, dizemos *a libélula macho, a libélula fêmea.*

liberar li·be·***rar***

v. 1. Libertar, pôr em liberdade: *o advogado tentou liberar o prisioneiro.* 2. Dispensar de um compromisso: *o professor me liberou da aula, porque eu não estava me sentindo bem.*

liberdade li·ber·***da***·de

s.fem. Condição de poder fazer ou não alguma coisa, poder agir conforme a própria vontade: *você tem liberdade para passear nesse parque.*

libertação li·ber·ta·***ção***

s.fem. Ato de libertar, de deixar livre: *a libertação do prisioneiro foi ordenada pelo juiz.*

❖ *pl.* libertações.

libertador li·ber·ta·***dor***

s.masc. Aquele que liberta: *ele é o libertador desse povo, aquele que deu liberdade ao povo.*

❖ *pl.* libertadores.

libertar li·ber·***tar***

v. Deixar livre: *o advogado quer libertar os presos.*

→ Veja também **livre**.

lição li·***ção***

s.fem. 1. Aquilo que um aluno deve estudar e aprender: *o professor explicou muito bem a lição de hoje.* 2. Ensinamento: *o pai mostrou ao filho como ele deve se comportar, dando-lhe uma boa lição.*

❖ *pl.* lições.

licença li·***cen***·ça

s.fem. Permissão, autorização: *tenho licença para sair mais cedo.*

liceu li·***ceu***

s.masc. Estabelecimento de ensino: *estudo nesse liceu.*

lícito ***lí***·ci·to

adj. Legal, permitido pela lei: *trabalho lícito.*

licor li·***cor***

s.masc. Bebida alcoólica adocicada: *meu pai gosta de licor de jaboticaba.*

lida ***li***·da

s.fem. Trabalho pesado: *ele vive na lida o dia todo.*

lidar li·***dar***

v. Trabalhar: *o professor precisa ter jeito para lidar com as crianças, para conviver com elas.*

líder ***lí***·der

s.masc.fem. 1. Chefe, guia: *esse homem é o líder da turma; todos fazem o que ele decide.* 2. Aquele que se encontra à frente numa competição: *nosso time é o líder do campeonato, está em primeiro lugar.*

❖ *pl.* líderes.

liderar li·de·***rar***

v. 1. Chefiar, comandar, dirigir como líder: *ele lidera a turma.* 2. Ocupar o primeiro lugar numa competição: *nosso time lidera o campeonato.*

ligar li·***gar***

v. 1. Pôr em funcionamento: *vou ligar a televisão.* 2. Encadear, concatenar: *sua redação está ótima, você ligou bem as ideias.* 3. Relacionar: *vamos ligar cada palavra com seu sinônimo.* 4. Pôr em comunicação: *esse corredor liga a sala com a cozinha.* 5. Dar importância: *não liguei para o que ele disse.*

ligeiro li·***gei***·ro

adj. Rápido: *homem ligeiro.*

→ Veja também **lento**, **rápido**, **veloz** e **vagaroso**.

lilás li·***lás***

s.masc. 1. *Bot.* Arbusto de flores arroxeadas: *vou plantar lilás no meu jardim.*

L

adj.masc.fem. 2. Que tem a cor arroxeada parecida com a cor dessas flores: *blusa lilás*.
❖ *pl.* lilases. Como adjetivo, tem a mesma forma no singular e no plural: *blusa lilás, blusas lilás*.

lima li·ma
s.fem. 1. Fruto comestível da limeira, parecido com a laranja: *vou descascar e comer essa lima*. 2. Ferramenta de ferro ou aço própria para raspar e alisar coisas bem duras: *ele vai usar a lima para raspar esse pedaço de ferro*.

limão li·mão
s.m. Fruto ácido, usado em temperos e sucos: *vou usar o limão para temperar esse prato*.
❖ *pl.* limões.
→ Veja também **limoeiro**.

limar li·mar
v. Raspar com lima: *ele vai limar as barras de ferro da janela*.

L

limeira li·mei·ra
s.fem. *Bot.* Árvore que produz lima: *plantamos algumas limeiras na chácara*.

limitado li·mi·ta·do
adj. 1. Determinado, marcado: *as inscrições para esse curso têm um prazo limitado; podem ser feitas até sexta-feira, no máximo*. 2. Restrito: *a entrada no hospital é limitada a poucas pessoas, ou seja, poucas pessoas podem entrar*.

limitar li·mi·tar
v. 1. Demarcar, marcar o ponto que separa um lugar de outro: *aquela cerca limita meu terreno; ele acaba ali*. 2. Diminuir, reduzir: *precisamos limitar nossas despesas*.
v.pron. **limitar-se** 3. Formar limites ou fronteiras: *o Brasil limita-se ao sul com o Uruguai*. 4. Restringir-se: *ele limitou-se a assistir ao debate, sem dizer nada*. 5. Não passar de: *sua refeição limitou-se a um sanduíche de queijo, nada mais do que isso*.
→ Veja também **delimitar**.

limite li·mi·te
s.masc. 1. Linha que separa um lugar de outro: *essa rua marca o limite da cidade*. 2. Fronteira: *mostre no mapa os limites do Brasil com a Argentina e o Uruguai*. 3. Fim: *cheguei ao limite de minha paciência! Não aguento mais suas reclamações*.
❒ **limite de velocidade** Velocidade máxima permitida por lei: *o limite de velocidade nessa estrada é de 100 km por hora*.

limítrofe li·mí·tro·fe
adj.masc.fem. Que faz fronteira: *Brasil e Uruguai são países limítrofes*.

limoeiro li·mo·ei·ro
s.masc. *Bot.* Árvore que produz limão: *vi alguns passarinhos no alto do limoeiro*.
→ Veja também **limão**.

limpar lim·par
v. Deixar limpo, tirar a sujeira: *limpe os sapatos antes de entrar em casa*.
→ Veja também **sujar**.

limpeza lim·pe·za (ê)
s.fem. 1. Ação de limpar, de tirar a sujeira: *acabei a limpeza da sala*. 2. Estado do que se encontra limpo: *observe a limpeza de nossa escola*.
→ Veja também **sujeira**.

limpidez lim·pi·dez
s.fem. Clareza, transparência: *é incrível a limpidez da água desse riacho, podemos ver muito bem os peixinhos que estão nadando*.

límpido lím·pi·do
adj. Claro, transparente: *nadar em águas límpidas é mais gostoso*.

limpo lim·po
adj. 1. Sem sujeira: *quarto limpo*. 2. Sem nuvem: *não vai chover, o céu está limpo*.
❒ **passar a limpo** Copiar de forma mais caprichada, eliminando erros, rabiscos, borrões: *passe a limpo sua redação antes de entregar ao professor*. *pop.* **tirar a limpo** Esclarecer: *precisamos tirar a limpo essa situação*.
→ Veja também **sujo**.

linchar lin·char
v. Fazer justiça com as próprias mãos, punindo com a morte sem julgamento legal: *alguns homens queriam linchar o acusado*.

lindo lin·do
adj. Muito bonito: *rosto lindo*.
→ Veja também **feio**.

língua ***lín***·gu:a
s.fem. 1. Órgão que nos permite sentir o gosto das coisas e que nos ajuda a falar, mastigar e engolir: *ele passou a língua nos lábios*. 2. Conjunto de palavras e regras que um povo usa para falar (língua portuguesa, língua italiana, etc.): *ela quer estudar duas línguas: francês e inglês.*
❒ **com a língua de fora** *pop.* Muito cansado: *eles andaram muito e chegaram com a língua de fora*. **dar com a língua nos dentes** *pop.* Falar o que não deve: *nós íamos fazer uma surpresa para a professora, mas um aluno deu com a língua nos dentes e atrapalhou nossos planos.* **língua materna** A primeira língua aprendida por alguém: *esse homem fala várias línguas, mas sua língua materna é o italiano, que ele aprendeu desde pequeno com seus pais.* **ter língua comprida** *pop.* Ser linguarudo, falar o que não deve: *cuidado que ele tem língua comprida! Vai contar para os outros tudo o que ouviu de você.*

linguagem lin·***gua***·gem
s.fem. Modo de comunicação: *para expressar ideias e sentimentos, os seres humanos usam a palavra falada e escrita como sua linguagem principal.*
❖ *pl.* linguagens.

linguarudo lin·gua·***ru***·do
adj. *pop.* Que fala o que não deve: *deixe de ser linguarudo e pare de contar aos outros o que nós conversamos.*

linguiça lin·***gui***·ça
s.fem. Carne moída ou picada (de boi, porco, etc.) colocada numa tripa fina: *ele gosta de comer sanduíche de linguiça*.
→ Veja também **tripa**.

linha ***li***·nha
s.fem.1. Fio (de algodão, seda, etc.) geralmente usado em trabalhos de costura: *ela passou a linha pelo buraquinho da agulha e se pôs a costurar*. 2. Traço horizontal: *as folhas desse caderno têm linhas*. 3. Trilho: *o viaduto passa por cima da linha do trem.*
❒ **andar na linha** *pop.* Comportar-se bem: *você deve andar na linha*. **pôr (alguém) na linha** *pop.* Fazer alguém comportar-se bem: *ele disse que vai pôr aquele menino na linha*.
→ Veja também **alinhar**.

linhagem li·***nha***·gem
s.fem. Família: *o menino que nasceu pertence à linhagem desse rei, é seu parente.*
❖ *pl.* linhagens.

liquidar li·qui·***dar***
v. 1. Pagar: *vou liquidar minha dívida na lanchonete*. 2. Matar: *o carrasco liquidou o preso.* 3. Vender a preços reduzidos: *essa loja vai liquidar os brinquedos.*

liquidificador li·qui·di·fi·ca·***dor***
s.masc. Aparelho elétrico que tritura alimentos: *a merendeira da escola usa o liquidificador para preparar a comida.*
❖ *pl.* liquidificadores.

líquido ***lí***·qui·do
s.masc. 1. Coisa que flui ou corre: *todos precisamos de líquido.*
adj. 2. Estado de uma coisa que flui ou corre: *a água que sai da torneira apresenta-se no estado líquido.*

lira ***li***·ra
s.fem. *Mús.* Antigo instrumento musical de cordas que tinha uma forma parecida com a letra U: *os gregos gostavam de tocar lira.*

lírico ***lí***·ri·co
adj. Sentimental, romântico: *poesia lírica.*

lírio ***lí***·ri:o
s.masc. *Bot.* Planta de flores brancas (e de outras cores também) e perfumadas: *ela tem lírios no jardim.*

liso ***li***·so
adj. Que não é áspero: *a bolinha de pingue-pongue é lisa, não raspa a pele.*
→ Veja também **áspero**.

lisonjeado li·son·je·***a***·do
adj. Que se sente satisfeito com os elogios recebidos: *ele ficou lisonjeado com as palavras do chefe.*

lisonjear li·son·je·***ar***
v. Procurar agradar alguém fazendo elogios: *ele vive lisonjeando os clientes porque quer que eles voltem sempre à loja.*

L

lista ***lis***·ta

s.fem. 1. Relação: *vamos fazer a lista das pessoas que convidaremos para a festa.* 2. Listra; faixa de cor diferente: *bandeira com listas brancas.*

listado lis·***ta***·do

adj. Listrado; que tem listas ou listras: *tecido listado.*

listra ***lis***·tra

s.fem. Faixa de cor diferente; lista: *bandeira azul com listras brancas.*

literário li·te·***rá***·ri:o

adj. Que se refere à literatura: *ele escreveu uma obra literária.*

literatura li·te·ra·***tu***·ra

s.fem. Arte de escrever histórias, poesias, etc.: *esse homem dedica-se à literatura; ele é um escritor.*

litígio li·***tí***·gi:o

s.masc. Discussão, desentendimento: *não quero entrar em litígio com você.*

litoral li·to·***ral***

s.masc. Beira-mar, praia: *vou passar as férias no litoral.*

❖ *pl.* litorais.

litorâneo li·to·***râ***·ne:o

adj. Que está no litoral: *cidade litorânea.*

litro ***li***·tro

s.masc. Unidade de medida que se usa para líquidos: *comprei um litro de leite.*

lívido ***lí***·vi·do

adj. Muito pálido, quase sem cor no rosto: *ele ficou lívido de medo.*

livrar li·***vrar***

v. 1. Soltar, libertar: *ela estava presa, mas eu consegui livrá-la da prisão.* 2. Tirar alguém de uma situação delicada: *o bombeiro livrou a criança do perigo.*

v.pron. **livrar-se** 3. Escapar, ficar livre: *livrei-me das pessoas que me perseguiam.*

livraria li·vra·***ri***·a

s.fem. Loja onde se vendem livros: *comprei o dicionário na livraria.*

livre ***li***·vre

adj.masc.fem. 1. Que pode fazer o que quiser, que não é obrigado a obedecer às ordens de outra pessoa: *homem livre.* 2. Solto, em liberdade: *ele ficou preso algum tempo, mas agora está livre.* 3. Que não é proibido: *passagem livre.*

→ Veja também **libertar**.

livreiro li·***vrei***·ro

s.masc. 1. Profissional que vende livros: *tenho um primo que é livreiro.*

adj. 2. Que se refere ao comércio de livros: *mercado livreiro.*

lixa ***li***·xa

s.fem. Papel especial grosso e áspero que se usa para alisar: *o marceneiro usou a lixa para deixar essa mesa bem lisinha.*

lixar li·***xar***

v. 1. Passar a lixa: *vou lixar as unhas.*

v.pron. 2. *pop.* Não ligar, não dar importância: *ele está se lixando para nossa festa, não quer nem saber dela.*

lixeira li·***xei***·ra

s.fem. Local onde se deposita o lixo: *ponha o saco de lixo lá fora, na lixeira.*

lixeiro li·***xei***·ro

s.masc. Funcionário que recolhe os sacos de lixo que as pessoas deixam na calçada: *na minha rua, os lixeiros passam à noite.*

lixo ***li***·xo

s.masc. Aquilo que se joga fora, que não serve para nada: *jogue o lixo no cesto.*

lobisomem lo·bi·***so***·mem

s.masc. Homem que, segundo a crendice popular, se transforma em lobo ou em algum outro animal em certas épocas do ano: *no filme, o lobisomem aparecia nas noites de lua cheia.*

❖ *pl.* lobisomens.

> ◎ Lobisomem é uma palavra formada com base nas palavras *lobis* (lobo) + *homem.*

L

lobo ***lo***·bo (ô)
s.masc. *Zool.* Mamífero carnívoro selvagem, do tamanho de um cão grande: *os lobos uivam.*
❖ *fem.* loba (ô). *pl.* lobos (ô), lobas (ô). *col.* alcateia.

local lo·***cal***
adj.masc.fem. 1. Que se refere a um determinado lugar: *o repórter esteve na cidade que foi atingida pelas inundações e conversou com o prefeito local.*
s.masc. 2. Lugar: *já escolhemos o local para a festa.*
❖ *pl.* locais.

localidade lo·ca·li·***da***·de
s.fem. Um lugar determinado: *houve inundação nos bairros próximos ao rio; os moradores dessas localidades serão ajudados pela prefeitura.*

localizar lo·ca·li·***zar***
v. Indicar o local onde está alguém ou alguma coisa: *localize no mapa a cidade onde você nasceu.*

loção lo·***ção***
s.fem. Líquido perfumado que faz bem para os cabelos ou para a pele: *depois de fazer a barba, meu pai passa essa loção no rosto.*
❖ *pl.* loções.

locomoção lo·co·mo·***ção***
s.fem. Ação de transportar de um lugar para outro: *a locomoção dos turistas não será problema, pois um ônibus estará à disposição só para isso.*

locomotiva lo·co·mo·***ti***·va
s.fem. Máquina que puxa trens nas estradas de ferro: *essa locomotiva está puxando um trem de muitos vagões.*

locomover-se lo·co·mo·***ver***-se
v.pron. Deslocar-se, passar de um lugar para outro: *muitas pessoas locomovem-se para a praia durante as férias.*

locução lo·cu·***ção***
s.fem. *Gram.* Conjunto de duas ou mais palavras que equivalem a uma só: *em "saímos num dia de chuva", por exemplo, a locução "de chuva" equivale ao adjetivo "chuvoso".*
❖ *pl.* locuções.
→ Veja também **expressão**.

locutor lo·cu·***tor***
s.masc. Profissional que apresenta programas de rádio ou de televisão, que transmite jogos, lê textos, notícias, etc.: *gosto da voz desse locutor.*
❖ *pl.* locutores.

lodaçal lo·da·***çal***
s.masc. Lamaçal, lugar cheio de lodo: *as rodas do carro afundaram no lodaçal.*
❖ *pl.* lodaçais.

lodo ***lo***·do (ô)
s.masc. Lama: *há muito lodo nesse caminho, não vá por aí!*

lógica ***ló***·gi·ca
s.fem. Coerência; harmonia entre as ideias: *sua explicação tem lógica, as ideias estão bem ligadas, uma não contradiz a outra.*

lógico ***ló***·gi·co
adj. Coerente: *seu raciocínio é lógico, mas não concordo com você.*
→ Veja também **ilógico**.

logradouro lo·gra·***dou***·ro
s.masc. Lugar público, que pode ser frequentado livremente por qualquer pessoa, como as praças, os largos e as ruas de uma cidade: *vão ser colocadas placas com os nomes de todos os logradouros da cidade.*

lograr lo·***grar***
v. 1. Enganar, ludibriar: *ele quis lograr o colega, mas se deu mal.* 2. Conseguir, alcançar: *ela logrou seu intento e agora está feliz.*

loja ***lo***·ja (ó)
s.fem. Local onde se vendem mercadorias ou produtos: *loja de roupas.*

lojista lo·***jis***·ta
s.masc.fem. Proprietário de loja: *os lojistas estão contentes com as vendas deste mês.*

lombo ***lom***·bo
s.masc. 1. Costas: *ele foi obrigado a carregar todas essas coisas no lombo.* 2. Carne pegada à espinha dorsal de alguns animais: *lombo de porco.*

L

lona ***lo***·na (ô)

s.fem. Tecido forte e resistente que pode ser usado como cobertura e com o qual se fazem muitas coisas (toldos, barracas, etc.): *o motorista cobriu o caminhão com lona, pois ela não deixa passar água.*

❒ **na lona** Sem dinheiro, sem recursos: *ele gastou mais do que devia e agora está na lona.*

longe ***lon***·ge

adv. A grande distância: *essa menina mora longe.*

→ Veja também **perto**.

longevidade lon·ge·vi·***da***·de

s.fem. Longa duração de vida: *é incrível a longevidade de certas tartarugas, elas podem viver mais de 100 anos!*

longínquo lon·***gín***·quo

adj. Que está muito longe, muito distante: *para nós, a China é um país longínquo.*

→ Veja também **próximo**.

L

longo ***lon***·go

adj. 1. Comprido: *vestido longo.* 2. Demorado, que dura muito tempo: *filme longo.*

❖ *superl.* longuíssimo.

→ Veja também **curto** e **alongar**.

lorota lo·***ro***·ta (ó)

s.fem. *pop.* Mentira, conversa fiada: *não acredite em tudo o que esse sujeito diz, ele gosta de contar lorotas.*

loroteiro lo·ro·***tei***·ro

s.masc. *pop.* Pessoa que costuma contar lorotas: *sujeito loroteiro.*

lotação lo·ta·***ção***

s.fem. Quantidade de pessoas que cabem num veículo, num estádio, num teatro, etc.: *a lotação deste ônibus é de quarenta pessoas sentadas.*

lotar lo·***tar***

v. Encher, ocupar todo o espaço: *o público lotou o cinema; meia hora antes do início do filme, não havia mais nenhum lugar vago.*

lote ***lo***·te (ó)

s.masc. Parte em que se divide uma grande extensão de terra: *papai comprou esse lote de terreno e nele vamos construir nossa casa.*

lotear lo·te·***ar***

v. Dividir uma extensão de terra em lotes: *eles vão lotear essa área.*

loteria lo·te·***ri***·a

s.fem. Jogo de azar em que são sorteados certos números que correspondem a alguns bilhetes; as pessoas que compraram esses bilhetes ganham uma certa quantia, as outras não ganham nada: *ele já comprou vários bilhetes de loteria, mas não ganhou nenhuma vez.*

louça ***lou***·ça

s.fem. Objetos de barro ou cerâmica usados no serviço de cozinha (pratos, travessas, xícaras, etc.): *estamos lavando a louça usada no almoço.*

louco ***lou***·co

adj. Maluco, doido, que não tem consciência do que faz: *homem louco.*

→ Veja também **enlouquecer**.

loucura lou·***cu***·ra

s.fem. 1. Doença mental: *os exames médicos acusaram sua loucura.* 2. Ação própria de quem está louco: *ele fez uma loucura dirigindo em alta velocidade naquela estrada perigosa.*

louro ***lou***·ro

adj. Que tem cor parecida com a cor amarela do ouro: *ele tem cabelos louros.*

❖ Também existe a forma **loiro**.

lousa ***lou***·sa

s.fem. 1. Grande tela plana usada nas escolas em que se pode escrever: *o professor escreveu uma poesia na lousa.* 2. Lápide que cobre uma sepultura: *na lousa do túmulo havia a fotografia de uma mulher.*

louva-a-deus ***lou***·va-a-***deus***

s.masc. *Zool.* Inseto que quando levanta as patas dianteiras, fica numa posição parecida à de uma pessoa rezando: *vi um louva-a-deus no jardim.*

❖ Para indicar o sexo do animal, dizemos *o louva-a-deus macho, o louva-a-deus fêmea*; essa palavra tem a mesma forma no singular e no plural: *o louva-a-deus, os louva-a-deus.*

louvar lou·***var***

v. 1. Elogiar: *você ajudou seus colegas e a professora louvou sua atitude.* 2. Exaltar, glorificar: *devemos louvar a Deus.*

louvável lou·***vá***·vel
adj.masc.fem. Elogiável, que merece louvor: *é louvável seu interesse em ajudar os colegas.*
❖ *pl.* louváveis.

louvor lou·***vor***
s.masc. Elogio: *você merece todos os louvores pelo trabalho que realizou.*
❖ *pl.* louvores.

lua ***lu***·a
s.fem.1. O satélite natural da Terra. Nesse sentido, a palavra deve ser escrita com letra inicial maiúscula: *os astronautas chegaram à Lua*. 2. Nome que se dá a qualquer satélite de qualquer outro planeta: *alguns planetas têm várias luas.*
→ Veja também **alunissar** e **lunar**.

lua-de-mel ***lu***·a-de-***mel***
s.fem. O primeiro mês ou os primeiros tempos da vida de casado: *meus pais viajaram em sua lua-de-mel*.
❖ *pl.* luas-de-mel.

luar lu·***ar***
s.masc. O clarão da Lua: *é bonito ver o mar, à noite, iluminado pelo luar.*

lubrificante lu·bri·fi·***can***·te
adj.masc.fem. Aquilo que lubrifica: *óleo lubrificante*.

lubrificar lu·bri·fi·***car***
v. Pôr óleo ou graxa em peça de máquina para que ela funcione melhor: *o mecânico lubrificou essas peças do carro.*

lúcido ***lú***·ci·do
adj. 1. Que é capaz de perceber claramente o que está acontecendo, de compreender bem uma situação: *ele foi o único a permanecer lúcido naquela hora, por isso tomou as decisões corretas.* 2. Que está consciente: *o doente está lúcido, consegue conversar normalmente.*

lucrativo lu·cra·***ti***·vo
adj. Vantajoso, que dá lucro: *o vendedor fez um negócio lucrativo*.

lucro ***lu***·cro
s.masc. Aquilo que se ganha, o dinheiro que sobra de um negócio depois que descontamos as despesas: *ele teve um grande lucro com a venda da casa.*
→ Veja também **prejuízo**.

ludibriar lu·di·bri·***ar***
v. Enganar: *o rapaz tentou ludibriar o porteiro para entrar no cinema sem pagar.*

lúdico ***lú***·di·co
adj. Que distrai ou diverte: *os alunos gostam muito dessa atividade lúdica*.

lufada lu·***fa***·da
s.fem. Rajada de vento: *começou a ventar bastante e nas primeiras lufadas a fogueira apagou.*

lugar lu·***gar***
s.masc. 1. Espaço que uma pessoa ou coisa ocupa ou pode ocupar: *esse é o meu lugar na sala, é aí que vou sentar.* 2. Local: *ele mora num lugar bonito.* 3. Posição que se ocupa numa competição, numa classificação, etc.: *tirei o primeiro lugar no teste.*
❖ *pl.* lugares.

lugarejo lu·ga·***re***·jo (ê)
s.masc. Povoado, local onde vivem poucas pessoas: *ele nasceu nesse lugarejo distante.*

lúgubre ***lú***·gu·bre
adj.masc.fem. Muito triste, fúnebre: *os lúgubres gemidos que ouvi me deixaram apavorado.*

lula ***lu***·la
s.fem. *Zool.* Molusco marinho com dez tentáculos: *vi uma lula no aquário da cidade.*
❖ Para indicar o sexo do animal, dizemos *a lula macho, a lula fêmea.*

lume ***lu***·me
s.masc. 1. Fogo: *estava frio e todos procuraram se esquentar em volta do lume*. 2. Clarão, luz: *ao longe, o lume da fogueira mostrava que havia gente no rancho.*

luminoso lu·mi·***no***·so (ô)
adj. Brilhante, claro, que tem luz: *as estrelas são corpos luminosos*.
❖ *fem.* luminosa (ó) *pl.* luminosos (ó), luminosas (ó).

lunar lu·***nar***
adj.masc.fem. Que se refere à Lua: *paisagem lunar*.
❖ *pl.* lunares.

L

lunático lu·***ná***·ti·co
adj. Que tem ideias estranhas e é considerado meio maluco: *antigamente, quem dissesse que o homem era capaz de viajar pelo espaço seria chamado de lunático.*

luneta lu·***ne***·ta (ê)
s.fem. Instrumento com lentes que permite ver coisas que estão bem distantes: *observei a Lua com esta luneta.*

Luneta é palavra que vem de *luna*, que significa *lua*; a luneta, inicialmente, foi usada para observar a Lua. A palavra luna está presente também em várias outras, como lunar, alunissar, lunático, etc.

lupa ***lu***·pa
s.fem. Lente de aumento: *o detetive estava usando uma lupa para observar as marcas que havia na mesa.*

lusco-fusco ***lus***·co-***fus***·co
s.masc. Crepúsculo, momento em que a noite está chegando e ainda há certa claridade no céu: *nesse lusco-fusco não consegui ver direito quem estava no fim do corredor.*

L

lusitano lu·si·***ta***·no
adj. Português: *território lusitano.*

luso-brasileiro ***lu***·so-bra·si·***lei***·ro
adj. Que se refere a Portugal e ao Brasil: *acordo luso-brasileiro.*
❖ *fem.* luso-brasileira. *pl.* luso-brasileiros, luso-brasileiras.

lustrar lus·***trar***
v. Dar brilho ou lustro: *o rapaz lustrou bem os móveis; eles ficaram brilhando.*

lustre ***lus***·tre
s.masc. Peça suspensa no teto com vários braços com lâmpadas: *na sala da casa, vi um grande lustre.*

lustro ***lus***·tro
s.masc. 1. Período de cinco anos seguidos: *ele ficou um lustro como presidente do clube.* 2. Brilho: *vou limpar os sapatos e dar lustro em todos eles.*

lustroso lus·***tro***·so (ô)
adj. Que tem lustro ou brilho: *sapato lustroso.*
❖ *fem.* lustrosa (ó). *pl.* lustrosos (ó); lustrosas (ó).

luta ***lu***·ta
s.fem. 1. Combate corpo-a-corpo: *luta de boxe.* 2. Esforço para conseguir alcançar certo objetivo: *é grande hoje a luta contra a poluição dos rios.*

lutador lu·ta·***dor***
s.masc. 1. Atleta que participa de uma luta: *o lutador está no ringue esperando o adversário.* 2. *fig.* Batalhador, que se esforça muito: *esse cientista é um lutador, há anos vem se dedicando às pesquisas sobre a cura dessa doença.*
❖ *pl.* lutadores.

lutar lu·***tar***
v. 1. Combater, travar uma luta corpo-a-corpo: *esse homem vai lutar contra o nosso campeão.* 2. Esforçar-se para conseguir alcançar certo objetivo: *muitas pessoas estão lutando contra a poluição dos rios.*

luto ***lu***·to
s.masc. Sentimento de dor ou tristeza pela morte de alguém: *estamos todos de luto pela morte desse homem.*
→ Veja também **enlutar**.

luxo ***lu***·xo
s.masc. Exibição de riqueza, de coisas bonitas e caras: *o luxo do palácio deixou os visitantes admirados.*
❒ **fazer luxo** Fazer cerimônia ou manha em aceitar aquilo que é oferecido: *não faça luxo, sente-se e almoce conosco.*

luxuoso lu·xu·***o***·so (ô)
adj. Em que há muito luxo: *o palácio do rei era luxuoso; tinha muitos objetos preciosos, muitas coisas caras.*
❖ *fem.* luxuosa (ó). *pl.* luxuosos (ó), luxuosas (ó).

luz
s.fem. 1. Claridade: *a luz do Sol entrava pela janela e iluminava o quarto.* 2. Objeto próprio para iluminar: *acenda a luz, está escuro.*
❒ **dar à luz** Ter um filho: *essa mulher deu à luz um menino.*
❖ *pl.* luzes.

luzir lu·***zir***
v. Brilhar, cintilar: *as estrelas luzem.*

Mm

maçã

m (ême)

s.masc. A 13ª letra do alfabeto: *Mônica é um nome que começa com m.*

maca ***ma***·ca

s.fem. Espécie de cama portátil usada para transportar doentes ou feridos: *os enfermeiros puseram o ferido numa maca e o levaram para a ambulância.*

maçã ma·***çã***

s.fem. Fruto comestível de casca lisa e polpa branca: *gosto muito de maçã.*

❖ *pl.* maçãs.

macabro ma·***ca***·bro

adj. Fúnebre, tétrico, que se refere a cadáver, morte, etc.: *ele me contou uma história macabra, que me deixou com medo.*

macacão ma·ca·***cão***

s.masc. 1. Roupa de trabalho em que a calça e a blusa formam uma única peça, usada geralmente por trabalhadores braçais: *o mecânico veste o macacão para trabalhar.* 2. Peça de vestuário com essa forma: *a menina comprou um bonito macacão.*

❖ *pl.* macacões.

macaco ma·***ca***·co

s.masc. *Zool.* Nome geral que se dá aos mamíferos primatas, com exceção do homem: *vimos muitos macacos no zoológico.*

maçada ma·***ça***·da

s.fem. *pop.* Situação chata, aborrecida: *essa reunião foi uma maçada!*

macambúzio ma·cam·***bú***·zi:o

adj. Triste, de cara fechada: *hoje ele está macambúzio; o que será que aconteceu?*

maçaneta ma·ça·***ne***·ta (ê)

s.fem. Peça que serve para abrir e fechar as portas: *gire a maçaneta para abrir a porta.*

◎ Maçaneta vem de uma palavra que significa *maçãzinha ou pequena maçã*; a peça recebeu esse nome porque as primeiras maçanetas se pareciam com uma pequena maçã presa nas portas.

maçante ma·***çan***·te

adj.masc.fem. Muito chato, aborrecido: *que filme maçante!*

maçaroca ma·ça·***ro***·ca (ó)

s.fem. Porção de coisas enroladas, misturadas: *no fundo do armário, havia uma maçaroca de fios.*

macarrão ma·car·***rão***

s.masc. Massa de farinha de trigo cortada em diferentes formatos: *gosto de comer macarrão com molho de tomate.*

macaxeira ma·ca·***xei***·ra

s.fem. Mandioca: *usamos macaxeira para fazer farinha.*

❖ Esta palavra é mais usada no Norte e no Nordeste do Brasil.

→ Veja também **mandioca**.

machadada ma·cha·***da***·da

s.fem. Golpe dado com machado: *ele deu várias machadadas para conseguir derrubar a árvore.*

machado ma·***cha***·do

s.masc. Ferramenta para cortar madeira, formada por uma lâmina de ferro encaixada num cabo de madeira: *o lenhador vai afiar o machado.*

macho ***ma***·cho

s.masc. Qualquer animal do sexo masculino: *o cavalo é o macho da égua, que é a sua fêmea.*

machucado ma·chu·***ca***·do

s.masc. Ferimento leve: *ele voltou do futebol com um machucado na perna.*

machucar ma·chu·***car***

v. Ferir: *a menina caiu e machucou o joelho.*

maciço ma·***ci***·ço

adj. Que é cheio por dentro, que não é oco: *esse enfeite é de ouro maciço.*

macieira ma·ci·***ei***·ra

s.fem. *Bot.* Árvore que produz maçã: *há várias macieiras nesse pomar.*

macilento ma·ci·***len***·to

adj. Magro e muito pálido: *a doença deixou esse homem macilento.*

macio ma·***ci***:o

adj. 1. Liso, suave: *a pele do bebê é macia.* 2. Fofo: *o colchão da minha cama é macio.*

maço ***ma***·ço

s.masc. Pacote, conjunto de coisas amarradas ou empacotadas juntas (fósforos, figurinhas, cartas, cigarros, flores, etc.): *achei um maço de figurinhas nessa velha mala.*

M

má-criação ***má***-cri·a·***ção***

s.fem. Ação de pessoa que não tem educação: *o pai ficou bravo com o menino que fez má-criação.*

❖ *pl.* má-criações ou más-criações.

mácula ***má***·cu·la

s.fem. 1. Mancha: *essa camisa não tem mácula, está limpinha.* 2. *fig.* Sem defeito: *ele fez um trabalho perfeito, sem mácula.*

→ Veja também **imaculado**.

macumba ma·***cum***·ba

s.fem. 1. *Rel.* Nome que se dá a vários cultos religiosos afro-brasileiros: *muitos praticam a macumba no Brasil.* 2. *pop.* Feitiçaria: *eles dizem que fizeram macumba para conseguir o que queriam.*

madame ma·***da***·me

s.fem. Tratamento respeitoso dado a uma mulher: *a madame pode entrar, por favor.*

❖ Também existe a forma **madama**.

madeira ma·***dei***·ra

s.fem. Parte dura das árvores depois que foi transformada em tábuas, ripas, etc.: *a madeira é muito usada na fabricação de móveis.*

madeireiro ma·dei·***rei***·ro

adj. 1. Que se refere à madeira: *comércio madeireiro.*

s.masc. 2. Aquele que trabalha derrubando árvores ou negociando madeira: *os madeireiros estão conversando com os compradores.*

madrasta ma·***dras***·ta

s.fem. Mulher do meu pai, mas que não é minha mãe: *vivo bem com minha madrasta.*

madressilva ma·dres·***sil***·va

s.fem. *Bot.* Certo tipo de planta trepadeira: *gosto do perfume das flores da madressilva.*

madrinha ma·***dri***·nha

s.fem. Mulher que serve de testemunha em batizados ou casamentos: *ela é a madrinha de casamento do meu filho.*

❖ *masc.* padrinho.

> ◎ Madrinha é o diminutivo de *madre*, que significa *mãe*; portanto, madrinha significa *mãezinha*.

madrugada ma·dru·***ga***·da

s.fem. Período de tempo que vai da meia-noite ao amanhecer: *ontem levantei-me às três horas da madrugada.*

madrugar ma·dru·***gar***

v. Levantar-se muito cedo: *no dia da viagem, tive de madrugar, para não me atrasar.*

maduro ma·***du***·ro

adj. 1. Que já amadureceu, que está bom para ser colhido: *mamão maduro.* 2. Experiente: *homem maduro.*

→ Veja também **amadurecer** e **imaturo**.

mãe

s.fem. 1. Mulher que tem filho: *a mãe desse garoto já chegou.* 2. Fêmea que tem filhote: *aquela gata branca é a mãe desses gatinhos.*

maestria ma·es·***tri***·a

s.fem. Perícia, habilidade: *o jogador executou o lance com muita maestria.*

❖ Também existe a forma **mestria**.

maestro ma·***es***·tro (é)

s.masc. Aquele que dirige os músicos de uma orquestra: *o maestro orienta os músicos.*

❖ *fem*: maestrina.

magia ma·***gi***·a
s.fem. Encantamento, feitiço: *nessa história, a bruxa fez uma magia que transformou o príncipe num sapo.*

mágica ***má***·gi·ca
s.fem. Truque feito por um mágico: *a mágica dos coelhos saindo da cartola divertiu muito a criançada.*

mágico ***má***·gi·co
adj. 1. A que (ou a quem) se atribui um poder misterioso e sobrenatural: *ele pronunciou as palavras mágicas, e a porta do castelo abriu-se sozinha.*
s.masc. 2. Aquele que faz mágicas: *o mágico do circo tirou coelhos e pombas de sua cartola.*

magistério ma·gis·***té***·ri:o
s.masc. 1. Curso para formar professores: *ela fez o curso de magistério para poder dar aulas.* 2. Ensino: *ele está no magistério há vinte anos, e sempre deu aulas na mesma escola.*

magistral ma·gis·***tral***
adj.masc.fem. Perfeito, excelente: *o goleiro fez uma defesa magistral; uma defesa de mestre.*
❖ *pl.* magistrais.
→ Veja também **mestre**.

magnânimo mag·***nâ***·ni·mo
adj. Bondoso: *ele não guarda rancor de ninguém; é magnânimo, perdoa facilmente os insultos ou as ofensas que lhe fazem.*

magnífico mag·***ní***·fi·co
adj. Excelente, muito bom: *você fez um trabalho magnífico.*

mago ***ma***·go
s.masc. Aquele que possui poderes mágicos, nas histórias infantis e populares: *o mago salvou a princesa das mãos da bruxa.*

mágoa ***má***·go:a
s.fem. Tristeza por se sentir ofendido ou desprezado: *o rapaz sentiu uma grande mágoa por não ter sido convidado para a festa.*

magoar ma·go·***ar***
v. Ferir os sentimentos de alguém: *ele foi grosseiro, e suas palavras magoaram os colegas.*

magote ma·***go***·te (ó)
s.masc. Grupo, bando: *magotes de meninos passavam pela praia.*
❖ Magote é um substantivo coletivo.

magricela ma·gri·***ce***·la (é)
s.masc.fem. Pessoa muito magra: *menino magricela.*

magro ***ma***·gro
adj. Que tem o corpo fino: *menino magro.*
❖ *superl.* magríssimo, macérrimo ou magérrimo.

maio ***mai***·o
s.masc. O quinto mês do ano: *no Brasil, em maio, estamos no outono.*

maiô mai·***ô***
s.masc. Roupa feminina própria para praia, piscina, etc.: *maiô vermelho.*

maionese mai·o·***ne***·se (é)
s.fem. Certo tipo de molho frio feito à base de ovos, com azeite e temperos: *ele gosta muito de maionese.*

maior mai·***or***
adj.masc.fem. 1. Superior a outro em tamanho, intensidade, valor, etc.: *essa casa é maior do que a minha.* 2. Que atingiu a maioridade, que é maior de idade: *minha filha é maior, ela tem 23 anos.*
❖ *pl.* maiores.
→ Veja também **maioridade** e **menor**.

maioral mai·o·***ral***
s.masc. *pop.* Chefe, mandão: *esse homem é o maioral da turma; os outros fazem tudo o que ele manda.*
❖ *pl.* maiorais.

maioria mai·o·***ri***·a
s.fem. A parte mais numerosa de um grupo: *a maioria dos alunos foi à escola ontem, poucos faltaram.*
→ Veja também **majoritário, minoria** e **minoritário**.

maioridade mai·o·ri·***da***·de
s.fem. Idade em que, segundo a lei, uma pessoa se torna responsável por seus atos, passando a ter também certos direitos: *nós fizemos 21 anos, atingimos a maioridade.*
→ Veja também **maior** e **menor**.

M

mais

pron. 1. Em maior quantidade: *tenho mais figurinhas que você.*
adv. 2. Em maior grau: *sou mais alto do que ele.*
→ Não confunda com **mas**, que indica oposição entre duas coisas: *gosto de teatro, mas prefiro cinema.*

maiúsculo mai·***ús***·cu·lo

adj. Grande: *letra maiúscula.*
→ Veja também **minúsculo**.

majestade ma·jes·***ta***·de

s.fem. Forma de tratamento usada com reis ou imperadores; nesse caso, usa-se letra inicial maiúscula e a forma Vossa, também com inicial maiúscula: *Vossa Majestade falará ao povo.*
❖ A abreviatura de Vossa Majestade é V.M.

majestoso ma·jes·***to***·so (ô)

adj. Imponente, grandioso: *edifício majestoso.*
❖ *fem.* majestosa (ó). *pl.* majestosos (ó), majestosas (ó).

M

majoritário ma·jo·ri·***tá***·ri:o

adj. Da maioria: *ele teve uma votação majoritária; foi escolhido pela maioria das pessoas.*
→ Veja também **maioria**, **minoria** e **minoritário**.

mal

adv. 1. De modo errado ou contrário ao que devia ser: *esse aluno escreve mal.*
s.masc. 2. Aquilo que prejudica ou faz sofrer: *não consigo esquecer o mal que me fizeram.*
❖ *pl.* males.
→ Não confunda com **mau**, que tem outro significado. Veja também **bem**.

mala ***ma***·la

s.fem. Espécie de caixa com alça que pode ser trancada, usada para transportar coisas: *vou pôr minhas roupas de viagem nessa mala de couro.*

mal-agradecido ***mal***-a·gra·de·***ci***·do

adj. Ingrato: *ele é um menino mal-agradecido, não reconhece a ajuda que os colegas lhe dão.*
❖ *pl.* mal-agradecidos.

malandro ma·***lan***·dro

adj. Espertalhão, desonesto, que procura enganar as pessoas: *sujeito malandro.*

malária ma·***lá***·ri:a

s.fem. Doença causada pela picada de um mosquito: *a malária é uma doença perigosa.*

mal-assombrado ***mal***-as·som·***bra***·do

adj. Nas histórias infantis e populares, lugar onde se diz que há fantasmas: *castelo mal-assombrado.*
❖ *pl.* mal-assombrados.

malcheiroso mal·chei·***ro***·so (ô)

adj. Que cheira mal, que é fedorento: *lugar malcheiroso.*
❖ *fem.* malcheirosa (ó). *pl.* malcheirosos (ó), malcheirosas (ó).

malcomportado mal·com·por·***ta***·do

adj. Que se comporta mal: *menino malcomportado.*
→ Veja também **comportar** e **comportado**.

malcriado mal·cri·***a***·do

adj. Grosseiro, mal-educado: *não seja malcriado com ninguém.*

maldade mal·***da***·de

s.fem. Ruindade, malvadeza, perversidade: não *faça maldade com os animais.*

maldição mal·di·***ção***

s.fem. Praga, palavras com que se deseja mal a alguém: *no último filme da série, o feiticeiro lançou uma maldição sobre o cavaleiro.*
❖ *pl.* maldições.

maldito mal·***di***·to

adj. Que foi amaldiçoado: *homem maldito.*
→ Veja também **bendito**.

maldizer mal·di·***zer***

v. Desejar mal a alguém, amaldiçoar: *ele maldisse as pessoas que o roubaram.*

maldoso mal·***do***·so (ô)

adj. Mau, perverso: *aquele rapaz maltrata animais, é maldoso.*
❖ *fem.* maldosa (ó). *pl.* maldosos (ó), maldosas (ó).
→ Veja também **bondoso**.

maleável ma·le·***á***·vel

adj.masc.fem. Que se pode dobrar com certa facilidade: *material maleável.*
❖ *pl.* maleáveis.

maledicente ma·le·di·***cen***·te
adj.masc.fem. Que vive falando mal dos outros: *sujeito maledicente*.

mal-educado ***mal***-e·du·***ca***·do
adj. Grosseiro, que não mostra boa educação: *indivíduo mal-educado*.
❖ *pl.* mal-educados.
→ Veja também **bem-educado**.

malefício ma·le·***fí***·ci:o
s.masc. Aquilo que se faz para prejudicar alguém: *nessa história, a princesa foi vítima do malefício da bruxa*.
→ Veja também **benefício**.

maléfico ma·***lé***·fi·co
adj. Prejudicial, que faz mal: *tomar muito sol pode ser maléfico para a saúde*.
❖ *superl.* maleficentíssimo.
→ Veja também **benéfico**.

mal-encarado ***mal***-en·ca·***ra***·do
adj. Carrancudo, que tem cara de poucos amigos: *homem mal-encarado*.
❖ *pl.* mal-encarados.

mal-entendido ***mal***-en·ten·***di***·do
s.masc. Engano, confusão, equívoco: *esses homens começaram a discutir por causa de um mal-entendido*.
❖ *pl.* mal-entendidos.

mal-estar ***mal***-es·***tar***
s.masc. Indisposição passageira: *no início da viagem senti um pouco de tontura e dor de cabeça, mas tomei um remédio e o mal-estar passou*.
❖ *pl.* mal-estares.

maleta ma·***le***·ta (ê)
s.fem. Mala pequena: *ele vai levar alguns documentos nessa maleta*.

malevolência ma·le·vo·***lên***·ci:a
s.fem. Desejo de fazer o mal: *ele mostrou malevolência para comigo, procurou prejudicar-me de todas as maneiras*.
→ Veja também **benevolência**.

malevolente ma·le·vo·***len***·te
adj.masc.fem. Que deseja o mal: *homem malevolente*.
→ Veja também **benevolente**.

malévolo ma·***lé***·vo·lo
adj. Maldoso, que deseja o mal: *essa história deu um medo! A bruxa malévola só fazia feitiços perigosos*.
→ Veja também **benévolo**.

malfeitor mal·fei·***tor***
s.masc. Bandido, aquele que comete atos criminosos, que pratica o mal: *a polícia prendeu esse malfeitor*.
❖ *pl.* malfeitores.
→ Veja também **benfeitor**.

malhado ma·***lha***·do
adj. Que tem manchas ou pintas de várias cores: *cavalo malhado*.

malhar ma·***lhar***
v. 1. Surrar, espancar, bater: *no final da brincadeira, as crianças malharam o boneco de pano*. 2. *fig.* Fazer ginástica ou exercícios físicos: *ele malha todos os dias*.

mal-humorado ***mal***-hu·mo·***ra***·do
adj. Que está zangado, de mau humor: *o rapaz ficou mal-humorado depois de perder o jogo*.
❖ *pl.* mal-humorados.
→ Veja também **bem-humorado**.

malícia ma·***lí***·ci:a
s.fem. Intenção maldosa: *todos perceberam que ele falou aquilo com malícia*.

malicioso ma·li·ci·***o***·so (ô)
adj. 1. Que usa malícia: *homem malicioso*. 2. Que tem malícia: *olhar malicioso*.
❖ *fem.* maliciosa (ó). *pl.* maliciosos (ó), maliciosas (ó).

maligno ma·***lig***·no
adj. Maldoso, que provoca o mal: *homem maligno*.
→ Veja também **benigno**.

mal-intencionado ***mal***-in·ten·ci:o·***na***·do
adj. Que tem más intenções, que quer prejudicar alguém: *homem mal-intencionado*.
❖ *pl.* mal-intencionados.
→ Veja também **bem-intencionado**.

malmequer mal·me·***quer***
s.masc. *Bot.* Certo tipo de planta ornamental de flores amarelas: *ela tem um malmequer no jardim*.
❖ *pl.* malmequeres.

maloca ma·***lo***·ca (ó)
s.fem. 1. Habitação coletiva de índios: *os índios constroem malocas grandes e bonitas.* 2. Casebre miserável: *ele não tinha onde ficar e acabou se ajeitando nessa maloca.*

malograr ma·lo·***grar***
v. Fracassar: *nosso plano malogrou, não deu certo.*

malogro ma·***lo***·gro (ô)
s.masc. Insucesso, fracasso: *ficamos tristes com o malogro do projeto.*

malquisto mal·***quis***·to
adj. Que não é querido: *ele é malquisto na cidade, ninguém gosta dele.*
→ Veja também **benquisto**.

maltrapilho mal·tra·***pi***·lho
adj. Esfarrapado, muito malvestido: *o homem maltrapilho chamava a atenção das pessoas que passavam pela rua.*

maltratar mal·tra·***tar***
v. Tratar mal, fazer sofrer: *não devemos maltratar os animais.*

maluco ma·***lu***·co
adj. Louco, doido, sem juízo: *não faça isso, não seja maluco!*
❖ *superl.* maluquíssimo.

maluquice ma·lu·***qui***·ce
s.fem. Atitude de gente maluca, louca: *o que ele fez foi uma maluquice.*

malvadeza mal·va·***de***·za (ê)
s.fem. Perversidade, crueldade, maldade: *maltratar os animais é uma malvadeza.*

malvado mal·***va***·do
adj. Maldoso, que pratica o mal: *homem malvado.*
→ Veja também **bondoso**.

mamão ma·***mão***
s.masc. Fruto comestível de polpa macia e doce: *meu avô gosta de comer mamão de manhã.*
❖ *pl.* mamões.

mamar ma·***mar***
v. 1. Sugar o leite da mãe: *o nenê está querendo mamar.* 2. Beber o leite da mamadeira: *o garotinho mamou toda a mamadeira e depois dormiu.*

mamata ma·***ma***·ta
s.fem. *pop.* 1. Trabalho fácil: *é uma mamata seu novo emprego.* 2. Negócio deso-nesto que dá muito dinheiro: *a polícia descobriu que havia muita gente nessa mamata.*

mameluco ma·me·***lu***·co
s.masc. Nome que se dá ao filho de um homem branco com uma índia: *sou neta de um mameluco.*

mamoeiro ma·mo·***ei***·ro
s.masc. *Bot.* Árvore que produz mamão: *temos um mamoeiro na chácara.*

mambembe mam·***bem***·be
adj.masc.fem. Ruim, de má qualidade, medíocre: *um circo mambembe apresentou-se na cidade.*

mamífero ma·***mí***·fe·ro
adj. Animal que mama quando pequeno: *o gato é um animal mamífero.*

manada ma·***na***·da
s.fem. Grupo de animais grandes (cavalos, elefantes, etc.): *nesse filme, vimos uma manada de búfalos.*
❖ Manada é um substantivo coletivo.

manancial ma·nan·ci·***al***
s.masc. Fonte, nascente de água: *ele descobriu mananciais de água em vários pontos da região.*
❖ *pl.* mananciais.

mancada man·***ca***·da
s.fem. *pop.* Engano ou erro que deixa a pessoa constrangida: *foi uma mancada sua não ter lembrado do aniversário da namorada!*

mancar man·***car***
v. 1. Não conseguir andar direito: O *jogador machucou a perna e saiu de campo mancando.* 2. *pop.* Não cumprir o que prometeu: *você disse que me ajudaria a fazer o trabalho, mas mancou e eu tive de fazer tudo sozinho!*

mancha ***man***·cha
s.fem. Marca deixada por sujeira: *a sua camisa tem uma mancha de tinta.*

manchar man·***char***
v. Sujar, fazer mancha: *a tinta manchou a camisa.*

manchete man·***che***·te (é)
s.fem. Título de uma notícia de jornal, escrito em letras grandes, maiores que as da notícia: *a manchete do jornal anunciava a vitória da nossa seleção.*

manco ***man***·co
adj. Que não anda normalmente por ter algum problema na perna: *homem manco.*

mandacaru man·da·ca·***ru***
s.masc. *Bot.* Cacto grande, de espinhos amarelos e flores brancas: *vimos muitos mandacarus no sertão nordestino.*

mandachuva man·da·***chu***·va
s.masc. *pop.* Chefão, aquele que manda em todos: *dizem que ele é o mandachuva da turma.*

mandado man·***da***·do
s.masc. Ordem escrita de uma autoridade: *há um mandado de prisão contra esse homem.*
→ Não confunda com **mandato**, que tem outro significado.

mandão man·***dão***
s.masc. *pop.* Aquele que manda, que dá ordens: *ele é o mandão da classe.*
❖ *fem.* mandona. *pl.* mandões, mandonas.

mandar man·***dar***
v. 1. Ordenar, exigir que se faça alguma coisa: *mandei o pessoal sair da sala.* 2. Enviar, remeter: *mandamos uma carta ao diretor do jornal.*

mandato man·***da***·to
s.masc. Tempo que uma pessoa fica num cargo para o qual foi escolhida: *ele exerceu o mandato de presidente por cinco anos.*
→ Não confunda com **mandado**, que tem outro significado.

mandinga man·***din***·ga
s.fem. Feitiço, bruxaria: *alguns torcedores dizem que fizeram mandinga para o time ganhar o campeonato.*

mandioca man·di·***o***·ca (ó)
s.fem. Planta cuja raiz é muito usada na nossa alimentação: *farinha de mandioca.*
→ Veja também **macaxeira**.

maneira ma·***nei***·ra
s.fem. Modo, jeito: *o professor usou uma maneira inteligente para fazer o pessoal concordar com sua ideia.*

maneirar ma·nei·***rar***
v. *pop.* Agir com cuidado, sem exagerar: *na reunião, quando chegou sua vez de falar, ele resolveu maneirar e não criticou muito o chefe.*

maneiras ma·***nei***·ras
s.fem.pl. Modo de alguém agir ou se comportar: *ele tem maneiras educadas; é um menino que sabe se comportar em qualquer lugar.*

maneiro ma·***nei***·ro
adj. 1. *pop.* Fácil de manobrar, de manejar: *veículo maneiro.* 2. *pop.* Fácil de fazer ou executar: *serviço maneiro.* 3. *gír.* Palavra que pode ser usada em diferentes situações, expressando sempre uma qualidade positiva e significando bom, bonito, excelente, etc.: *eles tinham um apartamento maneiro na praia.*

manejar ma·ne·***jar***
v. Utilizar alguma coisa com as mãos; podemos manejar uma espada, um martelo, um serrote, uma faca, etc.: *o artista aprendeu a manejar bem a espada para fazer o filme.*

M

manga[1] ***man***·ga
s.fem. Parte da roupa onde se enfia o braço: *manga da camisa; manga do paletó.*

manga[2] ***man***·ga
s.fem. Fruto comestível de polpa fibrosa: *gosto muito de manga.*

mangar man·***gar***
v. *pop.* Zombar, caçoar, rir-se de alguém: *eles estão mangando do menino.*

mangueira[1] man·***guei***·ra
s.fem. *Bot.* Árvore que produz manga: *há uma grande mangueira no pomar.*

mangueira[2] man·***guei***·ra
s.fem. Tubo flexível, geralmente de borracha, que conduz água, gás, ar, etc.: *ligue a mangueira de água e vamos lavar o carro.*

mangueiral man·guei·***ral***
s.masc. Lugar onde há plantação de mangueiras: *vamos ver o mangueiral da fazenda.*
❖ *pl.* mangueirais.

manhã ma·***nhã***
s.fem. Período do dia que vai do nascer do Sol ao meio-dia: *Vou à escola na parte da manhã.*
❖ *pl.* manhãs.
→ Veja também **amanhecer**.

manha ***ma***·nha
s.fem. Choro de criança sem motivo: *esse menino não tem nada; isso é manha.* 2. Malícia, esperteza: *com sua manha ele convenceu o pai a lhe comprar a bicicleta.*

manhoso ma·***nho***·so (ô)
adj. Que usa manha: *garoto manhoso.*
❖ *fem.* manhosa (ó). *pl.* manhosos (ó), manhosas (ó).

mania ma·***ni***·a
s.fem. Estranha atitude costumeira: *ele tem mania de lavar as mãos; faz isso a toda hora, mesmo sem motivo.*

maníaco ma·***ní***·a·co
adj. Que tem alguma mania: *sujeito maníaco.*

manicômio ma·ni·***cô***·mi:o
s.masc. Hospital para pessoas com doenças mentais, hospício: *há muitos doentes internados nesse manicômio.*

manicure ma·ni·***cu***·re
s.fem. Profissional que cuida das unhas das mãos das pessoas: *toda semana ela vai à manicure.*
❖ *masc.* manicuro.

manifestação ma·ni·fes·ta·***ção***
s.fem. Demonstração: *quando o time marcou um gol, a torcida gritou, bateu palmas, soltou rojões, numa intensa manifestação de alegria.*
❖ *pl.* manifestações.

manifestar ma·ni·fes·***tar***
v. Demonstrar, expressar: *manifestei minha alegria abraçando meu pai.*

manivela ma·ni·***ve***·la (é)
s.fem. Peça que se gira com a mão: *para movimentar essa máquina você deve girar aquela manivela.*

manjado man·***ja***·do
adj. *pop.* Muito conhecido: *a desculpa que ele deu é muito manjada e não convenceu ninguém.*

manjar man·***jar***
v. 1. Comer: *ele manjou toda a macarronada.*
s.masc. 2. Comida gostosa: *esse doce é um manjar!*
❖ *pl.* manjares.

manjedoura man·je·***dou***·ra
s.fem. Espécie de tabuleiro onde se coloca comida para bois, cavalos, etc.: *a manjedoura estava cheia de ração.*

mano ***ma***·no
s.masc. Irmão: *ela e seu mano foram ao circo.*
❖ *fem.* mana.

manobrar ma·no·***brar***
v. Movimentar, mover, dirigir: *ela manobrou o carro para estacioná-lo perto da loja.*

manquitolar man·qui·to·***lar***
v. Mancar: o *goleiro machucou a perna esquerda e saiu do campo manquitolando.*

mansão man·***são***
s.fem. Casa grande e luxuosa: *o milionário morava nessa mansão.*
❖ *pl.* mansões.

manso ***man***·so
adj. Dócil: *cãozinho manso.*
→ Veja também **amansar**.

manta ***man***·ta
s.fem. Grande pano de lã que se usa como coberta: *como estava muito frio, ele se cobriu com uma manta.*

manteiga man·***tei***·ga
s.fem. Substância alimentícia que se faz do leite: *gosto de comer pão com manteiga.*

manter man·***ter***
v. 1. Sustentar: *ele trabalha para manter a família.* 2. Conservar, continuar: *mesmo doente, ele manteve seu bom humor.* 3. Cumprir: *ele manteve sua palavra; fez o que tinha prometido.*
v.pron. **manter-se** 4. Permanecer: *mantenha-se atento.*

mantimento man·ti·***men***·to
s.masc. Alimento, comida: *vamos ao supermercado comprar mantimentos.*

manto ***man***·to
s.masc. Peça de vestuário que parece uma capa sem mangas, que se usa sobre a roupa: *o homem estava com um manto que lhe cobria quase o corpo todo.*

manual[1] ma·nu·***al***
adj.masc.fem. 1. Que se faz com as mãos: *desenhar é uma atividade manual*. 2. Que é movimentado com as mãos: *aparelho manual*.
❖ *pl.* manuais.

manual[2] ma·nu·***al***
s.masc. Livro que dá informações sobre um assunto, que ensina como fazer alguma coisa: *o manual mostra como ligar o aparelho.*
❖ *pl.* manuais.

manuscrito ma·nus·***cri***·to
adj. Escrito à mão: *texto manuscrito*.

manusear ma·nu·se·***ar***
v. 1. Utilizar as mãos com alguma finalidade em: *ele sabe manusear o aparelho de som*. 2. Folhear: *tenha cuidado ao manusear o álbum; as folhas são muito finas e podem rasgar-se facilmente.*

manutenção ma·nu·ten·***ção***
s.fem. Conservação: *esse homem cuida da manutenção das máquinas; ele faz o que é necessário para que elas estejam sempre funcionando bem.*

mão
s.fem. 1. *Anat.* Parte do corpo que fica na extremidade do braço e vai do punho à ponta dos dedos: *minhas mãos estão limpas*. 2. Direção que um veículo pode seguir: *essa rua dá mão; o carro pode entrar nela*. 3. Camada (de tinta, cal, verniz, etc.) que se passa numa superfície: *o muro recebeu duas mãos de tinta.*
❑ **a quatro mãos** Por duas pessoas: *o trabalho foi feito a quatro mãos*. **com a mão na massa** *pop.* No meio de uma atividade: *ele estava varrendo a cozinha e, já que estava com a mão na massa, aproveitou e varreu também o quintal*. **dar uma mão (mãozinha)** dar uma ajuda, auxiliar: *meu colega me deu uma mão e eu pude acabar logo o serviço*. **deixar na mão** *pop.* Falhar com alguém, não cumprir um trato: *ele prometeu nos ajudar, mas depois foi embora e nos deixou na mão*. **pedir a mão (de alguém)** Pedir em casamento: *o rapaz pediu a mão da moça aos pais dela*. **pôr a mão no fogo (por alguém)** Mostrar total confiança em alguém: *tenho um amigo sincero; por ele, eu ponho a mão no fogo*. **pôr mãos à obra** Começar a trabalhar: *chega de conversa, pessoal, vamos pôr mãos à obra e terminar logo esse serviço.*
❖ *pl.* mãos.
→ Veja também **manusear**.

mão-aberta ***mão***-a·***ber***·ta
s.masc.fem. *pop.* Pessoa que gasta muito, que esbanja dinheiro: *ele é um mão-aberta*.
❖ *pl.* mãos-abertas.

mão-de-obra ***mão***-de-***o***·bra
s.fem. 1. Trabalho manual feito por operários: *quanto esse pedreiro vai cobrar pela mão-de-obra, ou seja, pelo serviço que vai fazer?* 2. Conjunto dos trabalhadores: *10% da mão-de-obra está desempregada.*
❖ *pl.* mãos-de-obra.

mapa ***ma***·pa
s.masc. Desenho que representa uma região, um país, um lugar, etc.: *pegue o mapa para não errar o caminho.*

mapa-múndi ***ma***·pa-***mún***·di
s.masc. Mapa que representa toda a superfície do nosso planeta: *a professora nos mostrou um mapa-múndi*.
❖ *pl.* mapas-múndi.

maquiagem ma·qui·***a***·gem
s.fem. Pintura que se faz no rosto com produtos como batom, pó, sombra, etc.: *ela está fazendo sua maquiagem para ir à festa.*
❖ *pl.* maquiagens.
❖ Também existe a forma **maquilagem**.

maquiar ma·qui·***ar***
v. 1. Passar batom, sombra, pó e outros produtos no rosto de uma pessoa para embelezá-la: *a mãe vai maquiar a filha.*
v.pron. **maquiar-se** 2. Passar batom, sombra, pó e outros produtos no próprio rosto: *a moça quer maquiar-se sozinha.*
→ Também existe a forma **maquilar**.

M

máquina ***má***·qui·na
s.fem. Aparelho que executa um determinado serviço ou trabalho (máquina de costura, de lavar roupa, de moer carne, de fazer café, etc.): *ela usa muito a máquina de lavar roupa.*

maquinar ma·qui·***nar***
v. Tramar, planejar: *esses homens maquinaram o assalto.*

maquinário ma·qui·***ná***·ri:o
s.masc. Conjunto de máquinas de uma empresa, de uma fábrica, etc.: *o maquinário desta empresa vale uma fortuna.*
❖ Também existe a forma **maquinaria**.

maquinista ma·qui·***nis***·ta
s.masc.fem. Pessoa que dirige máquinas, principalmente trens: *o maquinista evitou um acidente com o trem.*

mar
s.masc. 1. Nome que se dá às grandes extensões de água salgada que há em nosso planeta; nesse sentido, é sinônimo de oceano: *acharam um antigo navio de guerra no fundo do mar.* 2. Nome que se dá também a diferentes porções dessas extensões (mar Mediterrâneo, mar Vermelho, etc.): *o filme que vimos mostrava piratas que agiam no mar Mediterrâneo.* 3. Grande extensão de água salgada situada no interior dos continentes (mar Morto, mar Cáspio, etc.): *a professora mostrou no mapa onde fica o mar Morto.*
❖ *pl.* mares.
→ Veja também **amerissar**, **marinho** e **marítimo**.

maracujá ma·ra·cu·***já***
s.masc. Fruto comestível, muito apreciado em sorvetes e sucos: *dizem que maracujá dá sono.*

marajoara ma·ra·jo·***a***·ra
adj.masc.fem. 1. Que se refere à ilha de Marajó: *arte marajoara.*
s.masc. 2. Aquele que nasceu nessa ilha: *os marajoaras nos receberam muito bem.*

maranhense ma·ra·***nhen***·se
adj.masc.fem. 1. Do estado do Maranhão: *cidade maranhense.*
s.masc.fem. 2. Pessoa que nasceu no Maranhão: *o poeta Gonçalves Dias é um maranhense famoso.*

marasmo ma·***ras***·mo
s.masc. Ambiente desanimador: *naquele feriado, a cidade estava um marasmo, não havia nada de interessante para ver ou fazer.*

maratona ma·ra·***to***·na (ô)
s.fem. Corrida a pé em que os atletas devem fazer um percurso de um pouco mais de 42 quilômetros: *as maratonas exigem muito dos atletas.*

maravilha ma·ra·***vi***·lha
s.fem. Coisa excelente, que desperta admiração: *essa casa é uma maravilha.*
❑ **correr às mil maravilhas** Ir muito bem: *as coisas por aqui estão correndo às mil maravilhas; a situação não podia estar melhor.*

maravilhar ma·ra·vi·***lhar***
v. 1.Despertar grande admiração, encantar: esse *filme maravilhou o público.*
v.pron. **maravilhar-se** 2. Sentir grande admiração, encantar-se: *você vai se maravilhar com a beleza da cidade.*

maravilhoso ma·ra·vi·***lho***·so (ô)
adj. Admirável, espetacular: *filme maravilhoso.*
❖ *fem.* maravilhosa (ó). *pl.* maravilhosos (ó), maravilhosas (ó).

marca ***mar***·ca
s.fem. 1. Sinal: *alguém passou por aqui; estou vendo marcas de pés na areia.* 2. Nome do fabricante de um produto: *qual é a marca desse tênis?*

marcante mar·***can***·te
adj.masc.fem. Importante, digno de nota: *nosso time conseguiu uma vitória marcante, pois ganhamos do adversário mais forte.*

marcar mar·***car***
v. 1. Pôr marca ou sinal: *ele marcou a página do livro que eu devo ler.* 2. Combinar: *o rapaz marcou um encontro com o pai.* 3. Indicar: *o relógio marca as horas e os minutos.*

marceneiro mar·ce·***nei***·ro
s.masc. Aquele que faz móveis e outros objetos de madeira: *esse marceneiro me fez uma linda estante.*

marcha ***mar*·cha**
s.fem. 1. Caminhada a passo cadenciado, ritmado: *os soldados fizeram uma marcha pelo campo*. 2. Mecanismo que permite aumentar ou diminuir a velocidade de um veículo: *ele engatou a terceira marcha e acelerou o carro*.
❑ **marcha a ré** Marcha do carro que permite movimentá-lo para trás: *ele deu marcha a ré no carro para estacionar*.

marcial **mar·ci·*al***
adj.masc.fem. Que se refere a lutas ou combates: *arte marcial*.
❖ *pl.* marciais.

> ◎ Marcial é uma palavra que tem a ver com Marte, o deus da guerra na mitologia romana.

marciano **mar·ci·*a*·no**
adj. Que se refere ao planeta Marte: *solo marciano*.

marco ***mar*·co**
s.masc. Aquilo que se usa para assinalar, para marcar: *aqui está o marco do fim da fazenda; ela termina aqui*.

março ***mar*·ço**
s.masc. O terceiro mês do ano: *neste ano o carnaval foi em março*.

maré **ma·*ré***
s.fem. Movimento de subida e descida do nível das águas do mar, que ocorre duas vezes por dia; quando o nível das águas sobe, temos a maré alta ou cheia; quando desce, temos a maré baixa: *quando chegamos à praia, a maré estava alta*.

marechal **ma·re·*chal***
s.masc. 1. O posto mais alto do exército: *ele atingiu o posto de marechal*. 2. Militar que atingiu esse posto: *o marechal assistiu ao desfile militar*.
❖ *pl.* marechais.

maremoto **ma·re·*mo*·to (ó)**
s.masc. Violenta agitação das águas do mar: *o navio afundou durante o maremoto*.

maresia **ma·re·*si*·a**
s.fem. Ar úmido, com cheiro forte, que vem do mar: *às vezes, na nossa casa à beira-mar, precisamos fechar as janelas por causa da maresia*.

marfim **mar·*fim***
s.masc. Matéria branca e resistente de que são formadas as presas do elefante e de alguns outros animais: *muitos objetos são feitos com o marfim*.
❖ *pl.* marfins.

margarida **mar·ga·*ri*·da**
s.fem. Flor ornamental de folhas brancas e miolo amarelo: *temos muitas margaridas no jardim*.

margarina **mar·ga·*ri*·na**
s.fem. Produto parecido com a manteiga, mas feito de gordura animal ou vegetal: *ele passou margarina no pão*.

margear **mar·ge·*ar***
v. Seguir pela margem: *eles foram margeando o rio até encontrar uma ponte para atravessá-lo*.

margem ***mar*·gem**
s.fem. 1. Beira: *caminhamos pela margem do rio*. 2. Espaço em branco de cada um dos lados de uma página de livro: *ele fez algumas anotações na margem dessa página*.
❖ *pl.* margens.

marginal **mar·gi·*nal***
adj.masc.fem. 1. Que está à margem: *seguimos pela avenida marginal do rio Pinheiros*.
s.masc.fem. 2. Bandido: *nossa casa foi assaltada por um marginal*.
❖ *pl.* marginais.

marginalizar **mar·gi·na·li·*zar***
v. Excluir alguém de um grupo: *a turma marginalizou o menino novo, deixando-o de lado; precisamos conversar com todos*.

maria-fumaça **ma·*ri*·a-fu·*ma*·ça**
s.fem. Trem movido por uma máquina a vapor e que solta muita fumaça: *as marias-fumaças fazem lembrar os tempos muito antigos*.
❖ *pl. marias-fumaças* ou *marias-fumaça*.

maria-mole **ma·*ri*·a-*mo*·le (ó)**
s.fem. Certo tipo de doce feito à base de coco e outros ingredientes: *havia maria-mole na festa*.
❖ *pl.* marias-moles.

marido **ma·*ri*·do**
s.masc. Esposo: *o marido de minha tia é mineiro*.

M

marimbondo ma·rim·***bon***·do
s.masc. *Zool.* Nome comum a vários tipos de vespas: *os marimbondos fizeram uma casinha no telhado.*

marinha ma·***ri***·nha
s.fem. Conjunto dos navios de guerra e forças navais de um país: *esse filme conta a história da marinha brasileira.*

marinheiro ma·ri·***nhei***·ro
s.masc. Marujo, indivíduo que trabalha a bordo de um navio: *nesse navio, trabalham muitos marinheiros.*
❑ **marinheiro de primeira viagem** Pessoa inexperiente, que está passando por uma situação pela primeira vez: *quando nasceu meu primeiro filho, fiquei atrapalhado, não sabia bem como cuidar dele; eu era marinheiro de primeira viagem e precisei da ajuda de outras pessoas.*

marinho ma·***ri***·nho
adj. Que é do mar: *a baleia é um animal marinho.*
→ Veja também **amerissar**, **mar** e **marítimo**.

M

marionete ma·ri:o·***ne***·te (é)
s.fem. Boneco movido por cordões por alguém escondido atrás do palco ou da cortina: *vimos um espetáculo de marionetes.*
→ Veja também **fantoche**.

mariposa ma·ri·***po***·sa (ô)
s.fem. *Zool.* Nome que se dá aos insetos que à noite são atraídos pela luz das lâmpadas: *a mariposa ficou perto da lâmpada e se queimou.*
❖ Para indicar o sexo do animal, dizemos *a mariposa macho, a mariposa fêmea.*

maritaca ma·ri·***ta***·ca
s.fem. *Zool.* Ave muito barulhenta da família dos papagaios: *lá de dentro da casa ouvíamos o barulho das maritacas.*
❖ Para indicar o sexo do animal, dizemos *a maritaca macho, a maritaca fêmea.*

marítimo ma·***rí***·ti·mo
adj. 1. Que se refere ao mar, que ocorre no mar: *viagem marítima*. 2. Que está próximo ao mar: *cidade marítima.*
→ Veja também **amerissar**, **mar** e **marinho**.

marmanjo mar·***man***·jo
s.masc. Rapaz crescido, corpulento: *essa brincadeira é para crianças pequenas e não para marmanjos como vocês.*

marmelada mar·me·***la***·da
s.fem. 1. Doce feito com marmelo: *comi uma fatia de marmelada com pão.* 2. *fig.* Trapaça, combinação desonesta: *esse jogo foi marmelada, o resultado já tinha sido combinado entre os times.*

marmelo mar·***me***·lo (é)
s.masc. Fruto carnoso e ácido, muito usado para fazer doces: *minha avó fazia doce com os marmelos da fazenda.*

marmita mar·***mi***·ta
s.fem. Recipiente com tampa, próprio para levar comida: *na hora do almoço, esquentei minha marmita.*

marmoraria mar·mo·ra·***ri***·a
s.fem. Oficina onde se fazem objetos de mármore: *meu primo trabalha nessa marmoraria.*

mármore ***már***·mo·re
s.masc. Certo tipo de pedra de diferentes cores usada em construções ou objetos de arte: *estátua de mármore.*

marmota mar·***mo***·ta (ó)
s.fem. *Zool.* Pequeno mamífero roedor de pernas curtas e cauda peluda que vive em tocas e passa o inverno dormindo: *as marmotas hibernam durante muitos meses.*
❖ Para indicar o sexo do animal, dizemos *a marmota macho, a marmota fêmea.*

marola ma·***ro***·la (ó)
s.fem. Movimento das ondas na superfície do mar: *o mar hoje está calmo, não tem nem marola.*

maroto ma·***ro***·to (ô)
adj. Esperto: *com seu jeitinho maroto, ela consegue sempre o que quer.*

marra ***mar***·ra
s.fem. Coragem.
❑ **na marra** *pop.* À força: *eu não queria sair daquela rua, mas o segurança me tirou de lá na marra, isto é, me forçou a sair.*
❖ Palavra usada apenas na locução **na marra**.

marreco mar·***re***·co (é)

s.masc. *Zool.* Ave parecida com o pato, mas de tamanho menor: *comprei um casal de marrecos para enfeitar o lago.*

❖ *fem.* marreca. Para indicar o som que o marreco emite, usamos o verbo grasnar: *o marreco grasna.*

marreta mar·***re***·ta (ê)

s.fem. Martelo pesado: *para quebrar pedras, os operários usam marretas.*

marretada mar·re·***ta***·da

s.fem. Pancada com marreta: *esse homem é muito forte; com duas marretadas quebrou uma pedra enorme.*

marretar mar·re·***tar***

v. 1. Bater com marreta: *ele marretou as pedras.* 2. *pop.* Fazer uma tarefa ou serviço sem capricho: *ele estava apressado e marretou a limpeza, fez tudo de qualquer jeito.*

martelo mar·***te***·lo (é)

s.masc. Ferramenta de ferro, com cabo geralmente de madeira, feita para bater ou pregar: *use este martelo para pregar os pregos.*

martelada mar·te·***la***·da

s.fem. Pancada com martelo: *ele foi pregar o quadro na parede e acertou uma martelada no dedo.*

martelar mar·te·***lar***

v. 1. Bater com martelo: *vou martelar esse prego.* 2. *fig.* Insistir num pedido, num assunto, etc.: *o menino martelou tanto o pai que ele concordou em comprar uma bicicleta nova.*

mártir ***már***·tir

s.masc.fem. Pessoa que sofre muito ou que chega a morrer para defender suas ideias ou sua fé religiosa: *na história dos negros no Brasil, Zumbi é um mártir.*

❖ *pl.* mártires.

> ◎ Mártir vem de uma palavra grega que significa *testemunho, prova*; portanto, mártir significa *aquele que morre para dar prova de sua fé.* A palavra mártir está presente em muitas outras palavras, como *martirizar, martírio*, etc.

martírio mar·***tí***·ri:o

s.masc. 1. Sofrimento de um mártir: *muitos santos sofreram martírio.* 2. *fig.* Grande sofrimento: *fazer essa tarefa é um martírio.*

martirizar mar·ti·ri·***zar***

v. Torturar, maltratar com grande crueldade: *ele foi martirizado por defender suas idéias.*

marujo ma·***ru***·jo

s.masc. Marinheiro: *os marujos trabalham no navio.*

mascar mas·***car***

v. Mastigar sem engolir: *o menininho está mascando a comida, até agora não engoliu nada.*

máscara ***más***·ca·ra

s.fem. Espécie de cobertura para o rosto, com espaço para os olhos, usada para disfarce ou proteção; às vezes, a máscara pode representar um rosto: *nos bailes de carnaval, muitas pessoas usam máscaras.*

mascarar mas·ca·***rar***

v. Disfarçar, não deixar perceber: *ao ouvir a notícia, ele mascarou a tristeza e continuou a conversar como se nada tivesse acontecido.*

mascate mas·***ca***·te

s.masc. Vendedor que anda pelas ruas vendendo, de porta em porta, coisas miúdas, tecidos, fitas, sabonetes, enfeites, etc.: *antigamente, havia muitos mascates pelas ruas, principalmente nas cidades pequenas.*

masculino mas·cu·***li***·no

adj. Que se refere aos homens: *banheiro masculino.*

→ Veja também **feminino**.

másculo ***más***·cu·lo

adj. Que é próprio de homem forte, vigoroso: *corpo másculo.*

masmorra mas·***mor***·ra (ô)

s.fem. Prisão subterrânea e escura: *o prisioneiro foi jogado numa masmorra que havia no castelo.*

massa ***mas***·sa

s.fem. Quantidade de matéria: *massa de terra.*

M

massacrar mas·sa·***crar***
v. Matar cruelmente um grande número de pessoas ou animais: *os invasores massacraram os índios que viviam naquela aldeia.*

massacre mas·***sa***·cre
s.masc. Grande matança: *vimos um filme que conta como ocorreu o massacre dos índios.*

massagear mas·sa·ge·***ar***
v. Fazer massagem: *o professor massageou a perna do menino que se machucou.*

massagem mas·***sa***·gem
s.fem. Ação de usar as mãos para apertar ou esfregar os músculos do corpo: *o médico recomendou massagens para curar as dores que sinto nas costas.*
❖ *pl.* massagens.
→ Veja também **massagista** e **massagear**.

massagista mas·sa·***gis***·ta
s.masc.fem. Profissional que faz massagem: *o massagista entrou no campo para socorrer o jogador que estava com dor na perna.*
→ Veja também **massagem**.

M

massudo mas·***su***·do
adj. Grosso: *livro massudo.*

mastigar mas·ti·***gar***
v. Triturar com os dentes: *devemos mastigar bem a comida antes de engolir.*

mastro ***mas***·tro
s.masc. 1. Longa peça de madeira ou ferro na qual se prende a bandeira para levantá-la: *a bandeira tremulava no alto do mastro.* 2. Peça que sustenta as velas de um navio: *o marinheiro subiu no alto de um mastro para tentar avistar a ilha.*

mata ***ma***·ta
s.fem. Grande extensão de terra coberta de árvores e plantas nativas, podendo abrigar animais grandes e pequenos; se a mata for bem grande, é chamada de selva ou floresta: *a expedição entrou na mata para observar certos animais.*

matadouro ma·ta·***dou***·ro
s.masc. Lugar onde se mata o gado que vai servir para alimentação das pessoas: *o fiscal vai examinar o matadouro.*

matagal ma·ta·***gal***
s.masc. Mato grande e fechado: *naquele matagal deve haver muitas cobras.*
❖ *pl.* matagais.
→ Veja também **mato**.

matança ma·***tan***·ça
s.fem. Massacre, carnificina: *matança de animais.*

mata-piolho ***ma***·ta-pi·***o***·lho (ô)
s.masc. *pop.* O dedo mais curto e grosso da nossa mão: *mata-piolho é o nome popular do dedo polegar.*
❖ *pl.* mata-piolhos.

matar ma·***tar***
v. 1. Tirar a vida: *a explosão da bomba matou muita gente.* 2. Causar a morte de: *a seca matou alguns animais.* 3. *pop.* Fazer mal e sem cuidado (um trabalho, uma tarefa): *o aluno matou a pesquisa, por isso tirou nota baixa.* 4. *pop.* Faltar a um compromisso: *ele matou aula ontem e foi ao cinema.*
v.pron. **matar-se** 5. Tirar a própria vida, suicidar-se: *ninguém sabe por que ela se matou.*
❑ **matar o tempo** *pop.* Fazer hora, passar o tempo: *vamos ver televisão para matar o tempo.*

matemática ma·te·***má***·ti·ca
s.fem. Ciência que estuda os números, as quantidades, os cálculos: *com a ajuda da matemática, um engenheiro é capaz de construir uma casa.*

matemático ma·te·***má***·ti·co
adj. 1. Que se refere à matemática: *cálculo matemático.*
s.masc. 2. Aquele que se dedica à matemática: *ele é um matemático.*

matéria ma·***té***·ri:a
s.fem. 1. Tudo que tem massa e ocupa espaço: *uma pedra é uma matéria.* 2. Cada um dos campos de conhecimento do programa de estudos de uma escola: *história é minha matéria favorita.*

material ma·te·ri·***al***
adj.masc.fem. 1. Que se refere às coisas e não às pessoas: *o incêndio causou muitos prejuízos materiais, porque destruiu várias coisas.*
s.masc. 2. Tudo aquilo que se usa para a realização de um trabalho: *já temos o material necessário para enfeitar o salão de festas; agora, vamos trabalhar!*
❖ *pl.* materiais.

materializar ma·te·ri:a·li·***zar***
v. Concretizar, tornar realidade: *finalmente ele conseguiu materializar o sonho de jogar num time profissional.*

maternal ma·ter·***nal***
adj.masc.fem. Que não é mãe, mas apresenta qualidades típicas de mãe: *a menina cuida dos irmãos pequenos com carinho maternal.*
❖ *pl.* maternais.

maternidade ma·ter·ni·***da***·de
s.fem. Hospital especial para as mulheres que vão ter filhos: *a mulher foi levada à maternidade, onde deu à luz um menino.*

matilha ma·***ti***·lha
s.fem. Grupo de cães de caça: *os caçadores saíam para caçar com a matilha.*
❖ Matilha é um substantivo coletivo.

matinal ma·ti·***nal***
adj.masc.fem. Que se refere ao período da manhã: *refeição matinal.*
❖ *pl.* matinais.

mato ***ma***·to
s.masc. 1. Extensão de terra que não é cuidada e está cheia de árvores e plantas: *não ande pelo meio desse mato, pode haver aranhas e outros bichos por aí.* 2. Plantas daninhas: *ele tirou o mato do jardim.*
❑ **estar no mato sem cachorro** *pop.* Estar perdido, sem saber o que fazer: *perdi o dinheiro de minha mãe e agora estou no mato sem cachorro.*
→ Veja também **matagal**.

mato-grossense ***ma***·to-gros·***sen***·se
adj.masc.fem. 1. Do estado de Mato Grosso: *cidade mato-grossense.*
s.masc.fem. 2. Pessoa que nasceu em Mato Grosso: *um mato-grossense muito gentil recebeu-nos em sua casa.*
❖ *pl.* mato-grossenses.

mato-grossense-do-sul
ma·to-gros·***sen***·se-do-***sul***
adj.masc.fem. 1. Do estado de Mato Grosso do Sul: *população mato-grossense-do-sul.*
s.masc.fem. 2. Pessoa que nasceu em Mato Grosso do Sul: *um mato-grossense-do-sul me mostrou toda a cidade de Campo Grande.*
❖ *pl.* mato-grossenses-do sul.

matreiro ma·***trei***·ro
adj. Espertalhão, astuto: *homem matreiro.*

matrícula ma·***trí***·cu·la
s.fem. Registro, inscrição: *ele fez a matrícula no curso de música.*

matricular ma·tri·cu·***lar***
v. Registrar o nome de alguém para participar de um curso; fazer a matrícula: *ela vai matricular o filho na escola; a matrícula deve ser feita no período da tarde.*

matrimônio ma·tri·***mô***·ni:o
s.masc. Casamento: *recebi um convite para assistir ao matrimônio de uma colega muito querida.*

matriz ma·***triz***
s.fem. A principal: *esta loja é a matriz de um conjunto de lojas, é ela que comanda as outras.*
❖ *pl.* matrizes.
→ Veja também **filial**.

matutar ma·tu·***tar***
v. *pop.* Pensar, refletir, meditar: *matutei bastante antes de tomar essa decisão.*

matutino ma·tu·***ti***·no
adj. Que se refere ao período da manhã: *estão chegando os alunos do período matutino; eles entram às sete horas e saem ao meio-dia.*

matuto ma·***tu***·to
s.masc. Homem simples do campo: *ele é um matuto, se sente perdido na agitação da cidade.*

mau
adj. 1. Malvado, perverso: *homem mau.* 2. Que não é como deveria ser, que não cumpre suas obrigações: *mau estudante.* 3. Ruim, que dá prejuízo: *mau negócio.* 4. Imperfeito, que tem falhas: *mau trabalho.*
❖ *fem.* má.
→ Não confunda com **mal**, que tem outro significado. Veja também **bom**.

mausoléu mau·so·***léu***
s.masc. Túmulo grande e luxuoso: *esse é o mausoléu de um antigo rei.*

> ◎ Mausolo era um rei oriental; quando ele morreu, sua esposa mandou construir um túmulo grandioso. E do nome do rei Mausolo formou-se, então, a palavra mausoléu.

M

mavioso ma·vi·***o***·so (ô)

adj. Suave, agradável de se ouvir: *ouça o mavioso canto desse pássaro!*

❖ *fem.* maviosa (ó). *pl.* maviosos (ó), maviosas (ó).

máximo ***má***·xi·mo (ss)

adj. Que é o maior de todos: *ele fez um trabalho muito bom e conseguiu a nota máxima.*

meado me·***a***·do

s.masc. No período do meio: *vou visitar sua cidade lá pelo dia 15, no meado do mês.*

mecânico me·***câ***·ni·co

adj. 1. Que funciona graças a um mecanismo: *o relógio é um instrumento mecânico.*

s.masc. 2. Aquele que sabe consertar máquinas e motores: *o mecânico vai consertar o motor do carro.*

mecanismo me·ca·***nis***·mo

s.masc. Conjunto de peças que fazem funcionar um aparelho ou instrumento: *ele conhece bem o mecanismo desse relógio.*

M

mecanizar me·ca·ni·***zar***

v. Usar máquinas para realizar uma tarefa: *mecanizar o plantio nas fazendas.*

mecha ***me***·cha (é)

s.fem. 1. Pavio: *a mecha do balão.* 2. Porção de cabelos: *ele tinha uma mecha branca que chamava a atenção no meio dos cabelos pretos.*

→ Não confunda com **mexa** (ê), do verbo mexer: *não quero que você mexa nessas coisas.*

medalha me·***da***·lha

s.fem. Peça metálica de diferentes formatos, com desenhos ou inscrições, que se usa no pescoço como enfeite, ou que se oferece a uma pessoa para homenageá-la: *os jogadores campeões receberam uma medalha de ouro.*

mediano me·di·***a***·no

adj. Que está no meio, que não é nem o maior nem o menor: *ele tem estatura mediana; não é muito alto nem muito baixo.*

mediante me·di·***an***·te

prep. Por meio de: *os times podem participar do campeonato mediante o envio de um requerimento e o pagamento dessa taxa.*

mediar me·di·***ar***

v. Ficar no meio para organizar e controlar a situação: *o professor vai mediar o debate entre os dois grupos.*

medicamento me·di·ca·***men***·to

s.masc. Remédio: *comprei esses medicamentos naquela farmácia.*

medição me·di·***ção***

s.fem. Cálculo da medida, do tamanho: *a prefeitura mandou fazer a medição desses terrenos.*

❖ *pl.* medições.

medicar me·di·***car***

v. Dar medicamento ou remédio a um doente: *a enfermeira medicou a mulher que estava se sentindo mal.*

medicina me·di·***ci***·na

s.fem. Ciência que estuda as doenças e os meios de combatê-las: *quando criança, pensava em estudar medicina.*

medicinal me·di·ci·***nal***

adj.masc.fem. Que serve de remédio: *planta medicinal.*

❖ *pl.* medicinais.

médico ***mé***·di·co

adj. 1. Que se refere à medicina: *esse é um assunto médico, um assunto ligado à medicina.*

s.masc. 2. Aquele que pratica a medicina: *o médico cuida dos doentes.*

medida me·***di***·da

s.fem. Tamanho: *calcule a medida desse quadro; quero saber quanto ele mede.*

❑ **Sob medida** feito especialmente para o corpo de alguém: *a costureira vai fazer um vestido sob medida para a menina.*

médio ***mé***·di:o

adj. 1. Mediano, que está no meio, que não é nem o maior nem o menor: *ele tem uma altura média.* 2. Que se refere ao maior dedo da mão: *o dedo médio é também chamado de pai-de-todos.*

medíocre me·***dí***·o·cre

adj.masc.fem. Que não tem grande valor ou qualidade: *filme medíocre.*

medir me·***dir***

v. 1. Determinar o tamanho, fazer uma medição: *vamos medir a altura dessa porta.* 2. Controlar: *você deve medir suas palavras, não vá falando tudo o que lhe vem à cabeça.*

meditar me·di·***tar***

v. Pensar, refletir: *ela está meditando sobre o problema.*

médium ***mé***·dium

s.masc.fem. *Rel.* Segundo o espiritismo, pessoa que se comunica com os espíritos: *essa moça quer procurar um médium para conversar com o espírito de seu pai.*

❖ *pl.* médiuns.

medo ***me***·do (ê)

s.masc. Receio, temor: *a menina tem medo de entrar na caverna.*

→ Veja também **coragem** e **amedrontar**.

medrar me·***drar***

v. Crescer, desenvolver-se: *as plantas medraram.*

medroso me·***dro***·so (ô)

adj. Que tem medo, que é covarde: *homem medroso.*

❖ *fem.* medrosa (ó). *pl.* medrosos (ó); medrosas (ó).

→ Veja também **corajoso.**

megafone me·ga·***fo***·ne (ô)

s.masc. Aparelho que se usa para ampliar o volume do som da voz: *o bombeiro usou um megafone para falar com as pessoas que estavam no alto do prédio.*

megera me·***ge***·ra (é)

s.fem. Mulher má, que tem gênio ruim: *dizem que essa mulher é uma megera!*

> ◎ Megera era o nome de uma das divindades mais terríveis das mitologias grega e romana: junto a outras duas deusas, foi a responsável pelos tormentos e castigos infernais.

meia-noite ***mei***·a-***noi***·te

s.fem. Momento que marca o fim de um dia: *o ano termina à meia-noite do dia 31 de dezembro, e o novo ano começa à zero hora do dia primeiro; no relógio, a posição dos ponteiros é a mesma, pois os dois estão sobre o número 12.*

meia-tigela ***mei***·a-ti·***ge***·la (é)

s.fem. Coisa de pouco valor.

❑ **de meia-tigela** *pop.* De pouco valor, medíocre: *ele é um jogador de meia-tigela.*

❖ Palavra usada apenas na locução **de meia-tigela**.

meigo ***mei***·go

adj. Carinhoso, amável: *ela é uma pessoa meiga, trata os outros com carinho, não é grosseira com ninguém.*

❖ *superl.* meiguíssimo.

meiguice mei·***gui***·ce

s.fem. Carinho, doçura, ternura: *vovó trata os netos com meiguice.*

meio ***mei***·o

s.masc. 1. Metade: *essa linha marca o meio do campo.* 2. Posição entre duas coisas ou dois seres: *a criança sentou-se no meio dos pais.* 3. Centro: *a igreja foi construída no meio da praça.* 4. Modo, jeito: *ele encontrou um meio de sair da prisão.*

s.masc.pl. 5. Recursos: *ela é pobre, não tem meios para fazer essa viagem.*

adv. 6. Um pouco: *o professor está meio triste hoje.*

num. 7. Metade: *bebi meio copo de limonada.*

meio-dia ***mei***·o-***di***·a

s.masc. Momento que marca as 12 horas, a metade de um dia: *é meio-dia, vamos almoçar.*

mel

s.masc. Substância doce produzida pelas abelhas: *esse remédio é feito com mel.*

❖ *pl.* méis ou meles. As formas do plural são muito pouco usadas.

melancia me·lan·***ci***·a

s.fem. Fruto comestível de tamanho grande e polpa vermelha, com muito suco: *no verão, é muito gostoso comer melancia.*

melancolia me·lan·co·***li***·a

s.fem. Tristeza: *sozinha em casa, naquela tarde chuvosa, ela sentia muita melancolia.*

melancólico me·lan·***có***·li·co

adj. Triste: *ele anda melancólico, anda mergulhado em pensamentos tristes.*

M

melão me·***lão***

s.masc. Fruto comestível de casca amarelada ou esverdeada e polpa branca: *comi uma fatia de melão depois do almoço.*

❖ *pl.* melões.

melar me·***lar***

v. 1. Sujar lambuzando, geralmente com coisas doces: *o menino melou a cadeira com geleia.* 2. *pop.* Impedir uma coisa de se realizar: *a briga dos jogadores acabou melando o jogo.*

v.pron. **melar-se** 3. Lambuzar-se: *a menina melou-se toda com a geleia.*

meleca me·***le***·ca (é)

s.fem. *pop.* Sujeira tirada do nariz: *crianças gostam de tirar meleca do nariz.*

melhor me·***lhor***

adj.masc.fem. 1. Superior a outro em qualidade: *esse livro é bom, mas aquele é melhor.*

adv. 2. Superior a outro em uma determinada ação: *ele canta bem, mas eu canto melhor.*

❖ *pl.* melhores.

→ Veja também **pior**.

M

melhorar me·lho·***rar***

v. Tornar melhor: *você pode melhorar o seu trabalho.*

→ Veja também **piorar**.

melhoria me·lho·***ri***·a

s.fem. Aquilo que melhora: *eles fizeram várias melhorias no prédio; pintaram as salas, consertaram os encanamentos, arrumaram o telhado, etc.*

melindroso me·lin·***dro***·so (ô)

adj. Que se ofende à toa: *ele é melindroso, fica ofendido por pouca coisa.*

❖ *fem.* melindrosa (ó). *pl.* melindrosos (ó); melindrosas (ó).

melodia me·lo·***di***·a

s.fem. Sequência de sons agradáveis: *ele tocou uma linda melodia no violão.*

melodioso me·lo·di·***o***·so (ô)

adj. Suave, agradável de se ouvir: *som melodioso.*

❖ *fem.* melodiosa (ó). *pl.* melodiosos (ó); melodiosas (ó).

membrana mem·***bra***·na

s.fem. *Anat.* Espécie de tecido bem fino produzido pelo organismo e que exerce diferentes funções: *preciso de um tecido fino como uma membrana para fazer esta roupa.*

membro ***mem***·bro

s.masc. 1. Cada uma das quatro partes do corpo ligadas ao tronco dos seres humanos e dos animais, usada para fazer movimentos, pegar coisas, etc.: *as patas, as pernas e os braços são membros.* 2. Pessoa que faz parte de um grupo: *todos os membros da equipe (jogadores, técnico e massagista) vão viajar amanhã.*

memorável me·mo·***rá***·vel

adj.masc.fem. Que merece ser lembrado: *conseguimos uma vitória memorável!*

❖ *pl.* memoráveis.

memória me·***mó***·ri:a

s.fem. 1. Capacidade de lembrar: *meu avô tem uma excelente memória.* 2. Lembrança, recordação: *eu não tenho memória do meu tempo de criança.* 3. *Inform.* Área do computador onde os dados são guardados: *esse vírus pode danificar a memória do computador.*

memorizar me·mo·ri·***zar***

v. Guardar na memória, decorar: *você memorizou o número do meu telefone?*

menção men·***ção***

s.fem. 1. Referência: *durante a aula, o professor fez menção de seu nome, isto é, citou seu nome, referiu-se a você.* 2. Gesto de quem revela a intenção de praticar certa ação: *ele fez menção de sair da sala, mas resolveu ficar.*

❑ **menção honrosa** Prêmio ou referência especial dada a uma pessoa por ter feito alguma coisa que deve ser lembrada, destacada: *esse aluno recebeu menção honrosa no concurso de redação.*

❖ *pl.* menções.

mencionar men·ci:o·***nar***

v. Citar: *o professor mencionou meu nome.*

mendigar men·di·***gar***

v. Pedir esmolas: *na porta da igreja, havia um homem mendigando.*

mendigo men·***di***·go
s.masc. Aquele que pede esmolas: *algumas pessoas deram esmolas ao mendigo.*

menear me·ne·***ar***
v. Mover (o corpo, a cabeça, os braços): *a mãe conversava com o bebê, que meneava a cabeça afirmativamente, como se entendesse o que ela dizia.*

meninada me·ni·***na***·da
s.fem. Grupo de crianças: *a meninada se diverte no parque.*

meninice me·ni·***ni***·ce
s.fem. Período da infância: *ele recorda com saudade de sua meninice.*

menino me·***ni***·no
s.masc. Entre os seres humanos, criança (do nascimento até a adolescência): *a menina está lendo um livro.*

menor me·***nor***
adj.masc.fem. 1. Coisa ou pessoa que não é tão grande quanto outra: *sua casa é menor que a dele.* 2. Que não atingiu a maioridade, que é menor de idade: *tenho uma filha menor, ela tem dez anos.*
❖ *pl.* menores.
→ Veja também **maior** e **maioridade**.

menosprezar me·nos·pre·***zar***
v. Desprezar, fazer pouco-caso de: *não há motivo para você menosprezar seus colegas.*

menosprezo me·nos·***pre***·zo (ê)
s.masc. Desprezo: *por que você mostrou menosprezo por ele?*

mensageiro men·sa·***gei***·ro
s.masc. Aquele que leva mensagens: *o mensageiro do rei trouxe uma notícia importante.*

mensagem men·***sa***·gem
s.fem. Recado, comunicado: *o soldado estava em perigo e enviou uma mensagem aos companheiros, pedindo ajuda.*
❖ *pl.* mensagens.

mensal men·***sal***
adj.masc.fem. Que se faz ou que acontece todos os meses: *reunião mensal.*
❖ *pl.* mensais.

mensalidade men·sa·li·***da***·de
s.fem. Pagamento feito todo mês: *hoje devo pagar a mensalidade do clube.*

menstruação mens·tru·a·***ção***
s.fem. *Anat.* Perda natural de sangue que as mulheres têm uma vez por mês: *a primeira menstruação dessa menina ocorreu aos 11 anos.*
❖ *pl.* menstruações.

mensurar men·su·***rar***
v. Medir: *ele vai mensurar a extensão desse terreno.*
→ Veja também **incomensurável** e **mensurável**.

mensurável men·su·***rá***·vel
adj.masc.fem. Que pode ser medido: *espaço mensurável.*
❖ *pl.* mensuráveis.
→ Veja também **incomensurável** e **mensurar**.

menta ***men***·ta
s.fem. Hortelã: *chá de menta.*

mental men·***tal***
adj.masc.fem. Que se refere à mente, ao pensamento: *esforço mental.*
❖ *pl.* mentais.

mentalidade men·ta·li·***da***·de
s.fem. Maneira de pensar: *cada pessoa tem uma mentalidade.*

mente ***men***·te
s.fem. Pensamento: *várias ideias me passaram pela mente naquele instante.*

mentecapto men·te·***cap***·to
adj. Bobo, imbecil, idiota: *sujeito mentecapto.*

mentir men·***tir***
v. Dizer uma mentira, dizer que uma coisa é verdadeira sabendo que ela é falsa: *ela mentiu ao dizer que tem 14 anos; na verdade, só tem 12.*

mentira men·***ti***·ra
s.fem. Afirmação que não diz a verdade: *para sair mais cedo, ele disse uma mentira para o chefe; inventou que precisava ir ao médico.*

M

mentiroso men·ti·***ro***·so (ô)
adj. Pessoa que mente, que diz mentiras: *menino mentiroso*.
❖ *fem.* mentirosa (ó). *pl.* mentirosos (ó), mentirosas (ó).

menu me·***nu***
s.masc. 1. Cardápio, lista dos pratos oferecidos aos clientes num restaurante: *olhe o menu e escolha o que quer comer.* 2. *Inform.* Lista das funções que um programa pode executar: *no menu, há a função imprimir.*
❖ *pl.* menus.

mercado mer·***ca***·do
s.masc. Lugar público de venda de alimentos e outros produtos: *vou ao mercado comprar peixe.*

mercador mer·ca·***dor***
s.masc. Negociante, pessoa que compra e vende mercadorias: *esse mercador é muito esperto.*
❖ *pl.* mercadores.

mercadoria mer·ca·do·***ri***·a
s.fem. Aquilo que se pode vender ou comprar: *no supermercado, há muitos tipos de mercadorias (alimentos, brinquedos, bebidas, etc.).*

mercantil mer·can·***til***
adj.masc.fem. Que se refere ao comércio, à compra e venda de mercadorias: *atividade mercantil.*
❖ *pl.* mercantis.

mercê mer·***cê***
s.fem. Favor, gentileza: *fez a mercê de oferecer seu lugar para aquela senhora.*
❑ **à mercê de** Nas mãos de: *ele estava à mercê do inimigo, que poderia fazer com ele o que quisesse.*

mercearia mer·ce:a·***ri***·a
s.fem. Armazém, loja onde se vendem principalmente alimentos: *vou à mercearia comprar meio quilo de queijo.*

merda ***mer***·da
s.fem. *pop.* Fezes, bosta, cocô: *a rua estava cheia de merda de cachorro.*

merecer me·re·***cer***
v. Dever ser recompensado ou castigado: *você trabalhou bastante, merece um descanso.*

merecido me·re·***ci***·do
adj. Que é justo, que alguém fez por merecer: *o prêmio que ele ganhou é merecido, pois ele foi realmente o melhor jogador da partida.*
→ Veja também **imerecido**.

merenda me·***ren***·da
s.fem. Lanche: *comemos um sanduíche e tomamos um copo de suco na merenda.*

merendeira me·ren·***dei***·ra
s.fem. Mulher que prepara refeições em escolas: *na escola trabalham duas merendeiras.*

mergulhador mer·gu·lha·***dor***
s.masc. Aquele que mergulha (no mar) profissionalmente ou por esporte: *o mergulhador usa equipamento especial para descer a grande profundidade.*
❖ *pl.* mergulhadores.

mergulhar mer·gu·***lhar***
v. Afundar-se totalmente na água, entrar na água até ser coberto por ela: *estou aprendendo a mergulhar na piscina.*

mergulho mer·***gu***·lho
s.masc. Ação de mergulhar: *ele deu um mergulho sensacional do trampolim.*

meridional me·ri·di:o·***nal***
adj.masc.fem. Que fica ao sul: *país meridional.*
❖ *pl.* meridionais.
→ Veja também **setentrional**.

meritíssimo me·ri·***tís***·si·mo
adj. Digníssimo; forma de tratamento usada com os juízes: *meritíssimo juiz, peço licença para falar.*

mérito ***mé***·ri·to
s.masc. Valor que se reconhece em uma pessoa: *ele se destacou nos estudos por seu próprio mérito.*

mês
s.masc. Cada um dos doze períodos em que se divide o ano: *os meses do ano são: janeiro, fevereiro, março, abril, maio, junho, julho, agosto, setembro, outubro, novembro e dezembro.*
❖ *pl.* meses.

M

mesa ***me***·sa (ê)
s.fem. Móvel, em geral com quatro pés, sobre o qual podemos escrever, comer, etc.: *essa é a mesa que uso para fazer as lições da escola.*
❑ **pôr a mesa** Colocar sobre a mesa as coisas necessárias para uma refeição, como talheres, copos, pratos, etc.: *mamãe vai pôr a mesa para o almoço.* **tirar a mesa** Tirar as coisas que se usaram na refeição: *quando acabamos de almoçar, eu ajudo mamãe a tirar a mesa.*

mesada me·***sa***·da
s.fem. Quantia semanal ou mensal que os filhos recebem dos pais: *com a mesada que recebeu do pai, a menina comprou uma blusa.*

mesa-redonda ***me***·sa-re·***don***·da
s.fem. Reunião de pessoas para debate ou discussão de um certo assunto: *amanhã esses professores participarão de uma mesa-redonda sobre a educação no Brasil.*
❖ *pl.* mesas-redondas.

mescla ***mes***·cla (é)
s.fem. Mistura ou reunião de coisas ou pessoas diferentes: *mescla de sabores.*

mesclar mes·***clar***
v. 1. Misturar: *a moça mesclou muitas cores em seu desenho.*
v.pron. **mesclar-se** 2. Misturar-se, juntar-se: *os alunos velhos mesclaram-se aos novos e formaram um só grupo.*

mesquinho mes·***qui***·nho
adj. 1. Avarento, sovina: *sujeito mesquinho*. 2. Insignificante, desprezível: *criatura mesquinha*. 3. Infeliz, desgraçado: *destino mesquinho*.

mesquita mes·***qui***·ta
s.fem. Templo religioso dos muçulmanos: *na minha cidade, há uma mesquita muito bonita.*
→ Veja também **islamismo** e **muçulmano**.

mestre ***mes***·tre (é)
s.masc. Professor, aquele que ensina: *o mestre preocupa-se com os alunos.*
❖ *fem.* mestra.
→ Veja também **magistral**.

mestre-cuca ***mes***·tre-***cu***·ca (é)
s.masc. Cozinheiro: *esse rapaz vai dar um bom mestre-cuca.*
❖ *pl.* mestres-cucas.

mestre-sala ***mes***·tre-***sa***·la (é)
s.masc. Aquele que dança com a porta-bandeira num desfile de escola de samba: *o mestre-sala deu um* show *no desfile.*
❖ *pl.* mestres-salas.

mesura me·***su***·ra
s.fem. Cumprimento respeitoso, reverência: *os nobres aproximaram-se do rei fazendo mesuras.*

meta ***me***·ta (é)
s.fem. Objetivo: *minha meta é passar nesse exame; por isso vou estudar bastante.*

metade me·***ta***·de
s.fem. Cada uma das duas partes iguais em que se pode dividir um todo: *dei metade do doce à menina.*

metáfora me·***tá***·fo·ra
s.fem. Emprego de uma palavra em lugar de outra, em vista de uma relação de sentido que se pode fazer entre elas: *na frase "esse homem foi um anjo para nós" há uma metáfora: em vez da palavra "bondoso" usou-se "anjo", pois entre as duas há uma relação de sentido (ideia de bondade ou proteção).*

metal me·***tal***
s.masc. Nome que se dá, em geral, aos elementos sólidos e brilhantes, como o ferro, o ouro, a prata, o cobre, etc.; os metais são bons condutores de calor e eletricidade: *escolha de que metal quer fazer seu anel.*
❖ *pl.* metais.

metaleiro me·ta·***lei***·ro
s.masc. *Mús.* Aquele que toca ou gosta de ouvir o som de *rock* pesado: *os metaleiros fizeram muito barulho ontem à noite e não me deixaram dormir.*

metálico me·***tá***·li·co
adj. De metal: *objeto metálico.*

metamorfose me·ta·mor·***fo***·se (ó)
s.fem. Mudança de forma que ocorre no corpo de alguns animais: *a borboleta é o resultado da metamorfose da lagarta.*

M

metamorfosear-se me·ta·mor·fo·se·***ar***·se
v.pron. Transformar-se, passar por uma metamorfose: *a lagarta metamorfoseou-se em borboleta.*

meteorito me·te:o·***ri***·to
s.masc. Corpo celeste que cai sobre a Terra: *imagine você que meu filho tinha medo que um meteorito lhe caísse sobre a cabeça!*

meteorologia me·te:o·ro·lo·***gi***·a
s.fem. Estudo das condições do tempo: *através da meteorologia, podemos saber se vai chover, se vai fazer calor ou frio, etc.*

meteorológico me·te:o·ro·***ló***·gi·co
adj. Que se refere a meteorologia: *informação meteorológica.*

meter me·***ter***
v. 1. Colocar, enfiar, pôr dentro: *ele meteu o dinheiro no bolso.* 2. Provocar, causar: *o barulho do trovão meteu medo nas crianças.*
v.pron. **meter-se** 3. Intrometer-se: *meu filho tem o mau costume de meter-se na conversa alheia.* 4. Entrar, penetrar: *eles se meteram na floresta e sumiram.*

M

meticuloso me·ti·cu·***lo***·so (ô)
adj. Que presta atenção aos detalhes, que é muito cuidadoso: *esse homem é meticuloso no seu trabalho.*
❖ *fem.* meticulosa (ó). *pl.* meticulosos (ó), meticulosas (ó).

metido me·***ti***·do
adj. *pop.* Exibido, que se acha melhor que os outros: *rapaz metido.*

metódico me·***tó***·di·co
adj. Que segue um método, uma ordem precisa: *ele é um homem metódico; trabalha sempre do mesmo jeito.*

método ***mé***·to·do
s.masc. Modo organizado de fazer uma coisa: *esse professor tem um bom método para ensinar.*

metralhadora me·tra·lha·***do***·ra (ô)
s.fem. Arma de fogo que dispara um grande número de balas em pouquíssimo tempo: *os soldados usam metralhadoras.*

metralhar me·tra·***lhar***
v. Disparar muitos tiros: *os bandidos metralharam a porta da delegacia.*

métrico ***mé***·tri·co
adj. Que se refere a metro: *sistema métrico.*

metrô me·***trô***
s.masc. Trem que, em algumas cidades, circula por diversos bairros, usando quase sempre vias subterrâneas: *pego o metrô para ir à escola.*
❖ Metrô é uma forma reduzida de **metropolitano**.

metrópole me·***tró***·po·le
s.fem. 1. Cidade grande e desenvolvida: *São Paulo é uma metrópole.* 2. País que tem colônias: *houve um tempo em que Portugal era a metrópole e o Brasil era sua colônia.*

metropolitano me·tro·po·li·***ta***·no
adj. 1. Que se refere à metrópole: *população metropolitana.*
s.masc. 2. Metrô; trem que circula pelos bairros de uma cidade, usando quase sempre vias subterrâneas: *o metropolitano ajuda muito as pessoas das grandes cidades.*

mexer me·***xer***
v. 1. Tocar, pôr as mãos em: *você não deve mexer nesses copos.* 2. Deslocar, tirar do lugar: *quem conseguirá mexer essa pedra tão pesada?* 3. Incomodar, provocar: *não mexa com ele, deixe-o em paz.* 4. Agitar o que está dentro de uma garrafa, de uma panela, etc.: *pegue essa colher e mexa a sopa.*
v.pron. **mexer-se** 5. Movimentar-se, mover-se: *o fotógrafo pediu que eu não me mexesse.* 6. Apressar-se: *vamos, mexam-se, esse trabalho é urgente!*

mexerica me·xe·***ri***·ca
s.fem. Fruto comestível da mexeriqueira: *vou descascar e comer esta mexerica.*

mexerico me·xe·***ri***·co
s.masc. *pop.* Fofoca; invenção de fatos sobre outras pessoas: *ele vive fazendo mexerico sobre os outros.*

mexeriqueiro me·xe·ri·***quei***·ro
adj. *pop.* Fofoqueiro, que gosta de fazer mexericos: *sujeito mexeriqueiro.*

mexicano me·xi·***ca***·no
adj. 1. Que se refere ao México, um país da América do Norte: *povo mexicano*.
s.masc. 2. Aquele que nasceu no México: *os mexicanos gostam do futebol brasileiro*.

miar mi·***ar***
v. Emitir som (o gato, o tigre e outros felinos): *o gato mia*.

miado mi·***a***·do
s.masc. Som produzido pelo gato: *à noite, ouvi os miados do gato*.

mico ***mi***·co
s.masc. *Zool.* Nome comum a várias espécies de macacos: *os micos vivem subindo e descendo das árvores; eles são muito ágeis.*
❑ **pagar mico** *gír.* Passar vergonha (por distração ou obrigação): *ele é muito desligado e vive pagando mico*.

mico-leão ***mi***·co-le·***ão***
s.masc. *Zool.* Mico de pelos dourados e uma espécie de juba avermelhada: *o mico-leão é um animal pequeno*.
❖ *pl.* micos-leões ou micos-leão. Para indicar o sexo do animal, dizemos *o mico-leão macho, o mico-leão fêmea*.

micróbio mi·***cró***·bi:o
s.masc. *Biol.* Ser vivo muito pequeno, que só pode ser visto através do microscópio: *o cientista observa os micróbios*.

> ◎ Micróbio é palavra formada de *micro* (bem pequeno) + *bio* (vida).

microfone mi·cro·***fo***·ne (ô)
s.masc. Aparelho usado para aumentar o volume do som: *o professor subiu ao palco e usou o microfone para falar com as pessoas que estavam no auditório*.

micro-ondas mi·cro-***on***·das
s.masc. Forno especial que cozinha e descongela rapidamente os alimentos: *ela usa o micro-ondas para preparar o almoço*.
❖ Esta palavra tem a mesma forma no singular e no plural: *o micro-ondas, os micro-ondas*.

microscópio mi·cros·***có***·pi:o
s.masc. Aparelho que nos permite ver coisas muito pequenas, invisíveis a olho nu; o microscópio tem uma lente que aumenta muitas vezes o tamanho de coisas minúsculas, permitindo que elas sejam vistas: *os cientistas usam muito os microscópios*.

> ◎ Microscópio é palavra formada de *micro* (bem pequeno) + *scopio* (ver, observar); portanto, microscópio significa *aquilo que vê o que é bem pequeno*.

microscópico mi·cros·***có***·pi·co
adj. Que é tão pequeno que só pode ser visto no microscópio: *o micróbio é um ser microscópico*.

mictório mic·***tó***·ri:o
s.masc. Local público apropriado para as pessoas urinarem: *ele estava procurando o mictório da estação rodoviária*.
→ Veja também **mijar**.

migalha mi·***ga***·lha
s.fem. Pedaço bem pequeno de alguma coisa: *ela deu migalhas de pão aos peixinhos*.
→ Veja também **esmigalhar**.

migrar mi·***grar***
v. Mudar de uma região para outra: *muita gente migrou do Nordeste brasileiro para fugir da seca*.

mijar mi·***jar***
v. *pop.* Urinar: *o menino foi mijar no banheiro*.
→ Veja também **mictório**.

milagre mi·***la***·gre
s.masc. 1. Acontecimento fora do comum, que não conseguimos explicar e que nos parece sobrenatural: *na Bíblia, contam-se vários milagres feitos por Jesus; a cura de paralíticos e de cegos é um deles*. 2. *fig.* Alguma coisa muito boa que acontece de modo inesperado: *foi um milagre ele ter sido aprovado*.

milagroso mi·la·***gro***·so (ô)
adj. 1. De quem se diz fazer milagres, ter o poder ou a fama de fazer milagres: *santo milagroso*. 2. Que teria acontecido por milagre: *cura milagrosa*.
❖ *fem.* milagrosa (ó). *pl.* milagrosos (ó), milagrosas (ó).

M

milenar mi·le·***nar***

adj.masc.fem. Que é muito antigo, que tem por volta de mil anos: *igreja milenar*.
❖ *pl.* milenares.

milênio mi·***lê***·ni:o

s.masc. Período de mil anos: *Jesus nasceu há mais de dois milênios*.

milharal mi·lha·***ral***

s.masc. Terreno coberto de pés de milho: *há um grande milharal nessa fazenda*.
❖ *pl.* milharais.

milho ***mi***·lho

s.masc. Planta que produz espiga; os grãos da espiga são usados como alimento para os seres humanos e os animais: *eles plantam milho nessa fazenda*.

milionário mi·li:o·***ná***·ri:o

adj. Que é muito rico: *homem milionário*.

militar mi·li·***tar***

adj.masc.fem. 1. Que se refere às forças armadas: *ontem, no desfile militar, os soldados passaram pela avenida marchando e exibindo suas armas*.
s.masc.fem. 2. Soldado, pessoa que segue a carreira das armas: *meu pai é um militar*.
❖ *pl.* militares.

mimar mi·***mar***

v. Tratar alguém com carinho exagerado, fazendo todas as suas vontades: *você mimou muito sua filha*.

mimetismo mi·me·***tis***·mo

s.masc. *Biol.* Capacidade que alguns animais têm de tomarem a cor e o jeito das coisas que há no ambiente em que vivem: *o camaleão muda de cor, usando o mimetismo, entre outras coisas, para escapar de seus inimigos*.

mímica ***mí***·mi·ca

s.fem. Expressão de ideias ou sentimentos por meio de gestos e movimentos do corpo, sem o uso da palavra: *vamos brincar de fazer mímica?*

mimoso mi·***mo***·so (ô)

adj. Gracioso, encantador: *rosto mimoso*.
❖ *fem.* mimosa (ó). *pl.* mimosos (ó), mimosas (ó).

mina ***mi***·na

s.fem. 1. Grande buraco feito na terra para tirar ouro, carvão, etc.: *há minas de carvão muito profundas*. 2. Nascente de água: *bebemos água fresquinha naquela mina*. 3. Pequena bomba escondida na terra que explode quando é pisada ou tocada: *os soldados tinham escondido muitas minas naquele campo*.

minar mi·***nar***

v. 1. Consumir pouco a pouco: *a longa caminhada foi minando as forças dos viajantes*. 2. Sair de uma nascente: *a água que achamos minava no meio das pedras*.

mindinho min·***di***·nho

s.masc. *pop.* Nome do dedo menor e mais fininho de nossa mão: *mindinho é o nome popular do dedo mínimo*.

mineiro mi·***nei***·ro

adj. 1. Do estado de Minas Gerais: *cidade mineira*.
s.masc. 2. Aquele que nasceu em Minas Gerais: *um mineiro de Belo Horizonte mostrou-me a cidade*. 3. Aquele que trabalha em minas de ouro, de carvão, etc.: *os mineiros querem melhorar suas condições de trabalho*.

míngua ***mín***·gu:a

s.fem. Falta do necessário, carência: *a míngua gera dificuldades na vida de muitas pessoas em nosso país*.
❑ **à míngua** Na penúria, na miséria: *ele morreu à míngua*.

minguante min·***guan***·te

adj.masc.fem. Que está minguando, que está ficando menor: *a lua está na fase minguante, ou seja, a parte iluminada está diminuindo*.

minguar min·***guar***

v. Diminuir, tornar-se escasso, decrescer: *o dinheiro foi minguando, e ele foi obrigado a parar a reforma da casa*.

minhoca mi·***nho***·ca (ó)

s.fem. *Zool.* Animal de corpo mole e comprido que vive debaixo da terra, em lugar úmido.

minhocas mi·***nho***·cas (ó)

s.fem.pl. *pop.* Ideias, geralmente estranhas ou surpreendentes: *não sei quem pôs essas minhocas na cabeça dele*.

miniatura mi·ni:a·***tu***·ra
s.fem. Reprodução de alguma coisa em tamanho pequeno, reduzido: *ele tem miniaturas de carros de corrida.*

minimizar mi·ni·mi·***zar***
v. Diminuir: *é preciso minimizar as despesas.*

mínimo ***mí***·ni·mo
adj. 1. Que é o menor de todos: *o professor deu notas de um a dez aos trabalhos; eu ganhei um, a nota mínima.*
s.masc. 2. A menor porção de uma coisa: *temos pouca água; use o mínimo que puder.*

minissaia mi·nis·***sai***·a
s.fem. Saia muito curta: *na vitrine da loja, havia várias minissaias.*

minissérie mi·nis·***sé***·ri:e
s.fem. Seriado de televisão apresentado em poucos capítulos: *vi uma minissérie sobre a vida dos primeiros imigrantes italianos no Brasil.*

ministerial mi·nis·te·ri·***al***
adj.masc.fem. Do ministério: *tarefa ministerial.*
❖ *pl.* ministeriais.

ministério mi·nis·***té***·ri:o
s.masc. 1. Serviço administrativo dirigido por um ministro: *o Ministério da Educação.* 2. Conjunto dos ministros: *o presidente reuniu o ministério.*

ministro mi·***nis***·tro
s.masc. Pessoa que faz parte do governo e que cuida de um determinado setor da vida do país, como a agricultura, a saúde, a educação, etc.: *o lugar onde trabalham o ministro e seus auxiliares chama-se ministério.*

minorar mi·no·***rar***
v. Diminuir: *esse remédio vai minorar suas dores.*

minoria mi·no·***ri***·a
s.fem. A parte menos numerosa de um grupo: *apenas a minoria da classe foi ao passeio.*
→ Veja também **maioria**, **majoritário** e **minoritário**.

minoritário mi·no·ri·***tá***·ri:o
adj. Da minoria: *ele teve uma votação minoritária, foi escolhido pela minoria das pessoas.*
→ Veja também **maioria**, **majoritário** e **minoria**.

minúcia mi·***nú***·ci:a
s.fem. Detalhe, pormenor: *o rapaz descreveu o acidente em minúcias, não esquecendo nenhum detalhe.*

minucioso mi·nu·ci·***o***·so (ô)
adj. Detalhado, pormenorizado: *ele fez uma descrição minuciosa da casa.*
❖ *fem.* minuciosa (ó). *pl.* minuciosos (ó), minuciosas (ó).

minúsculo mi·***nús***·cu·lo
adj. 1. Bem pequeno: *eu tenho uma cicatriz minúscula no braço direito.* 2. Pequeno: *letra minúscula.*
→ Veja também **maiúsculo**.

minuto mi·***nu***·to
s.masc. Cada uma das sessenta partes em que se divide uma hora: *o filme durou quinze minutos.*
❖ A abreviatura de minuto é m, que se escreve sem ponto: *o avião saiu às 10h20m do Rio de Janeiro.*

miolo mi·***o***·lo (ô)
s.masc. 1. Aquilo que está na parte de dentro: *miolo do pão, miolo da fruta, miolo do livro, etc.* 2. *fig.* Inteligência, juízo: *agindo assim, ele mostrou que tem miolo, que sabe pensar bem.*
❑ **de miolo mole** *pop.* Caduco, que não sabe bem o que faz: *ele era bonzinho, mas de miolo mole; vivia fazendo bobagem.*
❖ *pl.* miolos (ó).
→ Veja também **desmiolado**.

míope ***mí***·o·pe
adj.masc.fem. Que sofre de miopia: *sou míope, por isso uso óculos.*

miopia mi:o·***pi***·a
s.fem. *Med.* Deficiência visual que impede que uma pessoa enxergue bem o que está distante: *o exame que fiz mostrou que eu tenho miopia.*

mira ***mi***·ra
s.fem. Pontaria: *o soldado tinha uma boa mira, sabia atirar muito bem.*
❑ **em mira** Em vista: *diga-nos o que você tem em mira, o que planeja fazer.*

mirabolante mi·ra·bo·***lan***·te
adj.masc.fem. Espantoso, fora do comum: *o atacante fez uma jogada mirabolante e conseguiu marcar o gol.*

miraculoso mi·ra·cu·***lo***·so (ô)
adj. Milagroso: *cura miraculosa*.
❖ *fem.* miraculosa (ó). *pl.* miraculosos (ó), miraculosas (ó).

miragem mi·***ra***·gem
s.fem. Aquilo que pensamos estar vendo, mas que, na verdade, não existe: *no meio do deserto, o homem pensou ver uma lagoa, mas era uma miragem*.
❖ *pl.* miragens.

mirante mi·***ran***·te
s.masc. Local alto de onde se pode ver uma extensa região em volta: *subimos ao mirante e observamos toda a beleza daquelas praias*.

mirar mi·***rar***
v. 1. Apontar; tomar como alvo: *ele pegou o revólver e mirou o animal que se aproximava*.
v.pron. **mirar-se** 2. Olhar-se, contemplar-se: *a moça mirou-se no espelho e gostou do que viu*.

mirim mi·***rim***
adj.masc.fem. 1. Pequeno: *a cidade mirim atraiu a atenção das crianças*. 2. Que tem pouca idade: *ele joga no time mirim da escola*.
❖ *pl.* mirins.

mirrado mir·***ra***·do
adj. Magro e fraco: *menino mirrado*.

miserável mi·se·***rá***·vel
adj.masc.fem. 1. Muito pobre, que vive na miséria: *precisamos ajudar essa família miserável*. 2. Desprezível, infame: *ele foi um traidor miserável!* 3. Avarento, sovina: *aquele sujeito miserável não quer pagar o que deve!*
❖ *pl.* miseráveis.

miséria mi·***sé***·ri:a
s.fem. Situação de grande pobreza: *perdeu o emprego e vive na miséria*.

misericórdia mi·se·ri·***cór***·di:a
s.fem. 1. Piedade, compaixão, pena: *ninguém teve misericórdia daqueles infelizes*. 2. Perdão concedido por bondade: *o prisioneiro pedia a misericórdia do rei; implorava o seu perdão*.

misericordioso mi·se·ri·cor·di·***o***·so (ô)
adj. Bondoso, que tem misericórdia: *o governo misericordioso libertou os prisioneiros*.
❖ *fem.* misericordiosa (ó). *pl.* misericordiosos (ó), misericordiosas (ó).

missa ***mis***·sa
s.fem. *Rel.* Principal culto do catolicismo: *todos os domingos meu vizinho vai à missa*.

missão mis·***são***
s.fem. Incumbência, tarefa que deve ser feita: *a missão daqueles homens era apagar o incêndio que havia na mata*.
❖ *pl.* missões.

míssil ***mís***·sil
s.masc. Espécie de bomba disparada para atingir um alvo a grande distância: *um míssil atingiu a cidade ontem à tarde*.
❖ *pl.* mísseis.

missionário mis·si:o·***ná***·ri:o
s.masc. Aquele que tem a missão de transmitir às outras pessoas as suas ideias religiosas, tentando convertê-las: *esses missionários foram às aldeias dos índios*.

mistério mis·***té***·ri:o
s.masc. Enigma, aquilo que não se consegue explicar: *o desaparecimento do tesouro é um mistério*.

misterioso mis·te·ri·***o***·so (ô)
adj. Inexplicável, enigmático: *o desaparecimento das joias é um fato misterioso; ninguém consegue explicá-lo*.
❖ *fem.* misteriosa (ó). *pl.* misteriosos (ó), misteriosas (ó).

misto ***mis***·to
adj. 1. Misturado, composto por diferentes coisas: *o cozinheiro fez uma salada mista*. 2. Que contém pessoas dos dois sexos: *essa é uma classe mista, tem meninos e meninas*.

misturar mis·tu·***rar***
v. 1. Juntar coisas diferentes: *não gosto de misturar o leite com o café*.
v.pron. **misturar-se** 2. Juntar-se: *ela se misturou às pessoas que passavam e desapareceu*.

mitigar mi·ti·***gar***
v. Aliviar: *o remédio mitigou suas dores*.

mito ***mi***·to
s.masc. História ou lenda criada pelos povos antigos; os mitos apresentam personagens fan-

M

tásticos ou sobre-humanos: *a professora contou alguns mitos para a classe, como o de Hércules, por exemplo, que era forte como ninguém.*

mitologia mi·to·lo·***gi***·a

s.fem. 1. Conjunto dos mitos de um povo: *Hércules é um personagem da mitologia.* 2. Ciência que estuda os mitos: *ele se dedica à mitologia.*

mitológico mi·to·***ló***·gi·co

adj. Que se refere à mitologia: *herói mitológico.*

miúdo mi·***ú***·do

adj. Pequeno: *menino miúdo.*

→ Veja também **graúdo**.

mixagem mi·***xa***·gem (cs)

s.fem. Mistura de sons ou imagens: *ele é o responsável pela mixagem do som.*

mixar mi·***xar*** (cs)

v. Misturar sons ou imagens: *mixar músicas.*

→ Não confunda com **mixar** (ch), que tem outro significado.

mixar mi·***xar***

v. *pop.* Gorar, dar em nada: *nosso plano de viagem mixou.*

→ Não confunda com **mixar** (cs), que tem outro significado.

mixo ***mi***·xo

adj. *pop.* Que tem pouquíssimo valor: *ele ganhou um presente mixo.*

mixórdia mi·***xór***·dia

s.fem. *pop.* Confusão de coisas: *esse armário está uma mixórdia; você precisa pôr uma ordem nessas coisas.*

mixuruca mi·xu·***ru***·ca

adj.masc.fem. *pop.* Mixo, sem valor: *vestido mixuruca.*

mobília mo·***bí***·li:a

s.fem. Conjunto de móveis: *a mobília de minha casa é nova.*

mobiliar mo·bi·li·***ar***

v. Providenciar a mobília de uma casa, de uma sala, de um escritório, etc.: *vamos à loja comprar alguns móveis; precisamos mobiliar o escritório.*

mobilidade mo·bi·li·***da***·de

s.fem. Movimentação: *esse jogador tem muita mobilidade; ele se movimenta bastante pelo campo.*

→ Ver também **imobilidade**.

mobilizar mo·bi·li·***zar***

v. Preparar para entrar em combate: *para enfrentar os invasores, o governo precisou mobilizar todas as suas tropas.*

mochila mo·***chi***·la

s.fem. Espécie de bolsa ou saco que se leva às costas: *nessa mochila, levo meus livros e cadernos quando vou à escola.*

mocidade mo·ci·***da***·de

s.fem. Juventude: *vovô estava contando fatos de sua mocidade.*

moçada mo·***ça***·da

s.fem. Grupo de jovens, de moças e moços: *essa festa é a alegria da moçada.*

moço ***mo***·ço (ô)

adj. 1. Jovem: *meu pai praticava esportes quando era moço.*

s.masc. 2. Homem jovem, rapaz: *não conheço esse moço.*

❖ *fem.* moça (ô). *pl.* moços (ô), moças (ô).

moda ***mo***·da (ó)

s.fem. Aquilo que a maioria das pessoas passa a fazer ou usar durante um certo tempo: *essa revista mostra a moda das mulheres em 1980, ou seja, a maneira como elas se vestiam, se penteavam, etc.*

modelar mo·de·***lar***

v. Dar forma a alguma coisa, seguindo um modelo: *para fazer um vaso, é preciso saber madelar bem o barro.*

modelo mo·***de***·lo (ê)

s.masc. 1. Tipo: *você gosta do modelo desse carro?* 2. Aquilo que se deve imitar: *faça seu desenho de acordo com este modelo.*

s.masc.fem. 3. Pessoa contratada para exibir, em desfiles ou fotos, roupas e outros produtos que estão à venda: *ela quer ser modelo.*

moderado mo·de·***ra***·do

adj. Que não é exagerado: *ele fez gastos moderados na viagem; não exagerou.*

M

moderar mo·de·***rar***

v. 1. Diminuir: *o vento constante ajuda a moderar o calor.* 2. Controlar para ficar dentro de certos limites: *você deve moderar sua raiva.*

modernizar mo·der·ni·***zar***

v. Tornar moderno: *ele modernizou o escritório; vendeu as máquinas velhas e comprou outras, novas.*

→ Veja também **moderno**.

moderno mo·***der***·no (é)

adj. Atual, que pertence ao nosso tempo: *gosto de música moderna.*

→ Veja também **modernizar**.

modéstia mo·***dés***·ti:a

s.fem. Simplicidade, falta de vaidade: *ele é um artista famoso; no entanto, tem muita modéstia, não vive falando de si mesmo, de seu sucesso.*

modesto mo·***des***·to (é)

adj. Simples, sem vaidade: *uma pessoa modesta não gosta de se exibir.*

M

módico ***mó***·di·co

adj. Pequeno, reduzido: *comprei esse brinquedo por uma quantia módica, isto é, por um preço baixo.*

modificação mo·di·fi·ca·***ção***

s.fem. Mudança, alteração: *fiz uma modificação na minha vida, parei de fumar.*

❖ *pl.* modificações.

modificar mo·di·fi·***car***

v. Mudar, alterar: *o professor leu minha redação e modificou alguns trechos.*

modo ***mo***·do (ó)

s.masc. Maneira, jeito: *ele tem um modo engraçado de correr.*

❑ **ter modos** *pop.* Ter boas maneiras, ser educado: *você precisa ter modos; não se deve falar com a boca cheia de comida.*

moeda mo·***e***·da (é)

s.fem. 1. Pequena peça redonda de metal, com certo valor de compra: *tenho duas moedas, uma de cinquenta centavos e outra de vinte centavos.* 2. O dinheiro de um país: *o real é a moeda brasileira.*

❑ **pagar na mesma moeda** *pop.* Retribuir da mesma maneira, pagar o bem com o bem ou pagar o mal com o mal: *cuidado com o que você faz com esse menino, porque ele vai pagar na mesma moeda.*

moela mo·***e***·la (é)

s.fem. *Biol.* Parte do estômago de alguns animais onde os alimentos engolidos são triturados: *a galinha tem moela.*

moer mo·***er***

v. 1. Transformar em pó: *ele põe os grãos de café na máquina de moer; a máquina tritura os grãos e os transforma em pó de café.* 2. Esmagar para extrair o suco: *aqui moemos cana-de-açúcar.* 3. Reduzir a pedaços bem pequenos: *o açougueiro moeu a carne.*

mofar mo·***far***

v. Cobrir-se de mofo; embolorar: *o pão ficou guardado tanto tempo que mofou.*

mofo ***mo***·fo (ô)

s.masc. Bolor: *a umidade provocou mofo em muitas partes da casa.*

moído mo·***í***·do

adj. Triturado, feito em pedacinhos bem pequenos: *carne moída.*

moinho mo·***i***·nho

s.masc. Máquina de moer grãos de cereais: *o moço quer trabalhar num moinho.*

moita ***moi***·ta

s.fem. Pequeno grupo bem fechado de plantas ou arbustos: *a menina abaixou-se e se escondeu atrás da moita.*

❑ **ficar na moita** *pop.* Ficar quieto, só observando o que está acontecendo, sem se envolver: *naquela situação difícil, ele foi esperto; ficou na moita e se saiu bem.*

mola ***mo***·la (ó)

s.fem. Aquilo que amortece choques e dá flexibilidade a uma peça: *colchão de molas.*

molambo mo·***lam***·bo

s.masc. Farrapo, trapo de pano velho: *o mendigo cobriu-se com alguns molambos.*

moldar mol·***dar***

v. Modelar, dar forma a alguma coisa seguindo um modelo: *ele moldou a argila e fez um bonito prato.*

moldura mol·***du***·ra

s.fem. Peça com beirada feita para se encaixar um quadro, uma foto, etc.: *vou pôr esse quadro naquela moldura.*

→ Veja também **emoldurar**.

mole ***mo***·le (ó)

adj.masc.fem. 1. Que se desfaz quando é pressionado, que não é duro: *barro mole.* 2. Vagaroso: *esse empregado é muito mole, demorou um tempão para acabar o serviço.* 3. Que mostra pouca energia ou força de vontade: *não seja mole, não desista!*

→ Veja também **amolecer**.

molecada mo·le·***ca***·da

s.fem. Grupo de moleques: *a molecada está jogando bola no pátio da escola.*

molecagem mo·le·***ca***·gem

s.fem. Travessura de moleque: *quero saber quem foi o autor dessa molecagem; quem sujou a roupa que estava no varal?*

❖ *pl.* molecagens.

moleirão mo·***lei***·rão

adj. Que mostra pouca energia ou força de vontade: *sujeito moleirão.*

❖ *fem.* moleirona. *pl.* moleirões, moleironas.

molenga mo·***len***·ga

adj.masc.fem. Mole, que faz as coisas muito devagar: *menino molenga.*

moleque mo·***le***·que (é)

s.masc. *pop.* Menino, garoto: *esses moleques gostam de brincar de esqueite.*

molestar mo·les·***tar***

v. Importunar: *pare de molestar seu colega; deixe-o em paz!*

moléstia mo·***lés***·ti:a

s.fem. Doença: *o sarampo é uma moléstia infantil.*

moletom mo·le·***tom***

s.masc. Certo tipo de tecido macio usado em roupas esportivas: *vou comprar esse agasalho de moletom.*

❖ *pl.* moletons.

moleza mo·***le***·za (ê)

s.fem. 1. Preguiça, falta de ânimo: *hoje estou com muita moleza; minha vontade é ficar deitado o dia todo.* 2. *pop.* Coisa muito fácil de fazer: *esse trabalho é moleza.*

molhar mo·***lhar***

v. 1. Jogar água em: *molhei as plantas do jardim.* 2. Mergulhar num líquido: *molhe as bolachas no leite, antes de colocá-las no doce.*

v.pron. **molhar-se** 3. Receber água ou algum outro líquido sobre si: *as crianças saíram na chuva e se molharam.*

molho ***mo***·lho (ó)

s.masc. Conjunto de pequenos objetos: *esqueci o molho de chaves em cima da mesa.*

molho ***mo***·lho (ô)

s.masc. Espécie de caldo que acompanha certos pratos para acentuar seu gosto: *quero macarrão com molho de tomate.*

molusco mo·***lus***·co

s.masc. *Zool.* Animal que tem o corpo mole e sem ossos: *a lesma é um molusco.*

momentâneo mo·men·***tâ***·ne:o

adj. Passageiro, que dura pouquíssimo tempo: *ela sentiu uma tontura momentânea e logo voltou ao normal.*

momento mo·***men***·to

s.masc. Instante, pequeno espaço de tempo: *espere um momento que já vou falar com você.*

monarca mo·***nar***·ca

s.masc. Soberano (rei ou imperador): *esse é o palácio do monarca.*

monarquia mo·nar·***qui***·a

s.fem. Forma de governo, geralmente hereditária, em que o chefe é um monarca (rei ou imperador): *o Brasil teve um longo período de monarquia.*

monetário mo·ne·***tá***·ri:o

adj. Que se refere a dinheiro: *é difícil saber o valor monetário dessa fazenda, isto é, quanto ela vale em dinheiro.*

monge ***mon***·ge

s.masc. Religioso que vive num convento: *conheço vários monges desse convento.*

❖ *fem.* monja.

monitor mo·ni·***tor***

s.masc. 1. Aquele que orienta, que toma conta: *no clube, há um monitor que fica com as crianças e organiza brincadeiras com elas.* 2. *Inform.* 2. A tela do computador: *as fotos apareceram no monitor.*

❖ *pl.* monitores.

monólogo mo·***nó***·lo·go

s.masc. Quando alguém fala consigo mesmo, sem se dirigir a nenhuma outra pessoa, está fazendo um monólogo: *essa peça de teatro é um monólogo; o ator fica sozinho no palco, falando consigo mesmo.*

monossílabo mo·nos·***sí***·la·bo

adj. *Gram.* Que tem apenas uma sílaba: *"mão" é uma palavra monossílaba.*

→ Veja também **polissílabo**, **dissílabo** e **trissílabo**.

M

monoteísmo mo·no·te·***ís***·mo

s.masc. Religião que aceita a existência de um só Deus: *a base da religião de alguns povos encontra-se no monoteísmo, isto é, na crença de que há só um Deus.*

→ Veja também **politeísmo**.

monoteísta mo·no·te·***ís***·ta

adj.masc.fem. Que se refere ao monoteísmo: *religião monoteísta.*

monotonia mo·no·to·***ni***·a

s.fem. Falta de variação, de novidade: *ela se queixa da monotonia desse trabalho, pois é obrigada a fazer as mesmas coisas todos os dias.*

monótono mo·***nó***·to·no

adj. Que não varia, que acontece sempre da mesma maneira: *todos os dias, ele passa a manhã varrendo esse longo corredor; é uma tarefa monótona, desinteressante.*

monstro ***mons***·tro

s.masc. Ser criado pela imaginação, geralmente muito feio e estranho: *vimos um filme em que um monstro vindo do espaço atacava as pessoas.*

monstruoso mons·tru·***o***·so (ô)

adj. Que tem a aparência de um monstro: *ser monstruoso.*

❖ *fem.* monstruosa (ó). *pl.* monstruosos (ó), monstruosas (ó).

montanha mon·***ta***·nha

s.fem. Monte alto e grande: *ninguém conseguiu escalar essa montanha.*

montanhoso mon·ta·***nho***·so (ô)

adj. Que tem montanhas: *lugar montanhoso.*

❖ *fem.* montanhosa (ó). *pl.* montanhosos (ó), montanhosas (ó).

montante mon·***tan***·te

s.masc. Importância total, soma: *você comprou muitas coisas na loja; qual foi o montante de sua despesa?*

montão mon·***tão***

s.masc. Grande quantidade: *esse menino tem um montão de brinquedos em sua casa.*

❖ *pl.* montões.

montar mon·***tar***

v. 1. Colocar-se sobre um cavalo ou qualquer outro animal de montaria: *montei num cavalo manso e dei um passeio pela fazenda.* 2. Preparar para poder funcionar: *pegue as peças que estão na caixa e monte esse jogo.* 3. Realizar um espetáculo de teatro: *esses alunos montaram uma comédia.*

montaria mon·ta·***ri***·a

s.fem. Cavalgadura, animal que pode ser montado: *o fazendeiro arranjou uma montaria para o visitante.*

monte ***mon***·te

s.masc. 1. Montanha, elevação de terra: *quando Pedro Álvares Cabral chegou perto do litoral da Bahia, avistou um monte, a que deu o nome de monte Pascoal.* 2. Grande número de coisas ou pessoas: *há um monte de cadernos em cima daquela mesa.*

monumental mo·nu·men·***tal***

adj.masc.fem. Enorme, grandioso: *estátua monumental.*

❖ *pl.* monumentais.

monumento mo·nu·***men***·to
s.masc. Construção grandiosa, feita para lembrar uma pessoa ou um fato importante: *o monumento homenageava o herói nacional.*

morada mo·***ra***·da
s.fem. Casa, lugar onde se mora: *essa é minha morada.*

moradia mo·ra·***di***·a
s.fem. Casa, morada, habitação: *o presente será entregue em sua moradia.*

morador mo·ra·***dor***
s.masc. Aquele que mora, que reside: *vamos falar com o morador dessa casa.*
❖ *pl.* moradores.

moral mo·***ral***
adj.masc.fem. 1. Que está de acordo com os hábitos e tradições de uma comunidade: *comportamento moral.*
s.masc. 2. Ânimo: *o treinador tentou levantar o moral dos jogadores, que estavam tristes com a derrota.*
s.fem. 3. Ensinamento ou lição que se pode tirar de um fato ou de uma história: *explique a moral dessa fábula.*
❖ *pl.* morais.

moralizar mo·ra·li·***zar***
v. Tornar honesto: *é preciso moralizar o comportamento dessas pessoas.*

morango mo·***ran***·go
s.masc. Fruta pequena e vermelha: *gosto de sorvete de morango.*

morar mo·***rar***
v. Habitar, residir: *diga-me onde você mora.*

morcego mor·***ce***·go (ê)
s.masc. *Zool.* Nome que se dá aos pequenos mamíferos voadores noturnos: *vimos alguns morcegos perto daquela casa.*
❖ Para indicar o sexo do animal, dizemos *o morcego macho, o morcego fêmea.*

mordaça mor·***da***·ça
s.fem. Aquilo que se usa para tapar a boca de uma pessoa, impedindo-a de falar ou gritar: *colocaram uma mordaça no prisioneiro.*
→ Veja também **amordaçar**.

morder mor·***der***
v. Dar dentadas: *o cachorro mordeu seu dedo.*

mordida mor·***di***·da
s.fem. Ação de morder: *ele deu uma mordida no sanduíche.*

mordomia mor·do·***mi***·a
s.fem. Regalia, vantagem, aquilo que é dado a poucas pessoas: *os diretores dessa empresa têm algumas mordomias; uma delas é ter à disposição um motorista particular.*

mordomo mor·***do***·mo (ô)
s.masc. Chefe dos criados que trabalham numa casa: *o mordomo está recebendo as visitas.*

moreno mo·***re***·no (ê)
adj. Que tem os cabelos negros e uma cor de pele que lembra o marrom: *menino moreno.*

moribundo mo·ri·***bun***·do
adj. Agonizante, que está morrendo: *fazia tanto tempo que não chovia no sertão que muitos animais estavam moribundos.*

moringa mo·***rin***·ga
s.fem. Vasilha para água, em geral feita de barro: *bebi água fresquinha da moringa.*

morno ***mor***·no (ô)
adj. Que está só um pouco quente: *café morno.*
❖ *fem.* morna (ó). *pl.* mornos (ó), mornas (ó).

moroso mo·***ro***·so (ô)
adj. Lento, demorado, vagaroso: *trabalho moroso.*
❖ *fem.* morosa (ó). *pl.* morosos (ó), morosas (ó).

morrer mor·***rer***
v. 1. Falecer, perder a vida: *muitas pessoas morrem nas guerras.* 2. *fig.* Sofrer muito: *ela está morrendo de saudades da família.*

mortadela mor·ta·***de***·la (é)
s.fem. Espécie de salame feito de carne e toicinho, de formato grande e redondo: *gosto de sanduíche de mortadela.*

mortal mor·***tal***
adj.masc.fem. 1. Que não é eterno, que vai morrer um dia: *todos os homens são mortais.*

M

2. Que causa a morte: *a picada dessa cobra é mortal*.
❖ *pl.* mortais.
→ Veja também **imortal**.

mortalidade mor·ta·li·***da***·de
s.fem. Quantidade de mortes: *vem diminuindo a mortalidade infantil nessas cidades.*

morte ***mor***·te (ó)
s.fem. O fim da vida: *o maremoto provocou a morte de muitas pessoas.*

mortiço mor·***ti***·ço
adj. 1. Quase sem brilho, que está quase se apagando: *luz mortiça*. 2. *fig.* Sem brilho: *o menino doente tinha o olhar mortiço*.

mortífero mor·***tí***·fe·ro
adj. Mortal, que causa a morte: *veneno mortífero*.

morto ***mor***·to (ô)
adj. Sem vida: *homem morto*.
❖ *fem.* morta (ó). *pl.* mortos (ó), mortas (ó).
→ Veja também **vivo**.

M

mosca ***mos***·ca (ô)
s.fem. *Zool.* Nome que se dá aos insetos de duas asas, dos quais o mais comum é a mosca doméstica: *as moscas podem transmitir doenças.*
❑ **acertar na mosca** *pop.* Acertar em cheio, sair-se muito bem: *o clube, ao contratar o jogador, acertou na mosca*. **às moscas** *pop.* Quase vazio, com muito pouca gente: *o cinema estava às moscas; poucas pessoas foram assistir àquele filme.*
❖ Para indicar o sexo do animal, dizemos *a mosca macho, a mosca fêmea*.

mosquito mos·***qui***·to
s.masc. *Zool.* Inseto alado que pica pessoas e animais para sugar o sangue: *a picada do mosquito provoca muita coceira; é o mosquito fêmea que vai atrás de sangue.*
❖ Para indicar o sexo do animal, dizemos *o mosquito macho, o mosquito fêmea*.

mosteiro mos·***tei***·ro
s.masc. Convento: *o monge vive no mosteiro*.

mostra ***mos***·tra (ó)
s.fem. Exibição: *vimos uma mostra de arte*.

mostrador mos·tra·***dor***
s.masc. Parte do relógio que mostra as horas: *caiu o vidro do mostrador do meu relógio.*
❖ *pl.* mostradores.

mostrar mos·***trar***
v. Exibir, expor, apresentar: *os alunos vão mostrar seus trabalhos aos pais.*

motim mo·***tim***
s.masc. Revolta, rebelião: *os marinheiros não concordaram com o capitão do navio e fizeram um motim*.
❖ *pl.* motins.

motivar mo·ti·***var***
v. 1. Provocar, causar: *esse filme motivou uma discussão na escola*. 2. Despertar o interesse: *esse professor sabe motivar os alunos para o estudo*.

motivo mo·***ti***·vo
s.masc. Causa: *quero saber o motivo dessa briga*.

moto ***mo***·to (ó)
s.fem. Forma reduzida (e mais usada) de motocicleta: *meu colega quer muito ter uma moto*.

motocicleta mo·to·ci·***cle***·ta (é)
s.fem. Veículo motorizado de duas rodas que pode atingir grande velocidade: *a motocicleta é rápida e não ocupa muito espaço*.

motociclismo mo·to·ci·***clis***·mo
s.masc. *Esp.* Corrida de motocicletas: *o campeonato de motociclismo vai começar amanhã*.

motociclista mo·to·ci·***clis***·ta
s.masc.fem. 1. Aquele que dirige motocicleta, motoqueiro: *os motociclistas costumam correr muito*. 2. *Esp.* Aquele que pratica motociclismo: *há campeonatos apenas de motociclistas*.

motoqueiro mo·to·***quei***·ro
s.masc. *pop.* Forma mais usada de motociclista: *o motoqueiro deve sempre usar o capacete de proteção*.

motorista mo·to·***ris***·ta
s.masc.fem. Pessoa que dirige um veículo: *os motoristas devem ser cuidadosos*.

motriz mo·***triz***

adj.masc.fem. Que faz mover, que movimenta: *força motriz*.

❖ *pl.* motrizes.

mouse (máuze)

s.masc. Palavra inglesa que dá nome à peça que se movimenta numa superfície plana e que serve para o usuário informar ao computador os comandos que está escolhendo na tela: *use o mouse para clicar nessa palavra.*

> ◎ *Mouse* é uma palavra inglesa que significa *camundongo*; a peça recebeu esse nome porque a forma original dela lembrava bem o corpo de um camundongo.

movediço mo·ve·***di***·ço

adj. Que se move, que não é firme: *ele pisou na areia movediça e começou a afundar; precisou ser socorrido para sair de lá.*

móvel ***mó***·vel

adj.masc.fem. 1. Que se pode mover ou mudar de lugar, que não está fixo: *a menina teve que usar um aparelho dentário móvel.*

s.masc. 2. Peça de mobília, como mesa, sofá, cadeira, cama, etc.: *os noivos estão comprando os móveis do apartamento onde vão morar.*

❖ *pl.* móveis.

mover mo·***ver***

v. 1. Agitar: *o vento move as folhas das árvores.* 2. Movimentar, acionar: *a água move o moinho.* 3. Mexer: *ela moveu a cabeça.*

movimentar mo·vi·men·***tar***

v. Mover: *para nadar, movimente os braços e as pernas.*

movimento mo·vi·***men***·to

s.masc. Agitação: *o menino ficou assustado com o movimento da avenida; nunca tinha visto tantos carros e tantas pessoas ao mesmo tempo.*

movimentado mo·vi·men·***ta***·do

adj. Que tem movimento de veículos e pessoas: *rua movimentada*.

mucama mu·***ca***·ma

s.fem. *Hist.* Escrava negra que ajudava nos serviços de casa e, às vezes, servia de ama-de-leite: *no Brasil, muitas crianças brancas foram criadas por mucamas.*

muçulmano mu·çul·***ma***·no

adj. Que segue o islamismo: *povos muçulmanos.*

→ Veja também **mesquita** e **islamismo**.

mudança mu·***dan***·ça

s.fem. 1. Transformação: *ele sofreu uma mudança no comportamento desde que entrou nessa escola.* 2. Ação de levar coisas de um lugar para outro: *o caminhão que faz mudanças chegou para levar os móveis para a outra casa.*

mudar mu·***dar***

v. 1. Trocar: *ela vai mudar de roupa para ir à festa.* 2. Alterar: *o professor mudou o dia do passeio.* 3. Modificar, transformar: *o amor muda as pessoas.* 4. Pôr em outro lugar: *vamos mudar esses móveis, vamos levá-los para a sala.*

v.pron. **mudar-se** 5. Passar a morar em outro lugar: *deixei o Rio de Janeiro e me mudei para a Bahia.*

mudo ***mu***·do

adj. 1. Que não é capaz de falar: *ele nasceu mudo.* 2. Calado: *fiquei mudo durante a aula.*

mugido mu·***gi***·do

s.masc. Som que alguns animais emitem, como o boi e a vaca: *ouvi o mugido do boi no pasto.*

mugir mu·***gir***

v. Emitir o som (o boi, a vaca, etc.): *o boi muge.*

mulato mu·***la***·to

s.masc. Filho de pai branco e mãe negra ou vice-versa: *esse ator é um mulato bonito.*

mulher mu·***lher***

s.fem. 1. Ser humano do sexo feminino: *a mulher hoje em dia participa muito da política.* 2. Esposa: *o professor nos apresentou sua mulher.*

❖ *pl.* mulheres.

mulherio mu·lhe·***ri***:o

s.masc. *pop.* Grande grupo de mulheres: *havia um mulherio na praça.*

mulo ***mu***·lo

s.masc. Burro; besta: *o mulo é um animal estéril.*

❖ *fem.* mula.

→ Veja também **burro** e **besta**.

multa ***mul***·ta

s.fem. Quantia que alguém é obrigado a pagar quando faz uma coisa contrária à lei ou a algum regulamento: *ele estacionou o carro em local proibido; por isso, deve pagar uma multa.*

multar mul·***tar***

v. Aplicar uma multa: *o governador multou a fábrica pela poluição que causava.*

multicolorido mul·ti·co·lo·***ri***·do

adj. Que tem muitas cores: *desenho multicolorido.*

multidão mul·ti·***dão***

s.fem. Grande ajuntamento de pessoas: *uma multidão esperava o famoso cantor no aeroporto.*
❖ *pl.* multidões.

multimídia mul·ti·***mí***·di:a

adj. *Inform.* Que junta diferentes meios de informação (sons, imagens, textos, animações, etc.): *aparelho multimídia.*

multiplicar mul·ti·pli·***car***

v. 1. Aumentar: *o dono da fábrica multiplicou a produção de brinquedos.*
v.pron. **multiplicar-se** 2. Reproduzir-se, procriar, ter filhos (o ser humano) ou filhotes (os animais): *os seres humanos se multiplicam (e muito!) há muito tempo.*

múmia ***mú***·mi:a

s.fem. Cadáver que passou por um processo especial de conservação: *os arqueólogos encontraram várias múmias nos antigos cemitérios egípcios.*

> Múmia vem de uma antiga palavra oriental que significa *cera*; inicialmente, múmia designava apenas a cera e as coisas que se passavam nos cadáveres no momento em que eram preparados. Com o tempo, passou a indicar o próprio corpo assim preparado e enfaixado.

mumificar mu·mi·fi·***car***

v. Converter um cadáver em múmia: *vários povos antigos mumificavam cadáveres.*

mundial mun·di·***al***

adj.masc.fem. Que se refere ao mundo inteiro: *a falta de emprego é um problema mundial.*
❖ *pl.* mundiais.

mundo ***mun***·do

s.masc. 1. O universo inteiro (os planetas, os cometas, as estrelas, etc.): *os cientistas procuram saber a origem do mundo.* 2. O planeta Terra: *o Amazonas é um dos maiores rios do mundo.*
❑ **estar no mundo da lua** *pop.* Estar muito distraído: *ele está no mundo da lua, nem percebeu que a aula já acabou.*

munheca mu·***nhe***·ca (é)

s.fem. Pulso: *ele caiu e machucou a munheca.*

munhequeira mu·nhe·***quei***·ra

s.fem. Peça elástica que se usa como proteção da munheca ou do pulso: *esse jogador está usando uma munhequeira.*

munição mu·ni·***ção***

s.fem. Aquilo com que se carregam armas de fogo: *essas balas de revólver estavam na caixa de munição dos policiais.*
❖ *pl.* munições.

municipal mu·ni·ci·***pal***

adj.masc.fem. Do município: *escola municipal.*
❖ *pl.* municipais.

munícipe mu·***ní***·ci·pe

s.masc.fem. Habitante de um município: *os vereadores e o prefeito devem cuidar do bem-estar dos munícipes.*

município mu·ni·***cí***·pi:o

s.masc. Cada região que compõe qualquer um dos estados brasileiros, com seus governantes próprios: *o prefeito e os vereadores governam o município.*

munir mu·***nir***

v. 1. Abastecer de armas, oferecer munição: *o chefe muniu a tropa de fuzis.*
v.pron. **munir-se** 2. Abastecer-se: *ele muniu-se de armas.* 3. Prover-se, armar-se: *os rapazes muniram-se de coragem e partiram para a aventura.*

muque ***mu***·que

s.masc. *pop.* Força muscular: *você não tem muque para carregar esse peso.*
❑ **a muque** *pop.* À força: *vão obrigar o homem a acabar o trabalho nem que seja a muque.*

mural mu·***ral***

adj. Que é feito ou exibido em muro ou parede: *esse artista fez uma linda pintura mural, decorando o pátio da escola.*

❖ *pl.* murais.

muralha mu·***ra***·lha

s.fem. Muro alto e largo construído para proteger um castelo, uma fortaleza, etc.: *a muralha protegeu o castelo da invasão dos soldados inimigos.*

murar mu·***rar***

v. Fechar com muro: *vamos murar esse terreno.*

murchar mur·***char***

v. 1. Ficar murcho: *as flores do vaso murcharam e ficaram feias.* 2. Esvaziar: *essa bola de futebol está murchando, está perdendo o ar que a enchia.*

murcho ***mur***·cho

adj. 1. Que perdeu a força, a beleza: *planta murcha.* 2. Que perdeu o que tinha dentro (gás, ar, etc.): *pneu murcho.*

murmurar mur·mu·***rar***

v. Falar bem baixinho: *as duas meninas estavam murmurando no fundo da sala.*

murmúrio mur·***mú***·ri:o

s.masc. Sussurro, fala em voz baixa: *o murmúrio da conversa não me deixou dormir.*

muro ***mu***·ro

s.masc. Parede: *um muro alto cercava toda a casa.*

murro ***mur***·ro

s.m. Soco, pancada com a mão fechada: *eles brigaram e trocaram murros.*

❑ **dar murro em ponta de faca** *pop.* Insistir em fazer uma coisa que não vai dar certo, que não vai produzir o resultado esperado: *não perca tempo tentando mudar a opinião dele, isto é dar murro em ponta de faca.*

→ Veja também **esmurrar** e **tapa**.

musculação mus·cu·la·***ção***

s.fem. Exercícios físicos que desenvolvem os músculos: *ele faz musculação duas vezes por semana.*

muscular mus·cu·***lar***

adj.masc.fem. Que se refere aos músculos: *exercício muscular.*

❖ *pl.* musculares.

musculatura mus·cu·la·***tu***·ra

s.fem. Conjunto de músculos do corpo: *esses exercícios desenvolvem a musculatura.*

músculo ***mús***·cu·lo

s.m. *Anat.* Parte carnuda do corpo das pessoas e dos animais; são os músculos que nos permitem fazer movimentos, abrir ou fechar as mãos, dobrar ou estender os braços, etc.: *esse atleta tem os músculos desenvolvidos.*

> ◎ Músculo vem de uma palavra latina que quer dizer *ratinho*; observando o movimento dos músculos, principalmente dos braços e das pernas, os antigos achavam que eles pareciam ratinhos se mexendo dentro do nosso corpo.

musculoso mus·cu·***lo***·so (ô)

adj. Que tem músculos fortes, bem desenvolvidos: *homem musculoso.*

❖ *fem.* musculosa (ó). *pl.* musculosos (ó), musculosas (ó).

museu mu·***seu***

s.masc. Lugar onde são guardados objetos de arte (pintura, estátuas, etc.) ou objetos antigos e interessantes (moedas, armas, móveis, etc.), que servem para estudo ou para serem mostrados ao público: *visitamos um museu de arte.*

> ◎ Museu vem de *musa*, palavra que designava cada uma das nove deusas que protegiam as artes na mitologia grega; por isso, o local onde são exibidas obras de arte recebeu o nome de museu. A palavra musa também é empregada hoje em dia, significando *mulher inspiradora dos artistas.*

música ***mú***·si·ca

s.fem. 1. Arte de combinar sons de uma forma agradável: *ele sabe música.* 2. Composição musical: *gosto de ouvir essa música.*

musical mu·si·***cal***

adj.masc.fem. 1. Que se refere à música: *espetáculo musical.*

M

s.masc. 2. Peça teatral ou filme em que a história é quase toda contada por meio de canções: *fui ver um musical muito bonito.*
❖ *pl.* musicais.

músico ***mú***·si·co
s.masc. Aquele que se dedica à música, que compõe músicas ou toca algum instrumento musical: *a orquestra é composta de muitos músicos.*

mutação mu·ta·***ção***
s.fem. Transformação, mudança: *esse animal sofreu um processo de mutação.*
❖ *pl.* mutações.

mutante mu·***tan***·te
adj.masc.fem. Que se transformou e apresenta características muito diferentes dos outros seres de sua espécie: *no filme que vimos, o animal mutante que saía da caverna apavorava as pessoas.*

mutável mu·***tá***·vel
adj.masc.fem. Que pode sofrer mudança: *situação mutável.*
❖ *pl.* mutáveis.
→ Veja também **imutável**.

mutilar mu·ti·***lar***
v. 1. Cortar uma parte do corpo: *a explosão da bomba mutilou o soldado, fazendo-o perder a mão direita.* 2. Destruir parte de alguma coisa: *o que levou esse homem a mutilar a estátua?*

mutreta mu·***tre***·ta (ê)
s.fem. *pop.* Trapaça: *quando as mutretas que eles fizeram forem descobertas, eles vão se dar mal.*

mútuo ***mú***·tu:o
adj. Recíproco, que é trocado entre duas pessoas: *entre nós dois deve haver respeito mútuo, isto é, um deve respeitar o outro.*

muxoxo mu·***xo***·xo (ô)
s.masc. Estalo com a língua para indicar desinteresse ou aborrecimento: *ela fez um muxoxo como se dissesse — estou pouco ligando!*

Nn

navio

n (êne)
s.masc. A 14ª letra do alfabeto: *nariz e noite se escrevem com n.*

nação na·***ção***
s.fem. 1. Conjunto de pessoas que vivem num país, falam a mesma língua, têm os mesmos costumes e obedecem às mesmas leis: *a nação brasileira.* 2. País: *o Brasil e a Argentina são nações vizinhas.*
❖ *pl.* nações.

nacional na·ci:o·***nal***
adj.masc.fem. Que se refere a uma nação: *hino nacional brasileiro.*
❖ *pl.* nacionais.

nacionalidade na·ci:o·na·li·***da***·de
s.fem. País de origem: *tenho nacionalidade brasileira; nasci no Brasil.*

naco ***na***·co
s.masc. Pedaço grande (geralmente de coisa comestível): *ele estava com tanta fome que pegou o pão, tirou um naco com a mão e começou a comer.*

nadador na·da·***dor***
s.masc. Aquele que nada: *o nadador está se aquecendo para disputar mais uma prova.*
❖ *pl.* nadadores.

nadar na·***dar***
v. Mover-se na água usando apenas o corpo: *essa menina sabe nadar muito bem, já venceu várias competições de natação.*

nádega ***ná***·de·ga
s.fem. Cada uma das partes de trás e carnudas que temos acima das coxas: *ele tomou uma injeção na nádega.*

nado ***na***·do
s.masc. Ação ou modo de nadar: *há vários tipos de nado, como o nado de peito, o nado de costas, o nado borboleta, etc.*

naftalina naf·ta·***li***·na
s.fem. Inseticida que tem a forma de pequenas bolas brancas de cheiro forte: *no fundo da gaveta havia uma bolinha de naftalina.*

namorado na·mo·***ra***·do
s.masc. Aquele que namora alguém: *esse rapaz é o namorado da minha irmã.*

namorador na·mo·ra·***dor***
adj. Que está sempre mudando de namorada: *rapaz namorador.*

namorar na·mo·***rar***
v. Manter um relacionamento amoroso: *um rapaz e uma moça da minha classe estão namorando.*

namorico na·mo·***ri***·co
s.masc. Namorinho, namoro que dura pouco: *eles tiveram um namorico.*

namoro na·***mo***·ro (ô)
s.masc. Relacionamento amoroso: *o namoro deles começou faz um ano.*

nanico na·***ni***·co
adj. Que é tão baixo que parece anão: *homem nanico.*

narigudo na·ri·***gu***·do
adj. Que tem o nariz muito grande: *homem narigudo.*

narina na·***ri***·na
s.fem. Cada uma das duas aberturas que temos no nariz: *ele estava sangrando pela narina esquerda.*

nariz na·***riz***
s.masc. *Anat.* Parte saliente do nosso rosto e órgão do olfato, pois é por ele que podemos sentir cheiros: *meu nariz logo percebeu aquele cheirinho bom.*
❒ **bater com o nariz na porta** *pop.* Encontrar fechado o local que se pensava estar aber-

to: *fui à casa de meu primo e bati com o nariz na porta: ele tinha saído com os pais.*
❖ *pl.* narizes. *aum.* narigão (*pl.* narigões). *dim.* narizinho.

narração nar·ra·***ção***
s.fem. Ação de narrar, de contar: *ele fez a narração de sua viagem.*
❖ *pl.* narrações.

narrador nar·ra·***dor***
s.masc. Aquele que narra ou conta uma história: *o narrador fez uma pausa e depois continuou a história.*
❖ *pl.* narradores.

narrar nar·***rar***
v. Contar: *a professora vai narrar uma história aos alunos.*

narrativo nar·ra·***ti***·vo
adj. Que narra, que conta uma história: *texto narrativo.*

nasal na·***sal***
adj.masc.fem. Que se refere ao nariz: *irritação nasal.*
❖ *pl.* nasais.

nascença nas·***cen***·ça
s.fem. Nascimento: *esse homem é cego de nascença.*

nascente nas·***cen***·te
s.masc. 1. Ponto do horizonte onde o Sol surge de manhã: *minha janela dá para o nascente.*
s.fem. 2. Fonte, lugar onde nasce uma corrente de água: *aqui é a nascente do riacho.*
→ Veja também **poente**.

nascer nas·***cer***
v. 1. Vir ao mundo, começar a ter vida exterior: *meu filho nasceu ontem.* 2. Começar a se desenvolver: *essas plantas nasceram no jardim.* 3. Ter início: *nossa amizade nasceu na escola, quando estudamos na mesma classe.*
→ Veja também **morrer** e **renascer**.

nascimento nas·ci·***men***·to
s.masc. 1. Ato de nascer, de vir ao mundo, de ter vida exterior: *o nascimento do bebê alegrou a família.* 2. Ação de começar a crescer, a se desenvolver: *estou observando o nascimento dessas plantas.* 3. Começo, início: *o nascimento de nossa amizade ocorreu na escola.*

natal na·***tal***
adj.masc.fem. 1. Que se refere ao lugar em que alguém nasceu: *Santos é a cidade natal de minha prima; foi lá que ela nasceu.*
s.masc. 2. Dia em que se comemora o nascimento de Jesus. Nesse caso, a palavra é escrita com inicial maiúscula: *o Natal é comemorado no dia 25 de dezembro.*
❖ *pl.* natais.

natalício na·ta·***lí***·ci:o
adj. Que se refere ao dia de nascimento de alguém: *nasci no dia 13 de outubro; nesse dia, comemoro meu aniversário natalício.*

natalidade na·ta·li·***da***·de
s.fem. Quantidade de nascimento de pessoas: *nessa região, está ocorrendo um aumento de natalidade.*
→ Veja também **mortalidade**.

natalino na·ta·***li***·no
adj. Que se refere ao Natal ou às festas que se realizam na época do Natal: *festas natalinas.*

nativo na·***ti***·vo
adj. 1. Que não veio de fora, que é próprio de um determinado lugar: *essa é uma planta nativa do Brasil.*
s.masc. 2. Aquele que nasceu num determinado lugar ou país: *ao chegar ao Brasil, Cabral foi recebido pelos nativos.*

nato ***na***·to
adj. De nascença: *sou brasileiro nato; nasci aqui no Brasil.*

natural na·tu·***ral***
adj.masc.fem. 1. Que não foi criado pelo homem, que é da natureza: *O Brasil tem muitas belezas naturais, como as praias, as montanhas, as cachoeiras, etc.* 2. Que tem origem num certo lugar: *o leão é natural da África.* 3. Que nasceu com a pessoa, que não foi ensinado a ela: *esse garoto tem uma habilidade natural para desenhar.* 4. Normal: *no inverno é natural que faça frio.*
❖ *pl.* naturais.

N

naturalidade na·tu·ra·li·***da***·de
s.fem. 1. Atitude de quem age de forma natural, sem estranhar nada: *ele nunca tinha conversado com aquelas pessoas, mas ficou à vontade e se comportou com naturalidade.* 2. Lugar de nascimento de uma pessoa: *minha naturalidade é brasileira.*

naturalmente na·tu·ral·***men***·te
adv. 1. Com naturalidade, à vontade: *ele conversou naturalmente com os visitantes.* 2. Com certeza: *vocês, naturalmente, irão à minha festa, não é mesmo?*

natureza na·tu·***re***·za (ê)
s.fem. Tudo aquilo que existe e que não foi criado pelo ser humano: *o homem depende da natureza para viver.*

nau
s.fem. Antigo navio de grande porte: *os antigos navegantes cruzavam os oceanos em naus.*

naufragar nau·fra·***gar***
v. Afundar (uma embarcação): *no meio da tempestade, o navio naufragou.*

naufrágio nau·***frá***·gi:o
s.masc. Afundamento: *a tempestade provocou o naufrágio do navio.*

náufrago ***náu***·fra·go
s.masc. Aquele que estava num navio que naufragou: *os náufragos foram recolhidos por uma lancha.*

náusea ***náu***·se:a
s.fem. Enjoo, vontade de vomitar: *aquele almoço provocou náuseas em algumas pessoas.*

nauta ***nau***·ta
s.masc. Antigo nome que se dava aos navegantes ou marinheiros: *os nautas cruzaram os oceanos e descobriram muitas terras.*

náutico ***náu***·ti·co
adj. Que se refere à navegação marítima: *a corrida de lanchas é um esporte náutico.*

naval na·***val***
adj.masc.fem. Que se refere à navegação marítima, à Marinha de guerra: *esse filme mostra um combate naval, um combate entre navios.*
❖ *pl.* navais.

navalha na·***va***·lha
s.fem. Instrumento cortante dobrável formado de uma lâmina e um cabo: *ele usa navalha para barbear-se.*

nave ***na***·ve
s.fem. Veículo usado em viagens espaciais: *os astronautas partirão nessa nave amanhã.*

navegante na·ve·***gan***·te
s.masc.fem. Pessoa que navega pelos mares, rios: *um navegante brasileiro cruzou o oceano sozinho num barco.*

navegar na·ve·***gar***
v. 1. Percorrer os mares, os rios: *eles navegaram vários dias pelo rio Amazonas.* 2. *Inform.* Entrar na internet e passar de um programa a outro ou de um documento a outro: *o aluno entrou na internet e passou horas navegando.*

navegável na·ve·***gá***·vel
adj.masc.fem. Que pode ser navegado: *rio navegável.*
❖ *pl.* navegáveis.

navio na·***vi***·o
s.masc. Tipo de embarcação que pode navegar em grandes rios ou no mar: *os turistas viajaram nesse navio.*

neblina ne·***bli***·na
s.fem. Vapor atmosférico que dificulta a visão; nevoeiro, cerração: *como havia muita neblina na estrada, os motoristas dirigiam devagar.*

necessário ne·ces·***sá***·ri:o
adj. Indispensável; que não se pode evitar: *para entrar nessa escola, é necessário prestar um exame.*
→ Veja também **desnecessário**.

necessidade ne·ces·si·***da***·de
s.fem. O que pode fazer falta; precisão: *tenho necessidade de sua ajuda para resolver esse problema.*

necessitar ne·ces·si·***tar***
v. Precisar, ter necessidade: *necessito de um livro novo.*

necrotério ne·cro·***té***·ri:o
s.masc. Lugar onde se conservam cadáveres para identificação ou exame: *o corpo da moça foi encaminhado ao necrotério.*

N

néctar néc·tar
s.masc. Líquido adocicado que há nas flores e é transformado em mel pelas abelhas: *no jardim, vi uma abelha em busca de néctar.*

negar ne·gar
v. 1. Dizer que não é verdade: *ele nega ter feito isso.* 2. Recusar, não dar: *ele negou ajuda aos colegas.*

negativo ne·ga·ti·vo
adj. Que nega: *convidei essa menina para passear, mas sua resposta foi negativa.*
→ Veja também **positivo**.

negligência ne·gli·gên·ci:a
s.fem. Falta de cuidado ao fazer alguma coisa: *a negligência do menino quase estragou o trabalho do grupo.*

negligente ne·gli·gen·te
adj.masc.fem. Que faz as coisas sem cuidado, sem capricho: *aluno negligente.*

negociante ne·go·ci·an·te
s.masc.fem. Comerciante, pessoa que faz negócios: *meu tio é um negociante de roupas.*

N

negociar ne·go·ci·ar
v. 1. Fazer negócios; comprar, vender ou trocar alguma coisa: *vou negociar minha casa; espero vendê-la por um bom preço.* 2. Combinar: *esses dois países estavam em guerra; agora resolveram negociar um acordo de paz: vão conversar para chegar a um acordo.*

negócio ne·gó·ci:o
s.masc. Ação de negociar, de fazer uma compra, venda ou troca: *comprei uma bonita camisa por um preço baixo; fiz um bom negócio.*

negreiro ne·grei·ro
adj. *Hist.* Que transportava escravos da África para o Brasil: *navio negreiro.*

negro ne·gro (ê)
adj. 1. Preto: *ela tem cabelos negros.*
s.masc. 2. Indivíduo de cor negra: *os negros compõem grande parte da população brasileira.*
→ Veja também **enegrecer**.

negrume ne·gru·me
s.masc. Escuridão, trevas: *o negrume da noite assustou o menino.*

nenê ne·nê
s.masc. Bebê, criança bem pequena: *ela dá de mamar ao nenê.*
❖ Também existe a forma **neném**.

nervo ner·vo
s.masc. Espécie de feixe de células que transmitem sinais de uma parte do organismo para outra: *os nervos comandam os movimentos do corpo.*

nervosismo ner·vo·sis·mo
s.masc. Agitação interior, inquietação: *o nervosismo do aluno fez com que ele errasse muitas questões fáceis.*

nervoso ner·vo·so (ô)
adj. 1. Irritado, insatisfeito: *ele ficou nervoso com o atraso do pessoal.* 2. Agitado, inquieto: *ele estava nervoso na hora do encontro com a namorada.* 3. Que se refere aos nervos: *sistema nervoso.*
❖ *fem.* nervosa (ó). *pl.* nervosos (ó), nervosas (ó).
→ Veja também **enervar**.

neto ne·to (é)
s.masc. O filho do meu filho ou da minha filha: *gosto de brincar com meu neto.*

neurastênico neu·ras·tê·ni·co
adj. Muito nervoso: *homem neurastênico.*

neutro neu·tro
adj. Que não está a favor nem contra; que não toma partido numa discussão ou num conflito: *esses dois meninos discutiram e eu fiquei neutro: não apoiei nem um nem outro.*

nevar ne·var
v. Cair neve: *na Europa, neva bastante no inverno.*

nevasca ne·vas·ca
s.fem. Queda de neve acompanhada de tempestade: *os alpinistas enfrentam fortes nevascas no alto da montanha.*

neve ne·ve (é)
s.fem. Pedacinhos brancos de gelo que caem das nuvens quando o tempo está muito frio: *em alguns países, cai muita neve no inverno.*

névoa ***né***·vo:a
s.fem. Neblina, cerração: *de madrugada, havia muita névoa na estrada.*

nevoeiro ne·vo·***ei***·ro
s.masc. Forte cerração que dificulta muito a visão: *por causa do nevoeiro, o capitão do navio perdeu o rumo.*

nhoque ***nho***·que (ó)
s.masc. Prato italiano feito à base de batata, muito comum no Brasil: *gosto de comer nhoque.*

nicotina ni·co·***ti***·na
s.fem. Substância que existe no cigarro: *a nicotina prejudica a saúde.*

ninar ni·***nar***
v. *pop.* Fazer dormir as crianças: *mamãe ninou o bebê.*

ninhada ni·***nha***·da
s.fem. O conjunto dos filhotes que as fêmeas dos animais têm de uma só vez: *veja que bela ninhada teve a nossa gata!*

ninharia ni·nha·***ri***·a
s.fem. Preço muito baixo, quase nada: *ele comprou isso por uma ninharia.*

ninho ***ni***·nho
s.masc. 1. Abrigo que as aves fazem e onde põem os ovos e criam os filhotes: *nessa árvore há um ninho de pardais.* 2. Lugar onde certos animais têm e criam os filhotes: *ninho de ratos.*

nipônico ni·***pô***·ni·co
adj. Japonês: *casal nipônico.*

níquel ***ní***·quel
s.masc. 1. Certo tipo de metal: *o níquel é muito usado na fabricação de moedas.* 2. *fig.* Dinheiro: *não tenho um níquel; estou completamente sem dinheiro.*
❖ *pl.* níqueis.

nissei nis·***sei***
s.masc.fem. Filho de pais japoneses nascido fora do Japão: *há muitos nisseis no Brasil.*

nitidez ni·ti·***dez***
s.fem. Clareza; qualidade do que se pode ver com facilidade: *esse aparelho de televisão é muito bom; a nitidez das imagens é excelente.*

nítido ***ní***·ti·do
adj. Limpo, sem manchas, claro: *imagem nítida.*

nível ***ní***·vel
s.masc. 1. Altura a que pode chegar um líquido: *a água da piscina chegava apenas ao nível do meu joelho.* 2. Padrão, qualidade: *meus pais gostam dessa escola porque ela tem um bom nível de ensino.*
❖ *pl.* níveis.

nivelar ni·ve·***lar***
v. Pôr no mesmo nível, deixar igual: *antes de construir a casa, é preciso nivelar o terreno, tirar os altos e baixos e deixá-lo plano.*

níveo ***ní***·ve:o
adj. Branco, cor de neve: *rosto níveo.*

nó
s.masc. Laço bem apertado: *alguém fez um nó com o cordão do meu tênis.*

nobre ***no***·bre (ó)
adj.masc.fem. 1. Louvável, digno: *ajudar as crianças órfãs é uma tarefa nobre.*
s.masc. 2. Aquele que pertencia à nobreza, ao grupo de pessoas que, no tempo dos reis, possuíam castelos, terras e riquezas: *os nobres recebiam favores do rei.*
❖ *superl.* nobilíssimo.

nobreza no·***bre***·za
s.fem. Classe de pessoas privilegiadas que viviam junto dos reis, nas monarquias: *nas monarquias a nobreza era rica e tinha muito poder, e o povo sofria.*

noção no·***ção***
s.fem. Conhecimento ou ideia a respeito de alguma coisa: *como não tinha noção do perigo, a criança queria brincar com a faca.*
❖ *pl.* noções.

N

nocaute no·*cau*·te
s.masc. *Esp.* No boxe, derrota de um lutador que cai e não consegue levantar-se durante a contagem de dez segundos: *ele perdeu por nocaute no segundo assalto.*

nocivo no·*ci*·vo
adj. Prejudicial, que causa dano, que faz mal: *o cigarro é nocivo à saúde.*
→ Veja também **benéfico**.

nódoa *nó*·doa
s.fem. Mancha: *há uma nódoa de tinta em sua camisa.*

nogueira no·*guei*·ra
s.fem. *Bot.* Árvore que produz nozes e cuja madeira é muito usada na fabricação de móveis: *a nogueira é uma árvore europeia.*

noite *noi*·te
s.fem. Espaço de tempo que vai do pôr-do-sol ao amanhecer: *viajamos durante a noite.*

noivo *noi*·vo
s.masc. Aquele que está com casamento marcado: *o noivo está comprando os móveis da casa onde vai morar.*

N

nojento no·*jen*·to
adj. Que causa nojo, que é repugnante: *bicho nojento.*

nojo *no*·jo (ô)
s.masc. Sensação que mexe com o estômago e provoca mal-estar: *ao ver a sujeira da cozinha, senti nojo da comida que estava no prato.*
→ Veja também **enojar**.

nômade *nô*·ma·de
adj.masc.fem. Que não tem lugar certo para viver, que vive mudando de um lugar para outro: *povo nômade.*

nome *no*·me (ô)
s.masc. Palavra que identifica uma pessoa, uma coisa, um animal etc.: *escreva seu nome na ficha.*
❐ **dar nome aos bois** *pop.* Dizer claramente de quem se trata: *cansado de proteger alguns colegas, ele resolveu dar nome aos bois e revelou quem tinha participado daquela brincadeira de mau gosto.*

nomear no·me·*ar*
v. Indicar alguém para exercer uma função: *eu te nomeio meu secretário.*

nonagenário no·na·ge·*ná*·ri:o
s.masc. Aquele que tem entre noventa e noventa e nove anos: *esse homem é um nonagenário.*

nora *no*·ra (ó)
s.fem. A esposa do meu filho: *minha nora vem me visitar hoje.*

nordeste nor·*des*·te (é)
s.masc. 1. Ponto que fica entre o norte e o leste: *veja no mapa se este lugar fica a nordeste ou a leste.*
adj.masc.fem. 2. Que se refere a essa direção: *região nordeste.*

nordestino nor·des·*ti*·no
adj. 1. Que se refere ao Nordeste: *cidade nordestina.*
s.masc. 2. Aquele que nasceu no Nordeste: *os nordestinos são hospitaleiros.*

norma *nor*·ma (ó)
s.fem. Regra: *segundo a norma dessa escola, os alunos devem usar uniforme todos os dias.*

normal nor·*mal*
adj.masc.fem. 1. Que segue a norma, que é como se espera: *comportamento normal.* 2. Que age como a maioria das pessoas: *homem normal.*
❖ *pl.* normais.
→ Veja também **anormal**.

normalizar nor·ma·li·*zar*
v. Regularizar, fazer voltar ao que era normal: *o programa de televisão, de repente, saiu do ar, mas os técnicos logo normalizaram a situação e ele voltou a aparecer.*

noroeste no·ro·*es*·te (é)
s.masc. 1. Ponto que fica entre o norte e o oeste: *este menino confunde noroeste com nordeste.*
adj.masc.fem. 2. Que se refere a essa direção: *direção noroeste.*

norte *nor*·te (ó)
s.masc. 1. Direção que fica à nossa esquerda quando olhamos de frente para o ponto onde

nasce o Sol: *hoje na escola aprendemos a apontar o norte.*
adj.masc.fem. 2. Que se refere a essa direção: *região norte.*

norte-americano ***nor***·te-a·me·ri·***ca***·no
adj. 1. Que se refere aos Estados Unidos da América do Norte: *povo norte-americano.*
s.masc. 2. Aquele que nasceu nos Estados Unidos, também chamado de americano: *um norte-americano é o novo professor de inglês da escola.*
❖ *pl.* norte-americanos.
→ Veja também **americano**.

nortear nor·te·***ar***
v. Orientar, guiar: *o mapa norteou a expedição que procurava o tesouro.*
→ Veja também **desnortear**.

◎ Nortear é uma palavra que vem de *norte*. Ela ganhou o sentido de orientar porque uma pessoa pode se localizar pelos pontos cardeais. Achando o norte, ela pode encontrar seu caminho.

nortista nor·***tis***·ta
adj.masc.fem. 1. Que se refere à região norte: *cidade nortista.*
s.masc.fem. 2. Aquele que nasceu na região norte: *esse grupo de nortistas está visitando a cidade.*

nossa ***nos***·sa (ó)
pron. 1. Que pertence a nós: *esta é a nossa escola.*
interj. 2. Palavra que indica espanto ou admiração: *nossa! Que sujeito forte!*

nostalgia nos·tal·***gi***·a
s.fem. Tristeza causada pela grande saudade da pátria ou de um lugar querido: *os navegantes sentem nostalgia do lar.*

nota ***no***·ta (ó)
s.fem. 1. Dinheiro em papel: *tenho uma nota de dez reais.* 2. Pequeno comentário escrito: *saiu no jornal uma nota sobre o aniversário da minha escola.* 3. Cada um dos sons musicais: *as notas musicais são dó, ré, mi, fá, sol, lá, si.* 4. Número que indica a avaliação feita a um trabalho, a uma apresentação etc.: *ganhei nota 8 pela minha redação.*
❑ **digno de nota** Que merece ser destacado: *seu trabalho é digno de nota.* **tomar nota** Anotar, escrever: *tome nota do meu endereço.*
→ Veja também **anotar**.

notabilizar no·ta·bi·li·***zar***
v. Tornar notável, dar fama: *o filme apresentado no festival notabilizou esse ator no mundo todo.*

notar no·***tar***
v. Reparar, colocar a atenção sobre algo ou alguém: *notei que você está um pouco triste hoje.*

notável no·***tá***·vel
adj.masc.fem. Extraordinário, excelente, que se destaca dos demais: *esse livro é notável, merece o prêmio especial.*
❖ *pl.* notáveis. *superl.* notabilíssimo.

notícia no·***tí***·ci:a
s.fem. Informação: *ouvi no rádio a notícia de que amanhã será feriado.*

noticiar no·ti·ci·***ar***
v. Dar notícia, informar, divulgar: *o jornal noticiou a vitória de nosso time.*

notívago no·***tí***·va·go
adj. Que tem o hábito de sair à noite: *animal notívago.*

notório no·***tó***·ri:o
adj. Conhecido por todos: *é notória a inteligência desse homem.*

noturno no·***tur***·no
adj. 1. Que se refere à noite, que acontece à noite: *curso noturno.* 2. Notívago, que tem o hábito de sair à noite: *animal noturno.*
→ Veja também **matutino** e **vespertino**.

nova ***no***·va (ó)
s.fem. Novidade: *tenho uma nova para contar a todos.*

novamente no·va·***men***·te
adv. De novo, outra vez: *leia essa frase novamente.*

novato no·***va***·to
adj. Sem experiência, principiante: *esse funcionário é novato, ainda precisa aprender muitas coisas.*
→ Veja também **veterano**.

N

novela no·*ve*·la (é)
s.fem. História contada em capítulos: *muita gente segue as novelas apresentadas na televisão.*
❖ Veja também **telenovela**.

novembro no·*vem*·bro
s.masc. O décimo primeiro mês do ano: *o Dia da Bandeira é comemorado em novembro, no dia 19.*

novena no·*ve*·na (ê)
s.fem. *Rel.* Orações e rezas que se fazem durante nove dias seguidos: *muitas pessoas fizeram uma novena pedindo a Deus pela recuperação do presidente, que estava muito doente.*

novidade no·vi·*da*·de
s.fem. Notícia ou informação nova: *depois das férias, todos têm novidades para contar.*

novilho no·*vi*·lho
s.masc. Boi ainda novo: *há muitos novilhos nessa fazenda.*

novo *no*·vo (ô)
adj. 1. Moço, jovem: *homem novo.* 2. Que existe ou foi feito há pouco tempo: *esse é um novo modelo de carro.* 3. Que foi pouco usado: *seu brinquedo ainda está novo.* 4. Que acabou de chegar: *ele é o novo professor de inglês.*
❒ **de novo** Outra vez, novamente: *leia a frase de novo.*
❖ *fem.* nova (ó). *pl.* novos (ó), novas (ó).
→ Veja também **velho**.

noz
s.fem. Fruto comestível da nogueira: *bolo de nozes.*
❖ *pl.* nozes.

nu
adj. 1. Sem roupas, despido: *para fazer o exame médico, fiquei nu.* 2. Sem proteção ou cobertura: *ele saiu na chuva com a cabeça nua.*

nublado nu·*bla*·do
adj. Coberto de nuvens: *hoje o céu está nublado.*

nuca *nu*·ca
s.fem. *Anat.* A parte de trás do pescoço: *ela pôs o colar no pescoço e fechou-o atrás, na nuca.*

núcleo *nú*·cle:o
s.masc. A parte central de alguma coisa: *o núcleo de uma célula.*

nudez nu·*dez*
s.fem. Estado de quem está nu: *ele procurou uma roupa para cobrir sua nudez.*

nulo *nu*·lo
adj. Que não vale: *questão nula.*
→ Veja também **anular**.

numeração nu·me·ra·*ção*
s.fem. Ato de numerar, de marcar com números: *vamos fazer a numeração das páginas.*
❖ *pl.* numerações.

numeral nu·me·*ral*
s.masc. *Gram.* Palavra que indica uma quantidade de seres ou o lugar que eles ocupam numa série. O numeral pode ser: cardinal — quando indica uma quantidade absoluta (2, 4, 9, etc.); ordinal — quando indica ordem, série (primeiro, segundo, terceiro, etc.); multiplicativo — quando indica quantidade multiplicativa (duplo, triplo, quádruplo, etc.); fracionário — quando indica fração (meio, terço, quinto, etc.): *estamos estudando os numerais.*
❖ *pl.* numerais.
→ Veja também **cardinal**.

numerar nu·me·*rar*
v. Marcar com números: *numerei as páginas do caderno.*

numérico nu·*mé*·ri·co
adj. Que se refere a números: *os alunos serão chamados por ordem numérica.*

número *nú*·me·ro
s.masc. 1. Símbolo ou palavra que indica quantidade: *o nove (9) é um número ímpar.* 2. Quantidade indeterminada: *na praça, havia um grande número de pessoas.* 3. Cada um dos exemplares de revista ou de jornal: *Comprei o último número dessa revista.* 4. Cada uma das partes de um espetáculo: *a criançada gostou bastante do número do mágico.*

numeroso nu·me·*ro*·so (ô)
adj. Em grande número: *no cinema, havia um público numeroso, a sala estava lotada.*
❖ *fem.* numerosa (ó). *pl.* numerosos (ó), numerosas (ó).

N

nunca ***nun***·ca

adv. Jamais, em tempo algum: *nunca estive nessa cidade.*

nupcial nup·ci·***al***

adj.masc.fem. Que se refere ao casamento, às núpcias: *cerimônia nupcial.*

❖ *pl.* nupciais.

núpcias ***núp***·ci:as

s.fem.pl. Casamento: *as núpcias do príncipe e da princesa foram muito festejadas.*

nutrição nu·tri·***ção***

s.fem. Alimentação, ação de nutrir: *ela está preocupada com a nutrição do nenê.*

nutricionista nu·tri·ci:o·***nis***·ta

s.masc.fem. Profissional especializado em nutrição: *na nossa escola trabalha uma nutricionista.*

nutrir nu·***trir***

v. Alimentar: *precisamos nutrir bem as crianças, para que elas cresçam fortes e sadias.*

nutritivo nu·tri·***ti***·vo

adj. Que nutre, que alimenta, que faz bem à saúde: *as frutas são nutritivas.*

nuvem ***nu***·vem

s.f. 1. Conjunto de partículas de água e gelo que ficam suspensas na atmosfera e provocam chuvas: *o céu hoje está cheio de nuvens.* 2. Grande porção de fumaça ou pó que se eleva nos ares: *nuvens de fumaça saíam do prédio em chamas.* 3. Grande quantidade (de insetos): *uma nuvem de gafanhotos atacou a plantação.*

❒ **cair das nuvens** *fig.* Ter uma grande decepção, uma surpresa desagradável: *quando ficou provado que o rapaz era o ladrão das joias, seus amigos caíram das nuvens.* **pôr nas nuvens** *fig.* Elogiar muito: *os pais põem a filha nas nuvens, pensam que ela é ótima em tudo.*

❖ *pl.* nuvens. *No sentido 3, nuvem é um substantivo coletivo.*

O o

oca

o (ó ou ô)

s.masc. A 15ª letra do alfabeto: *Osmar é um nome que começa com o.*

oásis o·***á***·sis

s.masc. Lugar no meio do deserto onde há árvores e água o ano inteiro: *depois de viajar dois dias pelo deserto, encontramos um oásis.*

❖ Essa palavra tem a mesma forma no singular e no plural: *o oásis, os oásis.*

oba ***o***·ba (ô)

interj. Palavra que expressa alegria, satisfação: *oba! A festa vai começar!*

obedecer o·be·de·***cer***

v. 1. Fazer o que alguém manda: *o aluno obedece ao professor.* 2. Cumprir, respeitar: *devemos obedecer às leis.*

→ Veja também **desobedecer**.

obediência o·be·di·***ên***·ci:a

s.fem. Ato de obedecer, de acatar as ordens de outra pessoa: *eles devem obediência ao chefe.*

→ Veja também **desobediência**.

obediente o·be·di·***en***·te

adj.masc.fem. Que obedece, que acata as ordens recebidas: *ele é obediente aos pais.*

→ Veja também **desobediente**.

obeso o·***be***·so (ê ou é)

adj. Muito gordo: *homem obeso.*

óbito ***ó***·bi·to

s.masc. Morte: *o óbito do doente ocorreu ontem à noite.*

❑ **atestado de óbito** Declaração assinada por um médico confirmando a morte de alguém e explicando suas causas: *o médico assinou o atestado de óbito.*

objetivo ob·je·***ti***·vo

s.masc. 1. Meta, aquilo que se quer atingir ou alcançar: *o objetivo do rapaz é ser médico.*

adj. 2. Que vai direto ao ponto: *ele explicou o assunto de modo objetivo, sem perder tempo com coisas sem importância.*

objeto ob·***je***·to (é)

s.masc. Qualquer coisa material: *no armário da cozinha há vários objetos, como copos, pratos, talheres, etc.*

obra ***o***·bra (ó)

s.fem. Aquilo que foi feito; o resultado de um trabalho: *esse belo desenho é obra de um aluno desta classe.*

obra-prima ***o***·bra-***pri***·ma (ó)

s.fem. Obra maravilhosa, muito bonita, a melhor de todas: *esse artista pintou muitos quadros, mas sua obra-prima é este aqui.*

❖ *pl.* obras-primas.

obrigação o·bri·ga·***ção***

s.fem. Dever, aquilo que temos de fazer: *a sua obrigação como pai é cuidar de seu filho.*

❖ *pl.* obrigações.

obrigar o·bri·***gar***

v. Forçar: *não sei quem obrigou a classe a fazer esse trabalho.*

obrigatório o·bri·ga·***tó***·ri:o

adj. Que não pode deixar de ser feito: *para nadar na piscina do clube, é obrigatório fazer antes um exame médico.*

→ Veja também **optativo**.

obsceno obs·***ce***·no (ê)

adj. Imoral, indecente: *escreveram uma frase obscena na parede.*

obscurecer obs·cu·re·***cer***

v. Escurecer: *se você fechar a cortina, vai obscurecer a sala.*

obscuro obs·***cu***·ro

adj. 1. Sombrio, que não é iluminado: *lugar obscuro.* 2. Que não se compreende bem: *texto obscuro.*

obséquio ob·***sé***·qui:o
s.masc. Favor, gentileza: *quando precisei, ele fez o obséquio de me emprestar seu carro.*

observador ob·ser·va·***dor***
adj. Que presta muita atenção às coisas, que observa atentamente: *menino observador.*
❖ *pl.* observadores.

observar ob·ser·***var***
v. 1. Olhar com atenção: *observe essa borboleta; veja como é bonita!* 2. Notar, reparar: *observei que ela está mais magra.* 3. Obedecer, respeitar: *o motorista deve observar os sinais de trânsito.*

observatório ob·ser·va·***tó***·ri:o
s.masc. Local especialmente construído para se observar o céu: *nos observatórios, os astrônomos olham o céu com o telescópio.*

obsessão ob·ses·***são***
s.fem. Idéia fixa: *há anos que ele só pensa em descobrir esse tesouro; isso já é uma obsessão, pois ele não consegue pensar em mais nada.*
❖ *pl.* obsessões.

obstáculo obs·***tá***·cu·lo
s.masc. Dificuldade, empecilho, aquilo que impede ou dificulta uma ação: *os vários alarmes que há na loja são um obstáculo para os ladrões.*

obstinado obs·ti·***na***·do
adj. Muito perseverante, que nunca desiste: *homem obstinado.*

obstruir obs·tru·***ir***
v. Fechar a passagem: *o caminhão tombou e obstruiu a estrada.*
→ Veja também **desobstruir**.

obtenção ob·ten·***ção***
s.fem. Conquista: *a obtenção do primeiro lugar deixou o aluno muito feliz.*

obter ob·***ter***
v. Conquistar, conseguir o que se deseja: *obtive o primeiro lugar no exame que prestei.*

obturar ob·tu·***rar***
v. Fechar o buraco que se forma num dente: *o dentista obturou o dente da menina em poucos minutos.*

óbvio ***ób***·vi:o
adj. Tão claro ou fácil de entender que nem precisa ser explicado: *é óbvio que todos os alunos querem ser aprovados.*

oca ***o***·ca (ó)
s.fem. Cabana de índios: *o indiozinho entrou na oca.*

ocasião o·ca·si·***ão***
s.fem. Oportunidade, momento próprio: *como eu estava desocupado naquela tarde, aproveitei a ocasião e fui dar uma volta na praia.*
❖ *pl.* ocasiões.

ocasional o·ca·si:o·***nal***
adj.masc.fem. Que acontece por acaso, sem querer: *quando estava passeando pela praça tive um encontro ocasional com dois colegas da escola.*
❖ *pl.* ocasionais.

ocasionar o·ca·si:o·***nar***
v. Provocar, causar: *a distração do motorista ocasionou um acidente.*

ocaso o·***ca***·so
s.masc. O pôr-do-sol: *é bonito ver o ocaso no mar.*

oceânico o·ce·***â***·ni·co
adj. Que se refere ao oceano: *tempestade oceânica.*
→ Veja também **oceano**.

oceano o·ce·***a***·no
s.masc. 1. Grande massa de água salgada que cobre a maior parte do nosso planeta e circunda os continentes: *as baleias vivem no oceano.* 2. Cada uma das cinco grandes partes em que se costuma dividir essa massa de água salgada (o Pacífico, o Atlântico, o Índico, o Glacial Ártico, o Glacial Antártico): *o navio cruzou o oceano Atlântico.*
→ Veja também **oceânico**.

oceanografia o·ce:a·no·gra·***fi***·a
s.fem. Ciência que estuda os mares e oceanos: *ela quer fazer um curso de oceanografia.*

ócio ***ó***·ci:o
s.masc. Descanso, repouso, folga: *ocupo minhas horas de ócio lendo e ouvindo música.*
→ Não confunda com **ósseo**, que tem outro significado.

O

ocioso o·ci·***o***·so (ô)
adj. Que está sem ocupação, sem fazer nada: *não fique ocioso; vá ajudar seus colegas!*
❖ *fem.* ociosa (ó). *pl.* ociosos (ó), ociosas (ó).

oco ***o***·co (ô)
adj. Que não tem miolo: *o tronco dessa árvore está oco; os bichos comeram a parte de dentro e só deixaram a casca.*
❖ *fem.* oca (ô). *pl.* ocos (ô), ocas (ô).

ocorrência o·cor·***rên***·ci:a
s.fem. Aquilo que acontece, que ocorre: *a ocorrência de acidentes de trânsito tem preocupado a polícia.*

ocorrer o·cor·***rer***
v. 1. Acontecer: *ocorreu um acidente naquela esquina.* 2. Lembrar-se: *no momento, não me ocorre o nome desse rapaz.*

octogenário oc·to·ge·***ná***·ri:o
s.masc. Aquele que tem entre oitenta e oitenta e nove anos: *meu avô é um octogenário.*

octogonal oc·to·go·***nal***
adj.masc.fem. Que tem oito ângulos: *figura octogonal.*
❖ *pl.* octogonais.

O

ocular o·cu·***lar***
adj.masc.fem. Que se refere ao olho: *globo ocular.*
❖ *pl.* oculares.
→ Veja também **olho** e **oftalmologista**.

oculista o·cu·***lis***·ta
s.masc.fem. Médico que trata dos olhos; oftalmologista: *o oculista examinou meus olhos.*
→ Veja também **oftalmologista**.

óculos ***ó***·cu·los
s.masc.pl. Armação provida de lentes que usamos para melhorar a visão: *eu não enxergo bem; preciso usar óculos.*

ocultar o·cul·***tar***
v. Esconder: *alguém ocultou essa carta.*

oculto o·***cul***·to
adj. Escondido: *dizem que há um tesouro oculto nessa ilha.*

ocupação o·cu·pa·***ção***
s.fem. 1. Invasão: *a ocupação do território pelo exército ocorreu ontem.* 2. Emprego, ofício, profissão: *diga-nos qual é sua ocupação, em que você trabalha.*
❖ *pl.* ocupações.

ocupado o·cu·***pa***·do
adj. 1. Que tem muitas ocupações, muito trabalho: *o professor está ocupado; ele está corrigindo as redações.* 2. Que não está vago: *todos os bancos do ônibus estão ocupados.*

ocupante o·cu·***pan***·te
s.masc.fem. Pessoa que está ocupando um lugar: *quem eram os ocupantes desse carro?*

ocupar o·cu·***par***
v. 1. Habitar: *ele ocupa essa casa há dois anos.* 2. Invadir: *os soldados ocuparam a cidade inimiga.* 3. Tomar espaço: *essa mesa é muito grande; ocupa quase metade da sala.* 4. Exercer (uma atividade): *ela ocupa o cargo de diretora.*
→ Veja também **desocupar**.

odiar o·di·***ar***
v. Detestar, ter ódio ou raiva: *não sei por que você odeia essas pessoas.*

ódio ***ó***·di:o
s.masc. Raiva profunda: *ele tem ódio às pessoas que o prejudicaram; não pode nem ouvir falar delas.*

odioso o·di·***o***·so (ô)
adj. Detestável, que desperta ódio: *ele teve um comportamento odioso.*
❖ *fem.* odiosa (ó). *pl.* odiosos (ó), odiosas (ó).

odontologia o·don·to·lo·***gi***·a
s.fem. Ciência que estuda os dentes: *é na faculdade de odontologia que se formam os dentistas.*
→ Veja também **dentista**.

odor o·***dor***
s.masc. Cheiro agradável, perfume, aroma: *sinta o odor dessas flores!*
❖ *pl.* odores.

oeste o·***es***·te (é)
s.masc. 1. Direção ou ponto do horizonte onde o Sol se põe: *olhe para o oeste no fim do dia e verá o Sol se pondo.*
adj.masc.fem. 2. Que se refere a esse ponto: *região oeste.*

ofegante o·fe·***gan***·te
adj.masc.fem. Que está respirando com dificuldade: *no final da corrida, os atletas chegam ofegantes.*

ofender o·fen·***der***
v. Falar ou fazer alguma coisa que revela falta de respeito por alguém: *ele disse algumas palavras que me ofenderam.*

ofensa o·***fen***·sa
s.fem. Aquilo que ofende uma pessoa, que revela falta de respeito por ela: *chamar nosso colega de preguiçoso foi uma ofensa.*

ofensiva o·fen·***si***·va
s.fem. Ataque: *o exército lançou uma ofensiva contra o inimigo.*

ofensivo o·fen·***si***·vo
adj. Que ofende: *suas palavras foram muito ofensivas; fiquei magoado.*

oferecer o·fe·re·***cer***
v. 1. Dar como presente, ofertar: *a classe ofereceu essas flores à professora.* 2. Pôr alguma coisa à disposição: *ofereço minha casa para vocês fazerem a festa.*

oferenda o·fe·***ren***·da
s.fem. Presente; aquilo que se oferece, principalmente numa cerimônia religiosa: *os fiéis fizeram uma oferenda à deusa.*

oferta o·***fer***·ta (é)
s.fem. 1. Oferecimento: *agradecemos a sua oferta de ajuda.* 2. Produto que está à venda por um bom preço: *aproveite as ofertas dessa loja de roupas.*

ofertar o·fer·***tar***
v. Oferecer: *os alunos ofertaram uma rosa a cada professora.*

oficial o·fi·ci·***al***
adj.masc.fem. 1. Que foi feito ou reconhecido pelas autoridades: *o diploma que você recebeu no final do curso é um documento oficial; foi assinado pelas autoridades.*
s.masc.fem. 2. Operário especializado: *oficial de marceneiro.* 3. Militar de alto posto: *meu tio é um oficial.*
❖ *pl.* oficiais.

oficiar o·fi·ci·***ar***
v. Celebrar cerimônia religiosa: *esse padre vai oficiar a missa.*

oficina o·fi·***ci***·na
s.fem. Lugar onde se exerce um ofício, onde se executa um trabalho manual: *o carro quebrou; vou levá-lo à oficina mecânica para conserto.*

ofício o·***fí***·ci:o
s.masc. Atividade profissional: *ele exerce o ofício de mecânico de automóveis há muitos anos.*

oftalmologia of·tal·mo·lo·***gi***·a
s.fem. Ciência que estuda os olhos: *quem estuda oftalmologia se torna oftalmologista ou oculista.*

oftalmologista of·tal·mo·lo·***gis***·ta
s.masc.fem. Oculista; médico que trata dos olhos: *fui consultar um oftalmologista.*

ofuscar o·fus·***car***
v. 1. Impedir de ver: *a luz forte me ofuscou e eu não percebi nada.* 2. Diminuir: *a discussão entre aquelas pessoas ofuscou o brilho da festa, que estava tão bonita.*

oh
interj. Palavra que, conforme a frase, pode expressar diferentes ideias (alegria, tristeza, espanto, etc.): *oh! Que surpresa agradável!*

oi
interj. Palavra que se usa para cumprimentar alguém que é nosso amigo ou que vemos sempre: *oi, como vai?*

olá o·***lá***
interj. Palavra que se usa para cumprimentar alguém que é nosso amigo ou que vemos sempre: *olá, como vai você?*

olaria o·la·***ri***·a
s.fem. Lugar onde se fabricam objetos de barro, como tijolos, telhas, etc.: *meu pai comprou todas as telhas da casa nessa olaria.*

óleo ***ó***·le:o
s.masc. Substância gordurosa que pode ser extraída de diferentes coisas (do coco, do girassol, etc.): *mamãe comprou uma lata de óleo para usar na comida.*

oleoso o·le·***o***·so (ô)
adj. Que tem óleo: *creme oleoso*.
❖ *fem.* oleosa (ó). *pl.* oleosos (ó), oleosas (ó).

olfativo ol·fa·***ti***·vo
adj. Que se refere ao olfato: *sentido olfativo*.

olfato ol·***fa***·to
s.masc. Sentido que permite perceber os cheiros: *o nariz é o órgão do olfato*.

olhada o·***lha***·da
s.fem. Olhadela; ação de olhar rapidamente: *ele deu uma olhada nas fotos*.

olhadela o·lha·***de***·la (é)
s.fem. Olhada; ação de olhar rapidamente: *ao passar pela janela, ele deu uma olhadela para a praia*.

olhar o·***lhar***
v. 1. Pôr os olhos em: *olhei para a rua e vi minha irmã*. 2. Observar: *olhe bem esse desenho*. 3. Tomar conta de: *eu olho seu filho enquanto você vai à farmácia*.
v.pron. **olhar-se** 4. Observar-se: *ela vestiu uma roupa nova e foi olhar-se no espelho*.
s.masc. 5. O jeito de olhar: *percebi que ele estava nervoso apenas pelo seu olhar*.
❖ *pl.* olhares.

O

olho ***o***·lho (ô)
s.m. *Anat.* Órgão da visão: *o oculista vai examinar meus olhos*.
❑ **a olho nu** Somente com a vista, sem auxílio de binóculo ou lente: *consigo enxergar aquela estrela a olho nu*. **a olhos vistos** Que se pode ver ou perceber claramente: *ele está emagrecendo a olhos vistos; todo mundo percebe*. **aos olhos de (alguém)** Segundo a opinião: *aos olhos das mães, as filhas são sempre bonitas*. **bater os olhos** *pop.* Dar uma rápida olhada: *ele bateu os olhos no bilhete e logo reconheceu a minha letra*. **custar os olhos da cara** *pop.* Custar muito caro: *essa guitarra tem um preço muito alto, custa os olhos da cara*. **ficar de olho** *pop.* Vigiar, ficar atento: *vou ficar de olho nesses meninos; não vou deixar que façam bagunça*. **não pregar os olhos** *pop.* Não pegar no sono, não dormir: *estava tão preocupado que não consegui pregar os olhos à noite*. **num abrir e fechar de olhos** *pop.* Rapidamente, num instante: *ele entrou e saiu num abrir e fechar de olhos*. **num piscar de olhos** *pop.* Rapidamente, num instante: *ele trocou de roupa num piscar de olhos*. **olho gordo** *pop.* Olhar de inveja: *sai pra lá com esse olho gordo!* **olho mágico** Pequena abertura redonda nas portas, na qual há uma lente de aumento, que permite, a quem está do lado de dentro, ver quem está do lado de fora: *ela viu pelo olho mágico que havia um homem na porta da frente*. **pôr no olho da rua** *pop.* Mandar embora: *o chefe pôs o mau empregado no olho da rua*. **ver com bons olhos** Receber bem uma ideia, uma proposta: *ele vê com bons olhos o casamento da filha com esse rapaz*.
❖ *pl.* olhos (ó).
→ Veja também **ocular**.

olho-d'água ***o***·lho-***d'á***·gua (ô)
s.masc. Lugar onde nasce água; fonte, nascente: *achamos um olho-d´água no meio da fazenda*.
❖ *pl.* olhos-d'água.

olimpíadas o·lim·***pí***·a·das
s.fem.pl. Competições esportivas de diferentes modalidades que se realizam de quatro em quatro anos em uma cidade escolhida e que reúnem atletas de muitos países: *o sonho de muitos atletas é participar das olimpíadas*.

olímpico o·***lím***·pi·co
adj. Que se refere às olimpíadas: *jogos olímpicos*.

oliveira o·li·***vei***·ra
s.fem. *Bot.* Árvore que produz azeitona: *naquela região há muitas oliveiras*.

olvidar ol·vi·***dar***
v. Esquecer: *nunca olvidarei aqueles que me ajudaram*.
→ Veja também **inolvidável**.

olvido ol·***vi***·do
s.masc. Esquecimento: *esses livros caíram no olvido; ninguém mais se lembra deles*.
→ Não confunda com **ouvido**, que tem outro significado.

ombro ***om***·bro

s.masc. *Anat.* Parte do corpo que liga o braço ao tronco.

❑ **dar de ombros** *pop.* Não ligar, não se importar: *ao ouvir o comentário do colega, ela deu de ombros e saiu da sala.*

omissão o·mis·***são***

s.fem. 1. Ação de omitir, de não revelar: *a omissão de alguns detalhes por parte do gerente do banco pode atrapalhar as investigações sobre o roubo.* 2. Ação de omitir-se, de não fazer o que deveria ser feito: *na hora do acidente, em vez de ajudar a mulher ferida, o motorista fugiu; por isso, está sendo acusado de omissão de socorro.*

❖ *pl.* omissões.

omisso o·***mis***·so

adj. Que não se manifestou, não fez o que deveria fazer: *na reunião, ele foi omisso e deixou que os outros resolvessem o problema.*

omitir o·mi·***tir***

v. Não revelar, não dizer: *ele omitiu o nome do colega que aprontou essa confusão.*

onça-pintada ***on***·ça-pin·***ta***·da

s.fem. *Zool.* Grande animal da América, da família dos gatos, carnívoro e feroz, que tem manchas no corpo: *vimos uma onça-pintada no zoológico.*

❖ *pl.* onças-pintadas. Para indicar o sexo do animal, dizemos *a onça-pintada macho, a onça-pintada fêmea.*

onda ***on***·da

s.fem. 1. Porção de água (do mar, rio, etc.) que se eleva, percorre um certo espaço e depois quebra: *as ondas do mar estão altas hoje.* 2. Que lembra a forma de uma onda do mar: *ela tem ondas no cabelo.*

❑ **ir na onda** *pop.* Ir na conversa de alguém: *ele foi na onda dos colegas, acreditou na conversa deles e se deu mal.*

→ Veja também **ondulado**.

ondulado on·du·***la***·do

adj. Que tem ondas: *cabelos ondulados.*

→ Veja também **onda**.

oneroso o·ne·***ro***·so (ô)

adj. Que provoca gastos: *espetáculo oneroso.*

❖ *fem.* onerosa (ó). *pl.* onerosos (ó), onerosas (ó).

ônibus ***ô***·ni·bus

s.masc. Veículo para transporte de pessoas: *pego sempre esse ônibus para ir à escola.*

❖ Essa palavra tem a mesma forma no singular e no plural: *o ônibus, os ônibus.*

onipotente o·ni·po·***ten***·te

adj.masc.fem. Que pode tudo: *aquele moço se acha onipotente e todo-poderoso.*

onisciente o·nis·ci·***en***·te

adj.masc.fem. Que sabe tudo, que possui conhecimento de tudo: *só Deus pode ser onisciente.*

onívoro o·***ní***·vo·ro

adj. *Biol.* Que come de tudo: *animal onívoro.*

onomatopeia o·no·ma·to·***pei***·a

s.fem. Palavra que procura imitar um certo som ou ruído: *a palavra tique-taque é uma onomatopeia, pois reproduz o barulhinho feito por alguns relógios.*

opa ***o***·pa (ô)

interj. Palavra que indica surpresa, admiração: *opa! Que notícia boa!*

opaco o·***pa***·co

adj. Que não é transparente, que não deixa passar a luz: *os vidros desta janela são opacos.*

opção op·***ção***

s.fem. Escolha: *você pode ouvir música ou ver televisão; qual é sua opção?*

❖ *pl.* opções.

→ Veja também **alternativa** e **optativo**.

opcional op·ci:o·***nal***

adj.masc.fem. Que não é obrigatório, que podemos fazer ou não: *aqui, o uso do uniforme é opcional; você pode usá-lo ou não.*

❖ *pl.* opcionais.

ópera ***ó***·pe·ra

s.fem. Peça de teatro em que as personagens se exprimem cantando: *meu tio gosta muito de ópera.*

O

operação o·pe·ra·***ção***
s.fem. Sequência de ações que devem ser feitas para se atingir um certo objetivo; podemos falar de operação cirúrgica, operação matemática, etc.: *a operação de salvamento dos bombeiros foi um sucesso; ninguém saiu ferido no incêndio.*
❖ *pl.* operações.

operar o·pe·***rar***
v. 1. Fazer funcionar ou entrar em atividade (uma máquina): *o mecânico sabe operar essa máquina.* 2. Fazer operação cirúrgica: *o médico precisou operar o doente com urgência.*

operariado o·pe·ra·ri·***a***·do
s.masc. O conjunto dos operários: *o operariado exige aumento de salário.*

operário o·pe·***rá***·ri:o
s.masc. Trabalhador contratado para executar serviços manuais, recebendo por isso um salário: *os operários dessa fábrica de sapatos começam a trabalhar às 7 horas.*

operoso o·pe·***ro***·so (ô)
adj. Trabalhador: *funcionário operoso.*
❖ *fem.* operosa (ó). *pl.* operosos (ó), operosas (ó).

opinar o·pi·***nar***
v. Dar opinião: *também quero opinar sobre isso.*

O

opinião o·pi·ni·***ão***
s.fem. Modo de pensar: *quero saber sua opinião sobre esse filme; se você gostou dele ou não.*
❖ *pl.* opiniões.

oponente o·po·***nen***·te
s.masc.fem. Adversário: *esse lutador vai enfrentar um forte oponente hoje.*

opor-se o·***por***-se
v.pron. Ser contrário: *eu me oponho a que ele entre em nosso grupo.*

oportunidade o·por·tu·ni·***da***·de
s.fem. Boa ocasião, momento favorável: *ao encontrar o médico no hospital, aproveitei a oportunidade para perguntar-lhe da saúde de meu pai.*

oportuno o·por·***tu***·no
adj. Que ocorre na hora certa: *seu comentário foi oportuno; ajudou a classe a entender melhor a explicação do professor.*
→ Veja também **inoportuno**.

opositor o·po·si·***tor***
s.masc. Adversário, aquele que se opõe a alguém ou a alguma ideia: *ele explicou tudo muito bem e convenceu seu opositor a ficar do seu lado.*
→ *pl.* opositores.

oposto o·***pos***·to (ô)
adj. Contrário: *eu fui para a direita e ele foi para a esquerda; fomos para lados opostos.*
❖ fem. oposta (ó). *pl.* opostos (ó), opostas (ó).

opressor o·pres·***sor***
s.masc. Aquele que oprime, que domina os outros de forma violenta: *esse tirano é um opressor do povo.*
❖ *pl.* opressores.

oprimir o·pri·***mir***
v. Dominar com violência: *os poderosos quase sempre oprimem os mais fracos.*

optar op·***tar***
v. Escolher: *a menina podia ir ao cinema ou ao circo; ela optou por ir ao circo.*

optativo op·ta·***ti***·vo
adj. Que não é obrigatório: *esse curso de música é optativo; os alunos podem fazê-lo ou não.*
→ Veja também **obrigatório**.

opulência o·pu·***lên***·ci:a
s.fem. Riqueza, fartura: *esse homem vive na opulência.*

opulento o·pu·***len***·to
adj. Muito rico: *família opulenta.*

ora ***o***·ra (ó)
interj. Palavra que, conforme a frase, pode expressar diferentes ideias (alegria, raiva, impaciência, etc.): *ora, não venha com essa conversa novamente!*
❑ **por ora** Por enquanto: *por ora não quero comer nada.*
→ Não confunda com **hora**, que tem outro significado.

oração o·ra·***ção***
s.fem. 1. *Gram.* Frase construída em torno de um verbo: *"ela saiu da sala" é um exemplo de oração.* 2. Reza, prece: *a mulher ajoelhou-se e fez uma oração.*
❖ *pl.* orações.

orador o·ra·***dor***
s.masc. Aquele que faz discursos diante do público: *na festa de formatura, o professor de português foi o orador.*
❖ *pl.* oradores.

oral o·***ral***
adj.masc.fem. 1. Feito de viva voz: *na aula de história, fui escolhido para um teste oral: a professora fazia as perguntas e eu respondia em voz alta.* 2. Que se refere à boca: *esse remédio é para ser tomado por via oral, isto é, pela boca.*
❖ *pl.* orais.

orangotango o·ran·go·***tan***·go
s.masc. *Zool.* Grande macaco, de braços muito compridos e pelos avermelhados: *vimos um orangotango no zoológico.*
❖ Para indicar o sexo do animal, dizemos *o orangotango macho, o orangotango fêmea.*

orar o·***rar***
v. Fazer uma oração, rezar: *o padre orou diante do altar.*

oratória o·ra·***tó***·ri:a
s.fem. Arte de falar em público: *ele estuda oratória porque quer falar bem em público, quer ser um bom orador.*

oratório o·ra·***tó***·ri:o
s.masc. Pequena capela doméstica, com um armário com imagens religiosas: *essa moça tem um oratório em casa.*

órbita ***ór***·bi·ta
s.fem. Caminho que um astro percorre em torno de outro: *para completar sua órbita em torno do Sol, a Terra leva 365 dias.*

orçar or·***çar***
v. Calcular o preço de um serviço: *o pedreiro vai orçar a construção desse muro, isto é, vai calcular quanto vai custar seu serviço.*

orçamento or·ça·***men***·to
s.masc. Cálculo do valor a ser pago por um serviço: *ele vai fazer o orçamento da construção desse muro.*

ordeiro or·***dei***·ro
adj. 1. Que tem ordem: *ela é uma garota ordeira; seu material escolar está sempre organizado.* 2. Que tem bom comportamento: *ele é um homem ordeiro; nunca provoca encrencas.*
→ Veja também **desordeiro**.

ordem ***or***·dem (ó)
s.fem. 1. Boa arrumação: *os alunos deixaram a sala em ordem.* 2. Aquilo que alguém manda fazer: *o diretor deu uma ordem ao funcionário.* 3. Modo de organizar: *A lista de alunos foi feita em ordem alfabética.*
❖ *pl.* ordens.
→ Veja também **ordenar**.

ordenado or·de·***na***·do
s.masc. Pagamento mensal de um empregado: *vou receber meu ordenado amanhã.*

ordenar or·de·***nar***
v. 1. Pôr numa certa ordem: *vamos ordenar os alunos no pátio; cada classe forma uma fila e espera sua hora de entrar.* 2. Mandar: *ele ordenou que todos saíssem da casa.*
→ Veja também **ordem**.

ordenhar or·de·***nhar***
v. Tirar o leite das vacas, das cabras, etc.: *os empregados da fazenda estão ordenhando as vacas.*

ordinal or·di·***nal***
adj. Que indica a posição que um elemento ocupa numa série: *na frase "ele mora no terceiro andar desse prédio", temos um numeral ordinal (terceiro).*
❖ *pl.* ordinais.
→ Veja também **numeral**.

ordinário or·di·***ná***·ri:o
adj. 1. Que se faz sempre, que é costumeiro: *o clube vai fazer uma reunião ordinária.* 2. *pop.* Sem-vergonha: *sujeito ordinário.*

orelha o·***re***·lha (ê)
s.fem. 1. *Anat.* Órgão da audição, anteriormente chamado ouvido: *a febre indicava inflamação na orelha.* 2. *Anat.* Cada uma das duas conchas auditivas que temos na cabeça: *os piratas usavam brincos nas orelhas.*

orelhão o·re·***lhão***
s.masc. 1. Orelha grande: *esse bicho tem um orelhão.* 2. Telefone público instalado numa cabine aberta que tem forma de concha: *vou usar esse orelhão para telefonar para casa.*
❖ *pl.* orelhões.

orfanato or·fa·***na***·to
s.masc. Casa onde são recebidas e cuidadas crianças órfãs ou desamparadas: *muitas pessoas ajudam a manter esse orfanato.*

órfão ***ór***·fão
adj. Que perdeu o pai ou a mãe, ou os dois: *com a morte da mãe o menino ficou órfão.*
❖ *fem.* órfã. *pl.* órfãos, órfãs.

organismo or·ga·***nis***·mo
s.masc. Conjunto de órgãos de um ser vivo (pessoa, animal ou planta) que interagem para executar certas funções: *o biólogo estuda o organismo* dos animais.

organista or·ga·***nis***·ta
s.masc.fem. Pessoa que sabe tocar órgão: *essa moça é a organista da igreja.*

organização or·ga·ni·za·***ção***
s.fem. 1. Arranjo, preparação: *eu e você estamos encarregados da organização da festa.* 2. Grupo de pessoas que trabalham em conjunto: *eles formaram uma organização que luta contra a destruição da natureza.*
❖ *pl.* organizações.

organizador or·ga·ni·za·***dor***
s.masc. Aquele que organiza: *ele é o organizador da viagem.*
❖ *pl.* organizadores.

organizar or·ga·ni·***zar***
v. Preparar, fazer os arranjos necessários: *a jovem organiza a festa de aniversário.*
→ Veja também **desorganizar**.

órgão ***ór***·gão
s.masc. 1. Parte do corpo que desempenha uma função determinada: *o nariz é o órgão do olfato.* 2. Instrumento musical de teclados: *vou aprender a tocar órgão.*
❖ *pl.* órgãos.

orgulhar-se or·gu·***lhar***-se
v.pron. Sentir orgulho (de alguém ou de alguma coisa): *minha avó orgulha-se de seus filhos.*

orgulho or·***gu***·lho
s.masc. 1. Sentimento de estima, de satisfação: *tenho orgulho de pertencer a essa escola.* 2. Arrogância, sentimento de superioridade, amor-próprio exagerado: *essa menina é cheia de orgulho; ela se acha melhor que as outras.*

orgulhoso or·gu·***lho***·so (ô)
adj. 1. Que se sente satisfeito pelo que fez: *estou orgulhoso de ter participado desse trabalho.* 2. Que sente muita satisfação e estima por outra pessoa pelo que ela é ou faz: *estou orgulhoso de meu filho.* 3. Arrogante, que se sente superior aos outros: *de tão orgulhoso, não quer pedir emprego.*
❖ *fem.* orgulhosa (ó). *pl.* orgulhosos (ó), orgulhosas (ó).

orientador o·ri:en·ta·***dor***
s.masc. Aquele que orienta: *ele é o orientador educacional da nossa escola.*
❖ *pl.* orientadores.

oriental o·ri:en·***tal***
adj.masc.fem. Que se refere ao oriente: *o Japão é um país oriental.*
❖ *pl.* orientais.

orientar o·ri·en·***tar***
v. 1. Ensinar o caminho certo: *o guarda orientou os motoristas.* 2. Dar conselhos: *os pais orientam os filhos.*
v.pron. **orientar-se** 3. Guiar-se: *para orientar-se na viagem, seguiu a margem do rio.*
→ Veja também **desorientar**.

oriente o·ri·***en***·te
s.masc. O lado do horizonte onde o Sol aparece: *o avião seguiu a direção do oriente.*

orifício o·ri·***fí***·ci:o
s.masc. Pequeno buraco: *a água saía por um orifício que havia no cano.*

origem o·***ri***·gem
s.fem. 1. Início, começo: *os cientistas estão investigando a origem da vida; eles querem saber como a vida teve início em nosso planeta.* 2. Causa: *conte-me qual foi a origem desse acidente, o que o provocou.*
❖ *pl.* origens.

original o·ri·gi·***nal***
adj.masc.fem. 1. Que foi feito em primeiro lugar: *esse é o texto original; os outros são cópias dele.* 2. Que não tem igual, que é fora do comum: *ela vestiu uma fantasia original, surpreendendo todo mundo.*
❖ *pl.* originais.

originar o·ri·gi·***nar***
v. Dar origem, provocar: *a leitura do livro originou uma boa discussão entre os alunos.*

originário o·ri·gi·***ná***·ri:o
adj. Que vem ou surge primeiramente: *o leão é originário da África.*

oriundo o·ri·***un***·do
adj. Originário: *esse tipo de música é oriundo da Europa, veio de lá.*

orixá o·ri·***xá***
s.masc. *Rel.* Nome comum às divindades das religiões afro-brasileiras: *o culto aos orixás foi trazido ao Brasil pelos africanos.*

orla ***or***·la (ó)
s.fem. 1. Praia: *a orla do mar.* 2. Borda: *a orla do vestido.*

ornamentação or·na·men·ta·***ção***
s.fem. Enfeite: *estamos terminando a ornamentação da sala onde haverá a festa de aniversário.*

ornamental or·na·men·***tal***
adj.masc.fem. Que serve de enfeite: *planta ornamental.*
❖ *pl.* ornamentais.

ornamentar or·na·men·***tar***
v. Enfeitar: *vamos ornamentar o salão de festas.*

ornamento or·na·***men***·to
s.masc. Enfeite: *precisamos de ornamentos de Natal.*

ornar or·***nar***
v. Enfeitar, ornamentar, adornar: *papai ornou a casa para a festa.*

ornato or·***na***·to
s.masc. Ornamento, enfeite, adorno: *a dançarina estava usando uma roupa cheia de ornatos.*

ornitologia or·ni·to·lo·***gi***·a
s.fem. Ciência que estuda as aves: *ele se dedica à ornitologia.*

ornitólogo or·ni·***tó***·lo·go
s.masc. Aquele que se dedica à ornitologia, ao estudo das aves: *meu tio é um ornitólogo.*

orquestra or·***ques***·tra (é)
s.fem. Conjunto de músicos que executam uma peça musical: *o maestro rege a orquestra.*

ortografia or·to·gra·***fi***·a
s.fem. Modo de escrever as palavras: *ele não cometeu erros de ortografia; escreveu corretamente todas as palavras.*
→ Veja também **grafia**.

◎ A palavra ortografia é formada de *orto* (direito) + *grafia* (escrita); portanto, ortografia significa *escrita direita* ou *correta*.

ortográfico or·to·***grá***·fi·co
adj. Que se refere à ortografia: *fizemos exercícios ortográficos, para não errar na hora de escrever.*

orvalho or·***va***·lho
s.masc. Gotinhas de água que caem de leve do céu, principalmente durante a madrugada: *de manhã, bem cedo, as flores estão úmidas de orvalho.*

oscilante os·ci·***lan***·te
adj.masc.fem. 1. Que balança, que não está firme: *ponte oscilante.* 2. Que varia: *temperatura oscilante.*

oscilar os·ci·***lar***
v. 1. Balançar-se, ter movimentos de vaivém: *o barco oscilava sobre as ondas, que o jogavam de um lado para outro.* 2. Hesitar, ficar em dúvida: *estou oscilando entre essas duas sugestões; não sei bem qual delas devo seguir.* 3. Variar: *a temperatura nessa região oscila muito: ora está alta, ora está baixa.*

ósseo ***ós***·se:o
adj. Que é formado por ossos: *o esqueleto dos vertebrados é uma estrutura óssea.*
→ Não confunda com **ócio**, que tem outro significado. Veja também **osso**.

osso ***os***·so (ô)
s.m. *Anat.* Material duro do esqueleto dos vertebrados (seres humanos e animais): *a menina caiu e trincou o osso do braço.*
❑ **osso duro de roer** *pop.* Obstáculo difícil: *gosto do meu trabalho, mas meu patrão é um osso duro de roer, pois está sempre mal-*

O

-humorado. **ossos do ofício** *pop.* Obrigações ou dificuldades que fazem parte de uma atividade: *quem quer ser jogador de futebol deve treinar bastante, com sol ou chuva; são os ossos do ofício.*
❖ *pl.* ossos (ó).
→ Não confunda com **ouço**, do verbo ouvir: *eu ouço a música*. Veja também **ósseo**.

ostensivo os·ten·***si***·vo
adj. Que se mostra ou exibe claramente: *ela tem uma raiva ostensiva por aquele homem, não esconde isso de ninguém.*

ostentar os·ten·***tar***
v. Exibir: *essa mulher gosta de ostentar suas joias.*

otário o·***tá***·ri:o
s.masc. *pop.* Bobo, indivíduo fácil de enganar: *quem foi o otário que acreditou nessa conversa?*

ótica ***ó***.ti.ca
s.fem. Loja onde se vendem óculos: *comprei meus óculos nessa ótica.*
❖ Também existe a forma **óptica**.

otimismo o·ti·***mis***·mo
s.masc. Confiança em que as coisas vão melhorar: *apesar das dificuldades, ele mantém o otimismo.*
→ Veja também **pessimismo**.

otimista o·ti·***mis***·ta
adj.masc.fem. Que tem otimismo: *homem otimista.*
→ Veja também **pessimista**.

ótimo ***ó***·ti·mo
adj. Muito bom, excelente: *ele fez um ótimo trabalho!*
→ Veja também **bom** e **péssimo**.

ourives ou·***ri***·ves
s.masc. Aquele que fabrica ou vende objetos de ouro ou prata: *meu tio é um ourives; foi ele que me fez esse anel.*
❖ Esta palavra tem a mesma forma no singular e no plural: *o ourives, os ourives.*

ourivesaria ou·ri·ve·sa·***ri***·a
s.fem. 1. Técnica do ourives: *ele fez um belo trabalho de ourivesaria.* 2. Loja ou oficina do ourives: *vamos visitar sua ourivesaria.*

ouro ***ou***·ro
s.masc. Metal precioso que possui cor amarela e brilhante: *anel de ouro.*
→ Veja também **dourado**.

ousadia ou·sa·***di***·a
s.fem. 1. Coragem, audácia; qualidade de quem não tem medo: *o rapaz teve a ousadia de atravessar a nado esse rio largo e perigoso.* 2. Atrevimento, qualidade de quem não espera permissão: *o menino teve a ousadia de desobedecer ao diretor.*

ousado ou·***sa***·do
adj. 1. Corajoso, destemido: *é preciso ser ousado para fazer alguns negócios.* 2. Insolente, atrevido: *você foi muito ousado ao responder para seu pai.*

ousar ou·***sar***
v. 1. Ter a coragem de fazer uma coisa perigosa ou arriscada: *quem ousará atravessar a nado esse rio?* 2. Atrever-se: *como você ousa me desobedecer?*

outono ou·***to***·no (ô)
s.masc. Uma das quatro estações do ano. O outono vem depois do verão e antes do inverno: *no Brasil, o outono vai de 21 de março a 21 de junho.*

outrora ou·***tro***·ra (ó)
adv. Antigamente, há muito tempo: *outrora, havia muitas tribos de índios no Brasil.*

outubro ou·***tu***·bro
s.masc. O décimo mês do ano: *o Dia da Criança é comemorado em outubro.*

ouvido ou·***vi***·do
s.masc. Sentido pelo qual se percebem os sons: *nasceu com ouvido para música.*
❑ **dar ouvidos** *pop.* Levar em conta: *você não deve dar ouvidos a essas fofocas.* *pop.* **entrar por um ouvido e sair pelo outro** Não ser levado em conta, não ser considerado importante: *toda sugestão que eu dou para meu chefe entra por um ouvido e sai pelo outro.*
→ Não confunda com **olvido**, que tem outro significado.

ouvinte ou·***vin***·te
s.masc.fem. Pessoa que está ouvindo: *um ouvinte do programa telefonou para fazer uma pergunta.*

O

ouvir ou·***vir***

v. Escutar: *que tipo de música você gosta de ouvir?*

→ Veja também **audível** e **inaudível**.

ovação o·va·***ção***

s.fem. Aplausos entusiasmados: *os artistas receberam uma ovação da plateia, que gostou muito do espetáculo.*

❖ *pl.* ovações.

ovacionar o·va·ci·o·***nar***

v. Aplaudir bastante: *a multidão ovacionou os líderes da manifestação.*

ovelha o·***ve***·lha (ê)

s.fem. A fêmea do carneiro: *a ovelha tem o corpo coberto de lã.*

ovíparo o·***ví***·pa·ro

adj. Que põe ovos: *as aves são animais ovíparos.*

ovo ***o***·vo (ô)

s.masc. 1. *Biol.* Célula que se forma para dar origem a um novo ser, como resultado da fecundação do óvulo. Alguns ovos se desenvolvem dentro do corpo da fêmea até nascer (como ocorre com os mamíferos, por exemplo), enquanto outros são postos para fora do corpo da fêmea (como é o caso das aves, por exemplo), envolvidos e protegidos por uma casca ou membrana onde ficam durante algum tempo: *quando chega o momento de nascer, o pintinho rompe a casca do ovo e sai.* 2. Popularmente, a palavra ovo designa um produto animal usado como alimento: *hoje comemos ovos no almoço.*

❖ *pl.* ovos (ó).

óvulo ***ó***·vu·lo

s.fem. *Biol.* Célula sexual feminina que pode ser fecundada pela célula masculina: *os óvulos daquela mulher não puderam ser fecundados.*

oxalá o·xa·***lá***

interj. Exclamação que exprime um desejo: *oxalá nosso plano dê certo!*

oxigênio o·xi·***gê***·ni:o (cs)

s.masc. Nome de um dos gases que compõem o ar: *não podemos viver sem oxigênio.*

oxítono o·***xí***·to·no (cs)

adj. *Gram.* Nome que se dá à palavra com duas sílabas ou mais em que a última sílaba é tônica: *café, sofá, avô, afinal, jogador e caju são palavras oxítonas.*

→ Veja também **paroxítono**, **proparoxítono** e **tônico**.

ozônio o·***zô***·ni:o

s.masc. Espécie de gás azulado que há na atmosfera: *o ozônio é um gás importante.*

❑ **camada de ozônio** Espécie de capa de ozônio que protege a Terra de certos raios de sol que nos prejudicam: *não podemos deixar que a camada de ozônio seja destruída.*

Pp

pacote

p (pê)
s.masc. A 16ª letra do alfabeto: *você conhece a língua do p?*

pá
s.fem. Utensílio largo e chato, com cabo, que se usa para diversos fins (cavar e carregar terra, recolher lixo, etc.): *com a pá, ele espalhou a terra pelo jardim.*

pacato pa·***ca***·to
adj. Calmo, sossegado, amigo da paz: *homem pacato.*

paciência pa·ci·***ên***·ci:a
s.fem. Comportamento de quem suporta com calma aquilo que nos incomoda ou nos perturba: *eu sei que você está com muita fome mas tenha paciência, pois o almoço vai demorar mais meia hora.*
→ Veja também **impaciência**.

paciente pa·ci·***en***·te
adj.masc.fem. 1. Que tem paciência: *mulher paciente.*
s.masc.fem. 2. Pessoa doente que recebe cuidados médicos: *a enfermeira está cuidando do paciente.*

pacificar pa·ci·fi·***car***
v. Fazer voltar a paz: *é preciso pacificar essa região, parar com as lutas que estão ocorrendo e restabelecer a paz.*

pacífico pa·***cí***·fi·co
adj. Pacato, amigo da paz: *homem pacífico.*

paçoca pa·***ço***·ca (ó)
s.fem. Doce feito com amendoim: *a criançada comeu paçoca na festa.*

pacote pa·***co***·te (ó)
s.masc. Embrulho, coisa envolvida em papel e amarrada: *recebi um pacote de livros.*
→ Veja também **empacotar** e **desempacotar**.

pacto ***pac***·to
s.masc. Acordo: *os inimigos interromperam as lutas e resolveram fazer um pacto de paz.*

padaria pa·da·***ri***·a
s.fem. Lugar onde se vende pão: *há uma padaria bem perto de minha casa.*

padecer pa·de·***cer***
v. Sofrer: *durante a viagem, padecemos muito com o forte calor.*

padecimento pa·de·ci·***men***·to
s.masc. Sofrimento: *essa mulher teve uma vida cheia de padecimentos.*

padeiro pa·***dei***·ro
s.masc. Aquele que faz pão para vender: *conheço o padeiro que trabalha nessa padaria.*

padiola pa·di·***o***·la (ó)
s.fem. Maca; espécie de cama portátil usada para o transporte de pessoas feridas ou doentes: *os enfermeiros transportaram o ferido numa padiola.*

padrasto pa·***dras***·to
s.masc. Marido da minha mãe, mas que não é meu pai: *gosto de passear com meu padrasto.*

padrinho pa·***dri***·nho
s.masc. Homem que serve de testemunha em batizados ou casamentos: *ele é o padrinho de casamento do meu filho.*
❖ *fem.* madrinha.

> ◎ Padrinho significa paizinho; é o diminutivo de padre (pai). O padrinho é uma espécie de segundo pai do afilhado.

pagamento pa·ga·***men***·to
s.masc. Ato de pagar: *vou fazer o pagamento da conta de luz.*

paganismo pa·ga·***nis***·mo
s.masc. Nome que se dá à religião em que se adora mais de um deus: *o paganismo era comum nos tempos antigos.*

pagão pa·***gão***
adj. Que segue o paganismo: *povo pagão*.
❖ *fem.* pagã. *pl.* pagãos, pagãs.

pagar pa·***gar***
v. Dar uma quantia de dinheiro em troca de alguma coisa: *vou pagar o lanche que comi.*

página ***pá***·gi·na
s.fem. Cada lado, geralmente numerado, da folha de um livro, de uma revista, de um jornal, etc.: *vamos ler o texto da página vinte.*

pagode pa·***go***·de (ó)
s.masc. 1. Local de adoração religiosa de certos povos: *muitas pessoas vão rezar nos pagodes*. 2. *pop.* Farra, brincadeira: *fizeram o maior pagode naquela festa de casamento.*

pai
s.masc. 1. Genitor; homem que tem um ou mais filhos: *o pai desse menino chegou de viagem.* 2. Animal macho que tem um ou mais filhotes: *o meu pastor alemão é o pai desse cãozinho.*
❖ *dim.* paizinho.

pai-de-santo ***pai***-de-***san***·to
s.masc. *Rel.* Aquele que, nos cultos afro-brasileiros, recebe as instruções dos orixás e as transmite aos fiéis: *o pai-de-santo é muito respeitado pelos fiéis.*
❖ *pl.* pais-de-santo.

pai-de-todos ***pai***-de-***to***·dos
s.masc. *pop.* O dedo mais comprido da nossa mão: *pai-de-todos é o nome popular do dedo médio.*
❖ *pl.* pais-de-todos.

pai-nosso ***pai***-***nos***·so
s.masc. Nome de uma oração cristã: *ela rezou um pai-nosso.*
❖ *pl.* pais-nossos ou pai-nossos.
→ Também existe a forma **padre-nosso**.

pairar pai·***rar***
v. Manter-se (uma ave) no ar, com as asas abertas, quase sem movimentá-las: *as gaivotas conseguem pairar no ar por um tempo.*

país pa·***ís***
s.masc. Território habitado por um povo. Os países são separados uns dos outros por fronteiras e cada um deles tem seu governo próprio: *o Brasil é o meu país.*
❖ *pl.* países. *dim.* paisinho.

paisagem pai·***sa***·gem
s.fem. Panorama; vista que temos de um lugar: *lá do alto da montanha, vemos uma bela paisagem.*
❖ *pl.* paisagens.

paixão pai·***xão***
s.fem. 1. Amor muito forte por alguém: *sua avó tem paixão por seu avô.* 2. Grande interesse por alguma coisa: *essa menina tem paixão por música.*
❖ *pl.* paixões.
→ Veja também **apaixonar-se**.

pajé pa·***jé***
s.masc. Homem que, entre os indígenas, exerce a função de médico, feiticeiro e chefe religioso: *o pajé é respeitado por toda a tribo.*

pajear pa·je·***ar***
v. Tomar conta de alguém: *a menina ficava pajeando os irmãos mais novos para a mãe trabalhar.*

pajem ***pa***·jem
s.masc. 1. *Hist.* Rapaz que acompanhava e servia um príncipe ou um nobre: *os nobres tinham pajem para fazer de tudo.*
s.fem. 2. Ama-seca, babá: *a pajem levou a criança para passear.*
❖ *pl.* pajens.

palacete pa·la·***ce***·te (ê)
s.masc. 1. Palácio pequeno: *o príncipe deu uma festa em seu palacete*. 2. Mansão; casa grande e luxuosa: *esse milionário mora num palacete.*

palácio pa·***lá***·ci:o
s.masc. Edifício grande e luxuoso, geralmente habitado por reis ou príncipes: *o rei e sua família vivem nesse palácio.*

paladar pa·la·***dar***
s.masc. Sentido que nos permite perceber o gosto ou o sabor das coisas: *essa comida é deliciosa, satisfaz o paladar mais exigente.*
❖ *pl.* paladares.

palavra pa·***la***·vra
s.fem. Som ou conjunto de sons que tem significado e permite a comunicação entre as pessoas; os sons que formam as palavras podem

P

ser representados por sinais escritos, que são as letras: *quando começamos a falar, aprendemos a pronunciar as palavras.*
❑ **pedir a palavra** Pedir licença para falar: *na reunião escolar, um dos pais pediu a palavra para expor suas opiniões.* **ter palavra** Ser responsável e cumprir o que foi prometido: *ele é um homem que tem palavra, nunca deixa de fazer o que promete.*

palavrão pa·la·***vrão***
s.masc. Palavra obscena ou indecente: *você não deve falar palavrão.*
❖ *pl.* palavrões.

palco ***pal***·co
s.masc. O lugar de um teatro ou de uma sala de espetáculos onde os artistas se apresentam: *lá da plateia, o público ouvia o que os atores diziam no palco.*

palerma pa·***ler***·ma (é)
adj.masc.fem. *pop.* Bobo, tolo: *sujeito palerma.*

paletó pa·le·***tó***
s.masc. Espécie de casaco com bolsos e abotoado na frente que se veste por cima da camisa ou do colete: *ele ficou elegante com esse paletó.*

palestra pa·***les***·tra (é)
s.fem. Apresentação oral de um assunto: *esse professor vai fazer uma palestra sobre a escritora Cecília Meireles.*

P

palhaçada pa·lha·***ça***·da (é)
s.fem. Brincadeira de palhaço: *os palhaços eram muito engraçados e divertiram a criançada com suas palhaçadas.*

palhaço pa·***lha***·ço
s.masc. Artista de circo que faz o público rir com suas brincadeiras: *o público aplaudiu muito os palhaços.*

palhoça pa·***lho***·ça (ó)
s.fem. Cabana coberta de palha: *na praia, havia várias palhoças.*

palidez pa·li·***dez***
s.fem. Estado de quem está pálido, descorado: *a palidez do doente deve desaparecer assim que ele se recuperar, sair da cama e voltar a ter uma vida normal.*
→ Veja também **pálido**.

pálido ***pá***·li·do
adj. Que perdeu a cor forte, saudável: *minha tia ficou muito tempo de cama; seu rosto perdeu a cor, está pálido, descorado.*

pálio ***pá***·li:o
s.masc. Cobertura portátil, suspensa por meio de varas, usada em cortejos, procissões, desfiles, etc., para proteger uma pessoa ou coisa importante: *na procissão, a estátua da santa era carregada debaixo de um pálio.*

palmilhar pal·mi·***lhar***
v. Percorrer a pé: *os caçadores palmilharam toda a região atrás da onça mas não a encontraram.*

pálpebra ***pál***·pe·bra
s.fem. *Anat.* Cada uma das duas partes de pele que, quando se juntam, cobrem completamente o globo ocular: *ele fechou as pálpebras.*

palpitar pal·pi·***tar***
v. 1. Bater ou pulsar fortemente: *seu coração palpitava de medo.* 2. *pop.* Dar palpite, opinião: *ele é intrometido, gosta de palpitar na conversa dos outros.*

palpite pal·***pi***·te
s.masc. 1. Pressentimento, intuição: *tenho um palpite de que esse cavalo vai ganhar a corrida, acho que ele será o vencedor.* 2. Opinião, sugestão: *não vá atrás dos palpites dos outros.*

pamonha pa·***mo***·nha (ô)
s.fem. Espécie de bolo de milho verde envolvido na palha do próprio milho: *essa pamonha quentinha está deliciosa.*

pan-americano ***pan***-a·me·ri·***ca***·no
adj. Que se refere aos países das três Américas: *os jogos pan-americanos são disputados por equipes dos países da América do Norte, América Central e América do Sul.*
❖ *pl.* pan-americanos.

pança ***pan***·ça
s.fem. *pop.* Barriga grande: *lá vem ele, correndo e balançando a pança.*

pancada pan·***ca***·da
s.fem. Golpe, bordoada: *com a bengala, ele deu uma pancada na cabeça do sujeito que tentou roubá-lo.*

❑ **pancada de chuva** Chuva forte e passageira: *ontem, quando voltava para casa, peguei uma* pancada de chuva.

pancadaria pan·ca·da·***ri***·a
s.fem. Briga: *os torcedores dos dois times começaram uma* pancadaria *no estádio e os policiais tiveram de separá-los.*

pançudo pan·***çu***·do
adj. *pop.* Barrigudo: *sujeito* pançudo.
→ Veja também **pança**.

pandeiro pan·***dei***·ro
s.masc. *Mús.* Instrumento de percussão constituído de um aro de madeira, onde se encaixam algumas pecinhas redondas de metal, tendo uma pele esticada no centro: *o* pandeiro *é muito usado pelos sambistas.*

pandemônio pan·de·***mô***·ni:o
s.masc. Grande confusão: *a reunião virou um* pandemônio*; todos gritavam e ninguém mais se entendia.*

pandorga pan·***dor***·ga (ó)
s.fem. Pipa; brinquedo de papel que se solta ao vento, preso a uma linha: *os meninos gaúchos gostam de brincar com a* pandorga.
→ Veja também **pipa**.

pandulho pan·***du***·lho
s.masc. *pop.* Pança, barriga grande: *ele encheu o* pandulho *na hora do almoço.*

pane ***pa***·ne
s.fem. Parada de um motor, que deixa de funcionar por algum defeito: *a* pane *obrigou o piloto a abandonar a corrida.*

pangaré pan·ga·***ré***
s.masc. Cavalo magro e fraco: *esse* pangaré *não vai conseguir vencer a corrida.*

pânico ***pâ***·ni·co
s.masc. Medo, pavor: *na hora do incêndio, o* pânico *tomou conta das pessoas, que corriam e gritavam.*
❑ **entrar em pânico** Ficar apavorado: *ao ouvir a explosão da bomba, o pessoal* entrou em pânico.

panificadora pa·ni·fi·ca·***do***·ra (ô)
s.fem. Lugar onde se faz e vende pão: *em frente à minha casa há uma* panificadora.

pano ***pa***·no
s.masc. Qualquer tecido (de lã, algodão, linho, seda, etc.): *ela vai fazer uma blusa com esse* pano.
❑ **dar pano para mangas** *pop.* Dar motivo para comentários ou discussões: *sua atitude vai* dar pano para mangas*, vai provocar comentários maldosos.* **pôr panos quentes** *pop.* Agir para evitar brigas ou confusões: *quando viram que os dois amigos iam acabar brigando, os colegas entraram na conversa e* puseram panos quentes*; no fim, tudo acabou em paz.*

panorama pa·no·***ra***·ma
s.masc. Paisagem, vista: *daqui de cima, temos um belo* panorama *da cidade.*

pantanal pan·ta·***nal***
s.masc. Grande pântano: *o pessoal da expedição atravessou um* pantanal *durante a viagem.*
❖ *pl.* pantanais.

pântano ***pân***·ta·no
s.masc. Grande extensão de terras alagadiças, isto é, que ficam cobertas de água com frequência: *os viajantes não conseguiram atravessar aquele* pântano.

panturrilha pan·tur·***ri***·lha
s.fem. *Anat.* Barriga da perna: *o jogador levou uma pancada na* panturrilha.

pão
s.masc. Alimento geralmente feito com farinha, água, fermento: *de manhã, gosto de comer* pão *fresco com manteiga.*
❑ **comer o pão que o diabo amassou** *pop.* Passar por grandes dificuldades: *quando foi morar sozinho em outra cidade, ele* comeu o pão que o diabo amassou.
❖ *pl.* pães. *dim.* pãozinho (*pl.* pãezinhos).

pão-duro ***pão-du***·ro
adj.masc.fem. *pop.* Avarento, que só pensa em guardar dinheiro, que não quer gastar nada: *sujeito* pão-duro.
❖ *pl.* pães-duros.

P

papa ***pa***·pa
s.masc. O chefe da Igreja Católica: *o papa visitou o Brasil.*

paparicar pa·pa·ri·***car***
v. Tratar alguém com muito mimo, com cuidados exagerados: *você não deve paparicar tanto assim esse menino.*

papear pa·pe·***ar***
v. *pop.* Bater papo, conversar: *no intervalo das aulas, os alunos papeavam animados.*

papel pa·***pel***
s.masc. 1. Material de origem vegetal especialmente preparado para que se possa escrever ou desenhar sobre ele: *as folhas do caderno são feitas de papel.* 2. Personagem que um ator representa numa peça, numa telenovela, num filme, etc.: *fiz o papel do rei nessa peça de teatro.*
❖ *pl.* papéis.

> ◎ Papel vem de papiro, uma planta que havia no Egito e com a qual os antigos egípcios preparavam uma espécie de folha em que escreviam.

papelão pa·pe·***lão***
s.masc. 1. Papel grosso usado em diferentes coisas: *ponha os livros nessa caixa de papelão.* 2. *pop.* Comportamento feio ou vergonhoso: *que papelão! você não devia ter discutido com todo mundo na festa.*
❖ *pl.* papelões.

papo ***pa***·po
s.masc. 1. *Zool.* Espécie de bolsa que as aves têm no esôfago: *os alimentos ficam no papo antes de passarem à moela.* 2. *pop.* Conversa: *tive um papo com ele ontem, na escola.*
❑ **bater papo** *pop.* Conversar: *eles estavam batendo papo no pátio.* **de papo pro ar** *pop.* Na boa vida, sem fazer nada: *ele passou as férias de papo pro ar.* **estar no papo** *pop.* Estar conquistado: *nosso time vai muito bem, acho que o título de campeão já está no papo.* **papo furado** *pop.* Conversa fiada, lorota: *ele vive dizendo que vai ganhar uma moto do pai, mas isso é papo furado, nunca vai acontecer.*
→ Veja também **papear**.

paquerar pa·que·***rar***
v. *pop.* Ficar de olho em uma pessoa com a intenção de namorá-la, de conquistá-la: *todos perceberam que ela está paquerando aquele menino.*

paquiderme pa·qui·***der***·me (é)
s.masc. *Zool.* Nome que se dá aos animais mamíferos que têm a pele grossa, como o elefante e outros: *no zoológico há muitos paquidermes.*

> ◎ Paquiderme é formada de *paqui* (grosso) + *derme* (pele).

par
adj.masc.fem. 1. Número que dividido por 2 não deixa resto: *o 8 é um número par.*
s.masc. 2. Conjunto de duas coisas iguais: *par de brincos.* 3. Conjunto de duas pessoas: *João e Maria formam um bonito par.* 4. Cada uma das pessoas, numa dança a dois: *nessa dança, você será o meu par.*
❖ *pl.* pares.
❑ **estar a par** Estar informado, saber o que está acontecendo: *estamos a par de tudo.* **sem par** Sem igual: *beleza sem par.*

parabenizar pa·ra·be·ni·***zar***
v. Felicitar, dar parabéns a alguém: *vou parabenizar os vencedores.*

parabéns pa·ra·***béns*** (ê)
s.masc.pl. Palavra que usamos para cumprimentar alguém que faz aniversário, que se casa ou que fez uma coisa que merece aplauso ou elogio: *o professor deu parabéns ao nosso grupo pelo trabalho que fizemos.*

parábola pa·***rá***·bo·la
s.fem. História curta que traz um ensinamento moral: *há várias parábolas de Cristo na Bíblia.*

para-brisa ***pa***·ra-***bri***·sa
s.masc. Vidro transparente colocado na parte dianteira de um veículo para proteger do vento, da chuva, etc.: *uma pedra quebrou o para-brisa do carro e foi preciso parar a viagem.*
❖ *pl.* para-brisas.

para-choque ***pa***·ra-***cho***·que
s.masc. Proteção que há nos veículos destinada a amortecer choques: *o caminhão bateu no para-choque do meu carro.*
❖ *pl.* para-choques.

parada pa·***ra***·da
s.fem. 1. Ato de parar, de interromper o que se estava fazendo: *ele deu uma parada no serviço e foi beber água.* 2. Ponto ou lugar onde para um ônibus, uma condução: *vou descer na próxima parada do ônibus.* 3. Desfile de tropas militares: *muita gente foi assistir à parada de 7 de setembro.* 4. *gír.* Desafio, coisa difícil de fazer: *ninguém quis topar essa parada, ficou todo mundo com medo.*

paradeiro pa·ra·***dei***·ro
s.masc. Lugar onde está ou vai parar uma pessoa, animal ou coisa: *o paradeiro desse homem é desconhecido, ninguém sabe onde ele se encontra.*

paradisíaco pa·ra·di·***sí***·a·co
adj. Tão bonito e agradável que parece um paraíso: *lugar paradisíaco.*

parado pa·***ra***·do
adj. Imóvel: *não se mexa, fique parado no seu lugar!*

paraense pa·ra·***en***·se
adj. masc.fem. 1. Do estado do Pará: *população paraense.*
s.masc.fem. 2. Pessoa que nasceu no Pará: *um casal de paraenses me mostrou a cidade de Belém.*

paraguaio pa·ra·***guai***:o
adj. 1. Que se refere ao Paraguai, um país da América do Sul: *cidade paraguaia.*
s.masc. 2. Aquele que nasceu no Paraguai: *o goleiro desse time é paraguaio.*

paraibano pa·ra:i·***ba***·no
adj. 1. Do estado da Paraíba: *cidade paraibana.*
s.masc. 2. Aquele que nasceu na Paraíba: *os paraibanos são hospitaleiros.*

paraíso pa·ra·***í***·so
s.masc. 1. *Rel.* Segundo algumas religiões, lugar maravilhoso para onde vão as almas dos justos depois da morte: *ele sonha com o paraíso.* 2. *fig.* Lugar agradável, onde nos sentimos bem: *essa praia é um paraíso!*
→ Veja também **paradisíaco**.

para-lama ***pa***·ra-***la***·ma
s.masc. Proteção que há na parte dianteira e traseira dos veículos: *o carro bateu no poste e amassou o para-lama dianteiro.*

paralelepípedo pa·ra·le·le·***pí***·pe·do
s.masc. 1. Figura de seis lados em que os lados opostos são iguais e paralelos: *o tijolo tem a forma de paralelepípedo.* 2. Pedra com essa forma: *minha rua é feita de paralelepípedos.*

paralelo pa·ra·***le***·lo (é)
adj. Nome que se dá a duas linhas retas que estão sempre à mesma distância uma da outra e que por isso nunca vão se encontrar: *linhas paralelas.*

paralelogramo pa·ra·le·lo·***gra***·mo
s.masc. Figura de quatro lados em que cada lado é paralelo ao seu oposto: *hoje na escola, desenhamos um paralelogramo.*

paralisação pa·ra·li·sa·***ção***
s.fem. Interrupção: *a chuva provocou a paralisação do trabalho dos pedreiros.*
❖ *pl.* paralisações.

paralisar pa·ra·li·***sar***
v. 1. Fazer parar, interromper: *a chuva paralisou o trabalho dos pedreiros.* 2. Tornar paralítico, impedir o movimento de alguma parte do corpo: *a doença paralisou os dedos de sua mão esquerda.*

paralisia pa·ra·li·***si***·a
s.fem. Perda do movimento ou da sensibilidade de uma parte do corpo: *ele sofreu paralisia nos dedos da mão esquerda, não consegue mais movimentá-los.*

paralítico pa·ra·***lí***·ti·co
adj. Que sofreu paralisia: *homem paralítico.*

paramentos pa·ra·***men***·tos
s.masc.pl. *Rel.* Vestes especiais usadas pelos religiosos em certas cerimônias: *depois de vestir seus paramentos, o padre foi oficiar a missa.*

P

paranaense pa·ra·na·***en***·se
adj.masc.fem. 1. Do estado do Paraná: *cidade paranaense*.
s.masc.fem. 2. Pessoa que nasceu no Paraná: *o paranaense chegou hoje de Curitiba.*

parapeito pa·ra·***pei***·to
s.masc. Espécie de apoio que há na parte de baixo do vão da janela: *ele se debruçou no parapeito da janela para olhar a rua.*

paraplégico pa·ra·***plé***·gi·co
adj. Que sofreu paralisia da cintura para baixo: *esse homem ficou paraplégico, não pode mais movimentar as pernas.*

paraquedas pa·ra·***que***·das
s.masc. Equipamento para diminuir a velocidade de um corpo que está caindo de grande altura, amortecendo assim o choque com o solo: *ele saltou do avião, abriu o paraquedas e desceu no meio do campo de futebol.*
❖ Essa palavra tem a mesma forma no singular e no plural: *o paraquedas, os paraquedas.*

parar pa·***rar***
v. 1. Cessar de andar, de mover-se: ele *parou para olhar os aviões no céu*. 2. Deixar de: *ela parou de cantar.*

para-raios ***pa***·ra-***rai***·os
s.masc. Aparelho que atrai as descargas elétricas da atmosfera, anulando seus efeitos: *todo prédio tem um para-raios.*
❖ Esta palavra tem a mesma forma no singular e no plural: *o para-raios, os para-raios.*

parceiro par·***cei***·ro
s.masc. Aquele que se junta a outra pessoa em algum jogo ou atividade: *esse rapaz é meu parceiro nesta partida de tênis; eu e ele vamos jogar contra vocês dois.*

parcela par·***ce***·la (é)
s.fem. 1. Pequena parte: *Você tem direito a uma parcela desse dinheiro*. 2. Cada uma das quantidades de uma soma ou adição: *na adição 2 + 6 = 8, dizemos que 2 e 6 são as parcelas.*

parcelar par·ce·***lar***
v. Dividir em parcelas: a *loja vai parcelar o pagamento dessa compra.*

parcial par·ci·***al***
adj.masc.fem. 1. Que se refere a uma parte apenas e não ao todo: *essa é a soma parcial dos votos, a soma de uma parte deles*. 2. Que julga de maneira injusta, favorecendo uma parte e prejudicando outra: *esse juiz foi parcial, não agiu com justiça.*
❖ *pl.* parciais.
→ Veja também **imparcial**.

parco ***par***·co
adj. Minguado, reduzido: *salário parco.*

pardal par·***dal***
s.masc. *Zool.* Passarinho muito comum em todo o Brasil: *nas cidades, há muitos pardais.*
❖ *pl.* pardais. *fem.* pardoca ou pardaloca.

pardo ***par***·do
adj. Que tem cor escura meio indefinida, entre o branco e o preto: *papel pardo.*

parecer pa·re·***cer***
v. 1. Ser quase igual a outro: *ele parece com o irmão*. 2. Estar com jeito de: *ela parece cansada.*
s.masc. 3. Opinião: *quero seu parecer sobre esse livro, quero saber o que você acha dele.*
❖ *pl.* pareceres.

parecido pa·re·***ci***·do
adj. Que se parece, que é quase igual: *essa menina é muito parecida com a mãe.*

parede pa·***re***·de (ê)
s.fem. Divisória de tijolo que separa ou isola ambientes: *vou pintar as paredes do meu quarto.*

parente pa·***ren***·te
s.masc.fem. Pessoa que pertence à mesma família que outra: *esse menino é meu parente; ele é filho do meu tio; portanto, é meu primo.*
❖ Esta palavra se usa no masculino e no feminino (*meu parente, minha parente*), mas existe também o feminino *parenta.*

parentesco pa·ren·***tes***·co (ê)
s.masc. Origem familiar comum: *eu tenho parentesco com esse homem, ele é tio de meu pai.*

P

parêntese pa·***rên***·te·se

s.masc. *Gram.* Os parênteses ( ) são um sinal de pontuação que serve para isolar uma parte de um texto, com informação ou comentário. *Observe o uso do parêntese nesta frase: "ele sentou-se à mesa exatamente ao meio-dia (como sempre) e ficou esperando o almoço".*

❖ Podemos dizer "abrir parêntese" ou "fechar parêntese". Para indicar o conjunto, usamos o singular: *não fiz nenhum parêntese no meu texto. pl.* parênteses.

páreo ***pá***·re:o

s.masc. Corrida a cavalo disputada por vários competidores: *ele quer saber quem venceu o primeiro páreo de hoje.*

❑ **ser páreo** Ser um desafio ou adversário difícil: *esse time fraco não é páreo para o nosso, vamos vencer facilmente.*

parir pa·***rir***

v. Dar à luz, ter filhos: *a mulher pariu um bebê saudável.*

paroxítono pa·ro·***xí***·to·no (cs)

adj. *Gram.* Nome que se dá a uma palavra em que a penúltima sílaba é tônica: *mesa, lápis, caderno e fácil são palavras paroxítonas.*

→ Veja também **oxítono**, **proparoxítono** e **tônico**.

parque ***par***·que

s.masc. Jardim extenso e cercado, onde as pessoas podem passear: *há um grande parque em minha cidade.*

❑ **parque de diversões** Local onde há muitos brinquedos e atrações para adultos e crianças: *ontem passamos o dia num parque de diversões.*

parreira par·***rei***·ra

s.fem. *Bot.* Videira: *há muitas parreiras nessa chácara.*

parte ***par***·te

s.fem. 1. Pedaço de um todo dividido: *em quantas partes você vai dividir esse bolo?* 2. Lugar, região: *em que parte da cidade fica sua escola?*

❑ **fazer parte de** Ser um elemento de um conjunto: *esse jogador faz parte de nosso time; é um dos nossos jogadores.* **tomar parte em** Participar de: *a moça tomou parte na discussão.*

participante par·ti·ci·***pan***·te

adj.masc.fem. Que participa, que toma parte: *os alunos participantes deste grupo foram elogiados pelo professor.*

participar par·ti·ci·***par***

v. 1. Tomar parte em: *ele participou muito bem do debate, sua participação foi elogiada.* 2. Informar, comunicar: *minha amiga participou a todos que ia viajar.*

particular par·ti·cu·***lar***

adj.masc.fem. 1. Que é individual, que não se refere a um grupo mas apenas a uma pessoa: *vou ter uma aula particular, isto é, uma aula só para mim.* 2. Que não é público: *esta é uma escola particular.*

❑ **em particular** À parte, isoladamente: *o professor conversou em particular com esse aluno.*

❖ *pl.* particulares.

partir par·***tir***

v. 1. Sair: *ela partiu ontem da cidade.* 2. Dividir em partes: *ele partiu o pão em dois pedaços.*

v.pron. **partir-se** 3. Quebrar-se, fazer-se em pedaços: *o vaso caiu da mesa e partiu-se.*

partitura par·ti·***tu***·ra

s.fem. *Mús.* Escrita de uma composição musical: *o violinista lê a partitura enquanto toca.*

parvo ***par***·vo

adj. Tolo, idiota: *homem parvo.*

pasmado pas·***ma***·do

adj. Muito surpreendido: *essa notícia deixou o pessoal pasmado, sem saber o que dizer.*

paspalhão pas·pa·***lhão***

adj. *pop.* Tolo, bobo: *sujeito paspalhão.*

❖ *fem.* paspalhona. *pl.* paspalhões, paspalhonas.

paspalho pas·***pa***·lho

adj. *pop.* Tolo, bobo, paspalhão: *homem paspalho.*

passado pas·***sa***·do

adj. 1. Que passou: *fomos ao circo no mês passado*.

s.masc. 2. O tempo que passou: *no passado as cidades eram mais tranquilas.*

passageiro pas·sa·***gei***·ro

adj. 1. Que passa logo, que dura pouco tempo: *essa chuva é passageira, vai parar logo.*

s.masc. 2. Aquele que usa um meio de transporte: *há poucos passageiros nesse ônibus a esta hora.*

passagem pas·***sa***·gem

s.fem. 1. Ato de passar: *a passagem dos soldados chamou a atenção dos moradores da rua.* 2. Lugar por onde se pode passar: *o cachorro escapou por uma passagem que havia na cerca.* 3. Bilhete que permite viajar: *ao entrar no ônibus, dê a passagem ao motorista.* 4. Trecho de um texto ou de uma história: *de que passagem do livro você mais gostou?*

❑ **estar de passagem** Estar por pouco tempo: *ele está de passagem por nossa cidade; amanhã, já deve ir embora.*

❖ *pl.* passagens.

passamento pas·sa·***men***·to

s.masc. Falecimento, morte: *ficamos tristes com o passamento daquele homem.*

P

passaporte pas·sa·***por***·te (ó)

s.masc. Documento que nos permite viajar para fora do país: *na hora de embarcar, precisei mostrar o passaporte.*

passar pas·***sar***

v. 1. Ir de um lugar para outro: *o ônibus passa por aqui e depois entra nessa rua*. 2. Parar: *a chuva ainda não passou*. 3. Ser aprovado: *ela passou no exame escolar.* 4. Dar, entregar: *passe esse bilhete ao seu colega*. 5. Sofrer: *os meninos passaram fome e frio*. 6. Alisar a roupa com ferro: *ela passou minha camisa*. 7. Enviar, mandar: *durante a viagem, ele passou um telegrama aos pais*. 8. Ser apresentado ou projetado numa tela: *hoje vai passar um bom filme na televisão.* 9. Desaparecer: *a dor que eu estava sentindo passou*. 10. Espalhar uma coisa sobre outra: *vou passar manteiga no pão.*

❑ **passar de** Ser mais de (falando-se de horas): *já passa das sete horas.*

passatempo pas·sa·***tem***·po

s.masc. Ocupação agradável para as horas de folga: *a leitura é o meu passatempo favorito; é o que eu mais gosto de fazer para me distrair.*

> ◎ Passatempo é uma palavra formada de *passa* + *tempo*; e significa exatamente isto: uma brincadeira, uma forma de passar o tempo.

passe ***pas***·se

s.masc. 1. Bilhete que permite entrar num veículo de transporte público: *passe de ônibus*. 2. *Esp.* Lance em que um jogador faz a bola chegar a um companheiro: *dei um passe ótimo para ele fazer o gol.*

passear pas·se·***ar***

v. Andar ou sair para divertir-se ou distrair-se: *fomos passear no jardim zoológico.*

passeata pas·se·***a***·ta

s.fem. Marcha pelas ruas de um grande grupo de pessoas, geralmente em sinal de protesto contra alguma coisa: *os moradores do bairro fizeram uma passeata contra o fechamento dessa escola.*

passeio pas·***sei***·o

s.masc. Ação de passear, de andar de um lado para outro apenas como distração: *fizemos um agradável passeio pela cidade.*

passo ***pas***·so

s.masc. Movimento que fazemos com os pés quando andamos: *Os jogadores ficaram a dez passos da bola.*

❑ **dar um passo maior que a perna** *pop.* Querer fazer mais do que é possível: *ele quis fazer todo o trabalho sozinho e não conseguiu; quis dar um passo maior que a perna e se deu mal.*

pasta ***pas***·ta

s.fem. 1. Porção de massa achatada; creme: *pasta de dentes*. 2. Espécie de bolsa chata de couro, papel, plástico, etc.: *ele guardou as fotos numa pasta de plástico.*

pastar pas·***tar***
v. 1. Comer no pasto: *o boi está pastando*. 2. *fig.* Passar muitas dificuldades: *nosso grupo pastou para conseguir acabar aquele trabalho*.

pastel pas·***tel***
s.masc. Comida feita de massa de farinha de trigo e recheada com palmito, carne, etc.: *gosto de comer pastel de carne*.
❖ *pl.* pastéis.

pasto ***pas***·to
s.masc. Lugar onde cresce o capim que serve para alimentar animais: *o cavalo está no pasto*.

pastor pas·***tor***
s.masc. Aquele que toma conta de um rebanho: *o pastor leva as ovelhas para o pasto e as protege do ataque de outros animais*.
❖ *pl.* pastores.

pastorear pas·to·re·***ar***
v. Fazer o trabalho de um pastor, tomar conta de um rebanho: *o menino aprendeu a pastorear observando o pai e os irmãos*.

pata ***pa***·ta
s.fem. 1. Pé dos animais: *pata do boi, do cavalo, etc.* 2. A fêmea do pato: *aqui está um ovo de pata*.

patacoada pa·ta·co:***a***·da
s.fem. *pop.* Situação ridícula, palhaçada: *a reunião foi uma patacoada*.

patada pa·***ta***·da
s.fem. Pancada dada com a pata: *o gato tentou dar uma patada em mim*.

paternal pa·ter·***nal***
adj.masc.fem. Que não é pai, mas apresenta qualidades típicas de pai: *o rapaz cuidava dos irmãos com carinho paternal*.
❖ *pl.* paternais.

paterno pa·***ter***·no (é)
adj. Que é próprio de pai: *ao ouvir a voz paterna, o menino se acalmou*.

pateta pa·***te***·ta (é)
adj.masc.fem. *pop.* Bobo, tolo: *sujeito pateta*.

patético pa·***té***·ti·co
adj. Que comove profundamente: *cena patética*.

patíbulo pa·***tí***·bu·lo
s.masc. Estrado onde se executa um condenado à morte: *Tiradentes subiu ao patíbulo e foi executado*.

patifaria pa·ti·fa·***ri***·a
s.fem. Ação de patife: *ele fez uma patifaria conosco*.

patife pa·***ti***·fe
adj.masc.fem. Canalha, velhaco: *sujeito patife*.

pato ***pa***·to
s.masc. *Zool.* Ave aquática que tem o bico achatado e pernas curtas: *os patos refrescavam-se na lagoa*.
❑ **pagar o pato** *pop.* Sofrer as consequências por aquilo que não fez: *os colegas fizeram bagunça e ele, que ficou quieto, acabou pagando o pato: levou uma bronca do professor*.
❖ Para indicar o som que o pato emite, usamos o verbo **grasnar**: *o pato grasna*.

patrão pa·***trão***
s.masc. Aquele que tem empregados que trabalham sob suas ordens: *o patrão vai contratar mais um empregado*.
❖ *fem.* patroa. *pl.* patrões, patroas.

pátria ***pá***·tri:a
s.fem. A terra natal, o país onde nascemos: *o Brasil é minha pátria*.

patrício pa·***trí***·ci:o
s.masc. Aquele que nasceu na mesma pátria que outro: *meu vizinho encontrou um patrício, isto é, alguém que, como ele, nasceu na Itália*.

pátrio ***pá***·tri:o
adj. Da pátria: *estude bem o idioma pátrio, ou seja, a língua falada em sua pátria*.

patriotismo pa·tri·o·***tis***·mo
s.masc. Amor à pátria: *admiro seu patriotismo*.

patrocinador pa·tro·ci·na·***dor***
s.masc. Aquele que dá patrocínio: *eles foram os patrocinadores do festival de teatro*.
❖ *pl.* patrocinadores.

P

patrocinar pa·tro·ci·***nar***

v. Dar patrocínio, isto é, dar dinheiro para a realização de uma atividade ou espetáculo feito por outras pessoas: *os donos dessa fábrica patrocinaram o festival de teatro que houve na escola.*

patrocínio pa·tro·***cí***·ni:o

s.masc. Ajuda (geralmente em dinheiro) para a realização de um espetáculo ou de uma atividade: *os comerciantes do bairro ofereceram patrocínio para a festa da escola.*

patrulhar pa·tru·***lhar***

v. Vigiar: *os policiais patrulham a cidade à noite.*

paulista pau·***lis***·ta

adj.masc.fem. 1. Do estado de São Paulo: *cidade paulista.*
s.masc.fem. 2. Pessoa que nasceu no estado de São Paulo: *um grupo de paulistas está hospedado nesse hotel.*
→ Veja também **paulistano**.

paulistano pau·lis·***ta***·no

adj. 1. Da cidade de São Paulo: *bairro paulistano.*
s.masc. 2. Aquele que nasceu na cidade de São Paulo: *os paulistanos gostam muito de pizza.*

pausa ***pau***·sa

s.fem. Intervalo, parada: *vamos fazer uma pausa para descanso.*

pausado pau·***sa***·do

adj. Calmo, sem pressa: *ele conversou com voz pausada, explicando tudo direitinho.*

pavão pa·***vão***

s.masc. *Zool.* Grande ave cujo macho exibe uma magnífica plumagem, especialmente na longa cauda: *o pavão abriu sua cauda colorida.*
❖ *fem.* pavoa. *pl.* pavões, pavoas.

pavilhão pa·vi·***lhão***

s.fem. 1. Edifício, geralmente provisório, destinado a exposições: *o pavilhão da festa da uva já está pronto.* 2. Bandeira: *o pavilhão nacional foi hasteado.* 3. *Anat.* Parte exterior do canal auditivo: *a orelha é um pavilhão auditivo.*
❖ *pl.* pavilhões.

pavimento pa·vi·***men***·to

s.masc. 1. Piso, chão: *o pavimento da cozinha.* 2. Cada um dos andares de um prédio: *meu escritório fica no terceiro pavimento.*

pavio pa·***vi***:o

s.masc. Cordãozinho próprio para se acender, como nas velas, por exemplo: *dos pavios apagados sai um cheiro de queimado.*
❐ **ter pavio curto** Irritar-se facilmente: *ele tem pavio curto, por qualquer coisa fica irritado e começa a discutir.*

pavor pa·***vor***

s.masc. Susto ou medo muito grande: *o monstro provocou pavor nas pessoas.*
❖ *pl.* pavores.
→ Veja também **apavorar** e **pavoroso**.

pavoroso pa·vo·***ro***·so (ô)

adj. Que causa pavor, que é medonho: *monstro pavoroso.*
❖ *fem.* pavorosa (ó). *pl.* pavorosos (ó), pavorosas (ó).

paz

s.fem. Harmonia, tranquilidade, situação em que não há briga nem discussão: *Vamos procurar viver em paz.*
❐ **fazer as pazes** Voltar a ter amizade com uma pessoa com quem tínhamos brigado: *os dois meninos fizeram as pazes, voltaram a ser amigos outra vez.*
❖ *pl.* pazes.
→ Não confunda com *pás*, o plural de pá. Veja também **pacificar** e **apaziguar**.

pé

s.masc. 1. *Anat.* Parte do corpo que fica na extremidade da perna; o pé serve de apoio ao corpo e nos permite andar: *O ser humano tem dois pés.* 2. *fig.* Parte que sustenta um móvel: *a cadeira tem quatro pés.* 3. *Bot.* Cada unidade de uma planta (pé de café, pé de tomate, etc.): *comprei um pé de alface.*
❐ **com o pé direito** *pop.* Com sorte, muito bem: *ele começou no emprego com o pé direito: logo no primeiro dia, já ganhou muitos elogios do chefe.* **com o pé esquerdo** *pop.* Com azar, muito mal: *ele estreou no time com o pé esquerdo e foi logo substituído.* **dar no pé** *pop.*

Fugir: *quando viu a polícia, o ladrão deu no pé.* **dar pé** *pop.* Ser raso de modo que se possa ficar em pé no fundo, mantendo a cabeça fora da água: *neste ponto, o rio dá pé.* **em pé de guerra** *pop.* Irritado e disposto a brigar: *ele está em pé de guerra com esse garoto; logo, logo os dois vão acabar brigando.* **ir num pé e voltar no outro** *pop.* Ir e voltar muito rapidamente: *vá até a farmácia comprar esse remédio, mas vá num pé e volte no outro.* **meter os pés pelas mãos** *pop.* Atrapalhar-se: *na hora de organizar os livros na biblioteca, ele meteu os pés pelas mãos e fez uma confusão.* **não chegar aos pés (de alguém)** *pop.* Ser muito inferior (a alguém): *ele desenha bem, mas não chega aos pés do meu irmão, que desenha muito melhor.* **pé ante pé** na ponta dos pés, com cuidado e em silêncio: *para não acordar o menino, eles entraram no quarto pé ante pé.* **pegar no pé** *pop.* Implicar com alguém: *ele é um homem ranzinza, vive pegando no pé do menino e não o deixa em paz.* **sem pé nem cabeça** *pop.* Sem lógica, absurdo: *ele contou uma história sem pé nem cabeça, totalmente maluca.*

→ Veja também **bípede**.

peão pe·***ão***

s.masc. 1. Empregado de fazenda: *o fazendeiro contratou mais um peão.* 2. Amansador de cavalos: *esse rapaz já é um peão experiente.* 3. Trabalhador braçal: *o caminhão está levando um grupo de peões para o trabalho.* 4. Peça do jogo de xadrez: *perdi meu último peão.*

❖ *fem.* peã, peoa ou peona (*pl.* peãs, peoas ou peonas). *pl.* peões ou peães.

→ Não confunda com **pião**, que tem outro significado.

peça ***pe***·ça (é)

s.fem. 1. Cada uma das figuras de um jogo como o de damas, etc.: *onde estão as peças do meu jogo?* 2. Cada uma das partes de um conjunto: *um carro é formado por várias peças.* 3. Espetáculo de teatro: *os alunos estão ensaiando uma peça que vai ser apresentada no final do ano.* 4. Composição musical: *o pianista tocou uma peça de Villa-Lobos, famoso compositor brasileiro.*

❑ **pregar uma peça** *pop.* Enganar, fazer alguém de bobo: *pregaram uma peça no garoto e ele ficou furioso.*

pecado pe·***ca***·do

s.masc. Aquilo que vai contra as leis ou os mandamentos de uma religião: *matar é pecado.*

→ Veja também **pecaminoso**.

pecador pes·ca·***dor***

s.masc. Aquele que comete um pecado: *o pecador pede perdão a Deus.*

❖ *pl.* pecadores.

pecaminoso pe·ca·mi·***no***·so

adj. Em que existe pecado: *ato pecaminoso.*

❖ *fem.* pecaminosa (ó). *pl.* pecaminosos (ó), pecaminosas (ó).

pecar pe·***car***

v. Cometer pecado: *se você roubar, vai pecar contra as leis de sua religião.*

pechincha pe·***chin***·cha

s.fem. Coisa boa que se pode comprar por preço baixo: *pelo preço que está, essa bonita camisa é uma pechincha.*

pechinchar pe·chin·***char***

v. Tentar convencer o vendedor a baixar o preço do que queremos comprar: *ela queria comprar o vestido mas achou o preço muito alto; por isso começou a pechinchar para ver se conseguia pagar menos por ele.*

pecuária pe·cu·***á***·ri:a

s.fem. Nome que se dá à atividade de criação de gado: *a pecuária dá emprego a muitas pessoas.*

pecuarista pe·cu:a·***ris***·ta

s.masc.fem. Aquele que se dedica à pecuária: *os pecuaristas pediram uma reunião com o governador.*

peculiar pe·cu·li·***ar***

adj.masc.fem. Especial, que é próprio apenas de uma pessoa ou de alguma coisa: *esse professor tem um modo peculiar de ensinar seus alunos, um jeito só dele, que ninguém mais tem.*

❖ *pl.* peculiares.

pedaço pe·*da*·ço
s.masc. Parte tirada, arrancada ou quebrada de um todo: *quero um pedaço desse sanduíche.*
→ Veja também **despedaçar**.

pé-d'água *pé-d'á*·gua
s.masc. Chuva forte e inesperada, mas de curta duração: *bem na hora da nossa saída, caiu um pé-d'água.*
❖ *pl.* pés-d'água.

pedal pe·*dal*
s.masc. Peça de uma máquina ou instrumento que é acionada com o pé: *o pedal do breque desse carro não está funcionando bem.*
❖ *pl.* pedais.

Pedal vem da palavra latina *pede*, que significa *pé*. A palavra pede está presente em muitas outras, *pedestre*, *pedestal*, etc.

pedalar pe·da·*lar*
v. Mover o pedal: *os ciclistas pedalaram durante horas.*

pedante pe·*dan*·te
adj.masc.fem. Que gosta de se exibir, que se acha melhor que os outros; pernóstico: *pessoa pedante.*

P

pé-de-boi *pé*-de-*boi*
s.masc. *pop.* Indivíduo muito trabalhador, que não tem preguiça para fazer um serviço: *esse meu amigo é um pé-de-boi.*
❖ *pl.* pés-de-boi.

pé-de-chinelo *pé*-de-chi·*ne*·lo (é)
adj.masc.fem. *pop.* Que tem pouca importância ou valor: *sujeito pé-de-chinelo.*
❖ *pl.* pés-de-chinelo.

pé-de-meia *pé*-de-*mei*·a
s.masc. *pop.* Dinheiro que se consegue guardar, para uso futuro: *durante anos ele foi fazendo um pé-de-meia e agora pode viver tranquilo.*
❖ *pl.* pés-de-meia.

pé-de-moleque *pé*-de-mo·*le*·que (é)
s.masc. Doce feito com açúcar e amendoim: *comi um pé-de-moleque delicioso.*
❖ *pl.* pés-de-moleque.

pedestal pe·des·*tal*
s.masc. Suporte; peça que sustenta alguma coisa: *a estátua vai ser colocada sobre esse pedestal.*
❖ *pl.* pedestais.

pedestre pe·*des*·tre (é)
s.masc.fem. Pessoa que anda a pé: *os pedestres devem tomar cuidado na hora de atravessar as ruas.*

pé-de-vento *pé*-de-*ven*·to
s.masc. Ventania forte e inesperada: *um pé-de-vento derrubou a nossa barraca.*
❖ *pl.* pés-de-vento.

pediatra pe·di·*a*·tra
s.masc.fem. Médico especializado em tratar de doenças infantis: *ela levou o nenê ao pediatra.*

pediatria pe·di:a·*tri*·a
s.fem. Parte da medicina que trata das doenças das crianças: *como gosta de crianças, está estudando pediatria.*

pedicure pe·di·*cu*·re
s.fem. Profissional que cuida dos pés das pessoas: *ela foi à pedicure cortar e pintar as unhas.*
❖ *masc.* pedicuro.

pedinte pe·*din*·te
s.masc.fem. Mendigo, pessoa que pede esmolas: *há vários pedintes na porta da igreja.*

pedir pe·*dir*
v. Solicitar: *pedi licença para sair.*

pedra *pe*·dra (é)
s.fem. Pedaço de rocha dura: *com a chuva, muitas pedras rolaram do alto do morro e caíram na estrada.*
→ Veja também **empedrar** e **apedrejar**.

pedrada pe·*dra*·da
s.fem. Pancada com pedra que foi arremessada: *ele levou uma pedrada.*

pedregoso pe·dre·*go*·so (ô)
adj. Cheio de pedras: *caminho pedregoso.*
❖ *fem.* pedregosa (ó). *pl.* pedregosos (ó), pedregosas (ó).

pedregulho pe·dre·*gu*·lho
s.masc. Pedra miúda: *há muito pedregulho nesse terreno.*

pedreira pe·***drei***·ra
s.fem. Rocha de onde se extraem pedras para construção: *às vezes, os operários usam explosivos na pedreira.*

pedreiro pe·***drei***·ro
s.masc. Homem que executa trabalhos com pedras, cimento, tijolo, areia, etc.: *os pedreiros que construíram esse muro são ótimos profissionais.*

pé-frio ***pé-fri***:o
adj.masc.fem. *pop.* Pessoa que parece atrair o azar, que é azarenta: *ele é um sujeito pé-frio; sempre que vai nos ver jogar, nós perdemos.*
❖ *pl.* pés-frios.

pegada pe·***ga***·da
s.fem. Marca deixada por pés ou patas: *a polícia descobriu pegadas do ladrão no quintal.*

pegar pe·***gar***
v. 1. Segurar, agarrar: *ele pegou a bola.* 2. Apanhar uma doença: *meu primo pegou sarampo.* 3. Tomar (um veículo): *vamos pegar esse ônibus.*

peito ***pei***·to
s.masc. Parte do corpo onde ficam os pulmões e o coração; tórax: *a bola bateu no meu peito.*
→ Veja também **tórax** e **expectorar**.

peixaria pei·xa·***ri***·a
s.fem. Local onde se vende peixe para consumo público: *esse rapaz trabalha numa peixaria.*

peixe ***pei***·xe
s.masc. *Zool.* Nome que se dá aos animais vertebrados que vivem na água, se movimentam por meio de nadadeiras e respiram por um órgão chamado guelra: *no aquário enorme havia muitas espécies de peixes.*
❑ **não ter nada com o peixe** *pop.* Não ter nada a ver com o caso: *isso é um problema de vocês; eu não tenho nada com o peixe.*

peixeira pei·***xei***·ra
s.fem. Faca comprida própria para cortar peixes: *o peixeiro toma cuidado para não se cortar com a peixeira afiada.*

peixeiro pei·***xei***·ro
s.masc. Aquele que trabalha numa peixaria: *conheço esse peixeiro há muito tempo.*

pejorativo pe·jo·ra·***ti***·vo
adj. Que expressa ideia ofensiva, depreciativa: *gentinha é uma palavra que tem sentido pejorativo.*

pelada pe·***la***·da
adj. 1. Que está sem roupa: *mulher pelada.*
s.fem. 2. *pop.* Partida de futebol improvisada: *o pessoal se reuniu na praia e jogou uma pelada.*

> ◎ Pelada, no sentido de jogo de futebol improvisado, vem de *pela*, nome de uma bola de borracha usada para brincar.

pelado pe·***la***·do
adj. 1. Que não tem pelo: *vi o filhote pelado do passarinho.* 2. Nu, sem roupa: *menino pelado.*

pele ***pe***·le (é)
s.fem. *Anat.* Nome que se dá ao revestimento mais externo do corpo humano: *o sol pode queimar nossa pele.*
❖ *dim.* pelinha ou película.

peleja pe·***le***·ja (ê)
s.fem. 1. Combate, luta: *muitos soldados participaram dessa peleja sangrenta.* 2. Disputa, partida de um jogo: *nosso goleiro atuou bem na peleja de ontem.*

pelejar pe·le·***jar***
v. Lutar, batalhar, esforçar-se por conseguir alguma coisa: *eles pelejaram bastante e alcançaram seu objetivo.*

película pe·***lí***·cu·la
s.fem. 1. Pelinha, camada bem fina de pele: *formou-se uma película no meu machucado.* 2. Filme de cinema: *essa película fez muito sucesso alguns anos atrás.*

pelo ***pe***·lo (ê)
s.masc. Fio que nasce sobre o corpo do ser humano e de alguns animais: *o pelo desse gato é macio.*
❑ **em pelo** Sem roupa, pelado: *a criança apareceu em pelo na frente das visitas.*

P

pelota pe·***lo***·ta (ó)

s.fem. 1. Pequena bola: *ele fez uma pelota de barro.* 2. *Esp.* A bola de futebol: *o goleiro conseguiu desviar a pelota e evitar o gol.*

pelotão pe·lo·***tão***

s.masc. Grupo de soldados que fazem parte de um batalhão: *o pelotão está acampado aqui perto.*

❖ *pl.* pelotões.

pelourinho pe·lou·***ri***·nho

s.masc. *Hist.* Poste ou coluna onde eram amarrados e castigados os condenados pela justiça: *no Brasil, na época da escravidão, muitos escravos foram castigados nos pelourinhos.*

pelúcia pe·***lú***·ci:a

s.fem. Tecido bem macio, felpudo de um lado: *ela tem vários bichinhos de pelúcia.*

peludo pe·***lu***·do

adj. Que tem muito pelo: *animal peludo.*

pena ***pe***·na (ê)

s.fem. 1. Pluma; órgão que cobre o corpo das aves: *a galinha tem o corpo coberto de penas.* 2. Dó: *tenho pena desse homem doente.* 3. Castigo, punição: *que pena recebeu o ladrão?*

P

penalidade pe·na·li·***da***·de

s.fem. Punição ou castigo que uma pessoa sofre por não respeitar um regulamento: *esse motorista cometeu uma infração grave e vai receber uma penalidade.*

penalizar pe·na·li·***zar***

v. 1. Causar pena ou dó: *o sofrimento da menina penalizou os colegas, que logo se reuniram para ajudá-la.*

v.pron. **penalizar-se** 2. Sentir pena ou dó: *as pessoas penalizaram-se com a situação das vítimas do acidente.*

pênalti ***pê***·nal·ti

s.masc. *Esp.* 1. No futebol, falta cometida dentro da área e punida por um tiro livre, sem barreira, a onze metros do gol: *o zagueiro cometeu pênalti.* 2. Chute dado na cobrança dessa falta: *ele cobrou o pênalti e marcou o gol da vitória.*

❖ *pl.* pênaltis.

penar pe·***nar***

v. Sofrer: *o menino penou bastante para terminar aquela tarefa.*

penca ***pen***·ca

s.fem. Cacho: *compre uma penca de bananas.*

pendão pen·***dão***

s.masc. Bandeira: *o pendão nacional vai ser hasteado.*

❖ *pl.* pendões.

pendurar pen·du·***rar***

v. Suspender e prender alguma coisa a certa altura, de modo a não tocar no chão: *pendure esse quadro na parede.*

peneira pe·***nei***·ra

s.fem. Rede de arame bem fino, presa a um aro, que deixa passar só pedaços bem pequenos de alguma coisa: *passe o suco pela peneira antes de beber.*

peneirar pe·nei·***rar***

v. Passar pela peneira: *ela peneirou o arroz.*

penetrar pe·ne·***trar***

v. Entrar: *o policial penetrou na casa.*

penhor pe·***nhor***

s.masc. Garantia, segurança. Veja o uso dessa palavra neste trecho do Hino Nacional Brasileiro: *"se o penhor dessa igualdade/conseguimos conquistar com braço forte,/em teu seio, ó liberdade,/desafia o nosso peito a própria morte!"*

❖ *pl.* penhores.

penico pe·***ni***·co

s.masc. Vaso próprio para as pessoas fazerem suas necessidades físicas: *antigamente, as pessoas tinham um penico no quarto de dormir.*

península pe·***nín***·su·la

s.fem. *Geog.* Extensão de terra cercada de água por todos os lados menos por um: *Portugal fica em uma península.*

pênis ***pê***·nis

s.masc. *Anat.* Nome do órgão genital masculino: *ao tomar banho, lave também seu pênis.*

❖ Esta palavra tem a mesma forma no singular e no plural: *o pênis, os pênis.*

penitência pe·ni·***tên***·ci:a
s.fem. Castigo ou sofrimento que uma pessoa se impõe ou que é imposto a ela como forma de pagar por um erro cometido: *subiu as escadas da igreja para fazer uma penitência.*

penitenciária pe·ni·ten·ci·***á***·ri:a
s.fem. Prisão: *o criminoso foi levado à penitenciária, onde cumprirá sua pena.*

penoso pe·***no***·so (ô)
adj. Cansativo, trabalhoso: *tarefa penosa.*
❖ *fem.* penosa (ó). *pl.* penosos (ó), penosas (ó).

pensão pen·***são***
s.fem. 1. Dinheiro que uma pessoa recebe mensalmente sem estar trabalhando: *como ficou doente, ele agora recebe uma pensão do governo.* 2. Espécie de pequeno hotel onde alguém pode viver pagando mensalmente pela comida e pelo quarto: *ele mora nessa pensão há muitos anos.*
❖ *pl.* pensões.

pensar pen·***sar***
v. Formar ideias sobre alguma coisa: *estou pensando nas férias.*

pensativo pen·sa·***ti***·vo
adj. Que está preocupado, pensando em alguma coisa: *o rapaz estava pensativo num canto.*

pensionista pen·si:o·***nis***·ta
s.masc.fem. 1. Pessoa que recebe pensão: *ele é pensionista do governo.* 2. Pessoa que mora em pensão: *ele é nosso pensionista há muitos anos.*
→ Veja também **pensão**.

pentagrama pen·ta·***gra***·ma
s.masc. *Mús.* Pauta musical, isto é, conjunto de cinco linhas paralelas onde se escrevem as notas musicais: *o compositor escreveu a música no pentagrama.*

pentatlo pen·***ta***·tlo
s.masc. *Esp.* Nome que se dá ao conjunto das cinco competições atléticas dos jogos olímpicos (corrida, salto em distância, arremesso de disco, arremesso de dardo, luta): *esse atleta está se preparando para o pentatlo.*

pente ***pen***·te
s.masc. Instrumento em forma de dentes que se usa para alisar ou arrumar os cabelos: *ele passou um pente nos cabelos e saiu.*

penteado pen·te·***a***·do
s.masc. Modo de arranjar os cabelos: *hoje ela foi à escola com um penteado diferente.*

pentear pen·te·***ar***-se
v.pron. Ajeitar ou arrumar os cabelos com um pente: *ele se penteou antes de sair.*

penugem pe·***nu***·gem
s.fem. *Zool.* Pelos macios e finos que cobrem o corpo das aves: *a penugem dos filhotes de passarinhos.*
❖ *pl.* penugens.

penúltimo pe·***núl***·ti·mo
adj. Que vem antes do último: *sou o penúltimo aluno da fila; atrás de mim, só há mais um aluno.*

penumbra pe·***num***·bra
s.fem. Pouca luz: *o quarto estava na penumbra, estava pouco iluminado, quase na escuridão.*

penúria pe·***nú***·ri:a
s.fem. Miséria, grande pobreza: *ele vive na penúria.*

pepineiro pe·pi·***nei***·ro
s.masc. *Bot.* Planta trepadeira que produz pepino: *temos um pepineiro na chácara.*

pepino pe·***pi***·no
s.masc. 1. Fruto comestível muito usado em saladas: *ela pôs rodelas de pepino na salada.* 2. *gír.* Coisa chata e complicada de resolver: *esse problema é um pepino, não sei o que fazer.*

pepita pe·***pi***·ta
s.fem. Pedaço de ouro em estado bruto achado na natureza: *o homem achou uma pepita de ouro no leito do riacho.*

pequenino pe·que·***ni***·no
adj. Bem pequeno: *menino pequenino.*

pequeno pe·***que***·no (ê)
adj. De pouco tamanho, volume ou extensão: *casa pequena.*
→ Veja também **grande**.

pé-quente ***pé-quen***·te
adj.masc.fem. *pop.* Pessoa que parece atrair a sorte, que é sortuda: *o time ganhou porque o torcedor pé-quente foi ao jogo.*
❖ *pl.* pés-quentes.

pequinês pe·qui·***nês***
s.masc. *Zool.* Certa raça de cães de pequeno porte e pelos compridos: *a menina ganhou um pequinês.*
❖ *pl.* pequineses.

pera ***pe***·ra
s.fem. 1. Fruto comestível amarelo de polpa macia e doce: *esta pera está muito gostosa.* 2. Pequena peça que contém um interruptor elétrico e que serve para acender e apagar a luz: *esta peça se chama pera porque se parece com a fruta.*

peralta pe·***ral***·ta
adj.masc.fem. Sapeca, levado, travesso: *menino peralta.*

perambular pe·ram·bu·***lar***
v. Andar à toa, sem destino certo: *ele estava perambulando pelas ruas.*

perceber per·ce·***ber***
v. 1. Ver, enxergar: *percebi um vulto ao longe.* 2. Compreender, entender: *você percebeu o que ele quis dizer?* 3. Notar: *percebi que ele estava nervoso.*

perceptível per·cep·***tí***·vel
adj.masc.fem. Que se pode perceber: *seu mal-estar é perceptível.*
❖ *pl.* perceptíveis.
→ Veja também **imperceptível**.

percorrer per·cor·***rer***
v. Andar por algum lugar: *os visitantes percorreram toda a fazenda.*

percurso per·***cur***·so
s.masc. Caminho, trajeto: você *sabe qual é o percurso desse ônibus?*

percussão per·cus·***são***
s.fem. Batida (com a mão ou com alguma coisa) que produz som: *o pandeiro é um instrumento de percussão.*

perdão per·***dão***
s.masc. Desculpa: *fui grosseiro com você, por isso peço perdão.*
❖ *pl.* perdões.

perdedor per·de·***dor***
adj. Que perde ou perdeu: *time perdedor.*
❖ *pl.* perdedores.
→ Veja também **vencedor**.

perder per·***der***
v. 1. Ficar sem o que se tinha: *perdi meu relógio na viagem.* 2. Desperdiçar, não aproveitar: *perdemos a oportunidade de ganhar esse prêmio.* 3. Ser derrotado: *nosso time perdeu.*
v.pron. **perder-se** 4. Não achar o caminho certo, errar o caminho: *o menino perdeu-se na cidade.*
❑ **perder a vida** Morrer: *muitas pessoas perderam a vida* na guerra.

perdoar per·do·***ar***
v. Desculpar um erro, uma falha, uma ofensa, etc.: *o menino fez travessuras mas o pai o perdoou.*

perdoável per·do·***á***·vel
adj.masc.fem. Que se pode perdoar ou desculpar: *falha perdoável.*
❖ *pl.* perdoáveis.
→ Veja também **imperdoável**.

perecer pe·re·***cer***
v. Morrer: *duas pessoas pereceram no acidente.*

perecível pe·re·***cí***·vel
adj.masc.fem. Que pode estragar-se em pouco tempo: *alimento perecível.*
❖ *pl.* perecíveis.

peregrinação pe·re·gri·na·***ção***
s.fem. Romaria, viagem que se faz para visitar um lugar de importância religiosa: *muita gente faz peregrinação a Roma.*
❖ *pl.* peregrinações.

peregrino pe·re·***gri***·no
s.masc. Aquele que faz peregrinação: *os peregrinos entraram na catedral.*

pereira pe·***rei***·ra
s.fem. *Bot.* Árvore que produz pera: *plantamos várias pereiras na chácara.*

perene pe·***re***·ne (ê)
adj.masc.fem. Permanente, eterno: *fama perene.*

P

perfeição per·fei·***ção***
s.fem. Ausência de falhas ou defeitos: *seu trabalho foi feito com perfeição.*
❖ *pl.* perfeições.
→ Veja também **imperfeição** e **aperfeiçoar**.

perfeito per·***fei***·to
adj. Sem nenhum defeito, excelente: *esse almoço ficou perfeito, tudo estava bem delicioso.*
→ Veja também **imperfeito**.

perfumar per·fu·***mar***
v. Pôr ou espalhar perfume: *ela perfumou a sala.*

perfume per·***fu***·me
s.masc. 1. Cheiro agradável: *estou sentindo o perfume dessa flor.* 2. Líquido que deixa um cheiro agradável: *ela pôs um pouco de perfume na mão.*

perguntar per·gun·***tar***
v. Fazer uma pergunta, apresentar uma questão para alguém responder: *o aluno perguntou ao professor quando seria a prova.*

perícia pe·***rí***·ci:a
s.fem. Destreza, habilidade: *ele executou o trabalho com muita perícia.*

periferia pe·ri·fe·***ri***·a
s.fem. Região da cidade bem afastada do centro: *minha escola fica na periferia.*

periférico pe·ri·***fé***·ri·co
adj. Que se refere à periferia: *bairro periférico.*

perigo pe·***ri***·go
s.masc. Risco: *o rapaz passou por um grande perigo durante o incêndio; poderia ter ficado gravemente ferido.*

perigoso pe·ri·***go***·so (ô)
adj. Arriscado, em que há perigo: *é perigoso entrar no mar hoje, ele está agitado e as ondas estão muito altas.*
❖ *fem.* perigosa (ó). *pl.* perigosos (ó), perigosas (ó).

período pe·***rí***:o·do
s.masc. Espaço de tempo: *nós estudamos no período da manhã.*

peripécia pe·ri·***pé***·ci:a
s.fem. Acontecimento imprevisto, fato inesperado: *durante a viagem, ocorreram muitas peripécias.*

perito pe·***ri***·to
adj. Que sabe fazer muito bem alguma coisa: *esse homem é perito em descobrir assinaturas falsas, é especialista nisso.*

permanecer per·ma·ne·***cer***
v. 1. Conservar-se, manter-se, ficar: *durante a reunião ela permaneceu calada.* 2. Ficar em algum lugar: *as crianças permaneceram na escola depois das aulas.*

permanente per·ma·***nen***·te
adj.masc.fem. Que permanece, que dura sem se alterar: *nesta cidade o calor é permanente, nunca muda.*

permeável per·me·***á***·vel
adj.masc.fem. Que deixa passar água: *essa blusa é permeável, se você pegar chuva vai ficar todo molhado.*
❖ *pl.* permeáveis.
→ Veja também **impermeável**.

permissão per·mis·***são***
s.fem. Licença, autorização: *tenho permissão para sair mais cedo.*
❖ *pl.* permissões.
→ Veja também **proibição**.

permitir per·mi·***tir***
v. Autorizar, deixar fazer alguma coisa: *o professor permitiu que eu saísse da sala.*

perna ***per***·na (é)
s.fem. 1. *Anat.* Membro inferior dos seres humanos e de certos animais: *os seres humanos têm duas pernas; os cachorros têm quatro.* 2. Cada peça que serve de apoio a um móvel: *sentei-me num banquinho de três pernas.*
❑ **passar a perna (em alguém)** *pop.* Enganar: *ele percebeu que o menino era ingênuo e passou a perna nele, ficando com todo o dinheiro.*
→ Veja também **espernear**.

◎ Pernalta é palavra formada da junção de *perna* + *alta*; portanto, pernalta significa *aquele que tem as pernas altas ou compridas.*

pernambucano per·nam·bu·***ca***·no
adj. 1. Do estado de Pernambuco: *povo pernambucano.*
s.masc. 2. Aquele que nasceu em Pernambuco: *há dois pernambucanos na minha classe.*

P

pernicioso per·ni·ci·***o***·so (ô)
adj. Prejudicial, nocivo: *dizem que esse filme exerce uma influência perniciosa sobre os jovens.*
❖ *fem.* perniciosa (ó). *pl.* perniciosos (ó), perniciosas (ó).

pernilongo per·ni·***lon***·go
s.masc. *Zool.* Inseto alado que se alimenta de sangue e cuja picada causa irritação dolorosa na pele: *os pernilongos picam pessoas e animais.*
❖ Para indicar o sexo do animal, dizemos o *pernilongo macho, o pernilongo fêmea.*

pernoitar per·noi·***tar***
v. Passar a noite em algum lugar: *os homens pernoitaram na fazenda e de manhã continuaram a viagem.*

pernóstico per·***nós***·ti·co
adj. Pedante; que gosta de se exibir e que se considera melhor que os outros: *ele é um sujeito pernóstico.*

perpetuar per·pe·tu·***ar***
v. Eternizar, fazer durar para sempre: *Monteiro Lobato escreveu livros que perpetuaram seu nome, que tornaram seu nome imortal.*

perpétuo per·***pé***·tu:o
adj. Que dura até o fim da vida, que não termina: *o bandido foi condenado à prisão perpétua.*

perplexo per·***ple***·xo (cs)
adj. Tão confuso que não sabe como reagir: *ao ouvir a notícia, ele ficou perplexo.*

perseguir per·se·***guir***
v. Ir atrás para alcançar ou atacar: *o menino está perseguindo o cachorro.*

perseverante per·se·ve·***ran***·te
adj.masc.fem. Que não desanima, que persevera: *ele é um rapaz perseverante; apesar dos problemas, continuou estudando e conseguiu terminar o curso.*

perseverar per·se·ve·***rar***
v. Persistir, continuar a fazer o que se começou: *sei que ele vai perseverar até o fim na luta em defesa dos animais.*

persistência per·sis·***tên***·ci:a
s.fem. Insistência em continuar fazendo alguma coisa: *admiro a persistência com que ele busca atingir seus objetivos, não desanimando em nenhum momento.*

persistente per·sis·***ten***·te
adj.masc.fem. Perseverante, que não desiste: *homem persistente.*

persistir per·sis·***tir***
v. Não desanimar em fazer uma coisa: *mesmo encontrando muitas dificuldades, ele persiste na luta pela defesa dos animais.*

personagem per·so·***na***·gem
s.masc.fem. Ser que executa ações num filme, numa história, numa peça de teatro: *nesse livro, há três personagens muito interessantes.*
❖ *pl.* personagens.

> ◎ Personagem vem da palavra *persona*, nome que os antigos romanos davam às máscaras usadas pelos atores nos teatros; quando um ator fazia o papel de um rei, por exemplo, ele entrava com uma máscara que representava o rei.

perspicácia pers·pi·***cá***·ci:a
s.fem. Esperteza, agilidade de pensamento: *a perspicácia do garoto surpreendeu o professor.*

perspicaz pers·pi·***caz***
adj.masc.fem. Muito esperto, que é capaz de perceber logo uma situação: *como ele era perspicaz, bastou conversar uma vez com aquelas pessoas para perceber que elas queriam enganá-lo.*
❖ *pl.* perspicazes.

persuadir per·su:a·***dir***
v. Convencer: *meu pai me persuadiu a fazer aquela viagem.*

pertencer per·ten·***cer***
v. Ser propriedade de alguém: *eu comprei esse relógio, ele agora pertence a mim.*

pertences per·***ten***·ces
s.masc.pl. Coisas que pertencem a alguém: *ele pegou seus pertences (roupas, livros, etc.) e foi embora daquela casa.*

P

perto ***per***·to (é)
adv. Próximo, a pouca distância: *minha escola fica perto, vou até lá em poucos minutos.*

perturbar per·tur·***bar***
v. Incomodar, atrapalhar: *não perturbe seu colega!*

peruano pe·ru·***a***·no
adj. 1. Que se refere ao Peru, um país da América do Sul: *povo peruano.*
s.masc. 2. Aquele que nasceu no Peru: *conheci alguns peruanos durante minha viagem.*

perversidade per·ver·si·***da***·de
s.fem. Malvadeza, crueldade: *matar passarinhos é uma perversidade.*

perverso per·***ver***·so (é)
adj. Malvado, cruel: *não seja perverso, não mate passarinhos.*

pesadelo pe·sa·***de***·lo (ê)
s.masc. Sonho mau que nos causa aflição, medo: *ele gritou enquanto dormia porque estava tendo um pesadelo.*

pesado pe·***sa***·do
adj. Que pesa muito: *não consigo levantar essa pedra, ela é pesada.*
→ Veja também **leve**.

pêsames ***pê***·sa·mes
s.masc.pl. Expressão de tristeza por alguma coisa ruim que aconteceu: *muita gente veio dar os pêsames à mulher que perdeu o marido no acidente.*

pesar pe·***sar***
v. 1. Determinar o peso de: *ele pesou o pedaço de carne na balança.* 2. Ter certo peso: *essa mala pesa muito, é pesada.* 3. Considerar, examinar com atenção: *pese bem as vantagens desse emprego.*
s.masc. 4. Mágoa: *a sua partida causou-nos pesar, deixou-nos tristes.*
❖ *pl.* pesares.

pesaroso pe·sa·***ro***·so (ô)
adj. Entristecido, desgostoso: *fiquei pesaroso quando soube o que aconteceu com ele.*
❖ *fem.* pesarosa (ó). *pl.* pesarosos (ó), pesarosas (ó).

pescador pes·ca·***dor***
s.masc. Aquele que pesca: *o pescador sentou-se na beira do rio.*
❖ *pl.* pescadores.

pescar pes·***car***
v. Apanhar peixe (no rio, no mar, etc.): *fomos pescar no rio.*

pescaria pes·ca·***ri***·a
s.fem. Ação de pescar: três *pessoas participaram da pescaria ontem.*

pescoço pes·***co***·ço (ô)
s.masc. *Anat.* A parte do corpo que fica entre a cabeça e o tronco: *ela amarrou um lenço no pescoço.*

pesqueiro pes·***quei***·ro
adj. Que se usa para pescar: *barco pesqueiro.*

pesquisador pes·qui·sa·***dor***
s.masc. Aquele que pesquisa: *o repórter fez uma entrevista com esse pesquisador.*
❖ *pl.* pesquisadores.

pesquisar pes·qui·***sar***
v. Procurar novas informações sobre um determinado assunto: *muitos cientistas estão pesquisando a cura do câncer.* 2. Procurar conhecer mais sobre um assunto: *vamos pesquisar a vida do pintor Portinari na biblioteca da escola.*

pessegada pes·se·***ga***·da
s.fem. Doce de pêssego: *gosto muito de pessegada.*

pêssego ***pês***·se·go
s.masc. Fruto comestível de polpa amarelada e doce: *compramos esses pêssegos no supermercado.*

pessegueiro pes·se·***guei***·ro
s.masc. *Bot.* Árvore que produz pêssego: *há vários pessegueiros nessa chácara.*

pessimismo pes·si·***mis***·mo
s.masc. Sensação de achar sempre que as coisas vão mal ou que vão piorar: *não concordo com o pessimismo de vocês, acho que vamos ter sucesso em nossos planos.*
→ Veja também **otimismo**.

P

pessimista pes·si·***mis***·ta
adj.masc.fem. Que revela pessimismo: *pensamento pessimista*.
→ Veja também **otimista**.

péssimo ***pés***·si·mo
adj. Muito ruim: *trabalho péssimo*.
→ Veja também **ótimo**.

pessoa pes·***so***·a (ô)
s.fem. Qualquer ser humano: *todas as pessoas merecem respeito*.

pessoal pes·so·***al***
adj.masc.fem. 1. Individual, que se refere apenas a uma pessoa: *os alunos vão passar por uma entrevista pessoal; cada um deles vai ser entrevistado pelo professor*.
s.masc. 2. Grupo de pessoas: *quando a música começou, o pessoal que estava na sala saiu dançando*.
❖ *pl.* pessoais.

pestana pes·***ta***·na
s.fem. Cílio, pelo da pálpebra: *ela tem longas pestanas*.
❑ **queimar as pestanas** *pop.* Estudar muito: *na época dos exames, ele se trancava no quarto e queimava as pestanas em cima dos livros*. **tirar uma pestana** *pop.* Tirar uma soneca, cochilar: *depois do almoço, vovô gosta de tirar uma pestana.*

P

peste ***pes***·te (é)
s.fem. Doença grave e contagiosa que se espalha rapidamente e mata muitas pessoas: *a população da cidade ficou apavorada com a notícia de que havia peste nas redondezas*.
→ Veja também **empestear**.

petisco pe·***tis***·co
s.masc. Iguaria leve e saborosa, geralmente servida como aperitivo: *comi uns petiscos deliciosos em sua casa*.

pétreo ***pé***·tre:o
adj. De pedra: *estátua pétrea*.

petróleo pe·***tró***·le:o
s.masc. Líquido negro e denso, de cheiro forte, que existe no fundo da terra ou no fundo do mar e com o qual se fabricam muitos produtos (gasolina, querosene, etc.): *o Brasil extrai muito petróleo do fundo do mar*.

petulante pe·tu·***lan***·te
adj.masc.fem. Atrevido, insolente: *você é muito petulante, como ousa falar comigo desse jeito?*

piada pi·***a***·da
s.fem. Anedota, historinha curta e engraçada.

> Um homem encontra seu amigo.
> — Por que você está triste?
> — Meu cachorrinho se perdeu na rua e não consigo encontrá-lo.
> — Por que você não põe um anúncio no jornal?
> — Não adianta.
> — Por quê?
> — Meu cachorrinho não sabe ler...

→ Veja também **anedota**.

piadista pi:a·***dis***·ta
s.masc.fem. Pessoa que costuma contar piadas: *menino piadista*.

pianista pi:a·***nis***·ta
s.masc.fem. Pessoa que sabe tocar piano: *ela é uma excelente pianista*.

piano pi·***a***·no
s.masc. *Mús.* Grande instrumento musical com teclado: *ela está aprendendo a tocar piano*.

pião pi·***ão***
s.masc. Peça com formato de pera, com um bico na ponta, que gira quando se puxa um barbante ou cordinha enrolada nela: *dois meninos brincavam com o pião no quintal*.
❖ *pl.* piões.
→ Não confunda com *peão*, que tem outro significado.

piar pi·***ar***
v. Soltar pio ou piado: *o passarinho piou*.

piauiense pi·au·i·***en***·se
adj.masc.fem. 1. Do estado do Piauí: *população piauiense*.
s.masc.fem. 2. Pessoa que nasceu no Piauí: *os piauienses nos receberam muito bem*.

picadeiro pi·ca·***dei***·ro
s.masc. O lugar do circo onde os artistas se apresentam para o público: *quando os palhaços apareceram no picadeiro, a criançada começou a bater palmas*.

picar pi·***car***

v. 1. Ferir com objeto pontiagudo: *ela picou o dedo com a agulha.* 2. Ferir com ferrão: *algum bicho picou o meu braço.*

pichar pi·***char***

v. 1. Escrever, rabiscar ou desenhar em muros, paredes, etc.: *acabei de pintar o muro de casa e alguém já veio pichá-lo.* 2. *pop.* Falar mal: *estão pichando a nova música desse cantor.*

pico ***pi***·co

s.masc. Ponta de um monte; cume: *o alpinista conseguiu atingir o pico daquele monte.*

piedade pi:e·***da***·de

s.fem. Dó, pena: *tive piedade daquele pobre homem.*

piedoso pi:e·***do***·so (ô)

adj. Clemente, misericordioso: *o rei foi piedoso com os condenados e os libertou.*

❖ *fem.* piedosa (ó). *pl.* piedosos (ó), piedosas (ó).

→ Veja também **impiedoso**.

pilantra pi·***lan***·tra

s.masc.fem. *pop.* Malandro: *cuidado com esse sujeito, ele é um pilantra.*

pilha ***pi***·lha

s.fem. 1. Montão de coisas colocadas umas sobre as outras: *pilha de livros.* 2. Sistema que produz energia elétrica e faz funcionar aparelhos: *vou comprar pilhas para a lanterna.* 3. *fig.* Indivíduo muito nervoso: *o chefe está uma pilha hoje, é melhor não conversar com ele.*

pilhagem pi·lha·***gem***

s.fem. Saque, ato de pilhar: *os piratas fizeram a pilhagem do navio.*

❖ *pl.* pilhagens.

pilhar pi·***lhar***

v. 1. Saquear, atacar e roubar com violência (uma cidade, um castelo, um navio, etc.): *os guerreiros pilharam a cidade; eles entraram nas casas e roubaram o que viram pela frente.* 2. Surpreender alguém fazendo o que não deve: *ele foi pilhado tentando entrar na contramão.*

pilhéria pi·***lhé***·ri:a

s.fem. Anedota, piada, dito engraçado: *todos riram de suas pilhérias.*

→ Veja também **pilheriar**.

pilheriar pi·lhe·ri·***ar***

v. Fazer pilhérias, piadas: *meu avô gosta de pilheriar.*

pilotar pi·lo·***tar***

v. Guiar, dirigir um barco, um avião, um carro, etc.: *gostaria de pilotar seu carro novo.*

piloto pi·***lo***·to (ô)

s.masc. Aquele que dirige um barco, um avião, um carro, etc.: *ele quer ser um piloto de avião.*

❖ *fem.* pilota (ô). *pl.* pilotos (ô), pilotas (ô).

pinacoteca pi·na·co·***te***·ca (é)

s.fem. Lugar onde se guardam quadros de arte e se organizam exposições para o público: *visitamos uma bonita pinacoteca.*

pinga ***pin***·ga

s.fem. *pop.* Cachaça: *ele tomou muita pinga e ficou bêbedo.*

→ Veja também **pinguço**.

pingar pin·***gar***

v. Fazer cair pingo a pingo: *o médico me mandou pingar duas gotas desse remédio em cada olho.*

pingo ***pin***·go

s.masc. Gota: *caiu um pingo de café na minha calça.*

pinguço pin·***gu***·ço

s.masc. *pop.* Aquele que bebe muita pinga: *esse seu amigo é um pinguço.*

pintar pin·***tar***

v. 1. Cobrir de tinta: *pintei o muro de branco.* 2. Representar ou desenhar com tintas: *a menina pintou uma árvore no caderno.*

pintor pin·***tor***

s.masc. 1. Aquele que tem por ofício pintar casas, muros, etc.: *esse rapaz é um pintor, é ele que vai pintar as salas de aula nas férias.* 2. Aquele que se dedica à arte de pintar, de representar ou desenhar com tintas: *Portinari é um famoso pintor brasileiro.*

❖ *pl.* pintores.

pintura pin·***tu***·ra

s.fem. 1. Ação de pintar: *terminei a pintura da casa.* 2. Arte de pintar, de representar ou de-

P

senhar com tintas: *estou lendo um livro sobre a história da pintura brasileira.*

pio pi:o
s.masc. Piado; som breve e agudo de muitas aves: *aqui no bosque ouvimos pios de diferentes aves.*
❑ **não dar um pio** *pop.* Ficar calado: *ele não deu um pio durante toda a aula.*
→ Veja também **piar**.

pioneiro pi:o·*nei*·ro
s.masc. Aquele que abre ou descobre caminhos em regiões desconhecidas, indo viver onde ninguém esteve antes: *os pioneiros foram responsáveis pela ampliação do país.*

pior pi·*or*
adj.masc.fem. 1. Inferior a outro em qualidade: *esse livro é ruim, mas aquele é pior.*
adv. 2. Como advérbio, pior é comparativo de superioridade do advérbio "mal": *esse aluno lê mal, mas aquele lê pior.*
❖ *pl.* piores.
→ Veja também **melhor**.

piorar pi·o·*rar*
v. Tomar pior: *ele mexeu na televisão e a imagem piorou, ficou pior do que estava.*
→ Veja também **melhorar**.

P

pipa *pi*·pa
s.fem. 1. Vasilha bojuda de madeira para guardar líquidos, menor que o tonel: *o vinho está naquela pipa.* 2. Brinquedo de papel que se solta ao vento, preso a uma linha: *quando criança, gostava de brincar de pipa.*
→ Veja também **pandorga**.

pipoca pi·*po*·ca (ó)
s.fem. Tipo de milho que arrebenta com o calor do fogo: *gosto muito de comer pipoca.*

◎ Pipoca vem de *pipoka*, palavra da língua tupi que significa *o que estala a pele.*

pipoqueiro pi·po·*quei*·ro
s.masc. Aquele que faz pipoca para vender: *em frente à escola, há um pipoqueiro.*

piquenique pi·que·*ni*·que
s.masc. Refeição feita ao ar livre (no campo ou na praia) por um grupo de pessoas: *vamos fazer um piquenique no bosque da cidade.*

pirata pi·*ra*·ta
s.masc. 1. Ladrão do mar, assaltante de navios: *com seus navios pequenos e velozes, os piratas atacavam outros navios para roubar o que havia neles de valioso.*
adj.masc.fem. 2. *gír.* Cópia feita de maneira ilegal: *fizeram uma cópia pirata desse livro.*

piratear pi·ra·te·*ar*
v. Fazer uma cópia sem autorização legal: *a polícia está procurando quem pirateou essas fitas de vídeo.*

pirilampo pi·ri·*lam*·po
s.masc. *Zool.* Vaga-lume: *ontem à noite vimos um pirilampo no jardim.*
❖ Para indicar o sexo do animal, dizemos *o pirilampo macho, o pirilampo fêmea.*

pirralho pir·*ra*·lho
s.masc. *pop.* Menino pequeno, guri, garoto: *ele ainda é um pirralho.*

pisar pi·*sar*
v. Pôr o pé ou os pés sobre alguma coisa: *um dos jogadores, sem querer, pisou na mão do goleiro.*

piscar pis·*car*
v. 1. Fechar e abrir rapidamente os olhos: *piscamos tantas vezes que quase sempre nem percebemos.* 2. Acender e apagar rapidamente: *a luz vermelha desse aparelho está piscando.*

pisotear pi·so·te·*ar*
v. Pisar, esmagar com os pés: *alguém andou pelo jardim e pisoteou as flores.*

pista *pis*·ta
s.fem. 1. Rastro, pegada: *encontraram pistas do ladrão.* 2. Caminho reservado a veículos: *na estrada havia uma pista para os caminhões.* 3. Local no aeroporto onde os aviões pousam ou de onde decolam: *o avião decolou da pista 6.* 4. Local reservado para dançar: *os pares ocuparam a pista e começaram a dançar.*

pitar pi·*tar*
v. Fumar: *lá estava o velhinho, pitando seu cachimbo.*

pitoresco pi·to·*res*·co (ê)
adj. Interessante, que chama a atenção por ser diferente: *essa velha cidade, com suas ruas estreitas e casas altas, é muito pitoresca.*

pixaim pi·xa·***im***
adj. Que é muito crespo (falando-se de tipo de cabelo): *cabelo pixaim.*

plácido ***plá***·ci·do
adj. Sereno, calmo, tranquilo: *passeamos de barco pelas águas plácidas do lago.*

planalto pla·***nal***·to
s.masc. *Geol.* Grande extensão de terreno elevado e plano (ou quase sem irregularidades): *essa cidade foi construída sobre um planalto.*

Planalto é formada pela união de duas palavras: *plano + alto.*

planejar pla·ne·***jar***
v. Fazer um plano: *o professor nos ensinou a planejar o trabalho, isto é, a organizar o plano que devemos seguir para fazer o trabalho.*
→ Veja também **plano**.

planeta pla·***ne***·ta (ê)
s.masc. Corpo celeste que não tem luz própria e que gira em torno de uma estrela: *o planeta Terra gira em torno do Sol.*

planície pla·***ní***·ci:e
s.fem. Grande extensão de terreno plano: *os cavalos selvagens corriam pelas planícies.*

plano ***pla***·no
adj. 1. Que não tem irregularidades, que não tem pontos altos e baixos: *terreno plano.*
s.masc. 2. Roteiro preparado para se chegar a um resultado: *eles fizeram muitos planos para sua viagem ao Nordeste.*

planta ***plan***·ta
s.fem. 1. Nome que se dá a qualquer vegetal: *as plantas são seres vivos.* 2. Sola do pé: *ele pisou numa pedra e machucou a planta do pé.* 3. Desenho que representa uma casa, uma cidade, etc.: *essa é a planta da minha casa.*

plantar plan·***tar***
v. Colocar uma planta na terra para que ela crie raízes e cresça: *os alunos plantaram várias árvores no jardim da escola.*

plantio plan·***ti***:o
s.masc. Ato de plantar, de semear: *esses homens se dedicam ao plantio da cana.*

plateia pla·***tei***·a
s.fem. Conjunto das pessoas que estão assistindo a um espetáculo: *a plateia aplaudiu bastante o cantor.*

plebeu ple·***beu***
s.masc. *Hist.* Antigamente, dava-se o nome de plebeu ao homem do povo, a todo aquele que não pertencia à nobreza: *um plebeu não poderia se casar com uma princesa.*
❖ *fem.* plebeia.

plebiscito ple·bis·***ci***·to
s.masc. Forma de votação em que as pessoas dizem se concordam ou não com alguma coisa escrevendo apenas "sim" ou "não": *vamos fazer um plebiscito para decidir se devemos ou não ter a monarquia de volta.*

pleno ***ple***·no (ê)
adj. 1. Cheio, repleto: *estou com o coração pleno de alegria.* 2. Total: *tenho plena certeza de que ele virá à nossa festa.*

plugar plu·***gar***
v. 1. Ligar a uma tomada: *ele plugou a guitarra e começou a tocar.* 2. *Inform.* Conectar ou ligar um equipamento a um computador.

pluma ***plu***·ma
s.fem. Pena de ave: *ele tem um travesseiro feito de plumas.*

plumagem plu·ma·***gem***
s.fem. Conjunto das penas de uma ave: *que bonita plumagem tem esse pássaro!*
❖ *pl.* plumagens.

plural plu·***ral***
s.masc. *Gram.* Dizemos que uma palavra está no plural quando sua forma indica mais de um ser: *as palavras "mesas" e "meninas", por exemplo, estão no plural.*
❖ *pl.* plurais.

pluvial plu·vi·***al***
adj.masc.fem. Que se refere à chuva: *a galeria pluvial serve para recolher água da chuva.*
❖ *pl.* pluviais.

pobre ***po***·bre (ó)
adj.masc.fem. 1. Que vive na pobreza, que tem pouco dinheiro: *homem pobre.* 2. Que sofre, que

P

é infeliz: *pobre homem*. 3. Que produz pouco: *terra pobre*. 4. Que é pouco criativo, que apresenta poucas ideias interessantes: *filme pobre*.
❖ *superl.* pobríssimo ou paupérrimo.
→ Veja também **rico**.

pobretão po·bre·***tão***
s.masc. Pop. Aquele que é muito pobre: *ele é um pobretão*.
❖ *fem.* pobretona. *pl.* pobretões, pobretonas.

pobreza po·***bre***·za (ê)
s.fem. 1. Falta de recursos, de posses: *é grande a pobreza dessas pessoas; elas são muito pobres*. 2. Esterilidade: *não se sabe a causa da pobreza dessas terras*. 3. Falta de criatividade: *o professor destacou a pobreza do trabalho, mostrou que não havia ideias interessantes nele*.
→ Veja também **riqueza**.

poça ***po***·ça (ô ou ó)
s.fem. Buraco raso com água: *choveu muito e a rua ficou cheia de poças de água*.
→ Não confunda com *possa* (ó), do verbo *poder*: *espero que ele possa me ajudar*.

poção po·***ção***
s.fem. Medicamento líquido para se beber: *nos contos de fadas, muitas vezes as bruxas preparam poções mágicas, isto é, bebidas que enfeitiçam as pessoas*.
❖ *pl.* poções.

pocilga po·***cil***·ga
s.fem. Chiqueiro, lugar imundo: *a casa abandonada parecia uma pocilga*.

poço ***po***·ço (ô)
s.masc. Buraco bem fundo que se faz na terra e de onde se tira água, petróleo, etc.: *eles foram tirar água do poço*.
❖ *pl.* poços (ó).
→ Não confunda com **posso** (ó), do verbo poder: *eu posso sair agora*.

podar po·***dar***
v. Cortar os ramos: *vou podar essa árvore, vou cortar alguns de seus ramos*.

poder po·***der***
v. 1. Ser capaz de: *ele pode fazer esse trabalho*. 2. Ter permissão para fazer alguma coisa: *esse aluno pode ficar na sala, ele tem permissão para isso*.
s.masc. 3. Autoridade para fazer uma coisa: *o presidente tem poder para melhorar o país*.
❖ *pl.* poderes.

poderoso po·de·***ro***·so (ô)
adj. 1. Forte, que tem poder: *o exército inimigo era poderoso, tinha muitos recursos e por isso nos derrotou*. 2. Que tem grande poder ou autoridade: *ele é um homem poderoso, manda em muita gente e faz o que quer*.
❖ *fem.* poderosa(ó). *pl.* poderosos (ó); poderosas (ó).

podre ***po***·dre (ô)
adj.masc.fem. Estragado: *fruta podre*.
→ Veja também **apodrecer**.

poema po·***e***·ma (ê)
s.masc. Texto escrito em versos; poesia. Veja a seguir um poema de Roseana Murray.

Tempestade
O vento ventão com voz de trovão
acende um clarão de medo
no meu coração.
Será que já vem tempestade?
Será que vai inundar a cidade?
Mas que bom! Caiu só uma chuva
fininha e o vento grosso se transformou
numa brisa pequenininha.
O vento ventinho com voz de sininho
faz um carinho no meu coração.

MURRAY, Roseana. *Fardo de carinho*. Rio de Janeiro, Civilização Brasileira, 1977.

→ Veja também **estrofe**, **poesia** e **verso**.

poente po·***en***·te
s.masc. O ponto do horizonte onde o Sol se põe, onde ele desaparece no fim do dia: *olhe para o poente, e veja que bonito*.
→ Veja também **nascente**.

poesia po:e·***si***·a
s.fem. Poema: *a professora leu uma bela poesia*.
→ Veja também **estrofe**, **poema** e **verso**.

poeta po·***e***·ta (é)
s.masc. Pessoa que escreve poesias ou poemas: *Vinicius de Moraes é um grande poeta*.
❖ *fem.* poetisa.

P

polar po·***lar***
adj.masc.fem. Que se refere ao polo norte ou ao polo sul: *região polar*.
❖ *pl.* polares.
→ Veja também **polo**.

polegar po·le·***gar***
s.masc. Nome do dedo mais curto e grosso da mão: *o polegar tem o nome popular de mata-piolho.*
❖ *pl.* polegares.

poleiro po·***lei***·ro
s.masc. Pedaço de pau colocado horizontalmente a certa altura, onde as aves se acomodam para dormir ou descansar: *as galinhas sobem no poleiro para dormir.*
→ Veja também **empoleirar-se**.

polêmica po·***lê***·mi·ca
s.fem. Assunto que provoca muita discussão: *a escolha dos uniformes criou uma grande polêmica na escola.*

polícia po·***lí***·ci:a
s.fem. Organização que tem como função principal manter a ordem e garantir a segurança das pessoas: *a polícia toma conta da cidade.*

policial po·li·ci·***al***
adj.masc.fem. 1. Que é da polícia: *carro policial*. 2. Que trata de assunto ligado à polícia: *filme policial*.
s.masc.fem. 3. Pessoa que trabalha na polícia: *o policial perseguiu o ladrão.*
❖ *pl.* policiais.

poliglota po·li·***glo***·ta (ó)
adj.masc.fem. Que sabe falar várias línguas: *mulher poliglota*.

polir po·***lir***
v. Esfregar bem alguma coisa para deixá-la lustrosa, brilhante: *ele poliu o carro.*

polissílabo po·lis·***sí***·la·bo
adj. *Gram.* Que tem mais de três sílabas: *"garotada" é uma palavra polissílaba*.
→ Veja também **dissílabo, monossílabo** e **trissílabo**.

política po·***lí***·ti·ca
s.fem. Modo como se governa um país ou uma cidade: *meus pais gostam de conversar sobre política*.

político po·***lí***·ti·co
adj. Que se refere à política: *debate político*.
s.masc. Aquele que se dedica à política: *os políticos querem conquistar o voto dos eleitores.*

polo ***po***·lo (ó)
s.masc. Nome dado às duas regiões mais frias do nosso planeta: *polo norte, polo sul.*
→ Veja também **polar**.

polpa ***pol***·pa
s.fem. Parte carnuda e macia de certos frutos: *a polpa da goiaba.*
→ Não confunda com **poupa**, do verbo poupar: *ele poupa dinheiro*. Veja também **popa**.

poluição po·lu:i·***ção***
s.fem. Sujeira, aquilo que contamina ou polui o ar, a água, etc.: *precisamos combater a poluição dos rios.*

poluidor po·lu:i·***dor***
adj. Que causa poluição: *fumaça poluidora*.
❖ *pl.* poluidores.

poluir po·lu·***ir***
v. Sujar, contaminar o ar, a água, etc.: *os homens estão poluindo a água dos rios e causando a morte dos peixes.*

polvorosa pol·vo·***ro***·sa (ó)
s.fem. Grande agitação, alvoroço: *a cidade ficou em polvorosa quando soube que poderia haver uma guerra.*

pomada po·***ma***·da
s.fem. Espécie de creme de uso medicinal: *ele está passando uma pomada no machucado da perna.*

pomar po·***mar***
s.masc. Terreno em que há muitas árvores frutíferas: *meu tio tem um lindo pomar na chácara.*
❖ *pl.* pomares.

pompa ***pom***·pa
s.fem. Grande luxo: *o casamento do príncipe foi realizado com muita pompa no palácio real.*

ponderado pon·de·***ra***·do
adj. Que pensa bem antes de fazer alguma coisa, que não se precipita: *homem ponderado*.

ponta ***pon***·ta
s.fem. 1. Extremidade de uma coisa: *meu lápis tem uma ponta bem fininha*. 2. *Esp.* Lado do campo de futebol próximo à linha lateral: *ele joga na ponta direita; eu jogo na ponta esquerda.*
❑ **saber na ponta da língua** *pop.* Saber perfeitamente: *ele sabe tudo isso na ponta da língua.*

pontada pon·***ta***·da
s.fem. Dor intensa e rápida: *o paciente sentiu uma pontada nas costas.*

pontapé pon·ta·***pé***
s.masc. Pancada com a ponta do pé: *durante o jogo, ele levou um pontapé na perna.*

pontaria pon·ta·***ri***·a
s.fem. Habilidade de acertar um alvo: *esse jogador de basquete tem boa pontaria, sempre acerta a cesta quando arremessa.*

ponte ***pon***·te
s.fem. Construção feita sobre um rio ou trecho de mar que permite a passagem das pessoas de um lado para o outro: *para ir à escola, devemos atravessar essa ponte*.

P

ponteiro pon·***tei***·ro
s.masc. Pequena agulha nos relógios que indica as horas, os minutos ou os segundos: *o ponteiro que marca os segundos anda mais depressa que os outros.*

ponto ***pon***·to
s.masc. 1. Pequena marca redonda: *nesse mapa, os pontos vermelhos indicam as principais cidades do Brasil.* 2. Parada de ônibus: *perto da escola, há um ponto de ônibus.* 3. Numa competição ou jogo, cada vantagem conseguida no placar: *em poucos minutos, o tenista tinha feito dez pontos*. 4. *Gram.* Sinal de pontuação: *ele pôs um ponto no final da frase.*
❑ **dormir no ponto** *pop.* Perder uma boa oportunidade: *ele devia ter comprado esse aparelho na semana passada, quando o preço estava baixo; dormiu no ponto e agora pagou mais caro.* **em ponto** Na hora exata: *ela chegou às duas horas em ponto.* **entregar os pontos** *pop.* Desistir: *ele tentou várias vezes fazer o amigo mudar de ideia; depois de algum tempo, entregou os pontos e não insistiu mais.* **ponto de vista** Modo de pensar: *qual é seu ponto de vista nesse caso? O que você acha disso?*
→ Veja também **pontuar**.

pontual pon·tu·***al***
adj.masc.fem. Que faz as coisas no tempo certo, que não se atrasa: *ele foi pontual, chegou exatamente às 10 horas, como estava combinado.*
❖ *pl.* pontuais.

pontuar pon·tu·***ar***
v. Pôr os sinais de pontuação num texto ou numa frase, isto é, pôr vírgula, ponto, etc.: *estou aprendendo a pontuar*.
→ Veja também **ponto**.

pontudo pon·***tu***·do
adj. Que termina em ponta comprida e fina: *faca pontuda*.

popa ***po***·pa (ô)
s.fem. Parte de trás de uma embarcação: *viajei na popa do barco.*
→ Não confunda com **polpa**, que tem outro significado. Veja também **proa**.

popança po·***pan***·ça
s.fem. *pop.* Nádega: *ele levou um tapa na popança*.
→ Não confunda com **poupança**, que tem outro significado.

população po·pu·la·***ção***
s.fem. Conjunto de habitantes de uma região: *esse hospital atenderá a população de nossa cidade.*
❖ *pl.* populações.

popular po·pu·***lar***
adj.masc.fem. 1. Que é feito pelo povo: *o carnaval é uma festa popular*. 2. Que é conhecido e estimado por muita gente: *artista popular*.
❖ *pl.* populares.

popularidade po·pu·la·ri·***da***·de
s.fem. Fama ou simpatia conquistada entre o povo por alguém: *esse artista tem muita popularidade; é conhecido em todo lugar e é sempre recebido com simpatia.*

populoso po·pu·***lo***·so (ô)
adj. Que tem uma grande população: *país populoso*.
❖ *fem.* populosa (ó). *pl.* populosos (ó), populosas (ó).

pôr
v. 1. Colocar: *vou pôr o livro na estante*. 2. Vestir, calçar: *ponha esta blusa e este par de sapatos*. 3. Arrumar: *ela pôs a mesa para o almoço*. v.pron. **pôr-se** 4. Colocar-se: *ponha-se de pé*. 5. Desaparecer (no horizonte): *o sol já se pôs; a noite chegou*. 6. Começar: *quando ouviu o sinal, ele se pôs a trabalhar*.

porão po·***rão***
s.masc. Parte da casa que fica abaixo do térreo: *muitas coisas velhas e imprestáveis foram jogadas no porão dessa casa*.
❖ *pl. porões*.

porcalhão por·ca·***lhão***
adj. Que suja tudo, que não faz as coisas com limpeza: *mas que sujeito porcalhão; para fazer o trabalho, sujou as mãos, a roupa e a mesa!*
❖ *fem.*: porcalhona. *pl.* porcalhões, porcalhonas.

pôr-do-sol ***pôr***-do-***sol***
s.masc. Ocaso, momento em que o sol desaparece no horizonte: *vamos ver o pôr-do-sol lá da praia*.
❖ *pl.* pores-do-sol.

pormenor por·me·***nor***
s.masc. Detalhe, minúcia: *a testemunha contou tudo o que sabia, sem esquecer nenhum pormenor*.
❖ *pl.* pormenores.

pornográfico por·no·***grá***·fi·co
adj. Que mostra cenas ou imagens imorais, indecentes: *filme pornográfico*.

porta-aviões ***por***·ta-a·vi·***ões*** (ó)
s.masc. Navio de guerra que transporta aviões: *o porta-aviões tem uma pista que permite que os aviões possam decolar ou pousar*.
❖ Esta palavra tem a mesma forma no singular e no plural: *o porta-aviões, os porta-aviões*.

porta-bandeira ***por***·ta-ban·***dei***·ra (ó)
s.masc.fem. Pessoa que, num desfile, carrega a bandeira de um clube, de uma escola, etc.: *essa menina é a porta-bandeira da nossa escola; ela vem à frente dos alunos, abrindo o desfile*.
❖ *pl.* porta-bandeiras.

portador por·ta·***dor***
s.masc. Aquele que leva alguma coisa a alguém (uma carta, um presente, uma encomenda, uma notícia, etc.): *esse aluno foi o portador da carta que escrevemos para a diretora*.
❖ *pl.* portadores.

porta-estandarte ***por***·ta-es·tan·***dar***·te (ó)
s.masc.fem. Porta-bandeira: *à frente da escola vem a porta-estandarte*.
❖ *pl.* porta-estandartes.

portátil por·***tá***·til
adj.masc.fem. Aquilo que a gente pode carregar com facilidade: *nós temos um rádio portátil, ele pode ser levado a qualquer lugar*.
❖ *pl.* portáteis.

porta-voz ***por***·ta-***voz*** (ó)
s.masc.fem. Pessoa que fala em nome de outra ou de várias outras: *ele será o porta-voz da classe, vai falar em nome dos colegas*.
❖ *pl.* porta-vozes.

porte ***por***·te (ó)
s.masc. 1. O aspecto físico de uma pessoa, o jeito de seu corpo: *essa menina tem um porte elegante*. 2. Tamanho: *o elefante é um animal de grande porte*.

porteira por·***tei***·ra
s.fem. Portão de entrada de uma propriedade rural (fazenda, sítio, etc.): *os visitantes foram recebidos na porteira pelo fazendeiro*.

porteiro por·***tei***·ro
s.masc. Homem que toma conta da porta de entrada de um lugar (prédio, hotel, clube, etc.): *o porteiro não deixou que aquelas pessoas entrassem no prédio*.

porto ***por***·to (ô)
s.masc. Lugar seguro em que os navios podem parar: *no porto, ocorre o embarque ou desembarque de passageiros e mercadorias*.
❖ *pl.* portos (ó).

P

português por·tu·***guês***
adj. 1. Que se refere a Portugal, um país da Europa: *povo português*.
s.masc. 2. Aquele que nasceu em Portugal: *muitos portugueses vivem no Brasil*. 3. Língua falada em Portugal, Brasil e alguns países africanos e asiáticos: *ele é professor de português*.
❖ *fem.* portuguesa. *pl.* portugueses, portuguesas.

porvir por·***vir***
s.masc. O futuro, o tempo que há de vir: *meu amigo acha que o porvir será melhor do que hoje*.

posar po·***sar***
v. Fazer pose, ficar numa certa posição para ser fotografado, observado, etc.: *os alunos da nossa classe posaram para uma fotografia*.
❖ Não confunda com **pousar**, que tem outro significado.

posição po·si·***ção***
s.fem. 1. Maneira de ficar: *se permanecermos muito tempo numa mesma posição, nosso corpo começará a doer*. 2. Colocação, lugar: *esse nadador chegou na última posição*. 3. Situação em que alguém se encontra: *você não devia ter mentido, agora está numa posição difícil diante de seus colegas*.
❖ *pl.* posições.

posicionar po·si·ci:o·***nar***
v. 1. Pôr numa certa posição: *o menino posicionou suas peças no jogo*.
v.pron. **posicionar-se** 2. Colocar-se numa certa posição: *os jogadores posicionaram-se bem em campo*.

positivo po·si·***ti***·vo
adj. Afirmativo: *convidei a menina para tomar um lanche e ela me deu uma resposta positiva*.
→ Veja também **negativo**.

possante pos·***san***·te
adj.masc.fem. Que tem muita força ou potência: *o motor desse carro é possante*.

posse ***pos***·se (ó)
s.fem. 1. Situação de quem possui alguma coisa: *ele tem a posse dos documentos, ou seja, os documentos estão com ele*.
s.fem.pl. 2. Bens, riquezas: *esse homem tem muitas posses*.

possibilidade pos·si·bi·li·***da***·de
s.fem. Condição de uma coisa se realizar: *acho que há possibilidade de irmos nessa festa*.
→ Veja também **impossibilidade**.

possibilitar pos·si·bi·li·***tar***
v. Tornar possível: *a ajuda da população possibilitou a construção dessa creche*.
→ Veja também **impossibilitar**.

possível pos·***sí***·vel
adj.masc.fem. Que pode ser, que pode acontecer: *é possível que ele venha hoje*.
❖ *pl.* possíveis.
→ Veja também **impossível**.

possuir pos·su·***ir***
v. Ter: *ele possui uma bela casa*.

posta ***pos***·ta (ó)
s.fem. Pedaço ou porção em que se costuma cortar um peixe ou mesmo uma peça grande de carne: *ela fritou as postas de peixe para o almoço*.

postal pos·***tal***
adj.masc.fem. Que se refere ao correio: *serviço postal*.
❖ *pl.* postais.

postar-se pos·***tar***-se
v.pron. Pôr-se, posicionar-se, colocar-se: *muitos torcedores postaram-se atrás do gol para ver a partida*.

posteridade pos·te·ri·***da***·de
s.fem. As gerações futuras, as pessoas que viverão no futuro: *acho que o talento desse artista somente será reconhecido pela posteridade*.

posterior pos·te·ri·***or***
adj.masc.fem. Que vem depois de outro, que vem a seguir: *no dia 31 de julho, as férias terminaram; no dia posterior, 1º de agosto, começaram as aulas*.
❖ *pl.* posteriores.
→ Veja também **anterior**.

postiço pos·***ti***·ço
adj. Artificial, falso, que se pode pôr e tirar: *quando o menino puxou a barba do palhaço, ela caiu; era uma barba postiça*.

póstumo ***pós***·tu·mo
adj. Que acontece depois da morte: *a publicação póstuma dos poemas desse autor foi autorizada por seus herdeiros.*

potável po·***tá***·vel
adj.masc.fem. Que se pode beber: *água potável.*
❖ *pl.* potáveis.

potiguar po·ti·***guar***
adj.masc.fem. 1. Do estado do Rio Grande do Norte: *escritor potiguar.*
s.masc.fem. 2. Pessoa que nasceu no Rio Grande do Norte: *os potiguares receberam muito bem a seleção brasileira de futebol.*
→ Veja também **rio-grandense-do-norte**.

potro ***po***·tro (ô)
s.masc. Cavalo novo, que ainda não passou dos três anos: *as crianças gostam de ver os potros da fazenda.*
❖ *fem.* potra (ô). *pl.* potros (ó), potras (ô).

poupança pou·***pan***·ça
s.fem. Economia: *não gaste todo o seu dinheiro, faça um pouco de poupança.*
→ Não confunda com **popança**, que tem outro significado.

poupar pou·***par***
v. Economizar, não gastar: *todo mês, ele poupa uma parte de seu salário.*

pousada pou·***sa***·da
s.fem. Hospedaria, lugar em que se hospedam pessoas: *nas férias, ficamos uma semana numa pousada perto do mar.*
→ Veja também **hospedar** e **hóspede**.

pousar pou·***sar***
v. 1. Hospedar-se em uma casa para passar a noite: *ontem, ela pousou na casa de sua colega.* 2. Parar de voar e descer: *o avião pousou às 10 horas.*
→ Não confunda com **posar**, que tem outro significado.

povo ***po***·vo (ô)
s.masc. Conjunto das pessoas que vivem numa cidade, num país: *o povo dessa cidade é generoso.*
❖ *pl.* povos (ó).

povoado po·vo·***a***·do
s.masc. Pequeno lugar habitado: *há dez anos, aqui havia apenas um povoado; com o tempo, ele cresceu e se transformou numa cidade.*

povoar po·vo·***ar***
v. Tornar habitado um lugar, encher de moradores: *muitas regiões do Brasil foram povoadas por imigrantes italianos.*

praga ***pra***·ga
s.fem. Doença ou grande quantidade de insetos que atacam as plantas ou animais, provocando grandes estragos: *as pragas de gafanhotos são um desastre para a agricultura; milhares desses insetos invadem as plantações, destruindo-as em pouco tempo.*
❑ **rogar praga** Expressar o desejo de que alguma coisa ruim aconteça a alguém: *aquele homem vivia rogando pragas contra o vizinho.*

praguejar pra·gue·***jar***
v. Rogar pragas contra alguém, expressar o desejo de que alguma coisa ruim aconteça a alguém: *não fique praguejando contra as pessoas, menino!*

praia ***prai***·a
s.fem. Beira-mar, faixa de terra que fica bem junto ao mar: *gosto de andar na praia.*

praiano prai·***a***·no
adj. Que se refere à praia: *cidade praiana.*

pranto ***pran***·to
s.masc. Choro: Qual *é a causa de seu pranto?*

praticar pra·ti·***car***
v. 1. Fazer, realizar: *ele praticou uma boa ação.* 2. Treinar, exercitar: *para andar bem de bicicleta, você precisa praticar todos os dias.*

prático ***prá***·ti·co
adj. Fácil de ser usado, que funciona facilmente: *esse abridor de garrafas é muito prático.*

prato ***pra***·to
s.masc. 1. Peça onde se serve comida: *ponha os pratos na mesa.* 2. Certo tipo de comida servida numa refeição: *macarronada é meu prato favorito.*

P

prazer pra·***zer***
s.masc. Satisfação, alegria: *tenho muito prazer em conhecer todos vocês.*
❖ *pl.* prazeres.

prazo ***pra***·zo
s.masc. Certo espaço de tempo: *você tem o prazo de três dias para acabar o trabalho.*
❑ **a prazo** Com pagamento feito em parcelas, durante um período de tempo: *ele comprou um computador a prazo, vai pagar em dez parcelas mensais.*
→ Veja também **vista**.

precaução pre·cau·***ção***
s.fem. Cuidado, cautela: *você deve agir com precaução.*
❖ *pl.* precauções.

precavido pre·ca·***vi***·do
adj. Prudente, cauteloso: *homem precavido.*

prece ***pre***·ce (é)
s.fem. Reza, oração: *ela fechou os olhos e fez uma prece.*

precioso pre·ci·***o***·so (ô)
adj. Valioso: *o ouro é um metal precioso.*
❖ *fem.* preciosa(ó). *pl.* preciosos (ó), preciosas (ó).

precipício pre·ci·***pí***·ci:o
s.masc. Abismo, despenhadeiro: *no alto da montanha, o alpinista andava com muito cuidado para não cair no precipício.*

precipitado pre·ci·pi·***ta***·do
adj. Apressado, afobado: *entregar a prova em branco foi uma atitude precipitada, pois as questões não estavam assim tão difíceis.*

precipitar-se pre·ci·pi·***tar***-se
v.pron. 1. Agir sem pensar bem: *não se precipite, vá com calma!* 2. Lançar-se, atirar-se: *um homem precipitou-se do alto da montanha.*

precisão pre·ci·***são***
s.fem. 1. Necessidade: *ele tem precisão de nossa ajuda.* 2. Exatidão: *esse relógio marca as horas com precisão, ou seja, de forma exata.*

precisar pre·ci·***sar***
v. Necessitar; não poder ficar sem algo ou alguém: *meu irmão precisa de minha ajuda.*

preciso pre·***ci***·so
adj. 1. Exato: *sua resposta foi precisa.* 2. Necessário: *é preciso que você faça esse trabalho.*

preço ***pre***·ço (ê)
s.masc. Valor, em dinheiro, de alguma coisa: *não sei o preço dessa camisa, não sei quanto ela custa.*

preconceito pre·con·***cei***·to
s.masc. Opinião negativa sobre uma pessoa mesmo sem ter motivo: *esse homem tem preconceito contra pessoas estrangeiras; ele não gosta de nenhum estrangeiro, seja quem for.*

preconceituoso pre·con·cei·tu·***o***·so (ô)
adj. Que tem preconceito: *homem preconceituoso.*
❖ *fem.* preconceituosa (ó). *pl.* preconceituosos (ó), preconceituosas (ó).

precursor pre·cur·***sor***
s.masc. Aquele que é o primeiro a lançar ou a defender ideias que, mais tarde, são seguidas por outras pessoas: *esse filósofo foi o precursor de ideias que muitos seguem.*

predador pre·da·***dor***
s.masc. Animal que mata outros para deles se alimentar: *o leão é um predador.*
❖ *pl.* predadores.

predicado pre·di·***ca***·do
s.masc. *Gram.* Aquilo que, numa oração, se declara do sujeito: *na oração "Paulo fez a lição", o predicado é "fez a lição".*

predileto pre·di·***le***·to (é)
adj. Preferido: *essa é minha música predileta, a música que mais gosto de ouvir.*

prédio ***pré***·di:o
s.masc. Qualquer tipo de construção humana, geralmente urbana: *o escritório de meu pai fica no oitavo andar desse prédio.*

predizer pre·di·***zer***
v. Dizer antecipadamente o que vai acontecer: *não acredito que seja possível predizer o futuro.*

P

predominar pre·do·mi·***nar***
v. Ser em maior quantidade: *nesta cidade, predominam as famílias japonesas, ou seja, os japoneses são a maioria da população.*

preencher pre·en·***cher***
v. 1. Completar: *os candidatos preencheram todas as vagas dos cursos.* 2. Encher as lacunas: *você deve preencher essa ficha de inscrição com seus dados pessoais (nome, idade, endereço, etc.).*

prefácio pre·***fá***·ci:o
s.masc. Pequeno texto de apresentação colocado logo no começo de um livro: *o prefácio desse livro de poesias foi escrito por um professor famoso.*

preferido pre·fe·***ri***·do
adj. Predileto, de que se gosta mais: *essa é minha comida preferida.*

preferir pre·fe·***rir***
v. Gostar mais: *gosto de sorvete de todos os sabores, mas prefiro o de chocolate.*

pregar pre·***gar***
v. 1. Prender com prego: *vamos pregar essa tábua na janela.* 2. Prender com linha: *ela pregou os botões na camisa.* 3. Recomendar, aconselhar: *ele pregava o amor entre as pessoas.*
→ Veja também **despregar**.

preguiça pre·***gui***·ça
s.fem. Falta de disposição para fazer alguma coisa: *o menino está com preguiça de estudar.*

preguiçoso pre·gui·***ço***·so (ô)
adj. Aquele que tem preguiça, que não gosta de trabalhar: *não seja preguiçoso e termine sua tarefa!*
❖ *fem.* preguiçosa (ó). *pl.* preguiçosos (ó), preguiçosas (ó).

pré-história pré-his·***tó***·ri:a
s.fem. Época muito antiga, anterior ao aparecimento da escrita: *nessa região, os arqueólogos descobriram restos de pessoas que viveram na pré-história.*

prejudicar pre·ju·di·***car***
v. Causar mal ou dano: *a poluição do ar prejudica nossa saúde.*

prejudicial pre·ju·di·ci·***al***
adj.masc.fem. Que prejudica, que é nocivo: *fumar é prejudicial à saúde.*
❖ *pl.* prejudiciais.

prejuízo pre·ju·***í***·zo
s.masc. Dano, perda: *as fortes chuvas estragaram as plantações e causaram muitos prejuízos aos agricultores.*

premeditar pre·me·di·***tar***
v. Planejar um ato ilegal ou criminoso: *o acusado disse que premeditou o crime.*

premiar pre·mi·***ar***
v. Dar prêmio, recompensar: *o presidente do clube premiou os jogadores que ganharam o campeonato.*

prêmio ***prê***·mi:o
s.masc. Aquilo que se dá a uma pessoa como homenagem ou recompensa por ter feito alguma coisa de destaque: *o melhor aluno vai receber um prêmio.*

prenda ***pren***·da
s.fem. Brinde, presente: *muitas prendas serão sorteadas na festa junina da escola.*

prender pren·***der***
v. 1. Não deixar livre, pôr em prisão, em gaiola, em jaula, etc.: *prendi meu cachorro no quintal.* 2. Atrair: *o filme prendeu a atenção das pessoas.* 3. Juntar, unir: *prenda essas fichas com um clipe.*

prenhe ***pre***·nhe (ê)
adj.masc.fem. (Fêmea) que está em fase de gestação, que está com filhote na barriga: *a cadela está prenhe.*
❖ Essa palavra só se usa com referência a animais.
→ Veja também **gravidez**.

prenunciar pre·nun·ci·***ar***
v. Dar sinal de algo que vai acontecer: *essas nuvens escuras prenunciam chuva.*

preocupação pre:o·***cu***·pa·ção
s.fem. Inquietação, apreensão: *ele está calado e pensativo, deve estar com alguma preocupação.*
❖ *pl.* preocupações.

preocupado pre:o·cu·***pa***·do
adj. Apreensivo, cheio de preocupação: *vovô está preocupado com a doença do neto, não pensa em outra coisa.*
→ Veja também **despreocupado**.

preocupante pre:o·cu·***pan***·te
adj.masc.fem. Que preocupa, que inquieta: *o problema da poluição é preocupante.*

preocupar pre:o·cu·***par***
v. 1. Inquietar, causar preocupações: *a doença do filho preocupa os pais.*
v.pron. **preocupar-se** 2. Ficar com preocupação, inquietar-se: *eu me preocupo com seu comportamento.*

preparar pre·pa·***rar***
v. Aprontar ou arrumar tudo o que é necessário para fazer alguma coisa: *vamos preparar a casa para a festa de amanhã.*

preparativos pre·pa·ra·***ti***·vos
s.masc.pl. Arranjos que fazemos antes de realizar alguma coisa: *já terminamos os preparativos para a viagem.*

preposição pre·po·si·***ção***
s.fem. *Gram.* Nome que se dá às palavras que estabelecem uma relação de sentido entre dois termos: *são preposições: a, ante, após, até, com, contra, de, desde, em, entre, para (pra), perante, por, sem, sob, sobre, trás; veja, por exemplo, alguns sentidos que a preposição "de" pode estabelecer: porta "de" vidro (matéria); papel "de" carta (finalidade); cair "de" sono (causa).*
❖ *pl.* preposições.

presa ***pre***·sa (ê)
s.fem. 1. Aquilo que um animal carnívoro pega para comer: *o gato estava devorando sua presa, um animal que ele tinha caçado.* 2. Nome que se dá ao dente do elefante e de alguns outros animais: *os elefantes têm presas muito grandes.*

prescindível pres·cin·***dí***·vel
adj.masc.fem. Dispensável: *informação prescindível.*
❖ *pl.* prescindíveis.

presença pre·***sen***·ça
s.fem. Comparecimento: *o professor pediu a presença dos pais na reunião.*
❑ **ter presença de espírito** Ser capaz de reagir bem e rapidamente a uma situação: *naquele momento ela teve presença de espírito e não se atrapalhou.*

presenciar pre·sen·ci·***ar***
v. Assistir, ver: *o policial queria saber quem tinha presenciado o acidente.*

presente pre·***sen***·te
adj.masc.fem. 1. Que comparece ou compareceu: *ela esteve presente à festa.*
s.masc. 2. O tempo atual, a nossa época: *meu pai fica pensando no futuro e esquece o presente.* 3. Aquilo que damos ou recebemos em sinal de amizade, carinho ou amor: *ela recebeu um presente dos pais.*
→ Veja também **presentear**.

presentear pre·sen·te·***ar***
v. Dar um presente: *ele presenteou sua mãe.*

presépio pre·***sé***·pi:o
s.masc. Representação do cenário onde Jesus teria nascido: *nos presépios, vemos geralmente as figuras de Jesus, Maria e José ao lado dos pastores e de alguns animais.*

preservação pre·ser·va·***ção***
s.fem. Conservação: *todos nós devemos lutar pela preservação da natureza.*

preservar pre·ser·***var***
v. Cuidar, conservar, proteger: *os homens devem preservar sua saúde.*

presidencial pre·si·den·ci·***al***
adj.masc.fem. Que se refere ao presidente: *palácio presidencial.*
❖ *pl.* presidenciais.

presidente pre·si·***den***·te
s.masc.fem. Aquele que é o principal responsável pela direção (de um país, de um clube, de uma associação, etc.): *o presidente da República dirige o país.*
❖ Essa palavra se usa no masculino e no feminino (*o presidente, a presidente*), mas existe também o feminino *presidenta*.

presidiário pre·si·di·***á***·ri:o
s.masc. Aquele que está preso numa cadeia, num presídio: *o presidiário está conversando com seu advogado.*

presídio pre·**sí**·di:o

s.masc. Prisão, cadeia: *o condenado foi levado ao presídio.*

presidir pre·si·**dir**

v. Dirigir como presidente ou chefe: *o povo vai escolher o candidato que deve presidir o país, que vai ser o presidente.*

preso **pre**·so (ê)

adj. 1. Que foi seguro, que não pode escapar: *o bicho caiu na armadilha e ficou com a pata presa.*

s.masc. 2. Presidiário; aquele que está na prisão: *os guardas vigiam os presos.*

pressa **pres**·sa (é)

s.fem. 1. Urgência: *não posso esperar os outros, pois tenho pressa de sair.* 2. Rapidez: *ele fez o trabalho com pressa, querendo acabar tudo rapidamente.*

❑ **às pressas** Com muita rapidez, com afobação: *ele almoçou às pressas.*

prestação pres·ta·**ção**

s.fem. Parcela, quantia que se dá para pagar, aos poucos, uma compra: *comprei uma geladeira e vou pagá-la em cinco prestações mensais.*

❖ *pl.* prestações.

prestar pres·**tar**

v. 1. Servir, ser útil: *essa máquina não presta mais, precisamos de uma nova.* 2. Fazer: *ela prestou um favor à colega.* 3. Dar: *preste atenção ao que ele está dizendo.*

prestativo pres·ta·**ti**·vo

adj. Prestimoso, que está sempre pronto para ajudar, para prestar algum serviço útil: *menino prestativo.*

prestes **pres**·tes (é)

adj.masc.fem. Que está a ponto de acontecer: *o herói estava prestes a morrer quando foi salvo por um desconhecido.*

❖ Essa palavra tem a mesma forma no singular e no plural.

presteza pres·**te**·za (ê)

s.fem. Rapidez: *o motorista agiu com presteza e evitou o desastre.*

prestigiar pres·ti·gi·**ar**

v. Apoiar, valorizar: *os pais compareceram à exposição para prestigiar o trabalho dos filhos.*

prestígio pres·**tí**·gi:o

s.masc. Importância social: *esse homem tem muito prestígio na cidade; todos têm muito respeito e consideração por ele.*

préstimo **prés**·ti·mo

s.masc. Ato de ajudar ou o seu efeito: *ao saber que estavam de mudança, ofereceu seus préstimos, pois tinha um caminhão e poderia ajudar a transportar os móveis.*

❖ Essa palavra é mais usada no plural.

prestimoso pres·ti·**mo**·so (ô)

adj. Prestativo, que está sempre pronto a ajudar: *menino prestimoso.*

❖ *fem.* prestimosa (ó). *pl.* prestimosos (ó), prestimosas (ó).

pretendente pre·ten·**den**·te

s.masc.fem. Aquele que pretende alguma coisa: *há muitos pretendentes para o cargo de diretor, veremos quem será o escolhido.*

pretender pre·ten·**der**

v. Ter a intenção de fazer alguma coisa: *pretendo ir ao cinema hoje à noite.*

pretensioso pre·ten·si·**o**·so (ô)

adj. Muito orgulhoso, que se acha melhor que os outros: *rapaz pretensioso.*

❖ *fem.*: pretensiosa (ó). *pl.* pretensiosos (ó), pretensiosas (ó).

pretérito pre·**té**·ri·to

adj. Passado: *tempo pretérito.*

pretextar pre·tex·**tar** (s)

v. Dar como pretexto: *ele pretextou dor de cabeça para não ir trabalhar.*

pretexto pre·**tex**·to (ê, s)

s.masc. Falso motivo, desculpa: *com o pretexto de que quer explicações sobre uma pesquisa, ele telefona várias vezes por dia para essa moça.*

prevenido pre·ve·**ni**·do

adj. Cauteloso, que está atento ao que pode acontecer: *homem prevenido.*

→ Veja também **desprevenido**.

P

prevenir pre·ve·***nir***
v. 1. Avisar, deixar alguém prevenido: *eu o preveni de que o filme terminaria tarde, mas ele não se importou.* 2. Evitar: *prevenir acidentes é dever de todos.*

prever pre·***ver***
v. Saber o que vai acontecer no futuro: *os cientistas são capazes de prever quando vai haver um eclipse do Sol ou da Lua.*

previdente pre·vi·***den***·te
adj.masc.fem. Que se preocupa com o que pode acontecer no futuro: *seja previdente e não gaste toda a sua herança.*

previsão pre·vi·***são***
s.fem. Ação de prever, de calcular o que vai ou pode acontecer no futuro: *de acordo com a previsão feita pelos cientistas, no próximo ano choverá muito nessa região.*
❖ *pl.* previsões.

previsível pre·vi·***sí***·vel
adj.masc.fem. Que se pode prever: *acontecimento previsível.*
❖ *pl.* previsíveis.
→ Veja também **imprevisível**.

prezado pre·***za***·do
adj. Estimado, querido: *prezado amigo, parabéns pelo seu aniversário.*

P

prezar pre·***zar***
v. 1. Apreciar, estimar: *prezo muito essa amiga.*
v.pron. **prezar-se** 2. Respeitar-se, ter honra: *quem se preza não permite ser desrespeitado.*

primata pri·***ma***·ta
s.masc. *Zool.* Espécime dos primatas, ordem de mamíferos que inclui o homem e os animais que mais se parecem com ele: *o macaco é um primata.*

primavera pri·ma·***ve***·ra (é)
s.fem. Uma das quatro estações do ano: *no Brasil, a primavera vai de 22 de setembro a 21 de dezembro.*

primaveril pri·ma·ve·***ril***
adj.masc.fem. De primavera: *tarde primaveril.*
❖ *pl.* primaveris.

primitivo pri·mi·***ti***·vo
adj. Que se refere aos primeiros tempos da humanidade, a tempos muito antigos: *os homens primitivos viviam em cavernas.*

primo ***pri***·mo
s.masc. Filho do tio: *ele é meu primo, é filho do meu tio.*

primogênito pri·mo·***gê***·ni·to
s.masc. O primeiro filho, o filho mais velho: *meu pai teve três filhos; eu sou o primogênito.*

primor pri·***mor***
s.masc. Coisa bonita, feita com perfeição: *seu trabalho está um primor.*
❖ *pl.* primores.
→ Veja também **aprimorar** e **primoroso**.

primordial pri·mor·di·***al***
adj.masc.fem. Essencial, principal: *ele vai explicar o ponto primordial da questão.*
❖ *pl.* primordiais.

primórdio pri·***mór***·di:o
s.masc. Origem, princípio: *esse livro fala dos primórdios da humanidade.*

primoroso pri·mo·***ro***·so (ô)
adj. Excelente, perfeito: *os alunos fizeram um trabalho primoroso, sem nenhum defeito.*
❖ *fem.* primorosa (ó). *pl.* primorosos (ó), primorosas (ó).
→ Veja também **aprimorar** e **primor**.

principal prin·ci·***pal***
adj.masc.fem. Que é o mais importante: *ele é o artista principal do filme.*
❖ *pl.* principais.

príncipe ***prín***·ci·pe
s.masc. Filho de rei: *o príncipe vai fazer um novo decreto.*
❖ *fem.* princesa.

principiante prin·ci·pi·***an***·te
s.masc.fem. Pessoa que está começando a aprender alguma coisa: *ele está aprendendo a jogar voleibol, é um principiante.*

principiar prin·ci·pi·***ar***
v. Iniciar, começar: *o presidente principiou a reunião chamando o convidado especial.*

princípio prin·***cí***·pi:o
s.masc. Início, começo: *farei uma viagem no princípio do mês.*

prisão pri·***são***
s.fem. Cadeia, lugar onde se prende alguém: *a vida na prisão é muito difícil.*
❖ *pl.* prisões.
→ Veja também **aprisionar**.

prisioneiro pri·si:o·***nei***·ro
s.masc. Aquele que está preso: *o prisioneiro está na cadeia.*

privação pri·va·***ção***
s.fem. 1. Perda de um bem, de um direito: *a privação da liberdade.*
s.fem.pl. 2. Falta daquilo que é necessário à vida: *ele é muito pobre e passa grandes privações.*

privada pri·***va***·da
s.fem. Latrina; local próprio para as pessoas fazerem suas necessidades físicas: *ele estava precisando urinar, por isso foi à privada.*

privado pri·***va***·do
adj. Particular, que não é público: *ensino privado.*

privar pri·***var***
v. Tirar alguma coisa de alguém: *não devemos privar uma criança de liberdade, não devemos impedir que ela tenha liberdade.*

privilegiado pri·vi·le·gi·***a***·do
adj. Que tem melhores condições que outros, que tem direitos ou vantagens que outros não possuem: *menino privilegiado.*

proa ***pro***·a (ô)
s.fem. A parte dianteira de uma embarcação, onde fica o leme: *viajamos na proa do barco.*
→ Veja também **popa**.

problema pro·***ble***·ma (ê)
s.masc. 1. Dificuldade: *no início, ela teve problemas para fazer amizade com os colegas, mas agora já tem muitos amigos.* 2. Questão que deve ser resolvida por meio de cálculo: *vamos resolver o primeiro problema de matemática.*

proceder pro·ce·***der***
v. 1. Agir, comportar-se: *ela procedeu bem durante a reunião.* 2. Fazer: *o professor vai proceder à chamada dos alunos para verificar quem faltou.* 3. Descender: *esse jovem cantor procede de uma família de artistas, seus pais são artistas.* 4. Chegar de um lugar: *esse navio procede da Europa.*

procedimento pro·ce·di·***men***·to
s.masc. Maneira de agir, comportamento, conduta: *ela teve um bom procedimento, agiu muito bem quando pediu aos colegas que parassem de discutir.*

procissão pro·cis·***são***
s.fem. Grupo de pessoas que caminha pelas ruas rezando e cantando hinos religiosos: *a procissão percorreu o bairro inteiro.*
❖ *pl.* procissões.

proclamar pro·cla·***mar***
v. Anunciar publicamente e em voz alta: *dom Pedro proclamou a independência do Brasil no dia 7 de setembro de 1822.*

procriar pro·cri·***ar***
v. Reproduzir-se: *os gatos podem procriar aos dois anos de idade.*

procurar pro·cu·***rar***
v. 1. Tentar achar alguma coisa: *vou procurar esse livro na estante.* 2. Tentar conseguir: *ele está procurando emprego.* 3. Empenhar-se, esforçar-se: *ela procura ser uma boa aluna, faz esforços para isso.*

prodígio pro·***dí***·gi:o
s.masc. Maravilha, coisa extraordinária: *a inteligência desse homem é um prodígio.*

prodigioso pro·di·gi·***o***·so (ô)
adj. Maravilhoso, extraordinário: *ele tem uma inteligência prodigiosa!*
❖ *fem.* prodigiosa (ó). *pl.* prodigiosos (ó), prodigiosas (ó).

pródigo ***pró***·di·go
adj. 1. Esbanjador, que gasta demais: *era um homem pródigo, acabou gastando tudo o que tinha.* 2. Generoso, que dá o que tem a quem necessita: *ela é uma pessoa pródiga, está sempre ajudando os necessitados.*
❖ *superl.* prodigalíssimo.

P

produção pro·du·***ção***
s.fem. 1. Capacidade de produzir: *precisamos aumentar a produção de alimentos.* 2. Criação, elaboração: *estou fazendo um curso de produção de histórias.*
❖ *pl.* produções.

produtivo pro·du·***ti***·vo
adj. Que produz, que dá bom resultado: *esforço produtivo.*
→ Veja também **improdutivo**.

produto pro·***du***·to
s.masc. 1. Coisa produzida pelo homem ou pela natureza: *o homem utiliza o couro dos animais para fazer vários produtos.* 2. Resultado de uma multiplicação: *6 é o produto de 2 x 3.*

produtor pro·du·***tor***
adj. Que produz: *o Brasil é um país produtor de alimentos.*
❖ *pl.* produtores.

produzir pro·du·***zir***
v. 1. Gerar, dar origem: *essas árvores produzem bons frutos.* 2. Fabricar: *o Brasil produz aviões.* 3. Criar, compor, escrever: *ele produziu um belo desenho.* 4. Causar, provocar: *a falta de boas condições de higiene pode produzir doenças.*

P

proeza pro·***e***·za (ê)
s.fem. Façanha, ato de bravura, feito corajoso: *este livro conta a história de um guerreiro que ficou famoso por suas proezas.*

profanar pro·fa·***nar***
v. Desrespeitar uma coisa ou um lugar sagrado: *os invasores profanaram o templo, quebrando o altar e roubando as peças de ouro.*

profano pro·***fa***·no
adj. Que não é religioso: *o carnaval é uma festa profana.*

profecia pro·fe·***ci***·a
s.fem. Previsão, anúncio do que vai acontecer no futuro: *ele fez uma profecia sobre o futuro do nosso país.*

proferir pro·fe·***rir***
v. Pronunciar: *o presidente proferiu um discurso.*

professor pro·fes·***sor***
s.masc. Mestre, aquele que ensina: *ele é um bom professor de ciências.*
❖ *pl.* professores.

professorado pro·fes·so·***ra***·do
s.masc. O conjunto de professores: *o professorado dessa cidade recebeu aumento de salário.*

profeta pro·***fe***·ta (é)
s.masc. Aquele que faz profecias: *o profeta revelou o que aconteceria no futuro com aquele povo.*
❖ *fem.* profetisa.

profetizar pro·fe·ti·***zar***
v. Fazer uma profecia, anunciar o que vai acontecer no futuro: *ele profetizou um período de dificuldades para o povo.*

profissão pro·fis·***são***
s.fem. Trabalho ou atividade que uma pessoa exerce para ganhar a vida: *meu pai exerce a profissão de mecânico.*
❖ *pl.* profissões.

profissional pro·fis·si:o·***nal***
adj.masc.fem. 1. Que se refere à profissão: *meu amigo é fotógrafo, essa é sua atividade profissional.*
s.masc.fem. 2. Pessoa que exerce uma atividade por profissão, para ganhar a vida: *esse jogador é um profissional.*
❖ *pl.* profissionais.

profundidade pro·fun·di·***da***·de
s.fem. Distância que vai do fundo à superfície: *essa piscina tem cinco metros de profundidade.*

profundo pro·***fun***·do
adj. 1. Muito fundo: *o oceano é profundo.* 2. Intenso: *Romeu tinha um profundo amor por Julieta, ele a amava muito.* 3. Grande: *todos têm um profundo respeito por esse homem.*

profusão pro·fu·***são***
s.fem. Grande quantidade: *quando os fogos de artifício começaram a explodir, uma profusão de cores tomou conta do céu.*

programa pro·***gra***·ma
s.fem. 1. Plano, relação dos assuntos estudados num curso: *ele vai explicar o programa de matemática deste ano.* 2. Roteiro do

que vai ser apresentado num espetáculo, numa solenidade, numa festa, etc.: *na primeira parte do programa musical de hoje, o pianista vai executar duas músicas brasileiras.* 3. *Inform.* Sequencia completa de ações que levam o computador a executar uma certa função: *esse programa foi instalado no meu computador.*

programar pro·gra·***mar***
v. 1. Planejar: *a nossa classe está programando uma excursão para o mês que vem.* 2. *Inform.* Fazer o programa de um computador; dar ao computador as instruções necessárias para que ele execute certas funções: *apenas profissionais sabem programar um computador.*

progredir pro·gre·***dir***
v. Avançar, desenvolver-se: *os alunos estão progredindo, ou seja, estão melhorando, estão aprendendo cada vez mais.*
→ Veja também **regredir**.

progresso pro·***gres***·so (é)
s.masc. Avanço, desenvolvimento: *essa cidade teve um grande progresso em poucos anos.*
→ Veja também **retrocesso**.

proibição pro:i·bi·***ção***
s.fem. Ação de proibir, de não permitir: *é proibido andar de bicicleta nesse bosque; você concorda com essa proibição?*
❖ *pl.* proibições.
→ Veja também **permissão**.

proibir pro:i·***bir***
v. Não permitir: *o guarda proibiu a passagem dos carros.*
→ Veja também **permitir** e **autorizar**.

projetar pro·je·***tar***
v. 1. Fazer o projeto ou a planta de uma construção: *o engenheiro projetou essa casa.* 2. Passar (um filme): *o professor projetou um filme na sala.* 3. Planejar: *estamos projetando uma viagem de férias.*
v.pron. **projetar-se** 4. Lançar-se: *a fera estava no alto da árvore e projetou-se sobre o animal que ia passando embaixo.*

projeto pro·***je***·to (é)
s.masc. Plano, aquilo que se tem a intenção de realizar: *aqui está o projeto da casa que vamos construir.*

prol
s.masc. Proveito.
❑ **em prol de** A favor de, em defesa de: *devemos trabalhar em prol das crianças.*
❖ Palavra usada apenas na expressão **em prol de**.

prole ***pro***·le (ó)
s.fem. Conjunto dos filhos: *esse casal tem uma prole numerosa, tem muitos filhos.*

proletário pro·le·***tá***·ri:o
s.masc. Trabalhador que vive pobremente de seu pequeno salário: *os proletários deveriam ter melhores condições de vida.*

prolongar pro·lon·***gar***
v. 1. Encompridar, tornar mais longo: *teremos que prolongar essa estrada.* 2. Fazer durar mais tempo: *ele prolongou a reunião.*
→ Veja também **encurtar**.

promessa pro·***mes***·sa (é)
s.fem. Aquilo que alguém se compromete a fazer: *será que ele vai cumprir a promessa de ajudar o amigo? Ou vai esquecer o que prometeu?*

prometer pro·me·***ter***
v. 1. Obrigar-se a fazer alguma coisa: *eu prometi que iria ajudá-lo a fazer o trabalho.* 2. Dar esperanças de um bom futuro: *esse jovem artista promete muito, acho que vai ter um bom futuro.*

promissor pro·mis·***sor***
adj. Que promete ser bom: *essa profissão tem um futuro promissor.*
❖ *pl.* promissores.

promover pro·mo·***ver***
v. 1. Fazer realizar: *a escola vai promover uma festa no domingo.* 2. Elevar a um cargo ou situação superior: *o gerente promoveu esse funcionário, deu-lhe um cargo mais importante.*

pronome pro·***no***·me (ô)
s.masc. *Gram.* Nome que se dá às palavras que representam ou acompanham o substantivo: *os pronomes podem ser pessoais (eu, tu, nós, mim, comigo, conosco, lhes, etc.); possessivos (meu, seu, nosso, vosso, seus, suas, etc.), demonstrativos (este, esta, isto, aquele, aquela, etc.), relativos (que, quem, cujo, etc.), indefinidos (um, uma, alguém, algo, etc.), interrogativos (qual, quanto, quem, etc.).*

P

prontificar-se pron·ti·fi·***car***-se
v.pron. Oferecer-se para fazer alguma coisa: *ele prontificou-se a ajudar no trabalho.*

pronto ***pron***·to
adj. 1. Terminado, concluído, acabado: *o trabalho já está pronto*. 2. Rápido: *ao chegar ao hospital, ela teve um pronto atendimento, foi rapidamente atendida.* 3. Disposto: *estou pronto para ajudá-lo, pode contar comigo*.

pronúncia pro·***nún***·ci:a
s.fem. Modo de pronunciar, de falar: *procure saber a pronúncia correta das palavras.*

pronunciar pro·nun·ci·***ar***
v. 1. Falar: *pronuncie corretamente as palavras.*
v.pron. **pronunciar-se** 2. Dar opinião, manifestar-se: *o presidente deve pronunciar-se sobre esse caso, deve dar sua opinião sobre o que aconteceu.*

propaganda pro·pa·***gan***·da
s.fem. Anúncio que se faz ao público, geralmente para vender alguma coisa: *há muitas propagandas em revistas, jornais e programas de televisão.*

propagar pro·pa·***gar***
v. Divulgar, espalhar: *esse jornal propagou notícias falsas.*

P

proparoxítono pro·pa·ro·***xí***·to·no (cs)
adj. *Gram.* Nome que se dá a uma palavra em que a antepenúltima sílaba é tônica: *árvore e médico são palavras proparoxítonas.*
→ Veja também **oxítono**, **paroxítono** e **tônico**.

propiciar pro·pi·ci·***ar***
v. Proporcionar, dar a possibilidade: *essa viagem me propiciou a oportunidade de conhecer muitas cidades bonitas.*

propício pro·***pí***·ci:o
adj. Favorável: *o céu está azul e o mar calmo; é um dia propício para um passeio de barco.*

propor pro·***por***
v. Sugerir: *ele propôs que a gente fizesse uma festa no domingo.*
→ Veja também **proposta**.

proporcionar pro·por·ci:o·***nar***
v. Oferecer: *os alunos proporcionaram um bom espetáculo de ginástica para a plateia.*

propósito pro·***pó***·si·to
s.masc. Intenção, objetivo: *com que propósito você disse aquilo?*
❑ **de propósito** Por querer, intencionalmente: *ele empurrou o colega de propósito.*

proposta pro·***pos***·ta (ó)
s.fem. 1. Oferta: *ela quer comprar meu carro e fez uma boa proposta, ofereceu um bom dinheiro por ele*. 2. Sugestão: *a proposta dele é que nós viajemos no sábado.*

propriedade pro·pri:e·***da***·de
s.fem. Aquilo que pertence a alguém: *essa chácara é propriedade de meu tio, ele é o dono.*

proprietário pro·pri:e·***tá***·ri:o
s.masc. Dono: *sou proprietário de um carro novo.*

próprio ***pró***·pri:o
adj. 1. Que pertence à pessoa que fala ou de quem se fala: *moro em casa própria, isto é, numa casa que me pertence*. 2. Apropriado, adequado: *comprei um casaco próprio para o inverno*. 3. *Gram.* Nome que se dá ao substantivo que se refere a seres ou coisas em particular, distinguindo-os dos demais: *Brasil, Paraná, Santos, Maria, João são substantivos próprios.*

prorrogar pror·ro·***gar***
v. Aumentar o prazo: *a escola prorrogou o período de aulas, que vai agora não apenas até o dia 15 mas até o dia 30.*

prosa ***pro***·sa (ó)
s.fem. 1. Conversa, bate-papo: *da cozinha eu ouvia a prosa das pessoas na sala.*
adj.masc.fem. 2. *pop.* Orgulhoso, cheio de si: *ele é muito prosa, vive contando vantagens.*

proscrito pros·***cri***·to
adj. Exilado, desterrado, que foi expulso de sua pátria: *homem proscrito.*

prosear pro·se·***ar***
v. Conversar: *eles ficaram proseando a tarde toda.*

prosperar pros·pe·***rar***
v. Progredir, melhorar de situação: *a nossa cidade está prosperando.*

prosperidade pros·pe·ri·***da***·de
s.fem. Progresso, desenvolvimento: *todos admiram a prosperidade de nossa cidade.*

próspero ***prós***·pe·ro
adj. Que melhora, que progride: *esta é uma cidade próspera.*

prosseguir pros·se·***guir***
v. Continuar: *vamos descansar um pouco, mais tarde prosseguiremos o trabalho.*

proteção pro·te·***ção***
s.fem. 1. Amparo, ajuda: *as crianças precisam da proteção dos pais.* 2. Abrigo: *essa barraca é nossa proteção contra a chuva.*
❖ *pl.* proteções.

proteger pro·te·***ger***
v. Amparar, defender: *o garoto protegeu o irmão, não deixou que ninguém o machucasse.*
→ Veja também **desproteger**.

protestar pro·tes·***tar***
v. Reclamar: *muita gente protestou contra o aumento do preço do pão.*

protesto pro·***tes***·to (é)
s.masc. Reclamação: *as pessoas fizeram um protesto contra o aumento do preço do pão.*

protetor pro·te·***tor***
adj. Que protege, que ampara: *visitei a associação protetora dos animais.*
❖ *pl.* protetores.

prova ***pro***·va (ó)
s.fem. 1. Aquilo que demonstra a verdade: *a polícia encontrou a prova de que ele era o ladrão do banco.* 2. Exame, avaliação: *os alunos vão fazer uma prova de matemática.* 3. Competição esportiva: *vou participar da prova de natação.*

provar pro·***var***
v. 1. Demonstrar que uma coisa é verdadeira: *ajudei você muitas vezes; isso prova que sou seu amigo.* 2. Vestir uma roupa para ver se fica bem: *ela foi à costureira provar um vestido novo.* 3. Experimentar: *o cozinheiro vai provar a sopa para saber se ela está boa.*

provável pro·***vá***·vel
adj.masc.fem. Que parece que vai acontecer: *há nuvens escuras no céu, é provável que chova mais tarde.*
❖ *pl.* prováveis.
→ Veja também **improvável**.

proveito pro·***vei***·to
s.masc. Vantagem, benefício: *que proveito tem a humanidade em destruir a natureza?*

proveitoso pro·vei·***to***·so (ô)
adj. Útil, que traz proveito: *esse curso é proveitoso; ele nos ensina muitas coisas.*
❖ *fem.* proveitosa (ó). *pl.* proveitosos (ó), proveitosas (ó).

proveniência pro·ve·ni·***ên***·ci:a
s.fem. Lugar de origem: *qual é a proveniência dessa mercadoria? De onde ela vem?*

prover pro·***ver***
v. 1. Providenciar, garantir: *ele deve prover o sustento dos filhos.* 2. Abastecer: *vou prover a loja de mercadorias.*

provérbio pro·***vér***·bi:o
s.masc. Frase que se tornou muito popular e que expressa um pensamento ou um conselho, ditado, adágio: *meu avô costumava citar o provérbio: "quem tudo quer tudo perde".*
→ Veja também **adágio** e **ditado**.

providência pro·vi·***dên***·ci:a
s.fem. Medida que se toma para resolver alguma coisa: *o governo precisa tomar providências para acabar com a poluição.*

providenciar pro·vi·den·ci·***ar***
v. Tomar providências, arranjar o que é necessário para fazer alguma coisa: *chegaram algumas visitas inesperadas e mamãe teve de providenciar mais comida para o almoço.*

provisão pro·vi·***são***
s.fem. Reserva de coisas que serão usadas mais tarde: *provisão de alimentos.*
❖ *pl.* provisões.

provisório pro·vi·***só***·ri:o
adj. Temporário, que vale apenas por um certo tempo: *esta sala de aula é provisória; quando*

P

ficar pronta a outra, que é mais espaçosa, nós passaremos para lá.

provocar pro·vo·***car***

v. 1. Irritar: *pare de provocar seu colega, ele vai acabar brigando com você.* 2. Causar: *as fortes chuvas provocaram enchentes na cidade.*

próximo ***pró***·xi·mo (ss)

adj. 1. Que está perto no espaço: *ele trabalha num bairro próximo; podemos ir até lá num instante.* 2. Que está perto no tempo: *viajarei nos próximos dias.* 3. Seguinte: *na próxima aula, faremos esse passeio.*

adv. 4. Perto, na vizinhança: *ele mora próximo.*

s.masc. 5. Cada pessoa, cada ser humano: *devemos respeitar o próximo.*

prudência pru·***dên***·ci:a

s.fem. Cuidado, cautela: *está chovendo; dirija com prudência, evitando assim riscos desnecessários.*

→ Veja também **imprudência**.

prudente pru·***den***·te

adj.masc.fem. Cuidadoso, cauteloso: *os motoristas devem ser prudentes.*

→ Veja também **imprudente**.

pseudônimo pseu·***dô***·ni·mo

s.masc. Nome falso que um artista ou escritor usa para se apresentar ao público: *muitos artistas usam pseudônimos.*

psicologia psi·co·lo·***gi***·a

s.fem. Ciência que estuda a mente e o comportamento das pessoas: *minha filha estuda psicologia.*

psicólogo psi·***có***·lo·go

s.masc. Pessoa que se dedica à psicologia: *ela quer ser psicóloga.*

publicar pu·bli·***car***

v. Imprimir alguma coisa e mostrá-la ao público: *ele vai publicar um livro de poemas.*

publicidade pu·bli·ci·***da***·de

s.fem. Apresentação de uma ideia ou de um produto (nas revistas, nos jornais, na televisão, etc.) para o público: *estão fazendo muita publicidade dessa nova marca de tênis.*

público ***pú***·bli·co

adj. 1. Que pertence a todos: *na praça pública, todos podem passear.*

s.masc. 2. As pessoas em geral: *o público gosta muito desse programa de televisão.*

pudor pu·***dor***

s.masc. Sentimento de vergonha que faz com que uma pessoa não aceite o que acha imoral ou indecente: *tenho pudor de usar essa roupa.*

❖ *pl.* pudores.

pueril pu:e·***ril***

adj.masc.fem. Infantil: *aquele moço teve uma atitude pueril, agiu como uma criança.*

❖ *pl.* pueris.

pugilista pu·gi·***lis***·ta

s.masc.fem. Pessoa que luta boxe: *os pugilistas estão no ringue.*

pugna ***pug***·na

s.fem. Combate, luta: *haverá uma pugna entre esses dois exércitos.*

puído pu·***í***·do

adj. Muito gasto pelo uso: *vestido puído.*

pular pu·***lar***

v. Saltar: *ele pulou de alegria quando recebeu a notícia de que tinha sido aprovado.*

pulga pul·ga

s.fem. *Zool.* Inseto pequeno que salta e se alimenta de sangue: *a pulga pula alto.*

❑ **com a pulga atrás da orelha** *pop.* Desconfiado, cheio de dúvidas: *ele acha que querem enganá-lo, por isso anda sem sossego, com a pulga atrás da orelha.*

pulmão pul·***mão***

s.masc. *Anat.* Cada um dos dois órgãos respiratórios: *o médico examinou meus pulmões.*

❖ *pl.* pulmões.

pulmonar pul·mo·***nar***

adj.masc.fem. Do pulmão: *doença pulmonar.*

❖ *pl.* pulmonares.

pulo ***pu***·lo

s.masc. Salto: *ele deu um pulo e pegou o brinquedo que estava no alto do armário.*

❑ **dar um pulo** *pop.* Ida rápida a algum lugar: *vou dar um pulo na padaria e já volto.* **pegar no pulo** *pop.* Pegar em flagrante: *eles estavam escapando pela porta dos fundos, quando a polícia chegou e pegou todo mundo no pulo.*

pulseira pul·***sei***·ra
s.fem. Espécie de argola usada como enfeite no pulso: *a dançarina estava com várias pulseiras.*

pulso ***pul***·so
s.masc. Ponto em que a mão se junta com o braço: *o goleiro machucou o pulso.*

pungente pun·***gen***·te
adj.masc.fem. Doloroso: *a situação pungente das crianças me comoveu bastante.*

punhado pu·***nha***·do
s.masc. Porção que cabe na mão: *um punhado de arroz.*

punhal pu·***nhal***
s.masc. Arma de lâmina curta e pontiaguda, geralmente com cabo em forma de cruz: *o guerreiro segurava um punhal.*
❖ *pl.* punhais.
→ Veja também **apunhalar**.

punhalada pu·nha·***la***·da
s.fem. Golpe com punhal: *ele tentou dar uma punhalada no inimigo.*

punho ***pu***·nho
s.masc. 1. Pulso: *ele caiu e machucou o punho.* 2. Mão fechada: *ele usou os punhos para derrubar o homem que o atacou.* 3. Extremidade da manga de uma peça de vestuário: *o punho da camisa.*

punição pu·ni·***ção***
s.fem. Castigo: *ele fez uma coisa errada e sofreu uma punição.*
❖ *pl.* punições.

punir pu·***nir***
v. Castigar: *o juiz vai punir o ladrão.*

purê pu·***rê***
s.masc. Alimento preparado com batata cozida e amassada: *comemos um delicioso purê no almoço.*

pureza pu·***re***·za (ê)
s.fem. Limpeza: *observe a pureza da água desse riacho, veja como ela é pura, limpa.*
→ Veja também **impureza**.

purificar pu·ri·fi·***car***
v. Tornar puro, limpo: *precisamos purificar o ar que respiramos.*

puro ***pu***·ro
adj. 1. Bem limpo, sem nenhuma sujeira: *água pura.* 2. Sem mistura: *vou tomar vinho puro.*
→ Veja também **impuro**.

pus
s.masc. Líquido amarelado que se forma na parte do corpo em que há infecção: *essa ferida tem pus.*

puxa ***pu***·xa
interj. Exclamação que indica espanto: *puxa, que dia quente!*

puxado pu·***xa***·do
adj. Difícil: *fizemos um curso puxado, que exigiu muito estudo.*

puxar pu·***xar***
v. 1. Pegar e trazer para perto de si: *ele puxou a cadeira e sentou-se.* 2. Mover: *esses cavalos vão puxar a carroça.* 3. Provocar (uma conversa): *ele gosta de puxar conversa com o colega do lado.* 4. Ser semelhante em alguma coisa ao pai, à mãe ou a um parente: *ela gosta de música; puxou ao pai, que é um excelente pianista.*

puxa-saco ***pu***·xa-***sa***·co
s.masc. *pop.* Bajulador, que agrada outra pessoa para obter algum proveito: *esse sujeito é um puxa-saco do diretor.*
❖ *pl.* puxa-sacos.

Qq

queijo

q (quê)

s.masc. A 17ª letra do alfabeto: *querido se escreve com q.*

quadra ***qua***·dra

s.fem. 1. Distância de uma esquina a outra, no mesmo lado da rua: *eu e ele moramos perto; nossas casas ficam na mesma quadra.* 2. Lugar especialmente preparado para a prática de certos esportes, como tênis, futebol de salão, voleibol, etc.: *o jogo de voleibol será na quadra do colégio.* 3. Poema composto de uma estrofe de quatro versos. Veja, por exemplo, esta quadra do poeta Paulo Bonfim.

> "Longe de ti eu me sinto
> Ave sem pouso e sem lar.
> Longe de ti sou apenas
> A praia longe do mar."
>
> BONFIM, Paulo. *Poemas escolhidos.* São Paulo: Círculo do Livro, 1991.

quadrado qua·***dra***·do

adj. Que tem quatro lados iguais e ângulos retos: *terreno quadrado.*

quadriculado qua·dri·cu·***la***·do

adj. Dividido em quadradinhos: *folha quadriculada.*

quadrilátero qua·dri·***lá***·te·ro

s.masc. Figura que tem quatro lados: *o quadrado e o retângulo são quadriláteros.*

quadrilha qua·***dri***·lha

s.fem. 1. Grupo de bandidos, de ladrões: *a polícia prendeu a quadrilha que assaltou o banco.* 2. Tipo de dança executada em conjunto por vários pares: *as crianças estão ensaiando a quadrilha para as festas juninas.*

quadro ***qua***·dro

s.masc. Obra de arte (pintura, gravura ou desenho), geralmente de forma quadrada ou retangular: *Portinari foi um grande pintor brasileiro; seus quadros podem ser vistos em vários museus.*

quadro-negro ***qua***·dro-***ne***·gro

s.masc. Peça plana, de quatro lados, geralmente usada para escrever: *o professor escreve no quadro-negro.*

❖ *pl.* quadros-negros.

quadrúpede qua·***drú***·pe·de

adj.masc.fem. Que tem quatro pés ou patas: *o cavalo é um animal quadrúpede.*

> ◎ Quadrúpede é palavra formada de *quadru* (quatro) + *pede* (pé).

quadruplicar qua·dru·pli·***car***

v. Multiplicar por quatro, tornar quatro vezes maior: *ele quer quadruplicar o número de alunos dessa escola.*

quádruplo ***quá***·dru·plo

num. Quatro vezes mais: *na classificação final, ele teve o quádruplo de pontos dos outros candidatos.*

qualidade qua·li·***da***·de

s.fem. 1. Característica (boa ou má) de alguma coisa: *essa televisão é de boa qualidade, funciona muito bem.* 2. Modo de ser de uma pessoa: *esse menino tem boas qualidades; é educado, gentil, honesto.*

qualificar qua·li·fi·***car***

v. 1. Dar qualidade: *o adjetivo qualifica o substantivo, dá a ele uma qualidade.* 2. Considerar: *o gerente qualificou como excelente o trabalho que esse funcionário vem fazendo.*

qualificativo qua·li·fi·ca·***ti***·vo

adj. Que indica uma qualidade: *o adjetivo é uma palavra qualificativa, pois indica uma qualidade do substantivo.*

quantia quan·***ti***·a

s.fem. Soma ou quantidade de dinheiro: *ele pagou uma grande quantia por esse carro.*

quantidade quan·ti·***da***·de

s.fem. Porção de alguma coisa ou grande número de coisas: *há uma grande quantidade de livros nessa biblioteca.*

quarta-feira ***quar***·ta-***fei***·ra

s.fem. O quarto dia da semana: *toda quarta-feira tenho aula de educação física.*

❖ *pl.* quartas-feiras.

quarteirão quar·***tei***·rão

s.masc. Grupo de casas que formam um quadrado cercado por quatro ruas: *minha casa fica no mesmo quarteirão da escola.*

❖ *pl.* quarteirões.

quartel quar·***tel***

s.m. Edifício onde ficam alojados os soldados: *os soldados saíram marchando do quartel.*

❖ *pl.* quartéis.

quarteto quar·***te***·to (ê)

s.masc. Conjunto de quatro elementos: *esse grupo musical tem quatro pessoas; é um quarteto.*

quarto ***quar***·to

s.masc. Cada cômodo da casa que se usa para dormir: *essa casa tem dois quartos.*

quati qua·***ti***

s.masc. *Zool.* Pequeno mamífero carnívoro: *o quati come frutas e bichinhos.*

❖ Para indicar o sexo do animal, dizemos *o quati macho, o quati fêmea.*

quebradiço que·bra·***di***·ço

adj. Que se quebra com facilidade: *material quebradiço.*

quebrar que·***brar***

v. 1. Partir, fazer em pedaços: *ela quebrou o prato.* 2. Fraturar: *o menino caiu e quebrou o braço.* 3. Não cumprir: *a mulher quebrou sua promessa; não fez o que tinha prometido.* 4. Interromper, pôr fim: *um grito quebrou o silêncio da noite.* 5. Estragar, danificar: *alguém quebrou esse brinquedo.*

queda ***que***·da (é)

s.fem. 1. Tombo: *ele levou uma queda.* 2. Caída: *o jornal noticiou a queda do avião.* 3. Fim, término: *em 1889, com a proclamação da República, ocorreu a queda da monarquia no Brasil.*

❑ **duro na queda** *pop.* Que não desiste facilmente, que resiste bastante: *ele se mostrou duro na queda, não foi fácil vencê-lo.* **ter queda** *pop.* Ter jeito: *acho que ele tem queda para a música.*

queda-d'água ***que***·da-***d'á***·gua (é)

s.fem. Cachoeira, cascata: *tiramos várias fotos perto da queda-d'água.*

❖ *pl.* quedas-d'água.

queimar quei·***mar***

v. 1. Destruir pelo fogo: *o fazendeiro queimou o mato que havia nesse morro; ele fez uma queimada.* 2. Causar ferimento na pele: *o sol forte me queimou, provocou queimaduras no meu corpo.*

v.pron. **queimar-se** 3. Ferir-se com fogo ou alguma coisa quente: *ela queimou-se com água quente.* 4. *pop.* Zangar-se, ficar ofendido: *ele queimou-se com a resposta do colega e ficou bravo.*

queima-roupa ***quei***·ma-***rou***·pa

s.fem. Palavra usada na expressão *à queima-roupa.*

❑ **à queima-roupa** De muito perto, cara a cara: *ele levou um tiro à queima-roupa.*

queixa ***quei***·xa

s.fem. Reclamação: *muitas pessoas não gostaram da comida do restaurante e foram fazer queixa ao dono.*

queixar-se quei·***xar***-se

v.pron. Reclamar: *os moradores do bairro queixaram-se do barulho que essa fábrica faz o dia inteiro.*

queixo ***quei***·xo

s.masc. *Anat.* Parte do rosto abaixo do lábio inferior: *quando fica preocupado, esse rapaz começa a coçar o queixo.*

❑ **ficar de queixo caído** *pop.* Ficar muito admirado: *quando viu o espetáculo apresentado pelas crianças, ele ficou de queixo caído.*

quente ***quen***·te
adj.masc.fem. 1. De temperatura elevada: *água quente*. 2. Em que há calor: *cidade quente*. 3. Que conserva o calor do corpo: *roupa quente*.
→ Veja também **aquecer** e **esquentar**.

quentura quen·***tu***·ra
s.fem. Calor, estado daquilo que está quente: *cuidado com a quentura da água; você pode se queimar.*

querer que·***rer***
v. 1. Desejar, ter vontade de: *quero comer esse doce*. 2. Ordenar: *quero que você saia da sala.* 3. Amar, gostar muito: *quero a ele como se fosse meu filho.*
❖ No sentido 3, o verbo querer é sempre usado com a preposição a.

querido que·***ri***·do
adj. 1. Amado: *querido pai, aqui está seu presente*. 2. Estimado, caro: *querido colega, há quanto tempo!*
s.masc. 3. Aquele a quem se quer bem, de quem se gosta muito: *esse artista é o querido das multidões.*

questão ques·***tão***
s.fem. 1. Pergunta: *o professor respondeu à questão do aluno*. 2. Assunto: *a poluição do ar é uma questão que vem sendo muito discutida.*
❖ *pl.* questões.

questionário ques·ti·o·***ná***·ri:o
s.masc. Série de perguntas ou questões: *devemos responder a esse questionário*.

quieto qui:***e***·to (é)
adj. 1. Parado, imóvel: *fique quieto aí; não se mexa!* 2. Sossegado, calmo: *ele é um aluno quieto.*
→ Veja também **aquietar** e **inquietar**.

quietude qui:e·***tu***·de
s.fem. Calma, tranquilidade: *gosto muito da quietude da vida na fazenda.*

quilo ***qui***·lo
s.masc. Forma reduzida da palavra quilograma. Um quilo vale mil gramas: *comprei um quilo de arroz.*

quilograma qui·lo·***gra***·ma
s.masc. Peso de mil gramas. Podemos escrever também *kg*, que é o símbolo de quilograma: *comprei um quilograma (1 kg) de arroz.*
❖ Podemos usar a palavra *quilo* no lugar de *quilograma.*

quilombo qui·***lom***·bo
s.masc. *Hist.* Nome dado ao lugar onde viviam os escravos que fugiam: *na época da escravidão, formaram-se vários quilombos pelo Brasil.*

quilombola qui·lom·***bo***·la (ó)
s.masc.fem. *Hist.* Escravo ou escrava que fugia e passava a viver num quilombo: *os quilombolas eram muito valentes.*

quilômetro qui·***lô***·me·tro
s.masc. Comprimento de mil metros. Podemos escrever também *km*, que é o símbolo de quilômetro: *fizemos uma caminhada de dois quilômetros (2 km).*

quinhão qui·***nhão***
s.masc. Parcela, porção, parte que cabe a uma pessoa na divisão de um todo: *cada filho recebeu seu quinhão da herança deixada pelo pai.*
❖ *pl.* quinhões.

quinquênio quin·***quê***·ni:o
s.masc. Período de cinco anos: *ele será o presidente durante o próximo quinquênio, ou seja, durante os próximos cinco anos.*

quinta-feira ***quin***·ta-***fei***·ra
s.fem. O quinto dia da semana: *iremos ao zoológico na próxima quinta-feira*.
❖ *pl.* quintas-feiras.

quintal quin·***tal***
s.masc. Pequeno terreno ou espaço atrás da casa: *nasceram rosas no quintal de casa.*
❖ *pl.* quintais.

quinteto quin·***te***·to (ê)
s.masc. Conjunto de cinco elementos: *uma equipe de basquete tem cinco jogadores; eles formam um quinteto.*

quintuplicar quin·tu·pli·***car***
v. Multiplicar por cinco, tornar cinco vezes maior: *ontem o jornaleiro vendeu 10 revistas e hoje, 50; ele quintuplicou sua venda.*

quíntuplo ***quín***·tu·plo
num. Que é cinco vezes maior: *20 é o quíntuplo de 4.*

Q

quinzena quin·***ze***·na (ê)

s.fem. Período de quinze dias: *minha viagem vai durar uma quinzena.*

quinzenal quin·ze·***nal***

adj.masc.fem. Que acontece de quinze em quinze dias: *essa é uma revista quinzenal.*

❖ *pl.* quinzenais.

quiromante qui·ro·***man***·te

s.masc.fem. Pessoa que diz ser capaz de adivinhar o futuro pelo exame das linhas da mão: *ela quer consultar uma quiromante.*

quitanda qui·***tan***·da

s.fem. Estabelecimento onde se vendem hortaliças, legumes, ovos, frutas, etc.: *comprei uma dúzia de bananas na quitanda.*

quitandeiro qui·tan·***dei***·ro

s.masc. Aquele que cuida de uma quitanda: *esse quitandeiro trata muito bem as freguesas.*

quitar qui·***tar***

v. Pagar o que se deve: *hoje vou quitar minha dívida com você; vou pagar tudo o que devo.*

quite ***qui***·te

adj.masc.fem. Livre de dívida, de compromisso: *devolvi o dinheiro que você tinha me emprestado; estou quite, não lhe devo mais nada.*

quitute qui·***tu***·te

s.masc. Comida muito gostosa: *seus quitutes me deixam com água na boca!*

quociente quo·ci·***en***·te

s.masc. Resultado de uma conta de dividir: *dividindo 10 por 5, o quociente é 2.*

❖ Também existe a forma **cociente**.

quotidiano quo·ti·di·***a***·no

adj. Diário, de todos os dias: *minha tarefa quotidiana é limpar o jardim.*

❖ Também existe a forma **cotidiano**.

Q

R r

rã

r (érre)

s.masc. A 18ª letra do alfabeto: *Roberto é um nome que começa com r.*

rã

s.fem. *Zool.* Pequeno anfíbio parecido com o sapo mas de pele lisa e sem cauda, com longas patas traseiras, que vive em brejos, lagoas e rios: *há muitas rãs na beira dessa lagoa.*

❖ *pl.* rãs.

❖ Para indicar o sexo do animal, dizemos a *rã macho, a rã fêmea.*

rabeira ra·***bei***·ra

s.fem. 1. A parte traseira de um veículo: *sentei-me na rabeira do ônibus.* 2. O último lugar numa série: *meu time está na rabeira do campeonato, é o último colocado.*

rabicó ra·bi·***có***

adj.masc.fem. Que tem rabo curtinho: *bicho rabicó.*

rabiscar ra·bis·***car***

v. 1. Cobrir com rabisco, com riscos que não querem dizer nada: *meu irmãozinho rabiscou algumas páginas desse livro.* 2. Escrever depressa, sem capricho: *ele estava apressado, por isso rabiscou o endereço num pedaço de papel e saiu.*

rabo ***ra***·bo

s.masc. Cauda, prolongamento da coluna vertebral de alguns animais: *o rabo do gato.*

rabugento ra·bu·***gen***·to

adj. Ranzinza, que está sempre de mau humor: *homem rabugento.*

raça ***ra***·ça

s.fem. 1. Conjunto de seres com características semelhantes, transmitidas de uma geração para outra; os seres humanos formam uma só raça, variando apenas a cor da pele: *todas as pessoas pertencem à raça humana.* 2. Variedade da espécie animal que se conserva e se transmite de geração em geração: *são muitas as raças de gatos.*

ração ra·***ção***

s.fem. Comida especialmente preparada para animais: *meu cachorro come um pouco dessa ração todos os dias.*

❖ *pl.* rações.

rachar ra·***char***

v. 1. Abrir de cima a baixo: *esse homem rachou o tronco da árvore com um machado.* 2. Trincar: *o vaso rachou.* 3. Dividir: *vamos rachar as despesas, cada um de nós vai pagar uma parte.*

racial ra·ci·***al***

adj.masc.fem. Que se refere à raça: *a que grupo racial pertence esse gato?*

❖ *pl.* raciais.

raciocinar ra·ci:o·ci·***nar***

v. Pensar, refletir: *raciocine bem antes de responder.*

raciocínio ra·ci:o·***cí***·ni:o

s.masc. 1. Maneira de pensar: *nesse caso, seu raciocínio está correto.* 2. Capacidade de pensar: *use o seu raciocínio para resolver esse problema.*

racional ra·ci:o·***nal***

adj.masc.fem. 1. Que é capaz de pensar, de raciocinar: *o homem é um ser racional.* 2. Que se baseia na razão: *método racional.*

❖ *pl.* racionais.

→ Veja também **irracional**.

racionar ra·ci:o·***nar***

v. Limitar a quantidade: *o governo vai racionar a venda de gasolina; as pessoas vão poder comprar apenas uma certa quantidade por semana.*

racismo ra·***cis***·mo

s.masc. Pensamento daqueles que acham que os seres humanos pertencem a diferentes raças e que algumas são superiores a outras: *a perseguição aos judeus durante a Segunda Guerra Mundial foi uma manifestação de racismo.*

racista ra·***cis***·ta

adj.masc.fem. Que se refere ao racismo: *pessoa racista.*

radialista ra·di:a·***lis***·ta

s.masc.fem. Profissional que trabalha em emissora de rádio: *esse radialista apresenta um programa diário muito interessante.*

radar ra·***dar***

s.masc. Aparelho que permite determinar com exatidão o local onde se encontram objetos bem distantes (aviões, navios, etc.): *o radar permitiu a localização dos aviões inimigos.*
❖ *pl.* radares.

radiante ra·di·***an***·te

adj.masc.fem. 1. Brilhante, que emite luz em forma de raios: *estrela radiante.* 2. Muito alegre: *ele ficou radiante ao saber que tinha passado no teste.*

radiopatrulha ra·di:o·pa·***tru***·lha

s.fem. Carro de polícia: *há dois policiais naquela radiopatrulha.*

rádio ***rá***·di:o

s.masc. 1. Aparelho capaz de transmitir sons: *enquanto trabalha, ele ouve músicas pelo rádio.*
s.fem. 2. Emissora que produz programas de rádio: *costumo ouvir música nessa rádio.*

radiografia ra·di:o·gra·***fi***·a

s.fem. *Med.* Fotografia especial que mostra as partes internas do corpo: *radiografia dos pulmões.*

raiar rai·***ar***

v. Despontar no horizonte, surgir: *o sol está raiando.*

raio ***rai***·o

s.masc. 1. Descarga elétrica entre uma nuvem e o solo: *o raio é acompanhado de luz (o relâmpago) e de um forte barulho (o trovão).* 2. Linha de luz que parte de um astro ou de um ponto luminoso: *um raio de sol entrou pela janela.*

raiva ***rai***·va

s.fem. 1. Ódio, rancor: *ele ficou com raiva das pessoas que o enganaram.* 2. Hidrofobia, doença que ataca os cães e alguns outros animais e que pode passar aos seres humanos pela mordida: *vou levar meu cão para tomar uma vacina contra a raiva.*

raivoso rai·***vo***·so (ô)

adj. 1. Enfurecido: *o homem estava raivoso.* 2. Atacado de raiva, de hidrofobia: *cão raivoso.*
❖ *fem.* raivosa(ó). *pl.* raivosos (ó), raivosas (ó).

raiz ra·***iz***

s.fem. Parte da planta por onde ela se fixa ao solo: *a raiz retira da terra aquilo que é necessário à vida da planta.*
❖ *pl.* raízes.

rajada ra·***ja***·da

s.fem. 1. Golpe de vento: *os viajantes procuraram esse abrigo para fugir das fortes rajadas de vento.* 2. Sequência de tiros: *os soldados dispararam rajadas de metralhadora contra os inimigos.*

rajado ra·***ja***·do

adj. Que tem manchas escuras no pelo: *animal rajado.*

ralar ra·***lar***

v. Raspar para transformar em pedacinhos. Podemos ralar queijo, pão, coco, etc.: *ela ralou coco para fazer doce.*

ralé ra·***lé***

s.fem. Palavra que se usa para falar com desprezo das pessoas da camada mais baixa da sociedade: *na entrevista, ele se referiu a essas pessoas pobres como ralé.*

ralhar ra·***lhar***

v. Repreender: *o pai ralhou com a filha, porque ela desobedeceu às suas ordens.*

ralo ***ra***·lo

adj. 1. Que é pouco denso ou compacto: *vegetação rala.*
s.masc. 2. Peça com furos colocada em pias, tanques ou pisos para escoamento da água e outros líquidos: *no banheiro, a água do chuveiro escoa pelo ralo.*

R

ramagem ra·*ma*·gem
s.fem. O conjunto dos ramos e folhagens de uma planta: *vimos um ninho de passarinho no meio da ramagem.*
❖ *pl.* ramagens.

ramalhete ra·ma·*lhe*·te (ê)
s.masc. Pequeno feixe: *ela ganhou um bonito ramalhete de flores no dia do seu aniversário.*

ramela ra·*me*·la (é)
s.fem. Espécie de líquido amarelado que se acumula no canto dos olhos: *ele lavou o rosto e limpou a ramela.*
❖ Também existe a forma **remela**.

ramo *ra*·mo
s.masc. *Bot.* Pequeno galho de árvore, de planta: *o passarinho pousou num ramo alto da árvore e pôs-se a cantar.*

rampa *ram*·pa
s.fem. Plano inclinado: *para sair do prédio, vamos descer aquela rampa.*

rancor ran·*cor*
s.masc. Ódio profundo: *ele sente rancor pelas pessoas que o ofenderam.*
❖ *pl.* rancores.

rancho *ran*·cho
s.masc. 1. Casa simples no campo: *ele vive em um rancho.* 2. Grupo que sai pelas ruas cantando e dançando: *rancho carnavalesco.* 3. Comida servida em acampamento militar: *os soldados se reuniram para o rancho.*

R

rancoroso ran·co·*ro*·so (ô)
adj. Que tem rancor, ódio: *meu amigo nunca disse uma palavra rancorosa a ninguém.*
❖ *fem.* rancorosa (ó). *pl.* rancorosos (ó), rancorosas (ó).

ranheta ra·*nhe*·ta (ê)
adj.masc.fem. Que está sempre resmungando ou implicando com alguma coisa: *menino ranheta.*

ranzinza ran·*zin*·za
adj.masc.fem. Rabugento, implicante, que está sempre de mau humor: *homem ranzinza.*

rapadura ra·pa·*du*·ra
s.fem. Espécie de doce feito da calda grossa da cana-de-açúcar e vendido em barras: *ele comprou um pedaço de rapadura.*

rapagão ra·pa·*gão*
s.masc. Rapaz forte, corpulento: *meu filho está um rapagão.*
❖ *pl.* rapagões.

rapar ra·*par*
v. Cortar totalmente (o cabelo ou a barba); raspar: *ele rapou a cabeça.*

rapaz ra·*paz*
s.masc. Moço, jovem: *o professor está conversando com um rapaz na porta da sala.*
❖ *pl.* rapazes.

rapaziada ra·pa·zi·*a*·da
s.fem. Grupo de rapazes: *a rapaziada da escola organizou um campeonato de futebol de salão.*

rapidez ra·pi·*dez*
s.fem. Ligeireza: Ela trabalha com rapidez.
→ Veja também **lentidão**.

rápido *rá*·pi·do
adj. Ligeiro, veloz: *esse jogador é rápido.*
→ Veja também **lento** e **veloz**.

rapina ra·*pi*·na
s.fem. Ação de arrebatar, de roubar com rapidez e violência: *depois da rapina, os piratas fugiram para ilhas desconhecidas.*
❑ **ave de rapina** Ave de bico e garras muito fortes que ataca rapidamente e com violência a sua presa: *a águia e o falcão são aves de rapina.*

raposa ra·*po*·sa (ô)
s.fem. 1. *Zool.* Mamífero carnívoro de pequeno porte, com focinho alongado: *a raposa é um bicho esperto e veloz.* 2. *fig.* Pessoa espertalhona: *cuidado com esse sujeito, ele é uma raposa.*
❖ *masc.*: raposo (ô).

raptar rap·*tar*
v. Pegar alguém à força e levar embora: *ontem raptaram o filho de um empresário.*

rapto *rap*·to
s.masc. Ação de raptar: *o rapto não deu certo porque testemunhas viram e denunciaram.*

raptor rap·*tor*
s.masc. Aquele que rapta alguém, que comete um rapto: *a polícia prendeu o raptor da criança.*
❖ *pl.* raptores.

raquete ra·***que***·te (é)
s.fem. *Esp.* Instrumento que se usa para rebater a bola em alguns jogos (tênis, pingue-pongue, etc.): *pegue as raquetes e vamos jogar uma partida de pingue-pongue.*

raramente ra·ra·***men***·te
adv. Pouquíssimas vezes: *ele vem raramente à minha casa.*
→ Veja também **frequentemente**.

rarear ra·re·***ar***
v. Tornar-se raro: *como as praias estão poluídas, os turistas estão rareando na cidade.*

raridade ra·ri·***da***·de
s.fem. Coisa rara, difícil de acontecer ou de encontrar: *os arqueólogos encontraram algumas moedas de ouro muito antigas; essas raridades serão mostradas no museu.*

raro ***ra***·ro
adj. Incomum: *ele tem um talento raro para a música.*

rasante ra·***san***·te
adj.masc.fem. Bem perto do chão: *voo rasante.*

rascunho ras·***cu***·nho
s.masc. Texto ou desenho que ainda vai ser modificado, corrigido: *fiz o rascunho da redação; agora vou passar a limpo.*

rasgar ras·***gar***
v. Fazer em pedaços: *ela rasgou a carta e jogou os pedacinhos no lixo.*

raso ***ra***·so
adj. De pouca profundidade: *piscina rasa.*
→ Veja também **fundo**.

raspão ras·***pão***
s.masc. Arranhão: *ele caiu mas não se machucou, sofreu apenas um raspão no joelho.*
❑ **de raspão** De leve: *a bola pegou de raspão em sua cabeça.*
❖ *pl.* raspões.

raspar ras·***par***
v. 1. Rapar, cortar: *ele perdeu a aposta e teve que raspar o bigode.* 2. Tirar parte da superfície de alguma coisa: *ela raspou o chão para tirar as manchas de tinta.* 3. Arranhar: *o menino raspou a perna no muro.* 4. Tocar de raspão, de leve: *a bola apenas raspou na sua cabeça.*

rasteiro ras·***tei***·ro
adj. Que fica rente ao chão: *mato rasteiro.*

rastejar ras·te·***jar***
v. Arrastar-se pelo chão: *ele rastejou sob a cerca de arame para sair dali.*

rasto ***ras***·to
s.masc. Marca deixada no caminho: *o caçador seguiu os rastos do animal.*
❖ Também existe a forma *rastro.*

rasurar ra·su·***rar***
v. Riscar ou raspar um pedaço do texto para modificá-lo: *tome cuidado para não rasurar sua redação.*

ratazana ra·ta·***za***·na
s.fem. *Zool.* 1. Fêmea do rato; rata: *ratos e ratazanas andam à vontade pelas cidades grandes.* 2. Grande rato: *os meninos se assustaram com o tamanho da ratazana.*

ratificar ra·ti·fi·***car***
v. Confirmar: *eu ratifico o que você declarou.*
→ Não confunda com **retificar**, que tem outro significado.

razão ra·***zão***
s.fem. 1. Capacidade de pensar, de raciocinar: *usando a razão, o ser humano fez grandes descobertas.* 2. Motivo: *qual é a razão de sua tristeza?*
❑ **ter razão** Estar certo: *você tem razão, devo estudar mais para o exame.*
❖ *pl.* razões.

razoável ra·zo·***á***·vel
adj.masc.fem. Que não é excessivo: *ele pediu um preço razoável pela casa, não é muito alto nem muito baixo.*
❖ *pl.* razoáveis.

ré
s.fem. Aquela que está sendo julgada num tribunal por ter feito alguma coisa ilegal: *esse advogado está defendendo a ré.*

R

reabastecer re:a·bas·te·***cer***
v. Abastecer de novo: *papai foi reabastecer o carro, foi pôr combustível no carro outra vez.*
→ Veja também **abastecer**.

reabrir re:a·***brir***
v. Abrir de novo: *a loja fechou na hora do almoço, mas vai reabrir à tarde.*

reação re:a·***ção***
s.fem. Modo de se comportar diante de alguma coisa que acontece: *a reação dele ao saber o que aconteceu não vai ser boa.*
❖ *pl.* reações.

reacender re:a·cen·***der***
v. Acender de novo: *vou reacender a fogueira.*
→ Veja também **acender**.

reafirmar re:a·fir·***mar***
v. Afirmar de novo: *eu reafirmo o que disse ontem, não retiro nada do que declarei.*

reagir re:a·***gir***
v. 1. Ter uma reação, manifestar-se diante de um fato: *ele reagiu furiosamente ao saber que tinha sido enganado.* 2. Lutar contra: *vou reagir contra aqueles que me ofenderam!*

real re·***al***
adj.masc.fem. 1. Verdadeiro: *quero que você me diga o motivo real de sua tristeza.* 2. Que existe mesmo, que não é imaginário: *lugar real.* 3. Que aconteceu de verdade: *história real.* 4. Que se refere ao rei: *palácio real.*
s.masc. 5. Nome da moeda brasileira (R$).
❖ *pl.* reais.

R

realçar re·al·***çar***
v. Destacar: *a professora elogiou esse aluno, realçou as qualidades dele.*

realce re·***al***·ce
s.masc. Destaque: *a dança das alunas da quarta série foi o realce da festa de ontem.*

realidade re:a·li·***da***·de
s.fem. Aquilo que é real, verdadeiro: *meu sonho tornou-se realidade, consegui realizá-lo.*

realização re:a·li·za·***ção***
s.fem. 1. Execução: *a realização desse trabalho exige muito esforço.* 2. Concretização: *fazer aquela viagem foi a realização de um sonho.*
❖ *pl.* realizações.

realizado re:a·li·***za***·do
adj. 1. Feito, executado: *parabéns pelo projeto realizado!* 2. Que alcançou seu ideal: *seu pai é um homem realizado, conseguiu atingir o objetivo principal de sua vida.*

realizar re:a·li·***zar***
v. 1. Executar, fazer: *ela realizou um bom trabalho.* 2. Tornar real um sonho, uma ideia, etc.: *ao viajar, ele realizou um sonho de muitos anos.*

realizável re:a·li·***zá***·vel
adj.masc.fem. Que se pode realizar: *plano realizável.*
❖ *pl.* realizáveis.
→ Veja também **irrealizável**.

realmente re:al·***men***·te
adv. De fato, na realidade: *ele realmente disse a verdade, não há dúvida.*

reanimar re:a·ni·***mar***
v. Animar de novo: *o treinador tenta reanimar o time depois da derrota.*
→ Veja também **animar**.

reaparecer re:a·pa·re·***cer***
v. Aparecer de novo: *o mágico fez o coelho sumir na cartola e depois reaparecer.*

reatar re:a·***tar***
v. Retomar o que havia sido interrompido: *depois de atender o telefone, o diretor reatou a conversa que estava tendo com os professores.*

reativar re:a·ti·***var***
v. Ativar novamente, fazer funcionar outra vez: *vamos reativar essa máquina.*

reaver re:a·***ver***
v. Recuperar: *consegui reaver o relógio que tinha sido roubado.*

rebaixar re·bai·***xar***
v. Humilhar, menosprezar: *não procure rebaixar o seu colega!*

rebanho re·***ba***·nho
s.masc. Grupo de animais mamíferos criados pelo homem para fornecer carne, leite, lã, couro, etc.: *rebanho de cabras, de ovelhas, de bois, etc.*
❖ Rebanho é um substantivo coletivo.

rebater re·ba·***ter***
v. 1. *Esp.* Bater novamente na bola para jogá-la longe: *o zagueiro rebateu a bola.* 2. Responder para desmentir o que foi dito: *ele rebateu a acusação de que não ajuda o grupo, dizendo que esteve presente em todas as reuniões.*

rebelar-se re·be·***lar***-se
v.pron. Revoltar-se: *algumas pessoas rebelaram-se contra aquelas ordens e começaram a protestar.*

rebelde re·***bel***·de
adj.masc.fem. Aquele que não obedece às ordens, que se rebela contra alguma coisa: *os soldados rebeldes foram presos.*

rebeldia re·bel·***di***·a
s.fem. Revolta: *qual é o motivo da rebeldia dessas crianças?*

rebelião re·be·li·***ão***
s.fem. Revolta: *os marinheiros fizeram uma rebelião durante a viagem, prenderam o capitão e passaram a comandar o navio.*
❖ *pl.* rebeliões.

rebentar re·ben·***tar***
v. Arrebentar, quebrar com violência: *o cachorro rebentou a porta e fugiu.*

rebobinar re·bo·bi·***nar***
v. Enrolar novamente uma fita, voltando ao início: *vamos rebobinar essa fita de vídeo.*

rebocar re·bo·***car***
v. 1. Passar argamassa: *o pedreiro vai rebocar a parede.* 2. Puxar um veículo ou embarcação que não está funcionando: *vamos rebocar o carro que enguiçou.*

rebolar re·bo·***lar***
v. Bambolear os quadris: *a sambista rebolava durante o desfile.*

rebuliço re·bu·***li***·ço
s.masc. Confusão, agitação: *esse rebuliço na sala de aula cansa o professor.*

recado re·***ca***·do
s.masc. Aviso, mensagem: *recebi um recado do diretor para estar na escola amanhã, às 10 horas.*

recaída re·ca·***í***·da
s.fem. Situação de quem fica doente de novo: *ela estava quase curada da gripe mas pegou chuva e teve uma recaída; agora, está de cama novamente.*

recair re·ca·***ir***
v. Cair de novo: *cuidado para não recair nesse erro.*

recanto re·***can***·to
s.masc. Lugar retirado, que não está muito à vista: *eles foram conversar num recanto do jardim.*

recapitular re·ca·pi·tu·***lar***
v. Recordar o que já foi explicado: *o professor recapitulou a matéria que vai cair no exame e isso nos ajudou bastante.*

recapturar re·cap·tu·***rar***
v. Capturar de novo: *a polícia recapturou os presos que tinham fugido da cadeia.*

recatado re·ca·***ta***·do
adj. Discreto, que não gosta de se exibir: *ela é uma menina recatada; não gosta de mostrar o corpo, de usar roupas indecentes.*

recear re·ce·***ar***
v. Temer, ter medo: *por que você receia fazer essa viagem?*

receber re·ce·***ber***
v. 1. Aceitar: *receba esse presente como prova de nossa amizade.* 2. Ter, obter: *ele recebeu ajuda dos colegas.* 3. Acolher: *a menina recebeu os amigos em sua casa.* 4. Sofrer: *ele recebeu um golpe do adversário.* 5. Ganhar como pagamento: *o vendedor recebeu bastante dinheiro por esse trabalho.*

receio re·***cei***·o
s.masc. Medo, temor: *o menino tem receio de entrar nessa velha casa abandonada.*

receita re·***cei***·ta
s.fem. 1. Modo de fazer: *você sabe a receita desse bolo? Sabe como fazê-lo?* 2. Indicação por escrito de um remédio: *o farmacêutico leu a receita que o médico tinha escrito e foi pegar o remédio na prateleira.*

R

receitar re·cei·***tar***
v. Indicar: *o médico receitou esse xarope para curar a minha tosse.*

recém-casado re·***cém***-ca·***sa***·do
s.masc. Aquele que se casou há pouco tempo: *os recém-casados foram viajar em lua-de-mel.*
❖ *fem.* recém-casada. *pl.* recém-casados, recém-casadas.

recém-nascido re·***cém***-nas·***ci***·do
s.masc. Aquele que acabou de nascer ou nasceu há pouquíssimo tempo: *o recém-nascido ganhou vários presentes.*
❖ *fem.* recém-nascida. *pl.* recém-nascidos, recém-nascidas.

recender re·cen·***der***
v. Cheirar (agradavelmente): *a sala recendia a rosa.*

recenseamento re·cen·se·a·***men***·to
s.masc. Fazer um recenseamento é contar quantas pessoas vivem numa cidade, num estado ou num país: *o governo está fazendo um recenseamento da população do país.*

recensear re·cen·se·***ar***
v. Fazer a contagem dos habitantes de uma cidade, de um país, etc.: *o governo vai recensear a população do Brasil.*

recente re·***cen***·te
adj.masc.fem. Que foi feito ou que aconteceu há pouco tempo: *esse prédio é uma construção recente.*

recentemente re·cen·te·***men***·te
adv. Há pouco tempo: *ele visitou-me recentemente.*

receoso re·ce·***o***·so (ô)
adj. Temeroso, com receio: *a menina estava receosa de entrar naquela caverna.*
❖ *fem.* receosa (ó). *pl.* receosos (ó), receosas (ó).

recepção re·cep·***ção***
s.fem. Ato ou efeito de hospedar, receber, recolher(2): *ele teve uma recepção calorosa, todos o receberam muito bem.*
❖ *pl.* recepções.

recepcionista re·cep·ci:o·***nis***·ta
s.masc.fem. Pessoa que tem a função de receber as pessoas que chegam a um lugar (hotel, escritório, banco, etc.): *perguntei à recepcionista onde ficava o escritório do gerente do hotel.*

receptor re·cep·***tor***
s.masc. Aquele que recebe: *quem é o receptor dessa mensagem, ou seja, quem vai recebê-la?*
❖ *pl.* receptores.

rechaçar re·cha·***çar***
v. Repelir: *conseguimos rechaçar os invasores; nós os enfrentamos e expulsamos.*

rechear re·che·***ar***
v. Pôr recheio em alguma coisa: *mamãe recheou o pastel com carne.*

recheio re·***chei***·o
s.masc. Aquilo com que se enche alguma coisa: *você gosta de pastel com recheio de carne?*

rechonchudo re·chon·***chu***·do
adj. Gorduchinho, um tanto gordo: *nenê rechonchudo.*

recibo re·***ci***·bo
s.masc. Declaração escrita de que se recebeu alguma coisa: *entreguei a encomenda à mulher e pedi a ela que assinasse um recibo.*

recife re·***ci***·fe
s.masc. Rochedo ou grupo de rochedos que há no mar e alcançam a linha da água, perto da costa: *os navios evitam essa região de recifes porque podem bater neles e afundar.*

recinto re·***cin***·to
s.masc. Espaço fechado: *Preparamos esse recinto da escola para a reunião dos pais e professores.*

recipiente re·ci·pi·***en***·te
s.masc. Vaso, caixa, garrafa ou qualquer outro objeto dentro do qual podemos pôr sólidos ou líquidos: *o leite está na geladeira, dentro de um recipiente de vidro.*

recíproco re·*cí*·pro·co
adj. Mútuo, que é trocado entre duas pessoas: *entre nós dois há um respeito recíproco, um respeita o outro.*

recital re·ci·*tal*
s.masc. Espetáculo de declamação, de canto ou de música instrumental: *hoje, haverá um recital de piano na escola, um famoso pianista se apresentará para os alunos.*
❖ *pl.* recitais.

recitar re·ci·*tar*
v. Declamar, dizer em voz alta e em tom apropriado o que se aprendeu de cor: *ele recitou uma poesia para os colegas.*

reclamação re·cla·ma·*ção*
s.fem. Protesto, queixa: *os moradores desse bairro fizeram uma reclamação contra a falta de água.*
❖ *pl.* reclamações.

reclamar re·cla·*mar*
v. Protestar, queixar-se de alguma coisa: *as pessoas estão reclamando do calor.*

reclinar re·cli·*nar*
v. 1. Inclinar; dobrar para trás: *ele reclinou a poltrona do ônibus para viajar de modo mais confortável.* 2. Repousar, deitar: *a criança reclinou a cabeça no ombro da mãe e adormeceu.*

recobrar re·co·*brar*
v. Recuperar: *depois desse descanso, recobrei as forças.*

recobrir re·co·*brir*
v. 1. Cobrir de novo: *o vendaval arrancou parte do telhado de nossa casa e, por isso, vamos ter de recobri-la.* 2. Cobrir completamente: *a neve recobriu o campo, deixando tudo branco.*

recolher re·co·*lher*
v. 1. Juntar o que está espalhado: *recolha os brinquedos que estão jogados pela sala.* 2. Dar abrigo: *vamos recolher este mendigo e cuidar dele.*

recolocar re·co·lo·*car*
v. Colocar de novo: *vou recolocar o livro na estante.*

recomeçar re·co·me·*çar*
v. Começar de novo: *depois do lanche, eles recomeçaram o trabalho.*

recomendação re·co·men·da·*ção*
s.fem. Aviso, conselho: *ouça bem a recomendação de seu pai e volte logo para casa.*
❖ *pl.* recomendações.

recomendar re·co·men·*dar*
v. Aconselhar, avisar: *o professor recomendou aos alunos que fizessem o trabalho com muita atenção.*

recomendável re·co·men·*dá*·vel
adj.masc.fem. Aconselhável, que se pode recomendar: *acho que esse filme é recomendável a crianças.*
❖ *pl.* recomendáveis.

recompensa re·com·*pen*·sa
s.fem. Prêmio, aquilo que se dá a uma pessoa para demonstrar nossa satisfação por alguma coisa que ela fez: *ele fez um ótimo trabalho e ganhou como recompensa uma viagem pelo Brasil.*

recompensar re·com·pen·*sar*
v. Premiar, dar uma recompensa: *o professor recompensou aqueles alunos.*

reconciliação re·con·ci·li:a·*ção*
s.fem. Restabelecimento das relações entre pessoas que estão brigadas: *consegui a reconciliação desses dois meninos; consegui que eles fizessem as pazes e voltassem a ser amigos.*
❖ *pl.* reconciliações.

reconciliar re·con·ci·li·*ar*
v. 1. Fazer com que duas pessoas fiquem novamente de bem, façam as pazes: *os amigos brigaram e agora um não conversa com o outro; vou tentar reconciliá-los.*
v.pron. **reconciliar-se** 2. Fazer as pazes, ficar de bem: *ele tinha brigado com a colega mas já se reconciliou com ela, já estão de bem novamente.*

reconhecer re·co·nhe·*cer*
v. 1. Identificar: *ele pensou que estava bem disfarçado mas assim que entrou na sala todos o reconheceram.* 2. Confessar, admitir: *reconheço que agi mal.*

R

reconhecível re·co·nhe·***cí***·vel
adj.masc.fem. Que se pode reconhecer: *rosto reconhecível*.
❖ *pl.* reconhecíveis.
→ Veja também **irreconhecível**.

reconquistar re·con·quis·***tar***
v. Obter de novo: *os inimigos tinham tomado a nossa cidade mas hoje nós a reconquistamos, ela é nossa novamente.*

reconstrução re·cons·tru·***ção***
s.fem. Ação de reconstruir, de construir novamente: *a reconstrução da cabana foi rápida.*
❖ *pl.* reconstruções.

reconstruir re·cons·tru·***ir***
v. Construir de novo: *a tempestade destruiu a casa mas nós a reconstruímos.*

recontar re·con·***tar***
v. Contar de novo: *vamos recontar as revistas para ver se não está faltando nenhuma.*

recordação re·cor·da·***ção***
s.fem. Lembrança: *guardo muitas recordações do tempo que passei naquela cidade.*
❖ *pl.* recordações.

recordar re·cor·***dar***
v. 1. Lembrar: *essas fotos me fizeram recordar o tempo de criança.* 2. Recapitular: *hoje, vamos recordar a matéria que estudamos durante a semana.*
v.pron. **recordar-se** 3. Lembrar-se de: *eu me recordo bem do dia em que te vi pela primeira vez.*

R

recorde re·***cor***·de (ó)
s.masc. O melhor resultado conseguido em alguma atividade: *quero saber qual é o recorde na prova de 100 metros, ou seja, quem corrreu 100 metros em menos tempo.*
❑ **bater o recorde** Superar o recorde, ir além do melhor resultado conseguido até então: *esse atleta bateu o recorde dos 100 metros.*
❖ Esta palavra é paroxítona: *recorde (cór).* Quando usada como adjetivo, não varia no plural: *venda recorde, vendas recorde.*

recorrer re·cor·***rer***
v. Dirigir-se a alguém para pedir auxílio: *como estava em dificuldades, recorreu ao irmão.*

recortar re·cor·***tar***
v. 1. Cortar fazendo o desenho de uma figura: *ela desenhou um gato na cartolina; em seguida, recortou o desenho e colou-o num papel.* 2. Separar alguma coisa cortando: *recortei a foto que foi publicada no jornal e dei o recorte ao meu colega.*

recreativo re·cre:a·***ti***·vo
adj. Que distrai, que diverte: *atividade recreativa.*

recreio re·***crei***·o
s.masc. Divertimento, momento de folga entre as horas de aula: *no recreio, as crianças correm, brincam e comem os lanches.*

recruta re·***cru***·ta
s.masc. Soldado que está iniciando sua instrução militar, que está começando o serviço militar: *os recrutas passaram o dia fazendo exercícios.*

recrutar re·cru·***tar***
v. Chamar para um serviço militar: *o Exército vai recrutar esses jovens.*

recuar re·cu·***ar***
v. Andar para trás: *o jogador correu até o meio do campo e depois recuou.*
→ Veja também **avançar**.

recuo re·***cu***·o
s.masc. Movimento para trás, ação de recuar: *percebemos o recuo daquele jogador; ele estava no meio do campo e agora está mais atrás.*

recuperar re·cu·pe·***rar***
v. 1. Reaver, conseguir de novo uma coisa que estava perdida ou desaparecida: *ele recuperou o carro que tinha sido roubado.* 2. Readquirir, recobrar: *vou descansar um pouco para recuperar as forças.*
v.pron. **recuperar-se** 3. Restabelecer-se: *recuperei-me da gripe, já estou bem novamente.*

recuperável re·cu·pe·***rá***·vel
adj.masc.fem.Que se pode recuperar: *dinheiro recuperável.*
❖ *pl.* recuperáveis.
→ Veja também **irrecuperável**.

recusar re·cu·***sar***
v. 1. Rejeitar, não aceitar: *a criança recusou minha ajuda para estudar.*

v.pron. **recusar-se** 2. Negar-se a: *ele recusou-se a sair da sala, não quis sair de jeito nenhum.*

recusável re·cu·***sá***·vel
adj.masc.fem. Que se pode ou deve recusar: *oferta recusável.*
❖ *pl.* recusáveis.
→ Veja também **irrecusável**.

redação re·da·***ção***
s.fem. 1. Ação de redigir, de escrever um texto: *a redação deve ser feita com calma.* 2. Texto produzido: *minha redação foi elogiada.*
❖ *pl.* redações.

redator re·da·***tor***
s.masc. Aquele que redige, que escreve textos para jornal, revistas, publicidade, etc.: *quem é o redator dessa revista de esportes?*
❖ *pl.* redatores.

rede ***re***·de (ê)
s.fem. Tecido de fios entrelaçados para diferentes finalidades: *rede de pescar, rede de dormir, etc.*

rédea ***ré***·de:a
s.fem. Correia presa ao animal que nos ajuda a guiá-lo: *ao cavalgar, você deve segurar bem a rédea.*

redemoinho re·de·mo·***i***·nho
s.masc. Massa de ar ou de água que gira rapidamente em torno de si mesma: *a canoa pode ser puxada pelo redemoinho que se formou no rio.*
❖ Também existe a forma **rodamoinho**.

redenção re·den·***ção***
s.fem. Salvação: *a ajuda dos amigos foi sua redenção.*

redentor re·den·***tor***
adj. Que pode redimir: *Cristo é chamado de redentor da humanidade.*
❖ *pl.* redentores.

redigir re·di·***gir***
v. Escrever, compor textos: *você redige bem, suas redações são muito boas.*

redimir re·di·***mir***
v. Livrar, libertar: *ele redimiu esse povo da escravidão.*

redobrar re·do·***brar***
v. Aumentar o dobro, aumentar muito: *como não conseguiram acabar o trabalho ontem, eles vão redobrar os esforços para tentar terminá-lo ainda hoje.*

redondamente re·don·da·***men***·te
adv. Completamente: *você está redondamente enganado.*

redondeza re·don·***de***·za (ê)
s.fem. 1. Qualidade daquilo que é redondo: *as fotos tiradas pelos astronautas mostram a redondeza da Terra, ou seja, mostram que a Terra é redonda.* 2. Vizinhança: *meu amigo mora aqui na redondeza.*
s.fem.pl. 3. Arredores, proximidades: *muitas pessoas moram nas redondezas da escola.*

redondo re·***don***·do
adj. 1. Que tem a forma de um disco: *as moedas são redondas.* 2. Que tem a forma de uma esfera: *a bola de futebol é redonda.*

redor re·***dor***
s.masc. Volta.
❑ **ao redor** Em volta: *fiquei atento ao que estava acontecendo ao meu redor.* **ao redor de** Em volta de: *sentamos ao redor da mesa.* **em redor**. Em volta: *olhei em redor e não vi nada.*

redução re·du·***ção***
s.fem. Diminuição: *o vendedor fez uma redução no preço da bicicleta.*
❖ *pl.* reduções.

redundante re·dun·***dan***·te
adj.masc.fem. Que repete sem necessidade: *dizer "subir para cima" é redundante, pois a palavra subir já transmite a ideia de "para cima"; basta dizer subir que todo mundo já sabe que só pode ser "para cima".*

reduto re·***du***·to
s.masc. Lugar fechado que serve de abrigo ou proteção: *a polícia ainda não sabe onde é o reduto desses bandidos.*

reduzir re·du·***zir***
v. Diminuir: *a mulher reduziu o número de produtos da sua lista.*

R

reembolsar re·em·bol·***sar***
v. Devolver a uma pessoa o dinheiro que ela gastou por nós: *por favor, compre esse livro para mim que eu prometo reembolsar esse valor amanhã.*
→ Veja também **desembolsar** e **embolsar**.

reencarnação re·en·car·na·***ção***
s.fem. *Rel.* Doutrina que afirma que o espírito, para atingir a perfeição, deve passar por várias encarnações, ou seja, deve voltar a viver no mundo terreno diversas vezes: *os cristãos acreditam na reencarnação dos corpos.*
❖ *pl.* reencarnações.

reencontrar re·en·con·***trar***
v. Encontrar de novo: *reencontrei um colega que não via há muito tempo; fiquei muito contente com esse reencontro.*

reescrever re·es·cre·***ver***
v. Escrever de novo: *vou reescrever esse bilhete.*

refazer re·fa·***zer***
v. Fazer de novo: *vou refazer o exercício.*

refeição re·fei·***ção***
s.fem. Porção de alimento que comemos em certas horas do dia: *ontem fiz uma refeição na casa de um colega.*
❖ *pl.* refeições.

refeitório re·fei·***tó***·ri:o
s.masc. Lugar em que várias pessoas fazem suas refeições: *os alunos dessa escola almoçam no refeitório.*

R

refém re·***fém***
s.masc.fem. Pessoa que é mantida presa por alguém que deseja conseguir alguma coisa em troca para libertá-la: *o preso pegou a mulher como refém e prometeu libertá-la se o deixassem sair da cadeia.*
❖ *pl.* reféns.

referir re·fe·***rir***
v. 1. Contar: *a aluna referiu o caso ao diretor, contou a ele o que tinha acontecido.*
v.pron. **referir-se** 2. Ter relação com: *a palavra "diurno" refere-se a "dia", isto é, o sentido dessa palavra está ligado a "dia".* 3. Mencionar: *ele referiu-se a mim na reunião, falou alguma coisa a meu respeito.*

refestelado re·fes·te·***la***·do
adj. Acomodado confortavelmente: *ele estava refestelado no sofá quando entrei.*

refestelar-se re·fes·te·***lar***-se
v.pron. Acomodar-se confortavelmente: *depois de um dia de trabalho, refestelou-se no sofá.*

refletir re·fle·***tir***
v. 1. Reproduzir a imagem de: *o espelho reflete o meu rosto, mostra meu reflexo.* 2. Pensar bem, meditar: *você deve refletir antes de dar a resposta, não diga nada sem fazer uma boa reflexão.*

refletor re·fle·***tor***
s.masc. Aparelho que joga luz sobre um determinado ponto: *dois grandes refletores iluminavam os artistas no palco.*
❖ *pl.* refletores.

reflexão re·fle·***xão*** (cs)
s.fem. Ação de refletir, de meditar, de pensar com calma sobre alguma coisa: *esse caso merece uma profunda reflexão.*
❖ *pl.* reflexões.

reflorestar re·flo·res·***tar***
v. Plantar árvores para compensar aquelas que foram derrubadas ou que morreram: *a prefeitura vai reflorestar esse parque.*

reforçar re·for·***çar***
v. Tornar mais forte: *precisamos de um bom goleiro para reforçar o nosso time.*

reforço re·***for***·ço (ô)
s.masc. Aquilo que reforça, que torna mais forte: *nosso time precisa de reforço no ataque.*
❖ *pl.* reforços (ó).

reformar re·for·***mar***
v. Restaurar, melhorar o estado de alguma coisa: *meu pai reformou nossa velha casa e ela ficou muito bonita.*

reformular re·for·mu·***lar***
v. Apresentar de outro jeito: *acho que você não entendeu a pergunta, por isso vou reformular a questão.*

refrear re·fre·***ar***

v. 1. Conter, controlar: *procure refrear a sua raiva.*

v.pron. **refrear-se** 2. Controlar-se: *fiquei furioso ao ouvir a notícia mas consegui refrear-me, consegui dominar minha fúria.*

refrescar re·fres·***car***

v. Tornar fresco ou ligeiramente frio: *a sala está muito quente, vou abrir a janela para o vento entrar e refrescar o ambiente.*

refrigerar re·fri·ge·***rar***

v. Refrescar, esfriar: *esse aparelho refrigera o ar.*

refugiar-se re·fu·gi·***ar***-se

v. pron. Esconder-se em um refúgio, em um lugar seguro: *para fugir dos caçadores, os animais refugiaram-se em suas tocas.*

refúgio re·***fú***·gi:o

s.masc. Lugar seguro, lugar em que se fica livre de perigos: *quando as bombas começaram a cair, as pessoas procuraram um refúgio.*

refutar re·fu·***tar***

v. Contestar: *o homem conseguiu refutar todas as acusações que faziam contra ele, conseguiu provar que as acusações eram falsas.*

refutável re·fu·***tá***·vel

adj.masc.fem. Que se pode refutar, contestar: *acusação refutável.*

❖ *pl.* refutáveis.

→ Veja também **irrefutável**.

regalar re·ga·***lar***

v. 1. Dar grande prazer a alguém, principalmente oferecendo comidas: *ele regalou os convidados com um banquete.*

v.pron. **regalar-se** 2. Deliciar-se: *ele vai regalar-se com esses doces.*

regalia re·ga·***li***·a

s.fem. Vantagem, privilégio: *esse funcionário goza de muitas regalias, é um funcionário especial.*

regar re·***gar***

v. Aguar, jogar água (nas plantas, na terra, etc.): *vamos regar a grama do jardim.*

regata re·***ga***·ta

s.fem. Competição esportiva entre barcos: *quem foi o vencedor dessa regata?*

regato re·***ga***·to

s.masc. Riacho, córrego: *no fundo da fazenda há um regato.*

regenerar-se re·ge·ne·***rar***-se

v.pron. Recuperar-se, corrigir-se: *ele era um mau sujeito mas, com a ajuda de alguns amigos, conseguiu regenerar-se e hoje é uma boa pessoa.*

regente re·***gen***·te

s.masc.fem. 1. Pessoa que substitui o rei durante algum tempo: *como o rei ainda era criança, um regente assumiu o poder.* 2. Maestro, pessoa que dirige uma orquestra: *gostaria de ser regente de orquestra.*

reger re·***ger***

v. 1. Dirigir como rei: *não se sabe quem vai reger o país durante a ausência do rei.* 2. Dirigir um grupo de músicos: *o maestro rege a orquestra.*

região re·gi·***ão***

s.fem. 1. Grande extensão territorial: *há muitas fazendas nessa região do país.* 2. Cada parte em que se subdivide o país: *o estado de São Paulo fica na região sudeste do Brasil.* 3. Parte do nosso corpo: *ele está com dores na região abdominal.*

❖ *pl.* regiões.

regime re·***gi***·me

s.masc. 1. Sistema político de governo: *regime democrático.* 2. Indicação daquilo que uma pessoa deve comer e beber: *ele está fazendo um regime para emagrecer.*

regimento re·gi·***men***·to

s.masc. 1. Corpo de tropas: *o regimento de cavalaria fez um bonito desfile.* 2. Regulamento, conjunto de regras: *você já conhece o regimento interno da escola?*

régio ***ré***·gi:o

adj. Que se refere a rei, que é próprio de rei: *poder régio.*

regional re·gi:o·***nal***

adj.masc.fem. Que se refere a uma certa região, a um certo lugar: *festa regional.*

❖ *pl.* regionais.

registrar re·gis·***trar***

v. 1. Anotar: *o professor registrou no livro as notas dos alunos.* 2. Inscrever: *ela registrou o filho na escola.*

regozijar-se re·go·zi·***jar***-se
v.pron. Alegrar-se: *todos se regozijaram com o nascimento daquela criança.*

regozijo re·go·***zi***·jo
s.masc. Alegria: *o sucesso do filho foi motivo de regozijo para os pais.*

regra ***re***·gra (é)
s.fem. Aquilo que indica o que pode e o que não pode ser feito (num jogo, numa competição, etc.): *todos os jogos têm suas regras.*

regredir re·gre·***dir***
v. Retroceder, ir para trás, decair: *ele sempre foi um bom estudante, mas ultimamente vem regredindo nos estudos.*

regressar re·gres·***sar***
v. Voltar, retornar: *ele foi viajar e só regressará dentro de dez dias.*

regresso re·***gres***·so (é)
s.masc. Volta, retorno: *o regresso do diretor será na semana que vem.*

régua ***ré***·gu:a
s.fem. Instrumento que se usa geralmente para traçar linhas: *faça uma linha na folha com a sua régua.*

regulamento re·gu·la·***men***·to
s.masc. Conjunto de regras: *toda escola tem um regulamento que explica o que os alunos e professores devem ou podem fazer.*

R

regular re·gu·***lar***
adj.masc.fem. 1. Que está na média: *ela tirou uma nota regular na prova, sua nota não é baixa mas também não é alta.* 2. *Gram.* Que está de acordo com a regra: *o verbo "partir" é regular, segue a regra dos verbos da terceira conjugação.*
v. 3. Acertar, ajustar: *preciso regular o motor do carro, pois ele não está funcionando direito, está desregulado.*
❖ *pl.* regulares.
→ Veja também **irregular**.

regularizar re·gu·la·ri·***zar***
v. Tornar regular, deixar de acordo com a regra ou o regulamento: *para regularizar a matrícula, você deve trazer sua certidão de nascimento.*

rei
s.masc. 1. Governante de um reino; monarca: *o rei desse país vive num castelo.* 2. Aquele que se destaca num grupo: *nessa família, ele é o rei.*
❑ **ter o rei na barriga** *pop.* Ser muito cheio de si, achar-se superior aos outros: *ele não liga para os colegas, acha que tem o rei na barriga.*
❖ *fem.* rainha.

reinação rei·na·***ção***
s.fem. *pop.* Travessura: *Monteiro Lobato escreveu* Reinações de Narizinho*, a história das travessuras e aventuras de uma menina chamada Narizinho.*
❖ *pl.* reinações.

reinado rei·***na***·do
s.masc. Período em que um rei ou rainha exerceu o poder: *a abolição da escravidão ocorreu no reinado de dom Pedro II.*

reinante rei·***nan***·te
adj.masc.fem. 1. Que está reinando: *príncipe reinante.* 2. Que está na moda, que predomina: *esse é o estilo de música reinante hoje em dia.*

reinar rei·***nar***
v. 1. Governar como rei ou soberano: *Dom Pedro II reinou até 1889.* 2. Predominar: *a moda dos cabelos curtos reinou durante muito tempo.* 3. *pop.* Fazer reinação, travessura: *esse garoto andou reinando na escola.*

reincidente re:in·ci·***den***·te
adj.masc.fem. Que age de modo errado outra vez, que faz novamente o que não deve: *como era reincidente, o jogador expulso levou uma suspensão de três jogos.*

reincidir re:in·ci·***dir***
v. Tornar a fazer a mesma coisa: *ele reincidiu no erro, voltou a cometer aquele erro.*

reiniciar re:i·ni·ci·***ar***
v. Iniciar de novo: *depois do intervalo, os alunos reiniciaram as aulas.*

reino ***rei***·no
s.masc. País governado por um rei; num reino, o poder passa de pai para filho: *o príncipe herdou o reino.*

reiterar re:i·te·***rar***
v. Repetir: *eu reitero meu protesto contra a destruição desse parque.*

reivindicar re:i·vin·di·***car***
v. Reclamar, exigir: *os trabalhadores estão reivindicando melhores salários.*

rejeitar re·jei·***tar***
v. Recusar, não aceitar: *o empregado rejeitou minha ajuda.*

rejubilar re·ju·bi·***lar***
v. Alegrar bastante: *o sucesso da seleção rejubilou o país.*
→ Veja também **júbilo**.

rejuvenescer re·ju·ve·nes·***cer***
v. Tornar mais jovem, remoçar: *a velha bruxa queria inventar uma bebida mágica que a fizesse rejuvenescer.*
→ Veja também **envelhecer**.

relação re·la·***ção***
s.fem. 1. Lista: *faça uma relação das coisas que precisamos comprar.* 2. Ligação: *explique a relação que há entre a poluição do ar e a saúde das pessoas, explique como uma coisa está ligada à outra.* 3. Convívio: *entre nós dois há uma relação de amizade; nós nos tratamos como amigos.*
❖ *pl.* relações.

relacionamento re·la·ci:o·na·***men***·to
s.masc. Relação pessoal, convivência: *tenho bom relacionamento com ele, nós nos damos bem.*

relacionar re·la·ci:o·***nar***
v. 1. Fazer uma relação, uma lista: *o professor relacionou, numa folha, os nomes dos alunos que vão participar do desfile.* 2. Ligar: *o professor relacionou esses dois fatos, mostrou como eles estão ligados.*
v.pron. **relacionar-se** 3. Conviver: *esse menino se relaciona bem com os colegas, ele se dá bem com todos.*

relâmpago re·***lâm***·pa·go
s.masc. Raio de luz provocado pela descarga elétrica entre duas nuvens: *durante a tempestade, vimos alguns relâmpagos.*

relampear re·lam·pe·***ar***
v. Produzir relâmpago; relampejar: *durante a tempestade relampeou bastante.*

relampejar re·lam·pe·***jar***
v. Produzir relâmpago; relampear: *ele se assustou quando a tempestade caiu e começou a relampejar.*

relance re·***lan***·ce
s.masc. Olhar rápido: *num relance, ele percebeu o que estava acontecendo.*
❑ **olhar de relance** Olhar rapidamente, apenas por um instante: *ao entrar, o professor olhou de relance para alguém que estava perto da porta.*

relapso re·***lap***·so
adj. Negligente, descuidado, que não cumpre bem suas obrigações: *ele é um funcionário relapso, já foi advertido várias vezes pelo chefe.*

relar re·***lar***
v. Tocar bem de leve em alguma coisa: *basta relar nesse fio que o alarme dispara.*

relatar re·la·***tar***
v. Contar, narrar: *o repórter relatou o que aconteceu na viagem; fez um relato bem detalhado de tudo.*

relato re·***la***·to
s.masc. Aquilo que se conta, que se relata: *ele fez um relato detalhado da viagem, contou tudo o que aconteceu.*

relatório re·la·***tó***·ri:o
s.masc. Exposição escrita relatando uma atividade: *o professor pediu aos alunos um relatório sobre as experiências de ciências feitas durante a semana; eles devem explicar por escrito tudo o que foi feito.*

relaxado re·la·***xa***·do
adj. 1. Que é descuidado, que não cumpre bem seus deveres: *funcionário relaxado.* 2. Bem calmo: *eu estava nervoso, mas essa música suave me deixou relaxado.*

relembrar re·lem·***brar***
v. Lembrar de novo: *sempre que vejo essas fotografias, relembro a viagem que fizemos.*

relento re·*len*·to
s.masc. Sereno, umidade da noite: *ele dormiu ao relento, exposto ao frio da noite.*

reler re·*ler*
v. Ler de novo: *reli essa história várias vezes.*

reles *re*·les (é)
adj.masc.fem. Sem importância, como qualquer outro: *trata-se de um reles boato, não merece nenhuma atenção especial.*
❖ Essa palavra tem a mesma forma no singular e no plural: *reles boato, reles boatos.*

relevante re·le·*van*·te
adj.masc.fem. Importante: *ele prestou uma ajuda relevante à nossa cidade.*
→ Veja também **irrelevante**.

relevar re·le·*var*
v. Perdoar, desculpar: *o professor relevou meu atraso e me deixou entrar.*

religar re·li·*gar*
v. Ligar de novo: *vou religar a máquina.*

religião re·li·gi·*ão*
s.fem. Crença que uma pessoa tem em um deus ou em vários deuses e que a faz viver de certo modo e seguir certas regras: *além do cristianismo, existem outras religiões muito interessantes.*
❖ *pl.* religiões.

religiosamente re·li·gi:o·sa·*men*·te
adv. 1. De modo religioso: *ele vive religiosamente, segue todos os ensinamentos de sua religião.* 2. Pontualmente: *ele cumpre religiosamente suas obrigações, não se descuida de nada.*

religiosidade re·li·gi:o·si·*da*·de
s.fem. Sentimento de uma pessoa religiosa: *a religiosidade daquelas pessoas me surpreendeu, não esperava que elas tivessem tanta fé religiosa.*

religioso re·li·gi·*o*·so (ô)
adj. 1. Que se refere à religião: *livro religioso.* 2. Que segue fielmente uma religião: *homem religioso.*
s.masc. 3. Aquele que pertence a uma ordem ou comunidade religiosa: *no convento, fui recebido por dois religiosos.*
❖ *fem.* religiosa(ó). *pl.* religiosos (ó), religiosas (ó).

relinchar re·lin·*char*
v. Soltar a voz (o cavalo, a égua, etc.): *o cavalo relincha.*

relíquia re·*lí*·qui:a
s.fem. Coisa a que se dá muito valor: *esse anel pertenceu a meu bisavô e é guardado como relíquia pela nossa família.*

relógio re·*ló*·gi:o
s.masc. Instrumento para marcar as horas: *ela ganhou um bonito relógio.*

relojoaria re·lo·jo:a·*ri*·a
s.fem. Loja onde se vendem ou consertam relógios: *meu irmão trabalha numa relojoaria.*

relojoeiro re·lo·jo·*ei*·ro
s.masc. Aquele que fabrica, vende ou conserta relógios: *meu relógio enguiçou, vou levá-lo ao relojoeiro.*

relutar re·lu·*tar*
v. Resistir: *ele relutou muito em aceitar aquele cargo; foi preciso insistir bastante para que ele o aceitasse.*

reluzente re·lu·*zen*·te
adj.masc.fem. Cintilante, fulgurante, brilhante: *joia reluzente.*

reluzir re·lu·*zir*
v. Brilhar muito: *as estrelas reluzem no céu escuro.*

relva *rel*·va (é)
s.fem. Gramado: *estendemos uma toalha na relva e sobre ela pusemos os sanduíches e bebidas que tínhamos trazido para o piquenique.*

remador re·ma·*dor*
s.masc. Aquele que rema: *o remador levou rapidamente a canoa até a outra margem.*
❖ *pl.* remadores.

remar re·*mar*
v. Movimentar uma canoa ou um barco com remos: *ele remou até a margem.*

rematar re·ma·*tar*
v. Concluir, terminar: *para rematar a conversa, ele contou um caso engraçado que aconteceu com um amigo.*

R

remedar re·me·***dar***
v. Imitar: *ele vive remedando os colegas.*
❖ Também existe a forma **arremedar**.

remediado re·me·di·***a***·do
adj. Que tem recursos para viver, que não é nem pobre nem rico: *família remediada.*

remediar re·me·di·***ar***
v. Consertar: *depois da briga, para remediar a situação, ele tentou fazer as pazes com o amigo.*
→ Veja também **remediável**.

remediável re·me·di·***á***·vel
adj.masc.fem. Que se pode corrigir ou remediar: *falha remediável.*
❖ *pl.* remediáveis.
→ Veja também **irremediável**.

remédio re·***mé***·di:o
s.masc. Medicamento; aquilo que serve para combater uma dor, uma doença, etc.: *vou à farmácia comprar um remédio contra dor de cabeça.*

rememorar re·me·mo·***rar***
v. Relembrar, recordar: *meu marido rememorou nossa viagem de férias.*

remendar re·men·***dar***
v. Pôr remendo: *mamãe vai remendar essa camisa que está rasgada.*

remendo re·***men***·do
s.masc. Pedaço de alguma coisa que se usa para cobrir um rasgo, um furo: *ela vai pegar um pedaço de pano e pôr um remendo na calça.*

remessa re·***mes***·sa (é)
s.fem. Envio: *vou providenciar a remessa desse pacote a meu pai.*

remetente re·me·***ten***·te
s.masc.fem. Aquele que envia (uma carta, uma mensagem, etc.): *escreva no verso do envelope o nome do remetente, o nome de quem está enviando a carta.*
→ Veja também **destinatário**.

remeter re·me·***ter***
v. Mandar, enviar: *vou remeter os convites pelo correio.*

remexer re·me·***xer***
v. 1. Mexer várias vezes: *antes de plantar, ela remexe bem a terra.* 2. Rebolar: *a sambista remexe os quadris.*

remissão re·mis·***são***
s.fem. Perdão: *remissão dos pecados.*
❖ *pl.* remissões.

remo ***re***·mo (ê)
s.masc. Instrumento de madeira usado para movimentar pequenas embarcações: *o rapaz pegou os dois remos, entrou na canoa e remou até a outra margem.*

remoçar re·mo·***çar***
v. Dar aparência de mais moço, mais jovem: *esse penteado remoçou a professora, fez com que ela parecesse mais jovem.*

remorso re·***mor***·so (ó)
s.masc. Arrependimento: *ele sentiu remorso de ter sido malcriado com a irmã; ficou arrependido do que fez.*

remoto re·***mo***·to (ó)
adj. Distante, longínquo, que aconteceu há muito tempo: *num tempo remoto, viveu uma rainha neste castelo.*

remover re·mo·***ver***
v. Retirar, passar de um lugar para outro: *os policiais removeram o carro enguiçado do meio da rua.*

remuneração re·mu·ne·ra·***ção***
s.fem. Pagamento por um serviço ou trabalho: *a remuneração do trabalhador deve ser justa.*
❖ *pl.* remunerações.

remunerar re·mu·ne·***rar***
v. Pagar alguém por um serviço ou trabalho: *é preciso remunerar o homem que fez a limpeza do jardim.*

renal re·***nal***
adj.masc.fem. Que se refere aos rins: *doença renal.*
❖ *pl.* renais.

renascer re·nas·***cer***
v. 1. Crescer de novo: *as flores renascem na primavera; elas tornam a brotar, a crescer.* 2. Nascer de novo: *minha esperança renasceu.*

renda ***ren***·da

s.fem. 1. Quantia que se consegue com a venda de ingressos para um espetáculo: *a renda do jogo de hoje foi muito boa.* 2. Tecido feito de fios entrelaçados: *blusa feita de renda.*

render ren·***der***

v. 1. Prestar: *vamos render uma homenagem a esse professor.* 2. Dar lucro: *ele tem uma loja que rende muito, que dá muito lucro.* 3. Ser proveitoso: *hoje, nosso trabalho rendeu, conseguimos fazer muita coisa.*

v.pron. **render-se** 4. Entregar-se: *como não tinha saída, o ladrão rendeu-se à polícia.*

rendimento ren·di·***men***·to

s.masc. 1. Aproveitamento: *o rendimento dos alunos foi muito bom, eles aprenderam muitas coisas.* 2. Quantia que se lucra: *fiz um negócio que me deu bons rendimentos.*

rendoso ren·***do***·so (ô)

adj. Que dá lucro: *ele tem uma profissão rendosa, ganha muito dinheiro com ela.*

❖ *fem.* rendosa(ó). *pl.* rendosos (ó), rendosas (ó).

renegar re·ne·***gar***

v. Desprezar, rejeitar: *nunca devemos renegar os amigos.*

renhido re·***nhi***·do

adj. Disputado com muita garra e entusiasmo: *esses dois lutadores fizeram um combate renhido.*

R

renomado re·no·***ma***·do

adj. Famoso: *Ele é um renomado escritor de literatura infantil.*

renome re·***no***·me (ô)

s.masc. Fama: *esse artista tem muito renome.*

renovar re·no·***var***

v. 1. Fazer de novo: *sempre que nos encontramos, ele renova o convite para que eu lhe faça uma visita.* 2. Modificar atualizando: *esse professor renovou o ensino em nossa escola.* 3. Tornar válido outra vez: *o jogador renovou o contrato com o clube; vai continuar nele por mais algum tempo.*

renque ***ren***·que

s.masc. Fileira: *renque de árvores.*

rente ***ren***·te

adj.masc.fem. Muito perto: *a bola veio rente ao chão.*

renunciar re·nun·ci·***ar***

v. Desistir de um cargo: *o presidente do clube renunciou, ou seja, desistiu de ser presidente.*

reparar re·pa·***rar***

v. 1. Perceber, notar: *você reparou que ela está alegre hoje?* 2. Consertar: *vou reparar a cerca do jardim.*

repartir re·par·***tir***

v. Dividir em partes: *vou repartir o bolo entre as crianças; vou cortá-lo em fatias e dar uma para cada criança.*

repatriar re·pa·tri·***ar***

v. Fazer voltar à pátria: *o governo brasileiro repatriou os soldados que estavam na Europa.*

repelente re·pe·***len***·te

s.masc. Produto que mantém os insetos afastados: *repelente contra mosquitos.*

repelir re·pe·***lir***

v. Rechaçar, fazer voltar: *os homens defenderam a cidade e repeliram os inimigos, fizeram com que eles desistissem do ataque e fossem embora.*

repensar re·pen·***sar***

v. Pensar de novo sobre alguma coisa: *vou repensar bem esse problema para ver se encontro uma solução para ele.*

repente re·***pen***·te

s.masc. Impulso: *num repente de inspiração, ele compôs uma música em poucos minutos.*

❑ **de repente** De súbito, de forma inesperada: *durante a aula, de repente, a menina deu um grito.*

→ Veja também **repentino**.

repentino re·pen·***ti***·no

adj. Inesperado, súbito: *ele fez uma manobra repentina com o carro, enganando aqueles que o perseguiam.*

→ Veja também **repente**.

repentista re·pen·***tis***·ta
s.masc.fem. Pessoa que improvisa, que inventa versos na hora: *gosto de ouvir a disputa de dois repentistas.*

repertório re·per·***tó***·ri:o
s.masc. Conjunto de peças geralmente apresentadas por um conjunto musical, por uma orquestra, por uma companhia de teatro, por um cantor, etc.: *esse cantor tem um repertório bem variado.*

repeteco re·pe·***te***·co (é)
s.masc. *pop.* Repetição: *o programa de hoje foi repeteco do programa de ontem.*

repetir re·pe·***tir***
v. 1. Dizer de novo: *não entendi o que você disse, pode repetir, por favor?* 2. Fazer de novo: *vou repetir a experiência.*

repetitivo re·pe·ti·***ti***·vo
adj. Que se repete, que é sempre a mesma: *conversa repetitiva.*

repicar re·pi·***car***
v. Soar várias vezes: *o sino da igreja repicou, chamando a população da vila.*

replantar re·plan·***tar***
v. Plantar de novo: *o jardineiro vai replantar essas flores.*

repleto re·***ple***·to (é)
adj. Totalmente cheio: *a mochila estava repleta de livros.*

replicar re·pli·***car***
v. Retrucar, responder (às críticas): *quando disseram que o garoto não estava ajudando no trabalho, ele ficou bravo e replicou afirmando que já tinha feito a sua parte.*

repor re·***por***
v. 1. Pôr de novo: *a menina pega os livros da estante para fazer a lição; depois ela os repõe no mesmo lugar.* 2. Devolver, restituir: *o ladrão foi obrigado a repor o dinheiro que tinha roubado.* 3. Compensar: *ele ficou doente e não pôde trabalhar dois dias; agora vai ter que repor os dias que faltou.*

reportagem re·por·***ta***·gem
s.fem. Trabalho informativo feito por repórter: *as reportagens podem ser apresentadas por escrito, em jornais ou revistas, ou oralmente, na televisão e no rádio.*
❖ *pl.* reportagens.

repórter re·***pór***·ter
s.masc.fem. Pessoa que faz reportagens, que recolhe informações para transmiti-las por televisão, rádio, jornal ou revista: *o repórter deste programa é muito bom.*
❖ *pl.* repórteres.

repousar re·pou·***sar***
v. Descansar: *mamãe chegou cansada do trabalho e foi repousar um pouco.*

repouso re·***pou***·so
s.masc. Descanso: *não faça barulho, não atrapalhe o repouso da vovó.*

repreender re·pre·en·***der***
v. Advertir, criticar: *ela repreendeu o menino que xingou o colega; disse-lhe que não fizesse mais aquilo.*

repreensão re·pre·en·***são***
s.fem. Reprovação, bronca: *ele levou uma repreensão da professora por ter xingado o colega.*
❖ *pl.* repreensões.

repreensível re·pre·en·***sí***·vel
adj.masc.fem. Que se pode repreender, censurar, criticar: *atitude repreensível.*
❖ *pl.* repreensíveis.
→ Veja também **irrepreensível**.

represa re·***pre***·sa (ê)
s.fem. Grande construção feita para represar água: *essa represa vai fornecer água para muitas cidades.*
→ Veja também **represar**.

represália re·pre·***sá***·li·a
s.fem. Desforra, vingança: *um bandido foi preso e como represália seus amigos tentaram atacar o posto policial.*

represar re·pre·***sar***
v. Fazer parar, não deixar correr livremente as águas: *O projeto para represar as águas desse rio já está pronto; as obras de construção da represa vão começar em breve.*

R

representante re·pre·sen·***tan***·te

s.masc.fem. Pessoa que representa outra ou outras: *essa aluna será a representante da classe na reunião com o diretor.*

representar re·pre·sen·***tar***

v. 1. Encenar, apresentar (uma peça de teatro, um espetáculo, etc.): *os alunos representaram uma comédia e foram muito aplaudidos.* 2. Significar, simbolizar: *a cor branca representa a paz.* 3. Falar em nome de uma ou mais pessoas: *esse aluno vai representar o nosso grupo na reunião, ele será nosso representante.*

repressão re·pres·***são***

s.fem. Ação de reprimir, de impedir alguém de agir livremente: *a repressão da polícia impediu a manifestação dos que participavam da passeata.*

repressivo re·pres·***si***·vo

adj. Que tem o objetivo de reprimir: *atitude repressiva.*

repressor re·pres·***sor***

adj. Que reprime: *ação repressora.*

❖ *pl.* repressores.

reprimir re·pri·***mir***

v. 1. Conter, segurar: *ele ficou tão emocionado que não conseguiu reprimir o choro.* 2. Coibir, impedir que continue: *a polícia deve reprimir os assaltos.* 3. Impedir uma manifestação: *os policiais reprimiram as pessoas que estavam fazendo passeata; não deixaram que elas se manifestassem livremente.*

reprodução re·pro·du·***ção***

s.fem. 1. Multiplicação dos seres vivos; ação pela qual os seres vivos dão origem a novos seres da mesma espécie: *estamos estudando o modo de reprodução das aves, o modo como elas têm filhotes.* 2. Cópia, imitação: *esse desenho é reprodução de um quadro.*

❖ *pl.* reproduções.

reprodutor re·pro·du·***tor***

adj. Que serve para reprodução de uma espécie animal: *a professora mostrou os órgãos reprodutores desse animal.*

❖ *pl.* reprodutores.

reproduzir re·pro·du·***zir***

v. 1. Fazer igual, copiar: *a criança reproduziu no caderno o desenho que viu no livro.* v.pron. **reproduzir-se** 2. Procriar, multiplicar-se: *esses animais reproduziram-se no zoológico.*

reprovar re·pro·***var***

v. 1. Criticar, censurar, condenar: *reprovo sua atitude, acho que você agiu mal.* 2. Considerar alguém sem condições para passar num teste ou num exame: *os professores reprovaram esse aluno.*

reprovável re·pro·***vá***·vel

adj.masc.fem. Que merece ser reprovado, criticado: *comportamento reprovável.*

❖ *pl.* reprováveis.

réptil ***rép***·til

s.masc. Animal vertebrado que se arrasta e põe ovos: *a cobra é um réptil.*

❖ *pl.* répteis.

república re·***pú***·bli·ca

s.fem. Sistema de governo em que o povo escolhe aqueles que vão governar por um tempo determinado: *no Brasil, vivemos numa república.*

repudiar re·pu·di·***ar***

v. Rejeitar: *ele repudiou nossa ajuda.*

repugnância re·pug·***nân***·ci·a

s.fem. Nojo: *a aparência horrível desse bicho provoca repugnância nas pessoas.*

repugnante re·pug·***nan***·te

adj.masc.fem. Que causa repugnância, nojo: *bicho repugnante.*

reputação re·pu·ta·***ção***

s.fem. Conceito ou consideração que alguém tem no meio em que vive: *esse médico tem boa reputação na cidade, todos falam bem dele.*

requebrar re·que·***brar***

v. Bambolear o corpo, gingar: *aquela sambista requebra com muita graça.*

requeijão re·quei·***jão***

s.masc. Queijo que se apresenta sob a forma de pasta: *gosto de passar requeijão no pão.*

❖ *pl.* requeijões.

requentar re·quen·***tar***
v. Esquentar de novo: *vou requentar o arroz.*

requerer re·que·***rer***
v. 1. Fazer um pedido por escrito (a um juiz, a um diretor, etc.): *vou requerer dispensa das aulas da semana que vem.* 2. Exigir: *esse trabalho requer muito cuidado.*

requerimento re·que·ri·***men***·to
s.masc. Pedido feito por escrito: *entreguei um requerimento ao diretor pedindo dispensa das aulas da próxima semana.*

requisitar re·qui·si·***tar***
v. Pedir, solicitar: *o médico requisitou uma ambulância para transportar o paciente; a sua requisição foi entregue ao diretor do hospital.*

requisito re·qui·***si***·to
s.masc. Condição exigida: *quero saber qual é o requisito para ficar sócio desse clube.*

rês
s.fem. Qualquer animal quadrúpede criado para servir de alimento às pessoas, como, por exemplo, o boi e a vaca: *o fazendeiro doou uma rês para a grande festa.*
❖ *pl.* reses.

rescindir res·cin·***dir***
v. Anular, invalidar: *esse jogador vai rescindir seu contrato com o clube.*

rescisão res·ci·***são***
s.fem. Anulação de um contrato: *o jogador assinou a rescisão do contrato que tinha com esse clube.*
❖ *pl.* rescisões.

resenha re·***se***·nha (ê)
s.fem. Pequeno texto em que se dá uma ideia geral do assunto de um livro, de um filme, de uma peça de teatro, etc.: *vamos fazer uma resenha do filme que vimos ontem.*

reservar re·ser·***var***
v. 1. Guardar, pôr à parte para usar depois: *a moça reservou um dinheiro para gastar na viagem que vai fazer.* 2. Destinar especialmente para uma ocasião, para alguma coisa: *reservei um canto do meu quarto para colocar o aparelho de som.* 3. Deixar garantido um lugar, uma acomodação, etc.: *reservei um quarto para você nesse hotel.*

reservatório re·ser·va·***tó***·ri:o
s.masc. Local especialmente preparado para reservar ou armazenar alguma coisa: *reservatório de água, de combustível, etc.*

resfolegar res·fo·le·***gar***
v. Respirar com dificuldade por causa de muito esforço: *o cavalo chegou resfolegando.*

resgatar res·ga·***tar***
v. 1. Libertar a troco de dinheiro: *a família arrumou dinheiro para resgatar o rapaz que foi sequestrado.* 2. Ter de volta, recuperar: *ele conseguiu resgatar todos os seus bens.* 3. Recolher, salvar (náufragos, vítimas de acidentes, etc.): *os bombeiros resgataram as vítimas do incêndio.*

resgate res·***ga***·te
s.masc. 1. Ação de resgatar: *o resgate das vítimas foi muito rápido.* 2. Quantia paga para resgatar alguém: *o resgate foi pago aos sequestradores.*

resguardar res·guar·***dar***
v. 1. Proteger: *para resguardar a criança, ele a tirou do meio da multidão e a levou para dentro.*
v.pron. **resguardar-se** 2. Proteger-se: *para resguardar-se do frio, ela vestiu uma blusa de lã.*

residência re·si·***dên***·ci:a
s.fem. Casa onde mora alguém: *esta é minha residência.*

residente re·si·***den***·te
adj.masc.fem. Que reside, que mora: *as pessoas residentes nesse bairro estão cuidando da limpeza da praça.*

residir re·si·***dir***
v. Morar: *eles residem numa cidade do interior.*

resíduo re·***sí***·du:o
s.masc. Resto: *limpe bem os resíduos de gordura dessa panela.*

resignação re·sig·na·***ção***
s.fem. Paciência com que se suporta um mal, um sofrimento, uma dor: *ela enfrenta sua doença com resignação, não se revolta nem reclama.*

resignado re·sig·***na***·do
adj. Conformado, que enfrenta os males com resignação: *o povo está sofrendo muito, mas é resignado e não se queixa.*

resignar-se re·sig·***nar***-se
v.pron. Conformar-se, suportar os males com paciência: *aquele homem resignou-se com essa situação; sofre mas não se revolta.*

resistência re·sis·***tên***·ci:a
s.fem. 1. Força para suportar o cansaço, o esforço, etc.: *esse atleta tem muita resistência, não se cansa facilmente.* 2. Oposição, reação: *o bandido entregou-se sem resistência, sem lutar.*

resistente re·sis·***ten***·te
adj.masc.fem. 1. Que tem forças para resistir, para suportar esforço, cansaço, etc.: *ele é um atleta resistente.* 2. Que resiste, que se opõe: *meu patrão é um homem resistente a mudanças, não aceita que se mude nada.* 3. Duro: *o vidro dessa porta é resistente, não quebra facilmente.* 4. Que dura bastante: *esse sapato é resistente, não se desgasta com facilidade.*

resistir re·sis·***tir***
v. 1. Aguentar, suportar: *a moça não resistiu ao forte calor e desmaiou.* 2. Opor-se, não ceder: *a cidade resistiu aos inimigos e conseguiu expulsá-los.*

resma ***res***·ma (ê)
s.fem. Conjunto ou pacote de 500 folhas de papel: *chegou uma resma de papel para uso da secretaria.*

R

resmungão res·mun·***gão***
s.masc. *pop.* Que vive resmungando: *homem resmungão.*
❖ *fem.* resmungona. *pl.* resmungões, resmungonas.

resmungar res·mun·***gar***
v. Reclamar em voz baixa: *ele não gostou do que eu disse e saiu resmungando da sala.*

resolução re·so·lu·***ção***
s.fem. 1. Solução dada a um problema: *o professor mostrou a resolução do problema, explicou como podemos resolvê-lo.* 2. Decisão: *ele tomou a resolução de não fumar mais.*
❖ *pl.* resoluções.

resoluto re·so·***lu***·to
adj. Decidido, que sabe o que quer: *homem resoluto.*
→ Veja também **irresoluto**.

resolver re·sol·***ver***
v. 1. Achar a solução de alguma coisa: *os alunos resolveram o problema de matemática.* 2. Decidir: *ele resolveu viajar amanhã.*

respectivo res·pec·***ti***·vo
adj. Correspondente ou pertencente a cada um: *os passageiros devem sentar-se em seus lugares respectivos, ou seja, cada um deve sentar-se em seu lugar, um não pode sentar no lugar do outro.*

respeitar res·pei·***tar***
v. 1. Ter respeito por alguém: *eu respeito meus pais, trato-os com muita educação.* 2. Obedecer: *o motorista deve respeitar as leis de trânsito.*
→ Veja também **desrespeitar**.

respeitável res·pei·***tá***·vel
adj.masc.fem. Que merece respeito: *homem respeitável.*
❖ *pl.* respeitáveis.

respeito res·***pei***·to
s.masc. 1. Consideração: *tenho respeito por meus pais, trato-os com educação.* 2. Obediência: *todos nós devemos respeito às leis.*
❑ **dizer respeito** Referir-se: *essa notícia diz respeito ao problema da poluição.*

respeitoso res·pei·***to***·so (ô)
adj. Que mostra respeito: *comportamento respeitoso.*
❖ *fem.* respeitosa(ó). *pl.* respeitosos (ó), respeitosas (ó).

respingar res·pin·***gar***
v. Lançar pingos: *o carro passou e respingou um pouco de água na minha calça.*

respirar res·pi·***rar***
v. Aspirar o ar e depois soltá-lo pelo nariz ou pela boca: *não podemos viver sem respirar.*

respiratório res·pi·ra·***tó***·ri:o
adj. Que se refere à respiração, ao ato de respirar: *doença respiratória.*

respirável res·pi·***rá***·vel

adj.masc.fem. Que se pode respirar: *ar respirável*.

❖ *pl.* respiráveis.

→ Veja também **irrespirável**.

resplandecente res·plan·de·***cen***·te

adj.masc.fem. Brilhante, cintilante: *estrela resplandecente*.

resplandecer res·plan·de·***cer***

v. Brilhar bastante: *as estrelas resplandecem no céu.*

respondão res·pon·***dão***

adj. *pop.* Que é mal-educado ao responder: *menino respondão*.

❖ *fem.* respondona. *pl.* respondões, respondonas.

responder res·pon·***der***

v. 1. Dar resposta: *você respondeu corretamente, sua resposta está certa.* 2. Responsabilizar-se por: *ela responde pelo filho.*

responsabilidade res·pon·sa·bi·li·***da***·de

s.fem. Obrigação: *tenho a responsabilidade de fazer este trabalho até amanhã.*

responsabilizar res·pon·sa·bi·li·***zar***

v. 1. Culpar: *os passageiros do ônibus responsabilizaram o motorista pelo acidente, todos puseram a culpa nele.*

v.pron. **responsabilizar-se** 2. Ser responsável: *eu me responsabilizo por essa criança, respondo por ela.*

responsável res·pon·***sá***·vel

adj.masc.fem. 1. Culpado: *esse motorista é responsável pelo acidente.* 2. Encarregado: *esse rapaz é o funcionário responsável pela limpeza da escola, é ele que cuida disso.* 3. Que cumpre suas obrigações: *ela é uma aluna responsável*. 4. Que responde por seus atos, ou pelos atos de outra pessoa: *sou responsável por essa criança.*

❖ *pl.* responsáveis. *superl.* responsabilíssimo.

→ Veja também **irresponsável**.

resposta res·***pos***·ta (ó)

s.fem. Aquilo que se diz a quem nos faz uma pergunta: *resposta correta.*

ressabiado res·sa·bi·***a***·do

adj. Cauteloso, receoso: *quando viram a bronca que o menino levou, seus colegas ficaram ressabiados e não fizeram mais bagunça.*

ressaltar res·sal·***tar***

v. Destacar: *no seu discurso, o diretor ressaltou a ajuda que os pais dos alunos deram à escola.*

ressentimento res·sen·ti·***men***·to

s.masc. Mágoa que se guarda de uma ofensa recebida: *ele foi tratado com muita injustiça; por isso ainda guarda ressentimento dessas pessoas.*

ressequido res·se·***qui***·do

adj. Bem seco, sem umidade: *terra ressequida*.

ressurreição res·sur·rei·***ção***

s.fem. Ação de ressuscitar, de voltar a viver depois de ter morrido: *na Páscoa, os cristãos comemoram a ressurreição de Jesus Cristo.*

❖ *pl.* ressurreições.

ressuscitar res·sus·ci·***tar***

v. 1. Tornar a viver: *lemos, na Bíblia, que Jesus morreu na cruz, mas ressuscitou*. 2. Devolver à vida: *diz a Bíblia que Lázaro estava morto e Cristo o ressuscitou, ou seja, fez com que ele voltasse a viver.*

restabelecer res·ta·be·le·***cer***

v. 1. Estabelecer de novo, fazer voltar: *a reunião virou bagunça, precisamos restabelecer a ordem.*

v.pron. **restabelecer-se** 2. Recuperar as forças, a saúde: *depois da operação, ele foi descansar uns dias na fazenda e se restabeleceu completamente.*

restante res·***tan***·te

s.masc. O que resta ou sobra: *eu tinha dez balas; guardei duas e dei o restante para o meu irmão.*

restar res·***tar***

v. Sobrar: *havia dez balas nesse pacote e ele pegou três; quantas balas restaram?*

restaurante res·tau·***ran***·te

s.masc. Estabelecimento onde se preparam e servem comidas mediante pagamento: *vamos almoçar nesse restaurante.*

restaurar res·tau·***rar***
v. 1. Pôr de novo em bom estado: *a prefeitura vai restaurar esse antigo teatro.* 2. Revigorar: *esse tratamento médico vai restaurar sua saúde, você vai ficar forte novamente.*

réstia ***rés***·ti:a
s.fem. 1. Feixe de luz: *uma réstia de luz entrava por baixo da porta.* 2. Várias cebolas reunidas numa haste: *comprei uma réstia de cebolas.*

restituição res·ti·tu:i·***ção***
s.fem. Devolução: *o policial fez a restituição do dinheiro ao seu verdadeiro dono.*
❖ *pl.* restituições.
→ Veja também **restituir**.

restituir res·ti·tu·***ir***
v. Devolver, dar de volta: *ele restituiu o livro que havia emprestado.*

resto ***res***·to (é)
s.masc. Aquilo que sobra: *nos pratos, havia restos de comida.*
❑ **restos mortais** O que restou do corpo de uma pessoa morta: *os restos mortais desse homem foram colocados num lugar especial.*

restrito res·***tri***·to
adj. Limitado, que fica dentro de certos limites: *a festa foi restrita aos alunos desta classe, só eles podiam participar dela, mais ninguém.*

R

resultado re·sul·***ta***·do
s.masc. 1. Consequência: *o seu sucesso é resultado do esforço feito durante anos.* 2. Contagem final de um jogo: *o resultado dessa partida de futebol foi 5 a 0 para o nosso time.* 3. Conclusão de uma operação matemática: *escreva o resultado dessa multiplicação no caderno.*

resultar re·sul·***tar***
v. Dar em resultado, em consequência: *os esforços que vocês fizeram resultaram em benefícios para todos.*

resumir re·su·***mir***
v. Fazer um resumo, expressar em poucas palavras: *vamos resumir a história que lemos.*

resumo re·***su***·mo
s.masc. Explicação em poucas palavras daquilo que foi visto ou lido: *você deve fazer um resumo dessa história.*

retaguarda re·ta·***guar***·da
s.fem. Parte de trás de um exército; aqueles que estão por último numa marcha: *o soldado vinha na retaguarda, mas mesmo assim se feriu.*
→ Veja também **vanguarda**.

retalhar re·ta·***lhar***
v. Cortar em retalhos, em pedaços: *ela retalhou o pano.*

retangular re·tan·gu·***lar***
adj.masc.fem. Que tem a forma de retângulo: *terreno retangular.*
❖ *pl.* retangulares.

retângulo re·***tân***·gu·lo
s.masc. Figura com quatro ângulos retos: *o campo de futebol é um retângulo.*

retardar re·tar·***dar***
v. Atrasar: *ele demorou a chegar e acabou retardando o início da festa, que só foi começar duas horas depois da hora marcada.*

retardatário re·tar·da·***tá***·ri:o
adj. Atrasado, que chega tarde: *os alunos retardatários não puderam entrar na sala, pois o teste já tinha começado.*

retemperar re·tem·pe·***rar***
v. Revigorar: *essa viagem de férias retemperou minhas forças, deu-me novo ânimo.*

reter re·***ter***
v. Prender, segurar: *o guarda reteve meus documentos, ficou com eles em seu poder.*

reticências re·ti·***cên***·ci:as
s.fem.pl. *Gram.* Sinal de pontuação (...) geralmente usado para deixar em aberto o sentido de uma frase, permitindo que o próprio leitor imagine o final, como neste exemplo: *eles prometeram me ajudar nesse trabalho, mas até agora...*

retificar re·ti·fi·***car***
v. Corrigir: *vou retificar meu cálculo, pois percebi que ele tem um erro; eu faço essa retificação em poucos minutos.*
→ Não confunda com **ratificar**, que tem outro significado.

retilíneo re·ti·***lí***·ne:o

adj. Que segue a direção de uma linha reta: *caminho retilíneo*.

→ Veja também **curvilíneo**.

retinto re·***tin***·to

adj. Que tem a cor bem forte, bem carregada: *negro retinto*.

retirada re·ti·***ra***·da

s.fem. 1. Ação de retirar-se, de sair ou fugir de algum lugar: *vendo que iam perder a batalha, os soldados iniciaram uma retirada*. 2. Saque de dinheiro: *de quanto foi sua retirada no banco? Quanto dinheiro você sacou?*

retirado re·ti·***ra***·do

adj. Isolado, afastado: *local retirado*.

retirante re·ti·***ran***·te

s.masc.fem. Pessoa que abandona o lugar onde vive para fugir da seca: *em certos lugares do Brasil, quando fica muito tempo sem chover, vemos grupos de retirantes caminhando em busca de um lugar melhor para viver*.

retirar re·ti·***rar***

v. 1. Tirar: *ela retirou o livro da bolsa e me entregou*. 2. Sacar: *o rapaz retirou dinheiro do banco*.

v.pron. **retirar-se** 3. Sair: *o menino retirou-se da sala*.

reto ***re***·to (é)

adj. 1. Direito, sem curvas: *caminho reto*. 2. Honesto, íntegro, que não se desvia do bom caminho: *homem reto*.

retocar re·to·***car***

v. Corrigir alguns detalhes de uma coisa já feita para deixá-la ainda melhor: *ele retocou o desenho várias vezes antes de entregá-lo ao professor*.

retomar re·to·***mar***

v. Continuar a fazer o que tinha sido interrompido: *depois do intervalo, retomamos o trabalho*.

retoque re·***to***·que (ó)

s.masc. Ação de retocar: *vou dar um retoque final no meu desenho*.

retornar re·tor·***nar***

v. Voltar, regressar: *os alunos retornaram às aulas depois do feriado*.

retorno re·***tor***·no (ô)

s.masc. Volta: *as férias estão terminando, o retorno às aulas será na próxima semana*.

retorquir re·tor·***quir***

v. Retrucar, contestar, responder (a uma crítica ou acusação): *ao perceber que todos o acusavam, ele tentou retorquir*.

retraído re·tra·***í***·do

adj. Acanhado, tímido: *menino retraído*.

retratar re·tra·***tar***

v. 1. Fazer o retrato: *esse pintor retratou muitas pessoas famosas*. 2. Descrever, mostrar uma coisa como ela realmente é: *esse filme retrata a vida das pessoas que moram nas grandes cidades*.

v.pron. **retratar-se** 3. Confessar um erro: *arrependido do que tinha feito, ele retratou-se diante dos colegas*.

retrátil re·***trá***·til

adj.masc.fem. Que pode ser puxado para dentro: *o gato tem unhas retráteis, ele pode estender ou encolher as unhas*.

❖ *pl.* retráteis.

retrato re·***tra***·to

s.masc. Pintura ou fotografia que mostra a imagem de uma pessoa: *esse fotógrafo tirou retratos de muitas pessoas famosas*.

retribuir re·tri·bu·***ir***

v. Dar alguma coisa como recompensa ou para mostrar gratidão a quem nos fez algum favor: *gostaria de retribuir a ajuda que você me deu, como posso pagar esse favor?*

retroceder re·tro·ce·***der***

v. Recuar, voltar para trás: *ele estava se dirigindo para a janela mas, ao ouvir gritos, retrocedeu para o meio da sala*.

retrocesso re·tro·***ces***·so (é)

s.masc. Ação de retroceder, de voltar para trás, de não avançar: *precisamos evitar o retrocesso do país, devemos fazer com que ele progrida, avance*.

retrovisor re·tro·vi·***sor***
adj. Que deixa ver o que está acontecendo atrás: *o motorista olhou pelo espelho retrovisor.*
❖ *pl.* retrovisores.

retrucar re·tru·***car***
v. Responder imediatamente: *quando disseram que a menina não estava ajudando a fazer o trabalho, ela retrucou dizendo que já tinha feito a sua parte.*

réu
s.masc. Aquele que está sendo julgado em um tribunal por ter feito alguma coisa ilegal: *o juiz condenou o réu a cinco anos de prisão.*
❖ *fem.* ré.

reunir re:u·***nir***
v. 1. Juntar, agrupar: *o professor reuniu os alunos no pátio.*
v.pron. **reunir-se** 2. Juntar-se, agrupar-se: *os professores reuniram-se na biblioteca.*

revanche re·***van***·che
s.fem. Desforra: *o nosso time perdeu; agora queremos uma revanche, ou seja, um novo jogo; vamos ver se desta vez conseguimos a vitória.*

revelar re·ve·***lar***
v. 1. Contar: *ele revelou o nome de seu amor.* 2. Tornar visível a imagem que foi fotografada: *vou mandar revelar esse filme, espero que as fotos fiquem boas.*

revender re·ven·***der***
v. Vender o que se comprou: *ele comprou esse carro e agora vai revendê-lo para outra pessoa.*

rever re·***ver***
v. Ver outra vez: *amanhã, vou rever meus primos, faz tempo que não nos encontramos.*

reverenciar re·ve·ren·ci·***ar***
v. Adorar: *os moradores dessa cidade reverenciam a imagem da santa, mostram um profundo respeito por ela.*

reversível re·ver·***sí***·vel
adj.masc.fem. Que se pode reverter: *resultado reversível.*
❖ *pl.* reversíveis.

reverter re·ver·***ter***
v. Fazer tomar um sentido contrário: *estamos perdendo o jogo, mas ainda podemos reverter esse resultado e vencer.*

revés re·***vés***
s.masc. Insucesso: *nosso exército sofreu um revés, foi derrotado nessa batalha.*
❖ *pl.* reveses(é).

revestir re·ves·***tir***
v. Cobrir: *ela revestiu as paredes de seu quarto com esse papel.*

revezar-se re·ve·***zar***-se
v.pron. Tomar a vez de outra pessoa para que ela descanse e depois volte: *os dois guardas revezaram-se na vigilância do portão; ora um vigiava e outro descansava, ora era o contrário.*

revidar re·vi·***dar***
v. Responder a uma ofensa com outra maior: *o garoto levou um tapa e revidou com um soco.*

revigorar re·vi·go·***rar***
v. Fortalecer, dar mais vigor: *papai está fraco e cansado; alguns dias de descanso na fazenda vão revigorá-lo, vão deixá-lo mais forte.*

revirar re·vi·***rar***
v. 1. Virar várias vezes: *o palhaço revirava os olhos de um jeito engraçado.* 2. Virar do avesso: *ele revirou os bolsos mas não achou o dinheiro.* 3. Olhar em todos os cantos: *ele revirou a gaveta em busca da fotografia, mas não achou nada.*

reviravolta re·vi·ra·***vol***·ta
s.fem. Mudança total de uma situação: *parecia que o nosso time ia ganhar o jogo facilmente, mas houve uma reviravolta, o adversário reagiu e acabou nos derrotando.*

revisão re·vi·***são***
s.fem. Novo exame para ver se há algum erro: *antes de entregar o trabalho, faça uma revisão, leia tudo de novo para verificar se há algum erro.*
❖ *pl.* revisões.

revisar re·vi·***sar***
v. Rever: *vou revisar o texto para verificar se há algum erro.*

revista re·***vis***·ta

s.fem. 1. Ação de revistar: *a revista da bagagem.* 2. Tipo de publicação periódica sobre um assunto ou sobre vários assuntos, geralmente ilustrada com fotos: *nas bancas de jornais, há muitas revistas.*

revistar re·vis·***tar***

v. Examinar com muita atenção uma pessoa, um lugar ou uma coisa: *a polícia revistou a casa para tentar achar as joias roubadas.*

reviver re·vi·***ver***

v. Viver de novo: *gostaria de reviver aqueles dias felizes.*

revoada re·vo·***a***·da

s.fem. Bando de aves voando: *a festa teve início com uma bonita revoada de pombos brancos.*

❖ Revoada é um substantivo coletivo.

revogar re·vo·***gar***

v. Anular, tornar sem efeito: *o presidente revogou essa lei, ela não vale mais.*

revolta re·***vol***·ta (ó)

s.fem. 1. Movimento de protesto contra alguma coisa: *as decisões tomadas pelo governo provocaram uma revolta, o povo saiu às ruas para protestar.* 2. Indignação, raiva profunda: *ao ver o homem bater na criança, senti uma grande revolta.*

revoltado re·vol·***ta***·do

adj. 1. Que participa de uma revolta, de uma rebelião: *o povo revoltado saiu às ruas para protestar contra o governo.* 2. Indignado, com muita raiva: *fiquei revoltado ao ver a criança ser castigada daquele jeito.*

revoltante re·vol·***tan***·te

adj.masc.fem. Que causa revolta, indignação, ódio: *vi uma cena revoltante.*

revoltar re·vol·***tar***

v. 1. Provocar revolta: *essa decisão do governo revoltou a população, fez com que ela saísse às ruas para protestar.* 2. Indignar: *a injustiça me revolta, me deixa inconformado.*

v.pron. **revoltar-se** 3. Rebelar-se, protestar violentamente contra: *o povo revoltou-se contra o governo.* 4. Indignar-se, ficar inconformado: *revoltei-me ao ver aquela crueldade.*

revolto re·***vol***·to (ô)

adj. Muito agitado, tempestuoso: *o mar revolto quase fez o navio afundar.*

❖ *fem.* revolta (ô).

revoltoso re·vol·***to***·so (ô)

adj. Rebelde, revoltado: *a população revoltosa saiu às ruas para protestar.*

❖ *fem.* revoltosa (ó). *pl.* revoltosos (ó), revoltosas (ó).

revolução re·vo·lu·***ção***

s.fem. 1. Grande revolta armada que tem o objetivo de modificar a forma de governo e a vida social de um país: *houve uma revolução naquele país.* 2. Mudança profunda: *em nosso século, houve uma revolução nas ciências; muitas descobertas foram feitas, modificando completamente certas ideias que eram aceitas como verdadeiras.*

❖ *pl.* revoluções.

revolucionar re·vo·lu·ci:o·***nar***

v. Causar uma revolução, provocar uma grande mudança: *essas invenções revolucionaram o mundo.*

revolucionário re·vo·lu·ci:o·***ná***·ri:o

adj. 1. Que se refere a revolução: *movimento revolucionário.* 2. Que provoca revolução ou grandes mudanças: *ideias revolucionárias.*

revolver re·vol·***ver***

v. Remexer: *ele ficou revolvendo nas gavetas para ver se achava sua carteira.*

revólver re·***vól***·ver

s.masc. Arma de fogo pequena capaz de dar vários tiros: *o policial pegou o revólver.*

❖ *pl.* revólveres.

reza ***re***·za (é)

s.fem. Prece, oração: *essas pessoas fizeram uma reza para pedir chuva.*

rezar re·***zar***

v. Orar: *ela rezou a Deus, suplicando proteção para seus filhos.*

riacho ri·***a***·cho

s.masc. Pequeno rio: *no fundo da chácara, corre um riacho.*

ribeira ri·*bei*·ra
s.fem. Pequeno rio, ribeiro: *as canoas cruzavam a ribeira.*

ribeirão ri·bei·*rão*
s.masc. Curso de água menor que um rio e maior que um riacho: *ele estava pescando no ribeirão.*
❖ *pl.* ribeirões.

ribeirinho ri·bei·*ri*·nho
adj. Que vive nas margens de um rio: *população ribeirinha.*

ribeiro ri·*bei*·ro
s.masc. Riacho: *o pessoal da expedição parou no ribeiro para descansar.*

rico *ri*·co
adj. 1. Que tem muito dinheiro, muitas coisas de valor: *homem rico.* 2. Que é fértil, produtivo: *terra rica.*
❖ *superl.* riquíssimo.
→ Veja também **pobre**, **riqueza** e **enriquecer**.

ridicularizar ri·di·cu·la·ri·*zar*
v. Humilhar: *ele ridicularizou o colega, fez com que todos rissem dele.*

ridículo ri·*dí*·cu·lo
adj. 1. Que faz rir por ser grotesco, extravagante: *esse homem está vestindo uma roupa ridícula, todos estão caçoando dele.* 2. Insignificante, irrisório: *comprei esse brinquedo por um preço ridículo, ele não custou quase nada.*

rígido *rí*·gi·do
adj. 1. Duro, que não se deforma nem dobra: *material rígido.* 2. Rigoroso: *no quartel, o regulamento é rígido; todos devem seguir direitinho as regras.* 3. Severo, enérgico: *ele é um professor rígido, muito exigente.*

R

rigor ri·*gor*
s.masc. 1. Grande severidade: *os culpados foram punidos com rigor.* 2. Intensidade (do frio ou do calor): *nessa região, é muito difícil suportar o rigor do inverno, pois o frio é intenso.*

rigoroso ri·go·*ro*·so (ô)
adj. 1. Duro, impiedoso: *castigo rigoroso.* 2. Intransigente, exigente: *professor rigoroso.* 3. Penoso, difícil de suportar: *inverno rigoroso.*
❖ *fem.* rigorosa (ó). *pl.* rigorosos (ó), rigorosas (ó).

rijo *ri*·jo
adj. Vigoroso: *ele era um homem velho mas ainda rijo, forte.*

rima *ri*·ma
s.fem. Repetição do mesmo som no final de certos versos de uma poesia: *em "Tudo quanto me emburra / é uma surra", dois versos de Maria Dinorah, emburra faz rima com surra.*

rimar ri·*mar*
v. Formar rima: *"felicidade" e "saudade" são duas palavras que rimam.*

ringue *rin*·gue
s.masc. Local apropriado para lutas, geralmente de forma quadrada e cercado de cordas: *os dois lutadores já estão no ringue.*
→ Não confunda com **rinque**, que tem outro significado.

rinoceronte ri·no·ce·*ron*·te
s.masc. *Zool.* Grande quadrúpede mamífero de pele dura, com um chifre ou dois no focinho: *o rinoceronte vive na África e é herbívoro.*
❖ Para indicar o sexo do animal, dizemos *o rinoceronte macho, o rinoceronte fêmea.*

> ◎ Rinoceronte é formada por duas palavras: *rino* (nariz) + *ceros* (chifre). Portanto, rinoceronte significa *o que tem chifre no nariz.*

rinque *rin*·que
s.masc. Espaço cercado com pista própria para praticar certos esportes: *havia muitas pessoas no rinque de gelo.*
→ Não confunda com **ringue**, que tem outro significado.

rio *ri*:o
s.masc. Grande curso de água doce que deságua em outro rio, num lago ou no mar: *o Amazonas é um dos maiores rios do mundo.*

rio-grandense-do-norte *ri*·o-gran·*den*·se-do-*nor*·te
adj.masc.fem. 1. Do estado do Rio Grande do Norte: *cidade rio-grandense-do-norte.*
s.masc.fem. 2. Pessoa que nasceu no Rio Grande do Norte: *o rio-grandense-do-norte é chamado de "potiguar".*
❖ *pl.* rio-grandenses-do-norte.

rio-grandense-do-sul ri·o-gran·**den**·se-do-**sul**
adj.masc.fem. 1. Do estado do Rio Grande do Sul: *povo rio-grandense-do-sul.*
s.masc.fem. 2. Pessoa que nasceu no Rio Grande do Sul: *o rio-grandense-do-sul é chamado de gaúcho.*
❖ *pl.* rio-grandenses-do-sul.

ripa ***ri***·pa
s.fem. Sarrafo: *preciso de algumas ripas para fazer esse telhadinho.*

riqueza ri·***que***·za (ê)
s.fem. 1. Fortuna, abundância de bens valiosos: *esse homem é dono de uma grande riqueza, é muito rico.* 2. Fertilidade: *ele está admirado com a riqueza dessas terras; elas realmente são muito férteis, produtivas.*
→ Veja também **pobreza**.

rir
v. Dar risada, demonstrar alegria através do movimento da boca e dos lábios, às vezes ruidosamente: *o pai fazia o filho rir com suas brincadeiras.*

risada ri·***sa***·da
s.fem. Ação de rir: *ouvi de longe sua risada.*

risca ***ris***·ca
s.fem. Linha: *essa é a risca que marca o meio da quadra.*
❑ **à risca** Exatamente: *siga minhas instruções à risca, faça exatamente como eu disse.*

riscar ris·***car***
v. 1. Fazer um risco ou um traço para cancelar: *ele riscou a palavra que eu tinha escrito.* 2. Deixar a marca de um risco em: *alguém riscou a porta do carro.*

risco ***ris***·co
s.masc. 1. Traço ou linha que se faz com lápis, caneta, etc.: *o menino fez um risco na folha de papel.* 2. Perigo: *O homem ferido está correndo risco de morte.*

riso ***ri***·so
s.masc. Risada, ação de rir: *ouça o riso das crianças!*

risonho ri·***so***·nho (ô)
adj. Sorridente, que tem ar de riso, que demonstra alegria: *menino risonho.*
→ Veja também **tristonho**.

ríspido ***rís***·pi·do
adj. Grosseiro, rude: *ela foi ríspida comigo, respondeu-me de modo rude, grosseiro.*

rito ***ri***·to
s.masc. Conjunto de orações, gestos e atitudes feitos durante um ato religioso: *ao batizar uma criança, o padre segue o rito católico.*

ritual ri·tu·***al***
adj.masc.fem. 1. Que segue o rito, que é feito de acordo com o rito: *oração ritual.*
s.masc. 2. Conjunto das cerimônias praticadas numa certa religião ou numa certa ocasião: *cada cultura tem um ritual de casamento diferente.*
❖ *pl.* rituais.

rival ri·***val***
s.masc.fem. Pessoa que concorre com outra pelo mesmo objetivo: *esse nadador superou os rivais e chegou em primeiro lugar.*
❖ *pl.* rivais.

rivalidade ri·va·li·***da***·de
s.fem. Concorrência: *há uma rivalidade entre esses dois atletas, estão sempre disputando para ver quem é o melhor.*

rivalizar ri·va·li·***zar***
v. Competir, concorrer: *nosso time rivaliza com os melhores times do Brasil, pode competir de igual para igual com qualquer um deles.*

rixa ***ri***·xa
s.fem. Briga, desentendimento: *o que provocou essa rixa entre eles?*

robô ro·***bô***
s.masc. Espécie de boneco mecânico capaz de executar alguns movimentos e realizar certas tarefas: *em alguns lugares, o trabalho de limpeza é feito por robôs.*

robustecer ro·bus·te·***cer***
v. Tornar robusto, fortalecer: *a natação robustece o corpo.*

robustez ro·bus·***tez***
s.fem. Vigor, força: *veja só a robustez dessa criança!*

R

robusto ro·***bus***·to
adj. Vigoroso, forte: *menino robusto.*

roça ***ro***·ça (ó)
s.fem. Região rural, longe das cidades: *ele vive na roça.*

roçado ro·***ça***·do
s.masc. Terreno em que se roçou o mato e que está preparado para a plantação: *ele fez um roçado atrás da casa.*

roçar ro·***çar***
v. 1. Cortar rente: *vou roçar o mato desse jardim.* 2. Tocar de leve: *minha mão roçou em seus cabelos.*

roceiro ro·***cei***·ro
s.masc. Aquele que vive na roça: *ele é um roceiro, não está acostumado com a vida na cidade.*

rocha ***ro***·cha (ó)
s.fem. Grande massa de pedra dura: *foi preciso usar explosivos para abrir um buraco nessa rocha.*

rochedo ro·***che***·do (ê)
s.masc. Rocha grande e elevada: *gosto de olhar o mar do alto dos rochedos.*

rochoso ro·***cho***·so (ô)
adj. Que tem muitas rochas: *solo rochoso.*
❖ *fem.* rochosa(ó). *pl.* rochosos (ó), rochosas (ó).

roda ***ro***·da (ó)
s.fem. 1. Qualquer peça ou objeto de forma circular: *as rodas do carro.* 2. *pop.* Grupo: *eu estava conversando numa roda de amigos.* 3. Certo tipo de brincadeira: *as crianças estavam brincando de roda.*

rodada ro·***da***·da
s.fem. *Esp.* Série de partidas de um campeonato disputadas num dia: *depois da rodada de hoje, nosso time passou para o primeiro lugar.*

rodagem ro·da·***gem***
s.fem. Ação de rodar: *a rodagem de um veículo, de um filme, etc.*
❑ **estrada de rodagem** Estrada por onde passam veículos com rodas (automóveis, ônibus, caminhões, etc.): *construíram mais uma estrada de rodagem nessa região.*

roda-gigante ***ro***·da-gi·***gan***·te (ó)
s.fem. Roda bem grande que gira e tem assentos para as pessoas se acomodarem: *meu irmão sente medo quando a roda-gigante para lá no alto.*
❖ *pl.* rodas-gigantes.

rodapé ro·da·***pé***
s.masc. 1. Faixa de proteção feita na parte inferior das paredes: *o rodapé desta sala precisa ser pintado.* 2. Parte inferior de uma página de livro, de revista, etc.: *o rodapé traz o número das páginas.* 3. Aquilo que se escreve nessa parte da página: *coloque esta frase no rodapé.*

rodar ro·***dar***
v. 1. Fazer girar: *o menino rodou o pião.* 2. Percorrer: *esse cantor já rodou o mundo, já se apresentou no mundo todo.* 3. *fig.* Andar sem destino certo: *fiquei rodando pelas ruas até tarde.* 4. Fazer ou produzir um filme: *vamos rodar esse filme numa fazenda.*

rodear ro·de·***ar***
v. Formar um círculo em volta; cercar: *as crianças rodearam a professora.*

rodeio ro·***dei***·o
s.masc. Exibição pública de peões que montam animais que não são domados: *os peões correm risco de vida nos rodeios.*

rodela ro·***de***·la (é)
s.fem. Pedaço mais ou menos redondo de alguma coisa: *uma rodela de queijo.*

rodízio ro·***dí***·zi:o
s.masc. Revezamento: *as duas irmãs fazem um rodízio para limpar o quarto; cada dia é uma que faz a limpeza.*

rodo ***ro***·do (ô)
s.masc. Instrumento formado de um cabo longo com um pedaço de madeira com borracha numa extremidade: *vou puxar a água do quintal com esse rodo.*

rodopiar ro·do·pi·***ar***
v. Girar rapidamente em torno de si mesmo: *a bailarina rodopia com elegância.*

R

rodovia ro·do·***vi***·a
s.fem. Estrada de rodagem: *muitos ônibus e caminhões trafegam por essa rodovia.*

rodoviário ro·do·vi·***á***·ri:o
adj. Que se refere a rodovias, a estradas de rodagem: *ele é um guarda rodoviário, um guarda que vigia as rodovias.*

roedor ro·e·***dor***
adj. Que rói, que tem hábito de roer: *animal roedor.*
❖ *pl.* roedores.

roer ro·***er***
v. Cortar aos pedacinhos com os dentes: *gosto de roer bolachas bem devagar, saboreando-as.*

rogar ro·***gar***
v. Suplicar, implorar, pedir por favor: *estou passando por grandes dificuldades, por isso, rogo sua ajuda.*

rojão ro·***jão***
s.masc. Certo tipo de fogo de artifício com pólvora que é lançado no ar e explode: *quando o time entrou em campo, a torcida soltou muitos rojões.*
❑ **aguentar o rojão** *pop.* Assumir uma responsabilidade: *como você criou todo esse problema, agora vai ter de aguentar o rojão.*
❖ *pl.* rojões.

rolar ro·***lar***
v. 1. Cair dando voltas sobre si: *as pedras rolaram do alto da montanha.* 2. Fazer avançar girando: *role a bola para mim.*

roleta ro·***le***·ta (ê)
s.fem. Catraca: *você deve pagar para passar pela roleta do ônibus.*

roliço ro·***li***·ço
adj. 1. Redondo e comprido: *o pau de macarrão é roliço.* 2. Gorducho: *corpo roliço.*

rolo ***ro***·lo (ô)
s.masc. 1. Cilindro comprido: *você vai precisar de um rolo.* 2. Qualquer objeto que tem coisas enroladas: *rolo de papel, rolo de fita, etc.* 3. *pop.* Confusão, tumulto: *houve um rolo na festa e muita gente brigou.*
→ Veja também **enrolar**.

romance ro·***man***·ce
s.masc. 1. História de amor: *Romeu e Julieta viveram um bonito romance.* 2. Narrativa de uma história imaginária: *gosto muito de ler romances de aventura.*

romancista ro·man·***cis***·ta
s.masc.fem. Pessoa que escreve romances: *esse escritor é um romancista famoso.*

romântico ro·***mân***·ti·co
adj. Que fala de amor: *poesia romântica.*

romaria ro·ma·***ri***·a
s.fem. Viagem que se faz para visitar um lugar de importância religiosa: *muita gente participou dessa romaria.*

rombo ***rom***·bo
s.masc. Buraco produzido por um choque violento: *a bomba lançada pelo submarino provocou um rombo no casco daquele navio.*

romeiro ro·***mei***·ro
s.masc. Aquele que participa de uma romaria: *os romeiros viajaram muitos quilômetros.*

romper rom·***per***
v. 1. Quebrar, arrebentar: *como ele conseguiu romper a corrente que o prendia?* 2. Cortar, interromper: *um grito rompeu o silêncio da noite.* 3. Surgir, despontar: *ele partiu quando rompia a manhã.* 4. Desrespeitar: *você rompeu nosso acordo, não fez o que tinha prometido.*
❑ **romper relações** Romper a amizade: *rompi relações com ele, não somos mais amigos.*
→ Veja também **ruptura**.

roncar ron·***car***
v. Respirar ruidosamente enquanto dorme: *ele ronca muito.*

ronco ***ron***·co
s.masc. Som rouco produzido por algumas pessoas quando dormem: *lá da sala ouvimos o ronco dele no quarto.*

rondar ron·***dar***
v. 1. Andar vigiando, fazer a ronda: *os policiais rondam o bairro para ver se tudo está em ordem.* 2. Andar por perto, observando: *o gato foi visto rondando o galinheiro.*

R

rondoniense ron·do·ni·***en***·se
adj.masc.fem. 1. Do estado de Rondônia: *população rondoniense*.
s.masc.fem. 2. Pessoa que nasceu em Rondônia: *o rondoniense recebe bem os visitantes.*
→ Também existe a forma **rondoniano**.

ronrom ron·***rom***
s.masc. Ruído que o gato faz com a garganta geralmente quando está satisfeito: *o gatinho acomodou-se no meu colo e eu comecei a escutar seu ronrom*.

ronronar ron·ro·***nar***
v. Fazer ronrom: *o gato ronrona de satisfação.*

roraimense ro·rai·***men***·se
adj.masc.fem. 1. Que se refere ao estado de Roraima: *população roraimense*.
s.masc.fem. 2. Aquele que nasceu em Roraima: *meu primo casou-se com uma roraimense*.

rosa ***ro***·sa (ó)
s.fem. Flor da roseira, bonita e perfumada: *a professora ganhou uma rosa vermelha.*

rosado ro·***sa***·do
adj. Levemente avermelhado: *o bebê tem as faces rosadas*.

rosário ro·***sá***·ri:o
s.masc. *Rel.* Conjunto de três terços: *os católicos rezam o rosário*.

R

roseira ro·***sei***·ra
s.fem. *Bot.* Arbusto que dá rosas: *essa moça tem roseiras muito bonitas em seu quintal.*

roseiral ro·sei·***ral***
s.masc. Terreno com plantação de roseiras: *temos um lindo roseiral na chácara.*
❖ *pl.* roseirais.

róseo ***ró***·se:o
adj. Cor-de-rosa, rosado: *face rósea*.

rosnar ros·***nar***
v. Emitir ruído (o cão) quando se sente ameaçado: *meu cão estava comendo e se pôs a rosnar quando viu outro cão se aproximar.*

rosto ***ros***·to (ô)
s.masc. Face, cara: *ela tem um rosto bonito*.
❖ *pl.* rostos (ô).

rota ***ro***·ta (ó)
s.fem. Caminho, itinerário: *eu conheço a rota desse ônibus, sei o caminho que ele percorre para chegar ao ponto final.*

rotação ro·ta·***ção***
s.fem. Movimento giratório ao redor de um eixo: *a professora explicou o movimento de rotação da Terra.*
❖ *pl.* rotações.

roteiro ro·***tei***·ro
s.masc. 1. Caminho, itinerário: *qual é o roteiro de sua viagem? Por onde você vai passar?* 2. Plano a ser seguido num trabalho: *vamos fazer o roteiro do nosso trabalho, vamos anotar a ordem das tarefas para não nos perdermos.*

rotina ro·***ti***·na
s.fem. Hábito de agir sempre da mesma maneira, sem mudar nada: *todas as tardes, depois do almoço, minha rotina tem sido descansar e depois estudar.*

rotineiro ro·ti·***nei***·ro
adj. Que segue a rotina, que é habitual, costumeiro: *à tarde, vovô tira sua soneca rotineira*.

roto ***ro***·to (ô)
adj. Rasgado, esfarrapado: *paletó roto*.
❖ *fem.* rota (ô). *pl.* rotos (ô), rotas (ô).

rótulo ***ró***·tu·lo
s.masc. Papel que se coloca em latas, caixas, garrafas, etc. para indicar o que há dentro delas: *no rótulo desse produto está indicada a data de sua validade.*

roubalheira rou·ba·***lhei***·ra
s.fem. Ação de roubar: *houve muita roubalheira nessa empresa, muita gente roubou dinheiro.*

roubar rou·***bar***
v. 1. Furtar, apoderar-se ilegalmente de coisas alheias: *alguém roubou meu dinheiro!* 2. Prejudicar de propósito: *o juiz roubou nosso time.*

roubo ***rou***·bo
s.masc. Ato de roubar: *os ladrões foram surpreendidos pela polícia durante o roubo.*

rouco ***rou***·co
adj. Que tem voz grossa e abafada: *o professor está rouco.*
→ Veja também **enrouquecer**.

roupa ***rou***·pa
s.fem. Qualquer peça de vestuário: *guardo minhas roupas nesse armário.*
→ Veja também **guarda-roupa**.

rouquidão rou·qui·***dão***
s.fem. Mudança na voz que a deixa rouca e abafada: *a gripe provocou minha rouquidão.*

roxear ro·xe·***ar***
v. Arroxear, deixar roxo: *ela usou esse batom para roxear os lábios.*

rouxinol rou·xi·***nol***
s.masc. *Zool.* Pássaro que tem um canto muito bonito: *todos gostam de ouvir um rouxinol cantar.*
❖ *pl.* rouxinóis. Para indicar o sexo do animal, dizemos *o rouxinol macho, o rouxinol fêmea.*

roxo ***ro***·xo (ô)
s.masc. Cor resultante da mistura do azul com o vermelho: *flor roxa.*
→ Veja também **arroxear**.

rua ***ru***·a
s.fem. Caminho público (ladeado por casas) por onde passam pessoas ou veículos: *esse menino também mora na minha rua.*
→ Veja também **ruela**.

rubor ru·***bor***
s.masc. Cor vermelha que aparece no rosto quando sentimos vergonha: *naquela hora, a menina não teve como esconder o rubor.*
❖ *pl.* rubores.

ruborizado ru·bo·ri·***za***·do
adj. Corado de vergonha: *ela é muito tímida; por isso, ao ser elogiada em público, ficou ruborizada, seu rosto ficou vermelho de vergonha.*

ruborizar ru·bo·ri·***zar***
v. Deixar alguém vermelho de vergonha: *a cena da telenovela ruborizou a menina.*

rubrica ru·***bri***·ca
s.fem. Assinatura abreviada: *o diretor não assinou seu nome completo, apenas pôs sua rubrica no documento.*

rubricar ru·bri·***car***
v. Pôr rubrica: *o presidente rubricou o documento.*

rubro ***ru***·bro
adj. Vermelho forte, vivo: *o sangue é rubro.*

rude ***ru***·de
adj.masc.fem. Grosseiro: *ele foi rude comigo, tratou-me muito mal.*

rudimentos ru·di·***men***·tos
s.masc.pl. Primeiros conhecimentos, primeiras noções: *ele é principiante, aprendeu apenas os rudimentos de música.*

ruela ru·***e***·la (é)
s.fem. Rua pequena: *nessa ruela há uma banca de jornais.*
→ Veja também **rua**.

rufar ru·***far***
v. Tocar (tambor): *ele entrou rufando o tambor, à frente dos outros.*

rugir ru·***gir***
v. Urrar, emitir som (o leão, o tigre): *quando o leão ruge assusta os outros animais.*

ruído ru·***í***·do
s.masc. Barulho: *ouvi um ruído estranho na cozinha.*

ruidoso ru:i·***do***·so (ô)
adj. Barulhento: *plateia ruidosa.*
❖ *fem.* ruidosa. (ó). *pl.* ruidosos (ó), ruidosas (ó).

ruim ru·***im***
adj.masc.fem. 1. Mau, perverso, maldoso: *homem ruim.* 2. Que tem sabor desagradável: *remédio ruim.*
❖ *pl.* ruins.

R

ruína ru·*í*·na
s.fem. 1. Decadência: *o vício do jogo levou aquele homem à ruína, fez com que ele perdesse tudo o que possuía.*
s.fem.pl. 2. Destroços, restos de uma construção: *nessa cidade, visitamos as ruínas de uma antiga igreja.*
→ Veja também **arruinar**.

ruindade ru:in·***da***·de
s.fem. Maldade, crueldade, perversidade: *esse filme mostra a ruindade daquele homem.*

ruir ru·***ir***
v. Desabar, cair: *o telhado dessa velha casa ruiu.*

ruivo ***rui***·vo
adj. Amarelo-avermelhado: *esse garoto tem cabelos ruivos.*

rumar ru·***mar***
v. Dirigir-se, ir: *no fim das aulas, rumei para casa.*
→ Veja também **rumo**.

ruminante ru·mi·***nan***·te
adj.masc.fem. Que rumina: *animal ruminante.*
→ Veja também **ruminar**.

ruminar ru·mi·***nar***
v. Mastigar de novo alimentos que voltam do estômago à boca: *as ovelhas estão ruminando a erva que comeram.*
→ Veja também **ruminante**.

rumo ***ru***·mo
s.masc. Direção, rota, caminho: *o piloto do navio quase perdeu o rumo.*
→ Veja também **rumar**.

rumor ru·***mor***
s.masc. 1. Ruído, barulho: *gosto de ouvir o rumor do vento nas folhas das árvores.* 2. Murmúrio, sussurro: *ouvi um rumor no fundo da biblioteca.* 3. Boato: *pela cidade, corre o rumor de que amanhã haverá greve.*
❖ *pl.* rumores.

rumorejar ru·mo·re·***jar***
v. Produzir rumor: *no bosque, a fonte rumoreja e o barulho suave de suas águas quebra o silêncio da tarde.*

rupestre ru·***pes***·tre (é)
adj.masc.fem. Que se refere a rochedos, a pedras: *em algumas cavernas foram encontrados desenhos rupestres, ou seja, desenhos feitos em pedras.*

ruptura rup·***tu***·ra
s.fem. Rompimento: *o que provocou a ruptura do noivado? Por que eles não são mais noivos?*
→ Veja também **romper**.

rural ru·***ral***
adj.masc.fem. Que se refere ao campo: *paisagem rural.*
❖ *pl.* rurais.

rústico ***rús***·ti·co
adj. 1. Grosseiro, rude: *homem rústico.* 2. Mal-acabado, tosco: *mesa rústica.*

rutilante ru·ti·***lan***·te
adj.masc.fem. Muito brilhante: *estrelas rutilantes.*

sabiá

S s

s (ésse)
s.masc. A 19ª letra do alfabeto: *Santos é um nome de cidade que começa com s.*

sábado ***sá***·ba·do
s.masc. O sétimo dia da semana: *o nosso passeio ao museu vai ser no sábado.*

sabão sa·***bão***
s.masc. Produto para limpeza vendido em pó ou em pedaços: *uso este sabão para lavar roupas.*
❖ *pl.* sabões.
→ Veja também **ensaboar**.

sabedoria sa·be·do·***ri***·a
s.fem. Grande soma de conhecimentos: *todos admiram a sabedoria desse homem.*

saber sa·***ber***
v. 1. Conhecer: *ele sabe o caminho da escola.* 2. Entender: *meu amigo sabe inglês.* 3. Estar informado: *você sabe se eles foram viajar?* 4. Ter a certeza de: *eu sabia que você me ajudaria.*

sabiá sa·bi·***á***
s.masc. *Zool.* Certo tipo de pássaro, de poucas cores, que tem um canto muito bonito: *gosto muito de ouvir o canto do sabiá.*
❖ Para indicar o sexo do animal, dizemos *o sabiá macho, o sabiá fêmea.*

sabichão sa·bi·***chão***
s.masc. *pop.* Aquele que se julga muito sábio, que se acha um sabe-tudo: *ele é um sabichão.*
❖ *fem.* sabichona. *pl.* sabichões, sabichonas.

sabido sa·***bi***·do
adj. 1. Conhecido: *é um fato sabido na cidade que um novo cinema vai ser inaugurado brevemente.* 2. Esperto: *ele é um rapaz sabido e não se deixou enganar.*

sábio ***sá***·bi:o
adj. Que sabe muito, que tem grande conhecimento: *homem sábio.*
❖ *superl.* sapientíssimo.

sabonete sa·bo·***ne***·te (ê)
s.masc. Produto levemente perfumado que usamos para lavar nosso corpo: *uso este sabonete para tomar banho.*

sabor sa·***bor***
s.masc. Gosto: *Essa comida tem um sabor delicioso!*
❖ *pl.* sabores.

saborear sa·bo·re·***ar***
v. Comer com prazer, apreciando o sabor: *a menina saboreou o sorvete.*

saboroso sa·bo·***ro***·so (ô)
adj. Gostoso, que tem bom sabor: *o almoço no domingo foi muito saboroso.*
❖ *fem.* saborosa(ó). *pl.* saborosos(ó), saborosas(ó).

sabugo sa·***bu***·go
s.masc. Espiga de milho sem os grãos: *a menina fez um boneco usando sabugo de milho.*

saca ***sa***·ca
s.fem. Saco grande, largo e comprido geralmente usado no comércio para transporte de arroz, café, milho, etc.: *é preciso ser forte para levantar uma saca de arroz.*

saca-rolhas ***sa***·ca-***ro***·lhas
s.masc. Instrumento próprio para tirar rolhas de garrafa: *pegue o saca-rolhas para abrir essa garrafa.*
❖ Esta palavra tem a mesma forma no singular e no plural: *o saca-rolhas, os saca-rolhas.*

sacar sa·***car***
v. 1. Tirar, puxando: *ele sacou o revólver e atirou.* 2. Tirar dinheiro de uma conta bancária: *vou ao banco sacar dinheiro para as despesas do mês.* 3. Pôr a bola em jogo numa partida de tênis, pingue-pongue, voleibol, etc.: *agora é minha vez de sacar.*
→ Veja também **saque**.

sacerdote sa·cer·***do***·te (ó)

s.masc. Homem que exerce uma função religiosa: *o sacerdote celebra a missa.*

sacerdotisa sa·cer·do·***ti***·sa

s.fem. *Hist.* Mulher que exercia funções de sacerdote entre alguns povos antigos que adoravam deuses: *vimos um filme que mostrava uma sacerdotisa realizando rituais de adoração a uma deusa.*

saci sa·***ci***

s.masc. Figura do nosso folclore representada por um menino negro de uma perna só, com cachimbo na boca e gorro vermelho, sempre pronto para fazer travessuras: *o saci gosta de dar nó no rabo dos cavalos.*

❖ O saci também é chamado de **saci-pererê**. (*pl.* saci-pererês ou sacis-pererês).

saciar sa·ci·***ar***

v. 1. Acabar com a fome, a sede: *essa água vai saciar a minha sede.*

v.pron. **saciar-se** 2. Fartar-se: *ele saciou-se de frutas, comeu até ficar satisfeito.*

→ Veja também **insaciável**.

saco ***sa***·co

s.masc. Recipiente (de papel, pano, couro, etc.), aberto apenas de um lado: *coloque as balas neste saco de papel.*

sacola sa·***co***·la (ó)

s.fem. Saco com alças: *ponha as frutas nessa sacola.*

sacolejar sa·co·le·***jar***

v. Balançar, mover de um lado para o outro: *as pessoas sacolejavam dentro do ônibus quando ele pegou a estrada cheia de buracos.*

sacrário sa·***crá***·ri:o

s.masc. Local onde se guardam coisas consideradas sagradas: *o padre guarda a hóstia no sacrário.*

sacrificar sa·cri·fi·***car***

v. 1. Oferecer uma vida a um deus: *alguns povos antigos sacrificavam animais a seus deuses.* 2. Renunciar a alguma coisa em favor de alguém ou de um ideal: *esse homem sacrificou sua vida pela pátria, morreu por ela.*

v.pron. **sacrificar-se** 3. Passar por sofrimentos e dificuldades em favor de alguém: *a mãe sacrificou-se para que o filho pudesse completar os estudos.*

sacrifício sa·cri·***fí***·ci:o

s.masc. 1. Oferta de uma vida a um deus: *o sacrifício de animais a alguns deuses ainda é feito hoje em dia.* 2. Sofrimento que resolvemos aceitar em benefício de alguém: *seu pai fez sacrifícios para que você pudesse comprar esse carro.*

sacrilégio sa·cri·***lé***·gi:o

s.masc. Ato que ofende a religião: *roubar os objetos sagrados de uma igreja é um sacrilégio.*

sacristão sa·cris·***tão***

s.masc. Aquele que toma conta de igreja, principalmente da sacristia, e auxilia o padre nas cerimônias religiosas: *meu tio é o sacristão dessa igreja.*

❖ *fem.* sacristã. *pl.* sacristãos ou sacristães, sacristãs.

sacristia sa·cris·***ti***·a

s.fem. Lugar da igreja onde o padre se veste para celebrar a missa e onde são guardadas as coisas que ele usa nas cerimônias religiosas: *conversei com o padre na sacristia.*

sacro ***sa***·cro

adj. 1. Sagrado: *imagem sacra.* 2. Religioso: *visitamos o museu de arte sacra, o museu onde são expostas obras inspiradas em assuntos religiosos.*

sacrossanto sa·cros·***san***·to

adj. Que é santo e sagrado: *imagem sacrossanta.*

sacudir sa·cu·***dir***

v. 1. Mover, balançar: *enquanto eu falava, ele sacudia a cabeça negativamente, mostrando que não concordava comigo.* 2. Balançar repetidas vezes: *o vento forte sacudia os galhos das árvores.* 3. Livrar-se de alguma coisa, atirar para longe: *ele levantou-se do chão, sacudiu a poeira e saiu.*

sádico sá·di·co
adj. Que sente prazer em causar sofrimento a pessoas ou animais: *ele gosta de torturar animais, é um homem sádico.*

sadio sa·di:o
adj. Que tem saúde: *menino sadio.*
→ Veja também **são**.

sadismo sa·dis·mo
s.masc. Prazer em causar sofrimento a pessoas ou animais: *gostar de torturar animais é sadismo.*

safadeza sa·fa·de·za (ê)
s.fem. Atitude de pessoa safada: *ele tentou fazer uma safadeza comigo, mas se deu mal.*

safado sa·fa·do
adj. *pop.* Canalha, tratante, sem-vergonha: *sujeito safado.*

safanão sa·fa·não
s.masc. *pop.* Empurrão, tranco: *ele deu um safanão no homem, jogando-o no chão.*
❖ *pl.* safanões.

safári sa·fá·ri
s.masc. Expedição que se faz para caçar animais ferozes de grande porte: *ele participou de um safári na África.*

safar-se sa·far-se
v.pron. Escapar, livrar-se: *ele está tentando safar-se da situação difícil em que se meteu.*

safra sa·fra
s.fem. O total de produtos da terra que se colhe num ano: *a safra de uva deste ano foi boa.*

sagacidade sa·ga·ci·da·de
s.fem. Esperteza, perspicácia: *a sagacidade daquele homem surpreendeu a todos.*
→ Veja também **sagaz**.

sagaz sa·gaz
adj.masc.fem. Muito esperto, perspicaz, que consegue perceber as coisas num instante: *homem sagaz.*
❖ *pl.* sagazes. *superl.* sagacíssimo.
→ Veja também **sagacidade**.

sagrado sa·gra·do
adj. Santificado: *esse templo é um lugar sagrado, um lugar que se deve respeitar porque é dedicado a Deus.*
❖ *superl.* sacratíssimo.

saguão sa·guão
s.masc. Salão de entrada nos edifícios, onde geralmente se encontram os elevadores, a portaria, etc.: *o saguão da escola é muito bonito.*
❖ *pl.* saguões.

sagui sa·gui
s.masc. *Zool.* Espécie de mico de cauda longa: *vimos um bando de saguis no zoológico.*

saia sai·a
s.fem. Peça do vestuário das mulheres que se usa da cintura para baixo: *a moça está usando uma saia de lã.*

saída sa·í·da
s.fem. 1. Ação de sair: *a saída dos alunos será às 11 horas.* 2. Lugar por onde se pode sair: *este salão tem duas saídas.* 3. Procura: *essa revista tem muita saída, é muito vendida.* 4. Maneira de superar uma dificuldade: *ele estava com um problema, mas conseguiu arranjar uma boa saída e safar-se dele.*

sair sa·ir
v. 1. Ir para fora: *ele saiu da sala.* 2. Surgir, despontar: *o sol já está saindo.* 3. Partir: *o trem saiu às 10 horas.* 4. Livrar-se: *meu amigo conseguiu sair daquela situação complicada.* 5. Retirar-se: *o menino saiu do jogo, não quis mais jogar.* 6. Ser publicado: *o livro que escrevi vai sair daqui a um mês.* 7. Ausentar-se: *o empregado saiu por alguns dias.*
v.pron. **sair-se** 8. Obter resultado (bom ou mau): *ele saiu-se bem nesse trabalho.*
❑ **sair a alguém** Parecer-se com alguém: *ele saiu ao pai, também gosta muito de música.*

sal
s.masc. Substância usada como tempero na alimentação: *vou pôr um pouco de sal na comida.*
❖ *pl.* sais.
→ Veja também **saleiro** e **salgado**.

sala sa·la
s.fem. 1. Compartimento de uma casa: *sala de jantar.* 2. Espaço de trabalho: *no escritório, há várias salas para os funcionários.*
❖ *aum.* salão. *dim.* salinha ou saleta. *pl.* salões.

salada sa·***la***·da

s.fem. 1. Prato frio que pode ser composto de diferentes produtos: *salada de legumes, salada de frutas, etc.* 2. *fig.* Confusão: *essa gaveta está uma salada, tem um monte de papéis misturados.*

salame sa·***la***·me

s.masc. Carne de porco temperada com toicinho e pimenta, colocada em tripa e que se come fria: *ele cortou algumas fatias de salame para fazer um sanduíche.*

salão sa·***lão***

s.masc. Sala grande: *a festa será realizada neste salão.*

❖ *pl.* salões.

salarial sa·la·ri·***al***

adj.masc.fem. Que se refere ao salário: *aumento salarial.*

❖ *pl.* salariais.

salário sa·***lá***·ri:o

s.masc. Quantia que se paga a um empregado por seu trabalho: *os trabalhadores desta empresa recebem seu salário no final do mês.*

◎ Salário tem a ver com sal. Como parte do pagamento por seu trabalho, os antigos soldados romanos recebiam de tempos em tempos uma certa quantidade de sal para usar na conservação da comida. Depois, passaram a receber uma certa importância em dinheiro para comprar o sal de que precisassem. Por isso, o dinheiro que recebiam como pagamento recebeu o nome de salário.

saldar sal·***dar***

v. Liquidar uma dívida: *hoje vou saldar minha conta na lanchonete, vou pagar o que devo.*

→ Não confunda com o verbo **saudar**: *ele saudou a amiga com um olá.*

saldo ***sal***·do

s.masc. 1. Diferença entre a quantia que se gasta e a que se recebe: *neste ano tivemos um saldo positivo em nossa loja, nós ganhamos mais do que gastamos.* 2. Resto do estoque de uma loja, mercadorias que sobraram e geralmente são vendidas por preço inferior ao normal: *vou ver a seção de saldos dessa loja.*

saleiro sa·***lei***·ro

s.masc. Recipiente para sal: *ponha o saleiro na mesa do almoço.*

→ Veja também **sal**.

saleta sa·***le***·ta (ê)

s.fem. Sala pequena: *no consultório médico há uma saleta de espera.*

salgadinho sal·ga·***di***·nho

s.masc. Comida salgada feita em porções pequenas e individuais, servidas em festas, reuniões, etc.: *na festa havia muitos tipos de salgadinhos.*

salgado sal·***ga***·do

adj. Que tem sal: *eu prefiro o biscoito salgado.*

salgar sal·***gar***

v. Colocar sal em alguma coisa: *mamãe vai salgar a carne.*

saliência sa·li·***ên***·ci:a

s.fem. Parte mais alta que o resto: *a bola vinha rasteira, mas bateu numa saliência do terreno, subiu e enganou o goleiro.*

salientar sa·li·en·***tar***

v. 1. Destacar: *o professor salientou a importância desse livro.*

v.pron. **salientar-se** 2. Destacar-se: *esse aluno salientou-se durante o curso.*

saliente sa·li·***en***·te

adj.masc.fem. Que fica destacado do conjunto: *o bicho tinha olhos salientes que chamavam a atenção.*

salina sa·***li***·na

s.fem. Montanha de sal: *nessa região, há várias salinas.*

salino sa·***li***·no

adj. Que tem sal: *água salina.*

saliva sa·***li***·va

s.fem. Certo tipo de líquido que se forma na boca: *a mulher limpou a saliva que estava saindo da boca do nenê.*

salivar sa·li·***var***

v. Soltar saliva: *o cachorro está salivando.*

salmo sal·mo
s.masc. *Rel.* Texto bíblico poético de conteúdo religioso: *os fiéis cantaram alguns salmos.*

salobro sa·lo·bro (ô)
adj. Que tem sabor desagradável, parecido com o gosto da água do mar: *água salobra.*
❖ *fem.* salobra (ô). *pl.* salobros (ô), salobras (ô).

salsicha sal·si·cha
s.fem. Carne moída temperada colocada geralmente em tripas naturais: *as crianças vão comer sanduíche de salsicha.*

saltar sal·tar
v. Pular: *o gato saltou do muro.*

saltimbanco sal·tim·ban·co
s.masc. Artista de circo (palhaço, acrobata, etc.) que se exibe em praça pública, em feiras, etc.: *os saltimbancos divertiram o pessoal que estava na praça.*

saltitar sal·ti·tar
v. Dar pequenos e repetidos saltos: *o canário saltitava na gaiola.*

salto sal·to
s.masc. 1. Pulo: *joguei a bola para cima; o cão deu um salto e a pegou.* 2. Parte mais alta da sola do sapato, aquela que serve para levantar a posição do calcanhar: *o salto desse sapato está muito gasto.*

salubre sa·lu·bre
adj.masc.fem. Saudável, que é bom para a saúde: *o ar da montanha é salubre.*
❖ *superl.* salubérrimo.
→ Veja também **insalubre**.

salutar sa·lu·tar
adj.masc.fem. Que é útil para conservar a saúde: *nadar é uma atividade salutar.*
❖ *pl.* salutares.

salva sal·va
s.fem. Descarga de canhões ou armas de fogo para homenagear alguém ou para comemorar uma data importante: *o oficial foi homenageado com uma salva de tiros.*
❑ **salva de palmas** Aplausos: *o cantor foi recebido pelo auditório com uma salva de palmas.*

salvação sal·va·ção
s.fem. Pessoa ou coisa que salva: *esse bombeiro foi minha salvação no incêndio, graças a ele estou vivo.*

salvador sal·va·dor
s.masc. Aquele que salva, que livra de um grande perigo.
❖ *pl.* salvadores. *Salvador* é também a palavra usada pelos cristãos para referir-se a Jesus que, segundo a doutrina do cristianismo, veio ao mundo para salvar a humanidade. Quando empregada nesse sentido, essa palavra é escrita com inicial maiúscula.

salvamento sal·va·men·to
s.masc. Ação de salvar: *os bombeiros são treinados para fazer esse tipo de salvamento.*

salvar sal·var
v. 1. Livrar de um grande perigo: *o bombeiro salvou a criança que estava no prédio em chamas.* 2. *Inform.* Dar um comando ao computador para que ele guarde com segurança os dados registrados: *depois de digitar esse texto, não se esqueça de salvar o arquivo.*
v.pron. **salvar-se** 3. Escapar ou livrar-se de um perigo: *muitas pessoas conseguiram salvar-se do maremoto.*

salva-vidas sal·va-vi·das
s.masc.fem. Pessoa que tem a função de socorrer aqueles que estão em perigo na água: *o salva-vidas socorreu o garoto que estava se afogando no mar.*
❖ Esta palavra tem a mesma forma no singular e no plural: *o salva-vidas, os salva-vidas.*

salvo sal·vo
adj. Livre de um grande perigo: *não me aconteceu nada no acidente, estou salvo!*
❑ **a salvo** Em segurança, sem perigo: *espero que você chegue a salvo do outro lado do rio.*

salvo-conduto sal·vo-con·du·to
s.masc. Documento assinado por um chefe militar, autorizando a passagem por certos lugares: *durante a guerra, consegui obter um salvo-conduto que me permitiu passar pelo posto militar que havia naquela estrada.*
❖ *pl.* salvo-condutos ou salvos-condutos.

S

samba sam·ba
s.masc. Música e dança muito populares no Brasil: *quando tocou um samba, todo mundo saiu dançando.*

sambar sam·bar
v. Dançar samba: *na festa, o pessoal sambou a noite toda.*

sambista sam·bis·ta
s.masc.fem. 1. Que dança samba muito bem: *nas escolas de samba vemos sambistas espetaculares.* 2. Que compõe sambas: *você já ouviu a nova canção daquele famoso sambista?*

sanar sa·nar
v. 1. Resolver, esclarecer: *vamos sanar as dúvidas dos alunos.* 2. Reparar, consertar: *como posso sanar esse erro?*

sanatório sa·na·tó·ri:o
s.masc. Casa de saúde, lugar para tratamento de pessoas doentes: *o doente foi internado num sanatório.*

sandália san·dá·li:a
s.fem. Calçado composto de uma sola que se liga aos pés por uma tira ou correia: *vou pôr as sandálias para ir à praia.*

sanduíche san·du·í·che
s.masc. Lanche feito com duas fatias de pão entre as quais se pode pôr queijo, presunto, carne, etc.: *comi um sanduíche de mortadela.*

> ◎ Sanduíche vem do nome de um nobre inglês chamado Sandwich (1718-1792). Ele gostava muito de jogar cartas e, para não interromper o jogo para comer, pedia que lhe servissem um pedaço de carne ou presunto entre duas fatias de pão; desse modo, poderia comer sem sair da mesa de jogo. Os outros gostaram de sua ideia e logo começaram a pedir a mesma coisa. E assim o nome do inglês acabou virando o nome do lanche, que em português se transformou em sanduíche.

saneamento sa·ne:a·men·to
s.masc. Ação de sanear, de limpar, de tornar saudável um lugar para que ele possa ser habitado: *é preciso fazer o saneamento da área onde vivem essas pessoas.*

sanfona san·fo·na (ô)
s.fem. *Mús.* Acordeão: *ele toca sanfona muito bem.*

sanfoneiro san·fo·nei·ro
s.masc. Tocador de sanfona: *o sanfoneiro animou a festa.*

sangrar san·grar
v. Perder sangue: *eu me feri com a faca, estou sangrando.*

sangrento san·gren·to
adj. Que causou muito derramamento de sangue: *o combate foi feroz, sangrento.*

sangue san·gue
s.masc. Líquido vermelho que circula pelo interior do corpo: *o sangue é fundamental para a nossa vida.*

sangue-frio san·gue-fri·o
s.masc. Tranquilidade, calma: *mesmo diante do perigo, o motorista não perdeu o sangue-frio e conseguiu evitar o acidente.*
❑ **a sangue-frio** De forma premeditada, calculada: *o bandido matou o outro a sangue-frio.*
❖ *pl.* sangues-frios.

sanguessuga san·gues·su·ga
s.fem. *Zool.* Verme aquático que se gruda aos animais para sugar-lhes o sangue: *as sanguessugas com frequência alimentam-se do sangue de outros animais.*

sanguinário san·gui·ná·ri:o
adj. Cruel, que gosta de derramar sangue: *bandido sanguinário.*

sanguíneo san·guí·ne:o
adj. Que se refere ao sangue: *circulação sanguínea.*

sanguinolento san·gui·no·len·to
adj. Sangrento, em que ocorre derramamento de sangue: *o combate foi sanguinolento; muitos combatentes morreram.*

S

sanha sa·**nha**

s.fem. Fúria: *ele conseguiu escapar da sanha dos inimigos.*

sanhaço sa·**nha**·ço

s.masc. *Zool.* Pássaro de penas verde-azuladas: *o sanhaço é um bonito pássaro.*

❖ Para indicar o sexo do animal, dizemos *o sanhaço macho, o sanhaço fêmea.*

sanidade sa·ni·**da**·de

s.fem. Bom estado de saúde (física ou mental): *o médico examinou essa mulher e deu-lhe um atestado de sanidade mental, declarou que ela está mentalmente saudável.*

sanitário sa·ni·**tá**·ri:o

adj. 1. Que se refere à saúde, aos cuidados com a higiene: *esse médico chefia o serviço sanitário da cidade.* 2. Que se refere a banheiro: *vaso sanitário.*

s.masc. 3. Banheiro: *os sanitários desta escola estão sempre limpos.*

santidade san·ti·**da**·de

s.fem. 1. Qualidade ou estado daquilo que é considerado santo: *devemos respeitar a santidade deste lugar.*

pron. 2. Forma de tratamento reservada ao papa; nesse caso, usa-se letra inicial maiúscula, e a forma Vossa, também com inicial maiúscula: *Vossa Santidade virá ao Brasil.*

❖ A abreviatura de Vossa Santidade é V.S.

santificar san·ti·fi·**car**

v. Tornar santo: *o papa vai santificar esse homem.*

santo **san**·to

adj. 1. Sem pecado: *vida santa.* 2. Sagrado: *lugar santo.*

s.masc. 3. Aquele que foi reconhecido pela Igreja Católica como uma pessoa extraordinária e que, por isso, pode ser cultuada e ter sua imagem representada nos altares: *esta é uma imagem de santo Agostinho.*

❖ Diante de nomes começados por consoante, usa-se a forma **São**: *São Vicente, São Bernardo.*

são

adj. Sadio, que tem saúde: *homem são.*

❑ **são e salvo** Sem ferimento, ileso: *ele saiu são e salvo do acidente.*

❖ *fem.* sã. *pl.* sãos, sãs. *superl.* saníssimo. São é também uma forma reduzida de santo, usada antes de nomes iniciados por consoante, como São Vicente, São Bento, etc. Pode-se usar ainda a abreviatura S.: *S. Bento.*

→ Veja também **sadio**.

saparia sa·pa·**ri**·a

s.fem. Grande número de sapos: *ouvimos o barulho da saparia no brejo.*

sapatada sa·pa·**ta**·da

s.fem. Pancada com sapato: *o palhaço do circo levou uma sapatada na cabeça e fez uma careta engraçada.*

sapatear sa·pa·te·**ar**

v. Dançar batendo os sapatos no chão num certo ritmo: *ela sabe sapatear muito bem.*

sapateiro sa·pa·**tei**·ro

s.masc. Aquele que faz ou conserta sapatos e outros tipos de calçados: *o sapateiro vai colocar um salto novo neste sapato.*

sapato sa·**pa**·to

s.masc. Calçado que cobre o pé ou parte do pé: *uso esses sapatos para ir à escola.*

sapeca sa·**pe**·ca (é)

adj.masc.fem. Arteiro, levado, travesso: *moleque sapeca.*

sapecar sa·pe·**car**

v. Dar (um tapa, um soco, um beijo, etc.): *ele agarrou o outro pela camisa e sapecou-lhe um tapa.*

sapiência sa·pi·**ên**·ci:a

s.fem. Sabedoria, saber: *é um homem de muita sapiência.*

sapo **sa**·po

s.masc. *Zool.* Animal anfíbio sem cauda, com membros fortes e pele rugosa e seca: *não tenha medo de sapo, eles não fazem mal.*

❑ **engolir sapo** *pop.* Ser obrigado a suportar coisas desagradáveis sem reclamar: *para conseguir chegar ao posto de chefe, ele teve de engolir muitos sapos pelo caminho.*

❖ Para indicar o sexo do animal, dizemos *o sapo macho, o sapo fêmea*. Para indicar o som que o sapo emite, usamos o verbo **coaxar**: *o sapo coaxa*.

saque sa·que
s.masc. 1. Ato de saquear: *os piratas fizeram o saque durante a noite, assustando a pequena cidade.* 2. Ato de sacar, de tirar dinheiro do banco: *o gerente do banco autorizou o saque, permitiu a retirada do dinheiro*. 3. Jogada inicial numa partida de tênis, pingue-pongue, voleibol, etc.: *o saque agora pertence à nossa equipe.*
→ Veja também **sacar**.

saquear sa·que·ar
v. Atacar e roubar com violência uma cidade, um depósito, etc.: *quando a cidade ficou sem luz, muitas pessoas saquearam as lojas.*

saracotear sa·ra·co·te·ar
v. Fazer rápidos movimentos com o corpo, principalmente com os quadris: *quando samba, ela se põe a saracotear como ninguém.*

saraivada sa·rai·va·da
s.fem. Grande quantidade de coisas que caem rapidamente como se fosse uma chuva de pedras: *os soldados esconderam-se para escapar da saraivada de tiros que vinha do outro lado.*

sarar sa·rar
v. Curar-se, recuperar a saúde: *a criança esteve doente mas já sarou.*

sarau sa·rau
s.masc. Reunião festiva, com dança, música, etc., feita à noite, em casa particular ou clube: *antigamente, havia muitos saraus nas casas de família.*

S

sarcasmo sar·cas·mo
s.masc. Zombaria, ironia ofensiva: *o rapaz respondeu com sarcasmo, ofendendo o colega.*

sarcástico sar·cás·ti·co
adj. Zombeteiro, irônico: *ele deu um sorriso sarcástico.*

sarcófago sar·có·fa·go
s.masc. Túmulo, tumba: *dentro dessa pirâmide, os arqueólogos encontraram um sarcófago de pedra, ricamente ornamentado, que continha a múmia de um faraó.*

◎ Sarcófago é uma palavra formada de *sarco* (carne) + *fago* (que come ou devora). Esse tipo de túmulo recebeu esse nome porque era feito com uma pedra que se considerava capaz de desfazer um cadáver rapidamente.

sarda sar·da
s.fem. Pequeninas manchas amarelo-escuras que geralmente aparecem na pele de pessoas ruivas: *esse menino tem sardas no nariz.*

sardento sar·den·to
adj. Que tem sardas: *menino sardento.*

sarjeta sar·je·ta (ê)
s.fem. Parte da beira da calçada por onde correm as águas da chuva: *a enxurrada descia velozmente pela sarjeta.*

sarna sar·na
s.fem. Doença contagiosa da pele, que se caracteriza pelo aparecimento de pequenas bolhas que provocam muita coceira: *vou ao médico, acho que peguei sarna.*

sarnento sar·nen·to
adj. Que tem sarna: *cachorro sarnento.*

sarrafo sar·ra·fo
s.masc. Pedaço estreito e comprido de madeira: *o pedreiro precisa de alguns sarrafos.*

satanás sa·ta·nás
s.masc. Diabo: *a história bíblica conta que Jesus foi tentado por Satanás.*
❖ Esta palavra deve ser escrita com letra inicial maiúscula.

satânico sa·tâ·ni·co
adj. Diabólico, infernal, que se refere a Satanás: *poder satânico.*

satélite sa·té·li·te
s.masc. Astro que gira em torno de um planeta: *a Lua é um satélite da Terra.*
❑ **satélite artificial** Máquina lançada ao espaço por foguetes para ficar girando em torno da Terra e que se destina à pesquisa científica ou à comunicação: *o jornal informou que mais um satélite artificial vai ser lançado.*

> Satélite vem de uma palavra latina que significa *escolta, proteção militar*. Para os antigos, a Lua era vista como uma espécie de protetora da Terra, pois ficava sempre à sua volta, como se estivesse de vigia.

sátira sá·ti·ra
s.fem. Crítica do comportamento das pessoas através do riso, da ironia: *esse filme faz uma sátira dos políticos, ele critica e ridiculariza os políticos.*

satírico sa·tí·ri·co
adj. Que contém sátira, que satiriza: *filme satírico.*

satirizar sa·ti·ri·zar
v. Criticar ridicularizando: *esse filme satiriza certos políticos.*

satisfação sa·tis·fa·ção
s.fem. 1. Contentamento: *tive grande satisfação em conhecê-la.* 2. Explicação: *você não agiu direito comigo, por isso acho que me deve uma satisfação, uma explicação de sua atitude.*
❖ *pl.* satisfações.

satisfatoriamente sa·tis·fa·to·ri:a·men·te
adv. Muito bem, a contento: *ele resolveu o problema satisfatoriamente, encontrou uma boa solução para tudo.*

satisfatório sa·tis·fa·tó·ri:o
adj. 1. Que satisfaz: *seu trabalho tem sido satisfatório, por isso vamos recompensá-lo.* 2. Regular: *seu aproveitamento escolar é apenas satisfatório, poderia ser bem melhor.*

satisfazer sa·tis·fa·zer
v. 1. Contentar, deixar satisfeito: *o presente satisfez o menino.* 2. Realizar: *o pai satisfaz todos os desejos da filha.*
v.pron. **satisfazer-se** 3. Contentar-se, dar-se por satisfeito: *esse rapaz parece satisfazer-se com pouco dinheiro.* 4. Comer ou beber até ficar satisfeito, até saciar-se: *fui a esse restaurante e comi até satisfazer-me.*

satisfeito sa·tis·fei·to
adj. 1. Contente com o que foi feito ou com o que aconteceu: *ele está satisfeito porque se saiu bem no exame escolar.* 2. Saciado, farto: *comi muito bem hoje, estou satisfeito.*

saturado sa·tu·ra·do
adj. Farto, cheio: *estou saturado de suas reclamações, já não tenho mais paciência para ouvi-las!*

saudação sau·da·ção
s.fem. Cumprimento: *as palavras bom dia, boa tarde e olá são usadas para se fazer uma saudação a alguém.*
❖ *pl.* saudações.

saudade sau·da·de
s.fem. Recordação melancólica de uma pessoa ausente que gostaríamos de rever ou de um tempo passado que gostaríamos de reviver: *sinto saudades das férias que passei na fazenda.*

saudar sau·dar
v. 1. Cumprimentar: *passando na rua, ele saudou a moça que estava na porta da loja.* 2. Aclamar, receber com festa: *muitas pessoas foram ao aeroporto saudar os jogadores campeões.* 3. Dizer palavras de boas-vindas: *o prefeito saudou o ilustre visitante.*
→ Não confunda com o verbo **saldar**, que tem outro significado: *vou saldar minha dívida.*

saudável sau·dá·vel
adj.masc.fem. 1. Que é bom para a saúde: *ar saudável.* 2. Sadio, que tem boa saúde: *criança saudável.*
❖ *pl.* saudáveis. *superl.* saudabilíssimo.

saúde sa·ú·de
s.fem. Estado de quem se encontra sadio, de quem não está doente: *ele está com saúde.*

saudoso sau·do·so (ô)
adj. Que está com saudades: *estou saudoso do vovô.*
❖ *fem.* saudosa (ó). *pl.* saudosos (ó), saudosas (ó).

saveiro sa·vei·ro
s.masc. Barco estreito e comprido: *em certos lugares do nordeste brasileiro, o saveiro é muito usado para transporte de mercadorias.*

saxofone sa·xo·fo·ne (cs, ô)
s.masc. *Mús.* Instrumento de sopro: *quero aprender a tocar saxofone.*

saxofonista sa·xo·fo·***nis***·ta (cs)

s.masc.fem. Pessoa que sabe tocar saxofone: *esse saxofonista é muito famoso.*

seara se·***a***·ra

s.fem. Terra plantada, campo semeado: *o lavrador caminhava pela seara.*

seca ***se***·ca (ê)

s.fem. Falta de água ou de chuva: *os agricultores sofrem com a seca prolongada, com os longos períodos de tempo sem chuva.*

secador se·ca·***dor***

s.masc. Aparelho para secar: *secador de cabelo.*

❖ *pl.* secadores.

secadora se·ca·***do***·ra (ô)

s.fem. Máquina para secar roupa: *ela tem uma secadora na lavanderia da casa.*

secagem se·***ca***·gem

s.fem. Ato de secar, de deixar seco: *com esse aparelho, a secagem das roupas é rápida.*

❖ *pl.* secagens.

secamente se·ca·***men***·te

adv. Friamente: *ele me tratou secamente, não foi nada atencioso comigo.*

seção se·***ção***

s.fem. 1. Cada uma das divisões de uma fábrica, de uma loja, etc.: *eu trabalho na seção de brinquedos dessa loja.* 2. Parte de um jornal, de uma revista, etc. reservada a um certo assunto: *gosto de ler a seção de esportes desse jornal.*

❖ *pl.* seções.

→ Não confunda com **sessão** ou **cessão**, que têm outros significados.

secar se·***car***

v. Deixar seco, fazer perder toda a umidade: *vou secar os cabelos.*

secção sec·***ção***

s.fem. Corte: *o médico fez uma secção do músculo, ou seja, cortou-o.*

❖ *pl.* secções. Neste caso, também podemos usar a palavra **seção**.

→ Veja também **seccionar**.

seccionar sec·ci:o·***nar***

v. Cortar: *os pesquisadores seccionaram os animais no laboratório.*

→ Também existe a forma **secionar**.

→ Veja também **secção**.

seco ***se***·co (ê)

adj. 1. Enxuto: *roupa seca.* 2. Murcho, ressequido: *ponha água no vaso, as flores estão secas.* 3. Ressequido pelo calor do sol: *é difícil cultivar a terra seca do sertão.* 4. Rude, de poucas palavras: *ele foi seco comigo.*

secretaria se·cre·ta·***ri***·a

s.fem. Local onde se prestam serviços ao público: *vou à secretaria da escola pedir uma informação sobre o horário das aulas.*

secretária se·cre·***tá***·ri:a

s.fem. Mulher que ajuda alguém cuidando de sua correspondência, atendendo telefonemas, marcando compromissos, etc.: *essa moça é a secretária do diretor.*

secreto se·***cre***·to (é)

adj. Que não deve ser conhecido por ninguém, que não se deve divulgar: *informação secreta.*

sectário sec·***tá***·ri:o

s.masc. Aquele que segue certas ideias de modo fanático: *todo sectário não aceita que os outros pensem de modo diferente.*

secular se·cu·***lar***

adj.masc.fem. Que tem um século ou mais, que é muito antigo: *visitei a cidade de Ouro Preto e andei por suas ruas seculares.*

❖ *pl.* seculares.

século ***sé***·cu·lo

s.masc. Período de cem anos: *esse fato aconteceu há mais de um século.*

secundário se·cun·***dá***·ri:o

adj. Que não é o mais importante, que vem em segundo lugar: *a saúde é minha maior preocupação; o resto é secundário.*

secura se·***cu***·ra

s.fem. 1. Ausência de umidade: *observe a secura do solo, veja como ele está seco.* 2. Frieza, falta de gentileza: *zangado comigo, meu pai me tratou com secura.*

S

seda ***se***·da (ê)
s.fem. Certo tipo de tecido macio: *vestido de seda.*
→ Não confunda com **ceda**, do verbo ceder: *quero que ele ceda o lugar a essa mulher.*

sedativo se·da·***ti***·vo
s.masc. Calmante que diminui a intensidade da dor ou do sofrimento: *ela ficou tão chocada com a notícia que os filhos lhe deram um sedativo.*

sede ***se***·de (é)
s.fem. Lugar onde funciona a parte principal de um governo, de uma organização, etc.: *esta é a sede do nosso clube.*

sede ***se***·de (ê)
s.fem. 1. Necessidade de beber água: *andei bastante, estou com sede.* 2. Cobiça: *ele tem sede de riquezas, deseja ficar cada vez mais rico.*
❑ **matar a sede** Saciar a sede: *ele bebeu vários copos de água para matar a sede.*

sedentário se·den·***tá***·ri:o
adj. Que está quase sempre sentado, que não faz exercícios físicos: *esse menino é sedentário, passa o dia no computador.*
❑ **vida sedentária** Tipo de vida em que se passa a maior parte do tempo sentado, sem caminhar: *esse homem leva uma vida muito sedentária; isso não faz bem à saúde.*

sedento se·***den***·to
adj. 1. Com sede: *estou sedento.* 2. Ávido: *ele é um homem sedento de riquezas, só pensa em ficar cada vez mais rico.*

sedoso se·***do***·so (ô)
adj. Macio como a seda, que é um tecido finíssimo: *cabelo sedoso.*
❖ *fem.* sedosa(ó). *pl.* sedosos (ó), sedosas (ó).

sedução se·du·***ção***
s.fem. Ação de seduzir ou conquistar, de atrair de modo irresistível: *essa propaganda tem um grande poder de sedução.*

sedutor se·du·***tor***
adj. Que seduz, que atrai: *mulher sedutora.*
❖ *pl.* sedutores.

seduzir se·du·***zir***
v. Atrair uma pessoa para enganá-la ou para aproveitar-se dela: *as propagandas podem seduzir muitos jovens.*

segmentar seg·men·***tar***
v. Dividir em segmentos, em partes: *a professora vai segmentar o texto.*

segredar se·gre·***dar***
v. Dizer em segredo, confidenciar: *ele me segredou seus planos.*

segredo se·***gre***·do (ê)
s.masc. 1. Aquilo que não se deve contar ou divulgar: *será que ele é capaz de guardar o segredo?* 2. Forma especial de se abrir um cofre e que é conhecida por poucas pessoas: *o gerente do banco sabe o segredo do cofre.*
❑ **em segredo** Secretamente: *ele partiu em segredo; ninguém ficou sabendo.*

segregar se·gre·***gar***
v. 1. Isolar, separar com a finalidade de impedir o contato, a mistura: *em alguns países, os brancos segregam os negros; essa segregação é detestável.* 2. Produzir e expelir líquido (um organismo): *certas espécies de sapo defendem-se segregando um líquido venenoso que afasta o inimigo.*

seguidor se·gui·***dor***
s.masc. Aquele que segue as ideias de um líder ou de uma religião: *Cristo deixou muitos seguidores.*
❖ *pl.* seguidores.

seguinte se·***guin***·te
adj.masc.fem. Aquele que vem em seguida, que vem depois de outro: *esse menino é o primeiro da fila; quem é o seguinte?*

seguir se·***guir***
v. 1. Ir atrás de: *durante a caminhada, eles seguiam o chefe.* 2. Aceitar: *siga o meu conselho, faça o que eu lhe digo.* 3. Imitar: *siga o meu exemplo, faça como eu.* 4. Tomar certa direção: *siga à esquerda.* 5. Exercer (uma atividade ou profissão): *ele pensa em seguir a carreira artística, ou seja, trabalhar como artista.* 6. Obedecer: *para montar esse aparelho, você deve seguir as instruções desse folheto.*

S

segunda-feira se·***gun***·da-***fei***·ra
s.fem. O segundo dia da semana: *minhas aulas começam na segunda-feira*.
❖ *pl.* segundas-feiras.

segundo se·***gun***·do
num. 1. Numa série, indica a posição do número dois: *este é o segundo capítulo deste livro.*
adj. 2. Que tem qualidade inferior: *esse é um produto de segunda qualidade; não é tão bom quanto outros.*
s.masc. 3. A sexagésima parte de um minuto: *esse relógio marca as horas, os minutos e os segundos*.
prep. 4. De acordo com: *vou fazer o trabalho segundo sua explicação.*

seguramente se·gu·ra·***men***·te
adv. Certamente, com certeza: *ele seguramente vai nos ajudar a fazer o trabalho.*

segurança se·gu·***ran***·ça
s.fem. 1. Ausência de perigo: *quero viver num lugar que tenha segurança, que seja livre de perigo.* 2. Confiança, firmeza: *ele agiu com segurança, não hesitou em nenhum instante.*

segurar se·gu·***rar***
v. 1. Pegar entre as mãos: *segure um pouco o nenê.*
v.pron. **segurar-se** 2. Firmar-se, agarrar-se: *o barco está balançando muito, segure-se no banco.*

seguro se·***gu***·ro
adj. 1. Bem firme, que não corre risco de cair ou soltar-se: *o quadro que ele pôs na parede está bem seguro*. 2. Livre de perigo: *este parque é um lugar seguro, as crianças podem brincar à vontade.* 3. Que não hesita, não vacila: *ele é um homem seguro.*
s.masc. 4. Contrato que fazemos com uma empresa, pelo qual pagamos um certo valor e ela, em troca, se compromete a nos pagar uma certa quantia se sofrermos acidentes ou prejuízos: *fiz um seguro de carro contra acidentes.*

seio ***sei***·o
s.masc. 1. Cada uma das mamas da mulher: *o filho suga o leite do seio da mãe.* 2. *fig.* Ambiente: *ele encontrou a felicidade no seio da família, junto aos familiares.* 3. *fig.* Interior, parte interna: *o seio da terra.*

seiva ***sei***·va
s.fem. Líquido que circula no interior das plantas, alimentando-as: *a seiva é tirada da terra pelas raízes das plantas.*

seixo ***sei***·xo
s.masc. Pedrinha, pedregulho: *no fundo do riacho, há muitos seixos*.

sela ***se***·la
s.fem. Assento que se coloca sobre a montaria: *o cavaleiro acomodou-se na sela e saiu galopando em seu belo cavalo branco.*
→ Não confunda com **cela**, que tem outro significado.

selar se·***lar***
v. 1. Pôr sela em montaria: *ele selou o cavalo.* 2. Pôr selo em uma carta: *você deve fechar e selar esta carta; depois, coloque-a na caixa do correio.* 3. Confirmar: *na reunião de hoje, esses dois países selaram um acordo de paz.*

seleção se·le·***ção***
s.fem. 1. Escolha: *o professor vai fazer a seleção dos alunos que vão jogar a próxima partida de voleibol.* 2. Conjunto formado pelos melhores jogadores de diversos times: *esses são os jogadores que foram chamados para formar a seleção brasileira de futebol.*
❖ *pl.* seleções.

selecionar se·le·ci:o·***nar***
v. Escolher: *o professor vai selecionar os alunos que vão participar deste jogo.*

seleiro se·**lei**·ro
s.masc. Aquele que faz selas: *ele é o seleiro mais velho desta cidade.*
→ Não confunda com **celeiro**, que tem outro significado.

seleta se·***le***·ta (é)
s.fem. Antologia, reunião de textos de um ou mais escritores: *seleta literária.*

seleto se·***le***·to (é)
adj. Selecionado, escolhido: *um grupo seleto de pessoas foi convidado para a abertura da exposição.*

selim se·***lim***

s.masc. O assento da bicicleta: *o menino ajeitou-se no selim e saiu pedalando pela estrada.*

❖ *pl.* selins.

selo ***se***·lo (ê)

s.masc. Pedaço de papel impresso que deve ser colocado nos envelopes ou pacotes que enviamos pelo correio: *cole um selo no envelope.*

selva ***sel***·va

s.fem. Floresta: *esse filme mostra alguns animais que vivem nas selvas brasileiras.*

selvagem sel·***va***·gem

adj.masc.fem. 1. Que é das selvas, que vive nas selvas: *animal selvagem*. 2. Que não é domesticado: *cavalo selvagem*. 3. Rude, bruto, bárbaro: *povo selvagem.*

❖ *pl.* selvagens.

selvageria sel·va·ge·***ri***·a

s.fem. Brutalidade, ferocidade: *esse filme mostra a selvageria dos combates.*

semáforo se·***má***·fo·ro

s.masc. Sinaleiro, sinal de trânsito para orientação dos motoristas: *atravesse a rua no semáforo, onde há uma faixa para pedestres.*

semana se·***ma***·na

s.fem. 1. Período de sete dias seguidos: *demorei uma semana para acabar a tarefa.* 2. Período de sete dias seguidos que começa no domingo e termina no sábado: *vou ficar fora da cidade a semana que vem.*

> ◎ Semana vem da palavra latina *septimana*, que significa *sete manhãs*.

semanal se·ma·***nal***

adj.masc.fem. 1. Que se refere à semana: *período semanal*. 2. Que ocorre ou é feito uma vez por semana: *esse programa de televisão é semanal.*

❖ *pl.* semanais.

semblante sem·***blan***·te

s.masc. Aspecto do rosto, aparência: *o rapaz entrou na sala com o semblante risonho.*

semeador se·me:a·***dor***

s.masc. Aquele que semeia: *o semeador caminha pelo campo.*

❖ *pl.* semeadores.

semeadura se·me:a·***du***·ra

s.fem. Ato de semear, de colocar as sementes na terra: *chegou a época da semeadura.*

semear se·me·***ar***

v. Colocar sementes na terra para que elas brotem: *o lavrador semeia a terra.*

semelhança se·me·***lhan***·ça

s.fem. Dizemos que há semelhança entre duas pessoas ou coisas quando elas se parecem muito: *observe a semelhança física que há entre esses dois meninos, eles são muito parecidos.*

semelhante se·me·***lhan***·te

adj.masc.fem. 1. Bem parecido, quase igual: *pessoas semelhantes.*

s.masc. 2. O próximo, outro ser humano: *todo ser humano deve aprender a amar o seu semelhante.*

→ Veja também **assemelhar-se**.

semente se·***men***·te

s.fem. A parte do vegetal (uma fruta, uma planta, etc.) que é colocada na terra para germinar, brotar: *vamos plantar essas sementes.*

semestral se·mes·***tral***

adj.masc.fem. 1. Que dura seis meses: *estou fazendo um curso semestral*. 2. Que se faz ou que acontece de seis em seis meses: *nessa escola, há um exame semestral.*

❖ *pl.* semestrais.

semestre se·***mes***·tre (é)

s.masc. Período de seis meses seguidos: *vou ter aulas de música neste semestre.*

semicírculo se·mi·***cír***·cu·lo

s.masc. Metade de um círculo: *o professor desenhou um semicírculo.*

semifinal se·mi·fi·***nal***

adj.masc.fem. *Esp.* Jogo em que o vencedor ganha o direito de disputar a final, isto é, a partida que vai decidir quem será o campeão: *esse time lutou para chegar à semifinal.*

❖ *pl.* semifinais.

S

seminário se·mi·***ná***·ri:o

s.masc. 1. Local de estudo para aqueles que querem seguir a carreira religiosa: *meu amigo estuda nesse seminário, quer ser padre.* 2. Reunião para troca de ideias entre pessoas especializadas num certo assunto: *vai ser realizado um seminário sobre o problema da educação no Brasil.*

seminarista se·mi·na·***ris***·ta

s.masc. Aluno de seminário, aquele que está se preparando para a carreira religiosa: *esse seminarista é meu parente.*

seminu se·mi·***nu***

adj. Que está quase nu: *garoto seminu.*

◎ Seminu é formada de *semi* (meio, metade) + *nu*; portanto, seminu significa *meio nu* ou *nu pela metade. Semi* está presente em muitas outras palavras, como *semianalfabeto, semicírculo*, etc.

sem-vergonha ***sem***-ver·***go***·nha

adj.masc.fem. Que não tem vergonha de fazer o que é desonesto ou imoral: *esse sujeito sem-vergonha não veio trabalhar, mas quer receber.*

❖ Esta palavra tem a mesma forma no singular e no plural: *menino sem-vergonha, meninos sem-vergonha.*

senha ***se***·nha (ê)

s.fem. Sinal, palavra ou frase combinada que serve de identificação entre os membros de um grupo: *para passar pela sentinela e entrar no esconderijo, era preciso dizer a senha.*

senhor se·***nhor***

s.masc. 1. Homem que já não é muito jovem, que tem uma certa idade: *há um senhor aí fora querendo falar com o diretor.* 2. Patrão, amo: *o escravo obedecia às ordens de seu senhor.*

❖ *pl.* senhores.

senhoria se·nho·***ri***·a

s.fem. Forma de tratamento geralmente usada em cartas comerciais; nesse caso, usa-se letra inicial maiúscula, e a forma Vossa, também com inicial maiúscula: *comunicamos a Vossa Senhoria que seu pedido será entregue na próxima semana.*

❖ A abreviatura de Vossa Senhoria é V.Sª.

senil se·***nil***

adj.masc.fem. Muito idoso: *homem senil.*

❖ *pl.* senis.

senilidade se·ni·li·***da***·de

s.fem. Velhice: *a senilidade fez aquele homem esquecer alguns fatos de sua vida.*

sensação sen·sa·***ção***

s.fem. 1. Impressão de frio, calor, dor, etc. que temos: *na rua, o vento forte aumentava a sensação de frio.* 2. Impressão positiva, impacto, admiração: *a festa que ele organizou causou sensação.*

❖ *pl.* sensações.

sensacional sen·sa·ci:o·***nal***

adj.masc.fem. Maravilhoso, que causa sensação: *o comportamento desse líder foi sensacional!*

❖ *pl.* sensacionais.

sensato sen·***sa***·to

adj. Ajuizado, que tem bom senso: *ele é um rapaz sensato; pensa bem antes de tomar uma atitude.*

→ Veja também **insensato**.

sensível sen·***sí***·vel

adj.masc.fem. Que se emociona ou comove facilmente: *menina sensível.*

❖ *pl.* sensíveis. *superl.* sensibilíssimo.

senso ***sen***·so

s.masc. Capacidade de julgar: *você deve ter senso do perigo, deve perceber quando está correndo perigo.*

❑ **agir com bom senso** Agir com juízo, de acordo com a razão: *naquela situação, você agiu bem, agiu com bom senso.* **senso crítico** Capacidade de perceber o que é certo e o que é errado, o que se deve ou não fazer: *percebi que ele tem senso crítico quando julgou o comportamento de seu amigo.*

→ Veja também **juízo** e **ajuizado**.

sensor sen·***sor***

s.masc. Instrumento que nos permite localizar a grande distância acidentes geográficos, obstáculos, etc.: *muitos navios e aviões possuem sensores.*

❖ *pl.* sensores.

→ Não confunda com **censor**, que tem outro significado.

S

sentença sen·***ten***·ça
s.fem. Decisão final tomada por um juiz ou tribunal: *o réu vai entrar para ouvir a sentença.*

sentido sen·***ti***·do
adj. 1. Magoado: *fiquei sentido por não ter sido convidado para a festa.*
s.masc. 2. Aquilo que nos permite perceber tudo o que existe. Nós temos cinco sentidos: *o sentido da visão, do olfato, do tato, do gosto e da audição.* 3. Significado: *o professor vai explicar o sentido das palavras que escreveu no quadro.*
❑ **perder os sentidos** Desmaiar: *ele levou um susto tão grande que perdeu os sentidos e caiu no chão.*

sentimental sen·ti·men·***tal***
adj.masc.fem. 1. Que se refere aos sentimentos: *esse filme conta a vida sentimental dessa artista; fala de seus amores, de seus casamentos, etc.* 2. Que se comove facilmente: *essa moça sentimental chorou de alegria.*
❖ *pl.* sentimentais.

sentimento sen·ti·***men***·to
s.masc. Aquilo que podemos sentir por uma pessoa, por um animal ou mesmo por alguma coisa: *o amor, a tristeza, a saudade, o ódio, o ciúme, a amizade são alguns dos nossos sentimentos.*

sentinela sen·ti·***ne***·la (é)
s.fem. Pessoa que está de vigia: *a sentinela do grupo percebeu quando nós nos aproximamos do esconderijo.*

sentir sen·***tir***
v. 1. Perceber pelos sentidos: *sinta o perfume dessa flor!* 2. Ter sentimento: *sinto amor por você.* 3. Lamentar: *sinto muito o que aconteceu.*

senzala sen·***za***·la
s.fem. *Hist.* Nome que se dava ao local que servia de moradia aos escravos no Brasil, principalmente nas fazendas: *os escravos dormiam nas senzalas.*

separar se·pa·***rar***
v. 1. Isolar: *esse muro separa o meu quintal do seu.* 2. Repartir: *o professor separou os alunos em dois grupos.* 3. Desunir: *a inveja separa as pessoas.*
v.pron. **separar-se** 4. Afastar-se, isolar-se: *o menino separou-se da turma.* 5. Divorciar-se, desquitar-se, deixar de viver em comum: *ele separou-se da esposa.*

sepulcral se·pul·***cral***
adj.masc.fem. Que se refere ao sepulcro, ao túmulo: *monumento sepulcral.*
❖ *pl.* sepulcrais.

sepulcro se·***pul***·cro
s.masc. Túmulo, sepultura: *o cadáver foi enterrado nesse sepulcro.*

sepultar se·pul·***tar***
v. Enterrar um cadáver: *vamos sepultar um amigo que faleceu ontem.*

sepultura se·pul·***tu***·ra
s.fem. Túmulo, lugar onde se enterra um morto: *essa é uma sepultura muito antiga.*

sequência se·***quên***·ci:a
s.fem. Coisas ou ações que vêm em seguida, umas depois das outras: *para ligar o computador e abrir um programa, você deve obedecer a uma sequência de ações.*

sequestrador se·ques·tra·***dor***
s.masc. Aquele que sequestra, que pratica um sequestro: *o sequestrador foi preso pela polícia.*
❖ *pl.* sequestradores.

sequestrar se·ques·***trar***
v. Raptar uma pessoa e mantê-la presa ilegalmente com o objetivo de exigir alguma coisa em troca para libertá-la: *dois homens sequestraram essa mulher.*

S

sequestro se·***ques***·tro
s.masc. Ação de sequestrar: *o sequestro não deu certo e os bandidos foram presos.*

séquito ***sé***·qui·to
s.masc. Grupo de pessoas que acompanha um rei, um príncipe, etc.: *o príncipe partiu com seu séquito.*

ser
v. 1. Existir: *era uma vez uma bela princesa...* 2. Pertencer: *ela é da nossa turma.*
s.masc. 3. Tudo o que tem vida: *a árvore é um ser.*

❖ *pl.* seres. O verbo ser é usado geralmente como elemento de ligação entre duas palavras, estabelecendo uma ideia de estado ou condição entre elas: *ele é bonito; a moça é brasileira; o aluno é estudioso; a casa é pequena.*

sereia se·***rei***·a

s.fem. Ser imaginário, metade mulher e metade peixe: *nessa história, a pequena sereia apaixona-se pelo príncipe.*

serenar se·re·***nar***

v. 1. Tranquilizar, acalmar: *a boa notícia serenou a família.* 2. Diminuir a intensidade, ficar mais fraco: *o vento foi serenando aos poucos.*

serenata se·re·***na***·ta

s.fem. Música que se canta e toca à noite, sob a janela de uma pessoa para homenageá-la: *ele fez uma serenata para a namorada.*

serenidade se·re·ni·***da***·de

s.fem. Tranquilidade, calma: *o policial agiu com serenidade.*

sereno se·***re***·no (ê)

adj. 1. Tranquilo, calmo: *o professor estava sereno.*
s.masc. 2. Ar úmido da noite: *o sereno umedece as flores do jardim.*

sergipano ser·gi·***pa***·no

adj. 1. Do estado de Sergipe: *povo sergipano.*
s.masc. 2. Aquele que nasceu em Sergipe: *os sergipanos prepararam uma bela festa para receber os convidados.*

seriado se·ri·***a***·do

s.masc. História filmada dividida em várias partes que são apresentadas em sequência na televisão: *as telenovelas são seriados de muito sucesso.*

série ***sé***·ri:e

s.fem. 1. Cada ano escolar: *estou na quarta série.* 2. Conjunto de coisas que são apresentadas umas depois das outras: *esse jornal está publicando uma série de reportagens sobre os lugares mais bonitos do Brasil.*

seriedade se·ri:e·***da***·de

s.fem. Maneira própria de uma pessoa séria: *ele agiu com seriedade, sem brincadeira.*

sério ***sé***·ri:o

adj. 1. Sisudo, que não ri: *homem sério.* 2. Importante: *vamos discutir um assunto sério.* 3. Grave: *a menina sofreu um sério acidente, está muito ferida.*

sermão ser·***mão***

s.masc. 1. Discurso de conteúdo religioso: *os fiéis ouviram atentamente o sermão do padre.* 2. Advertência, repreensão: *o menino foi desobediente e acabou ouvindo um sermão do pai.*
❖ *pl.* sermões.

serpente ser·***pen***·te

s.fem. Cobra: *o professor passou um filme sobre as serpentes.*
❖ Para indicar o sexo do animal, dizemos *a serpente macho, a serpente fêmea.*

serra ***ser***·ra (é)

s.fem. 1. Lâmina de aço com dentes afiados usada para cortar madeira, ferro, etc.: *a serra que ele tem em sua oficina é muito boa para cortar madeira.* 2. Série de montanhas com muitos picos: *nesse livro, há uma foto da serra da Mantiqueira.*

serrano ser·***ra***·no

adj. Que se refere à serra, à série de montanhas com muitos picos: *região serrana.*

serrar ser·***rar***

v. Cortar com serra: *precisamos serrar o pé desta mesa.*
→ Não confunda com **cerrar**, que tem outro significado.

serrote ser·***ro***·te (ó)

s.masc. Tipo de serra com cabo: *vovô usou o serrote para cortar esse galho da árvore.*

sertanejo ser·ta·***ne***·jo (ê)

adj. 1. Do sertão: *paisagem sertaneja.*
s.masc. 2. Aquele que vive no sertão: *a vida dos sertanejos é de muita luta.*

S

sertão ser·*tão*

s.masc. Região pouco povoada do interior do Brasil, de clima mais seco e distante de cidades e fazendas: *eles vieram do sertão.*

❖ *pl.* sertões.

servente ser·*ven*·te

s.masc.fem. 1. Ajudante de pedreiro: *o servente está carregando um carrinho cheio de cimento.* 2. Empregado que cuida da limpeza e da arrumação em escolas, edifícios, etc.: *no final das aulas, os serventes da escola limpam as salas.*

serventia ser·ven·*ti*·a

s.fem. Utilidade: *acho que esse aparelho não tem mais serventia para nós.*

serviçal ser·vi·*çal*

adj.masc.fem. 1. Que está sempre disposto a ajudar, a prestar um serviço: *menino serviçal.* s.masc.fem. 2. Empregado, criado: *na mansão daquele homem havia muitos serviçais.*

❖ *pl.* serviçais.

serviço ser·*vi*·ço

s.masc. 1. Emprego: *ele está desempregado, por isso saiu cedo à procura de serviço.* 2. Trabalho, tarefa: *esse empregado fez bem o seu serviço.*

❑ **serviço militar** Treinamento militar que se dá aos jovens de um país durante um certo tempo: *meu irmão está fazendo serviço militar; está servindo no Exército.*

servil ser·*vil*

adj.masc.fem. Escravo: *trabalho servil.*

❖ *pl.* servis.

→ Não confunda com **serviu**, do verbo servir: *ele serviu o café.*

servir ser·*vir*

v. 1. Prestar serviços: *ele está servindo no Exército.* 2. Oferecer (comida, bebida): *a menina serviu um lanche aos colegas.* 3. Ser útil: *esse livro vai servir para nós, podemos usá-lo em nosso trabalho.* 4. Fazer o papel de: *ele serviu de pai para essa menina, foi como um pai para ela.*

servo *ser*·vo (é)

s.masc. Escravo: *aquele homem tinha vários servos em sua casa.*

→ Não confunda com **cervo**, que tem outro significado.

sessão ses·*são*

s.fem. Tempo que dura uma reunião, um espetáculo, a projeção de um filme, etc.: *saímos do cinema no meio da sessão.*

❖ *pl.* sessões.

→ Não confunda com **cessão** ou **seção**, que têm outros significados.

sesta *ses*·ta (é)

s.fem. Breve repouso que muita gente costuma fazer depois do almoço: *vovô está fazendo a sesta; ele sempre costuma dormir meia hora depois do almoço.*

> ◎ A palavra sesta (é) está relacionada com *sexta* (ê) *hora*. Acontece que, para os antigos, a sexta hora do dia equivalia ao nosso meio-dia, ou seja, a hora mais quente do dia. Daí que, depois de comer, para descansar um pouco e evitar o forte calor, eles se acostumaram a tirar uma soneca nessa hora.

seta *se*·ta (é)

s.fem. 1. Flecha: *os guerreiros lançaram setas contra os inimigos.* 2. Sinal em forma de flecha usado para indicar uma certa direção: *o motorista seguiu a indicação da seta e entrou na avenida.*

setembro se·*tem*·bro

s.masc. O nono mês do ano: *no dia 7 de setembro comemoramos independência do Brasil.*

setentrional se·ten·tri:o·*nal*

adj.masc.fem. Que fica ao norte: *país setentrional.*

❖ *pl.* setentrionais.

→ Veja também **meridional**.

S

seu-vizinho *seu*-vi·*zi*·nho

s.masc. *pop.* Nome popular do dedo anular, que fica do lado do mindinho: *o seu-vizinho é o dedo em que as pessoas costumam usar aliança.*

❖ *pl.* seus-vizinhos.

severo se·*ve*·ro (é)

adj. Rigoroso, exigente: *professor severo.*

sexagenário se·xa·ge·*ná*·ri:o (cs)

s.masc. Homem que está na faixa dos sessenta anos, que tem entre sessenta e sessenta e nove anos: *os sexagenários podem entrar de graça nesse museu.*

sexo ***se***·xo (é, cs)
s.masc. Característica física que diferencia o homem da mulher, o macho da fêmea: *não sei qual é o sexo desse sabiá.*
→ Veja também **sexual**.

sexta-feira ***sex***·ta-***fei***·ra (ê, s)
s.fem. O sexto dia da semana: *hoje é sexta-feira, último dia de aula da semana.*
❖ *pl.* sextas-feiras.

sexto ***sex***·to (ê, s)
num. 1. Aquele que, numa sequência, ocupa o lugar de número seis: *ele foi o sexto corredor a cruzar a linha de chegada.* 2. Uma das seis partes iguais em que se divide um todo: *nessa caixa há trinta bolinhas de gude; quero um sexto delas, isto é, cinco bolinhas.*
→ Não confunda com **cesto**, que tem outro significado.

sexual se·xu·***al*** (cs)
adj.masc.fem. Que se refere a sexo: *comportamento sexual.*
❖ *pl.* sexuais.
→ Veja também **sexo**.

short (xórte)
s.masc. Palavra inglesa que significa calça bem curta: *ele vestiu um short e foi à praia.*
❖ *pl.* shorts (xórtes).

show (xôu)
s.masc. Palavra inglesa que significa espetáculo: *fui ver um show de música.*
❖ *pl.* shows (xôus).

S

sicrano si·***cra***·no
s.masc. Palavra que usamos para nos referir a uma pessoa qualquer ou a alguém cujo nome não sabemos: *não quero saber se beltrano ou sicrano vão fazer esse serviço, só quero que seja feito.*
→ Veja também **fulano** e **beltrano**.

sigilo si·***gi***·lo
s.masc. Segredo: *mantenha em sigilo a nossa conversa, não conte nada a ninguém.*

sigiloso si·gi·***lo***·so (ô)
adj. Secreto, que deve ser mantido em sigilo: *assunto sigiloso.*
❖ *fem.* sigilosa (ó). *pl.* sigilosos (ó), sigilosas (ó).

sigla ***si***·gla
s.fem. Abreviatura formada com as letras ou sílabas iniciais de um nome próprio: *ONU é a sigla da Organização das Nações Unidas.*

significar sig·ni·fi·***car***
v. Querer dizer: *veja no dicionário o que significam as palavras que eu escrevi no quadro.*

signo ***sig***·no
s.masc. Cada uma das partes do zodíaco: *qual é o seu signo?*
→ Veja também **zodíaco**.

sílaba ***sí***·la·ba
s.fem. *Gram.* Vogal ou grupo de fonemas que são pronunciados de uma só vez: *a palavra avô tem duas sílabas; a palavra saída tem três sílabas.*

silêncio si·***lên***·ci:o
s.masc. Ausência de barulho: *gosto do silêncio que há nesse jardim.*
❑ **em silêncio** Sem falar: *ficamos em silêncio enquanto o professor lia o texto.*

silencioso si·len·ci·***o***·so (ô)
adj. 1. Em que não há barulho: *lugar silencioso.* 2. Calado: *ele permaneceu silencioso no seu canto.*
❖ *fem.* silenciosa (ó). *pl.* silenciosos (ó), silenciosas (ó).

silvestre sil·***ves***·tre (é)
adj.masc.fem. Que nasce e se desenvolve no mato sem ser cultivado pelo homem: *planta silvestre.*

silvícola sil·***ví***·co·la
s.masc.fem. Habitante das selvas: *a expedição encontrou vários silvícolas naquela região.*

simbólico sim·***bó***·li·co
adj. Que se refere a símbolo, que tem valor de símbolo: *a pomba branca tem um significado simbólico, ela representa a paz.*
→ Veja também **símbolo**.

simbolizar sim·bo·li·***zar***
v. Ser o símbolo de: *esta bandeira simboliza nosso país.*

símbolo ***sím***·bo·lo
s.masc. Aquilo que para muitas pessoas representa uma certa ideia: *esta aliança é o símbolo de nosso casamento.*
→ Veja também **simbólico** e **simbolizar**.

simpatia sim·pa·***ti***·a
s.fem. Atração que sentimos por alguém que nos agrada: *tenho simpatia por ela.*
→ Veja também **antipatia**.

simpático sim·***pá***·ti·co
adj. Que desperta simpatia: *ela é uma menina simpática, conquista logo as pessoas.*
❖ *superl.* simpaticíssimo.
→ Veja também **antipático**.

simpatizar sim·pa·ti·***zar***
v. Ter simpatia por alguém: *quando conheci esse rapaz,* não *simpatizei com ele, mas agora estamos namorando.*
→ Veja também **antipatizar**.

simples ***sim***·ples
adj.masc.fem. 1. Que não é complicado, que se pode resolver sem dificuldade: *problema simples*. 2. Sem vaidade, modesto: *ele é um rapaz simples*. 3. Apenas, somente: *ele era um simples homem, o que poderia fazer contra um gigante?* 4. Ingênuo, sem malícia: *meu pai era um homem simples, não percebia que estava sendo enganado.*

simplificar sim·pli·fi·***car***
v. Tornar simples, fácil: *sua ajuda vai simplificar meu trabalho.*
→ Veja também **complicar**.

simplório sim·***pló***·ri:o
adj. Que é tão ingênuo que chega a ser meio tolo: *ele é um homem simplório, acredita em tudo o que lhe dizem.*

simular si·mu·***lar***
v. Fingir: *para não fazer o trabalho, ele simulou uma doença, fez de conta que estava doente.*

simultâneo si·mul·***tâ***·ne:o
adj. Que acontece ao mesmo tempo: *fatos simultâneos*.

sina ***si***·na
s.fem. Destino: *a infeliz mulher lamenta sua sina*.

sinagoga si·na·***go***·ga (ó)
s.fem. Templo onde os judeus realizam suas cerimônias religiosas: *os judeus se reúnem nas sinagogas para fazer suas orações.*

sinal si·***nal***
s.masc. 1. Gesto: *ele fez um sinal com a mão me chamando.* 2. Som ou luz que serve de aviso ou orientação: *o sinal de saída está tocando.* 3. Símbolo usado em determinados tipos de linguagem: *em matemática, temos vários sinais, como + (mais), - (menos), etc.*
❖ *pl.* sinais.

sinalizar si·na·li·***zar***
v. Pôr sinais: *os guardas sinalizaram a estrada para os motoristas não errarem o caminho.*

sinceridade sin·ce·ri·***da***·de
s.fem. Qualidade de quem é sincero, de quem fala sempre a verdade e não finge: *ele conversou com sinceridade com os pais.*

sincero sin·***ce***·ro (é)
adj. Que diz o que pensa ou sente, que não finge: *confio nesse rapaz porque ele é sincero.*
→ Veja também **falso**.

sindical sin·di·***cal***
adj.masc.fem. De sindicato: *movimento sindical.*
❖ *pl.* sindicais.

sindicato sin·di·***ca***·to
s.masc. Associação de pessoas que têm a mesma profissão: *sindicato dos professores, dos motoristas, etc.*

sineta si·***ne***·ta (ê)
s.fem. Pequeno sino: *o gerente tocou a sineta chamando um funcionário.*

singular sin·gu·***lar***
adj.masc.fem. 1. Extraordinário, fora do comum: *o eclipse é um fato singular.*
s.masc. 2. *Gram.* Nome que se dá a uma palavra quando sua forma indica apenas um ser: *coloque esta palavra no singular, disse o professor.*
❖ *pl.* singulares.

sinhô si·***nhô***
s.masc. *Hist.* Palavra que os escravos usavam para se referir ou se dirigir ao patrão, ao seu senhor: *meu sinhô volta já, disse o escravo.*
❖ *fem.* sinhá.

S

sinhô-moço si·***nhô-mo***·ço
s.masc. *Hist.* Forma de tratamento que os escravos usavam para se referir ou se dirigir ao filho do patrão: *sinhô-moço vai se casar, disse o escravo.*
❖ *fem.* sinhá-moça. *pl.* sinhôs-moços, sinhás-moças.

sinhô-velho si·***nhô-ve***·lho
s.masc. *Hist.* Forma de tratamento que os escravos usavam para se referir ou se dirigir aos senhores idosos: *os escravos respeitavam o sinhô-velho.*
❖ *fem.* sinhá-velha. *pl.* sinhôs-velhos, sinhás-velhas.

sinhozinho si·nho·***zi***·nho
s.masc. *Hist.* Diminutivo de sinhô, o mesmo que sinhô-moço: *o escravo foi chamar o sinhozinho.*
❖ *fem.* sinhazinha.

sinistro si·***nis***·tro
adj. 1. Que causa medo, temor: *o olhar sinistro do pirata deixou o pessoal apavorado.*
s.masc. 2. Acidente, desastre: *os bombeiros conseguiram apagar o incêndio; agora eles estão investigando as causas do sinistro, pois querem saber como o fogo começou.*

sinônimo si·***nô***·ni·mo
s.masc. *Gram.* Palavra que tem o mesmo ou quase o mesmo significado que outra. A palavra *belo*, por exemplo, é um sinônimo da palavra *bonito*: *vou comprar um dicionário de sinônimos.*

sintaxe sin·***ta***·xe (ss)
s.fem. *Gram.* Parte da gramática que estuda as relações entre as palavras que formam uma frase e as relações das frases entre si: *preciso estudar a sintaxe desse texto.*

síntese ***sín***·te·se
s.fem. Resumo: *o professor fez uma síntese desse capítulo do livro.*

sintoma sin·***to***·ma (ô)
s.masc. Mudança que ocorre no organismo e que permite reconhecer uma doença: *febre, dor de cabeça e mal-estar geral são sintomas de gripe.*

sinuoso si·nu·***o***·so (ô)
adj. Tortuoso, que faz curvas: *o caminho que nos leva ao alto da montanha é sinuoso.*
❖ *fem.* sinuosa(ó). *pl.* sinuosos (ó), sinuosas (ó).

sirene si·***re***·ne (ê)
s.fem. Aparelho que produz um som forte, estridente: *o motorista da ambulância ligou a sirene para pedir passagem no trânsito.*
→ Também existe a forma **sirena**.

sírio ***sí***·ri:o
adj. 1. Referente à Síria, país da Ásia: *povo sírio.*
s.masc. 2. Aquele que nasceu na Síria: *os sírios são famosos pelos pães que fabricam.*
→ Não confunda com **círio**, que tem outro significado.

sisudo si·***su***·do
adj. Sério, que não ri: *homem sisudo.*

sistema sis·***te***·ma (ê)
s.fem. *Biol.* Conjunto dos órgãos que interagem para a execução de certas funções do organismo: *sistema digestório.*

site (sáite)
s.masc. *Inform.* Palavra inglesa usada para indicar endereços na internet, que podem ser visitados pelos usuários: *ontem entramos no site da nossa escola.*
❖ *pl.* sites (sáites).

sitiado si·ti·***a***·do
adj. Cercado (por tropas militares): *nas guerras, as cidades são sitiadas por tropas, e as pessoas ficam assustadas e em perigo.*

sitiante si·ti·***an***·te
s.masc.fem. 1. Pessoa que sitia, que cerca um inimigo: *os sitiantes queriam prender o rei.* 2. Pessoa que possui um sítio: *esses sitiantes fazem plantação de uva.*

sitiar si·ti·***ar***
v. Cercar, rodear: *o exército inimigo sitiou o castelo do rei.*

sítio ***sí***·ti:o
s.masc. Pequena propriedade no campo destinada à lavoura: *meu tio tem plantação de uva no seu sítio.*

sito ***si***·to
adj. Situado, localizado: *escritório sito nesta cidade.*
→ Não confunda com **cito**, do verbo citar: *eu cito seu nome.*

S

situação si·tu·a·***ção***
s.fem. Estado, posição, condição: *a situação financeira desse homem é muito boa, ele tem bastante dinheiro.*
❖ *pl.* situações.

situado si·tu·***a***·do
adj. Localizado: *a biblioteca pública está situada ao lado da minha escola.*

skate (isquêite)
s.masc. Palavra inglesa que significa esqueite: *ele fez uma manobra arriscada com o skate.*
→ Veja também **esqueite**.

só
adj.masc.fem. 1. Que está sem companhia: *homem só.* 2. Único: *um só aluno conseguiu acertar o exercício.*
adv. 3. Apenas, somente: *ele veio aqui só para falar comigo.*
❑ **a sós** Sozinho, sem mais ninguém: *quero falar a sós com você, venha até aqui.*

soar so·***ar***
v. Tocar, produzir som: *a campainha está soando, vou ver quem está na porta.*
→ Não confunda com **suar**, que tem outro significado.

sob
prep. Debaixo de: *o brinquedo estava sob a mesa.*
→ Veja também **sobre**.

soberano so·be·***ra***·no
s.masc. Rei, imperador: *o soberano recebeu os visitantes em seu palácio.*

soberbo so·***ber***·bo (ê)
adj. 1. Magnífico, admirável: *o cantor fez uma apresentação soberba.* 2. Arrogante, orgulhoso: *ele tem um jeito soberbo que o torna antipático.*

sobra ***so***·bra (ó)
s.fem. Resto, o que ficou depois de ter sido tirado o necessário: *ela deu as sobras da comida ao cachorrinho.*

sobrado so·***bra***·do
s.masc. Casa de dois andares: *moro num sobrado.*

sobrancelha so·bran·***ce***·lha (ê)
s.fem. *Anat.* Cada um dos dois conjuntos de pelos que estão logo acima dos nossos olhos: *esse homem tem sobrancelhas grossas.*

sobrar so·***brar***
v. 1. Haver mais do que o suficiente: *acho que vai sobrar comida na festa.* 2. Restar; ficar depois de ter sido tirado ou feito o necessário: *sobrou apenas um problema para resolver.*

sobre ***so***·bre (ô)
prep. 1. Em cima de: *o jornal está sobre a cadeira.* 2. A respeito de: *ele gosta de conversar sobre futebol.*
→ Veja também **sob**.

sobre-humano ***so***·bre-hu·***ma***·no
adj. Que é superior às forças normais de um homem: *ele fez um esforço sobre-humano para conseguir salvar a criança.*
❖ *pl.* sobre-humanos.

sobremesa so·bre·***me***·sa (ê)
s.fem. Doce ou fruta que se come no fim de uma refeição: *comemos goiabada com queijo de sobremesa.*

sobrenatural so·bre·na·tu·***ral***
adj.masc.fem. Que não tem uma explicação lógica, que está além do que o ser humano pode explicar: *fato sobrenatural.*
❖ *pl.* sobrenaturais.

sobrenome so·bre·***no***·me (ô)
s.masc. Nome de família que se junta ao nome de batismo: *Célia Silva e Sueli Silva são irmãs. Célia e Sueli são seus nomes de batismo; Silva é o sobrenome delas, ou seja, o nome da família a que pertencem.*

sobrepujar so·bre·pu·***jar***
v. Vencer: *conseguimos sobrepujar o adversário.*

sobressair so·bres·sa·***ir***
v. Destacar-se: *esse aluno sobressai pela sua criatividade.*

sobressaltado so·bres·sal·***ta***·do
adj. Inquieto, assustado: *fiquei sobressaltado com o barulho que ouvi à noite.*

sobressaltar so·bres·sal·***tar***
v. Assustar, inquietar: *à noite, um barulho estranho no jardim me sobressaltou.*

sobretudo so·bre·***tu***·do
s.masc. 1. Casaco bem comprido que se veste sobre as outras roupas: *está muito frio, vou pôr meu sobretudo.*
adv. 2. Principalmente: *esse filme é muito engraçado, sobretudo no final.*

sobrevivência so·bre·vi·***vên***·ci:a
s.fem. Conservação da vida: *devemos lutar para garantir a sobrevivência dos índios, não podemos permitir que eles morram.*

sobrevivente so·bre·vi·***ven***·te
s.masc.fem. Pessoa que sobreviveu, que escapou viva de um grande perigo: *houve um acidente com aquele ônibus e várias pessoas morreram; os sobreviventes foram socorridos pelos bombeiros.*

sobreviver so·bre·vi·***ver***
v. 1. Escapar com vida de um grande perigo: *ela sobreviveu ao acidente.* 2. Continuar vivendo: *apesar da miséria, o povo daquela região ainda consegue sobreviver.*

sobrevoar so·bre·vo·***ar***
v. Voar por cima: *o avião vai sobrevoar a ilha.*

sobrinho so·***bri***·nho
s.masc. Filho do irmão ou da irmã: *esse menino é filho da minha irmã; ele é meu sobrinho e eu sou tio dele.*

social so·ci·***al***
adj.masc.fem. Que se refere à sociedade: *o tráfico de drogas é um grave problema social.*
❖ *pl.* sociais.

sociedade so·ci:e·***da***·de
s.fem. 1. Grupo de pessoas que vivem em conjunto, seguindo as mesmas leis: *a sociedade é formada por todos nós.* 2. *Zool.* Grupo de animais que têm uma vida em comum bastante organizada: *os cientistas estudam a sociedade das abelhas.* 3. Grupo de pessoas que se juntam com um determinado objetivo (comercial, esportivo, artístico, etc.): *esses homens formaram uma sociedade comercial, eles vão abrir uma loja de brinquedos.*
→ Veja também **sócio**.

sócio ***só***·ci:o
s.masc. Aquele que participa de uma sociedade comercial, artística, esportiva, etc.: *sou sócio desse clube.*
→ Veja também **sociedade**.

soçobrar so·ço·***brar***
v. Naufragar, afundar: *a tempestade fez o navio soçobrar.*

socorrer so·cor·***rer***
v. Acudir, ajudar: *quando a menina caiu, a irmã logo a socorreu.*

socorro so·***cor***·ro (ô)
s.masc. Auxílio, ajuda, assistência: *o médico prestou socorro aos feridos.*

sofrer so·***frer***
v. 1. Sentir dor, padecer: *não gosto de ver ninguém sofrer.* 2. Ter uma doença, um mal: *meu tio sofre do estômago, precisa tomar remédio frequentemente.* 3. Passar por uma situação desagradável, dolorosa: *ele sofreu um acidente.*

sofrimento so·fri·***men***·to
s.masc. Dor, padecimento: *esse remédio vai aliviar o sofrimento do doente.*

sogro ***so***·gro (ô)
s.masc. O pai do marido ou da esposa: *ele é meu sogro, é o pai da minha mulher.*
❖ *fem.* sogra (ó). *pl.* sogros (ô), sogras (ó).

sol
s.masc. Estrela que ilumina e aquece a Terra e outros planetas: *A Terra gira ao redor do Sol.*
❑ **de sol a sol** Durante todo o dia: *trabalhei de sol a sol.* **tapar o sol com a peneira**. *pop.* Querer esconder o que todo mundo já sabe ou está vendo: *não adianta querer tapar o sol com a peneira, você fez o que não devia e agora vai ter que resolver a situação.*
❖ *pl.* sóis.

solar so·***lar***
adj.masc.fem. 1. Que se refere ao Sol: *raio solar.*
s.masc. 2. *Hist.* Nome que se dava às antigas e luxuosas residências das famílias ricas: *o governador morava naquele solar.*
❖ *pl.* solares.

soldado sol·***da***·do

s.masc. Militar, homem que serve no Exército: *um grupo de soldados está fazendo treinamento na selva.*

soldo ***sol***·do (ô)

s.masc. Nome que se dá ao salário dos militares: *hoje os soldados receberão o soldo.*

solene so·***le***·ne (ê)

adj.masc.fem. Que é feito com pompa, com luxo, numa situação bem especial: *ontem houve uma reunião solene para a entrega dos diplomas; ela foi realizada num auditório e estavam presentes os alunos e seus pais, o diretor e todos os professores da escola.*

solenidade so·le·ni·***da***·de

s.fem. Festa solene: *o diretor organizou a solenidade da entrega dos diplomas.*

soletrar so·le·***trar***

v. Pronunciar cada letra que forma uma palavra: *ele soletrou seu nome para o professor.*

solicitação so·li·ci·ta·***ção***

s.fem. Pedido: *o professar atendeu à solicitação da classe e organizou um passeio ao zoológico.*

❖ *pl.* solicitações.

solicitar so·li·ci·***tar***

v. Pedir: *ele solicitou ao diretor uma autorização para sair mais cedo.*

solícito so·***lí***·ci·to

adj. Atencioso, gentil: *o vendedor foi solícito, atendeu-nos muito bem.*

solidão so·li·***dão***

s.fem. Estado de quem se encontra sozinho: *esse homem foi estudar a vida de certos animais da floresta e passou muitos meses na solidão.*

solidariedade so·li·da·ri:e·***da***·de

s.fem. Sentimento que faz as pessoas se ajudarem: *os alunos dessa escola foram ajudar as vítimas da enchente, foi um bonito gesto de solidariedade.*

solidário so·li·***dá***·ri:o

adj. Que apoia: *estou solidário com as pessoas que protestam contra a poluição causada por essa fábrica; eu apoio esse protesto.*

→ Não confunda com **solitário**, que tem outro significado.

solidificar so·li·di·fi·***car***

v. 1. Fazer passar do estado líquido para o sólido: *o frio solidificou a água do lago, que virou gelo.*

v.pron. **solidificar-se** 2. Tornar-se sólido, duro: *a água do lago solidificou-se no inverno.*

sólido ***só***·li·do

adj. 1. Firme, resistente: *muro sólido.* 2. Dizemos que uma coisa se apresenta no estado sólido quando ela conserva sempre a mesma forma em qualquer tipo de recipiente em que for colocada: *o gelo é a água no estado sólido.*

solitário so·li·***tá***·ri:o

adj. Que vive sozinho, sem companhia: *homem solitário.*

→ Não confunda com **solidário**, que tem outro significado.

solo ***so***·lo (ó)

s.masc. 1. Chão: *a criança caiu e bateu a cabeça no solo.* 2. Terreno: *o solo dessa fazenda é muito produtivo.*

soltar sol·***tar***

v. 1. Libertar: *a menina soltou o sabiá que estava preso na gaiola.* 2. Largar o que estava segurando: *ela soltou a corda.* 3. Deixar escapar (um gemido, um suspiro, etc.): *o moço soltou um suspiro de saudade.*

solteiro sol·***tei***·ro

adj. Que não é casado: *homem solteiro.*

solução so·lu·***ção***

s.fem. 1. Modo de resolver uma dificuldade, um problema, etc.: *precisamos encontrar uma solução para o problema da poluição do ar.* 2. Resolução, resultado: *o professor explicou a solução do problema de matemática?*

❖ *pl.* soluções.

solucionar so·lu·ci:o·***nar***

v. Resolver, encontrar a solução: *vou tentar solucionar esse problema.*

S

solúvel so·***lú***·vel
adj.masc.fem. 1. Que se pode misturar com um líquido: *o açúcar é solúvel na água*. 2. Que se pode resolver: *problema solúvel*.
❖ *pl.* solúveis.
→ Veja também **insolúvel**.

som
s.masc. 1. Tudo o que podemos ouvir: *o som do rádio, do sino, da voz, etc.* 2. Barulho, ruído: *da sala ouvimos o som que vem da rua*.
❖ *pl.* sons.

soma ***so***·ma (ô)
s.fem. 1. Adição: *faça a soma que está no quadro*. 2. Quantia, quantidade de dinheiro: *ele gastou uma grande soma para construir essa casa*.

somar so·***mar***
v. Fazer a soma: *somando os números 5 e 7, o resultado é 12*.

sombra ***som***·bra
s.fem. 1. Espaço meio escuro porque não recebe luz direta: *o sol está muito forte; vamos para um lugar onde há sombra*.
s.fem.pl. 2. Escuridão, treva: *as sombras da noite cobrem a cidade*.
❑ **querer sombra e água fresca** *pop.* Querer uma vida boa, sem preocupações: *ele foi morar na fazenda e diz que agora só quer sombra e água fresca*.

sombrio som·***bri***:o
adj. Que recebe pouca luz, que é pouco iluminado: *quarto sombrio*.

sonâmbulo so·***nâm***·bu·lo
adj. Aquele que, dormindo, anda e fala como se estivesse acordado: *homem sonâmbulo*.

S

soneca so·***ne***·ca (é)
s.fem. Sono curto: *depois do almoço, vovô gosta de tirar uma soneca*.
→ Veja também **sono**.

sonhar so·***nhar***
v. 1. Ter sonhos: *sonhei a noite inteira*. 2. Ver em sonho: *sonhei com você*. 3. Desejar bastante: *ela sonha fazer essa viagem*.

sonho ***so***·nho (ô)
s.masc. 1. Imagens ou visões que se formam em nossa mente enquanto dormimos: *esta noite tive um sonho estranho; sonhei que pilotava um foguete que ia em direção ao Sol!* 2. Grande desejo: *meu sonho é ser médico*.

sono ***so***·no (ô)
s.masc. 1. Vontade de dormir: *estou com sono*. 2. Estado de repouso de quem está dormindo: *você está cansado, precisa de uma boa noite de sono*.
❑ **dormir a sono solto** Dormir profundamente: *quando entrei no quarto, ele dormia a sono solto*. **pegar no sono** Começar a dormir: *demorei para pegar no sono ontem*. **ter sono leve** Acordar ao menor ruído: *fale baixo que o nenê está dormindo; ele tem o sono leve e qualquer barulhinho o acorda*.
→ Veja também **soneca**.

sonolência so·no·***lên***·ci:a
s.fem. Estado de quem sente vontade de dormir: *o remédio que tomei provoca sonolência*.

sonolento so·no·***len***·to
adj. Com sono: *sinto-me cansado e sonolento*.

sonoro so·***no***·ro (ó)
adj. Que produz som: *aparelho sonoro*.

sopa ***so***·pa (ô)
s.fem. 1. Caldo que pode ser preparado com os mais diferentes ingredientes (sopa de carne, de legumes, etc.): *essa criança não gosta de sopa*. 2. *fig.* Coisa muito fácil de ser feita: *deve ser sopa fazer esse trabalhinho*.
❑ **dar sopa** *pop.* Bobear: *aqui você deve ficar atento; se der sopa, sua carteira desaparece*.

sopapo so·***pa***·po
s.masc. *pop.* Tapa: *o menino levou uns sopapos*.

sopé so·***pé***
s.masc. Base (da montanha): *os alpinistas saíram do acampamento no sopé da montanha e começaram a subida*.

sorrateiro sor·ra·***tei***·ro
adj. Que age disfarçadamente, sem ser notado: *o menino entrou, sorrateiro,* no quarto e deu um susto em sua mãe.

sorridente sor·ri·***den***·te
adj.masc.fem. Risonho, alegre: *criança sorridente*.

sorrir sor·***rir***
v. Rir de leve, sem ruído: *ele sorriu quando recebeu os parabéns.*

sorriso sor·***ri***·so
s.masc. Riso silencioso: *todos tinham um sorriso ao ser fotografados.*

sorte ***sor***·te (ó)
s.fem. 1. Felicidade, ventura: *tive a sorte de não me ferir no acidente.* 2. Destino: *não sei o que a sorte me reserva.*

sortir sor·***tir***
v. Abastecer, suprir: *vamos sortir a loja com novos brinquedos.*
→ Não confunda com **surtir**, que tem outro significado.

sortudo sor·***tu***·do
adj. Que tem muita sorte: *ele é sortudo, sempre que participa de um concurso, acaba ganhando algum prêmio.*

sósia ***só***·si:a
s.masc.fem. Pessoa que se parece muito com outra: *esse homem é um sósia do presidente.*

sossegado sos·se·***ga***·do
adj. Quieto, calmo, tranquilo: *o menino está sossegado.*

sossegar sos·se·***gar***
v. Ficar sossegado, tranquilo: *a criança sossegou quando viu a mãe.*

sossego sos·***se***·go (ê)
s.masc. Calma, tranquilidade: *preciso de sossego para fazer esse trabalho.*

sotaque so·***ta***·que
s.masc. Jeito de falar típico dos indivíduos de uma região: *meu tio é pernambucano e eu sou paulista; nós temos sotaques diferentes.*

soterrar so·ter·***rar***
v. Cobrir com terra: *uma grande quantidade de terra desceu do alto do morro e soterrou muitas casas.*

sova ***so***·va (ó)
s.fem. *pop.* Ato ou efeito de apanhar, de surrar: *o menino chorou porque levou uma sova.*

sovina so·***vi***·na
adj.masc.fem. Pão-duro, avarento: *sujeito sovina.*

sozinho so·***zi***·nho
adj. Só: *o menino estava sozinho em casa.*

suar su·***ar***
v. Transpirar: *estou suando muito, minha camisa está molhada de suor!*
→ Não confunda com **soar**, que tem outro significado.

suave su·***a***·ve
adj.masc.fem. Que é agradável de ouvir, de sentir: *voz suave; perfume suave.*

suavizar su:a·vi·***zar***
v. Aliviar: *o remédio suavizou minha dor.*

subestimar su·bes·ti·***mar***
v. Menosprezar, não dar o devido respeito ou valor: *o chefe subestimou minha capacidade de trabalho, achou que eu não era capaz de fazer sozinho aquela tarefa, mas eu provei o contrário para ele.*

subir su·***bir***
v. 1. Ir para cima, para um nível mais alto: *a água do rio subiu muito.* 2. Ir para o alto de alguma coisa: *o menino subiu na árvore.* 3. Aumentar: *os preços subiram, as coisas estão mais caras.*
→ Veja também **descer**.

súbito ***sú***·bi·to
adj. Inesperado, repentino: *a mudança súbita do dia da viagem atrapalhou meus planos.*
❑ **de súbito** De repente: *ele entrou de súbito na sala, surpreendendo a todos.*

subjuntivo sub·jun·***ti***·vo
s.masc. *Gram.* Modo verbal que indica possibilidade, incerteza, como ocorre com o verbo jogar em "espero que ele jogue bem amanhã".
→ Veja também **indicativo**.

sublime su·***bli***·me
adj.masc.fem. Magnífico, extraordinário: *a música que ouvimos era realmente sublime.*

S

sublinhar su·bli·***nhar***
v. Passar uma linha ou um traço embaixo de uma palavra para destacá-la: *os alunos sublinharam os verbos do texto.*

submarino sub·ma·***ri***·no
adj. 1. Que existe no fundo do mar: *vegetação submarina*. 2. Que ocorre sob as águas do mar: *navegação submarina*.
s.masc. 3. Embarcação que pode navegar debaixo da água: *foi emocionante viajar de submarino*.

submergir sub·mer·***gir***
v. Afundar na água: *o submarino vai submergir*.
→ Veja também **emergir**.

submerso sub·***mer***·so (é)
adj. Coberto pelas águas: *após a enchente a cidade ficou submersa*.

subornar su·bor·***nar***
v. Dar dinheiro a uma pessoa para que ela deixe de fazer o seu dever: *alguém tentou subornar o goleiro desse time para que ele deixasse o adversário fazer um gol.*

substância subs·***tân***·ci:a
s.fem. Qualquer tipo de matéria: *a água é uma substância*.

substantivo subs·tan·***ti***·vo
s.masc. *Gram.* Palavra que dá nome aos seres ou às coisas: *quando se refere a seres ou coisas em geral, sem indicar nenhum deles em particular, recebe o nome de substantivo comum: "menino", "cidade", "país"; quando se refere a seres ou coisas em particular, distinguindo-os dos demais, é chamado de substantivo próprio: "Roberto", "Campinas", "Brasil"; o substantivo pode também dar nome a uma ação (o "pulo" do menino), a uma qualidade ou característica (a "força" do atleta) ou a um estado ou sentimento (a "alegria" da criança); quando designa um conjunto de seres ou coisas da mesma espécie, recebe o nome de substantivo coletivo: "arvoredo", "boiada", "cardume", "multidão", etc.*

substituir subs·ti·tu·***ir***
v. 1. Ocupar o lugar de: *vou substituir esse menino no gol do nosso time*. 2. Pôr no lugar de: *o patrão vai substituir esse empregado; vai pôr outro no lugar dele.*

substituível subs·ti·tu·***í***·vel
adj.masc.fem. Que pode ser substituído: *esse jogador é substituível*.
❖ *pl.* substituíveis.
→ Veja também **insubstituível**.

substituto subs·ti·***tu***·to
adj. Que substitui, que entra no lugar de outro: *professor substituto*.
→ Veja também **substituir**.

subterrâneo sub·ter·***râ***·ne:o
adj. Que fica debaixo da terra: *esconderijo subterrâneo*.

subtração sub·tra·***ção***
s.fem. Conta de subtrair, de diminuir: *faça a subtração que está no quadro.*
❖ *pl.* subtrações.

subtrair sub·tra·***ir***
v. Diminuir, fazer uma subtração: *subtraia 5 de 10.*

suceder su·ce·***der***
v. 1. Acontecer: *ninguém sabe o que poderá suceder no futuro*. 2. Substituir alguém num certo cargo: *o filho sucedeu ao pai na direção da escola.*
→ Veja também **sucessor**.

sucesso su·***ces***·so (é)
s.masc. Êxito, resultado positivo: *tive sucesso em minha experiência, ela deu certo.*
❑ **fazer sucesso** Agradar a muita gente: *esse filme está fazendo sucesso*.

sucessor su·ces·***sor***
s.masc. Aquele que sucede a outra pessoa, que a substitui em algum cargo: *esse rapaz é o sucessor do pai na direção da loja.*
❖ *pl.* sucessores.
→ Veja também **suceder**.

suco ***su***·co
s.masc. Líquido que se pode extrair de certos frutos: *eu adoro suco de uva.*
→ Não confunda com **sulco**, que tem outro significado.

S

sucumbir su·cum·***bir***
v. Morrer: *o guerreiro estava muito ferido e sucumbiu.*

sudeste su·***des***·te (é)
s.masc. 1. Ponto situado entre o sul e o leste: *este vento vem do sudeste.*
adj.masc.fem. 2. Que se refere a esse ponto: *região sudeste.*

súdito ***sú***·di·to
s.masc. Aquele que deve obedecer a um soberano: *os súditos cumprem as ordens do rei.*

sudoeste su·do·***es***·te (é)
s.masc. 1. Ponto situado entre o sul e o oeste: *essa chuva vem do sudoeste.*
adj.masc.fem. 2. Que se refere a esse ponto: *região sudoeste.*

sueco su·***e***·co (é)
adj. 1. Que se refere à Suécia, país da Europa: *povo sueco.*
s.masc. 2. Aquele que nasceu na Suécia: *os suecos vivem numa região fria.* 3. Língua falada na Suécia: *o sueco é muito diferente do português.*

suficiente su·fi·ci·***en***·te
adj.masc.fem. Que basta, que satisfaz: *na hora do lanche, um sanduíche é suficiente para mim, não preciso de mais nada.*

sufocante su·fo·***can***·te
adj.masc.fem. Que sufoca, que impede a respiração normal: *fumaça sufocante.*

sufocar su·fo·***car***
v. 1. Impedir a respiração: *durante o incêndio, a fumaça quase sufocou as pessoas que estavam na casa.* 2. *fig.* Reprimir, abafar: *o rei sufocou a revolta dos soldados.*

sugar su·***gar***
v. Chupar: *o bebê suga o leite do seio da mãe.*

sugerir su·ge·***rir***
v. Dar uma ideia: *ela sugeriu que fizéssemos um passeio hoje à tarde; todos gostaram de sua sugestão.*

sugestão su·ges·***tão***
s.fem. Aquilo que dizemos a uma pessoa para fazer e ela pode aceitar ou não: *minha sugestão é parar o trabalho agora e descansar um pouco. O que você acha?*
❖ *pl.* sugestões.

suicida su:i·***ci***·da
s.masc.fem. Pessoa que se mata: *o jornal publicou a foto do suicida.*

> ◎ Suicida é formada de *sui* (si mesmo) + *cida* (que mata). Portanto, significa *aquele que mata a si mesmo. Cida* está presente em várias outras palavras, como homicida, herbicida, etc.

suicidar-se su:i·ci·***dar***-se
v.pron. Matar-se: *o homem tentou suicidar-se.*

suicídio su:i·***cí***·di:o
s.masc. Ato de suicidar-se: *os amigos impediram o suicídio do rapaz, conseguiram evitar que ele se matasse.*

suíço su·***í***·ço
adj. 1. Que se refere à Suíça, país da Europa: *povo suíço.*
s.masc. 2. Aquele que nasceu na Suíça: *os suíços gostam muito de música.*

suíno su·***í***·no
adj. Que se refere ao porco: *carne suína.*

sujar su·***jar***
v. Tornar sujo: *ele pisou na lama e sujou os sapatos.*
→ Veja também **limpar**.

sujeito su·***jei***·to
s.masc. 1. Uma pessoa qualquer: *há um sujeito aí fora querendo falar com você.* 2. *Gram.* Elemento da oração sobre o qual se diz alguma coisa: *na oração "Maria está feliz", o sujeito é "Maria".*

sujeira su·***jei***·ra
s.fem. 1. Lugar ou coisa suja; imundície, porcaria: *as crianças fizeram muita sujeira no quintal.* 2. *pop.* Ação incorreta, desonesta: *aquela moça foi enganada; fizeram uma sujeira com ela.*
→ Veja também **limpeza**.

sujo ***su***·jo
adj. Imundo, sem limpeza: *camisa suja.*
→ Veja também **limpo**.

S

sul
s.masc. 1. Direção que fica à nossa direita quando olhamos de frente para o ponto onde nasce o Sol: *se você quer ver o sol nascer, não olhe para o sul.*
adj.masc.fem. 2. Que se refere a essa direção: *região sul.*

sulco su***l***·co
s.masc. Abertura feita na terra geralmente por alguma coisa pontuda: *o lavrador planta as sementes nos sulcos que faz na terra.*
→ Não confunda com **suco**, que tem outro significado.

sumário su·***má***·ri:o
s.masc. Lista que indica as principais partes em que se divide um livro: *veja no sumário do livro em que página começa o segundo capítulo.*

sumiço su·***mi***·ço
s.masc. Desaparecimento: *a polícia está investigando o sumiço das joias.*
❑ **tomar chá de sumiço** *pop.* Desaparecer: *ele tomou chá de sumiço, ninguém mais o viu.* **dar sumiço em** *pop.* Fazer desaparecer: *deram sumiço no meu livro, não consigo achá-lo.*

sumir su·***mir***
v. Desaparecer: *os policiais estão procurando as joias que sumiram.*

suntuoso sun·tu·***o***·so (ô)
adj. Luxuoso, pomposo: *a festa de casamento de meu primo foi suntuosa.*
❖ *fem.* suntuosa (ó). *pl.* suntuosos (ó), suntuosas (ó).

S

superar su·pe·***rar***
v. 1. Vencer, derrotar: *consegui superar o adversário!* 2. Vencer, transpor: *ele teve forças para superar muitas dificuldades na vida.* 3. Ser maior que: *o sucesso da festa superou minha expectativa, foi maior do que eu esperava!*

superável su·pe·***rá***·vel
adj.masc.fem. Que pode ser superado: *obstáculo superável.*
❖ *pl.* superáveis.
→ Veja também **insuperável**.

superficial su·per·fi·ci·***al***
adj.masc.fem. Pouco profundo: *meu ferimento no braço é superficial, vai sarar em pouco tempo.*
❖ *pl.* superficiais.

superfície su·per·***fí***·ci:e
s.fem. 1. A parte de cima de uma extensão de terra ou água: *vimos um peixe nadando na superfície do mar.* 2. A parte externa das coisas: *vamos lustrar bem a superfície destes objetos que vão para a exposição.*

supérfluo su·***pér***·flu:o
adj. Desnecessário: *você fez uma compra supérflua, gastou dinheiro em coisas que não são necessárias.*

super-homem ***su***·per-***ho***·mem
s.masc. Homem que tem poderes extraordinários: *no filme que vimos, o super-homem podia voar a uma velocidade incrível.*
❖ *pl.* super-homens.

superior su·pe·ri·***or***
adj.masc.fem. 1. Que está acima, num ponto mais elevado: *os dormitórios ficam na parte superior da casa.* 2. Que está acima em valor, tamanho, qualidade, etc.: *o tamanho de minha casa é superior ao da sua.*
❖ *pl.* superiores.
→ Veja também **inferior**.

superlativo su·per·la·***ti***·vo
adj. *Gram.* Nome que se dá ao grau mais alto de um adjetivo: *no exemplo "Laura é lindíssima", o adjetivo "lindíssima" está no grau superlativo.*

supermercado su·per·mer·***ca***·do
s.masc. Grande loja com várias seções: *ontem compramos alimentos, bebidas e brinquedos no supermercado.*

supersônico su·per·***sô***·ni·co
adj. Que é capaz de deslocar-se mais velozmente que o som: *avião supersônico.*

superstição su·pers·ti·***ção***
s.fem. Crença de que certas coisas ou ações podem nos trazer sorte ou azar: *muitas pessoas não passam embaixo de uma escada por superstição; dizem que isso dá azar.*
❖ *pl.* superstições.

supersticioso su·pers·ti·ci·***o***·so·(ô)
adj. Que tem superstições: pessoa supersticiosa.
❖ *fem.* supersticiosa (ó). *pl.* supersticiosos (ó), supersticiosas (ó).

supetão su·pe·***tão***
s.masc. Movimento rápido.
❑ **de supetão** De repente: *ele entrou de supetão na sala.*
❖ Essa palavra é usada apenas na locução **de supetão**.

suplantar su·plan·***tar***
v. Superar, vencer: *nosso time suplantou um adversário difícil.*

suplementar su·ple·men·***tar***
adj.masc.fem. Que se acrescenta, que se coloca a mais: *exercício suplementar.*
❖ *pl.* suplementares.

súplica ***sú***·pli·ca
s.fem. Pedido feito com muita humildade, quase chorando: *comovido, o rei atendeu a súplica da mulher.*

suplicar su·pli·***car***
v. Implorar, pedir humildemente um favor, uma ajuda: *a mãe do condenado suplicou ao rei que perdoasse seu filho.*

supor su·***por***
v. Imaginar: *vamos supor que você ganhasse na loteria e ficasse milionário; o que faria com tanto dinheiro?*

suportar su·por·***tar***
v. Aguentar, sofrer com paciência: *não sei como ele consegue suportar essa dor.*

suportável su·por·***tá***·vel
adj.masc.fem. Que se pode suportar: *ausência suportável.*
❖ *pl.* suportáveis.
→ Veja também **insuportável**.

supremo su·***pre***·mo (ê)
adj. Que está acima de tudo, que é o mais importante: *a vida é o bem supremo.*

suprimir su·pri·***mir***
v. Cortar, eliminar: *ao passar a limpo a redação, ele suprimiu uma palavra do texto.*

suprir su·***prir***
v. Abastecer do necessário: *ele vai suprir a loja de mercadorias porque elas estão acabando.*

surdo ***sur***·do
adj. Que não ouve, que não possui o sentido da audição: *homem surdo.*

surdo-mudo ***sur***·do-***mu***·do
adj. Que não ouve nem fala: *homem surdo-mudo.*
❖ *fem.* surda-muda. *pl.* surdos-mudos, surdas--mudas.

surfar sur·***far***
v.1. *Esp.* Praticar surfe: *o menino pegou sua prancha e foi surfar.* 2. *Inform.* Navegar pela internet sem nenhum objetivo definido: *o aluno perdeu muito tempo ontem, surfando pela internet.*

surfe ***sur***·fe
s.masc. *Esp.* Esporte em que uma pessoa, de pé numa prancha, desliza sobre as ondas: *Muita gente gosta de praticar surfe.*

surfista sur·***fis***·ta
s.masc.fem. Pessoa que pratica surfe: *essa moça é uma surfista campeã.*

surgir sur·***gir***
v. Aparecer; tornar-se visível; tornar-se realidade: *o sol está surgindo.*

surpreendente sur·pre·en·***den***·te
adj.masc.fem. Que causa surpresa, admiração: *fato surpreendente.*

surpreender sur·pre·en·***der***
v. 1. Causar admiração: *esse fato surpreendeu-me.* 2. Apanhar no ato, em flagrante: *surpreenderam esse homem roubando o cofre.*

surpresa sur·***pre***·sa (ê)
s.fem. 1. Espanto, admiração: *essa notícia causou grande surpresa na cidade.* 2. Fato que não se esperava: *a sua visita é uma agradável surpresa!*

surpreso sur·***pre***·so (ê)
adj. Admirado por uma coisa que não se esperava: *estou surpreso com a derrota do nosso time.*

S

surrar sur·***rar***

v. Bater muito, dar pancada: *na telenovela que vimos, o policial surrou o ladrão.*

surtir sur·***tir***

v. Produzir: *esse remédio não surtiu efeito.*

→ Não confunda com **sortir**, que tem outro significado.

suspeitar sus·pei·***tar***

v. Desconfiar: *a polícia suspeita que esse homem seja o sequestrador.*

suspeito sus·***pei***·to

adj. 1. Que provoca dúvidas, que não inspira confiança: *O sujeito tinha um comportamento suspeito.*

s.masc. 2. Aquele de quem se desconfia: *o delegado vai interrogar o suspeito do roubo.*

suspender sus·pen·***der***

v. 1. Levantar, erguer: *suspendi a criança para que ela pudesse olhar pela janela.* 2. Interromper por algum tempo: *o diretor suspendeu as aulas por dois dias.* 3. Punir uma pessoa impedindo-a por algum tempo de fazer alguma atividade: *os juízes suspenderam o atleta que foi expulso; ele vai ficar duas partidas sem jogar.*

suspensão sus·pen·***são***

s.fem. Castigo de quem foi suspenso: *o jogador levou uma suspensão por ter agredido um adversário.*

❖ *pl.* suspensões.

suspense sus·***pen***·se

s.masc. Momento de ansiedade por saber o que vai acontecer em seguida: *eles vivem dias de suspense; não sabem se serão aprovados no teste.*

suspenso sus·***pen***·so

adj. 1. Pendurado: *o lustre está suspenso no teto.* 2. Proibido por algum tempo de fazer o que fazia sempre (trabalhar, frequentar aula, etc.): *o jogador foi suspenso, ficará sem jogar duas partidas.*

sussurrar sus·sur·***rar***

v. Murmurar, falar bem baixinho: *o que vocês estão sussurrando?*

sussurro sus·***sur***·ro

s.masc. Murmúrio: *estou ouvindo um sussurro; o que vocês estão conversando baixinho aí no fundo da sala?*

sustentar sus·ten·***tar***

v. 1. Dar o necessário para a sobrevivência: *trabalho para sustentar meus filhos, para garantir o sustento deles.* 2. Segurar: *essas colunas sustentam o teto da igreja.* 3. Defender: *ele sustentou sua opinião durante todo o debate.*

susto ***sus***·to

s.masc. Impressão repentina de medo ou espanto provocada por um fato inesperado: *o barulho do trovão deu um susto tão grande nas crianças que elas começaram a chorar.*

→ Veja também **assustar**.

sutiã su·ti·***ã***

s.masc. Peça do vestuário feminino que sustenta os seios: *hoje ela comprou seu primeiro sutiã.*

❖ *pl.* sutiãs.

sutil su·***til***

adj.masc.fem. Que quase não se percebe: *para avisar o colega, ele fez um gesto sutil com a mão.*

❖ *pl.* sutis. *superl.* sutilíssimo.

S

T t

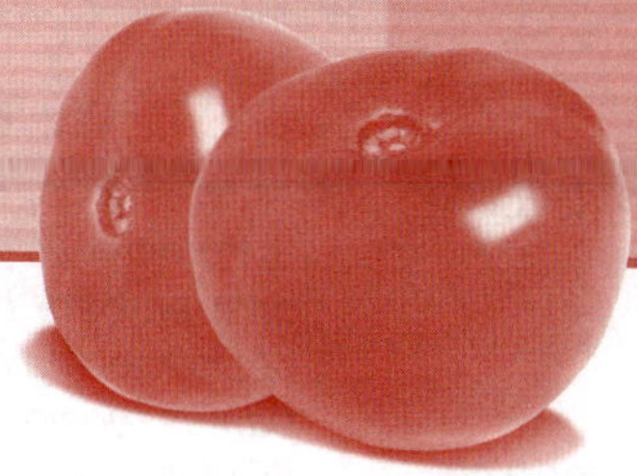

tomate

t (tê)

s.masc. A 20ª letra do alfabeto: *Tiago é um nome que começa com t.*

taba ***ta***·ba

s.fem. Aldeia de índios: *a expedição visitou a taba desses índios da Amazônia.*

tabaco ta·***ba***·co

s.masc. Planta cujas folhas são usadas para fazer cigarros: *nessa ilha, há uma grande plantação de tabaco.*

tabefe ta·***be***·fe (é)

s.masc. *pop.* Tapa, sopapo: *ele levou uns tabefes da menina.*

taberna ta·***ber***·na (é)

s.fem. Casa onde se vendem e servem bebidas: *havia muitas tabernas nesta rua.*

❖ Também existe a forma **taverna**.

tablado ta·***bla***·do

s.masc. Piso alto de madeira construído em praças, teatros, etc., para apresentação de um espetáculo: *no meio da praça, os palhaços subiram no tablado e fizeram um* show *para a criançada.*

tábua ***tá***·bu:a

s.fem. Pedaço de madeira plana, de tamanho variado: *ele pregou uma tábua na janela que estava sem vidro.*

tabuada ta·bu·***a***·da

s.fem. Tabela com exemplos de 1 a 10 das quatro operações (adição, subtração, multiplicação, divisão): *ele está lendo a tabuada.*

tabuleta ta·bu·***le***·ta (ê)

s.fem. Tábua pequena com alguma coisa escrita que é pendurada em local visível para dar uma informação: *ao lado da porta havia uma tabuleta onde se lia: banheiro.*

taça *ta*·***ça***

s.fem. 1. Espécie de copo largo e pouco fundo, com pé: *bebi vinho numa taça.* 2. Troféu com forma de copo grande com pé: *nosso time venceu o jogo e ganhou a taça.*

tacada ta·***ca***·da

s.fem. Pancada com taco: *uma tacada forte levou a bola longe.*

tacape ta·***ca***·pe

s.masc. Pau pesado, mais grosso em uma das pontas, usado pelos índios como arma: *os índios se defendiam com tacapes.*

tacar ta·***car***

v. *pop.* Atirar, arremessar: *ele tacou uma pedra no menino.*

tacha ***ta***·cha

s.fem. Pequeno prego de cabeça chata: *compre uma caixa de tachas para a escola.*

❖ Esta palavra é geralmente usada no diminutivo *tachinha*: *usei duas tachinhas para prender esse cartaz.*

→ Não confunda com **taxa**, que tem outro significado.

tachar ta·***char***

v. Chamar alguém de: *ele me tachou de desonesto.*

→ Não confunda com **taxar**, que tem outro significado.

taco ***ta***·co

s.masc. 1. Pedaço de pau comprido que se usa em diversos esportes: *taco de tênis, de bilhar,* etc. 2. Peça pequena de madeira usada para revestir pisos: *a sala de aula tem assoalho de tacos.*

tagarela ta·ga·***re***·la (é)

adj.masc.fem. Que fala muito: *mas que menino tagarela, não para um minuto de falar!*

talão ta·***lão***

s.masc. Bloco de folhas destacáveis: *talão de cheques.*

❖ *pl.* talões.

talento ta·***len***·to

s.masc. Capacidade natural para fazer alguma coisa: *ele tem talento para a pintura; mesmo sem ter estudado, mostra muita habilidade para pintar.*

talentoso ta·len·***to***·so (ô)

adj. Que tem talento: *rapaz talentoso.*

❖ *fem.* talentosa (ó). *pl.* talentosos (ó), talentosas (ó).

talho ***ta***·lho

s.masc. Corte: *ele foi limpar o peixe com a faca e fez um talho no dedo.*

talismã ta·lis·***mã***

s.masc. Objeto que algumas pessoas acham que tem o poder de dar sorte, de trazer felicidade: *ele guarda um pé de coelho como talismã, acha que isso vai lhe trazer muita sorte.*

tamanduá ta·man·du·***á***

s.masc. *Zool.* Nome que se dá a diversos mamíferos desdentados que se alimentam de cupins e formigas; o mais comum desses animais é o tamanduá-bandeira: *o tamanduá tem uma língua muito comprida.*

❖ Para indicar o sexo do animal, dizemos *o tamanduá macho, o tamanduá fêmea.*

tambor tam·***bor***

s.masc. 1. Nome que se dá a vários objetos de forma cilíndrica: *a gasolina está guardada nesse tambor.* 2. *Mús.* Instrumento de percussão que consiste numa espécie de caixa cilíndrica com dois fundos de pele esticada, sobre um dos quais se toca com uma vareta apropriada: *ele toca tambor.* 3. Peça do revólver onde são colocadas as balas: *ele girou o tambor e colocou duas balas no revólver.*

❖ *pl.* tambores.

tamborilar tam·bo·ri·***lar***

v. Bater com os dedos numa superfície qualquer, imitando a batida que se faz num tambor: *ele gosta de ficar tamborilando na mesa.*

tamborim tam·bo·***rim***

s.masc. *Mús.* Pequeno tambor com uma das extremidades recoberta por uma pele, sobre a qual se bate com os dedos ou com varetas pequenas: *na escola de samba, muitos participantes tocam tamborim.*

❖ *pl.* tamborins.

tampar tam·***par***

v. Fechar, pôr tampo ou tampa em alguma coisa: *ele tampou a caixa.*

→ Veja também **destampar**.

tanga ***tan***·ga

s.fem. 1. Cobertura geralmente feita de penas que vai da cintura até o começo das coxas: *no filme que vimos, os índios usavam tangas.* 2. Parte de baixo do biquíni, de tamanho bem reduzido: *ela quer usar essa tanga na praia.*

tanger tan·***ger***

v. 1. Tocar animais para que andem logo: *o homem tangia o gado.* 2. Soar: *o sino tangia ao longe.*

tanque ***tan***·que

s.masc. 1. Reservatório (de pedra, metal, etc.) para armazenar líquidos: *tanque de combustível.* 2. Caixa (geralmente de cimento) que tem um dos lados inclinado, próprio para lavar roupas: *ela vai lavar essas camisas no tanque.* 3. Grande carro de combate blindado: *os tanques invadiram a cidade.*

tantã tan·***tã***

adj.masc.fem. *pop.* Biruta, tonto: *sujeito tantã.*

tapa ***ta***·pa

s.masc. Pancada com a palma da mão: *zangado, deu um tapa na mesa.*

❑ **entrar no tapa** *pop.* Apanhar: *por ter feito o que não devia, o menino quase entrou no tapa em casa.* **levar no tapa** *pop.* Enganar, tapear: *o espertalhão levou a menina no tapa e ficou com o lanche dela.*

→ Veja também **murro**.

tapado ta·***pa***·do

adj. 1. Que se tapou ou fechou: *buraco tapado.* 2. *pop.* Estúpido, ignorante: *sujeito tapado.*

tapar ta·***par***

v. 1. Cobrir com tampa: *tape a panela.* 2. Fechar: *pegue essa rolha e tape a garrafa.* 3. Esconder, encobrir: *ele tapou o rosto com as mãos.*

→ Veja também **destapar**.

T

tapear ta·pe·***ar***
v. Enganar: *um colega me tapeou no jogo.*

tapera ta·***pe***·ra (é)
s.fem. Casa abandonada que está em ruínas: *vimos alguns bichos entrando naquela tapera.*

tapume ta·***pu***·me
s.masc. Cerca de tábuas: *ergueram um tapume em torno desse terreno.*

tarado ta·***ra***·do
adj. Sujeito anormal que comete violências sexuais: *a polícia prendeu o tarado que estava perseguindo a moça.*

tardar tar·***dar***
v. Demorar: *eles estão tardando; já deveriam ter chegado há mais de meia hora.*

tarde ***tar***·de
s.fem. 1. Parte do dia que vai do meio-dia ao início da noite: *ontem fez uma linda tarde.* adv. 2. Depois da hora marcada ou prevista: *o patrão chegou tarde à reunião.*

tardinha tar·***di***·nha
s.fem. O fim da tarde: *choveu durante a tardinha.*

tardio tar·***di***·o
adj. Que chega tarde, fora de tempo: *resposta tardia.*

tarefa ta·***re***·fa (é)
s.fem. Trabalho que deve ser feito dentro de um certo tempo: *sua tarefa hoje é arrumar esses livros na estante.*
→ Veja também **atarefado**.

tarifa ta·***ri***·fa
s.fem. Preço que se cobra por um serviço público: *dizem que vai aumentar a tarifa do ônibus.*

tarimba ta·***rim***·ba
s.fem. Experiência: *esse professor tem tarimba, dá aula há muitos anos.*

tarimbado ta·rim·***ba***·do
adj. Experiente: *esse moço é tarimbado, faz esse serviço há muito tempo.*

tataraneto ta·ta·ra·***ne***·to (é)
s.masc. Filho do trineto ou da trineta: *somos tataranetos de um homem famoso.*
❖ Também existe a forma **tetraneto**.

tataravô ta·ta·ra·***vô***
s.masc. Pai do trisavô ou da trisavó: *esse documento é do meu tataravô.*
❖ *fem.* tataravó. Também existe a forma **tetravô**.

tatear ta·te·***ar***
v. Tocar nas coisas com as mãos para se orientar: *o menino tateou no escuro até achar a porta do quarto.*

tática ***tá***·ti·ca
s.fem. Plano: *a tática desse time para tentar vencer o jogo é secreta.*

tato ***ta***·to
s.masc. 1. Sentido que nos permite perceber, principalmente por meio dos dedos, a forma e a temperatura das coisas: *o tato nos faz perceber se uma coisa está quente ou fria, se é macia ou áspera, etc.* 2. *fig.* Habilidade no modo de tratar com as pessoas: *ela teve tato para resolver o problema sem magoar ninguém.*

tatu ta·***tu***
s.masc. *Zool.* Nome que se dá a diversos mamíferos cavadores: *o tatu tem carapaça.*
❖ Para indicar o sexo do animal, dizemos *o tatu macho, o tatu fêmea.*

tatuagem ta·tu·***a***·gem
s.fem. Desenho ou pintura que se faz na pele usando um processo especial: *ele fez várias tatuagens no braço.*
❖ *pl.* tatuagens.

tatuar ta·tu·***ar***
v. Fazer tatuagem: *ele quer tatuar um dragão no braço.*

taturana ta·tu·***ra***·na
s.fem. *Zool.* Espécie de lagarta: *as taturanas comem folhagens.*

taverna ta·***ver***·na (é)
s.fem. Casa onde se vendem e servem bebidas: *as tavernas antigas eram muito bonitas.*
❖ Também existe a forma **taberna**.

taxa ***ta***·xa
s.fem. Quantia que se deve pagar por um determinado serviço: *taxa de água, taxa de matrícula, etc.*
→ Não confunda com **tacha**, que tem outro significado.

taxar ta·***xar***
v. Cobrar taxa ou imposto sobre: *o governo taxou esse produto.*
→ Não confunda com **tachar**, que tem outro significado.

táxi ***tá***·xi (cs)
s.masc. Carro com motorista que conduz pessoas mediante pagamento: *chamei um táxi para me levar até a escola.*

taxista ta·***xis***·ta (cs)
s.masc.fem. Pessoa que dirige um táxi: *esse taxista é muito gentil.*

tchau
interj. Até logo: *vou embora, tchau!*

tear te·***ar***
s.masc. Aparelho para tecer: *não é difícil trabalhar num tear.*
❖ *pl.* teares.
→ Veja também **tecer**.

teatral te·a·***tral***
adj.masc.fem. Que se refere ao teatro: *espetáculo teatral.*
❖ *pl.* teatrais.

teatro te·***a***·tro
s.masc. 1. Arte de representar comédias, tragédias, etc.: *esse rapaz dedica-se ao teatro.* 2. Lugar onde são apresentados espetáculos de teatro, dança, música, etc.: *esse é o teatro mais bonito de minha cidade.*

> ◎ Teatro vem de uma palavra grega que significa *lugar de onde se vê*. Indicava, inicialmente, a arquibancada de onde se podia assistir aos espetáculos; com o tempo, passou a indicar também o próprio espetáculo.

tecer te·***cer***
v. 1. Ligar fios de lã, de algodão, etc.: *a moça vai tecer um pano.* 2. Fazer uma teia (a aranha): *a aranha tece teias muito fortes.*
→ Veja também **tear**.

tecido te·***ci***·do
s.masc. 1. Conjunto de fios entremeados; pano: *ela está escolhendo um tecido para fazer uma blusa.* 2. *Biol.* Conjunto de células que interagem para a execução de certas funções do organismo: *tecido ósseo.*

tecla ***te***·cla (é)
s.fem. Cada uma das peças móveis de certos instrumentos musicais ou máquinas que, pressionada, produz um determinado efeito: *essa tecla do piano corresponde à nota dó.*

teclado te·***cla***·do
s.masc. O conjunto das teclas de uma máquina, de um instrumento, etc.: *teclado de um piano, de um computador, etc.*

técnica ***téc***·ni·ca
s.fem. Conjunto de regras e procedimentos usados para a execução perfeita de um trabalho: *ele aprendeu a técnica da pintura em vidro.*

técnico ***téc***·ni·co
adj. 1. Que se refere a uma técnica: *para saber consertar aparelhos de rádio ou televisão, é preciso fazer um curso técnico.*
s.masc. 2. Aquele que conhece bem uma certa técnica: *a televisão enguiçou; vou chamar um técnico para consertá-la.*

tecnologia tec·no·lo·***gi***·a
s.fem. Estudo das técnicas em geral: *a tecnologia é responsável pela criação de máquinas que tornam nossa vida mais confortável.*

tecnológico tec·no·***ló***·gi·co
adj. Que se refere à tecnologia: *houve um grande progresso tecnológico nos últimos anos.*

teco-teco ***te***·co-***te***·co (é, é)
s.masc. Pequeno avião usado apenas em viagens curtas: *gostaria de passear num teco-teco.*
❖ *pl. teco-tecos.*

tédio ***té***·di:o
s.masc. Aborrecimento: *sozinho em casa, sem nada para fazer, ele sentia um grande tédio.*

tedioso te·di·***o***·so (ô)
adj. Aborrecido, enfadonho, que causa tédio: *tarefa tediosa.*
❖ *fem.* tediosa (ó). *pl.* tediosos (ó), tediosas (ó).

teia ***tei***·a
s.fem. Espécie de rede de fios bem finos tecida por certas aranhas: *as teias são armadilhas, pois as aranhas comem os insetos que nelas ficam presos.*

teimar tei·***mar***
v. Insistir, perseverar em um comportamento ou ato: *ele está errado e mesmo assim teima em dizer que tem razão!*

teimosia tei·mo·***si***·a
s.fem. Insistência: *sua teimosia em achar que sabe tudo já está nos irritando.*

teimoso tei·***mo***·so (ô)
adj. Que teima, que insiste: *menino teimoso.*
❖ *fem.* teimosa (ó). *pl.* teimosos (ó), teimosas (ó).

tela ***te***·la (é)
s.fem. 1. Grande quadro branco sobre o qual se projetam filmes: *tela de cinema.* 2. Visor de um aparelho: *tela de computador; tela de televisor.* 3. Tecido próprio para pintura: *o filme mostrou esse artista pintando uma tela.* 4. Obra pintada sobre tela: *o professor mostrou várias telas de pintores famosos.* 5. Peça de arame torcido, própria para cercados: *ele pôs o cachorro num cercado de tela.*

telecomunicação te·le·co·mu·ni·ca·***ção***
s.fem. Comunicação a distância: *a televisão é uma forma de telecomunicação.*
❖ *pl.* telecomunicações.

telefone te·le·***fo***·ne (ô)
s.masc. Aparelho que permite a conversa entre pessoas que estão longe uma da outra: *falamos ao telefone e matamos a saudade.*
❑ **telefone celular** Telefone portátil, sem fio, que utiliza um sistema especial de transmissão: *muitas pessoas, hoje em dia, possuem um telefone celular; com ele, podemos fazer e receber chamadas de qualquer lugar.*

◎ A palavra telefone é formada de: *tele* (distante) + *fone* (som).

telefonema te·le·fo·***ne***·ma (ê)
s.masc. Comunicação feita por telefone: *recebi um telefonema do meu pai.*

telefônico te·le·***fô***·ni·co
adj. Que se refere ao telefone: *conversa telefônica.*

telefonista te·le·fo·**nis**·ta
s.masc.fem. Pessoa cujo trabalho é atender, fazer e transferir ligações telefônicas: *a telefonista da empresa me ligou com o diretor.*

telégrafo te·***lé***·gra·fo
s.masc. Aparelho que pode enviar mensagens à distância por meio de sinais: *o navio mandou um pedido de socorro pelo telégrafo.*

telegrama te·le·***gra***·ma
s.masc. Mensagem enviada ou recebida pelo telégrafo e depois impressa num papel: *recebi um telegrama de meu tio.*
❑ **telegrama fonado** Telegrama passado por telefone: *o carteiro entregou-me um telegrama fonado enviado por minha irmã.*

teleguiar te·le·gui·***ar***
v. Guiar a distância: *os técnicos vão teleguiar o foguete espacial.*

telejornal te·le·jor·***nal***
s.masc. Programa de televisão que divulga notícias: *ele sempre assiste ao telejornal para saber o que anda acontecendo no Brasil e no mundo.*
❖ *pl.* telejornais.

telenovela te·le·no·***ve***·la (é)
s.fem. História contada em capítulos e apresentada na televisão: *as telenovelas fazem muito sucesso no Brasil.*
→ Veja também **novela**.

telepatia te·le·pa·***ti***·a
s.fem. Transmissão de pensamento entre pessoas que estão longe uma da outra: *eles fizeram uma demonstração de telepatia.*

telepático te·le·***pá***·ti·co
adj. Que se refere à telepatia: *comunicação telepática.*

telescópio te·les·***có***·pi:o
s.masc. Instrumento que permite observar o céu e ver o que se encontra muito longe da Terra (planetas, estrelas, cometas, etc.): *o astrônomo observa o céu com o telescópio.*

◎ A palavra telescópio é formada de *tele* (distante, longe) + *scopio* (ver, observar).

telespectador te·les·pec·ta·***dor***
s.masc. Aquele que assiste a um programa de televisão: *um telespectador enviou uma pergunta ao apresentador do programa.*
❖ *pl.* telespectadores.

T

televisão te·le·vi·***são***
s.fem. 1. Sistema capaz de transmitir imagens a grande distância: *a televisão vai transmitir os jogos do campeonato mundial de futebol*. 2. Aparelho que recebe essas imagens; televisor: *comprei uma televisão nessa loja*.
❖ *pl.* televisões.

> ◎ A palavra televisão é formada de *tele* (distante, longe) + *visão*; portanto, significa *visão distante* ou *o que se vê de longe*.

televisionar te·le·vi·si·o·***nar***
v. Transmitir pela televisão: *esse canal vai televisionar o jogo*.

televisor te·le·vi·***sor***
s.masc. Aparelho de televisão: *esse novo televisor é muito bom*.
❖ *pl.* televisores.

telha ***te***·lha (ê)
s.fem. Peça, geralmente feita de barro cozido, usada na cobertura de casas: *chegaram as telhas que o pedreiro vai usar para acabar o telhado da casa*.
❑ **dar na telha** *pop.* Ter vontade repentina de fazer alguma coisa: *deu-me na telha de viajar amanhã para a fazenda do meu tio*.
→ Veja também **destelhar** e **telhado**.

telhado te·***lha***·do
s.masc. Conjunto de telhas que faz a cobertura de uma construção: *o gato subiu no telhado e agora não consegue descer*.
→ Veja também **destelhar** e **telha**.

tema ***te***·ma (ê)
s.masc. Assunto: *o professor vai indicar o tema da redação*.

T

temer te·***mer***
v. Recear, ter medo de: *ele teme entrar na floresta*.

temerário te·me·***rá***·ri:o
adj. Imprudente, que se arrisca a fazer coisas perigosas sem necessidade: *esse homem temerário quer atravessar a nado esse rio de águas agitadas*.

temeridade te·me·ri·***da***·de
s.fem. Imprudência, ação perigosa e desnecessária: *é uma temeridade querer escalar essa montanha*.

temeroso te·me·***ro***·so (ô)
adj. Aquele que teme, que tem muito medo: *ele caminhava temeroso pelas ruas escuras*.
❖ *fem.* temerosa (ó). *pl.* temerosos (ó), temerosas (ó).

temível te·***mí***·vel
adj.masc.fem. Que mete medo: *o guerreiro era temível; todos tinham medo dele*.
❖ *pl.* temíveis.

temor te·***mor***
s.masc. Medo, receio: *ele tinha temor do castigo que poderia sofrer*.
❖ *pl.* temores.

temperar tem·pe·***rar***
v. Pôr tempero em uma comida: *vou temperar a salada*.
→ Veja também **tempero**.

temperatura tem·pe·ra·***tu***·ra
s.fem. Quantidade de calor: *o termômetro marca a temperatura*.
→ Veja também **termômetro**.

tempero tem·***pe***·ro (ê)
s.masc. Sal, pimenta e outros produtos que colocamos na comida para lhe dar mais sabor: *ela guarda os temperos nesse armário*.
→ Veja também **temperar**.

tempestade tem·pes·***ta***·de
s.fem. Vento muito forte geralmente acompanhado de chuva, raios e trovões: *a tempestade destruiu a plantação*.

templo ***tem***·plo
s.masc. Construção especialmente feita para a realização de cultos religiosos: *igrejas, sinagogas e mesquitas são templos*.

tempo ***tem***·po
s.masc. 1. Época: *Castro Alves é um poeta que viveu no tempo da escravidão*. 2. Momentos livres: *tenho tempo para ler esse livro*. 3. Período de horas, dias, semanas, meses, anos, etc.: *morei muito tempo nesse bairro, mais de 10 anos*. 4. Estado da atmosfera: *o tempo hoje está bom; podemos fazer nosso passeio*. 5. *Gram.* Forma do verbo que mostra se ele está indicando o presente, o passado ou o futuro: *diga em que tempo está "cantarei" nesta frase*.

❑ **dar tempo ao tempo** Deixar passar um certo tempo para que as coisas se ajeitem: *dê tempo ao tempo que essa sua tristeza vai passar.* **dar um tempo** Esperar um pouco: *vamos dar um tempo antes de voltar a falar com ele sobre isso.*

temporada tem·po·***ra***·da
s.fem. 1. Certo período de tempo: *passamos uma longa temporada na Bahia, ficamos muito tempo por lá.* 2. Época do ano em que se realizam certas atividades: *vai começar a temporada de pesca nessa região.*

temporal tem·po·***ral***
s.masc. Tempestade, mau tempo: *o temporal impediu nosso passeio de barco.*
❖ *pl.* temporais.

temporário tem·po·***rá***·ri:o
adj. Que dura apenas um certo tempo: *a mudança no horário de entrada é temporária; daqui a um mês voltaremos ao horário normal.*

tenacidade te·na·ci·***da***·de
s.fem. Persistência, perseverança, esforço em prosseguir em busca de um objetivo: *graças à sua tenacidade, o cientista encontrou a solução para o problema.*

tenaz te·***naz***
adj.masc.fem. 1. Decidido, persistente: *ele é um homem tenaz, não desiste de buscar a solução para esse problema.*
s.fem. 2. Instrumento formado por duas hastes de ferro, parecido com uma tesoura, usado para pegar peças muito quentes: *pegue essa tenaz com cuidado.*
❖ *pl.* tenazes.

tenda ***ten***·da
s.fem. Barraca: *os soldados estão armando a tenda onde dormirão à noite.*

tendencioso ten·den·ci·***o***·so (ô)
adj. Que não é neutro, que se mostra a favor de alguém: *ele devia escolher o melhor trabalho da classe, mas foi tendencioso em seu julgamento, procurou favorecer um candidato em prejuízo dos outros.*
❖ *fem.* tendenciosa (ó). *pl.* tendenciosos (ó), tendenciosas (ó).

tenebroso te·ne·***bro***·so (ô)
adj. Escuro e assustador: *ao passar por aquele lugar tenebroso, senti muito medo.*
❖ *fem.* tenebrosa (ó). *pl.* tenebrosos(ó), tenebrosas(ó).

tênis ***tê***·nis
s.masc. 1. *Esp.* Jogo disputado por duas pessoas ou duas duplas, numa quadra dividida pela metade por uma rede baixa. Cada jogador usa uma raquete para bater na bola. Para marcar ponto, os jogadores devem lançar a bola por cima da rede, fazendo com que ela bata no campo adversário sem que o outro jogador possa rebatê-la: *gosto de jogar tênis.* 2. Calçado esportivo, feito de material flexível: *essa menina só quer saber de usar tênis.*
❖ Essa palavra tem a mesma forma no singular e no plural: *um tênis, dois tênis.*

tenista te·***nis***·ta
s.masc.fem. Pessoa que pratica tênis: *essa garota é uma tenista campeã.*

tenro ***ten***·ro
adj. Que pode ser facilmente cortado e mastigado: *carne tenra.*

tentação ten·ta·***ção***
s.fem. Desejo muito forte de fazer algo, mesmo que seja proibido ou errado: *ali há muitos doces; como posso resistir à tentação de comer alguns deles?*
❖ *pl.* tentações.

tentador ten·ta·***dor***
adj. Que desperta o desejo, que provoca tentação: *tenho que trabalhar, mas é tentador ficar sem fazer nada.*
❖ *pl.* tentadores.

tentar ten·***tar***
v. 1. Atrair muito: *esse doce está me tentando, acho que vou comê-lo.* 2. Fazer esforço para conseguir: *vou tentar acabar o trabalho mais cedo.*

tênue ***tê***·nue
adj.masc.fem. 1. Fraco, suave: *apenas a luz tênue do abajur iluminava o quarto.* 2. Fino, pouco denso: *uma fumacinha tênue saía da chaminé.*
❖ *superl.* tenuíssimo.

T

teologia te:o·lo·***gi***·a

s.fem. Ciência que estuda a religião: *o padre estuda teologia.*

> A palavra teologia é formada de *teo* (Deus) + *logia* (estudo).

tépido ***té***·pi·do

adj. Morno, um pouco quente: *água tépida.*

ter

v. 1. Possuir: *ele tem um belo carro.* 2. Sentir: *tenho sede.* 3. Contar (anos de existência): *essa menina tem oito anos.* 4. Obter, conseguir: *se você me ajudar, terá uma recompensa.* 5. Dar à luz, parir: *ela teve um filho.*

terça-feira ***ter***·ça-***fei***·ra

s.fem. O terceiro dia da semana: *tenho aula de ginástica toda terça-feira.*

❖ *pl.* terças-feiras.

terceto ter·***ce***·to (ê)

s.masc. Estrofe de três versos: *lemos um terceto do poeta Mário Quintana.*

→ Veja também **estrofe** e **verso**.

terço ***ter***·ço (ê)

num. 1. A terça parte de alguma coisa: *um terço de 9 é 3.*

s.masc. 2. *Rel.* Sequência de orações rezadas pelos católicos: *as mulheres se reuniram para rezar o terço.*

terminar ter·mi·***nar***

v. Acabar; fazer chegar ao fim: *terminei a lição.*

térmico ***tér***·mi·co

adj. Que se refere ao calor: *a garrafa térmica conserva o calor dos líquidos.*

término ***tér***·mi·no

s.mac. Fim: *o término dos trabalhos foi motivo de grande comemoração.*

❑ **ao término** Locução adverbial que indica ao final: *ao término dos trabalhos todos comemoraram.*

→ Não confunda com **termino**, do verbo terminar: *eu termino a lição.*

termo ***ter***·mo (ê)

s.masc. 1. Fim: *o velho pescador chegou ao termo de sua vida.* 2. Palavra: *não sei o significado desse termo.*

termômetro ter·***mô***·me·tro

s.masc. Instrumento que mede a temperatura (do ambiente, do corpo, etc.): *o médico mediu a temperatura da criança; o termômetro marcou 38 graus; ela está com febre.*

→ Veja também **temperatura**.

terno ***ter***·no (é)

adj. 1. Meigo, carinhoso, afetuoso: *palavras ternas.*

s.masc. 2. Grupo de três elementos: *fiz o terno na loteria.* 3. Vestuário masculino composto de paletó, calças e, às vezes, colete, do mesmo tecido e da mesma cor: *vestiu um terno para ir ao casamento.*

ternura ter·***nu***·ra

s.fem. Carinho, meiguice: *a mãe trata o filho com ternura.*

terra ***ter***·ra (é)

s.fem. 1. Nome do nosso planeta (nesse caso, escreve-se com letra inicial maiúscula): *esse foguete deixou a Terra em direção a outros planetas.* 2. Solo, terreno: *essa terra é fértil.* 3. Região, país: *ele viajou para conhecer novas terras.* 4. Lugar em que nascemos: *minha terra é bonita!*

→ Veja também **enterrar**, **conterrâneo** e **desterrar**.

terraço ter·***ra***·ço

s.masc. Área descoberta e plana numa parte alta de uma casa ou edifício: *no último andar do prédio havia um grande terraço.*

terráqueo ter·***rá***·que:o

s.masc. Habitante da Terra: *vi um filme em que os terráqueos eram atacados por seres de outro planeta.*

terremoto ter·re·***mo***·to (ó)

s.masc. Forte tremor de terra: *o terremoto fez cair um grande número de prédios.*

terreno ter·***re***·no (ê)

s.masc. Certa extensão de terra: *a escola será construída nesse terreno.*

térreo *tér*·re:o
adj. 1. Que está no nível da rua: *moro no andar térreo*. 2. Que só tem um andar: *casa térrea*.

terrestre ter·*res*·tre (é)
adj.masc.fem. 1. Que se refere ao planeta Terra: *superfície terrestre*. 2. Que nasce e vive na terra (parte sólida do globo): *animal terrestre*. 3. Que é feito por terra: *transporte terrestre*.

território ter·ri·*tó*·ri:o
s.masc. Certa extensão de terra ocupada por um país, por uma cidade, etc.: *os soldados defendem o território brasileiro*.

terrível ter·*rí*·vel
adj.masc.fem. 1. Que provoca terror: *monstro terrível*. 2. Que causa grande infelicidade: *acidente terrível*. 3. Violento, muito forte: *vento terrível*.
❖ *pl.* terríveis. *superl.* terribilíssimo.

terror ter·*ror*
s.masc. Grande medo, pavor: *a notícia de que a guerra ia começar causou terror na população*.
❖ *pl.* terrores.

tesouraria te·sou·ra·*ri*·a
s.fem. Departamento de um clube, de uma escola, etc. onde são feitos os pagamentos e recebimentos: *os sócios do clube pagam as mensalidades na tesouraria*.

tesouro te·*sou*·ro
s.masc. Grande quantidade de ouro, pedras preciosas, objetos de valor ou dinheiro: *os piratas esconderam o tesouro nessa ilha*.

testa *tes*·ta (é)
s.fem. Fronte, parte da frente da cabeça: *a bola bateu na minha testa*.

testamento tes·ta·*men*·to
s.masc. Documento em que uma pessoa declara suas últimas vontades e o que deve ser feito com seus bens após sua morte: *eles vão ler o testamento deixado pelo avô*.

testar tes·*tar*
v. Experimentar: *o mecânico vai testar o carro para ver se ele está funcionando bem*.

teste *tes*·te (é)
s.masc. 1. Prova que permite perceber as condições de uma pessoa: *o professor vai aplicar um teste de matemática*. 2. Verificação do funcionamento de uma máquina: *faça um teste com o carro antes de usar*.

testemunha tes·te·*mu*·nha
s.fem. 1. Pessoa que presenciou um fato e que é chamada para dizer o que viu: *ele é testemunha do acidente, estava lá na hora em que tudo aconteceu*. 2. Pessoa que assiste à realização de um ato para que ele tenha valor legal: *sou testemunha desse casamento*.
❖ Essa palavra se usa tanto para um homem quanto para uma mulher: *ele é uma testemunha; ela é uma testemunha*.

testemunhar tes·te·mu·*nhar*
v. Servir de testemunha: *no caso desse acidente, duas pessoas testemunharam contra o motorista do ônibus*.

testemunho tes·te·*mu*·nho
s.masc. Relato de uma pessoa que presenciou um fato: *o testemunho desse rapaz foi importante para se conhecer as causas do acidente*.

teta *te*·ta (ê)
s.fem. Mama; parte do corpo das fêmeas que produz leite: *o cachorrinho mama na teta da cadela*.

teto *te*·to (é)
s.masc. Parte superior e interna de uma construção: *o ventilador da sala de aula está pendurado no teto*.

tetraneto te·tra·*ne*·to (é)
s.masc. Filho do trineto ou da trineta: *esse moço é tetraneto de um grande poeta*.
❖ Também existe a forma **tataraneto**.
→ Veja também **bisneto** e **trineto**.

tetrassílabo te·tras·*sí*·la·bo
adj. *Gram.* Que tem quatro sílabas: *"automóvel" é uma palavra tetrassílaba*.

tetravô te·tra·*vô*
s.masc. Pai do trisavô ou da trisavó: *encontrei um documento do meu tetravô*.
❖ *fem.* tetravó. Também existe a forma **tataravô**.
→ Veja também **bisavô** e **trisavô**.

tétrico *té*·tri·co
adj. Medonho, horrível: *cena tétrica*.

T

tevê te·***vê***
s.masc. *pop.* Televisão: *ontem passou um filme bom na tevê.*
❖ *pl.* tevês.

têxtil ***têx***·til
adj.masc.fem. 1. Que se pode tecer: *produto têxtil.* 2. Que se refere a tecidos: *produção têxtil.*
❖ *pl.* têxteis.

texto ***tex***·to (ê, s)
s.masc. Conjunto de palavras ou frases que têm unidade de sentido: *vou ler o texto que ela escreveu sobre os colegas.*

tição ti·***ção***
s.masc. Pedaço de madeira queimada ou ainda em brasa: *cuidado para não se queimar com esse tição.*
❖ *pl.* tições.

tigela ti·***ge***·la (é)
s.fem. Espécie de xícara grande sem asas: *ele pôs a sopa nessa tigela.*

tigre ***ti***·gre
s.masc. *Zool.* Mamífero carnívoro muito feroz e de grande porte: *o tigre é um grande caçador.*
❖ *fem.* tigresa (ê).

tijolo ti·***jo***·lo (ô)
s.masc. Peça de barro cozido usada em construções: *muro de tijolo.*
❖ *pl.* tijolos (ó).

tilintar ti·lin·***tar***
v. Fazer soar: *as moedas tilintaram na mesa.*

T

time ***ti***·me
s.masc. Equipe: *nosso time de voleibol venceu o campeonato.*

timidez ti·mi·***dez***
s.fem. Sentimento de vergonha ou acanhamento: *na hora de declamar a poesia diante da classe, a menina mostrou timidez, ficou sem jeito, envergonhada.*

tímido ***tí***·mi·do
adj. Acanhado, envergonhado, que não fica à vontade na frente dos outros: *menino tímido.*

tina ***ti***·na
s.fem. Vasilha grande que parece um barril cortado ao meio: *ela pôs as roupas que vai lavar nessa tina do quintal.*

tingir tin·***gir***
v. Pintar, dar nova cor a tecidos, cabelos, etc.: *ela tingiu os cabelos de preto.*

tintim tin·***tim***
s.masc. Palavra usada na expressão *tintim por tintim.*
❑ **tintim por tintim** Em detalhes: *ele me contou tudo o que aconteceu, tintim por tintim.*

> ◎ Tintim foi uma palavra criada para imitar o som das moedas batendo umas nas outras, principalmente quando se conta com cuidado uma certa quantidade delas. É uma onomatopeia.

tio ***ti***·o
s.masc. Irmão do pai: *ele é meu tio; eu sou seu sobrinho.*
→ Veja também **titio**.

típico ***tí***·pi·co
adj. Que distingue uma pessoa ou coisa, que a torna diferente das outras: *esse é o traje típico dos gaúchos, o traje que só eles usam.*

tique-taque ***ti***·que-***ta***·que
s.masc. Barulhinho feito por alguns relógios quando estão funcionando: *o tique-taque do despertador estava me incomodando.*
❖ *pl.* tique-taques.

> ◎ Tique-taque é uma onomatopeia. Foi criada para imitar o som do relógio.

tira ***ti***·ra
s.fem. 1. Pedaço estreito e comprido de papel, pano, etc.: *anote meu telefone nessa tira de papel.* 2. Historinha em quadrinhos engraçada, publicada em jornais ou revistas, geralmente com apenas três ou quatro cenas: *vi uma tira muito engraçada no jornal de hoje.*
→ Veja também **caricatura**, **cartum** e **charge**.

tiragem ti·***ra***·gem
s.fem. Quantidade de exemplares de uma publicação (jornal, revista, livro, etc.), impressa de uma só vez: *esse livro teve uma tiragem de 5.000 exemplares.*
❖ *pl.* tiragens.

tirano ti·***ra***·no
s.masc. 1. Governante injusto, cruel: *o povo odiava o tirano*. 2. Aquele que abusa de sua autoridade, oprimindo os outros: *o chefe da turma era um tirano, ninguém gostava dele*.

tirar ti·***rar***
v. 1. Despir: *ele tirou a camisa*. 2. Descalçar: *a menina tirou os sapatos*. 3. Sacar: *o ladrão tirou o revólver e disparou*. 4. Fazer sair de um lugar: *tire o carro da garagem*. 5. Bater (fotografia): *tire uma foto dessa menina*. 6. Diminuir, subtrair: *de 20 tirei 12, sobraram 8*. 7. Livrar: *nós o tiramos da miséria*. 8. Desviar: *o motorista não deve tirar os olhos da estrada*.

tiririca ti·ri·***ri***·ca
s.fem. 1. *Bot.* Certo tipo de erva daninha: *vou arrancar as tiriricas do jardim*. 2. *pop.* Furioso: *ele ficou tiririca quando soube que tinha sido enganado*.

tiritar
v. Tremer de frio: *fazia muito frio, por isso ele estava tiritando no ponto de ônibus*.

tiro ***ti***·ro
s.masc. 1. Disparo de arma de fogo (revólver, espingarda, etc.): *ouvimos um tiro*. 2. *Esp.* Chute dado na bola: *o atacante deu um tiro de longe e marcou um belo gol*.

tiroteio ti·ro·***tei***·o
s.masc. Troca de tiros: *houve um tiroteio entre os policiais e os bandidos*.

titio ti·***ti***·o
s.masc. Irmão do pai: *o titio me deu este presente*.
→ Veja também **tio**.

titubear ti·tu·be·***ar***
v. Hesitar, vacilar, ficar indeciso: *ele titubeou na hora de responder ao professor*.

título ***tí***·tu·lo
s.masc. Nome dado a um filme, a uma música, a um livro, etc.: Ou isto ou aquilo *é o título de um livro de poesias de Cecília Meireles*.
→ Veja também **intitular**.

toa ***to***·a (ô)
s.fem. Na origem, cabo que, no mar, puxava as embarcações que não podiam se mover por conta própria.
❑ **à toa** Sem destino certo: *ele caminhou à toa pelas ruas*.
❖ Palavra usada apenas na locução **à toa**.
→ Não confunda com **à-toa** (com hífen), que tem outro significado.

toalete to:a·***le***·te (é)
s.masc. 1. Banheiro: *esta é a porta do toalete das mulheres*.
s.fem. 2. Ação de se lavar, pentear, arrumar, etc.: *ela fez rapidamente a toalete e saiu para ir ao cinema*.

tobogã to·bo·***gã***
s.masc. 1. Espécie de carrinho baixo que se usa para deslizar na neve: *onde há neve, as crianças gostam de brincar de tobogã*. 2. Grande rampa ondulada em que as pessoas escorregam como diversão: *é divertido ir no tobogã desse parque*.
❖ *pl.* tobogãs.

toca ***to***·ca (ó)
s.fem. Esconderijo de animais: *o coelho fugiu para a toca*.

tocaia to·***cai***·a
s.fem. Emboscada: *eles armaram uma tocaia para pegar o homem*.

tocaiar to·cai·***ar***
v. Ficar de tocaia: *as crianças tocaiaram o tatu*.

tocantinense to·can·ti·***nen***·se
adj.masc.fem. 1. Do estado do Tocantins: *cidade tocantinense*.
s.masc.fem. 2. Pessoa que nasceu no Tocantins: *a minha professora é tocantinense*.

tocar to·***car***
v. 1. Pôr a mão em: *não toque nesse bolo!* 2. Tirar sons de um instrumento musical: *eu toco piano*. 3. Executar uma música: *ela vai tocar um samba no violão*. 4. Soar: *o sinal já tocou*. 5. Encostar: *sua mão tocou na minha*. 6. Mencionar: *não gosto de tocar nesse assunto*. 7. Dirigir-se: *ele pegou o carro e tocou para a cidade*. 8. Enxotar: *a mulher tocou o cachorro da cozinha*. 9. Dar sinal de chamada: *o telefone está tocando*.

T

tocha **to**·cha (ó)
s.fem. Espécie de bastão com material inflamável numa das pontas e que se usa para iluminar: *ele acendeu uma tocha e entrou na caverna escura.*

toldo ***tol***·do (ô)
s.masc. Cobertura que protege contra o sol e a chuva: *vamos pôr um toldo na frente da nossa loja.*

tolerante to·le·***ran***·te
adj.masc.fem. Que tolera: *pessoa tolerante.*

tolerar to·le·***rar***
v. 1. Aceitar por bondade ou consideração: *o professor tolerou meu atraso e me deixou entrar na aula.* 2. Suportar, aguentar: *não sei até quando vou tolerar suas brincadeiras e piadinhas.*

tolerável to·le·***rá***·vel
adj.masc.fem. Que se pode tolerar: *falha tolerável.*
❖ *pl.* toleráveis.
→ Veja também **intolerável**.

tolice to·***li***·ce
s.fem. Bobagem, qualidade do que não foi bem pensado: *a briga de vocês foi uma tolice.*

tolo ***to***·lo (ô)
adj. Bobo: *homem tolo.*
❖ *pl.* tolos (ô).

tomate to·***ma***·te
s.masc. Fruto comestível, geralmente vermelho, muito usado na cozinha no preparo de molhos, saladas, etc.: *adoro salada de tomate.*

T

tomar to·***mar***
v. 1. Embarcar: *ele tomou o ônibus.* 2. Tirar: *ele quis tomar o brinquedo do colega.* 3. Beber: *vou tomar café.* 4. Apanhar: *tomei chuva ontem.* 5. Receber: *ela vai tomar injeção.* 6. Apoderar-se, tomar posse: *os soldados tomaram a cidade.*

tomara to·***ma***·ra
interj. Palavra que expressa desejo ou esperança de que alguma coisa aconteça: *tomara que ele passe no teste.*

tombar tom·***bar***
v. Cair: *a motocicleta bateu no poste e tombou.*

tombo ***tom***·bo
s.masc. Queda: *o menino escorregou e levou um tombo.*

tona ***to***·na (ô)
s.fem. Superfície.
❑ ***à tona*** À superfície (da água): *o nadador mergulhou mas logo veio à tona.*

tonel to·***nel***
s.masc. Grande vasilha de madeira própria para guardar líquidos: *o uísque é guardado nesse tonel.*
❖ *pl.* tonéis.

tonelada to·ne·***la***·da
s.fem. Mil quilos: *esse caminhão está carregando uma tonelada de alimentos.*

tônico ***tô***·ni·co
adj. 1. *Gram.* Que se pronuncia com mais força ou intensidade: *na palavra "mesa", a sílaba tônica é "me".*
s.masc. 2. Medicamento que dá forças, que robustece: *essa criança está precisando de um tônico.*
→ Veja também **oxítono**, **paroxítono** e **proparoxítono**.

tontice ton·***ti***·ce
s.fem. Tolice, bobeira: *você falou uma tontice.*

tonto ***ton***·to
adj. 1. Tolo, bobo: *pessoa tonta.* 2. Que está com tontura, que está zonzo: *o doente estava tonto, não conseguia ficar em pé.*

tontura ton·***tu***·ra
s.fem. Sensação de quem sente a cabeça girar e não consegue ficar em pé: *ao levantar-me, senti tontura e tive de deitar de novo para não cair.*

topada to·***pa***·da
s.fem. Batida com a ponta do pé, sem querer, durante o andar, em alguma coisa dura que está no chão: *ao entrar na loja, dei uma topada no pequeno degrau da porta e caí.*

topar to·***par***
v. 1. *pop.* Aceitar: *ele topou minha proposta.* 2. Encontrar: *topei com um colega ontem na cidade.* 3. Dar uma topada: *topou numa pedra e está com dor no dedo do pé.*

topete to·***pe***·te (é)

s.masc. 1. Porção de cabelo mais levantada na parte da frente da cabeça: *quando ele apareceu com aquele enorme topete todo mundo começou a rir.* 2. *pop.* Atrevimento, falta de respeito: *ele teve o topete de responder daquele jeito ao professor.*

topetudo to·pe·***tu***·do

adj. 1. Com topete: *ele mudou o penteado e apareceu topetudo.* 2. *pop.* Atrevido, ousado: *menino topetudo.*

topo ***to***·po (ô)

s.masc. A parte mais alta (de um prédio, de uma montanha, de uma escada, etc.): *o alpinista chegou ao topo da montanha.*

toque ***to***·que (ó)

s.masc. 1. Ação de tocar, de encostar: *o goleiro deu um toque na bola.* 2. Som produzido pela ação de tocar, de bater: *estou ouvindo o toque do sino.*

❑ **a toque de caixa** Com muita pressa: *ele fez o trabalho a toque de caixa.*

torácico to·***rá***·ci·co

adj. Que se refere ao tórax: *região torácica.*

tórax ***tó***·rax (cs)

s.masc. *Anat.* Peito, parte do nosso corpo onde ficam os pulmões e o coração: *vovô tem o tórax largo.*

❖ Essa palavra tem a mesma forma no singular e no plural: *o tórax; os tórax.*

torcedor tor·ce·***dor***

s.masc. Aquele que torce por um time, por um atleta, etc.: *os torcedores comemoraram muito a vitória de seu time.*

❖ *pl.* torcedores.

torcer tor·***cer***

v. 1. Fazer uma coisa girar sobre si mesma: *ela torceu o pano molhado.* 2. Deslocar: *ele estava correndo e torceu o tornozelo.* 3. Desejar a vitória de um atleta ou de um time numa competição esportiva: *estou torcendo pela seleção brasileira.* 4. *fig.* Desejar muito algo: *torcemos para que você vá bem no teste.*

torcicolo tor·ci·***co***·lo (ó)

s.masc. Mau jeito no pescoço: *estou com torcicolo; se virar a cabeça, meu pescoço dói.*

torcida tor·***ci***·da

s.fem. Grupo de pessoas que torcem por um atleta ou por um time: *a torcida desse time encheu o estádio de futebol, gritando e incentivando os jogadores.*

tormenta tor·***men***·ta

s.fem. Tempestade violenta: *a tormenta provocou o naufrágio do navio.*

tormento tor·***men***·to

s.masc. Grande sofrimento: *meu tormento acabou, poderei descansar.*

→ Veja também **atormentar**.

tornado tor·***na***·do

s.masc. Vento que passa girando em alta velocidade, destruindo casas, arrancando árvores, levando tudo pelos ares: *um tornado destruiu muitas casas naquela cidade.*

tornar tor·***nar***

v. 1. Voltar, regressar: *ele vai tornar à casa dos pais.* 2. Mudar de estado ou condição, fazer ficar: *o filho tornou alegre a vida dos pais.*

v.pron. **tornar-se** 3. Transformar-se, ficar: *com o tempo, ela tornou-se uma bela moça.*

tornozelo tor·no·***ze***·lo (ê)

s.masc. *Anat.* Saliência óssea que há na articulação do pé com a perna: *durante o jogo de futebol, ele levou uma pancada no tornozelo.*

toró to·***ró***

s.masc. *pop.* Chuva forte: *ontem à tarde caiu um toró.*

torpedear tor·pe·de·***ar***

v. Enviar torpedo: *o submarino torpedeou o navio.*

→ Veja também **torpedo**.

torpedo tor·***pe***·do (ê)

s.masc. 1. Espécie de bomba que explode ao bater num obstáculo: *o submarino lançou um torpedo que destruiu o navio inimigo.* 2. *Gír.* Mensagem enviada por telefone celular: *ele mandou um torpedo para a menina que estava paquerando.*

→ Veja também **torpedear**.

torrencial tor·ren·ci·***al***

adj.masc.fem. Muito forte, falando-se de chuva: *uma chuva torrencial inundou a cidade.*

❖ *pl.* torrenciais.

tórrido ***tór***·ri·do

adj. Muito quente: *clima tórrido*.

torta ***tor***·ta (ó)

s.fem. Espécie de bolo recheado, salgado ou doce: *adoro torta de morango.*

torto ***tor***·to (ô)

adj. Inclinado fora da posição normal, que não está em linha reta: *risco torto*.

❑ **a torto e a direito** A esmo, sem escolher bem: *ele saiu comprando coisas a torto e a direito e desperdiçou muito dinheiro.*

❖ *fem.* torta (ó). *pl.* tortos (ó), tortas (ó).

→ Veja também **entortar**.

tortuoso tor·tu·***o***·so (ô)

adj. Sinuoso, que tem curvas, que não segue em linha reta: *caminho tortuoso*.

❖ *fem.* tortuosa (ó). *pl.* tortuosos (ó), tortuosas (ó).

tortura tor·***tu***·ra

s.fem. Grande sofrimento que se impõe a alguém: *o prisioneiro sofreu torturas*.

torturar tor·tu·***rar***

v. Fazer sofrer de propósito, atormentar: *não torture seu cachorro com essa brincadeira de puxá-lo pelo rabo.*

tosar to·***sar***

v. Cortar bem rente (o pelo, o cabelo, a lã, etc.): *ele vai tosar o cão, vai deixá-lo com o pelo bem curtinho.*

T

tosco ***tos***·co (ô)

adj. Grosseiro, que foi feito sem arte, sem capricho: *com o canivete, ele fez um tosco carrinho de madeira.*

tosquiar tos·qui·***ar***

v. Cortar bem rente (o pelo, a lã, o cabelo, etc.): *ele vai tosquiar a lã das ovelhas.*

total to·***tal***

adj.masc.fem. 1. Completo: *apaguei a luz e fiquei na escuridão total*. s.masc. 2. O resultado de uma soma: *diga-me o total de alunos dessa classe.*

❖ *pl.* totais.

totalizar to·ta·li·***zar***

v. Atingir um certo valor total, completo: *os gastos com a reforma da escola totalizaram uma grande quantia.*

touca ***tou***·ca

s.fem. Peça para proteção da cabeça: *touca de banho.*

tourada tou·***ra***·da

s.fem. Exibição de um toureiro: *muita gente gosta de ver touradas*.

tourear tou·re·***ar***

v. Exibir-se em luta contra um touro, com espada e uma capa: *ele sabe tourear muito bem.*

toureiro tou·***rei***·ro

s.masc. Aquele que se apresenta para tourear: *o público aplaudiu o toureiro*.

touro ***tou***·ro

s.masc. Boi reprodutor: *o bezerro que nasceu ontem é filho desse touro preto.*

tóxico ***tó***·xi·co (cs)

adj. Que pode intoxicar, envenenar: *gás tóxico*.

→ Veja também **intoxicar**.

trabalhador tra·ba·lha·***dor***

adj. 1. Que trabalha: *homem trabalhador*. s.masc. 2. Aquele que tem uma atividade, uma ocupação: *os trabalhadores merecem respeito.*

❖ *pl.* trabalhadores.

trabalhar tra·ba·***lhar***

v. 1. Fazer um trabalho, exercer uma profissão: *minha filha sai cedo de casa para trabalhar; ela é professora.* 2. Funcionar: *esta máquina não está trabalhando direito.*

trabalho tra·***ba***·lho

s.masc. 1. Esforço físico ou mental que se faz para realizar alguma coisa: *essa exposição de pintura é resultado do trabalho dos alunos.* 2. Ocupação: *esse rapaz é mecânico, ele gosta de seu trabalho.*

trabalhoso tra·ba·***lho***·so (ô)

adj. Que exige muito trabalho, que é penoso, cansativo: *tarefa trabalhosa*.

❖ *fem.* trabalhosa (ó). *pl.* trabalhosos (ó), trabalhosas (ó).

traçar tra·***çar***

v. 1. Desenhar: *ele traçou um quadrado na folha*. 2. Imaginar, bolar: *quem traçou esse plano de ataque?* 3. *pop.* Comer: *ele traçou um prato de macarronada.*

traço ***tra***·ço

s.masc. Linha feita a lápis, caneta, etc.: *o professor mandou passar um traço sob os substantivos do texto.*

tradição tra·di·***ção***

s.fem. Usos e costumes que vêm sendo passados de geração a geração há muito tempo: *minha cidade gosta de fazer festas juninas conforme a tradição, com muita música, pipoca e quadrilha.*

❖ *pl.* tradições.

→ Veja também **tradicional**.

tradicional tra·di·ci:o·***nal***

adj.masc.fem. Que segue a tradição: *festa tradicional*.

❖ *pl.* tradicionais.

→ Veja também **tradição**.

tradução tra·du·***ção***

s.fem. Ação de traduzir: *ele fez essa tradução em poucas horas.*

❖ *pl.* traduções.

tradutor tra·du·***tor***

s.masc. Aquele que traduz, que passa um texto de uma língua para outra: *o tradutor passou a história do inglês para o português.*

❖ *pl.* tradutores.

traduzir tra·du·***zir***

v. Expressar em uma língua o que foi dito em outra: *o professor traduziu essa poesia italiana para o português, ou seja, escreveu em português o que estava escrito em italiano.*

traduzível tra·du·***zí***·vel

adj.masc.fem. Que se pode traduzir: *texto traduzível*.

❖ *pl.* traduzíveis.

→ Veja também **intraduzível**.

trafegar tra·fe·***gar***

v. Andar no tráfego: *muitos ônibus trafegam por essa avenida.*

tráfego ***trá***·fe·go

s.masc. Trânsito: *nessa avenida, o tráfego é intenso; muitos veículos passam por ela o dia todo.*

→ Não confunda com **tráfico**, que tem outro significado.

traficante tra·fi·***can***·te

s.masc.fem. Pessoa que faz tráfico: *o traficante foi preso pela polícia.*

→ Veja também **tráfico**.

traficar tra·fi·***car***

v. Praticar tráfico: *esse homem traficava armas.*

tráfico ***trá***·fi·co

s.masc. Comércio proibido por lei: *esse homem fazia tráfico de armas.*

→ Veja também **traficante**. Não confunda com **tráfego**, que tem outro significado.

tragar tra·***gar***

v. 1. Engolir de um trago, ou seja, de uma só vez: *ele tragou o café que estava no copo.* 2. Fazer desaparecer: *durante a tempestade, o mar tragou o barco.* 3. Aspirar a fumaça do cigarro: *ele quis tragar a fumaça e passou mal.*

tragédia tra·***gé***·di:a

s.fem. 1. Peça de teatro que conta uma história muito triste, com mortes e sofrimentos: *a história de Romeu e Julieta é uma tragédia*. 2. Acontecimento terrível: *a queda do avião foi uma tragédia, causou a morte de centenas de pessoas.*

trágico ***trá***·gi·co

adj. Que se refere a tragédia: *acidente trágico*.

traição tra:i·***ção***

s.fem. Ação de trair, de enganar: *ele fez uma traição, contando ao inimigo os nossos planos.*

❖ *pl.* traições.

traiçoeiro tra:i·ço·***ei***·ro

adj. Que se vale de traição: *ele me atacou de forma traiçoeira, por trás, quando eu estava distraído.*

T

traidor tra·i·***dor***
s.masc. Aquele que trai: *homem traidor*.
❖ *pl.* traidores.

trair tra·***ir***
v. Enganar um amigo ou alguém que gosta da gente, fazendo alguma coisa que o prejudica ou magoa: *ele me traiu contando a outras pessoas o nosso segredo*.

trajar tra·***jar***
v. 1. Vestir: *o rapaz estava trajando um terno azul*.
v.pron. **trajar-se** 2. Vestir-se: *esse vendedor costuma trajar-se elegantemente*.

traje ***tra***·je
s.masc. Roupa, vestuário: *não sei que traje devo usar para ir a essa festa*.

trajeto tra·***je***·to (é)
s.masc. Caminho: *que trajeto você faz para ir à escola?*

trama ***tra***·ma
s.fem. 1. O conjunto dos fios que se cruzam quando se faz um tecido: *nesta trama há fios de muitas cores*. 2. Tramoia, plano para enganar alguém: *os dois fizeram uma trama para ficar com todo o dinheiro e enganar os colegas*. 3. História que se conta num filme, num livro, etc.: *a trama do filme é muito interessante e prende a atenção das pessoas*.

tramar tra·***mar***
v. Armar, preparar (uma conspiração, uma revolta, um ataque, etc.): *aqueles homens tramaram um golpe contra o governo, mas não conseguiram realizá-lo; a trama foi descoberta e eles foram presos*.

T

trambique tram·***bi***·que
s.masc. *pop.* Trapaça, negócio ilegal: *ele fez um trambique para poder ficar com esse carro*.

trambiqueiro tram·bi·***quei***·ro
adj. Aquele que faz trambiques: *sujeito trambiqueiro*.

trambolhão tram·bo·***lhão***
s.masc. *pop.* Queda com muito barulho: *a criançada riu muito com o trambolhão do palhaço*.
❖ *pl.* trambolhões.

trambolho tram·***bo***·lho (ô)
s.masc. Coisa grande e inútil que atrapalha: *esse armário velho no meio do corredor é um trambolho, precisamos tirá-lo dali*.
❖ *pl.* trambolhos (ô).

tramoia tra·***moi***·a
s.fem. Cambalacho, combinação desonesta: *acho que eles fizeram uma tramoia para conseguir esse prêmio*.

trampolim tram·po·***lim***
s.masc. Prancha à beira da piscina de onde se salta para mergulhar: *o menino aprendeu a saltar do trampolim*.
❖ *pl.* trampolins.

trancafiar tran·ca·fi·***ar***
v. Prender, encarcerar: *a polícia trancafiou o ladrão*.

trancar tran·***car***
v. Fechar de modo seguro, usando chave, trinco, etc.: *ele trancou as portas da casa*.
→ Veja também **destrancar**.

trançar tran·***çar***
v. Entrelaçar fios uns sobre os outros: *trançar os cabelos*.

tranco ***tran***·co
s.masc. Empurrão, encontrão: *o nosso jogador levou um tranco do adversário*.
❑ **aos trancos e barrancos** Com muita dificuldade: *levou a vida aos trancos e barrancos sem emprego nem dinheiro até que a família resolveu ajudar*.

tranquilidade tran·qui·li·***da***·de
s.fem. Calma: *a boa notícia trouxe tranquilidade à família*.
→ Veja também **intranquilidade**.

tranquilizar tran·qui·li·***zar***
v. Acalmar, deixar tranquilo: *eu estava ansioso mas essa notícia me tranquilizou*.
→ Veja também **intranquilizar**.

tranquilo tran·***qui***·lo
adj. Calmo, sereno: *a boa notícia me deixou tranquilo*.
→ Veja também **intranquilo**.

transação tran·sa·***ção***
s.fem. Acordo ou negócio: *transação comercial.*
❖ *pl.* transações.

transar tran·***sar***
v. 1. Fazer acordo ou negócio: *os dois transaram a venda de uma casa.* 2. *pop.* Ter relação sexual com alguém: *nas telenovelas, há muitos casais transando.*

transatlântico tran·sa·***tlân***·ti·co
s.masc. Navio de grandes proporções capaz de atravessar o oceano: *o transatlântico levou os turistas a vários países.*

transbordar trans·bor·***dar***
v. Sair das bordas, das margens: *choveu tanto que o rio transbordou; suas águas saíram do leito e inundaram as ruas próximas.*

transeunte tran·se·***un***·te
s.masc.fem. Pessoa que passa na rua: *o repórter entrevistou alguns transeuntes.*

transferência trans·fe·***rên***·ci:a
s.fem. Ação de transferir, de mudar de um lugar para outro: *o aluno pediu transferência de escola; vai estudar em outro lugar.*

transferir trans·fe·***rir***
v. Mudar de um lugar para outro: *esse oficial vai transferir o soldado para outro país.*

transformação trans·for·ma·***ção***
s.fem. Modificação: *essa escola passou por uma grande transformação; muitas coisas foram mudadas, alteradas.*
❖ *pl.* transformações.

transformar trans·for·***mar***
v. 1. Mudar a finalidade de: *o dono do prédio transformou a loja em lanchonete.* 2. Alterar a forma: *o frio transformou a água em gelo.*
v.pron. **transformar-se** 3. Converter-se: *nesse filme, o homem se transforma em vampiro.*

transfusão trans·fu·***são***
s.fem. Introdução do sangue de uma pessoa no corpo de outra: *o médico realizou uma transfusão de sangue nesse paciente.*
❖ *pl.* transfusões.

transgredir trans·gre·***dir***
v. Desrespeitar (uma lei, um regulamento, etc.): *esse motorista transgrediu a lei e vai ser multado.*

transitar tran·si·***tar***
v. Passar: *muita gente transita por esta praça durante o dia.*

trânsito ***trân***·si·to
s.masc. Movimento de pedestres ou veículos: *essa rua vai ser asfaltada, por isso a prefeitura proibiu o trânsito por ela.*

transmissão trans·mis·***são***
s.fem. Ação de transmitir (uma notícia, uma doença, etc.): *a transmissão do jogo foi feita pelo rádio.*
❖ *pl.* transmissões.
→ Veja também **transmitir**.

transmissível trans·mis·***sí***·vel
adj.masc.fem. Que pode ser transmitido: *doença transmissível.*
❖ *pl.* transmissíveis.

transmissor trans·mis·***sor***
adj. Que transmite: *aparelho transmissor.*
❖ *pl.* transmissores.
→ Veja também **transmitir**.

transmitir trans·mi·***tir***
v. 1. Passar (aviso, notícia, informação, etc.): *pedi a ela para transmitir um recado a meus amigos.* 2. Contaminar, passar (doença): *esse mosquito transmite uma grave doença.*
→ Veja também **transmissão** e **transmissor**.

transparente trans·pa·***ren***·te
adj.masc.fem. Que possui transparência, que deixa ver do outro lado: *vidro transparente.*
→ Veja também **opaco**.

transpassar trans·pas·***sar***
v. Atravessar ou furar de um lado a outro: *o prego transpassou a madeira.*

transpirar trans·pi·***rar***
v. Suar: *durante a corrida, os atletas transpiram muito.*

T

transponível trans·po·***ní***·vel
adj.masc.fem. Que se pode transpor, ultrapassar: *obstáculo transponível*.
❖ *pl.* transponíveis.
→ Veja também **intransponível**.

transpor trans·***por***
v. Passar além de: *os soldados conseguiram transpor aquela montanha.*

transportar trans·por·***tar***
v. Levar de um lugar para outro: *esse caminhão vai transportar o piano da loja até minha casa.*

transporte trans·***por***·te (ó)
s.masc. Ação de transportar: *o transporte do piano será feito por esse caminhão.*
❑ **meios de transporte** Veículos usados no transporte de pessoas ou coisas: *o trem, o automóvel e o avião são meios de transporte.*

trapaça tra·***pa***·ça
s.fem. Ação desonesta para enganar alguém: *ele fez trapaça para ganhar o jogo.*

trapacear tra·pa·ce·***ar***
v. Fazer trapaça, enganar: *ele quis trapacear no teste, mas não conseguiu.*

trapaceiro tra·pa·***cei***·ro
s.masc. Aquele que faz trapaça: *a polícia prendeu o trapaceiro que enganou e roubou aquelas pessoas.*

trapalhada tra·pa·***lha***·da
s.fem. Confusão: *ele fez uma trapalhada tão grande na hora de arrumar as coisas no armário que acabou quebrando alguns objetos.*

T

trapalhão tra·pa·***lhão***
s.masc. *pop.* Aquele que faz trapalhada, que provoca confusão: *esse sujeito é um trapalhão, não consegue fazer nada sem arrumar confusão.*
❖ *fem.* trapalhona. *pl.* trapalhões.

trapo ***tra***·po
s.masc. Pedaço de pano velho ou usado: *no quintal, havia uns trapos sujos.*

traquinagem tra·qui·***na***·gem
s.fem. Travessura, pequenas maldades de criança: *esse menino vive fazendo traquinagem.*
❖ *pl.* traquinagens.

traquinas tra·***qui***·nas
adj.masc.fem. *pop.* Travesso, arteiro: *menino traquinas*.
❖ Esta palavra tem a mesma forma no singular e no plural: *garotos traquinas, garoto traquinas.*

trás
adv. Atrás: *ele voltou para trás.*
❑ **por trás** Pelo lado de trás: *ele veio por trás e me segurou.*
→ Não confunda com ***traz***, do verbo *trazer*: *ele traz o lanche para o irmão.*

traste ***tras***·te
s.masc. 1. Coisa velha, sem uso: *vamos tirar esses trastes da sala.* 2. *pop.* Pessoa inútil, que só atrapalha: *esse sujeito é um traste, não serve para nada!*

tratante tra·***tan***·te
adj.masc.fem. Patife, canalha: *sujeito tratante.*

tratar tra·***tar***
v. 1. Agir bem ou mal com uma pessoa: *quando estive em sua casa, ela me tratou bem, foi gentil comigo.* 2. Cuidar: *o médico trata dos doentes.* 3. Falar ou escrever sobre certo assunto: *nesta aula, o professor vai tratar de sintaxe.* 4. Esforçar-se: *trate de acabar esse trabalho ainda hoje.*

trato ***tra***·to
s.masc. Acordo: *fiz um trato com ele.*

trave ***tra***·ve
s.fem. 1. Peça de madeira grossa e comprida: *ponha uma trave para apoiar esta parede.* 2. *Esp.* Cada uma das duas barras verticais que formam o gol: *a bola bateu na trave.*

travessa tra·***ves***·sa (é)
s.fem. 1. Rua curta que liga duas outras: *moro nessa travessa.* 2. Prato em geral mais comprido do que largo que se usa para levar comida à mesa: *vou pegar a travessa de batatas.*

travessão tra·ves·***são***
s.masc. 1. *Esp.* Barra horizontal do gol: *a bola bateu no travessão.* 2. *Gram.* Sinal de pontuação que introduz falas em um diálogo ou isola, em um texto, palavras ou frases: *as falas das personagens são introduzidas por travessão.*
❖ *pl.* travessões.

travessia tra·ves·***si***·a
s.fem. Ação de atravessar uma região, um rio, etc.: *como faremos a travessia desse rio? Como passaremos para o outro lado?*

travesso tra·***ves***·so (ê)
adj. Arteiro, traquinas, que faz travessuras: *menino travesso*.

travessura tra·ves·***su***·ra
s.fem. Traquinagem: *esse menino gosta de fazer travessura, de fazer coisas que não devia.*

trazer tra·***zer***
v. 1. Transportar para onde estamos: *pedimos a ele para nos trazer café.* 2. Causar: *seu bom comportamento trouxe alegria aos pais.*

trecho ***tre***·cho (ê)
s.masc. Parte: *o professor leu apenas um trecho da história; amanhã ele vai ler o resto.*

treco ***tre***·co (é)
s.masc. *pop.* Troço, coisa: *vamos jogar fora todos esses trecos que estão na gaveta.*

trégua ***tré***·gua
s.fem. Interrupção temporária de um combate: *os dois exércitos aceitaram fazer uma trégua de uma semana.*

treinar trei·***nar***
v. Praticar, exercitar-se: *quero ser um bom nadador, por isso treino bastante, nado todos os dias.*

trem
s.masc. Veículo com vagões puxados por uma locomotiva: *os trens transportam pessoas e mercadorias.*
❖ *pl.* trens.

tremedeira tre·me·***dei***·ra
s.fem. Ação de tremer: *por causa da febre alta, ele tem muita tremedeira.*

tremendo tre·***men***·do
adj. Grande, enorme: *esse filme fez um tremendo sucesso.*

tremer tre·***mer***
v. 1. Ser agitado ou sacudido por pequenos movimentos: *as paredes da casa tremeram quando a bomba explodiu.* 2. Sentir o corpo agitar-se em pequenos movimentos: *estou tremendo de frio.*
❑ **tremer como vara verde** *pop.* Tremer muito (de medo): *ao ouvir aquela voz misteriosa, comecei a tremer como vara verde, fiquei morrendo de medo.*
→ Veja também **estremecer** e **tremor**.

trem-fantasma ***trem***-fan·***tas***·ma
s.masc. Trenzinho de parque de diversões que passa por um túnel escuro onde de repente aparecem imagens que provocam susto nas pessoas que estão em pequenos vagões abertos: *gritei muito quando andei no trem-fantasma.*
❖ *pl.* trens-fantasmas.

tremor tre·***mor***
s.masc. Ação de tremer, de estremecer: *o tremor de terra assustou os moradores da cidade.*
❖ *pl.* tremores.
→ Veja também **estremecer** e **tremer**.

tremular tre·mu·***lar***
v. Mover-se, agitar-se: *o vento faz a bandeira tremular no alto do mastro.*

trêmulo ***trê***·mu·lo
adj. Que treme, que não está firme: *o velhinho tinha as mãos trêmulas.*

trenó tre·***nó***
s.masc. Veículo sem rodas feito especialmente para deslizar sobre gelo ou neve: *os cães puxam o trenó.*

trepar tre·***par***
v. Subir: *o menino trepou na árvore.*

trevas ***tre***·vas (é)
s.fem.pl. Escuridão completa: *protegidos pelas trevas da noite, alguns animais saem para caçar.*

trevo ***tre***·vo (ê)
s.masc. *Bot.* Pequena planta com folhas divididas em três partes: *muita gente acredita que achar um trevo com quatro folhas traz sorte.*

T

triangular tri·an·gu·***lar***
adj.masc.fem. Que tem a forma de um triângulo: *objeto triangular*.
❖ *pl.* triangulares.

triângulo tri·***ân***·gu·lo
s.masc. Figura que tem três lados e três ângulos: *o menino desenhou um triângulo e depois um quadrado.*

tribal tri·***bal***
adj.masc.fem. Que se refere a tribo: *festa tribal*.
❖ *pl.* tribais.

tribo ***tri***·bo
s.fem. Grupo de índios que têm a mesma língua, os mesmos usos e costumes, a mesma religião: *vimos um filme sobre uma tribo do interior do Brasil.*

tribunal tri·bu·***nal***
s.masc. Local onde se realizam julgamentos: *o acusado foi levado ao tribunal*.
❖ *pl.* tribunais.

triciclo tri·***ci***·clo
s.masc. Velocípede; veículo de três rodas, uma na frente e duas atrás, com pedais e guidão: *o garoto se diverte com o triciclo*.

◎ Triciclo é uma palavra formada de *tri* (três) + *ciclo* (círculo, objeto circular).

tricolor tri·co·***lor***
adj.masc.fem. Que tem três cores: *a bandeira desse time é tricolor*.
❖ *pl.* tricolores.

trigo ***tri***·go
s.masc. Certo tipo de cereal com que se faz farinha, pão, etc.: *vimos uma grande plantação de trigo ao passar pela estrada.*

trimestral tri·mes·***tral***
adj.masc.fem. 1. Que dura três meses: *curso trimestral*. 2. Que se realiza de três em três meses: *exame trimestral*.
❖ *pl.* trimestrais.
→ Veja também **mensal** e **bimestral**.

trimestre tri·***mes***·tre (é)
s.masc. Período de três meses seguidos: *hoje é dia 30 de setembro; falta um trimestre para acabar o ano.*

trinado tri·***na***·do
s.masc. Gorjeio, canto de algumas aves: *ouça os trinados desse uirapuru!*

trincar trin·***car***
v. Rachar, quebrar sem se desfazer: *a água estava muito quente e trincou o copo de vidro.*

trincheira trin·***chei***·ra
s.fem. Escavação no solo onde os soldados se escondem para atirar contra os inimigos; a terra tirada na escavação forma uma espécie de muro de proteção para quem está dentro da trincheira: *esses soldados passaram vários dias na trincheira*.

trineto tri·***ne***·to (é)
s.masc. Filho do bisneto ou da bisneta: *seus netos e bisnetos gastaram toda a riqueza herdada, e não sobrou nada para os trinetos*.
→ Veja também **bisneto** e **tetraneto**.

tripa ***tri***·pa
s.fem. 1. Nome que se dá ao intestino dos animais em geral: *aproveitaram até as tripas do bicho.* 2. Intestino de porco abatido que se lava e salga para ser utilizado na fabricação de linguiças e salsichas: *coma, é gostoso, esqueça que são tripas*.
❑ *pop.* **fazer das tripas coração** Esforçar-se muito: *ele fez das tripas coração para acabar logo o serviço.*
→ Veja também **linguiça**.

triplicar tri·pli·***car***
v. Multiplicar por três, aumentar três vezes: *essa loja triplicou seus lucros.*

triplo ***tri***·plo
num. 1. Que é três vezes maior que outro: *quero um sorvete triplo!*
s.masc. 2. Quantidade três vezes maior que outra: *nove é o triplo de três.*

tripulação tri·pu·la·***ção***
s.fem. 1. Conjunto de marinheiros de um navio: *a tripulação se prepara para a partida.* 2. Conjunto de pessoas que trabalham num avião (aeromoça, comissário, etc.): *o piloto disse à tripulação que o avião está pronto para partir.*
❖ *pl.* tripulações.
❖ Tripulação é um substantivo coletivo.

T

tripulante tri·pu·***lan***·te
s.masc.fem. Pessoa que faz parte da tripulação de um navio ou de um avião: *os tripulantes dão informações aos passageiros.*

trisavô tri·sa·***vô***
s.masc. Pai do bisavô ou da bisavó: *este relógio foi do meu trisavô.*
❖ *fem.* trisavó.
→ Veja também **bisavô** e **tetravô**.

trissílabo tris·***sí***·la·bo
adj. *Gram.* Que tem três sílabas: *"máquina" é um substantivo trissílabo.*
→ Veja também **dissílabo**, **monossílabo** e **polissílabo**.

triste ***tris***·te
adj.masc.fem. Que está sem alegria, que está desgostoso: *menino triste.*
→ Veja também **entristecer**.

tristeza tris·***te***·za (ê)
s.fem. Falta de alegria: *a morte do gato causou muita tristeza no menino.*

tristonho tris·***to***·nho (ô)
adj. Que revela tristeza: *rosto tristonho.*

triturar tri·tu·***rar***
v. Moer, reduzir a pó: *essa máquina tritura grãos de café.*

triunfar tri·un·***far***
v. Vencer: *nosso time triunfou! Somos campeões!*

triunfo tri·***un***·fo
s.masc. Vitória: *conseguimos um grande triunfo.*

trivial tri·vi·***al***
adj.masc.fem. Muito comum, costumeiro: *esse é um fato trivial, acontece todo dia.*
❖ *pl.* triviais.

triz
s.masc. Quase nada.
❑ **por um triz** Por muito pouco: *ele não caiu da escada por um triz!*

trocadilho tro·ca·***di***·lho
s.masc. Brincadeira com palavras parecidas: *aprendi um trocadilho que diz "sem conserto do piano não há concerto".*

troça ***tro***·ça (ó)
s.fem. *pop.* Caçoada, zombaria: *eles estão rindo da menina, estão fazendo troça dela.*

trocar tro·***car***
v. 1. Mudar: *vou trocar de lugar com você.* 2. Dar uma coisa por outra: *troco minha bicicleta por um gravador; quem aceita essa troca?* 3. Dar-se mutuamente: *eles trocaram beijos, ou seja, um beijou o outro.*

troco ***tro***·co (ô)
s.masc. 1. Quantia que se recebe de volta num pagamento: *o livro custava R$ 8,00; dei uma nota de R$ 10,00 e o vendedor me deu R$ 2,00 de troco.* 2. Revide, resposta a uma ofensa ou agressão: *a menina chamou o colega de bobo e ele deu o troco, dizendo que ela era tonta; o professor entrou na conversa e acabou com a discussão.*

troço **tro**·ço (ó)
s.masc. *pop.* Coisa: *tem um troço dentro da caixa que eu não sei o que é.*
❖ *pl.* troços (ó).

troféu tro·***féu***
s.masc. Aquilo que um vencedor recebe como símbolo de sua vitória: *esse é o troféu que vai ser entregue ao campeão.*
❖ *pl.*: troféus.

troglodita tro·glo·***di***·ta
s.masc.fem. 1. Pessoa do tempo em que os homens viviam nas cavernas: *os trogloditas viveram na África.* 2. *pop.* Pessoa muito bruta, grosseira: *esse sujeito é um troglodita, ninguém gosta dele.*

tromba ***trom***·ba
s.fem. 1. Órgão de alguns animais, como o elefante, que serve para cheirar ou pegar coisas: *o elefante tem uma tromba grossa.* 2. *pop.* Cara zangada: *quando soube que não ia mais passear, o menino ficou com uma tromba!*

trombada trom·***ba***·da
s.fem. Encontrão, choque: *houve uma trombada na esquina; dois carros se chocaram.*

tromba-d'água ***trom***·ba-***d'á***·gua
s.fem. Pancada bem forte de chuva: *a tromba-d'água que caiu ontem provocou inundação em vários bairros.*
❖ *pl.* trombas-d'água.

T

tronco ***tron***·co
s.masc. 1. *Bot.* Caule, parte da árvore que fica entre as raízes e os ramos: *o gato está arranhando o tronco da árvore.* 2. *Anat.* Parte do corpo sem a cabeça e os membros: *o coração e os pulmões ficam no tronco.*

troncudo tron·***cu***·do
adj. Corpulento, que tem o tronco desenvolvido: *ele é um homem troncudo, forte.*

trono ***tro***·no (ô)
s.masc. Cadeira especial usada em certas ocasiões por um rei, um príncipe, etc.: *o trono desse rei era muito luxuoso.*
❑ **subir ao trono** Tornar-se rei: *D. Pedro II subiu ao trono antes de completar 18 anos de idade.*
→ Veja também **destronar**.

tropa ***tro***·pa (ó)
s.fem. 1. Grupo de soldados: *as tropas inimigas invadiram nosso território.* 2. Grupo de animais de carga: *tropa de burros.*
❖ Tropa é um substantivo coletivo.

tropeçar tro·pe·***çar***
v. Bater com o pé sem querer em algum obstáculo: *ele tropeçou no degrau da escada e quase caiu.*

trôpego ***trô***·pe·go
adj. Que anda com dificuldade: *um velho trôpego veio até o portão da casa.*

trouxa ***trou***·xa
s.fem. 1. Embrulho que contém roupa: *leve essa trouxa de roupa suja para o tanque.*
adj.masc.fem. 2. *pop.* Palerma, tolo: *sujeito trouxa.*

trovão tro·***vão***
s.masc. Barulho bem forte que vem das nuvens quando há uma tempestade: *o trovão assustou a criança.*
❖ *pl.* trovões.

trovejar tro·ve·***jar***
v. Soar (o trovão): *trovejou muito à noite.*

trovoada tro·vo·***a***·da
s.fem. Série de trovões: *as crianças assustaram-se com a trovoada.*

truque ***tru***·que
s.masc. Aquilo que se faz para enganar alguém: *o mágico faz truques incríveis!*

tuba ***tu***·ba
s.fem. *Mús.* Instrumento de sopro formado por um tubo de grande tamanho: *ele toca tuba na banda.*

tuberculose tu·ber·cu·***lo***·se (ó)
s.fem. *Med.* Grave doença infecciosa que geralmente ataca os pulmões: *a tuberculose é perigosa mas tem cura.*

tuberculoso tu·ber·cu·***lo***·so (ô)
adj. Que sofre de tuberculose: *homem tuberculoso.*
❖ *fem.* tuberculosa (ó). *pl.* tuberculosos (ó), tuberculosas (ó).

tubo ***tu***·bo
s.masc. Peça comprida e oca de forma cilíndrica por onde podem passar líquidos, ar, etc. ou que pode conter alguma coisa (tubo de pomada, de pasta de dente, etc.): *precisamos comprar um tubo de pasta de dente novo.*

tufão tu·***fão***
s.masc. Furacão, ventania fortíssima: *o tufão destruiu a pequena cidade.*
❖ *pl.* tufões.

tumba ***tum***·ba
s.fem. Sepultura, túmulo: *esses arqueólogos descobriram a tumba de um faraó.*

tumor tu·***mor***
s.masc. Crescimento anormal de alguma parte do corpo: *o médico pediu alguns exames para saber se o homem tem um tumor no estômago.*
❖ *pl.* tumores.

tumular tu·mu·***lar***
adj.masc.fem. Que se refere ao túmulo: *pedra tumular.*
❖ *pl.* tumulares.

túmulo ***tú***·mu·lo
s.masc. Sepultura, lugar onde um morto é enterrado: *há túmulos bem antigos nesse cemitério.*

tumulto tu·*mul*·to
s.masc. Grande agitação, acompanhada de desordem, barulho: *quem provocou esse tumulto na rua?*

tumultuar tu·mul·tu·*ar*
v. Fazer tumulto, provocar confusão: *ele tumultuou a reunião, que virou uma bagunça e precisou ser interrompida.*

túnel *tú*·nel
s.masc. Caminho subterrâneo: *o trem vai passar pelo túnel que atravessa aquela montanha.*
❖ *pl.* túneis.

tupi tu·*pi*
adj.masc.fem. 1. Que se refere à nação tupi, uma das maiores nações indígenas do Brasil e da América do Sul: *povo tupi.*
s.masc.fem. 2. Pessoa que pertence à nação tupi: *muitos tupis foram escravizados pelos portugueses.*
s.masc. 3. Língua falada por essa nação: *ele é professor de tupi.*

turba *tur*·ba
s.fem. Multidão desordenada: *uma turba tomou conta da praça, protestando contra o governo.*

turbante tur·*ban*·te
s.masc. Faixa de tecido enrolada na cabeça para proteção ou enfeite: *muitos povos usam turbantes.*

turbilhão tur·bi·*lhão*
s.masc. 1. Redemoinho de vento: *na estrada de terra, um turbilhão de poeira obrigou o motorista a parar o carro.* 2. Forte movimento giratório de águas: *o barco desapareceu no turbilhão das águas.*
❖ *pl.* turbilhões.

turbulento tur·bu·*len*·to
adj. Muito agitado: *não se pode trabalhar sossegado nesse ambiente turbulento.*

turismo tu·*ris*·mo
s.masc. Viagem de lazer: *gosto de fazer turismo, de viajar para conhecer lugares novos e passear.*

turista tu·*ris*·ta
s.masc.fem. Pessoa que viaja a passeio, que faz turismo: *muitos turistas têm visitado minha cidade.*

turístico tu·*rís*·ti·co
adj. Que atrai turistas: *cidade turística.*

turma *tur*·ma
s.fem. Grupo de pessoas que são amigas ou que exercem alguma atividade ou trabalho no mesmo local: *turma de alunos, turma de trabalhadores, etc.*
❖ Turma é um substantivo coletivo.

turno *tur*·no
s.masc. Período: *turno da manhã, da tarde, da noite.*

turrão tur·*rão*
adj. *pop.* Muito teimoso: *homem turrão.*
❖ *fem.* turrona. *pl.* turrões, turronas.

turvar tur·*var*
v. 1. Tornar turvo, escurecer, fazer perder a limpidez: *a poluição turvou a água desse riacho.*
v.pron. **turvar-se** 2. Ficar turvo: *minha vista turvou-se com as lágrimas.*

turvo *tur*·vo
adj. Que não é límpido ou transparente: *rio turvo.*

tutu tu·*tu*
s.masc. *pop.* Dinheiro: *estou sem tutu para comprar sorvete.*

T

U u

uirapuru

u

s.masc. A 21ª letra do alfabeto: *urubu é uma palavra que começa e termina com u.*

uai u·***ai***

interj. Palavra que indica espanto: *uai, por que tanta pressa?*

ué u·***é***

interj. Palavra que indica espanto, surpresa: *ué, onde está o meu lanche?*

ufa ***u***·fa

interj. Palavra que indica alívio: *ufa, finalmente acabei o trabalho!*

uirapuru ui·ra·pu·***ru***

s.masc. *Zool.* Pássaro da Amazônia, famoso por seu canto: *é raro ouvir o canto do uirapuru.*

❖ Para indicar o sexo do animal, dizemos *o uirapuru macho, o uirapuru fêmea.*

uísque u·**ís**·que

s.masc. Bebida alcoólica produzida com grãos de cereais: *ele comprou um litro de uísque.*

uivar ui·***var***

v. Soltar gritos fortes e prolongados que parecem gemidos: *os lobos uivam.*

uivo ***ui***·vo

s.masc. Grito forte e prolongado que parece um gemido: *os cães e os lobos costumam dar uivos.*

úlcera ***úl***·ce·ra

s.fem. *Med.* Ferida que se forma na pele ou no interior do corpo: *ele fez exames para ver se está com úlcera no estômago.*

ultimar ul·ti·***mar***

v. Terminar, acabar: *eles estão ultimando os preparativos para a grande festa.*

últimas ***úl***·ti·mas

s.fem.pl. Momentos finais da vida: *o doente está nas últimas, deve morrer em pouco tempo.*

último ***úl***·ti·mo

adj. 1. Derradeiro, final, o que vem no fim de uma série: *nosso time marcou um gol no último minuto da partida.* 2. Coisa ou pessoa que vem depois de todas as outras: *essa menina é a última da fila; depois dela não há mais ninguém.* 3. Atual: *essa revista mostra a última moda, o tipo de roupa que está na moda atualmente.* 4. Que é o mais recente: *este é o último número dessa revista; acabou de sair.*

ultrajante ul·tra·***jan***·te

adj.masc.fem. Que ofende, que insulta: *palavras ultrajantes.*

ultrajar ul·tra·***jar***

v. Ofender, insultar: *sua atitude me ultrajou.*

ultraje ul·***tra***·je

s.masc. Insulto, ofensa muito grave: *ele disse que eu era um ladrão, isso é um ultraje!*

ultraleve ul·tra·***le***·ve (é)

adj. 1. Muito leve: *objeto ultraleve.*

s.masc. 2. Avião pequeno, simples e muito leve: *ele gosta de passear de ultraleve.*

ultramar ul·tra·***mar***

s.masc. A região que fica além do mar: *esse país fica no ultramar.*

ultrapassado ul·tra·pas·***sa***·do

adj. 1. Que se conseguiu ultrapassar ou superar: *obstáculo ultrapassado.* 2. Que não se usa mais: *ele tem um jeito ultrapassado de ensinar.*

ultrapassar ul·tra·pas·***sar***

v. 1. Transpor, passar além: *precisamos ultrapassar essas dificuldades de nosso relacionamento.* 2. Passar à frente: *esse carro ultrapassou o meu, passou à minha frente.*

ultrarrápido ***ul***·trar·***rá***·pi·do

adj. Muito rápido: *trem ultrarrápido.*

ultrassecreto ul·tras·se·***cre***·to (é)
adj. Muito secreto: *informação ultrassecreta.*

ultrassensível ul·tras·sen·***sí***·vel
adj.masc.fem. Que é muito sensível: *pessoa ultrassensível.*
❖ *pl.* ultrassensíveis.

um
num. 1. Numeral que corresponde a uma unidade: *hoje apenas um aluno faltou.*
art.indef.masc. 2. *Gram.* Nome do artigo que se refere a um substantivo de modo vago, indeterminado: *há um homem na sala do diretor.*
❖ *fem.* uma. como artigo *pl.* uns, umas.

umbanda um·***ban***·da
s.fem. *Rel.* Religião de origem africana: *a umbanda tem muitos seguidores no Brasil.*

umbandista um·ban·***dis***·ta
s.masc.fem. Pessoa que segue a umbanda: *muitos umbandistas não são respeitados por pessoas de outras religiões.*

umbigo um·***bi***·go
s.masc. Marca deixada na barriga pelo corte do cordão umbilical: *a blusa que ela pôs deixa o umbigo de fora.*
→ Veja também **umbilical**.

umbilical um·bi·li·***cal***
adj.masc.fem. Que se refere ao umbigo: *quando o bebê nasce, corta-se o cordão umbilical que o ligava à mãe.*
❖ *pl.* umbilicais.

umedecer u·me·de·***cer***
v. Molhar de leve, deixar úmido: *ela umedeceu o lenço com suas lágrimas.*

umidade u·mi·***da***·de
s.fem. 1. Ar úmido: *a umidade da noite deixou a menina resfriada.* 2. Estado de uma coisa levemente molhada: *andando descalço por aqui podemos sentir a umidade do chão.*

umido ***ú***.mi.do
adj. Levemente molhado: *pano úmido.*

unânime u·***nâ***·ni·me
adj.masc.fem. Que revela acordo geral: *nosso grupo mostrou o desejo unânime de fazer essa excursão; todos os participantes do grupo, sem exceção, mostraram esse desejo.*

unanimidade u·na·ni·mi·***da***·de
s.fem. Acordo de todos: *os alunos aprovaram essa ideia por unanimidade, ou seja, todos aprovaram a ideia.*

unguento un·***guen***·to
s.masc. Medicamento sob forma de pomada: *estou passando esse unguento na perna.*

unha ***u***·nha
s.fem. 1. Camada dura que recobre a ponta de cima dos nossos dedos: *as moças gostam de pintar as unhas.* 2. Garra de alguns animais, como o leão, o gato, o tigre, etc.: *o gato tem unhas retráteis.*
❑ **com unhas e dentes** Com todas as forças: *para realizar seus sonhos, ela lutou com unhas e dentes.* **ser unha e carne (com alguém)** *pop.* Ser muito íntimo, ter grande amizade com alguém: *esses dois se conhecem há muito tempo, são unha e carne.*

unhada u·***nha***·da
s.fem. Golpe dado com as unhas: *o gato deu uma unhada no braço da menina.*

unha-de-fome ***u***·nha-de-***fo***·me (ô)
s.masc.fem. *pop.* Avarento, pão-duro: *homem unha-de-fome.*
❖ *pl.* unhas-de-fome.

unhar u·***nhar***
v. Ferir com as unhas: *o bicho unhou o menino.*

união u·ni·***ão***
s.fem. 1. Reunião: *com a união desses dois grupos de alunos em um só, o trabalho foi feito rapidamente.* 2. Paz, harmonia, concórdia: *deve haver união entre nós, e não brigas ou discussões.* 3. Reunião ou combinação de esforços: *a união faz a força.* 4. Casamento: *a união desses dois jovens foi comemorada com muita alegria por suas famílias.*
❖ *pl.* uniões.
→ Veja também **desunir** e **unir**.

U

unicamente u·ni·ca·***men***·te
adv. Apenas, somente: *vim aqui unicamente para entregar-lhe esta carta.*

único ***ú***.ni.co
adj. Que é um só: *sou filho único, não tenho irmão nem irmã.*

unicórnio u·ni·***cór***·ni:o
s.masc. Animal imaginário que tem a forma de um cavalo com um longo chifre na testa: *na história que lemos, o unicórnio salva a princesa.*

unido u·***ni***·do
adj. 1. Que se uniu: *mãos unidas.* 2. Amigo: *esses dois irmãos são muito unidos.*

uniforme u·ni·***for***·me (ó)
adj.masc.fem. 1. Que tem uma só forma: *figuras uniformes.*
s.masc. 2. Farda, tipo de roupa de uso obrigatório em certas instituições, escolas, etc.: *nessa escola, os alunos usam uniforme.*

uniformizar u·ni·for·mi·***zar***
v. 1. Tornar uniforme, dar a mesma forma: *Portugal e Brasil querem uniformizar a escrita de certas palavras.*
v.pron. **uniformizar-se** 2. Vestir uniforme, farda: *os soldados devem uniformizar-se para o desfile.*

unir u·***nir***
v. 1. Tornar um só: *eles uniram os dois grupos e formaram um só.* 2. Ligar, juntar: *o amor uniu esses jovens.*
v.pron. **unir-se** 3. Juntar-se: *os colegas vão unir-se para realizar esse trabalho.* 4. Casar-se: *eles uniram-se com uma grande festa.*
→ Veja também **desunir** e **união**.

U

universal u·ni·ver·***sal***
adj.masc.fem. 1. Que se refere ao mundo todo, a todos os povos: *história universal.* 2. Geral, que se refere a todas as pessoas: *o desejo de ser feliz é universal.*
❖ *pl.* universais.

universidade u·ni·ver·si·***da***·de
s.fem. Instituição de ensino formada por um conjunto de escolas de nível superior: *meu irmão está na universidade, ele estuda medicina.*

universitário u·ni·ver·si·***tá***·ri:o
adj. Que se refere à universidade: *aluno universitário.*

universo u·ni·***ver***·so (é)
s.masc. Conjunto de tudo o que existe (os planetas, as estrelas, os cometas etc.): *o planeta Terra é apenas uma pequena parte do universo.*

urbano ur·***ba***·no
adj. Da cidade: *região urbana.*
→ Veja também **rural**.

urgência ur·***gên***·ci:a
s.fem. Necessidade imediata: *tenho urgência desse dinheiro, preciso dele o quanto antes.*

urgente ur·***gen***·te
adj.masc.fem. Que não se pode deixar para mais tarde: *socorro urgente.*

urina u·***ri***·na
s.fem. Xixi: *a roupa do nenê está molhada de urina.*

urinar u·ri·***nar***
v. Fazer xixi: *o cachorro urinou na sala.*

urinol u·ri·***nol***
s.masc. Penico: *antigamente, sempre havia um urinol no quarto de dormir.*
❖ *pl.* urinóis.

urna ***ur***·na
s.fem. 1. Caixa com abertura onde se recolhem os votos numa eleição: *urna eleitoral.* 2. Caixa onde se guardam as cinzas dos mortos: *urna funerária.*

urrar ur·***rar***
v. Rugir, dar urros: *o leão urra.*

urro ***ur***·ro
s.masc. Rugido de algumas feras: *ouvimos os urros do leão.*

urubu u·ru·***bu***
s.masc. *Zool.* Ave de penas pretas que se alimenta de carniça: *os urubus voam muito alto.*
❖ Para indicar o sexo do animal, dizemos *o urubu macho, o urubu fêmea.*

urucubaca u·ru·cu·***ba***·ca
s.fem. *pop.* Muito azar: *estou com uma urucubaca terrível, nada dá certo na minha vida!*

uruguaio u·ru·***guai***·o
adj. 1. Que se refere ao Uruguai, país da América do Sul: *povo uruguaio*.
s.masc. 2. Aquele que nasceu no Uruguai: *os uruguaios visitam muito o Brasil*.

usado u·***sa***·do
adj. 1. Utilizado, empregado: *esse é o livro usado pelo professor*. 2. Que não é novo, que já teve uso: *comprei um carro usado*.

usar u·***sar***
v. 1. Empregar: *o médico usou uma palavra que não conheço*. 2. Vestir: *gosto de usar camisas dessa cor*. 3. Ter (por costume): *ele usa cabelos compridos*. 4. Utilizar: *use esse carro para ir à cidade*.

usina u·***si***·na
s.fem. 1. Local onde se produz açúcar: *usina de açúcar*. 2. Indústria que produz certas coisas especiais, como aço, eletricidade, etc.: *usina hidrelétrica*.

uso ***u***·so
s.masc. 1. Emprego: *o uso dessa palavra não é comum*. 2. Costume, hábito: *não conheço bem os usos dessa gente*. 3. Utilização: *o uso dessa máquina facilitou meu trabalho*.

usual u·su·***al***
adj.masc.fem. Que se usa frequentemente: *palavra usual*.
❖ *pl.* usuais.

usuário u·su·***á***·ri:o
s.masc. Aquele que habitualmente faz uso de alguma coisa: *os usuários desse ônibus reclamaram do aumento do preço da passagem*.

usufruir u·su·fru·***ir***
v. Gozar, aproveitar: *essa moça só pensa em usufruir das coisas boas da vida*.

usurpar u·sur·***par***
v. Apoderar-se de forma ilegal de alguma coisa, geralmente usando a força: *o irmão do rei quis usurpar o trono, quis tomar o poder à força*.

utensílio u·ten·***sí***·li:o
s.masc. Objeto que se usa para executar um certo tipo de trabalho: *para fazer o almoço, ela precisa de alguns utensílios (panela, frigideira, etc.)*.

útil ***ú***·til
adj.masc.fem. Que tem serventia, utilidade: *essa ferramenta é útil ao nosso trabalho, vai nos ajudar muito*.
❑ **dia útil** Dia em que todos trabalham normalmente: *hoje é feriado, mas amanhã será um dia útil*.
❖ *pl.* úteis. *superl.* utilíssimo.
→ Veja também **inútil** e **utilizar**.

utilidade u·ti·li·***da***·de
s.fem. Serventia: *esse livro foi de grande utilidade para nós, ajudou-nos muito*.
→ Veja também **inutilidade**.

utilizar u·ti·li·***zar***
v. 1. Empregar: *ele utilizou palavras raras na sua redação*. 2. Usar: *vou utilizar o computador para fazer a pesquisa*.

utilizável u·ti·li·***zá***·vel
adj.masc.fem. Que se pode utilizar, que está em condições de ser usado: *máquina utilizável*.
❖ *pl.* utilizáveis.
→ Veja também **inutilizável**.

utopia u·to·***pi***·a
s.fem. Ideia ou sonho muito bonito mas impossível de ser realizado: *uma sociedade perfeita, onde todos sejam felizes, é uma utopia*.

utópico u·***tó***·pi·co
adj. Que só pode existir na imaginação, que não se pode realizar: *o seu plano é muito bonito, mas utópico*.

uva ***u***·va
s.fem. Pequeno fruto comestível de que há muitas variedades: *gosto de suco de uva*.
❖ *Col.* cacho.

uva-passa ***u***·va-***pas***·sa
s.fem. Uva seca: *ela pôs uva-passa nesse bolo; ficou uma delícia!*
❖ *pl.* uvas-passas.

V v

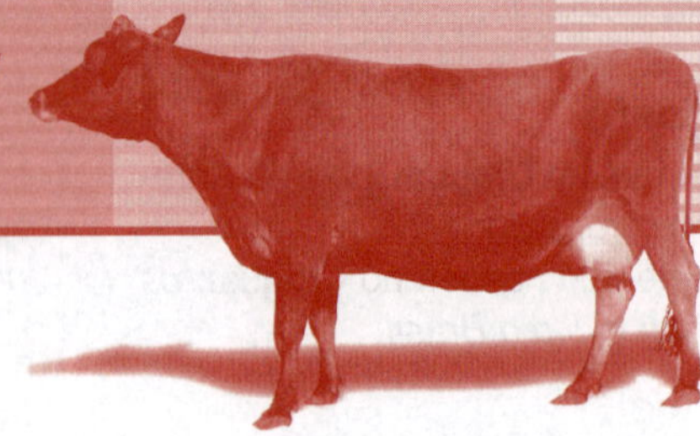

vaca

v (vê)

s.masc. A 22ª letra do alfabeto: *vento é uma palavra que começa com v.*

vaca va·ca

s.fem. A fêmea do boi: *a vaca está pastando.*

❑ **a vaca foi pro brejo** *pop.* Expressão que se usa para dizer que um plano ou projeto falhou, não deu certo: *depois de tudo pronto para a festa, a rua ficou sem energia e, desapontado, o organizador gritou: "A vaca foi pro brejo!".*

vacilar va·ci·***lar***

v. Hesitar, ficar em dúvida: *ele estava nervoso e vacilou na hora de responder.*

vacina va·***ci***·na

s.fem. Substância que se introduz no organismo para imunizar o corpo contra certas doenças: *as crianças devem tomar vacinas.*

vacinar va·ci·***nar***

v. Aplicar vacina: *a enfermeira vacinou as crianças.*

vadear va·de·***ar***

v. Passar ou atravessar a pé (um rio, um trecho de mar, etc.): *vamos vadear o rio aqui neste ponto, que é bem raso.*

→ Não confunda com **vadiar**, que tem outro significado.

vadiagem va·di·***a***·gem

s.fem. Falta de ocupação: *ele precisa parar com essa vadiagem; precisa arrumar algum serviço.*

vadiar va·di·***ar***

v. Ficar sem fazer nada, ficar à toa: *ele não trabalha, não estuda, só quer vadiar por aí.*

→ Não confunda com **vadear**, que tem outro significado.

vadio va·***di***·o

adj. 1. Vagabundo, que não quer trabalhar: *homem vadio.* 2. Que não tem dono e vive na rua: *cão vadio.*

vaga ***va***·ga

s.fem. 1. Onda grande: *durante a tempestade, as vagas jogavam o barco de um lado para outro.* 2. Lugar vazio: *ali há uma vaga para estacionar.* 3. Cargo que está à disposição: *há uma vaga para secretária nesse escritório.*

vagabundear va·ga·bun·de·***ar***

v. Vadiar, ficar à toa: *ontem trabalhei muito; hoje vou vagabundear.*

vagabundo va·ga·***bun***·do

adj. 1. Vadio, que não quer trabalhar: *homem vagabundo.* 2. Que tem má qualidade: *tênis vagabundos.*

vagalhão va·ga·***lhão***

s.masc. Grande vaga; onda muito grande: *um vagalhão virou o barco.*

❖ *pl.* vagalhões.

vaga-lume ***va***·ga-***lu***·me

s.masc. *Zool.* Pirilampo; certo tipo de besouro que possui órgãos que emitem luz fosforescente e brilham no escuro: *ontem vi um vaga-lume no jardim.*

❖ *pl.* vaga-lumes. Para indicar o sexo do animal, dizemos *o vaga-lume macho*, *o vaga-lume fêmea.*

vagão va·***gão***

s.masc. Cada um dos carros de um trem: *o vagão em que viajamos estava quase vazio.*

❖ *pl.* vagões.

vagar va·***gar***

v. 1. Andar sem destino: *ele vagava pelas ruas do bairro.* 2. Boiar sem direção certa: *o pequeno barco vagava pelo mar, levado pelas ondas.* 3. Ficar vago, desocupado: *estou esperando vagar um lugar no ônibus para sentar.*

s.masc. 4. Lentidão, falta de pressa: *hoje tenho muito tempo livre; por isso, farei o trabalho com vagar, calmamente.*

vagaroso va·ga·***ro***·so (ô)

adj. Lento: *seu andar é vagaroso e, por isso, ele levará horas para chegar.*

❖ *fem.* vagarosa (ó). *pl.* vagorosos (ó), vagarosas (ó).

→ Veja também **lento**, **ligeiro**, **rápido** e **veloz**.

vago ***va***·go

adj. 1. Livre, desocupado: *ali há um lugar vago.* 2. Impreciso, pouco claro: *suas informações são vagas; não nos ajudam muito.*

vaguear va·gue·***ar***

v. Andar sem destino certo: *ele passou o dia vagueando pela cidade, andando à toa pelas ruas.*

vaia ***vai***·a

s.fem. Apupo, gritaria contra alguém, manifestação ruidosa de desagrado: *o time fez uma péssima partida e recebeu uma vaia do público.*

vaiar vai·***ar***

v. Apupar, gritar contra alguém, manifestar ruidosamente o desagrado: *o público vaiou o presidente.*

vaidade vai·***da***·de

s.fem. Desejo exagerado de receber elogios, de ser admirado: *essa menina não devia ter tanta vaidade.*

→ Veja também **modéstia**.

vaidoso vai·***do***·so (ô)

adj. Que tem vaidade, que gosta de ser admirado, de receber elogios: *homem vaidoso.*

❖ *fem.* vaidosa (ó). *pl.* vaidosos (ó), vaidosas (ó).

→ Veja também **modesto** e **envaidecer**.

vaivém vai·***vém*** (ê)

s.masc. Movimento de ir e vir repetidas vezes: *parem com esse vaivém da sala para a cozinha.*

❖ *pl.* vaivéns.

vala ***va***·la

s.fem. 1. Espécie de canal longo que se escava para receber águas e conduzi-las a um certo ponto: *é preciso fazer uma vala nesse terreno.* 2. Cova coletiva onde geralmente se enterram muitos cadáveres de uma só vez: *as centenas de vítimas do terremoto foram enterradas numa vala.*

vale ***va***·le

s.masc. Terreno plano que se encontra entre montanhas: *eles atravessaram o vale.*

valentão va·len·***tão***

adj. Que é metido a valente, que gosta de provocar brigas: *sujeito valentão.*

❖ *fem.* valentona. *pl.* valentões, valentonas.

valente va·***len***·te

adj.masc.fem. Corajoso: *o homem enfrentou as chamas para salvar a criança; ele foi muito valente.*

→ Veja também **medroso**, **covarde** e **corajoso**.

valentia va·len·***ti***·a

s.fem. Coragem, destemor, bravura: *admiro a valentia desse homem.*

valer va·***ler***

v. 1. Custar, ter valor: *as casas desse bairro estão valendo muito.* 2. Socorrer, ajudar: *valha-me Deus!* 3. Merecer: *o bem das crianças vale o nosso esforço.* 4. Ter validade, ser válido: *essa nota ainda vale; você pode usá-la.* 5. Servir: *os exercícios que fizemos valeram como treino para o exame.*

v.pron. **valer-se** 6. Aproveitar-se: *ele valeu-se da fama do pai para conseguir esse emprego.*

❑ *pop.* **a valer** Muito: *brinquei a valer no parque; nunca me diverti tanto!*

valeta va·***le***·ta (ê)

s.fem. Pequena vala para escoamento de águas: *muita água suja escorre pelas valetas da cidade.*

validade va·li·***da***·de

s.fem. Valor: *essa entrada de cinema tem validade; você pode usá-la.*

validar va·li·***dar***

v. Declarar válido, legítimo: *o juiz validou o gol; disse que ele valeu.*

→ Veja também **invalidar**.

válido ***vá***·li·do

adj. Legal, que tem validade: *esse documento é válido.*

valioso va·li·***o***·so (ô)

adj. 1. Que vale muito dinheiro: *objeto valioso.* 2. Importante: *ele me deu uma ajuda valiosa.*

❖ *fem.* valiosa (ó). *pl.* valiosos (ó), valiosas (ó).

V

valor va·***lor***

s.masc. 1. Preço de uma coisa: *qual é o valor desse anel? Quanto ele custa?* 2. Validade: *esse atestado de saúde não tem valor porque não está assinado pelo médico.* 3. Importância: *eu dou valor ao seu trabalho, acho que ele é importante.*

valorizar va·lo·ri·***zar***

v. 1. Dar valor: *sua mãe valoriza a sua opinião.* 2. Aumentar o preço ou o valor de: *a descoberta de petróleo nessa região valorizou o preço das terras.*

→ Veja também **desvalorizar**.

valoroso va·lo·***ro***·so (ô)

adj. Corajoso, bravo: *guerreiro valoroso.*

❖ *fem.* valorosa (ó). *pl.* valorosos (ó), valorosas (ó).

valsa ***val***·sa

s.fem. Certo tipo de dança de salão em que o par faz voltas rápidas: *os noivos dançaram uma valsa na festa.*

valsar val·***sar***

v. Dançar valsa: *esses rapazes não sabem mais valsar.*

vampiro vam·***pi***·ro

s.masc. 1. Morto que, segundo a superstição do povo, sai da sepultura para chupar o sangue das pessoas, as quais, depois de picadas, se transformam em vampiros também: *o vampiro só existe na imaginação das pessoas.* 2. Espécie de morcego que se alimenta do sangue de outros animais: *na fazenda, o vampiro chupa o sangue das vacas.*

vandalismo van·da·***lis***·mo

s.masc. Destruição proposital de obras de arte (como estátuas, quadros, etc.) ou de coisas de utilidade pública (como telefones, praças, parques, etc.): *a polícia procura impedir atos de vandalismo.*

vândalo ***vân***·da·lo

s.masc. Aquele que pratica vandalismo: *o orelhão foi destruído por vândalos.*

◎ Vândalo é o nome de um antigo povo guerreiro que causou muitos estragos na Europa, invadindo e destruindo cidades e vilas.

vangloriar-se van·glo·ri·***ar***-se

v.pron. Ficar falando de si mesmo com orgulho: *esse atleta gosta de vangloriar-se de seu sucesso no esporte.*

vanguarda van·***guar***·da

s.fem. 1. Dianteira, linha de frente: *aquele grupo de soldados vai na vanguarda.* 2. Dianteira na arte, na política, etc.: *com suas ideias novas e avançadas, podemos dizer que esse artista hoje está na vanguarda.*

→ Veja também **retaguarda**.

vantagem van·ta·***gem***

s.fem. 1. Superioridade: *esse time está ganhando de 1 a 0; ele está em vantagem no placar.* 2. Benefício: *a economia de combustível é uma das vantagens desse carro.*

❖ *pl.* vantagens.

→ Veja também **desvantagem**.

vantajoso van·ta·***jo***·so (ô)

adj. Que traz vantagem, que é lucrativo: *negócio vantajoso.*

❖ *fem.* vantajosa (ó). *pl.* vantajosos (ó), vantajosas (ó).

vão

s.masc. 1. Abertura: *nessa parede, o pedreiro deixou um vão para a janela.*

adj. 2. Inútil: *meu esforço foi vão, não produziu o resultado que eu esperava.*

❑ **em vão** Inutilmente: *procurei-o em vão em todos os lugares e não o encontrei.*

❖ *fem.* vã. *pl.* vãos, vãs.

vapor va·***por***

s.masc. Estado gasoso de um líquido ou sólido submetido a uma certa temperatura: *quando a água ferve o vapor sobe.*

❑ **a todo vapor** *pop.* Acelerado, com muita energia: *ele trabalha a todo vapor.*

❖ *pl.* vapores.

→ Veja também **evaporar**.

vaqueiro va·***quei***·ro

s.masc. Aquele que toma conta do gado: *o vaqueiro vigia a boiada.*

vaquinha va·***qui***·nha

s.fem. 1. Vaca pequena: *ganhamos uma vaquinha.* 2. *pop.* Coleta de dinheiro feita entre várias pessoas: *eles fizeram uma vaquinha e compraram um lindo presente para a criança.*

vara va·ra

s.fem. 1. Galho de árvore fino e flexível: *achei essa vara no chão, perto das árvores.* 2. Pedaço de pau bem comprido usado pelos atletas que praticam salto em altura: *essa atleta ganhou a prova de salto com vara.* 3. Grupo numeroso de porcos: *o menino conduzia uma vara de porcos.*
❖ No sentido 3, vara é um substantivo coletivo.

varal va·**ral**

s.masc. Pedaço de fio de plástico ou de arame que é esticado a uma certa altura e onde se coloca roupa molhada para secar: *ela estendeu a roupa no varal.*
❖ *pl.* varais.

varanda va·**ran**·da

s.fem. Espaço coberto ao longo da parede externa de uma casa, geralmente na parte da frente: *quando cheguei, eles estavam sentados na varanda.*

varão va·**rão**

s.masc. Homem: *naquela família havia três mulheres e um varão.*
❖ *pl.* varões.

varar va·**rar**

v. Furar de lado a lado: *o índio atirou uma flecha que varou a mão do inimigo.*

vareta va·**re**·ta (ê)

s.fem. Varinha: *ele bate no tamborim com essa vareta.*

variação va·ri:a·**ção**

s.fem. Mudança: *durante o dia fez calor, mas à noite houve uma variação na temperatura e fez muito frio.*
❖ *pl.* variações.

variar va·ri·**ar**

v. 1. Sofrer mudanças, transformar-se: *a moda varia com o passar do tempo.* 2. Diversificar: *de vez em quando, gosto de variar a alimentação, de comer coisas diferentes.*

variável va·ri·**á**·vel

adj.masc.fem. 1. Que pode variar ou mudar: *temperatura variável.* 2. *Gram.* Nome que se dá à palavra que sofre mudanças no plural, no feminino, etc: *o adjetivo "belo", por exemplo, é variável: "belo" menino, "bela" menina, "belos" meninos, "belas" meninas.*
❖ *pl.* variáveis.
→ Veja também **invariável**.

variedade va·ri:e·**da**·de

s.fem. Coisas diferentes: *essa loja tem grande variedade de brinquedos; as crianças ficam até em dúvida na hora de escolher.*

varíola va·**rí**·o·la

s.fem. *Med.* Certo tipo de doença contagiosa que deixa marcas na pele: *vou tomar vacina contra varíola.*

varredor var·re·**dor**

s.masc. Aquele que é contratado para varrer as ruas: *esse varredor trabalha para a prefeitura.*
❖ *pl.* varredores.

varrer var·**rer**

v. Passar a vassoura para limpar: *ele varreu o quintal.*

varrição var·ri·**ção**

s.fem. Ação de varrer: *a varrição das ruas foi interrompida por causa da greve dos varredores.*
❖ *pl.* varrições.

vasculhar vas·cu·**lhar**

v. Procurar com cuidado em todos os cantos: *a polícia vasculhou a casa, mas não achou as joias que estão desaparecidas.*

vasilha va·**si**·lha

s.fem. Recipiente geralmente usado para guardar líquidos: *coloque água nessa vasilha.*

vasilhame va·si·**lha**·me

s.masc. Garrafa vazia: *no fim da festa, guardamos os vasilhames de bebidas.*

vaso **va**·so

s.masc. 1. Peça com espaço interno para conter sólidos ou líquidos: *ela plantou flores nesse vaso.* 2. *Anat.* Espécie de pequeno tubo que há em nosso corpo por onde correm o sangue e outros líquidos: *vasos sanguíneos.*
❑ **vaso sanitário** Peça do banheiro usada para fazermos nossas necessidades físicas: *o pedreiro vai instalar o vaso sanitário nesse banheiro.*

vassalo vas·***sa***·lo

s.masc. Aquele que é súdito de um soberano: *o rei convocou os vassalos para ajudá-lo na guerra.*

vassoura vas·***sou***·ra

s.fem. Utensílio formado por uma espécie de escova presa a um cabo comprido, usado para varrer: *pegue a vassoura e limpe a sala.*

vassourada vas·sou·***ra***·da

s.fem. Pancada com a vassoura: *a moça tentou dar uma vassourada na barata.*

vastidão vas·ti·***dão***

s.fem. Amplidão, espaço grande e amplo: *o barco sumiu na vastidão do mar.*

vasto ***vas***·to

adj. Imenso: *sua obra é vasta.*

vazar va·***zar***

v. Deixar sair ou correr um líquido: *essa lata de tinta está vazando; ela deve estar furada.*

vazio va·***zi***:o

adj. Que não contém nada: *a caixa de lápis está vazia.*

→ Veja também **cheio** e **esvaziar**.

veado ve·***a***·do

s.masc. *Zool.* Certo tipo de mamífero ruminante muito veloz e arisco; os machos têm chifres divididos em ramos: *os veados são animais herbívoros.*

❖ Para indicar o sexo do animal, dizemos *o veado macho, o veado fêmea.*

vedar ve·***dar***

v. 1. Tapar para impedir a saída de um líquido: *ela vedou o tanque e encheu-o de água.* 2. Proibir por lei ou regulamento: *nesta escola, o regulamento veda a entrada de alunos sem uniforme.*

veemência ve·e·***mên***·ci:a

s.fem. Energia, fervor: *ele ficou nervoso e protestou com veemência contra essa injustiça.*

veemente ve·e·***men***·te

adj.masc.fem. Enérgico, fervoroso: *fizemos um veemente protesto contra aquela injustiça.*

vegetação ve·ge·ta·***ção***

s.fem. Conjunto de plantas que nasce numa região: *esse livro mostra como é a vegetação da região norte do Brasil.*

❖ *pl.* vegetações.

vegetal ve·ge·***tal***

adj.masc.fem. 1. Que se refere às plantas: *alimento vegetal.*

s.masc. 2. Planta: *a botânica é a ciência que estuda os vegetais.*

❖ *pl.* vegetais.

vegetariano ve·ge·ta·ri·***a***·no

adj. Que consta apenas de alimentos vegetais: *dieta vegetariana.*

veículo ve·***í***·cu·lo

s.masc. Meio de transporte: *o trem, o automóvel e o avião são veículos muito usados para transportar pessoas.*

vela ***ve***·la (é)

s.fem. 1. Pano largo e resistente preso no mastro de uma embarcação: *o vento empurrou a vela e movimentou a embarcação.* 2. Peça de cera com pavio, que serve para iluminar: *ela acendeu uma vela no quarto escuro.*

veleiro ve·***lei***·ro

s.masc. Barco a vela: *vimos um veleiro no mar.*

velhaco ve·***lha***·co

adj. *pop.* Patife, tratante: *sujeito velhaco.*

velhice ve·***lhi***·ce

s.fem. Época da vida em que estão as pessoas que viveram muitos anos: *ela vive uma velhice feliz ao lado de seus netos.*

velho ***ve***·lho (é)

adj. 1. Idoso, que tem idade avançada: *homem velho.* 2. Antigo, que existe há muito tempo: *cidade velha.* 3. Usado, gasto: *sapato velho.*

s.masc. 4. *pop.* Homem idoso: *há um velho aí fora querendo conversar com você.*

velocidade ve·lo·ci·***da***·de

s.fem. Rapidez: *observe a velocidade desse corredor; veja como ele deixa os outros para trás!*

velocípede ve·lo·***cí***·pe·de

s.masc. Triciclo; veículo de três rodas, uma na frente e duas atrás, com pedais e guidão: *comprei um velocípede para meu irmãozinho.*

> A palavra velocípede é formada com base em duas palavras: *veloce* (veloz) + *pede* (pé).

veloz ve·***loz***

adj.masc.fem. Rápido: *atleta veloz.*

❖ *pl.* velozes. *superl.* velocíssimo.

→ Veja também **lento**, **ligeiro**, **rápido** e **vagaroso**.

vencedor ven·ce·***dor***

adj. 1. Que vence: *time vencedor.*

s.masc. 2. Aquele que vence: *o vencedor vai receber um prêmio.*

❖ *pl.* vencedores.

→ Veja também **perdedor**.

vencer ven·***cer***

v. 1. Ganhar: *esse país venceu a guerra.* 2. Derrotar: *o time venceu o adversário.* 3. Dominar: *a criança conseguiu vencer o medo que sentia.* 4. Terminar: *o prazo para pagamento da mensalidade venceu ontem.* 5. Superar: *ele venceu muitos obstáculos.*

vencimento ven·ci·***men***·to

s.masc. 1. Dia em que termina o prazo para o pagamento de uma conta, de uma dívida, etc.: *paguei a conta de luz um dia antes do vencimento.*

s.masc.pl. 2. Salário: *esses funcionários querem aumento de vencimentos, ou seja, querem ganhar mais.*

venda ***ven***·da

s.fem. 1. Ação de vender: *ele ganhou muito dinheiro com a venda dessa casa.* 2. Pequeno armazém: *passe na venda e compre uma lata de óleo.* 3. Pedaço de pano que se usa para cobrir os olhos de alguém: *puseram uma venda nos olhos do prisioneiro para que ele não visse para onde estava sendo levado.*

vendar ven·***dar***

v. Cobrir os olhos de alguém com uma venda, com um pedaço de pano: *os sequestradores vendaram os olhos da vítima.*

vendaval ven·da·***val***

s.masc. Vento muito forte: *o vendaval destruiu o telhado de muitas casas.*

❖ *pl.* vendavais.

vendedor ven·de·***dor***

s.masc. Aquele que faz vendas, que vende: *o vendedor da loja me mostrou novos modelos de aparelhos de som.*

❖ *pl.* vendedores.

vender ven·***der***

v. Trocar alguma coisa por dinheiro: *ele vendeu sua bicicleta.*

veneno ve·***ne***·no (ê)

s.masc. Aquilo que, se for comido ou bebido, pode causar a morte ou deixar muito doente: *o rato comeu o veneno e morreu.*

→ Veja também **envenenar**.

venenoso ve·ne·***no***·so (ô)

adj. Que contém ou produz veneno: *cobra venenosa.*

❖ *fem.* venenosa (ó). *pl.* venenosos (ó), venenosas (ó).

veneração ve·ne·ra·***ção***

s.fem. Respeito profundo por alguém: *ele tem grande veneração pelos pais.*

venerar ve·ne·***rar***

v. Respeitar profundamente: *veneramos nossa família.*

venerável ve·ne·***rá***·vel

adj.masc.fem. Respeitável, que deve ser venerado: *homem venerável.*

❖ *pl.* veneráveis.

venezuelano ve·ne·zu:e·***la***·no

adj. 1. Que se refere à Venezuela, um país da América do Sul: *cidade venezuelana.*

s.masc. 2. Aquele que nasceu na Venezuela: *conheci dois venezuelanos na escola.*

venoso ve·***no***·so (ô)

adj. Que se refere às veias: *sangue venoso.*

❖ *fem.* venosa (ó). *pl.* venosos (ó), venosas (ó).

ventania ven·ta·***ni***·a

s.fem. Vento forte: *a ventania derrubou os vasos que estavam na janela.*

ventar ven·***tar***

v. Fazer muito vento: *ontem à tarde ventou bastante.*

ventilar ven·ti·***lar***

v. Arejar, renovar o ar de: *abra as janelas; vamos ventilar a sala.*

vento ***ven***·to

s.masc. Ar em movimento: *o vento balança a cortina.*

❑ **ir de vento em popa** *pop.* Ir muito bem: *a nova loja vai de vento em popa, está faturando bastante.*

ventre ***ven***·tre

s.masc. Barriga, abdômen: *ele está com dor no ventre.*

ventríloquo ven·***trí***·lo·quo

s.masc. Aquele que fala sem movimentar os lábios, de modo que sua voz parece sair de outro lugar: *o ventríloquo se apresenta com um boneco que parece conversar com ele.*

ventura ven·***tu***·ra

s.fem. Felicidade, sorte: *tive a ventura de encontrar uma pessoa amiga, que me ajudou a resolver o problema.*

→ Veja também **desventura**.

venturoso ven·tu·***ro***·so (ô)

adj. Que tem boa sorte, que é feliz: *homem venturoso.*

❖ *fem.* venturosa (ó). *pl.* venturosos (ó), venturosas (ó).

ver

v. 1. Enxergar: *estou vendo meu pai lá no quintal.* 2. Assistir: *vi um belo filme ontem.*

veracidade ve·ra·ci·***da***·de

s.fem. Verdade: *quero que você prove a veracidade do que está dizendo.*

veranear ve·ra·ne·***ar***

v. Passar o verão: *ele vai veranear na praia.*

verão ve·***rão***

s.masc. Estação do ano que vem depois da primavera e antes do outono: *no Brasil, o verão vai de 21 de dezembro a 21 de março.*

❖ *pl.* verões.

verba ***ver***·ba (é)

s.fem. Quantia: *o diretor da escola reservou uma verba para a compra de livros para a biblioteca.*

verbal ver·***bal***

adj.masc.fem. 1. Que se refere à fala: *comunicação verbal.* 2. *Gram.* Que se refere ao verbo: *conjugação verbal.*

❖ *pl.* verbais.

verbete ver·***be***·te (ê)

s.masc. Conjunto dos significados apresentados para cada palavra num dicionário: *os verbetes oferecem muitas informações sobre as palavras.*

verbo ***ver***·bo (é)

s.masc. *Gram.* Palavra que pode exprimir: a) ação: ele *entrou* na sala; b) estado: ela *está* contente; c) mudança de estado: ele *ficou* feliz; d) fenômeno da natureza: ontem *choveu*: *sem os verbos, é mais difícil se comunicar.*

verdadeiro ver·da·***dei***·ro

adj. Que expressa a verdade: *notícia verdadeira.*

→ Veja também **falso**.

verde ***ver***·de

adj. Da cor da grama: *a bandeira brasileira é verde e amarela.*

vereador ve·re·a·***dor***

s.masc. Aquele que é eleito pelos moradores de um município e governa a cidade junto com outros vereadores e o prefeito: *os vereadores se reúnem na Câmara Municipal.*

❖ *pl.* vereadores.

veredito ve·re·***di***·to

s.masc. Decisão tomada por um tribunal: *no fim do julgamento, os jurados dão seu veredito, declarando se consideram o acusado inocente ou culpado.*

→ Também existe a forma **veredicto**.

vergão ver·***gão***

s.masc. Marca na pele produzida por chicotada, pancada, etc.: *o tapa que ela me deu deixou um vergão no meu braço.*

❖ *pl.* vergões.

vergar ver·***gar***
v. Dobrar, curvar: *era um homem tão forte que conseguiu vergar a barra de ferro.*

vergonha ver·***go***·nha (ô)
s.fem. 1. Sentimento de alguém que reconhece ter feito uma coisa errada, que sabe ter agido mal: *ela sentiu vergonha por ter sido tão egoísta.* 2. Timidez, acanhamento: *como tinha muita vergonha, não quis participar da peça de teatro.* 3. Humilhação, vexame: *a aluna passou vergonha quando foi repreendida na frente de todos.*

vergonhoso ver·go·***nho***·so (ô)
adj. 1. Humilhante: *sofremos uma derrota vergonhosa!* 2. Infame: *sua traição foi um ato vergonhoso.*
❖ *fem.* vergonhosa (ó). *pl.* vergonhosos (ó), vergonhosas (ó).

verídico ve·***rí***·di·co
adj. Verdadeiro: *essa história é verídica, aconteceu de verdade.*
→ Veja também **inverídico**.

verificar ve·ri·fi·***car***
v. 1. Examinar: *verifique se as portas estão fechadas.* 2. Comprovar, constatar: *verificamos que ele fez tudo como manda a lei.*

verme ***ver***·me (é)
s.masc. Nome que se dá aos animais invertebrados, de corpo comprido e mole, sem patas, como as minhocas, por exemplo: *alguns vermes podem transmitir doenças.*

vermelho ver·***me***·lho
adj. Da cor do sangue: *camisa vermelha.*
→ Veja também **avermelhar**.

vernáculo ver·***ná***·cu·lo
adj. Pátrio, nacional: *ele conhece bem a língua vernácula, ou seja, o português.*

verruga ver·***ru***·ga
s.fem. Saliência redonda e dura que nasce na pele, parecida com um pequeno caroço: *a bruxa tinha uma verruga grande bem na ponta do nariz.*
❖ Também existe a forma **berruga**.

versátil ver·***sá***·til
adj.masc.fem. Que sabe fazer bem várias coisas: *ele é um jogador versátil; joga bem no ataque, na defesa e até no gol.*
❖ *pl.* versáteis.

versatilidade ver·sa·ti·li·***da***·de
s.fem. Capacidade de fazer bem várias coisas: *esse profissional tem muita versatilidade: lê, escreve e se comunica muito bem.*

versículo ver·***sí***·cu·lo
s.masc. Cada um dos pequenos parágrafos numerados em que se dividem os capítulos dos textos bíblicos: *neste versículo está a frase dita pelo padre.*

verso[1] ***ver***·so (é)
s.masc. Cada uma das linhas de um poema. Veja a seguir os sete versos de um poema de Elias José.

> Passarinho criança,
> se sai do ninho,
> fica friinho,
> não canta cedo,
> só dá trabalho,
> voa com medo
> de todo espantalho.
>
> ELIAS JOSÉ. *Caixa mágica de surpresa.* São Paulo: Paulinas, 1984.

→ Não confunda com ***versus***, que tem outro significado. Veja também **estrofe**, **poema** e **poesia**.

verso[2] ***ver***·so (é)
s.masc. Lado oposto ao lado da frente de uma folha de papel: *escreva o seu endereço no verso do cheque.*

versus ***ver***·sus (é)
prep. Palavra latina que significa contra: *o jogo de hoje vai ser Palmeiras versus Flamengo.*

vertebrado ver·te·***bra***·do
adj. Que tem coluna vertebral: *animal vertebrado.*
→ Veja também **coluna** e **invertebrado**.

vertical ver·ti·***cal***
adj.masc.fem. Que se estende numa linha reta de cima para baixo: *o gol tem um travessão horizontal em cima e duas traves verticais, uma de cada lado.*

V

❖ *pl.* verticais.
→ Veja também **horizontal**.

vespa ***ves***·pa (ê)
s.fem. *Zool.* Certo tipo de inseto cuja fêmea é dotada de ferrão: *cuidado com a vespa, ela pica.*
❖ Para indicar o sexo do animal, dizemos *a vespa macho, a vespa fêmea.*

véspera ***vés***·pe·ra
s.fem. O dia anterior: *vou viajar no dia 15; na véspera, isto é, no dia 14, darei uma festa de despedida.*

vespertino ves·per·***ti***·no
adj. Que se refere ao período da tarde: *curso vespertino.*

veste ***ves***·te (é)
s.fem. Roupa, traje: *ela estava usando luxuosas vestes de seda.*

vestiário ves·ti·***á***·ri:o
s.masc. Local onde se pode trocar de roupa: *os jogadores trocam de roupa nos vestiários.*
→ Não confunda com **vestuário**, que tem outro significado.

vestígio ves·***tí***·gi:o
s.masc. 1. Pegada, marca deixada pelos pés de uma pessoa ou pelas patas de um animal: *há vestígios de tatu neste terreno.* 2. Sinal: *a polícia encontrou vestígios que provam que essa porta foi arrombada.*

vestimenta ves·ti·***men***·ta
s.fem. Roupa: *os operários estavam usando vestimentas especiais no trabalho.*

vestir ves·***tir***
v. 1. Colocar uma roupa em alguém: *ela vestiu a criança.*
v.pron. **vestir-se** 2. Colocar uma roupa no próprio corpo: *vou vestir-me para sair.*

vestuário ves·tu·***á***·ri:o
s.masc. Traje, conjunto de peças de roupa: *o grupo de teatro teve muitas despesas com vestuário.*
→ Não confunda com **vestiário**, que tem outro significado.

vetar ve·***tar***
v. Proibir, não permitir: *eles vetaram a entrada desse menino no cinema.*

veterano ve·te·***ra***·no
adj. Que exerce há muito tempo uma profissão ou atividade: *professor veterano.*
→ Veja também **novato**.

veterinária ve·te·ri·***ná***·ri:a
s.fem. Ciência que estuda os animais: *ela está fazendo um curso de veterinária.*

veterinário ve·te·ri·***ná***·ri:o
adj. 1. Que se refere à veterinária: *produto veterinário.*
s.masc. 2. Profissional que se dedica à veterinária: *esse veterinário cuida de cães e gatos.*

véu
s.masc. Tecido transparente usado por algumas mulheres para cobrir o rosto ou a cabeça: *em certos países, a maioria das mulheres usa véu no rosto.*

vexame ve·***xa***·me
s.masc. Grande vergonha: *esqueci a carteira em casa e passei um vexame no ônibus quando percebi que não tinha dinheiro para pagar a passagem.*

vexatório ve·xa·***tó***·ri:o
adj. Humilhante, que causa vexame: *situação vexatória.*

vez
s.fem. Hora ou momento de se fazer alguma coisa: *agora é minha vez de jogar.*
❑ **de vez em quando** Nem sempre, só em algumas ocasiões: *ele almoça em casa só de vez em quando; geralmente come na própria escola.*
❖ *pl.* vezes.
→ Não confunda com **vês**, do verbo ver: *tu vês televisão.*

via ***vi***·a
s.fem. 1. Caminho, estrada, rua: *choveu muito e algumas vias estão inundadas, não permitindo a passagem de carros.* 2. Meio de transporte: *vou mandar essa carta por via aérea.*

V

viabilidade vi:a·bi·li·***da***·de

s.fem. Possibilidade de realização: *o professor disse que há viabilidade de que essa festa seja feita aqui na escola.*

→ Veja também **inviável** e **viável**.

viagem vi·a·***gem***

s.fem. Ação de ir de um lugar a outro que está pouco ou muito distante: *fiz uma viagem de São Paulo ao Paraná.*

❖ *pl.* viagens.

viajado vi:a·***ja***·do

adj. Que viajou bastante, que visitou muitos lugares: *ele é um homem viajado.*

viajante vi:a·***jan***·te

s.masc.fem. Pessoa que viaja ou que está em viagem: *os viajantes vão ficar nesse hotel durante três dias.*

viajar vi:a·***jar***

v. Fazer uma viagem: *vou viajar durante as férias.*

viatura vi:a·***tu***·ra

s.fem. Veículo, carro, automóvel, etc.: *viatura policial.*

viável vi·***á***·vel

adj.masc.fem. Que se pode executar ou realizar: *projeto viável.*

❖ *pl.* viáveis.

→ Veja também **inviável** e **viabilidade**.

víbora ***ví***·bo·ra

s.fem. Espécie de cobra venenosa: *o professor passou um filme sobre as víboras.*

vibrante vi·***bran***·te

adj.masc.fem. Empolgante, emocionante: *o presidente fez um discurso vibrante, que entusiasmou a plateia.*

vibrar vi·***brar***

v. Empolgar-se, entusiasmar-se: *os torcedores vibraram com aquele gol.*

vice-versa ***vi***·ce-***ver***·sa

adv. Em sentido inverso: *você fica no meu lugar quando eu faltar e vice-versa, isto é, eu fico no seu lugar quando você faltar.*

viciar vi·ci·***ar***

v. 1. Fazer alguém adquirir um vício: *ele fumava e acabou viciando o colega.*

v.pron. **viciar-se** 2. Adquirir um vício: *viciaram-se no fumo.*

vício ***ví***·ci:o

s.masc. Mau costume, hábito prejudicial: *ela tem o vício de roer as unhas.*

vida ***vi***·da

s.fem. 1. Espaço de tempo que vai do nascimento à morte: *vovô teve uma longa vida, viveu bastante tempo.* 2. Maneira de viver: *tenho uma vida calma.*

videira vi·***dei***·ra

s.fem. *Bot.* Planta trepadeira que produz uva: *o pessoal do sítio cuida bem das videiras.*

→ Veja também **parreira**.

videogame video·***game*** (videoguêime)

s.masc. Palavra inglesa que designa diversão eletrônica em que o jogador comanda com um controle as imagens que aparecem numa tela (de computador, de televisão, etc.): *ele gosta de jogar videogame com os amigos.*

❖ *pl. videogames* (videogueimes).

videolocadora vi·de:o·lo·ca·***do***·ra

s.fem. Loja que aluga fitas de vídeo e DVD: *retirei esse filme na videolocadora.*

videoclipe vi·de:o·***cli***·pe

s.masc. Breve filme para apresentação de música, com imagens dos cantores, efeitos especiais, etc.: *esse programa só apresenta videoclipes.*

vidraceiro vi·dra·***cei***·ro

s.masc. Profissional que trabalha com vidros: *chamei o vidraceiro para colocar novos vidros nessas janelas.*

vidrado vi·***dra***·do

adj. *pop.* Que gosta demais de alguma coisa, que é fanático: *ele é vidrado em* videogame, *só pensa nisso o dia inteiro.*

vidro ***vi***·dro

s.masc. Substância dura, transparente e frágil: *a bola bateu no vidro da janela e o quebrou.*

→ Veja também **vítreo**.

viela vi·*e*·la (é)
s.fem. Rua estreita: *ele mora nessa viela.*

vigarista vi·ga·*ris*·ta
adj.masc.fem. Trapaceiro: *sujeito vigarista.*

vigia vi·*gi*·a
s.masc. Aquele que toma conta de uma rua, de uma casa, de uma loja, etc.: *ele trabalha como vigia nesse banco.*

vigiar vi·gi·*ar*
v. Tomar conta: *vigie as crianças, não deixe que elas corram para a rua.*

vigilância vi·gi·*lân*·ci:a
s.fem. Ação de vigiar, de observar atentamente: *esse guarda faz a vigilância do banco; sua função é impedir que aconteça um assalto, um roubo, etc.*

vigilante vi·gi·*lan*·te
s.masc.fem. Pessoa encarregada de vigiar, de fazer a vigilância: *esse moço é o vigilante da nossa rua.*

vigor vi·*gor*
s.masc. Força: *ele é um homem idoso, mas ainda tem vigor, tem força para fazer muitas coisas.*
❑ **estar em vigor** Valer (falando-se de lei): *essa lei é muito antiga, mas ainda está em vigor.*

vigoroso vi·go·*ro*·so (ô)
adj. Forte, robusto: *homem vigoroso.*
❖ *fem.* vigorosa (ó). *pl.* vigorosos (ó), vigorosas (ó).

vil
adj.masc.fem. Infame, desprezível: *atitude vil.*
❖ *pl.* vis.

vila *vi*·la
s.fem. 1. Povoação pequena, que não chega a ser uma cidade: *viajando pelo interior, vimos muitas vilas.* 2. Grupo de casas em volta de uma área com uma única saída que dá para uma rua: *eu e minha irmã moramos nessa vila.*

vilão vi·*lão*
s.masc. Homem desprezível, que pratica más ações: *ele é o vilão dessa história.*
❖ *fem.* vilã. *pl.* vilões.

vilarejo vi·la·*re*·jo (ê)
s.masc. Pequena vila: *essas famílias vivem num vilarejo do interior.*

vinculado vin·cu·*la*·do
adj. Ligado: *esse professor está vinculado à nossa escola, pois ele assinou um contrato de trabalho com ela.*

vincular vin·cu·*lar*
v. Ligar, criar vínculo: *o casamento de seus filhos vinculou as duas famílias.*

vínculo *vín*·cu·lo
s.masc. O que liga, une: *é forte o vínculo entre pai e filho.*

vinda *vin*·da
s.fem. Chegada: *a vinda dessas pessoas me deixou feliz.*

vindouro vin·*dou*·ro
adj. Futuro, que ainda vai vir: *tempo vindouro.*

vingança vin·*gan*·ça
s.fem. Desforra, ação de vingar: *como vingança por não ter sido convidada para a festa, a moça quer rasgar o vestido da amiga.*

vingar vin·*gar*
v. 1. Fazer mal a uma pessoa como desforra de alguma coisa que ela fez: *ele quer vingar o irmão e diz que vai bater no menino que o machucou.* 2. Desenvolver-se bem, crescer: *essa planta vingou.* 3. Ter bom êxito, dar certo: *meu plano vingou.*
v.pron. **vingar-se** 4. Fazer mal a uma pessoa como represália pelo que ela nos fez: *vou vingar-me de sua traição.*

vingativo vin·ga·*ti*·vo
adj. 1. Que se faz por vingança: *atitude vingativa.* 2. Que não perdoa, que procura se vingar: *homem vingativo.*

vinha *vi*·nha
s.fem. Lugar onde há plantação de videiras: *a casa da fazenda fica perto da vinha.*

vinhedo vi·*nhe*·do (ê)
s.masc. Conjunto de vinhas: *nesta cidade há muitos vinhedos.*

vintém vin·***tém*** (ê)
s.masc. Nome de uma antiga moeda; hoje em dia, essa palavra é usada como sinônimo de dinheiro: *estou sem vintém!*
❖ *pl.* vinténs.

violão vi:o·***lão***
s.masc. *Mús.* Instrumento musical de cordas: *estou aprendendo a tocar violão.*
❖ *pl.* violões.

violar vi:o·***lar***
v. Desrespeitar: *não devemos violar as leis.*

violência vi:o·***lên***·ci:a
s.fem. 1. Atos violentos: *ele agiu com violência, empurrando e derrubando as pessoas para escapar da polícia.* 2. Força: *a violência das ondas fez o barco virar.*

violento vi:o·***len***·to
adj. 1. Que age empregando a força: *homem violento.* 2. Muito forte: *temporal violento.*
❑ **morte violenta** Morte provocada por acidente ou assassinato: *ele foi vítima de morte violenta.*

violinista vi:o·li·***nis***·ta
s.masc.fem. Pessoa que sabe tocar violino: *essa orquestra tem vários violinistas.*

violino vi:o·***li***·no
s.masc. *Mús.* Pequeno instrumento de quatro cordas e arco: *gosto do som suave do violino.*

violoncelista vi:o·lon·ce·***lis***·ta
s.masc. fem. Pessoa que sabe tocar violoncelo: *esse violoncelista vai se apresentar amanhã.*

violoncelo vi:o·lon·***ce***·lo (é)
s.masc. *Mús.* Instrumento musical de quatro cordas e arco, semelhante ao violino, mas de tamanho bem maior: *gosto de ouvir o som grave do violoncelo.*

violonista vi:o·lo·***nis***·ta
s.masc.fem. Pessoa que sabe tocar violão: *vamos ver uma apresentação desse violonista.*

vir
v. 1. Dirigir-se para o lugar onde estamos: *ele deve vir aqui à minha casa ainda hoje.* 2. *Gram.* Derivar, originar-se: *a palavra "pedreiro" vem da palavra "pedra".*

vira-lata ***vi***·ra-***la***·ta
adj.masc.fem. Que não é de raça: *cachorro vira-lata.*
❖ *pl.* vira-latas.

virar vi·***rar***
v. 1. Mudar de posição: *ele virou o corpo para o outro lado.* 2. Tombar, mudando de posição: *o carro bateu no poste e virou.* 3. Mudar de direção: *para chegar à escola, vá até a esquina e depois vire à direita.* 4. Tornar-se, transformar-se em: *no final do filme, o rapaz virou um monstro.*

virgem ***vir***·gem
adj.masc.fem. 1. Que nunca manteve relações sexuais: *mulher virgem.* 2. Que ainda não foi usado: *fita virgem.* 3. Que não foi explorado pelo homem: *floresta virgem.*
❖ *pl.* virgens.

vírgula ***vír***·gu·la
s.fem. 1. *Gram.* Sinal de pontuação (,) que serve para indicar uma pequena pausa na leitura: *ponha uma vírgula na frase!* 2. *pop.* Palavra que indica protesto contra o que alguém afirma: *quando disseram que aquele homem era honesto, ela exclamou: honesto, uma vírgula! Ele é um espertalhão, isso sim!*

> ◎ Vírgula vem de uma palavra latina que significa *varinha*; esse sinal de pontuação recebeu esse nome porque lembra o desenho de uma pequena vara.

virtude vir·***tu***·de
s.fem. 1. Boa qualidade moral: *a honestidade é uma virtude.* 2. Poder, capacidade: *essa planta tem a virtude de fazer dormir; ela é capaz de produzir esse efeito.*

virtuoso vir·tu·***o***·so (ô)
adj. Que tem virtudes: *homem virtuoso.*
❖ *fem.* virtuosa (ó). *pl.* virtuosos (ó), virtuosas (ó).

V

vírus ***ví***·rus
s.masc. 1. *Biol.* Ser muito pequeno, invisível a olho nu, que pode entrar no organismo e provocar doenças: *os vírus podem atacar seres humanos, animais e plantas.* 2. *Inform.* Programa que se instala no computador sem o usuário perceber e provoca danos: *mantenha o computador livre de vírus.*

❖ Essa palavra tem a mesma forma no singular e no plural: *o vírus, os vírus.*

visão vi·***são***

s.fem. 1. Sentido que nos permite ver, enxergar: *os olhos são os órgãos da visão.* 2. Ato de ver: *as pessoas que estavam em pé perto do palco atrapalharam a visão dos que estavam sentados, que não puderam enxergar bem os cantores.*

❖ *pl.* visões.

visita vi·***si***·ta

s.fem. 1. Ação de visitar: *a visita que eles fizeram foi rápida.*

s.masc.fem. 2. Visitante: *as visitas acabaram de chegar.*

visitante vi·si·***tan***·te

s.masc.fem. Pessoa que visita: *os visitantes foram recebidos pelo diretor da escola.*

visitar vi·si·***tar***

v. 1. Ir ver alguém por educação ou amizade: *vou visitar meu tio; vou fazer-lhe uma visita.* 2. Ir ver um lugar por curiosidade ou interesse: *iremos visitar essa cidade.*

visível vi·***sí***·vel

adj.masc.fem. Que se pode ver: *marca visível.*

❖ *pl.* visíveis. *superl.* visibilíssimo.

→ Veja também **invisível**.

vislumbrar vis·lum·***brar***

v. Ver mais ou menos, sem distinguir bem: *vislumbrei um vulto no fim da rua.*

visor vi·***sor***

s.masc. Espécie de pequena tela que exibe informações ou imagens: *a máquina fotográfica tem um visor.*

❖ *pl.* visores.

vista ***vis***·ta

s.fem. 1. O sentido da visão, a capacidade de ver: *ele quase perdeu a vista no acidente.* 2. Panorama, aquilo que se vê: *desta janela, temos uma bonita vista da praia.*

❑ **à vista** Com pagamento no ato da compra: *ele comprou uma bicicleta à vista.* **conhecer de vista** *pop.* Conhecer de longe, sem ter amizade: *eu vejo essa menina de vez em quando, mas não sou amigo dela; só a conheço de vista.* **dar na vista** *pop.* Ser percebido por todo mundo: *o namoro deles já dá na vista.* **fazer vista grossa** *pop.* Fingir que não vê: *o zagueiro empurrou o atacante, mas o juiz fez vista grossa e não marcou a falta.* **perder de vista** Não conseguir mais ver, ficar fora do alcance da vista: *no meio da multidão, perdi de vista meu amigo e só fui encontrá-lo uma hora mais tarde.*

vistoriar vis·to·ri·***ar***

v. Inspecionar, examinar: *o bombeiro vistoriou o prédio para ver se tudo estava em ordem; a vistoria foi minuciosa.*

vistoso vis·***to***·so (ô)

adj. Que chama a atenção, que atrai o olhar das pessoas: *roupa vistosa.*

❖ *fem.* vistosa (ó). *pl.* vistosos (ó), vistosas (ó).

visual vi·su·***al***

adj.masc.fem. 1. Que se refere à visão: *ele tem uma boa capacidade visual; enxerga muito bem.*

s.masc. 2. *pop.* Aparência: *você precisa cuidar mais do seu visual; precisa se arrumar mais.*

❖ *pl.* visuais.

vital vi·***tal***

adj.masc.fem. Que é indispensável à vida: *comer é uma necessidade vital; se não comer, o homem morre.*

❖ *pl.* vitais.

vitalício vi·ta·***lí***·ci:o

adj. Para toda a vida: *cargo vitalício.*

vitalidade vi·ta·li·***da***·de

s.fem. Vigor: *essas crianças correm e brincam o dia inteiro; elas têm muita vitalidade, muita disposição.*

vitamina vi·ta·***mi***·na

s.fem. 1. *Biol.* Nome que se dá a várias substâncias orgânicas necessárias em pequenas quantidades: *o médico me receitou algumas vitaminas.* 2. Suco de frutas batidas com leite no liquidificador: *mamãe me preparou uma vitamina deliciosa.*

vítima ***ví***·ti·ma

s.fem. Pessoa ou animal que sofre algum dano ou infelicidade: *as vítimas da enchente estão abrigadas na escola do bairro.*

vitimar vi·ti·***mar***
v. Matar: *essa doença vitimou muitas pessoas.*

vitória vi·***tó***·ri:a
s.fem. Triunfo: *ganhamos o jogo! Vamos festejar a vitória!*

vitorioso vi·to·ri·***o***·so (ô)
adj. Vencedor: *time vitorioso.*
❖ *fem.* vitoriosa (ó). *pl.* vitoriosos (ó), vitoriosas (ó).

vítreo ***ví***·tre:o
adj. De vidro: *parede vítrea.*
→ Veja também **vidro**.

vitrine vi·***tri***·ne
s.fem. Parte de uma loja separada da rua por um vidro, na qual são expostas mercadorias que estão à venda: *vi uma bela camisa na vitrine dessa loja.*
❖ Também existe a forma **vitrina**.

viuvez vi:u·***vez***
s.fem. Estado de quem é viúvo: *ele perdeu a esposa há pouco tempo e está estranhando muito a viuvez.*

viúvo vi·***ú***·vo
s.masc. Homem cuja mulher morreu e que não se casou de novo: *meu vizinho é um viúvo; ele mora sozinho.*

viveiro vi·***vei***·ro
s.masc. Lugar apropriado para criar animais ou plantas: *meu avô tem um viveiro de pássaros na chácara.*

vivente vi·***ven***·te
adj.masc.fem. Que tem vida: *ser vivente.*

viver vi·***ver***
v. 1. Ter ou estar com vida: *soube que aquele velho homem ainda vive.* 2. Morar: *meu tio vive no Ceará.* 3. Comportar-se, agir: *você deve viver honestamente.* 4. Estar sempre: *esse menino vive discutindo com o irmão.*
s.masc. 5. Vida: *sem você, o meu viver é triste.*

víveres ***ví***·ve·res
s.masc.pl. Mantimentos, alimentos: *o pessoal da expedição levou muitos víveres.*

vivido vi·***vi***·do
adj. Que viveu muito, que é experiente: *homem vivido.*

vívido ***ví***·vi·do
adj. Brilhante, luminoso: *ela me lançou um olhar vívido.*

vivo ***vi***·vo
adj. 1. Que tem vida: *ser vivo.* 2. Esperto: *ele é um garoto vivo; sabe se virar muito bem.* 3. Forte, vistoso: *cor viva.*
❑ **ao vivo** No momento presente, na hora em que está ocorrendo: *o jogo foi transmitido ao vivo.*

vizinho vi·***zi***·nho
adj. 1. Que está perto ou próximo: *ele mora numa cidade vizinha.*
s.masc. 2. Aquele que mora perto de nós: *converso muito com meu vizinho.*

voador vo:a·***dor***
adj. Que voa: *animal voador.*
❖ *pl.* voadores.

voar vo·***ar***
v. Mover-se no ar: *as aves voam.*

vocabulário vo·ca·bu·***lá***·ri:o
s.masc. 1. Lista de palavras acompanhadas de explicações sobre o seu significado: *consulte o vocabulário que há no final do capítulo para saber o significado dessas palavras.* 2. Conjunto das palavras usadas por uma pessoa: *ele tem um vocabulário muito rico.* 3. Conjunto das palavras de uma língua: *vocabulário da língua portuguesa.*

vocábulo vo·***cá***·bu·lo
s.masc. Palavra: *procure no dicionário o significado desse vocábulo.*

vocação vo·ca·***ção***
s.fem. Habilidade natural que uma pessoa tem para exercer uma atividade ou profissão: *ele tem vocação para o teatro; parece que nasceu para ser ator.*
❖ *pl.* vocações.

vocal vo·***cal***
adj.masc.fem. 1. Que se refere à voz: *som vocal.* 2. Que se exprime pela voz: *este é um conjunto vocal, um conjunto de cantores.*

V

❖ *pl.* vocais.
→ Veja também **voz**.

volátil vo·***lá***·til
adj.masc.fem. Que pode se transformar rapidamente em vapor ou gás: *o álcool é volátil.*
❖ *pl.* voláteis.

vôlei ***vô***·lei
s.masc. *Esp.* Redução de voleibol; jogo disputado numa quadra entre dois times de seis jogadores, separados por uma rede alta. Para fazer ponto, os jogadores devem usar as mãos e, com três toques, no máximo, sem deixar a bola cair, fazer que ela bata no chão do campo adversário: *o professor organizou um campeonato de vôlei na escola.*

voleibolista vo·lei·bo·***lis***·ta
s.masc.fem. Pessoa que pratica voleibol: *a melhor voleibolista do time está com a mão machucada.*

volta ***vol***·ta
s.fem. 1. Regresso, retorno: *fiquei feliz com sua volta, pois estava com saudades de você!* 2. Passeio rápido: *vamos dar uma volta pela cidade?* 3. Movimento de percorrer um espaço e voltar ao ponto de partida: *ele pegou o carro e deu uma volta na pista de corrida.*

voltar vol·***tar***
v. 1. Regressar, retornar: *o patrão está viajando e só vai voltar amanhã.* 2. Recomeçar: *ele nunca mais voltou a fumar.* 3. Virar: *ao ouvir sua voz, voltei a cabeça.*

volume vo·***lu***·me
s.masc. 1. Livro: *essa biblioteca possui mais de dez mil volumes.* 2. Intensidade do som: *o rádio está muito alto; vou diminuir um pouco o volume.*

voluntário vo·lun·***tá***·ri:o
adj. 1. Espontâneo, que se faz de livre vontade: *a ajuda que ela me deu foi voluntária; ninguém a obrigou a isso.*
s.masc. 2. Aquele que se oferece espontaneamente para executar uma tarefa: *vários voluntários se apresentaram para ajudar as vítimas do acidente.*

volúvel vo·***lú***·vel
adj.masc.fem. Que vive mudando de opinião, de sentimentos: *pessoa volúvel.*
❖ *pl.* volúveis. *superl.* volubilíssimo.

vomitar vo·mi·***tar***
v. Expelir pela boca (o que está no estômago): *depois do almoço, ele sentiu-se mal e vomitou.*

vontade von·***ta***·de
s.fem. Desejo: *tenho vontade de visitar essa cidade.*
❑ **à vontade** Com liberdade: *sinta-se em sua casa e fique à vontade.*

voo ***vo***·o
s.masc. Ação de voar, de deslocar-se no ar: *gosto de observar o voo dos pássaros.*

voracidade vo·ra·ci·***da***·de
s.fem. Apetite violento: *o lobo caçou um animal e comeu-o com voracidade, devorando-o em pouco tempo.*

voraz vo·***raz***
adj.masc.fem. Que devora, que come com voracidade: *animal voraz.*
❖ *pl.* vorazes. *superl.* voracíssimo.

vós
pron. *Gram.* Pronome pessoal pouco usado hoje em dia: *vós sois um rei.*
→ Não confunda com **voz**, que tem outro significado.

votar vo·***tar***
v. Declarar a preferência por alguma coisa ou alguém, numa reunião ou eleição: *muitas pessoas votaram nesse homem para prefeito; ele recebeu um grande número de votos.*

vovô vo·***vô***
s.masc. *pop.* Avô: *o netinho gosta de brincar com o vovô.*
❖ *fem.* vovó.

voz
s.fem. 1. Som produzido pelo ser humano quando fala: *esse ator tem a voz bonita.* 2. Som produzido por alguns animais, como o papagaio: *a voz deste pássaro é melodiosa.*

V

❑ **a meia voz** Em voz baixa: *na sala, o menino me disse, a meia voz, que precisava ir ao banheiro.* **ter voz ativa** Ter autoridade, mandar: *ele tinha voz ativa na escola, todos obedeciam às suas ordens.* **voz de taquara rachada** *pop.* Voz muito desagradável, desafinada: *não sei como ele se mete a cantar, com essa voz de taquara rachada.*

❖ *pl.* vozes. *aum.* vozeirão.

→ Não confunda com **vós**, que tem outro significado. Veja também **vocal**.

vozerio vo·ze·***ri***:o

s.masc. Barulho de vozes de pessoas falando ao mesmo tempo: *quanto mais gente chegava à festa, mais aumentava o vozerio.*

vozeirão vo·zei·***rão***

s.masc. Voz grossa e forte: *ele tem um vozeirão.*

❖ *pl.* vozeirões.

vulcânico vul·***câ***·ni·co

adj. Que se refere a vulcão: *explosão vulcânica.*

vulcão vul·***cão***

s.masc. Montanha que tem no topo uma abertura por onde são lançados gases, cinzas e lavas: *a explosão do vulcão apavorou as pessoas que viviam nas cidades vizinhas.*

❖ *pl.* vulcões.

vulgar vul·***gar***

adj.masc.fem. Comum, popular: *essa planta chama-se helianto, mas seu nome vulgar é girassol.*

❖ *pl.* vulgares.

vulnerável vul·ne·***rá***·vel

adj.masc.fem. Que pode ser facilmente atingido ou ferido: *sem um escudo, ele será um guerreiro vulnerável.*

❖ *pl.* vulneráveis. *superl.* vulnerabilíssimo.

→ Veja também **invulnerável**.

vulto ***vul***·to

s.masc. 1. Figura que não se pode ver claramente: *quando olhei pela janela, percebi um vulto no jardim.* 2. Homem importante, notável: *ele é um grande vulto da história do Brasil.*

Ww

windsurf

A letra W (pronuncia-se dábliu) é a 23ª letra do nosso alfabeto. Ela é usada em símbolos científicos, abreviaturas, palavras e nomes de origem estrangeira. Ora essa letra tem o som de *u*, como, por exemplo, em *show*, *windsurf*, *cowboy*, etc., ora tem o som de *v*, como nos nomes próprios Walter, Wagner, etc.

X x

xampu

x (chis)
s.masc. A 24ª letra do alfabeto: *este é o x da questão.*

xale ***xa***·le
s.masc. Peça de vestuário que as mulheres usam sobre os ombros como enfeite ou agasalho: *a dançarina espanhola estava usando um lindo xale.*

xampu xam·***pu***
s.masc. Produto para lavagem dos cabelos: *costumo lavar os cabelos com esse xampu.*

xará xa·***rá***
s.masc.fem. Quando duas pessoas têm o mesmo nome, dizemos que uma é xará da outra: *esse menino é meu xará, pois ele se chama Marcelo e esse é o meu nome.*

> ◎ Xará é uma palavra de origem tupi que significa *meu nome.*

xarope xa·***ro***·pe (ó)
s.masc. Remédio líquido açucarado: *xarope contra tosse.*

xaxado xa·***xa***·do
s.masc. Certo tipo de dança nordestina: *esse rapaz sabe dançar xaxado.*

xeque **xe**·que (é)
s.masc. 1. *Esp.* No jogo de xadrez, lance em que um dos participantes consegue atacar o rei: *com o rei em xeque, ele não sabia o que fazer.* 2. Perigo, situação difícil: *os atacantes adversários puseram em xeque a defesa do nosso time.*
→ Não confunda com **cheque**, que tem outro significado.

xeque-mate ***xe***·que-***ma***·te (é)
s.masc. *Esp.* Lance do jogo de xadrez em que o rei fica cercado, sem chance de escapar: *ele levou um xeque-mate e foi obrigado a reconhecer a derrota.*
❖ *pl.* xeques-mates ou xeques-mate.

xereta xe·***re***·ta (ê)
adj.masc.fem. Intrometido: *menino xereta.*

xeretar xe·re·***tar***
v. Bisbilhotar, intrometer-se nas conversas ou nas coisas alheias: *pare de xeretar!*

xérox ***xé***·rox (cs)
s.fem. 1. Máquina que copia a seco texto ou imagem: *a xérox quebrou mais uma vez!* 2. Cópia feita por essa máquina: *fiz uma xérox desta notícia de jornal.*
❖ Também existe a forma *xerox* (ó) e tanto uma forma como a outra são também usadas no masculino (*uma xerox, um xerox*). Essa palavra não varia no plural.
→ Veja também **xerocar**.

xerocar xe·ro·***car***
v. Fazer uma cópia usando a xérox (1) (ou xerox): *vou xerocar esse texto.*
→ Veja também **xérox**.

xícara ***xí***·ca·ra
s.fem. Pequeno recipiente com asa: *vamos tomar chá nessas xícaras.*

xilofone xi·lo·***fo***·ne (ô)
s.masc. *Mús.* Instrumento de percussão composto de placas de madeira ou metal de tamanhos diferentes colocadas em fileira e sobre as quais se bate com duas varetas apropriadas: *ele tocou uma música no xilofone.*

xingar xin·***gar***
v. Insultar alguém com palavras: *meu colega me xingou!*

xixi xi·***xi*** (ch)
s.masc. *pop.* Urina: *a fralda do nenê está molhada de xixi.*

xodó xo·***dó***
s.masc. 1. *pop.* Carinho muito especial: *vovô tem um xodó por essa criança.* 2. *pop.* Benzinho, pessoa a quem se quer bem: *você é meu xodó.*

xô
interj. Palavra usada para espantar ou enxotar galinhas e outras aves: *xô, sai daqui!*
→ Veja também **enxotar**.

xucro ***xu***·cro
adj. Selvagem, que não foi domesticado: *cavalo xucro.*

Y y

yakisoba

A letra Y (pronuncia-se ípsilon) é a 25ª letra do nosso alfabeto. Ela é usada em símbolos científicos, abreviaturas, palavras e nomes de origem estrangeira, como, por exemplo, *yakisoba* (comida japonesa), *motoboy*, *playground*, *Shirley*. Em muitos nomes de pessoas, porém, a letra y tem sido substituída pela letra i, como em Sueli, Amauri, Darci, Iolanda, etc.

Z z

zebra

z (zê)

s.masc. A 26ª letra do alfabeto: *Ziraldo é um nome que começa com z.*

zabumba za·***bum***·ba

s.masc. *Mús.* Bumbo, tambor grande: *ele quer aprender a tocar zabumba.*

zagueiro za·***guei***·ro

s.masc. *Esp.* Jogador de futebol que atua na defesa: *esse zagueiro impediu o gol do adversário.*

zangado zan·***ga***·do

adj. Irritado; que sente raiva: *por que você está zangado comigo?*

zangão zan·***gão***

s.masc. *Zool.* O macho da abelha: *o zangão não produz mel nem possui ferrão.*

❖ *pl.* zangões.

zangar zan·***gar***

v. 1. Repreender alguém em voz alta: *ele estava nervoso e zangou com o menino.*

v.pron. **zangar-se** 2. Irritar-se, ficar bravo: *ela zangou-se com a moça que perdeu o cheque.*

zanzar zan·***zar***

v. Vaguear, andar à toa, sem rumo certo: *como não tinha o que fazer, ficou zanzando pela cidade.*

zarolho za·***ro***·lho (ô)

adj. 1. *pop.* Cego de um olho: *indivíduo zarolho.* 2. *pop.* Vesgo: *homem zarolho.*

❖ *pl.* zarolhos(ô).

zarpar zar·***par***

v. Partir (o navio): *às 10 horas, o navio zarpou de Santos.*

zelador ze·la·***dor***

s.masc. Homem encarregado de tomar conta de um prédio: *meu tio é o zelador desse prédio.*

❖ *pl.* zeladores.

zelar ze·***lar***

v. Cuidar bem: *ele zela pelos filhos, cuida deles com carinho.*

zelo ***ze***·lo (ê)

s.masc. Cuidado que se tem com alguém ou alguma coisa: *esse menino tem zelo por seus livros.*

zeloso ze·***lo***·so (ô)

adj. Cuidadoso: *ele é um patrão muito zeloso, cuida bem de seus empregados.*

❖ *fem.* zelosa (ó). *pl.* zelosos (ó), zelosas (ó).

zerar ze·***rar***

v. Eliminar, reduzir a zero: *ele zerou suas dívidas; pagou todo mundo e agora não deve mais nada a ninguém.*

zero ***ze***·ro (é)

num. 1. Numeral que corresponde a um conjunto vazio: *cinco menos cinco é igual a zero.*

s.masc. 2. Nome do algarismo 0, que não tem valor por si, mas que, colocado à direita de outro, aumenta-o dez vezes: 5 — 50.

ziguezague zi·gue·***za***·gue

s.masc. Linha quebrada que ora vai para um lado ora para outro, como se fosse um Z: *faça uma linha reta, não um ziguezague.*

❑ **andar em ziguezague** Andar dando passos ora para a esquerda, ora para a direita: *o bêbado andava em ziguezague.*

ziguezaguear zi·gue·za·gue·***ar***

v. Andar em ziguezague: *o menino de bicicleta ziguezagueava pela rua.*

zíper ***zí***·per

s.masc. Certo tipo de fecho de metal para vestidos, bolsas, calças, etc.: *feche o zíper da bolsa.*

❖ *pl.* zíperes.

zodiacal zo·di:a·***cal***
adj.masc.fem. Que se refere ao zodíaco: *signo zodiacal*.
❖ *pl.* zodiacais.

zodíaco zo·***dí***·a·co
s.masc. Região do céu dividida em doze constelações, chamadas signos, que têm os seguintes nomes: Áries, Touro, Gêmeos, Câncer, Leão, Virgem, Libra, Escorpião, Sagitário, Capricórnio, Aquário e Peixes: *você sabe qual é o seu signo do zodíaco?*
→ Veja também **signo**.

zombador zom·ba·***dor***
adj. Que zomba, que caçoa dos outros: *menino zombador*.
❖ *pl.* zombadores.

zombar zom·***bar***
v. Caçoar, rir-se de alguém: *quando o menino entrou com as calças rasgadas todos zombaram dele*.

zombaria zom·ba·***ri***·a
s.fem. Caçoada, gozação: *ficou magoado com a zombaria da turma*.

zombeteiro zom·be·***tei***·ro
adj. Zombador, gozador: *ele me deu um sorriso zombeteiro*.

zonzo ***zon***·zo
adj. Tonto, atordoado: *fiquei zonzo com tanto barulho!*

zoologia zo·o·lo·***gi***·a
s.fem. Ciência que estuda os animais: *ela está lendo um livro de zoologia*.

zoológico zo·o·***ló***·gi·co
adj. 1. Que se refere à zoologia, aos animais: *pesquisa zoológica*.
s.masc. 2. Parque onde são criados e exibidos ao público animais de várias espécies: *gosto muito de passear no zoológico*.

zumbido zum·***bi***·do
s.masc. Ruído contínuo produzido por alguns insetos quando estão voando: *ouvi o zumbido das abelhas*.

zumbir zum·***bir***
v. Produzir um zumbido: *muitos insetos zumbem*.

zunido zu·***ni***·do
s.masc. Som fino e prolongado como o de um assobio: *ouvimos o zunido do vento*.

zunir zu·***nir***
v. Produzir zunido: *o vento zunia no alto da montanha*.

zurrar zur·***rar***
v. Emitir som (o burro, o jumento): *o burro zurra*.